Recht und Familie im Flug der Zeit

Ausgewählte Abhandlungen und Essays

Recht und Familie im Flug der Zeit

Ausgewählte Abhandlungen und Essays

von

Dieter Schwab

2020

VERLAG ERNST UND WERNER GIESEKING BIELEFELD

Bibliografische Information der Deutschen Nationalbibliothek

Die Deutsche Nationalbibliothek verzeichnet diese Publikation in der Deutschen Nationalbibliografie; detaillierte bibliografische Daten sind im Internet über http://dnb.d-nb.de abrufbar.

2020

Lektorat: Dr. iur. Julia Beck

Herstellung: Katja Klesper Verlagsherstellung, Fulda

Druck: Beltz Bad Langensalza GmbH

ISBN 978-3-7694-1237-6

Vorwort

Das heute geltende Recht besteht nicht nur aus kurzfristig gefundenen Problemlösungen, mit denen unsere Zeit die gerade akuten Rechtsfragen zu bewältigen versucht. Es wurzelt vielfältig in der Geschichte. Es hat nicht nur eine Querschnitt-, sondern zugleich eine Längsschnittstruktur. Das ergibt sich schon aus der Tatsache, dass die heute gültigen Gesetze aus ganz unterschiedlichen Zeiten stammen. Selbst ein rastlos tätiger Reformgesetzgeber kann nicht ständig und in jedem Augenblick und auf allen Gebieten „das jetzt zeitgemäße" Recht schaffen.

Die Geschichtlichkeit des geltenden Rechts erweist sich nicht nur an diesem äußerlichen Befund, sondern ist tiefer angelegt. Seit wir Zeugnisse des Rechtsdenkens aus früheren Zeiten haben und verstehen können, ergibt sich eine Topologie der Rechtseinrichtungen, Rechtstechniken und sachlichen Rechtsfragen, die nicht auf die eine oder andere Rechtskultur, auf die eine oder andere regional gebundene Rechtsordnung beschränkt ist, sondern die Zeiten, Kulturen und Räume überschreitet. Bei außerordentlicher Vielfalt der Norminhalte kehren doch Grundfragen und Grundkonstellation immer wieder – natürlich im Gewand der jeweiligen Kultur, Sprache und politischen Zustände. Das ermöglicht die historische Rechtsvergleichung. Es erlaubt auch den zeitenübergreifenden rechtswissenschaftlichen Diskurs. Ich habe es immer wieder als erstaunlich und beglückend empfunden, Gedanken nachvollziehen und in gewissem Sinn diskutieren zu können, deren Urheber seit Jahrhunderten nicht mehr unter den Lebenden weilen. Oft sind geistige Auseinandersetzungen über die Zeiten hinweg fruchtbarer als zeitgenössischer Meinungsstreit.

Die Beobachtung der Längsschnittstruktur des Rechts zeigt nicht nur den Wandel, sondern auch die – oft unterschätzte – Kontinuität des Rechts. Sie zeigt auch die auffällige Möglichkeit der Wiederkehr von Problemen, die als überwunden galten, von Rechtsvorstellungen, die man für tot erklärt hatte, von Rechtsinstituten, die außer Gebrauch geraten zu sein schienen. Auch das gehört zum zeitenübergreifenden Diskurs. Es geht nicht nur um „Entwicklungen", nicht nur um „Fortschritte" im Sinne eines Ansteuerns und Erreichens immer besserer Rechtszustände. Es gibt nicht den „Strom der Geschichte", der in eine Richtung fließt.

Das Recht unserer Zeit und Gesellschaft ist demzufolge besser zu verstehen, wenn man es auch mit dem historischen Blick betrachtet und die beschriebene „Gleichzeitigkeit des Ungleichzeitigen" in Rechnung stellt. Diese Annahme bestimmt seit meinen wissenschaftlichen Lehrjahren die Grundrichtung meiner Arbeiten, die sowohl dem geltenden Recht als auch seinen historischen Grundlagen gewidmet sind, oft beides in Verbindung miteinander. Ich bin dem Gieseking-Verlag außerordentlich für die Gelegenheit dankbar, ausgewählte Abhandlungen und Essays aus den letzten zwanzig Jahren in einer Sammlung vereinen und durch diese Form der Veröffentlichung ihren inneren Bezug darstellen zu können.

Diesem Gedanken folgend enthält der vorliegende Band sowohl rechtshistorische Abhandlungen als auch Erörterungen zum geltenden Recht. Die Auswahl ist von der Vorstellung bestimmt, dass die geschichtlichen Befunde auch dem Verständnis des heutigen Rechts dienen können wie umgekehrt die Lösung aktueller Rechtsfragen durch Aufweis ihrer historischen Dimension an Schlüssigkeit zu gewinnen vermag.

Thematisch erfasst der Band Beiträge sowohl zu allgemeinen Grundfragen und Entwicklungen des Rechts (Abschnitte A und B) als auch zu Geschichte, Methodologie und Dogmatik des Familienrechts (Abschnitte C bis F). Aus den Arbeiten zum aktuellen Recht sind solche ausgewählt, deren Ertrag auch im Jahr 2020 noch einen Nutzen verspricht; der Aufsatz über „Zugewinnausgleich und Wirtschaftskrise" – geschrieben im Jahre 2009 – mag als Beispiel dafür dienen.

Den Titel des Buches verdanke ich einer visuellen Erinnerung. Ein Kupferstich aus alter Zeit ist mir unvergesslich geblieben. Das Bild zeigt einen Gelehrten in barocker Tracht, der schreibend an einem Tisch sitzt. Vielleicht ein Historiker. Über ihm schwebt engelgleich ein geflügeltes Wesen. Der Mann, mit einer Hand auf ein Blatt schreibend, greift mit der anderen hinauf zu dem im Weiterflug begriffenen Wesen und entreißt ihm eine Feder. Er hält sie in der Hand, während die Zeit – so deute ich das fliegende Wesen – sich schon entfernt und nach dem Eindruck des Betrachters bald aus der Szene verschwunden sein wird. Den Sinn habe ich so gedeutet: Während wir uns mit der Gegenwart beschäftigen, fliegt die Zeit schon weiter. Wir versuchen, ihre Dynamik einzufangen, die Zeit im Flug vielleicht aufzuhalten, doch gelingt es nicht. Was uns bei diesem Bemühen bleibt, ist ein kleines Teilchen, eine Feder, die in dem Augenblick, in dem wir sie in Händen halten, am Flug schon nicht mehr teilhat. Andererseits: Diesen kleinen Teil, der mit der Zeit auf uns gekommen ist und nicht mit ihr weiterfliegt, halten wir fest in Händen. Ist dieses Bild auch auf die Beschäftigung mit dem Recht übertragbar?

Es gilt herzlichst zu danken: Dem ehemaligen Leiter des Verlages Gieseking Herrn Dr. iur. utr. Klaus Schleicher, der die Idee dieses Buches bereitwillig aufgenommen hat, ebenso wie seiner Nachfolgerin in der Verlagsleitung Frau Dr. Julia Beck, mit deren nachhaltiger Förderung das Projekt realisiert werden konnte. Das Lektorat, das Frau Dr. Beck dem Buch angedeihen ließ, geht über das heute Übliche weit hinaus. Mein besonderer Dank gilt auch meiner Enkelin, Frau Lisa-Marie Malek, für die Erlaubnis, das von ihr in Form eines Aquarells mit Ölkreide geschaffene Portrait für die Ausstattung der Werksammlung verwenden zu dürfen, und schließlich Frau Katja Klesper für die kreative und umsichtige Herstellung des Buches.

Den Leserinnen und Lesern wünsche ich Freude bei der Lektüre.

Regensburg, im August 2020 Dieter Schwab

Inhaltsverzeichnis

A. Grundlagen des Rechts im Diskurs

B. Innovationen im Recht

C. Die Familie zwischen Recht, Vorstellung und Wirklichkeit

D. Entwicklungen im Familienrecht

E. Eherecht in der Diskussion

F. Abstammung und Kindschaft

A. Grundlagen des Rechts im Diskurs

Sittlichkeit
– Zum Aufstieg und Niedergang einer rechtlichen Kategorie –[1]

I. Einleitung

Die Vokabel „Sittlichkeit" und ihre romanische Schwester „Moralität" spielen in der deutschen Rechtssprache bis in das 18. Jahrhundert hinein keine zentrale Rolle. Selbst der Obrigkeitsstaat der frühen Neuzeit, der in der Sache unbestreitbar Sittenpolizei und Sittengerichtsbarkeit übte und seine rechtspolitischen Ziele in langatmigen Texten zu offenbaren pflegte, handelte nicht im Namen der „Sittlichkeit". Vielmehr tritt uns aus den Quellen die tradierte Lehre von den Tugenden und Lastern unverhüllt entgegen. Verboten sind konkrete Verstöße gegen Gottes wie die öffentliche Ordnung: Unzucht, unordentlicher Beisitz, Widerspenstigkeit der Kinder gegen die Eltern, Zank unter den Ehegatten, Völlerei, Zutrinken, Spiel und vieles andere mehr. Freilich tauchen in den Texten auch *abstracta* auf, insbesondere die „christliche Zucht und Ehrbarkeit", die es zu erhalten gilt, die aber erkennbar die summierende Bezeichnung für die Meidung der verpönten Laster bildet. Dahinter steht die theologische Lehre von klar definierten Verstößen gegen Gottes Ordnung, Sünden also, die zur Vermeidung göttlicher Strafe eine christliche Obrigkeit ihrerseits nicht ungestraft lassen kann. Der Berufung auf ein normierendes Prinzip „Sittlichkeit" bedarf es augenscheinlich nicht.

Von dem aus der Rezeption des römischen Rechts entwickelten Zivilrecht erwartet man allerdings das Gegenteil. Denn das römische Recht lässt an vielen Stellen erkennen, dass bestimmte Rechtsgeschäfte wie etwa Mandate oder Testamente oder bestimmte den Rechtsgeschäften hinzugefügten Bedingungen nicht bindend oder ungültig sind, wenn sie gegen die *boni mores* verstoßen oder als *turpis* oder *inhonestus* erscheinen.[2] Diese Rechtsauffassungen sind in der Jurisprudenz des 16. bis 18. Jahrhunderts durchweg fortgeführt worden.[3] Auf den ersten Blick scheinen hier Einfallstore für die Sittlichkeit in das Recht geöffnet.

Doch ist zu bedenken, dass dem Recht mit den genannten Begriffen kein universelles Moralsystem gegenübertrat, das über die Brücke einer Generalklausel in das Recht hereingeholt worden wäre. Den Charakter einer Generalklausel trugen die über das Corpus Juris verstreuten Aussagen wohl nicht.[4] Sie entsprangen zwar einem gemeinsamen Rechtsgedanken, dessen Anwendung aber der juristischen Kasuistik verhaftet blieb. Vor allem aber zeigen die Anwen-

---

1 Mit dem Thema hat sich mein Vortrag auf dem Rechtshistorikertag 1988 in Bielefeld beschäftigt, den ich seinerzeit nicht veröffentlicht habe. Die nachfolgende Abhandlung verwendet Elemente dieses Vortrags, baut die Gedanken aber weiter aus. Sie sei meinem Vorgänger auf dem Lehrstuhl für Bürgerliches Recht und Deutsche Rechtsgeschichte an der Universität Regensburg herzlichst gewidmet.

2 Inst. 3. 26, 7; D 17.1.6.3; D 17.1.22.6; D 28, 7, 15; D 45, 1, 26 und 69 und viele andere mehr.

3 Nachweise bei *Helmut Schmidt*, Die Lehre von der Sittenwidrigkeit der Rechtsgeschäfte in historischer Sicht, Münchener Universitätsschriften, Juristische Fakultät, Abhandlungen zur rechtswissenschaftlichen Grundlagenforschung, Bd. 8, 1973, S. 1 ff., 39 ff.

4 Die Entwicklung von Bedeutung in Stellenwert der „boni mores" im römischen Recht wird nicht einheitlich gesehen, siehe *Theo Mayer-Maly*, Contra bonos mores, in: Iuris Professio. Festgabe für Max Kaser, Wien/Köln/Graz 1986, S. 151 ff.

dungsfälle, dass die Beurteilung als „sittenwidrig" oder „unehrenhaft" weniger auf abstrakten sittlichen Maßstäben als auf fallbezogenen Rechtsgedanken beruhte.[5]

Wie das römische Recht beschränkte sich auch die deutsche Jurisprudenz der Neuzeit auf einen engen Kreis von Anwendungsfällen. Die gemeinrechtliche Wissenschaft fügte der Lehre von den *boni mores* und dem, was ihnen zuwider ist, zwar manche Facetten hinzu, bildete Fallgruppen und arbeitete unterschiedliche Arten der Sittenwidrigkeit heraus, blieb im Ganzen aber in den Bahnen der römischen Vorbilder.[6] Man könnte sagen: Die *boni mores* waren die zusammenfassende Bezeichnung bestimmter Grundsätze der Rechtsmoral, wie etwa des Prinzips der Eheschließungsfreiheit oder der Testierfreiheit, und antworteten auf bestimmte Formen ihrer Gefährdung. In ihrer Allgemeinbegrifflichkeit waren sie für Fortentwicklung offen, verwiesen aber nicht auf ein außerhalb der Rechtsprinzipien bestehendes universelles Moralsystem. Auch die deutschrechtlichen Quellen, wie etwa die Stadtrechte, lassen den Gedanken anklingen, dass Verträge oder Testamente, die gegen die „Ehrbarkeit" verstoßen oder „unziemlich" sind, keine Bindung entfalten, gehen aber über den Stand des gemeinen Rechts nicht hinaus.[7] Sprachlich gesehen ist von „Sittlichkeit" in solchen Zusammenhängen üblicherweise nicht die Rede.

Augenscheinlich handelt es sich bei der Lehre um die Begrenzung der rechtsgeschäftlichen Freiheit durch die guten Sitten nicht um ein Zentralproblem des gemeinen Rechts. Die Aussagen zu den *boni mores*, zur *condicio turpis*, zur *condictio ob turpem causam* sind meist kurz geraten. Die Beiläufigkeit der Problembehandlung wie die Beschränkung auf einen relativ festen Katalog von Anwendungsbeispielen kennzeichnet die Literatur des Usus modernus und des 18. Jahrhunderts durchweg. *Höpfners* Kommentar über die Institutionen des Heineccius verliert, um nur ein Beispiel zu nennen, über das Problem der „moralisch unmöglichen Bedingungen" gerade zwei Sätze,[8] und auch die *condictio ob turpem causam* ist meist mit wenigen Aussagen erledigt.

Die klassischen Naturrechtslehren der Aufklärung haben nach den Untersuchungen von *Schmidt* die Entwicklung insofern vorangetrieben, als das Verbot der Sittenwidrigkeit nun klar als allgemeines Rechtsprinzip („Generalklausel") entwickelt und aus der kasuistischen Vereinzelung gelöst wurde.[9] Ob diese Lehren auch Recht und „Moral" in enges Verhältnis gebracht haben, wie *Schmidt* behauptet,[10] kann hier nicht näher verfolgt werden; es setzte dies eine prinzipielle Untersuchung des Verhältnisses von Recht und Ethik in den Systemen seit Grotius voraus.[11] Dabei wäre vor allem zu beachten, dass das ältere „Jus Naturae" unter seinem Dach ontische, ethische und rechtliche Aussagen verbindet, so dass die Frage nach dem Verhältnis von Ethik und Recht – parallel zur Frage nach der Bedeutung naturrechtlicher Aussagen für das positive Recht – einen anderen Stellenwert hat als bloß die Begrenzung der rechtsgeschäftlichen Freiheit. Interessant wäre auch der Bezug naturrechtlicher Aussagen zu den *boni mores*, die möglicherweise als Transmissionsriemen einer Geltungskraft des Naturrechts für das positive Recht gedient haben. Oberflächlich fällt auf, dass die Anwendungsbeispiele auch bei den Natur-

---

5 Dazu *Mayer-Maly* (Fn. 4), insbes. S. 154 ff.

6 Für Einzelheiten verweise ich auf die Untersuchungen von *Schmidt* (Fn. 3).

7 Quellen bei *Schmidt* (Fn. 3), S. 23 ff. In einigen Rechten findet sich auch das deutsche Pendant der „boni mores", die „guten Sitten".

8 *Ludwig Julius Friedrich Höpfner*, Theoretisch-practischer Kommentar über die Heineccischen Institutionen nach deren neuesten Ausgabe, 6. Aufl., Frankfurt/Main 1798, § 740 (S. 757).

9 *Schmidt* (Fn. 3), S. 65 ff. Allerdings hatte hier bereits die Jurisprudenz des 16. und 17. Jahrhunderts Entscheidendes vorgearbeitet, siehe nur bei *Schmidt*, S. 2.

10 *Schmidt* (Fn. 3), S. 76.

11 Diese Aufgabe ist in der Arbeit von *Schmidt* nicht geleistet. Die durchaus wertvolle Untersuchung leidet insofern unter einem methodischen Fehler, als die „guten Sitten" durchweg mit „Moral" und „Sittlichkeit" wiedergegeben werden – bis hin zur Übersetzung der „bonnes moeurs" in Art. 1133 Code Civil mit „Sittlichkeit" (S. 84). Die Frage, ob mit „die guten Sitten" etwas gemeint war, was damals oder später unter „Sittlichkeit" begriffen wurde, wird gar nicht gestellt.

rechtlern in der Nähe der gemeinrechtlichen Lehren blieben.[12] Das späte Naturrecht seit den 70er Jahren des 18. Jahrhunderts wäre ohnehin für unser Thema noch gesondert zu untersuchen.[13]

Die aus dem römischen Recht geschöpfte, in Maßen variierte Typologie kennzeichnet noch Ende des 18. Jahrhundert den juristischen Diskussionsstand. Im Bayerischen Zivilkodex von 1756 steht schlicht, eine Konvention, die gegen die Natur oder gegen Ehrbarkeit, Gesetz und Ordnung gehe, habe nicht statt.[14] Die Anmerkungen *Kreittmayrs* hierzu siedeln das Problem, einer verbreiteten Tradition entsprechend,[15] bei der Unmöglichkeitslehre an, machen aber nicht die geringsten Anstalten, den Inbegriff von Ehrbarkeit näher zu umreißen. Ausführlicher fallen *Kreittmayrs* Erläuterungen zu den Testamentsbedingungen aus, wo ein fester Katalog problematischer Bedingungen erörtert wird (die Bedingung nicht zu heiraten, die Bedingung zu heiraten, keine Kinder zu hinterlassen, die Religion zu wechseln und in den geistlichen Stand zu treten, und andere).[16]

Das Allgemeine Preußische Landrecht (1794) bleibt insofern auf der traditionellen Linie, als die Generalklausel den herkömmlichen Begriff der *Ehrbarkeit* einsetzt: Durch Willenserklärungen, welche die Ehrbarkeit beleidigen, kann niemand verpflichtet oder berechtigt werden.[17] Diesem Grundsatz folgen konkrete Anwendungsfälle, die teils auf der herkömmlichen Linie bleiben (Rechtsgeschäfte, die auf Verheimlichung oder Belohnung gesetzwidriger Handlungen abzielen; Versprechen der Ehelosigkeit), teils das Konzept der Aufklärung erkennen lassen (Erklärungen, welche die Gewissensfreiheit einschränken oder zur Sklaverei oder Privatgefangenschaft verpflichten).[18] Ist hier schon eine gewisse Ausweitung der Problematik erkennbar, so kommt andererseits das österreichische Allgemeine Bürgerliche Gesetzbuch (1811) ohne eine Begrenzung der rechtsgeschäftlichen Freiheit durch ausdrücklichen Verweis auf die Sittenordnung aus: § 878 S. 2 ABGB enthält eine Generalklausel der allgemeinsten Art, welche die Kategorien des „Unmöglichen" und des „Unerlaubten" auf einen Nenner bringt.[19] Der französische Code Civil erklärt Vertragsursachen, die im Gegensatz zu den guten Sitten oder der öffentlichen Ordnung stehen (*contraire aux bonnes moeurs ou à l'ordre public*), für unerlaubt. Abgesehen von dem hinzugefügten und für die weitere europäische Rechtsentwicklung folgenreichen Ordre Public[20] steht auch diese Regelung auf dem Boden der überkommenen Zivilrechtswissenschaft.

Soweit die nötigen Andeutungen des historischen Hintergrundes für den Vorgang, der im Folgenden beleuchtet werden soll, nämlich den Aufstieg der Sittlichkeit als Grundbegriff des Rechtssystems seit Beginn des 19. Jahrhunderts und die Gegenentwicklung gegen Ende des

12 Was nicht ausschließt, dass die Naturrechtler zur Frage der Sittenwidrigkeit in den obligaten Fälle eine anderer Stellung beziehen, etwa zur Erlaubtheit von Erbverträgen oder Ehegattenschenkungen.

13 Dazu grundlegend *Diethelm Klippel*, Politische Freiheit und Freiheitsrechte im deutschen Naturrecht des 18. Jahrhunderts, Paderborn 1976.

14 Teil IV Kap.1 § 16. Dazu: Anmerkungen über den Codicem Maximilianeum Bavaricum Civilem Teil IV Kap.1 § 15/16, 4: „Unmögliche Dinge, welche nemlich weder seynd, noch seyn können, kommen in keine Convention, … dann es erwachset weder Actio, noch Obligatio hieraus, … sondern der ganze Handl ist ungiltig … Es verstehet sich (b) aber dieses nicht nur von rebus physicè & natura impossibilibus, sondern auch von solchen, welche gegen die Ehrbarkeit, Gesätz und Ordnung laufen, mithin moraliter impossibl seynd …". (zit. nach der Ausgabe München 1759–1768, Teil IV S. 49 f.).

15 Die Tradition führt in die Antike zurück, siehe *Mayer-Maly* (Fn. 4), S. 161.

16 Teil III Kap.3 § 10 (Anmerkungen a.a.O. Teil III S. 330 ff.). Auch dies sind überwiegend traditionell diskutierte Fälle, wohl aber nicht die Bedingung „wann er ein Luftschiff verfertigen wird" (S. 334), was Kreittmayr offenbar damals für unmöglich hielt.

17 Teil I Tit. 4 § 7.

18 Siehe den Katalog Teil I Tit. 4 §§ 8–14.

19 „Was nicht geleistet werden kann; was geradezu unmöglich oder unerlaubt ist, kann kein Gegenstand eines gültigen Vertrages werden." § 879 ABGB thematisiert dann einige konkrete Anwendungsfälle, die aus dem Themenfeld der *boni mores* genommen sind.

20 Dazu *Schmidt* (Fn. 3), S. 85.

Säkulums. Recht und Sittlichkeit sind in diesem Zeitraum – das ist meine These – ein neues Verhältnis zueinander eingegangen, mit fundamentalen Auswirkungen für das Verständnis der Rechtsordnung. Die Entwicklung soll anhand einiger wichtiger Quellen beschrieben werden, erschöpfende Vollständigkeit ist im Rahmen dieser Abhandlung nicht möglich. Ich bitte das Folgende daher als Skizze, nicht als fertiges Gemälde zu nehmen.

Eine Feststellung muss noch vorausgeschickt werden. Im Folgenden geht es nicht um die rechtsphilosophische Frage nach der ethischen Begründung des Rechts, es geht auch nicht um die Geschichte dieses Problems. Es sei also ganz unbestritten, dass die Frage nach dem Verhältnis von Recht und Moral nicht im 19. Jahrhundert erfunden wurde; dass schon in früheren Zeiten Naturrecht und Ethik als Pflichtenlehren im Zusammenhang miteinander entwickelt worden sind; dass insbesondere die Aufklärung von *Thomasius* bis *Kant* das Verhältnis von Recht und Ethik tiefgründig behandelt hat und dass sich diese Linie im 19. Jahrhundert fortsetzt. In meinem Betrag geht es um etwas anderes, nämlich die *Plazierung des Sittlichkeit als eines normierenden Begriffs in die Rechtsordnung hinein.* Die „Sittlichkeit" als Ausdruck eines philosophisch begründeten Wertesystems rückt vielfältig auf das Terrain des Rechts vor. Sie etabliert sich als hochrangiges Element der Rechtsordnung selbst, sei es als rechtspolitische Antriebskraft, sei es als juristisches Argument, sei es mit dem Anspruch auf unmittelbare Rechtsgeltung.

II. Die Inthronisierung der Sittlichkeit

1. Das Beispiel Savignys

Im Sprachgebrauch des 19. Jahrhunderts fällt auf, dass die Vokabeln „sittlich", „unsittlich", „Sittlichkeit", „moralisch" und ihre Ableitungen zu Lasten möglicher Synonyma vordringen. Das betrifft auch die Rechtssprache: Die Pandektisten des 19. Jahrhunderts geben die „boni mores" des römischen Rechts – im Wechsel mit anderen Termini, insbesondere den „guten Sitten" – nun öfters auch als „Sittlichkeit" wieder. Noch 1896, dem Jahr der Verabschiedung des BGB, behandelt *Lotmar* die Problematik der sittenwidrigen Rechtsgeschäfte unter dem Titel „Der unmoralische Vertrag".[21] Dieser Wandel im Sprachgebrauch muss nicht viel bedeuten, auch die älteren Zeiten hatten für das Gemeinte mehrere Vokabeln bereit gehalten (turpis, inhonestus, unehrbar, unziemlich, u.a.). Die Analyse der Pandektenlehrbücher durch *Schmidt*[22] ergibt denn auch, dass bei den meisten Autoren der Wechsel zur „Unsittlichkeit" als deutschem Wort für den Verstoß gegen die boni mores keine grundlegende Veränderung im sachlichen Gehalt bedeutet: Die Lehrbücher orientieren sich bei Behandlung der sittenwidrigen Verträge und der sittenwidrigen Bedingungen durchweg an den Beispielen des römischen und gemeinen Rechts, die gewiss weiter systematisiert, kontrovers diskutiert und um Aspekte erweitert wurden, ohne dass das Prinzip selbst eine grundsätzlich neue Dimension angenommen hätte.

Dass gleichwohl auch der Rechtsbereich nicht von einer veränderten Geisteshaltung unberührt blieb, zeigt ein Blick auf das Werk Savignys. Ich greife diese große Figur der Wissenschaftsgeschichte nicht heraus, um damit anzudeuten, dass er „als erster" neue Wege eingeschlagen hätte oder dass diese oder jene Entwicklung von ihm beeinflusst sei.[23] Es geht vielmehr darum, an seinem Beispiel deutlich zu machen, dass mit der „Sittlichkeit" etwas geschehen sein muss, das auch für den Bereich des Rechts Bedeutung entfalten konnte.

Schon äußerlich fällt bei Lektüre des Spätwerks „System des heutigen römischen Rechts" auf, dass bei Savigny die Lehre von den unsittlichen Bedingungen einen ungewohnt breiten

21 *Philipp Lotmar*, Der unmoralische Vertrag insbesondere nach gemeinem Recht, Leipzig 1896.
22 Die Lehre von der Sittenwidrigkeit der Rechtsgeschäfte in historischer Sicht (Fn. 3), S. 93 ff.
23 Die erstgenannte Frage ist meist unfruchtbar, die zweitgenannte zu schwierig, um ohne umfangreichste biographische Recherchen behandelt werden zu können.

Raum einnimmt.[24] In der Sache enthält der Text kaum Sensationelles – außer dem auffälligen Satz, dass das Widerrechtliche stets zugleich unsittlich sei.[25] Savigny beschränkt sich im Wesentlichen darauf, die traditionelle Gleichstellung physisch unmöglicher und unsittlicher Bedingungen einer grundlegenden, zu weiteren Differenzierungen führenden Kritik zu unterziehen. Die dabei diskutierten Beispielsfälle bewegen sich durchaus im Rahmen der gemeinrechtlichen Tradition, es geht etwa um die Bedingung einer Konventionalstrafe für verschuldete Ehescheidung;[26] für das Unterlassen eines Verbrechens oder die Erfüllung einer Pflicht;[27] um die Bedingung der Ehelosigkeit;[28] um die Unterwerfung unter fremdes Gutdünken bei der Gattenwahl[29] und ähnliches.

Eine in zivilistischen Erörterungen ungewohnte Bedeutung erhält die Sittlichkeit indes in anderem Zusammenhang. Die Rechtsquellenlehre benennt das – wie es heißt – sittliche Prinzip[30] als allgemeine Aufgabe des Rechts, das so weit begriffen ist, dass auch das „Staatswirtschaftliche" in ihm aufgehen kann. Die Funktion des Rechts lässt sich, wie Savigny sagt, „einfach auf die sittliche Bestimmung der menschlichen Natur zurückführen".[31] Dabei nimmt Savigny auf die historische Sittlichkeit der „christlichen Lebensansicht" Bezug, die offenbar nicht nur für gute Christen gilt. Savigny sagt: „… denn das Christentum ist nicht nur von uns als Regel des Lebens anzuerkennen, sondern es hat auch in der Tat die Welt verwandelt, so daß alle unsere Gedanken, so fremd, ja feindlich sie demselben scheinen mögen, dennoch von ihm beherrscht und durchdrungen sind".[32] Dieser Text erinnert von ferne an das christliche, gleichwohl Geltung für die gesamte Menschheit beanspruchende Naturrecht der Scholastik.

Freilich schlägt bei Savigny das sittliche Prinzip nicht ungehemmt auf die Rechtsordnung durch. Bei Vermögensverhältnissen, so sagt Savigny, werde anders als bei Familienverhältnissen die Herrschaft des Rechtsgesetzes vollständig durchgeführt, und zwar ohne Rücksicht auf die sittliche und unsittliche Ausübung des Rechts.[33] Savigny, weit also davon entfernt, die Philosophieprofessoren zur Mitwirkung bei der Rechtsschöpfung einzuladen, betont die *Selbständigkeit des Rechts*, das durch die Anerkennung des sittlichen Prinzips keineswegs seines selbständigen Daseins beraubt werde[34]: „Das Recht dient der Sittlichkeit, aber nicht indem es ihr Gebot vollzieht, sondern indem es die freie Entfaltung ihrer, jedem einzelnen Willen inwohnenden, Kraft sichert."[35] Die sittliche Natur des Rechts wirke *unmittelbar* in der Anerkennung der überall gleichen sittlichen Würde und Freiheit des Menschen und die Umgebung dieser Freiheit durch Rechtsinstitute, *mittelbar* hingegen in der Beachtung sittlicher Zwecke („boni mores"), des Staatsinteresses oder als väterliche Vorsorge, etwa im Schutz der Frauen und Minderjährigen vor besonderen Gefahren.[36]

Es ist aber fraglich, ob sich die postulierte Selbständigkeit des Rechts gegenüber der Sittlichkeit von diesem Ansatz her halten lässt, werden doch die zweifellos verbindlichen „boni mores" als „sittliche Zwecke außerhalb dem Rechtsgebiet" charakterisiert[37] und kann doch auch das Recht seine zwingende Gestalt „auch unmittelbar in sittlichen Rücksichten" gewinnen.[38] Dass

24 System des heutigen römischen Rechts Bd. I S. 169–205.
25 System des heutigen römischen Rechts Bd. I S. 171.
26 System des heutigen römischen Rechts Bd. I S. 174 f.
27 System des heutigen römischen Rechts Bd. I S. 176.
28 System des heutigen römischen Rechts Bd. I S. 180.
29 System des heutigen römischen Rechts Bd. I S. 180 f.
30 System des heutigen römischen Rechts Bd. I S. 54.
31 System des heutigen römischen Rechts Bd. I S. 53.
32 System des heutigen römischen Rechts Bd. I S. 54.
33 System des heutigen römischen Rechts Bd. I S. 371.
34 System des heutigen römischen Rechts Bd. I S. 55.
35 System des heutigen römischen Rechts Bd. I S. 332.
36 System des heutigen römischen Rechts Bd. I S. 55.
37 System des heutigen römischen Rechts Bd. I S. 56.
38 System des heutigen römischen Rechts Bd. I S. 333.

der Sittlichkeit bei Savigny eine das Recht *unmittelbar strukturierende Funktion* zukommt, wird in den verschiedensten Anwendungszusammenhängen deutlich: Die Polygamie ist als „niedere Stufe in der sittlichen Entwicklung der Völker" zu betrachten,[39] das Verbot der Verwandtenehe hat seine Wurzel „in dem sittlichen Gefühl aller Zeiten"[40]; die positive Ausprägung der familienrechtlichen Verhältnisse ist absolut, das heißt zwingend, weil sie durch die „sittliche Lebensansicht" des Volkes bestimmt wird,[41] die Ehe ist durch Strafdrohungen in ihrer sittlichen Würde zu schützen.[42]

Strukturbestimmend wirkt vor allem die These von der primär natürlich-sittlichen Natur der Familie, die es gestattet, bestimmte Grundregeln des Familienrechts der Disposition des Gesetzgebers zu entziehen. Die Familie hat drei unzertrennlich vereinigte Gestalten, die natürliche, sittliche und rechtliche; davon ist die rechtliche Seite gerade die geringste, „indem die wichtigere einem ganz anderen Gebiete als dem des Rechts angehört". Steht die Familie primär unter dem Regime der Sitte, nicht des Rechts, so hat das Recht bestimmte sittliche Vorgaben hinzunehmen, etwa die Personeneinheit von Vater und Kind, welche die Unfähigkeit des Kindes bedingen soll, für sich selbst Vermögen zu erwerben.[43]

Ganz offenkundig nimmt diese Sittlichkeit eine *naturrechtliche Funktion* an, freilich mit einer *historisierenden* Normativität. Denn wenn, wie Savigny sagt, das sittliche Prinzip des Rechts von den Völkern auf jeweils besondere Weise zu lösen ist,[44] dann kann der Absolutheitsanspruch des Sittlichen mit kultureller und nationaler Diversifikation versöhnt werden. Es wird damit ein Ansatz begründbar, der das zeitgenössische Recht an eine überkonfessionell auftretende christliche Sittlichkeit binden will.

Savigny ist zu klug und zu sehr auf die Autonomie der Rechtswissenschaft bedacht, um dieses Prinzip permanent zu reiten, aber er hält es sich zur Verfügung. Ganz zutreffend sieht *Joachim Rückert* bei Savigny prinzipiell fließende Übergänge von Recht und Moral ohne festes System.[45]

2. Philosophische Grundlegungen: Kant, Fichte, Hegel

Die Biographie Savignys legt einen Zusammenhang zu den philosophischen Strömungen seiner Zeit nahe. Wenn ich auf einige davon eingehe, dann wiederum nicht, um den Einfluss bestimmter philosophischer Systeme auf Savigny und die historische Rechtsschule zu behaupten. Vielmehr geht es um den schlichten Aufweis, dass es für das neue Verhältnis von Recht und Sittlichkeit auf philosophischer Seite Entsprechungen gibt.

Immanuel Kant allerdings, der für so vieles haftbar gemacht wird, gehört nicht in unseren Zusammenhang.[46] Kants Philosophie entwickelt Ethik und Rechtslehre zwar parallel und in Beziehung zueinander, beide haben ihre Grundlage in der Freiheit des Menschen.[47] Doch sind

39 System des heutigen römischen Rechts Bd. I S. 346 Fußnote (a).
40 System des heutigen römischen Rechts Bd. I S. 346.
41 System des heutigen römischen Rechts Bd. I S. 346 Fußnote (a).
42 System des heutigen römischen Rechts Bd. I S. 352.
43 System des heutigen römischen Rechts Bd. I S. 353.
44 System des heutigen römischen Rechts Bd. I S. 353.
45 *Joachim Rückert*, Idealismus, Jurisprudenz und Politik bei Friedrich Carl von Savigny, Münchener Universitätsschriften, Juristische Fakultät, Abhandlungen zur rechtswissenschaftlichen Grundlagenforschung, Bd. 58, Ebelsbach 1984, S. 370.
46 Treffend *Rückert*, a.a.O., S. 365.
47 Siehe nur: Die Metaphysik der Sitten (1797), Metaphysische Anfangsgründe der Rechtslehre, Einleitung in die Metaphysik der Sitten I. Ich benutze im Folgenden die Ausgabe von *Karl Vorländer*, Philosophische Bibliothek, Abdruck der Ausgabe von 1922, Hamburg 1959.

Rechtspflichten und moralische Pflichten von prinzipiell verschiedener Art gedacht: Die ethische Pflicht schließt die Triebfeder des Handels ein, die juridische nicht. Von daher leitet sich die Unterscheidung zwischen Legalität und Moralität ab: „Man nennt die bloße Übereinstimmung oder Nichtübereinstimmung einer Handlung mit dem Gesetze, ohne Rücksicht auf die Triebfeder derselben, die Legalität (Gesetzmäßigkeit), diejenige aber, in welcher die Idee der Pflicht aus dem Gesetze zugleich die Triebfeder der Handlung ist, die Moralität (Sittlichkeit) derselben.“[48] Rechtspflichten können daher nur „äußere Pflichten“ sein und sind damit äußerem Zwang zugänglich,[49] ethische umfassen hingegen den Bereich des Inneren.

Nun könnte es immerhin so sein, dass die Moralität die Anforderung an das Recht stellt, das sittlich Gebotene zum rechtlich Gebotenen zu machen. Der Ansatz Kants ist aber genau umgekehrt: Die ethische Gesetzgebung kann einerseits nicht selbst äußere Gesetzgebung sein, nimmt andererseits diejenigen Pflichten, die auf äußerer Gesetzgebung beruhen, in den inneren Pflichtbereich auf.[50] Anders gesagt: Die Befolgung der Rechtspflichten ist auch sittliche Pflicht, nicht aber die Befolgung sittlicher Pflichten auch Rechtspflicht. Kant erläutert den Zusammenhang mit Hilfe des Satzes „pacta sunt servanda“, den er dem Rechtsbereich zuordnet. Gleichwohl gilt er auch auf der Ebene der Moralität, die letztlich alle Pflichten umfasst[51]: „Es ist keine Tugendpflicht, sein Versprechen zu halten, sondern eine Rechtspflicht, zu deren Leistung man gezwungen werden kann. Aber es ist doch eine tugendhafte Handlung (Beweis der Tugend), es auch da zu tun, wo kein Zwang besorgt werden darf.“[52]

Auch ohne weitere Belegstellen wird augenscheinlich, dass eine ethische Gesetzgebung, welche nicht äußerlich sein kann, wenig geeignet scheint, für die rechtliche Gesetzgebung, „welche auch äußerlich sein kann“[53], eine Art Übergesetz herzugeben. Und wenn auch das angeborene Recht des Menschen (nämlich der Freiheit als Unabhängigkeit von eines anderen nötigender Willkür, sofern sie mit jedes anderen Freiheit nach einem allgemeinen Gesetz zusammen bestehen kann)[54] seine formale Verwandtschaft mit dem kategorischen Imperativ (handle nach einer Maxime, die zugleich als allgemeines Gesetz gelten kann)[55] nicht leugnen kann, so bleiben dennoch die sittlichen Postulate ungeeignet, *als solche* Folgerungen in die Rechtswelt hinein zu produzieren.

In der Philosophie von *Johann Gottlieb Fichte* scheint die Trennung von Moral und Recht über Kant hinaus noch weiter gesteigert. Die Sittlichkeit nimmt ihren Ausgang von der Bestimmung des Individuums, frei zu sein und mit sich selbst übereinzustimmen; das Sittengesetz ist das Gesetz der absoluten Übereinstimmung mit sich selbst. „Handle so, daß Du die Maxime Deines Willens als ewiges Gesetz für Dich denken könntest“ lautet der Imperativ.[56] Auch das Leben in Gesellschaft hebt die genannte Bestimmung des Menschen nicht auf, sondern *dient* diesem

---

48 Metaphysik der Sitten, Rechtslehre, Einleitung in die Metaphysik der Sitten III (*Vorländer* a.a.O., S. 21).

49 Metaphysik der Sitten, Rechtslehre, Einleitung in die Rechtslehre, §§ D, E (*Vorländer* a.a.O., S. 36); Metaphysische Anfangsgründe der Tugendlehre, Einleitung zur Tugendlehre II (*Vorländer* a.a.O., S. 222).

50 Metaphysik der Sitten, Rechtslehre, Einleitung in die Metaphysik der Sitten III (*Vorländer* a.a.O., S. 21, 22). Ähnlich, wie oben gezeigt, *Savigny*, siehe oben Fn. 25.

51 Deutlich: Metaphysik der Sitten, Rechtslehre, Einleitung in die Metaphysik der Sitten III (*Vorländer* a.a.O., S. 21).

52 Metaphysik der Sitten, Rechtslehre, Einleitung in die Metaphysik der Sitten III (*Vorländer* a.a.O., S. 22).

53 Metaphysik der Sitten, Rechtslehre. Einleitung in die Metaphysik der Sitten III (*Vorländer* a.a.O., S. 22).

54 Metaphysik der Sitten, Rechtslehre. Einleitung in die Rechtslehre, Einteilung der Rechtslehre B (Vorländer a.a.O., S. 43); siehe ferner Einleitung in die Rechtslehre § C (*Vorländer* a.a.O., S. 35).

55 Metaphysik der Sitten, Rechtslehre, Einleitung in die Metaphysik der Sitten IV (*Vorländer* a.a.O., S. 28, 29).

56 Über die Bestimmung des Gelehrten, Fünf Vorlesungen, 1794 (zitiert nach der Ausgabe Stuttgart 1959, die der Erstausgabe von 1794 folgt), Erste Vorlesung, S. 11. Siehe auch: Grundlage des Naturrechts nach Prinzipien der Wissenschaftslehre, 1796, Einleitung II (Ich benutze den Neudruck des Ausgabe von *Fritz Medicus* in der Philosophischen Bibliothek, Hamburg 1960, S. 10).

Ziel. Deshalb darf der Mensch kein anderes vernünftiges Wesen wider seinen Willen tugendhaft oder weise oder glücklich machen.[57]

Gleichgültig, wie nun dieser subjektive Wille objektiv werden kann, scheint klar, dass sich ein so geformtes Sittengesetz nicht in Recht ummünzen lässt. In der Schrift „Grundlage des Naturrechts nach Prinzipien der Wissenschaftslehre" von 1796 entwickelt Fichte folglich eine Rechtslehre unabhängig vom Sittengesetz, ohne Ableitung von diesem[58] und im klaren Kontrast zu ihm: Das Sittengesetz gebietet kategorisch die Pflicht, das Rechtsgesetz aber gebietet nie, dass man sein Recht ausübe; das Recht verlangt Sanktion durch physischen Zwang, welchen das Sittengesetz schlechterdings nicht verträgt; der Begriff des Rechts bezieht sich nur auf die Sinnenwelt, die Moral auch auf das innere Gemüt.[59] Folglich kann moralisch nur sein, was aus freiem Entschluss hervorgeht: „Moralität entwickelt sich aus dem Menschen selbst, und lässt sich nicht durch Zwang, oder künstliche Anstalten hervorbringen."[60]

Nun müssten wir nicht so lange bei Fichte verweilen, wiese seine Rechtsphilosophie nicht auch andere Elemente auf, die für den Einsatz der Sittlichkeit im Recht beispielgebend geworden sind. Zum einen finden wir bei den Philosophen nun doch den Satz, dass der Staat – hier bezogen auf die Aussetzung von Kindern – nichts Unmoralisches, „keine Sünde gegen die Natur" befehlen, auch nicht durch ausdrückliches Gesetz erlauben dürfe (wohl aber dazu schweigen!)[61]. Die „Natur" schlägt in Moralität um, diese wiederum setzt dem positiven Tun des Staates Schranken.

Entscheidender noch aber ist eine andere gedankliche Operation, nämlich die Annahme natürlich-moralischer Substanzen, die dem Recht nur begrenzt zugänglich seien. Gemeint sind Ehe und Elternschaft. Das Verhältnis von Eltern und Kindern soll „nicht lediglich durch den bloßen Rechtsbegriff, sondern durch Natur und Sittlichkeit bestimmt"[62] sein. Diese verschaffen dem Recht erst das Objekt, welches somit natürlich-sittlich präformiert ist und nur in den so vorgegebenen Strukturen der Gesetzgebung zugänglich sein kann: „Wir stellen natürliche, und moralische Dispositionen hier nur auf als Tatsachen, um erst Stoff für die Anwendung des Rechtsbegriffs zu bekommen".[63] Zu dieser natürlich-sittlichen Substanz gehört mancherlei: die Empfindung der Eltern gegenüber ihrem Kind, als Mitleid der Mutter, als die auf das Kind erstreckte Zärtlichkeit des Ehemanns gegenüber der Frau, und daraus entspringend als Neigung der Eltern, das Kind zu erziehen. Der natürlich-moralische Stoff grenzt sich gegen das Recht aus. Die reale Elternschaft wird nicht durch das Recht ausgekleidet und näher determiniert, sondern im ersten Schritt gegen das Recht immunisiert.

57 Über die Bestimmung des Gelehrten, Zweite Vorlesung, a.a.O., S. 26.

58 Grundlage des Naturrechts nach Prinzipien der Wissenschaftslehre, Naturrecht I, Erstes Hauptstück § 4 C Corollaria 2 (a.a.O., S. 53 f.); siehe auch Einleitung II 5 (a.a.O., S. 9).

59 Grundlage des Naturrechts nach Prinzipien der Wissenschaftslehre, Naturrecht I, Erstes Hauptstück § 4 C Corollaria 2 (a.a.O., S. 54 f.).

60 Grundlage des Naturrechts nach Prinzipien der Wissenschaftslehre, I. Anhang: Familienrecht, IV. Abschnitt § 44 (a.a.O., S. 356). Kennzeichnend auch folgende Sätze: „So bedarf es keiner künstlichen Vorkehrungen, um Naturrecht, und Moral zu scheiden, welche dann auch ihres Zweckes allemal verfehlen: denn wenn man nichts anders vor sich genommen hat, als Moral … so wird man nach der künstlichen Scheidung doch nie etwas anderes unter seinen Händen finden, als Moral. – Beide Wissenschaften sind schon ursprünglich und ohne unser Zutun durch die Vernunft geschieden, und sind völlig entgegengesetzt." Grundlage des Naturrechts nach Prinzipien der Wissenschaftslehre, Naturrecht I, Erstes Hauptstück § 4 C, Corollaria 2 (a.a.O., S. 54).

61 Grundlage des Naturrechts nach Prinzipien der Wissenschaftslehre, I. Anhang: Familienrecht, IV. Abschnitt § 48 (a.a.O., S. 358).

62 Grundlage des Naturrechts nach Prinzipien der Wissenschaftslehre, I. Anhang: Familienrecht, IV. Abschnitt, § 39 (a.a.O., S. 350).

63 Grundlage des Naturrechts nach Prinzipien der Wissenschaftslehre, I. Anhang: Familienrecht. IV. Abschnitt, § 44 (a.a.O., S. 355).

Was folgt daraus? Das Kind hat gegen seine Eltern keinerlei Rechte: kein Zwangsrecht auf Unterhalt, kein Zwangsrecht auf Erziehung, entsprechend trifft die Eltern von Natur aus keine Rechtspflicht.[64] In der Erziehung sind die Eltern „der eigene Richter in ihrer Sache, in Beziehung auf das Kind; sie sind souverän und das Kind ist, inwiefern sie es erziehen, ihnen unbedingt unterworfen".[65] Einen Rechtsstreit zwischen Eltern und Kindern, die noch erzogen werden, kann es begrifflich nicht geben.[66] Rechtspflichten der Eltern können dann nur aus dem staatlichen Befehl kommen; der Staat hat aber nicht die Freiheit des jungen Staatsbürgers im Auge, sondern seine eigenen Zwecke – das tüchtige Staatsvolk, zu dem die Kinder zu erziehen sind.[67]

Ganz ähnlich erscheint die Ehe als dem Recht vorgegebene natürlich-moralische Substanz, die sich in der Frau als Liebe zum Mann, im Mann als Großmut gegenüber der Frau findet. Vor allem Recht ist die Ehe schon vorhanden, erst muss die Ehe da sein, bevor von einem Eherecht überhaupt die Rede sein kann. Das Recht kann nur anerkennen, was schon ist – deklaratorischer Charakter der äußeren Eheschließung –[68] und was nicht mehr ist – deklaratorischer Charakter der staatlichen Scheidung, die folglich eine bloße Bestätigung eingetretener Zerrüttung bildet.[69] „Sonach hat der Staat über das Verhältnis beider Ehegatten gegeneinander gar keine Gesetze zu geben, weil ihr ganzes Verhältnis gar kein juridisches, sondern ein natürliches und moralisches Verhältnis der Herzen ist."[70]

Der natürlich-sittliche Stoff, aus dem die Ehe ist, bedingt nun nicht nur ihre Labilität, sondern auch ihre Struktur: die naturnotwendige Unterwerfung der Frau unter den Mann. Die sittliche Anlage der Frau ist die Liebe, in welcher der Geschlechtstrieb eine moralische Gestalt erhält und die darauf ausgeht, den geliebten Mann zu befriedigen.[71] Das scheint nach *Fichte* die, wie er sagt, unbegrenzteste Unterwerfung der Frau unter den Willen des Mannes zu bedingen – mit allen Konsequenzen. Die Frau gehört nicht mehr sich selbst an, sondern dem Mann, sie selbst ist keine Person im Rechtssinne mehr, „der Mann tritt ganz an ihre Stelle", er ist ihr rechtlicher Vormund,[72] sie übergibt dem Mann zugleich das Eigentum ihrer Güter,[73] dies alles nicht kraft äußeren Zwangs, sondern weil sie anders gar nicht wollen kann.[74] In der Unterwerfung unter den Mann liegt die Würde, die Moralität der Frau, die folglich im öffentlichen Raum, in Staatsämtern nichts zu suchen hat und kraft der Unterwerfung unter den Mann auch nicht Beamtin sein kann.[75]

---

64 Grundlage des Naturrechts nach Prinzipien der Wissenschaftslehre, I. Anhang: Familienrecht. IV. Abschnitt, §§ 41, 42, 44.

65 Grundlage des Naturrechts nach Prinzipien der Wissenschaftslehre, I. Anhang: Familienrecht. IV. Abschnitt, § 45 (a.a.O., S. 356).

66 Grundlage des Naturrechts nach Prinzipien der Wissenschaftslehre, I. Anhang: Familienrecht. IV. Abschnitt, § 52 (a.a.O., S. 360).

67 Grundlage des Naturrechts nach Prinzipien der Wissenschaftslehre, I. Anhang: Familienrecht. IV. Abschnitt, § 46 (a.a.O., S. 357).

68 Grundlage des Naturrechts nach Prinzipien der Wissenschaftslehre, I. Anhang: Familienrecht. II. Abschnitt, § 14 (a.a.O., S. 317).

69 Grundlage des Naturrechts nach Prinzipien der Wissenschaftslehre, I. Anhang: Familienrecht. II. Abschnitt, § 15 (a.a.O., S. 320).

70 Grundlage des Naturrechts nach Prinzipien der Wissenschaftslehre, I. Anhang: Familienrecht. II. Abschnitt, § 15 (a.a.O., S. 320).

71 Grundlage des Naturrechts nach Prinzipien der Wissenschaftslehre, I. Anhang: Familienrecht. I. Abschnitt, §§ 4, 7.

72 Grundlage des Naturrechts nach Prinzipien der Wissenschaftslehre, I. Anhang: Familienrecht. II. Abschnitt, § 16 (a.a.O., S. 321).

73 Grundlage des Naturrechts nach Prinzipien der Wissenschaftslehre, I. Anhang: Familienrecht. II. Abschnitt, § 17 (a.a.O., S. 321).

74 Grundlage des Naturrechts nach Prinzipien der Wissenschaftslehre, I. Anhang: Familienrecht. III. Abschnitt, § 34 (a.a.O., S. 340 ff.).

75 Grundlage des Naturrechts nach Prinzipien der Wissenschaftslehre, I. Anhang: Familienrecht. III. Abschnitt, § 32–37.

Was ist das Wesentliche an dem beschriebenen Konzept? Ehe und Elternschaft werden ihrer Substanz nach als natürlich-sittliche Verhältnisse dem Rechtsbereich entzogen, gleichzeitig aber auf dieser Seinsebene jenseits des Rechts strukturiert, und zwar in einer für das bloß akzessorische Recht notwendig verbindlichen Weise. In dieser Art entsteht eine dem Recht vorgeschaltete Seinsordnung, die das Recht – auch insoweit es Naturrecht ist – nicht anders als akzeptieren kann. Signatur für diesen präformierten Stoff ist die Sittlichkeit, hier nicht in Gestalt moralischer Sollenssätze, sondern von Aussagen über das Sein. Als „Sittlichkeit" entsteht, funktional gesehen, ein institutionelles Naturrecht jenseits des Naturrechts.

Fichte gewann seinem Konzept, die Eheschließung und Ehescheidung betreffend, freiheitliche Effekte ab, während im Gattenverhältnis und in der Eltern-Kind-Beziehung die Sittlichkeit die Freiheit von Frau und Kind erdrückt. Im weiteren Verlaufe des 19. Jahrhunderts avanciert die so begriffene Sittlichkeit eindeutig zur Waffe der Restauration.

Ganz unvermeidlich ist es, noch diejenige Philosophie heranzuziehen, die an der Verbreitung des Sittlichkeitsgedankens im Recht wohl den größten Anteil hat, die Philosophie von *Georg Wilhelm Friedrich Hegel.* Ich greife hauptsächlich auf die Rechtsphilosophie von 1820 zurück, ohne Rücksicht darauf, wie sich die Texte dieser Schrift zum Gesamtwerk verhalten, und ohne im mindesten die Frage erörtern zu wollen, ob Hegel „eigentlich" als reaktionär, liberal, oder revolutionär einzuordnen ist.[76]

Zunächst ergibt sich eine Nähe Hegels zu Fichte, insofern die Lehre von den sittlichen Substanzen, nun auch wirklich unter diesen Namen, fortgeführt ist. „Die sittliche Substanz, als das für sich seyende Selbstbewußtseyn mit seinem Begriff geeint enthaltend, ist der *wirkliche Geist* einer Familie und eines Volks".[77] Die Familie als „der unmittelbare oder *natürliche* sittliche Geist"[78] oder das „natürliche sittliche Gemeinwesen"[79] steht an erster Stelle. Die sittliche Substantialität bestimmt wiederum die Strukturen. Die Ehe ist „das *unmittelbare sittliche Verhältniß*"[80], in dessen Einheit die Gatten ihre Persönlichkeit aufgeben, um nur mehr eine Person auszumachen.[81] Freilich ist auch hier der Mann kraft sittlicher Prägung das Haupt: „Der Mann hat daher sein wirkliches substantielles Leben im Staate, der Wissenschaft und dergleichen, und sonst im Kampfe und der Arbeit mit der Außenwelt und mit sich selbst, so dass er nur aus seiner Entzweiung die selbständige Einigkeit mit sich erkämpft, deren ruhige Anschauung und die empfindende subjektive Sittlichkeit er in der Familie hat, in welcher die *Frau* ihre substantielle Bestimmung und in dieser *Pietät* ihre sittliche Gesinnung hat."[82]

So wie im Geschlechterverhältnis formiert die Sittlichkeit auch sonst das Eherecht. Dass erst die Bestätigung des Ehewillens durch Familie, Gemeinde und Kirche, also die zeremonielle Eheschließungsform die Ehe zustande bringt, ist nicht etwa das Produkt positiver Gesetzgebung, sondern sittliche Konstitution.[83] Sittlich bedingt sind selbstverständlich Monogamie und Inzestverbot, aber auch das Familieneigentum, das an die Stelle individuellen Besitzes tritt.[84] Eine sittliche Autorität streitet gegen die Ehescheidung aufgrund bloß temporärer Stim-

---

76 Siehe dazu *Karl-Heinz Ilting* (Hrsg.), G.W.F. Hegel, Die Philosophie des Rechts. Die Mitschriften Wannemann (Heidelberg 1817/18) und Homeyer (Berlin 1818/19), Stuttgart 1983.

77 Grundlinien der Philosophie des Rechts oder Naturrecht und Staatswissenschaft im Grundrisse (1821), § 156 (zitiert nach der Hegel-Studienausgabe von *Karl Löwith/Manfred Riedel,* Bd. 2, Frankfurt/Main 1968).

78 Grundlinien der Philosophie des Rechts, § 157.

79 Phänomenologie des Geistes (1807), zit. nach *G.W.F. Hegel,* Sämtliche Werke, Bd. 2 S. 342.

80 Grundlinien der Philosophie des Rechts, § 161.

81 Grundlinien der Philosophie des Rechts, § 162.

82 Grundlinien der Philosophie des Rechts, § 166, vgl. auch § 171; Phänomenologie des Geistes S. 351.

83 Grundlinien der Philosophie des Rechts, § 164.

84 Grundlinien der Philosophie des Rechts, § 170: „Das im abstrakten Eigenthum willkürliche Moment des besonderen Bedürfnisses des *bloß Einzelnen* und die Eigensucht der Begierde verändert sich hier in die Sorge und den Erwerb für ein *Gemeinsames,* in ein *Sittliches.*"

mungen,[85] die Sittlichkeit bestimmt das Verhältnis zwischen Eltern und Kindern und streckt ihre Messlatte sogar in das Erbrecht hinüber, wo die Testierfreiheit gegenüber nahen Angehörigen einem Verdikt zum Opfer fällt.[86] Dem Familienrecht ist eine strukturierende Sittlichkeit vorgegeben, welche die so gewonnenen Strukturen aber gleichzeitig dem Recht entzieht – eine konkretisierte Über-Ordnung, die ihre Normativität dadurch versteckt, dass sie sich als seiende Substanz maskiert.

Bekanntlich hat es Hegel bei dem geschilderten Einsatz der Sittlichkeit, die er begrifflich von der Moralität abhebt, nicht belassen. Die sittliche Substantialität, der Familie als natürlicher Geist eigen,[87] kommt in einem dialektischen Prozess auch der bürgerlichen Gesellschaft, hier in ihrer „*Entzweiung* und *Erscheinung*",[88] und schließlich in Vollendung dem Staate als Emanation des Volks- und Weltgeistes zu.[89]

Wie immer dies im Einzelnen gemeint sein mag, bleibe den Diskussionen in der Rechts- und Staatsphilosophie überlassen. *Rechtshistorisch* ist in unserem Zusammenhang bedeutsam ist, wie solche Aussagen in der Zeit wirken konnten und gewirkt haben. Staat und Sittlichkeit geraten in eine unerhörte Nähe zueinander, wir können von einer Etatisierung des Sittlichen sprechen. „Die Gebote der Sittlichkeit und des Staates" sind „das substantielle Rechte";[90] der Staat ist „die reiche Gliederung des Sittlichen in sich",[91] er ist das „sittliche Universum", das man nicht zu belehren hat, wie es sein soll; vielmehr hat man zu erkennen, wie es ist.[92] Der Staat ist „die Wirklichkeit der sittlichen Idee".[93] Diese Wirklichkeit macht auch das Verhältnis zwischen Individuen und Staat aus. Ist Sittlichkeit vom Ansatz her „die *Idee der Freiheit*"[94], so folgt daraus keine Ausgrenzung gegenüber dem Staat. Vielmehr erscheint das „objektiv Sittliche" als konkrete Substanz in den „*an und für sich seyenden Gesetzen und Einrichtungen*".[95] Dadurch hat das Sittliche einen festen Inhalt, der über subjektive Meinung und Belieben, mithin über negative Freiheitsrechte erhaben ist.[96]

Das konnte jedenfalls so aufgefasst werden, als würden die bestehenden Staatsverhältnisse als die Wirklichkeit des Sittlichen begründet. Mit der Verstaatlichung des Sittlichen ist letztlich zwingend seine Partikularität verknüpft: Jede Epoche, jede Kultur, aber auch jede Staatsverfassung haben ihre Moral. Die Universalität des Sittlichen ist dann nur mehr als Idee – bei Hegel mit Begriffen wie Weltgeist usw. – zu gewinnen, verstärkt aber den sittlichen Anspruch der jeweils bestehenden Verfassung, die Hegel nicht als etwas Gemachtes, Konstruiertes ansehen will, sondern als das „schlechthin an und für sich Seyende, das darum als das Göttliche und Beharrende und als über der Sphäre dessen, was gemacht ist, zu betrachten ist".[97] Hegel verbindet die Erkenntnis der geschichtlichen Bedingtheit mit dem unbedingten Anspruch der *jeweiligen* Sittlichkeit,[98] letztlich der Wirklichkeit des Staates. Damit ist der Weg eingeschlagen zu einer *im Gehalt partikularen* (z.B. bürgerlichen) Moral mit *unbedingtem Geltungsanspruch*.

---

85 Grundlinien der Philosophie des Rechts, § 176.
86 Grundlinien der Philosophie des Rechts, §§ 179, 180.
87 Grundlinien der Philosophie des Rechts, § 33 C.
88 Grundlinien der Philosophie des Rechts, § 33 C b.
89 Grundlinien der Philosophie des Rechts, § 33 C c.
90 Grundlinien der Philosophie des Rechts, Vorrede (a.a.O., S. 32).
91 Grundlinien der Philosophie des Rechts, Vorrede, 4a (a.a.O., S. 35).
92 Grundlinien der Philosophie des Rechts, Vorrede 5 (a.a.O., S. 40).
93 Grundlinien der Philosophie des Rechts, § 257.
94 Grundlinien der Philosophie des Rechts, § 142.
95 Grundlinien der Philosophie des Rechts, § 144.
96 Grundlinien der Philosophie des Rechts, § 144.
97 Grundlinien der Philosophie des Rechts, § 273 c).
98 *Karl-Heinz Ilting*, Art. „Sitte, Sittlichkeit, Moral", in: *Otto Brunner/Werner Conze/Reinhard Koselleck*, Geschichtliche Grundbegriffe. Historisches Lexikon zur politisch-sozialen Sprache in Deutschland, Bd. 5, Stuttgart 1984, S. 863, 903.

Spiegeln die Staatsverhältnisse die Wirklichkeit des Sittlichen, so kann die Unsittlichkeit jeglichen Widerstands gefolgert werden, die dem Rebellen nicht nur die rechtliche, sondern immer auch die moralische Legitimation vorenthält. Hegels Staatsphilosophie, so wie sie formuliert war und gelesen werden konnte, gab dem historischen Staatswesen des 19. Jahrhunderts mit der „Sittlichkeit" eine starke, für jede Art von Widerstand gefährliche Waffe in die Hand.

III. Die „Sittlichkeit" im Rechtssystem

Die offenkundige Ausbreitung der Sittlichkeitsidee im Staats- und Rechtswesen des 19. Jahrhunderts kann an dieser Stelle nicht in allen Details aufgewiesen werden. Summierend sollen einige Aspekte zur Sprache kommen.

1) Um die Mitte des Jahrhunderts avancierte die Sittlichkeit zu einem Zentralbegriff der bürgerlichen Gesellschaft, der sich auch als rechtlicher Ordnungsbegriff und schließlich als Gesetzesbegriff ausmünzen ließ. Schon die quantitative Steigerung des Gebrauchs der Begriffe „sittlich", „moralisch", „unsittlich" und ihrer Abwandlungen in der gesellschaftsbezogenen Literatur ist ganz auffällig.

Auch in der Gesetzessprache finden sie eine signifikante Vermehrung. Die Strafgesetzbücher beginnen, den Abschnitt über Sexualdelikte als „Verstöße wider der Sittlichkeit" zu überschreiben, so z.B. das Kriminalgesetzbuch für das Königreich Sachsen von 1838,[99] das Strafgesetzbuch für die preußischen Staaten von 1851,[100] das Strafgesetzbuch für das Königreich Bayern von 1861[101] und auch das Strafgesetzbuch für das Deutsche Reich von 1871.[102] „Sittlichkeit", „sittliches Gefühl" und dergleichen wurden auch strafrechtliche Tatbestandselemente.[103]

In der Gewerbeordnung für das Deutsche Reich vom 1. Juli 1883[104] wurde Sittlichkeit zum Prüfungsmaßstab erhoben: Schauspielunternehmern ist die Gewerbeerlaubnis zu versagen, wenn die Behörde die Überzeugung gewinnt, dass der Nachsuchende die erforderliche Zuverlässigkeit, insbesondere und an erster Stelle in sittlicher, dann in artistischer und finanzieller Hinsicht nicht besitzt (§ 32 S. 2 Gewerbeordnung). Auch die Gaststättenerlaubnis stand unter dem Vorbehalt der Sittlichkeit (§ 33 Abs. 2 Nr. 1 Gewerbeordnung).[105] Parallel zu den gelegentlich herangezogenen „guten Sitten" kommt die Sittlichkeit in der Gewerbeordnung noch weitere viermal vor.[106]

Auch in der sonstigen Rechtssprache sehen wir die Sittlichkeit und ihre Negationen („Unsittlichkeit", etc.) im Vormarsch. Von den Pandektensystemen war oben schon die Rede. Wir erinnern uns der Vorschrift des Preußischen Allgemeinen Landrechts, wonach niemand zu Handlungen berechtigt oder verpflichtet werden kann, welche die Ehrbarkeit beleidigen (Teil I Titel 4 § 7). In der Interpretation und Rechtsanwendung wurde die „Beleidigung der Ehrbarkeit" zum Teil gegen den Terminus „Unsittlichkeit" ausgetauscht.[107]

---

99 Vom 30.3.1838, 2. Teil 16. Kap.: „Von Verletzungen der Sittlichkeit".

100 Vom 1.7.1851, 2.Teil, 12. Titel: „Verbrechen und Vergehen gegen die Sittlichkeit".

101 2. Abt., 10. Hauptstück: „Verbrechen und Vergehen gegen die Sittlichkeit". Dagegen heißt es im Criminal-Gesetz-Buch für das Herzogtum Braunschweig vom 10. Juli 1840 beispielsweise: „Verbrechen wider die Sitten" (2, Buch, 2. Titel, 1. Abschnitt, Cap.6).

102 2. Teil, 13. Abschnitt: „Verbrechen und Vergehen wider die Sittlichkeit".

103 Vgl. § 184b StGB in der Fassung des Strafrechtsänderungsgesetzes vom 25.6.1900 (RGBl. 1900, S. 301).

104 RGBl. 1883, S. 177.

105 „Diese Erlaubnis ist nur dann zu versagen: 1. wenn gegen den Nachsuchenden Tatsachen vorliegen, welche die Annahme rechtfertigen, daß er das Gewerbe zur Förderung der Völlerei, des verbotenen Spiels, der Hehlerei oder der Unsittlichkeit mißbrauchen werde …"

106 §§ 57, 57b, 120, 128.

107 Vgl. *Rehbein/Reincke*, Allgemeines Landrecht für die Preußischen Staaten, 4. Aufl. 1889, Bd. 1 S. 147 Fn. 2.

2) Insbesondere die *strafrechtliche Terminologie* deutet auf eine Zuspitzung des Begriffs auf die *Sphäre des Geschlechtlichen* hin, eine Verflachung des Moralbegriffs, die bis heute nachwirkt. Der Sittlichkeitsbewegung (Sittlichkeitsvereine) des zu Ende gehenden 19. und des beginnenden 20. Jahrhunderts zielte augenscheinlich auf eine Festigung sexueller Tabus ab. Doch darf man sich nicht täuschen lassen. Kritiker der Sittlichkeitsbewegung, wie *Ludwig Thoma*, haben klar erkannt, dass es um mehr ging als um den Kampf gegen Unzucht und Obszönität, nämlich um einen allgemeinen politischen Kampf gegen die Freiheit einer den bestehenden Machtverhältnissen gefährlich werdenden Presse und Kunst.[108] Die in die Münchner Kunststreitigkeiten stets verwickelten Münchner Neuesten Nachrichten sehen im Jahre 1900[109] die Dinge wie folgt: „Im Grunde handelt es sich nicht um die Frage der Sittlichkeit, sondern solche der Weltanschauung, und eine unbequeme Weltanschauung ist es, die der Männerverein unter der Flagge der Sittlichkeit bekämpfen will."

In der Tat bleibt der Begriff Sittlichkeit immer auch ein gesellschaftspolitischer Allgemeinbegriff, Signatur für einen gegebenen, gewünschten, zu verteidigenden oder wieder herzustellenden Zustand von Staat und Gesellschaft, der letztlich alles in sich fassen kann: Religion, Kultur, politische Verfassung und gesellschaftliches Leben.

Ganz in diesem Sinne berief sich die Polizei bei ihrem Einschreiten gegen Gerhard Hauptmanns Schauspiel „Die Weber" auf die Anstößigkeit des Werkes „in sittlicher Beziehung": „Die Worte ‚in sittlicher Beziehung' sind ... nicht etwa nur auf die Unsittlichkeit in geschlechtlicher Beziehung zu beschränken. Unter diesen Worten muss vielmehr alles das verstanden werden, was gegen die guten Sitten im Allgemeinen verstößt. Wenn aber in den Webern die Arbeitnehmer gegen ihre Arbeitgeber zu Gewalttätigkeiten aufgereizt werden, der Klassenhass geschürt wird und unerwiesene Beschuldigungen schwerer Pflichtverletzung gegen staatliche Behörden erhoben werden, so ist hierin ein Verstoß gegen die guten Sitten zu erblicken, welcher bei den ordnungsliebenden, für Gesetz und Recht einstehenden Staatsbürgern Anstoß erregt."[110] Bei aller Verengung des Moralbegriffs im Zensurrecht, Verwaltungsrecht und Strafrecht auf den Sexualbereich bleibt doch die allgemeine Bedeutung der Sittlichkeit als Inbegriff der bürgerlichen Ordnung wirksam, der Kampf der Prüderie steht für den Kampf des ganzen Systems.

3) Dem freiheitlichen Naturrecht der Aufklärung tritt mit der Sittlichkeit ein *verhülltes Naturrecht* mit *restaurativen Gehalten* gegenüber. Seine Durchschlagskraft gewinnt es unter anderem dadurch, dass es sich einer rationalen Begründung seiner einzelnen Aussagen enthebt. An der Grundannahme, dass die so oder so gewordene oder als geworden vorgestellte Gesellschaft und Staatsverfassung Immanation der Vernunft und Sittlichkeit sei, hängt eigentlich alles. Die Sittlichkeit als vorgegebene, vorgefundene und vom Recht zu vollziehende Ordnung steht im Dienste der Bewahrung und kann darüber hinaus einer Rechtspolitik dienstbar gemacht werden, welche die *eigentlich* sittlichen Verhältnisse wiederherzustellen will.

Revolutionäre Energien hätte die Sittlichkeit als Kategorie allerdings dann aufnehmen können, wenn man die Hegelsche Basis verlassen hätte und zu einem universalen Sittengesetz der Menschheit zurückgekehrt wäre. Es ist dies, zunächst vergeblich, versucht worden[111] – Marx und die von ihm beeinflusste Variante des Sozialismus gingen bekanntlich andere Wege. So blieb die

---

108 Belege bei: *Josef Robert Pleiner*, Ludwig Thomas journalistische und literarische Auseinandersetzungen mit der deutschen Sittlichkeitsbewegung, Germanistische Magisterarbeit, Regensburg 1986, S. 84.

109 59. Jahrgang Nr. 348, S. 1 (zit. nach *Pleiner*, a.a.O., S. 68).

110 Zit. nach *Ludwig Leiss*, Kunst im Konflikt, Berlin 1971, S. 125.

111 Siehe meine Abhandlung: Arbeit und Eigentum. Zur Theorie ökonomischer Grundrechte im 19. Jahrhundert, in: Quaderni fiorentini per la storia del pensiero giuridico modernom Vol. 3-4, 1975, 509-556 (= Geschichtliches Recht und moderne Zeiten, Ausgewählte rechtshistorische Aufsätze, hrsg. von *Diethelm Klippel*, Heidelberg 1995, S. 61–100).

Sittlichkeit bis in das 20. Jahrhundert hinein mit vorwiegend konservativen, restaurativen oder zumindest bürgerlich-affirmativen Gehalten verbunden. „Sittlichkeit" war als Rechtsquelle, Grundordnung und rechtspolitisches Programm in einem begriffen. Das hinderte nicht, sie als kleine Münze der Gesetzessprache bis hinein in Straf- und Verwaltungsvorschriften zu benutzen.

4) Nach dem Gesagten erstaunt nicht, dass die staatsrechtliche Literatur des 19. Jahrhunderts durchweg den sittlichen Beruf des Staates anerkennt und hervorhebt. Das scheint selbstverständlich bei Autoren wie *Friedrich Justus Stahl*, bei dem Sittlichkeit, Recht, Staat und Religion als letztlich nicht ausdifferenzierbare Teile einer positiven Weltanschauung gedacht sind.[112] Auffällig ist aber doch, dass Liberale wie *Carl Welcker* die Grundbegriffe ihres Verfassungsideals wie des Rechtsstaats mit dem Anspruch der Sittlichkeit verbinden.[113]

Auf Einzelnachweise aus der Staatslehre muss an dieser Stelle verzichtet werden. Einige Stufen tiefer mag der Zeitgeist aus folgendem Zitat fassbar werden, das aus dem Handbuch von *Rönne/Simon* über das Polizeiwesen des preußischen Staates (1841) entnommen ist: „Wenn gleich die sittliche Ausbildung der Staatsbürger aus dem inneren Triebe des Menschen hervorgehen muß, und somit eine vom Staate ausgehende Zwangsanstalt zur Forderung der Sittlichkeit widersinnig sein würde, so liegt der Staatsgewalt dennoch ob und es steht ihr das Recht zu, die Sittlichkeit der Bürger zu befördern. Insbesondere ist es die Pflicht der Polizei, alle solchen Hindernisse der Sittlichkeit aus dem Wege zu räumen, welche die Anstrengung des Einzelnen nicht beseitigen kann. Dahin gehört vor allem die Sorge der richtigen Anwendung und Entwickelung des Sittlichkeitsgefühls durch die Erziehung, dann die Beseitigung aller Anreizungen zur Unsittlichkeit, und endlich die Entfernung schädlicher Beispiele."[114]

5) Welche konkreten Inhalte nun immer im Einzelnen mit der Sittlichkeit assoziiert wurden – die Grundrichtung war eindeutig. Sittlichkeit stand gegen individuelle Freiheit, gegen die Entfaltung sozialer Gruppen und Individuen, gegen Gleichheit, gegen Emanzipation. Nur skizzenhaft können einige Exempel vor Augen gestellt werden.

Die konservative Familientheorie des 19. Jahrhunderts stützte ihre Postulate durchweg auf die Sittlichkeit. Ehe und Familie wurden als sittliche und soziale Grundpfeiler von Staat und Gesellschaft ausgerufen. Ihre Deutung als natürlich-sittliche Wirklichkeit entzog sowohl den persönlichen Innenraum der Familie dem staatlichen Zugriff als auch ihre Struktur dem Belieben des Gesetzes. Nach dem Vorbild Hegels ließ die gängige Theorie den Einzelnen in der Familie aufgehen. Die rechtspolitischen Folgerungen richteten sich demgemäß gegen die Gleichberechtigung der Frau, die von ihrer sittlichen Bestimmung den Platz am Herdfeuer angewiesen erhielt; gegen die Annahme von Kindesrechten gegen Eltern und Staat; gegen die Ehescheidung, soweit ihre Möglichkeiten die Standards der christlich-protestantischen Ehelehre überschritten.

Insgesamt wurde mit Hilfe der normativen Sittlichkeit der Geist der patriarchalischen Familie beschworen, deren moralische Substanz das Recht vor die Tür weist und daher den Hausherrn schalten und walten lässt – in Liebe allerdings, wie man sicher annehmen zu können glaubte. *Carl Rotteck* behauptete 1837 ein Eigentumsrecht der Eltern an den Kindern, das Rechtspositionen der Kinder ihnen gegenüber undenkbar macht. Er schreibt dazu: „Sollte wohl diese Theorie eine gegen die Kinder lieblose, eine sie schutzlos dem bösen Willen, sei es der Eltern, sei es der Fremden, preisgebende sein? – Offenbar nein!, vielmehr eine den Kindern weit günstigere, als jene, die sie an das kalte Recht verweist und die Eltern bloß zu ihren Schuldnern

---

112 Vgl. *Karl-Heinz Ilting*, „Sitte, Sittlichkeit, Moral" (Fn. 98), S. 910.

113 *Carl Welcker*, Art. „Sittlichkeit, Sitten-, Religions- und Unterrichtspolizei", in: Rotteck/Welcker, Das Staats-Lexikon, Bd. 14 (1843), S. 572 f., 599.

114 *Ludwig von Rönne/Heinrich Simon*, Das Polizeiwesen des Preußischen Staates, Breslau 1841, Bd. 2 S. 315.

machen will ... Alle Zwangspflichten sind lästig und werden nimmer mit Liebe und nicht gern über das Maß der Erzwingbarkeit hinaus erfüllt."[115]

Nun hatte allerdings das römische Recht auf dem Gebiet des Vermögens klare Rechtspositionen der Kinder auch gegenüber den Eltern ausgebildet – das positive Zivilrecht folgte den Höhenflügen der politisch-sozialen Theorien ohnehin mit realistischem Abstand. Die Vorstellung von der stets intakten und daher rechtsschutzfreien Familie war gegen Ende des Jahrhunderts schon so weit brüchig geworden, dass das staatliche Wächteramt gegen den Missbrauch der elterlichen Erziehungsrechte im BGB verankert werden konnte (§ 1666).

6) Diente die Sittlichkeit im Familienrecht eher der Verhinderung gesetzgeberischer Schritte, so befruchtete sie auf anderen Gebieten die Rechtsentwicklung in aktivierendem Sinne. Klassisches Terrain hierfür bildeten die *Zensur* und funktionsgleiche Maßnahmen der Gewerbepolizei.

Bekanntlich hat das 19. Jahrhundert die Zensur nicht erfunden, diese ist vielmehr eine Errungenschaft von Kirche und Staat des späten Mittelalters.[116] Doch finden wir in der älteren Zeit unter den Zielen und Kriterien der Bücheraufsicht die Sittlichkeit zunächst nicht. Die Bekämpfung religiöser und politischer Unruhe erscheint als offenkundiger Zweck der Vorschriften und Maßnahmen im Zeitalter der Glaubensspaltung. Bedroht ist vor allem das geistliche und politische Schrifttum – bei zunehmender Bedeutung des politischen Blickwinkels seit dem 17. Jahrhundert.[117] Gegen religiöse, politische und sonstige Beunruhigung sind auch die reichsgesetzlichen Zensurbestimmungen der frühen Neuzeit gerichtet. Die der ordentlichen Obrigkeit eines jeden Orts anbefohlene Vorzensur soll die Bücher daraufhin überprüfen, ob sie der Lehre der christlichen Kirchen, desgleichen den aufgerichteten Reichsabschieden nicht zuwider, und ob sie „nicht aufrührerisch oder schmählich" sind.[118] Die schmähliche Schrift ist gleichbedeutend mit „Schmähschrift" oder „Pasquill" und meint Druckerzeugnisse, mit denen ehrverletzende und damit Unruhe stiftende Angriffe vorgetragen wurden. Die Verleitung zu Laster, Unkeuschheit oder sozialschädlichem Tun spielt zunächst nur nebenher eine Rolle, die sich aus der Zielbestimmung des konfessionellen Polizeistaates, das Reich Gottes auch mit staatlich-juristischen Mitteln zu verwirklichen, unschwer erklärt. Die christliche Obrigkeit kontrolliert auch das private Verhalten und misst es am christlichen Sittenkodex; ganz folgerichtig erstreckt ein Zensurtraktat aus dem Jahre 1581 die Bücheraufsicht auch auf den Gesichtspunkt der „guten sitten, zucht vnd erbarkeit".[119] Doch scheint dieser Gesichtspunkt in der älteren Zensurpraxis keine herausragende Rolle gespielt zu haben. Auch in den Maßnahmen gegen bildende Künstler und ihre Werke, wie etwa Michelangelos „Jüngstes Gericht" in der Sixtinischen Kapelle oder Rubens' „Jüngstes Gericht" in der Hofkirche zu Neuburg an der Donau ging es nicht um die Bekämpfung des Obszönen, sondern um das Problem der Darstellung der Nacktheit im religiösen Kontext.[120]

---

115 *Carl von Rotteck*, Artikel „Familie", in: Rotteck/Welcker (Fn. 113), Bd. 5 S. 400.

116 Zur Geschichte der Zensur ist eine Bibliothek geschrieben worden. Ich verweise auf: *Dieter Breuer*, Geschichte der literarischen Zensur in Deutschland, Heidelberg 1982, S. 23 ff.

117 Dazu *Breuer*, a.a.O., S. 47 ff., 93 ff.

118 Reichspolizeiordnung von 1548 (Reichstag von Augsburg), „Von Schmähschrifften/Gemählden/und Gemächten", nach: *Peter Ostermann*, Aller deß Heiligen Römischen Reichs gehaltener Reichtstagordnung/Satzung und Abschied, Mainz 1642, S. 411, 424 f. Den Obrigkeiten wird auch befohlen, darauf hinzuwirken, dass auch nichts der katholischen allgemeinen Lehre und den christlichen Kirchen Zuwiderlaufendes oder Unruhe Verursachendes, desgleichen nichts Schmähliches („Pasquilisches"!) gedichtet, geschrieben, gedruckt, gemalt, geschnitzt, gegossen und gemacht werde – aller Künste wurde gedacht.

119 Von verbot vnnd auffhebung deren Bücher vnd Schrifften/so in gemain one nachtheil vnnd verletzung des gewissens/auch der frumb vnd erbarkeit/nit mogen gelesen oder behalten werden, München 1581, zitiert nach *Breuer*, a.a.O., S. 42, 45.

120 Dazu *Leiss* (Fn. 110), S. 44 ff.; 52 ff.

Die Ausweitung der sittenbezogenen Zensur steht im Zusammenhang mit dem Entstehen eines breiten bürgerlichen Lesepublikums und wird demgemäß im Laufe des 18. Jahrhunderts spürbar. Auch rechtssprachlich schwenken die Zensurbestimmungen auf die neue Linie ein. Das preußische Zensuredikt Friedrichs II. von 1749 wendet sich gegen „verschiedene scandaleuse teils wider die Religion, teils wider die Sitten anlaufende Bücher und Schriften".[121] In der Folgezeit – wie schon im erneuerten preußischen Zensuredikt von 1788[122] – tritt zu Religion und Moral die bestehende politische Ordnung als dritter Maßstab hinzu. *Religion, Sittlichkeit und bürgerliche Ordnung* bilden fortan die Schrankentrias für die literarische und künstlerische Äußerung.

Auf der Grundlage der Karlsbader Beschlüsse erging in den deutschen Staaten eine Unzahl von Regulierungen. Sittlichkeit, Religion und politische Ordnung wuchsen als Fundamentalbegriffe immer weiter zusammen, sie dienten der Verklärung der bestehenden Verhältnisse, die gegen Angriffe, ja schon gegen Zweifel zu immunisieren waren. So dürfen gemäß dem Regulativ des preußischen Ministeriums des Innern und der Polizei von 1819 Bücher und Drucksachen, die „in irgendeiner Beziehung für Religion, Sittlichkeit, Anstand und bürgerliche Ordnung anstößig, zweideutig oder schlüpferig sind", durchaus in keiner Leihbibliothek gehalten werden.[123] Ein Regulativ desselben Ministeriums von 1820 unterstellt die Aufführung von „Privat-Kommödien" der polizeilichen Aufsicht „auf Ordnung, Ruhe und Sittlichkeit".[124] Ein weiteres Regulativ von 1820 will diejenigen Theaterstücke unterdrückt wissen, „welche Religion, Moral und die guten Sitten, oder die Würde des Staates beleidigen".[125] Solche Schranken und Kontrollen werden allen Sparten der geistigen Kreativität bis hin zu den Marionettenspielern, Kupferstechern, Lithographen und Urhebern sonstiger bildlicher Darstellungen beschert, vom klassischen Bereich der Presse- und Bücherzensur ganz zu schweigen.

Es ist hier nicht der Anlass, Praxis und Fortgang der Zensur im 19. Jahrhundert im Einzelnen zu verfolgen, die nach dem Scheitern der Revolution von 1848/49 auf das Ende des Säkulums hin ihren Höhepunkt erreichte: Bedroht von Zensur, Strafrecht und auch der Agitation der Sittlichkeitsvereine wurde jedes einigermaßen interessante Theaterereignis zu einem bürokratischen, auch aufführungspraktischen Abenteuer.[126]

7) Außer dem schon genannten Gewerberecht musste vor allem das Strafrecht geeignet erscheinen, seinen Beitrag zur Aufrechterhaltung über Sittlichkeit zu leisten. In der Tat wurden neue Strafdrohungen geschaffen oder angestrebt, die Angriffe auf die unter Sittlichkeit begriffenen Einrichtungen und Zustände tatbestandlich erfassten und damit einer geistigen Auseinandersetzung enthoben.

Nach § 631 des badischen Strafgesetzbuches in der Fassung von 1851[127] wird mit Gefängnis oder Arbeitshaus bis zu 2 Jahren bestraft, wer durch Anschläge an öffentlichen Orten, durch Verbreitung vervielfältigter Schriften, Bildwerke und dergleichen, durch öffentliche Reden oder durch andere öffentliche Handlungen „gegen die Unverletzbarkeit des Eigentums und der Familie

121 Abgedruckt bei *H.H.Houben*, Der ewige Zensor, 1926, Nachdruck Kronberg/Ts. 1978, S. 148.

122 Edikt vom 19.12.1788, § 2: „Die Absicht der Censur ist keineswegs, eine anständige, ernsthafte und bescheidene Untersuchung der Wahrheit zu hindern, oder sonst den Schriftstellern irgend einen unnützen und lästigen Zwang aufzuerlegen, sondern nur vornehmlich demjenigen zu steuern, was wider die allgemeinen Grundsätze der Religion, wider den Staat und sowohl moralischer als bürgerlicher Ordnung entgegen ist, oder zur Kränkung der persönlichen Ehre, und des guten Namens anderer abzielt." Zitiert nach: *v. Rönne/Simon* (Fn. 115), Bd. 2 S. 688).

123 Regulativ vom 1.10.1819, zit. nach *v. Rönne/Simon* (Fn. 114), Bd. 2 S. 744.

124 *v. Rönne/Simon* (Fn. 114), Bd. 2 S. 377.

125 v. *Rönne/Simon* (Fn. 114), Bd. 2 S. 379.

126 Ein Zeugnis für den Geist der Richtung bildet z.B. die Schrift von *Karl Friedrich Jordan*, Die moderne Bühne und die Sittlichkeit, Berlin 1891.

127 Badisches Strafgesetzbuch von 1845 in der Fassung des Einführungsgesetzes von 1851.

oder die Gebote der Sittlichkeit sich Angriffe erlaubt, welche die denselben schuldige Achtung zu untergraben geeignet sind." Ähnliche Strafdrohungen finden sich, meist ohne das ausdrückliche Schutzgut „Sittlichkeit", auch in anderen Bundesstaaten.[128]

Nach der Gründung des Deutschen Reiches beobachten wir verschiedene Anläufe, derartige Regelungen auch im Reichsstrafrecht zu verankern. Nachdem das StGB von 1871 sich zu derartigen Ausweitungen nicht verstanden hatte, sah § 20 des Entwurfs eines Reichspressegesetzes von 1874 folgende Bestimmung vor: „Wer in einer Druckschrift die Familie, das Eigentum, die allgemeine Wehrpflicht oder sonstige Grundlagen der staatlichen Ordnung in einer die Sittlichkeit, den Rechtssinn und die Vaterlandsliebe untergrabenden Weise angreift, oder Handlungen, welche das Gesetz als strafbar bezeichnet, als nachahmenswert, verdienstlich oder pflichtmäßig darstellt, oder Verhältnisse der bürgerlichen Gesellschaft in einer den öffentlichen Frieden gefährdenden Weise erörtert, wird mit Gefängnis oder Festungshaft bis zu zwei Jahren bestraft."[129]

Die Gesetzgebungsgeschichte des Zweiten Kaiserreichs zeigt indes, dass die Entwicklung ihren Höhepunkt überschritten hatte. So scheiterte im Reichstag auch die sogenannte „Umsturzvorlage" – gemeint ist die Bundesratsvorlage eines „Gesetzes betreffend Änderung und Ergänzung des Strafgesetzbuchs, des Militärstrafgesetzbuchs und des Gesetzes über die Presse" von 1894[130], die nach dem Außerkrafttreten des Sozialistengesetzes dem Schutz der öffentlichen Ordnung gegen politische, wirtschaftliche und gesellschaftliche Zersetzung zu dienen bestimmt war und auf den sozialrevolutionären Sozialismus und den Anarchismus zielte.[131] Und auch der letzte Versuch des zu Ende gehenden Jahrhunderts, die Sittlichkeit strafrechtlich zu bewehren, die Vorlage der „Lex Heinze"[132] durch die Reichsregierung,[133] führte nur zu einem gezähmten Resultat,[134] das bis zur Reform des Sexualstrafrechts im Jahre 1974 in Kraft blieb.[135]

Inzwischen war der Sittlichkeitsbewegung die offene Gegnerschaft der Literaten und Künstler erwachsen, die, etwa in Gestalt des in München gegründeten Goethebundes, organisierte Formen annahm. Unter ihnen befand sich *Ludwig Thoma*, der gegen das Rechtsprinzip „Sitt-

---

128 Nachweise in *meiner* Abhandlung: Zur Geschichte des verfassungsrechtlichen Schutzes von Ehe und Familie, in: Festschrift für Friedrich Wilhelm Bosch, Bielefeld 1976, S. 893 ff., 902 (auch in: Ausgewählte rechtshistorische Aufsätze, hrsg. von Diethelm Klippel, Heidelberg 1995, S. 121–140).
Siehe auch *R.v.Hippel*, Vergleichende Darstellung des deutschen und ausländischen Strafrechts, Berlin 1906, Bd. 2 S. 66 ff.

129 Zit. nach *Ernst Rudolf Huber*, Deutsche Verfassungsgeschichte seit 1789, Bd. 4, Stuttgart 1969, S. 269 Fn. 21.

130 Abgedruckt bei *Ernst Rudolf Huber*, Dokumente zur deutschen Verfassungsgeschichte, 3. Aufl., Bd. 2, S. 538.

131 Zum Entwurf und seinem Schicksal: *Ernst Rudolf Huber*, Deutsche Verfassungsgeschichte seit 1789, Bd. 4, S. 256 ff., 268 ff.

132 Benannt nach dem Anlaß des Entwurfs, dem Mordprozeß, der 1891 gegen ein Ehepaar Heinze in Berlin geführt wurde. Dabei kamen Zustände aus dem Milieu der Prostitution und Zuhälterei zutage, die zu einem Ruf nach schärferen Strafgesetzen führten. Die daraufhin eingereichten Entwürfe gingen aber über den Anlaß weit hinaus.

133 10. Legislaturperiode, 3.2.1899, nachdem schon vorher das Zentrum ähnliche Entwürfe eingebracht hatte, siehe *R.V.J. Lenman*, Art, Society an the Law in Wilhelmine Germany: The Lex Heinze, in: Oxford German Studies 8 (1973), S. 86 ff. Der Entwurf sah die Einführungen neuer Straftatbestände in §§ 184a, 184b StGB vor. § 184b StGB sollte lauten: „Mit Gefängnisstrafe bis zu einem Jahre oder mit Geldstrafe bis zu eintausend Mark wird bestraft, wer öffentlich theatralische Vorstellungen, Singspiele, Gesangs- oder deklamatorische Vorträge, Schaustellungen von Personen oder ähnliche Aufführungen veranstaltet oder leitet, welche durch gröbliche Verletzung des Scham- und Sittlichkeitsgefühls Ärgernis zu erregen geeignet sind.".

134 Siehe Verhandlungen des Reichstags Bd. 169 S. 3740 ff.; 3777 ff.; 3901 ff.; 3927 ff.; Bd. 170, S. 4633 ff.; 4665 ff.; 4701 ff.; 4775 ff.; Bd. 171, S. 5537 ff.; 5589 ff.; 5629 ff.; S. 5691 ff. Text des Entwurfs: Verhandlungen des Reichstags, Anlagen, Bd. 178, Nr. 834.

135 Gesetz betreffend Änderungen und Ergänzungen des Strafgesetzbuchs vom 25.6.1900 (RGBl. 1900 S. 301).

lichkeit" an vorderster Front kämpfte. Im „Simplicissimus" und wie in seiner Komödie „Moral" schoss Thoma Breitseiten des Spottes der gröberen Sorte gegen die Sittlichkeitspartei ab, etwa in dem Flugblatt (Oktober 1905) „Fort mit der Liebe", welches beginnt:

„Sittlichkeit! In deinem Namen
schau, wie sie zusammenkamen,
jene Männer, die man nennt
heilig oder impotent"[136]

Es ist nicht zu verkennen, dass die literarische Gegenwehr gegen die Sittlichkeitsbewegung und -politik an der Demontage des Sittlichkeitsbegriffs wesentlich beteiligt war.

IV. Das BGB und die Rückkehr zu den guten Sitten

Es war schon gezeigt worden, dass im Zivilrecht des 19. Jahrhunderts zunehmend auch mit der Kategorie der „Sittlichkeit" – alternativ zu den „boni mores" – gearbeitet wurde, dass aber die meisten Autoren darunter im Großen und Ganzen dasjenige darunter verstanden, was bisher unter den Stichwort „gute Sitten" abgehandelt worden war. Das Thema der unsittlichen oder sittenwidrigen Geschäfte oder Bedingungen wurde im Allgemeinen kurz und überwiegend mit Hilfe der schon traditionellen, in mäßigem Umfang vermehrten Beispiele abgehandelt.[137] Jenseits der Terminologie finden sich in der zivilrechtlichen Literatur weitere Versuche der Systematisierung, der Herausarbeitung der Grundprinzipien (insbesondere der Willensfreiheit als zu schützender Wert) und der Fallgruppenbildung, vereinzelt auch gewisse Ansätze, subjektiven Kriterien der Sittlichkeit („Verwerflichkeit der Gesinnung") neben den objektiven Maßstäben Bedeutung zuzumessen.[138]

Demgegenüber gab es Versuche, für die Begrenzung der rechtsgeschäftlichen Freiheit mit Hilfe des Begriffs „Sittlichkeit" neue Dimensionen zu gewinnen. Welche Bedeutung in diesem Zusammenhang dem Buch „Der Zweck im Recht" von *Rudolf von Jhering* zukommt, bedürfte einer besonderen Untersuchung, ich will mich auf Andeutungen beschränken.[139] Jhering bettet in dieser Schrift das Recht in ein Gesamtsystem der sozialen Imperative, zu der auch die Sittlichkeit gehört. Wenngleich „Sitte", „Sittlichkeit" und „Recht" – vor allem sprachanalytisch[140] – scharf voneinander geschieden werden, erhalten sie ihren untrennbaren Zusammenhang durch „die Gesellschaft", die in Jherings Vorstellung auch die Quelle der Sittlichkeit im engeren Sinne (Moral) bildet. In einem übergreifenden Sinne *umfasst* die Sittlichkeit sogar das Recht selbst: Jhering gelangt zu dem Resultat, „dass alle sittlichen Normen im weitesten Sinne des Worts (Recht, Moral, Sitte) lediglich das Wohl und Gedeihen der Gesellschaft zum Zweck haben"[141] – alle sittlichen Normen sind gesellschaftliche Imperative. Ganz nahe an Hegel gerät Jhering, wenn der in diesem Zusammenhang den Staat ins Spiel bringt: „Ist die Gesellschaft Zwecksubjekt des Sittlichen, so ist die Staatsgewalt als Vertreterin derselben in erster Linie berufen,

136 Abgedruckt bei *Leiss* (Fn. 110), nach S. 188; dort auch zu dem nachfolgenden Strafprozeß gegen Thoma.

137 Siehe nur die Darstellungen: *Karl Adolph von Vangerow*, Lehrbuch der Pandekten, 6. Aufl. Bd. 1, Marburg 1851, S. 77 ff.; *Heinrich Dernburg*, Pandekten, Bd. 2, 1844, S. 47; *Bernhard Windscheid*, Lehrbuch des Pandektenrechts, 2. Aufl., Bd. 1, Düsseldorf 1867, S. 192, 237 ff. Übersicht bei *Schmidt* (Fn. 3), S. 93 ff.

138 So bei *Bernhard Windscheid*, a.a.O., Bd. 2 § 314 S. 184.

139 Zur Bedeutung Jherings und den noch bestehenden Forschungsdesideraten s. *Diethelm Klippel*, Juristischer Begriffshimmel und funktionale Rechtswelt. Rudolf von Jhering als Wegbereiter der modernen Rechtswissenschaft, in: Colloquia für Dieter Schwab, Bielefeld 2000, S. 117 ff.

140 Der Zweck im Recht, Bd. 2, Leipzig 1883, S. 27 ff., 42 ff., 56 f., 78 ff. Zur Unterscheidung und Funktion von Sitte und Recht auch schon sein Werk: Der Geist des römischen Rechts auf den verschiedenen Stufen seiner Entwicklung, Bd. 2, Leipzig 1854, S. 24 ff.

141 Der Zweck im Recht (a.a.O.), S. 164.

das Sittliche zu verwirklichen und zu fördern."[142] Gleichzeitig zieht er jedoch die Sittlichkeit als Grenzlinie für die Staatsgewalt: Diese kann sich selbst den Vorwurf der Unsittlichkeit zuziehen, wenn ihre Anordnungen mit den sittlichen Anschauungen des Volkes in Widerspruch treten – auch hier deutet sich eine funktionale Ähnlichkeit zwischen dem aufgeklärten Naturrecht und der Sittlichkeit des 19. Jahrhunderts an. Generell fällt auf, dass ein Jurist das Gesamtgebäude einer Gesellschaftslehre auf einen Sittlichkeitsbegriff aufbaut; wenn das „Zwecksubjekt" von Recht und Moral dasselbe (nämlich die Gesellschaft) ist,[143] muss der Unterschied im bloß Modalen liegen. Bei aller Unterscheidung sind die Bezüge so eng, dass für die Juristen eine Kompetenz im Bereich des Moralischen reklamiert[144] und die „Ethik der Zukunft" als Ergebnis der Zusammenarbeit unterschiedlicher Disziplinen erhofft wird, zu denen wie selbstverständlich die Jurisprudenz gehört.[145] Bei aller Unterscheidung laufen Recht und Sittlichkeit parallel – auch auf der subjektiven Seite – als „Rechtsgefühl" und „sittliches Gefühl" auf ein Ziel zu, schwerlich können wir Jhering zu den Autoren rechnen, welcher für die erneute Trennung dieser Sollensordnungen vorgearbeitet hätten.[146] Hingegen finden wir bei Jhering Ansätze zu einer Vergesellschaftung der Sittlichkeit, die sich mit der Idee der „öffentlichen Ordnung" (ordre public) auch innerhalb des Begriffs der „guten Sitten" verbünden kann.

Der Einfluss Jherings zeigt sich in weiteren literarischen Bemühungen[147], etwa in der auch heute noch lesenswerten Arbeit des Berner Rechtslehrers *Philipp Lotmar* „Der unmoralische Vertrag insbesondere nach gemeinem Recht" (1896), die zumindest insoweit von Jhering abhängig ist, als sich Recht und Moral als Gestalten oder „Reiche" der Sittlichkeit darstellen und sich in ihrem Ziel, der „vorgestellten Wohlfahrt der Gattung" treffen.[148] Lotmar stellt die Auffassung, die Sittlichkeits- und Rechtsgebote stofflich sondern will, als eine zu überwindende, wenngleich verbreitete Meinung dar. Wenngleich sein Ausgangspunkt das römische Recht ist, dem er eine gewisse Zuordnung von Recht und Moral unterstellt,[149] so fordert er an Stelle der – mit dem Corpus Juris nicht mitrezipierten! – römischen Moral die Anwendung einer „heutigen", mit der es gelingt, neue Fälle zu lösen, aber auch die Lösung alter Fälle zu korrigieren. Das bedeutet ein Ausgreifen der Sittlichkeit aus ihrem gewohnten kasuistischen Feld in die Verhältnisse des modernen Arbeits- und Wirtschaftslebens, aber auch auf das von der Sittlichkeitsbewegung eroberte Terrain: „Eine Handlung, die unmoralisch ist, wäre ferner vereinbart mit einer Person, die eine unmoralische Vorstellung oder Schaustellung geben oder hieran mitwirken soll. Dies würde zwar nicht zutreffen für das Modellstehen gegenüber dem bildenden Künstler oder Kunstschüler, wohl aber auf manche dramatische, mimische oder pantomimische Darbietungen."[150]

Gegen Ende des 19. und zu Anfang des 20. Jahrhunderts erhoben sich weitere Stimmen, welche der Trennung bzw. Entgegen-Setzung von Recht und Moral entgegenarbeiteten und eine gemeinsame Finalität annahmen. *Josef Kohler* forderte 1891, das Recht habe sich „auch den

142 Der Zweck im Recht (a.a.O.), S. 107.

143 „Sittlich und gesellschaftlich ist gleichbedeutend ...", Der Zweck im Recht (a.a.O.), S. 105.

144 Der Zweck im Recht (a.a.O.), S. 123.

145 Der Zweck im Recht (a.a.O.), S. 125.

146 Der Zweck im Recht (a.a.O.), S. 10. Als Hinweis möge dienen, dass Jhering inmitten der Behandlung von Fragen der Moral, Schicklichkeit usw. unvermittelt in rechtliche Aussage hinüberwechselt, z.B. bei dem Problem der Wahrhaftigkeit und Lüge, a.a.O., S. 580 und passim.

147 Weitgehend abhängig von Jhering z.B. *Leonard Jacobi*, Recht, Sitte und Sittlichkeit. Ein Beitrag zur Begriffslehre des deutschen bürgerlichen Rechts, Jherings Jahrbücher. Bd. 41 (Reprint Frankfurt/Main 1967), S. 68 ff.

148 *Philipp Lotmar*, Der unmoralische Vertrag insbesondere nach gemeinem Recht, Leipzig 1896, S. 1, 104.

149 Ausgehend von der Ulpian'schen Beschreibung der *praecepta iuris*, an deren Spitze das *honeste vivere* steht (D 1.1.10); siehe a.a.O., S. 13 ff.

150 A.a.O., S. 69.

Sittlichkeits-, Schönheits- und Religionsbestrebungen" der Zeit zu richten.[151] Interessant sind in diesem Zusammenhang auch die Arbeiten von *Ernst Eckstein*, der noch nach dem Inkrafttreten des BGB eine „Einrede der Unsittlichkeit" konstruierte, die er, mangels Anhaltspunkt im Gesetz, als Recht „von Gottes Gnaden" begründete.[152]

Derartige Auffassungen konnten sich in ihrer Zeit nicht durchsetzen. Insgesamt gesehen widerstrebten die Zivilisten dem Versuch, mit dem Begriff Sittlichkeit ein außerrechtliches Normensystem in das Recht einzuschleusen. Das hinderte nicht, den „guten Sitten" oder der vielfach gleichbedeutenden „Sittlichkeit" neue Anwendungsfelder zu erschließen. Gegen Ende des Jahrhunderts und im Anschluss an das Inkrafttreten des BGB wurden mit Hilfe der „guten Sitten", wie die Forschungen von *Rainer Schröder* gezeigt haben,[153] Probleme der industriellen Revolution wie etwa des Kartellrechts angegangen; auch in diesem Zusammenhang wurde indes kein außerrechtliches Moralsystem in das Recht transferiert, sondern aus Rechtsgedanken geschöpfte Grundprinzipien (vor allem das Prinzip der rechtgeschäftlichen Freiheit) zur Geltung gebracht.[154]

Die Beratungen zum BGB machen den einsetzenden Rückzug der „Sittlichkeit" deutlich.[155] Dem in der ersten Kommission gemachten Vorschlag, Geschäfte, die im Widerspruch zu den guten Sitten stehen, als nichtig zu behandeln, wurde die Erwägung entgegengesetzt, die Vorschrift auf Rechtsgeschäfte auszudehnen, „durch welche keine gesetz- oder sittenwidrige Leistung versprochen werde, deren Inhalt aber vom Standpunkt der Sittlichkeit und der öffentlichen Ordnung Anstoß errege".[156] Dementsprechend wurden Fassungen des heutigen § 138 BGB vorgeschlagen, in denen die Sittlichkeit entweder *neben* den guten Sitten oder *statt ihrer* als Prüfungsmaßstab gesetzt war.[157] Diese Vorschläge verfielen – unter dem Widerspruch *Otto von Gierkes*[158] – der Ablehnung, und zwar offenkundig, weil man den auf bloß subjektiver Beurteilung gestützten moralischen Beurteilungen keine zivilrechtliche Relevanz einräumen wollte, wenngleich das subjektive Moment – die verwerfliche Gesinnung – nicht völlig außer Betracht bleiben sollte.[159] In den Beratungen zum BGB spiegelt sich die bereits fortgeschrittene Diskus-

---

151 *Josef Kohler*, Das Ideale im Recht, in: Archiv für Bürgerliches Recht, Bd. 5 (1891), S. 161 ff. Vgl. auch Kohlers scharfe Polemik gegen Jhering: Sitte und Sittlichkeit, in: Archiv für Rechts- und Wirtschaftsphilosophie, Bd. 8 (1914/1915), S. 330 ff., in der er sich gegen die verpflichtende Kraft der Sitte wendet und die guten Sitten des § 138 Abs. 1 BGB mit der Sittlichkeit identifiziert. Die Theorie Kohlers bedürfte näherer Analyse, seine Äußerungen liegen sehr verstreut, vgl. z.B. die Abhandlung: Idealismus und Realismus im Recht, in: Die Zukunft, Bd. 1, 1892, S. 299, 304 f., wo er die Idealität des Rechts herausgestellt und eine sittliche Grundlage fordert: „nicht um den Genuß der Güter zu sichern, ist das Recht gegeben, sondern um Unheiligkeiten und Niedrigkeiten zurückzudrängen.".

152 *Ernst Eckstein*, Die Einrede der Unsittlichkeit, in: Archiv für Bürgerliches Recht, Bd. 39 (1913), S. 367 ff. Vgl. auch *Eckstein*, Zur Lehre von der Nichtigkeit des Vertrages wegen Unsittlichkeit, in: Archiv für Bürgerliches Recht, Bd. 38 (1912), S. 195 ff.; *Eckstein*, Studien zur Lehre von den unsittlichen Handlungen, Rechtshandlungen und Rechtsgeschäften, insbesondere Verträgen, in: Archiv für Bürgerliches Recht, Bd. 41 (1915), S. 178 ff.

153 *Rainer Schröder*, Die Entwicklung des Kartellrechts und des kollektiven Arbeitsrechts durch die Rechtsprechung des Reichsgerichts vor 1914 (Münchener Universitätsschriften, Juristische Fakultät, Abhandlungen zur rechtswissenschaftlichen Grundlagenforschung, Bd. 69).

154 *Schröder*. a.a.O., insbes. S. 71 ff., 121 ff. *Schröder* selbst begreift die „guten Sitten" noch als ‚rein moralische' Kategorie, a.a.O., S. 519.

155 Dazu auch *Schmidt* (Fn. 3), S. 141 ff.

156 *Horst Heinrich Jakobs/Werner Schubert*, Die Beratung des Bürgerlichen Gesetzbuchs in systematischer Zusammenstellung der unveröffentlichten Quellen, 1. Teilband, 1985, S. 714.

157 *Jakobs/Schubert*, a.a.O., S. 729, 732. In den im 19.Jahrhundert konzipierten deutschen Zivilgesetzbüchern bzw. Entwürfen wechseln finden sich überwiegend die „guten Sitten", vereinzelt – wie im Entwurf eines Bürgerlichen Gesetzbuchs für Bayern (1860/1864) – auch die „Sittlichkeit" als Maßstab. Zusammenstellung bei *Leonard Jacobi*, Recht, Sitte und Sittlichkeit (Fn. 147), S. 68, 99 ff.

158 *Otto von Gierke*, Der Entwurf eines bürgerlichen Gesetzbuchs und das deutsche Recht, Leipzig 1889, S. 168 f.; siehe auch: *Otto von Gierke*, Recht und Sittlichkeit, in: Logos, Bd. 6 (1916/1917), S. 211 ff. (Reprint als Einzelschrift Darmstadt 1963).

159 Protokolle der Kommission für die zweite Lesung des Entwurfs des Bürgerlichen Gesetzbuchs, Bd. 1, 1897, S. 123.

sion über das Verhältnis von Moral und Recht wider, die auch das Reichsgericht 1904 aufnahm, das den Satz billigte, nicht jedes nach geläuterter sittlicher Anschauung minderanständiges Handeln enthalte als solches zugleich auch einen Verstoß gegen die guten Sitten.[160]

Mit der Entscheidung für die „gute Sitten" in § 138 Abs. 1 BGB war die Frage des Verhältnisses des Privatrechts zu Prinzipien der Sittlichkeit natürlich nicht entschieden. Denn nun stellte sich wiederum die Frage, ob der gewählte Begriff auf ungeschriebene Rechtsprinzipien[161] oder auf eine jeweils konkret auffindbare öffentliche Ordnung (ordre public) oder auf eine außerhalb des Rechts stehende („sittliche") Sollensordnung Bezug nehmen will.[162] Die weitere Entwicklung der rechtswissenschaftlichen Dogmatik in dieser Frage kann hier nicht mehr dargestellt werden. Die Vorstellung, dass die rechtsgeschäftliche Freiheit durch die Gebote einer – wie immer zu begreifenden und zu begründenden – Sittlichkeit oder Moralordnung zu begrenzen sei, wirkte lange nach.[163] Es ist aber evident, dass heute sowohl der Gebrauch des Terminus „Sittlichkeit" im Rahmen des § 138 Abs. 1 BGB als auch die damit zu leistende Verknüpfung des Rechts mit einem außerrechtlichen Moralsystem seit der Entstehungszeit des BGB stark rückläufig erscheint. Schon das Sprachgefühl sträubt sich, die bei § 138 BGB angesiedelten Probleme der Beschränkung wirtschaftlicher Bewegungsfreiheit, der gestörten Äquivalenz von gegenseitigen Leistungen, der Benachteiligung von konkurrierenden Gläubigern oder des Schutzes der Selbstbestimmung im Vertragsrecht mit dem Begriff der Sittlichkeit in Verbindung zu bringen. Die Wege der „guten Sitten" und der „Sittlichkeit" haben sich getrennt, mögen auch Sprachfindungen und Vorstellungen des 19. Jahrhunderts auf manche spätere Darstellung noch einwirken.

Für die weitere Dogmatik der guten Sitten ist entscheidend geworden, dass sie mit der Deutung der Grundrechte der deutschen Verfassungen als Inbegriff eines die gesamte Rechtsordnung verbindenden Wertesystems als *positiviert* erscheinen: Nicht eine außerrechtliche Moral, sondern grundgesetzlich verbürgte Werte bestimmen in weitem Umfang die Konkretisierung der Generalklausel.

Das feine Gespür der Schöpfer des BGB, das sie vor dem Gebrauch des Terminus „Sittlichkeit" wegen der mit seiner Begrifflichkeit verbundenen Hypertrophie gewarnt hatte, versagte auffälligerweise in anderen Regelungszusammenhängen. Die „sittliche Pflicht" erhält etwa in den §§ 814, 534, 1641, 1804, 2113, 2205 und 2330 bis heute eine problematische Justiziabilität[164] und auch das unsittliche Verhalten oder der unsittliche Lebenswandel tauchen als Tatbestandsmerkmale auf (vergleiche nur § 2333 Nr. 5 BGB), die nach der Auflösung der bürgerlichen Moral im Weltanschauungspluralismus unserer Tage schwierige Fragen aufwerfen.[165] Ein Blick auf die üblichen Kommentierungen zu dem Begriff „sittliches Verschulden" in § 1611 BGB mag dies ebenso verdeutlichen wie die Konsultation der Grundgesetzkommentare zum Begriff des in Art. 2 Abs. 1 GG genannten Sittengesetzes.

---

160 RGZ 58, 219, 220. In diesem Sinne hatten sich schon die Motive zum BGB geäußert: Es sei gewiß, „daß das Gebiet der Sittenpflichten mit demjenigen der Rechtspflichten sich nicht deckt und daß nicht jedes vom Standpunkte der Sittlichkeit verwerfliche Rechtsgeschäft nichtig sein kann." Siehe: Motive zu dem Entwurfe eines Bürgerlichen Gesetzbuches für das Deutsche Reich, Bd 1, 1888, S. 211.

161 Darauf deutet der Gebrauch des Begriffs „Rechtsmoral" hin.

162 Diese Frage wurde sogleich nach Inkrafttreten des BGB streitig, siehe *Heinrich Klusmann*, Die Tragweite der §§ 134, 138 BGB, Erlanger jur. Diss., Oldenburg 1909, S. 28 ff.; *Otto Dick*, Der Verstoß gegen die guten Sitten in der gerichtlichen Praxis, Erlanger jur. Diss., Berlin 1909.

163 Siehe *Rolf Sack*, Das Anstandsgefühl aller billig und gerecht Denkenden und die Moral als Bestimmungsfaktoren der guten Sitten, NJW 1985, 761 ff. Siehe zur Entwicklung auch: *Franz Wieacker*, Rechtsprechung und Sittengesetz, JZ 1961, 337 ff. (auch in: Ausgewählte Schriften, hrsg. von *Dieter Simon*, 1983, Bd. 2 S. 17 ff).

164 Vgl. nur BayObLG FamRZ 1996, 1359: „Das Bestehen einer sittlichen Pflicht ist grundsätzlich zurückhaltend zu beurteilen ... Sie kann nur mit größter Vorsicht bejaht werden." Desgleichen BayObLG FamRZ 1999, 47, 48.

165 Hierzu beispielsweise *Rainer Frank*, in: Münchener Kommentar zum BGB, 3. Aufl., § 2333 RdNr. 14 ff.

V. Schluss

Die Auseinandersetzungen um die Interpretation des § 138 BGB stehen in dem größeren Zusammenhang des Niedergangs des seit Fichte und Hegel in den Bereich des Rechts einwirkenden Sittlichkeitsverständnisses und des mit diesem Begriff signierten, Staat und Gesellschaft durchdringenden Wertesystems. Die philosophischen Grundlagen für diese Entwicklung waren schon im 19. Jahrhundert selbst gelegt worden, der Hinweis auf *Schopenhauer* und *Nietzsche* möge genügen. *Schopenhauer* charakterisiert die Sittlichkeitslehre Hegels wie folgt: „Daher ist man in Folge des erneuten Spinozismus unserer Tage, also des Pantheismus, in der Ethik so tief herabgesunken und so platt geworden, dass man aus ihr eine bloße Anleitung zu einem gehörigen Staats- und Familienleben machte, als in welchem, also im methodischen, vollendeten, genießenden und behaglichen Philistertum, der letzte Zweck des menschlichen Daseyns bestehen sollte."[166]

Die literarische Abrechnung erfolgte vor allem in Gefolge eines neuen Selbstbewusstseins der zur Autonomie strebenden Kunst. Der Kampf gegen die Unterdrückung des schöpferischen Menschen im Namen der Sittlichkeit richtete sich durchweg auch gegen die Sittlichkeit als Begriff, so in den berühmten Polemiken von *Karl Kraus* gegen die Wiener Sittengerichtsbarkeit und ihre publizistischen Begleitumstände,[167] so in den anarchistischen Entwürfen von *Erich Mühsam*[168] und in den Sottisen *Ludwig Thomas* und seiner Freunde vom Simplicissimus.

Unter dieser Entwicklung hat das Renommee des Begriffs gelitten. Während herkömmliche Rechtsphilosophien noch das Standardkapitel „Recht und Sittlichkeit" im Programm führen, weichen Versuche, der Rechtsordnung eine außerrechtliche Seins- oder Sollensordnung gegenüberzustellen und mit dem Recht in Beziehung zu setzen, zunehmend auf den Terminus „Ethik" aus. Dieser allerdings hat – ungeachtet oder wegen seiner unklar gewordenen Bedeutung – im letzten Drittel des 20. Jahrhunderts eine inflationäre Ausbreitung erfahren, die bis heute anhält.

Veröffentlicht in: Franz Dorn/Jan Schröder (Hrsg.), Festschrift für Gerd Kleinheyer zum 70. Geburtstag, C. F. Müller Verlag, Heidelberg 2001, S. 493–522.

166 Die Welt als Wille und Vorstellung, 4. Buch, Kap. 47.

167 Siehe vor allem die Texte in der von Kraus gegründeten Zeitschrift „Die Fackel"; Texte zum Thema in der Werkausgabe: *Karl Kraus*, Schriften, hrsg. von *Christian Wagenknecht*, Frankfurt/Main 1994, Bd. 1: Sittlichkeit und Kriminalität.

168 Siehe diverse Aufsätze in seiner Zeitschrift „Kain. Zeitschrift für Menschlichkeit", etwa den Beitrag: Sittlichkeit, in Jg. 1 (1911), Heft 5, S. 65 ff.

Der Staat im Naturrecht der Scholastik

I. Vorbemerkungen zum Naturrecht des Mittelalters

In einer halben Stunde das Thema „Der Staat im scholastischen Naturrecht" bewältigen zu wollen, erscheint als vermessenes Unterfangen. Schon der Begriff „Scholastik" ist schwierig.[1] Ich will darunter diejenige im Mittelalter ausgebildete und in der Neuzeit fortgesetzte Theologie verstehen, die den christlichen Glauben in einen philosophischen Kontext stellt und die Vereinbarkeit des Christentums mit philosophischer Erkenntnis zur methodischen Grundmaxime hat. Ich müsste, um dem Thema gerecht zu werden, Staatstheorien beinahe eines Jahrtausends erörtern. Statt dieses Unmöglichen will ich einige wenige Beobachtungen zur Staatstheorie des Thomas von Aquin und seiner Schule vortragen, die aus einem rückschauenden Blick gewonnen sind und vielleicht einen Beitrag zum Verständnis der weiteren Entwicklung des Naturrechtsgedankens leisten können.

Zum Verständnis der Naturrechtslehren des Mittelalters sind einige Vorbemerkungen zu machen. Vorstellungen von einer natürlichen, auch in den Bereich menschlichen Rechts hineinragenden Ordnung sind im Mittelalter allgegenwärtig. Wir finden sie formuliert im theologischen Schrifttum, gleichzeitig im kanonischen Recht und ebenso bei den Glossatoren und Kommentatoren des Corpus Juris Civilis[2] und in politischen Schriften. Antike Quellen dieser Vorstellungen sind vor allem die Schriften Ciceros, der Kirchenväter, darunter von besonderer Bedeutung des Augustinus und des Isidor von Sevilla, die Philosophie des Aristoteles und das römische Recht. Schon diese unterschiedliche Fundierung erklärt, dass wir nicht auf eine geschlossene Vorstellungswelt treffen und auch nicht auf eine übereinstimmende Terminologie.

Aus heutiger Sicht fällt vor allem auf, dass Naturrecht (ius naturae, ius naturale, lex naturae, lex naturalis) *keinen* speziell *rechtlichen* Begriff darstellt. Er ist auch nicht ausschließlich auf die Ordnung des Staates und anderer Gesellschaftsformen ausgerichtet. Vielmehr geht es primär um eine natürliche Seinsordnung im allgemeinsten Sinne, die natürliche Ethik eingeschlossen. Die Begriffe „ius naturale" oder „lex naturalis" – meist synonym verwendet – können nach dem Vorbild des römischen Rechts auch noch weiter gefasst sein und den Naturinstinkt der animalia, zu denen der Mensch mit einem Teil seines Wesens gehört, in sich schließen.[3] Das die Menschen betreffende Naturrecht grenzt sich nicht gegen die Moralität aus. Die Gerechtigkeit (iustitia) ist Tugend und zugleich Inbegriff von Rechtsprinzipien. Das hindert die mittelalterliche Philosophie nicht, Erwägungen darüber anzustellen, ob alles sittlich Gebotene durch Zwang durchgesetzt werden muss oder ein Bereich freiwilliger Pflichterfüllung verbleiben soll.[4] Die

---

1 Siehe *Ulrich G. Leinsle*, Einführung in die scholastische Theologie, Paderborn 1995, S. 5–12.

2 Zu den Querverbindungen zwischen Philosophie und Jurisprudenz: *Maximiliane Kriechbaum*, Philosophie und Jurisprudenz bei Baldus de Ubaldis: „Philosophi legum imitati sunt philosophos naturae", in: Ius Commune. Zeitschrift für Europäische Rechtsgeschichte 27 (2000), S. 299–343.

3 Institutionen 1, 2 pr.; Digesten 1, 1, 1, 3.

4 Siehe Thomas von Aquin, Summa Theologica, im folgenden nach der Ausgabe De Rubeis, Billuart et al., 17. Aufl., Turin 1922), I-II qu.96 art. 2 („Utrum ad legem naturalem pertineat, omnia vitia cohibere").

Mischung von Rechtslehre und Ethik wird ein Grundproblem des neuzeitlichen Naturrechts bleiben.

Als Gegenspieler des Naturrechts erscheint das *positive Gesetz*, sei es Gottes, sei es der Menschen. Das positive Gesetz wird aber nicht schroff dem Naturrecht entgegengesetzt. Im Thomismus herrscht die Anschauung, dass alles Recht letztlich Ausprägung der natürlichen Ordnung ist, Konkretisierung der allgemeinen, mit der Vernunft erkennbaren Prinzipien (*principia primaria*) des Naturrechts. Folgerichtig wird die Frage diskutiert, von welchem Punkt an positives menschliches Recht wegen eines Widerspruchs gegen naturrechtliche Prinzipien seinen Geltungsanspruch verliert. Auch das Problem der Wandelbarkeit des Naturrechts ist thematisiert.[5]

Mit der natürlichen Ethik verbindet das thomistische Naturrecht einen strukturellen Ansatz, den sodann auch Vertreter des Nominalismus teilen können. Die Welt ist von Gott als geordnete geschaffen, und die Strukturen dieser *natura creata* sind mit Hilfe der menschlichen Vernunft erkennbar. Auch hier ergeben sich Verknüpfungen mit naturgesetzlichen Vorstellungen, wie überhaupt die *lex*, das dem Kosmos innewohnende, der Schöpfung durch ihren Urheber eingegebene Bewegungsprinzip, den *Schlüsselbegriff* bildet: Der Mensch ist ein *animal sociale (civile)*, weswegen der Staat Natureinrichtung sein muss, und er ist ein *animal coniugale*, daher auch die Ehe ein Naturgebilde. Gerade der strukturelle Ansatz eignet sich für rechtliche Aussagen, zugleich öffnet er den Weg zu unterschiedlichen Naturrechtsebenen. Wenn aus dem anzutreffenden Sein des Menschen normative Rückschlüsse gezogen werden können, dann kann auch in Rechnung gestellt werden, dass sich die Befindlichkeit des Menschen durch den Sündenfall geändert hat. So können zwei Naturrechte miteinander konfrontiert werden, das *ius naturae primaevum* als Idealzustand und das *ius naturae post lapsum*, das im Hinblick auf die Verderbnis des Menschen gewisse Einschränkungen verträgt und auch Sklaverei[6] und Privateigentum legitimiert.

Für das Verständnis der mittelalterlichen Naturrechtsdiskussion erscheint weiterhin wichtig, dass sie – dem römischen Recht folgend[7] – auch mit dem Parallelbegriff des *ius gentium* geführt wird. Dieser Begriff ist im Gegensatz zum *ius naturae* ausschließlich auf die menschliche Rechtsordnung bezogen.[8] Der Vorzug des *ius gentium* besteht darin, dass weder eine Vermischung mit den Naturgesetzen noch mit der Ethik stattfindet. Der Begriff bezeichnet das *Recht*, das die natürliche Vernunft für alle Völker bestimmt hat, und bildet so eine Größe, auf welche der rechtliche Diskurs *unvermittelt* zurückgreifen kann – man beobachte nur die argumentative Rolle, die das *ius gentium* in den Auseinandersetzungen des 11. Jahrhunderts spielt.[9] Das *ius gentium*, obwohl der natürlichen Vernunft entspringend, ist mit dem *ius naturae* auch deshalb nicht einfach austauschbar, weil es im (gedachten) übereinstimmenden Gebrauch der Völker ein positives Moment besitzt.[10] Dies bedingt, dass das *ius gentium* unter dem Blickwinkel allgemeiner Naturrechtsprinzipien in die zweite Reihe rücken kann – als Ausprägung des Naturrechts für menschliche Verhältnisse, teilweise auch als ein Naturrecht für den Zustand nach dem Sünden-

5 Summa Theologica I-II qu.94 art. 5.

6 Zur Sklavenfrage siehe unter anderem Summa Theologica I qu.96 art.4; II-II qu. 57 art.3.

7 Institutionen 1, 2, 1; Digesten 1, 1, 1, 4.

8 Digesten 1, 1, 1, 4.: „... quia illud omnibus animalibus, hoc solis hominibus inter se commune sit."

9 Siehe *Lampert von Hersfeld*, Annalen (Ausgewählte Quellen zur Deutschen Geschichte des Mittelalters. Freiherr vom Stein-Gedächtnisausgabe, 13, Darmstadt 1962), S. 56, 74, 90 und öfter. Siehe auch die Defensio Heinrici des *Petrus Crassus*, c. 6, ediert in: Quellen zum Investiturstreit, Zweiter Teil: Schriften über den Streit zwischen regnum und sacerdotium (Ausgewählte Quellen zur Deutschen Geschichte des Mittelalters. Freiherr vom Stein-Gedächtnisausgabe, 12 b, Darmstadt 1984), S. 208.

10 Institutionen 1, 2, 1 „... quod vero naturalis ratio inter omnes homines constituit, id apud omnes populos peraeque custoditur vocaturque ius gentium, quasi quo iure omnes gentes utuntur." Siehe *Thomas von Aquin*, Summa Theologica I-II qu. 95 Art. 4; II-II qu.57 art.3.

fall.[11] So gesehen bildet das *ius naturae* einen Oberbegriff, unter dem auch das *ius gentium* Platz findet. Die Theologen der mittelalterlichen Scholastik denken allerdings, der deduktiven Methode folgend, hauptsächlich von der naturrechtlichen Ebene aus.

Bei Thomas von Aquin und seinen Schülern wird das Naturrecht auf Gott als das ewige Gesetz (*lex aeterna*) zurückgeführt, während die Voluntaristen die Willkür Gottes walten lassen, so dass ein Naturrecht jenseits des göttlichen Willens nicht gedacht werden kann. So oder so stellte sich die Frage nach dem Erkenntniswert der Offenbarung für das Naturrecht und nach dem Verhältnis des Naturrechts zum göttlichen Recht überhaupt. Über das gesamte Mittelalter befinden sich die Begriffe „*ius divinum*" –„*ius naturale*" in einem komplexen Verhältnis zueinander.[12] Gegenüber Ansätzen zur Identifikation dieser Begriffe arbeitete die Scholastik heraus, dass das ewige Gesetz sich in zweierlei Form äußert, dem Naturrecht und dem positiv-göttlichen Recht. Dem entspricht aber keine einschichtige Zuordnung der Erkenntnisquellen: Für die Erkenntnis des Naturrechts ist der Mensch auf die natürliche Vernunft nicht allein angewiesen; auch die Offenbarung enthält naturrechtliche Aussagen, insbesondere in Form der *praecepta moralia*.[13] Gottes Offenbarung kommt der Unsicherheit des menschlichen Urteils entgegen, im göttlichen Gesetz des Alten Testaments manifestieren sich, wie Thomas von Aquin sagt, auch die Vorschriften der *lex naturalis*.[14]

Insgesamt gesehen entwickeln Thomas von Aquin und seine Schüler grandiose Systeme einer vernünftigen Welt. Gott ist Vernunft und hat den Menschen nach seinem Ebenbild als Vernunftwesen gestaltet. In allem liegen ein Wesen (*essentia*) und ein Zweck (*finis*), die rational erkennbar sind. Der Kosmos wird regiert von vernünftigen Gesetzen, die der Mensch trotz seines durch Sündenfall verdunkelten Verstandes erfassen und auf konkrete Verhältnisse übertragen kann.[15] Im Wege der Schlussfolgerung (*conclusio*) vom Grundprinzip, das Gute zu tun und das Böse zu meiden,[16] sind weitere Primärprinzipien zu gewinnen (*suum cuique triburere*[17], *neminem laedere*[18]). Von dieser Ebene kann mit der Methode der Derivation dann Stufe um Stufe herabgestiegen werden bis zu konkreten Problemen der Sachmängelhaftung des Verkäufers.[19] Die Scholastik bietet ein außerordentlich optimistisches Naturrecht, dem sie die Verheißung der Gnade Gottes hinzufügt.

---

11 Zu diesem Zusammenhang mit Bezug auf Augustinus *Otto Schilling*, Die Staats- und Soziallehre des heiligen Thomas von Aquin, München 1930, S. 10.

12 Zu diesen Fragen: *Ernst Rößer*, Göttliches und menschliches, unveränderliches und veränderliches Kirchenrecht. Von der Entstehung der Kirche bis zur Mitte des 9. Jahrhunderts, Paderborn 1934; *Dieter Schwab*, Grundlagen und Gestalt der staatlichen Ehegesetzgebung in der Neuzeit bis zum Beginn des 19. Jahrhunderts, Bielefeld 1967, S. 15–23, 136–150.

13 Dazu *Dieter Schwab*, Ehe und Familie nach den Lehren der Spätscholastik, in: La seconda scolastica nella formazione del diritto privat moderno, Firenze 1973, S. 73, 85–88.

14 Summa Theologica I-II qu.98 art.5. („… quod lex vetus manifestabat praecepta legis naturae").

15 Summa Theologica I-II qu.91 art.3: „Praeter aeternam et naturalem legem est lex quaedam ab hominibus inventa, secundum quam in particulari disponuntur quae in lege naturae continentur."

16 Summa Theologica I-II qu.94 art.2.

17 Summa Theologica II-II qu.58 art.1.

18 Summa contra gentiles lib. 3 cap. 128, zitiert nach der Ausgabe. S. Thomae Aquinatis Liber de veritate Catholicae Fidei contra errores infidelium seu Summa contra gentiles (Turin/Rom 1961).

19 Summa Theologica II-II qu.77 art.2 und 3.

II. Naturrecht und Staat bei Thomas von Aquin

Naturrechtsverständnis wie Staatslehre[20] entnimmt Thomas von Aquin im wesentlichen lateinischen Übersetzungen der Schriften des Aristoteles, deren für unseren Zusammenhang wichtigste – die Nikomachische Ethik und die Politik – er kommentiert.[21] Der Staat (*polis*, *civitas*, auch: *res publica*) ist Institution des Naturrechts, weil es natürliche Bestimmung der Menschen ist, sich zu Gesellschaften zusammenzuschließen, und weil auch die Notwendigkeit sie dazu zwingt. Zweck des Staates ist schlechthin das „*bene vivere*" der Bürger, ein Begriff, der nicht für das Wohlleben im Luxus, sondern für das tugendhafte Leben steht,[22] wenngleich unter Einschluss der nötigen materiellen Bedingungen.[23]

Damit ist, auch wenn man die Tugend auf eine *Bürgertugend* zuspitzt, die folgenreiche, bis Hegel und darüber hinaus wirkende Verbindung von Staat und Sittlichkeit geknüpft. Nicht bloß zur Sicherung der äußeren Existenz schließen sich die Menschen zusammen, denn anders hätten auch Sklaven und Tiere Teil an der *congregatio civilis*.[24] Die Tugend steht mit dem Glück in engem Bezug. *Felicitas*[25] (*beatitudo*) ist der Effekt der Tugend, und so gesehen lässt sich als Staatsziel auch das Glück der Bürger begreifen. Freilich produziert nicht der Staat das Glück, die Tugend muss von den *cives* selbst geleistet werden; doch schafft der Staat die Bedingungen, äußere wie innere, unter denen der Bürger tugendhaft und glücklich sein kann.

Zu diesen Bedingungen gehört auch die Lenkung mit den Mitteln des Rechts, der Gesetzgebung und des Zwanges.[26] In diesem Zusammenhang spielt der Friedensgedanke eine bedeutsame Rolle. Die gegenseitige Übung der Gerechtigkeit und der Frieden gehen Hand in Hand: *Opus iustitiae pax*.[27] Überhaupt fällt letztlich alles zusammen: Friede unter den Bürgern, Gerechtigkeit, Tugend, Glück, und für alles dies besitzt der Staat eine Zuständigkeit.

---

20 Zu dieser: *Alexander Passerin D'Entrèves*, The Medieval Contribution to Political Thought. Thomas Aquinas, Marsilius of Padua, Richard Hooker (New York 1959); Ronald W. Carstens, The Medieval Antecedents of Constutionalism (American University Studies, Series IX Vol. 115, New York 1992), 37–48.

21 In decem Libros Ethicorum Aristotelis ad Nikomachum expositio, benutzte Ausgabe Turin/Rom 1964; In octo libros Politicorum Aristotelis expositio, benutzte Ausgabe Turin/Rom 1966. Zur Aufnahme der Ethik siehe *Dimitrios Papadis*, Die Rezeption der Nikomachischen Ethik des Aristoteles bei Thomas von Aquin (Frankfurt/Main 1980).

22 De regimine principum ad Regem Cypri lib.1 cap. 15 (817), zitiert nach der Ausgabe: Opuscula Philosophica (Turin/Rom 1954): „Ad hoc enim homines congregantur, ut simul bene vivant, quod consequi non posset unusquisque singulariter vivens; bona autem vita est secundum virtutem; virtuosa igitur vita est congregationis humanae finis." Zur Literaturgattung der Fürstenspiegel im Mittelalter und ihrer Bedeutung: *Wilhelm Berges*, Die Fürstenspiegel des hohen und später Mittelalters (Schriften der Monumenta Germaniae Historica 2), Leipzig 1938, zu Thomas von Aquin ebendort S. 195–211.

23 De regimine principum lib 1 cap. 16; Summa Theologica I-I qu. 4 art. 7; zu den körperlichen Erfordernissen Summa Theologica I-II qu. 4 art. 4. Der Thomas-Schüler *Aegidius Romanus* drückt diesen Zusammenhang dadurch aus, dass er das „sufficienter vivere" und das „virtuose vivere" unterscheidet, auf beides ist die Civitas ausgerichtet, siehe: *Aegidius Romanus*, De regimine principum libri III, Ausgabe Rom 1607 (Nachdruck Aalen 1967), lib. 2 pars 1 cap.2. Zu diesem Fürstenspiegel *Berges* (vorstehende Fußnote), S. 211–230; *Richard Scholz*, Die Publizistik zur Zeit Philipps des Schönen und Bonifaz' VIII. Ein Beitrag zur Geschichte der politischen Anschauungen des Mittelalters, Stuttgart 1903, S. 32–129.

24 De regimine principum lib. 1 cap. 15 (817).

25 Die Glückseligkeitslehre findet sich ausführlich in der Summa contra gentiles, lib.3 cap. 26 ff.; siehe auch Summa Theologica I-II qu. 62 Art.1.

26 Sogar dasjenige betreffend, was zur ewigen Seligkeit führt: „Quia igitur vitae, qua in praesenti bene vivimus, finis est beatitudo caelestis, ad regis officium pertinet ea ratione vitam multitudinis bonam procurare secundum quod congruit ad caelestem beatitudinem consequendam, ut scilicet ea praecipiat, quae ad caelestem beatitudinem ducunt, et eorum contraria, secundum quod fuerit possibile, interdicat.", De regimine principum lib. 1 cap. 16 (823).

27 Summa contra gentiles lib. 3 cap. 128.

Thomas von Aquin und seine Schule überhöhen den aristotelischen Staatszweck durch eine theologische Komponente. Über das tugendhafte Leben hinaus soll der Staat den Menschen auch in seinem Bestreben fördern, in den Genuss der Anschauung Gottes (*fruitio divina*) zu kommen.[28] Damit scheint sich eine Spiritualisierung des Staates zu ergeben, die allerdings im gleichen Atemzug relativiert wird, ich komme noch darauf zurück.

Ein individualrechtliches Staatskonzept im neuzeitlichen Sinne ist damit nicht entworfen. Vom griechischen Philosophen übernimmt Thomas von Aquin die Vorstellung vom Verhältnis der Teile zum Ganzen: Das Ganze ist der Staat, die vollkommene Gesellschaft (*societas* oder *communitas perfecta*), welche das vollkommene, sich selbst genügende Dasein zum Ziel hat.[29] Der einzelne Mensch und die Familie – obgleich diese Strukturanalogien zum Staat aufweist – sind als Teile auf das Ganze hingeordnet.[30] Als Zielbegriff dient das *bonum commune*, dem die Einzelnen im Rang vor ihrem eigenen Wohl verpflichtet sind: Das Gemeinwohl der vielen ist göttlicher als das Wohl eines Einzelnen,[31] das *summum bonum*, auf das sich letztlich alles auszurichtet, ist Gott selbst.[32] Der hier aufscheinende Gegensatz „Gemeinwohl – Eigennutz" löst sich in der Tugendlehre auf:[33] Es ist die Gerechtigkeit, welche die Ausrichtung jedweder Tugend auf das Ganze leistet.[34] Doch sind Tugend und Recht auch in diesem Zusammenhang keine Gegensätze: Der Staat ist um des Gemeinwohls willen da[35] und lenkt die Bürger durch gerechte Gesetze auf das *bonum commune* und das allgemeine Glück hin.[36] Der thomistischen Theorie fehlt im Allgemeinen das Szenario des Grundkonfliktes zwischen allgemeinem Wohl und individuellen Lebensinteressen.

Der Zweck bestimmt die erlaubten Mittel. Die Staatstätigkeit, wie Thomas von Aquin sie sieht, ist am besten mit dem Begriff „Leitung" umschrieben. Das Staatswesen ist geprägt von der Struktur der Über- und Unterordnung, des Herrschens und Beherrschtwerdens,[37] der Vorschrift (*praescriptio*) und des Gehorsams, des Vollzugs der im natürlichen Recht und der göttlichen Ordnung angelegten Verhaltensweisen.[38] Vor allem gibt der Staat seinen Mitgliedern die Regeln vor: „Lex" und „Legislator" spielen in der gesamten Naturrechtslehre des Aquinaten die zentrale Rolle. Die Ordnung des Kosmos stellt sich als Ordnung durch „Gesetz" dar, von der *lex aeterna*, die Gott selbst ist, über ihre Emanationen der *lex divina* und *lex naturalis* bis hin zu den *leges mundanae*, welche die natürliche Ordnung in der konkreten Gesellschaft ausformen. Dem entspricht das Bild vom Gesetzgeber als der zentralen Instanz, deren Vorbild Gott selbst ist, der Schöpfer der Naturgesetze.

Aus moderner Sicht interessiert unter anderem, ob der naturnotwendige Staat nach scholastischer Vorstellung eine Entstehungs- oder Entwicklungsgeschichte hat. Im christlichen Weltbild bieten sich zunächst Sündenfall und Vertreibung aus dem Paradies als Zäsuren an. Der

---

28 „Fruitio divina" als letztes Ziel des Menschen, De regimine principum lib.1 cap. 15 (817); siehe auch lib.1 cap. 16.

29 Summa Theologica I-II qu. 90 art.2: „Perfecta enim communitas civitas est, ut dicitur."

30 Siehe nur Summa Theologica I-II qu. 96 art. 4: „Cum enim unus homo sit pars multitudinis, quilibet homo hoc ipsum quod est, et quod habet, est multitudinis, sicut et quaelibet pars id quod est, est totius ..." Zum Verhältnis Familie – Staat finden sich in der Spätscholastik auch abweichende Ansichten, siehe *Schwab*, Ehe und Familie nach den Lehren der Spätscholastik (Fn. 13), S. 73, 100.

31 Summa Theologica II-II qu.31 art.3 ad 2 (Bezug auf die Nikomachische Ethik, lib.1, 1).

32 Summa contra gentiles lib.3 cap.17.

33 Summa Theologica II-II qu. 58 art.5: „Manifestum est autem quod omnes qui sub communitate aliqua continentur, comparantur ad communitatem sicut partes ad totum; pars autem id quod est, totius est; unde et quodlibet bonum partis est ordinabile in bonum totius."

34 Summa Theologica II-II qu.58 art.5 und 6.

35 De regimine principum lib.1 cap. 1 (745).

36 Summa Theologica I-II qu. 90 art.2; qu. 92 art.1; qu. 94 art.4.

37 Schon im Paradiese: Summa Theologica I qu. 96 art. 4.

38 Summa Theologica II-II qu.104 art.1 und 2.

Thomismus hält die naturrechtliche Konzeption der Staatslehre konsequent durch: Auch im Paradiese, im Stand der Unschuld, hätten die Menschen als soziale Wesen gelebt, gesellschaftliches Leben der vielen hätte indes nicht sein können, wenn ihnen nicht Irgendeiner vorgestanden hätte, der auf das Gemeinwohl bedacht gewesen wäre.[39] Freilich hätte es im Stande der Unschuld weder Sklaverei noch Tyrannis gegeben. Mit anderen Worten: Der Sündenfall hat nicht den Staat hervorgebracht, aber seine Erscheinungsform verändert.

Dessen ungeachtet klingt die schon aus der Antike bekannte Vorstellung an, der Staat habe irgendwann einen Anfang gehabt, er sei von den Menschen errichtet worden.[40] In seinem Fürstenspiegel gibt Thomas von Aquin Ratschläge dazu, wie ein König eine *civitas* oder ein *regnum* gründen solle (einschließlich der klimatischen und topographischen Bedingungen). Darüber hinaus wird die Vorstellung des griechischen Philosophen weitergeführt, die Familie, die Nachbarschaft von Familien und die Dorfgemeinschaft könnten als Vorstufen des Staates betrachtet werden,[41] der Staat entstehe durch Vermehrung der *vicinia domorum*,[42] so dass sich die Frage stellt, *wodurch* der Übergang der Nachbarschaft oder des Dorfes mit ihren begrenzten Zwecken zum Staat mit seiner umfassenden Finalität[43] stattfindet. Die Annahme eines Gesellschaftsvertrages lag umso näher, als diese Denkfigur aus der Antike bekannt war.[44]

In der Summa Theologica findet sich die Aussage, Gesetzgebung sei eine Sache entweder der Vielen oder eines Fürsten, der an ihrer Stelle handelt.[45] Jedoch hat Thomas den Gedanken einer Staatsgründung durch Vertrag der Bürger nicht explizit entwickelt. Der Gedanke lauert verborgen im System.[46] So wird im Kommentar zur Politik ausführlich der Unterschied zwischen der *civitas* und anderen „Zusammenschlüssen" (*convenire, congregare*) behandelt. Der Thomas-Schüler Aegidius Romanus kennt drei Arten der Entstehung (*generatio*) der *civitas*, erstens die Vermehrung der Häuser und Dörfer, zweitens die Einigung derer, die den Staat errichten, und drittens die Gewalt/Tyrannis. Der Gesellschaftsvertrag erscheint als eigenständige und natürliche Art der Staatsgründung, was die „Natürlichkeit" betrifft indes im Range nach der erstgenannten.[47] Zur Lehre vom Gesellschaftsvertrag als dem einzigen legitimen Entstehungsgrund

---

39 Summa Theologica I qu.94 art.4. Damit distanziert sich Thomas von einer älteren christlichen Denktradition, welche Sündenfall und Entstehung der Staatsgewalt in Verbindung miteinander bringt, siehe *Wolfgang Stürner*, Peccatum und Potestas. Der Sündenfall und die Entstehung det herrscherlichen Gewalt im mittelalterlichen Staatsdenken (Sigmaringen 1987).

40 Siehe auch *Aegidius Romanus*, De regimine principum libri III, lib.3 pars 1 cap.2 (civitas constituenda). *Johann von Paris* diskutiert die Frage, ob das Königtum älter sei als das Priestertum, siehe die Schrift: De regia potestate et papali, cap.4. Der Text ist ediert von *Fritz Bleienstein*, Johannes Quidort von Paris, Über königliche und päpstliche Gewalt (Stuttgart 1969).

41 De regimine principum lib.1 cap.1.

42 Deutlich im Kommentar zur Politik des Aristoteles, zit. nach der Ausgabe: S. Thomae Aquinatis In octo libros Politicorum Aristotelis expositio, Turin/Rom 1966, lib. 1, 1, lectio 1 (29): „Ideo autem hoc regimen a domibus et vicis processit ad civitates, quia diversi vici sunt sicut civitas dispersa in diversas partes; et ideo antiquitus habitabent homines dispersi per vicos, non tamen congregati in unam civitatem. *Sic ergo* patet, quod regimen regis super civitatem vel gentem processit a regimine antiquioris in domo vel vico." Auch die „communitas vici" begreift Thomas als Natureinrichtung.

43 Die Unterscheidung ist ausführlich behandelt im Kommentar zur Politik, lib.3, 1 lectio 7.

44 Bei Aristoteles finden sich Andeutungen in Politik lib.3, 9, wo er von einem Zusammentreten der Menschen zum Zwecke der Bildung eines Staates spricht.

45 Summa Theologica II-II qu. 57 art. 2 („... ex condicto publico, puta cum totus populus consentit quod aliquid habeatur quasi adaequatum et commensuratum alteri; vel cum hoc ordinat princeps, qui curam populi habet, et ejus personam gerit; et hoc dicitur jus positivum." Siehe auch *Ronald W. Carstens*, The Medieval Antecedents of Constutionalism (American University Studies, Series IX Vol. 115, New York 1992), S. 37–48.

46 Kommentar zur Politik (Fn. 42), Lib.3, 1 lectio 7 (407–409). Volk und Fürst sind die möglichen Gesetzgeber bei *Aegidius Romanus*, De regimine principum libri III, lib.3 pars 2 cap. 27.

47 *Aegidius Romanus*, De regimine principum libri III, lib.3 pars 1 cap.6: „Alius modus ex concordia constituentium civitatem vel regnum".

war nur ein kleiner Schritt.[48] Bei Thomas sind allerdings die Bedingungen, unter denen Staatlichkeit existent wird, letztlich nicht von einem historischen Gründungsakt abgeleitet, sondern von der Natur der Dinge: Die Staaten entstehen, weil sich der Mensch als *animal civile* gar nicht anders verhalten kann.

Aus heutiger Sicht interessiert besonders die Frage nach gesicherten Rechten oder Schutzpositionen des einzelnen gegenüber der Staatsgewalt. Dem ist die Lehre von den Staats- und Regierungsformen vorzuschalten. Es ist allerdings schwierig, den richtigen Ausdruck dafür zu finden. Bei der Übersetzung der Politik des Aristoteles übernimmt Thomas den Begriff „*politia*" als Ordnung der Gewalten im Staat und insbesondere der höchsten Gewalt. Das, was wir heute Verfassung nennen, wird nach dieser Anschauung durch die Herrschaftstruktur gekennzeichnet, wie überhaupt das direktive Element, das Befehlen und Gehorchen, die Staatstätigkeit wesentlich ausmacht.

Auch in der Typologie der Staats- und Regierungsformen folgt Thomas seinem griechischen Vorbild: Drei „richtigen" Staatsformen (Königtum, Aristokratie und Politie) stehen drei Entartungen gegenüber (Tyrannis, Oligarchie und Demokratie). Der Unterschied liegt in der Ausrichtung der Staatstätigkeit auf das gemeine Beste *oder* auf den Vorteil der Regierenden.[49] Thomas folgt Aristoteles auch in der Favorisierung einer gemischten Verfassung,[50] der Mischung der Elemente aus Monarchie, Aristokratie und Politie, für die er Vorbilder aus dem Alten Testament namhaft macht.[51] Das Königtum erscheint als die beste Regierungsform,[52] allerdings sofern sie nicht, was leicht geschieht, korrumpiert wird.[53] Als Gegenmittel empfiehlt der Aquinate die Einschränkung der königlichen Macht,[54] die durch Mischung der Strukturelemente erfolgen kann, etwa durch Verbindung der Monarchie mit einem Wahlrecht des Volkes.

Die schlimmste Korruption des Staates bildet nach scholastischer Doktrin die Tyrannis. Sie ist die schlechteste der Regierungsformen und kann nicht mehr auf die Natur gegründet werden.[55] Weil die Monarchie die effektivste Staatsform zur Herstellung des Gemeinwohls ist, muss auch ihre Entartung die *negativ* wirkamste, also verderblichste sein.[56] Die Tyrannis definiert sich nun nicht durch ihre Mittel, sondern durch das Ziel, nämlich den persönlichen Vorteil des Herrschers.[57]

Da die Tyrannis nach Thomas eindeutig nicht auf Naturrecht basiert, stellte sich die Frage nach dem Widerstandsrecht, welche die staatsphilosophische Literatur in der Folgezeit bis hin zu den Monarchomachen stark beschäftigen sollte. Thomas lehnt eine Befugnis zum Tyrannenmord ab, bejaht aber ein Widerstandsrecht bei grausamer Unterdrückung. Doch soll es nicht eine private Aktion sein, sondern die Aktion einer „*auctoritas publica*", die Thomas wohl auf eine Vereinigung des Volkes stützt: Denn wenn es zum Recht eines Volkes gehört, den König zu

---

48 Siehe z.B. die Vertragstheorie bei *Francisco Suarez*, dazu *Heinrich Rommen*, Die Staatslehre des Franz Suarez, Mönchengladbach 1926, S. 109. Zur Theoriegeschichte des Herrschafts- und des Gesellschaftsvertrages siehe die Darstellung und Nachweise bei *Otto von Gierke*, Johannes Althusius und die Entwicklung der naturrechtlichen Staatstheorien, Breslau 1880, S. 76–122; *John W. Gough*, The Social Contract, 2. Aufl., Greenwood 1978.

49 Aristoteles Politik lib. 3 (Bekker 1279a), dazu der Kommentar zur Politik lib. 3, 1 lectio 5 (390).

50 Aristoteles Politik lib. 4 (Bekker 1294b), dazu der Kommenatur zur Politik lib.4, 1 lectio 8 (618–620); Summa Theologica I-II qu. 95 art.4. Zum Leitbild der gemischten Verfassung im Mittelalter: *James M. Blythe*, Ideal Government and the Mixed Constitution in the Middle Ages, Princeton 1992.

51 Summa theologica I-II qu. 105 art.1.

52 De regimine principum lib.1 cap.3 (750–753).

53 Summa Theologica I-II qu. 105 art.1 ad 2. Man vergleiche damit die Begründungen zur Alleinherrschaft Gottes über die Welt: Summa Theologica I qu. 103 art.3.

54 De regimine principum lib.1 cap.7 (767–772).

55 Summa Theologica I-II qu. 95 art. 4: „… unde ex hoc non sumitur aliqua lex".

56 De regimine principum lib.1 cap.4 (754–760).

57 De regimine principum lib.1 cap.4 (756).

bestimmen, so kann es ihn auch absetzen oder seine Macht einschränken, wenn er diese tyrannisch missbraucht.[58] In diesem Zusammenhang kommt der Herrschaftsvertrag ins Spiel, denn es wird hinzugefügt, man könne das Volk in solchem Fall nicht als treulos ansehen, auch wenn es sich vorher dem Herrscher für immer unterworfen habe; denn dass der Vertrag (*pactum*) von den Untertanen nicht gehalten werde, habe der Herrscher seiner eigenen Treulosigkeit selbst zuzuschreiben.[59] Man kann aber nicht sagen, dass Thomas einen derartigen Widerstand geradezu herbeiruft: Man solle die Tyrannis, wenn sie zu keinem besonderen Übermaß ausartet, eine Zeit lang ertragen, und – wenn menschliche Hilfe nicht möglich erscheint – sich an Gott wenden.

Welche Grenzen gibt es für staatliche Herrschaft und Gesetzgebung? Gibt es Grundrechte, die der Staat nicht antasten darf? Oder wird einer totalen Herrschaft das Wort geredet, solange sie nur nicht tyrannisch wird? Der Gedanke einer grenzenlosen Staatsgewalt liegt den mittelalterlichen Theologen fern, obwohl in den ständig wiederholten Thesen, der Einzelne sei nur Teil des Ganzen[60] und Gerechtigkeit bedeute die Ausrichtung auf das *bonum commune* totalitäre Potenzen stecken. Auf der anderen Seite wird betont, dass alle menschlichen Gesetze vom Naturrecht abgeleitet sein müssen[61] und nur gerechte Gesetze das Gewissen binden, ungerechte hingegen nur im Hinblick auf die Vermeidung von Skandal und Verwirrung.[62] Erst der Verstoß gegen das „*bonum divinum*" darf überhaupt nicht befolgt werden, etwa wenn ein Tyrann den Götzendienst befehlen würde.[63]

Im Übrigen aber werden die Grenzen weniger auf der Rechts- als auf der Tugendebene gezogen, ein nachhaltiger Effekt der Vermischung von Naturrecht und natürlicher Ethik. Nach Thomas von Aquin liegt die Begrenzung der staatlichen Herrschaft einmal in ihren Zielen selbst: Solange sie auf das gemeine Beste, die Tugend des Volkes ausgerichtet ist, wird sie keine Übergriffe begehen. Die Freiheit des Einzelnen ergibt sich als Effekt der Pflichtbindung der Herrschenden, wobei die Ebene der Pflicht im Naturrecht angesiedelt ist, wo Sittlichkeit, Gerechtigkeit und Recht sich mischen. Nun bezieht sich das menschliche Gesetz nur auf diejenigen Tugendhandlungen, durch die der Mensch auf das gemeine Wohl hingeordnet wird, nicht auf die anderen,[64] doch werden auf diese Weise keine Individualrechte gegen den Staat gewonnen, zumal die Gehorsamspflicht des Untertanen durch eine theologische Würde der Herrschaft – als von Gott verliehen – gesteigert erscheint.[65]

Thomas bietet für die Begrenzung der Staatsgewalt freilich noch andere Ansätze. Muss man den Vorgesetzten in allem gehorchen?[66] Die Antwort lautet: nicht, wenn sie Vorschriften entgegenhandeln, die eine höhere Macht gegeben hat. Man darf also dem Kaiser nicht gehorchen, wenn er etwas gegen Gottes Anordnung befiehlt. Ferner braucht der Menschen dem Menschen nicht in demjenigen zu gehorchen, was zur *inneren Willensbewegung* gehört (*quae pertinent ad interiorem motum voluntatis*), denn das ist Gottes, sondern nur in den äußeren Handlungen (*in his quae exterius per corpus sunt agenda*). Interessanterweise macht Thomas auch bei den äußeren Handlungen eine Einschränkung: In dem, was zur Natur des Körpers gehört (*quae ad naturam corporis pertinent*), seiner Erhaltung oder der Fortpflanzung, braucht der Mensch dem

58 De regimine principum lib 1 cap.7 (770).
59 De regimine principum lib.1 cap.7 (770).
60 Summa Theologica I-II qu. 96 art. 4.
61 Summa Theologica I-II qu. 95 art. 2.
62 Summa Theologica I-II qu. 96 art. 4.
63 Summa Theologica I-II qu. 96 art. 4.
64 Summa Theologica I-II qu. 96 art. 3 (wozu aber die „*bona disciplina*" gehört).
65 Sofern sie nicht usurpiert ist, dazu *Schilling*, Die Staats- und Soziallehre des heiligen Thomas von Aquin (Fn. 11), S. 110.
66 Das Folgende in Summa Theologica II–II qu. 104 art.5. Siehe auch I-II qu. 91 art.4.

Menschen nicht zu gehorchen, weil in der Natur alle Menschen gleich sind. Und so brauchen weder Sklave noch Sohn dem Heiratsbefehl oder dem Keuschheitsbefehl des Herrn oder Vaters zu folgen. Wie soll man diese Stelle deuten? Es gibt einen Naturbereich menschlicher Körperlichkeit, wozu offenbar auch die Sexualität zählen soll, die der staatlichen Herrschaft nicht unterliegt, so wie es kraft Naturrechts nicht erlaubt ist, ein Kind, das noch nicht zum vollen Vernunftgebrauch gelangt ist, ohne Zustimmung seines des Vaters zu taufen.[67] Nun hat die Taufe endgültig nichts mehr mit Körperlichkeit zu tun, und man könnte es wagen, hier Ansätze zu einer Theorie des Persönlichkeitsrechts zu sehen, wenn die Gedanken allgemeiner und deutlicher formuliert wären. Aus solchen Textstellen den Doctor Angelicus zum Wahrer der natürlichen Rechte des Menschen hochzustilisieren, wie das in der Literatur geschehen ist,[68] geht allerdings in die Irre. Die Staatsgewalt wählt die Mittel, mit denen sie das Gemeinwohl verwirklicht, und wird dabei effektiv nicht durch Freiheitsrechte der Individuen begrenzt, sondern durch eine höhere Ordnung, nämlich die Vorschriften Gottes selbst. Die Staatsgewalt steht, grob gesagt, unter Gottesvorbehalt.

III. Das scholastische Problem: Regnum und Sacerdotium als Anwärter auf die Staatlichkeit

Dieser Zusammenhang bringt eine andere Macht ins Spiel, die Kirche. Die aristotelische Lehre vom Staat als der vollkommenen, sich selbst genügenden Gemeinschaft, welche die Menschen instand setzt, tugendhaft und glücklich zu leben, traf im Mittelalter auf die bekannte Duplizität der Gewalten und auf eine Glückseligkeitsvorstellung, die weit über das hinausgeht, was in der aristotelischen Polis durch Tugend erreichbar ist.

Die Leistung der Scholastik besteht hier wie auf anderen Feldern in der Übertragung der aristotelischen Lehre auf die mittelalterlichen Verhältnisse. Wenn die Konsequenz der Unterordnung der jeweiligen Priesterschaft unter die weltliche *civitas* vermieden werden sollte, *musste die Kirche selbst Staat sein.* Großen Einfluss übte in diesem Zusammenhang die Lehre des Augustinus von den beiden „*civitates*“ aus.

Es könnte mit dem irdischen Staat sein Bewenden haben, wenn nach der Tugend zu leben das letzte Endziel des Menschen wäre – das wahre Endziel ist jedoch nach mittelalterlicher Theologie, durch das tugendhafte Leben in die Anschauung Gottes (*fruitio divina*) zu gelangen.[69] Dazu bedarf es einer von Gott verliehenen Kraft, über die nicht der weltliche Herrscher verfügt, sondern Christus, und für die, damit das Geistliche vom Irdischen geschieden sei,[70] ein anderes Königtum eingesetzt ist, nämlich das der Priester, an deren Spitze der Stellvertreter Jesu steht, der Papst.[71] Und da dieses letzte Ziel der Gewinnung der ewigen Seligkeit das höchste ist, müssen – soweit dieses Ziel betroffen ist – die Könige der christlichen Völker dem Papst untergeben sein wie Christus dem Herrn[72] oder wie der Leib der Seele.[73]

Wie diese Unterordnung zu verstehen ist, sei hier nicht näher verfolgt. Die Unterordnung betrifft jedenfalls auch das äußere Verhalten, soweit es einen Bezug zum ewigen Heil des Men-

67 Summa Theologica II-II qu. 10 art. 12. Wenn der Vernunftgebrauch erlangt ist, entscheidet der zu Taufende selbst.

68 *Schilling,* Die Staats- und Soziallehre des heiligen Thomas von Aquin (Fn. 11), S. 100.

69 De regimine principum lib. 1 cap. 15 (817). Interessant ist, dass Thomas das Endziel des einzelnen auch in dieser Hinsicht mit dem der menschlichen Gesellschaft verbunden erscheint: „Sed quia homo vivendo secundum virtutem ad ulteriorem finem ordinatur, qui consistit in fruitione divina, ut iam supra diximus, oportet eumdem finem esse multitudinis humanae qui est hominis unius.“

70 De regimine principum lib.1 cap.15 (817): „... ut a terrenis essent spiritualia distincta ...“.

71 Zusammenfassung des Gedankengangs De regimine principum I 14.

72 De regimine principum I 14.

73 Summa Theologica II-II qu. 60 art.6 ad 3.

schen hat.[74] Insoweit trifft die kirchliche wie die staatliche Gewalt auf dasselbe äußere Handeln des Menschen. Das war nicht so gedacht, dass der Staat die Menschen zum *irdischen* Guten, die Kirche aber zum *ewigen* Heil führen solle. Auch die weltlichen Herrscher sind als Vollstrecker des göttlichen Willens[75] vorgestellt und haben für das *bene vivere* des Volkes auch in Bezug auf das zu sorgen, was für das Erreichen der himmlischen Seligkeit Bedeutung hat.[76] Aber die zentrale Kompetenz für das Heilsgeschehen kommt der Kirche zu, der folglich auch eine Leitungskompetenz gegenüber dem Staat obliegt.[77] Unter diesem Gesichtspunkt kann der Papst die Untertanen vom Treueid gegenüber dem König entbinden, deshalb verliert der apostatische König *ipso iure* seine Herrschaft,[78] deshalb auch ist es Pflicht des Staates, der Kirche mit dem *brachium saeculare* zu Seite zu stehen, wenn die geistlichen Waffen nicht ausreichen.[79]

Für unser Thema ist die Übertragung des Staatsgedankens und der Zielbestimmung des Staates auf die Kirche entscheidend. Dem *bonum politicum*, das der Staat zu verwirklichen hat, steht das Pendant des *bonum ecclesiae* gegenüber,[80] und alles in sich enthaltend steht darüber das *bonum universale*, das schlechthin Gute, Gott selbst. Thomas etabliert über dem Staat des griechischen Philosophen einen zweiten, der dem ersten das Selbstgenügen nimmt.

IV. Entwicklungen des scholastischen Denkens

Dem thomistischen Denken war über Jahrhunderte hinweg ein gewaltiger Erfolg beschieden, wenngleich das rationalistische Konzept alsbald und nachhaltig durch Nominalismus und Voluntarismus bekämpft wurde. Das voluntaristische Denken musste sich umso mehr auf das Staatsverständnis auswirken, je weiter die Vorstellung von der Freiheit des Willens Gottes auf sein Geschöpf und Ebenbild, den Menschen, übertragen wurde. Wenn Gott *nicht* als die absolute Vernunft gedacht wird, die nur das Vernünftige wollen kann, wenn vielmehr das Vernünftige in der Verfügung einer absolut freien Gottheit steht, dann kann auch dem Menschen die Gestaltung seiner irdischen Sozialität in freier Autonomie überlassen sein,[81] die nur noch an positive Willensakte Gottes gebunden ist, oder allenfalls an eine Natur der aufgrund einer freien Entscheidung der Gottheit *so und nicht anders geschaffenen Welt*. Diese Welt ist dann nicht an sich vernünftig, sondern trägt allein als *gewollte Welt Gottes* verbindliche Strukturen. Die Offenbarung kann so das durch rationale Operationen gewonnene Naturrecht als Richtschnur verdrängen.[82]

---

74 Siehe den Artikel über die Frage, ob die Frömmigkeit (religio) sich auch in äußerem Verhalten äußert, Summa Theologica II-II qu. 81 art.7.

75 De regimine principum lib. 1 cap. 12 (804).

76 De regimine principum lib. 1 cap. 16 (823, 824).

77 Vgl. De regimine principum lib.1 cap. 15 „Sed in nova lege est sacerdotium altius, per quod homines traducuntur ad bona coelestia: unde in lege Christi reges debent sacerdotibus esse subjecti."

78 Summa Theologica II-II qu. 12 art. 2.

79 Summa Theologica II-II qu. 39 art. 4 ad 3.

80 Summa contra gentiles lib. 4 cap. 78.

81 Ansätze dazu bei Johannes Duns Scotus, siehe *Hans Welzel*, Naturrecht und materiale Gerechtigkeit, 4. Aufl., Göttingen 1962, S. 79.

82 Zu den Ansätzen bei Wilhelm vom Occam *Hans Welzel*, Naturrecht und materiale Gerechtigkeit, a.a.O., S. 87. Auf die politische Theorie Ockhams kann hier nicht näher eingegangen werden, siehe: *Richard Scholz*, Wilhelm von Ockham als politischer Denker und sein Breviloquium de principatu tyrannico, Schriften der Monumenta Germaniae Historica 8, Leipzig 1944; *Jürgen Miethke*, Ockhams Weg zur Sozialphilosophie, Berlin 1969; *Jürgen Miethke*, Politische Theorien im Mittelalter, in: *Hans J. Lieber* (Hrsg.), Politische Theorien von der Antike bis zur Gegenwart, München 1991, S. 116–121 mit weiteren Nachweisen; *Arthur Stephen McGrade*, The Political Thought of William of Ockham. Personal und Institutional Principles, Cambridge 1974, S. 78–172. Bibliographie bei: *Jürgen Miethke* (Hrsg.), Wilhelm von Ockham, Dialogus. Auszüge zur politischen Theorie, 2. Aufl., Darmstadt 1994, S. 253–260.

Die Konsequenzen solchen Denkens sind im Einzelnen offen. Man kann das bei *Marsilius von Padua* beobachten, bei dem sich aristotelische und voluntaristische Ansätze mischen:[83] Elementen der auf einen Willensakt der *universitas civium* gegründeten, nur noch durch Vorschriften des göttlichen Rechts begrenzten[84] staatlichen Macht[85] stehen freiheitliche Komponenten gegenüber, etwa die Bindung der Herrschaft (*pars principans*) an die Gesetze[86] und die Vorstellung, dass das Gesetz des Evangeliums nur freiwillig erfüllt werden kann[87] (was wiederum nicht die Befugnis der weltlichen Herrscher ausschließen sollte, Ketzer mit weltlichen Strafen zu belegen[88]). Bei den Autoren, die im Konflikt von Papst und Herrschern auf der weltlichen Seite standen, ergibt sich üblicherweise der Effekt des Zuwachses staatlicher Macht durch Einschränkung der kirchlichen. Es ist dies aber kein notwendiger Effekt voluntaristischer Philosophie, auch auf dem Boden des Aristoteles konnte man die Kirche durch Leugnung ihres Staatscharakters entmachten.

Seit dem 13. Jahrhundert bis zum Zeitalter der Aufklärung hin entfalteten sich die philosophisch-theologischen Systeme in Spanien, Portugal, auch Italien überwiegend auf thomistischer Grundlage, zum Teil mit nominalistischen Einschlägen.[89] Den Ausbau der Naturrechts- und Staatslehre in dieser sogenannten Spätscholastik zu verfolgen, würde die Möglichkeiten eines Vortrags übersteigen.[90] Die Grundfrage aber, ob die Welt an und für sich vernünftig und als

---

83 Nach *Michael Löffelberger*, Marsilius von Padua. Das Verhältnis zwischen Kirche und Staat im „defensor pacis", Berlin 1994, S. 113–120 steht Marsilius auf dem Boden des Voluntarismus, wofür zahlreiche Belege sprechen. Doch ist zu sehen, dass Marsilius die Staatslehre des Aristoteles samt seiner naturrechtlichen Begründung übernimmt, siehe nur Defensor Pacis I 4 und passim. Der Willensakt resultiert aus Naturtrieb und „Notwendigkeit", vgl. Sätze wie diesen: „Que (scil. artes) quoniam exerceri non possunt nisi a multa hominum pluralitate, nec haberi, nisi per ipsorum invicem communicacionem, opportuit (!) homines simul congregari ad commodum ex hiis assequendum et incommodum fugiendum", Defensor pacis, pars 1 cap.4 § 3, hier und im folgenden zitiert nach: Marsilius von Padua, Der Verteidiger des Friedens (Defensor Pacis), Auf Grund der Übersetzung von Walter Kunzmann bearbeitet und eingeleitet von *Horst Kusch* (Darmstadt 1958). Auch bei der weiteren Schilderung der Staatsgründung ist fortlaufend von der Notwendigkeit für die Menschen, in einer bestimmten Weise zu handeln, die Rede („necesse fuit" etc.). Zur politischen Theorie des Marsilius: *Felice Battaglia*, Marsilio da Padova e la filosofia politica del Medio Evo, Firenze 1928, Nachdruck Bologna 1987; *Marino Damiata,* Plenitudo potestatis e universitas civium in Marsilio da Padova, Firenze 1983); *Alan Gewirth*, Marsilius of Padua, The defender of peace, Vol. 1: Marsilius of Padua and Medieval Poltical Philosophy, New York 1951; *Georges de Lagarde*, Marsile de Padoue, ou, le premier theoricien de l'Etat laïque, in: La naissance de l'ésprit laïque au déclin du moyen âge, Nouvelle ed., Vol. 3, Louvain 1970; *Jürgen Miethke*, De potestate papae: die päpstliche Amtskompetenz im Widerstreit der politischen Theorie von Thomas von Aquin bis Wilhelm von Ockham, Tübingen 2000, S. 204–247; *Jeannine Quillet,* La philosophie politique de Marsile de Padoue, Paris 1970; *Alessandro Passerin d'Entrèves*, The medieval contribution to political thought: Thomas Aquinas, Marsilius of Padua, Richard Hooker, Oxford 1939 (Nachdruck New York 1959); *Ludwig Schmugge,* Johannes von Jandun 1285/89–1328, Pariser Historische Studien 5, Stuttgart 1966; *Leopold Stieglitz*, Die Staatstheorie des Marsilius von Padua: ein Beitrag zur Kenntnis der Staatslehre im Mittelalter, Leipzig 1914 (Nachdruck Hildesheim 1971). Weitere ältere Lit. bei *Dieter Schwab,* Art. „Marsilius von Padua", in: Handwörterbuch zur Deutschen Rechtsgeschichte, 1. Aufl., Bd. 3 Sp. 356-359, Berlin 1984.

84 Defensor pacis II 5 § 5: Gehorsamspflicht „in his omnibus, que non contradicunt legi salutis eternae ...".

85 Marsilius operiert mit einem doppelten Gesetzesbegriff: Dem „Gesetz" als Wissen oder Lehre vom Gerechten und Ungerechten bzw. Nützlichen und Schädlichen steht das „Gesetz" als der von einem Gesetzgeber gegebene zwingende Rechtssatz gegenüber. Diese letztere Bedeutung ist für das staatliche Leben entscheidend, auch falsche Erkenntnisse vom Gerechten und Nützlichen können im letzteren Sinne Gesetz werden, Defensor pacis, pars 1 cap. 10 §§ 4, 5. Das Wissen vom Gerechten (also Gesetz im ersteren Sinne) kann jedem Einzelnen gelingen, wirkliches Gesetz wird das Gerechte aber erst durch den Akt der Gesetzgebung.

86 Defensor pacis, pars 1 cap. 11 §§ 4, 5; pars. 1 cap. 18.

87 Defensor pacis, pars 2 cap. 9 §§ 1 und 6.

88 Defensor pacis pars 2 cap. 10.

89 Siehe dazu *Welzel,* Naturrecht und materiale Gerechtigkeit (Fn. 81), S. 91; *Dieter Schwab,* Ehe und Familie nach den Lehren der Spätscholastik, in: La seconda scolastica nella formazione del diritto privat moderno, Firenze 1973, S. 73, 84.

90 Zur Entwicklung *Kurt Seelmann,* Theologie und Jurisprudenz an der Schwelle zur Moderne. Die Geburt des neuzeitlichen Naturrechts in der iberischen Spätscholastik, Baden-Baden 1997.

solche erkennbar ist *oder* zur Disposition des benennenden und strukturierenden Willens steht, gibt das mittelalterliche Naturrecht ungelöst an die folgenden Zeiten weiter, in denen dann auch die Juristen anfangen, sich als naturrechtliche Systembildner zu betätigen.

V. Zur politischen Bedeutung

Welch politische Bedeutung hatten die naturrechtlichen Lehren, welche die Scholastiker vom Staat entwickelten? Folgende Punkte möchte ich hervorheben:

1) Durch die Übernahme der aristotelischen Politik in das Denken des Mittelalters stand ein zusätzliches geistiges Waffenarsenal für die politischen Kämpfe bereit, namentlich für die Auseinandersetzungen zwischen Kirche und Staat. Die Grundforderungen der Papstkirche waren *einmal* Freiheit der Kirche von weltlicher Herrschaft – von der freien Bischofswahl bis zur Steuerfreiheit des Klerus –, *zum andern* die Unterordnung des Staates unter die Zielsetzungen der Kirche, der Anspruch der Kirche auf den bereitwilligen Dienst des *bracchium saeculare*. Für beides waren zwei geistige Bewegungen gefährlich: die Wiederbelebung des römischen Rechts mit seinem Staatsrecht aus der spätrömischen Kaiserzeit und die Übernahme der antiken Lehre von der Polis als der vollkommenen, auf diesseitige Tugend gegründeten und diesseitiges Glück verheißenden Gesellschaft. Und so wie das römische Recht schon im Investiturstreit und von den Staufern als Waffe gegen kirchliche Ansprüche benutzt wurde, so konnte den päpstlichen Vorstellungen auch die Staatsphilosophie des Aristoteles entgegengehalten werden. Die Tat der Scholastik bestand darin, die „heidnische Philosophie" trotz der evidenten Risiken für das kirchliche Herrschaftssystem aufzunehmen und fasziniert vom griechischen Rationalismus den kühnen Versuch zu wagen, das mittelalterliche System der beiden Gewalten, des doppelten Glücks, der Duplizität von Natur und Gnade in die Staats- und Tugendlehre des Aristoteles zu integrieren.

Es konnte nicht ausbleiben, dass die zunächst gebannte Gefährlichkeit der Polis-Lehre sogleich virulent wurde, als die Gegenspieler kirchlicher Herrschaftsansprüche geistigen Sukkurs brauchten und fanden. *Marsilius von Padua* und *Wilhelm von Occam*, im Dienste Ludwigs des Baiern, brauchten eigentlich nur den Kirchenbegriff zu vergeistigen,[91] kirchliche Kompetenzen auf das *forum internum* zurückzuführen und die Kirche funktional auf das Ziel des ewigen Glücks in einer anderen Welt festzulegen, um den Staat in seine volle aristotelische Funktion als *societas perfecta* wieder einzusetzen – auch mit der Folge, dass die Kirche in ihrer diesseitigen Gestalt als Teil eines Staates erscheinen konnte, ihm untertan wie jeder Teil dem Ganzen. In der philosophischen Gedankenwelt der Scholastik spielt sich schon lange vor den realgeschichtlichen Ereignissen das Drama der Zertrümmerung der Universalkirche durch Staatskirchentum und Reformation ab.

2) Das scholastische Naturrecht vermittelt kraft seiner Anknüpfung an die Polis-Lehre die Vorstellung von einer rechtlich verfassten, wohlgeordneten irdischen Sozietät als Mittel und Mitte des tugendhaften, glücklichen und auch mit irdischen Gütern gesegneten Lebens. Wo die transzendente Sinnbestimmung des Staates zurücktritt, bleibt die sich selbst genügende, das Glück ihrer Bürger vermittelnde *civitas* übrig, die Kirche wird insoweit im wörtlichen Sinne unsichtbar. Die Bilder von *Ambrogio Lorenzetti* im Palazzo Publico von Siena bringen das unmittelbar zur Anschauung: Das Staatswesen, geleitet von den Tugenden, unter denen Gerechtigkeit und Friede eine herausragende Rolle spielen, bringt Blüte in allem hervor. Die Religion ist wohl vorhanden: Die Figur des sienesischen Gemeinwesens trägt ein Bildnis der Mutter Gottes, darüber schweben in Engelsgestalt Glaube, Liebe und Hoffnung, die Silhouette der gut

91 Marsilius von Padua, Defensor Pacis I 19 und II.

regierten Stadt zeigt auch Kirchenbauten. Aber von *der Kirche* als einer für die Rechtsgestalt des Gemeinwesens wichtigen Institution ist nichts zu sehen. Die Scholastik hat, obwohl ihre Hauptvertreter das Gegenteil anstrebten, eine zentrale Bedeutung für den Prozess der Säkularisierung, wie an den familienrechtlichen Doktrinen näher darzustellen wäre.[92]

Andererseits kann die naturrechtliche Begründung des Staates die weltliche Herrschaft insofern schwächen, als sie die theokratische Fundierung verblassen lässt. Trotz der Fortführung der *Dei-Gratia*-Formel in den Herrschertiteln wird durch die Theorie von der *civitas* letztlich der Säkularisierung der Königs- und Fürstenherrschaft vorgearbeitet, insofern entfaltet sie zwiespältige Wirkungen.

3) Die Theorie von *civitas* relativiert die Universalmächte Kirche und Reich, Papsttum und Kaisertum. Sie ist eine Lehre vom je einzelnen politischen Gebilde, das ebenso in einer Stadt wie in einem beliebigen Königtum oder einer Territorialherrschaft angetroffen werden kann. Da jeder einzelne Staat durch das geschilderte Selbstgenügen gekennzeichnet ist, wird es schwer, eine besondere Rolle des römischen Reiches zu erklären. Das erscheint bedeutsam in einer Zeit, in welcher – forciert durch päpstliche Propaganda seit dem Investiturstreit – die theologische Fundierung des „heiligen" Reiches ohnehin an Überzeugungskraft verliert. Das Reich sperrt sich in seiner spätmittelalterlichen und neuzeitlichen Struktur gegen eine Einordnung in die Polislehre.

4) Der Rang und der sittliche Anspruch der Polis bringt die Kirche als Herrschaftsorganisation in die Defensive. Wenn sie sich als Herrschaftsmacht behaupten will, muss sie sich daher selbst als Staat – als *civitas*, als *societas perfecta* – darstellen, nicht als Staat *im* Staate (da wäre sie verloren), sondern als Staat *über* den Staaten. Darauf läuft die Theorie des Thomas von Aquin und seiner Schule[93] hinaus, die der Kirche wegen ihrer höheren Ziele auch den höheren Rang sichern will. Grundlage der Vorstellung von der Kirche als Staat ist Augustinus, dessen Lehre von den beiden *civitates* ganz unterschiedlich genutzt werden konnte, aber eben auch im thomistischen Sinne. Es wäre reizvoll, dem Gedanken nachzugehen, welche Folgerungen sich aus der Verstaatlichung des Kirchenbegriffs für das Christentum selbst ergeben, doch dazu ist nicht Zeit und Ort. Auffällig erscheint, wie zum Beispiel die Theologen des Konzils von Trient, Scholastiker von Fleisch und Blut, mit der Staatsnatur der Kirche argumentierten, als es darum ging, entgegen der theologischen Tradition die Mitwirkung von Priester und Zeugen bei der Eheschließung zur Wirksamkeitsbedingung der Ehe zu erklären: Eine *res publica* kann alles anordnen, was zum Erreichen des Gemeinwohls notwendig ist, also auch die Kirche, denn auch die Kirche ist *res publica*.[94]

5) Mit der Lehre von der Polis wurden Anschauungen tradiert und entwickelt, die in einem erheblichen Spannungsverhältnis zu den realen politischen Verhältnissen des Mittelalters standen. Die Sozialgeschichte lehrt uns, dass wir vom Staat des Mittelalters nicht sprechen sollten, und es birgt in der Tat die Chance zu grotesken Missverständnissen, wenn wir die Strukturen des Feudalismus mit ihren vielfältig aufgespaltenen, mit wirtschaftlicher Nutzbarkeit verknüpften und dem Erbbesitz von Adelsdynastien zugewiesenen Herrschaftsfunktionen durch den Staatsbegriff darzustellen versuchen. Aber gerade angesichts dieser ganz andersartigen Herrschaftswirklichkeit ist es von höchster Bedeutung, dass der Staatsbegriff mit der Scholastik präsent ist und mit der Welt der Lehenspyramiden kontrastiert werden kann. Das Vorhandene

---

92 Dazu *mein* Beitrag Ehe und Familie nach den Lehren der Spätscholastik (Fn. 13), S. 73, 102–108.

93 Eine eigentümliche Stellung nimmt *Aegidius Romanus* ein, der in seinem Fürstenspiegel einen ganz auf den Staat (*civitas, regnum*) zugespitzte politische Theorie entwickelt, sich später aber in der aus anderem Anlass entstandenen Schrift „De ecclestiastica potestate" auf die Seite der päpstlichen Herrschaftsansprüche schlägt, siehe *Richard Scholz,* Aegidius, De ecclesiastica potestate, 1929, Reprint Aalen 1961.

94 Argumentationen dieser Art finden sich in den Konzilakten häufig, siehe: Concilium Tridentinum, Diariorum, actorum, epistolarum, tractatuum nova collectio (Freiburg i.Br. 1900 ff.), Tom. 9 S. 404, 650, 665 und öfter.

verliert seine Selbstverständlichkeit, wenn eine andere Vorstellung vom Politischen aufscheint, zumal wenn diese Vorstellung in der Stadt als der Vorbotin des Flächenstaates einen realistischen Anknüpfungspunkt findet.

6) Dass die Staatsphilosophie der Scholastik via Spätscholastik die neuzeitliche Theoriebildung „beeinflusst" hat, wird wohl nicht bestritten. Das heißt selbstverständlich nicht, dass in der Scholastik schon das gesamte Naturrecht der Aufklärung vorweggenommen wäre. Für die weitere Entwicklung scheinen vor allem folgende Leistungen der Scholastik bedeutsam: *erstens* das Wagnis, die Welt rational zu erklären und als eine Ordnung vorzustellen, die durch ein System von vernünftigen Gesetzen die Bewegungen steuert; *zweitens* die Idee des auf die Natur des Menschen gegründeten und zu seinem Glück notwendigen Staates; *drittens* die Zulieferung von (meist der antiken Philosophie entnommenen) Bausteinen, derer sich spätere Naturrechte bedienen konnten, zum Beispiel

- die Vorstellung, dass Staaten einen Beginn und Ursprung haben, dass dieser Ursprung *jenseits der biblischen Schöpfungsgeschichte* eine Vereinbarung unter den beteiligten Menschen sein könnte oder dass die Herrschaft einen Unterwerfungsvertrag der Beherrschten mit dem Machthaber voraussetze, einschließlich erster Ansätze zur Lehre von der Volkssouveränität;
- der Lehre von den unterschiedlichen Staatsformen und ihrer Charakterisierung und Einteilung nach unterschiedlicher Legitimität;
- der Lehre vom Sinn, den Zweckzielen und den Mitteln der Staatsgewalt;
- der Lehre von Gesetz und Gesetzgeber, welche das Problem der Bindung des Staates an vorgegebenes Recht und das Problem der Gesetzesbindung der Herrschenden thematisiert;
- und schließlich gewisser Ansätze zu Rechten, die dem Menschen auch gegenüber der Staatsmacht zustehen.

Im allgemeinen rechtshistorischen Bewusstsein hat der Anteil der Scholastik an der Entwicklung des Rechts- und Staatsgedankens noch nicht den ihr angemessenen Platz gefunden. Dies liegt unter anderem an dem wissenschaftlichen Schubladensystem, das die scholastische Rechtsphilosophie als Theologie signiert, weil sie eben (mit Ausnahmen) von Theologen betrieben worden ist. Die intensivere Beschäftigung der Rechtswissenschaft mit dem scholastischen Naturrecht[95] ist, so glaube ich, für manche Überraschung gut.

Veröffentlicht in: Diethelm Klippel (Hrsg.), Naturrecht und Staat, Politische Funktionen des europäischen Naturrechts, Schriften des Historischen Kollegs, Kolloquien 57, R. Oldenbourg-Verlag München 2006, S. 1–18.

95 Siehe *Karl-Heinz Ziegler*, Völkerrechtliche Aspekte der Eroberung Lateinamerikas, in: Zeitschrift für Neuere Rechtsgeschichte 23 (2001), 1 ff.

Naturrecht und Rechtsidee
– Historische Reflexionen im Anschluss an eine Rektoratsrede von Otto von Gierke –

I. Um 1900: Der Abschied vom Naturrecht

Die deutsche Rechtswissenschaft ist gegen Ende des 19. Jahrhunderts von dem Trend geprägt, das Naturrecht als Rechtsdisziplin zu verabschieden. So sehen es auch die historischen Beschreibungen: Dem Zeitalter des Naturrechts oder Vernunftrechts folgt dasjenige der historischen Rechtsschule, dann der „wissenschaftliche Positivismus“, dann der Gesetzespositivismus, und so weiter. Die Aufeinanderfolge von Richtungen und Schulen lässt dann auch wieder ein – überwiegend als sporadisch empfundenes – „Wiederaufleben von Naturrecht“ zu, das historisch erklärt werden muss.

Generell wird in dieser Zeit das Naturrecht *historisiert*: Es spielt in der „Geschichte der Rechtswissenschaft“ oder der „Privatrechtgeschichte“ bestimmte zeitgebundene Rollen, die sich irgendwann erledigt haben.[1] Die Geschichte des Naturrechts, welcher *Diethelm Klippel* einen erheblichen Teil seiner Arbeitskraft gewidmet hat, erscheint in dieser Sicht als wichtiges Kapitel der Rechtsgeschichte, insbesondere durch den naturrechtlichen Einfluss auf die Reformen und Kodifikationen der Aufklärungszeit, indes als Kapitel, das als abgeschlossen betrachtet wird.

Zeugnisse dafür, dass in der deutschen Rechtswissenschaft zu Beginn des 20. Jahrhunderts so gedacht worden ist, gibt es reichlich. „Heute ist das Naturrecht nur noch in der Gestalt lebendig, in der es das klassische Naturrechtszeitalter vorbereitet und so auch überlebt hat: in der katholischen Rechtsphilosophie“, schreibt *Gustav Radbruch* in der ersten Auflage seiner Rechtsphilosophie 1914.[2] Für *Karl Larenz* stellt sich im Jahre 1931, als neuere Naturrechtslehren aufgetaucht waren, die Lage wie folgt dar: „Zwar glaubte zu Ende des vorigen Jahrhunderts noch Bergbohm, einen heftigen Kampf gegen versteckte Formen des Naturrechts führen zu müssen, im großen und ganzen aber war das Naturrecht aus den rechtswissenschaftlichen Erörterungen verschwunden und gilt heute noch den meisten Juristen als gänzlich abgetan.“[3]

Aus der Sicht des bis Ende des 18. Jahrhunderts herrschenden gemeinen Rechts bedeutet diese Einschätzung einen tiefen Einschnitt. Das Naturrecht war im rezipierten römischen und des kanonischen Recht eine anerkannte Einrichtung, sie bildete im System des gemeinen Rechts eine subsidiäre Rechtsquelle[4] und war seit Ende des 17. Jahrhunderts eigenes Lehrfach an den juristischen Fakultäten. Die Verabschiedung des Naturrechts bedeutete somit den Verlust einer außerpositiven Plattform, von der aus die menschliche Gesetzgebung betrachtet und beurteilt werden kann.

---

1 Dem Nachweis, dass das Naturrecht im 19. Jahrhundert eine weitaus größere Bedeutung hat als in verbreiteter Darstellung angenommen wird, verdanken wir grundlegenden Arbeiten von Diethelm Klippel, siehe die Schriften: *D. Klippel* (Hrsg.), Naturrecht im 19. Jahrhundert. Kontinuität – Inhalt – Funktion – Wirkung, 1997; *D. Klippel,* Politische und juristische Funktionen des Naturrechts in Deutschland im 18. und 19. Jahrhundert, in: ZNR 2000, S. 3 ff.

2 *G. Radbruch,* Grundzüge der Rechtsphilosophie, Leipzig 1914, S. 3.

3 *K. Larenz,* Rechts- und Staatsphilosophie der Gegenwart, Berlin 1931, S. 69.

4 *Klippel,* in: ZNR 2000, S. 3, 5.

Die Einordnung des Naturrechts als zu Ende gelesenes, nur dann und wann wieder aufgeschlagenes und allenfalls mit neuen Randglossen versehenes Buch wird von Kennzeichnungen gefördert, die den Naturrechtsgedanken mehr persiflieren als darstellen. Das zur Charakterisierung des Naturrechts verwendete Vokabular scheint von dem Beispiel inspiriert, das *Savigny* in seinem berühmten Vorwort zur „Zeitschrift für geschichtliche Rechtswissenschaft" gegeben hat. Die von ihm bekämpfte und so genannte „ungeschichtliche Schule" ist bereits so beschrieben, dass sich eine Widerlegung eigentlich erübrigt. Dem Naturrecht wurden in der Folge vor allem zwei Eigenheiten nachgesagt, die mit den Worten *Otto von Gierkes* zur Sprache kommen sollen: Es schwebe als „ein unmittelbar aus der Vernunft zu entnehmendes, in Ewigkeit unwandelbares und überall sich selbst gleiches Menschheitsrecht" über dem vielgestaltigen historischen Recht[5], und es entwerte oder vernichte das positiv gesetzte Recht, es lehre, das „wirkliche Recht solle sein Schwert in die Scheide stecken, sobald es auf einen widerstreitenden abstrakten Satz des unbewehrten Naturrechts stößt".[6]

Die angebliche feindliche Haltung des Naturrechts gegenüber den positiven Rechtssatzungen wird in vielen Texten zu Beginn des 20. Jahrhunderts moniert. So schreibt *Radbruch* in seiner Rechtsphilosophie: „Im Naturrechtszeitalter hatte die Rechtsphilosophie der Rechtswissenschaft die völlige Vernichtung angedroht; die reine Vernunft hatte es unternommen, ohne Rücksicht auf eine bestimmte Rechtswirklichkeit aus sich heraus ein detailliertes Idealrecht zu entwerfen, mancher radikalere Naturrechtler dieses Rechtsideal sogar geradezu für Rechtswirklichkeit, für bereits geltendes Recht ausgegeben."[7] Es sei „der verhängnisvolle Fehler des Naturrechts" gewesen, „das Recht ins Reich der Zwecke und Werte zu versetzen, also nicht zweckmäßigem und nicht wertvollem Recht auch den Rechtscharakter und die Geltung abzusprechen."[8] Der Würzburger Rechtsphilosoph *Julius Binder*, im Jahre 1915 noch Anhänger einer strikten Trennung von Sein und Sollen, spricht von dem: „Gespenst des Naturrechts"[9] und verkehrt geradezu die rechtshistorischen Zusammenhänge, in dem er den Gewinn der *Stammler*'schen Lehren „in der Aufzeigung eines kritischen Standpunktes gegenüber dem positiven Rechte und der *damit verbundenen definitiven Überwindung des Naturrechts*" sieht.[10]

Auffälligerweise erscheint „das Naturrecht" bei seinen Kritikern fast ausschließlich im Singular, es fehlt – wie schon bei der Kritik *Savignys* an der „ungeschichtlichen Schule" – der Versuch einer auch nur grobschlächtigen Differenzierung. Selten beziehen sich die Kritiker auf bestimmte Naturrechtslehren, allenfalls werden einige bekannte Namen wie *Grotius*, *Hobbes* und *Rousseau* genannt, ohne dass ihre Lehren genauer analysiert und auf die dem Naturrecht zugeschriebenen Eigenschaften hin befragt würden. Von der Vielfältigkeit der naturrechtlichen Bemühungen seit der Scholastik mit ihren verschiedenen erkenntnistheoretischen Voraussetzungen und ihren unterschiedlichen Positionen ist nicht die Rede.[11] Nun ist gewiss in Rechnung zu stellen, dass die Geschichte der Naturrechtlehren um 1900 noch nicht hinreichend erforscht

---

5 *Otto von Gierke*, Naturrecht und Deutsches Recht. Rede zum Antritt des Rektorats der Universität Breslau am 15. Oktober 1882 gehalten von Otto Gierke, Professor der Rechte, Frankfurt am Main, 1883, S. 12.

6 *Gierke* (Fn. 5), S. 13.

7 *Radbruch* (Fn. 2), S. 5.

8 *Radbruch* (Fn. 2), S. 36.

9 *J. Binder*, Rechtsbegriff und Rechtsidee. Bemerkungen zur Rechtsphilosophie Rudolf Stammlers, Leipzig 1915, S. 60.

10 *Binder* (Fn. 9), S. 211 (Hervorhebungen nicht im Original).

11 Eine differenzierte Erfassung der Naturrechtslehren verdanken verdanken wir Hans Welzels Darstellung, s. *H. Welzel*, Naturrecht und materiale Gerechtigkeit. Problemgeschichtliche Untersuchungen als Prolegomena zu einer Rechtsphilosophie, 3. Aufl., Göttingen 1960; sodann den Forschungen Diethelm Klippels, grundlegend: *D. Klippel*, Politische Freiheit und Freiheitsrechte im deutschen Naturrecht des 18. Jahrhunderts, Paderborn 1976. Zur Naturrechtsdoktrin im Mittelalter *D. Schwab*, Der Staat im Naturrecht der Scholastik, in: D. Klippel (Hrsg.), Naturrecht und Staat. Politische Funktionen des europäischen Naturrechts, Schriften des Historischen Kollegs, Kolloquien 57, München 2006, S. 1 ff.

war. Es war aber in den jedem Gelehrten verfügbaren Quellen genügend nachlesbar, um zu einer differenzierteren Beurteilung zu gelangen.

Aus der Ablehnung des Naturrechts folgt freilich nicht notwendig, sogar eher selten der blanke Gesetzespositivismus. Auch die heftigste Aversion gegen alles, was Naturrecht heißt, will sich nicht so leicht mit der Vorstellung anfreunden, das Recht sei nichts anderes als die Summe der vom Staat geschaffenen oder sonst anerkannten Rechtsvorschriften. Am wenigsten meinte das die historische Rechtsschule, die sich gerade vornahm, das Recht vor der „Willkür des Gesetzgebers“[12] zu schützen. Die Annahme eines aus dem Volksgeist entwickelten, gleich einer Pflanze organisch wachsenden Rechts, das zunächst einmal nicht gestaltet, sondern beobachtet sein will, genügte andererseits auch der historischen Rechtsschule nicht: Der Stoff soll nicht nur durchschaut, sondern auch „verjüngt“ und „frisch erhalten“ werden,[13] eine Aufgabe, die *Savigny* hauptsächlich den gelehrten Juristen zumaß, deren „Bewusstsein“ das Recht nach seiner Vorstellung „anheimgefallen“ ist.[14] Verjüngt und frisch gehalten – aber nach welchen Kriterien?

Die Ablehnung des Naturrechts führt bei Rechtdenkern, die sich nicht dem platten Gesetzespositivismus verschreiben wollen, zwangsläufig zur Suche nach einer anderen „transpositiven Rechtsbegründung“.[15] Diese Suche kennzeichnet die geradezu sprudelnden rechtsphilosophischen Versuche im ersten Drittel 20. Jahrhunderts: Es galt, einen außerstaatlichen Haltepunkt suchen, an dem das Recht aufgehängt werden konnte. Die zu diesem Zweck geschmiedeten Haken haben unterschiedliche Namen, „Rechtsidee“, „Rechtsbegriff“, „Rechtsbewusstsein“, „Rechtsgefühl“ „Rechtskultur“ etc. – nur „Naturrecht“ durften sie bei den meisten Autoren nicht mehr heißen.

Nun mag es aber – wie im Leben so auch in den Wissenschaften – sein, dass etwas nicht deshalb ein Anderes ist, weil es anders genannt wird. In der Theorie des heftigsten Naturrechtsgegners mag sich Naturrecht verstecken, zugedeckt von neuen Wörtern und Floskeln. Diesen Zusammenhang will ich auf einer begrenzten historischen Wegstrecke verfolgen und nehme dazu das Beispiel der „Rechtsidee“, dem neuen terminologischen Star am Philosophenhimmel zu Beginn des 20. Jahrhunderts.

II. Otto von Gierke: Naturrecht und deutsches Recht

Zum Antritt seines Rektorats der Universität Breslau hielt *Otto von Gierke* am 15. Oktober 1882 eine Rede über „Naturrecht und Deutsches Recht“, in welcher er *das* Grundproblem der Rechtswissenschaft den Zuhörern vorzuführen versprach. Gierke beginnt mit der Auflistung rechtsphilosophischer Grundfragen, die in seiner Zeit kontrovers diskutiert werden, um sodann mit der „geschichtlichen Auffassung des Rechts“ die eigene Basis zu gewinnen. Als zentralen Begriff setzt er die „Idee des Rechts“, auch „Rechtsidee“ genannt, die er in eine Verbindung mit den Lehren der historischen Rechtsschule bringt. Die Rechtsidee verkörpert sich nicht in einem abstrakten Weltrecht, sondern realisiert sich in den konkreten Rechtsbildungen der im Strom der Geschichte auf- und untertauchenden Genossenschaften, unter denen Gierke den Nationen eine besondere Funktion beimisst: Alles vorhandene Recht trägt in erster Linie nationale Färbung und spiegelt den Charakter und das Lebensschicksal des Volkes wieder.[16]

---

12 *F. C. von Savigny*, Vom Beruf unserer Zeit für Gesetzgebung und Rechtwissenschaft, Heidelberg 1814, S. 13.

13 *F. C. von Savigny*, Über den Zweck dieser Zeitschrift, in: Zeitschrift für geschichtliche Rechtswissenschaft, Bd. 1 (1815), auch abgedruckt in: Thibaut und Savigny, ihre programmatischen Schriften, mit einer Einführung von Hans Hattenhauer, München 1973, S. 261, 264.

14 *Savigny* (Fn. 12), S. 12.

15 Dieser Ausdruck bei F. Wieacker, Privatrechtsgeschichte der Neuzeit, 2. Aufl., Göttingen 1967, S. 558.

16 *Gierke* (Fn. 5), S. 8 f.

Gierke beschwört in der Nachfolge Savignys die Lehre vom Volksgeist als Schöpfer des Rechts und wiederholt – referierend wie billigend – die Grundauffassungen der historischen Rechtsschule: Das Recht kann nicht *er*funden, sondern nur *ge*funden werden, es kann nicht aus den lichten Höhen verstandesklarer Reflexion erklügelt, sondern allein aus den dunklen Tiefen des allgemeinen Rechtsbewusstseins geschöpft werden. Gierke versteht die Lehre der historischen Rechtsschule in dem Sinne, dass sie „allem positiven Recht der Gegenwart und der Vergangenheit eine höhere Weihe" verliehen habe, „indem sie es als den mindestens seinem Begriff nach jedesmal adäquaten Ausdruck der Rechtsidee erfasste. Dafür aber erkennt sie schlechthin *kein anderes Recht* als *positives Recht* an."[17]

Diese Aussage trägt das Risiko des glatten Gesetzespositivismus in sich. Gierke beeilt sich, die Gefahr zu bannen: Auch das „jetzt geltende Recht" kann mit den Postulaten der Rechtsidee in Widerspruch geraten. Für diese Fälle weist Gierke dem „Rechtsbewusstsein" oder auch „dem Rechtsgefühl" eine kritische, auf Rechtsänderung zielende Funktion zu. Freilich: „... auch das ungerechte Recht bleibt Recht, bis es formell beseitigt wird".[18] Ich komme auf diesen Punkt noch zurück.

Die Errungenschaften der historischen Rechtsschule sieht Gierke in einen doppelten Kampf verwickelt: gegen den bloßen Positivismus auf der einen, das Naturrecht auf der anderen Seite. Der „kahle" Positivismus setzt an die Stelle der Rechtsidee formell die befehlende Macht, materiell die Vorstellung vom bezweckten und erreichbaren Nutzen;[19] er zielt auf die Eliminierung der Rechtsidee. Auf der anderen Seite kämpft die historische Rechtsschule gegen das Naturrecht und verteidigt das positive Recht gegen dessen Angriffe.[20] Wie Gierke in diesem Zusammenhang das Naturrecht begreift und charakterisiert, wurde bereits dargelegt.

Der Kampf gegen das Naturrecht ist für Gierke bereits entschieden, er gehört „in der Hauptsache der Vergangenheit an".[21] Das ist Anlass für eine Rückschau auf die unbestreitbaren Auswirkungen der Naturrechtslehren, unter denen der Festredner aber doch auch Wertvolles entdeckt. In der Geschichte des menschlichen Geistes hat, wie der Redner ausführt, der Irrtum nicht minder Großes bewirkt als die Wahrheit, und so können den Einflüssen der Naturrechtsbewegung durchaus positive Seiten abgewonnen werden. Die „treibenden naturrechtlichen Ideen" finden nach Gierkes Meinung ihre Keime durchweg im positiven Recht ihrer Zeit, in den „Systemen des antik-römischen und des mittelalterlich-germanischen Rechts", aus denen „die materiellen Bestandteile des angeblichen abstrakten Menschenrechtes stammen".[22] Gierke versetzt das Naturrecht, soweit ihm seine Lehren zusagen, gleichsam in den Volksgeist, der es in positives Rechts verwandelt.

Das Bemühen des Redners gilt im Folgenden dem Nachweis, dass das Naturrecht durch die geschichtliche Entwicklung ein wichtiges Teilelement des deutschen Rechts geworden sei und daher dem Bestand des geschichtlichen Rechts im Sinn der historischen Rechtsschule angehört. Der Schluss der Rede versucht aufzuzeigen, dass dem Naturrecht gerade die Aufrechterhaltung oder Wiederbelebung germanischer Rechtsvorstellungen gegenüber dem römischen Recht zu verdanken ist: „Wo unsere Naturrechtslehrer aus der abstrakten Vernunft heraus konstruirten, brachten sie unbewusst die im Volksbewusstsein nicht erstorbenen germanischen Rechtsgedanken zur Geltung".[23] Das wird anhand einzelner Rechtsvorstellungen, betreffend unter anderem Staatsverständnis, Eigentumsbegriff und Familienrecht, näher ausgeführt. Wichtig für unseren

17 *Gierke* (Fn. 5), S. 9 f.
18 *Gierke* (Fn. 5), S. 10.
19 *Gierke* (Fn. 5), S. 11.
20 *Gierke* (Fn. 5), S. 12.
21 *Gierke* (Fn. 5), S. 13.
22 *Gierke* (Fn. 5), S. 15.
23 *Gierke* (Fn. 5), S. 25.

Zusammenhang ist die Kernthese, dass die Naturrechtslehren zwar nicht als Ganzes, namentlich nicht in ihrer revolutionären Ausprägung, aber doch in wichtigen Elementen dem aus dem deutschen Volksgeist geschöpften Recht angehören, ja schon von ihrem Ursprung her mit dem alten germanischen Recht in Verbindung stehen. Germanisch am Naturrecht „ist vor allem sein universalistischer und idealistischer Grundcharakter".[24]

In der Rede Gierkes spielen drei Begriffe eine zentrale Rolle: „Rechtsidee", „Positivismus" und „Naturrecht". Der Positivismus ist bei Gierke nicht exakt definiert, wenngleich mit abwertenden Beiwörtern versehen („kahl", „öde"). Die Aussage, der Positivismus setze an die Stelle der Rechtsidee die befehlende Macht und den „bezweckten und erreichten Nutzen"[25], deutet einerseits auf den Gesetzespositivismus hin, andererseits auf ein utilitaristisches Element.

Konkreter beschreibt Gierke, was er als Naturrecht verstehen will. Er ordnet ihm drei Eigenschaften zu: 1) Es werde unmittelbar aus der Vernunft entnommen, 2) es werde als ewig unwandelbar begriffen und 3) es sei überall sich selbst gleich.[26] Wie schon gesagt, bedient sich Gierke hier der Technik, ein vereinfachtes Bild vom Gegner zu entwerfen, um ihn umso einfacher erledigen zu können. In den weiteren Ausführungen wird deutlich, dass Naturrecht für Gierke diejenigen Lehren sind, die sich selbst als Naturrecht etikettieren. Diese erscheinen trotz ihrer unterschiedlichen Aussagen als eine gewisse Einheit („das Naturrecht", „die naturrechtliche Anschauung"). Auch Gierke enthebt sich also der Aufgabe, zwischen den Naturrechtslehren genauer zu unterscheiden, wenn man davon absieht, dass er historisch eine Zeit des „Gleichgewichts" zwischen Naturrecht und positivem Recht von jener Phase unterscheidet, in der sich das Naturrecht von den Fesseln des mittelalterlichen Dogmas „emancipierte".[27]

Wird somit in Umrissen deutlich, was Gierke unter Naturrecht begreift, so bleibt umso Dunkler, was die dritte Größe sein soll – die Rechtsidee. Gierke verwendet den Terminus zunächst im Zusammenhang mit der Botschaft der historischen Rechtsschule. Das Recht hat zwei Seiten: *seiner Anlage nach* ist es ein ursprünglich menschliches Attribut, *seiner Entwicklung nach* ein geschichtliches Produkt. Obwohl das Recht notwendig geschichtlich ist, kommt ihm ein übergeschichtliches Element zu, und das ist die Rechtsidee: Die Idee des Rechts ist Gemeinbesitz der Menschheit,[28] gleich der Sprache, der Gottesidee, der Idee des sittlich Guten etc. Die Rechtsidee bedarf aber der konkreten „Verkörperung" und „Realisierung", die nicht in einem abstrakten Weltrecht, sondern „in den konkreten Rechtsbildungen der im Strome der Geschichte auf- und untertauchenden menschlichen Genossenschaften" Gestalt annimmt.[29] Das jeweilige – nach Raum und Zeit wandelbare – positive Recht ist „Ausdruck der Rechtsidee", es wird durch die Rechtsidee gleichsam geadelt.

Bis dahin scheint es, als werde mit der Rechtsidee eine den Menschen gemeinsame Anlage bezeichnet, die keine inhaltlichen Bedingungen an das Recht stellt, sondern auf die Gesamtheit der geschichtlich-konkreten Rechtsordnungen verweist. Die Rechtsidee wäre dann nur eine außerpositive Stärkung des Gesetzespositivismus: Das jeweils konkret-historische Recht findet seine Geltungsautorität – über den staatlichen Geltungsbefehl hinaus – in der über allem schwebende Rechtsidee. Dem steht aber entgegen, dass, wie gezeigt, nach Gierkes Auffassung die Postulate der Rechtsidee in Widerspruch zum geltenden Recht geraten können.[30] Wie ist das möglich, wenn das jeweils geltende positive Recht als Konkretisierung der Rechtsidee in Raum und Zeit erscheint? Wie sind Rechtsvorschriften, die als Ausdruck der Rechtsidee erscheinen,

---

24 *Gierke* (Fn. 5), S. 32.
25 *Gierke* (Fn. 5), S. 11.
26 *Gierke* (Fn. 5), S. 12.
27 *Gierke* (Fn. 5), S. 21.
28 *Gierke* (Fn. 5), S. 8.
29 *Gierke* (Fn. 5), S. 8.
30 *Gierke* (Fn. 5), S. 10.

von solchen zu unterscheiden, die es *nicht* sind? Nach welchen Maßstäben können in den historischen Naturrechtslehren anzuerkennende und abzulehnende Elemente unterschieden werden?

Die Schwierigkeiten überdeckt Gierke, in dem er an die Seite der Rechtsidee weitere Begriffe stellt, die aber ihrerseits der klaren Kontur entbehren. Einen Widerspruch zwischen geltendem Recht und Rechtsidee kann sich nach seiner Auffassung sowohl durch das Veralten von Rechtsvorschriften ergeben als auch dadurch, dass das Gesetz „von vornherein den wahren Inhalt der Volksüberzeugung verfehlt, ja, die herrschende Gewalt kann missbräuchlich Ungerechtes zu Recht ausgemünzt haben."[31] Ist also der Rechtsidee immanent, dass das Gesetz der Volksüberzeugung zu entsprechen habe? Gibt es einen sachlichen Gerechtigkeitsgehalt der Rechtsidee, der einen Maßstab für Gesetzgebungsmissbrauch liefern könnte? Oder resultiert die Bewertung als Missbrauch nur aus der *Absicht* eines Gesetzgebers, *ungerechtes Recht zu schaffen?*

Zur weiteren Erläuterung dieses offenbar schwierigen Verhältnisses zwischen geltendem Recht und Rechtsidee führt Gierke noch weitere Allgemeinbegriffe ein: das „*Rechtsbewusstsein*", das sich kritisch zum geltenden Recht verhält und geltendes Recht als ungerecht verdammen und seine Vernichtung fordern kann, und das „*Rechtsgefühl*", das gegenüber dem jeweils geltenden Recht „autonom" ist und ohne das es keinen Fortschritt in der Rechtsgeschichte gäbe.[32] Wie aber verhalten sich „Rechtsbewusstsein" und „Rechtsgefühl" zur „Rechtsidee"? Und woher beziehen sie ihre Maßstäbe, ohne die konkrete Aussagen über den Gerechtigkeitsgehalt von Rechtsvorschriften nicht möglich sind?

Offenbar gibt es auch nach Gierke eine Ebene außerhalb des staatlich positivierten Rechts, von der aus dieses als „unzweckmäßig" oder „ungerecht" beurteilt werden kann. Doch wird diese Ebene nicht fixiert. Aus den einzelnen Beurteilungen historischer Sachverhalte wird deutlich, dass Gierke am Naturrecht vor allem dasjenige bejaht, was seinen Vorstellungen vom germanischen Recht nahe kommt. Daraus ergibt sich kein allgemein begründbarer Maßstab. Das Naturrecht als solches darf als Beurteilungsebene für das positive Recht nicht dienen, sonst käme die Vernunft ins Spiel und der Redner wäre als Naturrechtler entlarvt.

In seiner Auseinandersetzung mit dem Gesetzespositivismus nennt Gierke die Rechtsidee „dieses in dem unzugänglichen Urgrunde unseres geistigen Wesens wurzelnde Etwas".[33] Man kann darin eine Flucht in irrationale Formeln sehen, an denen das 19. Jahrhundert nicht arm ist. Gierke mahnt die akademische Gemeinde „hoch zu halten das Banner der Rechtsidee im Kampfe ihrer Zersetzung durch die Idee des Nutzens und der Macht".[34] Man kann fragen: Wird die Rechtsidee als Blindbegriff gesetzt, hinter dem sich ein historisierendes Naturrecht versteckt?

III. Zur Karriere der Rechtsidee

Otto von Gierke ist bekanntlich nicht der Erfinder der Rechtsidee. Die Rechtsidee erscheint als ein – trotz Platon – verhältnismäßig junges Geschöpf der Wissenschaftsgeschichte.[35] Ob sie eine deutsche Erfindung ist, vermag ich nicht sicher einzuordnen. Vielleicht hat sie mit *Leibnizens* angeborenen Ideen zu tun. Bei *Kant* kommt sie vor, steht aber als Begriff nicht im Zent-

---

31 *Gierke* (Fn. 5), S. 10.
32 *Gierke* (Fn. 5), S. 10.
33 *Gierke* (Fn. 5), S. 11.
34 *Gierke* (Fn. 5), S. 32.
35 Der Artikel „Rechtsidee" im historischen Wörterbuch der Philosophie setzt mit dem „begriffsgeschichtlich bedeutsamen Anstoß" ein, den die Rechtsidee vom Kantianismus und Hegelianismus bekommen habe, siehe *A. Baratta/H. Wagner,* in: Joachim Ritter/Karlfried Gründer (Hrsg.), Historisches Wörterbuch der Philosophie, Bd. 8, Darmstadt 1992, Sp. 281.

rum.[36] In der Rechtsphilosophie *Hegels* bildet die „Idee des Rechts" bereits den Grundgegenstand: Die philosophische Rechtswissenschaft hat die Idee des Rechts, den Begriff des Rechts und dessen Verwirklichung zum Gegenstande.[37] Das Verhältnis von Rechtsbegriff und Rechtsidee fällt kompliziert aus, jedenfalls sind sie aufeinander bezogen: „Die *Gestaltung,* welche sich der Begriff in seiner Verwirklichung giebt, ist zur Erkenntniß des *Begriffes* selbst das andere von der *Form,* nur als *Begriff* zu seyn, unterschiedene wesentliche Moment der Idee".[38] Der Begriff ist „wesentlich als Idee".[39] Die Rechtsidee ist – wie die Ideen überhaupt – prozedural angelegt, es gibt einen „Stufengang der Entwicklung der Idee".[40] Die Idee unterliegt dem dialektischen Prozess. Sie erscheint als Agens: „Dieser Entwicklung der Idee als eigener Thätigkeit ihrer Vernunft sieht das Denken als subjectives, ohne seinerseits eine Zuthat hinzu zu fügen, nur zu."[41]

Zweck meines Betrags ist es nicht, den zahllosen Hegel-Interpretationen eine weitere hinzuzufügen, also zu erörtern, welcher Gehalt und welche Funktion der Idee des Rechts in der Rechtsphilosophie Hegels zukommt. Es soll lediglich deutlich werden, dass der Siegeszug der Hegel'schen Philosophie im 19. Jahrhundert die Verbreitung der Rechtsidee allein schon hinreichend erklären würde.[42] Die Rechtsidee wird zum Schlagwort im philosophisch-rechtswissenschaftlichen Diskurs, der sich aus vielen Quellen speist.

So entwickelt z.B. der Philosoph und Schelling-Schüler *Carl August Eschenmayer* im Jahre 1819 ein Naturrecht, das er „Normalrecht" nennt,[43] im Zusammenhang mit dem Begriff der Rechtsidee. In diesem Naturrecht ist als oberste und allgemeinste Größe die Rechtsidee enthalten, von der sich „Prinzipien", „Grundsätze", Kategorien" ableiten.[44] Die Rechtsidee mit den aus ihr stammenden Grundsätzen (Freiheit, Gleichheit, Sicherheit) und Kategorien (Eigentum, Vertrag und freie Wahl) muss sich in der „Rechtsphäre" entwickeln, sich also realisieren,[45] und hier tritt die historische Dimension auf den Plan: Zu den äußeren Bedingungen der Rechtssphäre gehört ein „bestimmter Kulturgrad",[46] der bei „rohen Naturstämmen" und „wilden unkultivierten Völkern" noch nicht zu finden ist.[47] Auch bei Eschenmayer wird die Rechtsidee als handelnd gedacht, sie „entwickelt sich", sie „erleidet" Modifikationen, und dergleichen.[48] Die Kennzeichnung der Rechtsidee bleibt – abgesehen von den aus ihr abgeleiteten Unterkategorien – in der Sphäre hoher Abstraktion. So wie es in der Persönlichkeit des Menschen ein sinnliches, intellektuelles etc. Verhältnis gibt, so auch ein „rein Rechtliches", das seine eigene Quelle in der „Psychik" des Menschen hat.[49] Wahrheit und Tugend sind die ursprünglich der Seele eingepflanzten Ideen, aus der Verbindung zwischen ihnen entsteht eine abgeleitete Idee, „und als solche setze ich die Rechtsidee", die „für sich besteht, ohne dass sie in Erscheinung tritt" und, sofern die notwendigen äußeren Bedingungen hinzukommen, „verwirklicht" werden soll.[50] Die Eschenmayer'sche Rechtsidee ist in ein Naturrecht integriert, für das der Autor diese Bezeich-

---

36 Dazu *D. von der Pfordten,* Rechtsethik, 2. Aufl., München 2011, S. 56.

37 *G. W. F. Hegel,* Naturrecht und Staatswissenschaften im Grundrisse. Grundlinien der Philosophie des Rechts, zitiert nach: Gesammelte Werke, hrsg. von der Nordrhein-Westfälischen Akademie der Wissenschaften und Künste, Bd. 14/1, hrsg. K. Grotsch/E. Weisser-Lohmann, Hamburg 2009, Einleitung, § 1 (S. 23).

38 *Hegel* (Fn. 37), Einleitung, § 1 (S. 23). Der Sperrdruck im Original ist hier als Kursivdruck wiedergegeben.

39 *Hegel* (Fn. 37), Einleitung, § 32 (S. 47).

40 *Hegel* (Fn. 37), Einleitung, § 33 (S. 48).

41 *Hegel* (Fn. 7), Einleitung, § 31 (S. 47).

42 Dazu *von der Pfordten* (Fn. 36), S. 57 f.

43 *C. A. Eschenmayer,* Normal-Recht. Erster Teil: Fundamental-Sätze, Stuttgart und Tübingen 1819.

44 *Eschenmayer* (Fn. 43), S. 50, näher S. 73 ff.

45 *Eschenmayer* (Fn. 43), S. 93.

46 *Eschenmayer* (Fn. 43), S. 98.

47 *Eschenmayer* (Fn. 43), S. 48.

48 *Eschenmayer* (Fn. 43), S. 91.

49 *Eschenmayer* (Fn. 43), S. 51.

50 *Eschenmayer* (Fn. 43), S. 98.

nung selbst nicht mehr ganz passend findet. Als Naturrecht hat sie einen materialen Gehalt, der in den abgeleiteten Grundsätzen und Kategorien erscheint – die Rechtsidee hat eine ähnliche Funktion wie die scholastische *lex aeterna*, nur ohne Bezug auf Gott.

Der Bezug auf ein Naturrecht kann indes von der Rechtsidee ohne Schwierigkeiten abgelöst werden. Dass die historische Rechtsschule den Terminus gerne aufgriff, erklärt sich aus dessen Offenheit gegenüber dem geschichtlichen Wandel, aus der prozeduralen Anlage der Rechtsidee, wie sie bei den genannten Autoren ins Auge springt.

So verwundert es nicht, wenn *Savigny* wie selbstverständlich die Feststellung trifft, erste und unabweisliche Aufgabe des Staates sei es, „die Idee des Rechts in der sichtbaren Welt herrschend zu machen."[51] Die Versöhnung von Rechtsidee und historischer Rechtsschule war allerdings nicht nachhaltig. Während die historische Rechtsschule selbst historisiert wurde, stand der Rechtsidee die eigentliche Karriere in der deutschen Rechtswissenschaft noch bevor.

IV. Die Rechtsidee als Versuch, dem Naturrecht zu entkommen: Radbruch und Stammler

Eine besondere Bedeutung erlangte der Begriff „Rechtsidee" in den rechtsphilosophischen Strömungen gegen Ende des 19. und zu Anfang des 20. Jahrhunderts, die wissenschaftsgeschichtlich als „Neu-Kantianismus" und „Neu-Hegelianismus" etikettiert sind. Gemeinsam ist ihnen die Ablehnung „des Naturrechts" oder das Bewusstsein, an die Stelle des „alten" Naturrechts etwas anderes, dem Naturrecht weit Überlegenes zu setzen. Gemeinsam sind ihnen auch die Gegnerschaft zum Positivismus und also der Versuch, das von politischer Autorität gesetzte Recht an einem außerpositiven Punkt zu befestigen. Dieser Versuch bringt die einschlägigen Lehren zwangsläufig in die Nähe des Naturrechts, von dem sie sich gerade abgrenzen wollen. Unter den vielen Rechtslehren, die hier erörtert werden könnten, seien diejenigen von Gustav Radbruch (1914) und Rudolf Stammler herausgegriffen, um das Dilemma exemplarisch aufzuzeigen.

Für den Zweck, als Haltepunkt für eine transpositive Verankerung allen Rechts zu dienen, war die Rechtsidee besonders geeignet. Würde man unter Rechtsidee den schlichten Sachverhalt verstehen, dass es in der Vorstellung der Menschen Verhaltensregeln gibt, deren Nichtbeachtung von der Gruppe, in der sie leben, mit Sanktionen belegt wird, so ließe sich darauf schwerlich eine Rechtsphilosophie mit einigem Tiefgang errichten. Doch zieht „die Rechtsidee" schon assoziativ mehr mit sich, nämlich ein hintergründiges, sogar mystisches Element. Was die Rechtidee genau *ist,* ob ein rein formales Prinzip, oder ob sie doch auch einen wie immer gearteten materialen Gehalt hat, bildet den zentralen Diskussionspunkt in den ersten Jahrzehnten des 20. Jahrhunderts, der – wie vordem das Verständnis des Naturrechts – bis zum Niedergang der Rechtsidee umstritten bleibt. So oder so hat die Rechtsidee genügend „Existenz" jenseits des staatlichen gesetzten oder anerkannten Rechts, um als dessen metapositiver Anker dienen zu können.

Als Widerpart des Naturrechts (in der beschriebenen Kennzeichnung durch seine Gegner) ist die Rechtsidee besonders geeignet, weil sie – spätestens seit Hegel – die geschichtliche Dimension in sich aufgenommen hat. Die Rechtsidee ist kein statisch existierendes Wesen, sie „entwickelt" sich, sie „verwirklicht" sich im Strom der Menschheitsgeschichte. Das begünstigt, wie bei Gierke gesehen, eine mögliche Vermählung mit der historischen Schule: Die Rechtsidee kann neben dem Volksgeist als Fixstern am überpositiven Himmel erscheinen, dessen Strahlen dem Bemühen um die vielfältigen Facetten des „geschichtlich gewordenen Rechts" einen höhe-

51 *F. C. von Savigny,* System des heutigen römischen Rechts, Bd. 1, Berlin 1840, S. 26.

ren Sinn vermitteln. Das gilt auch für den Rechtszustand des kodifizierten Rechts: Die Beschäftigung mit den kleinteiligen Rechtsregeln und Rechtsfragen des positiven Rechts erhält durch die Rechtsidee eine höhere Weihe.

Als ein in der Geschichte wirkendes Agens ist die Rechtsidee offen für den Relativismus. Sie erhält in der je existierenden Gesellschaft, auf der je erreichten kulturellen Stufe, unter den je gegebenen sozio-ökonomischen Bedingungen eine *dem entsprechende* Ausprägung. So legitimiert sie das positive Recht, dem sie – anders als das Naturrecht nach den meisten Lehren – nicht als rationaler Gegenentwurf begegnet, sondern als sein Urgrund und Fundament. Je substanzloser der in den einzelnen Lehren gesetzte Begriff der Rechtsidee ist, desto unvermittelter dient sie als nicht weiter begründungsbedürftige Geltungsbestätigung des jeweils gesetzten Rechts. Das macht sie besonders geeignet als Dach, das sich über sogar jähe Wechsel der Rechtsordnungen wölben kann.

Mit der Funktion einer Legitimation vorgefundener Rechtsregeln hängt der häufige Bezug der Rechtsidee zum Staat zusammen, den zumindest einige Vertreter des neuen Idealismus herstellen. Es geht – etwa bei *Gustav Radbruch* 1914 – so weit, dass die Rechtsidee verstaatlicht erscheint: „In der Tat darf nach der Priorität des Rechtes oder des Staates deshalb gar nicht gefragt werden, weil beide dasselbe, nur verschiedene Modi einer Substanz, nur verschiedene Betrachtungsweisen derselben Gegebenheit sind."[52] Auch diese Etatisierung macht es den Vertretern der einschlägigen Lehren schwer, aus ihrer Theorie eine wirkliche Distanz zu den positiv gegebenen Rechtsvorschriften zu gewinnen.

Eine solche Distanz ist andererseits aber gewollt, ja geradezu das Anliegen vieler der Rechtidee huldigenden Lehren. Selbst die positivistischte aller Positivismen will nicht blanker Positivismus sein – es wäre das Ende der Rechtswissenschaft. *Irgendein Inhalt* muss in der Rechtsidee sein. Schon die These Radbruchs von der untrennbaren Aufeinander-Bezogenheit von Recht und Staat hat einen materialen Gehalt, insofern er von der notwendigen Existenz von etwas ausgeht, was „Staat" genannt werden kann und in dem eine „normierende Aktivität" feststellbar ist.[53] Die scheinbar strikte Trennung von Sein und Sollen, welche die Neukantianer propagieren und welche die Unmöglichkeit eines Naturrechts (in bisherigem Verstande) begründen soll, wird vielfach nicht durchgehalten.

Radbruchs strikte Ablehnung jeder Herleitung des Sollens aus dem Sein endet in einer Lehre von mehreren Reichen, darunter dem Reich der Kultur, in dem der Rechtsbegriff seinen Platz findet und in dem eine Bewertung oder Beurteilung möglich ist. In diesem Reich ist dem Rechtsbegriff ein Rechtswert, nämlich die Gerechtigkeit zugeordnet, Recht ist alles, was zum Gegenstand eines Gerechtigkeitsurteils gemacht werden kann – auch diese Aussage erhält einen Bezug auf die Rechtsidee: „Recht ist das Seinsgebilde, welches dem Rechtswerte, der Rechtsidee zum Substrat und Schauplatz dient".[54] Aber nun müssen die Werte irgendwo hergeholt und begründet werden, wenn nicht aus dem Sein, dann aus dem Sollen. Auch dann kann aber das letzte Sollen schwerlich aus sich selbst kommen. Radbruch öffnet den Blick in einen ein Wertehimmel, ein „System der Werte". In diesem kommt dem Kulturwert eine besondere Bedeutung zu, weil mit seiner Hilfe sich rechtliche Grundfragen, aber sogar die zeitgenössischen Parteiprogramme beurteilen lassen.[55] Aber was begründet die Werte?

Die Distanz zum „alten" naturrechtlichen Denken ist bei weitem nicht so groß, wie Radbruch glaubte, annehmen zu können. Das gilt auch für andere Rechtsidealisten jener Zeit, vor allem für *Rudolf Stammler*, bei dem die strenge Scheidung von Sein und Sollen mit Hilfe

---

52 *Radbruch* (Fn. 2), S. 83.
53 *Radbruch* (Fn. 2), S. 84.
54 *Radbruch* (Fn. 2), S. 39.
55 *Radbruch* (Fn. 2), S. 96 ff.

eines Willensmomentes („das rechtliche Wollen") in die Lehre vom „richtigen Recht" mündet. Die in seiner Theorie zentral gesetzte Rechtsidee ist Inhalten gegenüber an sich neutral. Idee des Rechts nennt er „den Gedanken eines unbedingt gültigen Verfahrens, den Inhalt aller jemals möglichen Zwecke und Mittel (scil. des Rechts) einheitlich zu richten."[56] Trotz aller Formalität auch des Rechtsbegriffs gibt es unveränderliche „reine Rechtsgedanken" wie die Begriffe von Rechtssubjekt und Rechtsobjekt[57] und insofern es sie gibt, eine „reine Rechtslehre".[58] Das Recht wird zudem als ein „Wollen" definiert („das unverletzbar selbstherrlich verbindende Wollen")[59], das zwar ebenfalls abstrakt und formal ist, aber sich im Bereich der Erfahrung als begrenztes Wollen äußert, das als „richtig" oder „unrichtig" beurteilt werden kann: Es besteht die Möglichkeit, einen begrenzten Willensinhalt in seiner Bedeutung als Mittel des Gemeinschaftslebens für richtig zu erklären oder ihm die Richtigkeit abzusprechen.[60] Die „Richtigkeit" wird zwar als formales Prinzip gesetzt, doch macht sie es möglich, eine Beziehung von bedingender Rechtsidee zu einem beliebigen und in seiner Besonderheit dabei gleichgültigen rechtlichen Wollen zu denken.[61] Das Urteil „unrichtig" ist an sich relativ, kann aber auch absolut ausfallen – absolute Unrichtigkeit der Sklaverei, die im Widerspruch zur Rechtsidee als leitendem Verfahren steht.[62] Dass solche Feststellungen „formal" sollen getroffen werden können, dient der Abgrenzung gegenüber dem Naturrecht, die letztlich nicht gelingt („Naturrecht mit wechselnden Inhalten"). Letztlich bleibt die Frage, woher die angeblich nur formalen Kriterien ihre Geltung beziehen, mit deren Hilfe eine Beurteilung materialer Gehalte als „richtig" oder „unrichtig" stattfinden kann.

Die Lehren Radbruchs und Stammlers aus den ersten Jahrzehnten des 20. Jahrhunderts mögen als Beispiele für das Fortwirken naturrechtlichen Denkens unter dem Dach der Rechtsidee genügen. Das Schicksal, keinesfalls Naturrecht sein zu wollen und dennoch Gehalte aufzunehmen, die nur nach Art des Naturrechts begründet sein können, blieb der Rechtsidee weiterhin treu.

V. Bemerkungen zum weiteren Schicksal der Rechtsidee

In der Zeit der nationalsozialistischen Herrschaft zeigte sich die besondere Eignung der „Rechtsidee", aufgrund ihrer unbestimmten Kontur und aufgrund der mit ihr assoziierten höheren Wertigkeit den Interessen des Regimes nutzbar gemacht zu werden. Den diffusen, in der Rassen- und Erbgesundheitspolitik dann aber sehr konkreten „Rechtsvorstellungen" der Machthaber konnten die juristischen Propagandisten des Regimes die Rechtsidee als mystische Urgröße zugrunde legen, nun aber partikularisiert als „deutsche Rechtsidee", als „zentrale Rechtsidee der siegreichen Bewegung", letztlich als Teil der „nationalsozialistischen Weltanschauung" unter Einschluss der Rassenlehre. Wie in politisierter Jurisprudenz üblich wird ein Bemühen um exakte Begriffsbildung überflüssig: „Idee", „Rechtsbewusstsein",[63] „Rechtsideale"[64] werden als beliebige Floskeln verwendet, häufig mit der Kennzeichnung „neu", „deutsch",[65] „völkisch",

---

56 *Rudolf Stammler*, Theorie der Rechtswissenschaft, Halle an der Saale 1911, S. 439, 524.
57 *Stammler* (Fn. 56), S. 13.
58 Stammler (Fn. 56), S. 27.
59 *Stammler* (Fn. 56), S. 113.
60 *Stammler* (Fn. 56), S. 476.
61 *Stammler* (Fn. 56), S. 481.
62 *Stammler* (Fn. 56), S. 549 ff. Siehe die Kritik bei *Radbruch* (wie Fn. 2), S. 23.
63 Namentlich bei *F. Wieacker*, Das römische Recht und das deutsche Rechtsbewusstsein, Leipzig 1944.
64 Die Rechtsideale namentlich bei *Erik Wolf*, ARSP 28 (1934/35), S. 348, und Deutsche Rechtswissenschaft 1939, S. 177.
65 Z.B. *K. Larenz*, Deutsche Rechtserneuerung und Rechtsphilosophie, Tübingen 1934, S. 38. Zur Rechtsidee in der nationalsozialistischen Rechtsliteratur *B. Rüthers*, Entartetes Recht, 2. Aufl., München 1989, S. 23 f.

mitsamt dem „völkischen Staatsgedanken"[66] und dem „völkischen Rechtsgeist"[67]. In diesem Zusammenhang kann „die Rechtsidee" Regelungsinhalte aufnehmen, die *funktional* als eine Art völkisches Naturrecht gegen die aus der Weimarer Zeit überkommenen Rechtsvorschriften eingesetzt werden: Das Gesetz kann nicht mehr rechtsverbindlich sein, „wo es mit seinen eigenen Grundlagen, mit der völkischen Rechtsidee schlechthin unvereinbar geworden ist" (*Karl Larenz*).[68]

Freilich bleibt den Verkündern der neuen, mit nationalsozialistischen Vorstellungen aufgeladenen Rechtsidee nicht verborgen, dass sie mit ihr letztlich eine Sonderform des Naturrechts etablieren: „... der objektive Idealist", als der Larenz sich versteht, wird „finden, dass manche Lebensverhältnisse ihre Ordnung vor aller Normierung schon in sich tragen".[69] Aber der Naturrechtsbegriff wird abgelehnt, vielleicht auch deswegen, weil er das Element möglicher Verbindlichkeit in sich tragen kann, während sich die neuen Doktrinen gegenüber den möglicherweise wechselnden Machtsprüchen des nationalsozialistischen Regimes flexibel halten wollen. Begriffliche Einkleidung dieser Flexibilität ist das „konkrete Ordnungsdenken"[70], das Volksgeist wie Rechtsidee in einer jeweils aktuellen, dynamischen Konkretion erscheinen lässt und es gestattet, „organischen Entwicklungen" in der „Verwirklichung des völkischen Rechtsgeistes"[71] problemlos zu folgen.

Man hätte erwarten können, dass die so nutzbar gemachte Rechtsidee nach dem Zusammenbruch des „Dritten Reiches", hätte ausgedient haben müssen. Das war indes zunächst nicht der Fall. Den Gründen hierfür nachzugehen würde den Zweck unserer Reflexion übersteigen. In der Zeit nach dem zweiten Weltkrieg konstatieren wir in Deutschland eine gewisse, wenn auch nur auf einen engen Zeitraum begrenzte Renaissance des Naturrechts,[72] auch in Form einer explodierenden Naturrechtsliteratur.[73] Zugleich lebte auch die Lehre von der Rechtsidee weiter.[74] Dass dies trotz ihres Missbrauchs unter der Naziherrschaft möglich war, beruht wesentlich darauf, dass *Gustav Radbruch*, dem wir die Formel für die Beurteilung des auf nationalsozialistische Vorschriften gestützten Unrechts verdanken,[75] *seiner* Rechtsidee treu geblieben ist.[76]

VI. Schluss: Ein Gedanke zur Wissenschaftsgeschichte

Der „Kampf um das Naturrecht", verstanden als das geistige Ringen um außerpositive Maßstäbe des Rechts, bildet ein zentrales Thema der Geschichte der Rechtswissenschaft. Dieses Kapitel ist immer aktuell, auch in Zeiten, da mit Hilfe der verfassungsrechtlichen Verbürgung

66 Zu diesem ausführlich wie hymnisch *K. Larenz*, Rechts- und Staatsphilosophie der Gegenwart, 2. Aufl., Berlin 1935, S. 130 ff.

67 Dieser Geist erscheint z.B. bei *Larenz* (Fn. 66), S. 154.

68 *K. Larenz*, Über Gegenstand und Methode des völkischen Rechtsdenkens, Berlin 1938, S. 26.

69 *Larenz* (Fn. 65), S. 166.

70 Die Theorie vom konkreten Ordnungsdenken geht auf Carl Schmitt zurück, *C. Schmidt*, Über die drei Arten des rechtswissenschaftlichen Denkens, Hamburg 1934. Sie ist insbesondere von Larenz aufgenommen worden, s. *Larenz* (wie Fn. 66), S. 156 ff., sowie *K. Larenz*, Die deutsche Rechts- und Staatsphilosophie seit 1933, 2. Teil, Forschungen und Fortschritte 1940, S. 339, 330.

71 *Larenz* (wie Fn. 66), S. 168.

72 Dazu *D. Schwab*, Naturrecht als Norm nach dem „Zusammenbruch des „Dritten Reiches", in: Martin Löhnig (Hrsg.), Zwischenzeit. Rechtsgeschichte der Besetzungsjahre, Regenstauf 2011, S. 227 ff.

73 *Th. Würtenberger*, Wege zum Naturrecht in Deutschland 1946–1948, ARSP 1949/1950, S. 98 ff.; ergänzend ARSP 1952/1953, S. 576 ff.; ARSP 1954/1955, S. 59 ff.

74 Dazu der Artikel von *Baratta/Wagner* (Fn. 35).

75 Gesetzliches Unrecht und übergesetzliches Recht, SJZ 1946, 105; auch abgedruckt in: Rechtsphilosophie, 5. Aufl., hrsg. von Erik Wolf, Stuttgart 1956, S. 347.

76 Rechtsphilosophie, 5. Aufl., insbesondere S. 168 ff.

von Grundrechten ein Wertesystem positiviert ist. Denn „unrichtiges Recht" kann auch in Verfassungen hineingeschrieben oder durch Interpretation aus ihnen herausgeholt werden.

Für die Disziplin der Wissenschaftsgeschichte ergibt sich bei ihrer Beschäftigung mit dem Naturrecht das Problem, was sie darunter verstehen will. Man kann die Alternative vereinfacht stellen: Werden als Naturrechtslehren nur solche verstanden, die sich selbst unter dieser Bezeichnung darstellen, oder weitet man den Blick auf alle Rechtslehren, die in der Sache außerpositive Prinzipien, Strukturen, Verfahrensgrundsätze oder Rechtsbegriffe erkennen, mögen sie sich auch noch so sehr als Gegner von „Naturrecht" aufführen. *Im ersten Falle* folgt man der jeweiligen Selbstetikettierung: Die Wissenschaftsgeschichte wird so als Abfolge von „Strömungen" dargestellt, die sich selbst benannt haben oder von ihren Adepten in bestimmter Weise benannt worden sind. Das ist – namentlich in den „Privatrechtsgeschichten der Neuzeit" – die übliche Darstellungsweise. Im *zweiten Falle* müsste man sich von den Etikettierungen lösen und Wissenschaftsgeschichte als Problemgeschichte schreiben. Dass eine solche Vorgehensweise anstrengender ist, liegt auf der Hand.

Veröffentlicht in: Jens Eisfeld/Martin Otto/Louis Pahlow/Michael Zwanzger (Hrsg.), Naturrecht und Staat in der Neuzeit, Diethelm Klippel zum 70. Geburtstag, Verlag Mohr Siebeck, Tübingen 2013, S. 543–558.

Vom Naturrecht zum Kulturrecht? Juristischer Fortschrittsglaube im Schatten des ersten Weltkriegs – Zugleich ein Beitrag zur Rechtstheorie von Josef Kohler –

I. „Vom Naturrecht zum Kulturrecht" – eine Kohler'sche Formel

Zu Sylvester 1913 weilt der Berliner Rechtsprofessor Josef Kohler in Sankt Moritz. Kohler ist zu diesem Zeitpunkt 64 Jahre alt und ein berühmter Mann. Ohne Habilitation, aufgrund eines Buches über „Deutsches Patentrecht", war er 1878 zu einer Professur an der Universität Würzburg gelangt. Seit 1888 finden wir ihn nach einem hochstreitigen Berufungsverfahren im Kreise der Berliner Fakultät.[1] Von dort aus entfaltet er eine unglaubliche Dynamik, er hält Lehrveranstaltungen bis zu 27 Wochenstunden,[2] schreibt Aufsatz für Aufsatz, Buch für Buch über die gesamte Breite des juristischen Spektrums. Er publiziert nicht nur auf dem Felde des Rechts und nicht nur für Juristen, er übersetzt Dante[3] und Petrarca, schreibt Essays über Kunst und Literatur, analysiert den juristischen Gehalt von Shakespeares Dramen,[4] liefert Beiträge zu Kulturjournalen wie Maximilian Hardens „Zukunft", er komponiert und schreibt Gedichte. Diese werden veröffentlicht, wie überhaupt fast alles, was er zu Papier bringt – man ist versucht zu sagen: alles, was ihm in den Sinn kommt – den Weg zur Druckerpresse findet. Am Ende zählt sein Sohn 2457 Schriften.[5]

Das Meiste davon war im Jahre 1913 bereits publiziert. Kohler schreibt am Sylvestertag dieses Jahres das Vorwort zu dem im Erscheinen begriffenen Buch „Recht und Persönlichkeit in der Kultur der Gegenwart". In dieser Monographie unternimmt er es, den Rechtszustand, in dem sich die zeitgenössische Gesellschaft befindet, zu beschreiben und zu deuten.[6] Das geht von anthropologischen Grundlagen aus über Familie, Verbände, Arbeit, Wirtschaft, Wissenschaft, Staat, Religion, Justiz in fast alle Rechts- und Lebensbereiche hinein.

Was das Ganze zusammenhält, ist der Terminus „Kultur", der schon im Titel des Buches prangt. „Kultur" kommt beinahe auf jeder Seite vor, auch in beliebigen Wortverbindungen. Das

---

1 Zur Biographie Kohlers: *Albert Osterrieth*, Josef Kohler. Ein Lebensbild, Berlin 1920; *Günter Spendel*, Josef Kohler. Bild eines Universaljuristen, Heidelberg 1983; *Ingeborg Malek-Kohler/Heinz Püschel*, Auf den Spuren Josef Kohlers, in: UFITA Bd. 139 (1999), S. 5 ff.; *Norbert Gross*, Josef Kohler. Lebenspfade eines badischen Universaljuristen, Karlsruhe 2009. Biographische Informationen auch in dem Buch der Enkelin *Ingeborg Malek-Kohler*, Im Windschatten des Dritten Reiches, Freiburg im Breisgau 1986, S. 25 ff. sowie in den Trauerreden, welche 1919 am Sarge und bei einer Ehrenfeier an der Universität Berlin gehalten wurden, siehe: Josef Kohler zum Gedächtnis, Berlin 1920. Kohler selbst hat 1902 eine selbstbiographische Schrift veröffentlicht: *Josef Kohler*, Vom Lebenspfad, Mannheim 1902.

2 Nach *Osterrieth* (Fn. 1), S. 13; *Malek-Kohler/Püschel* (Fn. 1), S. 36.

3 Die heilige Reise. Freie Nachdichtung der Divina Commedia, 3 Bde, Berlin/Köln/Leipzig 1901–1903.

4 Shakespeare vor dem Forum der Jurisprudenz, Würzburg 1883; 2. Aufl. Berlin 1919 (posthum erschienen); Verbrecher-Typen in Shakespeares Dramen, Berlin o.J.

5 *Arthur Kohler*, Josef Kohler-Bibliographie, Verzeichnis aller Veröffentlichungen und hauptsächlichen Würdigungen, Berlin 1931 (Neudruck Aalen 1984).

6 Eine Analyse dieser Schrift findet sich bei *Wolfgang Gast*, Historischer Optimismus. Die historische Weltsicht Josef Kohlers, in: Zeitschrift für vergleichende Rechtswissenschaft 85 (1986), S. 1 ff.

„Recht" steht in einem engen Zusammenhang mit „Kultur", es ist Teil davon, es erhält von ihr seine Begründung und seine Maßstäbe. Diese Auffassung vom Recht hatte Kohler bereits in seiner Schrift „Das Recht als Kulturerscheinung" präsentiert, die er 1885, also schon in seiner Würzburger Zeit, als „Einleitung in die vergleichende Rechtswissenschaft" veröffentlicht hatte. Dort heißt es unter anderem „... jedes Kulturleben hat sein besonderes Recht und jedes Recht wieder sein besonderes Kulturleben".[7] Kohler weist diese Interdependenz durch einen welthistorischen Streifzug über Ehe- und Verwandtschaftsformen, aber auch Erscheinungen des Schuld- und Strafrechts auf. Rechtsgeschichte ist ihm nur als Teil der Kulturgeschichte „gedeihlich".[8]

Diese Linie durchzieht Kohlers weiteres Werk. Folgender Satz aus der eingangs genannten Schrift „Recht und Kultur der Gegenwart" hat mir den Anlass zur Wahl meines Themas gegeben: „An die Stelle des Naturrechts tritt heute das Kulturrecht, d.h. das Recht, das unsere heutige Kultur benötigt, um dem Kulturfortschritt zu entsprechen."[9] „Natur" und „Kultur" werden hier als antithetische Begriffe verwendet, die auch in anderen Wortverbindungen erscheinen. Es gibt „Naturvölker" und „Kulturvölker", und diese in unterschiedlichen Stadien der „Kulturentwicklung". Kultur ist Herrschaft über die Natur: „Unsere ganze moderne Kultur beruht darauf, dass wir uns frei machen von dem Banne der Natur und uns zu Herren der Welt erheben".[10]

Kohler implementiert in seinen Kulturbegriff das Element des ständigen Fortschritts und versieht ihn so mit einer positiven Wertigkeit. Das geschieht ohne Abwertung der so genannten Naturvölker. Das Menschengeschlecht ist eine Einheit in Vielfalt[11]; für alle Völker ist die „Kultur" das Ziel. Kohler sieht die Menschheit als Ganze in einem ständigen Fortschreiten hin zur „höchstmöglichen Annäherung an das Göttliche" durch „Wissen, Kunst und Religion"[12] – hier kommt eine pantheistische Grundhaltung zum Ausdruck: „Gott ist in uns".[13] Eritis sicut deus!

Die Völker befinden sich in unterschiedlichen Stadien dieser Entwicklung. Auch wenn sie auf gleicher Stufe stehen, erhalten die Kulturen unterschiedliche Ausformungen und „Kulturanschauungen"[14] („Kulturideale"), die veränderbar sind.[15] Auch die Naturvölker sind dazu berufen, ihren Weg zur Kulturnation zu gehen. In einem Essay „Begriff und Aufgabe der Weltgeschichte" behandelt Kohler die merkwürdige Frage, ob auch die Naturvölker zur Weltgeschichte gehören, um diese Frage nachdrücklich zu bejahen: Weltgeschichte ist die Geschichte des menschlichen Geistes, wo immer er sich auf der Erde kundgibt.[16] „Ist nicht das Niedere ebenso gut Gegenstand unseres Studiums wie das Höchste?"[17]

Die Vorstellung von unterschiedlichen Kulturstufen kommt indes nicht ohne Bewertungen aus, die „höhere Kultur", „das Kulturvolk ersten Ranges" (wie er die Franzosen nennt)[18], sind dem Menschheitsziel näher als das Naturvolk oder ein Volk mit einer „primitiven Kultur".[19] Es trifft sich gut, dass das deutsche Volk ein „herrschendes Kulturvolk" ist[20], dazu berufen, über

---

7 *Josef Kohler*, Das Recht als Kulturerscheinung, Würzburg 1885, S. 5.
8 Ebda.
9 *Josef Kohler*, Recht und Persönlichkeit in der Kultur der Gegenwart, Stuttgart und Berlin 1914, 27.
10 Recht und Persönlichkeit (Fn. 9), S. 30.
11 Recht und Persönlichkeit (Fn. 9), S. 1.
12 Idealismus und Realismus im Recht, in: *Josef Kohler*, Aus Kultur und Leben, Gesammelte Essays, Berlin 1904, S. 143 (erstmals in: Zukunft 1892 Nr. 7, S. 299).
13 Idealismus und Realismus im Recht (Fn. 12), S. 153.
14 Recht und Persönlichkeit (Fn. 9), S. 56.
15 Idealismus und Realismus im Recht (Fn. 12), S. 142.
16 Begriff und Aufgabe der Weltgeschichte, in: *Josef Kohler*, Aus Kultur und Leben, Gesammelte Essays, Berlin 1904, 18 (erstmals in: Deutsches Wochenblatt, Jahrgang 1899, XII, S. 1435 ff.).
17 Begriff und Aufgabe der Weltgeschichte (Fn. 16), S. 19.
18 Recht und Persönlichkeit (Fn. 9), S. 18.
19 Recht und Persönlichkeit (Fn. 9), S. 11.
20 Recht und Persönlichkeit (Fn. 9), S. 23.

den bloßen Rechtsstaat hinauszugelangen zu einem „Kulturstaat, der zu gleicher Zeit Rechtsstaat ist."[21] Die Relativität von Kultur und Ideal verträgt sich also durchaus mit einer nationalen Gesinnung und mit einem deutschen Sendungsbewusstsein. Der Nationalismus ist aber eingebettet in eine Idealvorstellung der gleichen Berufung der gesamten Menschheit, immer höhere Stufen zu erklimmen. Es wird keine unterschiedliche Wertigkeit des Menschen gesetzt. Wenn Kohler ein Verbot der Eheschließung von Europäern mit anderen Rassen befürwortet, dann hat das mit dem biologistischen Denken seiner Zeit zu tun, das die Mischung von Völkern unterschiedlicher Kulturstufe für verderblich hält. Eine Verbindung der „indogermanischen Rasse" mit dem „Judentum" wird von ihm außerordentlich befürwortet, weil es sich um „Kulturvölker höchsten Ranges" handelt.[22]

Es ist kein Zufall, dass Kohler gerne ins Engadin fährt. Er sucht neben der geistigen auch die räumliche Nähe Nietzsches, ebenso wie er 1877 Richard Wagner nachspürt, um im Schlosshotel zu Heidelberg einen Abend in dessen Gesellschaft zu verbringen.[23] Nietzsches Sprache schimmert durch viele Kohler'sche Sätze hindurch. In dem Essay „Auf den Spuren Nietzsches" folgt Kohler dem Gedanken der Fortbildung des Menschen zum Übermenschen, ja er steigert sich zu dem Satz: „Der Übermensch ist ja schon heute da; der Europäer und Angloamerikaner sind Übermenschen gegenüber Wesen niedrigerer Rasse ...".[24]

Der Fortschritt wird nach Kohlers Vorstellung weitergehen, vorangetrieben durch die „großen Männer der Weltgeschichte", die groß sind, insoweit sie der Weltentwicklung förderlich waren,[25] durch die Heroen der Weltgeschichte als „Kulturträger".[26] Diese sind die eigentlichen Übermenschen: „Das Übermenschentum ... ist nur für solche Naturen bestimmt, die sich der Menschheit widmen und ... dem großen Ganzen dienen mögen ...".[27] Die Kultur wird hauptsächlich durch überragende Menschen, durch Herrennaturen, weitergebildet.[28] Dem deutschen Volk ist, wie gesagt, bei dieser Weltentwicklung eine herausragende Rolle zugedacht.

Die „Kultur" bildet – zusammen mit „Ideal" – bei dem Berliner Professor auch für das Recht und seine Sinnbestimmung den zentralen Begriff. Recht hat innerhalb des Kulturprozesses eine unverzichtbare Funktion; es ist Element der Kultur und leitet aus ihr auch seinen Geltungsanspruch und seine Inhalte ab. Aus der Pluralität der Kulturen ergibt sich auch die Pluralität des Rechts, oder – wie Kohler sagt – seine Relativität.[29]

II. Zur Vorgeschichte der Verwendung des Kulturbegriffs

Die Begründung des Rechts aus der Kultur, die spätestens seit 1885 im Werk Kohlers zu finden ist, wirft die Frage nach der Originalität dieses Rechtsverständnisses auf. Wie kommen, wissenschaftsgeschichtlich gesehen, „Recht" und „Kultur" überhaupt zusammen? Dem vorgelagert ist die Frage, seit wann überhaupt ein Kulturbegriff wirksam ist, der mit dem Phänomen Recht in eine allgemeine Verbindung gebracht werden kann.

21 Recht und Persönlichkeit (Fn. 9), S. 24.
22 Recht und Persönlichkeit (Fn. 9), S. 8.
23 Dass er Wagner begegnet ist, berichtet er in seiner Selbstbiographie „Vom Lebenspfad", Mannheim 1902, S. 19; nach seinem Biografen Osterrieth rechnete Kohler die persönliche Begegnung mit Wagner zu den großen Ereignissen seines Lebens, Osterrieth, wie Fn. 1, 16.
24 Auf den Spuren Nietzsches, nach: Josef Kohler, Aus Kultur und Leben, Gesammelte Essays, Berlin 1904, 5 (erstmals in: Zeitgeist, 1902, Nr. 45).
25 Auf den Spuren Nietzsches (Fn. 24), S. 6.
26 Auf den Spuren Nietzsches (Fn. 24), S. 7.
27 Auf den Spuren Nietzsches (Fn. 24), S. 9.
28 Recht und Persönlichkeit (Fn. 9) S. 41.
29 Idealismus und Realismus im Recht (Fn. 12), S. 143.

Auf diesem Felde bestehen meiner Einschätzung nach noch erhebliche Forschungsdesiderate, die mein Vortrag nicht befriedigen kann. Eine grobe Skizze sei immerhin versucht. Den vorliegenden begriffsgeschichtlichen Forschungen können wir entnehmen, dass in der römischen Sprache der Antike *cultura* – parallel zu *cultus* – sich primär auf die Landwirtschaft bezog und von dort aus auch eine übertragene Bedeutung als Pflege des Menschen selbst, auf seine Daseinsfürsorge, Erziehung und Bildung annehmen konnte.[30] Bei Cicero ist von der *„cultura animi"* der Rede, die er mit der Landwirtschaft vergleicht.[31] Einen sozialen Grundbegriff bildet *cultura* in der Antike freilich nicht.[32]

Im Mittelalter ist – immer noch den vorliegenden Forschungen zufolge – das Bedeutungsumfeld der Termini *„cultus"* und *„cultura"* eher rückläufig.[33] Der Humanismus nimmt das Begriffsfeld der Antike auf.[34] Im 17. Jahrhundert setzt der Vorgang ein, dass die Kultur (*„cultura"*) über die Bedeutung „Pflege (von etwas)" hinaus eine selbständige Substanz gewinnt. Als Beleg hierfür werden vor allem die Schriften von *Francis Bacon*[35] und *Samuel Pufendorf* herangezogen. Bei Pufendorf wird die *„cultura animi"* zum Inbegriff der Pflichten des Menschen, über die bloße Natur hinauszugelangen.[36] Hier deutet sich der gedankliche Gegensatz „Natur"–„Kultur" an, der dem Kulturbegriff innewohnt.

Die Wiederbelebung des antiken Sprachgebrauchs von der *cultura animi* führt freilich zunächst nicht dazu, dass dem Kulturbegriff eine für die Analyse von Gesellschaft und Geschichte grundlegende Bedeutung zugekommen wäre. Das ändert sich in der berühmten *Koselleck*'schen Sattelzeit, also etwa ab 1770. Nun wird „Kultur" zu einem sozialtheoretischen und geschichtsphilosophischen Begriff, der in den Welterklärungen und Geschichtsbildern eine bedeutende Rolle zu spielen beginnt. Dass eine neue Begrifflichkeit entsteht, hat *Moses Mendelssohn* 1784 feinsinnig bemerkt: „Die Worte Aufklärung, Kultur und Bildung sind in unserer Sprache noch neue Ankömmlinge ...".[37] Mendelsohn sieht in der Kultur noch eine Unterkategorie der Bildung, aber schon bezogen auf die überindividuelle Größe „Volk".

Der Kulturbegriff überschreitet somit die Dimension des Individuellen,[38] er wird Völkern, Epochen, Religionen, ja generell der Menschheit zugeordnet. Er wird zum Bewegungsbe-

---

30 Die folgenden Ausführungen über Antike, Mittelalter und Neuzeit bis in die Mitte des 19. Jahrhunderts beruhen hauptsächlich auf folgenden begriffsgeschichtlichen Forschungen: *Joseph Niedermann*, Kultur. Werden und Wandlungen des Begriffs und seiner Ersatzbegriffe von Cicero bis Herder (Biblioteca dell' „Archivum Romanicum" Vol. 28), Firenze 1941; *Isolde Baur*, Die Geschichte des Wortes „Kultur" und seiner Zusammensetzungen, Phil. Diss. München 1951 (mit einer Fülle von Einzelnachweisen); *Jörg Fisch*, Art. „Zivilisation, Kultur", in: Otto Brunner/Werner Conze/Reinhart Koselleck (Hrsg.), Geschichtliche Grundbegriffe. Historisches Lexikon zur politisch-sozialen Sprache in Deutschland, Bd. 7, Stuttgart 1992, S. 679 ff. Zum Sprachgebrauch in der Antike insbesondere *Niedermann*, S. 15 ff.

31 *Cicero*, Tusculanae disputationes 2, 13: „Atque ..., ut ager quamvis fertilis sine cultura fructuosus esse non potest, sic sine doctrina animus; ita est utraque res sine altera debilis. Cultura autem animi philosophia est ...".

32 Nach *Niedermann* (Fn. 30), S. 25, ist der Gebrauch des Ausdrucks *„cultura animi"* in der Antike bei Cicero singulär; *Fisch* (Fn. 30), S. 685, legt dar, dass die Cicero-Stelle erst in der frühen Neuzeit Ausgangspunkt für die Neubildung und Ausweitung des Kulturbegriffs geworden sei.

33 Zu den Einzelheiten *Fisch* (Fn. 30), S. 689 ff.; *Niedermann* (Fn. 30), S. 50 ff., der auf die Bedeutung des Parallelbegriffs *„civiltà"* bei Dante hinweist.

34 Näheres *Niedermann* (Fn. 30), S. 62 – *cultus* und *cultura* meist als „unbetonte Gebrauchswörter", im Gegensatz zu *civilitas* und *humanitas*, die für tiefere Bedeutung stehen.

35 *Niedermann* (Fn. 30), S. 126 ff.

36 Dazu *Niedermann* (Fn. 30), S. 134 f.; *Fisch* (Fn. 30), S. 702 f. Herangezogen für diese Analyse werden spätere Auflagen des Werkes *Samuel Pufendorf*, De jure naturae et gentium libri octo, Erstauflage 1672; *Niedermann* stützt sich auf eine Ausgabe Frankfurt am Main, 1716, lib. 2 cap. 4.

37 *Moses Mendelssohn*, Über die Frage: Was heißt aufklären? (1784), nach: Alexander Altmann (Hrsg.), Moses Mendelssohn, Gesammelte Schriften, Bd. 6.1, Stuttgart-Bad Cannstatt 1981, 15. Dazu auch *Fisch* (Fn. 30), S. 713.

38 Dazu mit Quellen *Niedermann* (Fn. 30), S. 211 ff., der die Bedeutung der Schriften Herders in diesem Vorgang betont.

griff[39] und nimmt als solcher die Gedanken der Geschichtlichkeit und des Fortschritts in sich auf. Im 19. Jahrhundert ist er mit einer eindeutig positiven Wertigkeit verbunden und bleibt es weit überwiegend auch noch, als mit der Zeit sich kulturkritische Stimmen erheben. Schon zu Ende des 18. Jahrhunderts erscheinen die ersten Darstellungen der „Kulturgeschichte".[40]

Was Kultur eigentlich ist, bleibt in gewissem Umfang variabel, auf jeden Fall hat sie mit den Anstrengungen von Menschen und Völkern zu tun, ihre Fähigkeiten und Kräfte zu entfalten und sich zu vervollkommnen. „Der ganze Inbegriff aller der Verbesserungen und Vermehrungen, welcher die menschlichen Fähigkeiten und Kräfte nicht allein an sich selbst, sondern auch in Absicht des Ziels und Gegenstandes ihrer Wirkungen, fähig sind, oder, die Summe derjenigen Vollkommenheiten, zu welchen der Mensch in Rücksicht seines ursprünglichen rohesten Zustandes erhoben werden kann, macht den allgemeinen Begriff der ganzen Kultur überhaupt aus" (*von Irwing*, 1779).[41] So verwendet ist der Kulturbegriff umfassend, es gehören nicht nur Kunst, Literatur und Wissenschaft dazu, sondern alle Bereiche menschlicher Gestaltung, damit auch das Recht.[42]

Der Bezug auf alle Zeiten und Völker bedingt die Pluralität der Kulturen[43] und damit Differenzierung und Relativierung des Kulturbegriffes selbst. Das Denken in Entwicklungen führt zwangsläufig zur Historisierung, die eine Vorstellung von unterschiedlichen Kulturstufen, Kulturständen, Kulturepochen und schließlich die Kontrastierung „Naturvölker" – „Kulturvölker" erlaubt[44] – die gedankliche Beziehung zum „*status naturalis*" und „*status civilis*" der Naturrechtler liegt auf der Hand.

In der Funktion als Bewegungsbegriff konkurriert die „Kultur" allerdings mit der aus dem französischen und angelsächsischen Sprachgebrauch herüberkommenden „Zivilisation", die sich in Deutschland zum Teil als Synonym durchsetzt, zum Teil aber auch von der Kultur unterschieden wird, deutlich schon bei *Wilhelm von Humboldt*: „Die Civilisation ist die Vermenschlichung der Völker in ihren äußeren Einrichtungen und Gebräuchen und der darauf Bezug habenden innren Gesinnung. Die Cultur fügt dieser Veredlung des gesellschaftlichen Zustandes Wissenschaft und Kunst hinzu."[45] Wo diese Differenzierung gemacht wird, schwingt häufig die Vorstellung einer Höherwertigkeit der Kultur mit, die sich – verbunden mit Zivilisationskritik[46] – langfristig in das deutsche gesellschaftliche Bewusstsein einnistet. Mit Schaudern erinnere ich mich an die Aufsätze, die wir als Schüler über den Unterschied zwischen Kultur und Zivilisation haben schreiben müssen.

Der antithetische Gebrauch der Termini „Kultur"-„Zivilisation" ist freilich im 19. Jahrhundert keineswegs allgemein, die Abgrenzungen werden ganz unterschiedlich gezogen. Doch lässt sich ein Trend zur Verengung des Kulturbegriffs auf Kunst, Literatur und Wissenschaft beobachten, der dasjenige, was der bloßen Zivilisation zugerechnet wird, aus der Kultur aussondert.[47]

---

39 *Fisch* (Fn. 30), S. 706.

40 Nachweise bei *Niedermann* (Fn. 30), S. 222 f.

41 *Karl Franz von Irwing*, Erfahrungen und Untersuchungen über den Menschen, Bd. 3, Berlin 1779, § 188, S. 122 f. Irwing unterscheidet den unkultivierten und den kultivierten (rohen) Menschen und spricht von unterschiedlichen Graden der Kultur.

42 *Fisch* (Fn. 30), S. 740.

43 *Fisch* (Fn. 30), S. 711.

44 Siehe die Schrift von Alfred Vierkandt, Naturvölker und Kulturvölker, Ein Beitrag zur Socialpsychologie, Leipzig 1896. Dort wird zwischen Vollkulturvölkern, Halbkulturvölkern und Naturvölkern unterschieden.

45 *Wilhelm von Humboldt*, Über die Verschiedenheit des menschlichen Sprachbaues und ihren Einfluss auf die geistige Entwicklung des Menschengeschlechts, 1830, zit. nach dem zweiten Nachdruck der Ausgabe von 1836, Berlin 1968, S. XXXVII.

46 Schon bei *Rousseau* („*l'homme civil*" – „*l'homme sauvage*") im Discours sur l'origine et les fondements de l'inégalité parmi les hommes, Annotation i, nach der Ausgabe von Kurt Weigand (Hrsg.), Jean Jacques Rousseau, Schriften zur Kulturkritik, Hamburg 1955, S. 109.

47 Zu diesem Vorgang *Fisch* (Fn. 30), S. 749 f.

Der Gebrauch des Terminus „Kultur“ erfährt in der zweiten Hälfte des 19. Jahrhunderts eine massenhafte Verbreitung. Nun wird die Kultur zu einem üblichen philosophischen, gesellschaftstheoretischen und politischen Systembegriff und als solcher in den geistigen Auseinandersetzungen mit unterschiedlichsten Facetten ausgestattet („Kulturkampf“ und anderes). Die „Kultur“ wird schließlich auch zum journalistischen Allerweltswort. Sie beginnt, unendlich vielfältige Wortverbindungen einzugehen. In der Bismarckzeit kommen Kultur und Zivilisation auch als Signaturen des europäischen Überlegenheitsbewusstseins in Gebrauch und dienen so einer kolonialpolitischen Programmatik.[48]

Gegen Ende des 19. Jahrhunderts ist „Kultur“ sozusagen in aller Munde. Eine besondere Rolle für diese Verbreitung scheint der Erfolg des Buches von *Jacob Burckhardt* über die „Kultur der Renaissance in Italien“ (1860) gespielt zu haben.[49] Auch darf ein wesentlicher Einfluss der Schriften von *Friedrich Nietzsche* angenommen werden, in denen der Begriff „Cultur“ dem Leser fortlaufend begegnet.[50]

III. „Kultur“ und „Recht“ in der älteren Rechtsliteratur

Somit geschieht der Rückgriff Kohlers auf die Kultur in einer Zeit, in welcher der Begriff bereits Hochkonjunktur erlangt hatte. Es ist nicht erstaunlich, dass im Umfeld einer florierenden Kulturdebatte auch Juristen die Kultur in ihr Rechtsverständnis aufnehmen. Die Frage stellt sich, ob die Kohler'sche Rechtsauffassung in dieser Hinsicht als theoretische Neuerung zu betrachten ist oder ob die Begründung des Rechts im Zusammenhang mit der Kultur bereits in der Zeit vor 1885 – dem Publikationsjahr von Kohlers „Recht als Kulturerscheinung“ – in die Rechtsliteratur Eingang gefunden hatte.

Auf diesem Feld besteht, soweit ist es überblicke, noch Forschungsbedarf, der durch meinen Vortrag nicht gedeckt werden kann. Ein summarischer Blick in wichtige juristische Werke des 19. Jahrhunderts vermittelt den Eindruck, als habe der Kulturbegriff erstaunlich lange gebraucht, um eine spezifische Bedeutung in der Rechtswissenschaft zu entfalten.

Ein relativ früher Bezug der Kultur zum Recht lässt sich freilich in Theorien beobachten, welche den *Staat mit der Kultur verknüpfen* und in den Begriff des „Kulturstaats“ münden. Für diesen Vorgang kommt *Johann Gottlieb Fichte* und seiner Schrift „Die Grundzüge des gegenwärtigen Zeitalters“ (1806) eine besondere Bedeutung zu.[51] Der Philosoph sieht in der menschlichen Gattung einen Zwiespalt zwischen ursprünglicher Kultur und ursprünglicher Wildheit, der im Sinne der „Kultivierung“ zu überwinden ist.[52] Dabei kommt dem Staat die entscheidende Funktion zu: Schon durch den Zwecke seiner Selbsterhaltung befindet er sich im natürlichen Kriege gegen die ihn umgebende Wildheit, den er nur gewinnen kann, indem er die Wilden in Ordnung und unter Gesetze bringt. Fichte erkennt als Weltplan die allgemeine Verbreitung der Kultur „bis das ganze Geschlecht, das unsere Kugel bewohnt, zu einer einzigen Völkerrepublik der Kultur zusammengeschmolzen“ ist.[53]

---

48 *Fisch* (Fn. 30), S. 745.

49 *Jacob Burckhardt*, Die Kultur der Renaissance in Italien, Basel 1860.

50 Der Terminus „Cultur“ wird bei Nietzsche zur Kennzeichnung bestimmter Befunde bereits in den frühen Schriften häufig verwendet, beispielsweise schon in: Die Geburt der Tragödie aus dem Geiste der Musik, Leipzig 1872, 3 und 18: „apollinische Kultur“, „eine vorzugsweise sokratische oder künstlerische oder tragische Cultur“, „eine alexandrinische oder eine hellenische oder eine buddhaistische Cultur“, zit. nach: Giorgio Colli/ Mazzino Montinari (Hrsg.), Friedrich Nietzsche; Kritische Studienausgabe, Bd. 1, 34, 116.

51 Dazu *Otmar Jung*, Die Entwicklung des Kulturstaatsbegriffs von J. G. Fichte bis zur Gegenwart unter besonderer Berücksichtigung der Verfassung des Freistaats Bayern vom 2. Dezember 1946. Würzburger jur. Diss, 1973. Nach Jungs Meinung hat Fichte das Wort Kulturstaat geprägt (S. 11).

52 *Johann Gottlieb Fichte*, Grundzüge des gegenwärtigen Zeitalters, Berlin 1806, Elfte Vorlesung, nach der Ausgabe in der Philosophischen Bibliothek Bd. 247, Hamburg 1956, S. 168.

53 Ebenda S. 169. Für diesen Weltplan entwickelt Fichte ein Schema in Stufen, dazu *Jung* (Fn. 51), S. 14.

Der Begriff „Kulturstaat" hält im Fortgang des 19. Jahrhunderts Einzug in viele Staatslehren, und zwar in einem durchaus affirmativen und normierenden Sinne. Dabei zeigt sich eine begriffsgeschichtliche Aufspaltung. Entweder wird die „Kultur" begrifflich *auf bestimmte Felder geistiger Kreativität verengt*, sodass Kulturstaat eben jener Staat ist, welcher Kunst, Wissenschaft und Bildung fördert. Oder die „Kultur" enthält die Gesamtheit der Lebensbedingungen und so auch das Rechtswesen als Ganzes – dann umfasst der Kulturstaatsbegriff die gesamte Staatlichkeit; die Kultur wird also zur Eigenschaft des Staates, aus der sich Strukturen und Staatsziele ableiten lassen. In diesem letzteren Sinne kann der Kulturstaat mit dem Begriff des Rechtsstaats konkurrieren,[54] gleichgeordnet (Paarformel „Rechts- und Kulturstaat") oder sogar dominant als die überlegene Staatsform („vom Rechtsstaat zum Kulturstaat"). Schließlich lässt sich der Kulturstaat durch die Unbestimmtheit des Kulturbegriffs als Etikett für fast beliebige Bündel politischer Systemvorstellungen oder Postulate benutzen.

In der *allgemeinen Rechtswissenschaft* hingegen scheint die Vokabel „Kultur" bis zum letzten Drittel des 19. Jahrhunderts in Deutschland keine große Rolle gespielt zu haben. Ich beschränke mich auf Indizien.

Die erste Auflage des Staatslexikons von *Rotteck/Welck*er weist die Stichworte „Kultur" oder „Rechtskultur" nicht aus.[55] Der Sache nach – als Inbegriff der Lebens- und Wachstumsbedingen des Rechts eines Volkes – wäre der Terminus „Kultur" indes durchaus geeignet gewesen, der Theorie der Historischen Rechtsschule dienstbar sein. Der „organische Zusammenhang des Rechts mit dem Wesen und Charakter des Volkes", den *Savigny* in das Zentrum seines Rechtsverständnisses stellt, hätte unschwer mit Hilfe des Kulturbegriffs bezeichnet werden können. Doch kommt der Terminus in der Schrift „Vom Beruf unserer Zeit" nur vereinzelt und nicht in grundlegender Bedeutung vor.[56] Bei *Jhering*, dem ein Ausbrechen aus der üblichen civilistischen Terminologie am ehesten zuzutrauen ist, findet sich „Cultur" öfter, ohne eine zentrale Rolle zu spielen. Häufig wird die Vokabel im ursprünglichen lateinischen Sinn verwendet, nämlich im Sinne von Pflege, deren Gegenstand auch das Recht sein kann (z.B. Prädestination des römischen Geistes „zur Cultur des Rechts"[57]; „Cultur der römischen Rechtsgeschichte"[58]). „Cultur" bedeutet ihm aber auch ein allgemeines Phänomen („Cultur des Alterthums"[59]; „Vorkämpfer der Cultur"[60]; „Stillstand der Cultur"[61]; „niedrigste Stufe der Cultur"[62]), gelegentlich verschwistert mit der „Civilisation".[63] Zweifellos versteht Jhering auch das Recht als Teil der Kultur. In späteren Auflagen des „Geistes" ist davon die Rede, das römische Recht sei wie das Christentum und die griechische und römische Literatur und Kunst ein „Kulturelement der modernen Welt" geworden.[64] Gleichwohl dient die Kultur nicht als Begründung oder Maßstab des Rechts, der Begriff ist kein Baustein einer Rechtstheorie oder juristischen Methodik.

Als Vorläufer für Kohlers kulturbezogene Rechtsbegründung kann *Wilhelm Christoph Friedrich Arnold* angesehen werden, der im Jahre 1865 eine Schrift mit dem Titel „Cultur und

---

54 Dazu *Jung* (Fn. 51), S. 62 ff.

55 Wohl aber enthält die dritte Auflage (Bd. 4, Leipzig 1860, 227 ff.) einen ausführlichen Artikel über dieses Stichwort, in dem aber Recht und Rechtswissenschaft keine prägnante Rolle spielen.

56 *Savigny* spricht von „steigender Cultur" und von einer „Zeit der Cultur", siehe: Vom Beruf unsrer Zeit für Gesetzgebung und Rechtswissenschaft, Heidelberg 1814, S. 11, 12. Er geht also offenbar von unterschiedlichen Kulturständen der Völker aus, ohne die Kultur als Zentralbegriff seines Rechtsverständnisses einzusetzen.

57 *Rudolf von Jhering*, Geist des römischen Rechts auf den verschiedenen Stufen seiner Entwicklung, Teil I, Leipzig 1852, S. 9. Von der „Cultur des Rechts" ist in diesem Band öfters die Rede, siehe nur S. XII, 32, 33, 78, 288.

58 *Jhering*, Geist (Fn. 57), S. 9.

59 *Jhering*, Geist (Fn. 57), S. 99.

60 *Jhering*, Geist (Fn. 57), S. 226.

61 *Jhering*, Geist des römischen Rechts, Teil II Bd. 1, Leipzig 1854, S. 244.

62 *Jhering*, Geist (Fn. 57), S. 133.

63 *Jhering*, Geist (Fn. 57), S. 317, 319.

64 *Rudolf von Jhering*, Geist des römischen Rechts, Teil I, 10. Aufl. 1907, S. 14.

Rechtsleben" veröffentlicht[65] hatte. Der 1826 geborene Gelehrte war Professor für deutsches Recht zunächst in Basel, dann bis zu seinem Tode im Jahr 1883 in Marburg.[66] Er war also schon verstorben, als Kohlers „Recht als Kulturerscheinung" im Druck erschien.

Bei der Verwendung des Kulturbegriffs als Baustein einer Rechtstheorie ergeben sich bei *Arnold* und *Kohler* deutliche Parallelen. Arnold will das Recht in seinem Zusammenhang mit der Kultur der jeweiligen Zeit und des jeweiligen Volkes verstehen: Es geht um die unendlich mannigfachen Wechselwirkungen zwischen dem Rechts- und Kulturleben eines Volkes.[67] Er erkennt acht Lebensfaktoren eines „cultivierten Volkes", die miteinander in Verbindung stehen: Sprache, Kunst, Wissenschaft, Sitte, Wirtschaft, Recht, Staat und Religion.[68] Sie machen insgesamt die Kultur eines Volkes aus,[69] wobei Arnold besondere Betonung auf die Wirtschaft legt, deren Fortschritte auf das Recht zurückwirken („Fortschritt der wirtschaftlichen Cultur").[70] In diesem Zusammenhang fällt der frappierende Satz, dass alle Rechtssätze des Privatrechts zugleich einen wirtschaftlichen Inhalt haben.[71] Offenbar will Arnold bei der Rechtsfindung die wirtschaftlichen und praktischen Bedürfnisse stärker berücksichtigt wissen,[72] ein Anliegen, das durch die Einbeziehung der Wirtschaft in die Kultur eine höhere Weihe erhält. Da es verschiedene Kulturstufen gibt, existieren denknotwendig unterschiedliche Rechte, „die alle gleich gut sein können, ja deren Werth sich hier gerade danach abmißt, wie genau ihr Inhalt die Zustände und Bedürfnisse des Lebens wirklich deckt."[73] Das Recht ist folglich *veränderlich* und *relativ*.[74] Aus dem Rechtsbegriff für sich gesehen können keine neuen Rechtssätze abgeleitet werden: „Vielmehr erfolgt auch die begriffliche Fortbildung des Rechts im Anschluss an die Fortschritte des wirklichen Lebens und der Cultur".[75] Die Kultur ist als Nationalkultur begriffen („Culturvölker"), doch sieht Arnold den universellen Zusammenhang: Das Recht ist nicht nur etwas Nationales, es ist etwas „allgemein Menschliches", es gibt „das bei allen Völkern gleich Bleibende im Recht"[76]; gewisse Grundverhältnisse kehren bei allen Völkern wieder.[77]

Der Kohler'sche Relativismus und Historismus, vollzogen mit Hilfe des Kulturbegriffs, findet sich eindeutig bereits Arnold. Auch die Fortschrittsidee wohnt seinem Kulturverständnis inne. Es fehlt allerdings bei dem Marburger das Ausgreifen auf alle Völker und Zeiten, welches Kohler zum Mitbegründer der universalen Rechtsgeschichte hat werden lassen. Vielmehr geht es Arnold letztlich um die Versöhnung von römischem und germanischem Recht und die Zusammenführung beider in ein gemeinsames wissenschaftliches System – im Grunde betreibt Arnold die Programmatik der historischen Rechtsschule, angereichert durch eine neue Begrifflichkeit[78] und durch die Betonung der rechtspraktischen Bedürfnisse. Auch Arnold plädiert für die Rechtsvergleichung, aber vor allem zwischen römischem und deutschem Privat-

---

65 Berlin 1865.

66 Zu Arnold: *Karl Kroeschell*, Ein vergessener Germanist des 19. Jahrhunderts, in: Festschrift für Hermann Krause, Köln/Wien 1975, S. 253 ff.; zu Verwendung des Kulturbegriffs S. 264 f.

67 Cultur und Rechtsleben (Fn. 65), S. IX.

68 Cultur und Rechtsleben (Fn. 65), S. 17. Die Religion wird keine Prägung der Unterschiede mehr zugerechnet, seit das Christentum die Trennung der Völker aufgehoben habe, ebenda S. 18. Der Blick ist also noch auf die christlich gewordenen Völker beschränkt.

69 An manchen Textstellen wird die Kultur dem Recht gegenübergestellt, im gesamten Zusammenhang wird aber deutlich, dass das Recht – ebenso wie Sprache, Wirtschaft etc. – der Kultur zugehört.

70 Cultur und Rechtsleben (Fn. 65), S. 62; ausführlich im Kapitel Wirtschaft, Recht und Staat, 89 ff.

71 Cultur und Rechtsleben (Fn. 65), S. 98.

72 Cultur und Rechtsleben (Fn. 65), S. VIII f.

73 Cultur und Rechtsleben (Fn. 65), S. 199 f.

74 Cultur und Rechtsleben (Fn. 65), S. 197.

75 Cultur und Rechtsleben (Fn. 65), S. 204.

76 Diese Aussagen in: Cultur und Rechtslebe (Fn. 65), S. 337.

77 Cultur und Rechtsleben (Fn. 65), S. 338.

78 Siehe das Bekenntnis zur Historischen Rechtsschule in: Cultur und Rechtsleben (Fn. 65), S. 46, verbunden mit einer Kritik an den Begriffen „Volksgeist" und „Organismus", ebenda S. 5 und 9.

recht![79] Diese Grundhaltung bestimmt auch seine – von einem Germanisten verfasste! – Schrift über „Kultur und Recht der Römer“, die mit dreijährigem Abstand folgte: [80] Das römische Recht soll aus den Verhältnissen seiner Entstehungszeit in der Antike erklärt und so seine jetztzeitige Bedeutung relativiert werden: Die Rezeption ist nicht eine Tat des römischen, sondern des deutschen Geistes![81]

IV. Die Bedeutung von Kohlers Kulturtheorie für das Recht

Die allseitige Verwendung des Kulturbegriffs, die sich dann besonders aufdringlich in Kohlers Schriften zeigt, provoziert die Frage: Wird die Kultur nur als begriffliches Etikett benutzt, hinter dem unterschiedlichste Rechtsmeinungen angesammelt werden, oder steht sie für eine neue und fruchtbare Methode der Rechtsgewinnung? Dazu vier Bemerkungen.

1) Die Orientierung an „Kultur“ lenkt den Blick über den gewohnten juristischen Fächerkanon hinaus.[82] Das gilt zunächst einmal für Raum und Zeit. *Alles Recht*, auch ältestes und weit entferntes, ist Kulturerscheinung. Das Recht als Phänomen der menschlichen Gesellschaften ist vollständig überhaupt nur zu erfassen, wenn man alles sammelt und betrachtet, dessen man habhaft werden kann, von der Lex Hammurabi, von der Kohler eine Übersetzung herausgibt,[83] bis zum Patentgesetz als Frucht des technischen Fortschritts, vom Recht der afrikanischen Stämme („Negerrecht“, wie es in einem Titel heißt)[84] bis zum Code Napoleon, den Kohler besonders schätzt. Das Interesse am urtümlichen Recht ferner Völker führt im Jahre 1878 zur Gründung der „Zeitschrift für vergleichende Rechtswissenschaft“[85], die noch heute existiert. Kohler unternimmt den Versuch, Recht und Geschichte aller Völker und Zeiten in einen Sinnzusammenhang zu bringen. Er ist Universalist[86] in einem nicht bekannten Ausmaß und gehört zu den Gründern einer transkontinentalen, transkulturellen und transtemporalen Rechtsvergleichung.

2) Die Verortung des Rechts in der Kultur führt zur Hinwendung auf die Modernität, somit auf die ungeheure Dynamik der von der Technik getriebenen Entwicklung während des zweiten Kaiserreichs mit ihren rechtlichen Entsprechungen: Patentrecht, Urheberrecht, Immaterialgüterrechte, Persönlichkeitsrecht. Kohler gehört zusammen mit *Karl Gareis* zu denjenigen Rechtsprofessoren, welche die Modernisierung der Rechtsordnung im industriellen Zeitalter vorantreiben und mitgestalten. Hier liegt „sach-rechtsgeschichtlich“ seine bleibende wissenschaftsgeschichtliche Bedeutung, die m.E. weit höher zu veranschlagen ist als die Wirksamkeit mancher Verkünder neuer juristischer Methodenlehren.

3) Die Rechtswelt, die aus den Schriften Kohlers aufsteigt, unterscheidet sich ganz wesentlich von dem aus dem 19. Jahrhundert überkommenen juristischen Kosmos. Kohler, dem es nicht an Selbstbewusstsein mangelt, stellt auch keine Geistesverwandtschaft mit den juristischen Größen der Vergangenheit her. Im Gegenteil. Wohl erkennt er Savignys große Verdienste an, wenn man – wie er schreibt – bedenkt, „wie bisher von den Zeiten des Hugo Grotius an das Realhistorische behandelt und in ein Wirrwarr naturrechtlichen Geflunkers hineingezogen wurde ...“.[87]

79 Cultur und Rechtsleben (Fn. 65), S. XVIII.
80 Berlin 1868.
81 Kultur und Recht der Römer (Fn. 80), S. 465.
82 Zu diesem Aspekt auch *Gast* (Fn. 6), S. 1 ff.
83 *Josef Kohler/Felix Ernst Peiser*, Hammurabi's Gesetz, Bd. 1, Leipzig 1904.
84 Uber das Negerrecht, namentlich in Kamerun, Stuttgart 1895 (Separatdruck aus der Zeitschrift für vergleichende Rechtswissenschaft).
85 Zusammen mit *Franz Bernhöft* und *Georg Cohn*.
86 „Universaljurist“ wird er häufig genannt, z.B. Günter Spendel, Josef Kohler, Bild eines Universaljuristen, Heidelberg 1983.
87 Recht und Persönlichkeit (Fn. 9), S. 21.

Savigny habe es aber an eigentlich geschichtlichem Sinn gefehlt.[88] Das Ansehen Savignys kann sich Kohler überhaupt nur aus der (geistigen) Öde erklären, aus dem Dunkel, der Unkenntnis, Unbildung und Dürftigkeit des Geistes, die zu Savignys Zeit geherrscht hätten.[89] Und in der Epoche *nach* Savigny seien erneut „Zeiten trostloser Öde“[90] angebrochen. Windscheid und Vangerow erhalten den Titel „geistlose Naturen“, Jhering den eines „amüsanten Causeurs, der in der Geschichte und Philosophie des Rechts dilettiert“ habe[91]. Die gesamte historische Rechtsschule erntet Spott und Hohn. Erst in den letzten drei Dezennien des Jahrhunderts, also in Kohlers eigener Zeit, habe das Rechtsleben ein Wiederaufleben erfahren.[92]

Kohler stellt sich folglich nicht in die Reihe der vor ihm wirkenden berühmten Juristen, er sucht für seine geistige Genealogie andere Größen: Goethe, Napoleon, Schopenhauer, Nietzsche[93] und besonders Hegel – er bekennt sich in seiner Rechtsphilosophie als „Neuhegelianer“[94] – eine Titulatur, die ihm allerdings streitig gemacht wurde.[95]

Nach all dem ist nicht zu erwarten, dass man bei Kohler die gewöhnliche Dogmatik und die die gewöhnliche Rechtsgeschichte findet, wie sie in seiner Zeit betrieben wurde, obwohl das alles bei ihm auch vorkommt, aber nicht sein Werk prägt. Wissenschaftsgeschichtlich stellt Kohler einen neuen Typus des Rechtslehrers dar, der fast für alles, was er verlautbart, einen philosophischen, aus dem Kulturbewusstsein hergeleiteten Anspruch erhebt. Gewiss hat er auch historisch gearbeitet, greift sich ganz unterschiedliche Themen heraus, das babylonische Rechtsleben,[96] die orientalischen Rechte,[97] das römische Recht am Niederrhein[98], das Dorfrecht von Kadelburg,[99] er ediert auch Quellen aus der deutschen Rechtsgeschichte, so die Carolina und ihre Vorgängerinnen.[100] Trotz vieler historisierender Texte fehlt indes das beharrliche historische Arbeiten an einem Rechtsinstitut oder sonst einem komplexen rechtlichen Zusammenhang. Das wird kompensiert durch ein universales und rechtsphilosophisch begründetes Interesse am Recht, das den Blick in die Vergangenheit zugleich in die Zukunft dreht.

4) Schließlich versucht Kohler – insoweit auf den Spuren Arnolds – mit Hilfe des Kulturbegriffs eine neue Rechtsbegründung jenseits des Gesetzespositivismus und demzufolge eine neue Methodik. Dieser Anspruch ist mit der Formel „vom Naturrecht zum Kulturrecht“ erhoben.

Der Feind, den Kohler mit der historischen Rechtsschule teilt, ist der Gesetzespositivismus, welcher seinem Verständnis des Rechts als Kulturprodukt entgegensteht. „Nichts hat mehr dazu

---

88 Recht und Persönlichkeit (Fn. 9), S. 21.

89 Fausts Pakt mit Mephistopheles, nach: Josef Kohler, Aus Kultur und Leben, Gesammelte Essays, Berlin 1904, 105 (erstmals in: Goethejahrbuch 1903, S. 119).

90 Recht und Persönlichkeit (Fn. 9), S. 22.

91 Recht und Persönlichkeit (Fn. 9), S. 23.

92 Recht und Persönlichkeit (Fn. 9), S. 24.

93 *Josef Kohler*, Lehrbuch der Rechtsphilosophie, 1. Aufl., Berlin und Leipzig 1909, S. 7, 17.

94 *Josef Kohler* Lehrbuch der Rechtsphilosophie, 2. Aufl., Berlin und Leipzig 1917, S. 48; schon die 1. Auflage (wie Fn. 93), S. 13, sieht sich im Gefolge Hegels (mit „Umbildungen“). Dazu auch *Osterrieth* (Fn. 1), S. 22.

95 *Radbruch* meint, der von Kohler angeführte „Neuhegelianismus“ stehe mit Hegel „nur in einem sehr losen Zusammenhang“ (Grundzüge der Rechtsphilosophie, Leipzig 1914, S. 9). *Larenz* bezeichnet die Einordnung von Kohlers Theorie als „Neuhegelianismus“ als „durchaus irreführend“ (Rechts und Staatsphilosophie der Gegenwart, Berlin 1931, S. 59). Gleichwohl werden die Lehren Kohlers weiterhin mit der Philosophie Hegels in Verbindung gebracht, z.B. bei *Gast* (Fn. 6), S. 3 („von Hegel inspirierte Auffassung der Geschichte“).

96 Aus dem Babylonischen Rechtsleben (zusammen mit *Felix Ernst Peiser*), Leipzig 1890.

97 Das Recht der orientalischen Völker, in: *Josef Kohler/Leopold Wenger*, Allgemeine Rechtsgeschichte, Erste Hälfte: Orientalisches Recht und Recht der Griechen und Römer, Leipzig/Berlin 1914.

98 *Josef Kohler/Erich Liesegang*, Das römische Recht am Niederrhein, Gutachten Kölner Rechtsgelehrter aus dem 14. und 15. Jahrhundert, 2 Hefte, Stuttgart 1896–1898.

99 Zur Geschichte des Rechts in Alemannien, insbesondere das Recht von Kadelburg, Beiträge zur germanischen Privatrechtsgeschichte, Heft 3, Würzburg 1888.

100 *Josef Kohler/Willy Scheel* (Hrsg.), Die Carolina und ihre Vorgängerinnen, 4 Bde, Halle an der Saale 1900–1915, Nachdruck Aalen 1968.

beigetragen, die Juristen niederzuhalten, als die ehemalige Theorie, dass das Gesetz nach dem Willen des Gesetzgebers auszulegen sei ...".[101] Dass die Gesetze mit Motiven veröffentlicht werden, sieht er als „verderblichen Brauch", es habe sich ein „Vorarbeitenkultus" entwickelt, „welcher die Jurisprudenz verödete".[102] Kohler trennt die Worte von den Gedanken des Gesetzgebers: „Die Worte des Gesetzgebers enthalten eine Reihe möglicher Gedanken; was hindert uns nun, von diesen möglichen Gedanken den vernünftigen herauszunehmen?"[103] Er fordert die „freie Behandlung des Gesetzes" in Anlehnung an die Erfordernisse der jeweiligen Gegenwart.[104] Der Freirechtsschule begegnet er mit Sympathie.[105]

Bei der zugespitzten Frage, ob der Richter sich auch über ein Gesetz hinwegsetzen dürfe, nimmt Kohler seinen Ansatz etwas zurück, das sei „an sich zu verneinen". Aber er bringt dann Gegenkräfte ins Spiel: die derogierende Kraft des Gewohnheitsrechts, sodann die These von der durch bestimmte Verhältnisse bedingten Natur des Gesetzes, sodass der Geltungsanspruch eines Gesetzes auf die zur Entstehungszeit gegebenen Verhältnisse eingeschränkt werden kann. Und schließlich bringt Kohler die Philosophie gegen das Gesetz in Position: Was früher das Naturrecht geboten hat, das sieht er jetzt als Funktion des Kulturrechts, des Rechts, „das unsere heutige Kultur benötigt, um dem Kulturfortschritt zu entsprechen".[106] Man kann sich das so vorstellen, dass das Gericht bei der Handhabung der Gesetze sich des Kulturstandes, der Kulturentwicklung, der herrschenden Kulturströmungen bewusst wird und ihnen gemäß das Recht spricht.

Damit ist Kohler in der Nähe des Naturrechts, das nach seinem Verständnis aber nicht allgemeingültig sein kann, sondern sich von dem jeweiligen Kulturzustand ableitet.[107] In seiner Rechtsphilosophie, die 1917 in zweiter Auflage erscheint, lehnt er die These, dass zwischen Sein und Sollen eine große Kluft walte,[108] ausdrücklich ab und unternimmt nun eine Art Ehrenrettung des „alten" Naturrechts. Er weiß im Gegensatz zu vielen Zeitgenossen, die vom älteren Naturrecht ein einschichtiges Bild gezeichnet hatten, dass schon die Scholastik die Variabilität des Naturrechts erfasst hatte. Er bekennt sich offen zu einem „Naturrecht im modernen Sinne", das nicht ein ewiges Naturrecht sei, sondern ein „Naturrecht der jeweiligen Zeit und der jeweiligen Kultur."[109] Es ist Naturrecht, nicht weil aus der allgemeinen menschlichen Natur stammt, sondern weil es „aus der Natur der menschlichen Verhältnisse hervorgeht."[110] Auch dieses Naturrecht hat normativen Charakter. Wenn die positiven Gesetze von dem „Recht wie es in der Kultur sein soll" abweichen, hat das Kulturrecht zwei Aufgaben, einmal auf eine Änderung der Gesetze zu dringen, zum andern dem positiven Recht ein Auslegung zu geben, „welche es möglichst mit den Kulturerfordernissen in Einklang setzt."[111]

Diese Art der Rechtsfindung kann Kohler an juristischen Rechtsfiguren und -instituten darstellen, die zu seiner Zeit und mit seiner wissenschaftlichen Hilfe entfaltet worden sind. Das Persönlichkeitsrecht und die Rechte an unkörperlichen Gegenständen (Immaterialgüterrechte) sind Ausdruck der modernen Kultur, „das Recht an der Idee ist das vergeistigste und großartigste Gebilde des Rechts."[112] Der Kulturbegriff erfasst aber noch vieles andere, was mit dem

---

101 Recht und Persönlichkeit (Fn. 9), S. 24.
102 Recht und Persönlichkeit (Fn. 9), S. 25.
103 Recht und Persönlichkeit (Fn. 9), S. 25.
104 Recht und Persönlichkeit (Fn. 9), S. 26.
105 Lehrbuch der Rechtsphilosophie (Fn. 94), S. 53.
106 Recht und Persönlichkeit (Fn. 9), S. 27.
107 Dazu *Barbara Dölemeyer*, „Das Urheberrecht ist ein Weltrecht" Rechtsvergleichung und Immaterialgüterrecht bei Josef Kohler, in: Elmar Wadle (Hrsg.), Historische Studien zum Urheberrecht in Europa, Berlin 1993, S. 139, 144.
108 Lehrbuch der Rechtsphilosophie (Fn. 94), S. 12.
109 Lehrbuch der Rechtsphilosophie (Fn. 94), S. 52.
110 Lehrbuch der Rechtsphilosophie (Fn. 94), S. 52.
111 Lehrbuch der Rechtsphilosophie (Fn. 94), S. 52. So schon in der 1. Auflage (Fn. 93), S. 2.
112 Rechtswissenschaft und Technik, in: Josef Kohler, Aus Kultur und Leben, Gesammelte Essays, Berlin 1904, S. 165 (erstmals in: Großbetrieb 1901, Nr. 1, 2).

Recht in Berührung kommt. Der Sport gehört dazu, „ein Kulturelement hohen Ranges", der – wie er prophetisch sagt – selbst wieder die Form der Arbeit annehmen kann.[113] Aus seinem Kulturverständnis leitet Kohler das Zeugnisverweigerungsrecht und den Schutz des Redaktionsgeheimnisses ebenso ab[114] wie die Verwerflichkeit des Ehemäklerlohns,[115] den Anspruch auf Ersatz des immateriellen Schadens bei absichtlichen Eigentumsverletzungen,[116] den Anspruch auf Honorierung geistiger Leistungen[117] und vieles andere mehr. Das Kulturbewusstsein setzt den Berliner Professor instand, verschiedenste Rechtsgebiete und ihre Erscheinungsformen von einem wertenden Standpunkt aus zu betrachten, das Arbeitsrecht ebenso wie das Arztrecht, das Beamtenrecht, das Gesellschaftsrecht, bis hin zum Luftfahrtrecht, bei dem er die Pflicht des Grundeigentümers bejaht, die Luftschiffe über sich kreisen zu lassen.[118] Der Kulturbegriff umfasst auch die materielle Beherrschung der Welt: Alles, was kraft Erkennens, Schöpfens *und Machtbeherrschens* Bedeutsames geleistet wird, bildet einen Kulturwert.[119] Das gesamte Recht gehört dem Reich der Kultur an.[120] Bei Kohler findet sich also noch nicht die sich anbahnende Verengung des Kulturbegriffs auf geistige und künstlerische Leistungen.

Kohler hat seine vielfältigen Aussagen, Standpunkte und Schlüsse nicht aus akribischen Analysen des zeitgenössischen Kulturzustandes gewonnen, sondern aus einer offenbar raschen, unkomplizierten Erfassung und Erfahrung der modernen, technisch rasant fortschreitenden Lebenswelt. Die fehlende theoretische Präzisierung des zur Norm erhobenen Kulturzustands ist Stärke und Schwäche zugleich: Sie belässt dem Kulturbegriff ungehemmt seine innovative Schubkraft, sie nährt aber zugleich den Verdacht der Beliebigkeit. Dem Einfluss, den Kohler zeitlebens gehabt hat, stand ein solches Bedenken nicht im Wege, wohl aber seinem Nachruf: Im Tempel der großen Rechtslehrer ist ihm derzeit noch kein Standbild errichtet.[121]

V. Recht und Kultur beim jungen Radbruch

Die Deutung des Rechts als Kulturphänomen findet sich in der Zeit um den Ausbruch des ersten Weltkrieges auch bei anderen Rechtslehrern.[122] Der Bezug des Rechts zur Kultur steht dabei im Zusammenhang mit der *Verabschiedung* des Naturrechts als einer möglichen Form der

113 Recht und Persönlichkeit (Fn. 9), S. 65.
114 Idealismus und Realismus im Recht (Fn. 12), S. 151.
115 Die Ideale im Recht, in: Archiv für Bürgerliches Recht, Bd. 5, Berlin 1891, S. 161, 166 ff.
116 Die Ideale im Recht (Fn. 115), S. 256.
117 Die Ideale im Recht (Fn. 115), S. 254.
118 Recht und Persönlichkeit (Fn. 9), S. 87.
119 Lehrbuch der Rechtsphilosophie (Fn. 94), S. 4.
120 Lehrbuch der Rechtsphilosophie (Fn. 94), S. 4.
121 Es besteht eine auffällige Diskrepanz zwischen lebzeitiger Berühmtheit als genialer Universaljurist und einem letztlich auf seinen Anteil an der Entwicklung des Urheber- und Erfinderrechts beschränkten Anerkennung durch die Nachwelt. In dem von *Gerd Kleinheyer/Jan Schröder* herausgegebenen Werk „Deutsche und Europäische Juristen aus neun Jahrhunderten" findet sich in der 5. Auflage, 2008, S. 512 nur ein halbseitiger Artikel über Kohler im Anhang. Das Personenregister in *Franz Wieackers* Privatrechtsgeschichte der Neuzeit weist nur die beiläufige Erwähnung in einer Fußnote auf (2. Aufl., Göttingen 1967, S. 474 Fn. 15). Selbst die im Allgemeinen hymnisch gehaltenen Nachrufe machen Einschränkungen, so *Osterrieth* (Fn. 1), S. 25: „Er ist niemals folgerichtiger Systematiker gewesen"; *Ernst Heymann* (Josef Kohler zum Gedächtnis, Fn. 1, S. 12): „Als Jurist aber hatte er seine Stärke nicht in dem Ausfeilen der Einzelheiten ...". Eine respektvoll-kritische Charakterisierung leistet die Gedächtnisrede des Theologen *Reinhold Seeberg* (Ebenda, S. 15, 23 ff.).
122 Außer bei Radbruch etwa bei *Fritz Münch*, Kultur und Recht, in: Zeitschrift für Rechtsphilosophie in Lehre und Praxis, Bd. 1, Leipzig 1914, S. 345 ff. Dort ist der Sinn des Rechts in engem Zusammenhang mit dem Kulturbegriff entwickelt, auch der Begriff „Rechtskultur" verwendet; gleichzeitig wird die Eigengesetzlichkeit des Rechts betont (ebenda S. 384): „Es gibt kein freies Recht und kein Naturrecht, es gibt auch kein Kulturrecht und kein Vernunftrecht. Wohl aber gibt es Vernunftprinzipien für kulturbezogene Rechtsgestaltung, d.h. für kulturkritische Durchführung der Rechtsidee in der abstrakten Gesetzes- wie konkreten Urteilssetzung."

Rechtsbegründung. Das Naturrecht hatte sich als Disziplin im 19. Jahrhunderts trotz der Anfeindungen durch die historische Rechtsschule und durch den Positivismus noch lange gehalten,[123] wie die Forschungen von Diethelm Klippel nachdrücklich vor Augen stellen.[124]

Nun aber – gegen Ende des 19. Jahrhunderts – scheint naturrechtliches Denken aus der Mode zu kommen, sieht man von einem inselhaften Fortleben in der katholischen Neuscholastik einmal ab. Grunddogma wird der Satz, dass aus dem Sein kein Sollen abgeleitet werden *kann*. Damit scheint zumindest dasjenige Naturrecht, das Sollenssätze aus einer Analyse von Seinsstrukturen („natura creata") gewinnen will, erledigt. *Karl Bergbohm* sieht freilich im Jahre 1892 das Naturrecht noch in vielen Verkleidungen präsent und fordert dazu auf, das Unkraut Naturrecht, in welcher Form und Verhüllung es auch auftreten möge, mit Stumpf und Stiel auszurotten.[125]

Das Zurückdrängen des Naturrechts stellt die Rechtwissenschaft allerdings vor ein Problem: Wenn es nicht gelingt, das Recht auf andere Weise transpositiv zu verankern, droht der blanke Gesetzespositivismus, der aber in den neukantianischen und neuhegelianischen Strömungen der Jahrhundertwende gerade nicht gewollt war. Um der explodierenden staatlichen Gesetzgebung einen neuen außerpositiven Halt zu geben, wurden daher neuartige Begriffe in das Zentrum gerückt, vor allem die namentlich seit Hegel im Umlauf befindliche „Rechtsidee" oder „Rechtsideale", die sich auch bei Kohler tummeln.[126] In diesem Umkreis spielt der Kulturbegriff eine bedeutende Rolle.

Ein Blick auf die Theorie des jungen *Gustav Radbruch* möge zur Erläuterung der Situation um 1914 genügen. Dessen „Grundzüge der Rechtsphilosophie" erscheinen im selben Jahr wie Kohlers „Recht und Persönlichkeit", also dem Jahr des Kriegsausbruchs 1914. Von Zeitgenossenschaft ist nur bedingt zu sprechen: Kohler wird in diesem Jahre 65 Jahre alt und lebt nur noch bis 1919, Radbruch hingegen vollendet 1914 sein 36. Lebensjahr; er ist in dieser Zeit außerordentlicher Professor der Rechte in Heidelberg[127] und hat die Zeiten seiner großen Wirksamkeit noch vor sich. Gegenseitige Wertschätzung verbindet die beiden Gelehrten nicht.[128]

Radbruch teilt mit vielen anderen Rechtstheoretikern seiner Zeit die Ablehnung des Naturrechts. Er sieht es als untauglichen Versuch, aus dem Sein ein Sollen abzuleiten und setzt dem – im Anschluss an Stammler[129] – eine Philosophie der „Rechtswertbetrachtung" entgegen.[130] Bei der Frage, woher die Rechtswerte und auf sie bezogen der Rechtszweck kommen, schaltet Radbruch der rationalen Ableitung einen Willensakt vor. „Die Politik lehrt die Mittel, die Rechtsphilosophie den Inhalt eines Rechtsideals kennen – es zum Rechtsideal erheben kann nicht

---

123 Die polemische Analyse dieses Sachverhalts findet sich bei dem Naturrechtsgegner *Karl Bergbohm*, Jurisprudenz und Rechtsphilosophie, Bd. 1, Leipzig 1892, S. 109 ff.

124 *Diethelm Klippel* (Hrsg.), Naturrecht im 19. Jahrhundert. Kontinuität – Inhalt – Funktion – Wirkung, Goldbach 1997; *ders.* (Hrsg.), Legitimation, Kritik und Reform. Naturrecht und Staat in Deutschland im 18. und 19. Jahrhundert, Wien 2000 (= ZNR Heft 1/2000); *ders.*, Die Idee des geistigen Eigentums in Naturrecht und Rechtsphilosophie des 19. Jahrhunderts, in: Wadle (Fn. 107), S. 121 ff. Siehe auch die Bibliographie: *Diethelm Klippel*, Naturrecht und Rechtsphilosophie im 19. Jahrhundert, Tübingen 2012.

125 *Bergbohm* (Fn. 123), S. 118.

126 Siehe nur die Arbeit: Die Ideale im Recht, in: Archiv für Bürgerliches Recht 5 (1891), S. 161 ff.

127 Bestallung 21.2.1910, nach: *Erik Wolf*, Einleitung zu Gustav Radbruch, Rechtsphilosophie, 5. Aufl. 1956, S. 40 Fn. 3.

128 Kohler soll Radbruchs Dissertation über „Die Lehre von der adäquaten Verursachung", die Radbruch in Berlin bei Franz von Liszt schrieb, ein „unreifes Schriftchen" genannt haben, siehe *Norbert Gross*, Josef Kohler, Lebenspfade eines badischen Universaljuristen, Karlsruhe 2009, S. 23. Radbruch hingegen schreibt über Kohler, dieser sehe sich genötigt, den Wertgehalt der Wirklichkeit durch ein pantheistisches Glaubensbekenntnis irrationalistisch zu begründen (Grundzüge der Rechtsphilosophie, Leipzig 1914, S. 10).

129 *Rudolf Stammler*, Theorie der Rechtswissenschaft, Halle an der Saale 1911; dazu *Dieter Schwab*, Naturrecht und Rechtsidee, in: Jens Eisfeld et al. (Hrsg.), Naturrecht und Staat in der Neuzeit, Diethelm Klippel zum 70. Geburtstag, Tübingen 2013, 543, 555 f.

130 *Gustav Radbruch*, Grundzüge der Rechtsphilosophie, Leipzig 1914, S. 24. Zur Bedeutung des von Radbruch eingesetzten Begriffes der „Rechtsidee": *Schwab*, Naturrecht und Rechtsidee (Fn. 129). S. 543, 553 ff.

die Erkenntnis, sondern nur der durch Selbstbesinnung aus der Tiefe der Persönlichkeit geschöpfte Wille."[131] Ist aber die Willensentscheidung über Rechtswerte und Rechtszweck gefällt, so wird von diesem Punkte an wissenschaftliches Erkennen (und nicht nur „Bekennen") möglich.[132] Es wird möglich, Rechtswerturteile zu fällen, die – eine Willensentscheidung voraussetzend – nicht allgemein, sondern nur relativ gültig sein und nur für einen gegebenen Gesellschaftszustand, für eine bestimmte Zeit, ein bestimmtes Volk Geltung beanspruchen können.[133]

Im Rahmen der Überlegungen über den möglichen Rechtsbegriff kommt das Phänomen Kultur in das Blickfeld. Radbruch unterscheidet das Reich des Seins (= Reich der Natur) und das Reich des Sollens, d.h. der Werte und Zwecke.[134] Im Reich des Sollens wohnt die „Gerechtigkeit", das „richtige Recht", „jedoch nicht das Recht als solches".[135] Dieses vielmehr lebt in einem „merkwürdigen Zwischenreich", nämlich dem „Reich der Kultur", das die Tatsachen nicht einfach bewertet, sondern – komplizierter – sich wertbeziehend zu ihnen verhält,[136] das heißt: aus dem faktischen Befund („der Gegebenheit") die Kultur eines Volkes, Zeitalters usw. erst einmal herausschält, um sie dann mit den Wertbegriffen in Beziehung zu setzen.[137] Dem Wertbegriff der Gerechtigkeit steht die „Kulturtatsache" des Rechts gegenüber. Das positive Recht ist Realität,[138] die vom Standpunkt der Gerechtigkeit, die dem Reich des Sollens zugehört, bewertet werden kann.

Radbruch entwickelt dann eine Lehre von den Werten, von denen er sagt, dass sie „geglaubt" werden,[139] also auf dem Boden des Willens stehen:[140] die drei absoluten Werte des Wahren, Guten und Schönen, von denen alle anderen Werte nur abgeleitet sind,[141] denen aber der Gemeinschaftswert „Gerechtigkeit" zugesellt wird.[142] Die Kultur in ihrer philosophischen Bedeutung ist die Verwirklichung dieser absoluten Werte an ein und demselben Substrat.[143] Dieses Substrat kann der *Kulturmensch* sein (Radbruch greift auf den Terminus „cultura animi" zurück) oder das *Kulturwerk*, das einem Volk, Zeitalter usw. zugeschrieben werden kann („Kulturnation", Kulturzeitalter").[144] Die Kultur kann personalistisch aufgefasst werden (der einzelne Kulturmensch) oder transpersonalistisch (das Kulturwerk), und das Recht kann dementsprechend als Kulturmittel oder Kulturzweck dienen.[145]

Die Wertewelt Radbruchs wird dann weiter entfaltet – das sei hier nicht in Detail ausgebreitet. Sie führt in eine Beurteilung der Staatsauffassungen, ja sogar der Parteiprogramme unter dem Aspekt der Werteverwirklichung hinein. Hier können die Ableitungen aus dem höchstem Wertehimmel konkreter werden – nicht sehr viel anders als die Schlussfolgerungen der Scholastik aus den berühmten *principia primaria* auf nachgeordnete Naturrechtssätze zweiten, dritten und weiteren Grades.[146]

---

131 Grundzüge der Rechtsphilosophie (Fn. 130), S. 28.
132 Grundzüge der Rechtsphilosophie (Fn. 130), S. 25.
133 Grundzüge der Rechtsphilosophie (Fn. 130), S. 4 f.
134 Grundzüge der Rechtsphilosophie (Fn .130), S. 35.
135 Grundzüge der Rechtsphilosophie (Fn. 130), S. 36.
136 Grundzüge der Rechtsphilosophie (Fn. 130), S. 38.
137 Grundzüge der Rechtsphilosophie (Fn. 130), S. 38. Die Betrachtungsweise, die aus der Gegebenheit die Kultur herausschält, ist nicht wertblind; sie „liest aus der Gegebenheit nur diejenigen Bestandteile aus, welche zu Werten in irgendeiner Beziehung stehen, welche sich Wertbegriffen subsumieren lassen ...".
138 Grundzüge der Rechtsphilosophie (Fn. 130), S. 62.
139 Grundzüge der Rechtsphilosophie (Fn. 130), S. 84.
140 Grundzüge der Rechtsphilosophie (Fn. 130), S. 88.
141 Grundzüge der Rechtsphilosophie (Fn. 130), S. 85.
142 Grundzüge der Rechtsphilosophie (Fn. 130), S. 95.
143 Grundzüge der Rechtsphilosophie (Fn. 130), S. 89.
144 Grundzüge der Rechtsphilosophie (Fn. 130), S. 89.
145 Grundzüge der Rechtsphilosophie (Fn. 130), S. 90.
146 Dazu *Dieter Schwab*, Ehe und Familie nach den Lehren der Spätscholastik, in: Paolo Grossi (Hrsg.), La Seconda Scolastica nella formazione del diritto privato moderno, Milano 1973 S. 73 ff. = Geschichtliches Recht und moderne Zeiten, Heidelberg 1995, S. 141 ff.

Der Unterschied der von Radbruch 1914 verkündeten Philosophie zu den Lehren Kohlers liegt unter anderem darin, dass Radbruch bei der Bildung der höchsten Werte einen Willensakt supponiert, bei dem aber nicht bis zum letzten klar wird, wer ihn setzt. Auffällig ist bei Radbruch wie bei Kohler die Staatsorientierung: Recht und Staat sind nur verschiedene Modi ein und derselben Substanz:[147] „Der Staat ist das Recht als normierende Aktivität, das Recht der Staat als normierte Zuständlichkeit, eins vom andern zwar unterscheidbar, aber ungeschieden, und unteilbar deshalb auch die Frage nach dem Zweck des Rechts und des Staates".[148] Sollte demnach die letzte Wertsetzung durch den Staat erfolgen, so käme der durch die Vordertüre hinausgeworfene Positivismus zur Hintertüre wieder herein. Zur Klarstellung möchte ich betonen, dass ich über den Radbruch des Jahres 1914, nicht über den des Jahres 1945 spreche – die weitere Entwicklung der Radbruch'schen Philosophie ist nicht Thema dieses Vortrags.

Für unseren Zusammenhang ist zweierlei bedeutsam: *erstens*, dass dem Recht ein notwendiger Bezug zur Kultur zugeordnet ist und das Recht damit an Würde und Weihe des Kulturbegriffs und der vorausgesetzten Wertewelt teilnimmt (Stichwort: Rechtsidee, transpositive Verankerung); *zweitens* aber, dass in diesen Bezug anders als bei Kohler keine Fortschrittsautomatik eingebaut ist – Radbruch positioniert die vorgefundenen Staatsauffassungen nach der Art der mit ihnen möglichen Wertverwirklichung. Die überschwängliche Freude über die technischen Segnungen des Industriezeitalters prägen die Radbruch'sche Theorie nicht. Gemeinsam ist Kohler und Radbruch indes der Einsatz des Kulturbegriffs bei der Suche nach einem Recht, das seinen Geltungsgrund außerhalb der positiven Gesetze findet und gleichwohl als relativ und variabel verstanden wird.

VI. Vom Ende und der Wiederkehr des Kulturoptimismus

Der Ausbruch des Weltkrieges im Sommer 1914, der Verlauf des Krieges und seine Folgewirkungen enthüllten die Naivität des grenzenlosen Kulturoptimismus. Große Teile der Gesellschaft sind ahnungslos in die Katastrophe geschlittert. Ich komme zurück auf das Vorwort, das Kohler am Sylvestertage 2013 in St. Moritz zu seinem Buch „Recht und Persönlichkeit in der Kultur der Gegenwart" schrieb. Ihm ist wohl bange, aber nur vor *inneren* Umwälzungen, die er für möglich hält. Umso mehr begrüßt er die völkerrechtlichen Fortschritte und die Friedensbestrebungen und meint: „Schon hat sich die Kriegsfurie in den Orient geflüchtet, um hier ihre letzten Tage zu fristen."[149]

Mit dem gleichwohl ausbrechenden Krieg und seinem Verlauf kam Kohler freilich nicht mehr zu Rande. In einem Nachtrag zu dem Buch „Recht und Persönlichkeit", den Kohler nach Ausbruch des Krieges in das von ihm mitgegründete „Archiv für Rechts- und Wirtschaftsphilosophie" setzen ließ, stimmte er in den Kriegspatriotismus ein, verbunden mit peinlichen Herabwürdigungen der Kriegsgegner Deutschlands:[150] Es gebe Völker, die niedergedrückt werden müssten, damit die Weltkultur nicht wesentlich Not leide. Noch auf das Kriegsende hin ließ er verlauten, im Deutschtum lägen allein die idealen Keime der menschlichen Fortbil-

147 Grundzüge der Rechtsphilosophie (Fn. 130), S. 83.
148 Grundzüge der Rechtsphilosophie (Fn. 130), S. 84.
149 Recht und Persönlichkeit (Fn. 9), S. IX.
150 *Josef Kohler*, Ein letztes Kapitel zu Recht und Persönlichkeit, in: Archiv für Rechts- und Wirtschaftsphilosophie, Bd. 8 (1914/15), S. 169 ff. („... die übermässige Schändlichkeit Englands fiel wie ein Mehltau auf alle Hoffnungen unserer Kultur und Zivilisation ..."; „... das verrohte und degenerierte Franzosentum ...").

dung.[151] Umso tiefer hat ihn nach Darstellung seiner Biographen der Ausgang des Krieges getroffen.[152]

Der Fortschrittsglaube war an seine Grenzen gestoßen. Im Jahre 1918 erschien *Oswald Spenglers* Buch „Der Untergang des Abendlandes", das die dem Krieg folgende Krisenstimmung mit geschichtsphilosophischer Nahrung versorgte. Eine sich auf immer neue Höhen aufschwingende Kultur als normgebende Instanz hatte an Überzeugungskraft verloren. Das hinderte nicht, dass auch Rechtstheorien der 20er Jahre sich noch der „Kultur" als Baustein bedienten.[153] Und bald war die Kultur wieder obenauf, man lese nur die „Kulturphilosophie" von *Alois Dempf* (1932), in der beinahe jede beliebige Vokabel mit der „Kultur" verbunden wird.[154]

Trotz der einsetzenden Kultur- und Zivilisationskritik hat sich „die Kultur" als affirmativer gesellschaftlicher Grundbegriff bis heute erhalten. In der politisch-sozialen Sprache breitete sich der Terminus im Verlaufe des 20. und 21. Jahrhunderts weiter aus, um – wenn ich es recht sehe – gerade in unseren Tagen einen Siegeszug innerhalb des wissenschaftlichen und journalistischen Vokabulars zu erleben. Erkennbar prosperiert die „Kulturgeschichte", wie schon gewohnt mit variabler Thematik.[155] Der schon zu Beginn des 20. Jahrhunderts diskutierte Begriff der Kulturwissenschaften[156] erfährt heute eine Hochblüte.

Für die Rechtswissenschaft ergibt sich die Frage, ob und in welchem Sinne sie sich in diesen Zusammenhang einstellen will. Freilich wird die Sache durch die auch heute gegebene Doppeldeutigkeit der „Kultur" erschwert: Bietet sie einerseits einen Allgemeinbegriff für alle Phänomene der menschlichen Wirksamkeit, so verengt sie andererseits ihre Bedeutung auf besondere Erscheinungsformen geistiger und künstlerischer Kreativität. Im zuletzt genannten Sinne ist „Kulturrecht" nicht das *auf die Kultur gegründete* Recht wie bei Kohler, sondern das Recht, das sich spezielle Erscheinungsformen des menschlichen Geistes *zum Objekt* macht. Im rechtshistorischen Selbstbesinnungs- und Methodendiskurs wird der Kulturbegriff, wie unsere heutige Tagung zeigt, üblicherweise in seiner allgemeinen Bedeutung gesetzt – als Referenzbegriff, durch den Recht und Rechtsgeschichte eine besondere Weihe erfahren sollen.

VII. Epilog: Kohler und die Vorahnung des Internet

Josef Kohler, dessen wissenschaftsgeschichtliche Bedeutung heute weit unterschätzt wird, gehört zu den wenigen Rechtsprofessoren des Zweiten Kaiserreichs, welche die zahlreichen

151 Ebenda Bd. 11 (1917/18), S. 295.

152 Es wird ein Zusammenhang seines plötzlichen Todes am 3. August 1919 mit dem Ergebnis des Krieges hergestellt, so im Nachruf von *Ernst Heymann* (Josef Kohler zum Gedächtnis, wie Fn. 1, 12: „Josef Kohler ist das Herz gebrochen über die Schmach des Vaterlands"). Ähnlich *Osterrieth* (Fn. 1), S. 26: „Als die Kraft des deutschen Volkes zerbrach und das finstere Unheil kam, da zerbrach auch sein Lebensmut, da entschwand ihm der Lebenswille."

153 Siehe *Max Ernst Mayer*, Rechtsphilosophie Berlin 1922; *Wilhelm Sauer*, Grundlagen der Gesellschaft. Eine Rechts-, Staats- und Sozialphilosophie, Berlin 1924; dazu *Karl Larenz*, Rechts- und Staatsphilosophie der Gegenwart, Berlin 1931, S. 60 ff. Die erste bearbeitete Neuauflage von Radbruchs Rechtsphilosophie versteht das Recht nach wie vor als „Kulturerscheinung, d.h. als wertbezogene Tatsache" (nach 5. Aufl., S. 95) und stellt ihm die Gerechtigkeit als absoluten Rechtswert gegenüber, dem das Recht dienen soll; auch wird die Rechtswissenschaft als verstehende Kulturwissenschaft definiert (ebenda, S. 220); doch wird das 1914 entworfene Wertesystem mit seinen Ableitungen nicht mehr in extenso entfaltet.

154 *Alois Dempf*, Kulturphilosophie, München 1932. Ein Nachweis der Wortverbindungen von Kultur bis in die Mitte des 20. Jahrhunderts bei *Baur* (Fn. 30), S. 219 ff.

155 Das von *Dempf* 1932 festgestellte „heillose Durcheinander in den Kultur- und Zivilisationsbegriffen" (ebenda S. 9) ist keineswegs gelichtet, auch die Darstellungen der „Kulturgeschichte" greifen thematisch beliebig aus, vgl. nur die „Kulturgeschichte der Neuzeit" von *Egon Friedell* (erstmals in drei Bänden 1927–1931).

156 Besonders bei *Heinrich Rickert*, Kulturwissenschaft und Naturwissenschaft, 2. Aufl., Tübingen 1910. Diese Schrift hat auch Radbruch für seine Rechtsphilosophie herangezogen.

neuen Erfindungen seiner Zeit lebhaft begrüßt haben und es unternahmen, mit dem technischen auch den juristischen Fortschritt zu verbinden. Es ist reizvoll, sich vorzustellen, mit welchem Enthusiasmus Kohler die Erfindungen *unserer* Zeit aufgenommen und juristisch verarbeitet hätte. In seiner Schrift „Das Recht als Kulturerscheinung" stellt er die Frage: „Sind wir bereits am letzten Ziele der Entwickelung angelangt?" und antwortet: „Gewiss nicht; die Menschheit der Zukunft wird auf unser Recht als auf ein unvollkommenes Erzeugnis vergangener Kultur zurückblicken, wie wir auf das Recht früherer Tage, und neue Ideen, die sich unserer Voraussicht, ja unserer Vorausahnung entziehen, werden in einer künftigen Kulturwelt in die Erscheinung treten."[157]

Technologisch hat Kohler vieles vorausgeahnt. In einer 1892 entstanden humoristischen Zukunftsgeschichte „Marsreise"[158] wird eine Zukunft auf das Jahr 100000 „unserer Zeitrechnung" entworfen. Zu dieser Zeit hatte sich die Erde völlig verändert: „Nie geahnte Stoffverbindungen hatte die Menschheit erfunden, Stoffe von Geschmeidigkeit und Feinheit, die im Augenblick zu festigen waren. Paläste wuchsen in einer Nacht aus dem Boden und wurden mit Leichtigkeit von Ort zu Ort versetzt; wenn man reiste, reiste man mit seinem Hause. Die Tageshelle der Nachtbeleuchtung übertraf das Sonnenlicht so sehr, daß es schon längst Übung war, unter Tags zu schlafen und bei Abendschein aufzustehen, wo die elektroidische Beleuchtung (schon längst hatte man die Elektrizität vervollkommnet) ihr Morgengrauen begann. Mit Blitzesschnelle reiste man über Länder, Hügel und Berge; auf dem Kilimandscharo und dem Chimborasso pflegten viele ihr Nachmittagskoffein zu schlürfen …". Leider war in jenem Jahr 100000 durch die Abnahme der Innenwärme unseres Planeten eine gewaltige Eiszeit ausgebrochen, die Länder über Länder mit Eis bedeckte und die Menschen zur Überlegung zwang, die Erde zu verlassen und auf den Mars auszuwandern. In diesem Zusammenhang teilt uns der Erzähler mit, dass die Menschen jener Zeit über einen „Pensograph" genannten Apparat verfügten: „… es bedurfte nur eines Druckes auf den Pensographen, und was gedacht, schrieb sich sofort nieder, vermehrte sich tausendfach und flog von selbst in die Häuser hinein." Ein Pensographengesetz musste die Überflutung des Menschen mit derartigen Botschaften in Grenzen halten.

Bekanntlich gab es ein solches Gerät zu Kohlers Zeit nicht, sonst hätten wir von ihm wohl nicht gut zweitausend, sondern zwanzigtausend Veröffentlichungen. Bereits hundert Jahre nach Veröffentlichung der „Marsreise" war vom Kohler'schen Pensomaten die Hälfte in Form des Internets bereits zu Wirklichkeit geworden. Ob uns die zweite Hälfte erspart bleiben wird – nämlich die Vorrichtung, die auf Knopfdruck schon unsere *Gedanken* schriftlich niederlegt und verbreitet – steht dahin.

Veröffentlicht in: Zeitschrift für Neuere Rechtsgeschichte, 36. Jahrgang, 2014, Heft 1/2, Verlag Manz, Wien 2014, S. 45–64.

157 Das Recht als Kulturerscheinung (Fn. 7), S. 24.
158 Veröffentlicht in der I. Beilage der Vossischen Zeitung vom 1. Januar 1892; abgedruckt in: Vom Lebenspfad (Fn. 1), S. 151 ff.

Naturrecht als Norm nach dem Zusammenbruch des „Dritten Reiches“

I.

Im Jahre 1951 hatte der 3. Zivilsenat des BGH[1] über einen dramatischen Fall zu entscheiden, der sich kurz vor der Kapitulation des „Dritten Reiches“ ereignet hatte. Ich trage aus dem komplexen Rechtsstoff nur einen Ausschnitt vor.

Beklagt waren Vater und Sohn, wir wollen sie Veit nennen. Der Vater, promoviert, also Dr. Veit, Ortsgruppenleiter, Kommandeur eines Volkssturm-Bataillons, Sonderbeauftragter zur Bekämpfung des Defaitismus. Der Sohn Veit war Soldat in Bataillon des Vaters. Klägerin war eine Frau, wir nennen sie Müller, deren Ehemann und deren Sohn im April 1945 durch folgende Ereignisse zu Tode gekommen waren.

Dem Dr. Veit war gemeldet worden, der Ehemann der Klägerin, Herr Müller, habe Listen mit den Namen maßgeblicher Nationalsozialisten angefertigt, um sie den Alliierten nach deren Einmarsch zu übergeben. Dr. Veit beauftragte daraufhin seinen Sohn, das Ehepaar Müller festzunehmen. Der Ergreifung versuchte sich Herr Müller jedoch durch Flucht zu entziehen. Der Sohn Veit gab auf den Fliehenden einige Schüsse ab, der Fliehende brach zusammen und wurde von seinen Verfolgern eingeholt. Auf dem Boden liegend wurde Herr Müller auf Veranlassung des Sohnes Veit von dessen Fahrer durch Genickschuss getötet. Der verhafteten Ehefrau des Getöteten – also der Klägerin – wurde von Dr. Veit eine Todesbescheinigung ausgestellt, in der als Todesursache „plötzlicher Herztod“ angegeben war.

Die Geschichte ist noch nicht zu Ende. Dem Sohn Veit wurde am gleichen Tag zugetragen, in der Wohnung der Müllers halte sich deren fahnenflüchtiger Sohn versteckt. Dieser wurde dort tatsächlich aufgegriffen und verhaftet. Vater und Sohn Veit fuhren mit dem Fahnenflüchtigen und einigen Volkssturmsoldaten auf einen Feldweg. Dr. Veit ließ sich von seinem Sohn die Pistole fertig machen und tötete den Sohn Müller durch Schüsse durch Brust und Kopf aus kurzer Entfernung. Der Frau Müller wurde eröffnet, dass sie ebenfalls erschossen würde, doch ermöglichte ihr ein Panzeralarm, sich zu entfernen.

Die somit Überlebende nahm nach Ende des Krieges Vater und Sohn Veit als Gesamtschuldner auf Schadensersatz in Anspruch, unter anderem auf Ersatz des Gesundheitsschadens, der aus dem Nervenschock resultiere, den sie wegen der Tötung ihres Ehemannes und ihres Sohnes erlitten habe. Weiterhin verlangte sie Schmerzensgeld wegen ihrer eigenen ungerechtfertigten Verhaftung.

Der Fall, der bis zum BGH kam, warf einige schwierige Rechtsfragen auf. Ein zentrales Problem war, ob die Täter für ihr Tun persönlich haftbar gemacht werden konnten. Sie konnten es nach dem auch nach 1933 angewendeten[2] Art. 131 der Weimarer Reichsverfassung *nicht*, wenn sie bei

---

1 Urteil vom 12.7.1951, BGHZ 3, 94.

2 Vgl. RGZ 160, 193 ff. In diesem Verfahren ging es darum, ob die NSDAP gemäß Art. 131 WRV in Verbindung mit § 839 BGB für Delikte in Anspruch genommen werden konnte, die ein Parteimitglied „in Ausübung der ihm in dieser Eigenschaft anvertrauten öffentlichen Gewalt“ begangen hatte. Das RG bejahte die Geltung des Art. § 131 WRV auch nach dem „Umbruch“ von 1933 und stellte die Partei haftungsrechtlich „dem Staat oder der Körperschaft“ im Sinne dieser Vorschrift gleich – was der Partei offenkundig nicht willkommen war.

dem Geschehen „in Ausübung der ihnen anvertrauten öffentlichen Gewalt" handelten und dabei eine Amtpflichtverletzung begingen. Denn dann, so wurde der Artikel interpretiert, haftet nur das Reich als Träger der ausgeübten Hoheitsgewalt, nicht die Handelnden selbst. Diese Freistellung von persönlicher Haftung wurde dadurch verstärkt, dass man in § 839 BGB – Deliktshaftung aus Amtspflichtverletzung – eine spezielle Anspruchsgrundlage sah, welche die übrigen deliktischen Tatbestände verdrängen. Der BGH hatte also zu prüfen, was denn der Volkssturm und die Stellung eines Sonderbeauftragten für Defaitismus im Gefüge des „Dritten Reiches" eigentlich bedeuteten. Im Ergebnis ordnete der Senat diese „Einrichtungen" der Wehrmacht zu. Damit wurden dem Volkssturm hoheitliche Funktionen zugemessen, Art. 131 WRV war also anwendbar.

Nächste Frage war, ob der Ausschluss der persönlichen Haftung des handelnden „Beamten" auch galt, wenn ein Schadensersatzanspruch aus § 826 BGB – vorsätzliche sittenwidrige Schädigung – begründet war. Das war nach dem Zusammenbruch streitig geworden, weil das Deutsche Reich, das anstelle des handelnden Beamten hätte haften sollen, nicht mehr vorhanden, andererseits die Bundesrepublik Deutschland noch nicht gegründet war. Auch in diesem Punkt blieb der Senat ungerührt: § 839 BGB schaffe, wie schon das Reichsgericht erkannt habe, einen selbständigen Tatbestand, der alle anderen konkurrierenden deliktischen Anspruchsgrundlagen ausschließe, also auch den § 826 BGB.[3]

Somit schien es um die Klage der Frau Müller gegen Vater und Sohn Veit schlecht zu stehen, doch gelang dem BGH zuletzt doch der rettende Schwenk, der die Geschädigte davor bewahrte, ein nicht mehr existierendes Reich verklagen zu sollen. „Unter Umständen" könne – so das Gericht – die Anwendung des Art. 131 WRV auf Grund der Einrede der unzulässigen Rechtsausübung oder des Rechtsmissbrauchs ausgeschlossen sein. Der Verfassungsartikel verfolge zwei Zwecke: einmal wolle er dem Geschädigten einen zahlungskräftigen Schuldner sichern, dieser Zweck sei nach dem Untergang eben dieses Schuldners nicht mehr erreichbar; zum anderen solle die Entschlusskraft des Beamten bei der Vornahme von Amtshandlungen durch die Besorgnis einer Haftung nicht gehemmt werden; insoweit sei aber ein vorsätzlich-sittenwidrig handelnder Beamter nicht schutzbedürftig.

Somit war der Weg zur persönlichen Haftung der Beklagten an sich frei. Doch berief sich der Beklagte Dr. Veit – was die Tötung des Fahnenflüchtlings anbetraf – auf einen „Katastrophenbefehl" vom März 1945, der es jedem Waffenträger zur Pflicht gemacht habe, jeden Deserteur auch ohne Standgerichtsverfahren zu erschießen. Der BGH bezweifelt zunächst, dass es sich bei dem Katastrophenbefehl um eine Rechtnorm handelte und verwirft die Auffassung, jede rechtserhebliche Willensäußerung Hitlers sei gesetzesgleich und verbindlich gewesen. Selbst wenn dieser Befehl aber als Gesetz verkündet wurden wäre, wäre er nicht rechtsverbindlich. „Das Gesetz findet dort seine Grenze, wo es in Widerspruch zu den allgemein anerkannten Regeln des Völkerrechtes oder zu dem Naturrecht tritt".[4]

Damit sind wir beim Thema. Das Naturrecht taucht in der BGH-Entscheidung wie auch in zahlreichen anderen Judikaten der Nachkriegszeit als unmittelbare Rechtsquelle auf. Das ist aus der Situation der ersten Jahre nach dem Zusammenbruch des Hitler-Regimes leicht erklärlich. Ein verbrecherisches politisches System war untergegangen. Das bisherige Recht, von diesem System geprägt, war teils untragbar, teils zumindest dubios geworden. Ein Rückgriff auf die Grundrechte der WRV schien schon deshalb zweifelhaft, weil schon die Weimarer Verfassungsdoktrin sie als bloße Programmsätze interpretiert hatte. Freilich gab es eine Gesetzgebung des Alliierten Kontrollrats, die versuchte, besonders anstößige Rechtnormen zu beseitigen.[5] Doch

3 RGZ 100, 287; 154, 124; 155, 268.

4 BGH a.a.O.; Berufung auf OGHSt 2, 271, im weiteren auch auf *Radbruch* SJZ 1946, 105, 107.

5 Beginnend mit Kontrollratsgesetz Nr. 1 betreffend die Aufhebung von NS-Recht vom 20.9.1945, Amtsblatt des Kontrollrats in Deutschland S. 6; Kontrollratsgesetz Nr. 11 vom 30.1.1946 (betreffend Aufhebung einzelner Bestimmungen des deutschen Strafrechts), Amtsblatt des Kontrollrats in Deutschland S. 55.

schien es unmöglich, das gesamte Rechtssystem, die unzähligen Paragraphen im Einzelnen auf ihren nationalsozialistischen Gehalt zu überprüfen. Die Länderverfassungen setzten erst ab Ende 1946 ein.[6] Man suchte folglich nach außerpositiven Rechtsnormen, an denen man die gegebenen Vorschriften messen konnte und aus denen Grundsätze für eine neue Gesellschaftsordnung zu gewinnen waren. Mit einem Schlag war daher vom Naturrecht die Rede, das nicht nur in die Gerichtsentscheidungen vordrang, sondern auch zu einem großen Thema in der Rechtsliteratur der Nachkriegsjahre wurde.

II.

Von dieser Literatur möchte ich, bevor ich zu Gerichtsentscheidungen zurückkehre, einen Eindruck vermitteln. Das setzt voraus, dass wir uns kurz in Erinnerung rufen, was das Naturrecht eigentlich ist. Das fällt nicht leicht, weil die Idee eines Rechts, das jenseits konkreter menschlicher Setzung durch das Dasein und Sosein der Welt, der Menschen und der Dinge gegeben ist, seit der griechischen Philosophie und der römischen Jurisprudenz durch die Jahrhunderte wandert, in unendlich vielen Facetten und mit sehr unterschiedlichem Geltungsanspruch.

Besondere Bedeutung erlangte ein mit dem christlichen Glauben harmonisiertes Naturrecht in der Theologie des Mittelalters, der Scholastik, und daran anschließend in der spanisch-portugiesischen Spätscholastik, in der auch der Buchtypus „Ius naturae“ – dicke Folianten voller Naturrecht – geschrieben und verbreitet wurden.[7] Von dort aus wanderte der Buchtypus in die Aufklärung, wo das Naturrecht einen neuen, für die moderne Rechtskultur entscheidenden Höhepunkt erreichte. Die Aufklärung löste die Verbindung des Naturrechts mit der Theologie: Das „Rechte“ und „Richtige“ soll mit der bloßen weltimmanenten Vernunft erkannt werden können. Das neue Naturrecht verabschiedete auch den Geltungsanspruch der tradierten Rechtsquellen: Nichts hat Autorität, bloß weil es historisch geworden ist, vielmehr muss das Herkömmliche seine Richtigkeit am Maßstab der Vernunft beweisen.[8]

In der Aufklärung zeigen sich diverse Strömungen des Naturrechts, hauptsächlich zwei Richtungen. Die *eine Richtung* lief auf Rechtsreformen im Rahmen des gegebenen politischen Systems hinaus, die von aufgeklärten Herrschern auch in Angriff genommen wurden. Die *andere Richtung* zielte auf eine grundlegende Änderung der politischen Strukturen ab bis hin zur Revolution; diese letztgenannte Naturrechtsbewegung umschließt vor allem die Forderung nach Menschen- und Bürgerrechten, zum Teil auch nach Demokratie, und steht an der Wiege des modernen Verfassungsstaates.

Nachdem Reform oder Revolution auf der Grundlage naturrechtlicher Doktrinen realisiert waren, wurde es stiller um das Naturrecht, obwohl es als rechtswissenschaftliche und philosophische Disziplin im 19. Jahrhundert noch lange erhalten blieb.[9] Das katholische Naturrecht („Neuscholastik“) erlebte im 19. Jahrhundert sogar noch eine späte Blüte, als deren Früchte die päpstlichen Sozialenzykliken „Rerum novarum“ (1891) und „Quadragesimo anno“ (1931) gelten können. In der Rechtswissenschaft hingegen war das Naturrecht seit der 2. Hälfte des 19. Jahrhunderts auf dem Rückzug. In den Studienplänen taucht statt des Naturrechts die Disziplin

6 Z.B. Hessen 1.12.1946; Bayern 8.12.1946.

7 Die Literatur über die Naturrechtslehren im Mittelalter ist unerschöpflich; ich verweise auf meinen Beitrag: Der Staat im Naturrecht der Scholastik, in: Diethelm Klippel (Hrsg.), Naturrecht und Staat, Politische Funktionen des europäischen Naturrechts, Schriften des Historischen Kollegs 57, 2006, S. 1 ff.

8 Zum Naturrecht der Aufklärung insbesondere *Diethelm Klippel,* Politische Freiheit und Freiheitsrechts im deutschen Naturrecht des 18. Jahrhunderts, Paderborn 1976.

9 Siehe den von *Diethelm Klippel* herausgegebenen Band: Naturrecht im 19. Jahrhundert. Kontinuität – Inhalt – Funktion – Wirkung, Goldbach 1997.

„Rechtsphilosophie" auf; das Naturrecht betreffend überwiegen dort die skeptischen bis feindlichen Stimmen.

Nun also, nach dem Zusammenbruch des „Dritten Reiches", entdeckt man wiederum das Naturrecht und versucht es zu beleben. Man kann drastisch sagen: Die Rechtslehrer stürzen sich geradezu auf das Naturrecht. In den Jahren 1946–1950 erscheint eine Fülle von Büchern und Aufsätzen aus der Feder von prominenten Professoren und weiteren juristischen Schriftstellern.[10] Wir finden einschlägige Arbeiten, um nur einige Beispiele zu nennen, von *Helmut Coing*[11], *Ernst von Hippel*[12], *Heinrich Kipp*[13] *Günter Küchenhoff*[14], *Karl Larenz*[15], *Heinrich Lehmann*[16], *Hans Liermann*[17], *Heinrich Mitteis*[18], *Hans Welzel*[19], *Adolf Süsterhenn*[20], dem Justizminister von Rheinland Pfalz, und anderen Autoren. In das Bild passt, dass eine literarische Apologie des Naturrechts, die schon früher erschienen war,[21] nun – 1947 – neu aufgelegt wird: das Buch von *Heinrich Rommen* über „Die ewige Wiederkehr des Naturrechts".[22] Österreich steuert im Jahr 1950 ein riesiges Handbuch über das Naturrecht von *Johannes Messner* bei.[23] Es fällt auf, dass sich auch solche Rechtsgelehrten an der Naturrechtsdiskussion beteiligten, die durch ihre Schriften aus der Nazi-Zeit stark belastet waren und die durch ihr Bekenntnis zum Naturrecht vielleicht ihre Offenheit für ein neues Wertesystem demonstrieren wollten.

In der nun also auflebenden Naturrechtsdiskussion zeigte sich schon rasch die traditionelle Schwäche des Naturrechts, dass nämlich seine Herolde sich weder über die Fundierung noch über den Inhalt des Naturrechts einigen können. Die Vielfalt, welche die gesamte Naturrechtsgeschichte durchzieht, brach in der Diskussion nach dem 2. Weltkrieg sogleich wieder auf, auch die Naturrechtsskeptiker meldeten sich sogleich zu Wort. Im Rahmen eines Vortrags ist es nicht möglich, alle in den Jahren nach 1945 vorgetragenen Naturrechtsauffassungen in diesem Rahmen vorzustellen. Ich möchte mich auf eine Kategorisierung beschränken. Unter den einschlägigen Schriften dieser Zeit lassen sich vor allem *drei Richtungen* ausmachen, deren Beitrag zum Wiederaufbau des Rechts unterschiedlich einzuschätzen ist.

1) Die *erste Richtung* versucht eine allgemeine philosophische Grundlegung des Naturrechts vor allem zu dem Zweck, spezifisch nationalsozialistische Vorschriften, selbst wenn sie formellen Normcharakter trugen, als Unrecht entlarven zu können, ebenso „förmlich korrekt" ergangene Gerichtsurteile. Das setzte voraus, dass es auch dann, wenn man dem Naturrecht zunächst nur allgemeine Prinzipien ohne derogierende Kraft abgewinnt, eine Grenze gibt, ab der das gesetzte Recht in Unrecht umschlägt. Der führende Kopf dieser Richtung ist *Gustav Radbruch*. Im August 1946 erscheint in der Süddeutschen Juristenzeitung seine berühmt gewordene

---

10 Zusammenfassende und kritische Beschreibungen dieser Literatur finden sich bei *Thomas Würtenberger*, Wege zum Naturrecht in Deutschland 1946–1948, ARSP 1949/1950, S. 98 ff.; ergänzend ARSP 1952/1953, S. 576 ff.; ARSP 1954/1955, S. 59 ff.

11 *Helmut Coing*, Die obersten Grundsätze des Rechts. Ein Versuch zur Neubegründung, Heidelberg 1947.

12 *Ernst von Hippel*, Rechtsgesetz und Naturgesetz, 2. Aufl., Tübingen 1949.

13 *Heinrich Kipp*, Naturrecht und moderner Staat, Nürnberg 1950.

14 *Günther Küchenhoff*, Naturrecht und Christentum, Düsseldorf 1948.

15 *Karl Larenz*, Zur Beurteilung des Naturrechts, in: Forschungen und Fortschritte, 21. Jahrgang 1947, S. 49.

16 *Heinrich Lehmann*, Die Wirkungsstärke des Naturrechts, in: Festschrift für Leo Raape zu seinem 70. Geburtstag, Hamburg 1948, S. 371 ff.

17 *Hans Liermann*, Zur Geschichte des Naturrechts in der evangelischen Kirche, in: Festschrift für Alfred Bertholet, Tübingen 1950, S. 294 ff.

18 *Heinrich Mitteis*, Über das Naturrecht, Deutsche Akademie der Wissenschaften zu Berlin, Vorträge und Schriften, Heft 26, Berlin 1948.

19 *Hans Welzel*, Naturrecht und materiale Gerechtigkeit, Göttingen 1951.

20 Siehe *Adolf Süsterhenn*. Wir Christen und die Erneuerung des staatlichen Lebens, Bamberg 1948, S. 23 ff.; *ders.*, Der Durchbruch des Naturrechts in der deutschen Verfassungsgesetzgebung seit 1945, Paderborn 1950.

21 *Heinrich Rommen*, Die ewige Wiederkehr des Naturrechts, Leipzig 1936.

22 *Heinrich Rommen*, Die ewige Wiederkehr des Naturrechts, München 1947.

23 *Johannes Messner*, Das Naturrecht, Innsbruck 1950.

Abhandlung über „Gesetzliches Unrecht und übergesetzliches Recht“, das sich mit Justizmorden der Nazizeit und ihrer Aufarbeitung beschäftigt. Radbruch, an sich kein Freund herkömmlicher Naturrechtssysteme, bekennt sich zu einem übergesetzlichen Recht, in dessen Kern er die Gleichheit setzt: „Wo Gerechtigkeit nicht einmal erstrebt wird, wo die Gleichheit, die den Kern der Gerechtigkeit ausmacht, bei der Setzung positiven Rechts bewusst verleugnet wurde, da ist das Gesetz nicht etwa nur ‚unrichtiges Recht‘, vielmehr entbehrt es überhaupt der Rechtsnatur … An diesem Maßstab gemessen sind ganze Partien nationalsozialistischen Rechts niemals zur Würde geltenden Rechts gelangt.“[24]

Eine explizite Grundlegung des Naturrechts als Quelle sittlicher Grundwerte versucht *Helmut Coing* in seiner Arbeit „Die obersten Grundsätze des Rechts“.[25] In diesen Zusammenhang gehört auch eine Arbeit von *Heinrich Mitteis* „Über das Naturrecht“. Der Rechtshistoriker etabliert über dem Recht die „Rechtsidee“ und sieht in der „Konsequenz“ ein Grundprinzip des menschlichen Gemeinschaftslebens und ein Urphänomen der Gerechtigkeit. Nach *Mitteis* muss das Recht, um Geltungsanspruch erheben zu können, auf die Rechtsidee ausgerichtet sein: „Das alles wird anders, wenn ein positives Recht den Versuch zum Richtigen gar nicht machen will, wenn es bewusst nicht zur Rechtsidee hintendiert, wenn es sich in zynischer Offenheit zum Prinzip des Egoismus, der reinen Nützlichkeit für irgendwelche Zwecke bekennt. Dann ist es überhaupt kein Recht … ein Scheinrecht, ein Nichtrecht, das den Geltungsanspruch für sich usurpiert, obwohl es nur die Maske für eine Willkürherrschaft darstellt“. Fehlt diese Verknüpfung mit der Rechtsidee, so liegt ein „Nichtrecht“ vor.[26]

2) Die *zweite literarische Richtung* nimmt Bezug auf die Naturrechtstradition der Aufklärung und orientiert sich vor allen an den Menschen- und Bürgerrechten, die ja einst, bevor es geschriebene Verfassungsurkunden im modernen Sinne gab, aus dem natürlichen Recht hergeleitet worden waren. Hier wiederum ist die Arbeit von *Coing* zu nennen, der aus sittlichen Grundwerten Rechtsgrundsätze entwickelt, die auf dem Wertbewusstsein des Menschen basieren und in ein offenes System von Grund- und Freiheitsrechten münden.[27]

Wir sind in den Jahren 1946/1947, da die ersten deutschen Länderverfassungen entstehen. Aus der deutschen Verfassungstradition seit 1848/49 ist die Idee überkommen, dass Kern der Verfassungen eine Gewährleistung von Menschen- und Bürgerrechten sein müsse. Diesem modernen Verfassungsbegriff liegt die naturrechtliche Vorstellung von einem Gesellschaftsvertrag (*contrat social*) zugrunde, durch den sich die Bürger der Staatsgewalt unterwerfen, dies aber nur unter Aufrechterhaltung und zum Schutz ihrer Freiheiten, deren Unverletzlichkeit der Staatsvertrag garantieren muss. Die Verfassungsbestrebungen nach 1945 nehmen dieses Konzept auf und beziehen sich ausdrücklich auf das Naturrecht, weil offenbar die Notwendigkeit gespürt wird, auch positives Verfassungsrecht aus einer höheren Geltungsebene abzuleiten.[28] Auf die Natur wird in den Länderverfassungen denn auch Bezug genommen. „Der Mensch ist frei. Er hat ein natürliches Recht auf die Entwicklung seiner körperlichen und geistigen Anlagen und auf die freie Entfaltung seiner Persönlichkeit innerhalb der durch das natürliche Sitten-

---

24 SJZ 1946, 105, 107, auch abgedruckt in: *Gustav Radbruch,* Rechtsphilosophie, 5. Aufl. 1956, S. 347, 353.

25 Siehe Fn. 11. Zur derogierenden Kraft des Naturrechts äußert sich *Coing* eher indirekt (S. 152): „Nach diesen Einschränkungen wird ein positives Merkmal für die Naturrechtswidrigkeit von Gesetzen in der Willkür-Absicht zu sehen sein, zum Beispiel in der Motivierung von Ausnahmegesetzen gegen bestimmte Bevölkerungskreise mit politischen Vernichtungswillen. Hier liegt zu Tage, dass das betreffende Gesetz nicht aus Verpflichtung gegen die obersten Rechtswerte, aus Gerechtigkeitswillen, sondern aus Machtstreben und Hass geschaffen ist.“

26 Über das Naturrecht (Fn. 18), S. 37.

27 *Coing* (Fn. 11), S. 64 ff.

28 Siehe vor allem die Arbeiten von *Adolf Süsterhenn.* Wir Christen und die Erneuerung des staatlichen Lebens (Fn. 20), S. 23 ff.; *ders.*, Der Durchbruch des Naturrechts in der deutschen Verfassungsgesetzgebung seit 1945, Paderborn 1950.

gesetz gegebenen Schranken" – so verkündet emphatisch die Verfassung von Rheinland-Pfalz[29]. Die Aussagen über Ehe und Familie werden besonders häufig auf die Natur gegründet, wie wir das auch aus Art. 6 Abs. 2 des Grundgesetzes kennen. Je mehr die durch Verfassung zu verbürgenden Grundrechte schon nach Naturrecht vorgeben sind, desto leichter fällt es, auch das zurückliegende Recht des Naziregimes als Unrecht zu entlarven – hier berührt sich die zweite mit der erstgenannten Richtung des Naturrechts.

3) Die *dritte Richtung* des Naturrechts nach dem Kriege knüpft an die christliche Naturrechtstradition an, insbesondere die Scholastik, Spätscholastik und Neuscholastik. Sie erscheint systematischer als die anderen Bestrebungen. Zum einen leitet sie von obersten Prinzipien ausgehend naturrechtliche Aussagen ab, die von Stufe zu Stufe konkreter werden und denen je nach Abstraktionsgrad ein unterschiedlicher Geltungsanspruch zugemessen wird. Zum anderen entwickelt das christliche Naturrecht ausgehend von der Annahme, dass Gott die Welt als geordnete geschaffen hat („Schöpfungsordnung"), institutionelle Aussagen: Die Ordnung, die in die Welt und in den Menschen hineingelegt ist, kann von der Vernunft des Menschen erkannt werden, so die Grundstrukturen der politischen Herrschaft, des Gemeinwesens, von Ehe und Familie, und so weiter.

Das einschlägige Grundwerk für den katholischen Raum ist das schon genannte Buch von *Johannes Messner*, das auch in deutschen Gerichtsurteilen herangezogen wurde. Von den deutschen Juristen ist vor allem *Günter Küchenhoff* mit einem Naturrecht auf scholastischer Grundlage hervorgetreten. Weniger konfessionell geprägt, aber im Grunde auch der Scholastik verpflichtet ist der Versuch von *Heinrich Kipp*, vom Grundsatz „Jedem das Seine" weitere, mit dem Wesen des Menschen übereinstimmende Normen abzuleiten und zu einem System „streng juristischer Begriffe und Normen" zusammenzufassen.[30]

Auch im Protestantismus ist naturrechtliches Denken zu finden. Dabei fällt auf, dass hier offener noch als bei den Katholiken der christliche Glaube als Basis der naturrechtlichen Erkenntnis benannt wird, so bei *Erik Wolf* in seiner Schrift „Rechtsgedanke und biblische Weisung",[31] ebenso bei *Hans Liermann*.[32]

Bei den christlichen Naturrechtslehren dieser Zeit fällt auf, dass sie *grosso modo* zu eher wertkonservativen Ableitungen neigen. Das spielt vor allem eine Rolle in der Frage, ob das Prinzip der Gleichberechtigung der Geschlechter, das kaum mehr jemand in Frage stellte, sich auch auf die Stellung der Frau *in Ehe und Familie* bezog, was von der traditionellen Theologie verneint wurde. Ähnlich war es bei der Frage, wie weit denn die Rechtsstellung der nichtehelichen Kinder derjenigen der ehelichen anzugleichen sei.

In diesem Punkt fuhren sowohl die Theologie als auch wertkonservative Juristen das institutionelle Naturrecht gegen die konsequenten Gleichheitsforderungen auf: Es gibt eine Naturordnung der Familie mit dem Ehemann und Vater als Haupt dieser Gemeinschaft; der Staat ist nicht befugt, die Schöpfungsordnung zu ändern.[33] Aus der Feder einer Frau, nämlich *Gertrude Reidick*, floss eine theologische Begründung der „hierarchischen Struktur" der Familie.[34] Der Jesuit *Albert Ziegler* machte noch 1958 das „natürliche Entscheidungsrecht des Mannes in Ehe und Familie" zum Gegenstand einer erschöpfenden naturrechtlichen Ableitung[35]. Diese Ziel-

29 Art. 1 Abs. 1.
30 *Heinrich Kipp*, Naturrecht und moderner Staat (Fn. 13).
31 Tübingen 1948, dazu *Würtenberger* ARSP 1952/53, 576, 585.
32 Zur Geschichte des Naturrechts in der evangelischen Kirche (Fn. 17).
33 Näher hierzu *mein* Beitrag: Konfessionelle Denkmuster und Argumentationsstrategien im Familienrecht, in: Pacal Cancik et al. (Hrsg.), Konfession im Recht. Für Michel Stolleis zum 65. Geburtstag, Frankfurt am Main 2009, S. 163 ff.
34 Die hierarchische Struktur der Ehe, München 1953.
35 *Albert Ziegler*, Das natürliche Entscheidungsrecht des Mannes in Ehe und Familie, Heidelberg 1958.

richtung hatte zunächst auch Erfolg: Das so genannte Gleichberechtigungsgesetz, erst 1957 verabschiedet,[36] versagte sich in wichtigen Punkten der familienrechtlichen Gleichstellung der Geschlechter.

Eine Naturrechtslehre möchte ich herausgreifen, da sie sich mit meiner Biographie berührt. Es geht um die Schrift „Naturrecht und Christentum" von *Günter Küchenhoff*, die 1948 publiziert wurde.[37] Der Autor arbeitete damals als Rechtsanwalt in Werl. Erst 1955 gelang ein Ruf an die Universität Würzburg, wo ich studierte. Küchenhoff versucht in der genannten Schrift den Entwurf eines, wie er sagt, „getauften Naturrechts".

Die Taufe besteht im Wesentlichen darin, aus dem Grundprinzip des Christentums, dem Liebesgebot, ein über das bisherige Naturrecht hinausgehendes, es aber als Wurzel behaltendes Liebesrecht zu entwickeln. Woher kommt das Recht? Nicht aus der Macht, die das Recht missbrauchen kann, nicht allein aus dem staatlichen Gebot, das nur Geburtshelfer des Rechts ist, nicht aus dem Volksgeist, auf den die Rassegesetze der Nazis sich beriefen, sondern aus der Existenz des Menschen. Durch das Christentum mit seinem Gebot der Nächstenliebe ist das Naturrecht aber über seinen naturhaften Gehalt hinaus hinaufgesteigert. Das Liebesrecht versucht, das Prinzip der Gegenseitigkeit – *do ut des* – zu überwinden. Es gilt ein allgemeines Recht zu finden, bei dem nicht notwendig Gegenleistung für eine Leistung bedingt ist.[38]

Küchenhoff fragt sich, ob dieses „Grundgesetz der Nächstenliebe" mit unmittelbar rechtlicher Geltungskraft ausgestattet werden kann. Die Antwort: Liebe ist zwar frei, doch ist ein „von der Menschenliebe her geformtes Recht" möglich. Allerdings gibt das Liebesrecht dem einzelnen keine unmittelbaren Ansprüche gegen den andern. Liebesrecht ist kein unmittelbar wirkendes, kein „aktuelles Recht." „Die Liebe bleibt persönlicher Antrieb und freie Tat." Gleichwohl ist Liebesrecht als objektive Ordnung zu begreifen und als gestaltende Kraft für die Schaffung des Gesetzesrechts, auch bei der Auslegung der Gesetze und der Tätigkeit der Verwaltung. „Das Liebesrecht stellt den Rechtsgeist dar, aus welchem der Rechtsstoff zu formen ist."[39]

Die konkreten Folgerungen sind hochinteressant, ich begnüge mich mit Stichworten: Rechtsfähigkeit besteht nicht erst seit Geburt an. Das werdende Leben ist nicht geringwertiger als das der „Gewordenen". Küchenhoff ist gegen jede Abtreibung, selbst im Fall der medizinischen Indikation. Er ist gegen Sterilisierung und Kastration, gegen die Empfängnisverhütung einschließlich des *coitus interruptus*. Die Ehe ist unauflöslich. Küchenhoff streitet für die Gleichberechtigung der Geschlechter, wenngleich er dies mit einem mutterrechtlichen Ansatz verbindet: Jede Frau hat Anspruch auf ein Kind, jeder Mensch andererseits ein Recht auf sexuelle Enthaltsamkeit. Eheliche und nichteheliche Kinder sind gleich zu behandeln. Das Eigentum ist sozialpflichtig. Das Arbeitsrecht soll auf dem Genossenschaftsgedanken beruhen, Küchenhoff befürwortet – qua Liebesrecht – die betriebliche Mitbestimmung, auch die Mitbestimmung des einzelnen Menschen im Staat. Insgesamt ergibt sich eine denkwürdige Mischung aus konservativen und progressiven Elementen, wenn man es aus der Sicht der damaligen Zeit bewerten will. Das Buch erregte Aufsehen. Wir Studenten nahmen allerdings das Liebesrecht nicht ernst, obwohl wir den Mann sehr schätzten, weil er uns stets als gütig und mild gestimmt entgegentrat und die ihm bekannten Jünger der Rechtswissenschaft schon vom weitem grüßte. Das Naturrecht war zu der Zeit, als ich studierte, in der jungen Generation bereits im Abschwung begriffen, was sich in der scherzhaften studentischen Frage an den Professor äußerte, wann er denn endlich eine Loseblattsammlung des Liebesrechts herausbringen werde.

---

36 Gesetz über die Gleichberechtigung von Mann und Frau auf dem Gebiete des bürgerlichen Rechts (Gleichberechtigungsgesetz) vom 18.6.1957 (BGBl. I S. 609).

37 *Günther Küchenhoff*, Naturrecht und Christentum (Fn. 14).

38 A.a.O. (Fn. 14), S. 67 ff.

39 A.a.O. (Fn. 14), S. 78.

Soweit der Versuch einer Übersicht über die Literatur. Aufs Ganze gesehen enthielt die Naturrechtsdoktrin in den Jahren nach dem Krieg sowohl die geistigen Waffen für eine kritische Distanzierung vom nationalsozialistischen Recht, als auch einen wichtigen Beitrag zur Formung des neuen deutschen Verfassungsstaates und schließlich auch konservative Potenzen, die den Zug zu einer modernen Gesellschaft verlangsamten. Alle diese Richtungen sind auf ihre Weise wirksam geworden.

III.

Der letzte Teil des Vortrags soll nochmals auf die Rolle des Naturrechts in der Nachkriegsjustiz zurückkommen. Das Naturrecht wird als Rechtsquelle in nicht wenigen Gerichtsurteilen der Jahre nach 1945 bemüht, die sich mit Ereignissen aus der Zeit der Naziherrschaft zu beschäftigen hatten. Das Naturrecht konnte dazu dienen, gegen den gewohnten Rechtspositivismus den Unrechtscharakter auch formell verkündeter Gesetze und Urteile zu begründen.

Den Beginn machte, wie es scheint, das Amtsgericht Wiesbaden in einer damals Aufsehen erregenden Entscheidung.[40] Es ging um die Herausgabe von Mobiliar, das im Jahr 1942 jüdischen Bürgern durch Beschlagnahme entzogen worden war. Es klagte die Tochter der im Konzentrationslager umgekommenen Eigentümer auch im Namen weiterer Erben. Die Herausgabeklage richtete sich gegen die jetzigen Besitzer, die das Mobiliar dem Finanzamt abgekauft hatten. Offenbar waren Finanzämter mit der Verwertung des eingezogenen jüdischen Vermögens betraut.

Das Amtsgericht macht bei Anwendung des § 985 BGB keine langen Umschweife. Die Herausgabeklage ist begründet, wenn die Klägerin und weiteren Erben Eigentümer des Mobiliars sind; das konnten sie nur durch Erbgang geworden sein. Entscheidend war daher, ob das Eigentum den Eltern der Klägerin rechtmäßig entzogen worden war. Das verneinte das Gericht mit einem direkten Rekurs auf das Naturrecht: „Nach naturrechtlicher Lehre gibt es Rechte des Menschen, die auch der Staat durch seine Gesetzgebung nicht aufheben kann. Es sind dies Rechte, die mit der Natur und dem Wesen des Menschen so im Innersten verbunden sind, dass mit ihrer Aufhebung die geistig sittliche Natur des Menschen zerstört würde." Zu diesen Rechten gehöre auch das Recht auf persönliches Eigentum. Daher stünden die Gesetze, die das Eigentum von Juden dem Staat für verfallen erklärten, mit dem Naturrecht im Widerspruch „und waren schon zur Zeit ihres Erlasses nichtig". Das Finanzamt hatte also als Nichtberechtigter verfügt und die verbleibende Frage war nur, ob die Käufer gutgläubig erwerben konnten; das wurde verneint, weil es sich um dem Eigentümer abhanden gekommene Sachen handelte (§ 935 Abs. 1 BGB); hier wäre gutgläubiger Erwerb nur im Fall des Erwerbs in öffentlicher Versteigerung möglich gewesen (§ 1935 Abs. 2 BGB).

Dieser unmittelbare Zugriff auf das Naturrecht als Rechtsquelle stieß auf Kritik: Ein Kontrollrecht über die Gesetze stehe dem einzelnen Richter nicht zu, man solle die Gesetzgebung über die Wiedergutmachung abwarten, die tatsächlich für die nächste Zeit erwartet wurde.[41] Auch in manchen Gerichtsentscheidungen, die mit der Aufarbeitung nationalsozialistischen Unrechts befasst waren, spürt man trotz aller erkennbaren Bereitschaft, das Unrecht auch Unrecht zu nennen, ein Unbehagen beim Umgang mit dem puren Naturrecht und eine Sehnsucht nach positiven Vorschriften, auf die man sich hätte berufen können.

Deshalb versuchten manche Gerichte, den zu entscheidenden Fall gar nicht erst auf die naturrechtliche Ebene gelangen zu lassen, indem sie die Widerrechtlichkeit der zu prüfenden Maßnahmen bereits aus den zur Zeit der Nazi-Herrschaft geltenden Rechtsvorschriften, also aus damaligem positivem Recht herleiteten. Dies betrifft z.B. die in unserem Eingangsfall (I.) relevante Frage, ob Führerbefehle, die nicht ein geordnetes Gesetzgebungs- oder Verordnungs-

40 SJZ 1946, 36; die Entscheidung griff *Radbruch* in seinem oben genannten Aufsatz (Fn. 24) auf.

41 So die Kritik in der Urteilsbesprechung in der SJZ.

gebungsverfahren durchlaufen hatten, als Rechtsnorm anzusehen seien. Verneinte man das, so ergab sich schon daraus, dass auch im „Dritten Reich“ die allgemeinen Strafgesetze, etwa über Mord und Totschlag, unbeschadet durch Führerbefehle galten. Die Erschießung von Fahnenflüchtigen ohne Gerichtsurteil oder die „Tötung lebensunwerten Lebens“ konnten so auch ohne Hilfe des Naturrechts als widerrechtliche Tötung qualifiziert werden.[42]

Eine weitere Möglichkeit, sich an das Ufer positiver Rechtsvorschriften zu retten, ergab sich durch die Kontrollratsgesetze der Alliierten Besatzungsmächte. Die Kontrollratsgesetze Nr. 1 und 11[43] verfügten die Aufhebung einer ganzen Liste von Nazigesetzen und Strafvorschriften und verboten ihre weitere Anwendung. Daraus konnte gefolgert werden, dass ein im „Dritten Reich“ erlassener Rechtsakt jedenfalls nicht mit einer Vorschrift gerechtfertigt werden konnte, die unter den genannten Katalog fiel; insoweit musste man das Naturrecht nicht weiter bemühen.

Das Kontrollratsgesetz Nr. 10[44] definiert einige Verbrechen, derentwegen eine Strafverfolgung anbefohlen wurde, darunter die „Verbrechen gegen die Menschlichkeit“. Der Begriff „Menschlichkeit“ lässt den Anspruch auf allgemeine Geltung erkennen und kann so mit dem Naturrecht in Verbindung gebracht werden: Es gibt grundlegende Rechte der Menschheit, die bestraft werden dürfen, „ohne Rücksicht darauf, ob sie das nationale Recht des Landes, in dem sie begangen worden sind, verletzen“,[45] wo also der Grundsatz „*nulla poena sine lege*“ nicht zum Zuge kommt. „Die Menschlichkeit“ wurde als allgemeiner, verbindlicher Rechtsbegriff verstanden, der im Kontrollratsgesetz Nr. 10 eine Positivierung gefunden hat. Auf ihn griffen die Gerichte zurück, um nicht das „reine Naturrecht“ bemühen zu müssen.

Für den Versuch einer positivrechtlichen Verankerung von naturrechtlichen Aussagen gibt eine Entscheidung des Obersten Gerichtshofes für die britische Zone in Strafsachen vom 15.11.1949[46] ein treffendes Beispiel. Es ging um die Beurteilung der Mitwirkung an einem Standgericht und der Vollstreckung von Standgerichtsurteilen – der Fall sei nicht näher geschildert, weil er sich aus dem Berufungsurteil auch nicht klar ergibt. Jedenfalls entwickelte das Gericht die Auffassung, dass ein Richter sich eines Verbrechens gegen die Menschlichkeit im Sinne des 10. Kontrollratsgesetzes auch dann schuldig machen könne, wenn ihm im Sinne des deutschen Strafrechts keine Rechtsbeugung vorzuwerfen sei. Um dies zu begründen, entnimmt der Gerichtshof dem Kontrollratsgesetz fundamentale Aussagen: Es gibt „im Bereich aller Kulturvölker bestimmte, mit dem Wert und der Würde der menschlichen Persönlichkeit zusammenhängende Grundsätze menschlichen Verhaltens ..., die für das Zusammenleben der Menschen und für das Dasein jedes Einzelnen so wesentlich sind, dass auch kein diesem Bereich angehörender Staat berechtigt ist, sich davon loszusagen. Der Verstoß gegen diese Grundsätze der Menschlichkeit bleibt also strafbares Unrecht, auch wenn er von einem Staat geduldet, gefördert oder veranlasst wird.“[47]

Man wird bemerkt haben, dass die Positivierung dieser Grundsätze nicht nur in der Anlehnung an das Kontrollratsgesetz Nr. 10 besteht, sondern zudem in einem Rückgriff auf eine Art Völkergewohnheitsrecht: Das Gesagte gilt – so der Gerichtshof – „im Bereich aller Kulturvölker“, die sich eben so und nicht anders verstehen und verhalten. Der Gerichtshof drückt das verschiedene Male aus. Trotz aller Verschiedenheit in den einzelnen nationalen Rechtsordnungen gibt es bei „allen der Kulturgemeinschaft angehörenden Staaten“ solche aus gleicher Rechtsüberzeugung gebildete gleiche Rechtsgrundsätze. An anderer Stelle wird auf die einheitliche

---

42 OLG Stuttgart SJZ 1947, 204 (Erschießung Fahnenflüchtiger: Es gab keine gesetzmäßigen Erlasse, die Kommandeuren erlaubt hätten, Soldaten nach misslungener Fahnenflucht zu erschießen); OLG Frankfurt SJZ 1947, 622 (Tötung „lebensunwerten Lebens“: Die Frage des Naturrechts stellt sich für das Gericht nicht, da einschlägige Schreiben Hitlers weder materiell noch formell Rechtsnormen waren).

43 Oben Fn. 5.

44 Vom 20.12.1945, Amtsblatt des Kontrollrats in Deutschland S. 50, 241.

45 Art. II 1 c am Ende.

46 Entscheidungen des Obersten Gerichtshofes für die Britische Zone in Strafsachen, Bd. 2 (1950), S. 269 ff.

47 A.a.O., S. 271.

Auffassung der „Rechtsordnungen der dem abendländischen Kulturbereich angehörenden Nationen“ Bezug genommen, also auf ein räumlich beschränktes Völkergewohnheitsrecht: Die Grundsätze der Menschlichkeit gelten, weil sich alle abendländischen Kulturvölker darin einig sind. Und offenbar wird auch das durch die Nationalsozialisten beherrschte Deutschland noch zu dieser Völkergemeinschaft gezählt.

Das Naturrecht, so fruchtbar es beim Wiederaufbau des deutschen Rechts nach dem 2. Weltkrieg gewirkt hat, wurde offenbar von vielen Praktikern als heikle Sache empfunden und man war wohl froh, als Wiedergutmachungsfragen zunehmend Sache der Gesetzgebung wurden.

Einen letzten Aspekt will ich noch andeuten. Mir sind Gerichtsentscheidungen aufgefallen, in denen der Einsatz des Naturrechts nicht der Korrektur nationalsozialistischer Übergriffe diente, sondern im Gegenteil zu ihrer Rechtfertigung. Die Entscheidung des 5. Zivilsenats des BGH vom 8.2.1952[48] befasste sich mit einer Grundbuchberichtigungsklage aus § 894 BGB. Einer Bergbaugesellschaft wurde im Jahre 1943 ihr Bergwerkseigentum in der Nähe von Salzgitter entzogen. Die Gesellschaft – die Klägerin – wurde im Grundbuch gelöscht, stattdessen die Beklagte als Berechtigter eingetragen. Dieser Vorgang beruhte auf der Verordnung des Führers und Reichskanzlers zur Durchführung des Vierjahresplans vom 18. Oktober 1936[49]. Ziel war u.a. die Konzentration der Erzgewinnung, natürlich für die bevorstehenden Kriegszwecke. Mit der Durchführung des Vierjahresplans wurde der preußische Ministerpräsident Göring beauftragt, der 1937 eine entsprechende Ordnung über den Zusammenschluss von Bergbauberechtigten erließ.[50] Es versteht sich, dass der Zusammenschluss kein freiwilliger war.

Zentrale Frage war die Rechtswirksamkeit der Enteignung. War sie auf Rechtsgrundlagen gestützt, die man rückblickend als gültig betrachten kann? Das verneinte die Klägerin. Schon die Hitler'sche Verordnung von 1936 sei ungültig, ein rechtswidriges Einzelgesetz und eine despotische Nazi-Norm. Dem folgte der BGH nicht. Zwar mag es sein – sagt das Gericht –, dass die Verordnung keine ausdrückliche gesetzliche Ermächtigungsgrundlage hatte. Doch mache das die Verordnung nicht ungültig. Man dürfe für die Prüfung, ob Hitler eine solche Verordnung ohne gesetzliche Grundlage erlassen konnte, nicht die Grundsätze einer Gewalten trennenden Demokratie zugrunde legen. Nachdem einmal die Diktatur zur Regierungsform des Deutschen Reiches geworden sei, könne den in der Zeit dieser Diktatur gesetzten Rechtsnormen die Gültigkeit nicht deshalb abgesprochen werden, weil die Art ihres Zustandekommens den Grundsätzen der Diktatur entspricht. „Es ist anerkannten Rechts, dass eine gelungene Revolution neues Verfassungsrecht und neue Gesetzgeber schafft, die neues, formalrechtlich gültiges Recht setzen können.“ Auf welches anerkannte Recht bezieht sich hier der Gerichtshof? Man reibt sich die Augen: auf das Naturrecht – „das entspricht auch naturrechtlichen Anschauungen“. Als Kronzeuge diente jener *Messner*, den wir schon als Vertreter des Revival christlicher Naturrechtsanschauungen kennen gelernt haben.

Man sieht: Naturrecht ist ein weites Feld.

Veröffentlicht in: Martin Löhnig (Hrsg.). Zwischenzeit. Rechtsgeschichte der Besatzungsjahre, Edition Rechtskultur, H. Gietl-Verlag, Regenstauf 2011, S. 227–239.

48 BGHZ 5, 76.
49 BGBl. I S. 887.
50 Vom 11.8.1937, RGBl. I S. 883.

B. Innovationen im Recht

Das BGB und seine Kritiker

I. Die unterschiedlichen Arten der BGB-Kritik

Das Inkrafttreten des deutschen BGB zum 1.1.1900 hat – zumindest bis zur Mitte des Jahres 2000 – keine großen offiziellen Festlichkeiten ausgelöst. Zwar wurde durch den Verlag Sellier – De Gruyter aus Anlass des Jubiläums ein größerer Kongress in München durchgeführt, der auch den Leistungen des Verlages gewidmet war.[1] Zudem ist das Schicksal der einzelnen Paragraphen des Gesetzbuchs durch die Edition von *Hans-Wolfgang Strätz* synoptisch erschlossen.[2] Die deutsche Zivilrechtslehrervereinigung hat ihre Salzburger Tagung 1999 hauptsächlich dem BGB gewidmet. Neue Wege einer Betrachtung des BGB ging das Symposion des Max Planck-Instituts für europäische Rechtsgeschichte (Frankfurt am Main) vom 16.–18.3.1999, dessen Beiträge der Frage gewidmet waren, wie die Rechtsprechung in den Jahren unmittelbar nach dem Inkrafttreten des Gesetzbuchs auf die Kodifikation des Privatrechts reagiert hat.[3] Und natürlich sind die allfälligen Jubliäumsaufsätze geschrieben worden.[4] Insgesamt kann man aber schwerlich davon sprechen, dass die deutsche Juristenwelt das Gesetzbuch, mit dem sie sich über hundert Jahre lang am intensivsten beschäftigt hat, gefeiert hätte.[5]

Allgemein scheint es, als habe das BGB zwar den Geist der Juristen beschäftigt, aber nicht ihr Herz erreicht. Von einem Nationalstolz findet sich angesichts der legislatorischen Großtat fast nichts. Sätze, wie sie der Bundesjustizminister *Schmidt-Jortzig* in seinem Vorwort zur Strätz'schen Edition fand, sind eher selten: „Nach Jahrhunderten der Rechtszersplitterung wurde damit erstmals die Einheit des Privatrechts in Deutschland hergestellt. Geschaffen wurde ein großartiges Gesetzgebungswerk, das aufgrund seiner höchst präzisen und abstrakt-generalisierenden Normen die einschneidenden politischen, gesellschaftlichen, wirtschaftlichen und sozialen Wandlungen unseres Jahrhunderts überdauert hat."

Die übliche Zurückhaltung bei Lobreden auf das BGB hat eine lange Tradition. Das Gesetzbuch war bekanntlich von Anfang an, d.h. seit Veröffentlichung des ersten Entwurfs im Jahre 1888, von zahlreichen Kritiken begleitet. Diese bezogen sich vielfach auf einzelne Regelungs-

---

1 Die Kongressakten sind im Rahmen von „J. von Staudingers Kommentar zum Bürgerlichen Gesetzbuch mit Einführungsgesetz und Nebengesetzen" publiziert: 100 Jahre BGB – 100 Jahre Staudinger. Beiträge zum Symposion vom 18.–20. Juni 1998 in München, Redaktoren *Michael Martinek/Patrick L. Sellier*, 1999.

2 Diese Edition ist ebenfalls im Rahmen des Staudinger erschienen: BGB-Synopse 1896–1998, 1998.

3 Veröffentlicht in: Ulrich Falk/Heinz Mohnhaupt (Hrsg.), Das Bürgerliche Gesetzbuch und seine Richter. Zur Reaktion der Rechtsprechung auf die Kodifikation des deutschen Privatrechts (1896–1914), 2000.

4 Vgl. etwa *Norbert Horn*, Ein Jahrhundert Bürgerliches Gesetzbuch, NJW 2000, 40 ff.; *Rolf Stürner*, Der hundertste Geburtstag des BGB – nationale Kodifikation im Greisenalter?, JZ 1996, 741 ff.; *Hans Schulte-Nölke*, Die schwere Geburt des Bürgerlichen Gesetzbuchs, NJW 1996, 1705 ff.; *ders.*, Die späte Aussöhnung mit dem Bürgerlichen Gesetzbuch, in: Jahrbuch Junger Zivilrechtswissenschaftler 1996, Das deutsche Zivilrecht 100 Jahre nach Verkündung des BGB. Erreichtes, Verfehltes, Übersehenens, 1997, S. 9 ff.; *Matthias Schmoeckel*, 100 Jahre BGB: Erbe und Aufgabe, NJW 1996, 1697 ff.

5 Die Juristische Fakultät der Universität Augsburg im Wintersemester 1996/1997 eine Ringvorlesung abgehalten, die im Druck publiziert ist, s. Hans Schlosser (Hrsg.), Bürgerliches Gesetzbuch 1896–1996, 1997. Die Gesellschaft Junger Zivilrechtswissenschaftler e.V. hat am 11.–14.9.1996 eine Tagung in Rostock über das Bürgerliche Gesetzbuch abgehalten, siehe: Jahrbuch Junger Zivilrechtswissenschaftler 1996 (Fn. 4).

vorschläge und die Gestaltung einzelner Rechtsgebiete, hatten zum Teil aber (auch) grundsätzlichen Charakter.[6] Einige prominente Stellungnahmen begnügten sich nicht damit, die rechtstechnische und rechtspolitische Qualität einzelner Vorschriften oder Komplexe kritisch zu beleuchten, sondern gingen das Gesetzbuch frontal an und verdammten seine Sprache, sein System und seinen Geist in Grund und Boden. Gerade die fundamentalen Angriffe gegen das BGB sind es, welche die Zeiten überlebten.

Die grundsätzliche Kritik am Gesetzbuch kam vor allem aus drei Richtungen: von den Germanisten, den Sozialisten und der Frauenbewegung. Diese Bestrebungen berührten sich auf merkwürdige Weise. Die germanistische und die sozialistische Kritik waren sich darin einig, dass der Entwurf und sodann das Gesetzbuch selbst die sozialen Aufgaben einer modernen Privatrechtsordnung verfehlten. Zwar machte *Otto von Gierke* die Distanz, die ihn von *Anton Menger* trennte, mit folgenden Worten deutlich: „Mengers Kritik ist nun freilich nicht unbefangen; sie geht von der einseitigen Betonung eines Klasseninteresses aus und lässt überall die socialistische Grundanschauung des Verfassers durchblicken, der nur vorläufig eine auf Privateigentum, Vertragsfreiheit und Erbrecht gebaute Rechtsordnung hinnimmt, während ihm als Zukunftsideal ein rein socialistisches Rechtssystem vorschwebt."[7] Gleichwohl laufen Gierkes und Mengers Kritik im Hinblick auf die zur Entstehungszeit des BGB *gegebenen* gesellschaftlichen Verhältnisse parallel: Die berühmte Forderung Gierkes nach dem „Tropfen socialistischen Öles" im Privatrecht[8] ist nur eine Äußerung unter vielen, die diese Richtung bestätigen.

Auf der anderen Seite gab es starke Übereinstimmungen zwischen den Auffassungen der Sozialisten und der Frauenbewegung, was die Rechtsstellung der Frau im bürgerlichen Recht betrifft. Ein derartiges Bündnis mit den Anliegen der Frauen ist nun wiederum den germanistischen Stellungnahmen im Allgemeinen fremd. Im Gegenteil: Gerade Gierke war das BGB generell[9] wie auch in der Frage des Geschlechts zu gleichmacherisch. So gebührt in der Ehe auch nach Gierke dem Ehemann das entscheidende Wort.[10] Er bedauert die Beseitigung des „ehemännlichen Mundiums" und die Einführung der unbeschränkten Geschäftsfähigkeit der Ehefrau, nachdem „leider schon die Civilprozeßordnung mit der Verleihung der Prozeßfähigkeit an die Ehefrau vorangegangen ist."[11] Die Verwendung des Begriffs „elterliche Gewalt" (statt der „väterlichen") betrachtet er als eine Entstellung der Gesetzessprache durch terminologische Pedanterie.[12] Im Verständnis der „Hausgemeinschaft", welche die Individuen mediatisiert (außer den Hausvater!), wird der rückwärtsgewandte Zug der germanistischen BGB-Kritik besonders deutlich.[13]

---

6 Einen – wenn auch nicht vollständigen – Überblick gibt das Werk: Zusammenstellung der gutachtlichen Äußerungen zu dem Entwurf eines Bürgerlichen Gesetzbuchs gefertigt im Reichs-Justizamt, 5 Bde, 1890, Neudruck Osnabrück 1967; Bd. 6 Nachträge, 1891, Neudruck Osnabrück 1967. Zur Haltung der Sozialisten siehe *Thomas Vormbaum*, Die Sozialdemokratie und die Entstehung des Bürgerlichen Gesetzbuches. Quellen aus der sozialdemokratischen Partei und Presse, 1997.

7 Der Entwurf eines bürgerlichen Gesetzbuches und das deutsche Recht, Veränderte und vermehrte Ausgabe der in Schmollers Jahrbuch für Gesetzgebung, Verwaltung und Volkswirtschaft erschienenen Abhandlung, 1889, S. 25.

8 *Otto von Gierke*, Die soziale Aufgabe des Privatrechts, Berlin 1889, hier nach der Edition von *Erik Wolf*, 1948, S. 10.

9 Vgl. Der Entwurf (Fn. 7), S. 105 f. („das Prinzip abstrakter Rechtsgleichheit der Personen bis zum Nivellement").

10 Der Entwurf (Fn. 7), S. 402.

11 Der Entwurf (Fn. 7), S. 403.

12 Der Entwurf (Fn. 7), S. 34.

13 Der Entwurf (Fn. 7), S. 403: „Entspricht es unserem deutschen Rechtsbewußtsein, daß der Mann nicht mehr als der geborene Vertreter der Frau gelten soll, sondern für sie nur in gleicher Weise wie für Herrn X und Y als Mandatar oder negotiorum gestor auftreten kann? Einer solchen Rechtsordnung liegt die römische, nicht die deutsche Auffassung der Ehe zugrunde!".

Den negativen Urteilen über das BGB aus seiner Entstehungszeit ist zum Teil ein langes Leben beschieden gewesen. Einmal in die Welt gesetzt, wurden sie bei passenden Gelegenheiten, besonders in Zeiten politischen Umbruchs, wiederholt, verstärkt und – bei manchen Autoren nahezu beliebig – variiert. Sie erwiesen sich als so wirkmächtig, dass sie das Ansehen des Gesetzbuchs für lange Zeit überschattet haben und offenbar noch heute den Ausbruch einer unbeschwerten Jubiläumsstimmung zu verhindern vermögen. Dabei wurde im weiterem Verlauf die Kritik, die am ersten Entwurf geübt worden war, trotz der in der Folgezeit erarbeiteten Änderungen häufig auch auf die verabschiedete Fassung des BGB bezogen, obwohl um 1900 die Tendenz bestanden hatte, grundlegende Verbesserungen des Gesetzbuchs als Resultat eben dieser Kritik darzustellen.[14]

II. Otto von Gierkes vielseitig verwendbare Attacken

Das Fortleben der Kritik betreffend greife ich die Kampfschrift Otto von Gierkes als diejenige Stimme heraus, deren Klang den weitesten Widerhall fand.[15] Die im eigentlichen Sinne sozialistische Kritik war an ein bestimmtes politisches Credo gebunden, also nicht ohne weiteres zu verallgemeinern. Die Stellungnahmen der Frauenbewegung zum BGB bilden zwar einen wichtigen Vorgang auf dem Weg zur Gleichberechtigung der Geschlechter in Deutschland, doch kamen die entscheidenden Impulse erst später von den deutschen Verfassungen des 20. Jahrhunderts. Die Kritik Gierkes hingegen war in ihren Grundaussagen universal: Sie konnte von allen Richtungen der Unzufriedenheit aufgenommen und adaptiert werden.[16]

1. Deutsches Recht – römisches Recht; Volksrecht – Juristenrecht

Bekanntlich hat Gierke gegenüber dem ersten Entwurf des BGB den Einwand erhoben, kein „wahrhaft deutsches" Recht zu schaffen, das „aus dem tiefen Born des nationalen Bewußtseins" geschöpft werde.[17] In vielerlei Variationen kehrt das Thema wieder. Durch das BGB ist das „deutsche Recht" in Gefahr: „Wird das deutsche Recht dem ihm zugedachten Todesstoße erliegen?" Allerdings lautet die Antwort: „Nimmermehr! Ist es doch auch an den Wunden nicht verblutet, die ihm einstmals die Rezeption schlug."[18] Gegenspieler ist nach Germanistentradition das römische Recht, das Gierke im Entwurf vorherrschen sieht. „Man sinnt uns ein Gesetzbuch an, mehr römisch als deutsch, dem eigenen Volk ein mit sieben Siegeln verschlossenes Buch …".[19]

Gierke möchte indes den Eindruck vermeiden, als wärme er den alten Streit zwischen Germanisten und Romanisten wieder auf.[20] Deshalb verschiebt er die Fronten: Es geht nicht um das römische Recht schlechthin, sondern um dessen *Erscheinungsform im BGB-Entwurf.* Ferner wird die Frage des deutschen Rechts mit dem viel grundlegenderen Problem verknüpft, ob das Recht volkstümlich oder professionell auszugestalten sei. Die Parole lautet also: gegen *diese Art* von römischem Recht als professionellem Juristenrecht, für deutsches *und* volkstümliches Recht.

---

14 Siehe *Rudolf Sohm*, Die Entstehung des deutschen Bürgerlichen Gesetzbuchs, DJZ 1900, S. 6.

15 Der Gierke'schen BGB-Kritik sind neuerdings zwei Dissertationen gewidmet: *Christian-Matthias Pfennig*, Die Kritik Otto von Gierkes am ersten Entwurf eines Bürgerlichen Gesetzbuches, Göttinger Jur. Diss., 1997; *Thomas Haack*, Otto von Gierkes Kritik am ersten Entwurf des Bürgerlichen Gesetzbuches, Göttinger Jur. Diss., Frankfurt/Main 1997.

16 Zum Widerhall *Haack* (Fn. 15), S. 143 ff.

17 Der Entwurf (Fn. 7), S. 1.

18 Der Entwurf (Fn. 7), S. 8.

19 Der Entwurf (Fn. 7), S. 14.

20 Der Entwurf (Fn. 7), S. 13.

Den romanistischen Gehalt des Entwurfs betreffend, bedürfen die karikierenden Kennzeichnungen Gierkes keiner extensiven Wiederholung: Das Gesetzbuch sei ein in Gesetzesparagraphen gegossenes Pandektenkompendium,[21] in der Hauptsache begnüge es sich mit einer Kodifikation des Usus Modernus Pandectarum.[22] Der eigentliche Feind ist nicht so sehr das römische Recht, dem Gierke verschiedentlich anerkennende, wenngleich kritische Einschätzungen widmet,[23] sondern die Pandektenwissenschaft, die auf den Entwurf den wesentlichen Einfluss ausübe: „Was wir als ‚Romanismus' bekämpfen, ist in erster Linie der alle Sätze des Entwurfes, römischer wie germanischer Herkunft, durchziehende Geist einer abgestandenen Pandektenjurisprudenz. ... Jener Geist ..., der sich vermißt, durch logische Ableitung aus abstrakten Begriffen eine lebendige und allumfassende Rechtsordnung zu gebären!“[24] Gierke kann nicht die Rezeption des römischen Rechts ungeschehen machen und streitet nicht für die Austilgung der Leistungen des römischen Rechts und der ihm gewidmeten Wissenschaften. Er verkleinert seinen Gegner auf eine Schule des 19. Jahrhunderts, als deren Produkt er den Entwurf sieht, und nimmt auch hier historisch Denkende wie Jhering aus.[25] So kann der Eindruck vermieden werden, die Stoßrichtung gehe – bei aller Forderung nach deutschen Rechtseinrichtungen wie Gesamthand und gebundenem Eigentum – gegen das römische Recht schlechthin: Nicht mit einer geistigen Weltmacht will es Gierke aufnehmen, sondern mit dem in Deutschland weilenden Truppenteil.

Auf der anderen Seite wird die Kritik dadurch verschärft, dass über Inhalte hinaus der Charakter des Gesetzbuches auf den Prüfstand gehoben wird. Der Gegensatz „Volksrecht und Juristenrecht“ – seit *Georg Beselers* gleichnamiger Schrift von 1843 in der rechtstheoretischen Diskussion – soll die Kritik an der mangelnden Berücksichtigung des deutschen Rechts auf eine höhere Ebene verlagern. Gierke sieht einen traditionellen Zwiespalt zwischen der Gedankenwelt der deutschen Juristen und volkstümlichen Rechtsanschauungen, der durch die Rezeption erzeugt worden sei.[26] Er beobachtet einen fortwährenden Kampf zwischen Volksrecht und Juristenrecht bis in die Gegenwart, außerhalb des BGB fließe ein breiter Strom volkstümlichen Gesetzes- und Gewohnheitsrechts, vornehmlich in den Gefilden des öffentlichen Rechts (!), während im gemeinen bürgerlichen Recht das Juristenrecht endgültig über das Volksrecht triumphiert habe.[27] Diesen Triumph sieht Gierke durch das BGB perfektioniert. Was aber ist das „Volksrecht“? Der Kritiker des BGB bringt in diesem Zusammenhang seine Sprachkritik vor: Das BGB redet nicht die deutsche Volkssprache, sondern ein abstraktes Juristendeutsch.[28] Doch zielt der Begriff „Volksrecht“ im Sinne Beselers weiter als nur auf Gemeinverständlichkeit: Es geht auch um die Rechtsnormenbildung, bei der Volk und Juristen als Konkurrenten erscheinen.[29]

Wie aber soll „das Volk“ ohne seine Juristen an der Rechtsbildung Anteil nehmen? An dieser Stelle werden die Ausführungen begreiflicherweise undeutlich. Die Frage entzündet sich bei der im ersten BGB-Entwurf vorgesehenen Zurückdrängung des Gewohnheitsrechts als Rechtsquelle.[30] Darin sieht Gierke die Inthronisierung des Juristenrechts als einzige Rechtsquelle. „Auch da, wo das Gesetzbuch Lücken zeigt, hat der Richter nicht das Rechtsbewußtsein der

21 Der Entwurf (Fn. 7), S. 2.
22 Der Entwurf (Fn. 7), S. 3.
23 Siehe nur in der Schrift: Die soziale Aufgabe des Privatrechts (Fn. 8), S. 5 ff.
24 Der Entwurf (Fn. 7), S. 23.
25 Der Entwurf (Fn. 7), S. 23.
26 Der Entwurf (Fn. 7), S. 1.
27 Der Entwurf (Fn. 7), S. 10.
28 Der Entwurf (Fn. 7), S. 10.
29 Siehe Der Entwurf (Fn. 7), S. 11.
30 § 2 des ersten BGB-Entwurfs lautet: „Gewohnheitsrechtliche Normen gelten nur insoweit, als das Gesetz auf Gewohnheitsrechte verweist.“ Dazu die Beratungen bei *Mugdan*, Bd. 1, S. 359 ff. (Motive), S. 568 ff. (Protokolle). Zur „Abschaffung des Gewohnheitsrechts“ siehe auch *Gierke*, Der Entwurf (Fn. 7), S. 122 ff., wo die Leistungen der historischen Schule (also doch von Juristen!) zur Sprache kommen.

beteiligten Kreise zu befragen, nicht in den Strom des Volkslebens einzutauchen, sondern lediglich den eigenen ‚Geist' des Gesetzbuches anzurufen! ... Das Juristenrecht herrscht ohne jeden Nebenbuhler. ... Die Wege der gelehrten Rechtserzeugung und der volkstümlichen Rechtsbildung sind für immer geschieden ...".[31] Gierke scheint vorzuschweben, dass sich im Rechtsverkehr neben dem Gesetzesrecht Gewohnheitsrecht durch die „Laien" bildet und dass die Gerichte die Existenz eines solchen Rechts von den beteiligten Kreisen erfragen. Der Verweis des Entwurfs auf die Analogie aus dem Geiste der Rechtsordnung[32] bedeutet für den Kritiker: „Jede Einwirkung der ‚Laien' auf die das Gesetzbuch durch Auslegung und Ergänzung dem ewigen Fluß und unerschöpflichen Reichtum des Lebens anpassende Rechtsbildung wäre abgeschnitten."[33]

2. Volkstümliche Sprache – Juristenkauderwelsch

Zu den bleibenden Leistungen Gierkes gehört es, die bis dahin breiteste Diskussion über die Rechtssprache in Deutschland angestoßen zu haben.[34] Seine sprachliche Durchleuchtung des Entwurfs steht im Zusammenhang mit der Forderung nach der Wahrung „deutschen Rechts", mehr noch aber mit der verlangten Volkstümlichkeit. Das Recht muss vom Volk verstanden werden können – die seit der Aufklärung verbreitete Idealvorstellung durchzieht die Kritik Gierkes wie anderer Autoren seiner Zeit. Gierke erkennt, daß das BGB trotz der Fassung in deutscher Sprache „von vornherein nur für Juristen geschrieben" ist[35], und verlangt eine Gesetzesfassung in der „deutschen Volkssprache".[36] Mit der Sprache ist notwendig die Struktur der Rechtssätze getroffen: „kahle Abstraktionen",[37] „starrer Formalismus und dürrer Schematismus"[38], „orthodoxe Starrheit"[39], „abstraktes Juristendeutsch"[40], das auf die Pandektistik zurückgeführt wird,[41] und daher „abstraktes Juristenrecht"[42], „juristisches Kauderwelsch"[43]. Die Sprache „artet vielfach ins Doktrinäre, Pedantische, Verkünstelte und dann wieder ins Triviale, Seichte, Schleppende aus."[44] Dem wird das „Lebendige"[45] gegenübergestellt, wie Gierke überhaupt mit Assoziationen und Bildern arbeitet: Hier der „Born des nationalen Bewußtseins", die „Einheit zwischen Recht und Volk", „der arbeitende Geist unserer Rechtsgeschichte[46], der offenkundig eher dem Volk als der Jurisprudenz zugeschlagen wird, dort die leblose abstrakte Jurisprudenz, der „mechanische Geist eines abstrakten Doktrinarismus".[47] Hier das „lebendige Volksrecht", dort das „abstrakte Juristenrecht"![48]

---

31 Der Entwurf (Fn. 7), S. 11.
32 Vgl. § 1 des ersten BGB-Entwurfs.
33 Der Entwurf (Fn. 7), S. 119.
34 Kaum eine der nach 1888 erschienenen Kritiken spart den sprachlichen Aspekt aus, siehe auch *Anton Menger*, Das bürgerliche Recht und die besitzlosen Volksklassen, hier nach der 5. Auflage 1927, S. 17; *Otto Bähr*, Das bürgerliche Gesetzbuch und die Zukunft der deutschen Rechtssprechung, 1888 (der allerdings hier bezweifelt, dass ein dem Volk verständliches Zivilrecht überhaupt geschaffen werden kann).
35 Der Entwurf (Fn. 7), S. 73.
36 Der Entwurf (Fn. 7), S. 7, 8, 10, 72 („Gemeinverständlichkeit").
37 Der Entwurf (Fn. 7), S. 3.
38 Der Entwurf (Fn. 7), S. 3. Die Kennzeichnung „Formalismus" auch bei *Menger*, Das bürgerliche Recht (Fn. 34), S. 120 f. (dort auch „leere Spitzfindigkeiten", „Ölgeruch der Studierstube").
39 Der Entwurf (Fn. 7), S. 12.
40 Der Entwurf (Fn. 7), S. 10, 28. („mehr Übersetzung als Urbild, unvolkstümlich und oft für den Laien vollkommen unverständlich").
41 Der Entwurf (Fn. 7), S. 12.
42 Der Entwurf (Fn. 7), S. 20.
43 Der Entwurf (Fn. 7), S. 35.
44 Der Entwurf (Fn. 7), S. 28.
45 Der Entwurf (Fn. 7), S. 8. Siehe auch S. 119 („der ewigen Fluß und unerschöpfliche Reichtum des Lebens").
46 Der Entwurf (Fn. 7), S. 1.
47 Der Entwurf (Fn. 7), S. 117.
48 Der Entwurf (Fn. 7), S. 20.

Ich vermute, dass vor allem diese Sprachkritik der Kampfschrift Gierkes die Aufmerksamkeit über Juristenkreise hinaus gesichert und auch ihre Fortwirkung in die zweite Hälfte des 20. Jahrhunderts hinein begünstigt hat. Die wenigen konkreten Gegenvorschläge überzeugen aus heutiger Sicht freilich nicht.[49] Die Frage, ob die Gesetze eines Rechtsstaates gemeinverständlich sein müssen, ist bis heute theoretisch ungelöst, durch die heutige Gesetzgebungspraxis allerdings negativ entschieden. Eine Umkehr ist bei dem sich rasant steigernden Abstraktionsgrad der zu bewältigenden Vorgänge völlig unwahrscheinlich. Über die Grundfrage hinaus lohnt sich die Lektüre der Ausführungen Gierkes über einige Rechtstechniken wie den Einsatz von Verweisungen und Fiktionen[50], der bis heute ein schwieriges Problem der Gesetzgebungstechnik bildet.

3. Gemeinschaftsbindung, soziales Recht – Individualismus und Egoismus

Mit den sozialistischen Kritiken trifft sich Gierke besonders in der Kennzeichnung des BGB als eines unsozialen Gesetzbuchs, das die Zeichen der Zeit nicht erkannt hat. Das Privatrecht sieht er als Gestaltungsmittel gesellschaftlich zuträglicher Zustände, wie in der Schrift „Die soziale Aufgabe des Privatrechts“ (1889) näher dargelegt. Die Neuordnung des Privatrechts ist „sociale Tat“, bringt „Verantwortung für die künftige Gestaltung der sittlichen und wirtschaftlichen Zustände“[51] mit sich. Der BGB-Entwurf versage sich dieser Anforderung, „der sittliche und sociale Beruf einer neuen Privatrechtsordnung scheint in seinen Horizont überhaupt nicht eingetreten zu sein!“[52] Wenn der BGB-Entwurf überhaupt eine verborgene soziale Tendenz hat, dann die „individualistische und einseitig kapitalistische Tendenz des reinsten Manchestertums“, „jene gemeinschaftsfeindliche, auf die Stärkung des Starken gegen den Schwachen zielende, in Wahrheit antisociale Richtung ...“.[53] In diesem Zusammenhang begegnet die nicht neue,[54] aber folgenreiche Charakterisierung des römischen Rechts als individualistisch und egoistisch, des deutschen Rechts als gemeinschaftsbezogen und sozial: „Denn das ist vielleicht der innerste Gegensatz zwischen dem römischen und dem germanischen Privatrecht, daß der Gedanke der Gemeinschaft aus jenem verbannt ist, dieses durchdringt.“[55]

Die Regelungen, anhand derer Gierke den sozialwidrigen Charakter belegen will, können in diesem Rahmen nicht im Einzelnen besprochen werden. Ein gefundenes Fressen bildete der Plan der Verfasser des ersten Entwurfs, den römischen Grundsatz „Kauf bricht Miete“ in das Gesetz-

49 Z.B. „Handlungsfähigkeit“ statt „Geschäftsfähigkeit“; Ablehnung des Anspruchsbegriffs mit Aufhebung der Trennung des materiellrechtlichen Anspruchs von der Klage, Eigentum an unkörperlichen Gegenständen, „Fahrhabe“ und „liegendes Gut“ anstelle von beweglichen Sachen und Grundstücken.

50 Der Entwurf (Fn. 7), S. 63 ff., 66 ff.

51 Der Entwurf (Fn. 7), S. 3.

52 Der Entwurf (Fn. 7), S. 2.

53 Der Entwurf (Fn. 7), S. 3 f.

54 Siehe die Nachweise bei *Klaus Luig*, Römische und germanische Rechtsanschauung, individualistische und soziale Ordnung, in: Joachim Rückert/Dietmar Willoweit (Hrsg.), Die deutsche Rechtsgeschichte in der NS-Zeit, ihre Vorgeschichte und ihre Nachwirkungen, 1995, S. 95 ff.; vgl. auch *Diethelm Klippel*, Subjektives Recht und germanisch-deutscher Rechtsgedanke in der Zeit des Nationalsozialismus, ebenda, S. 31 ff. Eine bedeutende Rolle für die Verbreitung des Schemas im 19. Jahrhundert spielte die Schrift von *Carl Adolf Schmidt*, Der principielle Unterschied zwischen dem römischen und germanischen Rechte, Bd. 1: Die Verschiedenheit der Grundbegriffe und des Privatrechts, Rostock/Schwerin 1853. *Schmidt* rechnet dem germanischen Recht insbesondere das Prinzip der sittlichen Bindung, dem römischen hingegen die absolute Freiheit des Einzelnen als Grundprinzipien zu. Über *Gierke* ist diese Kontrastierung zu längerem Leben gekommen.

55 Der Entwurf (Fn. 7), S. 11; siehe ferner S. 23 ff. Zu diesem Aspekt auch *Susanne Pfeiffer-Munz*, Soziales Recht ist deutsches Recht. Otto von Gierkes Theorie des sozialen Rechts untersucht anhand seiner Stellungsnahmen zur deutschen und schweizerischen Privatrechtskodifikation, Zürich 1979.

buch aufzunehmen.[56] Der individualistische Charakter des Gesetzbuchs zeigt sich Gierke ferner im Recht der Personenvereinigungen („Verschmähung“ des deutschrechtlichen Gedankens der gesamten Hand, Fiktionstheorie als Grundlage des Vereinsrechts)[57], in der unzureichenden Beschränkung des Eigentums[58] und der Vertragsfreiheit[59] und in der unzureichenden Regelung des Dienstvertragsrechts.[60]

4. Reines Privatrecht – öffentliches Recht

In engem Zusammenhang mit dem Gemeinschaftsgedanken steht die Forderung Gierkes nach einer starken Verzahnung des Privatrechts mit dem öffentlichen Recht. Die „innere Einheit von Privatrecht und öffentlichem Recht“ sei das kostbare Erbe germanischer Vorzeit.[61] Er lehnt das „reine“, vom öffentlichen geschiedene Privatrecht – als eine Eigenart des römischen, individualistischen Rechts – ab.[62] Auch das beflügelt die Kritik am BGB: „Denn der Entwurf vermeidet ... mit peinlicher Ängstlichkeit die Gebiete, auf denen sich das Privatrecht mit dem öffentlichen Recht berührt ...“.[63]

Nun war allerdings auch das öffentliche Recht im deutschen Kaiserreich gültiges Recht, dem auch der „reinste“ Privatrechtler jener Zeit den Gehorsam nicht verweigert hätte. Es fragt sich also, was die geforderte „Einheit von Privatrecht und öffentlichem Recht“ eigentlich besagen will. Gierke erläutert dies bei der berühmten Umschreibung der Eigentümerbefugnisse in § 848 BGB-Entwurf (heute § 903). Zwar werde die schroffe Formulierung des römischen Eigentumsbegriffes (Recht, mit der Sache mit Ausschließung anderer nach Willkür zu verfahren)[64] sofort durch den Zusatz gemäßigt „soweit nicht Beschränkungen dieses Rechts durch Gesetz oder durch Rechte Dritter begründet sind.“ Gleichwohl entstehe ein schiefes Bild, da im Text des Gesetzbuchs, abgesehen vom Nachbarrecht, von keinerlei gesetzlichen Beschränkungen des Grundeigentums die Rede sei.[65] Da Gierke hier „Agrar-, Wasser-, Deich-, Forst-, Bau-, Gewerberecht u.s.w.“ nennt, scheint ihm vorgeschwebt zu haben, dass diese Beschränkungen entweder im BGB geregelt oder zumindest textlich angedeutet werden müssten. Es fragt sich, ob Gierke nicht folgerichtig eine separate Kodifizierung des bürgerlichen Rechts überhaupt hätte ablehnen müssen. Ähnlich äußert sich *Menger*, der – im Hinblick auf die öffentlich-rechtlichen Schranken – von einer „kümmerlichen Stellung des heutigen Eigentümers“ spricht, die als solche im BGB zu kennzeichnen gewesen wäre.[66]

Wie Gierke letztlich das öffentlichen Recht begrifflich versteht, wird nicht völlig klar. Es ist auch davon die Rede, dass der BGB-Entwurf hätte zum „Socialrecht“ ein anderes Verhältnis gewinnen können, wenn er nur irgendeine innere Verbindung mit ihm gesucht hätte.[67] Gierke scheint dem öffentlichen Recht, zu dem er wohl auch das Sozialrecht rechnet, die Funktion der

56 Der Entwurf (Fn. 7), S. 74 ff.
57 Siehe Der Entwurf (Fn. 7), S. 89 ff.
58 Der Entwurf (Fn. 7), S. 101 ff.;
59 Der Entwurf (Fn. 7), S. 103 ff.
60 Der Entwurf (Fn. 7), S. 104 ff.
61 Der Entwurf (Fn. 7), S. 12.
62 Der Begriff: „reines“ Privatrecht wird gelegentlich in diesem Sinne gebraucht, z.B. Der Entwurf (Fn. 7), S. 103, 109.
63 Der Entwurf (Fn. 7), S. 7; vgl. auch S. 11 („Hineingebannt in die doktrinäre Schablone des abstrakten Individualismus, verliert der dem Privatrecht zugewandte Teil des Juristenstandes die letzte Fühlung mit dem öffentlichen Recht“).
64 Die Willkür wurde im Verlauf der weiteren Gesetzgebungsgeschichte durch „Belieben“ ersetzt.
65 Der Entwurf (Fn. 7), S. 103.
66 *Menger*, Das bürgerliche Recht (Fn. 34), S. 131.
67 Der Entwurf (Fn. 7), S. 108.

Beschränkung von Privatrechten zuzuweisen. Immanente Schranken des Privatrechts und öffentliches, auf Privatrecht bezogenes Recht sind nicht klar geschieden.[68]

Die Forderung nach Einbeziehung des öffentlichen Rechts scheint auch der einst vom preußischen ALR verwirklichten Vorstellung verpflichtet, dass das Recht die konkrete Gesellschaft abbilden solle. Für Gierke ist das „reine" Privatrecht des BGB ein „farbloses, weltbürgerliches, unstaatliches" (!) Recht[69], er sieht in seiner Eignung, auch für frühere Zeiten oder „asiatische Kulturstaaten" zu gelten, einen entschiedenen Fehler. Es ist allerdings nicht auszudenken, was geschehen wäre, wenn man der Forderung nach Thematisierung des öffentlichen Rechts innerhalb des BGB nachgekommen wäre. Das ALR, aus dem schon durch die Stein-Hardenberg'schen Reformen ganze Teile weggebrochen waren, hätte als warnendes Beispiel dienen können.

5. Rückständig starres Recht – modern-lebendiges Recht

Im Zusammenhang mit der vermissten nationalen und sozialen Ausrichtung des Gesetzbuches steht schließlich der Vorwurf, das Gesetzbuch sei nicht modern, nicht schöpferisch,[70] nicht zukunftsgerichtet, nicht lebendig, sondern starr[71] und rückwärtsgewandt. Den Mangel an Aktualität bringt Gierke in den Zusammenhang mit der unzureichenden Berücksichtigung der Rechtsgeschichte; aus dieser kann nach seiner Vorstellung offenbar allein die Modernität gewonnen werden.[72] Es ist der „arbeitende Geist unserer Rechtsgeschichte", dem geheime Gedanken hätten abgelauscht und aus dem sie ans Licht gefördert und in zukunftsreichen Gebilden verkörpert hätten werden können.[73] Wie diese Quelle des lebendigen Rechts näher beschaffen ist und wie das „Ablauschen" methodisch vor sich gehen soll, wird freilich nicht genau beschrieben, eher mit hymnischen Worten zugedeckt: „Nur aus Lebendigem geht Lebendiges hervor. Wahrhaft Lebendiges wird kein Gesetzgeber schaffen, der sich gegen den frischen Lebensquell alles Rechtes verschließt! Der sich abkehrt von der Seele seines Volkes und den Pulsschlag seiner Zeit überhört … ." Der rechtsschöpferische Volksgeist wird also erneut beschworen,[74] ohne dass klar würde, wie er sich artikuliert.

Die Vorstellung von einer Rechtsgeschichte, aus der das lebendige Recht zu gewinnen ist, bedingt die Vorstellung von einer Instanz, welche diese Aufgabe der Rechtsgewinnung zu leisten vermag, und hier kam nach Gierkes Angriffen auf das römische Recht nur die Germanistik in Frage, die sich wiederum – wie schon 1848/1849 – als die eigentlich moderne Rechtswissenschaft darzustellen versuchte. Den Beruf der historischen Rechtswissenschaft (germanistische Abteilung) allzu offen zu thematisieren, hätte allerdings Spannungen mit der Kontrastierung „Volksrecht – Juristenrecht" erbracht. Wenn beklagt wird, dass durch das BGB die Wege der gelehrten Rechtserzeugung und der volkstümlichen Rechtsbildung für immer geschieden seien,[75] so durfte auch im Gegenbild die Letztere nicht allzu offen in die Hände von Professoren gelegt sein.

---

68 Vgl. den Satz (Der Entwurf, Fn. 7, S. 108): „Man braucht nur auf die hervorgehobenen Lücken des Personenrechts … hinzublicken, um zu erkennen, daß der Entwurf durchweg mit eiserner Konsequenz alles Privatrecht ausgeschieden hat, welches in sichtbarem Zusammenhange mit dem öffentlichen Rechte steht."

69 Der Entwurf (Fn. 7), S. 109.

70 Der Entwurf (Fn. 7), S. 2, 26 und passim.

71 Der Entwurf (Fn. 7), S. 3.

72 Auch bei *Menger* findet sich die Vorstellung, dass die Gesetzgebung künftige Entwicklungen vorwegnehmen, ja utopisch sein müsse, doch spielt bei ihm der Rückgriff auf geschichtliches Recht keine Rolle, im Gegenteil, der historischen Rechtsschule attestiert er den verderblichsten Einfluss auf Staat und Recht, siehe *Menger*, Das bürgerliche Recht (Fn. 34), S. 11, 12.

73 Der Entwurf (Fn. 7), S. 1 f.

74 Deutlich Der Entwurf (Fn. 7), S. 26: „aus dem Geiste unseres Volkes und unserer Zeit"; siehe auch zur Verteidigung der historischen Schule S. 122 ff. Zum rechtstheoretischen Hintergrund s. *Christian-Matthias Pfennig*, Die Kritik Otto von Gierkes am ersten Entwurf eines Bürgerlichen Gesetzbuches, 1997, S. 21 ff.

75 Der Entwurf (Fn. 7), S. 11.

III. Das Fortleben der Kritik

1. Die Anfänge

Gierke hat mit seiner Schrift einige Änderungen des BGB-Entwurfs im weiteren Verlauf der Verhandlungen befruchtet, ohne dass Sprache und Struktur des Gesetzbuches einer grundsätzlichen Revision unterzogen worden wären. Es ist müßig, darüber zu spekulieren, welches Schicksal das BGB gehabt hätte, wenn die Polemik Gierkes weniger heftig und frontal ausgefallen und er in die II. Kommission gewählt worden wäre. Doch ging die Zeit nicht über die Fundamentalkritiken hinweg. Vielmehr stand nun auch für weitere Epochen ein Waffenarsenal bereit, mit dem man das BGB angreifen konnte, wo es politisch unerwünscht erschien.

Nun ist es keineswegs so, als ob das BGB von der deutschen Juristenschaft und einer weiteren Öffentlichkeit nicht begrüßt worden wäre. Der eminente Wert der errungenen deutschen Rechtseinheit bestimmte die zum Teil hymnischen Lobreden[76]; der Nationalstolz bezog auch Inhalt und Perfektion der Kodifikation ein.[77] Die deutschen Juristen begannen das Gesetzbuch zu studieren, anzuwenden und auch in einer bis dahin ungekannten Publikationsfülle literarisch zu traktieren.[78] Auffällig sind die Versuche, den Inhalt des Gesetzbuches in leicht fasslicher Form und sogar in Versen zu vermitteln.[79] Eine aufblühende Literaturgattung wandte sich auch an den juristischen Laien.[80]

Es liegt nahe, dass bei der juristischen Verarbeitung des Gesetzbuches neben Vorzügen auch Schwachstellen entdeckt wurden, ohne dass dies Anlass zu weiteren grundsätzlichen Anfeindungen gegeben hätte. Auch kritische Rechtswissenschaftler machten mit dem Gesetzbuch ihren Frieden. Freilich fällt doch die fortdauernde Präsenz der dem Gesetzbuch einst zugeworfenen Schlagwörter auf. Die Kritik an der Sprache, an der Begriffsbildung und an einigen Gesetzgebungstechniken wie insbesondere den Verweisungen findet sich allenthalben auch bei dem Gesetzbuch günstig gesinnten Beurteilern. Manche der Stellungnahmen nach 1900 heben den Rang des Gesetzbuches *trotz* der durch die Brille Gierkes gesehenen Schwächen hervor. Die Akzeptanz des BGB konnte auch im Hinblick darauf bejaht werden, dass die in Kraft getretene Fassung sich vom ersten Entwurf in vielen Punkten unterschied, vor allem wenn man die Differenzen überzeichnete. So spricht *Ernst Landsberg* in gewohnter Manier von den „verblaßten Formeln der romanistisch-historischen Schule" und von einem „streng romanistisch-pandektistischen Kunstgefüge alten Stils aus den überlieferten Rechtsregeln und Rechtsbegriffen", ordnet diese Kennzeichnung aber allein dem ersten Entwurf zu; mit der zweiten Kommission habe ein neuer, ganz andersartiger Geist die Gesetzgebung erobert, „in jähem Umschwunge, gleichzeitig mit dem Beginne der neuen Regierung".[81] *Konrad Cosack* sieht im BGB geradezu den „Sieg des einheimischen Rechts über das Fremdrecht" und führt in diesem Zusammenhang an, im Laufe

---

76 In der Folgezeit häufig zitiert wird das Gedicht „Das deutsche Recht", mit dem der Schriftsteller und Diplomat Ernst von Wildenbruch in der ersten Januarausgabe 1900 der DJZ das BGB begrüßt hatte.

77 Siehe z.B. *Heinrich Dernburg*, Zum fünften Jahrestag des neuen bürgerlichen Rechts, DJZ 1905, 1, 3 („inhaltliche steht das deutsche Gesetzbuch hoch über dem französischen").

78 Zu diesem Aspekt siehe *Laband*, Die Fortschritte des Rechts 1896–1905, DJZ 1906, 2 f. Siehe die Literaturübersicht von *A. von Tuhr*, DJZ 1900, 435 ff.

79 Z.B.: *Berthold Kann*, Das „Neue Bürgerliche" in fröhlichen Versen, 1898; Das Geheimnis des Bürgerlichen Gesetzbuchs in Reime gebracht von Landrichter Versemann, 1900; *Georg Cohn*, Das neue Deutsche Bürgerliche Recht in Sprüchen, 4 Bde., 1896–1900; siehe auch *F. Franz*, Mnemotechnik des Bürgerlichen Gesetzbuches, 3. Aufl. 1919.

80 Einen Überblick über die geradezu üppige Einführungsliteratur zum BGB für die Jahre 1893–1900 gibt *Otto Mühlbrecht*, Wegweiser durch die neuere Literatur der Rechts- und Staatswissenschaften, Bd. 2, 1901, S. 33 ff. Dort finden sich Titel wie „Der Rechtsanwalt im Hause", „Rechtsbuch für Nichtjuristen", „Das BGB für das deutsche Volk erläutert", „Was jeder vom BGB wissen muß" usw.

81 *Ernst Landsberg*, Der Geist der Gesetzgebung in Deutschland und Preußen 1888–1913, 1913, S. 8, 12, 15. Den ersten Entwurf führt Landsberg in Geist und Stil vor allem auf Puchta und Windscheid zurück.

der Beratungen habe die „deutsche Gesinnung des Gesetzbuchs" immer weitere Fortschritte gemacht.[82]

Wichtiger als derartige historische Verklärungen der Entstehungsgeschichte ist die Entdeckung der Freiräume, die das Gesetzbuch mit den Generalklauseln und den so gescholtenen abstrakten Formulierungen der Rechtsfortbildung eröffnete. So stellte *Endemann* 1910 fest, das bedeutsamste Kennzeichen des BGB sei, dass es der Freiheit der Rechtsentwicklung eine breite Gasse eröffne. „Wo immer es angeht, wird auf die Verkehrssitte, die auf den Anstand zu nehmende Rücksicht, auf die guten Sitten und vor allem auf Treu und Glauben verwiesen".[83] Die gleiche Sicht findet sich bei *Paul Oertmann*, der 1916 feststellen zu können glaubt, das BGB sei schon längst inhaltlich nicht mehr dasselbe wie am Anfang; es habe seinen elastischen Sätzen ewige Jugendfrische verbürgt.[84] Ob die wachsende Eigenständigkeit richterlicher Rechtsfortbildung von den Vorstellungen der sogenannten Freien Rechtsschule gefördert wurde oder sich nicht ohnehin mit der Distanz zu den Anfängen des Gesetzbuchs ergeben hätte, sei dahingestellt.[85] Die Gestaltungsmacht der Gerichte nahm alsbald Formen an, welche die Gegner auf den Plan riefen. Unter ihnen sehen wir *Justus Wilhelm Hedemann*, der 1913[86] schon einiges andeutete, was in der 1933 veröffentlichten, berühmt gewordenen Schrift „Die Flucht in die Generalklauseln. Eine Gefahr für Recht und Staat"[87] zur grundsätzlichen Attacke geriet.

2. Zeiten des Umbruchs

Die Revolutionen von 1918/1919 und die Gründung der Republik zogen das Ansehen des BGB erneut in Zweifel. Von seiten der sozialistischen Programmatik erschien das Gesetzbuch als Zeugnis kapitalistischen Geistes, untauglich für den Neubau der Gesellschaft. Aber auch aus der Perspektive der übrigen politischen Kräfte war klar, dass die Reichsverfassung vom 11. August 1919 das Zivilrecht nicht unberührt lassen konnte.[88] Teilreform, umfassende Revision des BGB oder gar die Schaffung eines völlig neuen Gesetzbuches – das war die Frage, deren Beantwortung unter anderem davon abhing, ob man glaubte, mit Hilfe des Privatrechts eine neue Gesellschaft formen zu können. Viele Stellungnahmen sind von Unsicherheit gezeichnet: Leicht war es, die herkömmliche BGB-Kritik zu wiederholen und zu variieren, schwer hingegen, ein neues, auf den Grundentscheidungen der Verfassung beruhendes Privatrechts zu entwerfen.[89]

---

82 *Konrad Cosack*, Lehrbuch des Deutschen bürgerlichen Rechts, Bd. 1, 1903, S. 23, 24.

83 *Friedrich Endemann*, Der zehnte Jahrestag des neuen bürgerlichen Rechtes, DJZ 1910, 18, 20.

84 *Paul Oertmann*, Das Bürgerliche Gesetzbuch sonst und jetzt, DJZ 1916, 755, 757, 758. Oertmann verweist in diesem Zusammenhang auf *Rudolph Sohm*, der vorausgesagt hatte, dass die Praxis dem Gesetzbuch erst seinen eigentlichen Inhalt gebe, Gruchots Beiträge, Bd. 39, S. 756, 757.

85 Die „Freie Rechtsschule" war jedenfalls sogleich zur Stelle, siehe *Eugen Ehrlich*, Das zwingende und nichtzwingende Recht im bürgerlichen Gesetzbuch für das deutsche Reich, 1899; *ders.*, Freie Rechtsfindung und freie Rechtswissenschaft, 1903; *Hermann Kontorowicz (Gnaeus Flavius)*, Der Kampf um die Rechtswissenschaft, 1906.

86 Werden und Wachsen im Bürgerlichen Recht, 1913, S. 10 ff. Zu Hedemann: *Heinz Mohnhaupt*, Justus Wilhelm Hedemann als Rechtshistoriker und Zivilrechtler vor und während der Epoche des Nationalsozialismus, in: Michael Stolleis/Dieter Simon (Hrsg.), Rechtsgeschichte im Nationalsozialismus. Beiträge zur Geschichte einer Disziplin, 1989, S. 107 ff.

87 1933.

88 Dazu eingehend *Knut Nörr*, Zwischen den Mühlsteinen. Eine Privatrechtsgeschichte der Weimarer Republik, 1988, insbesondere S. 1 ff., 42 ff., 240 ff. Das Görlitzer Programm der SPD (1921) forderte die Überwindung der privatrechtlichen durch eine soziale Rechtsauffassung, die Unterordnung des Vermögensrechts unter das Recht der Person und das Recht der sozialen Gemeinschaft, s. bei H. Mommsen (Hrsg.), Deutsche Parteiprogramme, 1960, S. 457.

89 Dazu *Nörr*, Zwischen den Mühlsteinen (Fn. 88), S. 4.

Die Unsicherheiten arbeiteten für das BGB, dessen Bedeutung innerhalb der Rechtsordnung sich zwar erheblich veränderte, für das auch Teilreformen ins Auge gefasst wurden,[90] mit dem auch die Rechtsprechung zunehmend freier umging, das aber doch so etwas wie ein juristischer Fels in der politischen Brandung blieb. Schon bald nach dem Umsturz stellte der Heidelberger Professor *Heinsheimer* zwar die Frage, „ob nicht die staatliche und gesellschaftliche Umwälzung unserer Tage tiefgreifende Einwirkungen auch auf das bürgerliche Recht in rascher Folge herbeiführen muß", beruhigte die Leser aber dann mit dem Satz: „Das Gefüge des BGB selbst scheint keineswegs bedroht."[91] Bei *Hedemann*, der stets nach Neuem Ausschau hielt, wird der Zwiespalt zwischen Aversion gegen das Gesetzbuch und dessen Akzeptanz besonders deutlich. In seiner akademischen Rede, gehalten am 21. Juni 1919 zu Jena, anerkannte er zwar den nationalen Wert des BGB, machte aber als fundamentale Schwäche aus: „das Bürgerliche Gesetzbuch entbehrt des Charakters ... Es ist scheu und matt, es trägt einen anonymen Geist zur Schau, keine markige Persönlichkeit."[92] Unschwer ist das Vorbild der Gierke'schen Kritik zu erkennen, die aber auch in eine neue Richtung gelenkt wird: Auf den Spießbürger sei das Gesetz hin orientiert,[93] es fehle der Zuschnitt auf den Großkaufmann, den Großbankier, den Großkapitalisten (nun auf einmal zu wenig Manchestertum?). Hedemann wähnt den Bau des Bürgerlichen Rechts erschüttert, das öffentliche Recht im Vordringen, das bürgerliche Recht vom Gedanken der Sozialisierung „im großen Stile" berührt.[94] In einer Betrachtung von 1925 sieht Hedemann die Lage bereits anders. Zwar werden alte Geringschätzungen weiter variiert, die neuen „Geisteswellen" benannt, die an seinen Bau heranschlugen (Freirechtsschule, soziologische Betrachtungsweise, Krieg und Revolution), dann aber folgt die Feststellung: „Den Bau selbst, wenn man seine Paragraphen für Steinquadern hält, haben sie nicht zu erschüttern vermocht ... So begleitet uns unser liebgewordenes Gesetzbuch auch in die dunkle Zukunft hinein."[95] Eine abgeklärte Einschätzung der Lage ist in einer Betrachtung „Zum 25. Geburtstag des Bürgerlichen Gesetzbuchs" von *Ernst Rabel* nachzulesen, der die begrenzte Funktion des Privatrechts hervorhebt und gegenüber den Forderungen nach volkstümlicher Sprache der Gesetze den Wert der Rechtsklarheit geltend macht.[96]

Das Ende des BGB schien mit der Machtergreifung gekommen, nachdem das Programm der NSDAP von 1920 eine grundlegende Rechtsreform verlangt hatte: „19. Wir fordern Ersatz für das der materialistischen Weltordnung dienende römische Recht durch ein deutsches Gemeinrecht."[97] Gleichgültig, welcher Stellenwert dieser Aussage in der weiteren Entwicklung von

90 Eine Übersicht über den Reformbedarf aus der Sicht der Zeit *Heinrich Schulz*, Die Reform des Bürgerlichen Gesetzbuchs, DJZ 1928, 47 ff.; das Familienrecht betreffend *Theodor Kipp*, DJZ 1931, 271 ff.

91 Die Zukunft des Bürgerlichen Gesetzbuchs, DJZ 1920, 54, 55.

92 *Justus Wilhelm Hedemann*, Das bürgerlicher Recht und die neue Zeit. Rede gehalten bei Gelegenheit der akademischen Preisverleihung in Jena am 21. Juni 1919, Jena 1919, S. 7.

93 A.a.O., S. 8: „Auf den Bürgersmann ist auch das deutsche Gesetz orientiert, aber es hat ihm etwas vom Spießbürger vorgeschwebt ...".

94 A.a.O., S. 12, 15, 18. Merkwürdig anders wirken die Ausführungen Hedemanns aus dem selben Jahre zum Thema: Die Bedeutung der neuen Verfassung für das bürgerliche Recht, DJZ 1919, 769 ff. (der privatrechtliche Einschlag in der Verfassung sei im allgemeinen nicht groß, die sachliche Beeinflussung des bürgerlichen Rechts durch die neue Verfassung schwer abzuschätzen, es bleibe in seinen Grundfesten unberührt).

95 *Justus Wilhelm Hedemann*, Das Bürgerliche Gesetzbuch nach fünfundzwanzig Jahren, DJZ 1925, 4, 6, 7.

96 DJZ 1921, 515 ff., 520.

97 H. Mommsen (Hrsg.), Deutsche Parteiprogramme, 1960, 549. Als ein Vorläufer der nationalsozialistischen Programmatik eines „deutschen Rechts" gilt der Bochumer Amtsrichter *Arnold Wagemann*, siehe dessen Schriften: Geist des deutschen Rechts. Volkswirtschaftliche Gedanken und Untersuchungen, Jena 1913; Schafft deutsches Recht!, Bochum 1921; Deutsche Rechtsvergangenheit als Wegweiser in eine deutsche Zukunft, Jena 1922. *Wagemann* sieht das römische Recht als „Rechtsgegner" und trifft folgende Feststellung: „... die Rechtwissenschaft ist heute aus unserem geistigen Leben verschwunden, da seit der Einführung des bürgerlichen Gesetzbuchs die Jurisprudenz es völlig verlernt zu haben scheint, mit Rechtsgedanken zu arbeiten." (in der zuletzt genannten Schrift, S. 2).

Partei und Regime zukam,[98] konnte sie nur als Kampfansage an das BGB betrachtet werden. Wenn das römische Recht als geltendes Recht angesehen wurde, so musste es im BGB seinen Sitz haben. Dahinter stand die von den Kritikern der Entstehungszeit aufgestellte, ab 1933 oft wiederholte Behauptung, das BGB sei Produkt des römischen Rechts[99] bzw. der Pandektistik.[100] So heißt es in den Richtlinien für das Studium der Rechtswissenschaft von 1935: „… die geistige Grundhaltung wird heute noch durch das Pandektensystem bestimmt. Diesem System gilt unser Kampf."[101] Die Forderung nach einem neuen, der völkischen Weltanschauung und nationalsozialistischen Rechtsidee verpflichteten Privatrecht oder bürgerlichem Recht, sofern ein solches nicht überhaupt der Ablehnung verfiel[102] oder zumindest einen neuen Namen erhalten sollte,[103] wurde sogleich nach der Machtergreifung mit Emphase vorgetragen.[104] Nur der Weg dorthin sollte alsbald streitig werden.[105]

Die 1933 massenhaft einsetzende Kritik am BGB durch Juristen, die im Sinne des neuen Regimes wirksam sein wollten, nährte sich hauptsächlich von den Schriften Otto von Gierkes, der zumal von Germanisten als Vorkämpfer für deutsches Recht in Anspruch genommen wurde.[106] Gierkes Charakteristik des BGB wurde nun massenhaft aufgenommen und vergröbert, zum Teil regelrecht verzerrt propagiert. Nun gab es unter den Rechtslehrern, die dem Regime

---

98 Dazu *Peter Landau*, Römisches Recht und deutsches Gemeinrecht. Zur rechtspolitischen Zielsetzung im nationalsozialistischen Parteiprogramm, in: Michael Stolleis/Dieter Simon (Hrsg.), Rechtsgeschichte im Nationalsozialismus, 1989, S. 11, 12.

99 Vgl. nur *Heinrich Lange*, Liberalismus, Nationalsozialismus und Bürgerliches Recht, 1933, S. 4: „Das Recht des Liberalismus war das römische Recht gesehen mit den Augen des Pandektismus."; *ders.*, Vom alten zum neuen Schuldrecht, 1934, S. 10: „Das Schuldrecht (scil. des BGB) war in der Regel nicht viel mehr als übersetztes Pandektenrecht.". Siehe auch die Äußerungen Langes auf dem Juristentag von 1933, in: Rudolf Schraut (Hrsg.), Deutscher Juristentag 1933. 4. Reichstagung des Bundes Nationalsozialistischer Deutscher Juristen e.V., Berlin 1933, S. 181 ff. *Wieacker* sah 1939 in der Schaffung des BGB geradezu den Triumph der Pandektistik: „Die Spaltung (scil. zwischen Historikern und Dogmatikern des römischen Rechts) wurde endgültig, als das Bürgerliche Gesetzbuch kam. Von nun an wurde die Pandektenwissenschaft zur deutschen Zivilrechtswissenschaft – zu ihrem Glück. Denn nun befreite sie sich langsam vom Kryptopositivismus der römischen Quellen und ließ die drängenden Fragen des völkischen Rechts zwar immer noch sparsam, aber williger ein." S. *Franz Wieacker*, Die Stellung der römischen Rechtsgeschichte in der heutigen Rechtsausbildung, ZAkDR 1939, 403, 404.

100 Die Pandektisten fanden aber durchaus ihre Verteidiger, außer *Wieacker* (vorige Fn.) etwa *Hedemann*, ZAkDR 1935, 431, 434 (das römische Recht wird dort als systemlos bezeichnet, das Pandektensystem des 19. Jahrhunderts als „echteste deutsche Gelehrtenarbeit").

101 In: *Karl August Eckhardt*, Das Studium der Rechtswissenschaft, 1935, S. 7.

102 Zu den „ungestümen Rufern der ersten Zeit", die auf Abschaffung des Privatrechts drangen, s. *Heinrich Lehmann*, Zur Erneuerung des bürgerlichen Rechts, ZAkDR 1939, 45; *Hans Carl Nipperdey*, Das System des Bürgerlichen Rechts, in: Zur Erneuerung des Bürgerlichen Rechts, Schriften der Akademie für Deutsches Recht, Gruppe Rechtsgrundlagen und Rechtsphilosophie, Nr. 7, 1938, S. 95, 98.

103 Siehe die Erwägungen bei *Hedemann*, Die Erneuerung des Bürgerlichen Rechts, in: Zur Erneuerung des Bürgerlichen Rechts (Fn. 102), S. 8 ff.; *Hedemann* schlägt hier den Begriff „Deutsches Volksbürgerrecht" vor. Zu Berechtigung und Begriff des Privatrechts im gleichen Band *Julius Binder*, S. 26 f. Auch der Ausdruck „volksgenössisches Recht" wurde diskutiert, siehe den Bericht von *Heinrich Lehmann*, ZAkDR 1939, 45 f.

104 Z.B. *Heinrich Lange*, Liberalismus, Nationalsozialismus und bürgerliches Recht, 1933; *Heinrich Stoll*, Verfassung und Privatrecht, DJZ 1933, 278 ff.; *ders.*, Die nationale Revolution und das bürgerliche Recht, DJZ 1933, 1229 ff.; *ders.*, Das bürgerliche Recht in der Zeiten Wende, 1933; *Hans Dölle*, Die Neugestaltung des Deutschen Bürgerlichen Rechts, ZAkDR 1937, 359 ff. Eine Ausnahme in der Beschreibung und Beurteilung des BGB machte *Alfred Manigk* mit seiner Schrift: Neubau des Privatrechts. Grundlagen und Bausteine, 1938.

105 Das sei hier nicht näher verfolgt, siehe vor allem die Darstellung von *Hans Hattenhauer*, Das NS-Volksgesetzbuch, in: Festschrift für Rudolf Gmür zum 70.Geburtstag, 1983, S. 255 ff.

106 Vgl. *Claudius Frhr. von Schwerin*, Rechtsgeschichte und Rechtserneuerung, in: Zur Erneuerung des Bürgerlichen Rechts (Fn. 102), S. 37. Weiteres zu diesem Aspekt in *meinem* Beitrag: Zum Selbstverständnis der historischen Rechtswissenschaft im Dritten Reich, Kritische Justiz 1969, 58 ff. (= Geschichtliches Recht und moderne Zeiten. hrsg. von Diethelm Klippel, 1995, S. 27, 33 ff.). Gierkes Gedankenwelt insgesamt gesehen stieß, namentlich bei den Staatsrechtlern, aber vielfach auf Ablehnung, vgl. *Reinhard Höhn*, Otto von Gierkes Staatslehre und unsere Zeit, Hamburg 1936, s. insbesondere den Literaturbericht zur Gierke-Rezeption (S. 9 ff.) und die Zurückweisung S. 149 ff.

nahestehen wollten, durchaus Vertreter, die den Rang des BGB als – für seine Zeit – hervorragendes Gesetzgebungswerk anerkannten, ja ihre Bewunderung zum Ausdruck brachten.[107] Die konkrete Arbeit an der Schaffung eines neuen Rechts schien die Achtung vor dem Gesetzbuch zu fördern. So berichtet *Hedemann* 1938 aus der Arbeit der Akademie für Deutsches Recht, die Aussprachen hätten eine starke Achtung vor dem Gesetzeswerk unserer Väter bekundet: „Wenn dieses BGB entlassen werden muß, so soll es nicht mit einem Fußtritt entlassen werden."[108] Doch war die kritische Distanz zum Gesetzbuch die zwangsläufige Folge des Rufes nach „Erneuerung" in allen Lebensbereichen, der geforderten Umwertung aller Werte. Die Bewertungen des BGB waren bei manchen Rechtslehrern gewiss differenzierter und diskutabler als bei plumpen Schreibern, die bald nach dem Januar 1933 durch ein Bekenntnis zum „volkstümlichen Recht" ihre Gesinnung zeigen wollten. Zieht man aber das wissenschaftliche Dekor ab, so kommen die Gierke'schen Argumente heraus, freilich terminologisch angepasst an die NS-Programmatik und verfärbt durch rassistisches und staatsautoritäres Denken.

Auf die zahllosen gedruckten Dokumente dieser Art soll hier nicht näher eingegangen werden. Ein bezeichnendes Beispiel der plumperen Art gibt die berühmte Heidelberger Rede des Staatssekretärs *Franz Schlegelberger* von 1937 ab.[109] Der Staatssekretär ließ fast alles anklingen, was bei Gierke ein Rolle gespielt hatte: Er sah das Gesetzbuch durch einen übersteigerten Individualismus gekennzeichnet. Er hielt ihm eine unzureichende Beachtung der „Lebensgüter" wie Persönlichkeit und Ehre, Ehe, Familie und Kindeswohl gegenüber Geld und Gut vor („wie für ein Krämervolk geschrieben"). Schlegelberger übte auch Kritik an Stil und Sprache: „Das BGB ist ein Gesetzbuch der Konstruktionen und Abstraktionen", eher ein Lehrbuch, das auf Volksnähe verzichte und sich nur an die Juristen wende.

Bei der Transformation der Gierke'schen Vorstellungen an die Darstellungsbedürfnisse der NS-Zeit wurde das Verlangen nach deutschem Recht ins „Völkische" gesteigert und mit dem Rassegedanken vermischt.[110] Im Zusammenhang mit der Forderung nach „deutschem" Recht kam die Wissenschaft vom römischen Recht in eine problematische Lage: Das BGB wurde nach Gierke'schem Vorbild als Produkt oder Ausprägung des römischen Rechts gedeutet; die Kritik am römischen Recht sollte auch das BGB treffen.[111] In diesem Zusammenhang gab es vielfältige Versuche, das römische Recht zu retten,[112] z.B. indem man die negative Charakterisierung nicht auf das römische Recht an sich, sondern auf bestimmte Entwicklungen bezog („orientalische Einflüsse", Pandektistik

---

107 Siehe *Hedemann*, ZAkDR 1935, 431, 435; auch *Lange*, Die Entwicklung der Wissenschaft vom bürgerlichen Recht seit 1933, 1941, S. 16.

108 *Hedemann*, Die Erneuerung des Bürgerlichen Rechts, in: Zur Erneuerung des Bürgerlichen Rechts (Fn. 102), S. 11; vgl. auch die Würdigung des BGB durch *Hans Carl Nipperdey* im gleichen Band, S. 97: „Es bleibt wahr, daß das Gesetz in vielen Normen ausländischem Recht überlegen und wohl überhaupt besser ist als sein Ruf."; gleichwohl forderte *Nipperdey* eine neue Kodifikation.

109 *Franz Schlegelberger*, Abschied vom BGB. Vortrag, gehalten in der Universität zu Heidelberg am 25. Januar 1937, Berlin 1937.

110 Siehe *Schlegelberger*, a.a.O., S. 9. Zum Teil wurde die Rechtsentwicklung als Korruption des deutschen Rechts durch jüdischen Einfluss beschrieben, s. *Heinrich Lange*, Lage und Aufgabe der deutschen Privatrechtswissenschaft, 1937, S. 13.

111 Z.B. *Lange*, Liberalismus, Nationalsozialismus und Bürgerliches Recht, 1933. S. III: „Der Kampf um die Erneuerung des deutschen Rechts wird vom Nationalsozialismus unter dem Leitsatz: Für deutsches gegen römisches Recht geführt."; *Erich Jung*, Deutschrechtliches und Römischrechtliches zur Reform des Bürgerlichen Rechts, ZAkDR 1934, 183 ff.

112 S. vor allem *Erich Genzmer*, Was ist und zu welchem Ende studiert man antike Rechtsgeschichte, ZAkDR 1936, 403 ff.; *Max Kaser*, Römisches Recht als Gemeinschaftsordnung, 1939; *Paul Koschaker*, Die Krise des römischen Rechts und die romanistische Rechtswissenschaft, 1938; *Hans Kreller*, Die Bedeutung des römischen Rechts im neuen deutschen Hochschulunterricht, ZAkDR 1936, 409 ff.; *Franz Wieacker*, Die Stellung der römischen Rechtsgeschichte in der heutigen Rechtsausbildung, ZAkDR 1939, 403 ff.; *Franz Wieacker*, Vom Römischen Recht. Wirklichkeit und Überlieferung, 1944, insbes. S. 284. Weiteres bei *Dieter Simon*, Die deutsche Wissenschaft vom römischen Recht nach 1933, in: Michael Stolleis/Dieter Simon (Hrsg.), Rechtsgeschichte im Nationalsozialismus, 1989, S. 161 ff.

des 19. Jahrhunderts[113], Herrschaft der begriffsjuristisch-„scholastischen“ Methode[114]). Die Studienordnung von 1935 sah immerhin noch eine Vorlesung „Antike (oder Römische) Rechtsgeschichte“ vor, die sich im Gegensatz zur „germanischen“ (zwei Sterne) mit einem Stern begnügen musste.[115]

Weitgehende Einigkeit bestand in der Kritik an Sprache und Stil des BGB: Das Verlangen nach einem allgemein verständlichem, volkstümlichen Recht wurde fast allgemein übernommen. Selbst ein zivilistischer Kenner wie *Heinrich Lange* stimmte in die Forderung nach Volkstümlichkeit des Rechts ein: „Das bisherige Recht war seit Jahrhunderten durch eine Kluft vom Volksempfinden getrennt.“[116] Auch *Heinrich Stoll* hieb in diese Kerbe: „Der schwerste Vorwurf, den das bürgerliche Gesetzbuch als nationales Einigungswerk trifft, richtet sich gegen seine lebensferne Abstraktion, seine volksfremde Sprache und geschraubte Ausdrucksweise. Hier wandelt das bürgerliche Gesetzbuch in den Bahnen der Pandektologie“.[117]

Eine große Rolle in der BGB-Kritik spielte die Entgegensetzung von Individualismus, Egoismus, Freiheitsdenken mit dem Gedanken von Gemeinschaft, Gemeinnutz und Bindung. Auch hier konnte man an Gierke anknüpfen, doch mit weitaus radikaleren Folgerungen (vor allem in der Lehre vom subjektiven Recht). Vor allem mied man den „Tropfen socialistischen Öles“. Zur Bezeichnung des Feindbildes trat an die Stelle des Kapitalismus üblicherweise der Materialismus, der auch dem BGB anhafte; anhand des Personenrechts, der Rechtsgüterlehre und der Schmerzensgeldvorschriften sollte der materialistische Charakter des Gesetzbuches aufgewiesen werden. „Liberalismus“, „Individualismus“, „Egoismus“ („Eigennutz“) und „Materialismus“[118] waren auch in der das Bürgerliche Recht betreffenden Erneuerungsliteratur die Etiketten, die dem BGB, dem römischen Recht, der Pandektistik oder allen zusammen aufgeklebt wurden, während auf der Gegenseite die Kategorien „deutsch“, „völkisch“, „der Gemeinschaft (dem Gemeinnutz) verpflichtet“, „ganzheitlich“, gelegentlich auch „sittlich“ die Grundsuppe eines ideologischen Breies ausmachten.

Im Zusammenhang mit der Gemeinschaftsbezogenheit, die auch das Privatrecht haben müsse und das BGB vermissen lasse, stand die Forderung nach einem neuen Verhältnis des Privatrechts zum öffentlichen Recht, bis hin zu der Behauptung, diese (angeblich echt römische) Zweiteilung sei im neuen Staat völlig unbrauchbar geworden.[119] So ließ sich *Ludwig Schnorr von*

---

113 Ansätze dazu auch bei *Wieacker*, Vom römischen Recht (Fn. 112), S. 37; Verwandtschaft zum römischen Juristengeist findet er hier nicht in den „Großtaten der deutschen Rechtswissenschaft“, sondern im „besten mittelalterlichen Schöffenspruch“. Die Meinungen über die Pandektistik waren keineswegs einheitlich, siehe oben Fn. 99.

114 In dieser Richtung der im Juli 1933 gehaltene Vortrag von *Heinrich Stoll*, Das bürgerliche Recht an der Zeiten Wende, Stuttgart 1933. *Stoll* anerkennt den römischen Einfluss auf das BGB, dessen Wurzeln er aber auch im deutschen Recht sieht. Weit schlimmer als die Rezeption des römischen Rechts sei die Aufnahme der scholastischen Methode, des Begriffskults und des Positivismus gewesen. Auf die Frage, ob nun alles Römische aus dem Recht entfernt werden soll, antwortet *Stoll* mit der Mahnung, das Kind nicht mit dem Bade auszuschütten: „Das Kind – darunter verstehe ich das wahre römische Recht – das Bad, nun das sind Scholastik, Begriffskult, Materialismus und Positivismus.“ (a.a.O., S. 7).

115 *Karl August Eckhardt*, Das Studium der Rechtswissenschaft, 1935, S. 9, 25. Zur Vorgeschichte dieser Studienreform siehe *Ralf Frassek*, Weltanschaulich begründete Reformbestrebungen für das juristische Studium in den 30er und 40er Jahren, ZRG Germ Abt. 111 (1994), 564 ff.

116 Vom alten zum neuen Schuldrecht, 1934, S. 37. In der Tendenz ganz anders die historische Darstellung bei *Franz Wieacker*, Das römische Recht und das deutsche Selbstbewußtsein, 1944. Bei der am Schluss für eine Nachkriegszeit prophezeiten Stillung des „nicht zu beschwichtigenden Widerspruchs“ eines „gelehrten Rechtes, das dem ungelehrten Mann dienen soll“ höre ich den Klang der Utopie.

117 Das bürgerliche Recht in der Zeiten Wende (Fn. 114), S. 14.

118 Typisch die Schrift von *Lange*, Liberalismus, Nationalsozialismus und Bürgerliches Recht, 1933; *ders.*, Vom alten zum neuen Schuldrecht, 1934, S. 7 ff.

119 Die Stellungnahmen zu diesem Thema fallen recht unterschiedlich aus, vgl. etwa die Texte bei *Lange*, Liberalismus, Nationalsozialismus und Bürgerliches Recht, S. 37 (es „schwindet die Trennung von bürgerlichem und öffentlichem Rechte“); *Ernst Rudolf Huber*, Öffentliches Recht und Neugestaltung des Bürgerlichen Rechts, in: Zur Erneuerung des Bürgerlichen Rechts (Fn. 102), S. 51 ff.; *Freiherr Claudius v. Schwerin*, Studienreform und Rechtsreform, ZAkDR 1937, 455, 456 (die „von jeher undeutsche“ Zweiteilung allen Rechts in öffentliches Recht und Privatrecht). Demgegenüber *Hans Carl Nipperdey*, Das System des bürgerlichen Rechts, ebenda S. 95, 98; *Heinrich Stoll*, Das bürgerliche Recht an der Zeiten Wende (Fn. 114), S. 2.

Carolsfeld im Jahre 1935 wie folgt vernehmen: „Es gibt heute kein Recht mehr, das nicht infolge der ganzheitlichen Bezogenheit öffentlich-rechtlich (im alten Sinne) durchdrungen wäre".[120] Die Leugnung des Bürgerlichen Rechts oder Privatrechts als taugliche Kategorie für die Bezeichnung von Rechtsbereichen mit eigenständiger Struktur und Funktion sollte weitere Fortsetzungen finden.

3. Die zweite Jahrhunderthälfte

In der zweiten Hälfte des 20. Jahrhunderts ist die Fundamentalkritik am BGB bekanntlich nicht verstummt. Freilich: Das Jubiläumsjahr 1950 eignete sich weniger dazu, das Gesetzbuch mit verschärften Anfeindungen zu konfrontieren; musste man doch froh sein, dass es das „Dritte Reich" überstanden hatte und dass es angesichts der Spaltung Deutschlands noch als Klammer der Rechtseinheit dienen konnte. Ungetrübte Jubelstimmung wollte sich gleichwohl nicht einstellen. Die Juristischen Fakultäten veranstalteten am 1. Februar 1950 in Köln eine Fünfzigjahrfeier, zu deren Eröffnung *Hans Carl Nipperdey* als Dekan der Kölner Fakultät und Vorsitzender der Fakultätenkonferenz das BGB als „eine der großen Taten der deutschen Rechtsgeschichte" bezeichnete und wie folgt charakterisierte: „Klar, schlicht und sachlich ist es vor uns getreten, nicht ein Kind stürmischer Reform, aber eine sorgfältig durchdachte Zusammenfassung des Gewordenen, und doch als das Produkt zweitausendjähriger Arbeit am Recht erstaunlich zukunftsträchtig und vital."[121] Schon diese positiv klingenden Worte nahmen Bezug auf alte Einschätzungen (nicht schöpferisch, rückwärtsgewandt, die Vitalität nicht primär bezogen auf das Gesetzbuch, sondern auf seine „zweitausendjährige" juristische Grundlage!). Die dann folgende Festrede, gehalten ausgerechnet von *Hans Dölle*, der 13 Jahre zuvor den „Abschied vom BGB" wissenschaftlich geadelt hatte,[122] rekapitulierte die alten Einschätzungen in aller Offenheit: Mit Recht sei behauptet worden, das BGB habe nicht das Tor zum 20. Jahrhundert geöffnet, sondern das 19. Jahrhundert abgeschlossen. „Das will sagen: unsere Kodifikation sei nicht vorwärts gerichtet gewesen, sondern habe sich damit begnügt, den Zustand zu fixieren, der zur Zeit seiner Schaffung tatsächlich bestanden habe und ideologisch von der Mehrheit oder jedenfalls von dem politisch und wirtschaftlich ausschlaggebenden Teil der Bevölkerung vertreten worden sei."[123] Vornehmlich spiegele das Gesetzbuch die Auffassungen des liberalen Großbürgertums wider, vermischt mit konservativen Ingredienzien und sehr wenigen Ansätzen sozialen Strebens. Logik, Abstraktion und wissenschaftliche Doktrin gäben den Ton an, Volkstümlichkeit habe das Gesetzbuch nicht erringen können. Der Rettung des Gesetzbuchs dient der Hinweis, es sei nicht mehr dasselbe wie fünfzig Jahre zuvor; die Interpretationsgeschichte wird so dargestellt, als habe es zunächst eine „Phase positivistischer Interpretationskünste mit den Mitteln scharfsinniger Begriffslogik" gegeben, der dann die „namentlich aus der preußischen Praxis" genährte Besinnung auf die jedem Gesetz immanenten wirtschaftlichen und sozialen Zwecke gefolgt sei.[124] Für ein neues Gesetzbuch sei die Zeit nicht geeignet. Die angemahnten Reformen beschränkte der Redner hauptsächlich auf das Familienrecht.

Zwiespältig fielen auch andere Beiträge zum Jubiläumsjahr 1950 aus, etwa der Beitrag von *Wilhelm Kisch* in der NJW (einerseits: „zum ersten Mal eine geschlossene eigenvölkische Kodifikation", „tiefer durchdacht und begrifflich schärfer" – andererseits: „allzusehr von des Gedan-

---

120 *Ludwig Schnorr v. Carolsfeld*, Die Notwendigkeit neuer Begriffsbildung im bürgerlichen Recht, DJZ 1935, 1475, 1477.

121 Fünfzigjahrfeier des deutschen Bürgerlichen Gesetzbuches. Festakt veranstaltet von den Deutschen Juristischen Fakultäten am 1.Februar 1950 in Köln, hrsg. von Hans Carl Nipperdey, Tübingen 1950, S. 7.

122 *Hans Dölle*, Die Neugestaltung des Deutschen Bürgerlichen Rechts. Bemerkungen zur Heidelberger Rede des Staatsssekretärs Prof. Dr. Schlegelberger, ZAkDR 1937, 359 ff.

123 Fünfzigjahrfeier (Fn. 121), S. 15.

124 Fünfzigjahrfeier (Fn. 121), S. 18.

kens Blässe angekränkelt", „weniger als juristisches Kunstwerk denn als gediegenes Stück solider juristischer Handwerksarbeit").[125] Selbst *Hedemann*, der über Jahrzehnte hinweg schon so vieles und Widersprüchliches über das Gesetzbuch gesagt hatte, ließ es sich nicht nehmen, auch 1950 einen „Rückblick"[126] beizusteuern: Fünf große Wellen seien über das im „Strom der Zeit" stehende BGB hinweggegangen: Freirechtsbewegung bzw. Interessenjurisprudenz; Wirtschaftsrecht; Reform; Kriege und sozialer Geist. Interessant an den Ausführungen Hedemanns ist vor allem die Unbedenklichkeit, mit der fünf Jahre nach dem Sturz des NS-Regimes die nationalsozialistischen Bemühungen um die Abschaffung des BGB als Teil der europäischen Rechtsentwicklung dargestellt wurden: Der Versuch ab 1934, das BGB in allen seinen Teilen zu erneuern und zu einem auf besonderer Höhe stehenden Volksgesetzbuch hinaufzusteigern, sei nur voll zu verstehen im Zusammenhang mit einer allgemeineren Strömung, die sich durch verschiedene Teile Europas hingezogen hat.

Unter den für das Jahr 1950 geschriebenen Beiträgen ragt der für das Archiv für die civilistische Praxis geschriebene Aufsatz von *Hellmut Georg Isele* durch differenzierte Betrachtung und Abwogenheit des Urteils heraus.[127] Zwar brachte auch *Isele* das BGB mit dem „liberalen Bürgertum" in Verbindung und sah als sein Leitbild nicht die künftige Entwicklung von Technik und Massenverkehr, sondern die „gute alte Zeit". Doch ging er über eine derartige sozialgeschichtliche Verortung des Gesetzbuchs hinaus und führte seine Strukturen auf bestimmte Grundannahmen des politischen Liberalismus zurück.[128] Das ermöglichte mit dem geschichtlichen Bezug zugleich die Distanz von der Geschichte: Es gehe darum, welche gültigen geistigen Gehalte die *heutige* Zeit (des Jahres 1950) im Gesetzbuch vorfinden könne.[129] Dass der „politische, wirtschaftliche und soziale Unterbau" des heutigen bürgerlichen Rechts völlig anders ist als in der Werdezeit des BGB, hatte nach *Isele* ausschlaggebendes Gewicht für System, Denkstil und Dogmatik des bürgerlichen Rechts;[130] daraus folgte für ihn keine Entwertung des Gesetzbuches, sondern die Notwendigkeit seiner Fortentwicklung.

In der Folgezeit wurde die Fundamentalkritik am BGB im Rahmen sozialistischer Strömungen verschärft. Die Entwicklung, die in der DDR von der Fortgeltung des BGB bis zu seiner Ablösung durch Teilkodifikationen, insbesondere das Familiengesetzbuch (1965)[131] und das Zivilgesetzbuch (1975)[132], geführt hat, soll an dieser Stelle nicht nachgezeichnet werden.[133] Es liegt auf der Hand, dass das BGB für die Zwecke des neuen „Arbeiter- und Bauernstaates" als wenig brauchbar erschien: „Die noch angewendeten umfangreichen Teile des Bürgerlichen Gesetzbuchs aus dem Jahre 1900 können die neuen persönlichen Beziehungen und Vermögensverhältnisse der Bürger eines sozialistischen Staates, aufbauend auf der Moral der Arbeiterklasse, nach den Grundsätzen des kameradschaftlichen Zusammenlebens und der gegenseitigen Hilfe nicht mehr erfüllen" (Walter Ulbricht, 1958).[134] Das Gesetzbuch wurde als Ausbeutungsinstrument des Kapitalismus und Imperialismus und der herrschenden Klasse gekennzeichnet. Die Einbeziehung des Familienrechts in das BGB erklärt *Anita Grandke* 1981 mit der Rolle, die der Familie im imperialistischen Herrschaftssystem zugewiesen sei:[135] „Die Familie ist aus der Sicht der herrschenden Klasse so eng mit dem Privateigentum verbunden, daß eine Regelung im

---

125 *Wilhelm Kisch*, Fünfzig Jahre Bürgerliches Gesetzbuch, NJW 1950, 1.
126 *Justus Wilhelm Hedemann*, Fünfzig Jahre Bürgerliches Gesetzbuch. Ein Rückblick, JR 1950, 1 ff.
127 *Hellmut Georg Isele*, Ein halbes Jahrhundert deutsches Bürgerliches Gesetzbuch, AcP 150 (1949), 1 ff.
128 A.a.O. S. 2.
129 Siehe insbesondere die Ausführungen a.a.O., S. 24 f.
130 A.a.O., S. 26 f.
131 Familiengesetzbuch der DDR vom 20. Dezember 1965 (GBl. I 1966, 1).
132 Zivilgesetzbuch der DDR vom 19. Juni 1975 (GBl. I 1965, 564).
133 Für das folgende siehe *Marcus Flinder*, Die Entstehungsgeschichte des Zivilgesetzbuches der DDR, 1999.
134 Protokoll des V. Parteitages des SED, Bd. 1 S. 55, zit. nach *Flinder* (Fn.133), S. 55.
135 Familienrecht. Lehrbuch, Autorenkollektiv unter Leitung von *Anita Grandke*, 1981, S. 46.

Recht dieses Eigentums nur folgerichtig ist."[136] Auch Elemente der germanistischen Kritik tauchen wiederum auf. Das gilt einmal in Bezug auf Sprache und System des BGB; das Recht des neuen Staates sollte nicht abstrakt und kompliziert, sondern verständlich sein.[137] Interessanterweise wurde darüber hinaus der Gedanke aufgenommen, dass das BGB die Persönlichkeit des Menschen nicht hinreichend berücksichtige und einseitig das Vermögensrecht regle. Diese Kritik erhielt nun eine sozialistische Färbung, es ging nun um die Entwicklung der Bürger zu „sozialistischen Persönlichkeiten"[138] und damit einen erzieherischen Auftrag der Zivilrechtsordnung, in diesem Zusammenhang auch um ihre Persönlichkeitsrechte.[139]

In der Bundesrepublik belebten sich die Aversionen gegen das BGB im Zusammenhang mit der Studentenrevolte von 1967/1968. Auch hier lief die aus sozialistischen Grundauffassungen geschöpfte Entwertung mit der nun schon traditionellen allgemeinen Kritik an Sprache, Stil und Konzeption des Gesetzbuchs zusammen. Da die Erwartung auf grundlegende Veränderung gerichtet war, musste zum Überkommenen die nötige Distanz hergestellt werden, durch „kritisches Hinterfragen" von System und Regelungsgehalt des Gesetzbuches und vor allem durch seine historische Verortung als Kind einer längst vergangenen Zeit und als Überbau längst überwundener Produktionsverhältnisse. Die – vielfach mit Hilfe des Marx'schen Vokabulars – geleistete Historisierung setzte eine schon bekannte Linie auf anderer ideologischer Grundlage fort.

Für die geschichtliche Einordnung des BGB erwies sich die mehrfache Bedeutung der Vokabel „bürgerlich" als sehr hilfreich. Man konnte so schon assoziativ das „bürgerliche Recht" einer gedachten sozialen Schicht, nämlich dem Bürgertum oder der Bourgeoisie zuordnen,[140] in deren Händen sich seit Ende des 18. Jahrhunderts die Macht befinde und die zur Festigung dieser Macht und Durchsetzung ihrer Interessen die Gesetzgebung benutze. So konnte auch das BGB als Instrument der Klassenherrschaft erscheinen, das mit Veränderung der politisch-sozialen Grundbedingungen folgerichtig ausgedient habe oder doch fundamentalen Änderungen zugeführt werden müsse.

Aus der Literatur der Zeit greife ich die Ausführungen *Rudolf Wiethölters* heraus, dessen Beiträge im Rahmen des Funkkollegs des Hessischen Rundfunks (1966) in den folgenden Jahren die zivilistische Standardlektüre der „progressiven" Studenten bildete. Hier wird im BGB „das privatrechtliche Grundgesetz des liberalen Bürgertums" erkannt, das „liberal und konservativ zugleich konzipiert" sei. Sehr schnell habe fühlbar werden müssen, dass es auf die moderne Arbeits- und Wirtschaftsordnung, auf die Massenversorgung und die Standardisierung des bis dahin als Privatrecht betrachteten Wirtschaftskreislaufes nicht passte. „Für die Bewältigung der uns aufgegebenen sozialen Prozesse, für die soziale Integration innerhalb der privaten Kulturordnung ... schied das BGB jedenfalls aus."[141] Ähnlich wie schon vorher wurde die Rechtsentwicklung seit Inkrafttreten des BGB als Entwertung des Gesetzbuches gedeutet, wofür namentlich die Entwicklung des Arbeits- und Wirtschaftsrechts als Beleg angeführt wurde.[142] Der alte Vorwurf, das BGB sei unsozial, kehrte in historischer Relativierung wieder: Die Eignung des

136 A.a.O., S. 45.

137 Siehe bei *Flinder* (Fn. 133), S. 27, 213, 227.

138 Siehe die Präambel zum Zivilgesetzbuch, zur Entwicklung der Diskussion hierzu *Flinder* (Fn. 133), S. 73 ff.

139 Vgl. § 7 ZGB. Zu diesem Gesichtpunkt weiteres bei *Flinder* (Fn. 133), S. 28, 73 ff. Zum Zivilrechtsbegriff in der DDR im Zusammenhang mit dem ZGB siehe insbesondere *Gustav-Adolf Lübchen*, Grundsätze des sozialistischen Zivilrechts, Neue Justiz 1974, 670 ff.; *ders.*, Die Stellung des Zivilgesetzbuchs in der einheitlichen sozialistischen Rechtsordnung der DDR, Neue Justiz 1975, 467 ff.; *Johannes Klinkert*, Die Bedeutung des ZGB-Entwurfs für grundsätzliche Positionen des sozialistischen Zivilrechts, Neue Justiz 1975, 110 ff.

140 Z.B. *Rudolf Wiethölter*, Rechtswissenschaft, Funkkolleg zum Verständnis der modernen Gesellschaft, Bd. 4, 1968, S. 168; s. auch *Thilo Ramm*, Einführung in das Privatrecht, 1. Aufl., 1974, Bd. 1 S.G11 („bürgerliche Rechtskonzeption").

141 *Rudolf Wiethölter*, Recht, in: Wissenschaft und Gesellschaft, Funkkolleg zum modernen Verständnis der Gesellschaft, Bd. 1, 1967, S. 233, 234.

142 Siehe insbesondere die Ausführungen bei *Wiethölter*, Recht (Fn. 141), S. 247 ff.; 254 ff.

Gesetzbuchs, das „die Sozialverfassung der Vergangenheit, nicht der Zukunft spiegelt",[143] zur Lösung der *heutigen* Probleme wird bestritten. Wiethölter forderte in diesem Zusammenhang – auch hier in einer Tradition der BGB-Kritik stehend –, die bisherige Scheidung von Privatrecht und öffentlichem Recht zu überwinden, anders ausgedrückt, das bürgerliche Recht zu politisieren.[144] Ein klassenbezogener Charakter des BGB klingt in dem Satz an, es gehe (unter anderem) darum, „das auf *eine* Schicht zugeschnittene Privatrecht für alle Schichten funktionsfähig zu machen."[145] Im übrigen stimmte *Wiethölter* keineswegs in die übliche Kritik an Sprache und Stil des Gesetzbuches ein und maß seinen Wert an den Möglichkeiten der Entstehungszeit: „Mitten im Strom der industriellen Evolutionen, der Entwicklung des Proletariats, der sozialen Frage, der politischen Konflikte zwischen dynastischen Restaurationen und nationaler Demokratisierung ein zukunftsorientiertes Privatgesetzbuch zu schaffen, hätte die an den 25 Jahre in Anspruch nehmenden Vorarbeiten beteiligten Kreise schlicht überfordert."[146] Generell kann beobachtet werden, dass in der historischen Verortung von rechtlichen Phänomenen auch ein Element der Rechtfertigung stecken kann, allerdings für vergangene Zeiten, nicht für die Gegenwart.

Die kritisch-historische Distanz zum BGB blieb allerdings keine Eigenheit der „progressiven" Bemühungen um ein neues Rechtsverständnis, sondern war auch sonst verbreitet. Eine wesentliche Rolle spielten dabei die Deutungsbemühungen von *Franz Wieacker*. Dieser unterlegte dem „spätgeborenen Kind der Pandektenwissenschaft und der nationaldemokratischen, insoweit vor allem vom Liberalismus angeführten Bewegung seit 1848"[147] gleich anderen europäischen Zivilrechtskodifikationen ein Sozialmodell, das er wie folgt kennzeichnet: „Das soziale Modell der west- und mitteleuropäischen Kodifikationen beruht danach, wenn man zuspitzen will, auf der Usurpation einer einzigen Klasse der Wirtschaftsgesellschaft; es machte das ‚besitzende Bürgertum' zum vornehmlichen Repräsentanten der nationalen Rechtsordnungen, und konnte dies notwendig nur auf Kosten anderer Klassen und Berufsstände tun."[148] *Wieacker* glaubt eine Labilität der sozialethischen Grundkonzeption der modernen Privatrechtsgesetzbücher zu erkennen, die vom tiefen Gegensatz zwischen Liberalismus und Demokratie als der nur scheinbar miteinander zu vereinbarenden Grundlagen der Gesetzbücher verursacht sei.[149] Die Vorstellung, mit dem BGB habe sich das besitzende Bürgertum sein Gesetzbuch gemacht, um die Interessen der übrigen Bevölkerung zu unterdrücken, liegt sowohl auf der Linie der sozialistischen Kritik als auch der Hinweise Gierkes auf den Manchester-Liberalismus. Gierke erscheint „doch wohl" als der zukunftsreichste und tiefste Kritiker des Privatrechts seiner Zeit.[150] Gierkes „Tropfen socialistischen Öls" mutiert freilich zu einem „Tropfen sozialen Öls".[151] Das BGB sei „das letzte Siegesmal des alten Bürgertums", freilich ein „Pyrrhussieg".[152]

Wieacker rettet sodann aber das Gesetzbuch für die Gegenwart, indem er darlegt, dass im Verlauf des 20. Jahrhunderts eine „stille, aber vollkommene Umwälzung des Sozialbildes" gefolgt sei.[153] Der großen Kodifikation von 1900 habe die Ziviljurisprudenz ein neues Sozialmodell unterlegt, „ohne ihre Tradition preiszugeben"; die „formale Freiheitsethik" sei in eine „materiale Ethik sozialer Verantwortung zurückverwandelt" worden; meist unbewusst sei man „zu den ethi-

143 *Wiethölter*, Recht (Fn. 141), S. 234.
144 *Wiethölter*, Rechtswissenschaft (Fn. 140), S. 179.
145 *Wiethölter*, Recht (Fn. 141), S. 229 f.
146 *Wiethölter*, Recht (Fn. 141), S. 233.
147 *Franz Wieacker*, Das Sozialmodell der klassischen Privatrechtsgesetzbücher und die Entwicklung der modernen Gesellschaft (Juristische Studiengesellschaft Karlsruhe, Heft 3),1953, S. 9. Siehe ferner *Franz Wieacker*, Das bürgerliche Recht im Wandel der Gesellschaftsordnungen, in: Hundert Jahre deutsches Rechtsleben. Festschrift zum 100-jährigen Bestehen des Deutschen Juristentages 1860–1960, Bd. 2, 1960, S. 1 ff.
148 *Wieacker*, Sozialmodell (Fn. 147), S. 10.
149 *Wieacker*, Sozialmodell (Fn. 147), S. 6, 7 („Anschein der Vereinbarkeit").
150 *Wieacker*, Sozialmodell (Fn. 147), S. 14.
151 *Wieacker*, Sozialmodell (Fn. 147), S. 17.
152 *Wieacker*, Sozialmodell (Fn. 147), S. 17.
153 *Wieacker*, Sozialmodell (Fn. 147), S. 17.

schen Grundlagen des älteren europäischen Gemein- und Naturrechts" zurückgekehrt.[154] Die heutige Interpretation sehe die Rechtsverhältnisse wesentlich als Sozialfunktionen, die nach Maßgabe vorgegebener oder vertraglich übernommener Verantwortungen ausgeübt werden.[155] Den Beweis für eine so fundamentale Umwälzung sollen die Beispiele „Bewertung der Willenserklärung", „Schuldverhältnis als Organismus", „clausula rebus sic stantibus" und „Fortbildung der Eigentümerpflichten" und ferner bestimmte Entwicklungen der Gesetzgebung bieten. Diese Deutung wird dann in den Kontext einer neuen Gesellschaftsethik gestellt, die deutlich anti-individualistische Züge trägt und mit älteren europäischen Traditionen in Verbindung gebracht wird.[156] Es ist nicht schwer, in der Charakterisierung des alten BGB die Linien der herkömmlichen Kritik (Klassencharakter des Gesetzbuches, Egoismus, Individualismus, mangelnde soziale Ausrichtung) nun in einer geistesgeschichtlich anspruchsvoller verpackten Weise wiederzufinden. Die Ausführungen hatten den Vorzug, links wie rechts gleich gut zitierbar zu sein:[157] Für die einen war das Bild des BGB von 1900 gut getroffen, für die anderen war das heutige Privatrecht als Ausdruck einer neuen Verantwortungsethik gerettet.

Die Zwiespältigkeit in der Bewertung fand in die Lehr- und Lernbücher der Rechtsgeschichte mit immer neuen Vokabeln, aber den seit Gierke vorgezeichneten Tendenzen Eingang: Einerseits wird die Rechtstechnik gepriesen, andererseits teils die Sprache,[158] teils der Stil („formal")[159], teils das System, teils die Aktualität, teils der – nicht hinreichend soziale – Gehalt des Gesetzbuches[160] und teils alles zusammen eher negativ beurteilt.[161] Fast übereinstimmend findet sich die historische Verortung im „liberalen" oder „besitzenden Bürgertum" u.ä.[162] Im Stil der Darstellungen fällt die etwas herablassende Haltung auf, wie sie sonstigen Phänomenen der Rechtsgeschichte nicht entgegengebracht wird. Eine Ausnahme hiervon macht die Charakterisierung des Gesetzbuches durch *Hans Hattenhauer*[163] und *Karl Kroeschell*[164], während die Darstellung bei *Mitteis/Lieberich* von den gewohnten Aversionen bestimmt wird: „Gleichwohl ist es (scil. das BGB) in hohem Maße versteinertes Recht. Sein Sozial- und Wirtschaftsbild ist retrospektiv und aus der Sicht der patriarchalisch bestimmten bürgerlichen Kleinfamilie sowie eines betonten Wirtschaftsliberalismus konzipiert. Kennzeichnend ist seine Ahnungslosigkeit gegenüber den tiefgreifenden sozialen und wirtschaftlichen Veränderungen des neuen Jahrhunderts …".[165]

Neueste Beschäftigungen mit dem BGB als Kodifikation versuchen, von den eingefahrenen Zuschreibungen loszukommen oder sie zu relativieren.[166] Mehr noch: Es finden sich Ansätze,

---

154 *Wieacker*, Sozialmodell (Fn. 147), S. 18

155 *Wieacker*, Sozialmodell (Fn. 147), S. 20.

156 Siehe nur die Ausführungen bei *Wieacker*, Sozialmodell (Fn. 147), S. 25–27.

157 Vgl. nur *Dieter Hart*, Vom bürgerlichen Recht zur politischen Verwaltung, Kritische Justiz 1966, 274 ff.

158 Siehe insbesondere *Adolf Laufs*, Rechtsentwicklungen in Deutschland, 1. Aufl. 1973, S. 234.

159 Z.B. *Ulrich Eisenhardt*, Deutsche Rechtgeschichte, 2. Aufl., 1995, Rn. 582 („formale Rechtsordnung").

160 Z.B. *Uwe Wesel*, Geschichte des Rechts, 1997, S. 446 („unsozial").

161 Vgl. etwa *G. Wesenberg/G. Wesener*, Neuere deutsche Privatrechtgeschichte, 4. Aufl. 1985, S. 210 f.

162 Z.B. *Thilo Ramm*, Einführung in das Privatrecht/Allgemeiner Teil, Bd. 1, 1970, S. G 11; *Dieter Schwab*, Einführung in das Zivilrecht, 1. Aufl. 1974, Rn. 38 („für die Bedürfnisse des geschäftetreibenden Bürgertums konzipiert"); *Hans Schlosser*, Privatrechtsgeschichte der Neuzeit, 4. Aufl. 1982, S. 117 („der besitzende Bürger, der kleine Unternehmer und der Landwirt"); *Eisenhardt*, Deutsche Rechtgeschichte (Fn. 159), Rn. 582; *Laufs*, Rechtsentwicklungen in Deutschland (Fn. 158), S. 234 f. Kritisch hierzu *Rolf Knieper*, Gesetz und Geschichte. Ein Beitrag zu Bestand und Veränderung des Bürgerlichen Gesetzbuches, 1996, S. 42 ff.

163 *Hans Hattenhauer*, Zwischen Hierarchie und Demokratie, 1971, Rn. 498.

164 *Karl Kroeschell*, Rechtsgeschichte Deutschlands im 20. Jahrhundert, 1992, S. 20 f.

165 *Heinrich Mitteis/Heinz Lieberich*, Deutsche Rechtsgeschichte, 19. Aufl. 1992, S. 470.

166 Siehe *Knieper* (Fn. 162), insbesondere S. 35 ff.; *Norbert Horn*, Ein Jahrhundert Bürgerliches Gesetzbuch, NJW 2000, 40 ff.; *Rolf Stürner*, Der hundertste Geburtstag des BGB – nationale Kodifikation im Greisenalter?, JZ 1996, 741 ff.; *Hans Schulte-Nölke*, Die schwere Geburt des Bürgerlichen Gesetzbuchs, NJW 1996, 1705 ff.; *ders.*, Die späte Aussöhnung mit dem Bürgerlichen Gesetzbuch, in: Jahrbuch Junger Zivilrechtswissenschaftler 1996 (Das deutsche Zivilrecht 100 Jahre nach Verkündung des BGB. Erreichtes, Verfehltes, Übersehenes), 1997, S. 9 ff.

die Fundamentalkritik am BGB ihrerseits als historisches Phänomen begreifen,[167] das nach geschichtlicher Einordnung und Deutung verlangt. *Stürner* sieht in der BGB-Kritik viel Wahres, fährt aber fort: „Man muss sie aber teilweise doch als Ausdruck einer Selbstgeißelung begreifen, die den Blick für die Realitäten und den gesetzgeberischen Horizont der Väter des BGB etwas verstellt."[168] Aber welches sind die Ursachen für eine Selbstgeißelung der deutschen Zivilrechtswissenschaft? Auch wird heute die Frage gestellt, ob nicht bestimmte Mängel, die man dem BGB zugeschrieben hat, in Wahrheit in einer verengten, den Absichten seiner Schöpfer nicht entsprechenden Gesetzesanwendung begründet sind.[169]

Eine neuartige Ehrenrettung des BGB bietet *Schulte-Nölke* an. Er spricht von einer „späten Aussöhnung mit dem BGB", die „erst nach 1945" stattgefunden habe.[170] *Schulte-Nölke* bietet als Erklärung für die Rekonziliation die Vorstellung an, das BGB habe die für seine Konzeption geeigneten Bürger erst in der zweiten Jahrhunderthälfte gefunden: „Dem Bürgerlichen Gesetzbuch fehlten in der ersten Hälfte seines Bestehens die Bürger, für die es gemacht war und die es tragen sollten".[171] Vor 1900 hätten die sozialen Schichten, deren Angehörige dem Leitbild des BGB am ehesten entsprachen, insbesondere das gehobene Bürgertum, eine wesentlich kleine (gemeint: kleinere?) Gruppe der Gesamtbevölkerung gebildet als in der Bundesrepublik. Die damals anachronistische Vision der Väter des BGB von der Gesellschaft freier und unabhängiger Bürger habe sich in einem Maße erfüllt, das um 1900 kaum vorhersehbar gewesen sei.[172] Also: Vom rückständigen zum visionären BGB! Die Vorstellung, dem BGB sei sein Volk erst nach dem „Wirtschaftswunder" zugewachsen, bleibt letztlich dem Gedanken verhaftet, das BGB sei für bestimmte Bevölkerungsschichten gemacht worden, deren Zusammensetzung allerdings von Autor zu Autor gewissen Schwankungen unterliegt. Das Bild vom „freien und unabhängigen Bürger", den das BGB heutzutage realiter antreffen soll, trübt sich vielleicht etwas ein, wenn wir das Menschenbild ins Auge fassen, das der aktuellen Verbraucherschutzgesetzgebung zugrunde liegt. Wird das BGB von seinem gerade gefundenen Volk schon wieder verlassen?

IV. Anmerkungen und Fragen

Die Geschichte der Kritik am BGB kann im Rahmen der modernen Privatrechtsgeschichte als Treffpunkt politischer, sozialer und wissenschaftlicher Bestrebungen gesehen werden, aus denen sie sich erklärt, über die sie aber gleichzeitig etwas auszusagen vermag.

1. BGB und Sozialismus

Soweit die Kritik von den Vorstellungen einer wirklich sozialistischen Gesellschaft inspiriert war, erscheint sie folgerichtig. Das BGB, mochte es auch vorübergehend als abstraktes Normengerüst einem staatssozialistischen System dienlich sein können, beruht auf dem Gedanken der Freiheit und Selbstverantwortung der Person und auf dem Prinzip des freien Marktes. Es enthält keinerlei Elemente der durch Staatsgewalt, Räte, Kommunen und ähnliche übergeordnete Organisationen zu verantwortenden Zu- und Verteilung der wirtschaftlichen Güter, auch keine Ansätze zur Sicherung des Rechts des Arbeiters auf den Ertrag seiner Arbeit, wie es der ältere Sozialismus und noch die sogenannten Juristensozialisten naturrechtlich

167 Insbesondere bei *Knieper* (Fn. 162), S. 43.
168 JZ 1996, 741, 742.
169 Vgl. *Knieper* (Fn. 162), S. 35 ff.
170 *Schulte-Nölke,* Die späte Aussöhnung (Fn. 166), S. 1 ff.; *ders.,* Die schwere Geburt, NJW 1996, 1705, 1709.
171 Die späte Aussöhnung (Fn. 166), S. 21.
172 Die schwere Geburt (Fn. 166), S. 1705, 1709.

begründet hatten.[173] Soweit die sozialistischen Gegner des BGB seine mangelnde Eignung für eine *andere* Gesellschaft meinten, trifft der Tadel weniger das Gesetzbuch als die politisch-soziale Verfassung. Die sozialistische Kritik in diesem Sinn ist so lebendig oder tot wie der Sozialismus selbst. Der „Tropfen socialistischen Öles" gehört freilich nicht in diesen Zusammenhang, weil mit ihm nicht der Sozialismus, sondern die sozialstaatliche Schmiere für das kapitalistische Räderwerk gemeint war.

2. BGB und Gleichberechtigung

Augenfällige Substanz hatten die Beanstandungen, die von Seiten der Frauenbewegung erhoben wurden. Wenngleich das BGB die grundsätzliche Rechtsgleichheit der Geschlechter einheitlich für das damalige deutsche Reich durchsetzte – wie gesehen zum Ärger Gierkes und anderer Kritiker – so blieb die Ehefrau davon ausgenommen, obwohl in der Entstehungszeit des BGB die Forderung nach Gleichberechtigung auch der verheirateten Frau längst auf dem Tisch lag.[174] Das Familienrecht des BGB entsprach eben dem Denken der die Gesetzgebung damals bestimmenden Kreise. Wie lange dieses Denken trotz der verfassungsrechtlichen Gleichheitsgarantien von 1919 und 1949 noch die Rechtswelt beherrschte, zeigt das weitere Schicksal der Rechtsfortbildung auf diesem Gebiet: Der Weg zur Gleichberechtigung der Ehefrau führte über viele Etappen, die erst in der zweiten Hälfte des 20. Jahrhunderts zurückgelegt wurden[175] und deren (vorläufig?) letzte das Familiennamensrechtsgesetz von 1993[176] darstellt. Die Vorstellung von der Untertänigkeit der Ehefrau scheint einem Archetypus gleich jenseits aller Gleichheitsproklamationen langfristig im Bewusstsein und Unterbewusstsein wirksam geblieben zu sein. Was soll man vom Gesetzgeber des Jahres 1896 verlangen, wenn *Franz Wieacker* im Jahre 1952 vor der „Juristischen Studiengesellschaft in Karlsruhe"[177] folgenden Satz sagen kann: „Ebenso liegt dem Recht der Kindschaft und der Vormundschaft (scil. des BGB) eine patriarchalische, übrigens ethisch gesunde und wirklichkeitsnahe Betrachtung zugrunde"? Die Prinzipien der *Gleichberechtigung*, in jüngerer Zeit auch zugunsten der Väter eingefordert, und der *Selbstbestimmung des Individuums*, fruchtbar gemacht zugunsten der Kinder und der betreuungsbedürftigen Erwachsenen, sind die Motoren einer grundlegenden Umgestaltung des Familienrechts im 20. Jahrhundert. Schwerlich konnte der Gesetzgeber des Deutschen Reiches am Ende des neunzehnten Jahrhunderts Forderungen Rechnung tragen, welche die Gesellschaft erst in der zweiten Hälfte des zwanzigsten in einem zeitlich lang gestreckten Reformvorgang einzulösen bereit war.

3. Die soziale Komponente des Privatrechts

Nicht zu bestreiten ist, dass das BGB die soziale Komponente des Privatrechts nur zurückhaltend berücksichtigt hat. Das Problem des Schutzes des Schwächeren im Kontext der vertraglichen Bindung war zur Zeit seiner Entstehung erkannt gewesen, die Antworten des BGB hierauf, insbesondere die Generalklauseln, die Anfechtung und ein sehr eingeschränkter Kreis

---

173 Dazu *Dieter Schwab*, Arbeit und Eigentum. Zur Theorie ökonomischer Grundrechte im 19. Jahrhundert, Quaderni Fiorentini per la Storia del Pensiero giuridico moderno, Bd. 3/4 (1974/1975), 511 ff.

174 Siehe die Beiträge in: Ute Gerhard (Hrsg.), Frauen in der Geschichte des Rechts. Von der frühen Neuzeit bis zur Gegenwart, München 1997, Dritter Teil, S. 509 ff.; insbesondere: *Barbala Dölemeyer*, Frau und Familie im Privatrecht des 19. Jahrhunderts, S. 633 ff.

175 Übersicht in meinem Beitrag: Gleichberechtigung und Familienrecht im 20. Jahrhundert, in: *Gerhard* (Fn. 174), S. 790 ff.

176 Familiennamensrechtsgesetz vom 16.12.1993 (BGBl. 1993 I S. 2054).

177 *Wieacker*, Das Sozialmodell (Fn. 147), S. 16.

zwingender Vorschriften eigneten sich schwerlich dafür, die Frage ungleicher Macht und ungleicher rechtstechnischer Kompetenz von Vertragspartnern mit der nötigen Schärfe zu thematisieren. Hätte die Fundamentalkritik sich auf diesen Gesichtspunkt konzentriert, so hätte sie vielleicht nicht die hohen Wellen geschlagen, wäre aber doch – vielleicht auch in den Jahren vor 1896 – überzeugender ausgefallen. Dem BGB indes eine soziale Komponente völlig abzusprechen, war ebenso aufsehenerregend wie falsch.[178]

Die Väter des BGB haben – bewusst oder instinktiv – in der schon damals auffälligen Beschleunigung der zivilisatorischen Veränderungen vieles kommen sehen, dessen wahres Ausmaß sie nicht erkennen konnten. In dieser Lage hielten sie dasjenige vom BGB fern, dessen Dimension sie noch nicht einzuschätzen vermochten: Das Abzahlungsgesetz vom 16. Mai 1894[179] als das „erste Verbraucherschutzgesetz" blieb ebenso außerhalb des BGB wie das „Gesetz betreffend die Verbindlichkeit zum Schadensersatz für die bei dem Betriebe von Eisenbahnen, Bergwerken usw. herbeigeführten Tötungen und Körperverletzungen vom 7.6.1871"[180] und weitere Gesetze über die Gefährdungshaftung in der neuen technischen Welt. Man kann sagen: Das BGB ist ein vorsichtiges Gesetzbuch, es prescht nicht mit Volldampf in die neuen Zeiten, sondern stellt ein sorgfältig erarbeitetes Instrumentarium zur Verfügung, das durch Elastizität für künftige Entwicklungen offen bleibt.

Das allerdings ist trotz der Hedemann'schen Warnung vor den Generalklauseln als besonderer Vorzug des Gesetzbuches erkannt: Das angeblich starre, leblose BGB öffnet selbst die Pforten für die Rechtsfortbildung. Ob dies bewusst geschehen ist oder die Frucht einer Entmachtung des Gesetzbuches durch „unbegrenzte Auslegung" war,[181] sei dahingestellt. Die These, das BGB sei ein Kind der Begriffsjurisprudenz und erst neue methodische Lehren hätten einen freieren Umgang mit dem Gesetzbuch ermöglicht oder bedingt, unterliegt Zweifeln.[182] Die Auffassung, die Gerichte hätten sich zunächst als Sklaven des Gesetzeswortes gesehen und erst später, in den Kriegs- und Nachkriegswirren und dann in den Wirtschaftskatastrophen der Weimarer Zeit, von diesem Joch befreit, ist nicht aufrechtzuerhalten.[183]

Auch wenn man sich für den Interessenausgleich zwischen den Vertragsparteien allgemein oder bei speziellen Vertragstypen adäquatere Regelungen vorstellen kann, als das BGB sie bietet, so erscheint doch aus heutiger Sicht das Etikett „unsozial" maßlos übertrieben. Vielfach macht die Übertreibung einen gewollten Eindruck. Was ist nicht aus der Umschreibung der Eigentümerbefugnisse (§ 903) an sozialer Schelte herausgeholt worden, obwohl die Vorschrift, nüchtern betrachtet, nur die *Vermutung* für die allseitige Freiheit des Eigentums enthält und die Entkräftung dieser Vermutung durch *jedes andere subjektive Recht und jeglichen Rechtssatz* zulässt? Wem wäre gedient gewesen, wenn die Befugnisse des Eigentümers einzeln aufgezählt oder wenn sämtliche denkbaren Einschränkungen, die sich meist in verwaltungsrechtlichen Vorschriften finden, im BGB selbst thematisiert worden wären?

Inspiriert durch Gierke und Menger befrachteten viele Kritiker das BGB mit sozialpolitischen Aufgaben, die eine Privatrechtsordnung nicht erfüllen kann. Wenn dem „gleichen Recht, unter den Brücken zu schlafen" ein gleiches Recht auf menschenwürdiges Wohnen gegenübergestellt werden soll, so wird keinem denkbaren Bürgerlichen Gesetzbuch die Einlösung dieses Rechts

178 *Gottlieb Planck* hat sich veranlasst gesehen, den sozialen Gehalt des Gesetzbuchs zu erläutern, siehe den Aufsatz: Die soziale Tendenz des Bürgerlichen Gesetzbuchs, DJZ 1899, 180 ff.

179 RGBl. 1894 S. 450.

180 RGBl. 1871 S. 207.

181 S. *Bernd Rüthers*, Die unbegrenzte Auslegung, Frankfurt/Main 1973.

182 Siehe *Knieper* (Fn. 162), S. 36.

183 Siehe die Beiträge in: Ulrich Falk/Heinz Mohnhaupt (Hrsg.), Das Bürgerliche Gesetzbuch und seine Richter. Zur Reaktion der Rechtsprechung auf die Kodifikation des deutschen Privatrechts (1896–1914), Frankfurt/Main 2000.

gelingen, weil seine Instrumente nicht zur politisch gesteuerten Güterverteilung taugen. Gewiss lässt sich, wie bald offenkundig wurde, das Wohnungsmietrecht wesentlich sozialer gestalten, als dies nach dem ursprünglichen BGB-Recht der Fall war. Doch geht es bei den Fundamentalkritiken durch Gierke und seine Nachahmer nicht um Teilaspekte, in denen Verbesserungen zu fordern waren, sondern um das Ganze, dessen Wertlosigkeit um so evidenter gemacht werden konnte, je illusorischer die aufgebürdeten Ziele und Funktionen angesetzt wurden.

4. BGB und öffentliches Recht

Nur aus der Zeit heraus zu verstehen, dem Gesetzbuch gegenüber aber blind ist die von den Kritikern des Gesetzbuches aufgestellte Behauptung, es habe sich dem öffentlichen Recht nicht genügend geöffnet, sondern sei „reines" Privatrechtsgesetzbuch geblieben. Vielleicht spielt bei Gierke eine Rolle, dass der Begriff des öffentlichen Rechts um die Jahrhundertwende noch mehrdeutiger war als heute. Vielleicht war es auch schwer, den Text des BGB sogleich ganz zu erfassen. In Wahrheit ist das BGB so konzipiert, dass die Tore für die Gesamtheit der Rechtsordnung weit offenstehen: Beschränkungen des Eigentums sichert § 903 volle zivilrechtliche Beachtung; Schutzgesetze jeglicher Provenienz bilden über § 823 Abs. 2 die Grundlage von Schadensersatzansprüchen und über die Rechtsfortbildung des § 1004 auch für negatorische Klagen; jegliches Verbot, gleich ob strafrechtlicher oder verwaltungsrechtlicher Natur, ja sogar ein behördliches Verbot kann ein Rechtsgeschäft zunichte machen (§§ 134 bis 136); die Wertentscheidungen der Verfassung gehen über die §§ 138, 242 BGB in den an den „guten Sitten" zu messenden *ordre public* ein. Das öffentliche Recht ist im Zivilrecht derart präsent, dass die Zivilrechtsdogmatik Einschränkungen vornehmen muss, so bei § 823 Abs. 2 und bei § 134 mit Hilfe der Lehre vom Schutzzweck der Norm.

5. Modernität und Offenheit

Das Prädikat „vorsichtig, aber für die Entwicklungen offen" zeigt sich auch in anderer Hinsicht. Die Rechtsgüter und subjektiven Rechte, die das BGB kennt, sind gewiss sehr zurückhaltend formuliert. Eine Lehre von den subjektiven Rechten ist nicht geschlossen formuliert; manches erschließt sich nur mittelbar aus dem Deliktsrecht, insbesondere aus § 823 Abs. 1 BGB. Dort sind nur wenige Rechte ausdrücklich genannt. Rechte (Rechtsgüter), die in der Entstehungszeit bereits anerkannt waren, etwa das Urheberrecht, blieben im BGB unerwähnt. Besonders bemängelt wurde durch die Zeiten hindurch, dass das BGB sich nicht dazu verstand, das Persönlichkeitsrecht ausdrücklich zu thematisieren. Doch auch hier bewährte sich die Offenheit des Gesetzbuchs. Waren nicht mit dem Blankettbegriff „sonstiges Recht" in § 823 Abs. 1 BGB alle Türen geöffnet?[184] Bekanntlich hat die Ausfüllung des genannten Blanketts insofern Schwierigkeiten bereitet, als man den Begriff „sonstiges Recht" nur mit dem Eigentum verknüpfte und daher auf Vermögensrechte bezog, zum Teil auch in der irrigen Vorstellung, die vor dem Eigentum plazierten Rechtsgüter (Leben, Gesundheit, Freiheit) könnten nicht Gegenstand eines subjektiven Rechts sein.[185] Doch sind den Schöpfern des BGB die Irrtümer seiner Interpreten schwerlich zuzurechnen. Das „sonstige Recht" erwies sich jedenfalls als brauchbares Vehikel für wichtige Rechtsentwicklungen. Überhaupt zeigt die Rechtsgeschichte des 20. Jahr-

184 Hierzu neuestens *Diethelm Klippel/Gudrun Lies-Benachib*, Der Schutz von Persönlichkeitsrechten um 1900, in: *Ulrich Falk/Heinz Mohnhaupt* (Fn. 183), S. 343 ff. Zur Geschichte des Persönlichkeitsrechts im 19. Jahrhundert s. *Diethelm Klippel*, Historische Wurzeln und Funktionen von Immaterialgüter- und Persönlichkeitsrechten im 19. Jahrhundert, ZNR 1982, 132 ff.; *Dieter Leuze*, Die Entwicklung des Persönlichkeitsrechts im 19. Jahrhundert, Bielefeld 1962.

185 Die Schöpfer des BGB waren nicht dieser Meinung, siehe bei *Klippel/Lies-Benachib* (Fn. 184), S. 357 f.

hunderts, dass die Festschreibung eines Rechts(-güter-)katalogs im Gesetzbuch von einer fortlaufenden Überalterung bedroht wäre. Rechtsobjekt kann *alles* sein, was dem Interessenbereich eines Rechtssubjekts zugerechnet wird, und die Frage ist nur, *in welcher Hinsicht* und *in welchem Umfang* die Rechtsordnung damit die Befugnis verbindet, das Verhalten anderer Personen in Bezug auf den Gegenstand zu bestimmen. Die Offenheit des BGB bedingt seine Fähigkeit zu immer neuer Modernität.

6. BGB und Sprache

Der frontale Angriff auf Sprache, Stil, System, der Vorwurf der Volksfremdheit und Lebensferne, Starrheit und Verstaubtheit sind am Gesetzbuch spurlos vorüber gegangen. Was Sprache und Stil betrifft, kann das BGB gegenüber den Bemühungen des heutigen Gesetzgebers geradezu als Muster der Verständlichkeit gelten. Die Gesetzgebung der Bundesrepublik Deutschland bedient sich einer Sprache, die nicht weniger abstrakt und künstlich ist als die des BGB, ohne aber dessen Präzision, Einheitlichkeit und Folgerichtigkeit auch nur annähernd zu erreichen. Die heutige Gesetzessprache kann das Niveau des BGB aus vielerlei Gründen nicht halten: Eine rastlose, auf die Veränderungen der Zivilisation reagierende, auch kurzlebigen politischen Einfällen verpflichtete Gesetzgebung hat nicht die nötige Zeit, die sprachliche und systematische Stimmigkeit ihrer Produkte abzusichern. Oder fehlt es auch am Vermögen, gar am Willen? Offenkundig dringt mit der verwaltungsrechtlichen Umnetzung unseres Lebens zunehmend auch die Bürokratensprache ins Zivilrecht ein, deren Eigenheiten unter anderem der Gebrauch des Passivs und das endlose Zusammenkleben von Hauptwörtern sind.

Freilich: Gemeinverständlich ist auch das BGB nicht und sollte es von Beginn an nicht sein. Die Anstrengungen, die Gesetze sprachlich so zu verfassen, dass jeder einigermaßen vernünftige Mensch ihnen entnehmen kann, was seine Rechte und Pflichten sind, verfolgen in der modernen Zivilisation ein utopisches Ziel. Die Schöpfer des BGB waren von dieser Utopie ebenso frei wie es die heutigen Gesetzesmacher sind. Mehr noch: Die Gesetzgebung der jüngst vergangenen Jahrzehnte geriert sich offener noch als das BGB als Rechtserzeugung *von Juristen* (nämlich Ministerialbeamten und Juristen in den Parlamentsausschüssen) *für Juristen* und lässt sehr viel weitergehend als das BGB selbst die wünschenswerten Mindestanstrengungen vermissen, um den Verständnishorizont der eigentlichen Adressaten auch nur in groben Konturen zu erreichen. Man lese den Verbrauchern, die man umfassend schützen will, das Verbraucherkreditgesetz vor und frage sie dann, was sie davon verstanden haben!

Gewiss klingt in der Sprache des BGB vieles hölzern und künstlich, der Ausdruck könnte bisweilen verständlicher und sinnfälliger sein. In dieser Hinsicht pflegt dem BGB das Beispiel des Schweizerischen Zivilgesetzbuches entgegengehalten zu werden. Doch befindet sich die moderne Gesetzgebung in einem Dilemma. Gerade mit dem Gebrauch der allgemein-verständlichen Sprache sind Risiken des Missverständnisses verbunden. Sobald das harmloseste Wort zum gesetzlichen Terminus geworden ist, verliert es seine Unschuld. Denn nun fangen die Juristen an, an ihm zu schnitzen und zu feilen, bis es eine rechtliche Spezialbedeutung erlangt hat, die von ihrer „natürlichen" abweicht. Für das Verständnis der juristischen Laien ist der Vorgang gefährlich, weil sie die juristische Spezialisierung nicht erkennen können. Das war das Schicksal des Allerweltswortes „Betreuung", das der Gesetzgeber wegen fortlaufender, für die Justizkasse teurer Missverständnisse schon nach wenigen Jahren in den künstlichen Terminus „rechtliche Betreuung" verwandelte.[186] Eine ähnliche Lage ergibt sich, freilich ohne gesetzliche Korrektur,

---

186 Gesetz zur Änderung des Betreuungsrechts sowie weiterer Vorschriften (Betreuungsrechtsänderungsgesetz – BtÄndG) vom 25. Juni 1998 (BGBl. I S. 1580). Siehe zu diesem Zusammenhang *meinen* Beitrag: Die Rechtssprache und das tägliche Leben, in: Festschrift für Walter Rolland zum 70. Geburtstag, 1999, S. 345 ff.

für den Begriff der elterlichen Sorge, die fortlaufend als tatsächliche Sorgetätigkeit für das Kind missverstanden wird, während sie juristisch nur eine *Konstruktion* ist, die über die Frage, wer das Kind tatsächlich erzieht und versorgt, schlechterdings nichts aussagt.[187] Wenn man diese Zusammenhänge begreift, gewinnt man Verständnis für die Kunstwörter „Willenserklärung" und „Rechtsgeschäft", deren sprachliche Form bereits darauf hinweist, dass es um besondere rechtliche Bedeutungen geht.

Eine verbreitete Kritik hat das BGB wegen seiner Verweisungstechnik erhalten, und in der Tat ist an einigen Stellen zu Lasten der Verständlichkeit und Durchsichtigkeit ein extremer Gebrauch davon gemacht worden, man denke nur an das Verweisungskarussell der §§ 818 Abs. 4, 819, 292, 987 ff. BGB oder an die Mühen, die uns das Gesetz mit dem System des Erbschaftsherausgabeanspruchs bereitet (§§ 2018 ff. mit Teilverweisungen auf das Eigentümer-Besitzer-Verhältnis). Man kann darüber diskutieren, ob diese oder jene Verweisung zweckmäßig, gesetzgeberisch klug oder sachlich angemessen ist; unangebracht erscheint aber der grundsätzliche Angriff gegen Verweisungen, ohne die ein Gesetzbuch nicht übersichtlich gehalten werden kann. Die BGB-Kritik hat auch den Gesetzgeber unserer Tage keineswegs beeindruckt; er bietet Verweisungen und Verweisungsketten von gigantischem Ausmaß, wie die „Lektüre" des § 1908i BGB beweisen mag.

Ähnlich verhält es sich mit den – im „Dritten Reich" besonders emphatisch bekämpften – Fiktionen. Was hat man sich nicht über den alten § 1589 Abs. 2 BGB, wonach ein uneheliches Kind und dessen Vater nicht als verwandt „gelten", aufgehalten! Sieht man von dem für heutige Vorstellungen nicht akzeptablen Inhalt der Vorschrift einmal ab – *die Technik*, mit der dieser Inhalt ausgedrückt wurde, war so verwerflich nicht. Die Alternative hätte folgende Vorschrift sein können: „Zwischen dem nichtehelichen Vater und seinem Kind treten die rechtlichen Wirkungen der Verwandtschaft grundsätzlich nicht ein". Verständlicher wäre das gewiss nicht gewesen. Der heutige Gesetzgeber bestimmt souverän, wer Vater oder Mutter *ist*,[188] ohne sprachlich zu erkennen zu geben, dass es sich zwar nicht um eine Fiktion im strengen Sinn, aber ebenfalls nur um eine *rechtliche* Zurechnung handelt, die mit der natürlichen Abstammung nicht übereinstimmen muss – ein Fortschritt? Die Fiktion ist ein Mittel der Gesetzgebungstechnik, von der vernünftiger wie unangemessener Gebrauch gemacht werden kann. Die Qualität des BGB schon wegen der Verwendung dieser Technik anzuzweifeln, lag von vornherein neben der Sache.

Was die Sprache des BGB betrifft, lohnt sich die Überlegung, was geworden wäre, wenn Gierke tatsächlich mit seinen Forderungen durchgedrungen wäre. Dann hätten wir die „fahrende Habe", das „Näherrecht", die „Kinder in der Were", die „Mundschaft" und den „Mundwalt" und die „Gewere zur rechten Vormundschaft"[189] und andere Antiquitäten, die zum modernen Kostüm der Gierke'schen Kritik in reizvollem Gegensatz stehen.

---

187 Siehe *meinen* Beitrag: Wandlungen der „gemeinsamen elterlichen Sorge", in: Festschrift für Hans Friedhelm Gaul, Bielefeld 1997, S. 717–728.

188 §§ 1591, 1592 in der Fassung des Gesetzes zur Reform des Kindschaftsrechts (Kindschaftsrechtsreformgesetz – KindRG) vom 16.12.1997 (BGBl. I S. 2942).

189 Siehe nur die Ausführungen in: Der Entwurf eines bürgerlichen Gesetzbuchs, S. 49 f.

7. BGB und Rechtswissenschaft

An der geschilderten Frontalkritik am BGB fällt generell auf, dass sie auch da, wo sie ein berechtigtes Anliegen thematisiert, maßlos übertrieben ausfällt. Man könnte die Frage nach den Gründen stellen.

Für die Entstehungszeit des BGB könnte eine Rolle spielen, dass die gewaltige Zäsur, die das BGB für die gesamte deutsche Rechtskultur bedeutete, von einem Teil der Rechtsgelehrten zunächst nicht verkraftet wurde. Bis zum 1. Januar 1900 bestand das zivilrechtliche System trotz der allseits fortschreitenden Gesetzgebung im Kern aus Professorenrecht. Dieses schien nun endgültig zur Abdankung gezwungen. Die Universitätsjuristen begegneten dem Gesetzbuch in durchaus verschiedener Weise. Der Bereitschaft, sich dem neuen Recht zu öffnen und sogar mit Begeisterung an seiner Durchdringung zu arbeiten, stand der wehmütige Blick zurück gegenüber. Für die Wehmut war der germanistische Zweig der Privatrechtswissenschaft umso anfälliger, als er sich spätestens seit der Mitte des 19. Jahrhundert ohnehin als „zu kurz gekommen" empfand. Auch jenseits der Germanistik mag sich die Erkenntnis eingestellt haben, dass mit dem BGB die bisherige Rolle der Privatrechtswissenschaft beendet und eine neue noch nicht zuverlässig gefunden war – ebenso wie die Rechtsgeschichte mit ihrer eigenen Historisierung Probleme bekommen musste, die bis heute nachwirken.

Es fällt auf, dass die Renaissance der BGB-Kritik häufig im Kontext mit Bestrebungen steht, der Wissenschaft wiederum eine zentrale Rolle als rechtsbildende Kraft zu sichern. Die als solche empfundene Entmachtung der Jurisprudenz brachte Widerstände hervor – die Freirechtsschule kann als Befreiungsversuch aus den gedachten Fesseln der Kodifikation gedeutet werden, dem weitere Anstrengungen mit gleichem Ziel folgten. Vielen professoralen Äußerungen in der Zeit nach 1933 ist anzumerken, dass – neben dem Wettlauf um die Gunst des Regimes – die Sehnsucht nach einer wirklichen Beteiligung der Wissenschaft an der Rechtsschöpfung eine Rolle spielte. Mit der Machtergreifung Hitlers schien sich eine *tabula rasa* aufzutun, deren Besetzung die Chance zur juristischen Kreativität versprach. Es ist auffällig, wie häufig in der Neuerungsliteratur ab 1933 – auch dies im Anschluss an Gierke – das Wort „schöpferisch" (zusammen mit „lebendig" im Gegensatz zu „starr" und „tot") vorkommt.[190] Die Hoffnung, der Jurisprudenz wiederum eine neue Rolle zu sichern, gab dem dann aufflammenden Streit, ob die nationalsozialistische „Rechtserneuerung" primär eine Sache der Gesetzgebung oder durch den „königlichen Richter" und die Wissenschaft zu bewerkstelligen sei, seine besondere wissenschaftsgeschichtliche Dimension. Dass auch die bereitwilligste Wissenschaft vom Regime rasch frustriert wurde, steht auf einem anderen Blatt.[191]

Auch die BGB-Kritik der Jahre nach 1967 kann in diesen Zusammenhang gebracht werden. Mit der Historisierung des BGB und seiner Zurechnung an überwundene Machtverhältnisse war eine Plattform für Revolution oder Reform gefunden, auf der sich die Rechtswissenschaft ungebundener und wiederum rechtserzeugend bewegen konnte. Das Gegensatzpaar „dogmatisch" (= gebunden an die Binnenwelt des herkömmlichen Rechts) und „politisch" konfrontierte zwei Sichtweisen, deren letztere (interdisziplinär verbündet mit Soziologie, Politologie und Psychologie geeigneter Provenienz) allein die Chance zu kreativer Wissenschaft zu eröffnen schien. So stand das BGB mit seinen Charakterisierungen oft für sehr viel mehr, nämlich für das

---

190 Besonders deutlich bei *Lange*, Liberalismus (Fn. 99), S. 7; in der Schrift: Vom alten zum neuen Schuldrecht (Fn. 99), S. 40 tritt auch der rechtsschöpferische „Richterkönig" auf: „Der Nationalsozialismus erstrebt die Lösung von starrer Gesetzestreue, um die Bindung an das Recht umso tiefer zu gestalten ...". Siehe zum „Schöpferischen" auch *Eckhardt*, Das Studium der Rechtswissenschaft (Fn. 101), S. 17.

191 Die Frustration der von manchen Professoren gehegten Hoffnungen lässt sich sehr gut an dem Bericht eines der Beteiligten nachvollziehen: *Heinrich Lange*, Die Entwicklung der Wissenschaft vom bürgerlichen Recht seit 1933. Eine Privatrechtsgeschichte der neuesten Zeit, 1941.

gesamte „formale", ungerechte Herrschaftsverhältnisse stabilisierende Rechtssystem, als dessen perfektester Ausdruck es genommen wurde.

Die Geschichte der BGB-Kritik erscheint jedenfalls in einem anderen Licht, wenn man sie unter dem Aspekt der Geschichte der Rechtswissenschaft, ihres Selbstverständnisses und ihrer Bedeutung im Rechtssystem betrachtet. Zugespitzt formuliert sagen die grundlegenden Angriffe auf Stil, Sprache, System und Geist des BGB mehr über die Verfasser, ihre Zeit und ihre Situation aus als über das Gesetzbuch selbst.

V. Das Nachlassen der Kritik und die heutige Lage

Das Nachlassen der Kritik am BGB gegen Ende des Jahrhunderts mag damit zu tun haben, dass sich die Rechtswissenschaft in ihre veränderte Rolle gefunden hat. Das hatten allerdings die meisten bedeutenden Zivilisten schon sogleich nach 1900 geschafft, wie überhaupt die negative Charakterisierung des Gesetzbuches die Zivilistik nicht davon abhielt, sein System und seinen Gehalt zu durchdringen und fortzuentwickeln und schließlich zu einem ausdifferenzierten Rechtsschutzsystem zu gelangen, das – nach 100 Jahren nicht verwunderlich – inzwischen reichlich Speck angesetzt hat. Die Sorge, eine Privatrechtskodifikation mache die Rechtswissenschaft überflüssig oder degradiere sie zum bloßen Vollzugsorgan eines staatlichen „Amtsrechts", hatte sich schon bald nach Inkrafttreten des BGB als unbegründet erwiesen.

Heute stellt sich das Bürgerliche Recht als eine komplexe Struktur aus verfassungsrechtlichen Vorgaben, Gesetzesrecht, Richterrecht und wissenschaftlicher Dogmatik dar, deren Methodologie die Bewältigung der Sachproblematik über den bloßen Gesetzesvollzug stellt und in der sich die Privatrechtswissenschaft so frei bewegt wie einst in den Pandekten. Unzweifelhaft ist aus dem BGB, das zudem durch Spezialgesetze überwuchert wird, etwas anderes geworden als es im Jahre 1900 war. Es wäre dies jedem 100-jährigen Gesetzbuch so gegangen. Die Souveränität der Gerichte und der Wissenschaft in der Behandlung des Rechtsstoffs steigt mit zunehmendem Alter der Gesetze. Mit einem Gesetz aus fern liegenden Zeiten und Zuständen geht man anders um als mit einem jungen Gesetz, dem der Wille des gegenwärtigen Gesetzgebers noch sichtbar auf die Stirn geschrieben steht. Auch begegnet das Gesetzesrecht im Laufe der Zeit neuen, oft ungeahnten Lebenswirklichkeiten und Lebensauffassungen, welche die Zeitbedingtheit der das Gesetzbuch nährenden Vorstellungen offenbaren und die Rechtsanwender zur Rechtsfortbildung zwingen. Die Folge ist, dass auch bei gleichbleibendem Gesetzestext vielfältige Rechtsänderungen dem Gesetzbuch nicht mehr entnommen werden können. Auch das ist ein Preis der „Ewigkeit": Wehe dem naiven Rechtssuchenden, der mit einem Blick bloß in das Gesetzbuch seine Rechtssache einschätzen möchte! Das deutsche Privatrecht hat sich dahin entwickelt, dass das BGB zunehmend nur noch den großen systematischen Rahmen und die allgemeine Rechtstechnik für eine fortwuchernde Rechtsmasse bietet. Die Analyse der Entwicklung dieses Zustandes seit Beginn des 20. Jahrhunderts wäre ein lohnender Gegenstand der Privatrechtsgeschichtsschreibung, allerdings auch ein schwieriges Unterfangen.

Das Nachlassen der Kritik am BGB hat vermutlich auch damit zu tun, dass mit der Idee eines Europäischen Privatrechts, das über die Vorgaben des Gemeinschaftsrechts hinaus eine wissenschaftlich zu leistende Rechtseinheit anstrebt, die Vision einer neuen Rechtsordnung lebendig geworden und ein attraktives Feld für rechtsschöpferische Anstrengungen entstanden ist, das kreative Kräfte an sich bindet. Hier geht nicht der Blick zurück, sondern in die Zukunft. Allerdings könnte im Wettstreit um die besten Strukturen und Problemlösungen das deutsche Recht um so weniger Chancen haben, je tiefer die so lange gehegten Vorurteile gegen das BGB in das Gedächtnis der deutschen Juristen eingegraben sind. Mit Spannung sehen wir dem Jahre 2004 entgegen, nämlich den Feierlichkeiten zum 200. Jubiläum des französischen Code Civil. Zu den entsprechenden Festen des Jahres 1904 berichtete *Heinrich Dernburg*: „Paris feierte mit Prunk und Geschick. ... Die Lobreden auch der auswärtigen Redner auf den code streiften an das Überschwengliche."[192]

Veröffentlicht in: Zeitschrift für Neuere Rechtsgeschichte, 22. Jahrgang 2000, Nr. 3/4, S. 325–357, Verlag Manz, Wien 2000.

Nachtrag: Die Abhandlung ist aus Anlass des Gedenkens an das Inkrafttreten des BGB zum 1. Januar 1900 entstanden. Die Beschreibung der „heutigen Lage" in Abschnitt V. bedürfte aus heutiger Sicht einiger Ergänzung. Vor allem sind seitdem zentrale Teile des Schuldrechts durch das „Gesetz zur Modernisierung des Schuldrechts" vom 26.11.2001 (BGBl. I S. 3138) reformiert worden. Das Verbraucherschutzrecht, das überwiegend in Spezialgesetzen geregelt war, ist weitgehend in das BGB inkorporiert, was vielfach eine Paragraphenzählung mit Hilfe von Buchstaben erforderlich machte. Für die Schuldrechtsreform, zu der schon einige Entwürfe vorlagen, war im Zeitpunkt der Abfassung des Beitrags noch keine politische Dynamik erkennbar. An den Befunden, die in der vorstehenden Abhandlung aufgezeigt werden, ändert die Schuldrechtsreform nichts. Sie bestätigt die Anleihen, die „moderne" Zivilgesetze vom Stil der Verwaltungsvorschriften zu nehmen pflegen.

192 DJZ 1905, 1.

Rechtsideen aus Gießen
Aus der Geschichte der Rechtswissenschaft an der Gießener Universität

I. 17. und 18. Jahrhundert

Der Geist weht, wo er will, doch ist er an Zeit und Raum gebunden. Er tritt als Zeitgeist ebenso in Erscheinung wie als Ortsgeist, als *genius loci*, an dessen Existenz zumindest Festredner zu glauben pflegen. Und so hatte ich mir gedacht, dass es aus Anlass des großen Jubiläums der Gießener Rechtsfakultät lohnend sein könnte, den *juristischen* Ortsgeist Gießens zu beschwören, um zu sehen, welche Rechtsideen, welche juristischen Einfälle von nachhaltiger Wirkung von diesem Orte aus in die Welt hinausgeweht sind.

Den Ort selbst betreffend sind uns aus der Feder von Studenten und Professoren zwiespältige Beschreibungen überliefert. Dem einen – wie dem Magister *Laukhard* – erscheint Gießen als ein „elendes Nest"[1], eine Einschätzung die wörtlich in einem Brief *Rudolf Jherings* wiederkehrt[2] und die der temperamentvolle Autor kurz vor seinem Weggang zu einem „miserablen Drecknest" zu steigern weiß.[3] Andere hingegen zeichnen die Stadt mit dem Ehrentitel „Lahn-Athen" aus.[4] Als ausgemachte Schönheit unter den Universitätsstädten scheint Gießen überwiegend nicht angesehen zu werden, vielmehr als eine Stadt, in der man in Ruhe studieren und forschen, dazu ein idyllisches Leben genießen und zur Erfrischung durch die Wälder streifen kann. „Du weißt, dass ich mich hier wohl fühle, trotz der wenigen Studenten", schreibt Jhering an Windscheid, „ich habe eine so behagliche Stellung, wie ich sie in einer größeren Stadt wie München, Leipzig, Berlin nie wieder erhalten könnte, denn der Hauptgrund der Behaglichkeit besteht in dem, was nur eine kleine Stadt bieten kann – Stille, ländliches Leben, Gartenvergnügen usw."[5] In dieser „stillen, einförmigen Idylle"[6] kann gearbeitet, nachgedacht, auch gewandert werden – wir sehen die Professoren unterwegs auf den Gleiberg und Schiffenberg ebenso wie die Studenten, die stets aus der Stadt hinausdrängen in die Umgebung, auf dem Gleiberg nicht selten eine feindliche Distanz suchend, wenn Krach mit Rektor oder Kanzler angesagt war. Die Schönheit Gießens gewinnt sozusagen mit dem Blick aus der Ferne, und unser Ortsgeist ist nur fassbar, wenn wir die Umgebung, die Flüsse, die Hügel und Burgen mit einbeziehen.

Juristischen Ideen nachzuspüren, die ihren Weg aus Gießen in die Rechtswelt angetreten haben, empfinde ich als reizvolle, aber auch gewagte Sache. Denn in vier Jahrhunderten fällt den überwiegend lebhaften akademischen Akteuren sehr viel ein, was unmöglich in einen Vortrag gefasst werden kann. Von der ersten Juristengeneration an, die hier studiert und gelehrt hat, bis

---

1 *Friedrich Christian Laukhard*, Leben und Schicksale, von ihm selbst beschrieben, Bd. 1, 1792, S. 67.
2 Brief an K.F. von Gerber vom 15.10.1858, zitiert nach: Rudolf von Jhering in Briefen an seine Freunde, 1913, Neudruck 1971, S. 101.
3 In einer in scherzhaftem Stil geschriebenen Autobiographie im Brief an August Lammers vom 4.1.1867, zit. nach Briefe (Fn. 2), S. 214, 215.
4 *Gareis*, wie Fn. 42.
5 Brief an Bernhard Windscheid vom 15.2.1858, zitiert nach: Briefe (Fn. 2), S. 86 f.
6 Brief an Gerber vom 15.10.1858, zitiert nach: Briefe (Fn. 2), S. 102.

heute sind zahllose Geistesblitze niedergegangen. Es gilt also auszuwählen, nur einige wenige Geister müssen den Ortsgeist repräsentieren.

Für Verständnis möchte ich auch darum bitten, dass die Rechtsideen des 17. und 18. Jahrhunderts in meinem Vortrag nur eine geringe Rolle spielen. Es mag an fehlenden Vorarbeiten liegen, dass sich die Gießener Rechtsgelehrten dieser älteren Zeit nicht gerade als die im Reich herausragenden Vertreter ihrer Fächer aufdrängen.[7] Im Staatsrecht taten sich einige Gießener Professoren auf der kaiserlichen Seite hervor, etwa jener *Dietrich Reinking*, der im Heiligen Römischen Reich noch eine Stiftung Gottes für ewige Zeiten sah, die bis zum Ende der Welt dauern werde[8] – schwerlich eine zukunftsweisende Idee. Im Jahre 1694 wurde immerhin ein Lehrstuhl für Natur- und Völkerrecht eingerichtet, aber nicht an der juristischen, sondern an der theologischen Fakultät.[9] Die 1777 gegründete ökonomische Fakultät kann mit dem Physiokraten *Johann August Schlettwein* einen führenden Vertreter des jüngeren Naturrechts aufweisen.[10] Unter den Gießener Theologen finden wir in den Jahren 1771 bis 1775 den berühmt-berüchtigten *Carl Friedrich Bahrdt*, der wegen seiner in Gießen entstandenen Bibelübersetzung politisch verfolgt und zu einem Vorkämpfer der Religions- und Pressefreiheit in Deutschland wurde.[11] In der Rechtsfakultät sehen wir derart vorwärts gewandte Geister für lange Zeit nicht am Werke, obwohl es durchweg tüchtige Vertreter des gemeinen Rechts und des Staatsrechts waren, deren Spruchpraxis häufig in Anspruch genommen wurde.[12]

Für die zweite Hälfte des 18. Jahrhunderts verdient *Ludwig Julius Friedrich Höpfner* Erwähnung, der mit einem Kommentar über das Institutionenlehrbuch des Heineccius Ansehen erlangt hat[13] – es war damals vielfach üblich, den Vorlesungen die Bücher anderer Gelehrter zugrunde zu legen, man schämte sich dessen nicht, sondern bekannte sich dazu, auch in der Form eines dann gedruckten Kommentars über das Buch des anderen. Höpfner schrieb 1780 auch ein gemäßigt fortschrittliches Buch über Naturrecht, das wiederum auf dem Buch eines Anderen (nämlich *Achenwall*) fußte.[14] In weiteren Bildungskreisen bekannt wurde Höpfner allerdings durch den Scherz, den sich Goethe mit ihm erlaubt hat: Wie mit zwei Freunden verabredet, die mit Höpfner bekannt waren, suchte der Dichter von Wetzlar aus inkognito den Professor auf, gab sich als Student der Rechte aus und trieb allerlei verbale Späße, bis er schließlich im Gasthaus beim Wein – die Freunde waren inzwischen hinzugekommen – in heiterer Stimmung die Maske fallen ließ. All dies nachzulesen in „Dichtung und Wahrheit“[15].

---

7 Zur Geschichte der Juristischen Fakultät im 17./18. Jahrhundert siehe: *K. A. Hall*, Die Juristische Fakultät der Universität Gießen im 17. Jahrhundert, in: Ludwigs-Universität – Justus Liebig-Hochschule 1607–1957. Festschrift zur 350-Jahrfeier, 1957, S. 1–16; *P. Moraw*, Kleine Geschichte der Universität Gießen von den Anfängen bis zur Gegenwart, 2. Aufl. 1990, insbesondere S. 60 ff., 81 ff. – Zum Studienbetrieb: *W. M. Becker*, Das erste halbe Jahrhundert der hessisch-darmstädtischen Landesuniversität, in: Die Universität Gießen von 1607 bis 1907. Beiträge zu ihrer Geschichte Bd. 1, 1907, S. 1 ff. – Zum älteren Privatrecht vgl. nun *M. Lipp*, Deutsches Privatrecht und Usus modernus. Eine Studie zur Rechtsgeltungs- und Rechtsanwendungslehre im 16. und 17. Jahrhundert, in: W. Gropp/M. Lipp/H. Steiger (Hrsg.), Rechtswissenschaft im Wandel. Festschrift des Fachbereichs Rechtswissenschaft zum 400jährigen Gründungsjubiläum der Justus-Liebig-Universität Gießen, 2007, S. 43 ff.

8 *Hall* (Fn. 7), S. 6.

9 Erster Lehrstuhlinhaber war der Theologe Johann Reinhard Hedinger, vgl *Hall* (Fn. 7), S. 2.

10 Siehe sein Werk: Die Rechte der Menschheit oder der einzig wahre Grund aller Gesetze, Ordnungen und Verfassungen, 1784.

11 Über Preßfreyheit und deren Grenzen, 1787; dazu *meine* Abhandlung: Pressefreiheit als Menschenrecht. Zur Theorie der Gedanken- und Pressefreiheit bei Carl Friedrich Bahrdt, in: O. Triffterer/F. von Zezschwitz (Hrsg.), Festschrift für Walter Mallmann, 1978, S. 245–258. Zu Bahrdt im allgemeinen: *B. Schyra*, Carl Friedrich Bahrdt. Sein Leben und Werk, seine Bedeutung, phil. Diss., Leipzig 1962; *St. G. Flygt*, The Notorious Dr. Bahrdt, 1964.

12 Zur Spruchpraxis der Gießener Fakultät vgl. *Hall* (Fn. 7), S. 5.

13 Theoretisch-practischer Commentar über die Heineccischen Institutionen, 1. Aufl. 1777, 6. Aufl. (nach dem Tode des Verfassers erschienen) 1798.

14 Naturrecht des einzelnen Menschen, der Gesellschaften und der Völker, 1. Aufl. 1780; 6. („rechtmäßige und verbesserte“) Aufl. 1795.

15 *J. W. von Goethe*, Aus meinem Leben. Dichtung und Wahrheit, 12. Buch.

II. Rudolph von Jhering

Mag sich der juristische *genius loci* bei Höpfner schon etwas die Augen gerieben haben, so richtig erwacht ist er erst um die Mitte des 19. Jahrhunderts. Hier ist es zunächst und vor allem ein Mann, mit dessen Rechtsideen allein schon Vortragsreihen zu füllen wären. *Rudolph Jhering* hatte im Jahr 1852, im 34. Lebensjahr stehend, einen Ruf nach Gießen angenommen, nachdem er vorher bereits Professuren in Basel, Rostock und Kiel innegehabt hatte. Eigentlich wollte er nicht hierher: Er hatte aber so hohe Gehaltsforderungen gestellt, dass ihm, nachdem diese bewilligt waren, nichts anderes übrig blieb, als den Ruf anzunehmen[16]. Er blieb in Gießen dann fast 17 Jahre, richtete sich hier behaglich ein, bewohnte in dieser Zeit drei Häuser, das erste in der später nach ihm benannten Straße. Zuletzt wohnte er in einer Villa, zu der vier Morgen Land und 200 Obstbäume gehörten, mitten im Grünen also, an der jetzigen Frankfurter Straße, damals mit freiem Blick auf das Lahntal.[17] Als er nach Gießen kam, hatte er nach dem schmerzlichen Verlust seiner ersten Frau gerade zum zweiten Mal geheiratet. Aus dieser zweiten Ehe gingen fünf Kinder hervor, vier davon sind in Gießen geboren.

Jhering war ein vielfältig beschäftigter Mann: Er hielt seine Kollegs, arbeitete sehr intensiv an seinen wissenschaftlichen Werken, pflegte das Familienleben, darüber hinaus die heitere Geselligkeit, vor allem lud er zu Kammermusikabenden mit bedeutenden Künstlern ein, er selbst wirkte als Pianist mit.[18] Im Hause Jhering war, wie der Sohn Hermann berichtet,[19] „heitere, ungezwungene Geselligkeit Brauch; das Gastzimmer stand selten längere Zeit leer."

Bei solchen Schilderungen drängt sich die Frage auf, wie die Gelehrten des 19. Jahrhunderts das alles schafften: Sie hatten ihr Lehrpensum, nahmen die Prüfungen ab, erstatteten Gutachten, verfassten – im Falle Jhering – ein riesiges wissenschaftliches Werk, es gab keinen Computer, keinen Assistenten,[20] keine Sekretärin,[21] es gab keine Drittmittel – trotzdem wurde Großartiges geschaffen, dabei wurde gewandert, musiziert, Erdbeeren und Spargel, Tauben und Hühner gezüchtet, einmal in der Woche mit Freunden Karten[22] gespielt. Man verkehrte im „Sonderbund"[23], einer Professorenvereinigung, die gleichermaßen dem Gedankenaustausch wie der Geselligkeit diente, man pflegte Kontakte mit den Naturwissenschaftlern ebenso wie mit der juristischen Praxis – wir stehen staunend vor diesem Phänomen.

In Gießen legte Jhering den Grund für sein außerordentliches Renommee: „hier, darf ich sagen, habe ich mir meinen Namen gemacht durch die von hier erschienenen Bände vom Geiste des R. R. (Römischen Rechts), wozu noch einige Kleinigkeiten und auch die Herausgabe einer

---

16 Unter dem 8.8.1851 schrieb er an Gerber: „Moralisch bin ich gebunden, den Ruf anzunehmen, und werde dies tun, selbst wenn Gießen die Hölle wäre und man mich in Darmstadt meines Wortes nicht entbinden sollte", zitiert nach: Briefe (Fn. 2), S. 9.

17 Siehe die Schilderung seines Sohnes Friedrich: Zur Gießener Wirksamkeit Rudolfs von Jhering, in: Ch. Rusche (Hrsg.), Rudolf von Jhering, Der Kampf ums Recht. Ausgewählte Schriften mit einer Einleitung von G. Radbruch, 1965, 457, 462; *D. Klippel*, Jherings Gießener Jahre, in: O. Behrends (Hrsg.), Rudolf von Jhering. Beiträge und Zeugnisse aus Anlass der einhundertsten Wiederkehr seines Todestages am 17.9.1992, 1992, S. 31 ff. In diesem Bande auch Beiträge zur allgemeinen wissenschaftsgeschichtlichen Bedeutung des Gelehrten. Dazu ferner *D. Klippel*, Juristischer Begriffshimmel und funktionale Rechtswelt. Rudolf von Jhering als Wegbereiter der modernen Rechtswissenschaft, in: D. Klippel/H.-J. Becker/R. Zimmermann (Hrsg.), Colloquia für Dieter Schwab zum 65. Geburtstag, 2000, S. 117 ff.

18 Nach den Bekundungen seines Sohnes Friedrich, wie Fn. 17, S. 465.

19 *Hermann von Jhering*, Die Persönlichkeit meines Vaters, in: *Rusche* (Fn. 17), S. 449, 450.

20 Jhering durfte immerhin zeitweilig dem Universitätssekretär Kapitel des „Geistes des Römischen Rechts" diktieren, später hat seine Frau die schnell niedergeschriebenen und mehrfach korrigierten Manuskripte in guter Handschrift kopiert, siehe *Hermann von Jhering*, zitiert nach: *Rusche* (Fn. 17), S. 450, 451.

21 Vgl. Fn. 20.

22 Whist, nach *Friedrich von Jhering*, zitiert nach *Rusche* (Fn. 17), S. 460.

23 *Hermann von Jhering*, nach *Rusche* (Fn. 17), S. 450.

Zeitschrift hinzukamen".[24] Unter „Zeitschrift" sind die zusammen mit Gerber und später allein edierten „Jahrbücher für die Dogmatik des heutigen römischen und deutschen Privatrechts", kurz „Jherings Jahrbücher", gemeint.

Über das große Werk „Der Geist des römischen Rechts auf den verschiedenen Stufen seiner Entwicklung"[25] wäre viel zu sagen. Dieser mehrbändige Torso bildet den ersten seiner großen Versuche, die Jurisprudenz – inmitten der aufblühenden Naturwissenschaften, auch inmitten der drohenden Aufspaltung des Rechts durch nationale Gesetzgebungen – als Wissenschaft zu erweisen und auf allgemeine Prinzipien zurückzuführen. Jhering hat sich an diesem in Teilbänden erscheinenden Buch regelrecht abgearbeitet wie Cézanne am Mont Sainte-Victoire. Er hat – als sich die Vollendung hinzog – unendlich darunter gelitten, den mahnenden Verleger durch Zusendung des einen oder anderen Kapitels mehr verhöhnt als besänftigt, und doch kam er nicht davon los: Der „Geist" muss fertig werden, „damit es von mir nicht einmal heißt: ich hätte noch bei Lebzeiten den Geist aufgegeben!"[26]

Über die Ideen, die in diesem „Geist" stecken, wäre weitläufig zu reden, doch möchte ich mich lieber auf eine Rechtsidee beschränken, die Jhering in einem kleineren Aufsatz entwickelt und mit der er Rechtsgeschichte gemacht hat. Ich meine, wie Sie schon vermuten werden, die folgenreiche Entdeckung einer neuen, heute nicht mehr wegzudenkenden Anspruchsgrundlage, nämlich der *culpa in contrahendo.*

In einer gleichnamigen, 1861 veröffentlichten Arbeit[27] ging Jhering der Lösung von Fällen nach, die folgende gleiche Struktur aufweisen: Ein in Gang gesetzter Vertragsschluss scheitert aus rechtlichen Gründen, der Vertrag ist unwirksam, einer der Partner erleidet dadurch einen Schaden. Zum Beispiel: Es will jemand 100 Pfund einer Ware bestellen, verwechselt aber das Pfundzeichen mit dem Zentnerzeichen, die Ware wird geliefert, vom Käufer aber wegen der abweichenden Menge zurückgewiesen. Nach damaliger Lehre vom wesentlichen Irrtum war der Vertrag unwirksam, aus Vertrag konnte nicht geklagt werden, aber „wer" – so fragte Jhering – „trägt die nutzlos aufgewandten Verpackungs- und Versendungskosten"? Oder: X in Köln beauftragt das Bankhaus Z in Frankfurt per Depesche, auf seine Rechnung bestimmte Staatspapiere zu verkaufen, bei der Beförderung der Depesche kommt die Vorsilbe „ver" abhanden, sodass bei der Bank ein Auftrag zum Kauf der Papiere ankommt, der auch durchgeführt wird. Gleich darauf sinkt der Kurs der Papiere, X ist schwer geschädigt. Wer trägt den Schaden?[28]

Jhering findet Fälle dieser Art in der Literatur kaum behandelt und in den Rechtsquellen das tiefe Schweigen[29]. Er sucht und entdeckt ein neues Rechtsprinzip, nicht ohne das überkommene Recht genau befragt zu haben. Wir befinden uns in einer Zeit, in der das Zivilrecht noch vom römischen Aktionenprinzip beherrscht war: Die materiellen Ansprüche fanden sich noch gleichsam im Gefängnis von bestimmten Klagearten (*actiones*), von denen nur eine beschränkte Zahl und Art zur Verfügung stand. Aber eben diese Aktionen versagten in den genannten Fällen. Aus Vertrag (*actio emti*) konnte der Geschädigte nicht klagen, weil kein Vertrag zustande gekommen war. Die *actio doli* hätte vom Schädiger Vorsatz verlangt; in den genannten Fällen handelte es sich aber meist um ein Versehen, allenfalls also um Fahrlässigkeit. Die *actio legis Aquiliae* schied aus, weil nicht in das Sacheigentum eingegriffen war; es handelte sich durchweg um schlichte Vermögensschäden. Ein allgemeines Rechtsprinzip, niemand dürfe das Vermögen eines anderen fahrlässig schädigen, gab es damals wie heute im deutschen Recht nicht.

24 Kurzer Lebenslauf, zitiert nach *Rusche* (Fn. 17), S. 445, 446.
25 Das Werk erschien ab 1852 in Teilbänden.
26 Brief an Windscheid Anfang 1864, zitiert nach: Briefe, wie Fn. 2, 162.
27 Culpa in contrahendo oder Schadensersatz bei nichtigen oder nicht zur Perfection gelangten Verträgen, in: Jherings Jahrbücher 4 (1861), S. 1 ff.
28 Beispiele nach Culpa in contrahendo (Fn. 27), S. 1, 6.
29 Culpa in contrahendo (Fn. 27), S. 5.

Es musste also, um einen Schadensersatzanspruch zu begründen, über die Elemente „Schaden“ und „Verschulden“ hinaus ein drittes, spezifisches Element hinzukommen, und das war die Konstellation des Vertragsschlusses, die „Verbindung des Verschuldens mit einem Kontraktsverhältnis“[30]. Aus der Tatsache, dass ein Kaufvertrag nicht nur Erfüllungsansprüche begründet, sondern auch Schadensersatzansprüche hervorbringen kann, entwickelte Jhering die Möglichkeit einer *Aufspaltung der Unwirksamkeit* des Vertrages: Es kann sein, dass der Vertrag in Bezug auf den Erfüllungsanspruch unwirksam ist, aber dennoch andere Ansprüche hervorbringt, wie eben Schadensersatzansprüche, die auch entstehen können, wenn der Hauptzweck des Vertrages – die Erfüllung – nicht erreichbar ist.[31]

Es muss über die Pflicht zur Erfüllung hinaus Pflichten eigener Art gegeben, die im Vorgang des Vertragsschlusses impliziert sind. Jhering spricht von der nötigen *diligentia* der Parteien beim Kontrahieren.[32] Das Außerachtlassen dieser Sorgfalt ist die *culpa in contrahendo*, das Verschulden bei Vertragsschluss, das für den geschädigten Partner einen Ersatzanspruch begründet. Jhering verfolgt seinen Gedanken durch alle damals denkbaren Konstellationen misslingender Vertragsverhältnisse hindurch. Nicht ohne Stolz war er sich bewusst, ein neues Rechtsprinzip formuliert zu haben.

Vieles wäre für die Weitsicht unseres Gießener Stars anzufügen, etwa die Unterscheidung zwischen positivem und negativem Interesse, die er im Zusammenhang mit seinen Fällen entwickelt,[33] doch sollen ja noch andere Rechtsideen zu Wort kommen.

Zur Karriere der *culpa in contrahendo* will ich nur noch in Erinnerung rufen, dass das BGB von 1896 glaubte, ohne diese Rechtsfigur auskommen zu können und nur wenige Fallgruppen aufnahm.[34] Für diese Vernachlässigung hat sich die *culpa in contrahendo* alsbald und nachhaltig gerächt: Schon 1911 erging die berühmte Teppichrollen-Entscheidung des Reichsgerichts,[35] in der Jherings Prinzip Anwendung fand. Über die Generalklausel von Treu und Glauben hat die *culpa in contrahendo* dann Eingang in alle Teile des Bürgerlichen Rechts gefunden, ihr Anwendungsbereich ist mehr und mehr ausgedehnt worden, sie wurde in eine allgemeine Lehre von der Vertrauenshaftung inkorporiert und ist heute aus dem Lösungsprogramm fast keiner zivilrechtlichen Examensklausur mehr wegzudenken. Sehr spät erst hat sich der Gesetzgeber bequemt, sie wenigstens zu erwähnen, so im 1976 geschaffenen Gesetz über die Allgemeinen Geschäftsbedingungen („Verletzung von Pflichten bei den Vertragsverhandlungen“).[36] Erst die Schuldrechtsmodernisierung von 2002[37] hat eine positive Regelung dieses Instituts versucht: Nach rund 150 Jahren finden wir die Erkenntnis Jherings in Paragraphen gegossen, wonach in einem Schuldverhältnis nicht nur Leistungspflichten, sondern auch Sorgfaltspflichten enthalten sind, die unabhängig von der Leistungsverbindlichkeit (§ 241 Abs. 2 BGB) und schon durch Vertragsverhandlungen, Vertragsanbahnung oder ähnliche geschäftliche Kontakte entstehen können (§ 311 Abs. 2 BGB).

Wenn Sie, sehr geehrte Damen und Herren, also durch Gießen spazieren, denken Sie gelegentlich daran: Hier wurde nicht nur Liebigs Fleischextrakt, hier wurde auch die culpa in contrahendo erfunden.

30 Culpa in contrahendo (Fn. 27), S. 26.
31 Der Gedanke ist entwickelt in Culpa in contrahendo (Fn. 27), S. 28 ff.
32 Ebenda, S. 42.
33 Ebenda, S. 19 ff.
34 §§ 122 Abs. 2, 179 Abs. 2 BGB.
35 RGZ 78, 239.
36 § 11 Nr. 7 AGBG vom 9.12.1976.
37 Gesetz zur Modernisierung des Schuldrechts vom 26.11.2001 (BGBl. I S. 3138).

III. Carl Gareis

Szenenwechsel. Im Juni 1875 erging ein Ruf an einen in Bern lehrenden Bayern namens *Carl Gareis* an die Gießener Fakultät. Dieser, 31-jährig, scheint schon darauf gewartet zu haben, dem schweizerischen Universitätsleben zu entkommen, schrieb er doch. „Die deutschen Professoren machen in der Schweiz drei Stadien durch: zuerst sind sie entzückt, begeistert, freudigst bewegt über Natur und Freiheit, dann in jähem Umschlag sind sie todunglücklich (...) bis endlich das dritte Stadium beginnt, das der Wurstigkeit, der Gleichgültigkeit und der besonnenen Auffassung".[38] Gareis musste das zweite Stadium gar nicht erst abwarten, denn schon zwei Jahre nach Beginn seiner Berner Vorlesungen erhielt er Rufe nach Greifswald und Gießen. Den letzteren nahm er an.

In Gießen fühlte er sich nach eigenem Bekunden sehr wohl. Schon die Aufnahme im Kollegenkreise war „in jeder Beziehung herrlich, wohltuend im höchsten Grade",[39] „die Mitglieder der Juristenfakultät standen ununterbrochen gut und freundlich zueinander und so auch zu mir, dem neuen Ankömmling".[40] Auch die oberhessische Landschaft, die er nicht selten zu Lasten seiner Präsenz in Fakultätssitzungen erwanderte,[41] hatte es ihm angetan – und überhaupt sein „urgemütliches Lahn-Athen". Dort war es, schreibt er, „wie wenn auf allen seinen Gassen und Gässchen ein weicher, lauwarmer hellgraubrauner Milch-Kaffee-Dampf lagerte".[42] Dies hinderte ihn nicht, dreizehn Jahre später in Richtung Königsberg weiter zu ziehen. Die Endstation allerdings war München, wo er 1923 als hochgeehrter Emeritus verstarb.

In Gießen legte Gareis den Grund für sein gesamtes wissenschaftliches Werk und entwickelte zukunftsweisende Rechtsideen. Bevor ich zu ihnen komme, einige allgemeine Beobachtungen zu seiner Gießener Wirksamkeit. Es ist immer gut für eine Fakultät, wenn sie über fleißige und kompetente Gelehrte hinaus einige Persönlichkeiten ihr Eigen nennt, die umtriebig sind und etwas bewegen. Zu diesem Typus gehörte Gareis. Schon die Gebiete, die er literarisch beackerte, erstreckten sich fast auf die gesamte Jurisprudenz: Er, der Zivilrechtler, schrieb ein „Staatsrecht des Großherzogtums Hessen",[43] ein Buch über Staat und Kirche in der Schweiz,[44] ein Werk „Institutionen des Völkerrechts",[45] ein Buch über „Deutsches Kolonialrecht",[46] um nur einiges Außerzivilistische zu nennen. Doch war er nicht nur Rechtslehrer und juristischer Schriftsteller. Schon wenige Jahre nach seiner Ankunft sehen wir ihn als Leiter archäologischer Aktionen und als Mitgründer des Oberhessischen Vereins für Lokalgeschichte – später Oberhessischer Geschichtsverein.[47] Auf Drängen von Freunden ließ er sich bei den Reichstagswahlen von 1878 für den Wahlkreis Alsfeld-Lauterbach-Schotten als Kandidat aufstellen. Sein Gegenkandidat war der Graf von Solms-Laubach, den er mit deutlicher Mehrheit besiegte.

Zwei Dinge sind mir in diesem Zusammenhang besonders aufgefallen: Erst nachdem Gareis in Berlin als gewählter Abgeordneter angekommen war, trat er einer Fraktion bei, nämlich der nationalliberalen, verkehrte aber auch viel und gerne mit Mitgliedern der anderen Parteien. Und

---

38 *Karl Gareis*, Lebenserinnerungen meines lieben Vaters und meiner selbst. Vorhanden in: Universitätsbibliothek München 8⁰ Cod. Ms. 475. Ich zitiere nach der Kopie einer Abschrift, hier S. 218 (577).

39 Ebenda, S. 219 (580).

40 Ebenda, S. 222 (585).

41 Ebenda, S. 228 (594).

42 Ebenda, 228 f. (595).

43 1884.

44 Zusammen mit *Zorn*, 1877, 1878.

45 1888; 2. Aufl., 1901.

46 2. Aufl., 1902.

47 *Gareis*, Lebenserinnerungen (Fn. 38), S. 231 (601). Das Interesse für die Landesgeschichte bezeugen die Arbeiten: Die Errungenschaftsgemeinschaft in den althessischen Gebietsteilen der Provinz Oberhessen, 1885; Römisches und Germanisches in Oberhessen, in: 3. Jahresbericht des Oberhessischen Vereins für Lokalgeschichte, 1883, S. 53 ff.

ferner: Die parlamentarische Tätigkeit „hinderte mich übrigens keineswegs an der Erfüllung meiner Lehrpflicht, ich konnte alle meine Vorlesungen halten, natürlich nicht immer zu den regelmäßigen Stunden, sondern zu verschiedenen Zeiten, aber jede ausgefallene Vorlesung holte ich nach".[48] Kaum aus Berlin zurück, hatte Gareis im Jahre 1883 die schwierige Wahl, entweder nach Marburg zu gehen oder in Gießen zu bleiben und hier Kanzler der Universität zu werden. Für das Zweite hat sich dann entschieden.

Ich hätte nicht so viel aus diesem Leben erzählt, wenn es nicht von einem bedeutenden Juristen gelebt worden wäre. Die Ideen, die Gareis in seiner Gießener Zeit dem Recht zuführen konnte, liegen im Zentrum des Zivilrechts. Es geht um die zentrale Frage, welche Rechtsgüter die Zivilrechtsordnung als zu schützende anerkennt und auf welche Weise dieser Güterschutz funktioniert. In dieser Frage befand sich das Zivilrecht in den letzten Jahrzehnten des 19. Jahrhunderts in einer rasanten Umwälzung. Denn die moderne Welt mit ihrer wirtschaftlichen und technischen Ausfaltung hatte Rechtsschutzbedürfnisse hervorgebracht, die dem traditionellen gemeinen Recht fremd waren.

Die Sache fing an mit dem Streit um den Büchernachdruck, der in Deutschland ab 1770 eskalierte und sich durch das 19. Jahrhundert zog. Zunächst wurde die Kontroverse hauptsächlich innerhalb des Eigentumsbegriffs ausgetragen („geistiges Eigentum"), schließlich gelang aber die Entdeckung eines Rechts eigener Art, also des Urheberrechts.[49] Rasch wurde sichtbar, dass die Rechtsposition der Schriftsteller und Verleger nicht die einzige Errungenschaft der Zivilisation war, die den Rahmen des gemeinen Rechts sprengte. Durch die Erfindung der Photographie waren auch die Interessen der bildenden Künstler gefährdet, die technischen Fortschritte verlangten nach einem Schutz für Erfindungen, die Ausbildung von überregionalen Wirtschaftsräumen nach dem Schutz von Mustern, Modellen und Marken. Mit der gesellschaftlichen Entwicklung hing auch zusammen, dass die Persönlichkeitsrechte in dem Sinne, in dem wir sie heute begreifen, in das Blickfeld gerieten, das Namensrecht und – wiederum im Zusammenhang mit der Photographie – das Recht am eigenen Bild.

Die Zivilrechtslehrer des 19. Jahrhunderts begegneten diesen neuen Phänomenen weithin mit Nichtbeachtung, denn es machte offenkundig Schwierigkeiten, sie in das traditionelle System des gemeinen Rechts zu integrieren. Das lag daran, dass das römische Recht in das Zentrum der Rechtgüterlehre das Eigentum gesetzt hatte, als Objekte des Eigentums aber nur Sachen – hauptsächlich verstanden als körperliche Gegenstände[50] – anerkannte. Deshalb wurde der Streit um den Nachdruck in der ersten Phase hauptsächlich mit Hilfe des Eigentumsbegriffs[51] geführt, von beiden Seiten. Die Befürworter des freien Büchernachdrucks sagten: Wenn ich ein Buch kaufe und zu Eigentum erwerbe, kann ich mit ihm nach meinem Gutdünken verfahren, also kann ich auch den Text nachdrucken. Die Verfechter der Unerlaubtheit des Büchernachdrucks argumentierten hingegen: Das Buch wird von dem ursprünglichen Eigentümer (dem Autor und dem Verleger) von vorneherein nur mit der Einschränkung verkauft, dass es zwar gelesen, auch

48 Gareis, Lebenserinnerungen (Fn. 38), S. 238 (615).

49 Es genüge für diese Vorgänger der Verweis auf: *L. Gieseke*, Vom Privileg zum Urheberrecht, 1995; *W. Bappert*, Wege zum Urheberrecht, 1962; *D. Klippel*, Die Idee des geistigen Eigentums in Naturrecht und Rechtsphilosophie des 19. Jahrhunderts, in: E. Wadle (Hrsg.), Historische Studien zum Urheberrecht in Europa, 1993, S. 121 ff., 125 ff.; *B. Dölemeyer/D. Klippel*, Der Beitrag der deutschen Rechtswissenschaft zur Theorie des gewerblichen Rechtsschutzes und Urheberrechts, in: F.-K. Beier/A. Kraft/G. Schricker/E. Wadle (Hrsg.), Gewerblicher Rechtsschutz und Urheberrecht in Deutschland. Festschrift zum hundertjährigen Bestehen der Deutschen Vereinigung für gewerblichen Rechtsschutz und Urheberrecht und ihrer Zeitschrift, 1991.

50 Zwar kannte das römische Recht auch *res incorporales*, nämlich Rechte, die auf diese Weise wiederum selbst als Rechtsobjekte behandelt werden konnten, aber die Schutzinstrumente des Eigentums waren auf körperliche Sachen zugeschnitten.

51 Zu diesen Zusammenhängen vgl *meinen* Artikel „Eigentum", in: O. Brunner/W. Conze/R. Koselleck (Hrsg.), Geschichtliche Grundbegriffe. Historisches Lexikon der politisch-sozialen Sprache in Deutschland, Bd. 2, 1975, S. 65 ff.

weiterverkauft, aber nicht nachgedruckt werden darf. Die Lösung musste in die Richtung gehen, dass entweder die geistige Schöpfung als solche – also unabhängig von den einzelnen Buchexemplaren – zum Eigentumsobjekt aufstieg (das hat voller Klarheit der Philosoph *Johann Gottlieb Fichte* entwickelt[52]) oder dass man eine neue Kategorie von Rechten erfand. So und so musste man das System des gemeinen Rechts öffnen.

Nun sind wir bei unserem Gießener Kollegen. Unter den damaligen Juraprofessoren, die sich im Gegensatz zu den meisten ihrer Zunft der modernen Welt nicht verweigerten, sondern sich gerade auf sie stürzten, ragen zwei Namen hervor: *Josef Kohler*, der schreibgewaltige Berliner, und *Carl Gareis*. Als Letzterer sich der Probleme annahm, vor allem in dem Aufsatz über „Das juristische Wesen der Autorrechte, sowie des Firmen- und Markenschutzes", erschienen 1877[53], war auf dem Feld der Gesetzgebung schon viel passiert. Es gab ein Reichsgesetz über das Urheberrecht an Schriftwerken, Abbildungen, musikalischen Kompositionen und dramatischen Aufführungen[54], ebenso ein Reichsgesetz über das Urheberrecht an Werken der bildenden Künste[55], ein Reichsgesetz über das Urheberrecht an Mustern und Modellen[56], einen gesetzlichen Schutz von Photographien[57], von den vielen Landesgesetzen nicht zu reden.

Aber es gab keine zusammenhängende Theorie, welche die Erscheinungsformen der neuen Rechte aus *einem* Prinzip erklären konnte. Der Eigentumsbegriff schied nach den Auffassungen der Zeit aus, und in der Tat schien es schwer, eine Rechtsposition, die sich (spätestens) einige Jahrzehnte nach dem Tod ihres Inhabers in Luft auflöst, im „ewigen" Eigentum anzusiedeln.

Gareis gab nun – ich darf mich auf die Forschungen von *Diethelm Klippel*, ebenfalls einem Alt-Gießener, beziehen[58] – allen den genannten Rechtspositionen ein gemeinsames Fundament außerhalb des Eigentums, und zwar im „Recht der Persönlichkeit". Die Kategorie des Persönlichkeitsrechts (oder der Persönlichkeitsrechte) war von Gareis nicht erfunden, sie geisterte schon längere Zeit durch die Naturrechte mit wechselnden Inhalten und hatte – mit dieser Vielgestaltigkeit belastet – auch schon die Ufer der allgemeinen Rechtsliteratur erreicht.

Gareis ging von einem fundamentalen Recht des Subjekts aus, über die eigenen Kräfte selbst zu disponieren und den Erfolg der so gesetzten Handlungen in Anspruch nehmen zu können, während die anderen zum „Nichthindern", zum „Gewährenlassen" dieses Handelnden verpflichtet seien. Dieser Gedanke gipfelte in der Formel: Das Rechtssubjekt hat das Recht, seine Individualität als solche anerkannt zu sehen[59]. Es muss hinzugefügt werden, dass Gareis, um der Uferlosigkeit zu steuern, durchaus das positive Recht zur Konkretisierung einschaltet, es geht um Rechtsverhältnisse, die „inhaltlich der positiven Rechte" bestehen, nicht in jeder Beziehung ist die Individualität als solche vom Recht anerkannt und geschützt.[60] Gareis verbindet die Positivität des gesetzlichen Schutzes mit einer überpositiven Rechtsidee. In dieser kann er alles unterbringen, was nicht der Sachwelt des Eigentums angehört: das Recht auf die Erhaltung der eigenen Existenz, das Recht auf Ehre und Namen ebenso wie das Urheberrecht, das Erfinder-

52 *J. G. Fichte*, Beweis der Unrechtmäßigkeit des Büchernachdrucks. Ein Räsonnement und eine Parabel, 1793 (abgedruckt auch in der Gesamtausgabe der Bayerischen Akademie der Wissenschaften, hrsg. von R. Lauth und H. Jacob, Bd. I/1, 1964).

53 Archiv für Theorie und Praxis des Allgemeinen Deutschen Handels- und Wechselrechts 35 (1877), S. 185 ff.; ferner: Die Privatrechtssphären im modernen Kulturstaate, insbesondere im Deutschen Reiche, in: Zeitschrift für Gesetzgebung und Praxis auf dem Gebiet des Deutschen öffentlichen Rechts 3 (1877), S. 137 ff.

54 Vom 11.6.1870.

55 Vom 9.1.1876.

56 Vom 11.1.1876.

57 Gesetz betreffend den Schutz von Photographien gegen unbefugte Nachahmung vom 10.1.1876.

58 Die Theorie der Persönlichkeitsrechte bei Karl Gareis (1844–1923), in: Festschrift für Fritz Traub, 1994, S. 211 ff.

59 Das juristische Wesen der Autorrechte (Fn. 53), S. 196.

60 Ebenda.

recht und der Schutz der Muster und Modelle. Das Eigentum als die Rechtsmacht über die Sache erhielt ein Gegenstück in der Rechtsmacht über das Individuelle einer Person, für das jetzt noch ein Name gefunden werden musste. Gareis spricht, da ihm die Persönlichkeitsrechte zu vieldeutig sind, von den Individualrechten.[61]

Dieser Terminus erwies sich allerdings nicht als zukunftsträchtig, später spricht Gareis abwechselnd von Individual- und von Persönlichkeitsrechten.[62] Bleibend war aber die Idee, dem Eigentum als der geschützten Sachgüterhabe einen eine andersartige Güterwelt gegenüberzustellen, bei der die Willensherrschaft sich nicht auf sächlich-körperliche, sondern geistige oder persönliche Gegenstände bezieht. Die Doktrin des Gießeners steht am Beginn der modernen Rechtsgüterlehre, die freilich alsbald weiter fortgeschritten ist und die so genannten Immaterialgüterrechte von den Persönlichkeitsrechten im engeren Sinne abspaltete. Ob dies einen Erkenntnisfortschritt bedeutet, lässt sich in einer Zeit diskutieren, in der das Recht an der Intimsphäre als das hehrste aller Persönlichkeitsrechte fast ebenso marktgängig erscheint wie das Verwertungsrecht eines Schriftstellers.

IV. Reinhard Frank

Es wird Zeit, dass wir zum Strafrecht übergehen. In Gießen haben bedeutende Strafrechtler gewirkt, so in den Jahren 1879 bis 1882 *Franz von Liszt*, der hier sein berühmtes Strafrechtslehrbuch in erster Auflage veröffentlichte (1881), dann *Reinhard Frank* und dessen Nachfolger *Ernst Beling*, der aber nur ein zweijähriges Gastspiel an der Lahn gab (1900–1902), aber voll des Lobes über den „frischen Geist“ an der hiesigen Universität nach Tübingen weiterzog. In Gießen lehrte als Dozent auch der Strafrechtler und Rechtsphilosoph *Karl Engisch*, der in Gießen studiert und Assistentendienste geleistet hatte und sich um die Fakultätsgeschichte erhebliche Verdienste erworben hat.[63]

Unter den Strafrechtlern greife ich *Reinhard Frank* aus zwei Gründen heraus: weil er eine ausführliche Autobiographie hinterlassen hat[64] und weil auf seine Gießener Zeit Einfälle zurückgehen, die eine lange Nachwirkung entfaltet haben. Frank war Hesse, geboren 1860 in Reddinghausen. Er stammte aus einer Industriellenfamilie. Genauer gesagt war sein Großvater – der väterlichen Linie – Pfarrer gewesen, hatte sich mit der Kirchenbehörde aber nicht vertragen und kurzerhand ein Hammerwerk gekauft und lebte fortan als Eisenproduzent. Das bestimmte das Schicksal auch unseres Strafrechtlers in besonderer Weise, oder wie er sich ausdrückt: „Grund und Boden besitzt man weniger als dass man von ihm besessen wird“.[65] Schon in solchen Sätzen deutet sich die Gabe der knappen, treffenden Formulierung an. Reinhard Franks Vater führte dann das Hammerwerk fort, während der Sohn sich der Jurisprudenz zuwandte.

Als der 29-Jährige schon auf dem Sprunge zu einer akademischen Karriere war, kurz vor seiner Berufung auf die ordentliche Professur in Gießen, starb nun der Vater unerwartet. Reinhard Frank fühlte sich gedrängt, trotz seiner wissenschaftlichen Interessen den Hammer weiterzuführen, „an ihm klebte der Schweiß meiner Väter“.[66] So führte er während seiner neun Gießener

61 Ebenda, S. 199.

62 *Klippel*, Die Theorie der Persönlichkeitsrechte (Fn. 58), S. 227.

63 *Engisch* – nun Professor an der Ludwig-Maximilians-Universität München – schrieb zu einer Zeit, als die Gießener Jura-Fakultät noch nicht wieder gegründet war, den sehr aufschlussreichen Beitrag „Gießener Juristen der letzten 100 Jahre“ in: Ludwigs-Universität – Justus Liebig-Hochschule 1607–1957. Festschrift zur 350-Jahrfeier, 1957, S. 17 ff. – Zur Geschichte des Strafrechts an der Gießener Fakultät siehe nun *W. Gropp*, Vestigia Iuris Criminalis, in: Rechtswissenschaft im Wandel (Fn. 7). S. 23 ff.

64 Sie findet sich in: H. Planitz (Hrsg.), Die Rechtswissenschaft der Gegenwart in Selbstdarstellungen Bd. III, 1929, S. 1 ff.

65 Selbstbiographie, wie Fn. 64, S. 2.

66 Ebenda, S. 19.

Jahre (1890–1899) und darüber hinaus ein Doppelleben als Wirtschaftsunternehmer und als Juraprofessor, was vielleicht die praktische Richtung seiner wissenschaftlichen Interessen erklärt. Er schreibt dazu „So habe ich vieles gesehen und gelernt, was einem Akademiker sonst fremd bleibt. Namentlich habe ich erkannt, dass die Leitung eines mittleren Geschäfts mindestens den gleichen Aufwand an Intelligenz fordert wie die Bekleidung einer Lehrprofessur, außerdem aber das doppelte Maß an Energie“.[67]

Frank hatte in Marburg zunächst ein Philologiestudium begonnen, nach einem Semester aber schon auf Jura umgesattelt, mit Zustimmung seines Vaters, der – wie der Sohn es ausdrückt – sich gedacht haben mag, „dass ein Jurist immerhin nicht in dem gleichen Maß zum Geschäftsmann verdorben sei wie ein Philologe“.[68] Das Studium der Rechte führte Frank dann nach München und Kiel, das Referendariat wieder nach Marburg zurück, wo er über das natürliche Strafrecht des Regnerus Engelhard, eines Schülers von Christian Wolff, promovierte und sich mit einer erweiterten Fassung dieser Arbeit habilitierte.[69] Das war übrigens früher nicht ganz selten, dass Fakultäten, die Selbstbewusstsein und Zutrauen zu sich selbst hatten, eine Dissertation auch als Habilitation gelten ließen und junge Leute, die ihre Talentprobe erbracht hatten, nicht zu einem zweiten, noch dickeren Buch zwangen. Frank wählte die Fächerkombination Strafrecht und Zivilprozessrecht, und auf eine ebensolche Professur in Gießen wurde er zum Mai 1890 berufen.

Dort schuf er nun in wenigen Jahren die Werke, die ihn zu einem der führenden deutschen Strafrechtler machten, darunter den bekannten Kommentar zum Reichsstrafgesetzbuch, bei dem ich einige Minuten verweilen will. Franks Kommentierung des StGB war nicht die erste, hatte aber ein eigenständiges Format: Sie ging über die verbreiteten Textausgaben mit Anmerkungen weit hinaus, ohne den für Studenten unverdaulichen Umfang eines Großkommentars zu erreichen. Gedacht war das Erläuterungswerk für das Studium, mehr und mehr wurde daraus aber der führende Praxiskommentar, den die Gerichte bis hin zum Reichsgericht ständig konsultierten. Die erste Auflage erschien 1897, dreißig Jahre später konnte der stolze Autor die 17. Auflage herausbringen, die das 37. bis 42. Tausend umfasste.[70]

Was den Kommentar berühmt gemacht hat, ist nicht nur die Verbindung von wissenschaftlichem Niveau und praktischem Nutzen, sondern auch Franks Fähigkeit, erkannte Regeln oder Abgrenzungen in knappe, präzise und merkfähige Formulierungen zu gießen. Es geht also um die berühmten Frank'schen Formeln, die ich als Student noch lernen musste und die – wie ich mich überzeugt habe – noch immer durch die Lehrbücher geistern.

Sie stehen bereits in der ersten Auflage des Kommentars. Etwa die berühmte Frank'sche Formel für die Abgrenzung des freiwilligen, Straffreiheit verheißenden Rücktritts vom Versuch vom unfreiwilligen. „Freiwillig ist also der Rücktritt (...), wenn der Täter sich sagt: ich will nicht weiter handeln, selbst wenn ich es könnte. Unfreiwillig ist er, wenn der Täter sich sagt: ich kann nicht weiter handeln, selbst wenn ich es wollte“.[71] Oder die Formel für die Abgrenzung des *dolus eventualis* von der bewussten Fahrlässigkeit: Der *dolus eventualis* erscheint „als die eigentümliche psychische Beziehung, bei der sich der Täter sagt: mag es so oder anders sein, so oder anders werden, auf jeden Fall handle ich (...). Sagt sich dagegen der Täter: wüsste ich, dass es so sein oder so kommen sollte, so unterließe ich meine Handlung – so liegt kein *dolus eventualis* mehr vor und es kann höchstens noch von Fahrlässigkeit die Rede sein“.[72] Der gesamte Kom-

67 Ebenda, S. 20.
68 Ebenda, S. 8.
69 *R. Frank*, Des Regnerus Engelhard peinliches Recht. Ein Beitrag zur Kenntnis und Beurteilung der Wolff'schen Rechtsphilosophie, jur. Diss., Marburg 1887.
70 Selbstbiographie (Fn. 64), S. 24. Der Kommentar erschien bei J. C. B. Mohr in Tübingen.
71 1. Aufl., § 46 Anm. II.
72 1. Aufl., § 59 Anm. III.

mentar ist von solchen einprägsamen Formeln durchsetzt. Sie sind eingebettet in ausformulierte Doktrinen, es handelt sich also nicht um hausbackenen Faustregeln, sondern Kompressionen von theoretischen Diskursen.

Für Frank war mit diesem Kommentar der Grund für eine glänzende Karriere gelegt, trotz der Belastung durch den Eisenhammer. Als er im Jahr 1899 nach Halle ging, gab ihm die Gießener Studentenschaft einen Abschiedskommers, er gelobte, sich dieser Ehrung stets dankbar zu erinnern.[73] Der Weg führte dann über Tübingen nach München. In seiner Biographie hebt Frank vor allem seine Berufung zur Mitarbeit am Entwurf zu einem neuen deutschen Strafgesetzbuch hervor, in diesem Zusammenhang lässt er auch einen gewissen Überdruss an der Universitätslehre erkennen: „Das Dozieren auf dem Katheder schien mir nur auf die Erzielung von Examenswerten gerichtet, das Prüfen eine für beide Teile unwürdige Quälerei zu sein".[74] Ich lasse den Satz unkommentiert stehen.

V. Leo Rosenberg

Obwohl noch von vielen grandiosen Rechtideen zu berichten wäre, die in Gießen ausgetüftelt, formuliert und niedergeschrieben sind, verlangt die Zeit, dass sich mein Vortrag dem Ende zuneige. Auf einen Gelehrten möchte ich noch die Aufmerksamkeit lenken, der vor über 80 Jahren in Gießen ein Buch geschrieben hat, nach dem heute noch studiert und judiziert wird. Ich meine *Leo Rosenberg* und sein Lehrbuch des Zivilprozessrechts, ein Werk aus *einem* Guss, in dem eine Fülle von Rechtsideen ausgeprägt ist.

Als der aus Schlesien stammende Rosenberg[75] im Jahre 1912 nach Gießen kam – er stand im 33. Lebensjahr –, hatte er bereits zwei Bücher geschrieben, welche die Prozessualisten noch heute konsultieren: seine Dissertation über „Die Beweislast nach der Zivilprozessordnung und dem Bürgerlichen Gesetzbuche"[76] und seine Göttinger Habilitationsschrift über „Die Stellvertretung im Prozess", deren Druckfassung den damals ungewöhnlichen Umfang von 1000 Seiten erreichte.[77]

Schon die Dissertation war ein außergewöhnlicher Wurf. Zu dem Thema war Rosenberg durch ein Preisausschreiben der Breslauer Fakultät angeregt worden, und zwar zu einer Zeit, als er noch Student war: „(...) ich war in meinem dritten Semester noch nicht reif für die Arbeit, hatte noch keinen Zivilprozess gehört, wurde aber von der Aufgabe gepackt, die mich in den folgenden Semestern beschäftigte, und promovierte über sie 1900 in Breslau"[78] – so berichtet Rosenberg selbst und so überliefert es sein Schüler Eduard Bötticher, gleichfalls ein Gießener Rechtslehrer. Der Rang der Dissertation muss umso höher veranschlagt werden, als zur Zeit ihrer Entstehung das Bürgerliche Gesetzbuch noch gar nicht in Kraft, somit auch in Hinsicht auf die neue Rechtsquelle Pionierarbeit zu leisten war. Die im Jahre 1900 erschienene Arbeit ist in fünfter Auflage im Jahre 1965 publiziert worden, nicht etwa als rechtshistorische Rarität, sondern als aktuelles juristisches Werk.

---

73 Selbstbiographie (Fn. 64), S. 26.

74 Ebenda, S. 33.

75 Die Lebensdaten entnehme ich folgenden Biographien: *E. Bötticher*, Leo Rosenberg, in: H.-G. Gundel/ P. Moraw/V. Press (Hrsg.), Gießener Gelehrte in der ersten Hälfte des 20. Jahrhunderts Bd. II, 1982, S. 778 ff; *K. H. Schwab*, Leo Rosenberg. Der große Prozessualist, in: H. Heinrichs/H. Franzke/K. Schmalz/M. Stolleis (Hrsg.), Deutsche Juristen jüdischer Herkunft, 1993, S. 667 ff.

76 1900.

77 Erschienen in zwei Bänden 1908. Nach *Bötticher* (Fn. 75), S. 780, wurden die ersten 300 Seiten der Schrift 1906 als Habilitationsschrift gedruckt und mit dem Antrag, als Privatdozent für Römisches Recht, Bürgerliches Recht und Zivilprozeßrecht zugelassen zu werden, bei der Göttinger Fakultät eingereicht.

78 Zitat nach *Bötticher* (Fn. 75), S. 781.

Rosenberg kam also mit exzellenten prozessualen Vorarbeiten nach Gießen, wo er 20 Jahre lang[79] als Rechtslehrer und Forscher an der hiesigen Fakultät wirkte. Die Professur, die er hier bekleidete, war Rosenberg durch die in Gießen vorherrschende Verbindung von Zivilrecht und Zivilprozessrecht auf den Leib geschnitten. Bötticher spricht von einer „Gießener Schule", deren Kennzeichen die Verbindung dieser beiden Fächer gewesen sei.[80]

Nach alldem ist es nicht verwunderlich, wenn der sehr fleißige und fruchtbare Rosenberg sich nach einer Weile erfolgreicher Lehrtätigkeit an das Wagnis machte, ein neues, wie er sagt, „zeitgemäßes" Lehrbuch des Zivilprozesses zu schreiben, für das er ein lebhaftes Bedürfnis, „namentlich bei den Studierenden" spürte. Es sollte mehr sein als ein Grundriss, gleichzeitig aber nicht so dick wie die bis dahin verfügbaren Lehrbücher.[81] Rosenbergs Einstellung wird am deutlichsten, wenn ich ihn selbst sprechen lasse. „Dass es (das Buch) sich in Anlage und Aufbau von den bisherigen Lehrbüchern des Zivilprozessrechts unterscheidet, wird jedem Kenner sofort in die Augen fallen. Es bleibt an Umfang, doch hoffentlich nicht an Inhalt, hinter ihnen zurück. Das ist erreicht worden durch strenge Systematik, scharfe Herausarbeitung der Grundgedanken des Zivilprozessrechts, knappe Begriffsbestimmungen und möglichste Gedrängtheit des Ausdrucks (...). Das System des Buches beruht auf den Geboten der Logik und des inneren Zusammenhangs".[82] Die Hoffnung des Autors sieht das Buch „vornehmlich" in den Händen der Studenten, aber auch der Referendare, Richter und Anwälte – und so ist es von der ersten Auflage an denn auch gekommen.

Die neuen Rechtsideen betreffend, die das Lehrbuch enthält und verbreitet, bin ich auf die Hilfe sachverständiger Biographen angewiesen. Sein Schüler *Karl-Heinz Schwab* hebt unter den Innovationen die Lehre vom Streitgegenstand und die Entdeckung des prozessualen Anspruchs als eines Anspruchs eigener Art hervor, ferner die Lehre von den Prozesshandlungen und die Doktrin von der materiellen Rechtskraft, die von der ersten Auflage des Lehrbuchs an eine prozessuale gewesen sei.[83] Insgesamt hat Rosenberg – so scheint es mir – entscheidende Wegweiser zur Eigenständigkeit prozessrechtlichen Denkens gegenüber einer Verquickung mit dem materiellen Recht gesetzt. Man könnte sagen: Er hat die Überwindung des römischen Aktionensystems vollendet.

Die erste Auflage des Buches erschien 1927, dem Jahr, in dem Rosenburg Rektor der Universität Gießen war. Neubearbeitungen waren bereits 1929 und 1931 fällig. Nach dem Kriege erlebte das Buch bis heute eine große Zahl von Neuausgaben. Auch wenn die Bearbeitung ab der 10. Auflage in die Hände seiner wissenschaftlichen Schüler überging,[84] ist es noch immer „der Rosenberg".

Dass sich der Gelehrte in Gießen wohl gefühlt hat, kann man an der Verweildauer an der Lahn ablesen. Rufe nach Bonn und Greifswald wurden abgelehnt.[85] Im Jahre 1932 allerdings nahm Rosenberg einen Ruf nach Leipzig an, wo er alsbald ein vorläufiges Ende seiner Karriere erleben musste: Wegen seiner jüdischen Herkunft wurde er 1934 im Alter von 55 Jahren zwangsweise pensioniert; später wurde ihm auch die Pension entzogen.[86] Glücklicherweise konnte er in einem Ferienhaus seiner Frau im Allgäu die Nazi-Herrschaft überleben, um nach dem Krieg an der Universität München seine Tätigkeit als Hochschullehrer wieder aufzunehmen. Er wurde 67-jährig an die Münchner Fakultät berufen und im Alter von 72 Jahren wiederum zum Beam-

79 Von 1912–1916 als Extraordinarius, dann als Ordinarius, *Bötticher* (Fn. 75), S. 779.

80 *Bötticher* (Fn. 75), S. 780.

81 Etwa von *Hellwig*, *Wach* und *Richard Schmidt*.

82 *L. Rosenberg*, Lehrbuch des Deutschen Zivilprozessrechts, 1. Aufl. 1927, Vorwort.

83 *Schwab* (Fn. 75), S. 673 f.; siehe auch *Bötticher* (Fn. 75), S. 779.

84 *L. Rosenberg/K. H. Schwab*, Zivilprozessrecht, 10. Aufl., 1969; *L. Rosenberg/K. H. Schwab/P. Gottwald*, Zivilprozessrecht, 15. Aufl., 1993; 16. Aufl., 2004. Die 17. Aufl. erschien 2010.

85 *Bötticher* (Fn. 75), S. 779.

86 *Schwab* (Fn. 75), S. 669 f.

ten auf Lebenszeit ernannt.[87] Sein Lehrbuch bearbeitete er bis einschließlich der 9. Auflage von 1961 selbst, er stand damals im 82. Lebensjahr. Zwei Jahre später ist er gestorben. Es ist nicht auszudenken, was uns dieser Gelehrte ohne die ihm auferlegte Zwangspause an rechtswissenschaftlichen Leistungen noch hätte schenken können.

Gießen aber, in dem er nach eigenem Zeugnis die schönsten Jahre seines Lebens verbracht hat,[88] kann sich rühmen, die Wiege des berühmtesten Lehrbuchs des deutschen Prozessrechts zu sein, mit weiten Ausstrahlungen in die ganze Welt, in der ja das deutsche Prozessrecht größtes Ansehen genießt. Die Gießener Universität hat ihren ehemaligen Professor und Rektor zum Ehrensenator ernannt[89] und wird das Gedächtnis dieses Mannes wie aller ihrer großen gelehrten Persönlichkeiten bewahren.

VI. Wiedergründung

Damit genug für heute von den Rechtsideen aus Gießen. Viele werden fragen: Wo bleiben die Ideen, die nach der Wiedergründung der Universität kreiert worden sind? Ist nach dem Zweiten Weltkrieg nicht erneut eine juristische Fakultät aufgeblüht, die Rechtsgeschichte gemacht hat? Strahlen nicht auch heute die Rechtsideen aus Gießen in die Welt? Gewiss tun sie das. Die Wiedergründung eines juristischen Fachbereichs in Gießen gehört zu den zweifellos glücklichen Einfällen der hessischen Politik. Diesem Einfall verdanke ich sieben schöne, auch erregende Jahre als junger Professor inmitten der politischen Gärung der 1968er „Revolution".

Das Wagnis, zwanzig Kilometer südlich von Marburg eine weitere Universität zu gründen, hat sich 1962 ebenso gelohnt wie damals bei der Gründung von 1607. Heute wie in der Vergangenheit zündet der Funken geistigen Schaffens, des Erfindens von Regeln, des Findens von Zusammenhängen, des Zuschneidens von Begriffen, des Errichtens juristischer Konstruktionen, des Austausches geschliffener Argumente. Über das, was in der jüngeren Vergangenheit an juristischen Leistungen erbracht wurde und heute erbracht wird, reden zu können, fehlt indes die historische Distanz.

Und so bitte ich alle, die jetzt in Gießen am Recht arbeiten, und auch alle jetzt lebenden *ehemaligen* Gießener um Nachsicht, wenn sie ihre Namen und ihre Ideen in meinem Vortrag vermissen. Diese Persönlichkeiten bitte ich um Geduld bis zum nächsten Jubiläum der Universität.

Dem Fachbereich Rechtswissenschaft der Universität Gießen aber, der nach dunklen Zeiten wiedergegründet wurde und sich prächtig entfaltet, wünsche ich Blühen und Gedeihen und einen lebendig sprühenden Ortsgeist auf unabsehbare Zeit.

Veröffentlicht in: Zeitschrift für Neuere Rechtsgeschichte, 30. Jahrgang 2008, Nr. 3/4, S. 186–200; Verlag Manz, Wien 2008.

Der Text gibt den Festvortrag wieder, den der Autor im Rahmen des Festakts zum 400-jährigen Bestehen des Fachbereichs Rechtswissenschaft der Justus-Liebig-Universität Gießen am 25. Mai 2007 in Gießen gehalten hat.

---

87 Ebenda, S. 670.
88 Ebenda, S. 669.
89 Ebenda, S. 672.

Das geistige Eigentum zwischen Naturrecht und Positivierung – Zugleich einige Anmerkungen zu Pütters Schrift gegen den Büchernachdruck –

I. Geistiges Eigentum und Naturrecht

Im Kampf der Autoren und Verleger gegen den freien Büchernachdruck, der seit den 70er Jahren des 18. Jahrhunderts entbrannte, stand das Eigentum im Zentrum der Argumentation, damit ein von der gemeinrechtlichen Jurisprudenz besetzter Begriff mit festem systematischem Stellenwert. Gleichwohl war nicht das Jus Commune der eigentliche Nährboden der Argumente. Die Vorstellung vom Eigentum des Urhebers an seinem Geisteswerk als einem gegenüber dem Sacheigentum am Manuskript und an einzelnen Buchexemplaren eigenständigen Recht gründet sich hauptsächlich auf naturrechtliches Denken.[1] Das gilt auch für die Annahme eines vom Recht des Urhebers abgeleiteten Verlagseigentums.[2]

Dieser Zusammenhang setzt voraus, dass das Eigentum nicht nur einen juristischen Fachbegriff darstellte, sondern als allgemeine Bezeichnung für die rechtmäßige Habe stand. In diesem Sinne gab es – über die Alltagssprache hinaus – einen Eigentumsbegriff als Grundkategorie des einer Person Zugehörigen schon in der Philosophie und Theologie des Mittelalters und ebenso in den sozialen Theorien der Neuzeit.[3]

Schon die frühen Proteste gegen den Nachdruck bezogen ihre Terminologie aus der Vorstellung vom Eigentum. Luther sprach von „öffentlicher Räuberei", diverse Autoren brandmarkten den Nachdruck als Verletzung des 7. Gebots des Dekalogs „Du sollst nicht stehlen".[4] In den Auseinandersetzungen des 17. Jahrhunderts um den Nachdruck ist der Terminus Eigentum allenthalben präsent.[5] Das Naturrecht der Aufklärung setzte diesen Gebrauch des Eigentumsbegriffs

---

1 Dazu *Diethelm Klippel,* Die Idee des geistigen Eigentums in Naturrecht und Rechtsphilosophie des 19. Jahrhunderts, in: Elmar Wadle (Hrsg.), Historische Studien zum Urheberrecht in Europa, Berlin 1993, S. 121 ff., 125 ff.; *Barbara Dölemeyer/Diethelm Klippel,* Der Beitrag der deutschen Rechtswissenschaft zur Theorie des gewerblichen Rechtsschutzes und Urheberrechts, in: Friedrich-Karl Beier/Alfons Kraft/Gerhard Schricker/Elmar Wadle (Hrsg.), Gewerblicher Rechtsschutz und Urheberrecht in Deutschland. Festschrift zum hundertjährigen Bestehen der Deutschen Vereinigung für gewerblichen Rechtsschutz und Urheberrecht und ihrer Zeitschrift, Weinheim 1991, S. 185 ff., 198 ff. Das Naturrechtsdenken wird weithin als Fundament der Entwicklung genommen, so auch in der Darstellung von *Ludwig Gieseke,* Vom Privileg zum Urheberrecht, Göttingen 1995, s. dort S. 131 ff.; danach bringen schon frühe Stimmen zur Rechtfertigung der Druckprivilegien das *ius naturale* ins Spiel (z.B. Carpzov, *Gieseke,* S. 87). S. ferner *Walter Bappert,* Wege zum Urheberrecht, Frankfurt am Main 1962, S. 254 ff.

2 Allerdings wurden auch andere Begründungen für das Verlagseigentum gesucht, so aus dem Gedanken des dem Verleger aufgrund seiner Investitionen zustehenden Ertrags, siehe *Bappert* (Fn. 1), S. 225 ff.; zu gewohnheitsrechtlichen Argumenten *Gieseke* (Fn. 1), S. 102 ff. In diesen Zusammenhängen begegnen auch Argumente aus dem Verlagsvertrag zwischen Autor und Verleger – aber woher soll der Verleger ein Exklusivrecht haben, wenn dieses nicht zuerst in der Person des Autors begründet ist?

3 Zur Entwicklung des Eigentumsbegriffs siehe meinen Artikel „Eigentum", in: *Otto Brunner/Werner Conze/Reinhart Koselleck,* Geschichtliche Grundbegriffe. Historisches Lexikon der politisch-sozialen Sprache in Deutschland, Bd. 2, Stuttgart 1975, S. 65 ff.

4 Nachweise bei *Gieseke* (Fn. 1), S. 89.

5 Vgl. nur *Gieseke* (Fn. 1), S. 97 ff.

jenseits der an das römische Recht gebundenen Jurisprudenz fort. So war es in der Lage, für die in der zweiten Hälfte des 18. Jahrhunderts aufflammenden Vorstellungen von der exklusiven Bestimmung des Autors über den Druck seines Werkes eine Denkfigur zur Verfügung zu stellen, welche die Legitimität in sich trug. Denn „Eigentum" als archaischer Topos des Zugehörens legitimiert sich selbst.

Anfänge und Fortgang der naturrechtlichen Theorie vom geistigen Eigentum im 18. Jahrhundert sind gut erforscht.[6] Für die Entwicklung des Urheberrechts ist die Vorstellung entscheidend geworden, dass die geistige Schöpfung für sich gesehen, d.h. unabhängig von ihrer Verkörperung, ein Rechtsobjekt darstellt, das kraft originären Erwerbs ihrem Urheber zugewiesen ist und seiner exklusiven Verfügung und Nutzung zu Gebote steht. Diese Vorstellung finden wir um die Mitte des 18. Jahrhunderts in Deutschland mehr oder minder ausgeprägt, wenngleich vertiefte Begründungen, etwa durch den Philosophen Johann Gottlieb Fichte, erst gegen Ende des Jahrhunderts erscheinen.[7] Grundlegend für die Eignung des Eigentumsbegriffs, das Recht an der geistigen Schöpfung in sich aufzunehmen, waren insbesondere die persönlichkeitsrechtliche Deutung des Eigentums und die Begründung des Eigentumserwerbs aus der menschlichen Arbeit, wie sie in der Naturrechtslehre von John Locke entwickelt worden waren.[8]

Auf diesem Boden steht die im Jahre 1774 erschienene Schrift des Göttinger Rechtsgelehrten *Johann Pütter* „Der Büchernachdruck nach ächten Grundsätzen des Rechts geprüft"[9], welche den weiteren Diskurs stark befruchtet hat und uns im folgenden näher beschäftigen soll. Pütter unterscheidet den „gelehrten" und den „bloß materiellen Grundstoff" eines Buches.[10] Werke, die ein Gelehrter neu ausgearbeitet hat und die zum ersten Mal gedruckt werden sollen, sind „ursprünglich unstreitig ein wahres Eigenthum ihres Verfassers, so wie ein jeder das, was seiner Geschicklichkeit und seinem Fleisse sein Daseyn zu danken hat, als sein Eigenthum ansehen kann…".[11] Von diesem Eigentum ist das Verlagsrecht abgeleitet. Dass der Unterschied zwischen geistiger Schöpfung und ihrer Verkörperung noch Schwierigkeiten bereitete, zeigt der Umstand, dass Pütter noch von dem „Eigenthum des Manuscripts" spricht, das auf den Verleger übergehe.[12] Doch sollte die terminologische Unsicherheit weder bei diesem noch bei anderen Autoren in den letzten Jahrzehnten des 18. Jahrhunderts darüber hinweg täuschen, dass die Hauptsache – das Geistesprodukt als eigenständiges Rechtsobjekt – gefunden war.[13]

Mit der naturrechtlichen Herleitung eines Urheberrechts war zunächst nur ein rechtspolitisches Modell gewonnen, das den Verfassern und Verlegern wenig half. Die realen wirtschaftlichen Interessen des im 18. Jahrhundert aufblühenden Büchermarkts verlangten nach Positivierung, das heißt nach Anerkennung der theoretisch begründeten Rechtspositionen innerhalb der von den Staatsverwaltungen und Gerichten als bindend akzeptierten Rechtssysteme. Die Überführung naturrechtlicher Vorstellungen in geltendes Recht bildet das zentrale Problem in der

6 Siehe die Lit. in Fn. 1 und dort weitere Nachweise.

7 *Johann Gottlieb Fichte,* Beweis der Unrechtmäßigkeit des Büchernachdrucks. Ein Räsonnement und eine Parabel, 1793; abgedruckt auch in: J. G. Fichte, Gesamtausgabe der Bayerischen Akademie der Wissenschaften, hrsg. von Reinhard Lauth und Hans Jacob, Bd. I 1, Stuttgart-Bad Cannstadt 1964, S. 405 ff.

8 Näheres in meinem Artikel „Eigentum" (Fn. 3), S. 79 f. Zur Bedeutung der Naturrechtstheorie Lockes in diesem Zusammenhang auch *Bappert* (Fn. 1), S. 254.

9 Göttingen 1774. Zu Pütter und seiner Bedeutung: *Wilhelm Ebel,* Der Göttinger Professor Johann Stephan Pütter aus Iserlohn, Göttingen 1975; zu der genannten Schrift S. 117 ff.; zu Pütters Methode in der Schrift gegen den Büchernachdruck *Wolfgang Neusüß*, Gesunde Vernunft und Natur der Sache. Studien zur juristischen Argumentation im 18. Jahrhundert, Heidelberger jur. Diss., Berlin 1970.

10 *Pütter* (Fn. 9), § 12.

11 *Pütter* (Fn. 9), § 20.

12 *Pütter* (Fn. 9), § 23.

13 So auch die Einschätzung von *Bappert* (Fn. 1), S. 267. Anders *Ebel* (Fn. 9), S. 118 f.: „Zu einer völligen begrifflichen Trennung des reinen Urheber- und Verlagsrechts vom Sacheigentum am veräußerten Buch konnte auch er sich nicht aufschwingen."

langen Entwicklung zum modernen Urheberrecht. *Diethelm Klippel* hat in Verlaufe seiner Forschungen zur Geschichte des Naturrechts[14] dem Problem der Positivierung als einer Grundfrage der Naturrechtstheorie besondere Aufmerksamkeit gewidmet.[15] Der folgende Beitrag soll dem gewonnenen Bild durch einige Beobachtungen aus dem Diskurs über das geistige Eigentum in den letzten Jahrzehnten des 18. Jahrhunderts einige Facetten hinzufügen.

II. Der Beitrag des gemeinen Rechts

Es lag nahe, die Positivierung mit Hilfe der Kategorie des Eigentums selbst zu versuchen, kurz gesagt, das gefundene Eigentum an der geistigen Schöpfung in den gemeinrechtlichen Eigentumsschutz zu integrieren und auf dessen Instrumente für die Rechtsverfolgung unmittelbar zurückzugreifen. Die Schriften, mit denen das Eigentum an der geistigen Schöpfung begründet wurde, versuchten zum Teil, die Herleitung „aus der Natur der Sache" sogleich mit dem Einsatz der zivilrechtlichen Schutzinstrumente zu verbinden.

Allerdings genügte hierfür nicht die Berufung auf allgemeinste Naturrechtssätze wie „neminem laedere".[16] Vielmehr konnte das Eigentum an Geisteswerken von Seite der Rechtswissenschaft aus nur effektiv geschützt werden, wenn es gelang, die Rechtsfiguren des gemeinen Rechts und insbesondere das römische Aktionensystem in überzeugender Weise zum Einsatz zu bringen. Von den Juristen unter den Nachdruckgegnern wurde dies denn auch versucht. Die Schwierigkeit lag offenbar darin, dass das römische Recht das Eigentum nur auf körperliche Gegenstände (Sachen) bezog und die entsprechenden Schutzklagen (*rei vindicatio, actio legis Aquiliae*) darauf beschränkte. Freilich anerkannte das römische Recht auch *res incorporales* und trug damit dem Umstand Rechnung, dass Rechte selbst wiederum als Rechtsobjekte betrachtet werden können. Doch war der Eigentumsschutz auf die *res corporales* zugeschnitten. So stand das Eigentum mit seiner Legimitationsfunktion zunächst einmal auf der Seite des Nachdruckers: Wenn dieser das Exemplar einer Originalausgabe zu Eigentum erworben hatte, konnte er dann als Eigentümer nicht damit machen was er wollte, es also auch nutzen und nachdrucken?

Gleichwohl wurde das gemeine Recht gegen den Nachdruck in Stellung gebracht. Nahe lag der Versuch, den Nachdrucker der *actio furti* auszusetzen, zumal das römische Recht auch das Delikt des Gebrauchsdiebstahls kannte.[17] Der Erwerber eines Buches, der es nachdruckte, konnte als jemand erscheinen, der sich einen unrechtmäßigen Gebrauch des Buches anmaßte. Auch die *condictio furtiva* konnte als Grundlage eines Schadensersatzbegehrens dienen.[18] Das Problem lag darin, dass der Gebrauchsdiebstahl die Entwendung einer *fremden Sache* voraussetzte, diese – nämlich das nachzudruckende Buch – war aber gerade rechtmäßig erworben.

Eine andere Klageart bringt Pütter ins Spiel. Der wesentliche Gehalt der genannten Schrift liegt zwar nicht auf dem Gebiete des gemeinen Rechts,[19] doch verzichtet Pütter nicht auf den Versuch, das naturrechtlich abgeleitete Eigentum von Verfasser und Verleger im römischen

---

14 Beginnend mit der Dissertation: Politische Freiheit und Freiheitsrechts im deutschen Naturrecht des 18. Jahrhunderts, Paderborn 1976.

15 Siehe nur Politische Freiheit (Fn. 14), S. 184 ff.; ferner: *Diethelm Klippel*, Die Philosophie der Gesetzgebung. Naturrecht und Rechtsphilosophie als Gesetzgebungswissenschaft im 18. und 19. Jahrhundert, in: Barbara Dölemeyer/Diethelm Klippel (Hrsg.), Gesetz und Gesetzgebung im Europa der Frühen Neuzeit, Zeitschrift für historische Forschung Beiheft 22, Berlin 1998, S. 225 ff., insbesondere S. 233 ff.

16 Wie etwa bei Justus Henning Boehmer, *Gieseke* (Fn. 1), S. 123.

17 *Rudolph Sohm/Ludwig Mitteis/Leopold Wenger*, Institutionen, Geschichte und System des römischen Privatrechts, 17. Aufl., München/Leipzig 1931, S. 456. Mit dem *furtum usus* operierten z.B. die für die Entwicklung des Urheberrechts wichtigen juristischen Autoren Johann Abraham Birnbaum (1702–1748) und Johann Rudolf Thurneysen, dazu *Gieseke* (Fn. 19), S. 129, 130.

18 Zur *condictio furtiva Sohm/Mitteis/Wenger* (Fn. 17), S. 443, 455.

19 Siehe nachfolgend III.

Recht zu verankern. Der Göttinger Rechtsgelehrte bringt die *actio negatoria*, also die Klage des Eigentümers gegen Eigentumsstörungen, und die *actio confessoria*, d.h. die Klage des Inhabers einer Servitut gegen Behinderungen dieses Rechts, ins Spiel.[20] Beide Klagen stünden als *actiones utiles* auch für andere Rechte wie etwa die Jagdgerechtigkeit zur Verfügung, und eben auch für die Rechte von Autoren und Verleger.[21] Dabei steht dem Verleger, der sein Verlagsrecht vom Autor ableitet, gegen den unrechtmäßigen Nachdrucker die *actio negatoria utilis* zu, während derjenige, der ein Recht zum Nachdruck für sich behauptet, mit der *actio utilis confessoria* soll vorgehen können,[22] wobei er sein Recht natürlich beweisen muss. Die *actio negatoria* schließt auch die Verurteilung zur Entschädigung ein.[23] Hat der Nachdrucker das Exemplar, das er unrechtmäßig nachdruckt, vom autorisierten Verleger käuflich erworben, so steht diesem nach Pütters Auffassung die *actio venditi* zu Gebote.[24] Schließlich greift auch Pütter auf die *condictio furtiva* mit der bemerkenswerten Begründung zurück, dass die römischen Juristen, wenn sie schon den Nachdruck gekannt hätten, dem dadurch geschädigten Verleger diesen Rechtsbehelf zugestanden haben würden.[25]

Pütter, dessen Theorie von anderen übernommen wurde,[26] war sich darüber im Klaren, dass seine Auslegung des gemeinen Rechts wenig Chance hatte, allgemein akzeptiert zu werden. „Bey vielen ists noch immer gnug, etwas für allgemein erlaubt zu halten, wenn es nur weder im Römisch-Justinianeischen noch im päbstlich-canonischen Rechte verboten ist. Nach dieser Hypothese würde freilich bald ausgemacht seyn, dass in beyden Gesetzbüchern der Büchernachdruck nicht verboten, und also nicht unrechtmäßig sey."[27]

Dies war nicht der letzte Versuch, das geistige Eigentum als geltendes Rechtsinstitut im römisch-gemeinen Recht zu verankern.[28] Doch war auch den weiteren Bestrebungen in dieser Richtung kein Erfolg beschieden. Die Pandektistik des 19. Jahrhunderts sperrte sich gegen die Aufnahme neuer, durch die Entwicklung der Technik entstandener Rechtsgüter. Über die Konsequenzen für das Rechtssystem selbst wird noch zu reden sein.

---

20 Zu diesen Klagen *Sohm/Mitteis/Wenger* (Fn. 17) S. 317, 334, 337.

21 *Pütter* (Fn. 9), § 50 I: „Es kann also auch keinen Zweifel haben, dass unter Buchhändlern, deren einer dem anderen das Verlagsrecht über ein Buch nicht zugestehen will, eben diese Klage statt finden."

22 *Pütter* (Fn. 9), § 50 III.

23 *Pütter* (Fn. 9), § 50 IV.

24 *Pütter* (Fn. 9), § 59.

25 *Pütter* (Fn. 9), § 69. Hier kommt dann auch der Gedanke des furtum usus und der Behandlung des Verlagsrechts als „res incorporalis" ins Spiel. Pütter sieht, dass der Diebstahlsbegriff des römischen Rechts hier an sich nicht zutrifft (das furtum besteht in einer „contrectatio rei alienae"), behilft sich aber mit einer Analogie – die römischen Rechtsgelehrten würden den unerlaubten Nachdruck als ein „quasi furtum" betrachtet haben, daher sei in solchem Fall eine „condictio quasi furtiva" dem römischen Recht nicht zuwider (§ 69 IV).

26 Auch der Göttinger Moralphilosoph *Johann Georg Heinrich Feder* schließt an Pütter an, siehe dessen Abhandlung: Neuer Versuch einer einleuchtenden Darstellung der Gründe für das Eigenthum des Bücherverlags, nach Grundsätzen des natürlichen Rechts und der Staatsklugheit, in: Göttingisches Magazin der Wissenschaften und Litteratur, 1780, S. 1 ff.

27 *Pütter* (Fn. 9), § 2.

28 Auch die actio iniuriarum wurde ins Spiel gebracht, siehe *Dölemeyer/Klippel,* Der Beitrag der deutschen Rechtswissenschaft (Fn. 1), S. 222 f.; *Elmar Wadle*, Nachdruck als Injurie. L.J. Neustetels Versuch, das Urheberrecht aus dem römischen Recht zu begründen, UFITA 124 (1994), S. 225. Siehe ferner: *Gustav Alexander Bielitz*, Versuch, die von dem Verlagsrecht geltenden Grundsätze aus der Analogie der positiven Gesetze abzuleiten, Dresden 1799; *(anonym),* Ist der Nachdruck schon nach gemeinen deutschen positiven Rechten für unerlaubt und verboten zu achten, oder bedarf es, um ihn dafür annehmen zu können, eines förmlichen neuen Reichsgesezes? Halle/Berlin 1796.

III. Geistiges Eigentum und Völkerrecht

Nachdem die Geltung des geistigen Eigentums innerhalb des gemeinrechtlichen Systems offenbar schwierig darzustellen war, beschritten seine Befürworter hauptsächlich andere Wege. Die schlichte Verbindlicherklärung naturrechtlicher Sätze, die ihre Positivierung gleichsam in sich tragen, erschien freilich von zweifelhafter Überzeugungskraft.[29] Deshalb wurde der Weg beschritten, die aus der Natur gewonnenen Erkenntnisse auf andere Weise mit positiven Gegebenheiten zu verbinden, um ihnen den Charakter als Rechtsquelle zu sichern.

Ein besonders interessanter Versuch dieser Art findet sich in der genannten Schrift Pütters. Dort wird das Recht der Autoren und Verleger „aus der Natur der Sache" hergeleitet, aber diese steht nicht für sich allein. Vielmehr etabliert Pütter eine neue positive europäische Rechtsordnung, die zwar einerseits „aus der Natur der Sache mittelst Anwendung allgemeiner Grundsätze des Rechts der Natur" gespeist wird, andererseits aus „gewissen Gebräuchen der Europäischen Völker".[30] Damit kommt ein gewohnheitsrechtliches und mithin positives Element ins Spiel, das aber in untrennbaren Zusammenhang mit der Natur steht.

Pütter hatte die Methode, Gewohnheitsrecht und Natur der Sache miteinander zu verknüpfen und damit eine positive Geltungsebene für naturrechtliche Erkenntnisse zu gewinnen, zuvor schon bei der Rekonstruktion eines gemeinen deutschen Privatrechts angewandt.[31] Dabei hatte die „Natur der Sache" – neben der „Analogie" – als Kriterium sowohl für die regionale Geltung als auch für einen allgemeinen Geltungsanspruch als deutsches Gemeinrecht der aus partikularen, meist älteren Quellen hergeleiteten Rechtssätze und Rechtseinrichtungen gedient.[32] In der Schrift über den Büchernachdruck übertrug Pütter die Methode von der nationalen auf die europäische Ebene, freilich ist hier der Ausgangspunkt weithin anders. Denn es ist offenkundig nicht so, als ob die nationalen europäischen Rechte zum Verbot des unlizensierten Büchernachdrucks bis zum Jahre 1774 ein reiches Quellenmaterial geboten hätten, aus denen ohne Mühe allgemeingültige vernünftige Rechtsprinzipien zu gewinnen waren. Im Duo „Gewohnheit" – „Natur" musste die Letztere unvermeidbar ein starkes Übergewicht gewinnen. Gleichwohl hatte der Rekurs auf die Gebräuche der Völker eine wichtige Funktion: Sie gab dem naturrechtlichen Argument ein positivrechtliches Fundament.

Die Vorstellung von einem in der Natur gegründeten, durch Gebrauch der Völker in gewisser Weise positivierten Recht erinnert stark an das *ius gentium* des römischen Rechts aus der Zeit, als der Begriff noch nicht auf Völkerrecht im modernen Sinne verkümmert war. Das *ius gentium* (Völkergemeinrecht) im Sinne desjenigen Rechts, das bei allen Völkern gleichermaßen beachtet wird,[33] hat gegenüber dem „reinen" Naturrecht dem Vorteil, dass ihm durch den Bezug auf die Rechtsbräuche der Völker ein positives Element innewohnt, sodass auf diese Rechtsquelle unmittelbarer als auf das allein aus der Vernunft gewonnene Naturrecht zugegriffen werden kann.[34] Es darf angenommen werden, dass Pütter sich dieses Zusammenhangs bewusst war.

---

29 Dazu *Klippel*, Politische Freiheit und Freiheitsrechts (Fn. 1), S. 113 ff, 135 ff., 178 ff.

30 *Pütter* (Fn. 9), § 1. *Neusüß* (Fn. 9, S. 85) deutet dies als „regional-emotionales" Element im Anschluss an Montesquieu, doch mit dem Ausgriff auf die europäische Ebene ist schwerlich aus der damaligen Sicht eine Regionalisierung des Naturrechts gemeint, eher die Bezugnahme auf eine zivilisatorische Universalität. In der Tat tauchen auch die „Rechte in der Welt" als Kategorie auf (§ 44).

31 Eingehend hierzu die Göttinger jur. Diss. von *Heinrich Marx,* Die juristische Methode der Rechtsfindung aus der Natur der Sache bei den Göttinger Germanisten Johann Stephan Pütter und Justus Friedrich Runde, Göttingen 1967, S. 50 ff.; siehe auch *Ebel* (Fn. 9), S. 85 ff.

32 Beispiele bei *Marx* (Fn. 31), S. 65 ff.

33 Ich wähle die Terminologie der Gemeinschaftsübersetzung Corpus Iuris Civilis, I. Institutionen, 2. Aufl. Heidelberg 1997, Inst. 1.2.1.

34 So wurde das *ius gentium* im Mittelalter als Waffe zur Begründung von Rechtspositionen eingesetzt, siehe zum Beispiel *Lampert von Hersfeld*, Annalen (Ausgewählte Quellen zur Deutschen Geschichte des Mittelalters. Freiherr vom Stein-Gedächtnisausgabe, 13, Darmstadt 1962), S. 56, 74, 90 und öfter.

Den Begriff „Völkerrecht“ zieht der Göttinger Gelehrte denn auch heran: So wie es ein Europäisches Völkerrecht für den Verkehr unter den Staaten gibt, das sich vom allgemeinen Völkerrecht unterscheidet, „so gibt es oft zwischen Untertanen verschiedener Mächte, besonders in Handels- und Wechselsachen, solche Rechtsfragen, die sich nicht darauf einschränken, was in diesem oder jenem Lande rechtens, sondern was überhaupt in ganz Europa deshalb für recht oder unrecht zu halten sei.“[35] Der Autor bezieht sich auf den „beständigen Verkehr“ unter den europäischen Nationen, der Büchernachdruck ist eine Frage, „die ganz Europa interessiert“.[36] Die so gefundene supranationale Rechtsebene kann dann dem römischen und geistlichen Recht als neue und überlegene europäische Ordnung gegenübergestellt werden.[37]

Der methodische Weg Pütters darf als gewagt bezeichnet werden. Die Europäischen Staaten stehen, wie er betont, weit häufiger als ehedem untereinander in wechselseitigen Verhältnissen und Verbindungen, nicht nur durch Krieg und Frieden (was gewiss für Pütters Zwecke nicht gereicht hätte), sondern auch durch Schifffahrt, Handel, Religion und Gelehrsamkeit. Daraus sieht er Rechtsfragen entstehen, bei deren Erörterung es nicht bloß darauf ankommt, was im einzelnen Land rechtens ist, sondern (auch?) auf das, was sich aus der Natur der Sache und den allgemeinen Gebräuchen der europäischen Völker als recht oder unrecht behaupten lässt.[38] Pütter rekurriert auf „die Verfassung der europäischen Staaten“, auf „gewisse stillschweigend angenommene Gewohnheits-Rechte aller oder mehrerer (!) Europäischer Nationen“,[39] im selben Atemzug aber immer wieder auf das Recht der Natur und auf die Natur der Sache.

Dass Pütter die Etablierung eines Europäischen Völkerprivatrechts als verbindlicher Rechtsquelle überzeugend gelungen sei, wird man schwerlich behaupten können. Der *Versuch,* ein europäisches Gemeinrecht neben (oder sogar: über) die traditionellen Corpora Juris zu stellen, um mit seiner Hilfe neue Probleme zu lösen, erscheint jedenfalls als originell. Man kann in Pütters Konzeption die Vorahnung eines Urheberrechtsschutzes durch internationale Verständigung sehen, wenngleich der Gedanke eines Abkommens unter den europäischen Staaten nicht explizit formuliert ist.

Nach der methodischen Ankündigung zu Beginn des Werkes hätte man erwarten können, dass Pütter im weiteren Fortgang aus Gesetzgebung, Rechtsprechung und Rechtsliteratur in den einzelnen europäischen Ländern zumindest eine gemeinsame Tendenz zur Ächtung unerlaubten Büchernachdrucks aufgewiesen hätte. Doch geht der Autor ganz anders vor: Er begründet *aus der Natur der Sache* das Eigentum des Buchverfassers an seinem geistigen Produkt[40] und das davon abgeleitete Verlagseigentum dessen, mit dem der Verfasser kontrahiert.[41] Die „europäische Begründung“ für diese Erkenntnisse wirkt hingegen aufgeklebt. Mit einer kühnen gedanklichen Operation diktiert Pütter seinen aus der Natur gewonnenen Einsichten eine europäische Akzeptanz zu: Das Verlagsgeschäft sei bisher in allen europäischen Reichen und Staaten als gemeinnütziges Werk gebilligt und unterstützt worden „wo nicht durch öffentliche Gesetzgebungen, doch durch die stillschweigend einhellige Stimme des ganzen Publicums“. Davon sei die natürliche Folge, dass „dasjenige, ohne welches das ganze Werk nicht bestehen könnte, auf eben diese öffentliche obgleich nur stillschweigende Genehmigung aller Reiche und Staaten in ganz Europa billigen Anspruch machen kann; zumal wo zugleich die Natur der Sache solche Gründe an die Hand gibt, die einen jeden von der Gerechtigkeit dieses Anspruchs überzeugen können.“[42] Die Anerkennung der Nützlichkeit einer Einrichtung zieht also die Anerkennung

35 *Pütter* (Fn. 9), § 1.
36 *Pütter* (Fn. 9), § 5.
37 *Pütter* (Fn. 9), § 2.
38 *Pütter* (Fn. 9), § 1.
39 *Pütter* (Fn. 9), § 3.
40 *Pütter* (Fn. 9), § 20.
41 *Pütter* (Fn. 9), §§ 21, 23.
42 *Pütter* (Fn. 9), § 28.

der Rechtsregeln nach sich, welcher diese Einrichtung zu ihrem Gedeihen bedarf. Die Gründe für diese Rechtsregeln aus der Natur der Sache werden als so stark angesehen, dass eine stillschweigende „Genehmigung" unterstellt werden darf. Der Rückschluss von dem, was sein sollte, auf das, was „Europa" als gültiges Recht anerkennt, findet sich in Pütters Werk an verschiedenen Stellen.[43]

Ein Abschnitt des Buches geht dann tatsächlich auf die „Praxi in Europa" ein,[44] es wird mancherlei aus verschiedenen Ländern mitgeteilt, aus dem schwerlich ein gemeinsames europäisches Rechtsbewusstsein gegen den Büchernachdruck gefolgert werden kann. Interessanterweise beruft sich der Autor unter anderem auf die steigende Bedeutung der Privilegienpraxis, die aber ebenso gut zur Widerlegung der allgemeinen Theorie vom Verlagseigentum dienen kann wie zu ihrer Stützung. Letzten Endes gesteht der Verfasser selbst ein, dass die Existenz eines allgemeinen Nachdruckverbots in Europa nicht behauptet werden kann, es genügt ihm, dass von keiner europäischen Macht die *Billigung* unerlaubten Nachdrucks zu erweisen ist – die eigentliche Rettung des geistigen Eigentums muss letzten Endes von der Natur kommen: „Sollte das nicht hinlänglich seyn, um die aus der Natur der Sache so sehr hervorleuchtende Unrechtmäßigkeit eines solchen Nachdrucks, wie er hier beschrieben ist, für stillschweigend in ganz Europa anerkannt zu halten ...?"[45]

IV. Der Weg zur Gesetzgebung

Gibt das geltende Rechtssystem keine zuverlässigen Mechanismen des Rechtsschutzes gegen die Verletzung des geistigen Eigentums in die Hand und erscheint ein europäisches Völkerprivatrecht eine Chimäre, so bleibt als Weg der Positivierung naturrechtlicher Erkenntnis nur die Gesetzgebung. Diese erwies sich für die Entwicklung des Urheberrechts schon deshalb als unverzichtbar, weil mit seiner Anerkennung Rechtsfragen verbunden waren, die sich aus dem Eigentumsbegriff selbst nicht lösen ließen, namentlich die Frage nach der Dauer des Rechtes an geistigen Schöpfungen über den Tod des Urhebers hinaus. Der Weg der Gesetzgebung ist für die praktische Durchsetzung der eigentlich entscheidende gewesen. Doch haftete ihm ein gravierender Nachteil an, nämlich den der Rechtszersplitterung und Partikularisierung. Man darf annehmen, dass die Theorie Pütters vom europäischen Gemeinrecht gerade gegen diese Gefahr gerichtet war.

Die Vorstellung von gesetzlichen Nachdruckverboten konnte an die Privilegienpraxis anknüpfen, auf denen traditionell die Möglichkeit der Sicherung von Exklusivrechten, hauptsächlich für die Verleger, beruhte.[46] Zwar handelte es sich dabei nicht um Gesetze, aber um herrschaftliche, also im modernen Sinn staatliche Akte,[47] die für den Herrschaftsbereich der privilegierenden Macht ein exklusives Gewerberecht begründeten. Der Schutz des geistigen Eigentums war über lange Zeit nur über das Privileg möglich. Dieser Schutz war in doppeltem Sinne parti-

---

43 Z.B. *Pütter* (Fn. 9), § 40: Ganz Europa kann ein so gemeinschädliches Werk wie den Nachdruck unmöglich billigen. § 41: Für den gesamten Buchhandel in ganz Europa sei anerkannt, dass der Buchverkauf unter der stillschweigenden Bedingung stattfinde, dass der Käufer sich kein Verlagsrecht zum Nachteil des rechtmäßigen Verlegers anmaße.

44 *Pütter* (Fn. 9), IV. Hauptstück, §§ 96–121.

45 *Pütter* (Fn. 9), § 121.

46 Übersicht über die Geschichte der Druckprivilegien *Gieseke* (Fn. 1), S. 40 ff. mit Nachweisen, ferner *Elmar Wadle,* Privilegienpraxis in Preußen: Privilegien zum Schutz gegen Nachdruck 1815–1837, in: Barbara Dölemeyer/Heinz Mohnhaupt (Hrsg.), Das Privileg europäischen Vergleich, Frankfurt am Main 1999, Bd. 2 S. 335 ff. Zur Begründung und Funktion der Privilegien im ancien régime *Diethelm Klippel,* Das Privileg in der deutschen Staatsrechtslehre des 19. Jahrhundert, in: Barbara Dölemeyer/Heinz Mohnhaupt, ebenda, Bd. 2 S. 285 ff, 287–294.

47 Nach *Dölemeyer* waren die Privilegien Reservatrechte der Fürsten, die keine Mitsprache der Stände erforderten, s. *Barbara. Dölemeyer,* Urheber- und Verlagsrecht, in: *Helmut Coing* (Hrsg.), Handbuch der Quellen und Literatur der neueren europäischen Privatrechtsgeschichte, Bd. 3, S. 4008.

kularisiert: beschränkt auf Person und Werk des Verlegers oder Autors und beschränkt auf das Herrschaftsgebiet des Privilegierenden.[48]

Immerhin wies die Privilegienpraxis die Kompetenz der staatlichen Gewalt aus, eine exklusive Nutzungsbefugnis von Autor oder Verleger zu begründen. Ein allgemeines Nachdruckverbot hätte so betrachtet als Erteilung eines generellen Privilegs an die Autoren zur exklusiven Nutzung ihrer literarischen Schöpfungen bzw. eines generellen Privilegs für die von den Verfassern autorisierten Verleger betrachtet werden können. In der Tat gingen Schutz durch Privilegien und Schutz durch allgemeine urheberrechtliche Gesetze auch im 19. Jahrhundert vielfach noch nebeneinander her.[49] Dass das nicht die Zukunft des Werkschutzes sein konnte, zeigt schon der Zusammenhang des Privilegs mit der Zensur,[50] der bis ins 19. Jahrhundert hinein beobachtet werden kann.

Auch die Idee eines allgemeinen Schutzes der Rechte von Schriftstellern und Verlegern durch staatliches Gesetz, die über den Privilegiengedanken hinausging, traf auf das praktische Hindernis der Partikularisierung, somit auch der Umgehung, solange es nicht gelang, zugleich eine Rechtseinheit zumindest im „Heiligen Römischen Reich Deutscher Nation" herzustellen. Dafür war, aus der Rückschau betrachtet, am Ende des 18. Jahrhunderts die Zeit noch lange nicht reif, nachdem auch die Landesgesetzgebungen noch weit von einem allgemeinen Nachdruckverbot entfernt schienen.

Umso beachtlicher ist der Versuch, der im Jahre 1790 von Regensburg aus unternommen wurde, ein reichsrechtliches Nachdruckverbot in der Wahlkapitulation Kaiser Leopolds II. zu verankern. „Die treibende Kraft"[51] war der preußische Legationsrat beim Reichstag in Regensburg *Johann Friedrich Ganz*, unterstützt von *Albrecht Christoph Kayser*, Bibliothekar und Hofrat im Fürstenhause Thurn und Taxis.[52] Nach verwickelten diplomatischen Bemühungen war die Initiative letztlich zum Scheitern verurteilt: Zwar wurde der Büchernachdruck als Thema in die Wahlkapitulation aufgenommen, jedoch kein Verbot festgelegt. Vielmehr sollte im Rahmen eines zu erstattenden Gutachtens über mögliche Maßnahmen zur Beförderung der Kommerzien des Reichs auch dazu Stellung genommen werden, wie fern der Buchhandel durch die völlige Unterdrückung des Nachdrucks und durch die Herstellung billiger Druckpreise vor dem jetzigen Verfall zu retten sei.[53] Das Gutachten wurde nicht mehr erstattet, obwohl die Formulierungen zwei Jahre später in die Wahlkapitulation des Kaisers Franz II. übernommen wurden.[54]

In unserem Zusammenhang interessiert nicht der gut erforschte Hergang der Ereignisse, sondern ihr geistiges Fundament, das sich aus den 1790 zur Vorbereitung der Initiative veröffentlichten Schriften von Ganz[55] und Kayser erschließt. Obwohl die Schriften mannigfache Argumente herbeiziehen, besonders die wirtschaftlichen und kulturellen Folgen des Büchernachdrucks hervorheben, liegt doch die Basis der Argumentation in einem naturrechtlich begründeten Eigentumsbegriff.

Naturrechtliche Wahrheiten in positives Reichsrecht umzusetzen, ist das Programm vor allem bei *Kayser*. Dieser argumentiert ganz im Sinne der naturrechtlichen Begründung des

---

48 Auch den Kaiserlichen Druckprivilegien war die Beachtung keineswegs überall im Reich sicher, zum Geltungsbereich *Gieseke* (Fn. 1), S. 77 f.; *Steffen-Werner Meyer*, Bemühungen um ein Reichsgesetz gegen den Büchernachdruck, Saarbrücker jur. Diss., Frankfurt am Main 2003, S. 58.

49 *Dölemeyer* (Fn. 47), S. 4009.

50 Vgl. nur *Gieseke* (Fn. 1), S. 53 ff.; 57 f.

51 *Gieseke* (Fn. 1), S. 183.

52 Zur Rolle dieser Männer siehe insbesondere *Meyer* (Fn. 48), S. 39 ff.

53 Art. VII § 1 der Wahlkapitulation 1790, abgedruckt bei *Meyer* (Fn. 48), S. 85.

54 *Gieseke* (Fn. 1), S. 184.

55 Übersicht über die Gründe wegen des Strafbaren des Büchernachdrucks, und Vorschläge, wie diesem Uebel durch ein allgemein verbindliches Reichsgesez vorgebeuget werden könne, Regensburg 1790; Kurze Übersicht der Gründe der Schädlichkeit des Büchernachdrucks für die Litteratur, den Buchhandel und das lesende Publikum im teutschen Reich …, Junius 1790, Regensburg 1790.

Eigentums nach Locke'schem Vorbild: „Was ich vermöge der mir von Gott verliehenen Geisteskräfte produziere, ist unstreitig mein unbeschränktes Eigentum. Mir stehen in Betref desselben alle Rechte eines unbeschränkten Eigenthümers zu. Die Natur meines unbedingten Eigenthums giebt mir seine bestmögliche Benützungsart an die Hand."[56] Die gemeinte Benützungsart ist vor allem der „so unendlich als möglich vervielfachte Abdruck und Verkauf meines Geistesprodukts" und daraus „entspringt mein ausschließliches Recht, mein Geistesprodukt zu drucken und zu verkaufen – oder, wenn ich es selbst nicht thun will, mich über diese vortheilhafteste Benützungsart meines Eigenthums mit einem Dritten abzufinden, der alsdann als der rechtmäßige Verleger in meine vollen ihm überlaßenen Rechte eintritt."[57] Der nicht autorisierte Nachdrucker verletzt dieses Eigentum logischerweise. Kayser beruft sich auf die These Pütters, dass gegen den verbotenen Nachdruck schon nach den Regeln des gemeinen Rechts geklagt werden könne, doch verlangt er zur Rechtssicherheit und Rechtsklarheit ein allgemeines Gesetz gegen den Nachdruck, „um der Chikane jeden Winkelzug abzuschneiden." Um seiner Forderung nach weiterer Positivierung Nachdruck zu verleihen, greift der Regensburger Bibliothekar auf einen weiteren Locke'schen Topos zurück, nämlich die Schutzaufgabe des Staates, die Untertanen um so mehr in ihrem Eigentum zu schützen, je weniger sie es selbst können.[58]

Auch Kayser unterscheidet klar zwischen dem Sacheigentum an dem verkauften Buchexemplar und dem Eigentum am Geistesprodukt „Ich verliehre auch durch den vielfachsten Absaz an Exemplarien das Eigenthum an meinem Geistesprodukte nie."[59] Freilich unterläuft dann doch ein Rückfall in die Vermengung der Objekte. Um zu beweisen, dass mit dem käuflichen Erwerb eines gedruckten Buches keine Übertragung des Vervielfältigungsrechts stattfinde, greift Kayser auf die Vorstellung zurück, der Verkauf eines gedruckten Buches durch Autor oder den rechtmäßigen Verleger geschehe unter der „in der Natur der Sache liegenden" stillschweigenden Bedingung und Einschränkung, dass das Werkeigentum vorbehalten bleibe.[60] Wenn aber Sacheigentum am Exemplar und Eigentum am Geisteswerk unterschiedliche und voneinander unabhängige Rechte sind, bedarf es beim Verkauf eines Buchexemplars keiner solchen Bedingung, weil das Werkeigentum überhaupt nicht Gegenstand des Rechtsgeschäfts ist – das Operieren mit vagen „stillschweigenden Bedingungen" bezeugt noch einen Mangel an begrifflicher Klarheit und schwächt die Position der Nachdruckgegner. Man muss allerdings bedenken, dass die vertiefte Begründung des Urheberrechts durch Fichte erst 1793 veröffentlicht wurde.

Die Initiative von Ganz und Kayser führte zu regen diplomatischen Bemühungen im Kontakt unter den Fürstenhöfen und entfachten darüber hinaus eine öffentliche Auseinandersetzung, von der zahlreiche flugschriftartige Publikationen zeugen. Die Gründe für und gegen den freien Büchernachdruck wurden einmal mehr, nun aber in engem zeitlichen Zusammenhang und in oft heftiger Sprache ausgetauscht.[61] Mit dem Scheitern der Pläne für ein reichsrechtliches Nachdruckverbot und schließlich mit dem Untergang des Reiches lag indes die weitere Entwick-

56 *Albrecht Christoph Kayser*, Die Abstellung des Büchernachdrucks als ein in der neuesten Kaiserlichen Wahlkapitulation der reichtsoberhauptlichen Abhilfe ebenso nöthig als unbedenklich zu übertragender Gegenstand betrachtet, von A.C. Kayser, Hochfürstl. Thurn und Taxischem Hofrath und Bibliothekar, Regensburg 1790, S. 7. *Kayser* (S. 56) stellt *Ganz* als Veranlasser seiner Schrift vor und bittet den Freund wegen dieser Indiskretion um Nachsicht.

57 *Kayser* (Fn. 56), S. 8.

58 *Kayser* (Fn. 56), S. 25.

59 *Kayser* (Fn. 56), S. 11.

60 *Kayser* (Fn. 56), S. 11. Zur Schwäche dieses schon zuvor gebrauchten Arguments *Klippel*, Die Idee des geistigen Eigentums (Fn. 1), S. 129.

61 Aufgelistet bei *Gieseke* (Fn. 1), S. 254. Die wohl bedeutendste Gegenschrift „Wider und Für den Büchernachdruk aus den Papieren des blauen Mannes. Bei Gelegenheit der zukünftigen Wahkapitulazion, gedrukt im Reich und für das Reich, 1790." In dieser Schrift wird das Naturrecht als beliebige Argumentationsgrundlage entwertet (S. 37 f.), gleichwohl – wie bei Naturrechtsgegnern üblich – naturrechtlich argumentiert: Es geht um die Freiheit (S. 27 f., 32 f.), der Nachdruck ist der Verbreiter der Aufklärung (S. 49).

lung in den Händen der deutschen Einzelstaaten. Urheberrechtsgeschichte ist bis zur Gründung des Norddeutschen Bundes und des Deutschen Kaiserreiches wesentlich Gesetzgebungsgeschichte der Länder – das Phänomen der Partikularisierung blieb dem Recht des geistigen Eigentums als ein Grundproblem erhalten.

V. Urheberrecht und Privatrechtssystem

Das Urheberrecht hatte es folglich schwer, im System des Zivilrechts einen wirklichen Platz zu finden. Die Pandektistik sparte dieses wichtige neue Rechtsgut – ebenso wie das Erfinderrecht und die gewerblichen Schutzrechte – aus der allgemeinen Darstellung des privatrechtlichen Schutzes weithin aus. In den letzten Jahrzehnten des 19. Jahrhunderts hat es freilich nicht an Versuchen gefehlt, das Recht an der geistigen Schöpfung in der allgemeinen Zivilrechtstheorie zu verorten, vor allem im Zusammenhang mit der Entwicklung einer Theorie von den Persönlichkeitsrechten. Wichtiger Vertreter dieser Richtung ist der (damals) Giessener Rechtsgelehrte Karl Gareis.[62] Auch in der Literatur des „Deutschen Privatrechts" zeigen sich Versuche, die modernen Phänomene in das allgemeine System des Rechtsgüterschutzes und des Vertragsrechts einzubringen.[63] Doch bestimmte auch nach dem Inkrafttreten des BGB das pandektistische Denken weiterhin die zivilrechtlichen Grundbegriffe.

Damit hängt es zusammen, dass sich das Urheber- und Erfinderrecht zusammen mit dem gewerblichen Rechtsschutz vom Ende des 19. Jahrhunderts an – und das heißt: von vorn herein – als Spezialmaterie außerhalb des zivilrechtlichen Kerns entwickelt hat. Die durchschnittlich interessierten Jurastudenten sammelten bis Ende des 20. Jahrhunderts allenfalls vage Kenntnisse auf diesem Gebiet, die in den Examina selten abgerufen wurden. Der neuesten Studienreform ist es zu danken, dass das geistige Eigentum aufgrund der eingerichteten Studienschwerpunkte wenigstens für einen Teil der Studenten zu einem Gegenstand intensiver Beschäftigung avancieren und so als wesentliches Element des modernen Privatrechtssystems begriffen werden kann.

Veröffentlicht in: Louis Pahlow/Jens Eisfeld, Grundlagen und Grundfragen des Geistigen Eigentums. Diethelm Klippel zum 65. Geburtstag, Verlag Mohr Siebeck, Tübingen 2008, S. 35–49.

62 *Diethelm Klippel*, Die Theorie der Persönlichkeitsrechte bei Karl Gareis (1844–1923), in: Festschrift für Fritz Traub zum 65. Geburtstag, S. 211 ff.; *Dieter Schwab*, Geschichtliches Recht und moderne Zeiten. Einige Gedanken über Leben und Werk von Karl Gareis, in: Festschrift für Heinz Hübner, Berlin/New York 1984, S. 215 ff.

63 Etwa bei *Otto von Gierke*, Deutsches Privatrecht, Bd. 1, Allgemeiner Teil und Personenrecht, Leipzig 1895, S. 748 ff. Vgl. demgegenüber noch *Bernhard Windscheid/Theodor Kipp*, Lehrbuch des Pandektenrechts, Bd. 1, Frankfurt am Main 1906, wo die dem modernen Recht angehörigen Rechte, welche dem Berechtigten den Genuss eines Geisteserzeugnisses oder einer Erwerbstätigkeit zu sichern bestimmt sind, im Hinblick auf ihre inzwischen positiv-gesetzliche Regelung zwar erwähnt sind, aber den Platz in einer Fußnote erhalten (§ 42 Fn. 1).

Philosophie und geistiges Eigentum
– Der Beitrag von Johann Georg Heinrich Feder zur Entwicklung des Urheberrechts –

I. Das Naturrecht als Begegnungsort der Wissenschaften

Die lebhafte Diskussion über den Büchernachdruck in der zweiten Hälfte des 18. Jahrhunderts kreiste um die Grundfrage, ob das Eigentum an einem Manuskript oder einem gedruckten Buch die freie Befugnis umfasse, den Text nachzudrucken, sofern kein obrigkeitliches Druckprivileg dem im Wege stand. Der Begriff vom freien Eigentum, der seinem Träger ein umfassendes Verfügungs- und Nutzungsrecht an der Sache zuschrieb, stützte den Anspruch auf Nachdruckfreiheit, der außerdem durch wirtschafts- und bildungspolitische Argumente untermauert wurde. Auf der anderen Seite versuchten die Gegner des nicht autorisierten Büchernachdrucks ihrerseits den Eigentumsgedanken für ihre Sache zu mobilisieren. An dem bis in die ersten Jahrzehnte des 19. Jahrhunderts hinein geführten intellektuellen Meinungsstreit beteiligten sich Juristen ebenso wie Philosophen. Die beiden Wissenschaften hatten ein gemeinsames Feld, auf dem sie sich begegnen konnten, nämlich das Naturrecht, das auch in dieser Beziehung seine Eignung für Innovationen bewies. Die Juristen hatten außerdem natürlich auch ihr System des gemeinen Rechts aufzubieten, das folgerichtig eine Rolle spielte, auf dem aber die großen Auseinandersetzungen nicht zu führen waren.

Der Verlauf der Kontroversen in Deutschland zeigt, dass sich die Gegner des freien Büchernachdrucks nur in Schritten, oft mehr in Vorahnungen als klaren Erkenntnissen, dem für die Ausbildung des Urheberrechts entscheidenden Punkt näherten, nämlich der strikten Unterscheidung zwischen dem geistigen Gehalt eines Textes und der Sache, auf dem der Text körperlich fixiert war (wir würden heute „Datenträger" sagen). Erst als die geistige Schöpfung als eigenständiges Rechtsobjekt begriffen war, das unabhängig von seiner jeweiligen Materialisierung existiert, konnte das Urheberrecht ohne Vermischung mit der Welt des Sacheigentums entwickelt werden. Wie sich die Autoren des 18. Jahrhunderts dieser Idee näherten, ohne sie doch ganz greifen zu können, gehört zu den interessantesten und lehrreichsten Kapiteln der Wissenschaftsgeschichte. Auch als die Unterscheidung zwischen dem Sacheigentum am Manuskript und am einzelnen gedruckten Buch einerseits, am geistigen Werk andererseits klar entwickelt war, blieb noch immer diffus, worin das Objekt des geistigen Eigentums eigentlich zu sehen war. Gerade die Unklarheit in diesem Punkt war der Anlass von Einwänden, welche die Freunde des freien Nachdrucks – vor allem die süddeutschen Verleger – nicht müde wurden, vorzutragen.

Die Theoriegeschichte des Urheberrechts[1] verdankt der deutschen Philosophie entscheidende Ansätze. Nicht wenige Lehrer der Philosophie aus der 2. Hälfte des 18. Jahrhunderts

1 Dazu die Beiträge in *Elmar Wadle* (Hrsg.), Historische Studien zum Urheberrecht in Europa, Berlin 1993; *Elmar Wadle,* Geistiges Eigentum. Bausteine zur Rechtsgeschichte, Weinheim 1996; *Barbara Dölemeyer/Diethelm Klippel,* Der Beitrag der deutschen Rechtswissenschaft zur Theorie des gewerblichen Rechtsschutzes und Urheberrechts, in: Friedrich-Karl Beier/Alfons Kraft/Gerhard Schricker/Elmar Wadle (Hrsg.), Gewerblicher Rechtsschutz und Urheberrecht in Deutschland. Festschrift zum hundertjährigen Bestehen der Deutschen Vereinigung für gewerblichen Rechtsschutz und Urheberrecht und ihrer Zeitschrift, Weinheim 1991, S. 185 ff., 198 ff.; *Ludwig Gieseke,* Vom Privileg zum Urheberrecht, Die Entwicklung des Urheberrechts in Deutschland bis 1845, Göttingen 1995; *Walter Bappert,* Wege zum Urheberrecht, Frankfurt am Main 1962, S. 254 ff.

befassten sich mit der Problematik, so etwa der in Kiel lehrende Martin Ehlers[2], der in Karlsruhe wirkende Gottlob August Tittel[3], auch Immanuel Kant mit einer eigenständigen, vom Eigentumsbegriff gelösten Theorie,[4] dann Johann Gottlieb Fichte.[5] Zu Ehren von *Elmar Wadle*, der die Geschichte des Urheberrechts zu einem zentralen Gegenstand seiner Forschungen gemacht hat, möchte ich den Beitrag eines Göttinger Philosophen näher beleuchten, dem ich in meiner wissenschaftlichen Jugendzeit begegnet bin:[6] Johann Georg Heinrich Feder. Dieser hat dem Thema Büchernachdruck noch vor Kant und Fichte eine Abhandlung[7] gewidmet, die den Reflexionsstand widerspiegelt, der auf Seite der Gegner des freien Büchernachdrucks im Jahre 1780 in Deutschland erreicht war.

II. Zu Feders Biografie

Zur Einordnung Feders seien einigen Bemerkungen vorweggeschickt. Die in den Jahren 1733/1737 gegründete Georgia Augusta zu Göttingen stieg alsbald zu einer der führenden deutschen Universitäten auf. Ihr Geist war durch die Aufklärung geprägt. Sie wurde, begünstigt durch die Verbindung des Kurfürstentums Hannover mit der englischen Krone, zum Einfallstor für englische Literatur und Philosophie.

Der im Jahre 1740 im Fränkischen geborene Feder wurde nach einem Studium der Theologie in Erlangen im Jahre 1768 zum Professor der Philosophie nach Göttingen berufen, wo er bis 1782 lehrte. Seine Moralphilosophie, die ausweislich der Zitate aus dem Schatz der Philosophiegeschichte schöpft, lehnt sich an die englische Moral-Sense-Schule (Shaftesbury, Francis Hutcheson, Henry Home, Adam Ferguson, William Paley) an.[8] „Empfindungen" und „Gefühle" stehen im Mittelpunkt der Reflexionen, Empfindsamkeit („Empfindlichkeit") für andere und aktive Beschäftigung mit nützlichen Dingen gehören zur moralischen Vervollkommnung des Menschen, der zu einem „selbsttätigen" Leben bestimmt ist. Dass Feder auch das Naturrecht John Lockes gekannt hat, werden wir noch zeigen.

Der Göttinger Philosoph erlangte alsbald ein gutes Ansehen. Dieses litt beträchtlich, seit er Angriffen von Seiten der Anhänger Kants ausgesetzt war. Feder, damals an der Redaktion der Göttingischen Gelehrten Anzeigen beteiligt, hatte den in Breslau lebenden Philosophen Christian Garve mit der Rezension von Kants „Kritik der reinen Vernunft" beauftragt. Garve hinterließ Feder bei seiner Abreise aus Göttingen einen Text, der nach Feders Meinung viel zu umfangreich war; Feder kürzte den Text, indem er ihn zugleich veränderte.[9] Die – Kant gegenüber distanzierte – Rezension löste heftige Reaktionen aus. Mit dem Siegeszug der kantischen Philosophie hatten es die Vertreter der älteren Systeme ohnehin schwer. Im Jahre 1782 gab Feder seine Professur zugunsten einer Direktorenstelle in einer neu errichteten Erziehungs-

2 Über die Unzulässigkeit des Büchernachdrucks nach dem natürlichen Zwangsrecht, Dessau und Leipzig 1784, dazu *Ludwig Gieseke* (Fn. 1), S. 167 f.

3 Büchernachdruck und Büchereigentum. In: Dreißig Aufsäze aus Literatur, Philosophie und Geschichte, Mannheim 1790. Dazu *Gieseke* (Fn. 1), S. 170 f.

4 Dazu unter VI.

5 Zu seinen Auffassungen siehe unter VI.

6 Siehe *meine* Dissertation: Die Selbstverwaltungsidee des Freiherrn vom Stein und ihre geistigen Grundlagen, Druckfassung Frankfurt am Main 1971, S. 89 ff.

7 *Johann Georg Heinrich Feder*, Neuer Versuch einer einleuchtenden Darstellung der Gründe für das Eigentum des Bücherverlags, nach Grundsätzen des natürlichen Rechts und der Staatsklugheit, in: Göttingisches Magazin der Wissenschaften und Litteratur, 1. Jahrgang, 1. Stück, 1780, S. 1 ff.; 2. Stück, S. 220 ff.

8 Siehe *meine* Diss. (Fn. 6), S. 91 ff.

9 Der Vorgang ist autobiographisch beschrieben in: J. G. H. Feders Leben und Grundsätze. Zur Belehrung und Ermunterung seiner lieben Nachkommen, hrsg. von seinem Sohn *Karl August L. Feder*, Leipzig/Hannover/Darmstadt 1825, S. 115 ff.

anstalt auf. Seine Beschäftigung mit dem geistigen Eigentum fällt noch in die Zeit seiner Göttinger Lehrtätigkeit.

Nicht zufällig war es ein Göttinger Philosoph, der sich des Nachdruckproblems annahm. Im Jahre 1774 hatte der an derselben Universität lehrende Rechtsgelehrte Johann Pütter eine umfangreiche Schrift zu diesem Thema publiziert. Sie trägt den Titel „Der Büchernachdruck nach ächten Grundsätzen des Rechts geprüft“[10] und gelangt zu dem Ergebnis, dass der Nachdruck eines Buches, der von dem Verfasser oder dem autorisierten Verleger nicht ausdrücklich gestattet ist, gegen das auf der Natur der Sache beruhende Recht der Europäischen Völker, außerdem auch gegen das gemeine Zivilrecht verstößt. Pütter unterscheidet den „gelehrten“ und den „bloß materiellen Grundstoff“ eines Buches.[11] Werke, die ein Gelehrter neu ausgearbeitet hat und die zum ersten Mal gedruckt werden sollen, sind „ursprünglich unstreitig ein wahres Eigenthum ihres Verfassers, so wie ein jeder das, was seiner Geschicklichkeit und seinem Fleisse sein Daseyn zu danken hat, als sein Eigenthum ansehen kann ...“.[12] Von diesem Eigentum des Buchautors leitet Pütter dann das Verlagsrecht ab. Besonders interessant ist bei Pütter der Versuch, die Unerlaubtheit des Büchernachdrucks auf positives Recht zu gründen: Er zieht einerseits die Regeln des gemeinen Zivilrechts heran, andererseits etabliert er eine auf der Natur der Sache beruhende europäische Rechtsordnung, die – offenkundig nach dem Vorbild des *ius gentium* – natürliche Rechtsgrundsätze im Gebrauch der (europäischen) Völker positiviert findet.[13]

III. Der philosophische Eigentumsbegriff

Feder kannte natürlich die Schrift seines juristischen Kollegen und fand, „dass die philosophischen Gründe, mit welchen der Büchernachdruck in dieser vortrefflichen Schrift bestritten wird, mir völlig entscheidend vorkommen.“[14] Dass der Philosoph gleichwohl das Thema – durchweg in der Tendenz Pütters – aufgreift, begründet er damit, dass dieser noch nicht alle hat überzeugen können, zumal zu beobachten sei, dass sogar obrigkeitliche Privilegien für Nachdrucke erteilt werden.

Ausgangspunkt ist auch bei Feder der Eigentumsbegriff, zu dem in deutlicher Anlehnung an die zweite Abhandlung von John Locke über die Regierung[15] eine allgemeine Lehre vorgetragen wird. Der Philosoph hält sich mit dem auf die rechtliche Vollgewalt über Sachen beschränkten Eigentumsbegriff des römisch-gemeinen Rechts nicht auf, sein Eigentumsverständnis ist von vorn herein offen. Gleichwohl tastet er sich nur behutsam an die Erkenntnis heran, dass die geistige Schöpfung selbst das Objekt des Eigentums sein kann. Ausgangspunkt seiner Überlegungen ist zunächst das „Eigentum an der Schrift“, die aufgrund seiner Arbeit originär dem Verfasser zukommt[16] – die Locke'sche Theorie von der Arbeit als dem prinzipiellen Erwerbsgrund des Eigentums wird also unmittelbar auf „die Schrift“ übertragen. In diesem Zusammenhang spricht

---

10 Göttingen 1774. Zu *Pütter* und seiner Bedeutung: *Wilhelm Ebel*, Der Göttinger Professor Johann Stephan Pütter aus Iserlohn, Göttingen 1975; zu der genannten Schrift S. 117 ff. Zu Pütters Methode *Wolfgang Neusüß*, Gesunde Vernunft und Natur der Sache. Studien zur juristischen Argumentation im 18. Jahrhundert, Heidelberger jur. Diss., Berlin 1970.

11 *Pütter* (Fn. 10), § 12.

12 *Pütter* (Fn. 10), § 20.

13 Dazu mein Beitrag: Das geistige Eigentum zwischen Naturrecht und Positivierung, in: *Louis Pahlow/J. Eisfeld* (Hrsg.), Grundlagen und Grundfragen des Geistigen Eigentums, Tübingen 2008, S. 35 ff.

14 Neuer Versuch, 1. Stück, S. 2.

15 An Essay Concerning the True Original, Extend, and End of Civil Government, nach der Ausgabe von *Peter Laslett* (Hrsg.), John Locke, Two Treatises of Government, Cambridge 1970, The Second Treatise, S. 285 ff.

16 Neuer Versuch (Fn. 7), 1. Stück, S. 11.

Feder von „Grundrechten des Verfassers".[17] Aber was ist „die Schrift"? Das Manuskript? Schließlich findet Feder den entscheidenden Punkt: „Das Geistesproduct selbst" ist immer als „sein" (des Verfassers) „und keines anderen Menschen Eigentum anzusehen", bis er unfähig wird, „in dieser Unterwelt" ein Eigentum zu haben oder ausdrücklich darauf verzichtet.[18]

Das Geistesprodukt selbst ist streng von seiner Nutznießung zu unterscheiden, die der Verfasser dem Publikum durch die Veröffentlichung ermöglicht[19]: Der Nachdrucker geht also über die dem Publikum gewährte Nutzung (zu „Unterricht oder Vergnügen") hinaus und greift in die Substanz des Eigentums selbst ein. „Der Nachdrucker verkauft wirklich das Product, die Arbeit, den Grundstoff eines anderen, das Gedicht, das philosophische Werk des andern ...".[20]

Wenn das Eigentum am „Geistesproduct selbst" für immer beim Verfasser bleibt (zumindest zu seinen Lebzeiten), so hätte es nahe gelegen, dem vom Verfasser lizenzierten Verleger gleichfalls nur ein Nutzungsrecht zuzugestehen, allerdings mit qualifiziertem Inhalt: ein Nutzungsrecht, das die Befugnis zum Druck und zur daraus resultierenden Gewinnerzielung umfasst. Hätte Feder diesen gedanklichen Schritt vollzogen, er hätte noch vor Kant und Fichte zu einem der Begründer der modernen Urheberrechtstheorie werden können. Doch bleibt die Schrift Feders in diesem Punkte unklar. Feder erkennt, dass der Verleger seine Befugnisse auf Grund eines Vertrages vom Verfasser ableitet, aber welches der rechtliche Gehalt des Verlagesvertrages ist, wird nicht präzise aufgewiesen. Feder spricht von „Veräußerung" des Eigentums des Verfassers, die unbeschränkt oder beschränkt erfolgen könne.[21] Danach scheint es, als übertrage der Autor mit dem Verlagsvertrag sein Eigentum an der geistigen Schöpfung zumindest beschränkt auf den Verleger. Tatsächlich ist auch von einem „Eigentum des Verlegers"[22] die Rede, das ihm der Autor entweder unbeschränkt oder beschränkt überlasse. Dass das Problem nicht wirklich durchdrungen ist, zeigt folgendes Argument: Wenn der Verfasser einem Verleger sein Eigentum nur beschränkt, z.B. auf eine bestimmte Auflagenstärke, überträgt, ergibt sich die Rechtswidrigkeit des Nachdrucks durch einen Dritten u.a. daraus, dass dieser über das Recht des ersten Verlegers hinausgeht (dass also durch den Nachdruck mehr Exemplare gedruckt werden, als dem autorisierten Verleger erlaubt wäre).[23] Nur schwach schimmert die Vorstellung durch, dass auch nach Abschluss der Verlagsvertrages ein Recht beim Autor verbleibt, so wenn Feder den Nachdruck auch deshalb für unerlaubt hält, weil er das Recht des Verfassers vereiteln könne, das Werk in verbesserter Ausgabe herauszubringen.[24]

Die letzte Ursache für mangelnde Klarheit in der Argumentation ist darin zu sehen, dass Feder seine Erkenntnis, das „Geistesproduct" sei ein eigenständiges, von seiner Verkörperung in einzelnen gedruckten Buchesexemplaren unabhängiges Eigentumsobjekt, nicht folgerichtig durchschlagen lässt. Die mühsamen Ausführungen darüber, warum der Käufer eines Buches ein volles Eigentum an diesem erwirbt („das billige, gemeine, gewöhnliche Eigentum des Buches")[25], obwohl er es nicht nachdrucken darf, zeigen noch die Verhaftung in den alten Eigentumskategorien, von der sich offenkundig nicht nur die Juristen nur schwer lösen konnten.

Vieles für heutige Augen Überflüssige ist daraus zu erklären, dass Feder sich mit den Argumenten auseinandersetzen musste, die bei den Freunden des freien Büchernachdrucks im Schwange waren. Es gilt aber auch hier der allgemeine Satz: Wer zu viel argumentiert, schwächt seine Position. So taucht bei Feder auch die bei Nachdruckgegnern häufig anzutreffende Vor-

17 Neuer Versuch (Fn. 7), 1. Stück, S. 14.
18 Neuer Versuch (Fn. 7), 1. Stück, S. 16 f.
19 Neuer Versuch (Fn. 7), 1. Stück, S. 16.
20 Neuer Versuch (Fn. 7), 1. Stück, S. 28.
21 Neuer Versuch (Fn. 7), 1. Stück, S. 12.
22 Neuer Versuch (Fn. 7), 1. Stück, S. 15.
23 Neuer Versuch (Fn. 7), 1. Stück, S. 15 f.
24 Neuer Versuch (Fn. 7), 1. Stück, S. 14 f.
25 Neuer Versuch (Fn. 7), 1. Stück, S. 22.

stellung auf, beim Verkauf eines Buches vom Verleger an einen Abnehmer werde stillschweigend die Bedingung vereinbart, dass das Verlagsrecht nicht mitverkauft werde[26] – ein Argument, dessen Schwäche die Kontrahenten im Nachdruckstreit nicht müde wurden, zu nutzen.[27]

IV. Einflüsse der Locke'schen Theorie

Das so gefundene Eigentum am Geistesprodukt versucht Feder gegen staatlichen Zugriff, insbesondere gegen die Erteilung von Druckprivilegien für Nachdrucke mit Hilfe der Locke'schen Naturrechtstheorie zu immunisieren. Es ergeben sich zum Teil frappierende Übereinstimmungen mit dem englischen Philosophen, dessen Name freilich Feder mit keinem Wort erwähnt. Auch der Göttinger nimmt ein ursprüngliches Naturrecht an, das mit dem Eintritt des Menschen in den bürgerlichen Zustand nicht aufgehoben, sondern nur eingeschränkt wird.[28] Auch die Einschränkungen müssen „ihren Grund in der Natur und dem wahren Vorteil der besonderen Gesellschaft haben".[29] Wie Locke gründet Feder den Übertritt in den status civilis auf einen Gesellschaftsvertrag („Vereinigung und Unterwerfung"), dessen Zweck „zuförderst" der Schutz des Eigentums ist.[30] Zwar wird dem Einzelnen durch den Eintritt in die bürgerliche Gesellschaft auch etwas von seinem Recht genommen, das Wesentliche aber muss ihm verbleiben und durch den Staat geschützt werden. Bei dem Gesellschaftsvertrag ist „die vermutliche Bedingung immer diese ..., dass jedem so wenig von seinen bisherigen Freiheiten und Rechten verlohren gehen solle, als bei der Absicht, zu der sie (scil. die Menschen) sich verpflichtet haben, noch möglich ist."[31] Auf dieser Grundlage können die Menschen für das Gemeinwohl nur so viel von ihrem Eigentum aufzubringen und aufzuopfern gezwungen sein, als es die Not erfordert. So lässt sich zur Deckung der fortlaufenden Staatsausgaben ein allgemeines Besteuerungsrecht begründen, auch außerordentliche Aufopferungen zum Vorteil des Ganzen, wenn eine Entschädigung erfolgt. Aber das Eigentum in seiner Substanz muss unangetastet bleiben: Ungerecht wäre es, einem Teil der Untertanen ihre rechtmäßig erworbenen Vorteile zu entziehen, um sie anderen zu verschaffen.[32] Das aber geschähe durch Erteilung von Nachdruckprivilegien – Feder vermeidet es, solche Privilegien als nichtig zu bezeichnen, aber greift immerhin zu dem starken Begriff des „Missbrauchs der obersten Gewalt",[33] ein solches „äußerliches Recht als ein positives Gesetz" wäre „unnatürlich und zu tadeln", es verstieße gegen den Hauptzweck der bürgerlichen Gesellschaft, jedem das Seinige zu lassen, es wäre ungerecht.[34]

---

26 Neuer Versuch (Fn. 7), 1. Stück, S. 18–22.

27 Siehe nur die hauptsächlich gegen Feder gerichtete Schrift: *Anonym* (*Christian Siegmund Krause*): Über den Büchernachdruck, in: Deutsches Museum Bd. 1 (1783). S. 400 ff., 487 ff., insbesondere S. 406 ff. Bei *Feder* selbst zeigt sich Unsicherheit, so wenn er sagt: Beim Verkauf eines Buches wird stillschweigend das Verlagsrecht ausgenommen, „wenigstens in dem Falle, wo ein beträchtlicher verhältniswidriger Schaden aus dem Nachdrucke dem Verleger entsteht." Wie soll die Schadensabschätzung bereits bei jedem Buchkauf möglich sein?

28 Die einschlägigen Ausführungen bei *Locke*, Second Treatise (Fn. 15), Chap. VIII 95-97, Chap. IX 123-131; Chap. XI 134-140.

29 Neuer Versuch (Fn. 7), 2. Stück, S. 221 f.

30 Neuer Versuch (Fn. 7), 2. Stück, S. 232. Bei *Locke*: „The great and *chief end* therefore, of Mens uniting into Commonwealths, and putting themselves under Government, *is the Preservation of their Property*" (Second Treatise Chap. IX 124). Das Eigentum ist dabei als Inbegriff des Lebens, der Freiheit und der Güter verstanden („Lives, Liberties and Estates").

31 Neuer Versuch (Fn. 7), 2. Stück, S. 33. Siehe Locke, Second Treatise, Chap. XI 138-140.

32 Neuer Versuch (Fn. 7), 2. Stück, S. 235.

33 In diplomatischer Form: so wird jeder leicht entscheiden können, ob dies Gebrauch oder Missbrauch der obersten Gewalt ist, Neuer Versuch (Fn. 7), 2. Stück, S. 236.

34 Formulierungen auf S. 237, Neuer Versuch (Fn. 7), 2. Stück.

Dass der Staat umgekehrt verpflichtet sei, Autoren und rechtmäßige Verleger in ihren Rechten zu schützen und den unerlaubten Nachdruck zu verbieten, liegt, ohne dass Feder diesen Gesichtspunkt näher erörtert, auf der Linie seiner naturrechtlichen Ableitung.

V. Schwächen in Feders Theorie

Die Schwäche der Feder'schen Theorie vom geistigen Eigentum liegt, wie bei seinen zeitgenössischen Mitstreitern üblich, in der Unbestimmtheit des Gegenstands. In diesem Punkt gelingen gegenüber der sechs Jahre älteren Schrift Pütters kaum Fortschritte. Als Weiterbildung lässt sich verbuchen, dass das Eigentumsobjekt – als Geistesprodukt – treffender benannt ist. Ist es aber auch näher beschrieben? Wir stoßen hier auf ein Grundproblem aus den Anfängen der Urheberrechtstheorie: Wenn es jenseits der Körperwelt einen Gegenstand des Eigentums gibt, so muss dieser näher fixiert und abgegrenzt werden. *An was* hat der Verfasser eines Buches ein Eigentum: an den gebrauchten Wörtern, die er ja üblicherweise nicht erfunden hat? An „den Gedanken"?[35] An der Konstruktion der Sätze? An der mitgeteilten Information, an dem geschilderten Geschehen? An sprachlichen Eigenarten, an der Komposition des Ganzen? Diese Frage wird bei Feder nicht gestellt, letztlich wird das „Geistesprodukt" als ein schlichter Terminus hingestellt, den der Leser assoziativ mit Inhalt füllen kann.

Die Auswirkungen zeigen sich sogleich in dem Augenblick, in dem der Philosoph den Nachdruck mit der Nachahmung anderer geistiger Schöpfungen vergleicht. Es geschieht dies zur Abwehr von Argumenten, die für den freien Nachdruck gebraucht wurden: Wenn der Nachdruck verboten wäre, dann könne man auch die Kopie von Kupferstichen und Gemälden oder das Nachmachen von Uhren oder Erfindungen verbieten. Damit werden weitere Kapitel der Auseinandersetzung um das geistige Eigentum aufgeschlagen, die der Nachdruckdebatte zeitlich nachfolgen,[36] gleichwohl in engem gedanklichem Zusammenhang mit ihr stehen. Es geht um die Frage nach dem Urheberrecht an Werken der bildenden Kunst und um die Frage nach dem Recht des Erfinders.

Mit diesen Rechten hatten die Feinde des Büchernachdrucks Schwierigkeiten, vielfach zeigt sich bei ihnen eine auf die Probleme des Büchermarktes verengte Sicht. Feder spricht dem Künstler und dem Erfinder nicht grundsätzlich eine der des Buchautors ähnliche Position („Eigentum") ab. Er macht indessen so viele Verschiedenheiten zwischen Buch und Kunstwerk bzw. Erfindung aus, dass für Künstler und Erfinder keine auch nur annährend starke Rechtsstellung übrig bleibt. Der „Erfinder eines Kunstwerks" *könnte* beim Überlassen des Werks an einen anderen die Bedingung stellen, dass der Erwerber keine Nachahmung davon machen darf. Aber diese Einschränkung versteht sich nicht von selbst (nicht „natürlicher Weise").[37] Mit anderen Worten: Der Vorbehalt des Verbotes, das Werk nachzumachen, ist anders als beim Buchverkauf *nicht stillschweigend* vereinbart und kommt in der Praxis, wie der Philosoph hinzufügt, auch als ausdrückliche Bedingung nicht vor. Im Ergebnis bleibt der bildende Künstler ebenso wie der Erfinder – beide werden durchgehend in einen Topf geworfen – weitgehend schutzlos.

Die Gründe, die Feder für die unterschiedliche Behandlung von Buchautoren und bildenden Künstlern oder Erfindern nennt, verraten, dass er über das *Objekt des geistigen Eigentums* letztlich noch keine Vorstellung entwickelt hat. Feder begibt sich auf das Feld eines Vergleichs der Mühe und Geschicklichkeit, die der Nachdrucker einerseits, der Nachahmer eines Kunstwerks

35 Wird „Gedankeneigentum" wird z.B. bei Ehlers angenommen, siehe *Gieseke* (Fn. 1), S. 167, ein „Geisteseigentum" bei Tittel, s. *Gieseke* (Fn. 1), S. 170.

36 Zu den Gründen *Elmar Wadle*, Die Abrundung des deutschen Urheberrechts im Jahre 1876, in: Elmar Wadle, Geistiges Eigentum, Bausteine zur Rechtsgeschichte, Weinheim 1996, S. 327 ff.

37 Neuer Versuch (Fn. 7), 1. Stück, S. 30.

oder einer Erfindung andererseits aufwenden müssen:[38] Der letztere verkaufe – anders als der Nachdrucker – nicht fremde (sondern eben: seine eigene) Arbeit.[39] Das Anfertigen von Kopien von Gemälden und Kupferstichen findet ebenso wenig einen grundsätzlichen Tadel wie der Nachbau einer Harrison'schen Uhr.[40] Neben der Grundproblematik des geistigen Eigentums liegt es, wenn der Philosoph die geringere Rechtsstellung des Erfinders auf Beweisschwierigkeiten stützt: Dass der Nachahmer Harrisons dessen Uhr wirklich nachgemacht und nicht für sich noch einmal erfunden hat, könne zwar wahrscheinlich sein, sei aber nicht gewiss.[41]

Der Mangel an Klarheit über das Eigentumsobjekt äußert sich schließlich in einem Vergleich der Nachahmung eines Kunstwerks oder einer Erfindung mit dem literarischen Plagiat. Feder sieht denjenigen, der das Kunstwerk oder die Erfindung eines anderen kopiert, in der gleichen Lage wie einen Buchautor, der unter *seinem Namen* aus den Werken anderer schöpft. Zwar habe man, wenn die Quelle nicht angegeben sei, dafür den Begriff des geistigen Diebstahls verwendet. „Ein vollkommenes äußerliches Recht dagegen, zumal (!) wenn das letztere (scil. die Quellenangabe) nicht verabsäumet würde, haben die Schriftsteller und Verleger noch nicht behauptet. Die Gründe sind dieselben, weswegen Künstler solche, wenn gleich unangenehme, Nachahmungen und Benutzungen ihrer Arbeiten dulden müssen."[42] Gegen das Plagiat stellt demzufolge Feders „Eigentum am Geistesprodukt" keine Waffen zur Verfügung, weil unreflektiert geblieben ist, was dieses „Geistesprodukt" eigentlich ist.

VI. Neue Konzepte: Kant und Fichte

Die Schrift Feders ist in der nachfolgenden Debatte um den Büchernachdruck, soweit sie im deutschen Sprachraum geführt wurde, augenscheinlich rezipiert worden. Deutliche Übernahmen (unter Berufung auf Feder) sind zum Beispiel in der Schrift zu erkennen, mit der Christoph Kayser, Bibliothekar und Hofrat im Fürstenhause Thurn und Taxis, im Jahre 1790 die Bestrebungen unterstützen wollte, in die Wahlkapitulation Kaiser Leopolds II. ein allgemeines Nachdruckverbot einzubringen.[43] Hier taucht auch der Begriff des Geistesprodukts ebenso auf wie die offenbar auf Locke gestützte Vorstellung vom Staat als Schützer des Privateigentums.

Doch bedurfte die Lehre vom geistigen Eigentum, wenn sie der juristischen Anwendung zugeführt werden sollte, weiterer Ausfaltung und Präzisierung. Dass in der Folgezeit dazu Kant und Fichte entscheidende Beiträge geleistet haben, ist unbestreitbar.

Kant beschäftigte sich mit dem Problem des Büchernachdrucks in einem kurzen Aufsatz, der 1785 in der Berlinischen Monatsschrift erschien;[44] das Wesentliche findet sich in der „Metapysik der Sitten" (1797) zusammengefasst. Der entscheidend neue Ansatz des Königsberger Philosophen ist darin zu sehen, dass er das Recht des Autors eines Buches vom Eigentumsbegriff löst und als unveräußerliches persönliches Recht darstellt – hier liegt ein Ansatz zur modernen

---

38 Neuer Versuch (Fn. 7), 1. Stück, S. 27.

39 Neuer Versuch (Fn. 7), 1. Stück, S. 28.

40 Zum Uhrmacher *John Harrison* (1693–1776) siehe *Dava Sobel*, Längengrad, Die wahre Geschichte eines einsamen Genies, welches das größte wissenschaftliche Problem seiner Zeit löste, deutsche Übersetzung, Berlin 1996.

41 Neuer Versuch (Fn. 7), 1. Stück, S. 29.

42 Neuer Versuch (Fn. 7), 1. Stück, S. 32.

43 *Albrecht Christoph Kayser*, Die Abstellung des Büchernachdrucks als ein in der neuesten Kaiserlichen Wahlkapitulation der reichtsoberhauptlichen Abhilfe ebenso nöthig als unbedenklich zu übertragender Gegenstand betrachtet, von A.C. Kayser, Hochfürstl. Thurn und Taxischem Hofrath und Bibliothekar, Regensburg 1790. Zu den genannten Bestrebungen *Steffen-Werner Meyer*. Bemühungen um ein Reichsgesetz gegen den Büchernachdruck, Saarbrücker jur. Diss., Frankfurt am Main 2003.

44 *Immanuel Kant*, Von der Unrechtmäßigkeit des Büchernachdrucks. In: Berlinische Monatsschrift, Bd. 5, Berlin 1785, S. 403 ff.

Lehre vom Urheberpersönlichkeitsrecht.[45] Zwar taucht der Terminus Eigentum in Kants Texten gelegentlich auch in Bezug auf die Rechtsstellung von Autor und Verleger auf (z.B. ist der Verleger „Eigentümer" einer Geschäftsführung oder einer Vollmacht),[46] doch wird diese Rechtsstellung nicht aus einem Eigentumsbegriff selbst begründet. Der Terminus „Eigentümer" wäre in dem genannten Zusammenhang durch das schlichte Wort „Inhaber" ersetzbar, ohne dass die kantische Theorie im Geringsten verändert würde.

Die Unrechtmäßigkeit des Nachdrucks begründet Kant mit einer überraschend schlichten Deutung des Buchverlags. Das Buch ist eine öffentliche Rede des Autors an sein Publikum, zu deren Übermittlung er sich des Verlegers bedient. Der Autor spricht *durch den Verleger*, dieser überbringt die Rede des Autors an das Publikum und handelt insoweit nicht im eigenen Namen, sondern in des Autors Namen. Dazu bedarf der Verleger der *Vollmacht durch den Autor*, die dem Nachdrucker logischerweise fehlt.[47] Der Nachdruck ist folglich unerlaubt, weil er einen rechtswidrigen Eingriff in das Geschäft eines anderen (des „bevollmächtigten" Verlegers) darstellt. Die Geschäftsanmaßung ist auch der von Kant benannte Rechtsgrund für die aus dem Büchernachdruck entspringenden Ansprüche auf Herausgabe des Erlangten und auf Entschädigung.[48] Dass aus dem Sacheigentum an einem Buch nicht das Recht entstehen kann, es nachzudrucken, erklärt Kant aus der Verschiedenheit und Trennung der Zuordnungskategorien: Das Recht zur Geschäftsführung im Namen eines anderen, als welches das Verlagsrecht erscheint, stellt ein „persönliches bejahendes Recht" dar, das niemals aus dem Eigentum an einer Sache allein gefolgert werden kann;[49] es muss auf einen Vertrag gründet sein.

Der Begründung der Rechte von Autor und Verleger aus einem Rechtsgeschäft zwischen ihnen, das als Bevollmächtigung und Geschäftsführungsvertrag qualifiziert ist, lässt ein Rechtsobjekt, das originär dem Autor zugerechnet werden könnte, in den Hintergrund treten, ja eigentlich verschwinden - darin liegt die Schwäche der Kantischen Theorie. Was ist „die Rede", die der Verleger mittels Buchdrucks im Namen des Verfassers an das Publikum hält? Für die Entwicklung eines Urheberrechts an Werken der bildenden Kunst war Kants Theorie zudem ungeeignet, weil das Bild von der „Rede" nur schwerlich darauf übertragbar ist. Kant erklärt denn auch, Kunstwerke als Sachen könnten nach einem Exemplar, das man rechtmäßig erworben hat, „nachgeahmt, abgeformt und die Kopien derselben öffentlich verkehrt werden, ohne dass es der Einwilligung des Urhebers ihres Originals ... bedürfe".[50] Das wird damit begründet, dass die Gegenstände der Kunst „für sich selbst existierende Dinge" sind, während die Schriften (Reden) „nur in einer Person ihr Daseyn haben können" und daher der Person des Verfassers ausschließlich zukommen. Kant spricht von einem „angeborenen Recht, in seiner eigenen Person, nämlich zu verhindern, dass ein anderer ihn nicht ohne seine Einwilligung zum Publikum

45 Das sieht *Gieseke* (Fn. 1, S. 170), stützt es aber auf ein nicht dienliches Zitat, Kant habe im Zusammenhang mit den persönlichkeitsrechtlichen Befugnissen des Verfassers von einem „ius personalissimum" gesprochen. Diesen Begriff verwendet Kant aber für die Rechtsstellung *des Verlegers*, dem gerade *kein ius personalissimum* (unveräußerliches Recht) zugeschrieben wird: Der Verleger kann also sein Verlagsrecht auch einem anderen überlassen, d.h. seine Vollmacht an einen anderen „abtreten", s. Von der Unrechtmäßigkeit (Fn. 44), S. 409. Das hätte Erwägungen darüber verlangt, ob die Hauptvollmacht des Autors eine Verbreitung seiner „Rede" durch beliebige Untervertreter zu umfassen pflegt.

46 Von der Unrechtmäßigkeit (Fn. 44), S. 408, 409.

47 Von der Unrechtmäßigkeit (Fn. 44), S. 406–408; Metaphysik der Sitten, Erster Teil. Metaphysische Anfangsgründe der Rechtslehre, Teil I, 2. Hauptstück, 3. Abschnitt, Dogmatische Einteilung aller erwerblichen Rechte aus Verträgen, § 31, II. Was ist ein Buch?

48 Die Rechtsfolge der Herausgabe des dem Nachdrucker erwachsenen Nutzens und der Schadensvergütung wird klar angesprochen.

49 Von der Unrechtmäßigkeit (Fn. 44), S. 410–412.

50 Von der Unrechtmäßigkeit (Fn. 44), S. 415.

reden lasse".[51] Dass auch bei Kunstwerken und Erfindungen über das verkörpernde Exemplar hinaus eine Werkidee des Schöpfers existiert, bleibt unerkannt.

Im Gegensatz zum Königsberger Philosophen spann *Johann Gottlieb Fichte* die Theorie vom Eigentum an Geisteswerken fort, gab ihr aber ein neues Gesicht, indem er das mögliche Objekt der Zuordnung näher ins Auge fasste. Im Jahre 1793, kurz vor Antritt seiner Professur in Jena, veröffentlichte Fichte seine Schrift „Beweis der Unrechtmäßigkeit des Büchernachdrucks. Ein Räsonnement und eine Parabel".[52] Fichte unterscheidet bei einem Buch zunächst das Körperliche („das bedruckte Papier"), das unbestreitbar Eigentum des Käufers wird, und das Geistige. Das Letztere wiederum weist zwei Elemente auf, nämlich den *Inhalt* (das *Materielle)*, den sich der Käufer durch Lektüre und Nachdenken aneignen darf, und die *Form*, die unveräußerlich beim Autor verbleibt.[53] Die Möglichkeit, sich den Inhalt eines Buches durch gedankliche Arbeit zu eigen zu machen, ist mit dem Buch mitgekauft: Der Inhalt eines veröffentlichten Buches wird, sobald es andere lesen und gedanklich aneignen, gemeinschaftliches Eigentum des Autors mit den Vielen, mit jedem, „der Kopf und Fleiß genug hat, sich desselben zu bemächtigen".[54] Anders die Form: Sie bleibt für immer das Eigentum des Verfassers, weil ihre Aneignung durch einen anderen physisch unmöglich ist.[55]

Die folglich fällige Unterscheidung von Inhalt und Form erweist sich freilich als schwierig. Fichte spricht von der „Art wie, die Verbindung in welcher, die Wendungen und die Worte, mit denen"[56], oder von der „Ideenverbindung in der, und die Zeichen, mit denen"[57] die Gedanken vorgetragen werden. Er entwickelt eine Theorie von der eigenen Denkart jeder Person, die bewirkt, dass die Aneignung von Gedanken immer auch die Veränderung ihrer Form mit sich bringt.[58] Diese Theorie stößt rasch an ihre Grenzen, man denke an die Problematik der Bearbeitung fremder Stoffe. Doch erscheint es als wesentlicher Fortschritt, dass das Eigentumsobjekt *als Form* nun zum Gegenstand des Diskurses gemacht ist.

Die zweite Neuerung liegt in der These Fichtes, dass das Eigentum an der Form unveräußerlich beim Verfasser verbleibt – hier ergeben sich Berührungspunkte mit der Theorie Kants. Nach Fichte erhält der Verleger nur „das Recht eines gewissen Nießbrauchs des Eigentums des Verfassers".[59] Er verkauft auch nicht die Gedanken und ihre Form, sondern „nur die durch den Druck derselben hervorgebrachte *Möglichkeit,* sich die ersteren anzueignen".[60] Auch Fichte sieht in diesem Zusammenhang den Verleger als Stellvertreter und Beauftragten des Verfassers. Demzufolge besteht das Unrecht des Nachdruckers nicht darin, dass er sich des Eigentums des Autors bemächtigt – das kann er nicht –, sondern dass er unbefugt den Nießbrauch ausübt. Der Nachdrucker handelt in der Metapher der Stellvertretung als Vertreter ohne Vertretungsmacht, er begeht – wie nach der Theorie Kants – eine Geschäftsanmaßung.[61]

Fichtes Entwurf vom geistigen Eigentum befreite – wie schon die Theorie Kants – die Diskussion um den Büchernachdruck von den endlosen Erörterungen über die Nützlichkeit oder

---

51 Von der Unrechtmäßigkeit (Fn. 44), S. 416.
52 *Johann Gottlieb Fichte,* Beweis der Unrechtmäßigkeit des Büchernachdrucks. Ein Räsonnement und eine Parabel, in: Berlinische Monatsschrift 1793, S. 443 ff.; zitiert nach: *J. G. Fichte*, Gesamtausgabe der Bayerischen Akademie der Wissenschaften, hrsg. von *Reinhard Lauth* und *Hans Jacob*, Bd. I 1, Stuttgart-Bad Cannstadt 1964; S. 405 ff. Der Beitrag ist unterzeichnet mit „Königsberg, im Oktober 1791, J.G.Fichte".
53 Beweis der Unrechtmäßigkeit (Fn. 52), S. 410–412.
54 Beweis der Unrechtmäßigkeit (Fn. 52), S. 412.
55 Beweis der Unrechtmäßigkeit (Fn. 52), S. 412.
56 Beweis der Unrechtmäßigkeit (Fn. 52), S. 411.
57 Beweis der Unrechtmäßigkeit (Fn. 52), S. 412.
58 Beweis der Unrechtmäßigkeit (Fn. 52), S. 412.
59 Beweis der Unrechtmäßigkeit (Fn. 52), S. 415.
60 Beweis der Unrechtmäßigkeit (Fn. 52), S. 415.
61 Beweis der Unrechtmäßigkeit (Fn. 52), S. 416.

Schädlichkeit des Büchernachdrucks, über seine Bedeutung für die Förderung von Bildung und Aufklärung, über seine wirtschaftlichen Auswirkungen, über die Erlaubtheit von Monopolen auf dem Buchmarkt – das alles wurde irrelevant. Auch machten die Darlegungen Fichtes, ebenso wie diejenigen Kants, die „jesuitische Mentalreservazion“[62] endgültig überflüssig, der zufolge beim Buchkauf erst eine stillschweigende Vertragsbedingung dem Käufer den Nachdruck verwehrt. Fichtes Theorie ermöglicht auch einen neuen Zugang zum Schutz der Erfindungen und Kunstwerken, wenngleich hier noch kein befriedigender Stand erreicht wird.[63] Bleibende Errungenschaft seiner Philosophie ist der Bezug des geistigen Eigentums auf die Form jeglichen Werks. Hier ahnt Fichte die moderne Welt des Werkschutzes voraus: „Das Recht des Käufers, das Gekaufte nachzumachen, geht so weit wie die physische Möglichkeit geht, es sich zuzueignen; und diese nimmt ab, je mehr das Werk von der Form abhängt, welche wir uns nie eigen machen können. Diese Graduazion geht, in unmerklichen Abstufungen, von der gemeinen Studierlampe bis zu Korregio's Nacht.“[64]

Es ist eigentümlich, dass manche Arbeiten, welche der Entwicklung des geistigen Eigentums gewidmet sind, die Modernität der Fichte'schen Theorie nicht recht erfassen. Diese übernimmt zwar von der älteren Literatur, als deren typischer Repräsentant zuletzt Feder erscheinen kann, einen naturrechtlichen Eigentumsbegriff, gibt ihm aber eine weithin andere Prägung. Nicht die Arbeit ist Grundlage des geistigen Eigentums, sondern die Formschöpfung, nicht Veräußerung ist Gegenstand des Verlagsvertrags, sondern Gebrauchsüberlassung, während die Substanz – das Eigentum an der Form – unveräußerlich beim Urheber verbleibt.

VII. Philosophie und Rechtswissenschaft

Wer (im heutigen Verstande) rechtspolitische Texte liest, die in der zweiten Hälfte des 18. und zu Beginn des 19. Jahrhunderts entstanden sind, entdeckt eine Nähe von Jurisprudenz und Philosophie, die uns heute erstaunt. Die mit offenen Türen gepflegte Nachbarschaft betraf nicht nur die eigentlichen rechtsphilosophischen Fragen nach Wesen, Begründbarkeit, Grenzen des Rechts und der Methodik der Rechtswissenschaft, sondern auch die Frage nach dem *richtigen Recht* in allen Bereichen: dem richtigen Vertragsrecht ebenso wie dem richtigen Eherecht, Erbrecht und so weiter. Die Suche nach philosophisch begründbaren Rechtspositionen und Strukturen des Rechts traf sich mit einer Rechtswissenschaft, die – bei allen Versuchen, neue Vorstellungen auch aus alten Rechtsquellen zu erweisen – den Rahmen tradierten Umgangs mit dem gemeinen Recht überschritt und zur Gesetzgebungspolitik vordrang. Die Ebene, auf denen die Wissenschaften sich begegnen konnten, war in dieser Zeit hauptsächlich mit dem Naturrecht gegeben, allgemein begriffen als Grundvorstellung, dass die Welt eine Ordnung in sich trägt, die *erkannt* oder *erfahren* und *benannt* werden kann.

In der Theoriebildung vom geistigen Eigentum ergab sich, ebenso wie dies für das Eherecht darstellbar wäre, ein faszinierendes Ineinandergreifen philosophischer und juristischer Reflexion, die im Verlaufe des 19. Jahrhunderts schließlich in die moderne Welt des Werkschutzes hinüberführte. Die Frage, ob Juristen oder Philosophen die wichtigeren Beiträge zu diesem Fortgang geliefert haben, scheint müßig. Feders Rolle kann darin gesehen werden, dass er für Posi-

62 Beweis der Unrechtmäßigkeit (Fn. 52), S. 416.

63 Fichte gibt dem Eigentümer eines Kunstwerks das aus dem Eigentum abgeleitete Recht, es nachzumachen, Er sieht aber eine Unbilligkeit darin, die den Staat veranlassen kann, die Interessen des Künstlers/Erfinders – die Kategorien gehen noch ineinander über – durch ein Privileg zu schützen; wenn die Absicht, den ersten Erfinder zu entschädigen erreicht ist, hebt der Staat das Privileg wieder auf, Beweis der Unrechtmäßigkeit (Fn. 52), S. 419.

64 Beweis der Unrechtmäßigkeit (Fn. 52), S. 419. Gemeint ist das Gemälde „Die Geburt Christi“ („Die Nacht“) von *Antonio Allegri*, genannt *Correggio*, Gemäldegalerie Dresden.

tionen, die sein juristischer Universitätskollege Pütter eingenommen hatte, auf der Basis der englisch-schottischen Moral-Sense-Ethik philosophische Begründungen nachlieferte. Letztlich fasst Feders Abhandlung den Stand zusammen, der um das Jahr 1780 erreicht war. Der Aufbruch zu neuen Ufern, blieb – auch auf diesem philosophiegeschichtlich marginalen Gebiet – Entwicklungen vorbehalten, die Feder, auf Kants Kritiken anspielend, „die critischen Revoluzionen in der Philosophie“[65] nannte.

Es scheint, als sei eine Begegnung von Philosophie und Rechtwissenschaft in der beschriebenen Weise heute – außer in den Fragen der Menschenwürde, die durch eine „Ethik“ besetzt werden – nicht mehr üblich. Warum dies so ist, lädt zum Nachdenken ein.

Veröffentlicht in: Tiziana J. Chiusi/Thomas Gergen/Heike Jung (Hrsg.), Das Recht und seine historischen Grundlagen, Festschrift für Elmar Wadle zum 70. Geburtstag, Verlag Duncker & Humblot, Berlin 2008, S. 1130–1145.

65 J. G. H. Feders Leben und Grundsätze (Fn. 9), S. 129 f.

Juristische Innovationen

I. Terminologische Vorbemerkungen

Innovation ist heute überall, in der Realität wie in der Sprache. Sie gedeiht vor allem im wirtschaftlichen Bereich – man denke an die innovativen Finanzprodukte –, in Naturwissenschaft und Technik, sogar im Krankenkassenwesen, wo das Innovationsmanagement blüht. Häufig erschallt das Wort „Innovation" aus Politiker- und Rektorenmunde. Es gibt einen Allgemeinbegriff von Innovation, der ausgesprochen positiv besetzt ist; er scheint an die Stelle des ausgedienten Fortschritts getreten zu sein.

Unvermeidlich, dass die Vokabel zunehmend auch in das Recht eindringt. Es gibt ein Forschungsprojekt „Innovationsrecht", es gibt einen Studienkreis „Wettbewerb und Innovation", der sein Interesse den „innovationspolitischen Aspekten der Kartellrechtsentwicklung" widmet.

Erstaunlich ist die Verbreitung, welche der Terminus in der *Gesetzessprache* erfährt. Innovation oder wenigstens die Bereitschaft dazu wird verlangt oder begünstigt. Ausländer, die sich bei uns als Selbstständige niederlassen wollen, fördern ihre Chancen, eine Aufenthaltserlaubnis zu erreichen, wenn sie einen Beitrag für „Innovation und Forschung" in Aussicht stellen.[1] Die Filmförderung orientiert sich unter anderem am Ziel der Innovation.[2] Zur Qualifikation eines geprüften Wassermeisters oder einer geprüften Wassermeisterin gehört nach der einschlägigen Verordnung die „Förderung der Innovationsbereitschaft".[3] Und was den Wassermeistern recht ist, ist den Abwassermeistern und Abwassermeisterinnen billig,[4] ebenso den Elektromeisterinnen und -meistern[5] und vielen anderen Berufen. Allerdings nicht den Juristen, deren Prüfungsordnungen, soweit ersichtlich, die Fähigkeit zur Innovation noch nicht zum Bewertungsmaßstab erheben.

In diesen Vorschriften ebenso wie in den erwähnten juristischen Forschungsbemühungen bezieht sich der Terminus „Innovation" freilich *nicht auf das Recht selbst*. Es geht dort um rechtliche Probleme, welche die *technischen oder wirtschaftlichen* Neuerungen aufwerfen, also um Innovationen außerhalb des Rechts, die juristisch verortet und verarbeitet sein wollen, nicht um Innovationen *im Recht*.

Auf der anderen Seite wird der Ausdruck „*juristische Innovation*" durchaus auch im Sinne grundlegender Veränderungen im Recht verwendet. Ein fester Begriff davon scheint noch nicht entwickelt. Die folgenden Betrachtungen sollen der Frage gewidmet sein, in welchem Sinne und zu welchem Zweck man von juristischen Innovationen sprechen kann.

---

1 § 21 Gesetz über den Aufenthalt, die Erwerbstätigkeit und die Integration von Ausländern im Bundesgebiet Aufenthaltsgesetz vom 20.12.2008.

2 § 60 Filmförderungsgesetz vom 22.12.2008.

3 Verordnung über die Prüfung zum anerkannten Abschluss Geprüfter Wassermeister/Geprüfte Wassermeisterin, vom 23.2.2005, § 1 Abs. 3 Nr. 3. Verordnung über die Prüfung zum anerkannten Abschluss Geprüfter Abwassermeister/Geprüfte Abwassermeisterin vom 23.2.2005, § 1 Abs. 3 Nr. 3.

4 Verordnung über die Prüfung zum anerkannten Abschluss Geprüfter Abwassermeister/Geprüfte Abwassermeisterin vom 23.2.2005, § 1 Abs. 3 Nr. 3.

5 Verordnung über die Prüfung zum anerkannten Abschluss Geprüfter Industriemeister/Geprüfte Industriemeisterin – Fachrichtung Elektrotechnik vom 30.11.2004, § 1 Abs. 3 Nr. 3.

Dass es juristische Innovationen gegeben hat und gibt, scheint offensichtlich. „Innovation" wird im Deutschen mit „Neuerung" oder „Erneuerung" wiedergegeben. Mit rechtlichen Neuerungen sind wir reichlich versorgt: Fast 4000 Seiten umfasst das Bundesgesetzblatt Teil I im Jahr 2009. „Novellierungen" (sic!) der Gesetze allenthalben, kaum dass sie in Kraft getreten sind. Es läuft eine Gesetzgebungsmaschinerie, die Wirtschaft, Beruf, Steuern, Kultur sowie Familie und das private Leben fortlaufend veränderten rechtlichen Rahmenbedingungen unterwirft. So gesehen wäre Innovation im Recht heute eine alltägliche, zum Überdruss geläufige Sache, die sich meist unter dem missverstandenen Begriff „Reform" aufmantelt.

Doch weist der Terminus „Innovation" auf etwas anderes hin als auf die gewöhnlichen Veränderungen. Der große Brockhaus macht dazu folgende Ausführungen: „Innovation ... die planvolle, zielgerichtete Erneuerung und auch Neugestaltung von Teilbereichen, Funktionselementen oder Verhaltensweisen im Rahmen eines bereits bestehenden Funktionszusammenhangs (soziale oder wirtschaftliche Organisation) mit dem Ziel, entweder bereits bestehende Verfahrensweisen zu optimieren oder neu auftretenden und veränderten Funktionsanforderungen besser zu entsprechen."[6] Es bleibe dahingestellt, ob diese Definition ohne weiteres auf das Recht übertragen werden kann. Das intuitive Sprachverständnis legt nahe, unter „juristischer Innovation" nicht einfach beliebige Rechtsänderungen zu verstehen. Vielmehr verweist die Innovation auf etwas besonders Bedeutendes, Grundlegendes, um nicht zu sagen: Erhabenes. Mit der Innovation werden – um ein Bild zu gebrauchen – nicht kleine Schritte, sondern große Sprünge getan. Ein Gesetz, das den Mehrwertsteuersatz anhebt, ändert das Steuerrecht, verdient aber schwerlich den Namen der „Innovation". Selbst die Einführung einer neuen Verbrauchssteuer, z.B. einer Lesesteuer auf Bücher nach dem Vorbild der Getränkesteuer, wäre zwar ein schmerzlicher Schritt, aber kaum des Titels „Innovation" würdig.

Die Nachbarschaft zur wirtschaftlichen und technischen Terminologie führt der *juristischen Innovation* ein Element der *Entdeckung* oder *Erfindung* zu. Es muss sich um ein *grundlegendes und seiner Art nach neues Rechtselement* handeln.

Dass es juristische Innovation in diesem Sinne gibt, drängt sich dem rechtshistorischen Blick ohne weiteres auf. Wir könnten die Rechtsgeschichte als Abfolge von Innovationen verstehen – dies würde die Rechtsgeschichte thematisch zwar verengen, aber vielleicht einen neuen Blick und neue Fragestellungen eröffnen. Mein Beitrag hat indes ein bescheideneres Ziel: Ich möchte eine vorsichtige Kategorisierung „juristischer Innovationen" versuchen, also fragen, was durch wen und wie juristisch innoviert werden kann.

II. Faktoren juristischer Innovation

Zunächst kann man nach den Faktoren, nach den die Innovation vorantreibenden Kräften fragen. *Gesetzgebung* als planende Normbildung und die auf neue Erkenntnis ausgerichtete *Rechtswissenschaft* springen als Innovateure ins Auge, doch sind sie es nicht allein. Auch die *private Aufzeichnung* von Recht kann eine große Neuerung bedeuten, die eine ganze Rechtskultur verändert, selbst wenn sie sich als bloße Sicherung überlieferter Normen ausgibt, wie dies bei der hochmittelalterlichen Spiegelliteratur der Fall war.[7]

Innovativ können auch die *Gerichte* wirken, wenn sie sich von der Funktion bloßen Normvollzugs lösen, wie dies dem Selbstverständnis der heutigen Justiz entspricht. Die Berufung zur Rechtsfortbildung gehört zu den höheren Weihen, die sich das deutsche Richtertum selbst spendet und bei deren Erteilung die akademische Methodenlehre eine eher dekorative Rolle spielt.

6 Brockhaus in 24 Bänden, 19. Aufl., Bd. 10 (1989) S. 522.

7 Dazu *Heiner Lück*, Über den Sachsenspiegel, Entstehung, Inhalt und Wirkung des Rechtsbuches, 2. Aufl. 2005; *Harald R. Derschka*, Der Schwabenspiegel, 2002, Einleitung.

Gelegentlich wird die Katze aus dem Sack gelassen, so in der berühmten Entscheidung des BGH vom 17.3.2003 zur Rechtstellung des Betreuers bei Maßnahmen der Sterbehilfe: „Die Fortbildung des Rechts ist eine Pflicht der obersten Gerichtshöfe des Bundes und wird ständig geübt ... Sie ergibt sich vorliegend aus einer Gesamtschau des Betreuungsrechts und dem unabweisbaren Bedürfnis, mit den Instrumenten dieses Rechts auch auf Fragen im Grenzbereich menschlichen Lebens und Sterbens für alle Betroffenen rechtlich verantwortbare Antworten zu finden“.[8] Diese Entscheidung bietet den Versuch einer *methodologischen Innovation*: Eine Methode der „Gesamtschau eines Rechtsgebiets verbunden mit einem Regelungsbedürfnis“ ist im Kanon der einschlägigen Methodenbücher nicht vorrätig.

Die bedeutendste innovative Potenz steckt aber, so hoffen wir, in der *Rechtswissenschaft*, die ihrerseits Gesetzgebung und Rechtsprechung befruchtet. Jede Habilitationsschrift, jede ehrgeizige Dissertation, jede wissenschaftliche Abhandlung will Innovation leisten. Der Durchbruch zu neuen Ideen und Techniken ist freilich – im Vergleich etwa zum 18. und noch 19. Jahrhundert – erschwert, weil inzwischen fast alles gesetzlich Regelbare auch gesetzlich geregelt ist oder wird. Wenn der wissenschaftliche Geist sich nicht damit begnügen will, zu staatlichen Rechtsvorschriften Interpretationsvarianten auszudenken, so muss er heute durch ein extrem dicht geknüpftes Netz gesetzter Normen hindurch stoßen, um einen einigermaßen freien Blick zu gewinnen. Auch leben wir in einer Rechtsordnung, in der sogar die höchsten Werte, wie die Würde und die Freiheiten des Menschen, als verbindliche Grundwerte verfassungsrechtlich positiviert sind, sodass vieles, was früher freie Theoriebildung war, sich nun als *Verfassungsinterpretation,* folglich als Gesetzesauslegung darstellen muss. Damit soll nicht gesagt sein, rechtswissenschaftliche Innovation sei nicht mehr möglich. Auch im Rahmen der Auslegung des Grundgesetzes ist vieles Neue erfunden worden, ich erwähne nur etwa das Recht auf informationelle Selbstbestimmung.[9] Nur ist nach meinem Eindruck erfolgreiche juristische Innovation sehr viel komplizierter geworden als zu Zeiten eines Thomasius, Savigny, Windscheid, Gareis oder Gierke, als noch eine offene Rechtswelt jenseits der staatlichen Vorschriften existierte.

Juristische Innovation durch Rechtswissenschaft hat heute vor allem Chancen im Schlepptau mit den stürmischen technischen und zivilisatorischen Fortentwicklungen, namentlich auf dem Gebiet der elektronischen Datenverarbeitung, der Bildtechnik und der Telekommunikation. Die Veränderung unserer Möglichkeiten, Texte und Bilder zu fixieren, zu ordnen, zu erschließen und zu transportieren sowie „unter Abwesenden“ zu kommunizieren stößt auf eine seit juristischen Kindesbeinen erlernte, aber nun als altertümlich erscheinende Welt von Rechtsbegriffen und Rechtsfiguren, auf welche die neue technische Realität vielfach nicht passt. In dieser Lage gilt es zunächst, das überkommene Recht so auszulegen, dass die neuen Phänomene einigermaßen adäquat erfasst werden. Doch wird bald ein Punkt erreicht, an dem die Spannung zwischen überkommener Begrifflichkeit und neuer Realität sich dadurch löst, dass die *juristische* Innovation der *technischen* folgt. Beispiele dafür sind etwa die Kreation neuer rechtsgeschäftlicher Erklärungsformen durch die Gesetzgebung (elektronische Form, Textform)[10] und die Entwicklung neuartiger Geschäftstypen wie der Internetauktion als einem von der traditionellen Versteigerung in wesentlichen Elementen differierenden Vorgang.[11]

---

8 BGHZ 154, 205.

9 BVerfGE 65, 1, 41 ff.

10 §§ 126a, 126b BGB, eingeführt durch Gesetz zur Anpassung der Formvorschriften des Privatrechts und anderer Vorschriften an den modernen Rechtsgeschäftsverkehr vom 13.7.2001 (BGBl. I S. 1542). Zur Problematik Rechtsgeschäftslehre und Telekommunikation M. Kuhn, Rechtshandlungen mittels EDV und Telekommunikation, 1991; *Andreas Wiebe*, Die elektronischen Willenserklärungen, 2002; *Steffen Wettig*, Vertragsschluss mittels elektronischer Agenten, Berlin 2010.

11 Zu den Unterschieden der Internetauktion und ihrer Spielarten zur herkömmlichen Versteigerung *Stefan Leible/Olaf Sosnitza,* Versteigerungen im Internet, 2004, S. 1 ff.

Doch – das zeigt der Blick in die Rechtsgeschichte – sind juristische Innovationen keineswegs allein durch technische Fortschritte bedingt.

III. Universale und partikulare Innovationen

Was die Art der juristischen Innovationen betrifft, möchte ich die Unterscheidung zwischen universalen (systemüberschreitenden) und partikularen (systemimmanenten) Innovationen vorschlagen. Worum geht es dabei?

Es gibt juristische Neuerungen, die nur im Kontext mit einem räumlich oder kulturell begrenzt geltenden Rechtssystem verständlich sind, etwa im Kontext mit dem deutschen oder englischen Recht oder dem „romanischen Rechtskreis", usw. Es sind dies Innovationen *innerhalb eines Normsystems*, die nicht ohne weiteres auf andere Rechtsordnungen übertragbar sind. Als Beispiel fällt mir die Unterscheidung zwischen absoluten und relativen Rechten ein, die im Kontext des deutschen Deliktsrechts eine Rolle spielt, in anderen Rechtsordnungen aber nicht.[12]

Universale Innovationen hingegen bestehen in der Kreation eines Rechtsgedankens oder einer Rechtstechnik, die für *alle Rechtsordnungen* von Bedeutung sein *können*, also für die Weltrechtskultur insgesamt. Hierher gehören die Strukturen des allgemeinen Vertragsrechts, die, sobald sie einmal entwickelt sind, in beliebige Rechtsordnungen Einzug halten können. Die Erkenntnis, dass hinter formalisierten Geschäftsgebräuchen – etwa der Übereignung eines Grundstücks durch Zuwurf und Auffangen einer Erdscholle – der Bindungswille der Parteien steht und dass dieser Wille das Entscheidende am Vorgang ist und sich folglich auch anders als in den gebräuchlichen Formalitäten äußern kann, eröffnet den Weg zu einem allgemeinen Vertragsbegriff und damit einer grundlegenden Innovation, an der die Kanonistik und die Philosophie des Mittelalters einen wesentlichen Anteil haben.[13]

Häufig werden solche fundamentalen Neuerungen nicht mit einem Schlage erreicht, sondern sind die Arbeit von Generationen. Es kommt auch vor, dass Innovationen, die eine Rechtskultur erarbeitet hat, wieder in Vergessenheit geraten und neu geleistet werden müssen. So ist die Situation in Europa nach dem Verfall der großartigen römischen Rechtskultur, deren intellektuelle Errungenschaften zunächst in einem Restbestand innerhalb der Kirche weiterlebten und dann in ihrer Fülle durch die Arbeit der europäischen Jurisprudenz mühsam wiedergewonnen werden mussten.

Zu den universalen Innovationen gehört vieles, was uns heute selbstverständlich ist, angefangen von der Unterscheidung zwischen Strafe und Schadensersatz als Unrechtsfolgen[14] bis hin zur Entdeckung der Persönlichkeitsrechte, an der *Karl Gareis*, dessen Name der heute verliehene Preis trägt, wesentlichen Anteil hat.[15]

12 Zu den deliktsrechtlichen Systeme in Europa *Christian von Bar*, Gemeineuropäisches Deliktsrecht, 2 Bde, 1996, 1999, ferner *Reinhard Zimmermann* (Hrsg.), Die Grundstrukturen des europäischen Deliktsrechts, 2003.

13 Zur Geschichte: *Peter Landau*, Pacta sunt servanda, Zu den kanonistischen Grundlagen der Privatautonomie, in: „Ins Wasser geworfen und Ozeane durchquert, Festschrift für Knut Nörr, 2003, S. 457 ff.; *David Ibbetson*, A Historical Introduction to the Law of Obligations, 1999. Zur Entwicklung des Schuldvertragsrechts vom römischen Recht an siehe *Reinhard Zimmermann*, The Law of Obligations, 1990, S. 34 ff., 508 ff., 546 ff.

14 Dazu *Ute Walter*, Geschichte des Anspruchs auf Schmerzensgeld, 2004, insbesondere S. 213 ff.

15 *Diethelm Klippel*, Die Theorie der Persönlichkeitsrechte bei Karl Gareis (1844–1923), in: Festschrift für Fritz Traub zum 65. Geburtstag, S. 211 ff.; *Dieter Schwab*, Geschichtliches Recht und moderne Zeiten, in: Gottfried Baumgärtl u.a. (Hrsg.), Festschrift für Heinz Hübner zum 70. Geburtstag, 1984, S. 215 ff. Zur Geschichte des Persönlichkeitsrechts *Manfred Herrmann*, Der Schutz der Persönlichkeit in der Rechtslehre des 16.–18. Jahrhunderts, 1968; *Dieter Leuze*, Die Entwicklung des Persönlichkeitsrechts im 19. Jahrhundert, 1962; *Robert Scheyhing*, Zur Geschichte des Persönlichkeitsrechts im 19. Jahrhundert, AcP 158 (1959/60), 503 ff.; *Diethelm Klippel*, Der zivilrechtliche Schutz des Namens. Eine historische und dogmatische Untersuchung, 1985, S. 193 ff.

Bei manchen in Deutschland erarbeiteten Innovationen kann man diskutieren, ob sie universaler oder partikularer Art sind. Als Beispiel diene die Lehre von den „unbenannten" oder „ehebedingten" oder, wie sie in Bezug auf ehelos Zusammenlebende heißen, „gemeinschaftsbedingten" Zuwendungen.[16] Diese Doktrin wurde 1970 von *Manfred Lieb* entwickelt[17] und hat eine steile Karriere gemacht.[18] Zweck ist die Herausnahme bestimmter Zuwendungsgeschäfte aus dem Schenkungsrecht (dem *deutschen* Schenkungsrecht versteht sich), und das heißt: keine Formbedürftigkeit des Zuwendungsversprechens, keine Anwendung der Regeln über die Rückforderung von Geschenken wegen Verarmung des Schenkers oder wegen groben Undanks, stattdessen mögliche Rückforderung oder Wertausgleich wegen Änderung der Geschäftsgrundlage. Zweck der Lehre ist demnach die Lösung ganz bestimmter aus dem Stand des deutschen Rechts sich ergebender Rechtsfragen.

Das alles deutet auf einen ausgesprochen partikularen Charakter dieser Innovation hin, zumal wenn wir sehen, dass unbenannte Zuwendungen in anderen Normzusammenhängen sehr wohl als Schenkungen behandelt werden.[19] Doch lässt sich immerhin fragen, ob die Lehre von den unbenannten Zuwendungen nicht doch einen generalisierbaren Kern enthält. Man könnte fragen: Gibt es einen bisher nicht hinreichend erkannten Geschäftstypus, der weder Austauschgeschäft ist, noch eigentlich Schenkung, sondern objektiv unentgeltliche Zuwendung, die der Zuwender erkennbar mit der Erwartung verbindet, am Objekt weiterhin in Form der Nutzung teilhaben zu können. Wenn man das bejaht,[20] dann könnte die Entdeckung dieses Geschäftstyps möglicherweise auch für andere Rechtsordnungen fruchtbar sein.

Die Frage „Universalität" oder „Partikularität" lässt sich – um ein weiteres Beispiel zu bringen – auch anhand der Lehre von der „culpa in contrahendo" stellen. *Rudolph Jhering* präsentierte, als er nach eigenem Anspruch die Rechtsfigur erfand, einige Fälle, die das gemeine Recht seiner Zeit nicht angemessen lösen konnte.[21] Es ging um Fälle, in denen die Anbahnung einer Vertragsbeziehung misslingt, aber Schäden für einen der Kontrahenten zur Folge hat. *Jhering* entwickelte zur Lösung dieser Fälle einen neuen Rechtsgedanken, dessen Kern die Trennung der vertraglichen *Erfüllungs*pflichten von vertraglichen *Sorgfalts*pflichten ist; letztere sollen auch entstehen können, wenn der Vertragsschluss in Bezug auf die Erfüllungspflichten scheitert. Diese Lösung beließ Jhering durchaus im Kontext des römischen Rechts, aus dem er eifrig zitierte und argumentierte, gleichwohl konnte seine Erfindung die von ihm benutzten Rechtsquellen überleben, sie war auf nachfolgende Zivilgesetzbücher übertragbar.

Nun glaubten bekanntlich die Väter des BGB, ohne die allgemeine Anerkennung der culpa in contrahendo auskommen zu können, und nahmen nur wenige Fallgruppen in das Gesetzbuch auf.[22] Doch schon im Jahr 1911 erging die berühmte Teppichrollen-Entscheidung des Reichsgerichts[23], in der Jherings Gedanke als allgemeines Prinzip Anerkennung fand, bis schließlich der Gesetzgeber recht spät, im Jahre 2001[24], versuchte, Jherings Errungenschaft als Regel im Schuldrecht des BGB zu verankern (§ 241 Abs. 2, § 311 Abs. 2 BGB). Zu dieser Zeit allerdings

16 BGH, XII. Zivilsenat, Entscheidung vom 31.10.2007, FamRZ 2008, 247, 248.

17 *Manfred Lieb,* Die Ehegattenmitarbeit im Spannungsfeld zwischen Rechtsgeschäft, Bereicherungsausgleich und gesetzlichem Güterstand, 1970.

18 Aus der Rechtsprechung: BGH FamRZ 2006, 1022, BGHZ 142, 137, 147 f.; BGHZ 127, 48, 52; BGH FamRZ 1997, 933; FamRZ 1992, 293; FamRZ 1988, 482, 485.

19 BGH, X. ZS, FamRZ 2000, 84 (betreffend § 822 BGB); auch im Erbschafts- und Schenkungssteuerrecht.

20 Siehe *Martin Schwab*, Vermögensauseinandersetzung in nichtehelichen Lebensgemeinschaften, FamRZ 2010, 1701 ff, 1707.

21 Culpa in contrahendo oder Schadensersatz bei nichtigen oder nicht zur Perfection gelangten Verträgen, in: Jherings Jahrbücher 4 (1861), 1 ff. Dazu *Dieter Schwab,* Rechtsideen aus Gießen, ZNR 2008, 186 ff., 190 ff.

22 §§ 122 Abs. 2, 179 Abs. 2 BGB.

23 RGZ 78, 239.

24 Gesetz zur Modernisierung des Schuldrechts vom 26.11.2001 (BGBl I S. 3138).

war Jherings Lehre längst von *Claus-Wilhelm Canaris* in den weiten Rahmen einer neuen Doktrin von der Vertrauenshaftung gestellt worden.[25]

Der Anschein spricht bei der culpa in contrahendo für das Vorliegen einer universalen Innovation: Die Frage nach einer besonderen Haftung aus in Anspruch genommenem Vertrauen lässt sich in jeder Rechtsordnung stellen. Allerdings könnte man sagen: Die culpa in contrahendo versteht sich im Kontext eines bestimmten Verhältnisses zwischen vertraglicher und außervertraglicher Haftung und hat insofern eine begrenzte Reichweite. Es sind durchaus Rechtsordnungen denkbar, deren Haftungsrecht so gestaltet ist, dass ein eigenständiger Haftungsgrund des Verschuldens bei Vertragsanbahnung entbehrlich ist. Dann aber wäre rechtsvergleichend noch immer zu fragen, ob nicht der Grundgedanke, jemand müsse für das von ihm schuldhaft erweckte Vertrauen in das Zustandekommen eines Geschäfts einstehen, möglicherweise in anderen Haftungssystemen gleichwohl eine Rolle spielt und nur anders normativ verortet ist.

IV. Mögliche Arten der juristischen Innovation

Für die Frage, in welcher Beziehung es juristische Innovationen geben kann, möge folgende, gewiss anzweifelbare Einteilung die Vorstellungskraft anregen. Ich unterscheide *vier Arten* von juristischer Innovation: die *normative*, die *methodologische*, die *rechtstechnische*, und schließlich die *terminologische*. Auch *didaktische* Innovationen gibt es, die ich aber der Kürze halber vernachlässigen will.

Unter **normativer Innovation** sollen alle bedeutenden Rechtsneuerungen verstanden sein, welche die *Geltung und den Regelungsgehalt von Rechtsnormen unmittelbar* betreffen. Es geht zum Beispiel um die Etablierung neuer Rechtsquellen, um die Entwicklung neuer Rechtsideen, Rechtsprinzipien oder Rechtsgedanken, wie wir dies bei der *culpa in contrahendo* gesehen haben. Es geht um die Schaffung neuer Rechtsinstitute, um die Entwicklung neuer Rechtssysteme oder die Einfügung neuer Systemelemente in eine gegebene Rechtsordnung, um die Bildung neuer und die Umbildung alter Rechtsbegriffe.

Durch **methodologische Innovationen** werden, wie der Name sagt, Methoden der Rechtsgewinnung konzipiert oder verändert. Dazu gehört etwa, was die Gesetzesanwendung betrifft, das Aufkommen der teleologischen Methode[26] und ihres Höhepunkts, der teleologischen Reduktion, oder die Entdeckung der Gesetzeslücke,[27] die nur klaffen kann, wo eine an sich lückenlose Rechtskodifikation gedanklich vorausgesetzt wird.

Dem Innovationsbegriff der Wirtschafts- und der Naturwissenschaften am nächsten kommt die **rechtstechnische Innovation**. Damit sind Änderungen in der Rechtsordnung gemeint, die zur Erreichung der Normzwecke neue Verfahren, neue Konstruktionen, wir könnten auch sagen: neue Rechtsfiguren bieten. Die rechtstechnischen Innovationen sind häufig mit normativen verbunden, ihre Eigenart besteht aber darin, dass sie unabhängig von bestimmten Norminhalten anwendbar sind.

Als Beispiel diene das Instrument der *Nichtigkeit* eines Rechtsaktes, das man einsetzen kann, gleichgültig, welche rechtlichen Vorgänge aus welchem Grund wirkungslos bleiben sollen. Die Nichtigkeit eines an sich formgerecht getätigten Rechtsakts bildet eine grundlegende, schon von den römischen Juristen geleistete Erfindung. Sie nachzuvollziehen dürfte unseren Vorfahren

---

25 *Claus-Wilhelm Canaris*, Die Vertrauenshaftung im deutschen Privatrecht, München 1971, insbesondere S. 532 ff.

26 Zu dieser *Karl Larenz*, Methodenlehre der Rechtswissenschaft, Studienausgabe, 1983, S. 209 ff.; *Martin Pawlowski*, Methodenlehre für Juristen, 2. Aufl. 1991, Rn. 493 ff.

27 Dazu *Claus-Wilhelm Canaris*, Die Feststellung von Lücken im Gesetz, Eine methodologische Studie über Voraussetzungen und Grenzen der richterlichen Rechtsfortbildung praeter legem, 2. Aufl. 1983.

schwer gefallen sein, als zum Beispiel das kirchliche Recht begann, Ehen, die mit Zustimmung der beteiligten Familien nach Sitte und Brauch geschlossen und vollzogen waren, rückwirkend zu vernichten.[28] Die Rechtsfigur der Nichtigkeit zog weitere Erfindungen nach sich, die Vernichtbarkeit, die Anfechtbarkeit, die Teilnichtigkeit, das Rücktrittsrecht.[29] Sie gab auch Anlass zur Entwicklung von „Gegeninnovationen", etwa der Rechtsfigur der Eheaufhebung, die eine Ehe trotz gravierender Begründungsmängel nur mit Wirkung ex nunc auflöst, oder der Lehre von den faktischen Vertragsverhältnissen – beides Erfindungen aus der Zeit des „Dritten Reiches", denen eine Karriere auch nach 1945 beschieden war.[30]

Die **terminologischen Innovationen** bestehen in einem Wechsel oder einer Anreicherung der Rechtssprache in Bezug auf Zusammenhänge, die in der Sache schon erkannt sind. Sie geben sozusagen nur ein Etikett, das aber so treffend sein kann, dass es prägende Wirkung entfaltet. Als Beispiel könnte vielleicht der Begriff der „juristischen Person" dienen. Der Sache nach gibt es die juristische Person schon im römischen Recht der Antike. Die Strukturgeschichte der Personenvereinigungen durch Jahrhunderte hindurch – mit Kirche, Stadtstaat, Eidgenossenschaft, Familienunternehmen, Zunft, Gilde, Handelskompagnie, Stiftung etc. – stellt sich als sehr kompliziert dar und weist unendlich viele Schattierungen und auch terminologische Variationen auf. Es scheint aber, dass der Einsatz des Begriffs „juristische Person" anstelle älterer Bezeichnungen (societas, universitas, Korporation, persona moralis) den Nachvollzug des schon im römischen Recht fertigen Gedankens, dass die Rechtspersönlichkeit der Vereinigung völlig getrennt von der ihrer Mitglieder gedacht werden muss, wesentlich erleichtert hat.[31]

Terminologische Innovation kann auch Folge davon sein, dass lange gebräuchliche rechtliche Termini gleichsam „abgewirtschaftet haben", d.h. dass ihnen aufgrund gesellschaftlich-sprachlicher Entwicklungen eine derart negative Wertigkeit anhaftet, dass sie entweder mit neuen Inhalten gefüllt (so „Eigentum") oder durch andere ersetzt wurden.[32] Die Umformung der politisch-sozialen Sprache um etwa 1770 betrifft zum Teil auch die Rechtsbegriffe. An die Seite der politisch-sozialen könnte demnach eine juristische Begriffsgeschichte treten.

Unter dem, was als terminologische Innovation auftritt, finden wir erwartungsgemäß auch viel substanzloses Wortgeklingel, dem neben den klassischen Sprachen besonders die englische dienstbar gemacht werden. Man könnte von Scheininnovationen sprechen. Diese gibt es in der Wissenschaft ebenso wie in der Gesetzgebung, welche häufig nach neuen politisch korrekten

---

28 Dazu *meine* Arbeit: Grundlagen und Gestalt der staatlichen Ehegesetzgebung in der Neuzeit bis zum Beginn des 19. Jahrhunderts, 1967, S. 15 ff.

29 Zur Geschichte der Relevanz des Irrtums für den Bestand eines Geschäfts liegen neuere Arbeiten vor: *Manfred Harder*, Die historische Entwicklung der Anfechtbarkeit von Willenserklärungen, AcP 173 (1973) 209 ff.; *Martin J. Schermaier*, Die Bestimmung des wesentlichen Irrtums von den Glossatoren bis zum BGB, 2002; *Wolfgang Ernst*, Irrtum: Ein Streifzug durch die Rechtsgeschichte, in: Reinhard Zimmermann (Hrsg.), Störungen der Willensbildung bei Vertragsschluss, 2007, 1 ff. Zur Entwicklung des Rücktrittsrechts *Bruno Schmidlin*, Der Rücktritt vom Vertrag, Festschrift für Theo Mayer-Maly, 2002, S. 677 ff.; *Peter Mankowski*, Beseitigungsrechte, 2003.

30 Zur *Eheaufhebung*: Die Eheaufhebung wurde anstelle der gerichtlichen Eheanfechtung eingeführt durch das Gesetz zur Vereinheitlichung des Rechts der Eheschließung und der Ehescheidung im Lande Österreich und im übrigen Reichsgebiet vom 6. Juli 1938 (RGBl. I 807). Der Anwendungsbereich dieser „Errungenschaft" wurde erweitert (bisherige Ehenichtigkeitsgründe als Aufhebungsgründe) durch Gesetz zur Neuordnung des Eheschließungsrechts (Eheschließungsrechtsgesetz – EheschlRG) vom 4.5.1998 (BGBl. I S. 833). – Zur *Lehre von den faktischen Verträgen*: *Günter Haupt*, Überfaktische Vertragsverhältnisse, 1941; *Spiros Simitis*, Die faktischen Vertragsverhältnisse als Ausdruck der gewandelten sozialen Funktion des Rechtsinstitute des Privatrechts, 1957; *Karl Larenz*, Die Begründung von Schuldverhältnissen durch sozialtypisches Verhalten, NJW 1956, 1897. Aus der Rspr. insbesondere die Fälle BGHZ 21, 319; 23, 175, 177 f.

31 Siehe die Entfaltung der Lehre von der Juristischen Person bei *Friedrich Carl von Savigny*, System des heutigen Römischen Rechts, 8 Bde, 1840–1849, Bd. 2 S. 235 ff.

32 Dem Aufweis dieser Vorgänge war das große lexikalische Forschungsprojekt gewidmet: Geschichtliche Grundbegriffe. Historisches Lexikon zur politisch-sozialen Sprache in Deutschland, hrsg. von *Otto Brunner*/*Werner Conze*/*Reinhard Koselleck*, 8 Bde, 1974–1997.

Vokabeln sucht – eine unendliche Geschichte, weil die diskriminierenden Realitäten und die diskriminierenden Vorstellungen den neuen Wörtern nachzuziehen pflegen.

V. Zur normativen Innovation insbesondere

Die normative Innovation tritt uns in mehreren Spielarten entgegen. Es können zum Beispiel **neue Rechtsquellen** erfunden oder entdeckt werden, meist zu dem Zweck, auch auf die Rechtsinhalte Einfluss zu nehmen. Ein eindrucksvolles Bespiel bietet uns das frühe Mittelalter. Nachdem die germanischen Stämme zum Christentum und schließlich auch zur römischen Orthodoxie übergetreten waren, versuchte die römische Kirche, die überkommenen Rechtsbräuche durch neue, der christlichen Disziplin entsprechende Verhaltensanforderungen zu überlagern. Wie dem Alten Testament das Neue gegenübergestellt wurde, so den alten Sitten das neue Gesetz Christi (*lex Christi, lex nova*), die es zum Beispiel verbot, im Verwandtenkreis zu heiraten, mehrere Frauen zu haben und vieles anderes mehr. Die Durchsetzung der Lex Christi als sozial gültiges Recht war das große Ziel der Kirche, das sie über den Einfluss auf Rechtaufzeichnungen, über Konzilsbeschlüsse und Gesetze der Herrscher durchsetzte. Im Prolog des Stammesrechts der Bayern wird die Entstehung der Lex wie folgt geschildert: Der fränkische König Theoderich habe befohlen, das Recht der unter seiner Herrschaft stehenden Völker je nach ihren Gewohnheiten aufzuzeichnen. Dann heißt es: „Und was nach den Gewohnheiten der Heiden war, das änderte er nach dem Gesetz der Christen.“[33] Das Gesetz der Christen ist die vom rechtgläubigen Herrscher unter Vermittlung der Kirche vom Himmel auf die Erde geholte maßgebliche Norm.

In der Folgezeit machte das göttliche Recht, immer wieder mit neuen Inhalten gefüllt, eine bedeutende Karriere, im Kirchenrecht, im Staatsrecht, in der Philosophie bis in die Aufklärung hinein,[34] in den Proklamationen der aufständischen Bauern, in lächerlicher Form noch in der Propaganda von Militärdiktaturen des 20. Jahrhunderts.

Eine ähnliche Rolle als Vehikel von Innovation kommt dem *Naturrecht* zu, das als Rechtsvorstellung sehr alt und vielgestaltig, über weite Zeiträume eher als latenter Begriff vorhanden ist, dann aber in bestimmen historischen Situationen als Rechtsquelle zu Zwecken grundlegender Normierungen aktiviert wird, so in der Reformation,[35] so in der Aufklärung,[36] so auch noch in den ersten Jahren nach dem Zusammenbruch des „Dritten Reiches“.[37]

---

33 Lex Baiuvariorum (ca. 730 n. Chr.), Prolog: „Et quae erant secundum consuetudinem paganorum, mutavit secundum legem Christianorum“, nach der Ausgabe von Konrad Beyerle, München 1927. In diesem Zusammenhang steht auch der Satz im Decretum Gratiani (Dict. Grat. c.7 C.2. qu.3): „matrimonia hodie reguntur iure poli, non iure fori“. Zur Funktion und Entwicklung der Verständnis vom „göttlichen Recht“ im frühen Mittelalter *E. Rößer*, Göttliches und menschliches, unveränderliches und veränderliches Kirchenrecht von der Entstehung der Kirche bis zur Mitte des 19. Jahrhunderts, 1934; *D. Schwab*, Grundlagen und Gestalt der staatlichen Ehegesetzgebung in der Neuzeit (Fn. 30), S. 17 ff.

34 Noch in der Schrift „Institutiones Iurisprudentiae divinae“ (1688) des Vernunftrechtlers *Christian Thomasius* bildet das „positiv-göttliche Recht“ den letzten Anker für die übergesetzliche Geltung tradierter Rechtsvorstellungen; diese Konzeption verwarf der aufgeklärte Rechtslehrer später in der Schrift „Fundamenta iuris naturae et gentium“ (1705).

35 Dort mit dem Begriff des göttlichen Rechts verbunden. Die Zusammenhänge zeigen sich vor allem in der Ehedoktrin, Quellen bei *Schwab* (Fn. 28), S. 152 ff.

36 Grundlegend: *D. Klippel*, Politische Freiheit und Freiheitsrecht im deutschen Naturrecht des 18. Jahrhunderts; *Otto Dann/Diethelm Klippel* (Hrsg.), Naturrecht – Spätaufklärung – Revolution. Das europäische Naturrecht im ausgehenden 18. Jahrhundert, 1995; *Diethelm Klippel* (Hrsg.), Legitimation, Kritik und Reform. Naturrecht und Staat in Deutschland im 18. und 19. Jahrhundert, Wien 2000 (= Zeitschrift für Neuere Rechtsgeschichte, Heft 1/2000); *F. Wieacker*, Privatrechtsgeschichte der Neuzeit, 2. Aufl. 1967, S. 249 ff.

37 Dazu von *Th. Würtenberger*, Wege zum Naturrecht in Deutschland 1946–1948, ARSP 1949/50, S. 98 ff.; ferner ARSP 1952/1953 S. 576 ff.

Dem Versuch, neue Rechtsquellen zu erschließen, begegnet man auch in der Form der Inanspruchnahme von *Autonomie gegenüber staatlichem Recht*, Autonomie der Familie gegenüber staatlichen Strukturvorgaben, Autonomie der Wirtschaft bei Formulierung der Allgemeinen Geschäftsbedingungen („selbstgeschaffenes Recht der Wirtschaft“),[38] Autonomie des Sports gegenüber dem Geltungsanspruch der Strafgesetze.[39]

Eine andere Spielart der normativen Innovation besteht in der **Bildung neuer Rechtsprinzipien** oder **„Rechtsideen“**, mit denen eine höhere Stufe der Einsicht in rechtliche Zusammenhänge erreicht werden soll. Solche Rechtsgedanken können aus dem vorhandenen normativen Material erarbeitet werden, z.B. dadurch dass Rechtsvorschriften aus ihrer Vereinzelung gelöst und verallgemeinert werden, man denke etwa an die Konstruktion allgemeiner negatorischer Ansprüche in Anlehnung an einige speziellen Regelungen des BGB.[40] Hierher gehören auch Rechtsprinzipien, die unter der Signatur des § 242 BGB versammelt sind, etwa die Lehre von der Verwirkung von Rechten, vom gebotenen Schutz des Schwächeren, und wie sie alle heißen.

Neue Rechtsgedanken können aber *auch außerhalb* eines positiven Rechtssystems entwickelt werden. Hier dient – historisch gesehen – das schon genannte Naturrecht als die wichtigste Grundlage. Das hat den enormen Beitrag der Philosophie zum Entstehen unserer modernen Rechtswelt ermöglicht.

Als Beispiel möchte ich – in Bayreuth liegt das besonders nahe – die Entwicklung der Lehre vom geistigen Eigentum nennen,[41] an der sich im 18. Jahrhundert Juristen wie Philosophen beteiligt haben und die in die Erkenntnis mündet, dass die geistige Schöpfung ein selbstständiges Rechtsobjekt bildet, unabhängig von dem Gegenstand, mit dessen Hilfe sie sich in der Körperwelt materialisiert. Es waren viele Annäherungen nötig, bis das klar ausgesprochen war. Die gegen den Büchernachdruck kämpfenden Juristen versuchten, außer naturrechtlichen Argumenten auch ihre herkömmlichen Rechtsquellen zu bemühen.[42] Bei den Philosophen tritt hingegen die Analyse der Seinsstruktur in das Zentrum der Argumentation, deutlich beim Philosophen Johann Gottlieb Fichte, der das geistige Eigentum aus einem allgemeingültigen Eigentumsbegriff und der konsequenten Unterscheidung zwischen dem Körperlichen und dem Geistigen sowie zwischen Inhalt und Form eines Werkes herleitet. Fichte will das „fortdauernde Eigentum des Verfassers an seiner Schrift wirklich beweisen“, und dazu dient ihm keine bestimmte Rechtsgrundlage, sondern ein philosophischer Befund: Niemand kann sich die Form

---

38 *Großmann-Doerth,* Selbstgeschaffenes Recht der Wirtschaft und staatliches Recht, 1933; dazu mit weiteren Quellen *Ludwig Raiser,* Das Recht der allgemeinen Geschäftbedingungen, 1961, S. 61.

39 So spricht *Wolfgang Schild* von einem „rechtsentlassenen Raum“, in dem „der Sport selbst aufgerufen“ ist, das Doping-Problem zu lösen, s. W. Schildt (Hrsg.), Rechtliche Fragen des Dopings, Heidelberg 1986, S. 13, 34.

40 Dazu *Eduard Picker,* Der negatorische Beseitigungsansprüche, 1972, S. 57.

41 *Diethelm Klippel,* Die Idee des geistigen Eigentums in Naturrecht und Rechtsphilosophie des 19. Jahrhunderts, in: Elmar Wadle (Hrsg.), Historische Studien zum Urheberrecht in Europa, Berlin 1993, S. 121 ff., 125 ff.; *Barbara Dölemeyer/Diethelm Klippel,* Der Beitrag der deutschen Rechtswissenschaft zur Theorie des gewerblichen Rechtsschutzes und Urheberrechts, in: Friedrich-Karl Beier/Alfons Kraft/Gerhard Schricker/Elmar Wadle (Hrsg.), Gewerblicher Rechtsschutz und Urheberrecht in Deutschland. Festschrift zum hundertjährigen Bestehen der Deutschen Vereinigung für gewerblichen Rechtsschutz und Urheberrecht und ihrer Zeitschrift, Weinheim 1991, S. 185 ff., 198 ff.; die Beiträge in: Louis Pahlow/Jens Eisfeld (Hrsg.) Grundlagen und Grundfragen des geistigen Eigentums, Diethelm Klippel zum 65. Geburtstag, Tübingen 2008; *Diethelm Klippel,* „Ueber die Unzulässigkeit des Büchernachdrucks nach dem natürlichen Zwangsrecht“, in: Tiziana J. Chiusi et al. (Hg), Das Recht und seine historischen Grundlagen, Festschrift für Elmar Wadle, Berlin 2008, S. 477 ff.; *Dieter Schwab,* Philosophie und geistiges Eigentum, ebenda S. 1131 ff.; *Ludwig Gieseke,* Vom Privileg zum Urheberrecht, Göttingen 1995.

42 Diese Kombination etwa bei Johann Pütter, s. *Dieter Schwab,* Das geistige Eigentum zwischen Naturrecht und Positivierung, in: Louis Pahlow/Jens Eisfeld (Hrsg.), Grundlagen und Grundfragen des geistigen Eigentums, Tübingen 2008, S. 35 ff.

des Gedankens eines anderen aneignen, „weil dies physisch unmöglich ist.“[43] Das Eigentum des Autors an der Form seiner Gedanken besteht, weil es *sich so verhält.* Um in die Rechtsordnung Eingang zu finden, mussten solche Analysen von Juristen und – in der Folge – von Gesetzgebern erst nachvollzogen werden.

VI. Rechtstechnische Innovationen insbesondere

Auch zu den rechtstechnischen Innovationen möchte ich einige Erwägungen anschließen. Die Weltgeschichte des Rechts ließe sich unter dem Aspekt einer immer weiter abstrahierten, immer weiter differenzierten, zunehmend raffinierten Rechtstechnik betrachten. Dabei verlaufen, wie schon angedeutet, die Entwicklungen nicht kontinuierlich, nicht gleichzeitig, sondern asynchron – wie Geschichte überhaupt.

Die Privatrechtsordnung betreffend erscheinen uns die römischen Juristen als die großen Rechtstechniker, von denen uns ein grandioser Fundus an rechtlichen Instrumenten und Instituten überkommen ist, um dann von einer höchst innovativen Rechtswissenschaft in der Neuzeit weiterentwickelt zu werden. Die großen Innovateure des modernen Privatrechts sind aus meiner Sicht in Deutschland ausgerechnet diejenigen Rechtslehrer des 19. Jahrhunderts, die sich einem historischen Zugang zum Recht verschrieben hatten und unter der Firma „Historische Rechtsschule“ aus der Hinterlassenschaft des römischen Rechts eine neue Privatrechtsordnung generierten.

Mit dem BGB als Frucht dieser wissenschaftlich inspirierten Innovation ist natürlich nicht das Ende der rechtstechnischen Neuerungen erreicht. Dafür sorgen schon, wie eingangs gesagt, die *naturwissenschaftlich-technischen* Veränderungen, die *juristische* nach sich ziehen: Wenn eine rechtsgeschäftliche Erklärung nicht mehr von einem bestimmten Menschen abgefasst und auf dem Weg zum Adressaten gebracht wird, sondern von einer entsprechend programmierten Maschine, und wenn auch der Empfang der Erklärung durch eine solche Maschine erfolgt, geraten unsere Grundvorstellungen der Rechtsgeschäftslehre in Zweifel[44] – man denke nur an „Wille“ und „Motiv“, die als psychische Gegebenheiten nicht ohne weiteres auf Maschinen übertragbar sind. Natürlich können wir das Funktionieren der Maschine auf den Willen des sie programmierenden und einsetzenden Menschen zurückführen. Das Element des menschlichen Willens verdünnt sich aber in dem Maße, in dem dieser Wille in einer komplexen Organisationsstruktur produziert wird, an der eine große Zahl von Menschen in vielfältig vernetzter Form beteiligt ist. Der nächste Schritt ist der Einsatz künstlicher Intelligenz im rechtsgeschäftlichen Geschehen. Das alles muss auf die Rechtsgeschäftslehre zurückwirken.

Wie schon gesagt müssen rechtstechnische Innovationen keineswegs durch technische bedingt sein. Auch gibt es bei schon lange bekannten Rechtsinstituten und -figuren weitere innovative Entwicklungen, sei es in Richtung auf ihre konsequente Vollendung, sei es als Gegeninnovationen im Sinne ihrer Begrenzung. Auch eine Koinzidenz von Innovationen kann eine erhebliche Schubkraft entfalten.

Ich möchte das am Beispiel der *juristischen Person* erläutern. Die Konstruktion eines künstlichen Rechtssubjekts, das völlig losgelöst von der Person derjenigen Menschen existiert, die sich

43 *Johann Gottlieb Fichte*, Beweis der Unrechtmäßigkeit des Büchernachdrucks. Ein Räsonnement und eine Parabel, in: Berlinische Monatsschrift 1793, S. 443 ff.; zitiert nach: *J. G. Fichte*, Gesamtausgabe der Bayerischen Akademie der Wissenschaften, hrsg. von Reinhard Lauth und Hans Jacob, Bd. I 1, Stuttgart/Bad Cannstadt 1964; S. 405, 412.

44 Dazu *Steffen Wettig*, Vertragsschluss mittels elektronischer Agenten, Berlin 2010.

seiner bedienen, bildet eine der großartigsten juristischen Erfindungen überhaupt, die – so sagen uns Romanisten – bereits vom römischen Recht der Antike geleistet worden war.[45]

Für die Menschen des Mittelalters war eine derartige Abstraktion zunächst unfassbar. Natürlich gab es Gemeinschaften vielfältigster Art, von der Hausgemeinschaft über die Bruderschaften bis zu den Eidgenossenschaften, bei denen sich Ansätze zu einer mehr oder minder selbstständigen Stellung des Verbandes gegenüber den einzelnen Mitgliedern beobachten lassen.

Für den Bereich des Privatrechts ist eine klare intellektuelle Erfassung des Konstrukts „juristische Person" erst mit der Wiederbelebung der Rechtswissenschaft möglich geworden. Auch in dieser Wissenschaft war ein langer und komplizierter Weg zurückzulegen, wie der Arbeit von *Ralf Mehr* über „Societas und Universitas" im Detail entnommen werden kann.[46] Es ist letztlich wohl erst die Rechtswissenschaft des 19. Jahrhunderts, welche eine umfassende Theorie der privatrechtlichen juristischen Person entfaltete und dafür hauptsächlich zwei Varianten bot: einmal die romanistische Theorie von der juristischen Person als einem Zweckvermögen, das als handelnde Person *fingiert* wird, zum anderen die germanistischen Theorie von der realen Verbandspersönlichkeit, die mit der Analogie „menschliche Person" – „juristische Person" ernst macht und in der Personenvereinigung einen realen Organismus sieht, der *kraft seines Daseins* Personenqualität hat. Die Theorie der Pandekten schien durch Kodifizierung im BGB zu triumphieren, die Motive sprechen noch von bloßer „Vermögensfähigkeit", von der „Personifizierung eines Vermögensbereichs",[47] doch hat sich diese Beschränkung, wie wir wissen, nicht gehalten.

Für den heutigen Stand sind – was das deutsche Recht betrifft – zwei Entwicklungen maßgebend:

- Das Konzept des BGB zur juristischen Person kommt durch die Anerkennung auch der *Gesellschaften des Bürgerlichen Rechts* als rechtsfähige Gebilde ins Wanken, obgleich der der BGH mit einer bloß terminologischen Innovation („Rechtsfähigkeit ohne juristische Person zu sein") den Bruch zu verschleiern sucht.[48]
- Zum andern wird das Konzept des BGB dadurch überflügelt, dass die juristische Person nicht mehr auf die bloße Vermögensfähigkeit eingegrenzt wird, sondern in der neueren Rechtsprechung auch Persönlichkeitsrechte gewinnt, Rechte, die im 19. Jahrhundert und vom BGB noch nicht anerkannt waren. Die Analogie „natürliche Person" – „juristische Person" erreicht mit dem Zusammentreffen mit der Innovation „Persönlichkeitsrechte" eine neue Qualität. Unter diesem Aspekt fragt sich, ob die Idee der juristischen Person schon zu Ende gedacht ist oder ob die Gleichsetzung der Personenqualität von Mensch und Verband zu vollenden oder zu begrenzen ist.

Diese Frage scheint ein aktuelles Grundproblem auszumachen. Hat die juristische Person ein allgemeines Persönlichkeitsrecht? Hat sie eine verletzbare Ehre? Der BGH tendiert in diese Richtung. Zwar scheut sich das Gericht, von der Ehre des Frankfurter Flughafens zu sprechen, doch bejaht es ein Recht auf persönliche Ehre und öffentliches Ansehen, zu dessen Wahrung auch juristische Personen, also auch die Fraport AG, Ehrenschutz in Anspruch nehmen können.[49] Die „Taurus-Holding" – sagt der BGH – hat ein allgemeines Persönlichkeitsrecht „in sei-

45 In dem früher stark verbreiteten Lehrbuch von *Rudolf Sohm/Ludwig Mitteis/Leopold Wenger*, Institutionen. Geschichte und System des römischen Privatrechts, finde ich die Einschätzung, dem römischen Recht sei „das Meisterwerk der juristischen Person' gelungen (17. Aufl. 1924, S. 196). Anders liest es sich bei *Hans Kreller*, Römisches Recht, Bd. 2, Wien 1950, S. 108; dort ist davon die Rede, dass für eine Lehre von der juristischen Person im römischen Recht in jeder Hinsicht eine tragfähige Quellengrundlage fehle.

46 „Societas" und „Universitas". Römischrechtliche Institute im Unternehmensgesellschaftsrecht vor 1800, 2008.

47 Motive I 78.

48 BGHZ 146, 341; 151, 204; vgl. auch BGHZ 163, 154 – Teilrechtsfähigkeit einer Wohnungseigentümergemeinschaft.

49 BGH NJW 2009, 1872 Rn. 10; ebenso BGH NJW 2005, 279; 2009, 3580 Rn. 10.

ner Ausprägung als sozialer Geltungsanspruch als Wirtschaftsunternehmen".[50] Man sollte also, wenn man nach einer Zugfahrt einmal wieder die Deutsche Bahn AG tadelt, Vorsicht walten lassen – in der Personifizierung der Verbände lauern Gefahren für die Freiheit der Individuen. Andererseits genießen juristische Personen als solche Meinungsfreiheit.[51]

Das Zusammentreffen zweier aus ganz unterschiedlichen Zeiten stammenden juristischen Innovationen – „juristische Person" und „Persönlichkeitsrechte" – erzeugt ein neues, brisantes Problemfeld.[52] Hat der rechtsfähige Verband auch eine Intimsphäre, die von Dritten verletzt werden kann (Betriebsgeheimnis? Finanzgeheimnis? Vereinsgeheimnis)? Hat er ein Recht auf Leben, das heißt: Fortexistenz? Hat er ein Recht auf körperliche Unversehrtheit, „körperlich" vielleicht bezogen auf die körperschaftliche Substanz? Das absolute Recht am eingerichteten und ausgeübten Gewerbebetrieb, eine schon ältere Innovation,[53] deckt näher besehen zumindest einen Teil dessen ab, was als das Persönlichkeitsrecht von Gesellschaften („Unternehmerpersönlichkeitsrecht") betrachtet werden könnte.

Wenn wir den Gedanken der Nachbildung des Menschen als Rechtsperson in Gestalt eines juristischen Konstrukts konsequent zu Ende denken, müsste die juristische Person als solche auch Adressatin von Strafnormen sein können, also handlungs-, schuld- und straffähig, wie das schon zu Savignys Zeit diskutiert wurde.[54] Das ist sie nach geltendem deutschen Strafrecht nicht, wir beschränken uns – im Gegensatz zu einer Reihe von ausländischen Ordnungen – auf die Bußgeldfähigkeit von juristischen Personen, nicht rechtsfähigen Vereinen und rechtsfähigen Personengesellschaften, doch läuft auf diesem Gebiet eine offenbar noch nicht beendete rechtspolitische Diskussion.[55]

Aus ihr kann entnommen werden, dass durch die Errungenschaft der „juristischen Person" in dem Augenblick, in dem rechtsfähige Gebilde beliebig und auch mehrstufig gegründet werden können („Vereinigungsfreiheit"), die individuelle Verantwortlichkeit des Menschen in einem Gewirr von Organisationsverschachtelungen und dezentralisierten Kompetenzregelungen verschwinden kann. Unsere Zeit muss also diskutieren, an welche Grenzen die Erfindung der juristischen Person im Kontext mit anderen Innovationen – Persönlichkeitsrecht, Vereinigungsfreiheit, Vertragsfreiheit – stößt.

VII. Juristische Innovationsforschung?

Sollte es eine „juristische Innovationsforschung" geben? Der Sache nach gibt es sie bereits, insofern die einzelnen Zweige der Rechtswissenschaft bei der Arbeit an ihren Themen auf die jeweilige Problemgeschichte zurückzugreifen und dabei die Schritte der Veränderung zu akzentuieren pflegen. Doch könnte eine generelle Sicht auf die Innovation als Phänomen der Rechtsentwicklung zu neuen Fragestellungen und Erkenntnissen führen und den Blick für die wirklich entscheidenden Zäsuren und Weichenstellungen im Recht schärfen. Sie könnte sich die Entstehungsbedingungen und Wirkungen neuer Rechtsgedanken und -figuren zum Thema machen und das Zusammenspiel oder Gegeneinanderwirken von Innovationen erforschen. Sie könnte verfolgen, wie „überschießende" Innovationen durch „Gegeninnovationen" bekämpft und gezähmt werden. Sie könnte den Innovationstransfer, die Übertragung und Übertragbarkeit von Rechtsideen und Rechtstechniken zum Gegenstand ihres Forschungsinteresses machen. Sie

---

50 BGH 166, 84 Rn. 107.

51 BGH 166, 84 Rn. 99.

52 Vgl. dazu schon *D. Klippel*, Der zivilrechtliche Persönlichkeitsschutz von Verbänden, JZ 1988, 625 ff.

53 RGZ 58, 24.

54 *Savigny* (Fn. 31), Bd. 2 S. 317 ff.

55 Nachweise bei *Peter Cramer/Günter Heine*, in: Schönke/Schröder, Strafgesetzbuch, 27. Aufl. 2006, Vorbem. §§ 25 ff. Rn. 118 ff.

könnte sich eine kritische Geschichte der Rechtsbegriffe, also eine juristische Begriffsgeschichte vornehmen, die uns eine wissende Distanz zur jeweils benutzten Rechtssprache ermöglicht. Sie könnte den aktuellen Innovationsbetrieb kritisch begleiten und neue oder als neu ausgegebene Rechtsvorstellungen im historischen Zusammenhang verorten. Also: Ein Plädoyer für juristische Innovationsforschung, die innerhalb der einzelnen Zweige der Rechtswissenschaft betrieben werden kann, aber auch als fachübergreifende Disziplin denkbar ist.

Veröffentlicht in: Zeitschrift für Geistiges Eigentum, Bd. 3, 2011, S. 1–18; Verlag Mohr Siebeck, Tübingen 2011.

Der Beitrag beruht auf einem Vortrag, den der Verfasser aus Anlass der Verlängerung des Graduiertenkollegs „Geistiges Eigentum und Gemeinfreiheit" und der Verleihung des Carl-Gareis-Preises auf Einladung der Rechts- und wirtschaftswissenschaftlichen Fakultät der Universität Bayreuth und des Graduiertenkollegs am 14. Juli 2010 in Bayreuth gehalten hat.

C. Die Familie zwischen Recht, Vorstellung und Wirklichkeit

Rechtsprechung als Interpretation der Wirklichkeit – Methodische Aspekte der Rechtsgewinnung im Familienrecht –

I. Norm – Realität – Wirklichkeit

Rechtsanwendung ist Unterwerfung der Realität unter die Norm. Doch wirkt die Realität auf die Norm selbst zurück und wird innerhalb der Norm zur „Wirk"-lichkeit.[1] Das zeigt sich auf ganz einfache Weise bei gesetzlichen Termini, die sich unmittelbar auf reale Erscheinungen beziehen, man nehme als Beispiele das „Tier" in § 90a BGB oder die „Gase, Dämpfe, Gerüche, Rauch, Ruß, Wärme, Geräusch, Erschütterungen" in § 906 BGB. Solche Gesetzeswörter haben zwar im Zusammenhang der jeweiligen Norm und ihrer Zwecke stets einen spezifischen juristischen, mithin künstlichen Sinn, gleichzeitig jedoch einen naturalistischen Kern, von dem jegliche Sinnbestimmung ausgehen muss. Ein Realitätsgehalt kann auch allgemeineren Gesetzesbegriffen innewohnen, so zum Beispiel dem Begriff „Verkehrssitte" (§ 157, § 242 BGB), der zwar normative Funktion hat und auch inhaltlich von normativen Vorstellungen geprägt wird, aber tatsächlich geübte Verhaltensweisen des Rechtsverkehrs voraussetzt.[2] Sogar im Begriff „gute Sitten" ist theoretisch eine Realität angesprochen (die „Sitten" nämlich), die freilich bei der gängigen Rechtsanwendung von dem Wertbegriff „gut" überlagert ist.[3]

Die Rechtsprechung hat es mit Realität in doppelter Weise zu tun: einmal als dem zu beurteilenden Sachverhalt, zum anderen als einer *vorgestellten* Wirklichkeit im Kontext mit der Norm selbst. Die letztere kann ihre normative Bedeutung durch den Wortlaut des Gesetzes erhalten, doch ist dies nicht notwendig so. Auch die Rechtsanwender selbst, insoweit sie an der Rechtsnormenbildung teilhaben, vermögen vorgestellte Wirklichkeiten in den Rechtssatz als normative Elemente zu plazieren.

Ein solches Verfahren der Rechtsgewinnung liegt auf dem Gebiete des Familienrechts besonders nahe. Denn die Familie und die ihr zugerechneten Beziehungen unter Personen sind nicht Rechtsprodukte, sondern haben ein außer-rechtliches (man könnte sagen: „natürliches", nach *Hegel* und seinen Adepten auch „sittliches") Substrat. Mutterschaft, Vaterschaft, Kindschaft sind – ungeachtet ihres normativen Bedeutungsfeldes – zunächst einmal Realien. Nach europäischer Vorstellungstradition gilt das auch für die Ehe, die heute allzu gedankenlos mit dem aus standesamtlichem Registrierungsverfahren entstehenden Rechtsverhältnis identifiziert wird.

---

1 Zum begrifflichen Verhältnis Realität-Wirklichkeit siehe *Schopenhauer*, Die Welt als Wille und Vorstellung, Erster Teilband, Erstes Buch, § 4.

2 Der Frage, ob die normative Bestimmung des Begriffs den Realitätsbezug gänzlich überlagert, so dass dieser einen eher fiktiven Charakter annimmt, kann hier nicht nachgegangen werden. Zu den „Verkehrssitten" siehe *Oertmann*, Die Verkehrssitte, 1914; *Sonnenberger*, Verkehrssitten im Schuldvertrag, 1970; *Rummel*, Vertragsauslegung nach der Verkehrssitte, 1972.

3 Zu den „guten Sitten" *Lotmar*, Der unmoralische Vertrag, 1896; *Simitis*, Gute Sitten und ordre public, 1960; *Wieacker*, Rechtsprechung und Sittengesetz, JZ 1961, 337; *Pawlowski*, Die Aufgabe des Richters bei der Bestimmung des Verhältnisses von Recht. Sittlichkeit und Moral, ARSP 50 (1964), 503; *Teubner*, Standards und Direktiven in Generalklauseln, 1971; *Mayer-Maly*, Das Bewußtsein der Sittenwidrigkeit, 1971; *Mayer-Maly*, Was leisten die guten Sitten?, AcP 194 (1994), 105.

Darüber hinaus betrifft die Rechtsprechung im Familienrecht das persönliche und private Leben der Menschen, also besonders sensible Sachverhalte. Es ist begreiflich, dass die Gerichte dieses Leben nicht einfach den Rechtsvorschriften unterwerfen, sondern sich ein Bild von der Realität machen, in welche die gerichtliche Entscheidung interveniert. Dieses Bild strahlt zurück auf den Normgehalt. Zwar sagt die Rechtstheorie, dass aus dem Sein nicht unmittelbar ein Sollen hergeleitet werden könne. Gleichwohl wird diese methodisch verpönte Operation ständig vorgenommen, angefangen vom Gesetzgeber, der glücklich ist, wenn er seine rechtspolitischen Ziele auf empirische Befunde stützen kann, bis hin zur Rechtsprechung, die ihrerseits nicht „realitätsfern" judizieren möchte.

Es ist freilich nicht die Realität selbst, die rechtsformend wirkt, sondern das *Bild*, das sich die Menschen (hier: die Gerichte) von ihr machen. Es ist die *vorgestellte Wirklichkeit*, die erst durch die ordnende, strukturierende und interpretierende Kreativität des menschlichen Geistes Gestalt annimmt. Insofern kann man sagen, dass der Wirklichkeit nur diejenige Normativität innewohnt, welche die Vorstellung des Menschen in sie hineingelegt hat. Einige Beispiele aus der ins Familienrecht einschlagenden Rechtsprechung des Bundesgerichtshofes sollen den Vorgang näher beschreiben.

II. Das Bild von der schutzbedürftigen Frau

Bis zur Abschaffung des § 1300 BGB im Jahre 1998[4] war streitig gewesen, ob diese Vorschrift, welche der Frau, aber nicht dem Mann unter bestimmten Voraussetzungen einen Schmerzensgeldanspruch bei Auflösung eines Verlöbnisses zusprach, mit dem Grundsatz der Gleichberechtigung der Geschlechter vereinbar sei.

> § 1300 Abs. 1 BGB hatte folgenden Wortlaut: „Hat eine unbescholtene Verlobte ihrem Verlobten die Beiwohnung gestattet, so kann sie, wenn die Voraussetzungen des § 1298 oder § 1299 vorliegen, auch wegen des Schadens, der nicht Vermögensschaden ist, eine billige Entschädigung in Geld verlangen". § 1298 BGB gibt grundsätzlich einen Schadensersatzanspruch gegen den Verlobten, der ohne wichtigen Grund vom Verlöbnis zurücktritt; § 1299 BGB gewährt den Anspruch gegen denjenigen Verlobten, der den Rücktritt des Partners durch ein Verschulden, das einen wichtigen Grund zum Rücktritt bildet, veranlasst hat.

Mit seiner Entscheidung vom 10. März 1956 hat der BGH[5] die verfassungsrechtliche Haltbarkeit des § 1300 BGB bejaht. Kern der Begründung ist ein bestimmtes Bild von der Frau, das sich der Senat in bemerkenswerter Offenheit formte. Das hinter dem Grundsatz der rechtlichen Gleichstellung von Mann und Frau stehende Anliegen sei kein theoretisch-ideologisches, sondern ein praktisch-menschliches. Die rechtliche Stellung der Frau solle so sein, dass sie es in Bezug auf die äußeren Bedingungen ihrer Existenz grundsätzlich nicht schwerer habe als der Mann, ihr Selbst zu verwirklichen, also unter Bewahrung ihrer Wesensart ihre Persönlichkeit frei zu entfalten. Der recht verstandene Gleichheitsgrundsatz schließe eine Rücksichtnahme auf die naturgegebene biologische und seelische Eigenart der Frau nicht nur nicht aus, sondern gebiete eine solche Rücksichtnahme überall da, wo die Nichtbeachtung der besonderen Wesensart der Frau die Erreichung des Zwecks der Gleichberechtigung vereiteln oder gefährden würde.

Die damit ins Spiel gebrachte „Wesensart der Frau" verlangte nach Konturierung. Das Bild der Frau zeichnete der Senat wie folgt:

> „Wie die Lebenserfahrung zeigt, treffen die nachteiligen Auswirkungen der Auflösung eines Verlöbnisses, das bereits zu intimen Beziehungen zwischen den Verlobten geführt hat, die Frau wegen ihrer besonderen Wesensart im allgemeinen viel schwerer als den Mann. Ihre Frauenwürde ist es vor allem, die dabei vielfach Schaden leidet. Infolgedessen und auch infolge ihrer vielfach stärkeren seelischen und persönlichen

---

4 Gesetz zur Neuordnung des Eheschließungsrechts (Eheschließungsrechtsgesetz – EheschlRG) vom 4. Mai 1998 (BGBl. I S. 833).

5 IV. Senat, BGHZ 20, 195.

Gebundenheit an ihren Verlobten wird sie in aller Regel unter dem Bruch des Verlöbnisses s e e l i s c h mehr und nachhaltiger zu leiden haben als der Mann. Aber auch ihr Ansehen in der Gesellschaft, ihr berufliches Fortkommen und ihre Leistungs- und Widerstandskraft im wirtschaftlichen Existenzkampf werden dadurch häufiger und stärker in Mitleidenschaft gezogen als beim Mann."[6]

In diesem Zusammenhang weist der Senat noch auf die mögliche Minderung der Heiratsaussichten hin. Die Vorschrift des § 1300 BGB solle einen gewissen materiellen Ausgleich für die genannten nachteiligen Auswirkungen gewähren. Ihr Zweck sei darauf gerichtet, der besonderen Schutzbedürftigkeit der Frau gerecht zu werden.[7]

Die Stärke des Gleichheitssatzes liegt bekanntlich darin, dass er jeder unterschiedlichen Behandlung von Sachverhalten, die auf den ersten Blick gleich zu sein scheinen, eine unerbittliche Begründungslast auferlegt. Dieser kann nur dadurch Rechnung getragen werden, dass das *anscheinend Gleiche* als *ungleich* dargestellt wird, es müssen also *Bilder* entwickelt werden, deren Unterschiede hervorgehoben sind. Dabei kommt der Umstand zu Hilfe, dass an sich kein Objekt dem anderen gleich ist, nicht einmal ein Ei dem anderen, sondern dass Gleichheit nur in Bezug auf bestimmte Merkmale besteht. Die Frage ist dann, ob die unschwer feststellbaren Ungleichheiten unter der Perspektive der Rechtsregel als konstituierend erscheinen oder nicht.

Den Leserinnen und Lesern wird nicht unbemerkt geblieben sein, dass das vom BGH entworfene Bild der Frau als eines relativ (im Verhältnis zum Mann) schutzbedürftigen Wesens durch ein Zusammenspiel von faktischen und normativen Elementen zustande kommt. Die „besondere Wesensart", die Nachteile für gesellschaftliches Ansehen, berufliches Fortkommen etc. nehmen Bezug auf reale Befunde. Das gleiche gilt für die „stärkere seelische und persönliche Gebundenheit", wenn man darunter, wie der BGH es wohl gemeint hat, das *psychische* Bindungsverhalten versteht. Mit der Ummünzung der besonderen Betroffenheit der Frau in ihre Schutzbedürftigkeit ist die normative Ebene erreicht. Als normatives Element kommt ferner die „Frauenwürde" ins Spiel,[8] mit welcher der Bogen zur Menschenwürde geschlagen wird. Dieser Bezug steht für die *Legitimität* der festgestellten Schutzbedürftigkeit, d.h. dafür, dass Grundwertungen der Rechtsordnung die Gewährung des fehlenden Schutzes verlangen oder ihr zumindest nicht entgegenstehen.

Zweifellos würde der BGH ein solches Bild der Frau heute nicht mehr entwerfen, das Bild ist – wie alle Bilder – zeitbedingt. Es ist in einer Epoche gemalt, in der die Bundesrepublik sich noch in der Phase des Neuaufbaus befand und in den sich entwickelnden Wertvorstellungen zunächst traditionell – in die Zeit vor 1933 zurück – orientiert war. Der Gesetzgeber schickte sich gerade an, ein „Gleichberechtigungsgesetz" zu schaffen, nach dessen Bestimmungen die Hausfrauenehe noch gesetzliches Leitbild war.[9] Die Berufstätigkeit der Frau war zwar schon fortgeschritten, doch steckte die berufliche Entfaltung in qualifizierten Berufen noch in den Anfängen. Freilich gab es in den 50er Jahren des 20. Jahrhunderts – nach etwa 100 Jahren Frauenbewegung – längst auch schon andere Vorstellungen von der Frau, die jedoch die wertsetzenden Instanzen der Bundesrepublik noch nicht überzeugt hatten. Vielleicht spielt bei der Entscheidung des IV. Senats vom 10. März 1956 auch eine Rolle, dass die Schwangerschaftsverhütung damals sehr viel unsicherer war als seit Aufkommen der „Pille" in den 60er Jahren. Generell gesehen handelt sich um eine Momentaufnahme

6 BGHZ 20, 195, 196 = FamRZ 1956, 179.

7 BGHZ 20, 195, 197 = FamRZ 1956, 179, 180.

8 Die „Frauenwürde" taucht in den 50er und 60er Jahren als Normbegriff auch in anderen Entscheidungen auf, z.B. BGH 6, 360, 366 = FamRZ 1956, 50 (Aufnahme einer Haushälterin die Ehewohnung); BGH FamRZ 1961, 112, 113 f. (Rechtsmissbrauch im Verhältnis unter Ehegatten), OLG München FamRZ 1969, 151, 152; OLG München FamRZ 1969, 92, 93 (betreffend die Untersagung der Veräußerung des Familienheims durch den Ehemann).

9 Gesetz über die Gleichberechtigung von Mann und Frau auf dem Gebiete des bürgerlichen Rechts (Gleichberechtigungsgesetz) vom 18.6.1957 (BGBl. I S. 609).

von vorgestellter Wirklichkeit, die über die Träger der Vorstellung mindestens so viel aussagt als über das Vorgestellte.

Die Abschaffung des § 1300 BGB im Jahre 1998 provozierte im Übrigen keine Proteste. Schon 1992 hatte das Amtsgericht Münster[10] die Verfassungsmäßigkeit der Vorschrift auf der Grundlage eines ganz anderen Frauenbildes verneint: „Der Bestimmung des § 1300 BGB liegt nach Ansicht des Gerichtes die Annahme einer geminderten Verantwortungsfähigkeit der Frau für ihr Verhalten zugrunde. Eine Zubilligung einer Entschädigung würde auf eine Entwürdigung der Frau hinauslaufen." Das Bundesverfassungsgericht hatte den Fachgerichten die Beurteilung der vorkonstitutionellen Vorschrift als verfassungswidrig freigestellt.[11]

III. Modelle der Berufsausbildung

Ein Bild ganz anderer Art entwirft der BGH in einer Entscheidung vom 7. Juni 1989[12] über die Frage, ob Eltern verpflichtet sind, ihrem Kind ein Studium zu finanzieren, nachdem es bereits eine andere Ausbildung genossen und erfolgreich abgeschlossen hat. Die Problematik war in Zeiten besonders brisant, da der Staat dahin strebte, durch extensive Studienförderungen – auch der Zweitausbildungen und sogar der Zweitstudien – die Berufschancen junger Menschen zu optimieren und die Begabungsreserven auszuschöpfen. Das Grundproblem bestand darin, ob diese staatliche Förderungspolitik auch das Ausmaß der privatrechtlichen Unterhaltspflichten bestimmten sollte. Unterhaltsprozesse von Kindern gegen ihre Eltern entstanden in diesem Zusammenhang typischerweise in Gestalt des Unterhaltsregresses der öffentlichen Hand auf Grundlage des § 37 des Bundesausbildungsförderungsgesetzes (BAföG): Der Staat gewährte den Studenten im Wege der Vorausleistung (§ 36 BAföG) Förderungsbeträge, die er sich durch Rückgriff auf den Unterhaltsanspruch des Kindes gegen die Eltern wieder zurückholen wollte.

Gesetzlicher Ausgangspunkt des Problems ist § 1610 Abs. 2 BGB, wonach der Verwandtenunterhalt den gesamten Lebensbedarf „einschließlich der Kosten einer angemessenen Vorbildung zu einem Beruf, bei einer der Erziehung bedürftigen Person auch die Kosten der Erziehung" umfasst. Dass Eltern grundsätzlich ihren Kindern die Gewährung einer begabungs- und neigungsgerechten Berufsausbildung schulden und folglich auch zur Studienfinanzierung verpflichtet sein können, unterliegt längst keinen Zweifeln mehr.[13] Aber wie steht es um die *Zweitausbildung*, das Studium z.B. nach abgeschlossener Lehre?

Der BGH hatte seit 1977[14] eine Linie vertreten, welche die unterhaltsrechtlichen Zumutungen strikt von der öffentlich-rechtlichen Förderungspolitik abkoppelte. „Die Vorschriften und Richtlinien der staatlichen Ausbildungsförderung greifen nicht in die privatrechtliche Unterhaltspflicht ein ...". Diese umfasst nach der genannten Entscheidung des BGH grundsätzlich die

10 FamRZ 1993, 707.

11 Entscheidung vom 5.2.1993, FamRZ 1993, 662.

12 Senat IVb, Urteil vom 7.6.1989, BGHZ 107, 376 ff. = FamRZ 1989, 853 = NJW 1989, 2253.

13 Die BGH-Rechtsprechung geht von folgenden Grundsätzen aus: „Nach § 1610 Abs. 2 BGB umfaßt der Unterhalt eines Kindes die Kosten einer angemessenen Vorbildung zu einem Beruf. Darunter ist eine Berufsausbildung zu verstehen, die der Begabung und den Fähigkeiten, dem Leistungswillen und den beachtenswerten Neigungen des Kindes am besten entspricht und die sich in den Grenzen der wirtschaftlichen Leistungsfähigkeit der Eltern hält. Geschuldet wird also die den Eltern wirtschaftlich zumutbare Finanzierung einer optimalen begabungsbezogenen Berufsausbildung ihres Kindes, die dessen Neigungen entspricht, ohne daß sämtliche Neigungen und Wünsche berücksichtigt werden müssen, insbesondere nicht die, die sich als nur flüchtig oder vorübergehend erweisen oder mit den Anlagen und Fähigkeiten des Kindes oder den wirtschaftlichen Verhältnissen der Eltern nicht zu vereinbaren sind." (BGH NJW 1989, 2253, 2254; unter Berufung auf BGHZ 69, 190, 192 f. = FamRZ 1977, 629 = NJW 1977, 1774, 1775; BGH, FamRZ 1980, 1115; vgl. ferner BGH FamRZ 1993, 1057; BGH FamRZ 1995, 416).

14 Entscheidung vom 29.6.1977, BGHZ 69, 190, 193 = FamRZ 1977, 629, 630.

Gewährung nur *einer* Ausbildung, auch wenn die staatlichen Richtlinien die Förderung einer zweiten ermöglichen. Ausnahmen von diesem Grundsatz bedürfen besonderer Gründe. Die Entscheidung nennt zwei Fälle:

- Die Pflicht, eine weitere oder zweite Ausbildung zu ermöglichen, kann gegeben sein, wenn sich die Notwendigkeit eines Berufswechsels herausstellt, etwa aus gesundheitlichen Gründen oder weil der zunächst erlernte Beruf aus nicht vorhersehbaren Gründen keine ausreichende Lebensgrundlage bietet.
- Gleiches gilt, wenn sich herausstellt, dass die erste Ausbildung auf einer deutlichen Fehleinschätzung der Begabung des Kindes beruhte oder das Kind von den Eltern in eine unbefriedigende, seiner Begabung nicht hinreichend Rechnung tragenden Beruf gedrängt worden war.[15]

Die Entscheidung des BGH von 1977 lag auf der Linie gewohnter unterhaltsrechtlicher Zumutbarkeitserwägungen und wurde in der Folge – mit einigen Differenzierungen – zunächst bestätigt.[16] Als Ausnahmegrund, der die Pflicht zur Gewährung einer Zweitausbildung auslösen kann, wurde auch die Konstellation anerkannt, dass die weitere Ausbildung zweifelsfrei als eine bloße Weiterbildung anzusehen und die Weiterbildung von vornherein angestrebt war oder dass während der ersten Ausbildung eine besondere, die Weiterbildung erfordernde Begabung des Kindes deutlich wurde.[17]

Gegenüber dieser Rechtsprechung, die gefestigt schien, bedeutete die Entscheidung vom 7. Juni 1989 eine Trendwende. Ihr lag folgender Sachverhalt zugrunde: Die Tochter des beklagten Vaters hatte das Abitur mit mäßigem Notenschnitt bestanden und anschließend eine Ausbildung als Bauzeichnerin absolviert. Sie hatte dann diesen Beruf etwa 7 Monate lang in einem Architekturbüro ausgeübt. Sodann zog sie aus dem Elternhaus aus und begann ein Studium der Architektur. Die nötigen Mittel erhielt sie als Vorausleistung nach dem BAföG. Die Eltern wurden im Regresswege vom zuständigen Bundesland in Anspruch genommen. Nach den Prinzipien bisheriger Rechtsprechung war die Klage abzuweisen: Eine deutliche Fehleinschätzung der Begabung oder ein Gedrängtwerden in einen unangemessenen Beruf ergab sich aus dem Vortrag nicht; auch aus objektiven Gründen stellte sich ein Berufswechsel nicht als notwendig dar. Schließlich kann das Architekturstudium schwerlich als „Weiterbildung" des Berufs einer Bauzeichnerin bezeichnet werden.

Der BGH wollte indes der Klage stattgeben und veränderte die Grundsätze seiner Rechtsprechung. Kern der Argumentation ist eine bestimmte *Vorstellung* von dem „inzwischen veränderten Ausbildungsverhalten" der jungen Leute. Der Senat schreibt:

> „Diese Veränderung ist einerseits gekennzeichnet durch einen allgemeinen Rückgang der Studienneigung und eine damit verbundene verstärkte Hinwendung der Studienberechtigten zu praktischer beruflicher Ausbildung. Nach dem Bericht der Bundesregierung über die Entwicklung der beruflichen Bildung für Abiturienten im dualen System vom 10.7.1986 (BT-Drucksache 10/5835, im folgenden: Bericht) stieg der Anteil der Bewerber mit Studienberechtigung an der Gesamtzahl der gemeldeten Ausbildungsplatzbewerber von 6 % im Jahre 1980/81 auf 14,6 % im April 1986 (Bericht S. 4 f., 13). Andererseits besteht die Veränderung darin, daß ein beabsichtigtes oder erwogenes Studium immer seltener unmittelbar an den Erwerb der Hochschulreife angeschlossen und statt dessen zunächst eine praktische Berufsausbildung aufgenommen wird (Bericht S. 8). 15 % der Studierwilligen des Abiturientenjahrgangs 1985 wollten dem Studium eine anderweitige Ausbildung vorschalten, wobei ‚erste Wahl' vor allem die betriebliche Ausbildung war (Bericht S. 4). Immer mehr Studienberechtigte, die ein Studium für ihren beruflichen Weg nicht von vornherein ausschließen, wollen sich zunächst durch eine Berufsausbildung eine sichere Lebensgrundlage schaffen. Eine Kombination von Berufsausbildung und Studium wird von den Studienberechtigten ganz

15 Dazu auch BGH FamRZ 1991, 322; BGH FamRZ 1991, 931.
16 Siehe BGH FamRZ 1980, 1115; FamRZ 1981, 346; FamRZ 1981, 437.
17 BGHZ 69, 190 ff. = FamRZ 1977, 629 = NJW 1977, 1774 ff.; FamRZ 1980, 1115; FamRZ 1981, 346 und FamRZ 1981, 437; BGH FamRZ 1991, 1044, 1046.

überwiegend als der beste Ausbildungsweg angesehen (Bericht S. 6, 10, 20). Demgemäß ist neben den herkömmlichen Ausbildungsweg (Schule – Abitur – Studium) in zunehmendem Maße die Alternative getreten, daß die Studienberechtigten nach dem Schulabschluß zunächst eine praktische berufliche Ausbildung absolvieren und erst danach ein Studium aufnehmen (sog. Abitur – Lehre – Studium – Fälle)."

Methodologisch ist dieser Einstieg sehr interessant. Aus einem veränderten faktischen Verhalten der Auszubildenden als Unterhaltsgläubiger wird auf eine Ausweitung der Unterhaltspflicht geschlossen: *Weil* „immer seltener" der Studienbeginn unmittelbar an das Abitur angeschlossen wird, *weil* „immer mehr" Studienberechtigte sich zunächst durch eine nicht-akademische Berufsausbildung eine sichere Lebensgrundlage schaffen wollen, *sollen* die Eltern nach anderen Grundsätzen Unterhalt zahlen als bisher.

Der Übergang von der Realitätsschilderung in das Normative geschieht weitaus unmerklicher als im Fall des § 1300 BGB. Der BGH gewinnt aus der beschriebenen Ausbildungswirklichkeit *Modelle*, nämlich ein herkömmliches (Schule-Abitur-Studium) und ein neues (Abitur-Lehre-Studium), und inkorporiert diese Modelle in den Wortlaut des § 1610 Abs. 2 BGB. Wenn dort von *einer* Vorbildung gesprochen wird, so kann diese Einheit statt auf eine bestimmte Ausbildung auf eines der genannten Ausbildungs*modelle* bezogen sein.

Woher das faktische Verhalten der Auszubildenden seinen Modellcharakter gewinnt, wird nicht näher erläutert. Da es keine gesetzlichen Ausbildungsmodelle nach Art des „Abitur-Lehre-Studium"-Schemas gab, muss das normative Element von den beteiligten Subjekten selbst, also den auszubildenden Kindern und/oder ihren Eltern herkommen. Aber wie? Die naheliegende Idee, die zweite Ausbildung sei dann geschuldet, wenn eine – zumindest konkludente – Verständigung zwischen dem Kind und den Eltern hierüber erzielt worden sei (Vertrag als Norm), wird vom BGH gerade nicht aufgegriffen[18] und hätte im konkreten Fall der Tochter auch nichts genützt, denn ihr Ausbildungsverhalten beruhte keineswegs auf einem mit dem Eltern abgesprochenen Plan.

Das Verfahren, mit dem der Senat ein Bild vom Ausbildungsverhalten der Jugendlichen gewinnt, unterscheidet sich von dem bei § 1300 BGB angewendeten ganz offensichtlich. War dort die Vorstellung von der Lebenssituation der Frauen unmittelbar aus der eigenen Anschauung und Lebenserfahrung der Richter geschöpft, ohne dass sie durch erfahrungswissenschaftlich analysierte Quantifizierung untermauert worden wäre, so bedient sich der BGH hier einiger Daten aus dem Bericht der Bundesregierung über die Entwicklung der beruflichen Bildung der Abiturienten im dualen System vom 10.7.1986[19]. Das lässt die Argumentation objektiver erscheinen und vermittelt den Eindruck einer auf die Analyse der Realität gestützten Rechtsprechung.

Bei genauerem Hinsehen zeigt sich indes, dass es schwerfällt, aus blanken Fakten ein Bild zu formen. So passen einige Mitteilungen des genannten Berichts nur bei einer bestimmten Deutung ins Bild.[20] Wenn sich aus dem Bericht z.B. ergibt, dass der Anteil der Abiturienten an der Gesamtzahl der Ausbildungsplatzbewerber von 6 % (1980/81) auf 14,6 % (April 1986) gestiegen sei, dann lässt sich daraus das „Abitur-Lehre-Studium"-Modell nur dann ableiten, wenn man unterstellt, dass von den 14,6 % ein erheblicher Teil nach der Lehre auch tatsächlich ein Studium absolviert, was freilich im Bericht nicht gesagt ist. Es ist aus den mitgeteilten Zahlen noch nicht einmal abzulesen, ob die Ausbildungsplatzbewerber sich auch tatsächlich dieser Ausbildung

---

18 Ausdrücklich spricht der BGH aus, dass für so begründete die Unterhaltspflicht nicht einmal erforderlich sei, daß das Kind den Eltern seinen Studienwunsch „rechtzeitig" oder „frühzeitig" bekanntgebe, siehe BGH FamRZ 1992, 170, 171.

19 BT-Drucksache 10/5835.

20 Siehe für das Folgende meinen Beitrag: „Vater will nicht zahlen" – Ausbildungsfinanzierung zwischen Unterhaltsrecht und Politik, in: Wie würden Sie entscheiden? Festschrift für Gerd Jauch, 1990, S. 201, 210 ff.

unterzogen haben. Man kann sich ja auch vorsorglich um eine Lehrstelle bemühen, um sich dann dennoch für die Aufnahme eines Studiums zu entscheiden.

Es ist ganz deutlich, dass die im Bericht der Bundesregierung mitgeteilten Fakten – in der Hauptsache Absichtserklärungen junger Menschen – für sich gesehen das gewünschte Bild noch nicht mit der nötigen Deutlichkeit ergeben. Das Bild muss erst geformt werden. Es geschieht dies unter anderem mit Hilfe von Ausdrücken, die aus recht schlichten Fakten *Entwicklungen* machen: „immer mehr", „immer seltener", „in zunehmendem Maße"! Vor allem die Aussage des BGH, ein beabsichtigtes oder erwogenes Studium werde „immer seltener" unmittelbar an den Erwerb der Hochschulreife angeschlossen, trägt zum gewünschten Bild mit sehr kräftigem Pinselstrich bei. Denn wenn 15 % der Abiturienten erklären, dem Studium eine anderweitige Ausbildung vorschalten zu wollen, so bleiben doch 85 %, die nach herkömmlicher Art sogleich nach dem Abitur zu studieren gedenken, diese 85 % stehen also für den „immer selteneren" Befund!

Das angewendete Verfahren ist auch insofern nicht ohne Raffinesse, als die herangezogene Wirklichkeit nicht als Norm über der Norm plaziert, sondern in die Norm implantiert wird, nämlich in das gesetzliche Merkmal „*eine* Vorbildung". Die weiteren Folgerungen ergeben sich als Resultate gewöhnlicher Gesetzesanwendung: Die im Gesetz vorausgesetzte „Einheitlichkeit" (gemeint ist also: *eine* Vorbildung) setzt nach Auffassung des Senats voraus, dass die einzelnen Ausbildungsabschnitte in einem engen sachlichen und zeitlichen Zusammenhang stehen, praktische Ausbildung und Studium müssen derselben Berufssparte angehören.[21] Das klagende Land wäre im oben geschilderten Fall also leer ausgegangen, wenn die Bauzeichnerin statt Architektur Jura studiert hätte. Dahinter könnte eine Idealvorstellung beruflicher Qualifikation (Studium *und* Praxis!) stehen; vielleicht hat der Senat aber auch nur der Einzahl in § 1910 Abs. 2 Tribut zollen wollen.

Die Rechtsprechung ist seit 1989 weiter entfaltet und differenziert, im Ganzen gesehen aber bestätigt worden. Dabei hat das Erfordernis des sachlichen Zusammenhanges der Ausbildungen gewisse Schwierigkeiten bereitet.[22] Auch hat sich die Frage gestellt, ob andere Ausbildungssequenzen, zum Beispiel die Abfolge „Lehre-Fachoberschule-Fachhochschule", dem „Abitur-Lehre-Studium"-Modell gleichgestellt werden können.[23]

Längst „gilt" die Rechtsprechung des Bundesgerichtshofs *losgelöst von den Wirklichkeitsvorstellungen*, die einst ihre Begründung genährt haben. Überhaupt lässt sich beobachten, dass die „ständige Rechtsprechung" eines Gerichts sich mit zunehmender Verfestigung mehr und mehr selbst trägt, d.h. sich von den anfangs gegebenen Begründungen emanzipiert, so wie sie die anfänglich zitierte Literatur mit der Zeit verabschiedet, auch wenn sie noch immer von ihr inspiriert ist.

IV. Feste und verfestigte Verbindungen

Die rechtliche Behandlung nichtehelicher Partnerschaften wirft methodisch sehr interessante Probleme auf. Es steht heute fest, dass das nichteheliche Zusammenleben eines Paares – einschließlich homosexueller Partnerschaft – als legitime Gestaltungsform privaten Lebens anzuerkennen ist. Es ergibt sich dies sowohl aus dem Rückzug des Strafrechts als auch aus dem

21 BGH NJW 1989, 1989, 2253, 2254.

22 Siehe BGH FamRZ 1991, 320, 321; BGH FamRZ 1991, 1044, 1045 (Industriekaufmann – Medizinstudium, enger Zusammenhang verneint); BGH FamRZ 1992, 170 (Banklehre – Jurastudium; enger Zusammenhang bejaht); BGH FamRZ 1992, 1407, 1408 (Speditionskaufmann – Jurastudium; enger Zusammenhang verneint); BGH FamRZ 1993, 1057, 1058 (Industriekaufmann – Studium des Maschinenbaus – enger Zusammenhang verneint); BGH FamRZ 1995, 416, 417.

23 Dazu BGH FamRZ 1991, 320, 321; BGH FamRZ 1995, 416, 417.

Wandel der Rechtsprechung, die – um nur ein Beispiel zu nennen – Zuwendungen unter den Partnern in aller Regel nicht mehr als sittenwidrig ansieht.[24]

Auf der anderen Seite gewährt die deutsche Rechtsordnung den nichtehelich Zusammenlebenden derzeit keine spezifische Rechtsform für ihre Gemeinschaft. Das hat zur Folge, dass die Rechtsprechung mit Rechtsproblemen des nichtehelichen Zusammenlebens in sehr diffuser Weise befasst wird: Die Rechtsfragen tauchen in den unterschiedlichsten Lebenszusammenhängen auf (Zuwendungen, Wohnung, Unterhalt, Garantenstellung, Zustellung, Sozialleistungen usw.), ohne dass ihre Lösung Impulse von einer einheitlicher Konzeption der nichtehelichen Gemeinschaft erhalten könnte. Die Problemlösungen erfolgen jeweils isoliert für die einzelnen Bereiche und mit Hilfe unterschiedlicher Rechtsinstitute. Sie nehmen wenig aufeinander Rücksicht; sie können sogar in ein evidentes Spannungsverhältnis zueinander geraten.

Dazu trägt bei, dass die an das Zusammenleben geknüpften Rechtswirkungen eine zweifache Zielrichtung verfolgen: *Positiv* gehen sie darauf aus, den Partnern untereinander und im Verhältnis zu Dritten einen gewissen Mindestrechtsschutz zu gewähren, *negativ* bezwecken sie nach dem Vorbild des § 122 des Bundessozialhilfegesetzes (heute § 20 SGB XII), eine Schlechterstellung von Ehen gegenüber eheähnlichen Gemeinschaften zu vermeiden. Auch zwischen diesen Zielsetzungen können Spannungen entstehen, die sich nur schwer ausgleichen lassen.

Es erstaunt nicht, wenn bei Lösung der einschlägigen Rechtsfragen auf *Vorstellungen* von der nichtehelichen Gemeinschaft zurückgegriffen wird, aus denen abgeleitet werden kann, welche Rechtsregeln als passend oder unpassend erscheinen. Als Gegenbild zum ehelosen Zusammenleben fungiert die eheliche Gemeinschaft – der Vergleich mit ihr ergibt Übereinstimmungen wie Kontraste, die in rechtliche Konsequenzen umgemünzt werden. Am deutlichsten wird das Verfahren, wenn es um die analoge Anwendung von Rechtsvorschriften geht, die sich auf die Ehe beziehen. Doch bleibt die Ehe auch dort der gedankliche Gegenspieler, wenn es um Rechtswirkungen nicht spezifisch „eheähnlicher“ Art, sondern um die Anwendung des allgemeinen Zivilrechts geht.

Da Bilder von der nichtehelichen Lebensgemeinschaft in sehr unterschiedlichen Normzusammenhängen geformt werden, verwundert die Variationsbreite der formulierten Vorstellungen nicht. Sie mag auch damit zusammenhängen, dass für die Behandlung der Rechtsprobleme unterschiedliche Gerichte zuständig sind, doch glaube ich, dass selbst ein und dasselbe Gericht aufgrund der Streulage der auftauchenden Rechtsfragen Schwierigkeiten hätte, ein folgerichtiges Konzept zu gewinnen.

Als Beispiel greife ich zunächst die Rechtsprechung des Familiensenats des BGH zur Härteklausel im Geschiedenenunterhalt im Hinblick auf eheloses Zusammenleben des Unterhaltsklägers heraus. Dabei sollen diejenigen Konstellationen außer Betracht bleiben, in denen ein offensichtlich schwerwiegendes, einseitiges Fehlverhalten des Unterhaltsberechtigten (§ 1579 Nr. 6 BGB [heute Nr. 7]) eine Rolle spielt.[25] Für unser Thema fruchtbar sind vielmehr nur die Fälle, die nach der Generalklausel („anderer Grund, der ebenso schwer wiegt“, § 1579 Nr. 7 BGB, heute Nr. 8) zu beurteilen waren: *Nach* der Scheidung nimmt der Unterhaltsempfänger eine Beziehung zu einem neuen Partner auf, begehrt aber von dem geschiedenen Ehegatten weiterhin Unterhalt.

---

24 Der BGH hat wiederholt entschieden, dass Zuwendungen in einer nichtehelichen Lebensgemeinschaft, die auf Dauer angelegt und von innerer Bindung getragen ist, nicht sittenwidrig sind, und zwar auch, wenn einer der Partner verheiratet ist, sofern nicht besondere Umstände vorliegen, vgl. BGH FamRZ 1965, 368, 369; BGHZ 77, 55, 59 = FamRZ 1980, 664; BGH FamRZ 1984, 1211 = NJW 1984, 2150, 2151; BGH FamRZ 1991, 168; siehe auch BGHZ 52,50; 53, 375; 67, 119.

25 Dazu BGH FamRZ 1979, 569 = NJW 1979, 1348; FamRZ 1980, 655 = NJW 1980, 1686 und die weitere Rechtsprechung, z.B. BGH FamRZ 1985, 267 = NJW 1985, 2266; BGH FamRZ 1989, 1279, 1280 = NJW 1990, 253, 254.

Man konnte daran denken, das Problem bei § 1586 Abs. 1 BGB anzusiedeln, wonach der Unterhalt gegen den geschiedenen Ehegatten mit der Wiederheirat des Berechtigten erlischt. Was ist der Unterschied zwischen Aufnahme einer neuen ehelosen Partnerschaft und der erneuten Eheschließung? Welches sind die Übereinstimmungen, welches die Differenzen, und welchen Bezug haben sie zum Normzweck und den Zumutungen, die dem Unterhaltsschuldner angesonnen werden können? Umkehrschluss oder Analogie – das wäre auch hier die Frage!

Verständlicherweise scheute die Rechtsprechung die direkte Kontrastierung von „Ehe" und „Nicht-Ehe". Sie verlagerte das Problem vielmehr in die genannte Härteklausel des § 1579 Nr. 7 BGB (jetzt Nr. 8), die durch ihren Charakter als Generalklausel für vielfältige Aspekte und Argumente offen steht. Und doch kam die Rechtsprechung auch in diesem Rahmen ohne einen Rückbezug auf die Ehe nicht aus.

Die Judikatur des BGH[26] (bis zur völligen Neuregelung des Problems zum 1.1.2008) wurde an Hand recht unterschiedlich gelagerter Fällen entwickelt und findet sich im Urteil vom 21.12.1988 zusammengefasst.[27] Ausgangspunkt der Rechtsprechung war der Grundsatz, dass das Bestehen eines intimen Verhältnisses des Unterhaltsberechtigten zu einem anderen Partner für sich gesehen nicht ausreicht, um die Anwendung der Härteklausel zur rechtfertigen. Treten keine weiteren Gründe hinzu, so sollte der Geschiedenenunterhalt weiterhin geschuldet bleiben, geschmälert allenfalls im Hinblick auf einen geminderten Unterhaltsbedarf oder auf ein fiktiv anzusetzendes Arbeitsentgelt für die dem neuen Partner erbrachten Leistungen.[28]

Die Härteklausel konnte aber greifen, wenn sonstige Umstände hinzutreten, die dazu führen, dass die Fortdauer der Unterhaltsbelastung und des damit verbundenen Eingriffs in die Handlungsfreiheit und Lebensgestaltung für den Unterhaltsschuldner unzumutbar wird. Hier unterschied der BGH drei Fallgestaltungen:

1) Der Unterhaltsberechtigte sieht von der Eheschließung mit seinem neuen Partner nur deshalb ab, weil der den Unterhaltsanspruch gegen den früheren Ehegatten nicht verlieren will.
2) Der Unterhaltsberechtigte lebt mit dem neuen Partner in einer festen sozialen Verbindung, in der er sein Auskommen findet oder doch finden kann.
3) Der Unterhaltsberechtigte lebt mit dem neuen Partner in einer verfestigten Verbindung, in der er zwar nicht sein Auskommen finden kann, die aber die Fortdauer der Unterhaltspflicht für den früheren Ehegatten (ganz oder teilweise) unzumutbar macht.

Die Variante 1) ist bloß theoretischer Natur und interessiert hier nicht. Hingegen lassen sich den weiteren Konstellationen (2, 3) bestimmte Bilder von nichtehelichen Gemeinschaften zuordnen, in denen sich wiederum Realitätsbefund und Normativität mischen. Auffällig ist bei beiden Fallgruppen, dass die Normebene mit Hilfe der Ehe als des maßgebenden Vergleichsinstituts gewonnen wird. Damit das leichter nachvollzogen werden kann, seien die entscheidenden Sätze der Entscheidung vom 21.12.1988[29] wiederholt:

> *Zur Konstellation 2):* „Auch wenn der Unterhaltsberechtigte, der mit einem neuen Partner dauerhaft in einer festen sozialen Verbindung zusammenlebt, von einer neuen Eheschließung aus hinzunehmenden Gründen absieht, kann die neue Verbindung dazu führen, dass die Fortdauer der Unterhaltsbelastung und des damit verbundenen Eingriffs in die Handlungsfreiheit und Lebensgestaltung des Unterhaltspflichtigen für diesen unzumutbar wird. Das ist der Fall, wenn kein verständlicher Grund dafür ersichtlich ist, daß die Partner nicht zu einer ‚ehegleichen ökonomischen Solidarität' – also zu einer Unterhaltsgemeinschaft – gelangen, mithin gemeinsam wirtschaften, wobei der den Haushalt führende Partner wie in einer Ehe von dem anderen unterhalten wird ... Auf eine derartige Unterhaltsgemeinschaft kann der Verpflichtete den

26 Vordem des Senats IVb, jetzt des Senats XII.
27 NJW 1989, 1083 = FamRZ 1989, 487, fortgeführt in FamRZ 1995, 540 = NJW-RR 1994, 1154: BGH FamRZ 1995, 344 = NJW 1995, 655; BGH NJW 1997, 1851 = FamRZ 1997, 671.
28 Dazu im Überblick *Schwab/Borth*, Handbuch des Scheidungsrechts, 4. Aufl. 2000, IV RdNr. 1054 ff.
29 NJW 1989, 1063, 1086 = FamRZ 1989, 487.

Unterhaltsberechtigten allerdings nur verweisen, soweit dieser in der neuen Gemeinschaft wirtschaftlich sein Auskommen finden kann. Hat sein neuer Partner nicht die dazu erforderlichen Mittel, so kommt ein Ausschluss oder auch nur eine Herabsetzung oder eine zeitliche Begrenzung der Unterhaltsverpflichtung nach § 1579 Nr. 7 BGB unter diesem Gesichtspunkt in der Regel nicht in Betracht."

Zur Konstellation 3): „Lassen die Einkommens- und Vermögensverhältnisse des Mannes die Begründung einer Unterhaltsgemeinschaft der Ehefrau mit ihm nicht zu, so kann die zwischen ihnen bestehende Beziehung gleichwohl unter einem andern Gesichtspunkt die Voraussetzungen eines Härtegrundes i. S. von § 1579 Nr. 7 BGB erfüllen. Nach der ständigen Rechtsprechung des Senats setzt ein ‚anderer Grund' im Sinne der genannten Vorschrift, aus dem die Inanspruchnahme des Verpflichteten grob unbillig sein kann, einen Sachverhalt voraus, der dazu führt, dass die aus der Unterhaltspflicht erwachsende Belastung die Grenze des ihm Zumutbaren überschreitet. Dabei kann sich eine Unzumutbarkeit unabhängig von der Vorwerfbarkeit bestimmter Verhaltensweisen auch aus objektiven Gegebenheiten und Veränderungen der Lebensverhältnisse der früheren Ehegatten ergeben ... Wenn der Unterhaltsberechtigte zu einem neuen Partner ein auf Dauer angelegtes Verhältnis aufnimmt, kann das Erscheinungsbild dieser Verbindung in der Öffentlichkeit unter Umständen dazu führen, dass die Fortdauer der Unterhaltsbelastung und des damit verbundenen Eingriffs in seine Handlungsfreiheit und Lebensgestaltung für den Unterhaltspflichtigen unzumutbar wird ... Die wirtschaftliche Lage des neuen Partners des Berechtigten spielt hierbei – anders als im Fall der Verweisung auf eine Unterhaltsgemeinschaft – keine Rolle ... Zur Annahme eines Härtegrundes i. S. von § 1579 Nr. 7 BGB – mit der Folge der Unzumutbarkeit einer weiteren (uneingeschränkten) Unterhaltsbelastung für den Verpflichteten – kann das Zusammenleben des Berechtigten mit einem neuen Partner dann führen, wenn sich diese Beziehung in einem solchen Maße verfestigt, dass damit gleichsam ein nichteheliches Zusammenleben an die Stelle einer Ehe getreten ist ...".

Beiden Varianten ist die Vorstellung von einer *festen Verbindung* mit einem neuen Partner gemeinsam. Das ist für die Konstellation 3) mit dem Ausdruck „verfestigte Beziehung" ausgedrückt (weiter unten im Urteil auch: „verfestigte Gemeinschaft", „verfestigte Verbindung"). Woran die Festigkeit zu messen ist, wird für die Konstellation 3) deutlicher angesprochen: Es geht um ein „auf Dauer angelegtes Verhältnis" und dessen „Erscheinungsbild in der Öffentlichkeit". Die Zeitdauer soll eine Rolle spielen, „eine gewisse Mindestdauer die im Einzelfall kaum unter zwei bis drei Jahre liegen dürfte ..., wird in der Regel nicht unterschritten werden dürfen".

Auch für die Konstellation 2) ist von „fester Verbindung" und „dauerhaftem" Zusammenleben die Rede, der Zeitfaktor nicht aber nicht näher thematisiert. Man könnte folglich dem Text entnehmen, dass hier der Zeitfaktor nicht die gleiche Rolle spielt wie bei Konstellation 3). Stattdessen fällt bei Konstellation 2) der Gebrauch des Ausdrucks „sozial" auf: Es geht um die feste *soziale* Verbindung, und es liegt nahe, den eigentlich offenen Begriff des Sozialen[30] hier in eine Beziehung mit der Unterhaltsgemeinschaft zu bringen. Denn was die Konstellation 2) kennzeichnet ist, dass der geschiedene Ehegatte seinen Unterhalt vom neuen Partner bezieht oder zumindest beziehen könnte, während dies bei Konstellation 3) gerade nicht der Fall ist. In die Lebenswirklichkeit versetzt heißt das: Im einen Fall geht es um die geschiedene Frau, die mit einem leistungsfähigen Mann zusammenlebt und in dieser Gemeinschaft den Haushalt führt; im anderen geht es um die Gemeinschaft mit einem nicht leistungsfähigen Mann, in der sich folglich keine Chance zur anderweitigen Unterhaltsgewinnung bietet.

In beiden Fällen aber stellt sich die Frage nach dem eigentlichen Grund, aus dem der Anspruch gegen den früheren Ehegatten – ganz oder teilweise – versagt werden soll. Die Problematik kann ja nur entstehen, wenn ein Unterhaltstatbestand, sei es wegen Kindesbetreuung, Alter, Krankheit usw., an sich erfüllt ist. Im Rahmen der Härteklausel sind folglich alle Fälle zu vernachlässigen, in denen dem Unterhaltskläger eine Erwerbstätigkeit zugemutet werden kann, so dass bereits der Unterhaltstatbestand (ganz oder teilweise) entfällt, etwa der Fall, dass die geschiedene Frau zumutbar erwerbstätig sein könnte, aber lieber ihrem neuen Partner der Haushalt führt. Andererseits sind durchaus auch die Fälle zu diskutieren, in denen der unterhalts-

30 „Socialis", „societas" beziehen sich auf beliebige Arten von Gemeinschaft und Verbundenheit unter Personen, dem folgend auch die Derivate in der englischen und den romanischen Sprachen.

begehrende Teil wegen Kindesbetreuung berechtigt ist (§ 1570 BGB) und nun eine neue Lebensgemeinschaft eingeht, in welche die – weiterhin betreuungsbedürftigen – Kinder aufgenommen sind.

Aus welchem Grund soll also der Unterhaltsanspruch bei Aufnahme einer neuen Partnerschaft entfallen? Wiederum geht es darum, von der Beschreibung eines faktischen Befunds aus (Zusammenleben als Hausfrau mit einem leistungsfähigen Partner, verfestigte Verbindung mit einem nicht leistungsfähigen Partner) die normative Ebene zu gewinnen. In beiden Konstellationen soll nach Auffassung des BGH die Vergleichbarkeit der gegebenen Situation mit der Ehe diesen Schritt ermöglichen.

Bei Konstellation 2) geschieht dies durch Einsatz des Begriffs „ehegleiche ökonomische Solidarität". Die Härteklausel soll greifen, wenn kein verständlicher Grund dafür ersichtlich ist, dass die Partner nicht zu einer ehegleichen ökonomischen Solidarität – „also zu einer Unterhaltsgemeinschaft – gelangen, mithin gemeinsam wirtschaften, wobei der den Haushalt führende Partner wie in der Ehe von dem anderen unterhalten wird." Wohlgemerkt: Der Senat sagt nicht, dass der unterhaltsuchende Partner eine ehegleiche ökonomische Solidarität *gefunden* habe, sondern dass es unverständlich wäre, wenn er unter den gegebenen Umständen sie nicht *fände* – der Text schwankt also zwischen Beschreibung der Realität und Festlegung von *Zumutungen*. Dabei bleibt unerwähnt, dass das „gemeinsame Wirtschaften" und die „Unterhaltsgemeinschaft" mit dem neuen Partner durchaus unter Einschluss der Beträge des Geschiedenenunterhalts möglich und von dem Unterhaltsberechtigten auch gewollt ist: In die neue Unterhaltsgemeinschaft bringt er seinen Geschiedenenunterhalt, der neue Partner seine Einkünfte ein – auch das ist Unterhaltsgemeinschaft und gemeinsames Wirtschaften. Der Senat meint aber mit der Unterhaltsgemeinschaft etwas anderes, nämlich das Leben des Geschiedenen *auf Kosten* des neuen Partners unter Wegfall des Unterhaltsanspruchs, also „gemeinsames Wirtschaften" allein mit den Einkünften des neuen Partners. Das war mit dem Gedanken der Unterhaltsgemeinschaft allein nicht zu begründen und *deshalb* musste die Ehe als normiertes Institut ins Spiel kommen.

Die „ehegleiche Solidarität" orientiert sich an der Unterhaltsgestaltung in der Hausfrauenehe, in welcher der Mann die wirtschaftlichen Mittel beschafft, während die Frau den Haushalt führt. Ungeschminkt lautet die Botschaft: Wenn eine – an sich unterhaltsberechtigte – Frau ihrem neuen, leistungsfähigen Partner den Haushalt führt, dann ist es ihr auch zuzumuten, hieraus ihren Unterhalt zu gewinnen. Nun hängt die „ehegleiche Solidarität" ja nicht nur vom geschiedenen Teil, sondern auch von der Bereitschaft des neuen Partners ab, doch dieser Gesichtspunkt kommt nicht ins Spiel. Es bleibt offen, ob auch dem neuen Partner die Obliegenheit zuzumessen ist, seinen Lebensgefährten zur Entlastung von dessen Ex-Gatten zu unterhalten (das wäre die erste Annäherung an eine Unterhaltspflicht aufgrund nichtehelicher Lebensgemeinschaft), oder ob sich die Zumutung nur an den geschiedenen Teil selbst wendet. Nimmt man letzteres an, so lautet die Botschaft: Wenn ein geschiedener unterhaltsberechtigter Ehegatte eine feste soziale Verbindung mit einem leistungsfähigen Partner eingeht und ihm den Haushalt führt, dann trägt er seinem Ex-Gatten gegenüber das Risiko dafür, dass der Partner ihn *wie* einen haushaltführenden Ehegatten unterhält.

Der springende Punkt bei dieser gedanklichen Operation ist die „Ehegleichheit" des angesonnenen Solidaritätsverhältnisses. Diese ist solange nicht in vollem Sinne gegeben, als es unter nichtehelichen Partnern keine „ehegleichen" gesetzlichen Unterhaltsansprüche gibt. Es ist aber interessant, zu beobachten, dass für den BGH – in den Bereich der unterhaltsrechtlichen Zumutbarkeit transponiert – die Ehe das Leitbild auch für die nichteheliche Partnerschaft bleibt, selbst wenn die Partner „aus hinzunehmenden Gründen" von der Eheschließung absehen. Das Eherecht strahlt auf eheähnliche Gemeinschaften aus!

Verwickelter noch ist der Gedankengang bei der *Konstellation 3)*. Hier geht es nicht um die Zumutung, in der neuen Partnerschaft einen ehegleichen Unterhalt zu finden; die wirtschaftlichen Verhältnisse des neuen Partners spielen keine Rolle. Die Unzumutbarkeit für den unterhaltspflichtigen Ex-Gatten resultiert vielmehr aus der Kombination zweier Elemente, nämlich a) aus einem bestimmten Grad der Verfestigung der Beziehung verbunden mit b) dem Erscheinungsbild dieser Beziehung in der Öffentlichkeit. In seiner Entscheidung vom 25.5.1994 hat der BGH das Erfordernis des „Erscheinungsbildes in der Öffentlichkeit" nicht wiederholt und nur auf den Grad der Verfestigung abgestellt,[31] doch kam es im betreffenden Fall darauf auch nicht mehr an. Die Verfestigung betreffend wird, wie erwähnt, die Dauer als relevant angesehen. Es wird ein nichtehelichen Zusammenleben vorausgesetzt, das nach der Entscheidung vom 25.5.1994 zwar nicht zwingend voraussetzt, dass die Partner räumlich zusammen wohnen und einen gemeinsamen Haushalt führen, wenngleich eine solche Form des Zusammenlebens ein typische Anzeichen hierfür sein dürfte.[32]

Zur Begründung der These, dass das verfestigte Zusammenleben mit einem nicht leistungsfähigen Partner, obwohl dieses die Versorgungslage des Empfängers nicht verändert, den Unterhaltsanspruch unbillig machen soll, kommt auch hier die Ehe ins Spiel: Die Verfestigung muss ein solches Maß erreicht haben, dass „damit gleichsam ein nichteheliches Zusammenleben an die Stelle der Ehe getreten ist."[33] Lässt sich das Ergebnis damit begründen? Der Hinweis auf die Ehe, an deren Stelle das nichteheliche Zusammenleben gleichsam getreten ist, gibt nur im Hinblick auf § 1586 Abs. 1 BGB einen Sinn: Würde der geschiedene Ehegatte seinen neuen Partner heiraten, so verlöre seinen Unterhaltsanspruch. Heiratet er nicht, dann muss er sich – nach fortschreitender Verfestigung – so behandeln lassen, *als wenn er geheiratet hätte.* Das legt die Frage nahe, ob es im Hinblick auf die Regelung des § 1586 Abs. 1 BGB unterhaltsrechtlich gesehen eine *Obliegenheit* des geschiedenen Unterhaltsempfängers gibt, einen etwaigen neuen Partner, sofern sich die Verbindung verfestigt, zu heiraten. Da die Wiederheirat auch von der Bereitschaft des neuen Partners abhängt, könnte man die Frage auch so stellen: Trägt der Unterhaltsempfänger auch das unterhaltsrechtliche Risiko dafür, dass seinem neuen Partner die Bereitschaft zur Ehe fehlt?

Auch die Begründung des BGH zur Konstellation 3) setzt letztlich die Ehe als Leitbild des verfestigten Zusammenlebens von Mann und Frau voraus. Ein verfestigtes nichteheliches Zusammenleben kann nur dann „gleichsam an die Stelle der Ehe treten", wenn die Ehe als die Norm erscheint. In der Entscheidung vom 14.12.1994[34] hat der Senat den Leitbildcharakter der Ehe offen angesprochen:

> „Wenn der Härtegrund i. S. von § 1579 Nr. 7 BGB bei der verfestigten Beziehung zwischen einem Mann und einer Frau darin gesehen wird, dass deren Zusammenleben gleichsam an die Stelle einer Ehe getreten ist, so beruht diese Rechtsprechung letztlich darauf, dass der Gesetzgeber für das Zusammenleben zwischen Mann und Frau in einer festen Verbindung das Institut der Ehe geschaffen hat, und zwar mit den unterhaltsrechtlichen Folgen, die sich sodann einerseits aus §§ 1360 ff. BGB für die Ehegatten in ihrem Verhältnis zueinander und andererseits aus § 1586 BGB für die Unterhaltsverpflichtung aus einer früheren Ehe ergeben. Verwirklichen zwei Partner durch ihre Lebensgestaltung das ‚Leitbild' einer Ehe, indem sie ihre Lebensverhältnisse so aufeinander abstellen, dass sie sich gegenseitig versorgen und füreinander einstehen – ohne aber, aus welchen Gründen auch immer, die Ehe zu schließen – so rechtfertigt dies aus der Sicht des Unterhaltsverpflichteten grundsätzlich die Annahme, der Berechtigte sei in der neuen Verbindung ‚wie in einer Ehe' versorgt. Vor diesem Hintergrund kann sodann die Fortdauer der Unterhaltsbelastung und des damit verbundenen Eingriffs in die Handlungs- und Lebensgestaltung des Verpflichteten,

31 BGH FamRZ 1995, 540, 542 = NJW-RR 1994, 1154. Siehe auch BGH NJW 1997, 1881, 1852: Hier lässt der Senat offen, ob am Kriterium des Erscheinungsbildes in der Öffentlichkeit festzuhalten ist; der BGH lässt es jedenfalls genügen, wenn die Partnerschaft aufgrund der nach außen dringenden Gegebenheiten erkennbar wird; nicht vorausgesetzt sei, dass die Partnerschaft (gemeint ist: von außen) auch tatsächlich in diesem Sinne bewertet wird.

32 BGH FamRZ 1995, 540, 543 = NJW-RR 1994, 1154.

33 BGH NJW 1989, 1083, 1086 = FamRZ 1989, 487; BGH FamRZ 1995, 540, 542 = NJW-RR 1994, 1154; BGH NJW 1997, 1851, 1853 = FamRZ 1997, 671, 672.

34 BGH FamRZ 1995, 344, 345 = NJW 1995, 655.

dessen Unterhaltspflicht mit einer Eheschließung der neuen Partner nach § 1586 BGB erlöschen würde, auch ohne die Eheschließung unzumutbar werden … Für eine Beziehung zwischen zwei gleichgeschlechtlichen Partnern existiert hingegen kein der Ehe vergleichbares Rechtsinstitut …"

Verändert man indes die Perspektive und sieht die Ehe und die diversen Formen ehelosen Zusammenlebens als legitime Gestaltformen der Paarbeziehung an, so ist der Gedanke nicht mehr schlüssig. Denn der Unterschied in den Rechtswirkungen, auch bezüglich § 1586 Abs. 1 BGB, ist gerade darin begründet, dass die Partner *nicht geheiratet*, sondern eine andere Lebensform gewählt haben.

Das Element des „Erscheinungsbildes in der Öffentlichkeit" vermag die Stringenz der Begründung kaum zu steigern. Es kommt die Außenansicht der neuen Lebensgemeinschaft für andere Personen oder für die Gesellschaft ins Spiel. Warum wird die Unterhaltsleistung für den geschiedenen Ehegatten unzumutbarer, wenn die neue Lebensgemeinschaft nicht auf einer einsamen Insel, sondern coram publico geführt wird? Ist die Ehre des Unterhaltsleistenden tangiert, wenn offen sichtbar wird, dass er in die neue Partnerschaft seines Ex-Gatten „investiert"? Oder spielt auch hier die Parallelität zur Ehe eine Rolle: Da die Ehe ein kundbarer Tatbestand ist, muss es auch die gleichsam an ihre Stelle tretende nichteheliche Gemeinschaft sein, um die entsprechenden Unterhaltswirkungen auszulösen?

Vernachlässigt man in den besprochenen Fällen die Bezugnahmen auf die Ehe, so könnte man folgendes Problemverständnis erwägen. Verfestigte Paarbeziehung von Mann und Frau als gelebte, auf Dauer angelegte Zuwendung verlangt in der Konsequenz auch nach Autarkie dieser Gemeinschaft im Unterhalt. Es ist unangemessen, die Unterhaltslast der neuen Paarbeziehung im Wege der Nachwirkung auf frühere Partner zu verlagern. Oder, pointiert gesagt: Wo du dein Herz dauerhaft gelassen hast, dort sollst du auch deinen Unterhalt suchen! Der BGH versteht sich zu dieser Verallgemeinerung nicht. Das hat Konsequenzen: Wenn der geschiedene Unterhaltsempfänger eine *homosexuelle* Verbindung aufnimmt, ist die geschilderte Rechtsprechung nicht „ohne weiteres" anwendbar, weil es hier (im Zeitpumkt, in dem die genannten BGH-Entscheidungen ergangen sind) am Leitbild der Ehe fehlte.[35]

Im Ganzen scheint mir die Rechtsprechung zu diesem Thema nur schlüssig, wenn man eine Vorstellung vom ehelosen Zusammenleben nach dem Bild und Gleichnis der Ehe entwickelt: Die festen oder verfestigten Beziehungen sind letztlich Ehen („ehegleiche Solidarität"!) und der Unterschied zum abrupten Verlust des Unterhaltsanspruchs nach § 1586 Abs. 1 liegt eigentlich nur in der Flexibilität der Härteklausel, die in den Voraussetzungen wie in den Folgen der zu bewältigenden Situation individuell angepasst werden kann.

V. Kulissenwechsel: Liebe ohne Recht

Das Bild von der festen sozialen bzw. ehegleich verfestigten Verbindung verblasst, wenn wir eine andere Szene im Drama der nichtehelichen Gemeinschaft betreten, nämlich den Streit um den Ausgleich für gegenseitige Zuwendungen der Partner. Der Grundfall liegt wie folgt: Während des Zusammenlebens wendet ein Partner wirtschaftliche Mittel oder Arbeitskraft auf, die zwar einen Bezug zur Gemeinschaft haben, sich aber über das Ende der Gemeinschaft hinaus als Bereicherung im Vermögens des anderen niederschlagen. Beispiele: Ein Partner stellt dem anderen Geldmittel zur Verfügung, mit deren Hilfe dieser seine Eigentumswohnung entschulden kann; ein Partner arbeitet im Betrieb des anderen mit, der aus den Erträgen oder durch betriebliche Wertsteigerung Vermögen bildet.

35 BGH FamRZ 1995, 344, 345 = NJW 1995, 655 (anders später BGH FamRZ 2008, 1414).

Die Sache liegt ganz ähnlich wie bei den Zuwendungen unter Ehegatten, mit dem Unterschied, dass es für die nichteheliche Gemeinschaft kein gesetzliches Güterrecht gibt und somit der Zugewinnausgleich als Ausgleichsinstrument ausscheidet. Der Gedanke liegt nahe, die gleichen Instrumente und Grundsätze anzuwenden, die unter Ehegatten *abgesehen vom Güterrecht* herangezogen werden. Die Parallele besteht insbesondere zur Ausgleichsproblematik bei Ehegatten, die im Güterstand der Gütertrennung leben.

Das würde bedeuten, dass ein Ausgleich – abgesehen von den Schenkungsfällen[36] – hauptsächlich nach den Grundsätze der Lehre vom Wegfall der Geschäftsgrundlage[37] einer „ehebedingten" Zuwendung[38] oder der Auflösung einer Innengesellschaft[39] in Betracht kommt. Ziel des Einsatzes solcher letztlich aus Billigkeitserwägungen geschöpfter Rechtsfiguren wäre es, zu verhindern, dass nach Auflösung einer Partnerschaft der eine Teil Leistungen des anderen, die für die Gemeinschaft erbracht und in ihr nicht aufgebraucht wurden, als Bereicherung seines Vermögens behalten darf. Wenn die nichteheliche „ehegleiche" Partnerschaft Solidargemeinschaft ist oder doch sein kann, so dürfte die Begründung eines solchen Ausgleichs keine grundsätzlichen Probleme bereiten: Es würde ja nicht das Eherecht auf andere Partnerschaften übertragen, sondern bei Ausgleichsmechanismen des *allgemeinen Zivilrechts* eine Solidargemeinschaft der anderen gleichgestellt. Für diese Möglichkeit spricht auch die Ausweitung der Lehre von der „ehebezogenen Zuwendung" auf Vermögenstransaktionen in anderen „Näheverhältnissen".[40]

Die BGH-Rechtsprechung, diesmal freilich nicht des Familiensenats, zeichnet in diesem Zusammenhang von der nichtehelichen Lebensgemeinschaft freilich ein anderes Bild. Zwar ist ein Vermögensausgleich nicht für alle Fälle ausgeschlossen, zwar wird auf die oben genannten Ausgleichsinstrumente zurückgegriffen. Doch wird eine hohe Hürde errichtet. Diese gründet sich auf eine bestimmte *Vorstellung* von der ehelosen Partnerschaft und dem ihr zugrundeliegenden Willen. Der Kern dieser Vorstellung liegt in dem wiederholt ausgesprochenen Satz:[41]

> „Bei einer nichtehelichen Lebensgemeinschaft stehen die persönlichen Beziehungen derart im Vordergrund, dass sie auch das die Gemeinschaft betreffende vermögensmäßige Handeln der Partner bestimmen

36 Dazu BGH FamRZ 1983, 668; BGH FamRZ 1990, 600; BGH, FamRZ 1993, 1047.

37 Dazu BGHZ 65, 320 = FamRZ 1976, 82; BGHZ 68, 229 = FamRZ 1977, 458; BGHZ 82, 227 = FamRZ 1982, 246, 247 = NJW 1982, 1092; BGHZ 84, 361, 364 ff. = FamRZ 1982, 910; BGH FamRZ 1987, 43, 45; BGH FamRZ 1988, 481; BGH FamRZ 1989, 147, 149; BGH FamRZ 1989, 599 ff. = NJW 1989, 1986; BGHZ 111, 8, 11 f. = FamRZ 1990, 603 f.; BGH FamRZ 1990, 855; BGH FamRZ 1990, 1219; BGHZ 115, 261 ff. = FamRZ 1992, 160; BGHZ 115, 132, 139 = FamRZ 1991, 1169, 1171 = NJW 1991, 2553; BGHZ 116, 167, 169 = FamRZ 1992, 300; BGH FamRZ 1992, 293, 294; BGH FamRZ 1994, 295, 297; BGHZ 127, 48 ff. = FamRZ 1994, 1167 = NJW 1994, 2545; BGH FamRZ 1997, 933; BGH FamRZ 1999, 1580, 1581.

38 Der Begriff müsste, um hier anwendbar zu sein, auf die „partnerschaftsbedingte Zuwendung" ausgedehnt werden. Die Lehre von der ehebedingten Zuwendung und ihrer Abgrenzung von der Schenkung gehört zu den umstrittensten Problemen des ehelichen Vermögensrechts, vgl. *Schotten*, NJW 1990, 2841; *Kollhosser*, NJW 1994, 2313; *Koch*, FamRZ 1995, 321; *Kleinle*, FamRZ 1997, 1383; *Schwab*, Handbuch des Scheidungsrechts, 4. Aufl., VII 131.

39 BGHZ 8, 249, 252; BGHZ 31, 197, 200 = FamRZ 1960, 105; BGH FamRZ 1962, 357; BGH FamRZ 1968, 589; BGH FamRZ 1975, 35, 36; BGHZ 84, 361, 366 = FamRZ 1982, 910; BGHZ 84, 388 ff. = FamRZ 1982, 1065; BGH FamRZ 1989, 147; BGH FamRZ 1990, 973; BGHZ 115, 261 ff. = FamRZ 1992, 160; BGH FamRZ 1995, 1062, 1063; BGH FamRZ 1999, 1580, 1581. Zur Abgrenzung der Fälle, in denen ein gesellschaftsrechtliches Verhältnis und in denen eine ehebedingte Zuwendung anzunehmen ist, siehe insbesondere *Blumenröhr*, Festschrift Odersky, S. 517 ff.

40 Vgl. für die Zuwendung von Schwiegereltern BGH FamRZ 1995, 1060 = NJW 1995, 1889; BGH FamRZ 1998, 669; weitere Rspr. bei *Schwab*, Handbuch des Scheidungsrechts, 4. Aufl., VII 132.

41 Zitat aus der Entscheidung des II. Zivilsenats BGH NJW 1997, 3371 = FamRZ 1997, 1533; siehe ferner BGHZ 77, 55, 59 = NJW 1980, 1520 = FamRZ 1980, 664; BGH NJW 1992, 906 = FamRZ 1992, 408; BGH FamRZ 1993, 939, 940 = NJW-RR 1993, 774; BGH NJW-RR 1996, 1473; BGH FamRZ 1996, 1141 = NJW 1996, 2727; vgl. auch BGHZ 84, 388, 391 = FamRZ 1982, 1065.

und daher nicht nur in persönlicher, sondern auch in wirtschaftlicher Hinsicht keine Rechtsgemeinschaft besteht. Wenn die Partner nicht etwas Besonderes unter sich geregelt haben, werden dementsprechend persönliche und wirtschaftliche Leistungen nicht gegeneinander aufgerechnet ...".

Zwar wird dann hinzugefügt, dass ein Anspruch bestehen könne, wenn die wenn die Partner einer nichtehelichen Lebensgemeinschaft ausdrücklich oder durch schlüssiges Verhalten einen entsprechenden Gesellschaftsvertrag geschlossen haben. Selbst wenn ein ausdrücklich oder stillschweigend geschlossener Gesellschaftsvertrag nicht vorliegt, bestehe die Möglichkeit, im Bereich der nichtehelichen Lebensgemeinschaft unter Umständen gesellschaftsrechtliche Grundsätze anzuwenden. Das gelte unter anderem für den Fall, dass beide Partner durch gemeinsame Leistungen zur Schaffung eines Vermögenswerts von erheblicher wirtschaftlicher Bedeutung, insbesondere zum Bau und zur Erhaltung eines zwar auf den Namen des einen Partners eingetragenen, aber als gemeinsames Vermögen betrachteten Anwesens beigetragen hatten. Mindestvoraussetzung dafür, derartige Regeln in Betracht zu ziehen, sei aber, dass die Parteien überhaupt die Absicht verfolgt haben, mit dem Erwerb des Vermögensgegenstands einen – wenn auch nur wirtschaftlich – gemeinschaftlichen Wert zu schaffen, der von ihnen für die Dauer der Partnerschaft nicht nur gemeinsam benutzt werden würde, sondern ihnen nach ihrer Vorstellung auch gemeinsam gehören solle.[42] Ein Vertrag, dessen Geschäftsgrundlage entfallen sein könne, liege nicht schon in dem Umstand begründet, dass zwei Personen sich zu einer nichtehelichen Lebensgemeinschaft zusammenschließen.

„Regeln sie ihre Beziehungen nicht besonders, so handelt es sich um einen rein tatsächlichen Vorgang, der keine Rechtsgemeinschaft begründet ...".[43]

So blieb in einem Fall der Mann, der seiner Lebensgefährtin 94000 DM zur Verfügung gestellt hatte, damit sie ihr Einfamilienhaus, in dem das Paar lebte, entschulden konnte, ohne jeglichen Ausgleich, obwohl die Lebensgemeinschaft bereits 6 Jahre nach der Zuwendung aufgelöst wurde.

Im Bild, das sich der II. Zivilsenat von der nichtehelichen Lebensgemeinschaft macht, ist wiederum Faktisches und Normatives gemischt. Das normative Element leitet sich auch hier von der Ehe ab, allerdings nicht durch Gleichsetzung wie in der Unterhaltsrechtsprechung („ehegleiche Solidarität"), sondern durch Kontrastierung: Die nichteheliche Lebensgemeinschaft ist anders als die Ehe *nicht* Rechtsgemeinschaft. Im Kern gilt das für das persönliche Verhältnis, strahlt aber auf den Vermögensbereich aus. Dabei wird die Wirklichkeit mit der normativen Brille betrachtet: Die persönlichen Beziehungen (keine Rechtsgemeinschaft!) stehen derart im Vordergrund (für die Beteiligten?), dass sie auch das wirtschaftliche Handeln der Partner bestimmen und dass *daher* auch in wirtschaftlicher Hinsicht keine Rechtsgemeinschaft entsteht. Vor unserem Auge entfaltet sich die Vorstellung von der Liebesbeziehung, die in einem rechtsfreien Raum gelebt wird. Liebe („die persönlichen Beziehungen") und Recht treten sich als klassische Gegenspieler gegenüber. Die Ehe ist nach der heute noch stark nachwirkenden romantischen Auffassung die durch das Recht einfasste Liebe, und wo dieses rechtliche Gefäß nicht vorhanden ist, bleibt die Freiheit, auch *vom Recht*. Das bedeutet allerdings, dass auch die Mechanismen des Rechtsschutzes – ausgenommen das Deliktsrecht – zurücktreten.

Gegenüber dem Argumentationsgang des Senates könnte man darauf hinweisen, dass in dem genannten Fall es gar nicht nötig gewesen wäre, eine Rechtsgemeinschaft anzunehmen, um dem zuwendenden Mann Anspruch auf Rückzahlung wenigstens einer Teilsumme zu gewähren. Der Senat reduziert das zur Verfügung stehende Instrumentarium dadurch, dass er die Rechtsfigur des „Wegfalls der Geschäftsgrundlage" in diesem Fall allein auf ein gesellschaftsrechtliches oder gesellschaftsähnliches Verhältnis („Anwendung gesellschaftsrechtlicher

42 Siehe auch BGH NJW-RR 1993, 774 = FamRZ 1993, 993 mit weiteren Nachweisen.
43 BGH NJW 1997, 3371, 3372 = FamRZ 1997, 1533; ferner BGH FamRZ 1996, 1141 = NJW 1996, 2727.

Grundsätze") bezieht. Die Gesellschaft bietet aber nicht den einzigen Weg. Immerhin haben wir eine Zuwendung als eindeutig *rechtliches Geschehen* vor uns, dem ein rechtlicher Grund zuzuordnen ist, mag er in einer Schenkung, „partnerschaftsbedingten" Zuwendung oder in einem sonstigen Kausalverhältnis zu finden sein, und auch in Bezug auf diese Kausalverhältnisse könnte ein Wegfall der Geschäftsgrundlage eingetreten sein. Es scheint, dass die Verneinung einer Rechtsgemeinschaft den Senat weiter führt als der gedankliche Ansatz zulässt.

Doch ist es nicht Sinn dieses Beitrags, einzelne BGH-Entscheidungen zu kritisieren. Vielmehr wollte ich zeigen, dass die Rechtsprechung in unterschiedlichen Zusammenhängen verschiedene Bilder von der Wirklichkeit entwirft: *Dort* die ehegleiche Solidargemeinschaft bzw. die verfestigte Gemeinschaft, die gleichsam an die Stelle der Ehe tritt und damit eheähnlich auf Rechtsverhältnisse gegenüber Dritten einwirkt, *hier* die persönliche Beziehung, die durch den Kontrast zur Ehe gekennzeichnet ist und das Recht weitgehend aus ihrem Bezirk ausweist. Dass diese Bilder schwerlich harmonieren, ist evident.

(Dass die geschilderte Diskrepanz schwerlich haltbar ist, hat der Familiensenat des Bundesgerichtshofes nach Veröffentlichung im weiteren Verlaufe der Zeit denn auch erkannt. Nach der Entscheidung des 12. Zivilsenats vom 9.7.2008 [BGHZ 177, 193] kommen bei gemeinschaftsbezogenen Zuwendungen unter den Partnern einer nichtehelichen Lebensgemeinschaft nach deren Beendigung nicht nur gesellschaftsrechtliche Ausgleichsansprüche, sondern – wie bei Ehegatten – auch Ausgleichsansprüche wegen Wegfalls der Geschäftsgrundlage und überdies der Bereicherungsanspruch wegen Zweckverfehlung [§ 182 Abs. 1 S. 2, 2. Alt BGB] in Betracht. Die Parallelität zum Vermögensausgleich unter sich trennenden Ehegatten ist also nun hergestellt.)

VI. Zurück zur dürren Subsumtion?

Die Beispiele von normativ verwendeten Wirklichkeitsvorstellungen ließen sich im Familienrecht leicht vermehren, besonders das Kindschaftsrecht gäbe hier noch viel Stoff her. Ich wollte zeigen, dass die Rechtsprechung im Familienrecht nicht ohne bildhafte Vorstellung von den Lebensverhältnissen auskommt, in die ihre Entscheidungen eingreifen. Man könnte sagen: Nicht nur der Gesetzgebung, sondern auch der Rechtsprechung liegen Familienbilder zugrunde. Der Gesetzgeber kann dies offener ausweisen als die Gerichte, die ihre Judikate primär als Gesetzesvollzug darstellen und sich somit veranlasst sehen, jenseits der Gesetze liegende Wertvorstellungen mit Hilfe methodischer Operationen in den gesetzlichen Normzusammenhang einzubringen.

Die von den Gerichten entwickelten und normativ genutzten Wirklichkeitsvorstellungen sind ebenso angreifbar und veränderlich wie die des Gesetzgebers, sie sind zeitbedingt und – zumal in einer pluralistischen Gesellschaft – von nur begrenzter Überzeugungskraft. Ihr Alterungsprozess beschleunigt sich mit dem rasanten Tempo der zivilisatorischen Umwälzungen und gesellschaftlichen Stimmungsschwankungen. Unsere Zeit lebt zudem mit vielen Widersprüchen. Kaum ist die Vorstellung von der „schutzbedürftigen Frau" verabschiedet, so lebt in der Rechtsprechung zur Sittenwidrigkeit von Angehörigenbürgschaften[44] eben dieses Bild – und damit die Erinnerung an das alte römische Interzessionsverbot für Ehefrauen[45] – wieder auf. Das Ausbildungsverhalten der Jugendlichen befindet sich durch Wandel der Arbeitsplatz-

44 BGH FamRZ 1998, 85; BGH FamRZ 1997, 481 (nichteheliche Lebensgemeinschaft); BGH FamRZ 1997, 478; BGH FamRZ 1997, 153; BGH FamRZ 1996, 927; BGH FamRZ 1996, 661; BGH FamRZ 1996, 277; BGH FamRZ 1995, BGH, FamRZ 1994, 813; BGHZ 125, 206 = FamRZ 1994, 688.

45 Dazu *Medicus,* Zur Geschichte des Senatus Consultum Velleianum, 1957; aus der gemeinrechtlichen Literatur vor allem *Röslin,* Abhandlung von den besonderen weiblichen Freiheiten, 2 Bde, 1775, 1779.

situation und der öffentlichen Förderungspolitik im ständigen Fluß. Die geplante Einführung einer „eingetragenen Partnerschaft" für homosexuelle, vielleicht auch heterosexuelle Paare wird die Rechtsprobleme nichtehelicher Gemeinschaften in neuem Licht erscheinen lassen. Im Kindschaftsrecht jagen sich ohnehin die Konzepte.

Im Hinblick auf die Verfallbarkeit der Realitäten und der davon gemachten Bilder befindet sich die Rechtsprechung in einer sehr viel schwierigeren Lage als die Legislative. Der Gesetzgeber kann ein Gesetz, das misslungen ist, sich überlebt hat oder nicht mehr in die politische Landschaft passt, einfach ändern und den „Perspektivenwechsel" offen thematisieren. Die Gerichte tun sich bei gleichbleibender Gesetzeslage schwerer, da die von ihnen entwickelten Wirklichkeitsvorstellungen zugleich als Auslegung geltenden Rechts formuliert sind. Deshalb ist es für die Judikatur eine Sache der Klugheit, ob und wie weit sie sich auf das schwierige Geschäft der Interpretation der Wirklichkeit einlässt. Sie wird es nicht ohne kontrollierte Zurückhaltung tun.

Vermeiden kann sie es freilich nicht, jedenfalls nicht im Familienrecht. Das Sich-Einlassen auf „die Sache" und somit auf eine bestimmte Sicht der Wirklichkeit ist Stärke und Schwäche zugleich. Die Stärke liegt in der Offenlegung der über bloße Subsumtion hinaus gegebenen Grundlagen der Entscheidung, die in einer demokratischen Gesellschaft den Diskurs herausfordert. Als Schwäche könnte man den Umstand ansehen, dass die Wirklichkeitsvorstellungen rasch veralten und daher auch Gerichtsentscheidungen, die sich ihrer bedienen, recht schnell „alt aussehen" mögen. Doch darf man von den Gerichten keine „ewigen Erkenntnisse" erwarten, auch die Gerichte selbst sollten diesen Anspruch nicht an sich stellen. Gerade ihre Zeitbedingtheit gibt den Judikaten den rechtshistorischen Rang.

Veröffentlicht in: Claus-Wilhelm Canaris et al., 50 Jahre Bundesgerichtshof. Festgabe aus der Wissenschaft, Verlag C. H. Beck, München 2000, Bd. 1, S. 921–944.

Nachtrag: Die Verfallbarkeit der Realitäten und der darauf bezogenen Vorstellungen der Gerichte werden in der Rückschau im Jahre 2020 besonders bei den unter IV. und V. behandelten Rechtsfragen deutlich. Seit Abfassung des Beitrags hat sich viel verändert, auch in der Einschätzung des Bundesgerichtshofs selbst.

Zu IV.: Die genannten Begründungsschwierigkeiten bei der Anwendung der Härteklausel in den Konkubinatsfällen haben den Gesetzgeber in der Unterhaltsrechtsreform von 2007 veranlasst, die Härteklausel des § 1579 erneut zu ändern und die Problematik explizit in einer neuen Nr. 2 zu regeln (Gesetz zur Änderung des Unterhaltsrechts vom 21.12.2007, BGBl. I S. 3189). Danach kann der nacheheliche Unterhalt einem Partner wegen grober Unbilligkeit gemindert oder versagt werden, wenn er „in einer verfestigten Lebensgemeinschaft lebt". Darin liegt eine gewisse Legalisierung der oben geschilderten Rechtsprechung, deren Grundsätze im Großen und Ganzen fortgeführt werden. Doch unterscheidet das Gesetz die verschiedenen oben beschriebenen Konstellationen nicht mehr, sondern kennt nur noch den Tatbestand der „verfestigten Lebensgemeinschaft". Für die Begründung bleibt es bei der gedanklichen Analogie Ehe – verfestigte Paarbeziehung, die nun ausnahmslos trifft, seit die Möglichkeit der Eheschließung auch für gleichgeschlechtliche Paare eröffnet ist (Gesetz vom 20.7.2017. BGBl. I S. 2787). Die Orientierung am Vorbild der Ehe zeigt sich auch darin, dass nun die wirtschaftliche Lage des neuen Partners – wie bei einer Wiederheirat – keinerlei Rolle mehr spielen soll (BGH FamRZ 2011, 1854 Rn. 20). Die gesetzliche Regelung hat für die Gerichte den großen Vorteil, dass sie insoweit ihre komplexen Wirklichkeitsvorstellungen nicht mehr ausfalten müssen, sondern ohne Umschweife mit dem nun gesetzlichen Begriff „verfestigte Lebensgemeinschaft" operieren können. Dabei bleibt nicht aus, dass die Vorstellungen, welche die frühere Rechtsprechung genährt hatten, nun als Interpretationselemente des neuen Gesetzes wiederkehren.

Zu V.: Dass die geschilderte Diskrepanz zwischen „Liebe" und „Recht" schwerlich haltbar ist, hat der Familiensenat des Bundesgerichtshofes im weiteren Verlaufe der Zeit nach Veröffentlichung meines Beitrags erkannt. Nach der Entscheidung des 12. Zivilsenats vom 9.7.2008 (BGHZ 177, 193) können bei gemeinschaftsbezogenen Zuwendungen unter den Partnern einer nichtehelichen Lebensgemeinschaft nach deren Beendigung nicht nur gesellschaftsrechtliche Ausgleichsansprüche, sondern – wie bei Ehegatten – auch Ausgleichsansprüche wegen Wegfalls der Geschäftsgrundlage und überdies der Bereicherungsanspruch wegen Zweckverfehlung (§ 812 Abs. 1 S. 2, 2. Alt BGB) zum Zuge kommen. Damit ist im Vermögensausgleich eine Parallelität zwischen in Gütertrennung lebenden Ehegatten und nichtehelich zusammenlebenden Partnern hergestellt, die konsequenterweise Rückwirkungen auf den Ehebegriff selbst haben müsste.

Fragen zwischen Sozial- und Rechtswissenschaften bei familienbezogener Forschung – aus rechtswissenschaftlicher Sicht

I. Zur Begegnung der Disziplinen

Ersten Anlass zur Beschäftigung mit dem Thema gab mir ein Symposium, das im November 2010 in Bamberg stattfand[1] und mich auch noch nachträglich begeistert. Knapp zwanzig Wissenschaftlerinnen und Wissenschaftler aus der Soziologie, Psychologie und der Jurisprudenz kamen für drei Tage zusammen, um das Phänomen der „Pluralisierung von Elternschaft und Kindschaft" in den wissenschaftlichen Blick zu nehmen. Der sehr fruchtbare Gedankenaustausch offenbarte auch gewisse Probleme, welche die beteiligten Wissenschaften mit der gegenseitigen Verständigung haben können. Ich habe damals einige Gedanken dazu niedergelegt,[2] die ich heute weiterverfolgen will.

Die Forderung nach einer Zusammenarbeit von Sozialwissenschaften auf der einen, Rechtswissenschaft und Rechtspolitik auf der anderen Seite ist alt und wohl begründet. *Vom Recht aus gesehen* lässt sich die Situation wie folgt beschreiben. Rechtliche Normen haben den Sinn, das Verhalten der Menschen zu leiten mit dem Ziel, Gerechtigkeit unter ihnen zu schaffen und gleichzeitig für die gesamte Gesellschaft ein funktionierendes Regelwerk zur Verfügung zu stellen. Das Recht zielt auf Realisierung, nicht nur im Einzelfall bei Gericht, sondern als eine die Gesellschaft leitende Regel. Weil das so ist, machen sich die rechtspolitischen Akteure (Gesetzgebung, Rechtsprechung, Wissenschaft) notwendigerweise ein *Bild von der gesellschaftlichen Realität*.

Nun gibt es Wissenschaften, die den mit dem Recht befassten Professionen helfen können, sich ein zutreffendes Bild von der Wirklichkeit zu machen, das sind im Bereich der Familie vor allem die Soziologie und die Psychologie. So liegt es nahe, dass Rechtspolitik und Rechtswissenschaft die Erkenntnisse dieser Wissenschaften für ihre Realitätswahrnehmung zu Rate ziehen.

Die *Sozialwissenschaften ihrerseits* – ich beschränke mich im Folgenden auf die Soziologie – nehmen das reale Verhalten der Menschen und ihrer Gruppen in den Blick, deuten es, stellen es in einen theoretischen Rahmen; sie wissen dabei, dass dieses Verhalten auch durch Rechtsregeln und Rechtsvorstellungen beeinflusst wird. Für die Soziologie ergibt sich dann die Frage, welche Rolle der „rechtliche Hintergrund" in ihren Analysen spielen kann.

Dabei ist es offenbar nicht so, dass das Recht unmittelbar die Realität bestimmt: Obwohl der Diebstahl verboten ist, wird massenhaft gestohlen. Der „Ist-Zustand" einer Gesellschaft entspricht nie dem rechtlichen „Soll-Zustand". Doch bedeutet das möglicherweise nicht die Wirkungslosigkeit des Rechts. Man könnte die Hypothese bilden: Die Rechtsordnung bildet eine latente Größe, die keineswegs die Realität widerspiegelt, ohne welche aber die Realität nicht so wäre, wie sie ist. In diesem – eingeschränkten – Sinne könnte man das Recht als Teil der Realität selbst („Wirklichkeit" im Schopenhauer'schen Sinne) begreifen.

---

1 Publikation: *D. Schwab/L. A. Vaskovics* (Hrsg.), Pluralisierung von Elternschaft und Kindschaft. Familienrecht, -soziologie und -psychologie im Dialog. Sonderheft Zeitschrift für Familienforschung, 2011.

2 Wie Fn. 1, S. 317–324.

So gesehen müssten sich Sozial- und Rechtswissenschaften eigentlich täglich begegnen. Dass das nicht so häufig ist, wie es sein könnte, mag unter anderem auch mit Problemen zusammenhängen, die einerseits das Recht bei der Vorstellung von gesellschaftlicher Wirklichkeit, andererseits die Soziologie beim Umgang mit dem Recht hat.

- Die *Juristen* denken in den Bahnen ihres Regelsystems. Auch wenn sie sich klarmachen, dass die Normen zunächst einmal bloße Abstrakta sind, kommen sie von ihrer Rechtsbegrifflichkeit schwer los. Die Rechtsbegriffe wirken wie eine Brille, die das Sichtfeld begrenzt.
- Die *Soziologen* haben mit der Schwierigkeit zu kämpfen, dass sie einerseits den rechtlichen Kontext der gesellschaftlichen Vorgänge zur Kenntnis nehmen, andererseits natürlich wissen, dass das nicht die Realität ist. Die Folge ist – nach meiner subjektiven Wahrnehmung – ein ambivalentes Verhältnis der Sozialwissenschaften zum Recht. Der „rechtliche Hintergrund" wird *möglichst am Rande belassen*, allerdings, wie wir sehen werden, nicht immer.

Sind Soziologen und Juristen in bestimmtem Grade Gefangene ihres professionellen Blicks, so trennt sie zudem die Terminologie. Es ist nicht nur so, dass dieselben Termini Unterschiedliches bedeuten können („Kind"), sondern dass vielfach Begriffe verwendet werden, die in der jeweils anderen Fachsprache kein Pendant haben, also zwischen den Wissenschaften nicht übersetzbar sind, so die noch zu besprechende „sozial-familiäre Beziehung" auf der juristischen, die „soziale Elternschaft" auf der soziologischen Seite.

Ich möchte die Probleme anhand einiger Sachthemen kurz beleuchten, natürlich aus dem juristischen Blick – einen anderen habe ich nicht zu bieten.

II. Ehe und nichteheliche Lebensgemeinschaft

Zunächst zum Thema „Ehe und nichteheliches Zusammenleben". Hier stehen im Mittelpunkt der sozialwissenschaftlichen Beschreibungen und Deutungen vor allem der Rückgang der Eheschließungen, die Zunahme der Scheidungsraten, die Vermehrung von nichtehelichen Lebensgemeinschaften und die Zunahme der Single-Haushalte.

Man schließt aus diesen Beobachtungen, dass die gesellschaftliche Bedeutung der Ehe rückläufig ist und sucht dafür Erklärungen, die zwischen Tendenzbeschreibung und Ursachenverknüpfung angesiedelt sind. Es ist die Rede von „Individualisierung"[3], „De-Institutionalisierung"[4], „Pluralisierung und Differenzierung"[5], von der „Entkoppelung von Liebe und Ehe", von Entkoppelung von „Ehe und Elternschaft",[6] von „Wertewandel von Pflicht- und Akzeptanzwertorientierungen zu Selbstwertorientierungen"[7], von Steigerung der psychischen und emotionalen Anforderungen an die Ehe[8]. Außerdem werden äußere Faktoren namhaft gemacht, vor

---

3 *U. Beck/E. Beck-Gernsheim*, Das ganz normale Chaos der Liebe, Frankfurt a.M. 1990, 11 f.; dazu *F.-X. Kaufmann*, Zukunft der Familie im vereinten Deutschland. Gesellschaftliche und politische Bedingungen, München 1995, S. 102; *L. A. Vaskovics/M. Rupp/B. Hofmann*, Lebensläufe in der Moderne. Nichteheliche Lebensgemeinschaften. Eine soziologische Längsschnittstudie, Opladen 1997, S. 32; *G. Burkart*, Familiensoziologie, Konstanz 2008, S. 237 (zentrales Merkmal); kritisch; *P. B. Hill/J. Kopp*, Familiensoziologie. Grundlagen und theoretische Perspektiven, 5. Aufl. Wiesbaden 2013, S. 144 ff., 261 ff.

4 *Kaufmann* (wie Fn. 3), S. 165.

5 *M. Rupp*, Die nichteheliche Lebensgemeinschaft als Bindungsphase. Paarkonstellationen und Bindungsprozesse, Hamburg 1999, S. 43. Kritisch zur Pluralisierungsthese *Hill/Kopp* (Fn. 3), S. 255; *Burkart* (Fn. 3), S. 34.

6 *Kaufmann* (Fn. 3), S. 98 f.

7 *R. Nave-Herz*, Familie heute. Wandel der Familienstrukturen und Folgen für die Erziehung, 5. Aufl. 2012, S. 123; *Rupp* (Fn. 5), S. 46 (Veränderungen des Wertesystems).

8 *R. Nave-Herz et al.*, Scheidungsursachen im Wandel. Eine zeitgeschichtliche Analyse des Anstiegs der Ehescheidungen in der Bundesrepublik Deutschland, Bielefeld 1990, S. 138; *F.-X. Kaufmann* (wie Fn. 3), S. 119; *Hill/Kopp* (wie Fn. 3), 47.

allem die gestiegene Erwerbstätigkeit und ökonomische Unabhängigkeit der Frau,[9] der „Wegfall ökonomischer und sozialer Zwänge, die Optionserweiterung als Grundzug der Veränderung der Lebensbedingungen in den letzten Jahrzehnten“[10] und anderes mehr.

Aus juristischer Sicht fällt auf, dass bei diesen Einschätzungen *einerseits* der staatlich-rechtliche Begriff der Ehe zugrunde gelegt, *andererseits* aber bei der Ursachenforschung der rechtliche Hintergrund möglichst ausgeblendet wird.

Zum ersten: Die Heirats- und Scheidungsstatistiken und ihre Erklärungen beziehen sich auf die Ehe des Bürgerlichen Gesetzbuches, eine Ehe, deren Begründung staatlich registriert und die mit vielfältigen Rechtswirkungen ausgestattet wird. Es geht um die „standesamtliche“, die „bürgerliche Ehe“.

Nun ist dieser Ehebegriff – historisch gesehen – keineswegs allgemeingültig, im Gegenteil eine relativ neue Erscheinung, letztlich eine Übernahme aus dem kirchlichen Eherecht der frühen Neuzeit: Der das Paar trauende Priester ist durch den Standesbeamten ersetzt.

Das erleichtert die Verständigung mit den Juristen, wir haben da keine terminologischen Probleme. Die Folge ist freilich, dass die soziologische Deutung der festgestellten Fakten dann auch nur für diesen Ehetyp („staatlich registrierte Ehe“) relevant ist. Es fällt einiges heraus, zum Beispiel alle Ehen, die nur kirchlich, aber nicht mit staatlicher Wirkung geschlossen sind (das gibt es im Ausland schon lange, bei uns seit 2009). Vor allem aber bleiben diejenigen auf Dauer angelegten Geschlechtsverbindungen unberücksichtigt, die *nicht standesamtlich registriert* sind und die man dann mit einer Negation als „nichteheliche Gemeinschaften“ (neutraler: „Kohabitation“) mit der Ehe kontrastiert. Diese Unterscheidung ist offenbar *nicht aus der sozialen Realität* der Partnerschaften selbst abgeleitet, sondern aus *dem Recht* übernommen – im tatsächlichen Leben kann man „Ehen“ und „nichteheliche Gemeinschaften“ praktisch oft nicht unterscheiden.

Die Aussagen über den Rückgang der Bedeutung von Ehe, die aus Standesamtsstatisten herausgelesen wird, bezieht sich also auf einen rechtsbegrifflich eingeschränkten Tatbestand. Sie werden in dem Augenblick relativiert, in dem man auf ein transtemporales oder auch transnationales Eheverständnis Bezug nimmt – es gibt ja noch immer Staaten, in denen man „ohne Staat“ heiraten und auch sich „ohne Staat“ scheiden kann. So gesehen signalisiert der Rückgang der standesamtlichen Heiratszahlen in Deutschland zunächst nur eine abnehmende Bereitschaft, sich unter das Regime des vom Staat angebotenen rechtlichen Ehemodells zu stellen, vielleicht aber nicht unbedingt die Ablehnung der Ehe (des ehelichen Lebens) in einem substantiellen Sinn. Meinungsbefragungen zeigen, dass die Ehe nur selten abgelehnt wird, man entscheidet sich aber immer seltener dafür.

Ob darin eine „De-Institutionalisierung“, „Individualisierung“ usw. zum Ausdruck kommt, hängt davon ab, wie sich „Ehe“ und „nichteheliche Lebensgemeinschaft“ in ihrer sozialen und psychologischen Realität eigentlich unterscheiden. Die These von der „De-Institutionalisierung“ greift dann, wenn man den soziologischen Institutionenbegriff an die rechtliche Struktur anbindet, aber schon nicht mehr, wenn man „dauerhafte Paarbeziehung“ als solche den sozialen Institutionen zurechnet.[11]

Zu nichtehelichen Gemeinschaften in Deutschland liegt eine Reihe von aufschlussreichen Untersuchungen vor. Dabei wird der unterschiedliche rechtliche Rahmen gegenüber der Ehe angesprochen, zum Teil auch kritisiert.[12] Aus rechtspolitischer Sicht ergibt sich folgendes

9 Dazu unter anderem: *Kaufmann* (wie Fn. 3), S. 103 ff.

10 *Kaufmann* (wie Fn. 3), S. 121.

11 *Burkart* (wie Fn. 3), S. 171 („das konjugale Paar“). Die Zweierbeziehungen sind auch Gegenstand übergreifender Untersuchungen vgl. *K. Lenz*, Soziologie der Zweierbeziehung, Opladen 1998.

12 *Vaskovics/Rupp/Hofmann* (wie Fn. 3), S. 25.

Grundproblem: Das staatliche Eherecht bietet den Paaren – inzwischen auch den homosexuellen – eine rechtliche Struktur für ihre Beziehung an mit erzwingbaren Solidarpflichten auch für den Fall von Trennung und Scheidung, zudem aber mit sehr attraktiven, begünstigenden Rechtswirkungen (gesetzliches Erbrecht, extrem günstiger Satz bei der Erbschaftssteuer, Hinterbliebenenrente, Vorteile bei der Einkommensteuer usw.). Unser ganzes Rechtssystem ist durchzogen von Besonderheiten, die nur für Ehegatten und eingetragene Lebenspartner gelten. Wodurch ist das gerechtfertigt?

Allein durch den Umstand, dass die Ehe behördlich registriert und damit zuverlässig feststellbar ist, die Existenz anderer Gemeinschaften hingegen nicht? Oder setzen die enormen Unterschiede in der rechtlichen Behandlung auch eine *substantielle Differenz* zwischen den Erscheinungsformen der Paarbeziehung voraus? Und worin könnte sie liegen? Ergeben sie sich aus Unterschieden in Dauer[13] oder Intensität?[14] Wenn der Rückgang der Heiratsziffern mit den gestiegenen emotionalen Anforderungen erklärt wird – sind also die emotionalen Anforderungen für Kohabitanten geringer? Entlastet die Ehe als rechtsverbindliche Solidargemeinschaft die Gesellschaft mehr als das nichteheliche Zusammenleben? Wie entwickeln sich die Solidarbeziehungen nach einer Trennung? Liegt der Unterschied auch darin, dass die nichteheliche Lebensgemeinschaft begrifflich eine sehr viel variablere Lebenswirklichkeit abdeckt als die Ehe?

Ferner: Welchen Einfluss haben die Rechtsvorstellungen der Beteiligten bei der Entscheidung für Ehe oder eheloses Zusammenleben? Wollen beide oder einer von ihnen nicht heiraten, weil sie das rechtliche Paket ablehnen? Oder einen Teil dieses Pakets? (Das wäre relevant für die Frage, ob wir wie Frankreich eine Art Miniehe – Solidaritätspakt – einführen sollten). Oder sind umgekehrt die rechtlichen Effekte ein tragendes Motiv für den Heiratsentschluss? Inwieweit haben die Paare überhaupt rechtliche Vorstellungen über ihre Art des Zusammenlebens?

Letztlich läuft das auf die Frage hinaus: Welche Rolle spielen Recht und Rechtsvorstellungen in der soziologischen Analyse von gesellschaftlichen Entwicklungen? Ist es zureichend, das Recht als „Randbedingung" zu sehen?[15] Bildet das Recht nur die Begleitmusik oder einen eigenen Faktor, der soziale Bewegungen beschleunigen, behindern, vielleicht auch auslösen kann?

Der Vergleich Ehe – Kohabitation wird dadurch komplizierter, dass man die bürgerliche Ehe durch Verträge entsolidarisieren (Ausschluss von Vermögens- und Scheidungsfolgen), andererseits das nichteheliche Zusammenleben durch Verträge verrechtlichen kann. Dafür gibt es eine notarielle Praxis ebenso wie Vertragsmuster auf dem Markt. Die Differenz zwischen Ehe und eheloser Gemeinschaft kann also von beiden Seiten her eingeebnet werden, in welchem Ausmaß die in der Praxis geschieht, wäre zu eruieren.

III. Ehescheidung

Auch die Scheidungsforschung ist zumindest überwiegend auf die Ehescheidung im juristischen Sinne konzentriert – also: Auflösung der bürgerlichen Ehe durch Richterspruch.

Das bedeutet: Bei der Erklärung der „Ehescheidung und ihrer Ursachen" bleiben gewöhnlich die *faktischen Trennungen von Ehegatten* unberücksichtigt. Allerdings kann die Trennung eine Alternative zur Scheidung sein – man denke an das katholische Ehepaar, das sich aus reli-

13 Die Stabilität von nichtehelichen Partnerschaften wird bei *Kaufmann* (wie Fn. 3), S. 108 hoch eingeschätzt, andere betonen die geringere Stabilität von nichtehelichen Gemeinschaften, so *D. Lois*, Lebensstile und Entwicklungspfade nichtehelicher Lebensgemeinschaften – eine empirische Analyse mit dem sozioökonomischen Panel, Wiesbaden 2009, S. 230.

14 Ein Vergleich Ehe – nichteheliche Lebensgemeinschaft findet sich in der Untersuchung von *Lois* (wie Fn. 13), S. 107 f.

15 „Individuelle Randbedingungen hinsichtlich juristischer Barrieren" bei *Hill/Kopp* (wie Fn. 3), S. 229.

giösen Gründen nicht scheidet, wohl aber trennt. Bei Interpretation der Entwicklung der Scheidungsraten müsste in Anschlag kommen, dass nach dem früheren Eherecht zahlreiche Ehen gar nicht geschieden werden *konnten*, auch wenn ein Partner oder beide dies wollten. Der Ausweg war das permanente Getrenntleben, das in den Scheidungsstatistiken nicht erscheint.[16]

Auf der anderen Seite wird bei der Erforschung *der Ursachen* für die seit 1979/80 in Deutschland zweifellos stark angestiegenen Scheidungszahlen der rechtliche Rahmen eher beiläufig berücksichtigt. Das ist insofern logisch, als die rechtliche Möglichkeit, sich scheiden lassen, nicht das eigentliche Motiv für Scheidungsentschlüsse bildet. Man scheidet sich nicht allein deshalb, weil es juristisch möglich ist. Doch kann man fragen, ob – im Rahmen der Deutung der Scheidungsursachen – nicht auch das jeweils geltende Recht selbst einen Faktor ausmacht.

Seit 1900 galten in Deutschland – im groben Überblick – drei Scheidungsrechte:

- Scheidung nach Verschuldensprinzip nach dem BGB von 1900;
- Scheidung nach Verschuldensprinzip plus eingeschränkter Zerrüttungsscheidung nach dem Ehegesetz von 1938;
- reine Zerrüttungsscheidung ab 1. Juli 1977 – mit der praktisch sicheren Möglichkeit, eine Ehe sogar einseitig auflösen zu lassen. Die Hindernisse, die das neue Recht der Scheidung entgegensetzt, schieben die Scheidung allenfalls hinaus.

Betrachtet man die Scheidungsraten (also Scheidungszahlen im Verhältnis zur Zahl der Eheschließungen) auf dem Hintergrund dieser Scheidungsrechte, so ergibt sich für die Phase des ersten Scheidungsrechts (Verschuldensscheidung) eine Rate von unter 10 %, für die Phase des zweiten Scheidungsrechts (Verschulden + Zerrüttung) eine Rate zwischen 10 und 20 %, für die Phase des dritten Scheidungsrechts (reine Zerrüttung) von 40 bis 50 %.[17]

Dabei habe ich die Kriegszeiten ausgeblendet, ebenso die Tatsache, dass die Scheidungszahlen kurz vor der Reform von 1977 außergewöhnlich nach oben schnellten, in der ersten Jahren nach der Reform zunächst nach unten sackten. Nach einer gewissen Anlaufzeit in den ersten Jahren nach der Reform betrug die Scheidungsrate 1980 bereits 28,4 %, erreichte ihren bisherigen Kulminationspunkt 2003 mit 55,8 % und bewegt sich seitdem leicht rückläufig zwischen 40 und 50 % (2012: 46,27).[18] Also: Drei Scheidungsrechte, drei extrem unterschiedliche Scheidungsquoten.

Auch das starke Ansteigen der Scheidungszahlen in den Jahren vor der Reform 1977 (z.B. Scheidungsrate im Jahre 1976 = 29,9 %) lässt sich in einen Bezug zu den Rechtstatsachen bringen. Die Scheidungsrechtsreform war in den Jahren vor ihrem Inkrafttreten in der Öffentlichkeit stark diskutiert worden, je näher sie rückte, desto mehr versuchten Partner einer unglücklichen Ehe, noch schnell das alte Scheidungsrecht zu nutzen, um nicht den Scheidungsfolgen des neuen ausgesetzt zu sein (Unterhaltspflicht ohne Rücksicht auf Verschulden, Rententeilung), die Anwälte wurden mit Scheidungswünschen überrannt. Und ebenso ist erklärbar, dass in den ersten beiden Jahren nach der Reform 1977 die Scheidungsraten erst einmal absackten – vieles, was zu scheiden war, war eben noch schnell nach altem Recht erledigt worden, das neue Recht war noch unerprobt und in seinen Konsequenzen unsicher.[19]

---

16 Zutreffend *R. Nave-Herz et al.*, Scheidungsursachen im Wandel. Eine zeitgeschichtliche Analyse des Anstiegs der Ehescheidungen in der Bundesrepublik Deutschland, Bielefeld 1990, S. 46.

17 Entsprechenden Proportionen ergeben sich auch, wenn man die Zahl der gerichtlichen Ehelösungen mit der Zahl der bestehenden Ehen oder mit der Zahl der Einwohner in Verhältnis setzt, vgl. die Tabelle bei *Nave/Herz et al.* (Fn. 16), S. 13 f.

18 Diese auf- und abgerundeten Werte sind errechnet nach den Angaben über Eheschließungen und Ehescheidungen des Statistischen Jahrbuches für das Deutsche Reich und des Statistischen Bundesamts.

19 Unzureichend ist die bei *Kaufmann* (wie Fn. 3), S. 118 referierte Auffassung, der scharfe Einschnitt der Scheidungshäufigkeit in den Jahren 1978/79 sei auf die Verlängerung des Scheidungsverfahrens zurückzuführen.

Nun sind die Scheidungsquoten ein sehr grobes Raster. Es soll nicht gesagt sein, dass die Entwicklung der Scheidungsraten einfach nur ein Effekt der jeweiligen Scheidungsrechte ist; das verbietet sich schon im Hinblick darauf, dass der Rückgang der Eheschließungen sich auf die Scheidungsquote auswirkt. Die dauerhafte Zuordnung extrem unterschiedlicher Scheidungsquoten zu den Zeiten unterschiedlicher Scheidungsrechte frappiert aber doch. Die Frage aber ist, ob die vielfältigen Erklärungen für die Ursachen zu relativieren sind, wenn man das Recht als Einflussfaktor in Betracht zieht.

Nun kann man sagen: Das Recht kommt nicht vom Himmel, sondern aus den Köpfen von Abgeordneten und Ministerialbeamten, die ihrerseits unter dem Einfluss der öffentlichen Meinung stehen. Auch wenn das Recht ein Einflussfaktor ist, gehört es eben zur gesellschaftlichen Entwicklung im Ganzen. Der Vorgang, den wir als „De-Institutionalisierung", „Individualisierung" etc. deuten, findet dann zuerst im gesellschaftlichen Bewusstsein der rechtspolitischen Führungsschichten statt, das sich dann à la longue in Gesetzen niederschlägt und so wiederum das praktische Handeln der Menschen beeinflusst.

Diese Zusammenhänge – wenn man sie so nimmt – würden aber nicht hindern, der Entwicklung von Recht und Rechtsvorstellung ein eigenes Gewicht in der Deutung der gesellschaftlichen Entwicklungen zuzumessen. Es sind ja oft auch nur Zufälle, die das Zustandekommen eines Gesetzes ermöglichen oder verhindern und nicht immer trifft die Gesetzgebung auch die tatsächliche gesellschaftliche Situation. Wenn das Recht – als bewusste, gezielte Normsetzung – ein mitbestimmender Faktor ist, dann wird die Vorstellung von einer durch autonome Verhaltensänderungen (psychologische Trends etc.) *allein* erklärbaren gesellschaftlichen Entwicklung zweifelhaft. Gesellschaftliche Entwicklung fließt dann nicht einfach dahin, sondern wird zu einem gewissen Anteil „gemacht".

Der Austausch des Rechts kann sogar auch Zweifel daran wecken, ob die „Scheidung des Jahres 1900" das Gleiche ist wie die „Scheidung im Jahre 2014", zumal wenn man das völlig veränderte Scheidungsfolgenrecht hinzunimmt. *Kaufmann* vermutet eine kulturelle Umdeutung der Ehescheidung.[20] Natürlich ändert das nichts an der Rechtsnatur der Scheidung als Auflösung des rechtlichen Ehebandes, aber möglicherweise hat die Scheidung Funktionen übernommen, die vorher durch Trennung geleistet wurden.

IV. Kinder und Eltern

Die Frage der Bedeutung des Rechts für die Interpretation gesellschaftlicher Entwicklungen scheint besonders aktuell, wenn es um das Verhältnis von Kindern und Eltern geht. Elternschaft und Kindschaft sind in verschiedener Hinsicht vom Recht festgelegt, angefangen bei der Zurechnung von Elternschaft bis hin zur Zuordnung des Sorgerechts oder von begrenzten Rechtspositionen wie Umgang, Auskunftsrechten oder Unterhaltsverpflichtungen.

Offenkundig gehen diese rechtlichen Zuschreibungen in soziologische Erhebungen und Analysen *nur partiell* ein. Hauptsächlich finden wir eine soziologische Terminologie vor, die mit der juristischen geradezu kontrastiert[21] (also anders als bei Ehe und Ehescheidung). Die Untersuchungen zur Kindschaft orientieren ihre Unterscheidungen meist daran, bei wem das Kind alltäglich lebt, in wessen Haushalt es sich befindet. Daran knüpft die Differenzierung zwischen „Elternfamilie" und „Ein-Eltern"-Familie bzw. „Mutterfamilie" und „Vaterfamilie" an.[22] Die „Ein-Eltern-Familie" wird auch mit dem Terminus „alleinerziehender Elternteil"

20 *Kaufmann* (wie Fn. 3), S. 119.

21 Grundlegend *L. A. Vaskovics*, Segmentierung und Multiplikation von Elternschaft. Konzept zur Analyse zu Elternschafts- und Elternkonstellationen, in: *Schwab/Vaskovics* (wie Fn. 1), S. 11, 13, 17.

22 Diese Begriffe z.B. bei *Nave-Herz* (wie Fn. 7), S. 95 ff.

verbunden. Dieser erfreut sich einer besonderen Aufmerksamkeit der Forschung (Häufigkeit des Vorkommens, Ursachen der Ein-Elternschaft, Befindlichkeit der Kinder, Lebensprobleme der Eltern).

Der Begriff „alleinerziehend" wird allerdings unterschiedlich gesetzt:

- Einige Autoren meinen die Konstellation, dass nur ein Elternteil - Mutter oder Vater - mit den Kindern zusammenlebt und die alltägliche Erziehungsverantwortung allein wahrnimmt.[23] Diese Definition schließt die Fälle ein, in denen im Haushalt außerdem noch ein weiterer Erwachsener vorhanden ist, z.B. der neue Partner der kindesbetreuenden Mutter. Nach dieser Terminologie ist beispielsweise die Mutter, die nach der Scheidung mit den Kindern zu ihrem Freund gezogen ist, „alleinerziehend". Von nebensächlicher Bedeutung - so wird gesagt -[24] sei die Sorgerechtsregelung.
- Andere Darstellungen wie neuerdings auch das Statistisches Bundesamt beschränken den Begriff „alleinerziehend" auf die Fälle, in denen der betreuende Elternteil *als alleiniger Erwachsener* mit Kind in einem Haushalt lebt[25] (volljährige Geschwister des Kindes werden hier nicht als Erwachsene gerechnet). Die Stieffamilie (neuer Ehepartner im Haushalt) oder Quasi-Stieffamilie (neuer Lebensgefährte im Haushalt) lässt die Einordnung unter die „Alleinerziehenden" entfallen. Dabei scheint die Vorstellung maßgeblich, dass das ständige Zusammenleben eines neuen Lebenspartners mit einem Elternteil und dessen Kind in aller Regel *faktisch* zu einer Übernahme der Elternrolle - zur Miterziehung - führt.

Diese doppelte Bedeutung des soziologischen Begriffs „alleinerziehend" kann zu Unklarheiten führen (manchmal wird auch von „alleinerziehend" im engeren und im weiteren Sinne unterschieden).[26]

So oder so entspricht die Terminologie nicht den Rechtsbegriffen. „Erziehung" im Rechtssinn ist keineswegs identisch mit dem Leben im selben Haushalt. Die Termini „Pflege und Erziehung" umschreiben das umfassende, rechtlich eingerichtete Sorgerechtsverhältnis zwischen Kind und Eltern oder zwischen Kind und Personen, die an die Stelle der Eltern getreten sind. Zwar verwirklicht sich die Elternsorge meist auch im häuslichen Zusammenleben mit ihm, aber *nicht nur* und *nicht notwendigerweise*. Die *gemeinsame Pflege und Erziehung* des Kindes ist das rechtliche Ideal auch für den Fall, dass die Eltern sich trennen oder scheiden, das Kind aber alltäglich in der Obhut nur eines Teils lebt; juristisch gesehen bleibt der andere „miterziehend".

Dem soziologischen Tatbestand „alleinerziehend" - sei es im engeren wie im weiteren Sinne - können *ganz unterschiedliche Rechtslagen* zugrunde liegen. Man kann sogar ein Kind faktisch allein betreuen („allein erziehen" im soziologischen Sinne), ohne Inhaber der elterlichen Sorge zu sein. So ist es z.B. bei Pflegeeltern, denen vom Gesetz nur sehr beschränkte Sorgebefugnisse eingeräumt werden, während das Sorgerecht selbst bei den Eltern bleibt. Umgekehrt kann man

23 *Nave-Herz* (wie Fn. 7), S. 95 - „jene Familien, in denen ein Elternteil (Mutter oder Vater) die alltägliche Erziehungsverantwortung für ein Kind (bzw. für mehrere) besitzt, mit dem es in einer Haushaltsgemeinschaft wohnt." Letztlich unklar *F. Nestmann/S. Stieler,* Wie allein sind Alleinerziehende? Soziale Beziehungen alleinerziehender Frauen und Männer in Ost und West, Opladen 1998, S. 12 (Einelternfamilie als „Haushaltsgemeinschaft von mindestens zwei Personen ..., von denen nur eine die erwachsene Bezugsperson ist und die anderen minderjährige Kinder sind").

24 *Nave-Herz* (wie Fn. 7), S. 95.

25 Statistisches Bundesamt, Datenreport 2013, S. 46; ebenso Jahrbuch 2013: „Alleinerziehende: Mütter und Väter, die ohne Ehe- oder Lebenspartnerin bzw. Lebenspartner mit ihren minder- oder volljährigen Kindern in einem Haushalt zusammenleben." Dem folgend z.B. *D. Lois/J. Kopp,* Elternschaftskonstellationen bei Alleinerziehenden, in: *Schwab/Vaskovics* (wie Fn. 1), S. 59, 60; *N. F. Schneider et al.*, Alleinerziehen - Vielfalt und Dynamik einer Lebensform, Stuttgart 2001.

26 *Nestmann/Stieler* (wie Fn. 23), S. 53.

das alleinige Sorgerecht innehaben, ohne überhaupt das Kind faktisch zu erziehen, indem man es in ein Heim gibt.

Die Sorgerechtslagen können sich sehr kompliziert gestalten. Es gibt Fälle, in denen das Sorgerecht geteilt ist. Schon das normale gemeinsame Sorgerecht nach Trennung der Eltern ist gewöhnlich aufgespaltet: bei in Angelegenheiten von erheblicher Bedeutung sind beide Teile zuständig, in Angelegenheiten des täglichen Lebens allein der obhutführende Elternteil. Teilungen des Sorgerechts sind auch in anderer Weise möglich. Eine Mischform bietet das heute viel diskutierte Wechselmodell, bei dem das Kind zeitweise bei dem einen und dem andere Elternteil lebt, wo sich die Eltern sozusagen als jeweils „alleinerziehende" im soziologischen Sinn abwechseln.

Bei dieser rechtlichen Vielfalt ist es verständlich, wenn die soziologische Forschung die rechtlichen Differenzierungen zunächst einmal vernachlässigt: Das elterliche Sorgerecht ist eine juristische Konstruktion, keine Realität. Die Realität sind das Zusammenleben und die persönliche Begegnung des Kindes mit den Eltern oder mit einem Elternteil – auf welcher rechtlichen Basis auch immer. Die Sozialisation des Kindes gelingt aufgrund von tatsächlichen Interaktionen, nicht aufgrund von Rechtslagen. Und deswegen werden die Lebensverhältnisse der Kinder so in den Blick genommen, wie sie sich realiter darstellen.

Aus der Sicht der Juristen ist das begreiflich, erfüllt aber nicht alle Wünsche, weil wir zu gerne wüssten, ob die juristischen Konstruktionen – gemeinsame Sorge bei Trennung, alleinige Sorge bei Trennung, gespaltene Sorge bei Trennung – wirklich nur Schemen sind, juristische Träume, oder doch auch irgendwie auf die Realität durchschlagen. Will man das erforschen, so muss man sich logischerweise auf die unterschiedlichen Rechtslagen einlassen. Auch der Befund „Für das Leben des Kindes ergibt sich kein signifikanter Unterschied unter den verschiedenen rechtlichen Konstrukten" wäre ja ein interessantes Ergebnis für die Rechtspraxis.

Die Diskrepanz zwischen soziologischer Kategorisierung und rechtlicher Einordnung können wir beim Phänomen „sozialen Elternschaft"[27] besonders gut beobachten. „Soziale Elternschaft" meint im Gemeingebrauch wie meist auch in der sozialwissenschaftlichen Literatur ein psycho-soziales, tatsächlich gelebtes Eltern-Kind-Verhältnis. Oft gerät noch ein reduzierendes Element hinzu: dann wird der Begriff auf eine Elternschaft bezogen, die *nur* als psycho-soziale Wirklichkeit besteht, *nicht* als rechtliche.[28] Die soziale Elternschaft kann so zum Gegenbegriff der rechtlichen werden, mit dem wenig schönen Ergebnis, dass rechtliche Eltern auch dann, wenn sie hingebungsvoll für ihre Kinder sorgen, nicht als soziale Eltern angesprochen werden (soziale Elternschaft als „nur soziale" Elternschaft).

Wie dem auch sei: „Soziale Elternschaft" ist kein Terminus des Rechts, das mit ihr Gemeinte ist auch nicht Gegenstand einer spezifischen rechtlichen Regelung. Soziale Elternschaft kann sich auf unterschiedlichem rechtlichen Hintergrund bilden: als Stiefelternschaft, als Pflegeelternschaft, als Elternschaft einer Heimerzieherin, oder auch ohne Rechtsbeziehung, z.B. im Rahmen einer nichtehelichen Gemeinschaft mit dem Kind des Partners. So wichtig es für das Kind ist, dass es in einer bestimmten Person psychisch und sozial einen Elternteil gefunden hat, so wenig versucht das Recht, diesen Tatbestand *generell* begrifflich einzufangen und mit Rechtswirkungen auszustatten.

Freilich: Wo immer eine staatliche Entscheidung (Behörde, Gericht) sich nach dem Kindeswohl auszurichten hat, sind die *persönlichen Bindungen* des Kindes von Bedeutung, Bindungen an Großeltern, Geschwister, Verwandte, Erzieher und Erzieherinnen, Lebensgefährten der Mut-

27 Zu diesem Begriff *Vaskovics*, in: *Schwab/Vaskovics* (wie Fn. 1), S. 15 (für die soziale Elternschaft ist die alltägliche Wahrnehmung der in der Elternrolle enthaltenen normativen Pflichten und Rechte gegenüber dem Kind, dessen Existenzerhaltung und Erziehung konstitutiv).

28 *M. Feldhaus/J. Huinink*, Multiple Elternschaften in Deutschland, in: *Schwab/Vaskovics* (wie Fn. 1), S. 77, 79.

ter usw. Das Recht scheut sich indes, den Begriff der sozialen Elternschaft zu verwenden. Das erklärt sich daraus, dass die genannten Bindungen von ganz unterschiedlicher Art und Dichte sein können. Man möchte den „rechtlichen Eltern“ auch nicht auf derselben sprachlichen Ebene („Eltern“) einen Gegenpol gegenüberstellen. Denn meist sind bei der faktischen Elternschaft einer Bezugsperson die rechtlichen Eltern nach wie vor vorhanden, kümmern sich möglicherweise ihrerseits um das Kind, etwa bei der Familienpflege, wenn die Herkunftseltern den Kontakt halten und Unterhalt leisten. Man will das Bild von verschiedenartigen mit einander konkurrierenden Eltern vermeiden. Immer lässt sich die mehrfache Elternschaft freilich nicht vermeiden, etwa wenn leibliche und rechtliche Elternschaft auseinanderfallen, doch seien diese Fälle hier ausgeblendet.

Um die Realität einfangen, behilft sich das deutsche Recht mit dem vom Bundesverfassungsgericht erfundenen Begriff der „sozial-familiären Beziehung“.[29] Eine solche wird unter folgenden Voraussetzungen angenommen: 1) Es muss sich um eine enge Bezugsperson des Kindes handeln, 2) sie muss für das Kind tatsächliche Verantwortung tragen oder getragen haben. Dabei ist eine Übernahme tatsächlicher Verantwortung in der Regel anzunehmen, wenn die Person mit dem Kind längere Zeit in häuslicher Gemeinschaft zusammengelebt hat. Hier orientiert sich das Recht also wie auch die Soziologie an dem Tatbestand des Lebens im selben Haushalt als Indikator für eine persönliche Zuwendung. Eine *elterngleiche* Rolle wird nicht verlangt – sie wäre auch schwer überprüfbar. Aber immerhin! Das Recht will den Fakten Rechnung tragen.

Nun muss man allerdings sehen, dass die Rechtsordnung die sozial-familiäre Beziehung keineswegs zu einem elternähnlichen Institut ausbaut, sondern nur sehr partielle Wirkungen damit verbindet, vor allem ein Umgangsrecht mit dem Kind, das gerade dann relevant wird, wenn die Haushaltsgemeinschaft schon aufgelöst ist, die soziale Elternschaft also möglicherweise gar nicht mehr besteht. Von Sorgerecht ist *nicht* die Rede, auch nicht für die Zeit des Zusammenlebens: Die Lebensgefährtin des sorgeberechtigten Vaters z.B. ist in die Erziehung soweit einbezogen als der Vater dies will, ihre „soziale Elternschaft“ ist in jederzeit widerrufbarer Weise nur abgeleitet.

Dass die soziale Elternschaft nicht auch als Rechtsfigur erscheint, mag die Soziologie enttäuschen. Sie hat ein soziales Gebilde vor Augen, eine gelebte Familie, die aber vom Recht nicht als Einheit erfasst, geschweige denn als Einheit geregelt wird. Die „sozial-familiäre Beziehung“ der Juristen andererseits ist als soziologischer Forschungsgegenstand schwierig, weil diffus: Sozial-familiäre Bezugsperson kann der zeitweilige Lebenspartner eines Elternteils ebenso sein wie die Tante, bei der das Kind einen Teil des Tages verbringt oder der Erzieher im Internat. Weil die Rechtsfolgen diffus sind, ist es auch der Tatbestand, denn was heißt schon „tatsächliche Verantwortung für das Kind tragen“ – Verantwortung *wofür genau, in welchem Umfang, in welcher Weise*?

Der Kontrast zwischen Recht und sozialem Leben kulminiert bei der sogenannten *Patchworkfamilie*. Diese erscheint in den Sozialwissenschaften als ein besonderer Familientypus, dessen gehäuftes Aufkommen nach der Vorstellung Vieler die so genannte traditionelle Familie (genetische Eltern = rechtliche Eltern = soziale Eltern) abzulösen begonnen hat.

Die Juristen kennen zwar den Begriff „Patchwork-Familie“ und übernehmen die soziologische Deutung als Indikator des familiären Wandels. *Im Regelwerk* des Rechts findet sich die Patchworkfamilie weder unter diesem noch unter einem anderen Terminus. Juristisch wird sie in eine Vielzahl von einzelnen Familienbeziehungen zerlegt: Eltern-Kind, Stiefeltern-Stiefkind, Geschwisterbeziehung und so weiter. Die Summe der Rechtsverhältnisse macht noch nicht

29 Zu Begriff und rechtlicher Bedeutung *M. Lipp*, Elternschaft, „sozial-familiäre Beziehung“ und „Bindungsperson“, in: *Schwab/Vaskovics* (wie Fn. 1), S. 121 ff.; *Schwab* (ebenda), S. 51.

einmal das Ganze aus. So bleibt z.B. die Beziehung *unter den Kindern*, die jeder Partner aus früheren Verbindungen in die Patchworkfamilie einbringt, juristisch unbenannt, es gibt keine „Stiefgeschwisterschaft“ im rechtlichen Sinne.

Das stößt möglicherweise auf wenig Verständnis in den Sozialwissenschaften. Man könnte denken: Dem sozialen Tatbestand einer familiären Einheit muss auch das Recht eine Struktur geben. Das ist ein Punkt, in dem die Wissenschaften in einen Diskurs miteinander kommen sollten. Von rechtlicher Seite könnte man sagen. Es ist nicht die Aufgabe des Rechts, die soziale Wirklichkeit abzubilden, sondern für die – ja oft genug sehr komplizierten – Verhältnisse geeignete Konfliktregeln zur Verfügung zu stellen. Die Patchworkfamilie steht nicht für sich allein, sondern im Schnittpunkt von familienrechtlichen Bezügen auch zu außenstehenden Personen, dem anderen Elternteil und dessen Eltern usw. Die Patchworkfamilie ist – juristisch gesehen – eine Koinzidenz von mehreren Familien.

Doch lässt sich fragen: Kann es sein, dass die rechtliche Aufspaltung einer sozialen Familie in verschiedene Individualverhältnisse das Ganze aus dem Blick verliert und wichtigen Regelungsbedarf vernachlässigt? Beispielsweise: Muss nicht auch der nichteheliche Partner des erziehenden Elternteils in seiner Rolle als Stiefelternteil und als ein Angehöriger im Rechtssinne verstanden und anerkannt werden?

Mit Fug gewinnen die Soziologen aus ihrer Sicht der Dinge ein Potenzial für rechtspolitische Fragestellung und Kritik. Die soziologische Analyse selbst geht nicht selten über Beschreibung und Deutung hinaus und wagt den Sprung in die Normativität, in das „Sollen“.[30] Die Frage ist dann, aus welcher Quelle dieses „Sollen“ gespeist wird. Ist es die bloße Anschauung der Faktizität („Patchworkfamilie als reale Erscheinung“) oder doch eine normative Grundlage: Kindeswohl, widerspruchsfreie Regelung der Verantwortung für ein Kind, Verantwortung der Gesellschaft für Kinder und Familien. Beim Sprung der Soziologie in die Rechtspolitik finden sich unsere Wissenschaften auf demselben Feld wieder – umso dringender der gegenseitige Austausch.

V. Résumé

1) Sozial- und Rechtswissenschaften kommen auf dem Feld der Familienforschung ohne einander nicht aus. Die rechtlichen Befunde können auf die Fragestellungen der Sozialwissenschaften Einfluss haben, die Ergebnisse der soziologischen Forschung schaffen die Basis für kritische Distanz zum jeweils geltenden Recht.
2) Voraussetzung einer fruchtbaren Zusammenarbeit ist die Offenlegung der unterschiedlichen Grundverständnisse, Sichtweisen, Methodik und Terminologie.
3) Für die Soziologie stellt sich die Frage, inwieweit die jeweils gegebenen Rechtslagen als Entwicklungsfaktoren in die Interpretation der gesellschaftlichen Realität Eingang finden können oder sollen.
4) Für die Rechtswissenschaft stellt sich die Frage, ob sie bei der Entwicklung von normativen Konzepten sich der Hilfe der Sozialwissenschaften im erforderlichen Umfang versichert, namentlich: inwieweit Realitätsvorstellungen, die ihren Projekten zugrunde liegen, sozialwissenschaftlich hinreichend abgesichert sind.

30 Z. B. *Vaskovics*, in: *Schwab/Vaskovics* (wie Fn. 1), S. 11, 33 ff.; *W. Lauterbach*, Bedeutung der Abstammung für die Familien- und Verwandtschaftszugehörigkeit, ebenda 1919, S. 205 f.; *Feldhaus/Huinink*, ebenda, S. 77, 100 f.; *Hill/Kopp* (wie Fn. 3), 230.

5) Für beide Wissenschaftszweige stellt sich die Frage, inwieweit die Beschreibung von Realität mit Begriffen geschieht, die offen oder subkutan bereits normative Elemente oder Wertungen enthalten, welche die Tendenzen des Begriffsgebrauchs vorentscheiden.

Also: Wir sollten zusammen weiterarbeiten, nicht nur interdisziplinär, sondern - wenn es denn geht - „transdisziplinär", um ein in Mode gekommenes Wort aufzugreifen.

Veröffentlicht in: Zeitschrift für Familienforschung/Journal of Family Research, 28. Jahrgang, 2016, Heft 2, S. 208–220, Verlag Barbara Budrich, Opladen 2016.

Ehe und eheloses Zusammenleben heute
– Eine Reflexion –

I.

Wenn von der Ehe geredet wird, ist das Wort „Krise“ nicht weit. Die Wertigkeit der Ehe scheint vielen zweifelhaft. Vorbei sind die Zeiten der Lobpreisungen, die sich über Jahrhunderte in allen Literaturgattungen finden. Nicht nur die katholische Sakramentenlehre hatte die Ehe dem Bereich des Heiligen zugewiesen, auch Luther, der die Ehe doch als „weltlich Ding“ bezeichnet hatte, pries sie als „edelsten Stand, so durch den ganzen Christenstand, ja durch alle Welt gehet und reichet“[1]. Die Nähe zum Sakralen wirkt auch außerhalb der katholischen Kirche bis heute nach.

Für die „Krise der Ehe“ können Belege angeführt werden. Vor allem steigen die Scheidungszahlen noch immer rapide, während die Zahl der Heiraten kontinuierlich sinkt. Für das Jahr 2001 zählt das Statistische Bundesamt 197.498 Scheidungen gegenüber knapp 390.000 Eheschließungen, woraus die Faustregel abgeleitet wird, jede zweite Ehe werde geschieden. Der Rückgang der Eheschließungen ist umso gravierender, als die hohe Scheidungsrate fortlaufend eine große Zahl ledig gewordener Personen dem „Heiratsmarkt“ zuführt. Parallel zu diesen Entwicklungen steigt die Bedeutung alternativer Lebensformen, vor allem der nichtehelichen Lebensgemeinschaft, soweit nicht überhaupt das Leben als „Single“ vorgezogen wird. Das letztere kann durchaus mit einer Partnerbeziehung kombiniert sein, die sich aber nicht zu einer ständigen Haushaltsgemeinschaft verdinglicht (Living apart together).

Die Vorstellung von der Ehekrise wird indes nicht nur durch Fakten gestützt. Änderungen in der Bewertung haben auch im gesellschaftlichen Bewusstsein stattgefunden. Die Ehe scheint manchen als die traditionelle, konservative Lebensform, während alternativen Lebensgestaltungen das Flair des Modernen, Dynamischen, Zeitgemäßen anhaftet. Wer denkt, wenn von Ehe die Rede ist, an ein „fröhliches, lustbares und süßes Ding“, wie der Dichter *Albrecht von Eyb* im 15. Jahrhundert?[2] Die Ehe, einst in den Himmel gehoben, scheint das heutige Schicksal alles Erhabenen zu erleiden, weit stärker als die Familie, die mit ihrem Bezug zu den stets zu schützenden Kindern in ihrer Wertschätzung resistent erscheint und die ihren sozialen Platz um so sicherer behaupten kann, je mehr sich ihr Begriff von der Ehe löst.

II.

Bevor man in das Krisengerede einstimmt, muss man sich über den Gegenstand Klarheit verschaffen. Unsere Diskussionen leiden darunter, dass die Ehe zumeist als eine vorgegebene Einrichtung mit permanenter Struktur angesehen wird, die stets dieselben Funktionen zu erfül-

---

1 Martin Luther, Deudsch Catechismus (1529), Auslegung des sechsten Gebots, Martin Luthers Werke, Weimarer Ausgabe (1883 ff.), Bd. 30/1 S. 162.

2 *Albrecht von Eyb* (1420–1475), Ehebüchlein: Ob einem manne sey zunemen ein eelich weyb oder nit, in: Deutsche Schriften, hrsg. von Max Hermann, Berlin 1890, Bd. 1 S. 68.

len hat. In Wirklichkeit erklärt sich das überkommene Eheverständnis aus rechts- und sozialgeschichtlichen Konstellationen, die zum Teil der Vergangenheit angehören.

Was konstituiert den Ehebegriff? Fragen wir das Bundesverfassungsgericht, so finden wir folgende Elemente: umfassende, auf Lebenszeit angelegte Lebensgemeinschaft, Einpaarigkeit, Heterosexualität, gegenseitige Solidarität sowie rechtliche Ordnung dieser Gemeinschaft.[3] Die Rechtsgestalt betreffend legt das Gericht einen deutlichen Akzent auf den öffentlichen Charakter des Eheschließungsgeschehens: „Die Ehe ist ein öffentliches Rechtsverhältnis in dem Sinne, dass die Tatsache der Eheschließung für die Allgemeinheit erkennbar ist, die Eheschließung selbst unter amtlicher Mitwirkung erfolgt und der Bestand der Ehe amtlich registriert wird."[4] Die amtliche Mitwirkung wird als *konstituierendes Merkmal* der Ehe begriffen, sodass auch heute jegliches andere Zusammenleben als „Nichtehe" erscheint, möge es de facto auch noch so eheähnlich sein.[5]

Die obligatorische staatliche Registrierung der Ehe ist freilich ein relativ junges Kind der Geschichte. Bei den Römern wie den Germanen war die Ehe eine familiäre Angelegenheit. Die sodann erfolgte Einmischung der mittelalterlichen Kirche in das Heiratsgeschehen hängt mit theologischen Positionen zusammen, zugleich aber mit konkret politischen Zielsetzungen: zunächst der Bekämpfung der Polygamie und des Inzests (nach weitem, aus dem Alten Testament geschöpften Begriff), dann der Durchsetzung des freien Willens – auch und namentlich der Frau – und der lebzeitigen Unauflöslichkeit des Ehebandes. Es bildete sich ein umfangreiches System von Ehehindernissen, das den Zugang zur Ehe einengte. Die Einhaltung der kirchlichen Disziplin war nur über die Kontrolle der Eheschließung zu erreichen, und so wurden kirchliches Aufgebot und kirchliche Trauung verpflichtend. Schließlich erhob das Konzil von Trient (1563) die Wahrung der kirchlichen Eheschließungsform zum Erfordernis der Gültigkeit.

Dem kirchlichen Zugriff auf das Heiratsgeschehen folgte der staatliche. Die Obrigkeiten der frühen Neuzeit machten die Ehe zu einer staatlich kontrollierten und konzessionierten Angelegenheit, die beliebigen sozialen Zwecksetzungen unterworfen werden konnte: Anforderungen an die Standesgleichheit, den sozialen und beruflichen Status, das religiöse Bekenntnis, die Vermögenslage, den Gesundheitszustand, das Alter, ja die Befriedigung von fiskalischen Interessen des Staates und anderes mehr. Für seine Kontrolle brauchte der Staat solange keine eigene Eheschließungsform einzurichten, als er sich der Gefolgschaft der Priester sicher sein konnte. Mit der Entwicklung eines eigenständigen, von kirchlichen Vorstellungen abweichenden Eherechts

3 Der Ehebegriff des Grundgesetzes ist nach der Interpretation des BVerfG eindeutig: Die dem GG vorgegebene Institution der Ehe stellt sich als die auf freiem Entschluss von Mann und Frau beruhende, unter Wahrung bestimmter vom Gesetz vorgeschriebener Formen geschlossene Einehe dar (BVerfGE 29, 176). Nach den durch Art. 6 Abs. 1 GG gewährleisteten Strukturprinzipien, die der Verfügungsgewalt des Gesetzgebers entzogen sind, ist das dieser Form vorgegebene Institut der Ehe die Vereinigung eines Mannes und einer Frau zu einer umfassenden, grundsätzlich unauflösbaren Lebensgemeinschaft (BVerfGE 62, 323, 330; 53, 224, 245). Klar ist nach den Aussagen des Verfassungsgerichts auch, dass die Ehe begrifflich durch die Dimension des Rechts – also nicht bloß des Faktums – gekennzeichnet ist. Die mit der Institutsgarantie gegebenen Strukturen sind: Eheschließungsfreiheit, Förmlichkeit der Eheschließung, Prinzip der Einehe, Heterosexualität, grundsätzliche, wenngleich nicht ausnahmslose Unauflöslichkeit (BVerfGE 10, 59, 66; 53, 224, 245), Vereinigung der Ehegatten zu einer umfassenden Lebensgemeinschaft (BVerfGE 10, 59, 66).

4 BVerfGE 62, 323, 330; BVerfG FamRZ 1993, 781.

5 Die „Eheähnlichkeit" spielt bekanntlich im Bundessozialhilfegesetz und im Arbeitsförderungsgesetz eine Rolle. Der entscheidende Unterschied zur Ehe besteht nach dem BVerfG in Fehlen des formellen Begründungsaktes und der Rechtsverfassung, die übrigen Strukturelemente sind gleich: „Gemeint ist also eine Lebensgemeinschaft zwischen einem Mann und einer Frau, die auf Dauer angelegt ist, daneben keine weitere Lebensgemeinschaft gleicher Art zulässt und sich durch innere Bindungen auszeichnet, die ein gegenseitiges Einstehen der Partner füreinander begründen, also über die Beziehungen in einer reinen Haushalts- und Wirtschaftsgemeinschaft hinausgehen." (BVerfG FamRZ 1993, 164, 168).

wurde die Einrichtung der Trauung durch eine Staatsbehörde, eine Imitation der kirchlichen, unausweichlich.[6]

Aus diesem Zusammenhang erklärt sich die strikte Scheidung zwischen „Ehe" und „Nichtehe", die das Eherecht bis heute prägt. Nur diejenigen Paarbeziehungen, welche das kirchlich-staatliche Konzessionsverfahren erfolgreich durchlaufen hatten, wurden als *rechtmäßige* Ehe anerkannt, alles andere war „unehrlicher Beisitz", „Konkubinat", gegen die öffentliche Ordnung und strafbar. Die gravierendste Sanktion war die Diskriminierung der nichtehelichen Kinder. Die Zeugung außerhalb der Ehe durchbrach das staatliche Konzessionssystem, das mit den gnadenlosen Folgen der Illegitimität, der Entrechtung der Kinder, zurückschlug.[7]

Diese durch das obrigkeitliche Kontrollbedürfnis bedingte Scheidung von „Ehe" und „Nichtehe" ist nichts weniger als selbstverständlich, wie schon ein Blick auf diejenigen Rechtsordnungen zeigt, die ein geschlossenes System der registrierten Staatsehe bis heute nicht kennen (z.B. „Common-Law-Ehe")[8]. Über die Zeiten hinweg ist ein Ehebegriff lebendig geblieben, der sich nicht an der Eheschließungs*form* orientiert, sondern an der *Substanz* der mit Ehe bezeichneten Gemeinschaft, wir können von einem natürlichen Ehebegriff sprechen. „Ehe" in diesem Sinn ist die auf dem Rechtsbindungswillen der Partner beruhende und auf Dauer angelegte Geschlechts- und Lebensgemeinschaft von Mann und Frau. Dass der Bindungswille vor einem Staatsbeamten geäußert werden müsse, ist dem Naturbegriff der Ehe nicht inhärent. Denn die Art und Weise, *wie* der Bindungswille des Paares zum Ausdruck kommen muss oder kann, ist eine Frage der positiven und letztlich willkürlichen Gesetzgebung und hat mit der Substanz ebenso wenig zu tun, wie die obligatorische Eintragung des Eigentümerwechsels im Grundbuch mit der Substanz des Grundeigentums.

Betrachtet man die Dinge aus dieser Warte, so reduziert sich das Krisenszenario auf die „staatlich geregelte Ehe", die mit dem natürlichen Ehebegriff nicht schlechthin identisch ist. Wenn die Beliebtheit der „Staatsehe" schwindet und stattdessen sich das staatlich nicht registrierte Zusammenleben ausbreitet, dann muss diese Entwicklung nicht auf einer Ablehnung „der Ehe" beruhen, eher auf Ablehnung von vielem, was mit der standesamtlich begründeten Ehe verbunden ist. Das *kann* die Rechtsverbindlichkeit der mit dem Eherecht einforderbaren gegenseitigen Solidarität sein (dann würde auch die Ehe im materiellen Sinn abgelehnt), *muss* es aber nicht. Mir erscheint sicher, dass in der Wirklichkeit des formlosen Zusammenlebens vielfach Ehen im natürlichen Sinn gelebt werden, gewiss nicht in jedem Fall, aber zumindest dort, wo die Rechtsbindung durch Verträge hergestellt wird. Es ist sogar vorstellbar, dass eine „nichteheliche Lebensgemeinschaft", in der die gegenseitige Solidarität durch Verträge verpflichtend gemacht ist, sehr viel eher dem substanziellen Ehebegriff entspricht als eine standesamtlich geschlossene Ehe, die gleichzeitig durch *gegenläufige Verträge* (vom Unterhaltsverzicht bis zum Verzicht auf Teilhabe an den wirtschaftlichen Errungenschaften des ehelichen Zusammenwirkens) ausgehöhlt worden ist.

III.

Wie soll der staatliche Gesetzgeber hierauf reagieren? Soll er die staatliche Eheschließung abschaffen und die eheliche Verbindung dem reinen Vertragsrecht überantworten? Oder soll er die Ehewirkungen über die staatlich registrierte Ehe hinaus erstrecken, um die neue Wirklich-

6 Die Entwicklung habe ich näher dargestellt, s. Grundlagen und Gestalt der staatlichen Ehegesetzgebung in der Neuzeit bis zum Beginn des 19. Jahrhunderts, Bielefeld 1967.

7 Zu diesen Zusammenhängen siehe die Beiträge in: *L. Schmugge* (Hrsg.), Illegitimität im Spätmittelalter, Schriften des Historischen Kollegs, Kolloquien 29, München, 1994.

8 Dazu *H.-F. C. Thomas*, Formlose Ehen, Bielefeld 1973.

keit mit dem Eherecht einzufangen, etwa in der Weise, dass als verheiratet *gilt,* wer längere als drei Jahre zusammenlebt? Oder soll er eine Ehe zweiter Klasse nach Art des französischen „Pacte de solidarité“[9] schaffen, um diejenigen, die das volle Programm des Eherechts scheuen, wenigstens in ein weniger enges Normengerüst zu locken?[10] Oder soll er das Eherecht derart umgestalten, dass die heutigen Akzeptanzbarrieren verschwinden?

Eine auch nur vage Meinung hierzu setzt Gedanken darüber voraus, welches Interesse der Staat überhaupt an der Regelung der Paarbeziehung zwischen Frau und Mann als solcher, d.h. abgesehen von der gemeinsamen Elternschaft, hat. Dass sich dieses Interesse seit Einführung der obligatorischen Zivilehe *gewandelt* hat, ist unbestreitbar. Das einst zentrale Motiv für die obligatorische Eheschließung vor einer Amtsperson, nämlich die soziale Kontrolle, ist von Eherechtsreform zu Eherechtsreform schwächer geworden. Heute herrscht eine fast grenzenlose Eheschließungsfreiheit, nach der Anerkennung formlosen Zusammenlebens auch als *negative* Freiheit. Von den wenigen Ehehindernissen hat allenfalls das Verbot der Doppelehe praktische Bedeutung, und auch hier ist fraglich, wie lange das Polygamieverbot noch hält, nachdem der Gesetzgeber bereits das *gleichzeitige* Bestehen von eingetragener Lebenspartnerschaft und Ehe für möglich gehalten hat.[11] Die Erfindung des Aufhebungsgrundes der „Scheinehe“ durch das Eheschließungsrechtsgesetz von 1998[12] läuft dem Trend zur unbeschränkten Eheschließungsfreiheit zuwider, resultiert aber aus einer dem Augenblick verhafteten Zielsetzung der Ausländerpolitik, eine generelle Trendumkehr im Eherecht vermag ich darin nicht zu erblicken. Die staatliche Kontrollfunktion ist also stark rückläufig. Zudem ist der Anspruch der Ehe, die allein legale und legitime Paarbeziehung zu sein, längst aufgegeben; das Strafrecht hat sich in diesem Bereich weit zurückgezogen, das Zivilrecht hat das Verdikt nichtehelicher Gemeinschaften als „sittenwidrig“ zurückgenommen.[13] Der verfassungsrechtliche Familienbegriff ist von seiner Zentrierung auf die *eheliche* Familie gelöst worden. Demzufolge hat auch Kindschaftsrecht durch die Gesetzesreform von 1997[14] seine Orientierung an der ehelichen Familie abgestreift („einheitliches Kindschaftsrecht“), die nichtehelichen Kinder sind den ehelichen weitgehend gleichgestellt, außerhalb des Familienrechts spielt der Unterschied schon lange keine Rolle mehr. Wozu dann noch, so möchte man fragen, die „Staatsehe“ mit einem behördlichen Verfahren der Eheschließung und einem außerordentlich aufwendigen Gerichtsverfahren der Eheauflösung?

Bevor Schnellschüsse abgefeuert werden, ist einiges zu bedenken. Bei Durchsicht der Gesetze ist leicht zu bemerken, dass die Differenzierung zwischen „Ehe“ und „Nichtehe“ *in den Folgewirkungen* noch heute die gesamte Rechtsordnung durchzieht. Als sich seit Ende des 19. Jahrhunderts das moderne Sozial- und Steuersystem ausbildete, nahm man – nach der traditionellen Ehezentrierung des Familienrechts ganz selbstverständlich – die eheliche Familie zum hauptsächlichen Anknüpfungspunkt für familiäre Situationen, die sozialpolitisch berücksichtigt und favorisiert werden sollten. Und wenn mit der Zeit auch das Gewicht der Elternschaft (auch der nichtehelichen) gegenüber der Ehe in diesem Kontext gestiegen ist, so bleibt diese doch bis heute ein entscheidendes Normelement, wo immer das Sozial- und Rechtssystem persönliche Näheverhältnisse mit besonderen Rücksichten und Vergünstigungen ausstatten will. Wenn „Ehe“ als

---

9 Dazu *F. Ferrand,* Das französische Gesetz über den pacte civil de solidarité, FamRZ 2000, 517.

10 Die besondere Problematik der registrierten und nicht registrierten gleichgeschlechtlichen Verbindungen bleibt in diesem Beitrag außerhalb der Betrachtung.

11 Dazu die Entscheidung des BVerfG FamRZ 2002, 1169, 1171.

12 Gesetz zur Neuordnung des Eheschließungsrechts (Eheschließungsrechtsgesetz – EheschlRG) vom 4.5.1998 (1998 I S. 833), in Kraft seit 1.7.1998, hier § 1314 Abs. 2 Nr. 5 BGB, dazu *R. Hepting,* FamRZ 1998, 713; *A. Wolf,* FamRZ 1998, 1477; *J. Eisfeld,* AcP 201 (2001), 662.

13 BGH FamRZ 1980, 664; 1991, 168.

14 Gesetz zur Reform des Kindschaftsrechts (Kindschaftsrechtsreformgesetz – KindRG) vom 16.12.1997 (BGBl. 1997 I S. 2942), in Kraft seit 1.7.1998.

Tatbestandselement unzähliger Leistungsgesetze fungiert, so muss ihr Vorliegen im Einzelfall verlässlich und leicht nachgeprüft werden können, es bedarf also eines zuverlässigen Registrierungsverfahrens, wie es die standesamtliche Trauung (als eines von mehreren denkbaren Verfahren) darstellt. Die Gewährung eines Verheiratetenzuschlags oder einer Hinterbliebenenrente kann schwerlich von subjektiven Gegebenheiten („eheliche Liebe") oder flüchtigen, bestreitbaren Fakten („Zusammenleben seit …") abhängig gemacht werden.

Wenn man dem so weit folgt, stellt sich die weitere Frage, ob und in welchem Umfang es richtig ist, die Ehe als fundamentalen sozial- und steuerrechtlichen Tatbestand zu berücksichtigen. Das ist der rechtspolitisch zentrale Punkt der Diskussion, die auf vielen Feldern geführt wird, etwa als Diskussion über steuerliches Ehegatten- oder Familiensplittung. Die Frage ist: Haben Staat und Gesellschaft nach wie vor ein gewichtiges Interesse daran, dass die Geschlechts- und Lebensgemeinschaften von Mann und Frau in der Rechtsform der Ehe gelebt und verwirklicht werden?

Ich möchte das bejahen. Die staatlich registrierte Ehe steht nach dem Verlust ihres Anspruchs auf Exklusivität in Konkurrenz zu anderen Formen privaten und familiären Lebens. Von diesen unterscheidet sie sich nach wie vor durch die *umfassende rechtliche Verfassung der Paarbeziehung*. Den Kern des Eherechts bilden die *einforderbare* Solidarität und Verantwortung der Ehegatten mit- und füreinander – mit Unterhaltsansprüchen, Vermögensausgleich, Rentenausgleich und anderen Wirkungen auf der Basis einer *materiellen* Gleichberechtigung der Geschlechter, die zugleich den Schutz des Schwächeren gewährleisten will. Eine so verfasste Paarbeziehung stabilisiert die gesellschaftliche Ordnung ebenso wie sie die Sozialsystem entlastet – in Zeiten des drohenden Zusammenbruchs der öffentlichen Leistungssysteme ein zunehmend wichtiger Aspekt. Gewiss wird Solidarität auch in anderen Zusammenlebensgemeinschaften geübt, aber als bloß faktische, solange der Wille reicht, nicht als rechtliche, welche die Gerichte zur Hilfe rufen kann, wenn die Freiwilligkeit endet. Der Staat hat gute Gründe, Paare, die sich aus freien Stücken unter das Joch[15] der mit Rechtspflichten ausgestatteten Gemeinschaft begeben, in besondere Weise zu schützen und zu fördern – dies ist letztlich der heute nachvollziehbare Sinn des von der Verfassung (Art. 6 Abs. 1 GG) anbefohlenen besonderen Schutzes für die Ehe. Wenn die Gesellschaft dieser Schutzfunktion gerecht werden will, bedarf es aber eines Registrierungsverfahren, in dem der rechtliche Bindungswille zuverlässig erfragt und festgehalten wird.

Die vor dem Standesamt geschlossene Ehe stellt sich heute ein *Angebot* an die Paare dar, die eine Dauerbeziehung eingehen (wollen). Diese befinden sich im Gegensatz zu früheren Zeiten in einer Wahlsituation. „Ehen" im Sinne der dauerhaften gegenseitigen Zuwendung gibt es, mit dem vollen Legitimitätsanspruch der freien Entfaltung der Persönlichkeit, in vielerlei Erscheinungsformen. Darüber hinaus bietet der Staat aber mit der rechtlich verfassten, solidarischen, dem Prinzipien der Gleichberechtigung und des Schutzes des Schwächeren verpflichteten „registrierten" Ehe eine besondere Gestaltungsform an. Diese genießt dann wegen ihrer stabilisierenden, das soziale System entlastenden Wirkung den besonderen Schutz der staatlichen Ordnung und darf daher auch mit angemessenen rechtlichen Vorteilen im Sozial- und Steuersystem bedacht werden.

Der Rückgang der Heiratsziffern und die Zunahme alternativer Lebensformen sind aus dieser Sicht nicht verwunderlich, sondern eine logische Folge der gewährten Freiheit. Sie sind die Antwort der Gesellschaft auf die neue pluralistische Situation. Eine Krise würde daraus erst dann, wenn die staatlich registrierte Ehe als rechtlich solidarische Lebensform nur noch von Außenseitern akzeptiert würde („Ach, Sie sind verheiratet, wie schrecklich"!). Eine solche Ent-

---

15 Bekanntlich leitet sich das lateinische „*conjugium*" von „*jugum*" = Joch für Zugtiere, Gespann ab.

wicklung ist nach meiner Einschätzung unwahrscheinlich, wenn nicht die Gesetzgebung in ihrer unreflektierten Hast die Attraktivität der Ehe weiter mindert.

Dass von dieser Seite Gefahr droht, erscheint mir evident: Eine entscheidende Zäsur für die Förderung des negativen Bildes von der Ehe bildete das sogenannte „Erste Eherechtsreformgesetz" von 1976, das die Möglichkeit leichter (wenn auch kostspieliger) Scheidung mit maximalen Scheidungsfolgen verband: Die hohe Scheidungsrate ist die Erfüllung dieser Reform, über deren maßvolle Korrektur man durchaus nachdenken sollte. Die Linie der Wertdestruktion kann fortgesetzt werden, etwa dadurch, dass die Gesetzgebung vermehrt rechtliche Vorteile, die bisher an die Ehe gebunden waren, auch ehelos Zusammenlebenden gewährt, ohne gemäß einer „Rosinentheorie" zugleich die korrespondierenden Lasten damit zu verbinden. Unter diesem Gesichtspunkt ist der Ehe seit der Kindschaftsrechtsreform von 1997 eine Konkurrenz in der *gemeinsamen Elternschaft* entstanden. Wenn eine gemeinsame elterliche Sorge für ein Kind ohne Ehe möglich ist, warum dann heiraten – mit sehr viel einschneidenderen Unterhalts- und Vermögensfolgen? Das Interesse an der Ehevermeidung liegt sehr häufig bei demjenigen Teil, der für den Fall des Scheiterns der Beziehung die Wirkungen der materiellen Gleichberechtigung fürchtet. Kann die Honorierung dieses Standpunkts das Ziel einer vernünftigen Rechtspolitik sein?

IV.

Die Frage, ob auch für eheloses Zusammenleben (das ja im Natursinne „Ehe" sein kann!), spezielle Gesetze gemacht werden sollten, wirft in erster Linie ein Freiheitsproblem auf. Formloses Zusammenleben von Mann und Frau enthält stets eine ausdrücklich oder konkludent getroffene negative Entscheidung des Paares (oder zumindest eines Partners) zur standesamtlichen Trauung und ihren Wirkungen. Keine Gesetzgebung, welche die verfassungsrechtlich verbürgte persönliche Freiheit respektiert, könnte diesen Willen ignorieren, indem sie etwa die rechtlich verpflichtende Partnersolidarität an das bloße Zusammenleben anknüpft. Es ginge auch nicht an, Vorteile, die nur aus einer solchen *rechtlichen* Solidarität begründbar sind, aus ihrem Zusammenhang zu lösen und beliebigem Zusammenleben zuzuordnen.

Mit der Schaffung einer „eingetragenen Lebenspartnerschaft" auch für heterosexuelle Paare mit – gegenüber der Ehe – reduzierten Wirkungen könnte der Staat sein Angebot für rechtlich verfasste Gemeinschaften erweitern. Die Vernunft spricht nicht für eine solche Gesetzgebung. Denn entweder man wählt eine starke Rechtsverfassung für diese Gemeinschaft, dann kommt man der Ehe nahe und es fragt sich, welchen Sinn zwei einander ähnliche Institute haben sollen, wenn zudem die rechtsgeschäftliche Freiheit besteht, die jeweiligen Wirkungen zu modifizieren. Oder aber man verknüpft die „eingetragene Lebenspartnerschaft" mit schwachen Wirkungen, dann muss man es aber auch im Bereich des Sozial- und Steuerrechts tun und vermindert damit von vornherein die Attraktivität des „Eingetragenseins ohne Ehe".

Gesetzgebung über nichteheliches Zusammenleben hat von vorne herein mit dem Problem zu kämpfen, dass die Willensrichtungen der Partner und die soziale Wirklichkeit der Gemeinschaft sehr verschieden sein können. Während der Eheschließungswille immerhin das staatliche Eherecht als Bezugspunkt findet, sind die mit der Aufnahme des Zusammenlebens verbundenen Ziele und Vorstellungen diffus. Ich sehe die Möglichkeit der Gesetzgebung für nichteheliches Zusammenlebens – außerhalb einer öffentlichen Registrierung – in folgenden Punkten.

1) Zum einen könnten die Gesetze das ehelose Zusammenleben als Raum privater Lebensgestaltung schützen und auch im Verhältnis der Partner zueinander Mindeststandards des Rechtsschutzes gewährleisten. Einen Ansatz dazu enthält das Gewaltschutzgesetz, das bei bestimmten Gewalttaten der verletzten Person einen Anspruch gegen den Täter einräumt, ihr die bisher gemeinsam benutzte Wohnung zur alleinigen Benutzung zu überlassen, wenn verletzte Person und Täter im Zeitpunkt der Tat einen auf Dauer angelegten gemeinsamen Haushalt

geführt haben (§ 2 Abs. 1 Gewaltschutzgesetz).[16] Zwar ist das merkwürdige Institut des „auf Dauer angelegten gemeinsamen Haushalts“ nicht mit ehelosem Zusammenleben eines Paares identisch, es enthält dieses jedoch als „Haushaltsform“ unter vielen möglichen. Ähnlich verknüpft § 563 Abs. 2 S. 4 BGB mit der genannten gemeinsamen Haushaltssituation ein Eintrittsrecht nach dem Tode des Mieters. Ob die objektivierende Anknüpfung an den „gemeinsamen Haushalt“ der richtige Weg ist, hängt von der Festlegung dieses recht offenen Begriffs ab.[17] Für das nichteheliche Zusammenleben sind jedenfalls weitere Regelungen dieser Art denkbar, deren Grundgedanke die *Respektierung des persönlichen Näheverhältnisses* ist, soweit sie nach Art der Beziehung angemessen erscheint und auch unbeteiligten Dritten zugemutet werden kann. Damit würde weder „Ehe“ geregelt noch eine „eheähnliches Institut“ geschaffen.

2) Zum anderen könnten die Gesetze zum Ausdruck bringen, dass nichteheliches Zusammenleben der vertraglichen Gestaltung bis hin zur Erzeugung „eheähnlicher“ Wirkungen offen steht. Das gilt zwar heute als selbstverständlich, dennoch scheint in der Praxis vielfach Zurückhaltung zu herrschen.[18] Wie weit kann eine Unterhaltsvereinbarung gehen, wo ist die Grenze zum Schenkungsversprechen überschritten? Welchen Rang und welche Stellung im Unterhaltsrechtssystem kommen vertraglichen Unterhaltsansprüchen zu? Welche Vereinbarungen bedrohen die persönliche Bewegungsfreiheit (und insbesondere die vom BVerfG so hochgehaltene Eheschließungsfreiheit)? In wieweit kann die Gestaltung des Haushalts- und Berufslebens Gegenstand verbindlicher Vereinbarungen sein? Welche Vereinbarungen über den Vermögensausgleich könnten unter die Vorschrift des § 311b Abs. 3 BGB fallen? Es gibt eine Reihe von Fragen, die in der Rechtspraxis nicht ausgetestet werden, weil die Rechtsberater das Risiko scheuen. Gesetzliche Regelungen, die durch Klarstellungen dieses Risiko vermindert, setzen allerdings einen hohen Standard der Gesetzgebungskunst voraus, über den wir augenscheinlich in dieser Zeit nicht verfügen. Ich weiß daher nicht, ob zu einer solchen Gesetzgebung wirklich geraten werden soll.

3) Einen anderen Anknüpfungspunkt für Gesetzgebung bildet nicht die Lebensgemeinschaft des Paares als solche, sondern die gemeinsame Elternschaft. Das Unterhaltsrechtsverhältnis zwischen nicht miteinander verheirateten Elternteilen, das durch die Neufassung des § 1615l BGB im Jahre 1998 eine neue Qualität erhalten hat, ist Ausdruck der gemeinsamen Elternverantwortung, die ohne Rücksicht darauf besteht, ob zwischen den Eltern eine Ehe besteht oder jemals bestanden hat. Diese gemeinsame Elternverantwortung reicht weit über die Unterhaltsfrage hinaus und ist sogar unabhängig davon, ob durch Sorgeerklärung die gemeinsame Sorge erworben wurde oder nicht. Die gemeinsame Sorge ist nur eine von mehreren rechtlichen Gestaltungsformen für die Ausübung der Elternverantwortung. Diese Formen betreffen zunächst das Verhältnis der Eltern zum Kind und umgekehrt. Doch ist kaum vorstellbar, dass angesichts der *notwendigen Kooperation zwischen den Elternteilen* nicht auch im Paarverhältnis – über den Betreuungsunterhalt nach § 1615l BGB hinaus – Rechtswirkungen entstehen, etwa die Verpflichtung zur Kooperation und die Rücksichtnahme auf die Interessen des anderen Teils bei dieser Kooperation.[19] Dass die Verantwortung für das Kind die Grundlage solcher Rechtswirkungen darstellt, hindert nicht, dass sie die Elternteile untereinander verbindet. Das gilt

---

16 Gesetz zur Verbesserung des zivilgerichtlichen Schutzes bei Gewalttaten und Nachstellungen sowie zur Erleichterung der Überlassung der Ehewohnung bei Trennung vom 11.12.2001 (BGBl. 2001 I S. 3513), in Kraft seit 1.1.2002.

17 Siehe zum Begriff die Begründung zum Mietrechtsreformgesetz vom 19.6.2001 BR-Drucksache 439/00 S. 92 und die Begründung zum Gewaltschutzgesetz BT-Drucksache 14/5429 S. 30. Danach fällt auch das Zusammenleben alter Menschen als Alternative zum Alters- oder Pflegeheim, „die ihr gegenseitiges Füreinandereinstehen zum Beispiel durch gegenseitige Vollmachten dokumentieren“ unter den Begriff.

18 An Formularen fehlt es freilich nicht, siehe *H. Grziwotz*, Partnerschaftsvertrag für die nichteheliche und die nicht eingetragene Lebensgemeinschaft, 4. Aufl. 2002.

19 Zu diesem Zusammenhang die berühmte Entscheidung des BGH (FamRZ 2002, 1099) zur Schadensersatzpflicht eines Elternteils bei Behinderung des Umgangs des anderen, dazu meinen Aufsatz FamRZ 2002, 1297.

natürlich umso mehr dann, wenn die Eltern das Sorgerecht gemeinsam ausüben und somit zur ständigen Zusammenarbeit bei Pflege und Erziehung des Kindes verpflichtet sind. Wie weit das Rechtsverhältnis gemeinsamer Elternschaft zu entwickeln ist, erscheint mir eine noch nicht ausdiskutierte Frage: Es darf weder die Qualität der Eherechts erreichen noch dasjenige überschreiten, was aus dem Gedanken des Kindeswohls herleitbar ist. Auch darf nicht vergessen werden, dass die gemeinsame Elternverantwortung nicht deckungsgleich mit einer Lebensgemeinschaft mit Kindern ist: Denn das Rechtsverhältnis besteht ohne Rücksicht darauf, ob die Eltern des Kindes je in einer auf Dauer angelegten Gemeinschaft zusammengelebt haben, überschreitet also den Themenkreis „nichteheliche Lebensgemeinschaft", deckt andererseits aber nur einen Teil ihrer Wirklichkeit ab. Man kann die Gesetzeslage wie folgt darstellen:

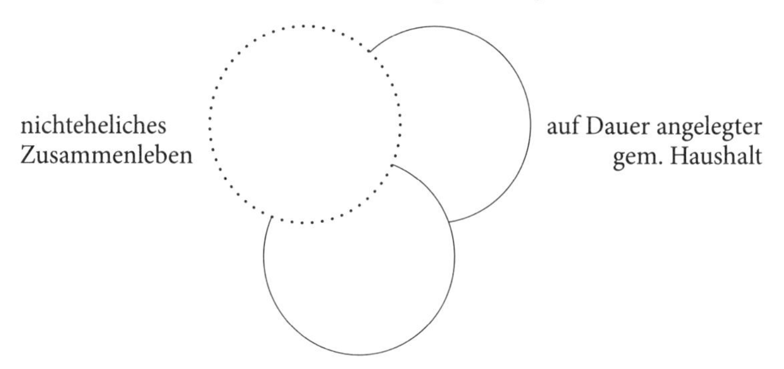

Anders ausgedrückt: Die in jüngster Zeit in Kraft getretenen Regelungen erfassen zwar *de facto* fast alle (auf Dauer angelegter gemeinsamer Haushalt) oder doch viele (gemeinsame Elternschaft) nichtehelichen Lebensgemeinschaften, bieten aber keine spezifische Regelungen des ehelosen Zusammenlebens.

V.

Der politische Druck in Richtung auf eine gesetzliche Regelung der nichtehelichen Gemeinschaften wird umso stärker werden, je weiter die Heiratszahlen sinken, je mehr also die Wirklichkeit der auf Dauer angelegten Paarbeziehung von der staatlich registrierten Ehe auf das formlose Zusammenleben hinüberwandert, je geringere Akzeptanz auch das vom Staat angebotene Eherecht findet. Auch die Fachanwaltschaft – dies sei in einem *Ingrid Groß* gewidmeten Beitrag hinzugefügt – mag sich Sorgen darüber machen, ob der Kuchen des Scheidungsfolgenrechts, von dem man sich gut ernähren konnte, zunehmend kleiner wird. Ich möchte aber meine Überzeugung wiederholen, dass der derzeitige Befund das Ende der (staatlich registrierten) Ehe keineswegs signalisiert. *Der Rückgang der Eheschließungen ist Ausdruck der in das gesellschaftliche Bewusstsein vordringenden Wahlfreiheit zwischen den Lebensformen.* Eine Krise „der Ehe" vermag ich darin nicht zu erblicken. Ich vermute, dass die Lebensform der mit einem öffentlichen Ritus inaugurierten, rechtlich verfassten Ehe in der Konkurrenz mit anderen Lebensformen auch weiterhin bestehen kann. Voraussetzung dafür ist, dass sie nicht durch Gesetzgebung und Rechtsprechung weiter geschädigt wird. Eine kluge Staatsgewalt würde versuchen, die von ihr angebotene Rechtsform der Ehe möglichst attraktiv zu machen, geradezu ein Marketing dafür zu betreiben. Freilich ist die Politik der vergangenen Jahrzehnte von einem solchen Gedanken wenig inspiriert gewesen.

Veröffentlicht in: Klaus Schnitzler/Ingeborg Rakete-Dombek (Hrsg.), Festschrift für Rechtsanwältin Dr. Ingrid Groß, Schriftenreihe der Arbeitsgemeinschaft für Familien- und Erbrecht im Deutschen Anwaltverein, Deutscher Anwaltsverlag, Bonn 2004, S. 215–227.

Nachtrag: Den Lesern wird nicht verborgen bleiben, dass der Beitrag *vor* der Einführung der „Ehe für alle" (2017) geschrieben ist. Das mindert nicht die Aktualität der Gedanken. Der Bezug des verfassungsrechtlichen Ehebegriffs (Art. 6 Abs. 1 GG) auf das rechtliche Paarverhältnis von Mann und Frau ist vom Bundesverfassungsgericht bis dato nicht in Frage gestellt (zu oben Fn. 3).

40 Jahre Familiengerichtsbarkeit

Als sich die Teilnehmer des 1. Familiengerichtstages im Oktober 1978 in Brühl versammelten, waren sie sich der besonderen Bedeutung dieses Ereignisses wohl bewusst. Es herrschte Aufbruchsstimmung, das Treppenhaus des Brühler Schlosses erglänzte in strahlendem Licht, Politik und Presse gaben dem Ereignis die Ehre. Die sternstundenmäßige Stimmung hatte auch mich erfasst, der ich – damals junger Rechtsprofessor – zum ersten Mal einen Vortrag vor dieser erlauchten Versammlung halten durfte.

Wir spürten damals auch, dass mit dem „Ersten Gesetz zur Reform des Ehe- und Familienrechts" die Modernisierung dieses Rechtsgebietes begonnen hatte, aber keineswegs vollendet war. Der Entwurf für ein „zweites" Gesetz dieser Art lag schon in der Schublade.[1] Was wir nicht ahnten, war die Vielzahl der künftigen Reformgesetze.

Seit 1977 sind fast alle großen Bereiche des Familienrechts gründlichen Neugestaltungen unterzogen worden: Das Ehe- und Scheidungsrecht, das Unterhaltsrecht, das eheliche Vermögensrecht mit dem Versorgungsausgleich, das Recht der elterlichen Sorge, das Kindschaftsrecht insgesamt, das Adoptionsrecht, das Erwachsenenschutzrecht mit dem Betreuungsgesetz, das Personenstandsrecht, das Recht gleichgeschlechtlicher Partnerschaften, nicht zu vergessen das Familienverfahrensrecht mit dem FamFG 2009. Es fehlt noch das Recht der Vormundschaft für Minderjährige, auch das Abstammungsrecht hat bisher nur einige Korrekturen, aber keine konzeptionelle Neugestaltung erfahren. Aber auch auf diesen Feldern wird, wie wir wissen, die Reformarbeit vorangetrieben.

Was war zu reformieren? Ein Familienrecht, das teils aus dem zweiten deutschen Kaiserreich stammte (BGB von 1900), teils aus der Gesetzgebung des sogenannten „Dritten Reichs", teils aus einer nur halbherzigen Anpassung des Familienrechts an die Anforderungen des Grundgesetzes in der Nachkriegszeit, also eine Mischung aus heterogenen Normen. Es galt, ein neues Familienrecht aus einem neuen Geist zu formen.

Dieses neue Recht wurde allerdings nicht auf einen Schlag geschaffen, sondern in einer sehr unregelmäßigen Abfolge von Reformgesetzen. Die Intervalle zwischen den großen Reformen sind höchst unterschiedlich. Als besonders fruchtbar erwiesen sich die Jahre 1997/1998 mit der Neugestaltung des gesamten Kindschaftsrechts und der Überführung des Eheschließungsrechts in das BGB. Aufs Ganze gesehen gleicht die Gesetzgebungsgeschichte keineswegs einem ruhig dahinströmenden Reformfluss, sondern eher einer Brandung mit unregelmäßigen Wellen.

Zu Beginn des 21. Jahrhunderts schien das materielle Familienrecht in fast allen Teilen eine neue, zeitgemäße Gestalt gefunden zu haben. Es hätte also eine Phase legislatorischer Gelassenheit anheben können.

Eine solche Ruhe nach vollbrachtem Werk gönnten die Normschöpfer sich und den Familien allerdings nicht. In dem nun folgenden Zeitabschnitt ging kein Jahr ins Land, in dem familienrechtliche Regelungen nicht verändert worden wären, auch neugeschaffenes Recht wurde alsbald wieder repariert. Alle diese Gesetze auch nur zu nennen, würde unseren Festakt spren-

1 Es sollte die Reform des Eheschließungsrechts enthalten, siehe BT-Drucks. 7/650 S. 62.

gen. Ihren amtlichen Titeln zufolge wurden sie zur „Ergänzung“, zur „Erleichterung“, zur „Stärkung“, zur „Verbesserung“ aller möglichen guten Sachen oder zur „Bekämpfung“ dieses oder jenes Missstandes geschaffen. Die Familien müssten richtig glücklich sein. Ich zähle für die Zeit von 2000 bis 2015 mindestens 30 Gesetze, die das vierte Buch des BGB textlich verändert haben, also durchschnittlich zwei pro Jahr.

Wir sind auch aktuell voll dabei, die Linie fortzusetzen: Noch in der jetzt zu Ende gehenden Legislaturperiode sind sieben einschlägige Gesetze beschlossen oder geplant.[2] Das Familienrecht erscheint heute, obwohl grundlegend reformiert, als immerwährende Baustelle.

Woher kommt diese Dynamik? Ist es der berühmte soziale Wandel, welche die Gesetzesmacher von Projekt zu Projekt treibt und sie veranlasst, auch neues Recht alsbald wieder zu verändern? Auf den soziologischen Befund wird in Gesetzesbegründungen öfters Bezug genommen, beispielhaft in der Begründung zum Unterhaltsrechtsänderungsgesetz von 2007. Gerade hier wird freilich deutlich, dass die *Wahrnehmung* von Realität leicht von einem *Wunschbild* von Realität gesteuert wird. Es ist eine gewagte Kapriole, die „empirische Erkenntnis, wonach ein Hauptmotiv für die Scheidung gerade bei Frauen der Wunsch nach größerer Unabhängigkeit ist“, als Wunsch der Frauen nach „Eigenverantwortung“ im Sinne der Abschaffung oder Minderung ihrer nachehelichen Unterhaltsansprüche zu deuten.[3] Wo immer sich Gesetzesbegründungen auf den sozialen Wandel berufen, ist höchste Vorsicht am Platz.

Davon abgesehen: So oft und schnell kann sich die gesellschaftliche Realität gar nicht geändert haben, um die rasche Abfolge von Novellierungen des Familienrechts zu erklären. Es ist wahr: Wir leben in einer Zeit rasanter Veränderungen unserer Lebensbedingungen, durch die Digitalisierung unseres Lebens, durch die neuen Informations- und Kommunikationstechniken, die auch das Familienleben verändern. Aber diese auf der Hand liegenden Entwicklungen sind gar nicht Thema der Reformgesetze und der aktuellen Gesetzesvorhaben, das kommt vielleicht erst noch.

Was das Reformgetriebe der jüngsten Zeit befeuert hat, war nach meiner Beobachtung *nicht* der soziale Wandel. Die neuen Gesetze waren vielfach Kopfreformen, inspiriert durch die Konstruktion individueller Rechte: Von Rechten des Kindes, von Frauen- und besonders von Männerrechten, von Rechten der Väter, leiblicher wie rechtlicher, von Rechten der Großeltern, von Rechten derer, die auch nur temporär mit einem Kind zusammengelebt haben, von Rechten von Samenspendern und von Wunscheltern, von Persönlichkeitsrechten, von Rechten auf Privat- und Familienleben allenthalben.

Im Familienrecht als dem großen Feld des Personenrechts treffen diese Individualrechte aufeinander, oft in Konfrontation, dann werden sie gegeneinander „abgewogen“. Die Offenheit dieser Abwägung nährt einen immerwährenden Reformprozess. Es ist ja nicht zufällig, dass viele der jüngsten Gesetzesänderungen durch Entscheidungen des Bundesverfassungsgerichts und des Europäischen Gerichtshofs für Menschenrechte bedingt waren: Das heutige Familienrecht versteht die Familie primär als Austragungsort von Grundrechtskonflikten.

Wenn etwas verfassungsrechtlich geboten ist, bleibt logischerweise wenig Raum für Gestaltung, und auch keine Zeit oder wenig Zeit, wenn das Bundesverfassungsgericht Gestaltungsfristen setzt. Zuerst kommt die Konstruktion von Individualrechten, dann mag die Familie sehen, wie sie damit zurechtkommt. Auch der Kindeswohlvorbehalt ändert diese Reihenfolge nicht grundsätzlich: Im ersten Schritt werden grundrechtliche Positionen von Erwachsenen

---

2 Das Gesetz zur Einführung des Rechts auf Eheschließung für Personen gleichen Geschlechts, auch für die Teilnehmer des 22. Deutschen Familiengerichtstages überraschend auf die Tagesordnung gesetzt, hatte zum Zeitpunkt der Rede (28.6.2017) das Gesetzgebungsverfahren noch nicht durchlaufen, es wurde zwei Tage später vom Bundestag beschlossen.

3 So aber die Gesetzesbegründung BT-Drucksache 16/1830 S. 12.

begründet, im zweiten Schritt erst geprüft, ob sie dem Kindeswohl „entsprechen", „widersprechen", „dienen" oder sogar „am besten dienen".

Ich möchte nicht dahin missverstanden wären, als hätte ich etwas gegen alle Reformen der jüngeren Zeit. Das Gewaltschutzgesetz war dringend notwendig, das Sorgerecht für nichteheliche Kinder musste anders gestaltet werden, die Verankerung der gewaltfreien Erziehung war ein wichtiges Signal. Alle Novellierungen der letzten Jahre waren in irgendeiner Weise diskutabel. Frage nur, ob sie alle dringlich waren. Die nutzlosen Gesetze schwächen die notwendigen, sagt Montesquieu.[4]

Die Kurzatmigkeit eines aus Verfassungsinterpretation gewonnen Familienrechts erklärt sich daraus, dass die Abwägung der einander gegenüberstehenden Grundrechte offen und wandelbar erscheint – man denke nur an die Diskrepanz zwischen Bundesgerichtshof und Bundesverfassungsgericht in Sachen Auskunftsanspruch des Scheinvaters gegen die Kindesmutter[5] oder an den Zwiespalt zwischen Bundesverfassungsgericht und europäischem Gerichtshof für Menschenrechte beim Umgangsrecht der genetischen Väter.[6]

Die Ableitungen aus den abstrakten Sätzen der Grundrechte werden umso zweifelhafter, je weiter sie sich von der Quelle des Verfassungstextes entfernen. Das Recht auf Kenntnis der Abstammung unabhängig vom Zweck rechtlicher Zuordnung schlummerte lange Zeit unerkannt im Schoß der Weltvernunft, bis es plötzlich entdeckt, propagiert und zugleich auf merkwürdige Weise eingeschränkt wurde. Man kann fragen: Wenn die Kenntnis der eigenen Abstammung für das Selbstverständnis und die Selbstfindung des Menschen so fundamental wichtig ist, wie dies zur Überzeugung des Bundesverfassungsgerichts feststeht,[7] warum endet dieses Recht bei *einer* Generation? Sagt doch der Genetiker: „Der Mensch ist Produkt einer zufälligen Mischung der genetischen Anlagen seiner Ahnen"[8] (nicht nur Eltern!). Und warum spielt die *mütterliche* Abstammung nicht die gleiche Rolle wie die *väterliche*? Weil man bis in das 19. Jahrhundert hinein gemeint hat, nur der Vater sei Erzeuger des Kindes?[9] Steckt dieser mittelalterliche Glaube heute noch heute in den Köpfen der Juristen, die ja noch immer häufig den Vater als *„den Erzeuger"* wiedergeben?

Das eheliche Namensrecht, vom Bundesverfassungsgericht mehrfach überprüft und inspiriert, führt dazu, dass ein Ehepaar aus dem Namen des Mannes und der Frau keinen gemeinsamen Doppelnamen wählen kann, wohl aber ist es möglich, einen Doppelnamen als Ehenamen zu bilden, der sich aus dem Namen eines Ehegatten und dem eines *früheren* Partners dieses Ehegatten zusammensetzt.[10] Alles logisch?

Aus dem Persönlichkeitsrecht ist vieles ableitbar. Gibt es ein Recht auf Fortpflanzung? Ein Recht darauf, unabhängig von der eigenen Zeugungsfähigkeit Kinder zu haben und zu erziehen? Gibt es ein Recht, sich von seiner Verwandtschaft zu lösen, wie es von den alten Franken berichtet wird?[11] Gibt es ein Recht auf ein drittes Geschlecht oder auf Geschlechtslosigkeit? Und so weiter.

---

4 De L'esprit des Lois (1748), Livre 29 Chap. 16: „Comme les lois inutiles affaiblissent les lois nécessaires, celles qu'on peut éluder affaiblissent la législation." Nach der Ausgabe von *G. Truc,* Paris 1956.

5 BGHZ 191, 259 einerseits, BVerfG FamRZ 2015, 729 andererseits.

6 BVerfG FamRZ 2003, 816, 822 einerseits, EGMR FamRZ 2011, 269, 1641, 1715 andererseits.

7 BVerfGE 79, 256, 268.

8 *Markus Hengstschläger,* Die Macht der Gene, 2008, S. 22.

9 Die Wissenschaftsgeschichte berichtet, dass die weibliche Eizelle vom Naturforscher *Karl Ernst von Baer* entdeckt wurde, der ab 1821 Ordinarius für Zoologie an der Universität Königsberg war. 1827 erschienen seine Erkenntnisse im Druck („De ovi mammalium et hominis genesi"). Dazu *Andreas Bernard,* Kinder machen. Neue Reproduktionstechnologien und die Ordnung der Familie, 2014, S. 56 ff.

10 Beispiele in meinem Lehrbuch, Familienrecht, 25. Aufl. 2017, Rn. 215.

11 Nach der Lex Salica (100-Titeltext, 94) musste man seinen Scheidungswillen vor Gericht erklären, indem man vier Erlenstäbe über seinem Haupt zerbrach und nach vier Seiten von sich warf.

Was wäre mein Wunsch für die künftige Normgebung? Gewiss nicht Stillstand, aber vielleicht ein gewisses Maß an Geduld, Bedächtigkeit, Vorsicht, weniger Theorie, mehr praktische Vernunft. Wir greifen mit dem Recht ja fortlaufend in bestehende Lebensverhältnisse der Menschen ein. Das gilt auch für die rechtlich verfestigten Lebensbedingungen, da die Reformgesetze insofern zurückwirken, als sie auch die nach früherem Recht begründeten Beziehungen zu erfassen pflegen – „mittelbare Rückwirkung" wird das beschönigend genannt. Ich bin seit 1964 mit ein und derselben Frau verheiratet, wir lebten freilich unter in sehr unterschiedlichen staatlichen Eheregimen, eigentlich haben wir mehrere Ehen gelebt, sozusagen in sukzessiver Monogamie.

Ich wünsche den Normbildnern die Einsicht, dass die Gesellschaft nicht einfach durch Normen lenkbar ist. Die Mitglieder der menschlichen Gesellschaft sind, so sagt *Adam Smith*, keine Schachfiguren, die nach Systemplan beliebig hin und hergeschoben werden können; sie haben vielmehr ihr eigenes Bewegungsprinzip.[12] Dies zu respektieren sollte auch ein Ziel staatlicher Normen sein. Die Gesetzesmacher übernehmen sich mit dem Plan, die Familie sozusagen nach ihrem Bild und Gleichnis zu formen.

Zurück in das Jahr 1977: Was hat sich von der damaligen Reform als bleibend erwiesen? Bei weitem nicht alles, wie die allfälligen Reformen der Reformen zeigen, aber ganz gewiss die Einrichtung der Familiengerichtsbarkeit. Sie vor allem macht die Erfolgsgeschichte des 1. EheRG aus. Die Familiengerichte standen in den verflossenen 40 Jahren nie im Zweifel, die fortgesetzte Ausweitung ihrer Zuständigkeiten gibt davon Zeugnis. Der Reform von 1977 verdanken wir auch die Gründung und das Aufblühen des Familiengerichtstages, dem für die nächsten 40 Jahre meine herzlichen Glückwünsche gelten.

Veröffentlicht in: Brühler Schriften zum Familienrecht. 22. Deutscher Familiengerichtstag, Bd. 20, Verlag Gieseking, Bielefeld 2017. Der Text gibt einen Kurzvortrag wieder, den der Autor beim Festakt zur Eröffnung des 22. Deutschen Familiengerichtstages am 28. Juni 2017 in Brühl gehalten hat.

12 *Adam Smith,* The Theory of Moral Sentiments, 6. Ed., 1790, Part. 6 Sec. 2 Cap.2.

D. Entwicklungen im Familienrecht

Der Zugriff von Staat und Kirche auf die Ehe
– Eine historische Reflexion –

I. Die Ehe als Erscheinung von „Natur“ und „Sitte“

Die Frage nach dem „Zugriff“ von Staat und Kirche auf die Ehe setzt historisch wie theoretisch voraus, dass es „Ehe“ *vor* diesen Mächten gibt, dass die Ehe also nicht bloßes Produkt kirchlichen und staatlichen Ordnungswillens ist. Es muss etwas da sein, auf das die genannten Mächte zugreifen können.

Das Verständnis der Ehe als Einrichtung der Natur entspricht langer europäischer Denktradition. Wir finden sie in der antiken Philosophie ebenso ausgebildet wie in den allgemeinen Lehren des römischen Rechts.[1] Durch die Zeiten hindurch bis ins 20. Jahrhundert hinein wurden „Ehe“ und „Familie“ („Haus“) als Naturgebilde begriffen, die von den politischen Mächten zwar in bestimmter Weise geformt, aber nicht geschaffen werden.

Realgeschichtlich ist die Sache komplizierter, weil uns die Frage nach der „vorstaatlichen“ Ehe und Familie in Zeiten führt, die sich aus den Quellen nur schwer erschließen. Doch finden wir in der Forschung allenthalben das Bild einer „Entwicklung“ gezeichnet, die von Ehe und Familie als durch Sitte und Brauch geprägten Naturphänomenen ausgeht, deren Rechtscharakter sogar angezweifelt wird. *Hans Kreller* behandelt in seinem „Römischen Recht“ die „Ehe als Lebenstatbestand“ und schreibt: „Die Römer haben in keinem ihrer Rechtssysteme der Ehe den festen Platz eingeräumt, der ihr nach der uns heute geläufigen Ordnung innerhalb des Familienrechts als einem Institut eigenen Art ... zukommt. ... Schon daraus dürfte sich ergeben, dass die Ehe in ihren Augen nicht ein selbständiges Rechtsinstitut war, dessen Existenz aufgrund rechtlich fixierter Tatbestände bejaht oder verneint wurde, sondern ... eine Erscheinung des Lebens, an deren tatsächliches Auftreten die Rechtsordnung gewisse Folgen knüpfte.“[2] Ehegesetzgebung, etwa die Anordnung des Heiratszwangs oder die Eingrenzung der Scheidungsmöglichkeit, erscheint eher als Spätentwicklung des römischen Rechts,[3] die Scheidung betreffend eindeutig schon unter kirchlichem Einfluss.

Bei den germanischen Völkern war, soweit wir das heute nachvollziehen können, die Ehe von gelebten Rechtsvorstellungen geformt, die ebenfalls nicht aus Rechtssatzungen herrührten. Auch die Stammesrechte des Frühmittelalters und die Kapitularien der fränkischen Herrscher formulierten kein „Eherecht“, sondern versuchten, auf vorgefundene Gewohnheiten in dieser oder jener Richtung einzuwirken. Die Ehe war in erster Linie Angelegenheit der beteiligten Familien, nicht der politischen Obrigkeit.

---

1 Institutionen 1, 2 pr.

2 *H. Kreller*, Römisches Recht, Bd. 2, 1950, S. 124. Ähnlich *M. Kaser*, Das römische Privatrecht, 1. Abschnitt, 2. Aufl., München 1971, S. 310.

3 Dazu *P. Csillag*, The Augustan Laws on Family Relations, Budapest 1976; *M. Kaser*, Das römische Privatrecht, 2. Abschnitt, 2. Aufl., München 1975, S. 158 ff.

Die Forschung[4] beschreibt auch heute noch folgendes grob skizzierte Bild: Die Normalform der Ehe war diejenige Geschlechtsverbindung, in der dem Mann die Gewalt über die Frau (Munt) zustand. Die Munt wurde durch Vertrag („Kauf") vom Gewalthaber der Braut erworben. Der Frauenraub, von vielen Rechtshistorikern ebenfalls als ehebegründender Vorgang verstanden, stellte einen Übergriff auf die Munt des Vaters oder sogar des Ehemanns dar, der zur Blutrache oder Bußklage berechtigte, aber dann aufgrund eines Sühnevertrages oder ganz einfach durch die Normativität des Faktischen zur unbestrittenen Ehe führen konnte. Neben der Muntehe gab es als Form der gewaltfreien Ehe die sogenannte Friedelehe, die insbesondere für den Adel bezeugt ist und adeligen Männern die Führung polygamer Geschlechtsverbindungen ermöglichte. Schließlich spricht die Forschung noch von sogenannten Kebsehen, die auf einem Machtspruch des Herrn über seine unfreien Untergebenen beruhte.

Soweit uns Rechtsregeln des Frühmittelalters über die Ehe überkommen sind, tragen sie einen völlig anderen Charakter als das Eherecht im heutigen Sinn. Die Ehe ist keine rechtlich durchformte Einrichtung, deren Voraussetzungen, Bestand, Wirkungen und Ende definiert wären. Auch wenn die Stammesrechte bestimmte Verhaltensweisen als bußpflichtige Missetaten behandeln, etwa den Raub eines Mädchens, einer anderweit Verlobten oder gar einer verheirateten Frau[5], oder die Weigerung des Mannes, die ihm verlobte Frau heimzuführen,[6] so ist damit noch nichts über das weitere Schicksal der angestrebten Geschlechtsverbindung gesagt, geschweige denn über die „Gültigkeit" einer Ehe. Der Begriff der Ungültigkeit eines Rechtsaktes ist in der vorwissenschaftlichen Rechtskultur ohnehin kaum fassbar.[7] Ein völlig ungewohntes Rechtsverständnis tritt uns auch bei der Ehescheidung entgegen, wenn wir den Vorgang der Trennung von Eheleuten im Frühmittelalter überhaupt schon so bezeichnen können. Einigen Stammesrechten lässt sich entnehmen, dass der Mann seine Frau unter bestimmten Voraussetzungen, etwa wenn sie einen „Fehler" an sich hatte, bußlos verstoßen konnte[8]; in anderen Fällen riskierte er die Fehde mit der Frauensippe oder wurde bußfällig[9], ohne dass die Frage nach dem Fortbestand der Ehe von den Quellen gestellt würde.

Schon im Frühmittelalter sind allerdings Reformbemühungen spürbar, die wir – grob gesprochen – Kirche und Staat zurechnen können, die aber eine Kennzeichnung als „Zugriff" kaum verdienen dürften. Das Christentum hatte schon in der Antike begonnen, biblisch inspirierte Vorstellungen über Ehe und Eheleben auszubilden, die sich in den Schriften der Kirchenväter und auch in Konzilsbeschlüssen niederschlugen. In den Dokumenten der fränkischen Zeit lassen sich vor allem folgende Bestrebungen registrieren:

1. Dem Alten Testament[10] hatte man ein weitreichendes *Inzestverbot* entnommen, das Verwandtenehen über den bei den Germanen missbilligten Verwandtschaftskreis hinaus untersagte und zudem ein Ehehindernis der Schwägerschaft einführte.[11] Zusammen mit weiteren Ehever-

---

4 Siehe *P. Mikat*, Artikel „Ehe", in: Handwörterbuch zur Deutschen Rechtsgeschichte, 1. Aufl., Bd. 1, Sp. 810 ff.

5 Z.B. Lex Ribvaria 38 § 3, nach: F. Beyerle/R. Buchner (Hrsg.), Monumenta Germaniae Historica, Legum Sectio I, Legum nationum Germanicarum Tom. III Pars II, Hannover 1954.

6 Lex Alamannorum 50, nach C. Schott (Hrsg.), Schwäbische Forschungsgemeinschaft, 2. Aufl., Augsburg 1993; Lex Baiuvariorum VIII 15, nach *K. Beyerle* (Hrsg.), Lex Baiuvariorum, München 1926.

7 Eine Vorahnung zur Nichtigkeit eines Rechtsaktes bilden Regelungen, nach denen eine durch bußfällige Tat erlangte Frau zurückzugeben war, so etwa nach der Lex Alamannorum 50: „*Si quis spunsata alterius contra legem acciperit, redat eam et cum CC solidis conponat. Si autem redere noluerit, solvat eam cum CCCC solidis, aut si mortua fuerit post eum.*"

8 Lex Baiuvariorum VIII 14; vgl. auch Lex Burgundionum 34,3; nach F. Beyerle (Hrsg.), Lex Burgundionum, Weimar 1936.

9 Lex Baiuvariorem VIII 14.

10 Levitikus 18,6 ff.; 20, 17 ff.

11 Dazu *P. Mikat*, Die Inzestverbote des Konzils von Epaon, in: J. Listl (Hrsg.), Paul Mikat, Religionsrechtliche Schriften, Berlin 1974, Halbbd.2, S. 869 ff.

boten wie dem der geistlichen Verwandtschaft und des Keuschheitsgelübdes bildeten sich die Anfänge eines kirchlichen Ehehindernisrechts aus.

2. Ferner zeigt sich das Bestreben, die *dotierte Ehe* als die wünschenswerte, ja als die eigentlich legitime Ehe darzustellen, während die Friedelehe folgerichtig bekämpft wurde. Dem kann die Annahme zugrunde gelegt werden, dass die Friedelehe der Polygamie offenstand. Die Favorisierung der dotierten Ehe hängt augenscheinlich mit dem Kampf um das Prinzip der Monogamie zusammen.[12] Die Ehe, bei deren Begründung die Frau eine *dos* empfing, in die sich der einstige Kaufpreis mittlerweile verwandelt hatte, entsprach der Muntehe, also der Eheform, in der die Frau in das Haus des Mannes geführt wurde und dort unter seiner personenrechtlichen Gewalt lebte.

3. Bei den zur Muntehe führenden Verlobungs- und Trauungsvorgängen wird das Ziel spürbar, die Verheiratung der Töchter gegen ihren Willen zu erschweren.[13] Dem entspricht beim Frauenraub das Aufkommen der unterschiedlichen Behandlung des Raubs ohne und mit Willen der Geraubten.

4. Schließlich lässt sich die Bestrebung erkennen, die Unauflöslichkeit der Ehe durchzusetzen und folglich der Verstoßung der Frau durch den Ehemann entgegenzuwirken. Dabei scheint die Kirche den Hebel bei der Wiederverheiratung angesetzt zu haben.[14]

Die bei diesen Bestrebungen erzielten Resultate darf man sich nicht als in kurzer Zeit und leicht errungen vorstellen. Die Christianisierung der germanischen Bevölkerung bildet einen über Jahrhunderte gestreckten Vorgang, der zugleich Rückwirkungen germanischer Vorstellungen auf das Christentum zeitigte. An den genannten Reformbemühungen waren Kirche wie weltliche Mächte beteiligt, oft sichtbar Hand in Hand, so wenn Konzilsbeschlüsse als königliche Kapitularien gefasst wurden oder wenn bei der schriftlichen Aufzeichnung eines Stammesrechts (wie des bayerischen) der kirchliche Einfluss erkennbar ist.

Die im Laufe der Zeit erreichten Veränderungen zielten darauf ab, Eheschließung und Eheführung der germanischen Bevölkerung an das in der Antike ausgebildete christliche Eheverständnis anzupassen. Davon aber, dass Kirche und Staat als verbündete Mächte aus der Ehe etwas Neues oder gar eine von der Obrigkeit geschaffene Einrichtung gemacht hätten, kann nicht die Rede sein.

II. Die „Individualisierung" der Ehe durch Theologie und Kirchenrecht

Die Rechtsentwicklung seit dem hohen Mittelalter brachte neue Akzente. Der Kirche gelang es seit dem 11. Jahrhundert, eine unmittelbare Gestaltungskompetenz für die Ehe zu erlangen. Der Anspruch wurde theologisch begründet: Die Ehe, zumal die Ehe unter Christen, hat eine durch das Gesetz Gottes (*ius divinum*) vorgegebene Struktur, die aus den heiligen Schriften abzuleiten ist und durch menschliches Recht nicht angetastet werden kann. Die Theologie und also die Kirche sind dazu berufen, diese Struktur zu erkennen und zu vermitteln. „*Cum matrimonia hodie regantur iure poli, non iure fori*", heißt es bei Magister Gratian.[15] Der Anspruch des Vorrangs der *lex evangelica* vor der *lex mundana* kündigt sich schon in einzelnen Quellen

---

12 Dazu *P. Mikat*, Dotierte Ehe - rechte Ehe. Zur Entwicklung des Eheschließungsrechts in fränkischer Zeit. Rheinisch-Westfälische Akademie der Wissenschaften, Geisteswissenschaften, Vorträge G 227, 1978 = D. Giesen/D. Ruthe (Hrsg), Geschichte, Recht, Religion, Politik. Beiträge von Paul Mikat, Paderborn 1984, Bd. 1, S. 389 ff.

13 Vgl. Edictus Rothari 195, nach F. Beyerle (Hrsg), Die Gesetze der Langobarden, Weimar 1947.

14 Hierzu *P. Mikat*, Zu den Voraussetzungen der Begegnung von fränkischer und kirchlicher Eheauffassung in Gallien, in: Religionsrechtliche Schriften (wie Fn. 11), Bd. 2., S. 889 ff.

15 Dictum Gratiani zu c.7 C.2 qu.3.

des Frühmittelalters an, etwa im Gutachten des Bischofs Hinkmar v.Rheims in der Eheaffaire Lothars II.[16], und wird in der frühen Kanonistik schon ganz eindeutig erhoben.[17] Er gipfelt in der Sakramententheologie des Hochmittelalters.

Die theologisch begründete kirchliche Kompetenz über die Ehe mündete in eine jurisdiktionelle aus. Das gilt für die Begründung einer exklusiven Zuständigkeit der kirchlichen Gerichte über Kernfragen des Eherechts (Ehehindernisse, Eheschließung, Ehescheidung) ebenso wie für die Befugnis zur Gesetzgebung. Wenn die Ehe eine Einrichtung des göttlichen Rechts war, die Kirche aber die Interpretin des Gotteswortes, so lag es nahe, auch die im göttlichen Recht nicht zwingend festgelegten Rechtsfragen für die Regelungsgewalt der Kirche zu beanspruchen, zumal der Begriff „göttliches Recht" in seinem Bedeutungsgehalt noch nicht präzisiert war und auch auf das kirchliche Recht insgesamt bezogen wurde.[18] Die kirchliche Jurisdiktionskompetenz überschritt schließlich den Kernbereich des Eherechts und konkurrierte auch in den *res spirituali annexae*, etwa im Dotal- und Güterrecht, mit der Zuständigkeit der weltlichen Instanzen.

Im Verlaufe dieser Besetzung durch die Theologie wurde – so lässt sich der Vorgang deuten – die Ehe als Ganzes zum Gegenstand von zusammenhängenden Rechtsregeln. Die Konzilien und die Weisungen der Päpste, begleitet von der entstehenden kanonistischen Wissenschaft, schufen zum ersten Mal ein „Eherecht" im modernen Sinn. Nun wurde genau bestimmt, welche von den vielen Riten und Feierlichkeiten, die bei einer Hochzeit üblich waren, zum unabdingbaren rechtlichen Kern gehörten und welche bloß zur herkömmlichen, aber nicht unbedingt erforderlichen Sitte. Es wurde nun unterschieden, was *„ex necessitate"* erfordert war und was bloß *„ex honestate"*, welche Ehevoraussetzungen also die *Gültigkeit* der Eheschließung betrafen und welche nur ihre *Erlaubtheit.*

Mit der rechtlichen Differenzierung war eine *Individualisierung* des Eheverständnisses verbunden. Die Kirche setzte das Konsensprinzip durch, wonach der übereinstimmende und gegenseitig bekundete Ehewillen der Brautleute allein die Ehe zustande bringt, mehr ist nicht unbedingt erforderlich: *solus consensus facit nuptias.*[19] Was das bedeutet, wird klar, wenn wir uns an die germanischen Eheschließungsriten erinnern. Der Wille von Bräutigam und Braut sind nun essentiell und werden rituell erfragt. Das einstige Verlobungsrecht der familiären Gewalthaber bildete sich zu einem Ehebewilligungsrecht zurück und auch dieses verlor seinen zwingenden Charakter, weil die Zustimmung von Vater, Eltern, Familie nicht mehr zur Substanz der Eheschließung gehörte, ebensowenig wie andere hergebrachten Erfordernisse, die den familiären oder herrschaftlichen Einfluss sichern sollten. Weder die Leistung einer *dos*, noch die Einwilligung des Herren in die Eheschließung seiner Unfreien oder des Feudalherren in die Eheschließung seiner Vasallin wurden als substantiell notwendig anerkannt.[20]

Mit „Individualisierung" soll ausgedrückt sein, dass die Ehe in der Sicht des nun bestimmenden kirchlichen Rechts als ein Band zwischen Mann und Frau begriffen wurde, das seine Entstehung einem ausschließlich interpersonalen Vorgang, nämlich der gegenseitigen Bekundung des Ehewillens verdankte, während die Bezüge zu Familie und Gesellschaft – so wichtig sie nach wie vor und letztlich bis ins 20. Jahrhundert hinein waren – in die Kategorie von Folgewirkungen

16 Nachweise: *D. Schwab*, Grundlagen und Gestalt der staatlichen Ehegesetzgebung in der Neuzeit bis zum Beginn des 19. Jahrhundert, Bielefeld 1967, S. 20.

17 Quellen hierzu wie Fn. 16, S. 22 f.

18 *E. Rößer*, Göttliches und menschliches, unveränderliches und veränderliches Kirchenrecht von der Entstehung der Kirche bis zur Mitte des 9.Jahrhunderts, Paderborn 1934, S. 108.

19 Zum Sieg des Konsensprinzips insbesondere *H. Portmann*, Wesen und Unauflöslichkeit der Ehe in der kirchlichen Wissenschaft und Gesetzgebung des 11. und 12. Jahrhunderts, Emsdetten 1938.

20 Nachweise *D. Schwab*, Artikel. „Heiratserlaubnis", in: Handwörterbuch zur Deutschen Rechtsgeschichte, 1. Aufl., Bd. 2, Sp. 59 ff.

des personalen Tatbestandes „Ehe“ rückten. In der Sakramententheologie erfuhr dieser Vorgang seine Vollendung: Wenn die Ehe für christliche Eheleute gleich Taufe und Priesterweihe ein heilstiftendes Zeichen ist, das sich die Brautleute spenden, dann ist sie herausgehoben aus ihren sozialen Bezügen, der Hausherrschaft, der Elternschaft, der Stadtgemeinde, des Lehensverbandes, der Landesherrschaft usw., die nicht an der Sakramentalität teilhaben. Eklatantes Beispiel für diesen Zusammenhang ist die kirchliche Lehre, wonach der gegenseitig bekundete Ehewille eines geschlechtsreifen Knaben (ab 14) und eines geschlechtsreifen Mädchens (ab 12) eine Ehe zustande bringen konnte:[21] auch ohne geschlechtlichen Vollzug, auch ohne elterliche Ehebewilligung, auch ohne Zeugen, auch ohne priesterliche Mitwirkung, auch ohne Konsens irgendeiner Herrschaft.

Bei diesem Befund muss allerdings der Fehler vermieden werden, die Normen mit der sozialen Realität zu verwechseln. Auch unter der Herrschaft des kanonischen Eherechts ist die Eheschließung *in der Regel* eine familiär gesteuerte Angelegenheit geblieben – zu Vieles hing in der ständischen Gesellschaft für eine Familie davon ab, dass nicht Missheiraten den ständischen Rang und die Sukzession gefährdeten. Wir dürfen darüber hinaus annehmen, dass sich die Anforderungen des Feudalsystems und die obrigkeitlichen Ordnungsziele, namentlich der spätmittelalterlichen Stadtregimente, auch gegenüber der sakramental überhöhten Individualbeziehung durchsetzten. Doch darf man auch nicht in den umgekehrten Fehler verfallen, die kanonistische Ehedoktrin als bloße Theorie abzutun. Die Diskrepanz zwischen dem individualistischen Eheverständnis der Kirche und den Anforderungen des politisch-sozialen Ordnungsgefüges war offenkundig relevant und äußerte sich in den Auseinandersetzungen, die im späten Mittelalter und der Neuzeit zwischen Kirche und Staat um das Eherecht geführt wurden.

III. Das Problem des obrigkeitlichen Zugriffs auf die Ehe im späten Mittelalter

Um die Problemlage, die sich für Kirche und Staat im späten Mittelalter ergab, zutreffend einzuschätzen, muss man sich die Grenzen vergegenwärtigen, welche die theologische Herrschaft über die Ehe der Gestaltungsmacht durch menschliche Gesetzgeber zog. Die Sakramentenlehre stand der Vorstellung von einer mehr oder minder beliebigen Disposition durch Rechtsvorschriften im Wege. Die christliche Ehe wurde als eine jeder irdischen Ordnung vorgegebene Einrichtung des natürlichen und göttlichen Rechts begriffen, deren Kern sowohl dem kirchlichen wie dem weltlichen Gesetzgeber entzogen war. Konsensprinzip und Sakramentalität bedingten die *Freiheit der Eheschließung*, ein Prinzip, das zu den Erfordernissen einer Feudalgesellschaft in direktem Gegensatz stand. Die Ehetheologie des Mittelalters formte die Ehe einerseits neu, entzog aber ihr Geschöpf gleichzeitig zumindest dem direkten Ordnungszugriff der jurisdiktionellen Gewalten.

Gewiss bildete sich eine kirchliche Ehegesetzgebung aus, die über eine bloße Erklärung der natürlichen und göttlichen Ordnung hinausging. Ich verweise nur auf die komplizierte Entwicklung des Ehehindernisses der Verwandtschaft, dessen Deutung im Lichte des göttlichen Rechts von der Antike bis zum Laterankonzil von 1215 und darüber hinaus bis zum Konzil von Trient außerordentlich schwankend war.[22] Für die kirchliche Gesetzgebung in Ehesachen bildete sich, durch die kanonistische Wissenschaft gestützt, folgende Linie aus: Voraussetzungen und Behinderungen der Eheschließung müssen – soweit es um die Ehe von Christen geht – *theologisch begründet* sein. Der theologische Anspruch ist aber unterschiedlich stringent: Es gibt Regeln, die schlechthin aus dem göttlichen Recht herrühren und deren Verletzung ein gültige Ehe nicht zulässt; andererseits gibt es Regeln, die der kirchliche Gesetzgeber im Nachvollzug eines theolo-

21 Die Problematik ist behandelt in Liber Extra Lib. IV Tit. 2: *De desponsatione impuberum*. Die Altersstufen betreffend folgte das kirchliche dem römischen Recht.

22 Übersicht bei *J. B. Sägmüller*, Lehrbuch des katholischen Kirchenrechts, 1904, S. 539 ff.; *H. G. Joyce*, Die christliche Ehe, Deutsche Übersetzung, Leipzig 1934, S. 447 ff.

gischen Gedankens diesem göttlichrechtlichen Kern hinzufügen darf und deren Verletzung die Ehe unerlaubt, aber nicht ungültig macht. Dem entspricht die Unterscheidung zwischen so genannten trennenden und bloß aufschiebenden Ehehindernissen.

Das System differenzierte sich weiterhin dadurch aus, dass die Päpste auch im Bereich der trennenden Ehehindernisse in bestimmten Randbereichen eine Dispensationsgewalt in Anspruch nahmen. Demzufolge kann man unterscheiden zwischen a) trennenden, nicht dispensablen, b) trennenden dispensablen und c) bloß aufschiebenden und stets dispensablen Ehehindernissen. So entstand das System des kanonischen Eherechts mit seinen feingesponnenen Differenzierungen, das den kirchlichen Einfluss in den Bereich der dynastischen Sukzession hinein erstreckte und mit dessen Hilfe sich infolgedessen die bekannte päpstliche Machtpolitik treiben ließ. Bei all dem blieb es aber dabei, dass das kirchliche Eherecht – gleichgültig, welchen Gebrauch die Päpste jeweils davon machten – in der Theologie verhaftet blieb und sich im Allgemeinen nicht auf die Durchsetzung weltlicher Ordnungsinteressen verpflichten ließ.

Das ist der Punkt, in dem ein Konkurrenzkampf der politischen Kräfte des Spätmittelalters um den Zugriff auf die Ehe einsetzt. Als ein Kardinalproblem in diesem Streit ist die Frage der heimlichen Ehe (*matrimonium clandestinum*) anzusehen. Nach kirchlichem Recht war, wie geschildert, der Konsens der Brautleute, die einen gegenwärtigen Ehewillen ausdrückte (*sponsalia de praesenti)*, die Entstehungsursache des ehelichen Bandes. Es bedurfte weder der Zustimmung der Eltern, noch der Hingabe einer *dos,* noch einer Mitwirkung des Priesters, noch sonst einer öffentlichen Bekundung, um eine gültige Ehe zustande zu bringen. Eheschließung, so sagt man, war „formlos“ möglich, was eigentlich nicht richtig ist: Denn der Ehekonsens wurde als die Form des Sakramentes angesehen, nur bedurfte er keiner *öffentlichen* Form. Auch der geschlechtliche Vollzug war nicht Gültigkeitsbedingung, spielte allerdings – nach gewissen in Streitfragen erzielten Kompromissen – noch eine Rolle: Einmal bedeutete für die durch Ehekonsens geschlossene christliche Ehe das Hinzutreten des Geschlechtsakts erst die endgültige Unauflöslichkeit, nun konnten also weder Keuschheitsgelübde noch päpstliche Dispens das Band wieder auflösen;[23] zum anderen machte der Geschlechtsverkehr ein bloßes Verlöbnis (*sponsalia de futuro)* zur Ehe, weil man den auf das Verlöbnis folgenden Geschlechtsakt als Ausdruck präsenten Ehewillens deutete.[24]

So oder so konnte die Ehe „heimlich“ geschlossen werden, und wann immer eine solche Eheschließung behauptet wurde, ergab sich eine schwierige Beweisfrage. Ob nun die heimlichen Ehen ein Massenproblem dargestellt haben oder nicht – die Rechtsquellen des Spätmittelalters und der frühen Neuzeit sind gefüllt mit Zeugnissen ihrer Bekämpfung, schon durch kirchliches Recht selbst, alsbald aber auch durch die Gesetzgebung der weltlichen Obrigkeiten. Zur Einschätzung der nun einsetzenden Konkurrenz von kirchlicher und staatlicher Rechtssetzung ist wichtig, dass der Begriff der „heimlichen Ehe“ („Winkel-Ehe“) durchaus offen war: Man konnte darunter die Eheschließung überhaupt ohne Zeugen verstehen, oder die Eheschließung ohne kirchliche Mitwirkung oder die Eheschließung ohne elterliche Bewilligung, vielleicht sogar die Heirat ohne die geforderte Beteiligung der Herrschaft.[25] Wenn wir also Kirche und Staat im Kampf gegen „heimliche Ehen“ konkurrieren sehen, dann muss nicht in jedem Fall akkurat dasselbe Ziel verfolgt sein.

Was das kirchliche Recht betrifft, so finden wir frühzeitig den Versuch der Kirche, die Beteiligung eines Geistlichen an der Eheschließung zu sichern: Die Ehe soll *in facie ecclesiae* geschlossen werden, wobei der damit gemeinte Tatbestand zunächst nicht klar umrissen war und sich sowohl auf Brautmesse und Brautsegen als auch auf das rituelle Erfragen des Ja-Worts durch den

23 Zur Entwicklung des päpstlichen Dispensationsrechts *Joyce* (Fn. 22), S. 382 ff.
24 c.3 X, IV 5; c.6 X, IV 5; c.30 X, IV 1.
25 Nachweise: wie Fn. 16, S. 29.

Priester wie auf eine beliebigen Wahrung kirchlicher Öffentlichkeit beziehen konnte; nach einigen zeitgenössischen Auffassungen konnte das Erfordernis „*in facie ecclesiae*" auch durch die üblichen Familienfeierlichkeiten erfüllt sein.[26] Die kirchliche Mitwirkung musste als umso dringender erscheinen, je weiter sich das kirchliche Ehehindernisrecht erstreckte; unerlaubten Ehen konnte am besten durch präventive Kontrolle vorgebeugt werden. Dieser Gesichtspunkt spielte offenbar eine wichtige Rolle. Das zeigt sich darin, dass mit dem Gebot der priesterlichen Mitwirkung spätestens seit Beginn des 13. Jahrhunderts ein Aufgebotsverfahren verbunden wurde, dessen Unterlassung gleichfalls den Vorwurf „heimlicher" Eheschließung nach sich ziehen konnte. Grundlage für die spätmittelalterliche Entwicklung ist eine Bestimmung des 4. Laterankonzils (1215), die ein priesterliches Aufgebotsverfahren installierte und heimliche Eheschließungen verbot.[27] Freilich beachtete die mittelalterliche Kirche den Vorrang des göttlichen Rechts: Trotz der systematischen Klerikalisierung der Eheschließung wurde die *Gültigkeit* der heimlichen Ehen im Allgemeinen *nicht* angezweifelt, sofern nur das Vorhandensein eines wirklichen Ehewillens bei dem heimlichen Vorgang bewiesen werden konnte. Zeugnisse, die eine Heirat außerhalb der kirchlichen Öffentlichkeit für unwirksam erklären, blieben im Mittelalter vereinzelt[28] und standen im Gegensatz zur allgemeinen kirchenrechtlichen Lehre.

Parallel dazu setzen die Bemühungen der weltlichen Obrigkeiten ein, heimliche Eheschließungen zu verhindern, freilich nicht unbedingt mit der gleichen Zielsetzung. Es fällt auf, dass es in den deutschen Stadtrechten des Mittelalters hauptsächlich darum ging, Eheschließungen ohne Vorwissen und Willen der Brauteltern bzw. der Eltern noch unmündiger Söhne zu verhindern, d. h. also letztlich darum, das im einstigen Verlobungsrecht des familiären Muntwalts wurzelnde Ehebewilligungsrecht der Familie aufrechtzuerhalten. Auch die weltlichen Rechtsquellen tasteten die Gültigkeit der in ihrem Verstande heimlichen Ehen nicht an. Sanktionen waren Vermögensstrafen, Verlust des Erbrechts, in strengen Quellen Verbannung, wobei insbesondere die erbrechtlichen Disqualifikationen diesen Ehen einen entscheidenden Teil ihrer Legitimität nahmen.[29] Wir beobachten auch in anderer Beziehung eine Gesetzgebungstätigkeit der weltlichen Mächte, sozial unerwünschte Eheschließungen, welche nach Kirchenrecht eindeutig gültig waren, zu behindern.[30] Auch die obrigkeitliche Ehebewilligung blieb eine lebendige Rechtseinrichtung, wie uns Stadtrechtsprivilegien zeigen, welche die Eheschließungsfreiheit der Bürger und Einwohner ausdrücklich verbürgen.[31]

Man kann die Lage des mittelalterlichen Eherechts wie folgt beschreiben: Unter dem Einfluss der Theologie war die Ehe aus dem familiären wie gesellschaftlichen Kontext herausgehoben und in ein personales Band zweier Individuen verwandelt worden, das in seinem Kernbereich im göttlichen Recht angesiedelt und der menschlichen Ordnungskompetenz entzogen war. Dieses Verständnis gestattete es der Kirche gleichwohl, bestimmte Rechtsgestaltungen in Vollzug theologischer Grundgedanken dem göttlichen Recht hinzuzufügen, in diesem Zusammenhang auch die kirchliche Mitwirkung bei der Eheschließung anzubefehlen. Um offenkundige Diskrepanzen zwischen den familiären und gesellschaftlichen Anforderungen an die Ehe einerseits und dem theologischen Ehebegriff andererseits abzumildern, griffen auch die weltlichen Obrigkeiten zu einer – von der Konstruktion her gesehen – peripheren, aber wohl wirkmächtigen Gesetzgebung mit dem Ziel, unerwünschte Eheschließungen zu vermeiden und die Mitwirkung der Familie wie der Herrschaft an der Ehestiftung zu sichern.

---

26 Siehe die Quellen bei *Joyce* (Fn. 22), S. 108.

27 c. 3 X, IV 3.

28 Siehe die Konzilien von Winchester (1076) und London (1102), Nachweise bei *Joyce* (Fn. 22), S. 105 f.

29 Vor allem, wenn der Ausschluss vom Familienerbrecht die Nachkommen aus den „heimlichen Ehen" traf und diese also in die Nähe nichtehelicher Kinder rückte.

30 Nachweise wie Fn. 16, S. 31.

31 Heidelberger Stadtordnung von 1465, in: R. Schröder (Hrsg.), Oberrheinische Stadtrechte, Abt. 1 H. 5, Heidelberg 1900, S. 492.

IV. Der Durchbruch zu einer obrigkeitlichen Gestaltung des Eherechts in der Neuzeit

Die entscheidende Frage für die weitere Entwicklung des Eherechts war, ob die Ordnungsmächte bei seiner Gestaltung weiterhin das Eheband als einen von der Theologie verbindlich geprägten Kernbereich respektieren oder auf die Substanz der Ehe selbst ausgreifen würden. Dass im Resultat die zweite Alternative zum Zuge kam, gehört zu den Grundtatsachen der Familienrechtsgeschichte, die das Eheverständnis bis heute prägen. Doch kann dem historischen Verlauf entnommen werden, dass der obrigkeitsstaatliche Zugriff auf die Ehe beträchtliche Hindernisse zu überwinden hatte, die unsere Aufmerksamkeit verdienen. In diesem Punkt ist von der Reformation an zwischen katholischen und protestantischen Gemeinwesen zu unterscheiden.

1. Der katholische Bereich

Das Konzilsdekret „Tametsi“ des Konzils von Trient gebot die Präsenz eines Priesters und zweier oder dreier Zeugen bei der Eheschließung und erklärte Ehen, die ohne Beachtung dieser Erfordernisse geschlossen waren, für nichtig.[32] Damit gewann die kirchliche Kontrolle über die Ehe eine neue Qualität. Wo die Konzilsbeschlüsse übernommen wurden, waren nun „Ehe“ und „Nichtehe“ anhand der Kirchenbücher schon danach zu unterscheiden, ob der Begründungsakt kirchlich registriert war oder nicht. Das „Konkubinat“ bildete einen klar zu überprüfenden Tatbestand, „heimliche Ehen“ und die mit ihnen verbundenen Unklarheiten gab es nicht mehr.

Dass die kirchliche Kontrolle auch dem Staat zugute kam, ist evident: Die weltlichen Obrigkeiten konnten in ihrer Gesetzgebung zwischen erlaubten und unerlaubten Geschlechtsverbindungen differenzieren, ohne für einen Großteil der Fälle umständliche Nachforschungen des kirchlichen Ehegerichts abwarten zu müssen: Der „unehrliche Beisitz“ trug seine Rechtlosigkeit auf der Stirn, das Konkubinat wurde bis ins 20. Jahrhundert hinein zum Straftatbestand.[33] Die somit mögliche soziale Kontrolle über die Heiraten zeigt sich im Zusammenhang mit den Ehehindernissen, die von staatlicher Seite errichtet wurden. Auch wenn im katholischen Bereich die Auffassung herrschend blieb, dass der menschliche Gesetzgeber nicht beliebig trennende Ehehindernisse schaffen könne, so blieb doch die Möglichkeit, Hindernisse einzuführen, bei deren Vorliegen den Priestern die Mitwirkung bei der Trauung verboten war. Dieses System funktionierte, solange der Staat sich der Folgsamkeit des landesangehörigen Klerus sicher sein konnte.[34]

Theologisch gesehen gingen die in Trient versammelten Konzilsväter und -theologen ein nicht geringes Wagnis ein, hatte doch die Kirche des Mittelalters unter Berufung auf das göttliche Recht die Ehe von den familiären und sozialen Anforderungen befreit. Dem hatten die alten Sitten ebenso weichen müssen wie die aktuellen politischen Interessen. Nun aber sollte das im göttlichen Natur- und Sakramentalrecht angesiedelte eheliche Band den Zwecken irdischer Ordnungspolitik, insbesondere der Bekämpfung der heimlichen Ehen und der daraus resultie-

---

32 Decretum de reformatione matrimonii vom 11. Nov. 1563, nach: Canones et Decreta Sacrosancti Oecumenici Concilii Tridentini, Ed. Turin 1913, S. 172 ff.

33 Schon Reichspolizeiordnung 19. November 1530: „*Von leichtfertiger Beywohnung*“. Nach: (P. Ostermann), Aller deß Heiligen Römischen Reichs gehaltener ReichsTäg Ordnung/Satzung und Abschied …, Mainz 1642, S. 241, 250. Interessanterweise blieb jedoch das Gemeine Recht bei einer Besserstellung der Konkubinenkinder gegenüber sonstigen unehelichen Kindern im Erbrecht. Das war allerdings streitig, zum Meinungsstand am Ende des 18. Jahrhunderts s. *L. J. F. Höpfner*, Theoretisch-practischer Commentar über die Heineccischen Institutionen nach deren neuesten Ausgabe, 6. Aufl., Frankfurt am Main 1798, Lib.III Tit. XIII, § 690, 4.

34 Dass die Sache nicht unproblematisch war, zeigen die Auseinandersetzungen zwischen Staat und Klerus in Frankreich um die Bindung der Pfarrer bei der Trauung an zusätzliche staatliche Rechtsvorschriften, dazu *Joyce* (Fn. 22), S. 221 ff.

renden Missstände unterworfen werden. Theologische Argumente – z.B. die Deutung des Priesters als Spender des Ehesakraments – blieben gegenüber der theologischen Tradition ohne Überzeugungskraft. Vielmehr fand die Einführung der zwingenden Eheschließungsform ihr Begründungsfundament in der Anwendung der scholastischen Staatslehre auf die Kirche.

Nach scholastischer Doktrin besitzt die Ehe außer ihrem sakramentalen Charakter einen gesellschaftlichen Bezug. Thomas von Aquin ordnet der Ehe ein *officium communitatis* oder *civilitatis* und einen gesellschaftlichen Zweck (*bonum politicum*) zu, und *insofern* unterliegt sie der Ordnungsgewalt auch des Staates, der *lex civilis*.[35] Auf diese Weise ließ sich der Zugriff des Staates auf das Eherecht ohne Schwierigkeit begründen. Hinzu kam, dass im Ehekonsens ein Vertragsschluss gesehen wurde; für Verträge und Vertragsrecht aber ist die *lex civilis* zuständig. Daraus leitete ein Teil der nachfolgend entwickelten Staatsdoktrinen die Kompetenz des Staates ab, sogar trennende Ehehindernisse zu errichten. Eine solche Lehre liegt z.B. bei dem Spätscholastiker *Francisco de Vitoria* voll ausgebildet vor, der den traditionellen kirchlichen Jurisdiktionsanspruch über die Ehe mit gewissen Mühen noch rettete, indem er der Kirche einen in der Sache begründeten Vorrang einräumte. Die französische Staatslehre leugnete alsbald einen solchen Vorrang und begründete folgerichtig eine ungehinderte Rechtsmacht des Staates über die Ehe.[36]

Das neue Staatsdenken, das dem Absolutismus vorarbeitete, bestimmte interessanterweise auch die kirchliche Entwicklung. Der kühne Schritt, den die Mehrheit der Tridentiner Kirchenversammlung zu gehen bereit war, stieß bei einem Teil der Konzilsväter auf erbitterten Widerstand, sie sahen in der zwingenden Formvorschrift einen Übergriff auf das göttliche Sakramentalrecht. Kennzeichnenderweise sind die Gegengründe nicht theologischer, sondern staatsrechtlicher Art: Die *respublica* kann alles, was dem Gemeinwohl dient; auch die Kirche ist eine *respublica*, also kann sie es ebenso. Der Staat kann Ehen vernichten, führte der der Erzbischof von Granada aus, also erst recht kann es die Kirche.[37] Die *respublica* hat – wie der Bischof von León argumentierte – die Macht über Verträge, zu denen die Eheschließung gehört, also auch die Kirche.[38] So wurde die das göttliche Recht überschießende Rechtsmacht der Kirche von ihrer Staatlichkeit abgeleitet.

Solche Vorstellungen liefen auf eine umfassende Kompetenz des Staates für das Eherecht zu. Es musste nur noch die kirchliche Gewalt und der sakramentale Charakter der Ehe spiritualisiert werden, um den sozialen Befund „Ehe“ ganz in die Rechtsmacht des Staates zu geben. Die Praxis der Gesetzgebung folgte der Theorie keineswegs auf einen Schlag, es sollte noch Jahrhunderte dauern, bis neben das System des kirchlichen Eherechts ein umfassendes staatliches trat. Doch war der Anspruch nun angemeldet, und er wurde *bei Gelegenheit* auch erhoben. Im Überblick kann man Ehegesetzgebung der katholischen Staaten bis zum Ende des 18. Jahrhunderts wie folgt kennzeichnen:

a) Bei Zugriffen auf das Eheband selbst, etwa bei Errichtung trennender Ehehindernisse, hielten sich die Staaten merklich zurück, weil sie auf diesem Felde ohne Notwendigkeit keine Konflikte mit dem Papsttum riskieren wollten. Eine gewisse Sonderstellung nahmen die französischen Könige ein, die schon im 16. Jahrhundert ihre Macht demonstrierten. Die neue zwingende Form der Eheschließung wurde mit der Ordonnanz von Blois (1579) nur unter wesentlichen Erweiterungen für das Königreich in Geltung gesetzt: Man verlangte für die Gültigkeit der Ehe außer der priesterlichen Mitwirkung *vier* (statt zwei oder drei) Zeugen und machte außerdem

35 *Thomas von Aquin*, Summa Theologica, Suppl. 3ae Partis, qu. 50 ad 4 (nach der Ausgabe von *Rubeis, Billuart et al.*, Turin 1922).

36 Nachweise wie Fn. 16, S. 60 ff., 70 ff.

37 Concilium Tridentinum. Diariorum, actorum, epistolarum, tractatuum nova collectio, Freiburg i.Br. 1900 ff., Bd. 9, S. 644.

38 Concilium Tridentinum (Fn. 37), S. 665.

die Einhaltung des Aufgebotsverfahrens zur Wirksamkeitsbedingung.[39] Auch in der Folgezeit registrieren wir den Versuch der französischen Gesetzgebung, in Einzelfragen die kanonischen Nichtigkeitsgründe zu erweitern und bestimmte kirchenrechtlich gültige Ehen als *non valablement contractez* zu behandeln. Ein umfassender Angriff auf das kirchliche Eherecht lag darin noch nicht, es ging um Einzelfragen. Erst Josef II. wagte es mit seinem Ehepatent vom 16. Jänner 1783, das Recht des Ehebandes einer vollständigen Bestimmung durch das staatliche Recht zu unterwerfen.

b) Hingegen betätigte sich die staatliche Gesetzgebung ziemlich beliebig im Bereich der *bloß verbietenden („aufschiebenden“)* Ehehindernisse, deren Nichtbeachtung das Eheband nicht antastete. Häufig ging es, wie schon in den spätmittelalterlichen Stadtrechten, um das Verbot von Eheschließungen ohne Vorwissen der Eltern, die vom kirchlichen Recht noch immer für gültig gehalten wurden,[40] doch ging man nun weit über diesen Punkt hinaus. Das polizeistaatliche Regiment der frühen Neuzeit brachte ein ganzes System von Eheverboten hervor, das die Freiheit der Eheschließung stark einschränkte. Jeder Aspekt der *utilitas publica* war geeignet, ein Ehehindernis zu begründen, zu dessen Beachtung Trauverbote an die der Landesherrschaft unterworfenen Geistlichen ergingen. Wesentlich für die Rechtstechnik des Obrigkeitsstaats war der Genehmigungsvorbehalt, das heißt das Erfordernis einer behördlichen Heiratserlaubnis. Die Eheschließung wurde so auch in katholischen Staaten zu einem obrigkeitlich kontrollierten und gesteuerten Vorgang. Unter anderem ging es darum, Personen ohne gesichertes *„ehrliches Auskommen und Brotgewinn“* von der Ehe fernzuhalten, die Ehe von Personen, die (noch) unselbständig waren wie Gesinde, Handwerksgesellen, Studenten usw. unter einen Genehmigungsvorbehalt zu stellen, den Einfluss des Staates auf die Eheschließungen seiner Beamten und Militairs zu sichern, die Heirat von reichen Witwen zu überwachen, auf dass ihr Vermögen nicht in falsche oder gar ausländische Hände falle, und um vieles andere mehr.

2. Der protestantische Bereich

Den protestantischen Ländern und Städten stand, was die Gesetzgebung über die Ehe betrifft, keine konkurrierende Gegenmacht in Gestalt des Bischofs von Rom gegenüber. Der ordnungspolitisch inspirierte Zugriff auf die Ehe konnte somit sehr viel unvermittelter vonstatten gehen. Freilich ergeben sich auch hier interessante Widersprüche zum theologischen Fundament.

Denn Luthers berühmtes Wort von der Ehe als *„ein eusserlich weltlich ding“*[41] darf nicht zu der Annahme verleiten, die Reformatoren hätten die Ehe einer beliebigen Herrschaft der weltlichen Obrigkeiten aussetzen wollen. Die Ehe blieb Gegenstand der Theologie, das „äußerliche weltliche Ding“ wurde zwar nicht mehr im jurisdiktionellen, aber in einem theologischen und spirituellen Sinn als „geistlicher Stand“ begriffen.[42] Daran knüpften die protestantischen Juristen an, die bereitwillig in die alten Schubladen des kanonischen Rechts griffen: Auch im Rechtssinne wurde die Ehe wiederum als *res spiritualis* begriffen und daher die Ehesachen nicht einfach den allgemeinen Gerichten überantwortet, sondern den meist mit Theologen und Juristen gemischt besetzten Konsistorien und Ehegerichten zugewiesen.

---

39 *Isambert/Decrusy/Taillandier*, Recueil général des anciennes lois françaises depuis l'an 420 jusqu'à la Revolution, Paris 1821 ff., Bd. 14, S. 391.

40 Decretum de reformatione matrimonii vom 11. Nov. 1563, Cap.1: „... *et proinde jure damnandi sint illi, ut eos sancta Synodus anathemate damnat, ... quique falso affirmant, matrimonia a filiis familias sine consensu parentum contracta, irrita esse, et parentes ea rata, vel irrita facere posse* ...“.

41 Von Ehesachen (1530), nach. Martin Luthers Werke, Weimarer Ausgabe (WA), 1883 ff.; Bd. 30/3, S. 205.

42 Das siebente Kapitel S. Pauli zu den Corinthern (1523), WA Bd. 12, S. 105 (der *„aller geystlichste stand“*).

Entscheidend ist ferner, dass sich die reformatorische Theologie nicht versagte, Aussagen auch über die Rechtsgestalt der Ehe zu machen, wenngleich sich Luther in seiner Schrift „Von Ehesachen“ (1530)[43] zunächst auf den Anspruch zurückzog, nicht Rechtsauskünfte geben, sondern nur dem Gewissen raten zu wollen. Aussagen über das Eherecht waren schon deshalb unabdingbar, weil die Reformatoren das überkommene kanonische Eherecht in zentralen Punkten – Ehehindernis des Keuschheitsgelübdes, Ehehindernis der Verwandtschaft, Ehebewilligung durch die Eltern, Scheidungsfrage – zu überwinden bestrebt waren, was allein vom Standpunkt des Gewissens aus nicht überzeugend hätte geschehen können.[44] Quelle der Erkenntnis konnte aber nicht mehr das göttliche Sakramentalrecht sein, vielmehr kam die natürliche Schöpfungsordnung als Rechtsquelle zum Einsatz: Die Ehe ist *„Gottes eyngepflantztes werck und artt“*[45], als solches der menschlichen Willkür entzogen: *„Nec est humanae potestatis, creationem mutare“* heißt es in der Ausburgischen Konfession.[46]

Wenn mit Berufung auf göttliches Schöpfungsrecht die päpstlichen Ehehindernisse bekämpft werden konnten, mussten der menschlichen Rechtsgewalt über die Ehe auch sonst Schranken gesetzt sein. Luther und ein Teil der theologischen Literatur seiner Zeit lehnen daher die Gewalt der menschlichen Obrigkeit ab, die Freiheit der Eheschließung durch vernichtende Ehehindernisse einzuschränken. Wer hat dem Menschen eine solche Macht gegeben?[47] Hatte man doch das päpstliche Eherecht gerade als willkürlichen Eingriff in die Schöpfungsordnung bekämpft.

Indes hat sich die Theologie Luthers auf die Dauer nicht durchsetzen können. Die Gesetzgebungspraxis der protestantischen Länder und Städte ist von zwei unterschiedlichen Konzeptionen bestimmt, deren erste die Rechtsquellen des 16. und zum Teil noch des 17. Jahrhunderts kennzeichnet. Diese *erste Konzeption* erfüllt die Aufgabe, die protestantische Ehelehre als verbindliches Recht zu promulgieren. Sie zeichnet sich durch eine merkliche Zurückhaltung gegenüber Eingriffen in das Recht des Ehebandes aus und kommt so Luthers Vorstellung von der Unverletzlichkeit der Schöpfungsordnung nahe. Die Ehehindernisgesetzgebung ist im Allgemeinen maßvoll und vorsichtig; trennende Ehehindernisse werden möglichst biblisch begründet, z.B. das Erfordernis elterlicher Zustimmung zur Heirat aus dem 4. Gebot des Dekalogs. Auch dort, wo man die priesterliche Mitwirkung bei der Trauung als Gültigkeitserfordernis verstand, suchte man eine theologische Begründung. Diese Gesetzgebung lässt sich als Versuch deuten, für den konfessionellen protestantischen Staat ein christliches, mit der Schöpfung Gottes und den Weisungen Jesu und der Apostel übereinstimmendes Eherecht zu schaffen.

Die *zweite Konzeption* staatlicher Ehegesetzgebung entfaltete sich im Verlauf des siebzehnten Jahrhunderts und beherrschte das achtzehnte. Sie ist durch den verstärkten Zugriff des Staates auf das Recht des Ehebandes unter dem Gesichtspunkt der Staatsraison geprägt. Die Gesetzgebung löste sich auch im Eherecht von der Theologie.

Als Beispiel diene wiederum das Problem der Eheschließung. Die protestantischen Rechtsquellen des 16. Jahrhunderts hielten im Allgemeinen an der Auffassung fest, dass die priesterliche Trauung kein Gültigkeitserfordernis der Heirat sei; sie war wünschenswert, aber nicht notwendig. Die Doktrinen des 17. Jahrhunderts gingen zum Teil zu der Auffassung über, ohne priesterliche Trauung könne keine christliche Ehe zustande kommen. Die Gesetzgebung ging im

---

43 WA Bd. 30/3, S. 206.

44 Luther sagt denn auch: Wo die Rechte das Gewissen verwirren, sind sie nicht mehr Recht, oder sie sind falsch verstanden (WA Bd. 30/3, S. 247).

45 Vom ehelichen Leben (1522), WA Bd. 10/2, S. 279.

46 Gegenüber dem kanonischen Ehehindernis des ordo, zit nach: Die Bekenntnisschriften der evangelisch-lutherischen Kirche, 3. Aufl. 1956, S. 87.

47 Siehe vor allem die frühe Schrift „De captivitate babylonica praeludium“, WA Bd. 6, S. 554.

Allgemeinen eher praktische Wege: Den Brautleuten wurde vielfach verboten, schon vor der kirchlichen Einsegnung zusammenzuleben, sodass man von einem faktischen Zwang zur kirchlichen Trauung sprechen kann.[48]

In der Folgezeit änderte die Gesetzgebung ihren Charakter grundlegend. Die Vorstellungen der Unantastbarkeit des Ehebandes und der Eheschließungsfreiheit wurden zurückgedrängt. Der in der katholischen Doktrin ausgearbeitete Grundsatz, dass jedes Gemeinwesen das Eherecht nach den Erfordernissen des Gemeinwohls gestalten könne, wurde auch von den protestantischen Obrigkeiten übernommen. Diese erhoben gleichfalls den Anspruch, jegliches Individualverhalten nach seiner sozialen Nützlichkeit oder Schädlichkeit zu steuern. Der absolutistische Staat schließlich übte sein Polizeiregiment auch über die Ehe aus und betrachtete sie als Kontrakt, der zur rechtlichen Verfügung der Staatsmacht steht.

Der Geist der Gesetzgebung zeigte sich insbesondere in der Neigung, die Nichtbefolgung beliebiger Vorschriften mit der Nichtigkeit der Ehe zu ahnden, ob es sich nun um Verbote der Eheschließung bei zu großem Altersunterschied, bei Standesverschiedenheit, bei Bekenntnisverschiedenheit, für Invalide, Auswärtige, unselbständige Personen oder Arme und beliebiges mehr handelte. Die Ansbacher Eheartikel von 1743 zählen zunächst eine üppige Zahl von Ehevoraussetzungen und -hindernisse auf und fügen dann hinzu: „*Welche nun diese unsere Verordnung vorsetzlich ausser Augen setzen und der vorgeschriebenen Articul einem oder mehr zuwieder handeln werden, sollen neben deme, daß ihr Vorhaben vor null und nichtig erklärt wird, nach Beschaffenheit der Umstände mit empfindlicher Leibes- und anderer Straffe angesehen und belegt werden.*[49] Die Ehe steht nach dieser Konzeption als Rechtseinrichtung dem staatlichen Zugriff aus jedem ordnungspolitischen Motiv offen.

3. Zusammenfassung

Die Erhebung der kirchlichen Trauung zum Gültigkeitserfordernis der Ehe ermöglichte eine scharfe Scheidung zwischen Ehe und Konkubinat und setzte Kirche wie Staat in die Lage, die Heiraten mit juristischen Mitteln zu kontrollieren. Solange die Geistlichen bei ihrer Mitwirkung an den Heiraten bereit oder gezwungen waren, auch die staatlichen Vorschriften zu beachten, fiel dem Staat eine beträchtliche Rechtsmacht über die Ehe in die Hände, von der die absolutistische Herrschaft ausgiebigen Gebrauch machte.

Das hinderte nicht, dass die *gültig geschlossene* Ehe in ihrem religiösen Bezug verblieb. Im Katholizismus gilt das ohnehin: Die Ehe ist Sakrament und bleibt in den Kernfragen des Ehebandes der geistlichen Gerichtsbarkeit vorbehalten, freilich unter Einschränkungen, die aus dem jeweiligen Zustand der Landeshoheit auch über kirchliche Angelegenheiten resultieren. Im Protestantismus bleibt gleichfalls eine starke kirchlicher Komponente: Auch hier ist es der Pfarrer, der das Paar traut und nach verbreiteter Auffassung die Ehe stiftet, der die Ehehindernisse im Aufgebotsverfahren prüft; auch hier sind es nicht Land- und Stadtgerichte, die über Ehesachen judizieren, sondern spezielle, partiell mit Theologen besetzte Spruchkörper. So bleibt die Vorstellung lebendig, dass die Ehe eben nicht äußerlich weltlich Ding ist wie Haus und Hof, Speise und Trank, sondern etwas Heiliges, Unantastbares, das über bloße soziale Zweckhaftigkeit hinausweist. Das bedingt zugleich den inneren Widerspruch, unter dem das Eherecht der frühen Neuzeit litt: Die „heilige Ehe" wurde zusammen mit der Familie, in die sie integriert war, zum Ordnungsinstitut des Polizeistaates, sie wurde als die kleinste Zelle des Gemeinwesens behandelt, in der ordentlich gezeugt und erzogen, gewirtschaftet, der Untertanengehorsam eingeübt und Ruhe gehalten werden muss. Das im Gefühlsleben der Menschen so bedeutsame „Heilige"

48 Nachweise wie Fn. 16, S. 226 ff.
49 Nach: *F. Chr. Arnold*, Beiträge zum Teutschen Privat-Rechte, Ansbach 1840, Teil 1, S. 73.

erscheint aus staatlicher Sicht mehr und mehr als bloße Akzidenz, freilich als sozialpsychologisch wichtige, ähnlich wie die Anrufung Gottes beim Eid.

Eine Pointe in dieser Entwicklung ist, dass gerade die kirchliche Kontrolle über die Eheschließung, die durch das Konzil von Trient ihre Perfektion erhielt, letzten Endes die Vereinahmung der Ehe durch den Staat ermöglichte. Solange die kirchliche Trauung zugleich für das staatliche Recht konstituierend war, kontrollierten die Pfarrer die Heiraten zugleich für den Staat mit.

In dem Augenblick, da die zur Unabhängigkeit vom Staat strebenden Kirchen die Frage nach einer theologischen Begründung staatlicher Regeln aufwarfen und da eine nennenswerte Zahl von Pfarrern den Vollzug staatlicher Vorschriften verweigerten, war es konsequent, dass der Staat die Kontrolle über die Heiraten auf andere Weise organisierte. In Deutschland tat er dies im Gefolge der Gesetzgebung der französischen Revolution durch die Einführung der Zivileheschließung im Laufe des 19. Jahrhunderts. Dieser Schritt bedeutet nicht den *Anfang* der Profanierung des Eherechts, sondern die logische *Vollendung* eines schon längst im Gange befindlicher Säkularisierungsprozesses.

V. Der Blick in die Gegenwart

Unsere Darstellung des Vorgangs, mit dem sich die politische Herrschaft der Ehe, damit auch der Familie bemächtigt hat, endet am Vorabend der Aufklärung. Die Zeiten, in denen die Obrigkeit mit dem Eherecht beliebige Ziele verfolgen konnte, liegen – so scheint es – weit zurück. Zwei große und wirksame Bewegungen liegen zwischen der frühen Neuzeit und heute: die *Aufklärung*, welche Ehe und Familie auf das Naturrecht und das Vertragsrecht gründete und zu deren Befreiungspostulaten wesentlich die Eheschließungsfreiheit gehörte, und *die Restauration*, welche mit Hilfe einer normativen Sittlichkeit Ehe und Familie dem Zugriff zweckpolitischer Anforderungen zu entziehen trachtete.[50] Niemand könnte heute auf die Idee kommen, eine hoheitliche Heiratserlaubnis einzuführen, deren Erteilung von pünktlicher Steuerzahlung oder hinreichendem Einkommen abhängig zu machen sei. Die – auch negative – Eheschließungsfreiheit ist im 20. Jahrhundert durch Verfassungsgarantien in den Ehebegriff eingegangen.

Umso erstaunlicher mag es dem historischen Blick erscheinen, dass der zentrale Punkt des obrigkeitlichen Zugriffs auf die Ehe in den Rechtsordnungen des europäischen Kontinents unangefochten erhalten geblieben ist, nämlich die zwingende öffentliche Eheschließungsform als Gültigkeitserfordernis der Ehe. Die in der frühen Neuzeit vollzogene klare Unterscheidbarkeit zwischen „Ehe" und „Nicht-Ehe" mittels einer staatlichen oder (in Systemen der fakultativen Zivilehe) kirchlichen, aber dem Staat dienstbaren Registratur ist – so scheint es – auch für das Eherecht freier Gesellschaften notwendig, zumindest erwünscht. Nach der Rechtsprechung des deutschen Bundesverfassungsgerichts gehört die öffentliche Eheschließungsform zu den Wesenselementen des verfassungsrechtlichen Ehebegriffs.[51]

Das bedarf der Erklärung. Man mag sie in einer nun schon sehr langen Tradition finden: Die Heirat ist dasjenige Element der Ehe, das öffentlich gemacht zu werden pflegt, und seit Jahrhunderten gehört dazu die Erfragung und Wahrnehmung des Ja-Worts durch einen Amtswalter. Wichtiger scheint, dass die Unterscheidbarkeit von Ehe und „Nichtehe", wie sie der Obrigkeits-

50 *D. Schwab*, Sittlichkeit. Zum Aufstieg und Niedergang einer rechtlichen Kategorie, in: Festschrift für G. Kleinheyer zum 70. Geburtstag, Heidelberg 2001, 493 ff.

51 Nach dem Bundesverfassungsgericht ist die Ehe ist ein öffentliches Rechtsverhältnis in dem Sinne, dass die Tatsache der Eheschließung für die Allgemeinheit erkennbar ist, die Eheschließung selbst unter amtlicher Mitwirkung erfolgt und der Bestand der Ehe amtlich registriert wird (BVerfGE 62, 323, 330; BVerfG FamRZ 1993, 781).

staat der frühen Neuzeit eingeführt hat, zur Basis der gesamten Rechtsordnung wurde, soweit sie den familienrechtlichen Status des Menschen berücksichtigt. Den sozialrechtlichen wie steuerrechtlichen Systemen, die seit dem 19. Jahrhundert entwickelt wurden, lag die genannte Differenzierung zugrunde. Wenn zahllose Vorschriften aus allen nur denkbaren Rechtsgebieten an das Bestehen einer Ehe anknüpfen, so besteht ein Bedürfnis für eine klare und leichte Feststellbarkeit dieses Tatbestands, wie sie die obligatorische öffentliche Eheschließungsform gewährleistet.

Dieser Formzwang muss indes in dem Augenblick fraglich werden, in dem bedingt durch den Rückzug des Strafrechts und das Aufkommen neuer gesellschaftlicher Wertungen die „nicht registrierte" Paarbeziehung als legitime Lebensgestaltung neben die „Staatsehe" tritt und zum Massenphänomen wird. Das aus der frühen Neuzeit überkommene formale Eheverständnis versetzt einen großen Teil der psychosozialen Realität in ein rechtliches Niemandsland. Mann und Frau mögen zusammen leben wie sie wollen, mit oder ohne Kinder – eine „Ehe" ist dies nicht und würde es noch nicht einmal dann werden, wenn die Konviventen durch privaten Vertrag Teile des Eherechts unter sich bindend machen wollten. Es mag „die Sache" da sein, nicht aber ist es „Form". Die Diskrepanz verschärft sich dadurch, dass die Heiratszahlen seit geraumer Zeit kontinuierlich und deutlich absinken, das Normangebot des Staates für „seine" Ehe büßt an Akzeptanz ein. Auf der anderen Seite häufen sich die Fälle der „Form ohne Inhalt", nämlich der Scheinehen, mit denen nicht die rechtliche verfasste Lebensgemeinschaft, sondern eine einzelne Sekundärwirkung des Eherechts angestrebt wird.

Die Frage stellt sich, ob es jenseits der Form einen materiellen Ehebegriff (oder: einen Naturbegriff der Ehe) gibt, wenn ja: wie dieser beschaffen ist und wie sich die staatliche Gesetzgebung dazu verhalten soll. Das rechtspolitische Problem ist so brisant wie schwierig: Die Form verbürgt die Freiwilligkeit der eingegangenen Rechtsbindung, die für den Ehebegriff unverzichtbar ist. Auf der anderen Seite stehen die sozialen Fakten, die einen Rückschluss auf den Willen zulassen könnten, wie dies im System der Common-Law-Ehe der Fall ist.

Ich sehe voraus, dass diese Problematik in der künftigen Entwicklung des Familienrechts eine zentrale Rolle spielen wird. Die in ihr wirkenden Antinomien machen es begreiflich, dass die Gesetzgeber sich ihr nur vorsichtig und zögernd nähern. Am offensten wird die Angleichung der „formlosen" an die „förmliche" Paarbeziehung betrieben, wenn ihr gemeinsame Kinder entspringen: Einheitliches Kindschaftsrecht wirkt auf die Paarbeziehungen zwangsläufig zurück. Im Übrigen sind aus Deutschland zusammenhanglose Einzelheiten zu vermelden. Gelegentlich gibt der „auf Dauer angelegte gemeinsame Haushalt" den Grund für bestimmte Rechtspositionen,[52] im Sozialrecht spielt die „eheähnliche Gemeinschaft" schon seit langem eine – den Anspruch auf Sozialleistungen verhindernde – Rolle,[53] der Entwurf einer Reform des Unterhaltsrechts weist dem Leben in einer „verfestigten Lebensgemeinschaft" ähnliche Wirkungen zu wie der Wiederverheiratung.[54] Mit einer Vermehrung solcher Einzelregeln ist zu rechnen.

Mittlerweile ist indessen der deutsche Staat teilweise dazu übergegangen, sich in der Sozialpolitik von den Begriffen des Familienrechts überhaupt zu lösen, um ungehinderter die soziale Realität des privaten Zusammenlebens seinen fiskalischen Zwecksetzungen unterwerfen zu können. Paradebeispiel ist die Erfindung der „Bedarfsgemeinschaft" für die Arbeitslosenhilfe,

52 Gesetz zur Verbesserung des zivilgerichtlichen Schutzes bei Gewalttaten und Nachstellungen sowie zur Erleichterung der Überlassung der Ehewohnung bei Trennung vom 11.12.2001 (BGBl. I S. 3513), in Kraft seit 1.1.2002, § 2 Abs. 1; ferner § 563 Abs. 2 S. 4 BGB in der Fassung des Mietrechtsreformgesetz vom 19.6.2001.

53 Siehe § 20 S. 1 SGB XII: „Eheähnliche Gemeinschaft. Personen, die in eheähnlicher oder lebenspartnerschaftsähnlicher Gemeinschaft leben, dürfen hinsichtlich der Voraussetzungen sowie des Umfangs der Sozialhilfe nicht besser gestellt werden als Ehegatten."

54 Regierungsentwurf eines Gesetzes zur Änderung des Unterhaltsrechts vom 15.6.2006, Bundestags-Drucksache 16/1830, § 1579 Nr. 2 BGB.

bei der es letztlich weder auf Ehe noch auf Verwandtschaft, sondern auf ein *faktisches Zusammenleben in einem Haushalt* ankommt, das so gestaltet ist, „dass nach verständiger Würdigung der wechselseitige Wille anzunehmen ist, Verantwortung füreinander zu tragen und füreinander einzustehen".[55] Was aber ist Verantwortung? Wie unterscheidet sich die Verantwortung, die Ehegatten füreinander tragen[56], von der Verantwortung beliebiger Mitglieder einer Bedarfsgemeinschaft?

Vieles deutet darauf hin, dass die staatlichen Rechtsordnungen nicht an der Unterscheidung „(standesamtliche) Ehe" – „Nichtehe" rütteln und der schwierige Frage nach einem materiellen Ehebegriff möglichst aus dem Wege gehen werden. Stattdessen wird die Neigung bestehen, durch komplementäre Regelungen über „Lebensgemeinschaften", „gemeinsame Haushalte", „Verantwortungsgemeinschaften" und dergleichen eine Parallelwelt zu den familienrechtlichen Grundtatbeständen zu schaffen, die freilich dann leichter als Ehe und Familie – das mag jedenfalls die Hoffnung sein – den staatlichen Zwecksetzungen unterworfen werden kann. Die Probleme werden in den europäischen Ländern nicht grundlegend verschieden sein, aber unterschiedlich angegangen werden. Ich möchte den Wunsch ausdrücken, dass der Jubilar, der dem Eherecht und seiner Geschichte so bedeutende Beiträge gewidmet hat,[57] die künftigen Entwicklungen des europäischen Familienrechts noch lange durch seine wissenschaftliche Arbeit begleiten und befruchten möge.

Veröffentlicht in: G. Kohl/Chr. Neschwara/Th. Simon, Festschrift für Wilhelm Brauneder zum 65. Geburtstag, Verlag Manz, Wien 2008, S. 615–633.

55 SGB II in der Fassung des Gesetzes zur Fortentwicklung der Grundsicherung für Arbeitslose vom 20.7.2006 (BGBl. I S. 1706), § 7 III Nr. 3 c).

56 § 1353 Abs. 1 S. 2 BGB.

57 Vor allem *W. Brauneder*, Die Entwicklung des Ehegüterrechts in Österreich, München 1973; Die Ehescheidung dem Bande nach in den Landesordnungsentwürfen für Östereich unter und ob der Enns 1795 und 1609, In: Studien II: Entwicklung des Privatrechts, Franfurt am Main 1994, S. 201 ff.

Jena und die Entdeckung der romantischen Ehe[1]

I. Das Naturrecht Fichtes

Im Frühjahr 1794 traf ein junger Gelehrter in Jena ein, der nach Jahren des Studierens, des Suchens, auch nach Jahren lästiger Tätigkeit als Hauslehrer recht unvermittelt in den gebildeten Kreisen Deutschlands bekannt geworden war. Seine schnelle Berühmtheit verdankte er der ein Jahr zuvor erschienenen Schrift: „Versuch einer Critik aller Offenbarung“[2], vor allem aber der Tatsache, dass diese Schrift außerhalb Königsbergs anonym erschienen war und Immanuel Kant zugeschrieben wurde.[3]

Kant stellte im Intelligenzblatt der in Jena erscheinenden „Allgemeinen Literaturzeitung“ alsbald die Sache richtig und nannte den Namen des wahren Autors, den er mit wohlwollenden Bemerkungen bedachte. Damit war Johann Gottlieb Fichte – um ihn handelte es sich – ein bekannter Mann, und so erklärt es sich, dass er schon bald einen Ruf nach Jena als „Professor ordinarius supernumerarius“ für Philosophie erhielt, wobei Bedenken zu überwinden waren, hatte sich doch Fichte positiv zur Rechtmäßigkeit französischen Revolution geäußert.[4] Am 18. Mai 1794, am Vorabend seines 32. Geburtstages, traf er – aus Zürich kommend und dort frisch verheiratet – in Jena ein, wenngleich noch nicht in Begleitung seiner Frau. Am 23. Mai begann er seine Vorlesungen.

In den Jenaer Jahren – sie erstreckten sich bis zum Jahr 1800, als er im Gefolge des sogenannten Atheismusstreits Universität und Stadt in Richtung Berlin verließ – publizierte Fichte seine grundlegenden Schriften über die Wissenschaftslehre[5], die als sein philosophisches Hauptwerk gilt, darüber hinaus weitere bedeutsame Bücher. Unter ihnen soll uns ein Werk interessieren, das eine Brücke von der Philosophie zum Recht schlägt: die Schrift: „Grundlage des Naturrechts nach Principien der Wissenschaftslehre“, erschienen in zwei Teilen 1796 und 1797 in Jena und Leipzig.

Dass ein Philosoph ein „Naturrecht“ schreibt, ist zu dieser Zeit nichts Besonderes. Seit der Antike teilen sich zwei Wissenschaften in die Beschäftigung mit diesem begrifflich schillernden Gegenstand, die Philosophie (einschließlich Theologie) und die Jurisprudenz, jene hauptsächlich genährt von den Lehren des Aristoteles, diese gestützt auf die allgemeine Rechtslehre der römischen Juristen.[6] Seit Hugo Grotius' „De iure belli ac pacis libri tres“ (1625) war allerdings

1 Vortrag, gehalten anlässlich der Ehrenpromotion durch die Rechtswissenschaftliche Fakultät der Friedrich-Schiller-Universität Jena am 1. Juni 2004.

2 Königsberg 1792. Siehe: J. G. Fichte Gesamtausgabe der Bayerischen Akademie der Wissenschaften, hrsg. von Reinhard Lauth und Hans Jacob, Bd. I 1, Stuttgart-Bad Cannstadt 1964, S. 1 ff.

3 Dazu *Wilhelm G. Jacobs*, Johann Gottlieb Fichte, 3. Aufl., Reinbek bei Hamburg 1998, S. 33 f.; diesem Werk sind auch die nachfolgenden biographischen Angaben entnommen.

4 Beitrag zur Berichtigung der Urteile des Publikums über die französische Revolution, 1793; J. G. Fichte Gesamtausgabe (Fn. 2). Bd. I 1, S. 193 ff.

5 Siehe vor allem das Werk: Grundlage der gesamten Wissenschaftslehre als Handschrift für seine Zuhörer, Leipzig 1794, J. G. Fichte Gesamtausgabe (Fn. 2), Bd. I 2, Stuttgart-Bad Cannstadt 1965, S. 248 ff.

6 Hierzu *Herbert Wagner,* Studien zur allgemeinen Rechtslehre des Gaius. Ius gentium und ius naturale in ihrem Verhältnis zum ius civile, Zutphen 1978.

das Naturrecht bei den Rechtslehrern in starkem Vormarsch, im Zeitalter der Aufklärung wurde das Naturrecht verbunden mit dem Völkerrecht zu einer modischen juristischen Literaturgattung, in der neue Ideen und Begriffe der traditionellen Rechtswelt entgegengestellt werden konnten.[7]

Die Philosophen hatten deswegen aber nicht aufgehört, das Naturrecht als eine ihrer Disziplinen zu betrachten. So ist der wissenschaftliche Büchermarkt des 18. Jahrhunderts von juristischen wie philosophischen Naturrechten bevölkert, durchaus mit gegenseitiger Befruchtung, wie das Naturrecht des Philosophen Christian Wolff und seiner Schule zeigt.[8]

Dass Fichte ein Naturrecht schreibt, ist also nichts Außergewöhnliches – wohl aber sind es die Konzeption und der Inhalt. Die Originalität seines Naturrechts erklärt sich schon daraus, dass es auf der zuvor in den ersten Ansätzen entwickelten Wissenschaftslehre des Philosophen beruht. Man darf, wenn man dieses Naturrecht auf dem Hintergrund seiner Zeit liest, nichts Gängiges erwarten.

II. Die Ehelehre Fichtes

Das zeigt sich auch im Familienrecht, das wir im zweiten, 1797 erschienenen Teil des Naturrechts finden. Fichte bietet eine revolutionäre Ehelehre, welche ihren Gegenstand der Sphäre des Staats und des staatlichen Rechts weitgehend entzieht. Die Meinung, dass die tradierte Lehre von den Ehezwecken – Zeugung und Erziehung der Nachkommen, gegenseitige Hilfe[9] – unangemessen sei,[10] teilt Fichte mit manchen Zeitgenossen, doch geht er einen deutlichen Schritt weiter. Die Ehe ist die durch den Geschlechtstrieb gegründete vollkommene Vereinigung zweier Personen beiderlei Geschlechts, „die ihr eigener Zweck ist".[11] Sie bildet die innigste Vereinigung von Mann und Frau.[12]

Das ist aber nicht so gemeint, als ob diese Verschmelzung von Herzen und Willen eine psychologische *Voraussetzung* für eine *glückliche Ehe* sei oder sich *als Folge* aus dem Rechtsakt „Eheschließung" ergebe. Vielmehr *ist* die psychische Vereinigung von Mann und Frau die Ehe, der Staat findet sie als ein durch Natur und Vernunft bestimmtes Verhältnis bereits vor:[13] „Um

---

7 Siehe *Diethelm Klippel*, Politische Freiheit und Freiheitsrechte im deutschen Naturrecht des 18. Jahrhunderts, Paderborn 1976; ferner die Beiträge in Otto Dann/Diethelm Klippel (Hrsg.), Naturrecht – Spätaufklärung – Revolution, Hamburg 1995. Zum Eherecht im aufgeklärten Naturrecht s. *Alfred Dufour*, Le mariage dans l'école allemande du droit naturel moderne au XVIIIe siècle, Paris 1972.

8 Dazu *Franz Wieacker*, Privatrechtsgeschichte der Neuzeit, 2. Aufl. 1967, S. 318 ff.

9 Die tradierte Lehre von den Ehezwecken war auch im 18. Jahrhundert und auch in den Naturrechten noch weithin verbreitet, siehe nur *Wiguläus Xaverius Aloysius Kreittmayr*, Anmerkungen über den Codicem Maximilianeum Bavaricum Civilem, Teil I Cap. VI § 1 „... eine zwischen Mann und Weib um Erzeugung der Kindern und mutuelen Beystands wegen gestiftete unzertrennliche Gesellschaft ..." (nach der Ausgabe München 1759, Bd. 1 S. 208). Die Theologie fügte dem Apostel Paulus folgend häufig das „remedium concupiscentiae" als Ehezweck hinzu, siehe noch den Codex Juris Canonici von 1917, Can. 1013 § 1.

10 Nachweise in meinem Artikel „Familie", in: Otto Brunner/Werner Conze/Reinhard Koselleck (Hrsg.), Geschichtliche Grundbegriffe. Historisches Lexikon zur politisch-sozialen Sprache in Deutschland, Bd. 2, Stuttgart 1975, S. 253, 281; siehe ferner meinen Beitrag: Über die Ehe. Betrachtungen zum Ehebuch des Theodor Gottlieb von Hippel (1741–1796), in: Mélanges Fritz Sturm, Lausanne 1999, Bd. 1 S. 895, 902 ff.

11 Grundlage des Naturrechts nach Principien der Wissenschaftslehre. Zweiter Teil oder angewandtes Naturrecht, Jena und Leipzig 1797, Grundriss des Familienrechts (als erster Anhang des Naturrechts) I § 8, zitiert nach: J. G. Fichte, Gesamtausgabe (Fn. 2), Bd. I 4, Stuttgart und Bad Cannstadt 1970.

12 Grundriss des Familienrechts II § 15. Zu Fichtes Ehevorstellungen s. auch *Marion Heinz*, Liebe und Ehe. Untersuchungen zu Fichtes Eherecht, in: Wolfgang H. Schrader (Hrsg.), Fichte-Studien, Bd. 18, Amsterdam 2000, S. 49 ff.; *Paul Mikat*, Rechtsgeschichtliche und rechtspolitische Erwägungen zum Zerrüttungsprinzip, 3. Teil, FamRZ 1962, 497, 500 f.

13 Grundriss des Familienrechts I § 9.

die Ehe zu errichten, oder zu bestimmen, damit hat das Rechtsgesetz nichts zu tun, sondern die weit höhere Gesetzgebung der Natur und Vernunft, welche durch ihre Produkte dem Rechtsgesetze erst ein Gebiet verschafft."[14] Und das heißt: Staatliches Eherecht ist stets sekundär, es kann die Ehe weder zustande bringen noch auflösen. „Sonach hat der Staat über das Verhältnis beider Ehegatten gegen einander gar keine Gesetze zu geben, weil ihr ganzes Verhältnis gar kein juridisches, sondern ein natürliches und moralisches Verhältnis der Herzen ist."[15]

Und so wird auch die Botschaft der Romantiker sein, in deren Kreis sich Fichte in Jena und später in Berlin bewegt hat: Ehe *ist* Liebe. Bei Fichte muss allerdings der Besonderheit gedacht werden, dass er die Liebe als psychische eheliche Disposition allein der Frau zuschreibt, während der Mann der Frau nicht Liebe, sondern Großmut entgegenbringt:[16] „unbegrenzte Liebe von des Weibes, unbegrenzte Großmut von des Mannes Seite" machen das Wesen der Ehe aus.[17] Das lässt für die Rechtsgleichheit der Geschlechter nichts Gutes ahnen, und in der Tat folgt aus diesem Gegenüber von Liebe und Großmut die „unbegrenzteste Unterwerfung der Frau unter den Willen des Mannes", in dessen Rechtspersönlichkeit sie – solange die Ehe besteht – aufgeht.[18] Das ist deshalb keine Despotie, weil eben auf Seiten des Mannes jene unbegrenzte Großmut obwaltet, und weil – indem sich der Mann lieben und die Frau sich Großmut erweisen lässt – eine vollkommene „Umtauschung der Herzen und der Willen"[19] stattfindet. Primitiv und meinen Worten ausgedrückt: Der Mann lernt zu lieben und die Frau großmütig zu sein.

Die merkwürdige Fundierung der Ehe auf einseitiger Liebe mag bei Fichte biographische Gründe haben. Die Frage, ob er seine Züricherin – eine gewisse Johanna Rahn – heiraten solle oder nicht, hatte Fichte lange umgetrieben, er sah sich, wie es in einer Biographie heißt, eher als Geliebter denn als Liebender: „Ich ließ mich lieben, ohne es eben zu sehr zu begehren."[20] Ob nun dieses Erlebnis auf sein Naturrecht Einfluss genommen hat oder nicht – entscheidend ist, dass die Ehe als identisch gesetzt wird mit einem psychischen Verhältnis zwischen Mann und Frau, wie immer es beschrieben sein mag.

Was soll aber dann das staatliche Gesetz regeln? Was soll die Eheschließung vor einer amtlichen Stelle – sei es einem Beamten oder einem Geistlichen als Sachwalter des Staates[21] –, wenn die Ehe doch schon existiert? Fichte erklärt die Notwendigkeit eines öffentlichen Zeremoniells mit dem Schutz der Frau: Es soll offenbar gemacht werden, dass sie freiwillig und nicht gezwungen die Verbindung mit dem Manne eingeht oder eingegangen ist. „Jede Ehe muss juridische Gültigkeit haben, d.h. das Menschenrecht des Weibes muss nicht verletzt sein; sie muss sich mit freiem Willen, aus Liebe, und nicht gezwungen, gegeben haben. Jeder Bürger muss gehalten sein, dies vor dem Staate zu erweisen (...). Aber er kann diesen Beweis nicht füglich anders führen, als dadurch, dass er die Frau ihre Einwilligung gerichtlich erklären lässt, bei der *Trauung*."

Auch das Ja-Wort des Mannes bei der öffentlichen Trauung hat einen nur sekundären Sinn: Da sich die Frau dem Mann völlig unterwirft, wird er zu ihrer „Garantie bei dem Staate", zu ihrem Bürgen.[22] Das Ja des Mannes bei der Trauung ist die Zusicherung dieser Garantie, also ein Schutzversprechen. Da aber die Schutzverpflichtung mit dem Ehebegriff von selbst gegeben ist, ebenso wie die freiwillige Unterwerfung der Frau, hat die Trauung letzten Endes einen nur deklaratorischen Charakter. In dem Augenblick, in dem das Paar unter die Augen des Beamten

14 Grundriss des Familienrechts I § 9.
15 Grundriss des Familienrechts II § 15.
16 Grundriss des Familienrechts I § 7.
17 Grundriss des Familienrechts II § 25.
18 Grundriss des Familienrechts II § 16.
19 Grundriss des Familienrechts I § 7.
20 Quelle bei *Wilhelm G. Jacobs* (Fn. 3), S. 26.
21 Grundriss des Familienrechts II § 14.
22 Grundriss des Familienrechts II § 16.

oder Geistlichen tritt, *ist* es schon verheiratet, sofern die geschlechtliche Vereinigung schon stattgefunden hat, auf die Fichte – nun wieder altertümlich denkend[23] – einen großen Akzent legt. „Wo dieser (nämlich der Beischlaf) geschehen ist, da ist die Ehe vorauszusetzen (...) wo er nicht geschehen ist, da kann jede andere Verbindung, nur nicht eine wahre Ehe Statt finden."[24]

Es versteht sich, dass in einer so verstandenen Ehe ein Rechtszwang über das persönliche Verhalten undenkbar ist. So darf der Staat auch keine Gesetze über den Ehebruch machen und Strafen darauf setzen.[25] Es bedarf keiner staatlichen Gesetze, weder um das eheliche Verhältnis selbst noch um das Verhältnis der Ehegatten gegen Dritte zu ordnen[26]; das Erzwingen der äußeren Treue wäre rechtlich unmöglich und widerrechtlich.

Und ein bloß deklaratorischer Charakter kommt folgerichtig auch der gerichtlichen Ehescheidung zu. Zwar ist die eheliche Verbindung ihrer Natur nach unzertrennlich und ewig, sie wird notwendig *als ewig* geschlossen.[27] Aber die Verbindung der Herzen und Willen[28] kann aufhören, und dann scheidet nicht der Staat, sondern das Ehepaar sich selbst: „Ist das Verhältnis, das zwischen Eheleuten sein sollte, und welches das Wesen der Ehe ausmacht, unbegrenzte Liebe von des Weibes, unbegrenzte Großmut von des Mannes Seite, vernichtet, so ist dadurch die Ehe zwischen ihnen aufgehoben. Also – *die Eheleute scheiden sich selbst mit freiem Willen, so wie sie sich mit freiem Willen verbunden haben*"[29] – und ein Paar, das dann noch weiter zusammenbleibt, lebt im Konkubinat.[30]

Was ist dann der Sinn einer Ehescheidung durch das Gericht? Es geht beim Scheidungsprozess nach Fichtes Vorstellung letzten Endes nicht darum, eine Ehe aufzulösen – denn sie ist es ja schon, wenn die Vereinigung der Herzen nicht mehr besteht –, sondern um die Scheidungsfolgen. Sind sich die Eheleute in allem einig, über die Trennung und über die Folgen, etwa die Vermögensteilung, dann genügt es, wenn die Eheleute dem Staate ihre Trennung erklären, ein Prozess muss nicht stattfinden.[31]

Nur dann, wenn ein Teil *nicht* in die Scheidung willigt, ist eine „Rechtserkenntnis des Staates" nötig, in dem es aber eigentlich nur um die äußeren Folgen der Trennung geht. „Klagt der Mann auf die Scheidung wider Willen der Frau, so ist der Sinn seiner Forderung der: der Staat solle die Frau aus seinem Hause vertreiben. Klagt die Frau gegen den Willen des Mannes, so ist (...) der Sinn ihrer Forderung der: dass der Staat den Mann nötige, ihr ein anderes Unterkommen zu verschaffen" (im heutigem Sprachgebrauch hieße das: ihr Unterhalt zu zahlen). Und erst auf dem Hintergrund eines möglichen Streites um die Scheidungs*folgen* beschäftigt sich Fichte dann auch mit einzelnen Scheidungsgründen.[32]

---

23 Ob die Ehe erst mit dem geschlechtlichen Vollzug zustande komme, ist eine mittelalterliche Streitfrage namentlich zwischen den Kanonisten in Bologna und den Theologen in Paris gewesen. Das Problem wurde von den Päpsten im Sinne des Konsensprinzips entschieden, freilich mit Zugeständnissen: Die durch Konsens geschlossene, aber noch nicht vollzogene Ehe war voll gültig, konnte aber nach Lehren, die im Laufe der Zeit im Detail variierten, durch feierliches Keuschheitsgelübde oder päpstlichen Dispens gelöst werden. Das ist auch der Stand des Codex Juris Canonici von 1917 (Can. 1119); der Codex von 1983 kennt noch die Auflösung der nicht vollzogenen Ehe aus rechtfertigendem Grund durch Entscheidung des Papstes (Can. 1142). Zur kirchenrechtlichen Entwicklung: *G. H. Joyce*, Die christliche Ehe, Leipzig 1930, S. 382 ff.

24 Folgerichtig ist die öffentliche Trauung einer noch nicht vollzogenen Ehe antizipierte Anerkennung: „Selbst die *Trauung*, wenn sie, wie der Sittsamkeit gemäß, der Vollziehung der Ehe vorhergeht, macht nicht die Ehe, sondern sie anerkennt nur die später zu schließende Ehe im voraus juridisch." (Grundriss des Familienrechts II § 14).

25 Grundriss des Familienrechts II § 21.

26 Grundriss des Familienrechts II § 18.

27 Grundriss des Familienrechts I § 8.

28 Grundriss des Familienrechts II § 15.

29 Grundriss des Familienrechts II § 25.

30 Grundriss des Familienrechts II § 25.

31 Grundriss des Familienrechts II § 27.

32 Grundriss des Familienrechts II §§ 28–31.

III. Das Eherecht im 18. Jahrhundert

Weitere Einzelheiten des Fichte'schen Naturrechts kann ich aussparen. Vergleicht man seine Konzeption mit dem damals in Deutschland geltenden gemeinen Eherecht, so könnten die Gegensätze nicht extremer sein. Auch wenn die Ehe nach katholischen wie protestantischen Lehren als Institution des göttlichen und natürlichen Rechts verstanden und also auf einer höheren Ebene als bloß des staatlichen Rechts angesiedelt wurde, so war sie doch durch und durch als *Recht*seinrichtung begriffen, über die der aufgeklärte Staat eine weitgehende Jurisdiktionsmacht beanspruchte, welche die katholische Obrigkeit freilich mit dem päpstlichen Jurisdiktionsanspruch über die Ehe teilen musste.[33]

Nach der bis zum Ende des 18. Jahrhunderts und darüber hinaus fortwirkenden Tradition begründete der öffentliche Rechtsakt – noch in Form der obligatorischen kirchlichen Trauung – nicht eine psychische Realität, sondern das rechtliche Band der Ehe, und nur das gerichtliche Urteil konnte die Ehe auflösen. Die innere Zuneigung des Ehepaares konnte als *Bedingung* einer *glücklichen* Ehe diskutiert werden, hatte aber mit der Existenz der Ehe selbst unmittelbar nichts zu tun. Liebe war nicht Voraussetzung, sondern Liebespflicht *Folge* der Heirat.[34] Deshalb trug die Staatsgewalt keine Bedenken, den Zugang zur Ehe mit fast beliebigen Anforderungen zu befrachten (bis hin zur Erfüllung der Steuerschulden)[35] und im ehelichen Verhältnis dem Rechtszwang weiten Raum zu geben. Die Erfüllung der ehelichen Pflichten konnte auf Klage erzwungen werden. Ich zitiere aus einem mit Fichtes Werk fast zeitgleichen juristischen Lehrbuch: „(…) die Kindererzeugung ist der vorzüglichste Endzweck der Ehe, diese aber setzet die eheliche Beiwohnung allezeit voraus. Dahero kann auch die Obrigkeit die hierunter widerspenstigen Eheleute durch Vermahnungen und Drohungen, wo aber diese nicht anschlagen, durch Geld, Gefängnis und andere willkürliche Strafen zu ihrer Schuldigkeit anhalten."[36] Die hartnäckige Verweigerung der ehelichen Beiwohnung gab zudem nach einigen protestantischen Ordnungen einen Scheidungsgrund ab, welche dem böslichen Verlassen des Partners gleichgestellt und daher „Quasidesertion" genannt wurde.[37]

Die Scheidung betreffend war es selbstverständlich, dass allein ein gerichtliches Urteil – sei es eines geistlichen Gerichts mit staatlicher Anerkennung, sei es eines staatlichen Spruchkörpers – eine Ehe auflösen konnte. Allein die rechtskräftige gerichtliche Ehelösung war konstitutiv, gleichgültig wie es um die Wirklichkeit des ehelichen Verhältnisses stand. Die Ehe war eine durch und durch rechtliche Sache; es gab wohl Streitigkeiten zwischen Staat und Kirche darüber, wie die Rechtsmacht über die Ehe aufgeteilt sei, aber keine Zweifel am Rechtscharakter ihrer Substanz.

Auch die klassische Aufklärung hatte an der genuin rechtlichen Deutung der Ehe wenig geändert, nur die Rechtsebene war ausgetauscht: An die Stelle des institutionellen Gottes- und

---

33 Zu den Auseinandersetzungen um die Jurisdiktion in Ehesachen zwischen Staat und katholischer Kirche s. *meine* Arbeit: Grundlagen und Gestalt der staatlichen Ehegesetzgebung in der Neuzeit bis zum Beginn des 19. Jahrhunderts, Bielefeld 1967, S. 33 ff., 53 ff.

34 Zur Veränderung der Auffassungen von der ehelichen Liebe: *Paul Kluckhohn,* Die Auffassung der Liebe in der Literatur des 18. Jahrhunderts und in der deutschen Romantik, 3. Aufl., Tübingen 1966, S. 64 ff.; *Heinrich Klomps*, Ehemoral und Jansenismus. Ein Beitrag zur Überwindung des sexualethischen Rigorismus, Köln 1964, S. 11 ff.

35 Quellen hierzu aus der frühen Neuzeit in: *Schwab* (Fn. 33), S. 234 ff.

36 *Heinrich Arnold Lange*, Das geistliche Recht der Evangelisch-Lutherischen Landesherren und ihrer Untertanen in Teutschland, 2. Teil, Kulmbach 1786 § 8 (S. 188). Insoweit ergeben sich keine wesentlichen Unterschiede zum Recht katholischer Staaten, siehe z.B. *Kreittmayr* (Fn. 9), Teil I Kap. 6 § XII. 1 („und werden die Eheleut allenfalls durch hinlängliche Zwangs-Mittel von der Obrigkeit ad cohabitandum angehalten"). Zu der Klage wegen Nichterfüllung der Ehepflichten ebenda Teil I Kap. 6 § XLIX.3.

37 Dazu *Hartwig Dieterich*, Das protestantische Eherecht in Deutschland bis zur Mitte des 17. Jahrhunderts, München 1970, S. 165, 236.

Schöpfungsrechts trat das Vertragsrecht als rechtliches Fundament der Ehe.[38] Auf ihm beruht noch die berühmt-berüchtigte Ehedefinition, die Kant in seiner – übrigens ebenfalls im Jahre 1797, freilich als Alterswerk erschienenen – Metaphysik der Sitten gefunden hat: die Ehe als Verbindung zweier Personen verschiedenen Geschlechts zum lebenswierigen wechselseitigen Genuss (Besitz, Gebrauch) ihrer Geschlechtseigenschaften, die notwendig auf Vertrag beruht.[39]

IV. Die Entstehung des romantischen Eheverständnisses

Es waren also gewagte Thesen, die Fichte mit seinem Naturrecht in die bücherlesende Welt sandte. Nun darf nicht der Eindruck entstehen, als habe er als Einzelkämpfer für ein neues Eheverständnis gestritten. Fichtes Ehelehre steht im Zusammenhang mit einer breiteren mentalitätsgeschichtlichen Bewegung, die wir der späten Aufklärung, der literarischen Richtung des Sturm und Drang und der Romantik zurechnen können. Bei allen vielfältigen Facetten war den Autoren, die wir hier einordnen können, der Abscheu vor den bloß aus Geld- und Standesgründen geschlossenen Ehen gemeinsam, zu denen die jungen Leute von ihren Eltern und Verwandten bestimmt und oft genug gezwungen wurden. „Man verbindet nicht Personen mit Personen, sondern Pferde und Wagen mit Pferden und Wagen, Dukaten mit harten Talern, ein Landhaus mit einem städtischen Palast"[40] – so schreibt Theodor von Hippel in seinem Ehebuch von 1774. Ähnliche Stimmen gab es zuhauf.[41] In einer Zeit, in der sich die politisch-soziale Begriffswelt neu formierte, war die traditionelle Ehe von einer Abwertung, der Ehebegriff selbst vom Abstieg bedroht.

Dass ein solcher Abstieg nicht stattgefunden hat, setzte ein neues Verständnis voraus, das die Ehe aus ihrer Verstrickung mit den Strukturen der feudalen Welt, mit den Erbfolgeordnungen, und auch aus ihrer juristisch fixierten Zweckhaftigkeit als Teil der häuslichen Ökonomie und als Teil der staatlichen Herrschaftsordnung herauslöste und ihr einen neuen, attraktiven Sinn gab. Dieses neue Verständnis können wir das personale, im Hinblick auf seine konkrete geschichtliche Verortung auch das romantische nennen. Kern der Ehe ist das höchstpersönliche Gattenverhältnis, alles Übrige ist zweitrangig.

Dass der Weg zu einem derartigen Eheverständnis schon länger eingeschlagen war, lässt sich an der Entwicklung des protestantischen Scheidungsrechts sehr gut ablesen. Zu Zeiten Luthers waren als Scheidungsgründe schwerwiegende Eheverfehlungen anerkannt, hauptsächlich Ehebruch und bösliches Verlassen. Der Kanon der Scheidungsgründe wurde mit der Zeit erweitert, es gab in der Scheidungsfrage dann „strengere" und „mildere" Ordnungen. Für unseren Zusammenhang ist wichtig, dass im 18. Jahrhundert dann aber Scheidungsgründe aufkamen, die mit Verschulden nichts zu tun hatten, nämlich die gegenseitige Einwilligung und die „Unvereinbarkeit der Gemüter"[42] oder als Vorstufe dazu, des „unversöhnlichen Hasses". Dass aus solchen Gründen geschieden werden konnte, setzt eine neue Bedeutung des psychischen Gattenverhältnisses für den Sinn der Ehe voraus – wir befinden uns offensichtlich auf dem Weg zu dem, was wir heute Zerrüttungsprinzip als Grundlage des Scheidungsrechts nennen.

38 Dazu *Dieter Schwab*. Die Familie als Vertragsgesellschaft im Naturrecht der Aufklärung, in: Quaderni Fiorentini per la storia del pensiero giuridico moderno, 1972, S. 357 ff.

39 Die Metaphysik der Sitten in zwei Teilen, Königsberg 1797, Der Rechtslehre erster Teil. Das Privatrecht, § 24 (nach: Immanuel Kant, Werke in zehn Bänden, hrsg. von Wilhelm Weischedel, Sonderausgabe Darmstadt 1983, Bd. 7).

40 *Theodor von Hippel (anonym)*, Über die Ehe, Berlin 1774, S. 3.

41 Siehe *Kluckhohn* (Fn. 34); *Schwab* (Fn. 10), S. 285 f.

42 Zur Entwicklung dieses Scheidungsgrundes *Paul Mikat,* Rechtsgeschichtliche und rechtspolitische Erwägungen zum Zerrüttungsprinzip, FamRZ 1962, S. 81 ff., 273 ff., 497 ff.

Drei Jahre vor Erscheinen der Fichte'schen Ehelehre war das Preußische Allgemeine Landrecht in Kraft getreten, dessen Scheidungsrecht bereits die neuen Tendenzen aufnahm. Danach konnten kinderlose Ehen bei gegenseitiger Einwilligung getrennt werden; die bloß einseitige Abneigung sollte nicht genügen, aber das Gesetzbuch fügt hinzu: „Doch soll dem Richter erlaubt sein, in besonderen Fällen, wo nach dem Inhalt der Akten der Widerwille so heftig und tief eingewurzelt ist, dass zu seiner Aussöhnung und zur Erreichung des Zwecke des Ehestandes gar keine Hoffnung mehr übrig bleibt, eine solche unglückliche Ehe zu trennen.“[43]

Weit näher noch stehen die Ehegesetze der französischen Revolution der Fichte'schen Eheauffassung. Das Gesetz der Nationalversammlung vom 20. September 1792 bietet ein auch für unsere heutigen Begriff sehr modernes Scheidungsrecht mit der Möglichkeit der Konventionalscheidung[44] und zudem der einseitigen Scheidung aufgrund behaupteter „Unvereinbarkeit der Charaktere“ („incompatibilité d'humeur ou de caractère“).[45] Das Neue ist, dass letztlich nicht der Staat die Ehe scheidet, sondern die Ehegatten sich selbst: Es findet eine Versammlung der Verwandten oder Freunde beider Ehegatten in Anwesenheit eines Beamten statt, die eine Versöhnung versuchen soll. Nachdem diese Versammlung dreimal erfolglos getagt hat, kann der Scheidungswillige spätestens innerhalb von sechs Monaten seit dem letzten Versöhnungsversuch vor dem zuständigen Zivilstandsbeamten erscheinen „pour faire prononcer le divorce“ – die Rolle des Beamten beschränkt sich auf die Entgegennahme des unumstößlichen Scheidungswillens und, diesem folgend, auf die Verkündung der Scheidung.[46] Der Staat gerät in die Rolle des bloßen Protokollanten des Scheidungsgeschehens.

Ob das französische Gesetz dem Jenenser Philosophen vor Abfassung seines Naturrechts bekannt geworden war, habe ich nicht feststellen können. Doch liegt die Verwandtschaft der Eheauffassungen der Revolution und Fichtes klar zutage.

V. Die Ehe in Friedrich Schlegels „Lucinde“

Das Eheverständnis beschäftigte auch andere Geister, die sich im letzten Jahrzehnt des 18. Jahrhunderts in Jena aufhielten, wo damals – von Kant abgesehen – fast alles zusammenkam, was in Deutschland denken, lehren und schreiben wollte, ohne dass ein staatliches Eliteprogramm sie hierhin geführt hätte.

1796 kam der 24-jährige Friedrich Schlegel nach Jena, wo sich sein Bruder August Wilhelm auf Einladung Schillers aufhielt, um an dessen Zeitschriften mitzuarbeiten. Das hinderte den Neuankömmling nicht, sich mit Schiller alsbald gründlich zu verfeinden, während er mit Fichte in freundschaftliche Beziehungen trat.[47] Diese dauerten auch noch fort, als Schlegel schon 1797 von Jena nach Berlin umzog, was weitere Treffen im Jenenser Romantikerkreis nicht hinderte.

Ich möchte nicht an Zufall glauben, dass wir Elementen des Fichte'schen Eheverständnisses auch in einem Werk dieses Freundes begegnen, nämlich in dem autobiographisch gedeuteten

---

43 ALR II 1 § 718a.

44 § 1 Art. 2 „Le divorce a lieu par le consentement mutuel des époux“. Zit. nach *Marcel Garaud,* La révolution française et la famille, Paris 1978, S. 198 ff.

45 § 1 Art. 3 „L'un des époux peut faire prononçer le divorce, sur la simple allégation d'uncompatibilité d'humeur ou de charactère“. Dazu *Philippe Sagnac,* La législation civil de la Revolution française (1789–1804), Paris 1898; *Hermann Conrad,* Die Grundlegung er modernen Zivilehe durch die französische Revolution, ZRG Germ. Abt. Bd. 67 (1950), S. 337, 355 ff.; *Garaud* (Fn. 44), S. 73 ff.

46 § 2 Art. 14: „Huitaine au moins, ou au plus les six mois après la date de dernier acte de non-conciliation, l'époux provoquant pourra se représenter pour faire prononcer le divorce, devant l'officier public chargé de recevoir les actes de naissance, mariage et décès …“

47 *Ernst Behler,* Friedrich Schlegel, Reinbek bei Hamburg 1966, S. 44 f., 49. Nach diesem Werk auch die folgenden biographischen Angaben.

und damals als skandalös empfundenen Roman „Lucinde“. Der Hintergrund sei kurz angedeutet: Friedrich Schlegel hatte sich in Dorothea Veit verliebt, einer Tochter des Philosophen Moses Mendelssohn, die unglücklich mit dem Bankier Veit verheiratet worden war. Schließlich ließ sich Dorothea scheiden, jedoch standen einer förmlichen Heirat mit Friedrich gewichtige Umstände im Wege, das Ehehindernis der Religionsverschiedenheit ebenso wie die Furcht, man werde der Mutter den kleinen Sohn wegnehmen, wenn sie sich wieder verheiratete. So also lebte das Paar zunächst im Konkubinat, ohne aber diesen disqualifizierenden Begriff für ihre Verbindung zu akzeptieren.

Im Roman, wo es um einen Maler namens Julius und eben jene Lucinde geht, wird ein Kontrast entwickelt zwischen der bürgerlichen und der wahren („echten“)[48] Ehe. In der bürgerlichen liebt der Mann in der Frau nur die Gattung, die Frau im Mann nur den Grad seiner natürlichen Qualitäten und seiner bürgerlichen Existenz.[49] Die wahre Ehe ist in der vollkommenen Liebe gegeben, in der sich – nach der Deutung Schleiermachers[50] – das Sinnliche und das Geistige untrennbar mischen. „Ich kann nicht mehr sagen, meine Liebe oder deine Liebe; beide sind sich gleich und vollkommen eins … Es ist Ehe, ewige Einheit und Verbindung unserer Geister, nicht nur für das was wir diese oder jene Welt nennen, sondern für die eine wahre, unteilbare, namenlose, unendliche Welt, für unser ganzes ewiges Sein und Leben.“[51] Auch in weiteren Punkten berührt sich der Roman mit Fichtes Vorstellungen. Zwar ist von Liebe des Mannes, nicht von Großmut die Rede, doch wird auch bei Schlegel erläutert, der Mann liebe anders als die Frau.[52]

VI. Romantisches und bürgerliches Eheverständnis

Das romantische Denken, so könnten wir sagen, rettet die vom Abstieg bedrohte Ehe, indem sie deren Substanz aus der staatlich-rechtlichen in die psychische Sphäre versetzt und dadurch von den Strukturbedingungen der feudalen wie der besitzbürgerlichen Welt befreit. Diese idealisierte Ehe gewinnt eine neue Heiligkeit jenseits der tradierten kirchlichen Sakralität.

Vieles aus diesem Eheverständnis klingt in unseren heutigen Ohren, sieht man von der enthusiastischen Sprache ab, modern. Das gilt vor allem für die Scheidung. Ist es nicht im Sinne Fichtes gedacht, wenn nach dem deutschen Recht seit 1977 eine Ehe geschieden wird, „wenn sie gescheitert ist“?[53] Denn wenn etwas gescheitert ist, dann ist es als Funktionierendes nicht mehr vorhanden, das Schiff ist bereits in der Brandung zerschellt, bevor das Gericht dieses Faktum durch sein Urteil konstatiert. Herrscht im heutigen deutschen Scheidungsrecht nicht de facto die Konventionalscheidung?[54] Geht es auch bei den streitigen Scheidungen nicht letztlich nur noch um *Scheidungsfolgen*, während die Auflösung der Ehe keine Frage mehr ist, wenn nur ein Ehegatte sie will?[55]

---

48 *Friedrich Schlegel*, Lucinde, insel taschenbuch 817, Frankfurt am Main 1985, S. 109 (nach der Kritischen Friedrich-Schlegel-Ausgabe, Bd. V, hrsg. *Hans Eichner*, Paderborn 1962); s. auch *Schleiermacher*, Vertraute Briefe über Schlegels Lucinde, Lübeck und Leipzig 1800, nach: Friedrich Daniel Ernst Schleiermacher, Kritische Gesamtausgabe, hrsg. *Hans-Joachim Birkner et al.*, Bd. 3 Schriften aus der Berliner Zeit, hrsg. Günter Meckenstock, Berlin-New York 1988, S. 156 („wahre Ehe“). Zu Schleiermacher auch: *Paul Mikat*, Rechtsgeschichtliche und rechtspolitische Erwägungen zum Zerrüttungsprinzip, 3. Teil, FamRZ 1962, 497, 501.

49 Lucinde (Fn. 48), S. 58.

50 *Schleiermacher*, Vertraute Briefe (Fn. 48), S. 150.

51 Lucinde (Fn. 48), S. 21.

52 Lucinde (Fn. 48), S. 96.

53 § 1565 Abs. 1 S. 1 BGB.

54 Nach der Pressemitteilung 300/02 des Statistischen Bundesamtes vom 27.8.2002 erfolgte in drei Viertel der Fälle die Scheidung einvernehmlich nach einjähriger Trennung der Eheleute.

55 Die durch das Erste Gesetz zur Reform des Ehe- und Familienrechts (1. EheRG) vom 14.6.1976 (BGBl. I S. 1421) eingeführte Möglichkeit der Scheidung aufgrund einseitiger Zerrüttung der Ehe sollte durch die Härteklausel des § 1568 BGB begrenzt werden, doch spielt diese Klausel in der heutigen Gerichtspraxis keine bedeutende Rolle.

Wenn wir Anklänge des heutigen Rechts an die Romantik verspüren, dann schließt sich die Frage an: Warum so spät, warum ein am Ende des achtzehnten Jahrhunderts erdachtes Scheidungsrecht erst in der zweiten Hälfte des zwanzigsten?

Dies solide zu erklären setzte mindestens einen weiteren Vortrag voraus. Nur Stichworte will ich noch liefern. Das romantische Eheideal ist *zu seiner Zeit* nicht in staatliche Gesetzgebung umgemünzt worden, im Gegenteil: Die restaurative Politik des 19. Jahrhunderts versuchte, das Eherecht im Sinne herkömmlicher Strukturen zu stabilisieren. Die Ehegesetzgebung der französischen Revolution wurde schon durch den Code Napoleon 1804 wesentlich zurückgenommen,[56] die Ehescheidung wurde in Frankreich durch ein Gesetz von 8. Mai 1816 ganz abgeschafft.

Auch in Deutschland zeigte sich, dass die Staaten nicht im Traum daran dachten, die Ehe einer privaten Gefühlswelt preiszugeben: Die obligatorische kirchliche Trauung wurde im Verlaufe des Jahrhunderts durch die obligatorische Zivileheschließung abgelöst.[57] Der Staat, der bisher die Kirche für sich hatte handeln lassen, meldete ungeschminkt seinen ungebrochenen, ja gesteigerten Anspruch auf die Definitionsgewalt über die Ehe an, und zwar bestimmend bis heute: Nur die staatlich geschlossene Ehe ist Ehe, alles anderes – mag man sich lieben, so sehr man, will, mag man solidarisch sein, so sehr man will, mag man mit Kindern in einer faktischen Familie leben – alles das ist „nichteheliche Lebensgemeinschaft", also eine Negation der Ehe, wenn die amtliche Registratur fehlt. Auch das Scheidungsrecht wurde im 19. Jahrhundert nicht im romantischem Sinne ausgebaut. Das BGB von 1900, insoweit beruhend auf dem Personenstandsgesetz von 1875,[58] kennt eine Erweiterung der Scheidung nur in konfessioneller Hinsicht: Auch Katholiken kamen nun in den Genuss der Scheidungsmöglichkeit, dies aber im Sinne eines dem Verschuldensprinzip verpflichteten restriktiven Scheidungsrechts.[59] Das 19. Jahrhundert drehte die Entwicklung zurück, wenngleich nicht im Sinne der blanken Wiederherstellung der alten Zustände, denn das heißt Restauration niemals.

Um die geistige Welt zu verstehen, in welcher solche Rückwendungen möglich und logisch waren, empfiehlt es sich, das Werk eines weiteren Philosophen zu konsultieren, der sich 1801 – also kurz nach Fichtes Weggang – in Jena habilitierte, Friedrich Wilhelm Hegel. Hegel übernahm von Fichte die personale Deutung der Ehe, versetzte sie aber aus dem Bereich psychischer Faktizität auf die Ebene einer normierenden Sittlichkeit. Ehe ist nicht einfach Liebe, sondern „näher so zu bestimmen, dass sie die rechtlich sittliche Liebe ist, wodurch das Vergängliche, Launenhafte und bloß Subjektive derselben aus ihr verschwindet."[60] Der Staat als Sachwalter der Sittlichkeit macht diese Normativität geltend,[61] und so ist die öffentliche Eheschließung ebenso substanziell geboten wie die Ehescheidung aufs höchste zu erschweren ist.

---

56 Dazu *Garaud* (Fn. 44), S. 170 ff.

57 Reichseinheitlich für das Deutsche Kaiserreich durch Gesetz über die Beurkundung des Personenstandes und die Eheschließung vom 6. Februar 1875, Reichsgesetzblatt 1875 S. 23. Dem folgte dann die Regelung im BGB (§ 1317 Abs. 1 ursprünglicher Fassung).

58 § 77 des Personenstandsgesetzes.

59 §§ 1564–1587 BGB ursprünglicher Fassung.

60 *Georg Wilhelm Friedrich Hegel*, Grundlinien der Philosophie des Rechts oder Naturrecht und Staatswissenschaft im Grundrisse, 1821, § 161 (nach: Hegel Studienausgabe, hrsg. Karl Löwith und Manfred Riedel, Bd. 2 Rechtsphilosophie, Frankfurt/Main und Hamburg 1968).

61 Den rechtsnormativen Einsatz der Sittlichkeit im 19. Jahrhundert habe ich zu beschreiben versucht in meinem Betrag: Sittlichkeit. Zum Aufstieg und Niedergang einer rechtlichen Kategorie, in: Festschrift für Gerd Kleinheyer zum 70. Geburtstag, Heidelberg 2001, S. 493 ff.

Mit dieser Lehre, die wir in Abwandlungen dann auch bei dem Juristen Savigny[62] und bei vielen anderen Autoren des 19. Jahrhunderts finden, war die Sprengkraft des romantischen Eheverständnisses zunächst gebändigt zugunsten einer – sagen wir – bürgerlichen Eheauffassung, wie wir sie im BGB von 1900 wiederfinden.

Das aber hat das romantische Eheverständnis nicht verschüttet, wir begegnen ihm in der sozialistischen Literatur ebenso[63] wie in der Frauenbewegung,[64] bis es schließlich etappenweise in die Gesetzgebungen des 20. Jahrhunderts einging, vor allem in die Reformen des Scheidungsrechts.

VII. Ausblick

Wohin wird die Entwicklung verlaufen?

Das Scheidungsrecht betreffend sind weitere „Entstaatlichungen" denkbar und werden vielfach gefordert. Ist die Mitwirkung eines staatlichen Gerichts wirklich nötig, wenn sich die Eheleute über alles einig sind? Würde es nicht genügen, die Scheidungsregelungen bei einem Notar auszuhandeln, der dann ganz einfach das Standesamt benachrichtigt?[65] Und warum müssen scheidungswillige Ehegatten, die sich über alles geeinigt haben, ein Jahr Getrenntleben abwarten? Und für den Fall, dass die Scheidung streitig ist, stellt sich heute Skepsis gegenüber dem gerichtlichen Verfahren ein. Ist es angemessen, eine derart sensible Angelegenheit nach ZPO-Regeln zu verhandeln? Müsste nicht auf ein Verfahren gesetzt werden, dessen Ziel nicht die Streitentscheidung, sondern das Aushandeln einer Einigung ist – „Mediation" ist der laute Ruf der Stunde. Es scheint sich eine Auffassung zu verbreiten, die es unangemessen findet, dass der Staat etwas scheidet, was er – nach den Vorstellungen des geschilderten Ehebegriffs – gar nicht zustandegebracht hat.

Was die *Eheschließung* betrifft, hat es das romantische Eheverständnis schwerer, noch weitergehende Erfolge zu erringen. Der Ehebegriff des deutschen Rechts scheint bis heute unerschütterlich an den standesamtlichen Initialritus gebunden. Freilich wissen wir aus der europäischen Rechtstradition weit vor der Romantik den Ehewillen von der Form seiner Verlautbarung zu unterscheiden – nicht der Staat stiftet die Ehe, sondern die Verlobten durch ihren Willen. Aber der Formzwang der obligatorischen Zivilehe ist gleichsam in die Substanz der Ehe eingegangen.[66]

---

62 Siehe die Schrift: Darstellung der in den Preußischen Gesetzen über die Ehescheidung unternommenen Reform, Berlin 1844. Vgl. *Stephan Buchholz*, Savignys Stellungnahme zum Ehe- und Familienrecht, in: IUS COMMUNE, Veröffentlichungen des Max-Planck-Instituts für Europäische Rechtsgeschichte Franfurt am Main, Bd. VIII, Franfurt am Main 1979, S. 148 ff. Zur „Sittlichkeit" in Savignys Rechtslehre *Joachim Rückert*, Idealismus, Jurisprudenz und Politik bei Friedrich Carl von Savigny, Ebelsbach 1984, S. 370; *Schwab* (Fn. 61), S. 497 ff.

63 Vgl. *August Bebel*, Die Frau und der Sozialismus, 62. Aufl. Berlin 1973 (insbesondere das Kapitel „Die Frau in der Zukunft", S. 515 ff.).

64 Z.B. bei *Marianne Weber*, Ehefrau und Mutter in der Rechtsentwicklung, Tübingen 1907, S. 306, die ausdrücklich auf die Ehelehre Fichtes Bezug nimmt.

65 Der Referentenentwurf eines „Gesetzes zur Reform des Verfahrens in Familiensachen und in den Angelegenheiten der freiwilligen Gerichtsbarkeit" (Juni 2005) sieht ein „Vereinfachtes Scheidungsverfahren" vor (§§ 143 ff.), wonach eine Scheidung auf vereinfachtem Wege und ohne Einschaltung eines Rechtsanwalts stattfinden kann. Voraussetzung ist, dass mit dem Scheidungsantrag dem Gericht vorgelegt werden: eine notariell beurkundete Erklärung beider Ehegatten, dass sie das vereinfachte Verfahren wählen, ferner eine notarielle Vereinbarung über die Unterhaltspflicht und wirksame Vereinbarungen über Ehewohnung und Hausrat. Sind gemeinsame Kinder vorhanden, so soll das vereinfachte Verfahren nicht statthaft sein. Das Schicksal dieser Gesetzespläne ist derzeit (Sommer 2005) nicht absehbar.

66 Auffälligerweise sieht das Bundesverfassungsgericht in der amtlichen Registrierung ein konstitutives Element des verfassungsrechtlichen Ehebegriffs: Die Ehe ist ein öffentliches Rechtsverhältnis in dem Sinne, dass die Tatsache der Eheschließung für die Allgemeinheit erkennbar ist, die Eheschließung selbst unter amtlicher Mitwirkung erfolgt und der Bestand der Ehe amtlich registriert wird (BVerfGE 62, 323, 330; BVerfG FamRZ 1993, 781).

Ob unser Eherecht über diesen Stand wesentlich hinauskommen wird, ist deshalb zweifelhaft, weil die Ehe im Verlaufe der Steuer- und Sozialgesetzgebung zu einem zentralen Anknüpfungselement für Staats- und Sozialleistungen und Privilegierungen vielfältigster Art geworden ist und weil das ganze System nicht handhabbar wäre, würde man vom Erfordernis der zuverlässigen Registrierung abgehen. Das macht auch die Schwierigkeit aus, die sogenannten nichtehelichen Lebensgemeinschaften, mögen diese häufig auch Ehen im natürlichen Sinne sein, einer staatlichen Rechtsform zuzuführen.

Die fundamentale Frage, wie sich Ehe als höchstpersönliches Gattenverhältnis und Ehe als Rechtsverhältnis zueinander verhalten, scheint mir noch immer ungelöst, sie ist vielleicht auch nur zeitgebundenen Lösungen zugänglich. Vor 200 Jahren ist dieser Diskurs in Jena auf eine Höhe geführt worden, die auch noch heute den Blick in die Weite freigibt.

Veröffentlicht in: Zeitschrift für Neuere Rechtsgeschichte, 27. Jahrgang 2005, Nr. 3/4, S. 177–188, Verlag Manz, Wien 2005. Der Beitrag gibt den Vortrag wieder, den der Verfasser anlässlich seiner Ehrenpromotion durch die Rechtswissenschaftliche Fakultät der Friedrich-Schiller-Universität Jena am 1. Juni 2004 gehalten hat.

Nachtrag zu Fußnote 65: Das dort genannte Gesetz ist in der Folgezeit beschlossen und verkündet worden (Gesetz zu Reform des Verfahrens in Familiensachen und in den Angelegenheiten der freiwilligen Gerichtsbarkeit vom 17.12.2008, BGBl. I 2586), doch ist die im Entwurf noch vorgesehene Scheidung ohne Anwalt zuvor aus dem Projekt getilgt worden.

Konfessionelle Denkmuster und Argumentationsstrategien im Familienrecht

I. Das Problem

Der Geltungsanspruch religiös begründeter Auffassungen für die Rechtsordnung und die Strategien seiner Durchsetzung hängen von dem Grundverhältnis ab, in dem Staat und Religion zueinander stehen. Solange sich die politische Herrschaft zu einer Religion oder Konfession bekennt, die über jenseitige Verheißungen hinaus gesellschaftliche Ordnungsvorstellungen bietet, ist der Rückgriff der Rechtspolitik auf theologisch begründete Wahrheiten eine Selbstverständlichkeit. Die zwischen den Akteuren auftretenden Differenzen – wie etwa die mittelalterlichen Auseinandersetzungen zwischen Päpsten und Kaisern um ihre Jurisdiktionsgewalt – betreffen nicht den Geltungsanspruch einer göttlichen Ordnung, sondern die Interpretation ihres Inhalts.

Dieser Befund kennzeichnet das Mittelalter und frühe Neuzeit. Er erfuhr durch die konfessionellen Spaltungen keine grundlegende Änderung, abgesehen davon, dass das religiöse Prinzip sich inhaltlich diversifizierte. Ein Blick in die zahllosen Ordnungen der neuzeitlichen Herrschaften zeigt das beliebige Gemenge von sicherheitspolitischen, sozialethischen und theologischen Begründungen, wie es auch im katholischen Staat der Neuzeit Usus war.

Eine völlig andere Lage entsteht, wenn der Staat sich religiös neutralisiert und versucht, Recht und Gesellschaft ausschließlich nach Prinzipien einer weltimmanenten Rationalität zu gestalten. Dies bedingt die Unabhängigkeit staatlicher Rechtssetzung und Rechtsfindung gegenüber religiös begründeten „Wahrheiten“. Von diesem Augenblick an – es ist aber kein Augenblick, sondern eine langwierige Entwicklung – hat es das religiös oder konfessionell begründete Argument schwer, sich im Bereich staatlicher Rechtssetzung und Rechtsfindung Gehör zu verschaffen.

Wie sich der Einsatz religiöser Argumente im säkularisierten Staat darstellt, soll der Gegenstand meiner Betrachtung sein. Dabei will ich mich nicht mit der Frage aufhalten, von welchem Zeitpunkt an wir in Deutschland von einem säkularisierten Staat sprechen können. Während in Frankreich die Revolution von 1789 eine Zäsur bildet, haben wir in Deutschland in dieser Frage einen fortlaufenden Prozess, der mit der Weimarer Reichsverfassung ein fortgeschrittenes Stadium, aber noch nicht sein Ende erreicht hat, und der vielleicht auch heute noch nicht ganz abgeschlossen ist.

Jedenfalls bedeutet die religiöse Neutralität des modernen Staates nicht das Ende des Einflusses religiöser Vorstellungen auf die Rechtsschöpfung. Religiöse Motive müssen aber nun *die Grundlage ihres Geltungsanspruchs verändern*, um in der Rechtspolitik relevant sein zu können; sie müssen sich in gewissem Sinn selbst säkularisieren, um auf der eigenständig gewordenen Ebene staatlich-weltlicher Ordnung wirken zu können.

Im historischen Verlauf kann man, was das Familienrecht betrifft, den Einsatz von drei Strategien beobachten:

1) Die *erste* besteht im Einsatz *des Naturrechts* als einer außerstaatlichen, für den Staat aber in irgendeiner Form relevanten Rechts- und Erkenntnisquelle. Das Naturrechtsdenken hat viele Varianten, unter anderem eine starke, in der katholischen wie protestantischen Theo-

logie verwurzelte Tradition, die durch die Aufklärung zurückgedrängt, aber nicht zum Schweigen gebracht wurde. Zumal wenn eherechtliche Fragen anstehen, ist das Naturrecht nicht weit, innerhalb der Philosophie von Aufklärung und Idealismus ebenso wie in der neu aufblühenden Scholastik. Die Strategie besteht darin, religiös begründete Vorstellungen von Familie als natürliche Ordnung zu entwerfen und den Staat darauf zu verpflichten.

2) Verwandt mit dem Naturrechtsdenken ist die Etablierung der *Sittlichkeit* als einer verbindlichen Instanz mit bestimmten an Staat und Gesellschaft gerichteten Anforderungen. Dieser Ansatz findet sich unter anderem in der Philosophie Hegels, der die Sittlichkeit für die Ordnung der Familie wie des Staates selbst fruchtbar gemacht hat.[1] Die Sittlichkeit konnte eine Wertewelt in sich aufnehmen, die wesentlich von christlichen Glaubensvorstellungen geprägt, aber nicht an einen subjektiven Glaubensakt gebunden war. So war sie der Allgemeingültigkeit fähig, wie dies *Savigny* begründet hat: „... denn das Christentum ist nicht nur von uns als Regel des Lebens anzuerkennen, sondern es hat auch in der Tat die Welt umgewandelt, so dass alle unsere Gedanken, so fremd, ja feindlich sie demselben scheinen mögen, dennoch von ihm beherrscht und durchdrungen sind".[2] Normativ-sittliches Denken verband sich noch gegen Ende des 19. Jahrhunderts vielfach mit der Vorstellung einer allgemeinen Christlichkeit des europäischen Staatswesens: Noch regierten die Monarchen von Gottes Gnaden.

3) Eine dritte Strategie wird in dem Augenblick möglich, in dem sich die Staaten in geschriebenen Verfassungen auf bestimmte Grundfreiheiten und Grundwerte festlegen. Religiöse Vorstellungen können nun *innerhalb der verfassungsrechtlichen Wertewelt* positioniert werden.

Als Anker für religiöse und konfessionelle Vorstellungen eignet sich besonders die Verbürgung der Religions- und Gewissensfreiheit. Rechtspolitische Forderungen gegen den Staat können darauf gestützt werden, dass dem gläubigen Menschen ein Leben nach seinem Bekenntnis möglich sein muss, also nicht durch staatliche Vorschriften verwehrt werden darf, und dass auch eine Benachteiligung wegen seines Bekenntnisses unzulässig ist. Wir werden dem Einsatz der Religionsfreiheit in den Auseinandersetzungen um das Familienrecht häufig begegnen, aber auch auf anderen Feldern und bis in die Gegenwart hinein.

Unter den Verfassungsgarantien des Grundgesetzes bietet sodann der Art. 6 Raum für die Ansiedlung von Vorstellungen über Ehe und Familie, die aus religiösen Wurzeln gewachsen sind. Darüber hinaus lädt die Unantastbarkeit der Menschenwürde dazu ein, religiöse Auffassungen im Grundgesetz zu verorten.

Im Folgenden möchte ich den Einsatz der genannten Strategien anhand einiger Beispiele zur Anschauung bringen. Da sich der Vorgang bei allen wichtigen Grundfragen des Familienrechts und in sehr unterschiedlichen Zeiten aufweisen lässt, ist Vollständigkeit in keinem Sinne angestrebt, eher handelt es sich um exemplarische Episoden.

II. Die Herrschaft über die Eheschließung

Mit Einführung der Zivileheschließung im Verlauf des 19. Jahrhunderts beendete der Staat die Rechtskompetenz der Kirchen für den Kern des ehelichen Verhältnisses, soweit die Kirchen beanspruchten, auch für den staatlichen Rechtsraum die bindenden Vorentscheidungen zu treffen. Das traf vor allem den exklusiven Jurisdiktionsanspruch der katholischen Kirche über den Kern des Eherechts, soweit es um Ehen unter Christen ging. Es entstand eine Duplizität des Ehe-

1 Dazu *mein* Beitrag: Sittlichkeit. Zum Aufstieg und Niedergang einer rechtlichen Kategorie, in: Festschrift für Gerd Kleinheyer zum 70. Geburtstag. Heidelberg 2001, S. 493, 505 ff.

2 System des heutigen römischen Rechts, Bd. 1 S. 53 f.

rechts:[3] Neben die „kirchliche" trat die „bürgerliche" Ehe, und diese allein bestimmte sämtliche Wirkungen des staatlichen Rechts von der Anerkennung eines ehelichen Verhältnisses bis zu den Folgewirkungen im Vermögensrecht, Kindschaftsrecht und Erbrecht. Die Herrschaft über den Akt der Ehebegründung ermöglicht die Herrschaft über das gesamte Eherecht. Das zeigte sich sehr deutlich im Personenstandsgesetz vom 6. Februar 1875,[4] das im Deutschen Reich nicht nur die obligatorische Zivileheschließung einführte, sondern darüber hinaus reichseinheitliche Ehevoraussetzungen und Ehehindernisse schuf und auch auf das Scheidungsrecht zugriff.

Der Plan, die obligatorische Zivileheschließung im Reich einzuführen, stieß zum Teil auf heftigen Widerstand konservativer Kreise, darunter auch konfessioneller politischer Kräfte wie des Zentrums. Dem Diskurs im Reich entsprach ein fast zeitgleich geführter politischer Streit in Preußen, wo mit Gesetz vom 24. Februar 1874 die obligatorische Zivilehe eingeführt worden war.[5] Im Kontext mit einem wieder erwachten konfessionellen Selbstbewusstsein mussten die Pläne für eine Reichsgesetzgebung um so mehr auf den Widerstand kirchlich gebundener Kreise führen, als die Einführung der Zivileheschließung mit Strafdrohungen gegen ungehorsame Geistliche verbunden werden sollte.[6] Die Entstehung des Personenstandsgesetzes steht im eindeutigen Zusammenhang mit dem Kulturkampf.[7]

Die Argumente, die gegen die Verstaatlichung des Eherechts vorgetragen wurden, sind in einer interessanten Mischung einerseits der Vergangenheit verpflichtet, d.h. noch von der Vorstellung eines allgemeinen, Staat und Religion umfassenden Rechtssystems belebt, in dem Staat und Kirche je ihren Zuständigkeitsbereich haben. Andererseits sind sie schon „modern", will sagen: Sie versuchen, aus dem säkularen Denken selbst die Ansprüche auf eine religiöse Gestalt der Ehe abzuleiten.

Traditionell argumentierte im Reichstag beispielsweise der Pfarrer von St. Peter in München *Westermayer*, der für das Zentrum sprach: Bürger und Christ können nicht getrennt werden, Schwüre ewiger Treue gehören vor das Kruzifix und nicht in eine Kanzleistube.[8] Zu den alten Kategorien griff auch der Abgeordnete *Moufang*, der mit Bezug auf die katholische Sakramentenlehre die Verfügungsgewalt des Staates über die Ehe leugnete und sich auf natürliches wie positiv-göttliches Recht berief, dabei übrigens gar nicht zwischen christlichen und sonstigen Ehen unterschied: „... die Ehe als Ordnung ist von Gott selbständig gemacht, und zwar unabhängig vom Staat ... Der Staat kann die Ehe nicht machen, er ist erst aus den Ehen herausgewachsen".[9]

Zugleich aber griffen die Gegner der Zivilehe zu den modernen Waffen, vor allem zur Gewissensfreiheit als einem vom Staat zu achtenden Grundrecht: Der Staat kann kein Eherecht machen, ohne die Gewissen zu verletzen.[10] In diesem Zusammenhang wird auch die Sittlichkeit bemüht, auf die der Staat verpflichtet wird und die ihm Schranken auferlegt: Ehe ist eine Sache

---

3 Der Vorgang ist näher beschrieben in *meiner* Arbeit: Grundlagen und Gestalt des staatlichen Eherecht in der Neuzeit bis zum Beginn des 19. Jahrhundert, Bielefeld 1967.

4 Gesetz über die Beurkundung des Personenstandes und die Eheschließung vom 6. Februar 1875 (RGBl. 1875 S. 23).

5 Gesetz über die Beurkundung des Personenstandes und die Form der Eheschließung vom 9. März 1874, Preußische Gesetzessammlung 1874, S. 95 ff. Zur seiner Entstehung und den geführten Debatten s. *Stephan Buchholz*, Beiträge zum Ehe- und Familienrecht des 19. Jahrhunderts, in: IUS COMMUNE IX, Frankfurt am Main 1980, S. 229, 262 ff.

6 § 67 Personenstandsgesetz (Geldstrafe bis 300 Mark oder Gefängnisstrafe bis zu drei Monaten für den Religionsdiener, der zu den religiösen Feierlichkeiten einer Eheschließung schreitet, bevor ihm nachgewiesen ist, dass die Ehe vor dem Standesbeamten geschlossen sei; heute sanktionslose Ordnungswidrigkeit).

7 Zur Geschichte des Personenstandgesetzes *Buchholz* (Fn. 5), S. 229, 284 ff.

8 Stenographische Berichte über die Verhandlungen des deutschen Reichstages, 2. Legislaturperiode, I. Session, 1874, 23. Sitzung S. 542.

9 24. Sitzung, a.a.O., S. 587.

10 Abg. *Moufang*, 24. Sitzung, a.a.O., S. 588.

des Gewissens, ein sittlicher, zutiefst religiöser Gegenstand, welcher der Natur der Sache nach mehr vor die kirchlichen als vor die bürgerlichen Gerichte gehört.[11] Dem Staat soll die Ehe wegen ihres sittlichen Charakters als Regelungsgegenstand entzogen werden. Mit der Sittlichkeit wurde zudem in Anleihe an die Volksgeistlehre die Berufung auf das Bewusstsein des Volkes verbunden: Das „christliche Volk" ist einer „christlichen Weltanschauung" verpflichtet.[12] Letztlich ging es darum, dem staatlichen Recht eine christliche Wertordnung als ungeschriebene Verfassung vorzuschalten. Derartige Argumente konnten die Verabschiedung des Personenstandsgesetzes nicht verhindern; für unseren Zusammenhang ist interessant, dass sie in Erwartung der Überzeugungskraft zumindest für die eigenen Parteigänger benutzt werden konnten.

Die Diskussion um die obligatorische Zivilehe flackerte bei der Schaffung des BGB mit gleichen Argumenten noch einmal auf,[13] beruhigte sich dann aber augenscheinlich,[14] bis der Zusammenbruch des Nationalsozialismus in kirchlich orientierten Kreisen die Hoffnung auf ein neues, an christlichen Vorstellungen orientiertes Eherecht keimen ließ. Nährboden dieser Hoffnung war außer der Stimmung der Nachkriegsjahre die Tatsache, dass im „Dritten Reich" Teile des Eherechts aus dem BGB ausgegliedert und in einem vom Rasse- und Erbgesundheitswahn geprägten Sondergesetz – dem „Ehegesetz" – normiert worden waren.[15] Die Fortgeltung dieses Gesetzes in einer von den Alliierten gereinigten Fassung[16] wurde nicht als zukunftsweisend empfunden. In diesem Zusammenhang gewann die Idee der fakultativen Eheschließung vor dem Geistlichen *oder* dem Standesbeamten wieder Zulauf, und zwar auch in der Form, dass Katholiken nicht nur für die kirchliche Eheschließungsform, sondern auch für den religiösen Gehalt ihrer Ehe (auch in Bezug auf die bürgerlichrechtlichen Wirkungen) sollten votieren können.[17] Dies hätte zum Beispiel bedeutet, dass Katholiken Ehen schließen konnten, die nur aus den Gründen des kanonischen Rechts lösbar wären.

Bei der Begründung dieser Forderungen begegnen wir den schon erwähnten Strategien. Auf einer überstaatlichen Normebene wurde versucht, dem Staat mit Hilfe des Naturrechts oder eines Naturbegriffs der Ehe die volle Gestaltungskompetenz vorenthalten: Ehe und Familie sind „natürliche Ordnungen, die bereits vor diesem staatlichen Gesetz existieren und nicht denaturiert werden" dürfen.[18] Durch das Naturrecht schimmert gelegentlich auch noch das „göttliche Recht" hindurch, es geht um die „natürliche, von Christus bestätigte Ordnung"[19], um die Wahrung der „christlichen Substanz" im staatlichen Recht[20], so als ob noch die Bindung des Staates an ein allgemeines Religionsprinzip Grundlage der Verfassung wäre.

11 Abg. *Monfang*, 25. Sitzung, a.a.O., S. 603.

12 Vom „Volk" ist bei den Streitern gegen die Zivilehe sehr viel die Rede, siehe die Rede des Zentrumsabgeordneten *Reichensperger*, nach *Buchholz* (Fn. 5), S. 293.

13 Siehe die Sitzung des Reichstags vom 24.6.1896 (Stenographische Berichte über die Verhandlungen des Reichstags IX. Legislaturperiode, IV. Session 1895/1897, Bd. 4 S. 2870 ff.).

14 Ein Anzeichen dafür ist, dass im Reichskonkordat (RGBl. 1933 II S. 679) die obligatorische Zivilehe als bestehendes Institut hingenommen wurde, allerdings „unter dem Vorbehalt einer umfassenden späteren Regelung der eherechtlichen Fragen". Unter diesem Vorbehalt bestand Einverständnis der Vertragschließenden darüber, dass, außer im Falle einer lebensgefährlichen, einen Aufschub nicht gestattenden Erkrankung eines Verlobten, auch im Falle schweren sittlichen Notstandes, dessen Vorhandensein durch die zuständige bischöfliche Behörde bestätigt sein muss, die kirchliche Einsegnung der Ehe vor der Ziviltrauung vorgenommen werden darf (Art. 26).

15 Gesetz zur Vereinheitlichung des Rechts der Eheschließung und der Ehescheidung im Lande Österreich und im übrigen Reichsgebiet vom 6. Juli 1938 (RGBl. 1938 I S. 807).

16 Gesetz Nr. 16 der Alliierten Kontrollbehörde, angefertigt in Berlin, 20. Februar 1946 (KRABl. S. 77). Das Gesetz trat zum 1. März 1946 in Kraft (§ 80).

17 *Friedrich Wilhelm Bosch*, Familienrechtsreform, Siegburg 1952, S. 28.

18 *Bosch*, Familienrechtsreform (Fn. 17), S. 13, 25.

19 *Bosch*, Familienrechtsreform (Fn. 17), S. 14.

20 *Bosch*, Familienrechtsreform (Fn. 17), S. 13.

Für die gleichen Ziele wurde zudem das staatliche Recht selbst in Bewegung gesetzt, in der Eheschließungsfrage vor allem das Grundrecht der Religions- und Gewissensfreiheit[21], das schon 1874 herangezogen worden, nun aber unter dem Bonner Grundgesetz verfassungsrechtlich positiviert war. Wie sollten katholische Nupturienten nicht im Gewissen bedrängt sein, wenn ihnen vom Standesbeamten eine Ehe bestätigt wird, die nach ihrer religiösen Überzeugung noch nicht existiert? Und wie soll die Religionsfreiheit nicht verletzt sein, wenn der Zugang zu einem Sakrament von der Erfüllung staatlicher Voraussetzungen abhängig gemacht wird?[22]

Die Hoffnungen um eine Revision des Eheschließungsrechts zerschlugen sich freilich alsbald. In dieser Frage ist seit geraumer Zeit eine denkwürdige Ruhe eingekehrt, Staat und Kirche scheinen eine Art Burgfrieden geschlossen zu haben. Dieser muss nicht ewig anhalten und könnte sein Ende finden, wenn im staatlichen Bereich der Trend zu einer leicht aufzulösenden, ethisch entleerten und statistisch zunehmend unbeliebten[23] Ehe anhält. Ein kleines Vorspiel zum Wiederaufflackern der Eheschließungsfrage bildete eine Diskussion darüber, ob man – wenn schon die staatliche Ehe der reinen Zerrüttungsscheidung offen steht – nicht anderweitige Scheidungsgründe vereinbaren kann.[24] Dahinter steht die Idee einer neuen Art von Ehebegründung mit konfessionell geprägten Inhalten, die – nun mit Hilfe des allgemeinen Prinzips der Vertragsfreiheit – konkurrierend neben die Staatsehe treten könnte. Die Weiterentwicklung dieser Problematik steht im Zusammenhang mit der religiösen Situation in der Bundesrepublik, die im Begriffe steht, sich infolge der Migration wesentlich zu verändern.

III. Die Gleichberechtigung von Frau und Mann in der Familie

In dem Jahrzehnt nach 1949, auch das „katholische" genannt, zeigte sich auch auf anderen Feldern der Versuch, konfessionelle Vorstellungen in das staatliche Recht zu transferieren.[25] Ich greife ein Thema heraus, das auf den ersten Blick mit konfessionellem Denken nichts zu tun, eher mit der Beharrlichkeit althergebrachter Gesellungsformen: den Vorrang der Mannes und Vaters in der Familie. Und doch wurde dieser zur Religionsfrage gemacht, als mit dem Ablauf des 31. März 1953 gemäß Art. 117 Abs. 1 GG seine Beseitigung drohte. Wir sind verpflichtet, schrieb der Bonner Rechtslehre *Friedrich Wilhelm Bosch* ein Jahr vor dem Termin, „das Problem der sogenannten Gleichberechtigung am christlichen Gesetz zu messen."[26]

Das christliche Gesetz nach damaligem Verstande nährte sich aus biblischen Aussagen, insbesondere dem Epheserbrief des Apostels Paulus[27], für Katholiken zudem aus päpstlichen Lehrschreiben wie der Enzyklika „*Casti conubii*" aus dem Jahre 1930[28] und aus dem für das Geglaubte stets zur Unterstützung herangezogenen Naturrecht. Der – wie man sagte – mechanistischen Gleichheit der Geschlechter setzte man eine organische, der Wesensart von Mann

---

21 *Bosch*, Familienrechtsreform (Fn. 17), S. 23.

22 *Bosch*, Familienrechtsreform (Fn. 17), S. 24.

23 Nach den Angaben des Statistischen Bundesamts sank die Zahl der Eheschließungen in der Bundesrepublik von 750.452 im Jahr 1950 auf 395.992 im Jahr 2004.

24 *Hans Rolf Knütel*, Scheidungsverzicht und Scheidungsausschlussvereinbarungen, FamRZ 1985, 1089; *Hans Hattenhauer*, Über ehestabilisierende Rechtstechniken, FamRZ 1989, 225. Ablehnend BGHZ 97, 304, 307 und BGH FamRZ 2007, 109, 111 ff. (Kollisionsrecht: Unscheidbarkeit der Ehe nach dem im konkreten Fall einschlägigen kanonischen Recht verstößt möglicherweise gegen den deutschen ordre public).

25 Zu den Bestrebungen, nach dem Krieg auf der Grundlage des Christentums eine neue Ordnung in Staat und Gesellschaft aufzubauen, siehe *Lukas Rölli-Alkemper*, Familie im Wiederaufbau. Katholizismus und bürgerliches Familienideal in der Bundesrepublik Deutschland 1945–1965, Paderborn 2000, S. 65 ff.

26 *Bosch*, Familienrechtsreform (Fn. 17), S. 55.

27 Epheser 5, 21-33; auch Kolosser 3, 18-4,1.

28 Authentische deutsche Übersetzung: *Papst Pius XI.*, Die Encyclica Casti Connubii über die Hoheit und Würde der reinen Ehe, Luzern 1945.

und Frau entsprechende gegenüber. Die Gleichheit wurde bejaht als Gleichheit an Menschenwürde, nicht aber an äußerer Bestimmungsgewalt in der Familie. Nicht formale Gleichheit, sondern *Gleichwertigkeit* war die Münze, mit der man die Forderungen des Grundgesetzes zu befriedigen gedachte.

Aus heutiger Sicht ist es kaum noch verständlich, wie sehr die damals im Katholizismus herrschenden Kräfte, aber auch starke Bestrebungen im Protestantismus die äußere Bestimmungsgewalt des Mannes und Vaters im Familienleben zur Glaubensfrage machten, bis hin zum Häresievorwurf gegen „Andersgläubige".[29] Ausgerechnet aus der Feder einer Frau, der Mörsdorf-Schülerin *Gertrude Reidick*, floss eine theologische Begründung der „hierarchischen Struktur" der Familie.[30] Der Jesuit *Albert Ziegler* machte das „natürliche Entscheidungsrecht des Mannes in Ehe und Familie" zum Gegenstand einer erschöpfenden naturrechtlichen Ableitung.[31] In die gleiche Richtung wiesen päpstliche Verlautbarungen und Hirtenbriefe. „Naturordnung" und „christliche Einstellung" gingen bei einigen Autoren differenzierungslos ineinander über, so etwa bei *Bosch*, der eine „naturrechtlich und religiös fundierte Familienordnung" als überstaatliche Rechtsquelle bemühte.[32]

Es muss allerdings hinzugefügt werden, dass die Auffassungen in der Gleichberechtigungsfrage damals in den kirchlichen Kreisen keineswegs einheitlich waren, auch im Katholizismus gab es Vertreter einer konsequenten Gleichstellung der Frau in der Familie, das Meinungsbild in der protestantischen Kirche war in dieser Frage gleichfalls gespalten.[33] Übrigens sparten auch die Anhänger der hierarchischen Struktur der Familie nicht an Hochpreisungen der Ehefrau und Mutter, welche die Vorenthaltung von Mitbestimmungsrechten versüßen sollte. Das von *Papst Pius XI.* beschworene Bild vom Mann als Haupt und von der Frau als Herz der Familie[34] findet sich in Variationen und Ausschmückungen, genährt von vergleichender Geschlechterpsychologie, in den einschlägigen Texten wieder.

Das trotz aller Gleichwertigkeitsklauseln patriarchalische Denken trat folgerichtig auf den Plan, als es zu Beginn der 50er Jahre darum ging, ein Familienrecht auf der Basis der Gleichberechtigung der Geschlechter zu gestalten. Gegenüber den in der Verfassung angelegten Vorstellungen, das Bestimmungsrecht des Mannes in der Ehe zu beseitigen und die elterliche Gewalt Vater und Mutter mit gleichen Rechten und Pflichten einzuräumen, formierte sich der konfessionelle Widerstand.

Dieser bediente sich der schon bekannten Waffen, nämlich einerseits einer vorstaatlichen, vom Staat aber zu respektierenden Naturordnung, die in fast jedem einschlägigen Satz beschworen wurde,[35] andererseits des mit dem Grundgesetz gegebenen positiven Rechts. Den zweiten Aspekt betreffend spielten vor allem die Religions- und Gewissensfreiheit des Art. 4 GG und der Schutz von Ehe und Familie nach Art. 6 Abs. 1 GG die zentrale Rolle.[36]

---

29 Hirtenwort der deutschen Erzbischöfe und Bischöfe zur Neuordnung des Ehe- und Familienrechts vom 30.1.1953, zit. nach: *Gabriele Müller-List* (Bearb.), Gleichberechtigung als Verfassungsauftrag. Eine Dokumentation zur Entstehung des Gleichberechtigungsgesetzes vom 18. Juni 1957, Düsseldorf 1996, Dok. Nr. 41, S. 295, 298: „Wer grundsätzlich die Verantwortung des Mannes und Vaters als Haupt der Ehefrau und der Familie leugnet, stellt sich in Gegensatz zum Evangelium und zur Lehre der Kirche." Siehe auch *Bosch*, Familienrechtsreform (Fn. 17), S. 57 ff., der den Häresiebegriff denn auch offen verwendet.

30 Die hierarchische Struktur der Ehe, München 1953.

31 *Albert Ziegler*, Das natürliche Entscheidungsrecht des Mannes in Ehe und Familie, Heidelberg 1958.

32 *Bosch*, Familienrechtsreform (Fn. 17), S. 64.

33 Nachweise hierzu bei *Rölli-Alkemper* (Fn. 25), S. 575 f.

34 Encyclica Casti Connubii (Fn. 28), S. 24.

35 Dies auch auf protestantischer Seite. Die Eherechtskommission der EKD sprach 1952 von einem „Wesensgefüge" der Ehe, über das die staatliche Gesetzgebung nicht verfügen könne, zitiert bei *Friedrich Wilhelm Bosch*, Grundsätzliche Auseinandersetzung um die Rechtsordnung in Ehe und Familie, Regensburg 1952/53, S. 14.

36 Nachweise bei *Rölli-Alkemper* (Fn. 25), S. 584 f.

Der Rekurs auf die Religionsfreiheit platziert das Familienleben in den Bereich der *religiösen* Entfaltung, Ich zitiere aus einem Papier katholischer Sachverständiger aus dem Jahre 1951: „Wir wollen uns nicht in die Gewissensfreiheit anderer einmischen, wie wir auch für uns verlangen, dass wir nicht durch ein der Gottesordnung widersprechendes Ehe- und Familienrecht in Gewissenskonflikte gebracht werden ... Wir fordern die Anerkennung unserer christlichen Eheauffassung für die christlichen Ehen, verlangen darüber hinaus für alle ein staatliches Eherecht, das mit den Forderungen des für alle ... geltenden Naturrechts übereinstimmt."[37] In der Forderung nach Anerkennung der christlichen Eheauffassung für Christen klingt der Gedanke nach einem eigenen, auch für den staatlichen Bereich anzuerkennenden Eherecht für Christen an und damit eine Reminiszenz an das konfessionell gespaltene Eherecht von einst, dessen Grenzverlauf nun aber zwischen christlich und nichtchristlich verschoben wurde. Das hätte unter anderem vorausgesetzt, dass sich die protestantischen Christen mit einer solchen Linie eines gemeinchristlichen Eherechts identifizieren konnten, wofür es aber kaum Anzeichen gab.

Dass Art. 6 Abs. 1 GG in kirchlich-konservativer Sicht als Gegenspieler zur Gleichberechtigung in Szene gesetzt wurde, lag nahe – die Antinomie zwischen Ehebegriff und Gleichberechtigung ist auch in die frühen Interpretationen des Grundgesetzes eingegangen. Als Beispiel für den Gebrauch im rechtspolitischen Meinungskampf diene der Brief vom 12.1.1952, den Kardinal *Frings*, der Vorsitzende der Fuldaer Bischofskonferenz, an Justizminister Dehler schrieb: „Art. 6 Abs. 1 stellt Ehe und Familie unter den Schutz der staatlichen Ordnung. Ein Ehe- und Familienrecht, das gegen das Wesen und die Ordnung von Ehe und Familie verstößt, müsste als verfassungswidrig bezeichnet werden".[38] Was gemeint war, offenbaren dann die folgenden Ausführungen: die falsch verstandene Gleichberechtigung der Geschlechter.

Ich will diese Spur nicht weiter verfolgen. Wir wissen, dass die Strategie zunächst wenigstens zum Teil erfolgreich war.[39] Das Gleichberechtigungsgesetz, dessen Inkrafttreten sich infolge der anhaltenden ideologischen Kämpfe hinauszog und das erst 1957 verabschiedet wurde, versagte sich in wichtigen Punkten der familienrechtlichen Gleichstellung der Geschlechter. Freilich fiel der Stichentscheid des Ehemannes in Fragen der elterlichen Sorge und seine alleinige gesetzliche Vertretung der Kinder bereits 1959 dem Spruch des Bundesverfassungsgerichts zum Opfer.[40] Andere Vorschriften blieben nominal zunächst bestehen, ohne die Entwicklung hemmen zu können. Das „Erste Eherechtsreformgesetz"[41] machte bekanntlich – außer in der Namensfrage – mit der Gleichberechtigung ernst. Seitdem ist das Problem der Gleichberechtigung der Frau in Ehe und Familie auch für die Kirchen und die ihnen nahe stehenden Gruppen kein Thema mehr. Eher gibt es Anzeichen dafür, dass die stets Papiere produzierenden Gremien sich für die neu erwachten Väterrechte zu erwärmen beginnen.

IV. Das Recht des „unehelichen Kindes"

Religiöse Vorstellungen und Argumente spielten schließlich auch in der Geschichte des Rechts der nichtehelichen Kinder eine erhebliche, und zwar retardierende Rolle. Das bedarf der Erklärung. Gravierende Unterschiede in der Rechtsstellung ehelicher und nichtehelicher Kinder sind keine Eigentümlichkeit christlicher Gesellschaften und haben eigentlich auch kein theologisches Fundament. Für die europäische Rechtskultur grundlegend ist auch in dieser Frage das

---

37 Zit. Nach *Müller-List* (Fn. 29), Dok. Nr. 8 S. 172, 174.

38 Zit. nach *Müller-List* (Fn. 29), S. 178, 179. Siehe auch *Bosch*, Familienrechtsreform (Fn. 17), S. 60: „... der durch Art. 1 Abs. 1 garantierte Schutz von Ehe und Familie ist wichtiger als die Durchführung einer mathematischen Gleichstellung der Geschlechter ...".

39 Zum Einfluss der Kirchen auf dieses Gesetz siehe *Rölli-Alkemper* (Fn. 25), S. 560 ff.

40 Entscheidung vom 29.7.1959, BGBl. 1959 I S. 633.

41 Erstes Gesetz zur Reform des Ehe- und Familienrechts (1. EheRG) vom 14.6.1976 (BGBl. 1976 I S. 1421).

römische Recht, das legitime Abkömmlinge von illegitimen verschiedener Art (*liberi naturales, spurii* und *liberi ex damnato coitu*) unterschied. Unter den Illegitimen standen sich die Konkubinenkinder am besten, sie hatten sogar, wenn keine Ehefrau und keine ehelichen Abkömmlinge vorhanden waren, ein gesetzliches Erbrecht nach dem Vater. Dieses wurde ihnen von den meisten Autoren des gemeinen Rechts auch noch zugebilligt, nachdem das Konkubinat von der Reichsgesetzgebung[42] ausdrücklich verboten worden war.[43] Das Recht der mittelalterlichen Kirche fügte den Regeln, die aus dem römischen Recht überkommen waren, sogar noch den allgemeinen Unterhaltsanspruch hinzu, der allen illegitimen Kindern, also auch denen aus verbotener Verbindung, gegen Vater und Mutter zukam[44] – die *aequitas canonica* milderte die Strenge der *leges*.

Die theologische Wendung gegen die nichtehelichen Kinder, die gleichwohl erfolgte, steht im Zusammenhang mit den Bemühungen zunächst der Kirche, dann auch des Staates, eine bestimmte Form der Geschlechtsverbindung als einzig rechtmäßige einzurichten und damit die Zeugung rechtmäßiger und sukzessionsfähiger Nachkommenschaft zu kontrollieren. Für die mittelalterliche und die neuzeitlich-katholische Kirche war der Charakter der Ehe als Sakrament ein besonders effektiver Ansatzpunkt für eine derartige Jurisdiktionsmacht. Aber auch die protestantischen Obrigkeiten verhielten sich nicht anders.[45]

Die Lage verschärfte sich von der Zeit an, als die Einhaltung einer öffentlichen Eheschließungsform zur Gültigkeitsvoraussetzung der Ehe erhoben war – nun konnten Ehe und „unehrlicher Beisitz" viel genauer unterschieden, die Konkubinate entsprechend rigoroser bekämpft werden. Die Rechtlosigkeit des nichtehelichen Kindes erscheint aus dieser Warte als Mittel, den alleinigen Legitimitätsanspruch der von Kirche und Staat normierten und kontrollierten Ehe zu sichern.

Von der Aufklärung gingen uneinheitliche Impulse zu einer Besserstellung der nichtehelichen Kinder aus[46], am weitesten schritt auch hier die Gesetzgebung der französischen Revolution voran.[47] Damit beginnt der moderne Diskurs der Nichtehelichenfrage, in dem die retardierenden Kräfte ihren Widerstand wiederum vielfach von religiösen Vorstellungen ableiteten. Im Zentrum der Argumentation stehen erwartungsgemäß Ehe und eheliche Familie als Fundament von Staat und Gesellschaft, die – auch durch Bekämpfung anderer Lebensformen – geschützt werden müssten.

Aus Zeitgründen kann ich aus der wechselvollen und faszinierenden Geschichte des nichtehelichen Kindschaftsrechts nur Episoden herausgreifen. Das preußische Allgemeine Landrecht war in der Nichtehelichenfrage nur mäßig fortschrittlich gewesen, brachte aber in einigen Punkten Regelungen, die für nichteheliche Kinder und ihre Rechte günstig waren, wie etwa den Ausschluss der sogenannten Mehrverkehrseinrede. Dazu gehörte auch die Regelung, dass die Mutter eines nichtehelichen Kindes unter bestimmten Voraussetzungen die Rechte einer geschiedenen Ehefrau, das Kind somit die Stellung eines ehelichen Kindes nach dem Vater erlangen konnte. Das Gesetzbuch sah entsprechend der Tradition des gemeinen Rechts in der Schwängerung einer Frau außerhalb der Ehe eine unerlaubte Handlung des Mannes, die zum Schadensersatz – in diesem Zusammenhange: auch zur Versorgung des Kindes – verpflich-

42 Reichspolizeiordnung 19. November 1530: „Von leichtfertiger Beywohnung", nach: (*Peter Ostermann*), Aller deß Heiligen Römischen Reichs gehaltener ReichsTäg Ordnung/Satzung und Abschied ..., Mainz 1642, S. 241, 250.

43 Einzelheiten bei *Anke Leineweber*, Die rechtliche Beziehung des nichtehelichen Kindes zu seinem Erzeuger in der Geschichte des Privatrechts, Beiträge zur Neueren Privatrechtsgeschichte, Bd. 7, Königstein/Taunus 1978.

44 c.5 X, IV 7.

45 Nachweise in *meiner* Arbeit: Grundlagen und Gestalt (Fn. 3), S. 193 ff., 221 ff.

46 Einzelheiten bei *Leineweber* (Fn. 43), S. 214 ff.

47 Dazu *Hermann Conrad*, Die Stellung der unehelichen Kinder in der neuzeitlichen Privatrechtsentwicklung Deutschlands, Frankreichs, Österreichs und der Schweiz, FamRZ 1962, 322, 326.

tete.[48] Wenn es sich um eine „unbescholtene ledige Weibsperson" handelte[49] und wenn der Mann die Frau vergewaltigt oder unter dem Versprechen der Ehe verführt hatte, sah das Gesetzbuch folgendes vor: Der Mann wurde vom Richter unter Zuziehung eines Geistlichen ernstlich aufgefordert und angemahnt, die Frau zu heiraten. Weigerte sich der Mann, so wurde er zwar nicht zur Heirat gezwungen, die Frau erhielt aber Name, Stand und Rang des Mannes und die Rechte einer unschuldig geschiedenen Ehefrau mit allen finanziellen Konsequenzen.[50] Folgerichtig erhielt auch das Kind „die Rechte der aus einer vollgültigen Ehe erzeugten Kinder"[51] – es wurde fingiert, dass das Kind aus einer Ehe stammte.

Diese Regelung sah sich – wie das gesamte Eherecht des ALR – im Verlauf des 19. Jahrhunderts heftigen Anfeindungen ausgesetzt. *Savigny* sah in den Regelungen eine Privilegierung von Unzucht und Ehebruch.[52] Das Ergebnis der vor allem von konservativ-protestantischer Seite vorgetragenen Kritik war die Gesetzesrevision des Jahres 1854, welche die Ansprüche der Mütter wesentlich zurückbildete.[53]

Die Argumentation gegen das ALR war im Wesentlichen auf der Ebene einer normativen Sittlichkeit angesiedelt, die sich mit einem Grundverständnis einer christlichen Gesellschaft verband. Die Kabinettsordre vom 15.1.1825, mit der die Revision des Landrechts in Gang gesetzt werden sollte, verpflichtete die Gesetzesreform auf die besondere Berücksichtigung des religiösen und sittlichen Prinzips.[54] Zentraler Topos war der Schutz der Ehe, die – auch jenseits der katholischen Sakramentenlehre – in den Bezirk einer neuen Sakralität versetzt wurde: Die „heilige Ehe" als „sittliches Institut", und auf ihrer Basis die „heilige Familie" sind zu schützen. Für *Stahl* war es eine *„Verletzung der Heiligkeit der Ehe, dass ein Verhältnis der Art für eine Ehe erklärt wird, das doch nur ein Verhältnis der Unzucht gewesen ist, selbst wenn eine Person dabei vollkommen unschuldig war."*[55] Die Wahrung der Heiligkeit sollte durch die Abwertung der nichtehelichen Paarbeziehungen erfolgen – bis hin zur Abwertung des Kindes selbst.

Einer solchen Vorstellungswelt begegnen wir in der weiteren langen Geschichte des Nichtehelichenrechts auch noch später. Entscheidend ist für unseren Zusammenhang die Überhöhung der Ehe als einzig legitimer Paarbeziehung nach dem Prinzip einer normierenden Sittlichkeit, die aus dem christlichen Selbstverständnis des Staates hergeleitet wurde. Die gleiche Sicht kennzeichnet auch die Regelungen des BGB, für dessen Motive „nur die durch eheliche Abstammung vermittelte Verbindung diejenige sittliche Grundlage gewährt, welche die Voraussetzung familienrechtlicher Pflichten und Rechte bildet".[56]

Auch die Kritik, die von katholischer Seite die Reformbemühungen in der Weimarer Republik begleitete, war von solchen Vorstellungen geprägt: Eine über die Rechtsstellung der Kinder erfolgende Gleichstellung ehelicher und freier Lebensgemeinschaften sei, so eine Denkschrift des Caritas-Verbandes aus dem Jahr 1929, ein „Vorgang, der den größten Teil unseres Nachwuchses des gottgewollten und naturgegebenen Schutzes der Familie berauben und das ganze Volk allmählich der Verwilderung preisgeben … würde."[57] Auch die Stellungnahmen zu den

---

48 Teil 2 Tit. 1 §§ 1027 ff.
49 Teil 2 Tit. 1 § 1044.
50 Teil 2 Tit. 1 §§ 1047–1052.
51 Teil 2 Tit. 2 § 592.
52 Denkschrift vom 24. November 1843, zit. nach *Beate Harms-Ziegler*, Illegitimität und Ehe. Illegitimität als Reflex des Ehediskurses in Preußen im 18. und 19. Jahrhundert, Berlin 1991, S. 296.
53 Gesetz vom 24. April 1854, GS 193.
54 Nach *Harms-Ziegler* (Fn. 52), S. 291.
55 Nach *Harms-Ziegler* (Fn. 52), S. 302.
56 Motive IV, 851.
57 Nach *Sybille Buske*, Fräulein Mutter und ihr Bastard. Eine Geschichte der Unehelichkeit in Deutschland 1900–1970, Göttingen 2004, S. 131 f.

seit 1934 bekannt gewordenen Gesetzesplänen im Nationalsozialismus waren von der Vorstellung eines christlichen Sittengesetzes mit der Ehe als Grundpfeiler der christlichen Kultur gespeist.[58]

Erwartungsgemäß spielt die beschriebene überstaatliche Natur- und Sittenordnung auch in den Diskussionen um die Neugestaltung des Kindschaftsrechts nach dem 2. Weltkrieg eine Rolle.[59] Sie war freilich evident am Verblassen. Es ist ganz auffällig, wie auch in den konfessionellen Stellungnahmen auf Naturrecht und christliche Sittenordnung nur noch vereinzelt Bezug genommen wurde. Stattdessen wurde die Forderung nach einer nur moderat verbesserten Rechtsstellung der nichtehelichen Mütter, Kinder und Väter nun mit psychologischen und soziologischen Argumenten geführt, die letzteren wurden insbesondere gegen ein volles Erbrecht des nichtehelichen Kindes nach seinem Vater in Stellung gebracht. Grundvorstellung war – vereinfacht gesagt – dass sich das nichteheliche Kind *soziologisch* außerhalb der väterlichen Familie befinde.[60]

Für den Transport der psychologischen und soziologischen Argumente in das Recht stand insbesondere Art. 6 GG bereit. Dessen Absatz 1 wurde die Funktion zugewiesen, nicht nur das Prinzip der Gleichberechtigung der Geschlechter, sondern auch das Gebot des Art. 6 Abs. 5 GG zu zähmen. Und so wurden die Auseinandersetzungen um das Nichtehelichengesetz von 1969 im Wesentlichen als Streit um die richtige Interpretation des Grundgesetzes und die richtige Erfassung der Wirklichkeit geführt.[61] Das Naturrecht und christliche Sittenordnung hatten als Basis für rechtspolitische Argumente offenbar ausgedient, es wurde dies von den konfessionell inspirierten Kombattanten um das richtige Familienrecht gelegentlich auch eingestanden.[62]

V. Schluss und Ausblick

1) Will man aus den geschilderten Vorgängen eine Entwicklung ableiten, so kann eindeutig gesagt werden: Das Naturrecht und eine christliche, den Staat verpflichtende Sittenordnung haben als Argumentationsbasis für konfessionelle Rechtsvorstellungen weithin ausgedient. An ihre Stelle ist der Rekurs auf die Verfassung getreten. Die Kirchen haben erkannt, welche Möglichkeiten das Grundgesetz bietet, um konfessionell inspiriertes Denken im Staat zur Geltung zu bringen. Dem positivierten Wertesystem der Grundrechte oder doch Teilen daraus wird eine Genese aus dem Christentum zugeschrieben, sodass religiöse und staatliche Wertvorstellungen zumindest in eine Verwandtschaft miteinander gebracht sind. So kann sich religiös motiviertes Denken im Grundgesetz in gewissem Sinn „zuhause fühlen". Dieser Zusammenhang erklärt auch die sehr intensiven Bestrebungen, den Namen Gottes in die neue europäische Verfassung einzubringen.

2) Die Frage, ob der Einfluss religiöser Vorstellungen auf die Entwicklung des staatlichen Familienrechts zurückgegangen ist, möchte ist nicht mit einem eindeutigen Ergebnis beantworten. Auffällig ist, dass die Stellungnahmen kirchlicher Repräsentanten und Gremien seit Jahrzehnten schon nicht mehr mit dem Selbstbewusstsein aufzutreten pflegen, das der exklusive Besitz der Wahrheit zu verleihen pflegt. Das hat auch mit dem Wechsel der Strategie zu tun. Sich

58 Siehe den Brief des Kardinals *Bertram* an das Reichsministerium der Justiz vom 22.11.1934, und die am Tage darauf erfolgende Oberhirtliche Erklärung der Fuldaer Bischofskonferenz, wiedergegeben bei *Buske* (Fn. 57), S. 154 ff.

59 Siehe eine Stellungnahme des Zentralrats der Deutschen Katholiken aus dem Jahre 1962, bei *Buske* (Fn. 57), S. 221.

60 Siehe *Werner Schubert* (Hrsg.), Die Reform des Nichtehelichenrechts (1969–1969), Paderborn 2003, S. 89, 109, 182 f., 194 ff., *Buske* (Fn. 57), S. 253 ff.; *Bosch*, Familienrechtsreform (Fn. 17), S. 75.

61 Die Quellen zur Entstehung des Gesetzes sind umfassend ediert bei *Schubert* (Fn. 60).

62 Nachweise bei *Buske* (Fn. 57), S. 253 ff., 261 ff.

auf das Grundgesetz einlassen, heißt auch: sich mit konkurrierenden Wertvorstellungen und Interpretationen auseinandersetzen. Vor allem vermittelt die Orientierung am Grundgesetz die Sicht auf die sogenannte pluralistische Gesellschaft,[63] in die sich die Religions- und Weltanschauungsgemeinschaften in irgendeiner Form einordnen müssen. Die Teilnahme am rechtspolitischen Diskurs muss sich vom Verdacht konfessioneller Parteilichkeit freihalten, damit aber seine religiöse Substanz zurücknehmen. So heißt es in einer von den Vorsitzenden der EKD und der Deutschen Bischofskonferenz 1970 herausgegebenen Ausarbeitung eines gemeinsamen Arbeitskreises: Mit ihrer Anteilnahme an der Diskussion über das staatlichen Eherecht „verfolgen die Kirchen nicht die Absicht, die kirchliche Sicht der Ehe mittels des staatlichen Rechts durchzusetzen. Sie wollen vielmehr dazu beitragen, dass auch das staatliche Eherecht dem Menschen dient und der Sozialfunktion des Rechts Rechnung trägt."[64]

3) Aufs Ganze gesehen scheinen die aus religiösen Grundlagen gewonnen Vorstellungen im Familienrecht auch ihre scharfe Eigenprägung zu verlieren. Das hat auch damit zu tun, dass das Argumentieren auf dem Boden der Verfassung zur Teilnahme an einem weltlich-rationalen Diskurs zwingt. Auch auf diesem Feld waltet aber zunehmend die Vorsicht. Die zur Ausarbeitung von kirchlichen Stellungnahmen berufenen Gremien arbeiten zwar unverdrossen weiter und versehen fast jedes Gesetzesprojekt mit Kommentaren, aber sie verwenden vielfach die gleichen Argumente und kommen zu ähnlichen Ergebnissen wie beliebige andere Organisationen (Mütter- und Väterverbände, Arbeitskreise des Familiengerichtstages, Anwaltsvereine usw.), und nicht selten laufen sie einfach dem Mainstream hinterher und reichen dem laufenden Trend Begründungen nach. Man kann beim Ehescheidungsproblem, das Anfang der 70er Jahre virulent wurde, gut beobachten, wie die Stellungnahmen kirchlicher Gremien religiös-fundamentale Aussagen zurücknehmen oder auf das Gebiet der Pastoral verschieben und sich in gemäßigt konservativer Grundrichtung auf die Details der staatlichen Reformpläne einlassen (z.B. wie lange das Getrenntleben von Ehegatten andauern muss, um die Vermutung der Ehezerrüttung zu begründen).[65] Man gewinnt auch den Eindruck, dass sich die christliche Ethik vorzugsweise inzwischen andere Felder sucht, etwa die Sterbebegleitung, Patientenverfügung, Vorsorgevollmacht und überhaupt die medizinische Ethik.

Ob die Zurückhaltung auf dem Gebiet des Familienrechts noch für lange Zeit anhalten wird, wage ich nicht zu beurteilen. Es genügen oft kleine Anlässe, um Szenerien gründlich zu verändern. Auch darf man nicht vergessen, dass beim Thema „Religion und Familienrecht" über die christlichen Bekenntnisse hinaus andere Religionen die rechtspolitische Szene betreten.

Veröffentlicht in: Pascale Cancik et al. (Hrsg.), Konfession im Recht. Auf der Suche nach konfessionell geprägten Denkmustern und Argumentationsstrategien in Recht und Rechtswissenschaft des 19. und 20. Jahrhunderts. Für Michael Stolleis zum 65. Geburtstag, Studien zur Europäischen Rechtsgeschichte, Vittorio Klostermann, Frankfurt am Main 2009, S. 163–179.

63 Prägend für diese Sicht im Familienrecht die Schrift von *Paul Mikat*, Scheidungsrechtsreform in einer pluralistischen Gesellschaft, Bielefeld 1970.

64 *D. Dietzfelbinger/J. Kardinal Döpfner* (Hrsg.), Das Gesetz des Staates und die sittliche Ordnung, Gütersloh/Trier 1970, S. 13 f.

65 Siehe nur die vom Kommissariat der deutschen Bischöfe herausgegebenen „Thesen zur Reform des staatlichen Scheidungsrechts in der Bundesrepublik Deutschland", Bonn 1970. Ferner: Elemente eines zeitgemäßen Ehe und Familienrechts, Stellungnahme des Arbeitskreises für Eherecht beim Kommissariat der deutschen Bischöfe, Bonn 1973.

Kindschaftsrecht im Wandel

I. „Kindschaftsrecht“

„Kindschaftsrecht“ ist unter Juristen kein altbekannter Begriff. Der berühmte Heidelberger Rechtslehrer Anton Friedrich Justus Thibaut behandelt in seinem Pandekten-Lehrbuch[1] das Verhältnis zwischen Eltern und Kindern unter der Überschrift „Polizeirecht“, Abschnitt „Über die väterliche Gewalt“. Die Regierungsrechte des Vaters bestimmten also das Thema, nicht die Interessen des Kindes.

Davon sind wir heute weit entfernt. Ein modernes Kindschaftsrecht ist durch zwei Hauptelemente gekennzeichnet. *Erstens* wird das Rechtsverhältnis, das ein Kind mit seinen Eltern verbindet, in erster Linie von *seinen* Lebensinteressen her bestimmt. Kindschaftsrecht ist Schutzorganisation zugunsten der Rechte des Kindes. Befugnisse der Eltern und anderer Fürsorger sind nicht originär begründet, sondern treuhänderischer Natur.

Und *zweitens* sind nach modernem Kindschaftsrecht die Rechte und Interessen aller Kinder *in gleicher Weise* zu wahren, gleich welchen Umständen sie ihr Leben verdanken. Wir sprechen von einem „einheitlichen Kindschaftsrecht“, das in Deutschland im Jahre 1998 – abgesehen von einigen Nachzüglerproblemen – normative Wirklichkeit geworden ist.

Spät genug, so empfinden wir das heute. In der Tat entspricht die Kluft zwischen dem Recht ehelicher und nichtehelicher Kinder einer besonders bestandsfesten europäische Tradition, viel fester in den Normen verankert, viel tiefer in die Gemüter eingeprägt als andere inzwischen überwundene Institute des Familienrechts.

Diesem Befund soll mein Vortrag gewidmet sein, und zwar in vier Teilen: *Zunächst* möchte ich mich mit dem älteren Recht bis etwa 1800 beschäftigen, das uns hauptsächlich als ein gemeineuropäisches Juristenrecht begegnet. Der *zweite Teil* befasst sich mit der Aufklärung und den aus ihr hervorgegangen Gesetzbüchern, der *dritte* mit der Lage seit Schaffung des BGB, der *vierte* mit der Reform von 1969. Der Vortrag schließt mit einigen Bemerkungen über die grundlegenden Reformen in den Jahren 1997/1998.

II. Die „Illegitimität“ im Recht des Mittelalters und der frühen Neuzeit

Im Mittelalter bedingt die nichteheliche Herkunft eines Menschen seine rechtliche und soziale Disqualifikation.[2] „Lohnkämpfer und ihre Kinder, Spielleute und alle, die unehelich geboren sind … sie alle sind rechtlos“, sagt der Sachsenspiegel[3], das bedeutendste Rechtsbuch des deut-

---

1 *Anton Friedrich Justus Thibaut*, System des Pandektenrechts, 7. Aufl., Jena 1828, Bd. 1, S. 259 ff.

2 Siehe die Beiträge in: Ludwig Schmugge (Hrsg.), Illegitimität im Spätmittelalter, Schriften des Historischen Kollegs, Kolloquien 29, München 1994.

3 Sachsenspiegel Landrecht Buch I 38.1 (nach: Karl August Eckhardt (Hrsg.), Sachsenspiegel Landrecht, Fontes Iuris Germanici Antiqui in usum scholarum ex Monumentis Germaniae Historicis seperatim editi, Hannover 1933).

schen Mittelalters. Das heißt nicht, dass diese Personen vogelfrei waren, sie standen unter der Friedensordnung,[4] aber sie hatten keine eigene Rechtsstellung.

Eheliche oder nichteheliche Herkunft bildete eine Grundeigenschaft der menschlichen Person, die an ihr haftete und ihr Leben und Schicksal bestimmte. Das blieb im Prinzip auch noch so, nachdem die Vorstellung von einer gänzlichen Rechtsunfähigkeit durch differenziertere Anschauungen überwunden war: Der Nichteheliche, auch „illegitim" oder „unecht" genannt, kann nach kirchlichem Recht nicht zum Priester geweiht werden,[5] er ist nicht zunftfähig,[6] er ist mit seinem Vater nicht verwandt, daher in der Regel nach seinem Vater auch nicht erbberechtigt. Er befindet sich außerhalb des feudalen Systems, das alle Habe und Rechte, politische wie private, durch Erbschaft weitergibt.

Wie gewaltig der Unterschied zwischen ehelicher und nichtehelicher Herkunft seiner Dimension nach ist, lässt sich an den vielfältigen Regelungen ablesen, die einem Kind ermöglichten, doch noch das rettende Ufer der Legitimität zu erreichen. Eine Besserstellung der nichtehelichen Kinder erfolgte über Jahrhunderte nicht durch Veränderungen ihres Rechts selbst, sondern durch den Ausbau von Wegen zur Ehelichkeit. Ich will nur einiges andeuten.

Zunächst war zu Zeiten, da die Einhaltung einer öffentlichen Eheschließungsform noch nicht *zwingende* Voraussetzung der Gültigkeit einer Ehe war – also grob gesagt bis zur Mitte des 16. Jahrhunderts – oft zweifelhaft, ob die Eltern eines Kindes miteinander verheiratet waren oder nicht, denn auch das geheime Ja-Wort stiftete die Ehe. Und so konnte mancher Nachwuchs als ehelich gerettet werden, wenn man eine formlose Heirat der Kindeseltern unterstellte. Ferner: War eine formell geschlossene Ehe nichtig, so wurden die Kinder gleichwohl als legitim angesehen, wenn ihre Eltern oder wenigstens einer von ihnen an die Gültigkeit der Ehe geglaubt hatten („Putativehen");[7] das war noch die Regelung des BGB.[8]

Zudem erklärte das kirchliche Recht, das im Mittelalter für die Eheschließung allein zuständig war, eine Ehe auch dann für existent, wenn auf ein Verlöbnis, d.h. das Versprechen künftiger Eheschließung, die Beiwohnung folgte. Man nahm den Geschlechtsverkehr als Indiz für das Ja-Wort, der dem Nachwuchs zur Ehelichkeit verhalf.[9] Auch als diese Regel nicht mehr galt – seit Einführung zwingender Eheschließungsformen – finden sich Bestrebungen, Brautkindern den ehelichen Status zuzuerkennen, wenn ein Elternteil vor der geplanten Hochzeit starb.[10] – Es ist nebenbei bemerkt ganz eigentümlich, wie über Jahrhunderte hinweg die gleichen Diskussionen geführt wurden: Im November 1941 erging ein Führererlass, der die Möglichkeit

---

4 Sachsenspiegel Landrecht Buch III 45.11.

5 Corpus Juris Canonici, Liber Extra, C.1 X, I 17; weitere Nachweise bei *J. B. Sägmüller,* Lehrbuch des katholischen Kirchenrechts, Freiburg i. Br. 1904, S. 167; *Peter Landau,* Das Weihehindernis der Illegitimität in der Geschichte des kanonischen Rechts, in: Schmugge (Fn. 2), S. 41, dort auch weitere Beiträge zur römischen Dispensationspraxis.

6 *Knut Schulz,* Die Norm der Ehelichkeit im Zunft- und Bürgerrecht spätmittelalterlicher Städte, in: Schmugge (Fn. 2), S. 67.

7 Zum älteren Recht *Sägmüller* (Fn. 5), S. 466, 585.

8 § 1699 BGB ursprünglicher Fassung.

9 Diese Lehre war in päpstlichen Verlautbarungen verankert, siehe Corpus Juris Canonici, Liber Extra, c.3 X, IV 5 (Alexander III.), c.6 X, IV 5 (Innozenz III.), c.30 X, IV 1 (Gregor IX.). Die Regelung wurde durch das Konzil von Trient abgeschafft, siehe *G. H. Joyce,* Die christliche Ehe, Deutsche Übersetzung Leipzig 1934, S. 92.

10 Siehe die Ausführungen der Frankfurter Juristenfakultät aus dem 18. Jahrhundert: „Wann eure Tochter gebührend erweisen kann, dass ihr von dem verstorbenen Titio die Ehe versprochen, und er sie darauf geschwängert, so ist die nach des Titii Todt zur Welt gebrachte Tochter, quantum ad successionem pro legitima zu achten." (Entnommen aus: *Johann Jodocus Beck*, Tractatus de eo, quod justum est circa stuprum. Von Schwäch- und Schwängerung der Jungfern und ehrlichen Witwen, Nürnberg 1743, S. 20). Die Voraussetzungen der Anerkennung der Brautkinder als legitim waren unter den Juristen umstritten, Nachweise bei *Anke Leineweber,* Die rechtliche Beziehung des nichtehelichen Kindes zu seinem Erzeuger in der Geschichte des Privatrechts, Beiträge zur Neueren Privatrechtsgeschichte, Bd. 7, Königstein/Taunus 1978, S. 177 ff.

posthumer Eheschließung einer Frau mit einem gefallenen Soldaten anordnete, wenn zu Lebzeiten ernste Heiratsabsicht bestanden hatte.[11] Die Langlebigkeit des Diskurses um die Brautkinder zeigt, wie wenig sich über Jahrhunderte hinweg in den Grundstrukturen verändert hat. Erstaunlich ist weiterhin eine verbreitete Juristenmeinung, dass „hinweggelegte Kinder", also Findelkinder, im Zweifel für legitim zu halten seien, weil eben die Unehelichkeit nicht erwiesen sei.[12]

So kam auch dem Institut der Legitimation, das bei uns bis 1998 geltendes Recht war, besondere Bedeutung zu. Diese Erfindung des römischen Rechts lebte im Mittelalter in ihrer doppelten Form wieder auf, nämlich einmal *als Legitimation durch nachfolgende Heirat* der Eltern,[13] zum andern als *Legitimation durch hoheitlichen Akt.* Sowohl der Papst als auch die weltlichen Herrscher nahmen die Befugnis in Anspruch, Kinder zu legitimieren. Es handelte sich um ein außerordentlich wichtiges Machtinstrument, mit dem die Obrigkeit Dienste und Wohlverhalten einwerben oder entgelten konnte. Die Legitimation durch Staatsakt setzte einen Antrag des Vaters voraus; doch gibt es im Zeitalter des Obrigkeitsstaats auch Legitimationen ohne väterliche Zustimmung, auch übrigens solche, die nicht die vollen Wirkungen der ehelichen Kindschaft auslösten, also Teillegitimationen sind (*legitimatio minus plena*). Das hing ganz vom Wortlaut der Urkunde ab, die sich z.B. darauf beschränken konnte, die betreffende Person für zunftfähig zu erklären.[14]

Während nun die Legitimation durch Machtspruch weitgehend schrankenlos geübt wurde – der Schöpfer des Bayerischen Zivilkodex *Kreittmayr* sagt: „der Lands-Herrschaft" seien „in dieser lediglich a Jure positivo abhangender Sach die Hände keineswegs gebunden"[15] –, sah man bei der Legitimation durch nachfolgende Ehe genauer auf deren Voraussetzungen, insbesondere darauf, ob die Heirat der Eltern ihrerseits erlaubt war. Das führt uns zu Differenzierungen, die ich bisher vernachlässigt habe, die aber sehr wichtig sind, um das ältere Recht zu verstehen.

Die zitierte Aussage des Sachsenspiegels, das Uneheliche rechtlos sind, könnte zu der Vorstellung verleiten, als seien alle Illegitimen *gleich rechtlos* gewesen. In Wirklichkeit gab es jedoch entscheidende Differenzierungen. Diese waren schon durch die ständische Ordnung bedingt. Der Bastard des Königs von Frankreich war etwas anderes als das Kind einer ledigen Dienstmagd. Der Sohn, den Kaiser Karl V. mit der Regensburger Gürtlerstochter Barbara Blomberg gezeugt hat, konnte zum Feldherrn und Seehelden Don Juan d'Austria aufsteigen. Der Adel war in der Frage der Legitimität von je her sehr viel großzügiger als bürgerliche oder bäuerliche Kreise. Zur Zeit der germanischen Könige ergab sich das schon aus der Sitte polygamer Beziehungen, die noch von Karl dem Großen berichtet werden. Jedenfalls hält sich auch im Mittelalter und in der frühen Neuzeit die Vorstellung, dass die unehelichen Abkömmlinge hoher Adelspersonen etwas anderes seien, als beliebige „Bankerte" der Mittel- und Unterschichten – auch in ihnen fließt blaues Blut. Gerade bei den höheren Ständen kam auch das Mittel der Legimation zum Einsatz, um die Dinge ins Lot zu bringen, und viele Juristen – findig wie sie im Sinne ihrer Herrschaft stets waren – hielten den Landesherrn sogar für kompetent, seine eigenen nichtehelichen Kinder für ehelich zu erklären.[16]

---

11 Text bei *Werner Schubert*, Das Familien- und Erbrecht unter dem Nationalsozialismus, Paderborn 1993, S. 917.

12 Streitstand bei Beck (Fn. 10), S. 821.

13 Corpus Juris Canonici, Liber Extra, c.6 X, IV, 17 („Tanta est vis matrimonii").

14 *Ludwig Julius Friedrich Höpfner*, Theoretisch-practischer Commentar über die Heineccischen Institutionen nach deren neuesten Ausgabe, 6. Aufl., Frankfurt am Main 1798, Lib. I Tit. X § 143, 2). Eine solche beschränkte Legitimation war nach Auffassung des Autors auch ohne Zustimmung des Vaters möglich.

15 *Wiguläus Xaverius Aloysius Kreittmayr auf Offenstetten*, Anmerkungen über den Codicem Maximilianeum Bavaricum Civilem, nach der Ausgabe München 1759, Teil 1 Cap. 5 § IX.

16 *Kreittmayr* (Fn. 15), Teil 1 Cap. 5 § IX.

Auch im Übrigen sind Unterschiede zu machen. Diese gehen auf das römische Recht zurück, das bekanntlich neben der Ehe das *Konkubinat* als zweite Form der Geschlechtsverbindung gekannt hatte.[17] Die Kinder aus solchen Verbindungen wurden zwar nicht als legitim betrachtet, hatten aber doch eine andere Rechtsstellung als sonstige uneheliche Nachkommen. Aus dem römischen Recht stammt daher eine Unterscheidung, die bis ins 19. Jahrhundert hinein eine Rolle spielt, nämlich die Unterscheidung zwischen den *natürlichen Kindern* (*liberi naturales*), das sind die aus Konkubinaten stammenden Kinder, dann den *Kindern aus verbotenen Geschlechtsverbindungen*, insbesondere aus Ehebruch und Inzest (*liberi ex damnato coitu procreati*, „Unflatskinder“, wie man im Mittelalter sagte), und schließlich den *sonstigen nichtehelichen Kindern*, die „*spurii*“ genannt wurden. Diese Unterscheidung wurde ins Mittelalter und in die Neuzeit tradiert, obwohl nunmehr das Leben im Konkubinat im Gegensatz zum römischen Recht verboten wurde.[18] Es liegt ganz nahe, dass der Weg zu einer rechtlichen Besserstellung in erster Linie für die natürlichen Kinder vorgezeichnet war, während es die Kinder aus unerlaubten Verbindungen am schwersten hatten. Das zeigt sich deutlich bei der Legitimation durch nachfolgende Heirat der Eltern, die bei Bestehen eines Eheverbots gar nicht in Betracht kam.[19]

Die beschriebene Differenzierung zwischen den Arten der illegitimen Kinder wirkte sich z.B. im *Erbrecht* aus. In der spätrömischen Kaiserzeit waren Gesetze ergangen, die den Weg der Illegitimen zum Status der Rechtmäßigkeit erleichterten und zudem den Konkubinenkindern bestimmte Möglichkeiten des testamentarischen Erbrechts und, wenn keine legitimen Kinder und keine Ehefrau vorhanden waren, sogar ein gesetzliches Erbrecht einräumten.[20]

Dieser Spur folgte im Großen und Ganzen auch das europäische Juristenrecht. Es ging im Erbrecht hauptsächlich um zwei Fragen,

- *erstens,* ob den nichtehelichen Abkömmlingen ein *gesetzliches* Erbrecht nach ihrem Vater zustehen konnte,
- *zweitens,* ob ihnen der Vater nicht wenigstens durch Testament etwas zu hinterlassen vermochte.

Ohne Testament erbten die Konkubinatskinder,[21] sofern weder eheliche Abkömmlinge noch eine Ehefrau vorhanden waren, und zwar nach römischem Vorbild ein Sechstel des väter-

17 Zur Geschichte des Konkubinats *Hans-Jürgen Becker,* Die nichteheliche Lebensgemeinschaft (Konkubinat) in der Rechtsgeschichte, in: Götz Landwehr (Hrsg.), Die nichteheliche Lebensgemeinschaft, Göttingen 1978, S. 13 ff.; *Clausdieter Schott,* Lebensgemeinschaft zwischen Ehe und Unzucht – ein historischer Überblick, in: Albin Eser (Hrsg.), Die nichteheliche Lebensgemeinschaft, Paderborn 1985, S. 13 ff.; *Dieter Giesen,* Art. Konkubinat, in: Adalbert Erler/Ekkehard Kaufmann (Hrsg.), Handwörterbuch zur Deutschen Rechtgeschichte, Bd. 2 (1978), Sp. 1974; *G.H:Joyce,* Die christliche Ehe, Leipzig 1934, S. 517 ff.

18 Zum Beispiel in der Reichspolizeiordnung 19. November 1530: „Von leichtfertiger Beywohnung. Dieweil auch viel leichtfertige Personen / ausserhalb von Gott auffgesatzter Ehe / zusammen wohnen / auch der öffentliche Ehebruch nicht gestrafft / sondern gestattet / dardurch der Allmächtig / nachdem es wider sein Göttlich Gebott / hoch beleydiget / auch zu vielen Ergernüssen Ursach gibt. Derhalben ordnen und wöllen wir / daß ein jede / Geistlich und Weltlich Oberkeit / der solchs ordentlich zugehört / ein billichs Einsehens haben soll / damit solch offentlich Laster / der Gebür nach / ernstlich gestrafft und nicht geduldet werde.“ Zitiert nach: (Peter Ostermann), Aller deß Heiligen Römischen Reichs gehaltener ReichsTäg Ordnung / Satzung und Abschied ..., Mainz 1642, S. 241, 250.

19 Zum Teil war die *legitimatio per subsequens matrimonium* auf die *liberi naturales* beschränkt, *Leineweber* (Fn. 10). S. 143.

20 Die Kaisergesetzgebung findet sich reformiert und zusammengefasst in Novelle 89 des Kaisers Justinian aus dem Jahre 539.

21 Auch das war streitig in doppelter Richtung: Manche Autoren behaupteten, seit das Konkubinat verboten sei, erbten auch die Konkubinatskinder *ab intestato* nicht, andere erstrecken hingegen die für Konkubinenkinder bestehende Regelungen auch auf die *spurii*, zum Meinungsstand siehe *Ludwig Julius Friedrich Höpfner* (Fn. 14), Lib.III Tit. XIII, § 690, 4. Muster für eine Erbschaftklage dieser Art finden sich in: *Johann Friedrich Reiger,* Theatrum Juridicum theorico-practicum, ins Deutsche übersetzt von *L. Samuel Oberländer,* Nürnberg 1740, Lib. XXV Tit. 7 ff. §§ 4, 5.

lichen Vermögens[22] – sie standen also besser als nach dem BGB von 1900! Auch durch Testament konnten nach verbreiteter Meinung nur die Konkubinenkinder bedacht werden, ob auch die anderen, blieb bis in das 18. Jahrhundert hinein streitig.[23]

Es gab demnach nicht einmal ein einheitliches Nichtehelichenrecht. Eine gewisse Ausnahme bestand allerdings in der Unterhaltsfrage. Hier stützten sich die Juristen auf eine Stelle mittelalterlich-päpstlichen Rechts, um einen Unterhaltsanspruch aller illegitimen Kinder gegen ihre Eltern – also auch gegen den Vater – zu entwickeln. Zu Papst Clemens III. war ein interessanter Fall gelangt. Ein verheirateter Mann hatte sich zu Lebzeiten seiner Gattin einer anderen Frau zugewandt und auch diese geheiratet, was in gültiger Weise nicht möglich war. Nach dem Tod der legitimen Gattin lebte der Mann mit der anderen Frau weitere zehn Jahre zusammen und hatte mit ihr zehn Kinder. Die Frage war nun, ob die beiden jetzt zusammenbleiben konnten. Der Papst verneinte das und bestimmte, dass sie zu trennen seien, sie sollten auch nicht erneut heiraten können. Aber, so fügte der Papst hinzu, es sei dafür Sorge zu tragen, dass sie beide, soweit ihr Vermögen reicht, den Kindern das Nötige gewähren.[24]

Dieser beiläufige Satz des Papstes aus dem Jahr 1190 ist der Ursprung eines allgemeinen Unterhaltsanspruchs nichtehelicher Kinder. Die Juristen bauten diesen Anspruch in der Folgezeit aus. Wichtig war, dass in dem entschiedenen Fall die Kinder sogar aus einer verbotenen Verbindung stammten. Der Unterhaltsanspruch kam folglich auch der untersten Kategorie der nichtehelichen Kinder zugute. Die Unterscheidung zwischen den Gruppen der Unehelichen schlug sich in der Folgezeit nur noch in der Frage der *Höhe* des leistenden Unterhalts nieder: Kinder *ex coitu illicito* erhielten nur den Notunterhalt (*alimenta naturalia*), die natürlichen Kinder hingegen den angemessenen Unterhalt, der auch die Kosten einer Ausbildung umfasste.[25] Die Unterhaltspflicht für das nichteheliche Kind traf im Übrigen auch die Mutter und ihre Verwandten, etwa den Großvater mütterlicherseits, der überhaupt in der Geschichte des nichtehelichen Kindschaftsrechts eine große Rolle spielt.

Insgesamt ergibt das ältere Recht ein buntscheckiges Bild mit vielen Differenzierungen und rechtlichen Streitfragen im Detail. Die übereinstimmende Grundtatsache ist jedoch die weitgehende Entrechtung der nichtehelichen Kinder: Sie sind mit der väterlichen Familie nicht verwandt, werden zu qualifizierten Berufen und öffentlichen Diensten nicht zugelassen, haben nach dem Vater nur im Ausnahmefall ein Erbrecht und bleiben im Wesentlichen auf einen Alimentenanspruch verwiesen, der das Bild von der bloßen „Zahlvaterschaft" entstehen lässt. Ihnen haftet, auch im 18. Jahrhundert noch, die Eigenschaft der Ungesetzlichkeit an.

Dem entsprach im Allgemeinen auch die soziale Lage der Kinder, die sie mit ihren Müttern teilten. Die Geburt eines nichtehelichen Kindes war für die Frau in der Regel eine soziale Katastrophe, vielfach verlor sie ihre Stellung, die Heiratschancen waren dahin. Sie war dem Elend ausgeliefert, wenn die Familie nicht half. Freilich konnte sie auch Ansprüche gegen den Vater des Kindes haben, die aber schwer durchzusetzen waren. Der Geschlechtsverkehr mit einer ledigen Frau wurde, auch wenn keine sexuelle Nötigung im Spiel war, auf der Seite des Mannes als Delikt angesehen, das ihn zum Schadensersatz verpflichtete. Diesen konnte er nach seiner Wahl entweder dadurch leisten, dass er die Frau heiratete oder ihr eine Aussteuer, letztlich eine bestimmte

---

22 Allerdings nach verbreiteter Lehre zusammen mit ihrer Mutter, *Höpfner* (Fn. 14), Lib. III Tit. XIII, § 690, 3. Auch bei dem Intestaterbrecht nach der Mutter wirkte sich die Einteilung in verschiedene Gruppen von Illegitimen aus: Die Konkubinenkinder beerbten ihre Mutter wie eheliche Kinder, bei den anderen gab es Einschränkungen, siehe ebendort Lib. III Tit. XIII, § 690, 2.

23 Nachweise bei *Leineweber* (Fn. 10), S. 88, 200.

24 c.5 X, IV 7: „Solicitudinis tamen tuae intererit, ut uterque liberis suis, secundum quod eis suppetunt facultates, necessaria subministret."

25 Quellen bei *Leineweber* (Fn. 10), S. 81 f., 129, 190; *Beate Harms-Ziegler*, Illegitimität und Ehe. Illegitimität als Reflex des Ehediskurses in Preußen im 18. und 19. Jahrhundert, Berlin 1991, S. 149 ff.

Geldsumme zahlte.[26] So hat etwa 1731 im Prozess einen gewissen Margareta Louisa S. von B. gegen den Jurastudenten Leonhard K. die Juristen-Fakultät zu Altdorf dahingehend votiert, dass der Beklagte die Klägerin, da er sie zu heiraten nicht bereit war, *„mit 300 fl.* (Gulden) *zu dotirn, wie ingleichen deren mit ihr erzeugten Kinde, von Zeit der Geburt an, so lange, biß es seinen Unterhalt selbst verdienen kann, jährlich 25 fl. alimentations-Gelder zu reichen schuldig*" sei.[27] Doch entsprach dieser Fall einer adeligen Dame schwerlich durchschnittlichen Verhältnissen.

In den Städten wurden zum Teil Einrichtungen geschaffen, in denen die Frauen gebären und noch einige Wochen nach der Geburt verweilen konnten, dann aber waren sie, wenn ihre eigene Familie ihnen nicht half, auf sich allein verwiesen. Sie mussten sich um ihren Erwerb kümmern, die Kinder kamen häufig in Pflegefamilien, oft auch in Anstalten, Waisenhäuser, Findelhäuser, Armen- und Arbeitshäuser, in denen sie zusammen mit unversorgten Waisenkindern, Findelkindern und den Kindern armer Leute lebten.[28] Von daher kommt der *öffentlich-rechtliche Status*, den die nichtehelichen Kinder bis zum Ende des 20. Jahrhunderts einnahmen: Sie befanden sich von vorn herein in der Gesellschaft von Problemkindern, sie waren von vornherein Objekte besonderer amtlicher Bemühungen und ein Teil des gesellschaftlichen Armutsproblems. Das Familienrecht als Teil des Privatrechts bestimmte die Lage der Nichtehelichen nur partiell. Dass die rechtliche Disqualifikation auch das soziale Elend mitverursachte, ist mit Händen zu greifen und lässt sich an der drastisch erhöhten Kindersterblichkeit ablesen.[29]

Wie konnte eine sich christlich verstehende Gesellschaft einen derartigen Zustand dulden, ja durch Recht verfestigen, da doch vor Gott die Menschen gleich sind? Es verbanden sich theologische mit staatspolitischen Motiven. Der Kampf gegen Geschlechtsverbindungen, die nach christlicher Moral untersagt waren, wurde auch gegen die Kinder aus solchen Verbindungen geführt. In den Kindern sollten die Eltern gestraft, andere von der Sünde abgeschreckt werden. Damit korrespondiert die politische Sicht: Die christliche Obrigkeit, zu der Kirche und Staat verbündet waren, wollte die Herrschaft über Eheschließung und Kindererzeugung. Zu diesem Zweck setzte sie zweierlei durch: *erstens,* dass sie bestimmen konnte, wer gültig heiraten durfte; und *zweitens,* dass nur die obrigkeitlich lizenzierten Heiraten zu einer rechtlich anerkannten Nachkommenschaft führen konnten.

III. Das preußische Allgemeine Landrecht

Im Zeitalter der Aufklärung hätte eigentlich alles anders werden müssen. Die Aufklärung löst sich von den Vorgaben der Theologie ebenso wie den Positionen des traditionellen Rechts und stellt alles auf den Prüfstand der unvoreingenommenen Vernunft, so glaubte man jedenfalls.[30] Dass Kinder Zeit ihres Lebens für die Konstellation ihrer Zeugung büßen müssen, musste dieser Vernunft absurd erscheinen. Wir reiben uns aber verwundert die Augen, wenn wir sehen, dass sich in den deutschen Gesetzbüchern der Aufklärungszeit in der Unehelichenfrage nichts Umstürzendes bewegt.[31]

26 Zu den Gründen, warum die „Deflorationsklage" nicht in das BGB aufgenommen wurde, Motive Bd. 4 S. 914.

27 Entnommen aus: *Beck* (Fn. 10), S. 110.

28 Näheres bei *Hans Scherpner*, Geschichte der Jugendfürsorge, Göttingen 1966, S. 27 ff., 40 ff., 50 ff., 65 ff., 114 ff.

29 Diese ist noch im 19. Jahrhundert zu konstatieren, *Sybille Buske,* Fräulein Mutter und ihr Bastard. Eine Geschichte der Unehelichkeit in Deutschland, Berlin 2004, S. 38 ff.; *Stefan Bajohr,* Uneheliche Mütter im Arbeitermilieu: Die Stadt Braunschweig, in: Geschichte und Gesellschaft. Zeitschrift für Historische Sozialwissenschaften, Jahrgang 7 (1981), S. 474, 489.

30 *Paul Hazard,* Die Herrschaft der Vernunft. Das europäische Denken im 18. Jahrhundert, Hamburg 1949.

31 Die unterschiedlichen Auffassungen zur Stellung der nichtehelichen Kinder bei Autoren, die wir der aufgeklärten Jurisprudenz zurechnen, können im Rahmen dieses Vortrags nicht dargestellt werden. Näheres bei *Leineweber* (Fn. 10), S. 208 ff.; *Harms-Ziegler* (Fn. 25), S. 84 ff.

Gewiss erhält das Recht der unehelichen Kinder in vielen aufgeklärten Naturrechtslehren eine neue Grundlage: Nicht die Ehe, sondern die Zeugung wird als Grundlage des Eltern-Kind-Verhältnisses angesehen. Vielfach wird daher vertreten, dass nach natürlichem Recht die nichtehelichen Kinder – sogar neben den ehelichen – den Vater beerben.[32] Auch die Unterhaltspflicht der Eltern wird aus dem Naturrecht begründet. Doch bleiben die Folgerungen daraus bloß gedanklicher Natur, solange die Naturrechtssysteme zwischen dem Naturzustand und dem bürgerlichen Zustand unterscheiden und die Zivilrechte den ehelichen Kindern vorbehalten.[33] Und so dürfen wir von den Kodifikationen der Aufklärung nicht allzu viel erwarten. Gewiss gibt es vereinzelt progressive Regelungen, denen sich aber die großen Gesetzbücher nicht anschließen.

Im revolutionären Frankreich wurden durch Gesetz vom 2. November 1793 die natürlichen Kinder den ehelichen gleichgestellt.[34] Davon ist aber im Code Napoléon elf Jahre später nicht mehr die Rede. Der Code Civil setzt ganz auf die Anerkennung des Kindes durch seine Eltern. Wo eine solche insbesondere durch den Vater nicht erfolgte, war der Weg zu einer verbesserten Rechtsstellung des Kindes abgeschnitten: „La récherche de la paternité est interdite."[35] Die Kinder, die in Blutschande oder Ehebruch gezeugt waren, blieben sogar auf einen bloßen Unterhaltsanspruch gegen die Eltern beschränkt.[36]

Das preußische Allgemeine Landrecht von 1794 – *das* Gesetzbuch der deutschen Aufklärung – bringt gleichfalls einen nur mäßigen Fortschritt, in manchem Punkt bleibt es sogar hinter dem älteren Recht zurück: „Uneheliche Kinder treten weder in die Familie des Vaters, noch der Mutter."[37] Wohl erhalten sie Name und Stand der Mutter[38] und haben gegen den Vater einen Anspruch auf „Unterhalt und Erziehung".[39] Doch stehen sie unter keiner elterlichen Gewalt, auch nicht der Mutter, sondern erhalten vom Staat einen Vormund,[40] der in der Regel nicht aus der Familie genommen werden soll.[41] Erst die preußische Vormundschaftsordnung von 1875 bestimmte den Großvater mütterlicherseits zum gesetzlichen Vormund.[42] Die eigentliche Begünstigung, die das ALR für die Nichtehelichen bot, sieht *Buchholz*[43] in der Art der Rechtsverfolgung, da der Alimentationsanspruch wahlweise gegen sämtliche potentiellen Väter gerichtet werden konnte und die Mehrverkehrseinrede abgeschnitten war.

Nach dem ALR hatte der Vormund die nötigen Maßnahmen der Erziehung und Verpflegung des Kindes mit Vater und Mutter zu besprechen.[44] Dabei gab das Gesetzbuch die Regel vor, dass die Verpflegung und Erziehung bis zum zurückgelegten vierten Lebensjahr in der Regel der Mutter überlassen werden soll, und zwar auf Kosten des Vaters. Ab dem vierten Jahr hing es von der Wahl des Vaters ab, ob er die Fürsorge selbst leisten, das Kind etwa in sein Haus aufnehmen

32 Nachweise bei *Leineweber* (Fn. 10), S. 214 ff.

33 *Leineweber* (Fn. 10), S. 217 ff. (insbesondere zu den einflussreichen Lehren des Natur- und Zivilrechtlers Joachim Georg Darjes).

34 Dazu *Hermann Conrad*, Die Stellung der unehelichen Kinder in der neuzeitlichen Privatrechtsentwicklung Deutschlands, Frankreichs, Österreichs und der Schweiz, FamRZ 1962, 322, 326; *Karl Salomon Zachariae von Lingenthal*, Handbuch des französischen Zivilrechts, 5. Aufl., hrsg. August Anschütz, Bd. 3, Heidelberg 1853, § 566.

35 Art. 340 Code Civil.

36 Art. 762 Code Civil.

37 Teil 2 Tit. 2 § 639. Zum Nichtehelichenrecht des ALR *Harms-Ziegler* (Fn. 25), S. 180 ff.; *Leineweber* (Fn. 10), S. 231 ff.

38 Teil 2 Tit. 2 § 640.

39 Teil 2 Tit. 2 § 612.

40 Teil 2 Tit. 2 §§ 614, 644.

41 Teil 2 Tit. 18 § 197.

42 § 12 Abs. 2 der Vormundschaftsordnung vom 5. Juli 1875 (G.S. S. 431).

43 *Stephan Buchholz*, Savignys Stellungnahme zum Ehe- und Familienrecht, in: Ius Commune Bd. 8, Frankfurt am Main 1980, S. 148, 187. Siehe ALR Teil 2 Tit. 2 § 619 ff.

44 Teil 2 Tit. 2 § 615.

wollte, oder ob das Kind auf Kosten des Vaters bei der Mutter bleiben sollte.[45] Freilich konnte der Mutter das Kind nicht gegen ihren Willen genommen werden, doch dann ging der Unterhalt auf ihre Kosten.[46] Auf diese Weise konnte der Vater versuchen, die Alimentationspflicht auf billige Weise loszuwerden, indem er von der Mutter die Herausgabe des vierjährig gewordenen Kindes verlangte. Lehnte die Mutter ab, weil sie ihr Kind nicht verlieren wollte, so lag die Unterhaltslast fortan bei ihr selbst.[47]

Ohnehin dauerte die Unterhaltspflicht in der Regel nur bis zum 14. Lebensjahr des Kindes.[48] Unter diesen Umständen wundert es auch nicht, wenn das aufgeklärte Gesetzbuch den nichtehelichen Kindern keinerlei Erbrecht nach dem Vater gewährte, wenn dieser eheliche Abkömmlinge hinterließ[49], und ihnen auch einen Pflichtteil verweigerte.[50] Ein Erbrecht hatte das uneheliche Kind nach seiner Mutter, aber noch nicht einmal nach seinen sonstigen Verwandten, also auch nicht nach dem Großvater mütterlicherseits.[51]

Ein fortschrittliches Element bot das preußische Allgemeine Landrecht insofern, als es einen erleichterten Weg zur Legitimität eröffnete: Das Gesetzbuch sah entsprechend der Tradition des gemeinen Rechts in der Schwängerung einer Frau außerhalb der Ehe eine unerlaubte Handlung des Mannes, die zum Schadensersatz – in diesem Zusammenhang: auch zur Versorgung des Kindes – verpflichtete.[52] Die Schadensersatzpflicht des Mannes wurde nun gesteigert, wenn es sich um eine „unbescholtene ledige Weibsperson" handelte,[53] und noch einmal gesteigert, wenn der Verführer die Frau unter dem Versprechen der Ehe geschwängert hatte. Im letzteren Fall wurde nach dem Gesetzbuch der Mann vom Richter unter Zuziehung eines Geistlichen ernstlich aufgefordert und angemahnt, die Ehe mit der Frau zu vollziehen, d. h. vor dem Priester das Ja-Wort zu geben. Weigerte sich der Mann, so wurde er zwar nicht zur Heirat gezwungen, die Frau erhielt aber Name, Stand und Rang des Mannes und die Rechte einer unschuldig geschiedenen Ehefrau mit allen finanziellen Konsequenzen.[54] Ähnliches galt, wenn die Schwangerschaft auf einer Vergewaltigung beruhte, mit dem Unterschied, dass die Frau in diesem Fall ihre Ansprüche nicht minderte, wenn zwar der Mann zur Ehe bereit war, sie aber ihrerseits ihn nicht heiraten wollte.[55] Die Kinder aus solchen Verbindungen erhielten ohne weiteres „die Rechte der aus einer vollgültigen Ehe erzeugten Kinder"[56] – es wurde also fingiert, dass die Kinder aus einer Ehe stammten.

Für die Stimmungslage des 19. Jahrhunderts ging eine solche Regelung offenkundig zu weit. Ein Gesetz von 1854[57] schaffte die Möglichkeit der aufgrund unfairer Willensbeeinflussung verführten Frau, den Status einer Ehefrau zu erhalten, mit allen Konsequenzen für das Kind wieder ab.[58]

---

45 Teil 2 Tit. 2 §§ 621, 622.
46 Teil 2 Tit. 2 § 623.
47 Dazu *Harms-Ziegler* (Fn. 25), S. 199 ff.
48 Teil 2 Tit. 2 § 633. Die Unterhaltspflicht kann über dieses Alter hinaus andauern, wenn das Kind in eine Lehre oder „Profession" gegeben wird, wenn die gewählte Ausbildung länger dauert oder wenn das Kind krank ist, siehe Teil 2 Tit. 2 §§ 633–637.
49 Teil 2 Tit. 2 § 651; andernfalls 1/6 des Nachlasses, § 652.
50 Teil 2 Tit. 2 § 655.
51 Teil 2 Tit. 2 § 660, 661.
52 Teil 2 Tit. 1 §§ 1027 ff.
53 Teil 2 Tit. 1 § 1044.
54 Teil 2 Tit. 1 §§ 1047–1052.
55 Teil 2 Tit. 1 §§ 1127, 1128.
56 Teil 2 Tit. 2 § 592.
57 Gesetz vom 24. April 1854 (GSS 193). Zur Geschichte dieses Gesetzes *Buchholz* (Fn. 43), S. 186 ff.; *ders.*, Eherecht zwischen Staat und Kirche. Preußische Reformversuche in den Jahren 1854 bis 1861, Frankfurt am Main, 1981; *Harms-Ziegler* (Fn. 25), S. 290 ff.
58 § 13 des genannten Gesetzes.

Die Regelungen der neuzeitlichen Gesetzbücher machen deutlich, dass das nichteheliche Kind, auch wenn es gegen Mutter und auch den Vater gewisse Rechte hatte, letztlich *außerhalb der Familie* blieb, es stand, auch wenn es bei der Mutter lebte, unter öffentlicher Fürsorge. Den Müttern wurde außer der faktischen Pflege wenig zugetraut, auch sie selbst als gefährdete Personen, eben als „Gefallene" betrachtet, deren Rettung sich die öffentlichen und die nun häufig gegründeten privaten Fürsorgeeinrichtungen angelegen sein ließen. Die Väter andererseits wurden in der Rolle bloßer Alimentenschuldner gesehen, als bloße Zahlväter, die sie auch im wörtlichen Sinne sein konnten, man denke an die Rechtsordnungen, die bei unklarer Vaterschaft eine Mehrheit von potenziellen Vätern zum Unterhalt verpflichteten.

IV. Das Bürgerliche Gesetzbuch

Die Lage, welche die Schöpfer des BGB vorfanden, war durch eine Vielfalt von landesrechtlichen Regelungen, zugleich von sehr unterschiedlichen sozialen Anstrengungen von Kommunen und privaten Initiativen gekennzeichnet.[59] Bekanntlich konnten sich die maßgebenden politischen Kräfte nicht entschließen, die inzwischen deutlich propagierten Forderungen der modernen Frauen- und Kinderschutzbewegung in das Gesetzbuch aufzunehmen.[60] Schon das Regelungssystem war traditionell: Das BGB befasste sich primär und ausführlich mit dem Recht der ehelichen Kindschaft, fügte sodann einige Vorschriften über Kinder aus nichtigen Ehen hinzu und befasste sich schließlich separat davon mit den unehelichen Kindern.

Das kennzeichnende Fanal war bereits im ersten Paragraphen des Verwandtschaftsrechts ertönt: „Ein uneheliches Kind und dessen Vater gelten nicht als verwandt."[61] Damit war das Kind vom Erbrecht nach dem Vater und dessen Verwandten völlig ausgeschlossen – ein Schritt weit hinter das ALR und das gemeine Recht zurück. Der Vater war dem Kind zwar in ähnlicher Weise wie ehelichen Kindern zum Unterhalt verpflichtet,[62] auch umfasste der Anspruch die Ausbildungskosten, doch endete dieser in der Regel, wenn das Kind das 16. Lebensjahr vollendete; damit war eine Studienfinanzierung praktisch ausgenommen. Im Übrigen hatte der Vater mit dem Kind nichts zu tun, auch nicht die Verwandten auf der Vaterseite.[63] Der Mutter hatte er die Entbindungskosten zu erstatten und Unterhalt für die ersten sechs Wochen nach der Entbindung zu leisten[64], ein letzter Rest des deliktsrechtlichen Denkens.

Als besonders nachteilig für die Frauen und ihre Kinder wirkte sich die Regel des BGB aus, dass als Vater zwar derjenige galt, welcher der Mutter während der Empfängniszeit „beigewohnt" hatte, dass diese Vermutung aber entkräftet war, wenn die Mutter innerhalb der fraglichen Zeit auch mit einem anderen Mann Geschlechtsverkehr hatte.[65] Um die „Mehrverkehrseinrede" ist in der Folgezeit in der gerichtlichen Praxis wie in der rechtspolitischen Diskussion viel gestritten worden,[66] das Gegenkonzept wäre die Inanspruchnahme aller in Betracht kommenden Männer oder die Bestimmung eines von ihnen durch das Gericht gewesen.

---

59 Ein guter Überblick für die Situation im 19. Jahrhundert findet sich bei *Scherpner* (Fn. 28), S. 117 ff.

60 Dazu *Buske* (Fn. 29), S. 73 ff.

61 § 1589 Abs. 2 BGB ursprünglicher Fassung. Die Schöpfer des BGB sahen diese Vorschrift als Fiktion, denn sie erkannten eine wirkliche Verwandtschaft zwischen dem nichtehelichen Kind und seinem Vater durchaus an, siehe Motive Bd. 4 S. 874 (bei Begründung des Unterhaltsanspruchs).

62 § 1708 Abs. 1 BGB ursprünglicher Fassung; aus § 1708 Abs. 2 ergibt sich, dass es sich um eine gesteigerte Unterhaltspflicht nach § 1603 Abs. 2 BGB handelte.

63 Begründung Motive, Bd. 4, S. 874 f.

64 § 1715 Abs. 1 S. 1 BGB ursprünglicher Fassung, ferner Aufwendungen zu ersetzen, die infolge der Schwangerschaft und Entbindung notwendig werden.

65 § 1717 BGB ursprünglicher Fassung.

66 Siehe nur die Beratungen des 32. Deutschen Juristentages in Bamberg, 1921, Verhandlungen des 32. Deutschen Juristentages, 1922.

Im Verhältnis zur Mutter und ihren Verwandten erkannte das BGB dem Kind immerhin die Stellung eines ehelichen Kindes zu,[67] die elterliche Gewalt indes wurde der Mutter vorenthalten. Sie hatte das Recht und die Pflicht, *faktisch* für die Person des Kindes zu sorgen, zur Vermögenssorge und generell zur gesetzlichen Vertretung war sie nicht befugt.[68] Es musste also – wie nach älteren Ordnungen – stets ein Vormund bestellt werden.

Dabei steuerte das BGB eine gewisse „Privatisierung" insofern an, als der Vormund als selbständig handelnder privater Einzelvormund figuriert war, der in der Regel unentgeltlich seines Amtes waltete. Nun war im 19. Jahrhundert de facto in verschiedenen Regionen bereits eine Art Berufsvormundschaft, z.B. der Leiter von Jugendanstalten, entstanden. Die Schöpfer des BGB konnten sich aber nicht entschließen, diese moderne Konstruktion zu übernehmen. Man verstand sich nur zu einer Regelung im Einführungsgesetz zum BGB, das entsprechende Landesregelungen, die schon bestanden, unberührt ließ.[69] Doch war – entgegen der Meinung der Gesetzesverfasser[70] – der Bedarf nach Berufsvormündern dringend, schon weil nicht genügend geeignete private Personen zur Verfügung standen. Die öffentlichen und privaten Einrichtungen, die zum Schutze hilfsbedürftiger Jugendlicher seit dem 19. Jahrhundert entstanden waren, hatten dies längst erkannt, und so läuft – sozusagen neben dem BGB her – eine Bewegung der Jugendhilfe, die mit Hilfe des öffentlichen Rechts auf Veränderung der Verhältnisse drang. In diesem Zusammenhang spielt nun das Institut, dessen 100-jähriges Bestehen wir heute feiern, eine besondere Rolle. Das „Archiv deutscher Berufsvormünder" wurde als Einrichtung zur Förderung der Arbeit der öffentlichen Jugendfürsorge gegründet, deren Notwendigkeit anstelle einer rein privaten Einzelvormundschaft zur Überzeugung der Gründer feststand.

Die Verbesserung der Lebensverhältnisse der nichtehelichen Kinder bildete fortan ein wichtiges Thema des öffentlichen Rechts, zunächst der zuständigen Landesgesetzgebungen, dann nach der Weimarer Reichsverfassung auch der Reichsgesetzgebung.[71] Im öffentlichen Recht, vor allem im Recht der Sozialleistungen, wurden die Rechte der nichtehelichen Kinder schon während des 1. Weltkrieges[72] und in der Weimarer Zeit abweichend von den zivilrechtlichen Strukturen verbessert.[73]

Grundlegende Bedeutung kommt dem Reichsjugendwohlfahrtsgesetz von 1922 zu, das im Wesentlichen von den Ideen befruchtet war, die im „Archiv deutscher Berufsvormünder" entwickelt worden waren.[74] Das Gesetz beschäftigte sich zwar mit *allen* Kindern, die der Jugendfürsorge bedurften, doch waren die unehelichen Kinder, völlig unabhängig von ihren sonstigen

67 § 1705 ursprünglicher Fassung.

68 § 1707 ursprünglicher Fassung: „Der Mutter steht nicht die elterliche Gewalt über das uneheliche Kind zu. Sie hat das Recht und die Pflicht, für die Person des Kindes zu sorgen; zur Vertretung des Kindes ist sie nicht berechtigt. Der Vormund des Kindes hat, soweit der Mutter die Sorge zusteht, die rechtliche Stellung eines Beistandes."

69 § 136 EGBGB.

70 Motive, Bd. 4, S. 1038 „Es lässt sich in Zweifel ziehen, ob eine derartige Vorschrift überhaupt durch ein Bedürfnis geboten ist."

71 Art. 7 Nr. 7 WRV: Konkurrierende Zuständigkeit des Reiches auf dem Gebiet der Mutterschafts-, Säuglings-, Kinder- und Jugendfürsorge.

72 Zu nennen ist hier die Reform des „Familienunterstützungsgesetzes" von 1888 aufgrund eines Vorstoßes des Archivs deutscher Berufsvormünder im Jahre 1914.

73 Überblick bei *Christa Hasenclever,* Jugendhilfe und Jugendgesetzgebung seit 1900, Göttingen 1978, S. 20 ff.; *Buske* (Fn. 29), S. 106 f.

74 Das Gesetz sollte zum 1. April 1924 in Kraft treten (Einführungsgesetz zum Reichsgesetz für Jugendwohlfahrt vom 9. Juli 1922, abgedruckt auch in Jordan/Münder [Hrsg.], 65 Jahre Reichsjugendwohlfahrtgesetz. Münster 1987, S. 151), doch wurde das volle Inkrafttreten eingeschränkt durch eine Verordnung vom 14. Februar 1924, die auf einem Ermächtigungsgesetz vom 8. Dezember 1923 beruhte (Verordnung über das Inkrafttreten des Reichsgesetzes für die Jugendwohlfahrt vom 14. Februar 1924. abgedruckt bei Jordan/Münder, S. 153). Zur Geschichte des RJWG *Hasenclever* (Fn. 73), S. 48 ff.

Lebensumständen, Objekte der besonderen fürsorglichen Amtswaltung. Insofern blieb es bei der traditionellen Sicht, dass das nichteheliche Kind sich in einer grundlegend anderen Situation befindet als das eheliche.

Auf der Grundlage des Jugendwohlfahrtsgesetzes wurde reichsrechtlich die gesetzliche Vormundschaft der Jugendämter über uneheliche Kinder eingeführt,[75] die Einrichtung einer Einzelvormundschaft war auf Antrag des Amtes im Einzelfall möglich.[76] An den zivilrechtlichen Strukturen änderte sich indes wenig. Die Folge war eine bis an die Schwelle unserer Tage bestehende *geistige Kluft* zwischen dem Zivilrecht und den Regelungen der Jugendhilfe.

Die Regelungen des BGB hatten über 60 Jahre lang Bestand. Das ist in der Rückschau sehr erstaunlich. Hatte doch bereits die Weimarer Reichsverfassung das Gebot ausgesprochen, den unehelichen Kindern durch die Gesetzgebung die gleichen Bedingungen für ihre leibliche, seelische und gesellschaftliche Entwicklung zu schaffen wie den ehelichen.[77] Doch kam es – was das bürgerliche Recht betrifft – in der Weimarer Zeit nur zu Entwürfen.

Nachdem der Reichsjustizminister *Gustav Radbruch* schon 1922 den Ländern den „Entwurf eines Gesetzes über die unehelichen Kinder und die Annahme an Kindesstatt" übersandt hatte, wurde ein darauf beruhender Kabinettsentwurf 1925 dem Reichsrat vorgelegt, sodann der vom Reichsrat verabschiedete Entwurf 1929 dem Reichstag übermittelt, wo es indes nicht mehr zu einer Beschlussfassung kam.[78] Allerdings waren die zuletzt gefundenen Entwurfstexte – im Gegensatz zu den von Radbruch vorgelegten – nur mäßig fortschrittlich.

Im Grundsatz sollte es bei der faktischen Personensorge der Mutter und der obligatorischen Vormundschaft über uneheliche Kinder bleiben. Auf Antrag des Vaters sollte die Personensorge auch an ihn allein oder neben der Mutter „verliehen" werden können, wenn dies aus besonderen Gründen im Interesse des Kindes liegt. Mutter oder Vater sollten darüber hinaus die Verleihung der gesamten elterlichen Gewalt beantragen können, „wenn dies aus besonderen Gründen im Interesse des Kindes liegt", allerdings nicht nebeneinander oder gar gemeinsam.[79] Übereinstimmend wollten die Entwürfe die *exceptio plurium* abgeschafft wissen, mehrere potenzielle Väter sollten sämtlich zum Unterhalt verpflichtet sein; das Kind sollte zwar nur einen von ihnen in Anspruch nehmen, dieser dann aber von den anderen Ausgleich verlangen können.[80]

Diese Projekte sind nicht Gesetz geworden, ebenso wenig die von rassistischen Gedanken mitbestimmten Reformvorstellungen aus der Zeit des Nationalsozialismus, die interessanterweise auf den alten Begriff des „natürlichen Kindes" zurückgreifen wollten.[81]

V. Die Reform von 1969

Nach dem Inkrafttreten des Grundgesetzes hätte eigentlich die Zeit für ein modernes Kindschaftsrecht reif sein müssen, wiederholte doch Art. 6 des Grundgesetzes die Aussagen der

75 § 35 Abs. 1 RJWG.

76 §§ 40, 44 RJWG.

77 Art. 121 WRV.

78 Der Hergang ist beschrieben bei *Werner Schubert*, Die Projekte der Weimarer Republik zur Reform des Nichtehelichen-, des Adoptions- und des Ehescheidungsrechts, Paderborn 1986, S. 29 ff.; dort auch die Wiedergabe der Entwürfe S. 122 ff., 153 ff., 364 ff.

79 § 1707b BGB i.d.F. des Entwurfes von 1929; wohl aber sollte die Personensorge Vater und Mutter nebeneinander verliehen werden können.

80 §§ 1717, 1718 BGB in der Fassung der Reichstagsvorlage 1929.

81 Entwurf zu einem Gesetz zur Änderung familien- und erbrechtlicher Vorschriften (Zweites Familienrechts-Änderungsgesetz) vom Juli 1940, mit Begründung abgedruckt bei: *Werner Schubert*, Das Familien- und Erbrecht unter dem Nationalsozialismus, Paderborn 1993, S. 509 ff.; zu den Reformplänen im „Dritten Reich" auch *Buske* (Fn. 29), S. 147 ff.

Weimarer Verfassung über das uneheliche Kind und den Schutz der Mutterschaft fast wörtlich.[82] Doch blieb es in der Bundesrepublik zunächst bei einer sich lange hinziehenden Reformdiskussion, an dem sich auch unser Institut, damals „Deutsches Institut für Vormundschaftswesen“ genannt, durch eigene Entwürfe beteiligte. Die Dokumente zu dieser Reformdiskussion[83] zeigen, wie tief das Denken vieler Wissenschaftler wie Politiker noch in den Kategorien von „Illegitimität“ und „Fehltritt“ befangen waren, obwohl das Strafrecht bereits begonnen hatte, sich aus dem Bereich der freiwilligen Sexualität erwachsener Personen zurückzuziehen, und obwohl auch im Zivilrecht die Beurteilung von Konkubinaten als sittenwidrig auf dem Rückzug begriffen war. Das Familienrechtsänderungsgesetz von 1961 brachte Einzelschritte zur Verbesserung der Rechtslage für die uneheliche Mutter und ihr Kind, z. B. konnte das Vormundschaftsgericht ihr nun auf Antrag die elterliche Gewalt übertragen.[84]

Ein Gesetz, das sich der Rechtslage der Unehelichen grundlegend angenommen hätte, blieb jedoch aus. Es dauerte bis in den Herbst 1967 hinein, bis die Bundesregierung den Entwurf eines Gesetzes über die rechtliche Stellung unehelicher Kinder vorlegen konnte, der in Bundestag und Bundesrat hinhaltend beraten wurde. Das Bundesverfassungsgericht setzte der Ungewissheit schließlich ein Ende und verlangte im Januar 1969 die Verwirklichung des Art. 6 Abs. 5 GG durch ein Reformgesetz noch bis Ende der laufenden Legislaturperiode[85], die im Sommer 1969 endete.

Ergebnis der dann eiligen gesetzgeberischen Bemühungen war das Nichtehelichengesetz von 1969.[86] Die Reform ersetzte zunächst den Terminus „unehelich“ durch „nichtehelich“ (während in der Verfassung nach wie vor „unehelich“ steht!) und versuchte, die Diskriminierung nichtehelicher Kinder abzubauen. Der berüchtigte § 1589 Abs. 2 BGB wurde gestrichen, folglich ein Verwandtschaftsverhältnis zwischen Vater und Kind bejaht, folglich auch ein Erbrecht des Kindes nach dem Vater und dessen Verwandten, das allerdings auf einen bloß schuldrechtlichen Erbersatzanspruch herabgestuft war, wenn das nichteheliche Kind mit ehelichen Abkömmlingen oder dem überlebenden Ehegatten des Erblassers konkurrierte[87] – das sind Reminiszenzen an das alte Recht, man spürt die Macht der Geschichte.

Verbessert wurden das Recht der Vaterschaftsfeststellung und -anerkennung[88] und das Unterhaltsrecht des Kindes.[89] Die elterliche Sorge wurde nun ausnahmslos der Mutter zugeordnet; freilich war das Sorgerecht eingebettet in eine gesetzliche Pflegschaft des Jugendamtes für Status- und Namensangelegenheiten sowie Unterhaltsansprüche und Erbrechte beim Tod des Vaters oder seiner Verwandten.[90] Diese Pflegschaft konnte auf Antrag vom Vormundschaftsgericht zugunsten eines vollen Sorgerechts der Mutter aufgehoben werden.[91] Um die zureichenden Gründe hierfür ist viel gestritten worden. Der Vater vermochte zur elterlichen Sorge hingegen nur durch Legitimation,[92] Ehelicherklärung[93] oder Adoption des Kindes zu gelangen, äußerstenfalls als dessen Vormund fungieren. Ansonsten blieb er auf einen Auskunftsanspruch

82 Art. 6 Abs. 4, 5 GG.

83 *Werner Schubert*, Die Reform des Nichtehelichenrechts (1961–1969). Entstehung und Quellen des Gesetzes über die Rechtsstellung der nichtehelichen Kinder vom 19.8.1968, Paderborn 2003; die Entwürfe des Instituts siehe dort S. 3, 19.

84 § 1707 Abs. 2 BGB i.d.F. des Gesetzes zur Vereinheitlichung und Änderung familienrechtlicher Vorschriften (Familienrechtsänderungsgesetz) vom 11. August 1961 (BGBl. 1961 I S. 1221).

85 BVerfG vom 29. Januar 1969, FamRZ 1969, 196.

86 Gesetz über die rechtliche Stellung der nichtehelichen Kinder vom 19. August 1969 (BGBl. 1969 I S. 1243).

87 § 1934a Abs. 1 BGB i.d.F. des Nichtehelichengesetzes.

88 §§ 1600 a bis o BGB i.d.F. des Nichtehelichengesetzes.

89 §§ 1615 a bis o BGB i.d.F. des Nichtehelichengesetzes; §§ 642–644 ZPO i.d.F. des Nichtehelichengesetzes.

90 § 1706 BGB i.d.F. des Nichtehelichengesetzes.

91 § 1707 BGB i.d.F. des Nichtehelichengesetzes.

92 durch nachfolgende Ehe mit der Mutter, § 1719 BGB.

93 §§ 1723 ff. BGB, neugefaßt durch das Nichtehelichengesetz.

gegen die Mutter über die persönlichen Verhältnisse des Kindes[94] und auf den persönlichen Umgang mit ihm beschränkt, den er gegen den Willen der Mutter aber nur dann durchsetzen konnte, wenn der Umgang „dem Wohle des Kindes dient".[95]

Bei allen Fortschritten, die das Gesetz brachte, ist seine geistige Verankerung in den tradierten Denkkategorien nicht zu verkennen. Das außerhalb einer Ehe gezeugte Kind ist noch immer in gewissem Sinn ein defizitäres Wesen: Es hat eine Mutter, die für es sorgen darf, aber nicht in der Lage ist, in allen Bereichen selbständig zu handeln. Es hat einen Vater, der es alimentieren muss, mit dem es aber sonst wenig zu tun hat, auch die Kontakte zu ihm hängen letztlich allein von der Einstellung der Mutter ab.

VI. Die Reformen von 1997/1998

Obwohl die Amtspflegschaft der Jugendämter als der Rest der einstigen staatlichen Obervormundschaft vielen Müttern und ihren Kindern ganz sicherlich in der Praxis geholfen hat, wollte Zufriedenheit über das Gesetz von 1969 nicht recht aufkommen. Vielfach traf es nicht mehr die soziale Lage: Das Bild von der geschwängerten und dann im Stich gelassenen Frau, die sozial geächtet und in deprimierenden Verhältnissen sich mit ihrem Kind durchs Leben schlagen muss, verblasste, obwohl es im Einzelfall die Wirklichkeit noch treffen kann. Der Wandel des gesellschaftlichen Bewusstseins schuf die Option zu der neuen Existenzform der *nichtehelichen Familie*, in der alles vorhanden ist – gemeinsames Leben und Haushalten mit Kindern –, nur eben nicht die förmliche Eheschließung.

Zugleich löste sich der verfassungsrechtliche Familienbegriff von seinem engen Bezug zur Ehe. Ein neues Vaterbild verabschiedete den „Zahlvater" als typische Figur und setzte an seine Stelle den sorgenden und erziehenden Vater als unentbehrliche Bezugsperson. Die Realität änderte sich freilich nicht mit einem Schlage, sie entspricht nie den von Politik und Wissenschaft entworfenen Bildern, doch sind auch reale Veränderungen nicht zu bezweifeln: Die Heiratszahlen gehen kontinuierlich zurück, demgegenüber sind nach Wegfall der gesellschaftlichen Ächtung die ehelosen Gemeinschaften auch mit Kindern zu einer akzeptierten Existenzform geworden.

In diese Szenerie passte das 1969 geschaffene Recht zweifellos nicht. Die Zweifel daran mehrten sich, ob das Verfassungsgebot des Art. 6 Abs. 5 GG voll verwirklicht war.[96] Dass eine grundlegende Reform des gesamten Kindschaftsrechts anstand, wurde auf dem 59. Deutschen Juristentag von 1992 deutlich, dessen mit großen Mehrheiten gefassten Beschlüsse ganz in diese Richtung wiesen.[97]

Die Dynamik der Entwicklung wurde wiederum durch das Bundesverfassungsgericht beschleunigt. Das Gericht hatte zwar die Regelung des § 1705 BGB, wonach das nichteheliche Kind unter der elterlichen Gewalt allein der Mutter steht, im Jahre 1981 als verfassungsgemäß bestätigt.[98] Doch gab eine Richtervorlage zu Fragen der Ehelicherklärung dem Gericht zehn Jahre später Gelegenheit, eine neue Sicht der Dinge einzuleiten. Es ging um die Regelung des § 1738 Abs. 1 BGB, wonach bei Ehelicherklärung eines nichtehelichen Kindes die Mutter die Ausübung der elterlichen Sorge an den Vater verlor, und zwar auch dann, wenn sie mit dem Vater zusammenlebte, beide gemeinsam das Kind betreuten und der Vater die Einrichtung des gemeinsamen Sorgerechts beantragte. Das Bundesverfassungsgericht sah in dieser Regelung einen Verstoß gegen das Elternrecht und hielt sie mit Art. 6 Abs. 5 GG für unvereinbar. Ent-

94 § 1711 Abs. 3 BGB i.d.F. des Nichtehelichengesetzes.
95 § 1711 Abs. 1 S. 2 BGB i.d.F. des Nichtehelichengesetzes.
96 Nachweise bei *Ingeborg Schwenzer*, FamRZ 1992, 121 ff.
97 Siehe die Beschlüsse FamRZ 1992, 1275.
98 BVerfG vom 24. März 1981, BVerfGE 56, 363.

scheidend für die weitere Entwicklung wurde die Erkenntnis des Gerichts, dass das Kindeswohl keinen generellen Ausschluss des gemeinsamen Sorgerechts nichtehelicher Eltern gebiete, dass vielmehr die zwingende Zuordnung zu einem Elternteil das Kindeswohl erheblich beeinträchtigen könne.[99] Damit war der bisherigen Regelung des Sorgerechts für nichteheliche Kinder der verfassungsrechtliche Boden entzogen.

Die vier Reformgesetze der Jahre 1997/1998 vor Ihnen auszubreiten, käme dem Transport von Eulen nach Athen gleich. Die Errungenschaften dieser Gesetze – Möglichkeit des gemeinsamen Sorgerechts von nicht miteinander verheirateten Eltern, Wegfall der obligatorischen Amtspflegschaft, die Ersetzung dieses Instituts durch eine freiwillige Beistandschaft, die auch ehelichen Eltern offen steht, gleicher Kindesunterhalt und gleiches Erbrecht wie ehelichen Kindern, um einige Eckpunkte zu nennen – sind schon nach wenigen Jahren zur Selbstverständlichkeit geworden.

In der historischen Sicht ist das Recht des nichtehelichen Kindes, das über Jahrhunderte ganz wesentlich vom öffentlichen Recht bestimmt war, nun in gewissem Sinne „privatisiert" worden, freilich in den Grenzen, in denen Kindschaftsrecht überhaupt bloßes Privatrecht sein kann. Geschichte ist nie zu Ende. Um die verbleibenden Differenzen, die bei der Rechtsstellung ehelicher und nichtehelicher Kinder noch immer bestehen, wird weiterhin gestritten werden, man denke nur an den Ausschluss des Vaters vom Sorgerecht, wenn die Mutter sich nicht auf eine Sorgerklärung einlassen will,[100] oder an den Unterhaltsanspruch der Mutter, die ein nichteheliches Kind erzieht, der gegenwärtig Gegenstand von Reformbemühungen ist.[101]

Auf längere Sicht wird ein tiefergreifendes Problem eine Rolle spielen. In der Vergangenheit ist das Kindschaftsrecht, wie gezeigt, vom Eherecht her konstruiert worden. Frage ist nun, ob sich das Verhältnis umkehrt, ob also das Kindschaftsrecht nun das Recht der Paarbeziehungen beherrscht. Zugespitzt kann man fragen: Wenn gemeinsame Elternschaft mit allen rechtlichen Konsequenzen auch ohne Ehe zu haben ist, welche Funktion hat dann noch das staatliche Eherecht? Oder, um einen berühmten Buchtitel zu variieren: Wird das Kindschaftsrecht dem Eherecht sein Tod sein? Ich hoffe nicht, doch das ist ein anderes Thema.

Veröffentlicht in: Das Jugendamt. Zeitschrift für Jugendhilfe und Familienrecht, 79. Jahrgang 2006, S. 549–557, Deutsches Institut für Jugendhilfe und Familienrecht e.V., Heidelberg 2006. Der Text gibt einen Vortrag wieder, den der Autor aus Anlass eines Festaktes zum 100-jährigen Bestehen des Deutschen Instituts für Jugendhilfe und Familienrecht e.V. am 27. April 2006 in Heidelberg gehalten hat. Der Vortrag trug seinerzeit den Titel: „Von gefallenen Mädchen, Zahlvätern und sozialen Familien. Eine rechtshistorische Betrachtung zum Kindschaftsrecht".

Nachtrag: Zu Fn. 100 und dem dazugehörigen Text: Siehe nun die grundlegende Veränderung der Rechtslage durch das Gesetz zur Reform der elterlichen Sorge nicht miteinander verheirateter Eltern vom 19.4.2013 (BGBl. I S. 795). *Zu Fn. 101* und dem dazugehörigen Text: Siehe nun die wesentliche Verbesserung der Unterhaltsansprüche der Mütter und Väter nichtehelicher Kinder durch das Gesetz zur Änderung des Unterhaltsrechts vom 21.12.2007 (BGBl. I S. 3189).

99 BVerfG vom 7. Mai 1991, BVerfGE 84, 168.
100 BVerfG FamRZ 2003, 285.
101 Siehe den Regierungsentwurf zur Änderung des Unterhaltsrechts, FamRZ 2006, 670.

Entwicklungen im Familienrecht vor und nach 1945

I. Einleitung

Die deutschen Staaten, die sich nach dem Zusammenbruch des Naziregimes bildeten, fanden ein Familienrecht vor, das nach allgemeiner Überzeugung der dringenden und grundlegenden Neugestaltung bedurfte. Diese Überzeugung fand Ausdruck zunächst in den deutschen Länderverfassungen der Jahre 1946/1947,[1] dann im Grundgesetz der Bundesrepublik Deutschland vom 23. Mai 1949[2] und in der Verfassung der DDR vom 7. Oktober des gleichen Jahres[3]. Zwei Ziele waren vor allem anzusteuern: Es war die Gleichberechtigung von Mann und Frau auch auf dem Gebiet des Familienrechts durchzusetzen. Weiterhin ging es um eine grundlegende Reform der Rechtslage des nichtehelichen Kindes. Beide Anliegen waren schon – wenngleich vergeblich – in der Weimarer Reichsverfassung enthalten gewesen.[4]

Das deutsche Familienrecht, das in die Zeit nach 1945 überkommen war, stellt sich als ein nicht konsistentes Gemisch aus der Gesetzgebung des Zweiten Kaiserreiches, des nationalsozialistischen Regimes und des korrigierenden Eingriffs der Besatzungsmächte dar. Diese Mixtur soll zunächst dargestellt werden.

II. Das Familienrecht des BGB

Mit dem Bürgerlichen Gesetzbuch vom 18. August 1896[5] wurde das Familienrecht für das Deutsche Reich mit Wirkung zum 1.1.1900 einheitlich kodifiziert. Das Gesetzbuch lässt sich aufs Ganze gesehen als konservativ-liberal charakterisieren. Der konservative Zug betraf vor allem das Familienrecht. Obwohl die Frau in den allgemeinen Vorschriften des Gesetzbuchs dem Mann durchaus gleichgestellt wurde, war das Familienrecht – trotz Protestaktionen der Frauenbewegung und nach heftigen Auseinandersetzungen im Reichstag[6] – von der herkömmlichen patriarchalischen Struktur bestimmt. Der Mann war nach wie vor das Haupt der Familie, er entschied in allen das gemeinschaftliche Eheleben betreffenden Angelegenheiten,[7] sein Name bestimmte den Ehe- und Familiennamen,[8] er verwaltete und nutzte im gesetzlichen Güterstand das Vermögen der Frau.[9] Ihm hauptsächlich stand das Sorgerecht über die Kinder zu, Vermögenssorge und gesetzliche Vertretung des Kindes blieben ausschließlich ihm vorbe-

---

1 Z.B. Verfassung des Freistaats Bayern vom 2.12.1946, Art. 124, 125.

2 Grundgesetz der Bundesrepublik Deutschland vom 23.5.1949 (BGBl. 1949 S. 1), Art. 3 Abs. 2, 3 und 6.

3 Verfassung der Deutschen Demokratischen Republik vom 7.10.1949, Art. 30 Abs. 2 und 33.

4 Verfassung des deutschen Reiches vom 11.8.1919 (RGBl. 1919 S. 1383), Art. 119 bis 121.

5 RGBl. 1896, S. 195.

6 Für die folgende Darstellung siehe *Dieter Schwab*, Gleichberechtigung und Familienrecht im 20. Jahrhundert, in: *Ute Gerhard* (Hrsg.), Frauen in der Geschichte des Rechts, München 1997, S. 790, 792 ff.; zu den Auseinandersetzungen um das Güterrecht *Klaus Schmid*, Die Entstehung der güterrechtlichen Vorschriften des Bürgerlichen Gesetzbuchs, Berlin 1990, S. 136 ff.

7 § 1354 BGB ursprünglicher Fassung.

8 §§ 1355, 1616 BGB ursprünglicher Fassung.

9 § 1363 BGB ursprünglicher Fassung.

halten.[10] Der Frau wurde der Platz im Hause angewiesen; sie war vor allem berechtigt, „das gemeinschaftliche Hauswesen zu leiten“[11] und genoss als Ausweis dieser Funktion die Rechtsmacht, „innerhalb ihres häuslichen Wirkungskreises die Geschäfte des Mannes zu besorgen und ihn zu vertreten.“[12] Immerhin hielt man die Mutter für fähig, nach dem Tod des Ehemannes die elterliche Gewalt über die minderjährigen Kinder auszuüben.[13]

Das Scheidungsrecht des BGB entsprach in etwa der protestantischen Konzeption: Ehebruch, Bigamie, widernatürliche Unzucht mit Tieren, Lebensnachstellung und bösliches Verlassen des Partners waren als „absolute Scheidungsgründe“ anerkannt,[14] sonstige schwere Verfehlungen als „relative“, die nur dann zur Scheidung berechtigten, wenn durch sie eine tiefe Zerrüttung des ehelichen Verhältnisses verschuldet war.[15] Hinzu kam der objektive Scheidungsgrund langjähriger Geisteskrankheit des Partners.[16] Der schuldige Teil war im Urteil zu benennen[17] und trug die negativen Folgen, insbesondere die nacheheliche Unterhaltspflicht.[18]

Die Grenzen der elterlichen Gewalt betreffend nahm das Gesetzbuch eine gemäßigt moderne Haltung ein, allerdings weit entfernt von einer Theorie der Kindesrechte, die sich gegen die Eltern richten könnten. Immerhin endete die primär dem Vater zustehende „elterliche Gewalt“ automatisch, wenn das Kind das 21. Lebensjahr vollendet hatte;[19] es bedurfte also nicht mehr, wie in früheren Ordnungen, einer Emanzipation aus der väterlichen Gewalt. Ebenso wichtig ist, dass § 1666 BGB das Wächteramt des Staates stark akzentuierte. Die Vorschrift reagierte auf Kindeswohlgefährdung durch Missbrauch des Sorgerechts und durch Vernachlässigung des Kindes mit Eingriffsbefugnissen des Vormundschaftsgerichts. Auch hielt das BGB die gesetzliche Vertretung der Eltern im *Vermögensbereich* durch vielfältige Verweise auf das Vormundschaftsrecht in engeren Grenzen.[20]

Bei der Rechtsstellung des nichtehelichen Kindes blieb das BGB weitgehend der Tradition verhaftet. Denkmal dieses Geistes ist der berüchtigte Satz „Ein uneheliches Kind und dessen Vater gelten nicht als verwandt.“[21] Der Vater war zwar dem Kind – in der Regel bis zu dessen 16. Lebensjahr – zum Unterhalt verpflichtet,[22] im Übrigen aber hatte er nichts mit ihm zu tun. Im Verhältnis zur Mutter hatte das Kind immerhin die Stellung eines ehelichen Kindes.[23] Das war, rechtshistorisch gesehen, nicht selbstverständlich,[24] doch musste sich die Mutter das Sorgerecht mit einem Vormund teilen, zur gesetzlichen Vertretung war sie nicht befugt.[25]

10 §§ 1627, 1630, 1634 BGB ursprünglicher Fassung.
11 § 1356 Abs. 1 BGB ursprünglicher Fassung.
12 § 1357 BGB ursprünglicher Fassung.
13 § 1684 BGB ursprünglicher Fassung.
14 § 1565 BGB in Verbindung mit §§ 171, 175 des Reichstrafgesetzbuchs; §§ 1566, 1567 BGB, jeweils der ursprünglichen Fassung des BGB.
15 § 1568 BGB ursprünglicher Fassung.
16 § 1569 BGB ursprünglicher Fassung.
17 § 1574 BGB ursprünglicher Fassung; gegebenenfalls waren beide für schuldig zu erklären.
18 §§ 1578, 1579 BGB ursprünglicher Fassung.
19 §§ 2, 1626 BGB ursprünglicher Fassung.
20 § 1630 Abs. 2, § 1643 BGB ursprünglicher Fassung.
21 § 1589 Abs. 2 BGB ursprünglicher Fassung.
22 § 1708 ursprünglicher Fassung.
23 § 1705 ursprünglicher Fassung.
24 Nach dem preußischen allgemeinen Landrecht von 1794 gehörte das Kind weder zur Familie des Vaters, noch der Mutter, siehe ALR Teil 2 Titel 2 § 639.
25 § 1707 ursprünglicher Fassung.

III. Das Ausbleiben von Reformen in der Weimarer Republik

Von der Weimarer Reichsverfassung von 1919 hätte ein starker Reformimpuls ausgehen können. Auf Betreiben konservativer Abgeordneter der Nationalversammlung waren in die Verfassungsurkunde Artikel über Ehe, Familie und Kindschaft aufgenommen worden. Die Mehrheit der Nationalversammlung war allerdings zur Verlautbarung einer bloß bewahrenden Institutsgarantie nicht bereit. Der Kompromiss lag darin, das Bekenntnis zu den tradierten Werten mit der Öffnung für neue Strukturprinzipien zu verbinden.[26] So wurde die Ehe zwar unter den besonderen Schutz der Verfassung gestellt,[27] im gleichen Atemzuge aber mit dem Grundsatz der Gleichberechtigung verbunden.[28] Die „Erziehung des Nachwuchses zur leiblichen, seelischen und gesellschaftlichen Tüchtigkeit" wurde zur obersten Pflicht und zum natürlichen Recht der Eltern erklärt, gleichzeitig aber dem Staat das Amt zugesprochen, über die Betätigung dieses Rechts zu wachen.[29] Der Mutterschaft wurde Anspruch auf den Schutz und die Fürsorge des Staates zugesichert.[30] Unehelichen Kindern waren nach der Weimarer Verfassung durch die Gesetzgebung die gleichen Bedingungen für ihre leibliche, seelische und gesellschaftliche Entwicklung zu schaffen wie den ehelichen Kindern.[31] Die Institutsgarantien von Ehe und Familie wurden so durch eine verfassungsrechtliche Reformperspektive aufgebrochen.

Der Atem der Republik reichte freilich nicht zur Erfüllung der verfassungsrechtlichen Verheißungen. Zwar ergingen, das Kindschaftsrecht betreffend, einige wichtige Reformen. Das „Gesetz über die religiöse Kindererziehung" von 1921[32] verwirklichte Vorstellungen zum Eltern-Kind-Verhältnis, die über das BGB weit hinauswiesen: Die vorgezogene Religionsmündigkeit des Kindes ab vollendetem 14. Lebensjahr[33] anerkannte die Selbstbestimmung des jungen Menschen in höchstpersönlichen Angelegenheiten. Einen großen Fortschritt im öffentlichen Jugendrecht bedeutete weiterhin das Reichsjugendwohlfahrtsgesetz von 1922,[34] das als Basis der Entwicklung zu einem modernen Jugendhilferecht angesehen werden kann. Diese Gesetze veränderten aber nicht die Grundstrukturen des im BGB geregelten Familienrechts.

Ansonsten kam es bis zum Ende der Republik nur zu parlamentarischen Diskussionen und zu Entwürfen. Auch hier stand das Kindschaftsrecht im Vordergrund. Nachdem der Reichsjustizminister *Gustav Radbruch* schon 1922 den Ländern den „Entwurf eines Gesetzes über die unehelichen Kinder und die Annahme an Kindesstatt" übersandt hatte, wurde ein darauf beruhender Kabinettsentwurf 1925 dem Reichsrat vorgelegt, sodann der nach weiteren Beratungen vom Reichsrat verabschiedete Entwurf 1929 dem Reichstag übermittelt, wo es indes nicht mehr zu einer Beschlussfassung kam.[35] Auch das Ehescheidungsrecht war Gegenstand

---

26 Darstellung und Quellennachweise für das Folgende: *Dieter Schwab*, Zur Geschichte des verfassungsrechtlichen Schutzes von Ehe und Familie, in: Festschrift für F. W. Bosch, Bielefeld 1976, S. 893 ff.

27 Art. 119 Abs. 1 S. 1 Weimarer Reichsverfassung.

28 Art. 119 Abs. 1 S. 2 Weimarer Reichsverfassung.

29 Art. 120 Weimarer Reichsverfassung.

30 Art. 119 Abs. 3 Weimarer Reichsverfassung.

31 Art. 121 Weimarer Reichsverfassung.

32 Vom 15. Juli 1921, RGBl. 1921 S. 939. Zur Entstehungsgeschichte und rechtshistorischen Einordnung *Stephanie Kammerloher-Lis*, Die Entstehung des Gesetzes über die religiöse Kindererziehung vom 15. Juli 1921, Frankfurt am Main 1999; *Knut Wolfgang Nörr*, Zwischen den Mühlsteinen. Eine Privatrechtsgeschichte der Weimarer Republik, Tübingen 1988, S. 96.

33 § 5 S. 1 des Gesetzes.

34 Reichsgesetz für die Jugendwohlfahrt vom 9. Juli 1922, RGBl. 1922 I S. 633. Zur Entstehungsgeschichte: *Erwin Jordan*, 65 Jahre (Reichs)Jugendwohlfahrtsgesetz – Ausgangssituation und Entwicklungen, in: Erwin Jordan/Johannes Münder (Hrsg.), 65 Jahre Reichsjugendwohlfahrtsgesetz – ein Gesetz auf dem Weg in den Ruhestand, Münster 1987, S. 13 ff.

35 Der Hergang ist beschrieben bei *Werner Schubert*, Die Projekte der Weimarer Republik zur Reform des Nichtehelichen-, des Adoptions- und des Ehescheidungsrechts, Paderborn 1986, S. 29 ff.; dort auch die Wiedergabe der Entwürfe S. 122 ff., 153 ff., 364 ff.

parlamentarischer Behandlung, bei der es insbesondere um die Einführung eines Zerrüttungstatbestandes als Scheidungsgrund ging. Die Bestrebungen führten auch in dieser Frage nicht zum Ziel.[36] Das vielfach angefeindete eheliche Güterrecht des BGB wurde zwar – unter anderem auf dem 33. Deutschen Juristentag (Heidelberg 1925)[37] – rechtspolitisch lebhaft diskutiert, wobei die Idee einer mit der „Zugewinnstgemeinschaft" verbundenen Gütertrennung weite Zustimmung fand.[38] Zu einem amtlichen Gesetzentwurf ist es auf diesem Feld indes nicht gekommen.[39]

IV. Familienrecht im Nationalsozialismus

1. Zur Situation nach 1933

Nach der Machtergreifung wurde das Familienrecht einer bis dahin nicht gekannten Dynamik ausgesetzt. „Von allen Gebieten des bürgerlichen Rechts bedarf das Familienrecht am dringendsten einer Neugestaltung im nationalsozialistischen Geiste", heißt es in der Begründung zu einem 1938 erlassenen Gesetz.[40] Allerdings war es nicht das Problem der Gleichberechtigung, das die neuen Machthaber umtrieb. Die Familie rückte vor allem im Hinblick auf den Rassen- und Erbgesundheitswahn und den totalen staatlichen Herrschaftsanspruch ins Visier der „Rechtserneuerer". Wie alle Lebensbereiche im Sinne des deutschen Volksgeistes und der germanischen Rechtsidee neu gestaltet werden sollten, so besonders die Familie, die viel gepriesene Ur- und Keimzelle von Volk, Staat und Rasse. Das wurde frühzeitig proklamiert, von amtlicher und parteilicher Seite ebenso wie von juristischen Schriftstellern, die mit dem Regime ihre Karriere machen oder sichern wollten.

Gleichwohl hatte der Nationalsozialismus kein geschlossenes rechtspolitisches Konzept für die Familie. Das erklärt unter anderem, warum es zu keiner Gesamtplanung einer Neugestaltung des Familienrechts kam, vielmehr zu einer Abfolge von Gesetzentwürfen, Gesetzen und Maßnahmen, die nur einzelne Fragen oder Bereiche betrafen.[41] Der Wunsch nach einer fundamentalen Neugestaltung des gesamten Familienrechts klang zwar immer wieder an, es wurden auch einzelne gesetzgeberische Maßnahmen unter den Vorbehalt einer „endgültigen" Lösung

36 Dazu *Schubert* (Fn. 35), S. 82 ff., 455 ff.

37 Verhandlungen des 33. Deutschen Juristentages, Leipzig/Berlin 1925, Referate S. 325 ff.; Beschlussfassung S. 384. Auch der 36. Deutsche Juristentag (1931 in Lübeck) nahm sich des Familienrechts an und behandelte das Thema „Inwieweit bedürfen die familienrechtlichen Vorschriften des bürgerlichen Gesetzbuches mit Rücksicht auf den die Gleichberechtigung der Geschlechter aussprechenden Art. 119 Abs. 1 S. 2 der Reichsverfassung einer Änderung?", dazu *Schwab* (Fn. 6), S. 790, 798.

38 *Schwab* (Fn. 6), S. 790, 797 f.

39 *Schubert* (Fn. 35), S. 92 ff.

40 Gesetz über die Änderung und Ergänzung familienrechtlicher Vorschriften und über die Rechtsstellung von Staatenlosen vom 12. April 1938 (RGBl. 1938 I S. 380).

41 Zum Familienrecht unter der Herrschaft des Nationalsozialismus siehe insbesondere die Quellenedition von *Werner Schubert* (Hrsg.), Das Familien- und Erbrecht unter dem Nationalsozialismus, Ausgewählte Quellen, Paderborn 1993. Aus der Literatur: *Uwe Diederichsen,* Nationalsozialistische Ideologie in der Rechtsprechung des Reichsgerichts zum Ehe- und Familienrecht, in: Ralf Dreier/Wolfgang Sellert (Hrsg.), Recht und Justiz im „Dritten Reich", Frankfurt am Main 1989, S. 241 ff.; *Cornelia Essner/Edouard Conte,* „Fernehe", „Leichentrauung" und „Totenscheidung", Metamorphosen des Eherechts im Dritten Reich, Vierteljahreshefte für Zeitgeschichte, 1996, S. 201; *Heinz Holzhauer,* Die Scheidungsgründe in der nationalsozialistischen Familienrechtsgesetzgebung, in: NS-Recht in historischer Perspektive, Kolloquien des Instituts für Zeitgeschichte, München 1981, S 53; *Martin Löhnig,* Ehelichkeitsanfechtung durch den Staatsanwalt (1938–1961), ZRG (Germ. Abt.) 124 (2007), S. 323 ff.; *Thilo Ramm,* Das nationalsozialistische Familien- und Jugendrecht, Heidelberg 1984; *Thilo Ramm,* Eherecht und Nationalsozialismus, in: Doeker/Steffani (Hrsg.), Festschrift für Ernst Fraenkel, 1973, S. 151; *Stefan Chr. Saar,* Familienrecht im NS-Staat – ein Überblick, in: Peter Salje (Hrsg.), Recht und Unrecht im Nationalsozialismus, Münster 1985, S. 80; *Alfred Wolf,* Das Zerrüttungsprinzip im Ehescheidungsrecht und die Nationalsozialisten, FamRZ 1988, S. 1217.

gestellt.[42] Aber eine Gesamtrevision des Familienrechts gelang vor dem Zusammenbruch des Regimes nicht. Die Entwürfe zu einem Volksgesetzbuch drangen bis zum Familienrecht nicht mehr vor. Das erklärt die enorme Bedeutung der Rechtsprechung, die es, unterstützt von der Rechtsliteratur, sich besonders seit 1935 angelegen sein ließ, die überkommenen Rechtsvorschriften im neuen Geiste zu handhaben.[43]

Die Lage nach 1933 lässt sich wie folgt beschreiben. Die Machthaber setzten für das Familienrecht einige gleichsam eherne Vorgaben: *Erstens* musste es den rassistischen Forderungen Genüge tun. *Zweitens* musste es den eugenischen Zielsetzungen des Regimes entsprechen. *Drittens* war Grundlage jeglichen neuen Rechts, dass Ehe und Familie nicht als bloß individuelle oder private Rechtsverhältnisse zu begreifen, sondern den Anforderungen von Volk und Rasse zu unterwerfen seien. Um mit *Franz Wieacker* (1937), seinerzeit Rechtsprofessor in Leipzig, zu sprechen: Die Entscheidungen in Fragen des Familienrechts „sind einem einheitlichen Zweckgedanken untergeordnet: der Sicherung und Erhaltung eines biologisch und seelisch gesunden Volkskörpers.“[44]

Innerhalb dieser Vorgaben öffnete sich ein relativ weites Feld für die Diskussion über die Gestaltung des künftigen Familienrechts im Detail. An dem Reformdiskurs beteiligten sich viele Personen wie auch Institutionen und Machtgruppierungen mit sehr unterschiedlichen Vorschlägen. Es jagten sich offizielle und private Entwürfe zu den verschiedenen Bereichen des Familienrechts, alle möglichen Neuerungen wurden erwogen: die Einführung von Sippenbüchern und Sippenämtern,[45] das Verbot der Eheschließung mit Ausländern,[46] die Möglichkeit der Zwangsscheidung von unerwünschten Ehen,[47] die Einführung der Doppelehe für bewährte Frontkämpfer[48] und anderes mehr. Das Familienrecht erschien als Verfügungsmasse, mit der man vieles machen konnte, wenn nur die rassistischen und erbgesundheitspolitischen Grundforderungen erfüllt waren und anerkannt wurde, dass die Ehe in jeder Hinsicht den völkisch-politischen Zwecksetzungen genügen muss. Innerhalb dieses Rahmens trafen, soweit es um die Gestaltungen im Einzelnen ging, „konservativere“ Standpunkte (zu finden etwa im Reichsministerium der Justiz) auf radikale Neuerungswünsche, die zum Teil auf angeblich germanische Rechtseinrichtungen wie einverständliche Scheidung und Nebenehe zurückgriffen.[49]

---

42 Besonders bei dem Projekt des Ehegesetzes wurde Wert auf die Feststellung gelegt, das dieses der Reform des Familienrechts im Ganzen nicht vorgreifen solle, s. Schreiben des Reichsministers der Justiz vom 31.5.1938 an die beteiligten Ressorts, abgedruckt bei *Schubert* (Fn. 41), S. 281. Vgl. auch den Vermerk von Ministerialrat Dr. Hans C. Ficker Februar 1938, abgedruckt bei *Schubert* (Fn. 41), S. 248: Der Reichsführer SS stehe auf dem Standpunkt, dass der Entwurf zum Scheidungsrecht „nur eine Übergangslösung“ bilde.

43 Dazu vor allem *Bernd Rüthers,* Die unbegrenzte Auslegung. Zum Wandel der Privatrechtsordnung im Nationalsozialismus, Tübingen 1968, Taschenbuchausgabe Frankfurt am Main 1973, zum Eherechts insbesondere § 19 VII (Taschenbuchausgabe S. 400); *Michael Stolleis,* Gemeinwohlformeln im nationalsozialistischen Recht, Berlin 1974, insbes. S. 96 ff.; *Uwe Diederichsen* (Fn. 41); *Andre Botur,* Die Urteile des Reichsgerichts vom 12. Juli 1934 zur Anfechtbarkeit der Rassenmischehe, in: Dieter Schwab/Hans-Joachim Dose (Hrsg.). Familienrecht in Praxis und Theorie. Festschrift für Meo-Micaela Hahne, Bielefeld 2012, S. 3.

44 *Franz Wieacker,* Geschichtliche Ausgangspunkte der Ehereform. In: Deutsches Recht 7 (1937), S. 178 f., 181.

45 Zu den Entwürfen zu einem Sippenamtsgesetz *Schubert* (Fn. 41), S. 38 ff.

46 Zum Entwurf zu einem Gesetz über die Eheschließung deutscher Staatsangehöriger mit Personen, die die deutsche Staatsangehörigkeit nicht besitzen, *Schubert* (Fn. 41), S. 366.

47 Dazu nachfolgend V 2.

48 Dazu nachfolgend IV 6.

49 Auf die Rechtsgeschichte und insbesondere germanisches Recht wurde gerne zurückgegriffen, soweit sie zur Unterstützung der Ideologie dienstbar gemacht werden konnten, siehe etwa: *Roland Freisler,* Vom alten zum neuen Ehescheidungsrecht, Berlin 1937, S. 19 (Friedelehe). Zum Rückgriff auf „germanisches Recht“ vgl. auch *Dieter Schwab,* Zum Selbstverständnis der historischen Rechtswissenschaft im Dritten Reich, Kritische Justiz 1969, S. 58; *Wolf* (Fn. 41), S. 1225; *Essner/Conte* (Fn. 41), S. 203.

2. Die ersten familienrechtlichen Gesetze

Der Ablauf der Gesetzgebung soll skizzenhaft in Erinnerung gerufen werden. Das Interesse an raschen Regelungen betraf vor allem Bereiche, welche die Rasse- und Erbgesundheitsvorstellungen tangierten, also den Zugang zu Ehe und Kindschaft. Das Gesetz zur Verhütung erbkranken Nachwuchses vom 14. Juli 1933[50] griff noch nicht unmittelbar in das Familienrecht ein. Die Möglichkeit der Unfruchtbarmachung auch ohne den Willen des Betroffenen[51] betraf aber bereits eminent die Chancen einer Person auf familiäres Leben.

Familienrechtliche Neuregelungen im engeren Sinn brachte sodann das „Gesetz gegen Missbräuche bei der Eheschließung und Annahme an Kindes Statt" vom 23. November 1933.[52] Dieses verbot und annullierte die Namensehe, d.h. eine Ehe, die nur oder vorwiegend zu dem Zweck geschlossen wurde, der Frau die Führung des Mannesnamens zu ermöglichen. Das Gesetz verfolgte darüber hinaus das Ziel, unerwünschte Adoptionen zu erschweren. Dabei kam bereits die Doktrin der Unterordnung der Familie unter die staatlichen Belange zum Tragen: Die gerichtliche Bestätigung eines Adoptionsvertrages sollte auch aus wichtigen Gründen des öffentlichen Interesses versagt werden können.[53]

Im Jahre 1935 folgten die berüchtigten rassistischen und eugenischen Einschränkungen der Eheschließungsfreiheit. Das so genannte Blutschutzgesetz („Gesetz zum Schutze des deutschen Blutes und der deutschen Ehre") vom 15. September 1935[54] erklärte Eheschließungen „zwischen Juden und Staatsangehörigen deutschen oder artverwandten Blutes" für nichtig und verbot den „außerehelichen Verkehr" zwischen solchen Personen, jeweils flankiert durch Strafdrohungen. Welche Personen betroffen waren und wie weit die Eheverbote konkret reichten, ergab sich aus kasuistisch gehaltenen Verordnungen.[55]

Das eugenische Programm des Regimes fand seinen Niederschlag im so genannten Ehegesundheitsgesetz („Gesetz zum Schutze der Erbgesundheit des deutschen Volkes") vom 18. Oktober 1935,[56] das die Linie des Gesetzes zur Verhütung erbkranken Nachwuchses fortsetzte und tief in die Eheschließungsfreiheit von kranken und behinderten Personen eingriff. Es wurde ein „Ehetauglichkeitszeugnis" eingeführt, das sich alle Heiratswilligen vom Gesundheitsamt oder einem speziell zugelassenen Arzt[57] ausstellen lassen mussten.

Das Ehegesundheitsgesetz sah Eheverbote für vier Personengruppen vor: a) Personen, die an einer mit Ansteckungsgefahr verbundenen Krankheit litten, welche eine erhebliche Gefährdung der Gesundheit des anderen Teils oder der Nachkommen befürchten ließ; b) Personen, die entmündigt oder unter vorläufige Vormundschaft gestellt waren; c) Personen, die – ohne entmündigt zu sein – an einer geistigen Störung litten, die die Ehe für die Volksgemeinschaft als unerwünscht erscheinen ließ; d) Personen, die an einer Erbkrankheit im Sinne des genannten Gesetzes von 1933 litten. Für Rechtsstreitigkeiten war das Erbgesundheitsgericht zuständig, die Nichtigkeitsklage hatte der Staatsanwalt zu erheben.

50 RGBl. 1933 I S. 529.

51 §§ 3, 12 des Gesetzes.

52 RGBl. I S. 979; Text mit Amtlicher Begründung auch bei *Schubert* (Fn. 41), S. 3, 6. Zum ideologischen Charakter dieses Gesetzes *Jens Eisfeld*, Die Scheinehe in Deutschland im 19. und 20. Jahrhundert, Tübingen 2005, S. 117 ff.

53 § 1754 Abs. 2 Nr. 3 in der Fassung des Gesetzes vom 25.11.1933.

54 RGBl. 1935 I S. 1146.

55 Erste Verordnung zum Reichsbürgergesetz vom 14.11.1935 (RGBl. 1935 I S. 1333); Erste Verordnung zur Ausführung des Gesetzes zum Schutze des deutschen Blutes und der deutschen Ehre vom 14.11.1935 (RGBl. 1935 I S. 1334.

56 RGBl. 1935 I S. 1246.

57 Siehe § 2 Abs. 2 der Ersten Verordnung zur Durchführung des Ehegesundheitsgesetzes vom 29.11.1935 (RGBl. 1935 I S. 1419).

Diese beiden Gesetze von 1935 erfüllten die dringendsten Anliegen des Regimes. Über weitere Regelungspläne, etwa das Scheidungsrecht betreffend, fanden zwar Diskussionen statt, die Sache wollte aber zunächst nicht zum Ziele kommen. Ein Gesetz vom 12. April 1938 („Gesetz über die Änderung und Ergänzung familienrechtlicher Vorschriften und über die Rechtsstellung von Staatenlosen")[58] unterzog ein Konglomerat von Einzelfragen einer Neuregelung im Sinne der herrschenden Ideologie. Das Gesetz betraf insbesondere Fragen des Abstammungsrechts. So wurde die Befugnis der Staatsanwaltschaft geschaffen, die Ehelichkeit eines Kindes von Amts wegen anzufechten, dies auch im öffentlichen Interesse.[59] Der Verlauf der Frist für eine Ehelichkeitsanfechtung wurde im Sinne der Erleichterung flexibilisiert.[60] Einschneidende Veränderungen erfuhr das Adoptionsrecht mit dem Ziel, die Annahme als Kind leichter und auch auf amtliche Initiative hin aufheben zu können, „aus wichtigem Grund"[61] – mit einer eindeutig rassistischen und erbgesundheitspolitischen Zielsetzung.[62] Dazu kamen weitere Regelungsgegenstände, die überwiegend zumindest *auch* einen Bezug zur Nazidoktrin hatten. Darunter sticht die Bestimmung hervor, dass sich Parteien und Zeugen in familienrechtlichen Streitigkeiten erb- und rassekundlichen Untersuchungen zu unterwerfen haben, wenn dies zur Feststellung der Abstammung eines Kindes erforderlich ist.[63]

3. Das Ehegesetz von 1938

Erst und einzig das Ehegesetz vom 8. Juli 1938 ging über die Regelung von engen Problembereichen hinaus und unterzog das Eheschließungs- und Ehescheidungsrecht einer geschlossenen Neuregelung. Den Anlass für eine beschleunigte Befassung mit diesen Feldern bot die Annexion Österreichs im März 1938. Die Tatsache, dass in Österreich noch ein konfessionell bestimmtes und gespaltenes Eherecht galt, ließ die Überzeugung aufkommen, dass für das nunmehr vergrößerte Gesamtreich ein einheitliches Recht zu schaffen war. Ein neues Scheidungsrecht war zu diesem Zeitpunkt schon ausgiebig und kontrovers diskutiert,[64] es lagen mehrere Entwürfe vor: der Akademie für Deutsches Recht,[65] des nationalsozialistischen Rechtswahrerbundes[66] sowie des Reichsministers der Justiz.[67] Doch sollte angesichts der Rechtslage in Österreich auch das *Eheschließungsrecht* einbezogen werden, zu dem trotz einschlägiger Diskussionen noch kein Entwurf vorlag. Schleunig wurde im Reichsjustizministerium der Entwurf eines Gesetzes über die Eheschließung gefertigt,[68] und dieser schließlich mit dem Scheidungsrecht zu einem Gesetzentwurf vereinigt.[69] Das Ganze wurde im Umlaufverfahren beschlossen[70] und

58 Vom 12.4.1938 (RGBl. 1938 I S. 380). Text auch bei *Schubert* (Fn. 41), S. 95 ff.
59 § 1595a BGB in der Fassung des genannten Gesetzes (Art. 2 § 5).
60 Art. 2 § 4 des Gesetzes vom 12.4.1938; § 1594 BGB.
61 Art. 5 des Gesetzes vom 12.4.1938.
62 Siehe die Begründung zum Gesetz vom 12.4.1938, abgedruckt bei *Schubert* (Fn. 41), S. 99, 106.
63 Art. 3 § 9 des Gesetzes vom 12.4.1938.
64 *Ramm*, Familien- und Jugendrecht (Fn. 41), S. 1.
65 Neugestaltung des deutschen Ehescheidungsrechts. Vorschlag, vorgelegt von Rechtsanwalt Dr. Ferdinand Mößmer, Eherechtsausschuss der Akademie für Deutsches Recht, 1936.
66 Deutsches Recht 1937, S. 251 ff.
67 Entwurf des Reichsjustizministeriums vom 25.3.1937 zu einem Gesetz über die Ehescheidung, abgedruckt bei *Schubert* (Fn. 41), S. 210 ff. Dieser Entwurf wurde seinerzeit nicht veröffentlicht, doch hatte schon zuvor der Staatssekretär im Reichsjustizministerium Dr. Roland Freisler eine größere Monographie zu diesem Thema veröffentlicht, siehe *Roland Freisler,* Vom alten zum neuen Ehescheidungsrecht. Kritik – Vorschlag – Begründung, Berlin 1937. Aus privater Feder lag vor: *Otto Rudolf Bovensiepen,* Die Reform des Ehescheidungsrechts, Berlin 1936.
68 Dieser datiert vom 10.5.1938, abgedruckt bei *Schubert* (Fn. 41), S. 252 ff.
69 Siehe das Schreiben des Reichsministers der Justiz vom 31.5.1938 an die beteiligten Ressorts, abgedruckt bei *Schubert* (Fn. 41), S. 281.
70 *Alfred Wolf,* Das Zerrüttungsprinzip und die Nationalsozialisten, FamRZ 1988, 1217, 1228.

als „Gesetz zur Vereinheitlichung des Rechts der Eheschließung und der Ehescheidung im Lande Österreich und im übrigen Reichsgebiet" in Geltung gesetzt. Das Gesetz datiert vom 8. Juli 1938[71] und trat zum 1. August dieses Jahres in Kraft.[72] Es blieb mit Rücksicht auf Österreich außerhalb des BGB. Es umfasste beileibe nicht das gesamte Eherecht, wenngleich wichtige Teile davon, und hat über das Ende des „Dritten Reichs" hinaus eine erstaunliche Zählebigkeit bewiesen – in Österreich gilt es, mehrfach reformiert, noch heute.

Sieht man isoliert auf den Norminhalt, so stellt sich das Ehegesetz als eine Kombination von dezidiert nationalsozialistischen Zielsetzungen mit Reformgedanken dar, die ohne diesen Hintergrund denkbar sind. Zur erstgenannten Kategorie gehören die Bestimmungen, welche auf die Vorschriften der genannten Rasse- und Erbgesundheitsgesetze verwiesen und diese in das System des neuen Eheschließungsrechts integrierten.[73] Auch im Scheidungsrecht finden sich Ausprägungen der nationalsozialistischen Ideologie, etwa in der Schaffung eines absoluten Scheidungsgrundes der Verweigerung der Fortpflanzung[74] und des Scheidungsgrundes der „vorzeitigen Unfruchtbarkeit".[75]

Der überwiegende Teil des Scheidungsrechts blieb demgegenüber in den Bahnen, die auch die rechtspolitischen Diskussionen der Weimarer Zeit gekennzeichnet hatten. Die Scheidung wegen schwerer Eheverfehlungen, also die Verschuldensscheidung bildete wie schon im BGB den Ausgangspunkt des neuen Rechts, aber es wurde darüber hinaus die Scheidung wegen bloßer Zerrüttung des ehelichen Verhältnisses eingeführt, die schon in der Weimarer Zeit diskutiert worden war. Nach § 55 Ehegesetz konnte jeder Ehegatte die Scheidung begehren, wenn die häusliche Gemeinschaft seit drei Jahren aufgehoben und infolge einer tiefgreifenden unheilbaren Zerrüttung des ehelichen Verhältnisses die Herstellung einer dem Wesen der Ehe entsprechenden Lebensgemeinschaft nicht zu erwarten war. Dem anderen Teil wurde freilich für den Fall, dass der Scheidungskläger die Zerrüttung ganz oder überwiegend verschuldet hatte, ein Widerspruchsrecht eingeräumt, das unter dem Vorbehalt sittlicher Rechtfertigung stand.[76]

Von diesen Punkten abgesehen geriet das Scheidungsrecht des Ehegesetzes überwiegend traditionell. Hauptsächlich blieb es bei der Verschuldensscheidung und bei Scheidungsfolgen, bei denen das Zerrüttungsverschulden eine wesentliche Rolle spielte. Ein Unterhaltsanspruch nach der Scheidung richtete sich in erster Linie gegen den allein oder überwiegend für schuldig erklärten Ehegatten,[77] in Fällen gleicher Schuld oder einer Scheidung ohne Schuldausspruch konnte Unterhalt „nach Billigkeit" zugesprochen werden.[78] Auch bei der – obligatorischen – Entscheidung über die elterliche Sorge aus Anlass der Scheidung sollte das Verschulden eine Rolle spielen.[79] Das eheliche Güterrecht wurde durch das Ehegesetz nicht berührt.

71 RGBl. 1938 I S. 807.
72 § 129 des Gesetzes.
73 Siehe §§ 4, 5, 20, 29 EheG ursprünglicher Fassung.
74 § 48 EheG ursprünglicher Fassung.
75 § 53 EheG ursprünglicher Fassung.
76 § 55 Abs. 2 S. 2 EheG ursprünglicher Fassung: „Der Widerspruch ist nicht zu beachten, wenn die Aufrechterhaltung der Ehe bei richtiger Würdigung des Wesens der Ehe und des gesamten Verhaltens beider Ehegatten sittlich nicht gerechtfertigt ist."
77 Bei Unterschieden zwischen der Unterhaltspflicht des für schuldig erklärten Mannes und der für schuldig erklärten Frau, § 66 Abs. 1 und 2 Ehegesetz. Siehe auch § 69 Abs. 1 Ehegesetz.
78 §§ 68, 69 Abs. 2 Ehegesetz.
79 § 81 Abs. 3 Ehegesetz. „Einem Ehegatten, der allein oder überwiegend für schuldig erklärt ist, soll die Sorge nur übertragen werden, wenn dies aus besonderen Gründen dem Wohl des Kindes dient."

4. Weitere eherechtliche Vorschriften

Das Ehegesetz wurde eifrig kommentiert[80] und alsbald durch weitere Regelungen ergänzt, darunter sechs Durchführungsverordnungen von unterschiedlicher Bedeutung. Die erste Durchführungsverordnung vom 27. Juli 1938[81] enthält neben vielem Verfahrensrecht auch erhebliche Eingriffe in das BGB und Richtlinien zur Interpretation des Ehegesetzes, die u.a. das Interesse der Volksgemeinschaft zur Geltung bringen.[82] Als längerfristig bedeutsam erwies sich die 6. Durchführungsverordnung,[83] die so genannte Hausratsverordnung, die sich eines Fortlebens in der Bundesrepublik bis zum Jahre 2009[84] erfreuen konnte.

Eine besonders auffällige Regelung enthält die 5. Durchführungsverordnung zum Ehegesetz vom 18. März 1943.[85] Sie führte die Möglichkeit einer *postmortalen Scheidung* ein, und zwar sowohl für den Fall, dass ein Ehegatte die Scheidungsklage bereits erhoben hatte und vor Scheidung gestorben war, als auch bereits für den Fall, dass der verstorbene Ehegatte berechtigt gewesen wäre, auf Scheidung der Ehe wegen Verschuldens zu klagen.[86] Stellte das Gericht auf Antrag des Staatsanwalts fest, dass das (mögliche) Scheidungsbegehren gerechtfertigt war, so erhielt der Überlebende die Stellung eines geschiedenen Ehegatten. Das Gleiche galt für die postmortale Aufhebung einer Ehe,[87] die – z.B. im Hinblick auf den Irrtum über die rassische Herkunft eines Ehegatten – für das Regime von besonderer Bedeutung war. Bemerkenswert erscheint mir, dass diese Durchführungsverordnung – gleich anderen – förmlich erst 1961 aufgehoben wurde.[88]

Es ergingen weitere Regelungen, die nicht in einen Kontext mit dem Ehegesetz gebracht wurden, so die Einführung der *Ferntrauung* durch die Personenstandsverordnung der Wehrmacht vom 17. Oktober 1942.[89] Die Ermöglichung von *postmortalen Eheschließungen* im Jahre 1941 erreichte nicht einmal die Form einer Verordnung, sondern beruhte auf einem Führererlass.[90] Es ging um die nachträgliche Eheschließung mit gefallenen oder im Felde verstorbenen Wehrmachtsangehörigen, wenn nachweisbar die ernstliche Absicht bestanden hatte, eine Ehe

---

80 Eine Art Referentenkommentar bietet der vom Ministerialdirektor im Reichsjustizministerium Dr. Erich Volkmar herausgegebene Kommentar: *Erich Volkmar/Hans Antoni/Hans. G. Ficker/Ernst Ludwig Rexroth/Heinrich Anz,* Großdeutsches Eherecht, München und Berlin 1939; ferner *Franz Maßfeller,* Das neue Ehegesetz vom 6. Juli 1938 und seine Ausführungsvorschriften sowie die Familienrechtsnovelle vom 12. April 1938, Berlin 1938; *Hermann Auert,* Das neue großdeutsche Eherecht. Gesetzestexte und Kommentar, Zweite Auflage von „Die Eheauflösung im neuen deutschen Recht"; Berlin 1938; *Gustav von Scanzoni,* Das großdeutsche Ehegesetz vom 6.Juli 1938, Berlin 1939; 1943 erschien bereits die 3. Aufl. Der überaus erfolgreiche Kurzkommentar, den der Präsident des Reichsjustizprüfungsamts Dr. Otto Palandt im Verlag C.H. Beck herausgab, startete in erster Auflage Ende 1938 bereits mit der kompletten Kommentierung des Ehegesetzes und der Rasse- und Erbgesundheitsgesetze; das Eherecht kommentierte der Richter am Kammergericht *Wolfgang Lauterbach.*

81 Verordnung zur Durchführung und Ergänzung des Ehegesetzes vom 27.7.1938 (RGBl. 1938 I S. 923). Weitere Verordnungen: Zweite Verordnung zur Durchführung des Ehegesetzes vom 28.9.1940 (RGBl. 1940 I S. 1323); Dritte Verordnung zur Durchführung und Ergänzung des Ehegesetzes vom 29. Oktober 1940 (RGBl. 1940 I S. 1488); Verordnung zur Durchführung und Ergänzung des Ehegesetzes und der Vereinheitlichung des Internationalen Familienrechts (4. Durchführungsverordnung zum Ehegesetz) vom 25.10.1941 (RGBl. 1941 I S. 654); weitere nachfolgend.

82 § 6 Abs. 1 der Verordnung.

83 Verordnung über die Behandlung der Ehewohnung und des Hausrats nach der Scheidung (Sechste Durchführungsverordnung zum Ehegesetz) vom 21.10.1944 (RGBl. 1944 I S. 256).

84 Abgeschafft wurde die HausratsVO durch das Gesetz zur Änderung des Zugewinnausgleichs- und des Vormundschaftsrechts vom 6.7.2009 (BGBl. 2009 I S. 1696), Art. 2.

85 Fünfte Durchführungsverordnung zum Ehegesetz vom 18.3.1943 (RGBl. 1943 I S. 145). Dazu *Essner/Conte* (Fn. 41), S. 201, 216 ff.

86 § 7 der Verordnung.

87 § 8 der Verordnung.

88 Art. 9 I Abs. 2 Nr. 18 FamRÄndG vom 11.8.1961 (BGBl. 1961 I S. 1221).

89 RGBl. 1942 I 597. Dazu *Essner/Conte* (Fn. 41), S. 201, 208 ff.

90 Führererlass vom 6.11.1941 an den Reichsminister des Inneren, abgedruckt bei *Schubert* (Fn. 41), S. 917.

einzugehen und keine Anzeichen dafür vorlagen, dass diese Absicht vor dem Tode aufgegeben wurde. Die auch innerhalb des Regimes umstrittene Regelung wurde praktiziert;[91] Versuche, sie wenigstens in die Form einer Verordnung zu bringen, blieben erfolglos.[92]

5. Die Frau im Familienrecht

Sonstige familienrechtliche Projekte wurden im „Dritten Reich" nicht mehr verwirklicht. Was die großen familienrechtlichen Fragen des 20. Jahrhunderts betrifft – die Gleichberechtigung und die Rechte des nichtehelichen Kindes – war die Haltung des Regimes ohnehin zwiespältig. Dazu noch einige Bemerkungen.

Der Nationalsozialismus versuchte intensiv, auch die Frauen in seinen Bann zu ziehen. Die Frau und Mutter wurde Gegenstand hymnischer Verehrungsformeln, bei Hitler ist von der „gleichberechtigten Lebensgenossin und Lebensgefährtin" die Rede.[93] An die Zuerkennung gleicher Rechte war indes nicht gedacht. Anfänglich versuchte die Politik des Regimes, die Frauen vom Berufsleben fernzuhalten und mit bevölkerungspolitischer Zielsetzung an die Familie zu binden, vor allem durch die Einrichtung der Ehestandsdarlehen. Mit dem steigenden Bedarf für Arbeitskräfte trat dieser Gesichtspunkt indes zurück.[94] In der rechtspolitischen Diskussion spielte die Rechtsstellung der Frau in der Familie keine allzu große Rolle, es wurde im Allgemeinen auch nicht die Geltung des „Führerprinzips" für den Mann reklamiert.[95] Eher mied man das Thema. Von der Vielzahl nationalsozialistischer Gesetze und Gesetzesprojekte blieb das persönliche Rechtsverhältnis der Ehegatten zueinander nahezu unberührt. Der Entwurf eines „Volksgesetzbuches" drang zwar zum Familienrecht nicht mehr vor; doch ist bezeichnend, dass schon im 1. Buch die Regel enthalten ist: „Die Ehefrau teilt den Wohnsitz ihres Mannes".[96]

Das Geschlechterverhältnis wurde den Fundamentalzielen des Regimes untergeordnet. Das schloss nicht aus, dass auch Forderungen nach einer verbesserten Rechtstellung der Ehefrau erhoben werden konnten, etwa nach der Einführung eines neuen ehelichen Güterrechts,[97] doch standen diese Punkte nicht im Zentrum des Interesses. Nicht wenige Stimmen aus dem Führungskreis des Machtapparats haben einen frauenverachtenden Unterton, man denke an den Zeugungsbefehl Himmlers[98] und die aufkeimenden Polygyniephantasien.[99]

91 Siehe *Essner/Conte* (Fn. 41), S. 201, 213 ff.

92 Entwürfe bei *Schubert* (Fn. 41), S. 936 ff., 950 ff.

93 Aus einer Rede, gehalten auf dem Frauenkongress des Reichsparteitages 1935 in Nürnberg, abgedruckt in: Deutsches Recht 8 (1938), S. 90.

94 Dazu *Ramm*, Familien- und Jugendrecht (Fn. 41), S. 16 f. Die Ehestandsdarlehen wurden durch Gesetz zur Verminderung der Arbeitslosigkeit vom 1.6.1933 (RGBl. 1933 I S. 323) eingeführt.

95 Dass das Führerprinzip auf die Familie übertragen worden sei, meint *Ramm*, in: Festschrift für Ernst Fraenkel (Fn. 41), S. 158. Doch war es im Dritten Reich möglich, eine solche Übertragung offen abzulehnen, siehe *Ilse Eben-Servaes,* Das Kind in der Ehe, Deutsches Recht 5 (1935), S. 91 f.

96 Volksgesetzbuch. Grundregeln und Buch I. Vorgelegt von *Justus Wilhelm Hedemann*, *Heinrich Lehmann* und *Wolfgang Siebert*, München/Berlin 1942, S. 31.

97 *Ilse Eben-Servaes*, Die Frau und Mutter im nationalsozialistischen Familienrecht, Deutsches Recht 8 (1938), S. 90 f.

98 Vom 28. Oktober 1939, abgedruckt bei: Annette Kuhn/Valentine Rothe (Hrsg.), Frauen im deutschen Faschismus, Düsseldorf 1982, Bd. 1 S. 135 f. (dort heißt es unter anderem: „Über die Grenzen vielleicht sonst notwendiger bürgerlicher Gesetze und Gewohnheiten hinaus wird es auch außerhalb der Ehe für deutsche Frauen und Mädel guten Blutes eine hohe Aufgabe sein können, nicht aus Leichtsinn, sondern in tiefstem sittlichem Ernst Mütter der Kinder ins Feld ziehender Soldaten zu werden, von denen das Schicksal allein weiß, ob sie heimkehren oder für Deutschland fallen." Dazu *Essner/Conte* (Fn. 41), S. 205.

99 *Ramm*, Familien- und Jugendrecht (Fn. 41), S. 15; *Essner/Conte* (Fn. 41), S. 201, 203, 221.

6. Die Rechtsstellung des nichtehelichen Kindes

Das uneheliche Kind spielte in den Neuerungsplänen des Nationalsozialismus eine erhebliche Rolle. Zwar sind die familienpolitischen Proklamationen des Regimes und seiner intellektuellen Handlanger voller Lobpreisungen der Ehe als Idealbild des Geschlechterverhältnisses. Doch konnten auch nichteheliche Kinder der Bevölkerungspolitik dienen, und dem Regime war ein „deutschblütiges" uneheliches Kind allemal lieber als ein eheliches, das rassisch belastet war. Das relativierte die Bedeutung der ehelichen Familie und löste einen Reformimpuls zugunsten der nichtehelichen Kinder aus. Das Denken in den Kategorien der „Blutsverbundenheit" musste den Vater folgerichtig in eine „echte Abstammungsgemeinschaft" mit seinem nichtehelichen Kind bringen, wie *Franz Wieacker* es 1937 ausdrückte.[100]

Gleichwohl war die Rechtspolitik der Machthaber auf diesem Gebiet unentschlossen. Die Rechtsstellung der unehelichen Kinder, die nun „natürliche Kinder" genannt wurden,[101] sollte verbessert werden. „Die in der Vergangenheit vorherrschende abfällige Wertung des außer der Ehe geborenen Kindes und seiner Mutter entspricht ... nicht den heutigen Auffassungen, nach denen der Wert eines Volksgenossen nicht von seiner Herkunft, sondern von seiner Leistung und seiner Treue zu dieser Gemeinschaft abhängt."[102] An eine familienrechtliche Gleichstellung mit den ehelichen Kindern war indes nicht gedacht.

Am Thema waren viele Organisationseinheiten des komplizierten Machtgefüges interessiert. Auch hier gab es eine Reihe von Stellungnahmen.[103] Schließlich gedieh die Sache zu einem beschlussreifen „Entwurf zu einem Gesetz zur Änderung familien- und erbrechtlicher Vorschriften" vom Juli 1940.[104] Die Hauptpunkte waren: Das natürliche Kind sollte entgegen dem BGB mit seinem Vater auch rechtlich verwandt sein und als eheliches Kind der Mutter gelten.[105] Die Personensorge sollte bei der Mutter liegen, Vermögenssorge und gesetzliche Vertretung bei einem Vormund;[106] doch sollte der Mutter auf Antrag die volle elterliche Gewalt übertragen werden können.[107] Andererseits sollte das Vormundschaftsgericht die elterliche Gewalt auch dem Vater „verleihen" können, wenn er das Kind dauernd in seinen Haushalt aufgenommen hat oder es „innerhalb seiner Sippengemeinschaft unterhält" und die Verleihung zum Wohl des Kindes erforderlich ist.[108] Das Kind sollte auch nach dem Vater und den väterlichen Verwandten erbberechtigt, sein gesetzlicher Erbteil gegenüber den ehelichen Kindern aber auf die Hälfte reduziert sein.[109] Selbstredend enthielt auch der Entwurf die einschlägigen rasserechtlichen Beimischungen, andererseits auch interessante Bestimmungen wie ein – auf Wunsch Hitlers einge-

100 *Wieacker*, Geschichtliche Ausgangspunkte (Fn. 44), S. 182.

101 Der Terminus war nicht neu. Das römische Recht hatte unter „liberi naturales" einerseits die leiblichen Kinder im Gegensatz zu den adoptierten, andererseits die aus einem Konkubinat stammenden Kinder verstanden.

102 Begründung zu dem Entwurf zu einem Gesetz zur Änderung familien- und erbrechtlicher Vorschriften (Zweites Familienrechts-Änderungsgesetz) vom Juli 1940, abgedruckt bei *Schubert* (Fn. 41), S. 509.

103 Auf amtlicher Ebene: Vorläufiger Entwurf (Referentenentwurf) des Reichsjustizministeriums vom 23.12.1937 zu einem Gesetz über die Feststellung der Abstammung sowie über die Rechtsverhältnisse der unehelichen Kinder, abgedruckt bei *Schubert* (Fn. 41), S. 576; Neufassung dieses Entwurfs vom 20.1.1940, bei *Schubert* (a.a.O.), S. 629; Entwurf des Stellvertreters des Führers zu einer Verordnung über die Rechtsverhältnisse der außer der Ehe geborenen Kinder (Anfang Februar 1940, abgedruckt bei *Schubert* (a.a.O.), S. 647; Entwurf vom 6.3.1940 zu einem Gesetz zur Änderung familien- und erbrechtlicher Vorschriften, bei *Schubert* (a.a.O.), S. 672; schließlich der nachfolgend genannte Entwurf vom Juli 1940.

104 Entwurf zu einem Gesetz zur Änderung familien- und erbrechtlicher Vorschriften (Zweites Familienrechts-Änderungsgesetz) vom Juli 1940, abgedruckt bei *Schubert* (Fn. 41), S. 509.

105 § 7 Entwurf vom Juli 1940.

106 § 11 Entwurf vom Juli 1940.

107 § 12 Entwurf vom Juli 1940.

108 Entwurf vom Juli 1940 § 13 Abs. 1.

109 § 1929a BGB in der Fassung des Entwurfs vom Juli 1940 (§ 46).

fügtes[110] – Aussageverweigerungsrecht der Mutter über die Identität des Vaters, mit dem sie die Suche nach dem Vater sollte verhindern können.[111] Das dem Führer zum Vollzug vorgelegte Gesetz fand indes nicht seine Billigung. Hitler sah in dem Projekt ein Gesetz „zur Entrechtung der unehelichen Mutter“,[112] sodass das Projekt in letzter Minute scheiterte.[113]

Auch dieses Gesetz, wäre es verabschiedet worden, wäre nicht die letzte Antwort des Nationalsozialismus auf Kindschaft und Ehe geblieben.[114] Das Projekt „Lebensborn“, der Befehl Himmlers zur außerehelichen Zeugung[115] oder der Vorschlag, verdienten Frontkämpfern könne auch die Mehrehe gestattet werden[116], lassen ahnen, was bei einem nachhaltigen Erfolg des Regimes noch alles gekommen wäre.

V. Die Entwicklung des Familienrechts nach 1945

Nach dem Zusammenbruch stellten sich auf dem Feld des Familienrechts hauptsächlich vier Aufgaben: 1) Es musste das aus der Zeit des Deutschen Reiches überkommene, weitergeltende Recht (Art. 123 Abs. 1 GG) von den nationalsozialistischen Bestandteilen gesäubert werden. 2) Es war die Gleichberechtigung der Geschlechter durchzuführen. 3) Das Kindschaftsrecht musste reformiert werden. 4) Auch im Übrigen bedurfte das Familienrecht gegenüber dem tradierten Rechtszustand der Modernisierung.

1. Eliminierung der nationalsozialistisch geprägten Regelungen

Zur Eliminierung der durch den Nationalsozialismus geprägten Vorschriften war vieles, wenngleich nicht alles bereits durch die Besatzungsmächte geleistet worden. Das Kontrollratsgesetz Nr. 1[117] hob einen ganzen Katalog von offenkundig nationalsozialistischen Gesetzen auf. Das Kontrollratsgesetz Nr. 10 formulierte Strafvorschriften bei Verbrechen gegen den Frieden, Kriegsverbrechen, Verbrechen gegen die Menschlichkeit und Zugehörigkeit zu Vereinigungen und Organisationen, deren verbrecherischer Charakter vom Internationalen Militärgerichtshof festgestellt worden war,[118] konnte aber bei weitem nicht alle über viele Gesetze und Verordnungen verteilten Rechtsbestimmungen erfassen, die für einen demokratischen Rechtsstaat untragbar waren. Als nach dem Zusammenbruch des Naziregimes das Rechtswesen zunächst in den neugegründeten Ländern wieder erweckt wurde,[119] konnte man der Kontrollratsgesetzgebung entnehmen, dass das überkommene Recht grundsätzlich weitergelten sollte, soweit es nicht aufgehoben wurde oder den neuen Vorschriften widersprach. Den Gerichten blieb die Aufgabe, Geist und Inhalt eines neuen Rechts in der Anwendung überkommener Vorschriften selbst zu

110 *Ramm*, Familien- und Jugendrecht (Fn. 41), S. 20 Fn. 59a, führt dafür eine Äußerung Hitlers in der Kabinettsitzung vom 9.12.1937 an.

111 § 10 Abs. 2 Entwurf vom Juli 1940.

112 Vermerk des Chefs der Reichskanzlei *Lammers* über eine Besprechung bei Hitler am 21.9.1940, abgedruckt bei *Schubert* (Fn. 41), S. 713.

113 Zum Vorgang *Werner Schubert,* Der Entwurf eines Nichtehelichengesetzes vom Juli 1940 und seine Ablehnung durch Hitler, FamRZ 1984, 1.

114 *Ramm*, Familien- und Jugendrecht (Fn. 41), S. 12, sieht das Ehegesetz von 1938 zusammen mit der Beibehaltung des patriarchalischen Ehe- und Familienführungsrechts als das „letzte Wort“ des Nationalsozialismus an.

115 Siehe oben Fn. 98; *Ramm*, Familien- und Jugendrecht (Fn. 41), S. 15.

116 Dazu *Ramm*, Familien- und Jugendrecht (Fn. 41), S. 15; *Essner/Conte* (Fn. 41), S. 201, 203, 221.

117 Vom 20.9.1945, ABl. S. 6.

118 Kontrollratsgesetz Nr. 10 vom 20.12.1945, ABl. S. 50. Siehe einzelne Strafbestimmungen betreffend auch Kontrollratsgesetz Nr. 11 vom 30.1.1946, ABl. S. 55.

119 Siehe die 3. Proklamation des Alliierten Kontrollrats vom 20.10.1945, ABl. S. 22 und das Kontrollratsgesetz Nr. 4 vom 20.10.1945, ABl. S. 26.

finden, wofür gelegentlich auch das Naturrecht zu Hilfe gerufen wurde, das nach dem Krieg eine Renaissance erlebte.[120]

Für das Familienrecht wurde entscheidend, dass sich der Alliierte Kontrollrat entschloss, das Ehegesetz von den gröbsten Verirrungen zu reinigen und in neuer Fassung mit Wirkung zum 1. März 1946 in Kraft zu setzen.[121] Die bisherige Fassung sowie alle Durchführungsbestimmungen und sonstigen Gesetze wurden aufgehoben, soweit sie mit der Neufassung unvereinbar waren.[122] Die meisten Vorschriften des Ehegesetzes blieben indes unverändert, insbesondere blieb es bei dem Nebeneinander von Verschuldungs- und Zerrüttungsscheidung und bei den geschilderten Grundstrukturen des Scheidungsfolgenrechts. Die Scheidung wegen Ehezerrüttung, nunmehr in § 48 des Gesetzes zu finden, wurde um ein weiteres Scheidungshindernis erschwert: Dem darauf gestützten Scheidungsbegehren durfte fortan auch dann nicht entsprochen werden, wenn das wohlverstandene Interesse der aus der Ehe hervorgegangen Kinder die Aufrechterhaltung der Ehe erfordert.[123] Beibehalten wurde auch das 1938 anstelle der Eheanfechtung eingeführte Institut der Aufhebung einer Ehe wegen bestimmter Willensmängel,[124] – ein Institut, dem noch eine besondere Karriere bevorstehen sollte. Das Ehegesetz galt in dieser Fassung zunächst auch in der DDR.[125]

Trotz der Kontrollratsgesetzgebung blieb nach Gründung der Bundesrepublik noch einiges aufzuarbeiten. Das Familienrechtsänderungsgesetz vom 11. August 1961[126] hob eine Reihe von Vorschriften, die im „Dritten Reich" geschaffen waren, förmlich auf, auch einige Bestimmungen des Ehegesetzes in der Kontrollratsfassung, einen Teil der Durchführungsverordnungen zum Ehegesetz, etwa die fünfte Verordnung, die – wie geschildert – die postmortale Scheidung ermöglicht hatte.

Besondere Probleme bereiteten die aufgrund des Führerbefehls erfolgten postmortalen Eheschließungen, die auch noch nach dem Kriege stattfanden, deren Gültigkeit aber nun heftig umstritten war.[127] Hierzu erging unter dem 29. März 1951 ein Bundesgesetz,[128] das die Gültigkeit im Prinzip verneinte, aber der betroffenen Witwe das Recht zur Führung des Ehenamens, die Versorgungsrechte aus der Kriegsopferversorgung und aus der öffentlich-rechtlichen und betrieblichen Hinterbliebenenversorgung zusicherte und die von dem verstorbenen Mann stammenden Kinder als ehelich behandelte – es handelte sich also um eine teilwirksame Eheschließung, die freilich kein Ehegattenerbrecht begründete.

---

120 Dazu *Thomas Würtenberger,* Wege zum Naturrecht in Deutschland 1946–1948, ARSP 1949/1950, S. 98 ff.; ergänzend ARSP 1952/1953, S. 576 ff.; ARSP 1954/1955, S. 59 ff.; *Dieter Schwab,* Naturrecht als Norm nach dem Zusammenbruch des „Dritten Reiches", in: *Martin Löhnig* (Hrsg.), Zwischenzeit. Rechtsgeschichte der Besatzungsjahre, Regenstauf 2011, S. 227 ff.

121 Gesetz Nr. 16 der Alliierten Kontrollbehörde, ausgefertigt in Berlin, 20. Februar 1946, ABl. S. 77. Das Gesetz trat zum 1. März 1946 in Kraft (§ 80).

122 § 79 Gesetz Nr. 16 (Fn. 121).

123 § 48 Abs. 3 EheG in der Fassung des Kontrollratsgesetzes.

124 §§ 28–37 (früher §§ 33–42).

125 Nach *Georg Brunner,* Einführung in das Recht der DDR, 2. Aufl., München 1979, S. 17, galt das Kontrollratsgesetz Nr. 16 in der DDR bis Ende 1955.

126 Gesetz zur Vereinheitlichung und Änderung familienrechtlicher Vorschriften (Familienrechtsänderungsgesetz) vom 11.8.1961 (BGBl. 1961 I S. 1221).

127 Siehe *Hans Dölle,* Die nachträgliche Eheschließung, Deutsche Richterzeitung 1947, 42; *Walter Schätzel,* Nochmals die nachträgliche Eheschließung, Deutsche Richterzeitung 1947, 214 ff.

128 Gesetz über die Rechtswirkungen des Ausspruchs einer nachträglichen Eheschließung vom 29.3.1951 (BGBl. I S. 215). Mit der Frage hatten sich schon beschäftigt: Verordnung des Präsidenten des Zentral-Justizamts für die Britische Zone über die Rechtswirkungen des Ausspruchs einer nachträglichen Eheschließung vom 13.8.1947 (Verordnungsblatt für die Britische Zone, S. 237); Rheinland-Pfälzisches Landesgesetz über die Rechtswirkungen des Ausspruchs einer nachträglichen Eheschließung vom 24.2.1949 (Rheinland-Pfälz. Gesetz- und Verordnungsblatt 1949, S. 81).

Umgekehrt war das Unrecht der unangemessenen Einschränkung der Eheschließungsfreiheit, das viele im Dritten Reich erlitten hatten, wieder gut zu machen. Diesem Zweck diente das Gesetz über die Anerkennung freier Ehen rassisch und politisch Verfolgter vom 23. Juni 1950.[129] Wenn Verlobte, denen aus rassischen Gründen die standesamtliche Eheschließung unmöglich gemacht worden war, in bestimmter Weise den Entschluss bekundet hatten, eine dauernde Verbindung einzugehen, so konnten dieser Verbindung nach dem Tode eines Teils auf Antrag die Rechtswirkungen einer gesetzlichen Ehe beigelegt werden, wenn der Tod die Nachholung der standesamtlichen Trauung verhindert hatte. Gleiches galt für Personen, die wegen ihrer politischen Verfolgung an einer standesamtlichen Eheschließung gehindert gewesen waren.[130]

2. Zur Fortgeltung des Ehegesetzes

Von einzelnen Korrekturen abgesehen blieb andererseits das Ehegesetz von 1938 in der Kontrollratsfassung in Geltung – das Scheidungsrecht bis 1977, das Eheschließungsrecht gar bis 1997. Für unser Thema ist daher eine Kontroverse um die Einschätzung des Ehegesetzes von Belang. Es gibt die Auffassung, das Ehegesetz sei als Ganzes vom Nationalsozialismus geprägt.[131] Daraus ließe sich folgern, dass der Gesetzgeber der Bundesrepublik schleunig hätte die Gesamtmaterie neu regeln müssen. Dass dies nicht geschehen ist, kann nach *Ramm* entweder dem Nachwirken nationalsozialistischer Ideologie oder der Verdrängung zugeschrieben werden.[132] Was das Scheidungsrecht betrifft, wurden insbesondere die „konsequente Fortentwicklung des Verschuldensprinzips“, aber auch der Zerrüttungstatbestand insofern als nationalsozialistisch verstanden, als dieses Scheidungsrecht den Einbruch des Staates in die Intimsphäre der Ehegatten ermöglicht habe. Scheidungsgrund „konnte ausschließlich sein, dass die Ehe ihre Funktion innerhalb der Volksgemeinschaft nicht mehr erfüllen konnte.“[133]

Dieser Deutung hat *Alfred Wolf* zutreffend widersprochen.[134] Die Kombination von Verschuldens- und Zerrüttungsprinzip im Scheidungsrecht ist im 20. Jahrhundert eine international verbreitete Option bis heute. Zweifellos unterlegte der Nationalsozialismus dem Scheidungsrecht einen fundamental anderen, nämlich nicht individualistischen Ehebegriff, der aber die Formulierung der Scheidungsgründe des Ehegesetzes überwiegend (entgegen manchen Entwürfen) nicht prägte und von dem bei der Rechtsanwendung ohne weiteres abstrahiert werden konnte. Die meisten Einzelregelungen des Gesetzes konnten von ihrem Entstehungshintergrund losgelöst betrachtet werden und waren so auch in der Rechtsordnung anderer europäischer Länder denkbar. Die Abhängigkeit der Ehescheidung von einem gerichtlichen Ausspruch nach Prüfung des Scheidungsgrundes wurzelt in der Tradition des mittelalterlich-kirchlichen Eheprozesses, die in der Neuzeit auch vom Staat fortgesetzt wurde.

Man muss, um den heterogenen Gehalt des Ehegesetzes einzuschätzen, auch bedenken, welche Forderungen damals nicht erfüllt worden sind, z.B. die Forderung nach einer Scheidung unerwünschter Ehen von Amts wegen und auch gegen den Willen beider Ehegatten,[135] die auch der Rechtsprofessor *Karl Larenz* vorgetragen hatte.[136] Das von den Alliierten gesäuberte Scheidungsrecht des Ehegesetzes war – als Scheidungsrecht in der zweiten Hälfte des 20. Jahrhunderts – veraltet, aber es war nicht nationalsozialistisch. Dass das Scheidungsrecht unter dem Gesichts-

129 BGBl. 1950 I S. 226.
130 § 4 des Gesetzes.
131 So *Ramm*, Familien- und Jugendrecht (Fn. 41), S. 30 ff.
132 So *Ramm*, Familien- und Jugendrecht (Fn. 41), S. 32.
133 *Ramm*, Familien- und Jugendrecht (Fn. 41), S. 31.
134 *Alfred Wolf* (Fn. 41).
135 Für die Möglichkeit der Zwangsscheidung z.B. *Freisler* (Fn. 67), S. 127.
136 *Karl Larenz*, Grundsätzliches zum Ehescheidungsrecht, Deutsches Recht 7 (1937), S. 184, 187.

punkt der Modernisierung des Familienrechts reformbedürftig war – wie das Scheidungsrecht der meisten europäischen Staaten in den 50er Jahren – steht auf einem anderen Blatt.

3. Rückkehr zu „Erfindungen" des Dritten Reiches?

Auffällig ist eher, dass der Gesetzgeber der Bundesrepublik ein halbes Jahrhundert nach dem Zusammenbruch Regelungen wiederbelebt oder ausgebaut hat, die als Erfindungen der Gesetzgebung nach 1933 gelten können. Einige Regelungen seien genannt:

- Die Konzeption des Ehegesetzes von 1938, dass Willensmängel bei der Eheschließung nicht zur Ungültigkeit oder wenigstens zur Vernichtbarkeit der Ehe durch Anfechtung, sondern nur zur Aufhebung mit Wirkung für die Zukunft (wie eine Scheidung) führen, wurde zunächst fortgeführt, dann aber im Jahre 1997[137] auf fast alle Begründungsmängel ausgedehnt: Nun sind auch Vater und Tochter, die einander geheiratet haben, zunächst einmal gültig miteinander verheiratet, die Ehe kann nur mit Wirkung für die Zukunft aufgelöst werden[138] – eine Regelung, die rechtsvergleichend auf Erstaunen stößt. Die Abschaffung der Nichtigkeit einer unter schweren Begründungsmängeln leidenden Eheschließung zeitigt vor allem bei den Heiraten, die unter Zwang und Drohung zustande kommen („Zwangsehen"), bedenkliche Auswirkungen und bedarf der Überprüfung.
- Weiteres Beispiel: Die im Dritten Reich eingeführte Unwirksamkeit der Namensehe, d.h. der Ehe, die nur um der Namensführung willen geschlossen wird, ohne dass eine ehelichen Lebensgemeinschaft begründet werden soll, wurde vom Bundesgesetzgeber 1976 abgeschafft,[139] im Jahre 1998 aber in erweiterter Form als Aufhebungsgrund wieder eingeführt.[140]
- Die Möglichkeit der Anfechtung der Ehelichkeit eines Kindes durch den Staatsanwalt, eingeführt durch das Familienrechtsänderungsgesetz von 1938,[141] abgeschafft durch das Familienrechtsänderungsgesetz von 1961[142], wurde wieder eingeführt durch ein Gesetz aus dem Jahre 2008.[143]
- Schließlich fällt auf, dass die gerichtliche Erzwingung der Abstammungsklärung, die von der Rechtsprechung im Dritten Reich eindeutig mit rassistischem Hintergrund einführt worden war,[144] nun im Jahr 2008 in gewandelter Form, gewiss auch zu gewandelten Zwecken wieder auflebt.[145]

Damit ist nicht generell gesagt, dass die neuen Regelungen als Nachwirkungen der Ideologie des „Dritten Reiches" zu verstehen wären. Die Beispiele zeigen vielmehr, dass Regelungen, die sich inhaltlich ähneln, einen unterschiedlichen rechtspolitischen und ideologischen Hintergrund haben können. Doch mahnt der Umstand, dass ähnliche Rechtseinrichtungen unter den Nationalsozialisten eingeführt worden waren, zur Vorsicht. Am ehesten scheint mir heute in der Abstammungsfrage ein schon alter deutscher Mythos nachzuwirken.

---

137 Gesetz zur Neuordnung des Eheschließungsrechts (Eheschließungsrechtsgesetz – EheschlRG) vom 4.5.1998 (BGBl. 1998 I S. 833), § 1314 I BGB.
138 § 1314 I iVm. § 1307 BGB in der Fassung des genannten Gesetzes.
139 1. EheRG, Art. 3 Nr. 1.
140 § 1314 Abs. 2 Nr. 5 BGB in der Fassung des Gesetzes zur Neuordnung des Eheschließungsrechts (Eheschließungsrechtsgesetz – EheschlRG) vom 4.5.1998 (BGBl. 1998 I S. 833).
141 § 1595a BGB in der Fassung des Gesetzes über die Änderung und Ergänzung familienrechtlicher Vorschriften und über die Rechtsstellung der Staatenlosen vom 12.4.1938 (RGBl. 1938 I S. 380).
142 Gesetz zur Vereinheitlichung und Änderung familienrechtlicher Vorschriften (Familienrechtsänderungsgesetz) vom 11.8.1961 (BGBl. 1961 I S. 1221), Art. 1 Nr. 4.
143 § 1600 Abs. 1 Nr. 5 BGB in der Fassung des Gesetzes zur Ergänzung des Rechts zur Anfechtung der Vaterschaft vom 13.3.2008 (BGBl. 2008 I S. 313).
144 RG JW 1938, 245 (Feststellungsklage nach § 256 ZPO); RGZ 169, 129.
145 Gesetz zur Klärung der Vaterschaft unabhängig vom Anfechtungsverfahren vom 26.3.2008 (BGBl. 2008 I S. 441).

4. Die Gleichberechtigung von Mann und Frau im Familienrecht

Die große Aufgabe der Gesetzgebung nach dem Kriege war, wie bemerkt, die Herstellung der Rechtsgleichheit von Frau und Mann in der Familie.[146] Das Ziel war anerkannt, die Wege nahmen indes in der Bundesrepublik und in der DDR einen unterschiedlichen Verlauf. Es kam zu einem – von der ostdeutschen Seite so empfundenen – Wettstreit der Systeme, der, betrachtet man den Normenbefund, von DDR um viele Längen gewonnen wurde.

Die DDR-Verfassung vom 7. Oktober 1949 erklärte „Gesetze und Bestimmungen, die die Gleichberechtigung von Mann und Frau in der Familie beeinträchtigen", für aufgehoben.[147] Besonderer staatlicher Schutz wurde der Mutterschaft verheißen.[148] Das Mutterschaftsgesetz, das auf dieser Grundlage schon 1950 erging,[149] bekräftigte die Gleichstellung von Mann und Frau in der Familie und maß beiden Ehegatten gemeinschaftlich die elterliche Sorge für ihre Kinder zu. Diese Prinzipien wurden sodann im Familiengesetzbuch von 1965,[150] welches wie in sozialistischen Staaten üblich das Familienrecht separat vom Zivilrecht kodifizierte, konkretisiert.[151]

Sehr viel zäher verlief die Rechtsentwicklung in der Bundesrepublik, obwohl das Grundgesetz in Art. 3 Abs. 2 eine klare Vorgabe formulierte. Das Grundgesetz ließ keinen Zweifel, dass das Gleichberechtigungsgebot nicht als bloßer Programmsatz, sondern als geltendes Recht gemeint war: Art. 117 Abs. 1 GG gewährte dem Gesetzgeber eine äußerte Frist bis zum 31. März 1953; nicht länger konnte das dem Gleichberechtigungsgrundsatz widersprechende Recht in Kraft bleiben. Bekanntlich ist dieser Termin fruchtlos verstrichen. Gleiche Rechte für Mann und Frau in der Familie erwies sich als sehr schwieriges Projekt.

Um das Säumen des Gesetzgebers zu verstehen, muss man die politische Stimmungslage der Gründerzeit der Republik in Rechnung stellen, in der ein restaurativer gesellschaftspolitischer Trend wirksam war – „restaurativ" nicht im Sinne des Rückgriffs auf das „Dritte Reich", sondern auf die Zeit vor 1933, ja eigentlich vor 1919.[152] Das patriarchalische Prinzip, seit archaischer Zeit gelebt, war nicht nur in den Herzen und Köpfen der Menschen, sondern konnte auch auf rationaler Ebene verteidigt werden. Die Kirchen und ihnen nahestehende Theoretiker begründeten den Vorrang des Mannes in der Familie.[153] Dazu dienten vor allem drei gedankliche Operationen:

---

146 Dem Folgenden liegt zugrunde: *Dieter Schwab*, Gleichberechtigung und Familienrecht im 20. Jahrhundert, in: *Ute Gerhard* (Hrsg.), Frauen in der Geschichte des Rechts, München 1997, S. 790 ff.; *ders.*, Familienrecht, in: Dietmar Willoweit (Hrsg.), Rechtwissenschaft und Rechtsliteratur im 20. Jahrhundert, München 2007, S. 277 ff.; *ders.*, Konfessionelle Denkmuster und Argumentationsstrategien im Familienrecht, in: *Pascale Cancic et al.*, Konfession im Recht. Für Michael Stolleis zum 65. Geburtstag, Frankfurt am Main 2009, S. 63 ff.

147 Art. 30 Abs. 2 Verfassung der Deutschen Demokratischen Republik vom 7.10.1949.

148 Art. 32 Abs. 1 Verfassung DDR 1949.

149 Gesetz über den Mutter- und Kinderschutz und die Rechte der Frau vom 27.9.1950, GBl. 1950 S. 1037 auf Grundlage von Art. 32 Abs. 2 der Verfassung DDR (1949).

150 Familiengesetzbuch der Deutschen Demokratischen Republik vom 20.12.1965 (GBl. I 1966 Nr. 1 S. 1).

151 Das Gesetzbuch wurde kurz vor Herstellung der deutschen Einheit im Jahre 1990 novelliert (Gesetz zur Änderung des Familiengesetzbuches der DDR – 1. Familienrechtsänderungsgesetz – vom 20. Juli 1990, GBl. 1990 I S. 1038), dann aber auch für die Gebiete der ehemaligen DDR durch das Recht der Bundesrepublik Deutschland ersetzt (Art. 234 EGBGB i.d.F. des Einigungsvertrages vom 31. August 1990; Gesetz zu diesem Vertrag vom 23. September 1990, BGBl. 1990 II S. 885).

152 Zur damaligen Diskussion die Diss. von *Walter Rolland*, Die Entwicklung des deutschen Eherechts seit 1920 unter besonderer Berücksichtigung der Stellungnahmen der christlichen Kirchen, Marburg 1957 (ungedruckt), S. 81 ff.

153 Quellen bei: *Gabriele Müller-List* (Bearb.), Gleichberechtigung als Verfassungsauftrag. Eine Dokumentation zur Entstehung des Gleichberechtigungsgesetzes vom 18. Juni 1957, Düsseldorf 1996, Dok. Nr. 41 S. 295, 298; ferner *Friedrich Wilhelm Bosch*, Familienrechtsreform. Siegburg 1952, S. 57 ff.; *Albert Ziegler*, Das natürliche Entscheidungsrecht des Mannes in Ehe und Familie, Heidelberg 1958; weitere Nachweise bei *Lukas Rölli-Alkemper*, Familie im Wiederaufbau. Katholizismus und bürgerliches Familienideal in der Bundesrepublik Deutschland 1945–1965, Paderborn 2000, S. 65.

- Zum einen berief man sich auf eine außerpositive Rechtsquelle, der man einen Rang noch über der Verfassung zumaß, nämlich auf das Naturrecht, gelegentlich sogar auf das göttliche Recht, in dem das patriarchalische Prinzip verankert wurde.
- Zum andern machte man die Gleichberechtigungsfrage zu einer Frage der Religionsfreiheit, man spielte also den Art. 4 GG gegen den Art. 3 Abs. 2 GG aus.
- Drittens zähmte man den Grundsatz der Gleichberechtigung durch einen patriarchalischen Familienbegriff, dessen Geltung man in Art. 6 Abs. 1 GG verbürgt sah. Die Gleichberechtigung der Ehefrau wurde nicht im Sinne von Rechten gleichen Inhalts („formale Gleichberechtigung"), sondern als *Gleichwertigkeit* interpretiert.

Gewiss gab es in den Jahren nach 1949 durchaus auch Kräfte, die sich für eine strikte Verwirklichung der Rechtsgleichheit im Familienrecht einsetzten, sie hatten aber keinen Erfolg. Zum Stichtag des 31.3.1953 war man über Entwürfe nicht hinausgelangt[154]. So musste die Rechtsprechung das Gebot der Gleichberechtigung in den Einzelfällen, die vor Gericht kamen, durchsetzen. Es entstand in den Jahren nach 1953 – bestätigt durch das Bundesverfassungsgericht[155] – *Gleichberechtigung durch Richterrecht.*[156]

Mit einer Verzögerung von über vier Jahren wurde der Gesetzgeber schließlich tätig. Das umfangreiche „Gesetz über die Gleichberechtigung von Mann und Frau auf dem Gebiete des bürgerlichen Rechts (Gleichberechtigungsgesetz)" vom 18.6.1957[157] blieb indes hinter den Anforderungen der Verfassung deutlich zurück. Mit dem Prinzip: *„Gleichwertigkeit"* statt *„formaler Gleichheit"* hoffte man das Verfassungsgebot des Art. 3 Abs. 2 GG mit traditionellen Familienauffassungen zu versöhnen.[158] Das Patriarchat wurde gemildert, nicht beseitigt.

So blieben die Funktionen in der Familie nach Geschlecht verteilt, die Frau hatte den Haushalt zu führen, allerdings nun „in eigener Verantwortung",[159] Ehename blieb obligatorisch der Familienname des Mannes; als Neuerung erhielt die Frau nur die Befugnis, dem Ehenamen ihren „Mädchennamen" hinzuzufügen.[160] Dem Mann stand zwar kein allgemeines Direktionsrecht in der Ehe zu, aber die Frau war zu einer Erwerbstätigkeit nur berechtigt, soweit dies mit ihren Pflichten in Ehe und Familie vereinbar war.[161] Wenigstens wurde die Befugnis des Mannes beseitigt, ein von der Frau eingegangenes Dienstverhältnis zu kündigen.[162] Haushaltsführung und Kindererziehung auf der einen, Erwerbstätigkeit auf der anderen Seite erhielten allerdings gleichen Rang, indem sie als gleichwertige Beiträge zum Familienunterhalt begriffen wurden.[163]

Einen wirklichen Fortschritt für die Gleichberechtigung brachte das neue Güterrecht mit der Zugewinngemeinschaft als gesetzlichem Güterstand, das die ehezeitliche Wertschöpfung beiden Ehegatten in gleicher Weise zuordnet. In diesem Güterstand bleiben zwar die Vermögen von Mann und Frau getrennt; doch bei Aufhebung des Güterstandes wird die Teilhabe realisiert, sei es durch Stärkung der erbrechtlichen Position des überlebenden Ehegatten,[164] sei es durch

---

154 Entwurf der Bundesregierung, Bundestags-Drucksache 1/3802 vom 23.10.1952.
155 Urteil vom 18.12.1953, BVerfGE 3, 225 ff.
156 Nachweise bei *Rolland* (Fn. 152), S. 89 ff.
157 BGBl. 1957 I S. 609. Zum Entwurf siehe: *Franz Maßfeller,* Das Neue Familienrecht. Gesetzentwurf über die Gleichberechtigung von Mann und Frau, Frankfurt am Main, Alfred Metzner Verlag, ohne Jahr.
158 Besonders eindrucksvoller Vorkämpfer für diese Auffassung war damals der Bonner Rechtsgelehrte *Friedrich Wilhelm Bosch,* siehe dessen Schrift: Familienrechtsreform (Fn. 153), S. 54 ff., 81 ff.
159 § 1356 Abs. 1 S. 1 BGB i.d.F. des Gleichberechtigungsgesetzes.
160 § 1355 BGB i.d.F. des Gleichberechtigungsgesetzes.
161 § 1356 Abs. 1 S. 2 BGB i.d.F. des Gleichberechtigungsgesetzes.
162 Wie noch nach § 1358 BGB ursprünglicher Fassung; das Kündigungsrecht setzte die Ermächtigung durch das Vormundschaftsgericht voraus.
163 Siehe §§ 1360 und 1606 Abs. 3 S. 2 BGB i.d.F. des Gleichberechtigungsgesetzes.
164 § 1371 BGB i.d.F. des Gleichberechtigungsgesetzes.

einen Beteiligungsanspruch desjenigen Partners, der in der Ehe den geringeren Zugewinn gemacht hat.[165] Tragende rechtspolitische Begründung ist nicht die Vorstellung, die Tätigkeit des haushaltführenden Partners sei indirekt mitursächlich für das Erwerbseinkommen des anderen, vielmehr der Gedanke der Gleichwertigkeit von Haushaltführung und Erwerbstätigkeit.[166] Damit übersprang der Gleichberechtigungsgrundsatz seine formale Qualität und schlug sich als Prinzip quantitativer Teilhabe nieder. Dieser Gedanke sollte sich in der Folgezeit weiter entfalten, etwa in der Einführung des Rechtsinstituts des Versorgungsausgleichs und in der Rechtsprechung des Bundesverfassungsgerichts zum nachehelichen Unterhalt.[167]

Wenig fortschrittlich war im Gleichberechtigungsgesetz besonders die Regelung der elterlichen Sorge. Sie wurde zwar *Vater und Mutter* gemeinschaftlich zugesprochen,[168] doch blieb die Befugnis der gesetzlichen Vertretung des Kindes in der Regel allein dem Vater vorbehalten.[169] Darüber hinaus kam ihm das Entscheidungsrecht („Stichentscheid“) zu, wenn sich das Elternpaar in einer Kindesangelegenheit nicht einigen konnte, vorbehaltlich einer Korrektur durch das Vormundschaftsgericht.[170] Alleinige gesetzliche Vertretung des Vaters und Stichentscheid wurden freilich schon durch Entscheidung des Bundesverfassungsgerichts vom 29. Juli 1959 für nichtig erklärt.[171] Der Gesetzgeber reagierte hierauf sehr lange nicht: In diesem Punkte galt nun wiederum für zwei Jahrzehnte Richterrecht anstelle des Gesetzes. Das Bundesverfassungsgericht war auch in anderen Fragen der entscheidende Motor für die Verwirklichung der Gleichberechtigung bis hin zum Familiennamensrecht und dessen letzte Änderung im Jahre 2004.

Die Herstellung gleicher Rechte für Mann und Frau in der Familie erwies sich in der Rückschau als überaus kompliziertes, viele Etappen erforderndes Projekt, das erst mit dem 1. Eherechtsreformgesetz von 1976, in der Namensfrage erst zu Beginn des neuen Jahrhunderts verwirklicht wurde.

5. Die Reform des Kindschaftsrechts

Ganz ähnlich, wenngleich noch zäher verlief in der Bundesrepublik die Entwicklung des Kindschaftsrechts. Auch hier kontrastierte die Gesetzgebung der DDR. Nach deren Verfassung von 1949 durfte außereheliche Geburt weder dem Kind noch seinen Eltern zum Nachteil gereichen; entgegenstehende Gesetze und Bestimmungen wurden für aufgehoben erklärt.[172] Das Mutterschaftsgesetz von 1950 stellte nichteheliche Kinder unter die volle elterliche Verantwortung der Mutter, der Vater spielte hier allerdings noch die Rolle des bloßen Unterhaltsschuldners.[173]

Dass auch in der Bundesrepublik eine Reform des Kindschaftsrechts durch Art. 6 Abs. 5 GG geboten war, unterlag keinem vernünftigen Zweifel. Das war auch den Äußerungen des Bundesverfassungsgerichts zu entnehmen.[174] „Bei jeder Regelung, die zwischen ehelichen und nichtehelichen Kindern differenziert“, muss geprüft werden, „ob es für die Ungleichbehandlung

165 §§ 1372 ff. BGB i.d.F. des Gleichberechtigungsgesetzes.
166 Siehe die Begründung zum Entwurf des Gleichberechtigungsgesetzes in: Verhandlungen des Deutschen Bundestages, 2. Wahlperiode, Anlagen Band 27, Drucksache 224 S. 37.
167 Entscheidung vom 5.2.2002, BVerfGE 105, 1.
168 § 1626 BGB i.d.F. des Gleichberechtigungsgesetzes.
169 § 1629 Abs. 1 BGB i.d.F. des Gleichberechtigungsgesetzes.
170 § 1628 Abs. 1–3 BGB i.d.F. des Gleichberechtigungsgesetzes.
171 BGBl. 1959 I S. 633.
172 Art. 33 Verfassung DDR 1949.
173 Die Verfassung der DDR vom 6.4.1968 brachte in den familienbezogenen Aussagen einige Akzentverschiebungen, nun tauchen auch die „alleinerziehende Väter“ als Adressaten staatlicher Fürsorgemaßnahmen auf (Art. 38 Abs. 2 S. 2).
174 Siehe schon die Entscheidung des BVerfG vom 23.10.1958, BVerfGE 8, 210; ferner BVerfGE 80, 87 f.; BVerfGE 25, 167, 196; BVerfGE 58, 377, 389; BVerfGE 74, 33, 39.

überzeugende sachliche Gründe gibt". Eine danach zulässige Benachteiligung des nichtehelichen Kindes sei möglichst anderweitig auszugleichen.[175]

Der Gesetzgeber, dem anders als beim Gleichberechtigungsgebot hier keine Frist gesetzt war, blieb lange untätig. Erst ein Ultimatum des Bundesverfassungsgerichts vom 29.1.1969[176] zwang ihn zu raschem Handeln[177]. Ergebnis der dann eilig aufgenommenen gesetzgeberischen Bemühungen war das Nichtehelichengesetz von 1969.[178] Die Reform ersetzte zunächst den Terminus „unehelich" durch „nichtehelich" (während in der Verfassung nach wie vor „unehelich" steht!) und versuchte, die Diskriminierung nichtehelicher Kinder durch alle Gesetze hindurch zu beseitigen oder doch abzubauen. Der berüchtigte § 1589 Abs. 2 BGB wurde gestrichen, folglich ein Verwandtschaftsverhältnis zwischen Vater und Kind bejaht. Verbessert wurden das Recht der Vaterschaftsfeststellung und -anerkennung[179] und das Unterhaltsrecht des Kindes[180], das den Mindestunterhalt (Regelunterhalt) nun in einem erleichterten Verfahren durchsetzen konnte.[181] Die elterliche Sorge wurde ausnahmslos der Mutter des Kindes zugeordnet; freilich war das Sorgerecht belastet durch eine kraft Gesetzes eintretende Pflegschaft des Jugendamtes für Status- und Namensangelegenheiten, Unterhaltsansprüche und Erb- und Pflichtteilsrechte beim Tod des Vaters oder eines seiner Verwandten.[182] Diese Pflegschaft konnte nur auf Antrag vom Vormundschaftsgericht eingeschränkt oder aufgehoben werden.[183] Der Vater vermochte zur elterlichen Sorge hingegen nur durch Legitimation,[184] Ehelicherklärung[185] oder Adoption des Kindes zu gelangen, äußerstenfalls als dessen Vormund fungieren. Im Übrigen blieb er auf einen Auskunftsanspruch gegen die Mutter über die persönlichen Verhältnisse des Kindes[186] und auf den persönlichen Umgang mit ihm beschränkt, den er gegen den Willen der Mutter aber nur dann durchsetzen konnte, wenn der Umgang „dem Wohle des Kindes dient".[187] Das nichteheliche Kind wurde nun auch nach dem Vater und den väterlichen Verwandten erbberechtigt, erhielt aber nicht das gleiche gesetzliche Erbrecht wie eheliche Kinder. Konkurrierte das nichteheliche Kind in der Erbfolge nach seinem Vater mit dessen ehelichen Abkömmlingen und dessen Ehegatten, so beschränkte sich sein Erbrecht auf einen schuldrechtlichen Erbersatzanspruch,[188] der sich zwar nach dem Wert des Erbteils bemaß, aber keine reale Teilhabe am Nachlass bedeutete.

Diese sehr gezähmten Fortschritte prägten das Recht der nichtehelichen Kinder bis zur großen Kindschaftsrechtsreform des Jahres 1997, hielten also dreißig Jahre. Mit den nationalsozialistischen Neuerungsplänen, die primär auf dem Mythos des Blutes und auf bevölkerungspolitischen Motiven beruhten, hat die zögerliche Entwicklung in der Bundesrepublik nach meiner Einschätzung nichts zu tun, auch nicht im Sinne der Abgrenzung. Es handelt sich auch hier um die Wirksamkeit einer seit dem Mittelalter verwurzelten Tradition: Die mittelalterliche Kirche und im Verbund mit ihr die staatlichen Herrschaftsorganisationen waren erfolgreich bestrebt gewesen, die von theologischen Aussagen geprägte Ehe als die einzige legitime Paarbeziehung durchzusetzen und unter ihre Kontrolle zu stellen. Eines der Mittel dazu war die Entwertung der

---

175 Grundsätze zusammengefasst in der Entscheidung vom 5.11.1991, BVerfGE 80, 87 f.

176 BVerfG vom 29.1.1969, BVerfGE 25, 167.

177 Das Gericht setzte Frist bis zum Ende der laufenden Legislaturperiode, also bis Sommer desselben Jahres; geschah bis dahin nichts, so würde dem Art. 6 Abs. 5 GG entgegenstehendes Recht unmittelbar derogiert.

178 Gesetz über die rechtliche Stellung der nichtehelichen Kinder vom 19. August 1969 (BGBl. 1969 I S. 1243).

179 §§ 1600 a bis o BGB i.d.F. des Nichtehelichengesetzes.

180 §§ 1615 a bis o BGB i.d.F. des Nichtehelichengesetzes.

181 § 1615 f BGB; §§ 642–644 ZPO i.d.F. des Nichtehelichengesetzes.

182 § 1706 BGB i.d.F. des Nichtehelichengesetzes.

183 § 1707 BGB i.d.F. des Nichtehelichengesetzes.

184 Durch nachfolgende Ehe mit der Mutter, § 1719 BGB.

185 §§ 1723 ff. BGB, neugefasst durch das Nichtehelichengesetz.

186 § 1711 Abs. 3 BGB i.d.F. des Nichtehelichengesetzes.

187 § 1711 Abs. 1 S. 2 BGB i.d.F. des Nichtehelichengesetzes

188 §§ 1934a ff. BGB i.d.F. des Nichtehelichengesetzes.

nichtehelichen Abstammung, die gleichzeitig auch die Kontrolle über die Sukzession von Eigentum und Herrschaft sichern sollte. Es gelang, die „Illegitimität" der außerehelichen Abstammung – vielfach gegen den Protest des Adels, bei dem auch Ausnahmen gemacht wurden – tief im gesellschaftlichen Bewusstsein zu verankern.[189]

Diesem Bewusstsein war ein erstaunliches Beharrungsvermögen beschieden, jedenfalls in konservativ-christlich orientierten Kreisen, die von theologisch-naturrechtlichen Vorstellungen von einem engen Sinnbezug von Ehe und Elternschaft beeinflusst waren und mit dem Aufstieg des nichtehelichen Kindes die Entwertung der Ehe fürchteten.[190] In der Argumentation wurde folglich der in Art. 6 Abs. 1 GG garantierte staatliche Schutz der Ehe gegen eine Gleichstellung von nichtehelichen mit ehelichen Kindern mobilisiert.[191] Auch die Psychologie und die Soziologie der Zeit lieferten dienliche Argumente.[192]

VI. Ausblick

Die eigentliche Modernisierung des Familienrechts der Bundesrepublik Deutschland begann in deutlicher zeitlicher Distanz zur Nachkriegszeit und vollzog sich in Schüben, die interessanterweise je etwa ein Jahrzehnt auseinanderliegen.

- Den Beginn machte das 1. Eherechtsreformgesetz von 1976, das die Gleichberechtigung herstellte und das Scheidungsrecht auf neue Grundlagen stellte. Etwa zur gleichen Zeit, nämlich 1979, erging das Gesetz zur Neuregelung des Rechts der elterlichen Sorge,[193] das ein neues Verständnis des Eltern-Kind-Verhältnisses und insbesondere das Bedürfnis des Kindes nach Selbstbestimmung im Rahmen des Erziehungsverhältnisses zur Geltung brachte – ein echtes Kind der gesellschaftlichen Grundstimmung der 68er Jahre.
- Etwa ein Jahrzehnt später erfolgte die grundlegende Reform des Vormundschafts- und Pflegschaftsrechts für Volljährige durch das Betreuungsgesetz von 1990,[194] welches den Beistand für Hilfsbedürftige gleichfalls mit dem Prinzip der Wahrung der Selbstbestimmung zu verbinden versuchte.
- Wiederum ein knappes Jahrzehnt später ergingen die großen kindschaftsrechtlichen Reformen der Jahre 1997/1998,[195] als deren rechtshistorischer Kern die Schaffung eines

---

189 Zur Geschichte der Illegitimität: *Hermann Conrad,* Die Stellung der unehelichen Kinder in der neuzeitlichen Privatrechtsentwicklung Deutschlands, Frankreichs, Österreichs und der Schweiz, FamRZ 1962, 322; *Anke Leineweber,* Die rechtliche Beziehung des nichtehelichen Kindes zu seinem Erzeuger in der Geschichte des Privatrechts, Beiträge zur Neueren Privatrechtsgeschichte Bd. 7, Königstein/Taunus 1978; *Beate Harms-Ziegler,* Illegitimität und Ehe. Illegitimität als Reflex des Ehediskurses in Preußen im 18. und 19. Jahrhundert, Berlin 1991; *Ludwig Schmugge* (Hrsg.), Illegitimität im Spätmittelalter, Schriften des Historischen Kollegs, Kolloquien 29, München 1994; *Sybille Buske,* Fräulein Mutter und ihr Bastard. Eine Geschichte der Unehelichkeit in Deutschland 1900–1970, Göttingen 2004.

190 Siehe die Stellungnahme des Zentralrats der Deutschen Katholiken aus dem Jahre 1962, bei *Buske* (Fn. 189), S. 221.

191 Die Quellen zur Entstehung des Gesetzes in: *Werner Schubert* (Hrsg.), Die Reform des Nichtehelichenrechts (1961–1969), Paderborn 2003.

192 Siehe *Schubert* (Fn. 191), S. 89, 109, 182 f., 194 ff., *Buske* (Fn. 189), S. 253 ff.; *Bosch*, Familienrechtsreform (Fn. 153), S. 75.

193 Gesetz zur Neuregelung des Rechts der elterlichen Sorge (SorgeRG) vom 18.7.1979 (BGBl. 1979 I S. 1061), in Kraft seit 1.1.1980.

194 Gesetz zur Reform des Rechts der Vormundschaft und Pflegschaft für Volljährige (Betreuungsgesetz – BtG) vom 12.9.1990 (BGBl. 1990 I S. 2002), in Kraft seit 1.1.1992.

195 Gesetz zur Abschaffung der gesetzlichen Amtspflegschaft und Neuordnung des Rechts der Beistandschaft (Beistandschaftsgesetz) vom 4.12.1997 (BGBl. 1997 I S. 2846); Gesetz zur Reform des Kindschaftsrechts (Kindschaftsrechtsreformgesetz – KindRG) vom 16.12.1997 (BGBl. 1997 I S. 2942); Gesetz zur Vereinheitlichung des Unterhaltsrechts minderjähriger Kinder (Kindesunterhaltsgesetz – KindUG) vom 6.4.1998 (BGBl. 1998 I S. 666).

einheitlichen Kindschaftsrechts für nichteheliche wie eheliche Kinder zu betrachten ist. In diesen Jahren wurde auch das Eheschließungsrecht reformiert[196] und das Ehegesetz von 1938 endgültig aufgehoben.

- Und wiederum etwa ein Jahrzehnt später wurde das Familienverfahrensrecht einer moderneren Gestaltung zugeführt.[197]

Gleichberechtigung der Geschlechter, Gleichbehandlung ehelicher und nichtehelicher Kinder und die *Wahrung der Selbstbestimmung bei familiärer Fürsorge* sind die roten Fäden, welche die Reform des Familienrechts in der Bundesrepublik seit den 70er Jahren bis zum Ende des Jahrhunderts durchziehen. Außer den genannten großen Reformen gab es viele weitere Gesetze im Familienrecht, welche in speziellen Zusammenhängen die genannten Grundlinien teils verstärkten, teils auch wieder ein Stück zurücknahmen, ohne aber das Bild der geschichtlichen Entwicklung im Ganzen zu verändern. Am ehesten lässt sich heute der Trend notieren, den rechtlichen Schutz für Hausfrauen und Mütter, der einst als Postulat der Gleichberechtigung entfaltet worden war, wieder abzubauen, dies auch im Namen der Gleichberechtigung, die zunehmend für Männerrechte postuliert wird. Das ist aber ein Diskurs *innerhalb* des Gleichberechtigungsproblems, also das gewohnte Feld mit verschobenen Fronten.

Von den Problemen der Umbruchszeit um 1945 ist unser heutiges Familienrecht weit entfernt. Das schließt nicht aus, dass Altes, was verschollen schien, gelegentlich wieder auftaucht. Die Geschichte ist nie tot. Sie hat auch kein Ende.

Veröffentlicht in: Manfred Görtemaker/Christoph Safferling (Hrsg.), Die Rosenburg. Das Bundesministerium der Justiz und die NS-Vergangenheit – eine Bestandsaufnahme, Verlag Vandenhoeck und Ruprecht, Göttingen 2013, S. 296–326.

Nachtrag: Die unter V 3 genannte Regelung von 2008, die wiederum eine behördliche Vaterschaftsanfechtung einführte, ist vom Bundesverfassungsgericht wegen Verstoßes gegen Art. 16 Abs. 1, Art. 6 Abs. 1 und Abs. 2 S. 1 für verfassungswidrig erklärt worden (Beschluss vom 7.12.2013, FamRZ 2014, 449), die entsprechenden Gesetzesbestimmungen wurden in der Folgezeit eliminiert. Doch wurde im Jahre 2017 ein neuer Unwirksamkeitsgrund für missbräuchliche Vaterschaftsanerkennungen geschaffen mit dem Ziel, Vaterschaftsanerkennungen, die auf die Verschaffung von Vorteilen im Staatsangehörigkeits- und Ausländerrecht abzielen, zu bekämpfen. Siehe die Regelung des § 1597a BGB, eingeführt durch Gesetz vom 20.7.2017 (BGBl. 2017 I S. 2780).

196 Gesetz zur Neuordnung des Eheschließungsrechts (Eheschließungsrechtsgesetz – EheschlRG) vom 4.5.1998 (BGBl. 1998 I S. 833), in Kraft seit 1.7.1998.

197 Gesetz zur Reform des Verfahrens in Familiensachen und in den Angelegenheiten der freiwilligen Gerichtsbarkeit (FGG-Reformgesetz) vom 17.12.2008 (BGBl. 2008 I S. 2586), darin: Gesetz über das Verfahren in Familiensachen und in den Angelegenheiten der freiwilligen Gerichtsbarkeit (FamRG), in Kraft getreten zum 1.9.2009.

E. Eherecht in der Diskussion

Kirchliche Trauung ohne Standesamt
– Die stille Beerdigung eines historischen Konflikts –

I. Der Wegfall des Verbotes „kirchlicher Voraustrauung"

Ab 1.1.2009 ergibt sich für kirchlich gebundene Christen, die heiraten wollen, eine neue Lage. Nach bisheriger Rechtslage dürfen Geistliche einer kirchlichen Eheschließung erst assistieren, nachdem das Paar zunächst beim Standesamt eine Ehe nach bürgerlichem Recht eingegangen ist. Denn § 67 PStG erklärt es für eine Ordnungswidrigkeit, wenn jemand „eine kirchliche Trauung oder die religiösen Feierlichkeiten einer Eheschließung vornimmt, ohne dass zuvor die Verlobten vor dem Standesamt erklärt haben, die Ehe miteinander eingehen zu wollen". Eine Ausnahme soll nur gelten, wenn einer der Verlobten lebensgefährlich erkrankt und ein Aufschub nicht möglich ist oder wenn ein auf andere Weise nicht zu behebender schwerer sittlicher Notstand vorliegt[1]. Ferner begeht eine Ordnungswidrigkeit, wer dem Standesamt nicht unverzüglich schriftlich Anzeige erstattet, wenn er eine kirchliche Trauung oder die religiöse Feierlichkeit einer Eheschließung vor der standesamtlichen Trauung vorgenommen hat (§ 67a PStG). Obwohl die Verfassungsmäßigkeit dieser Regelung vielfach angezweifelt wurde[2], hielten sich die Kirchen im Allgemeinen an diese Vorschriften.

Künftig wird vom staatlichen Recht her gesehen alles anders sein. Das neu gestaltete Personenstandsgesetz[3], das bereits 2007 ohne großes Aufsehen verabschiedet wurde[4] und zum 1.1.2009 in Kraft treten wird[5], kennt Vorschriften nach Art der §§ 67, 67a PStG nicht mehr. Das bedeutet: Das staatliche Recht hindert den Priester nicht, Heiratswillige kirchlich zu trauen, auch wenn sie vorher nicht beim Standesamt waren, ja selbst wenn sie gar nicht beabsichtigen, sich standesamtlich trauen zu lassen. Die vom Staat geregelte „bürgerliche Ehe" und die Ehe des kirchlichen Rechts, die sich seit der frühen Neuzeit schrittweise getrennt haben[6], stehen aus der Sicht des staatlichen Rechts nun völlig unverbunden nebeneinander. Was bisher in Einzelfällen möglich war, gilt nun generell: Ein Paar, das sich kirchlich, aber nicht standesamtlich trauen lässt, befindet sich in einer *Ehe*, die jedoch vom staatlichen Recht als *nichteheliche Gemeinschaft* angesehen wird – mit allen Konsequenzen der Nichtanwendung staatlichen Eherechts.

Inwieweit die neue Rechtslage das Heiratsverhalten und somit die familienrechtliche Realität verändern wird, ist schwer vorauszusagen. Immerhin besteht der Rechtszustand, der ab

---

1 Auch in diesen Fällen hat die vorweggenommene kirchliche Trauung keine zivilrechtlichen Wirkungen; gegen diesen Rechtzustand *Friedrich Wilhelm Bosch*, FamRZ 1997, 65, 69.

2 S. auch *mein* Familienrecht, 15. Aufl. 2007, Rn. 48.

3 Das völlig neue gefasste PStG findet sich in Art. 1 des Gesetzes zur Reform des Personenstandsrechts (Personenstandsrechtsreformgesetz – PStRG) v. 19.2.2007 (BGBl. 2007 I S. 122). Zu einem Vorentwurf bereits *Bosch*, FamRZ 1997, 138. Zum neuen PStG *Gaaz*, FamRZ 2007, 1057 ff.

4 Annahme im Bundestag am 9.11.2006, Stenographische Berichte, 16. Wahlperiode, 63. Sitzung, S. 6249, Verabschiedung im Bundesrat am 15.12.2006 (BT-Drucks. 850/06 Beschluss).

5 Art. 5 II.2 S. 1 PStRG. Das gesamte bisherige PStG tritt nach S. 2 der Vorschrift zu diesem Termin außer Kraft.

6 Einzelheiten in *meiner* Arbeit: Grundlagen und Gestalt der staatlichen Ehegesetzgebung in der Neuzeit bis zum Beginn des 19. Jahrhunderts, Bielefeld 1967.

1.1.2009 in Deutschland gelten wird, in Österreich bereits seit 1955, ohne dass dort die Welt untergegangen wäre. Dies liegt auch daran, dass die Katholische Kirche in Österreich ihrerseits Regelungen getroffen hat, um „Kirchenehe" und „Staatsehe" nicht allzu weit auseinanderlaufen zu lassen[7]. Bei dieser Gelegenheit sei erwähnt, dass nicht wenige deutsche Paare, die kirchlich, aber nicht standesamtlich heiraten wollten, sich die österreichische Rechtslage zunutze gemacht haben. Mit einer kirchlichen Lizenz konnten (und können) diese Paare in Österreich „rein kirchlich" getraut werden[8]. Eine vom deutschen Staat anzuerkennende Ehe entsteht dadurch nicht, weil auch in Österreich der „nur kirchlichen Eheschließung" keine zivilrechtlichen Wirkungen zuerkannt werden. Künftig wird der Umweg über Österreich nicht mehr nötig sein.

II. Der historische Hintergrund

Mit dem Wegfall der §§ 67, 67a des bisherigen PStG wird ein historischer Konflikt zwischen Staat und Kirchen auf unspektakuläre Weise erledigt, der noch in den ersten Jahrzehnten nach dem zweiten Weltkrieg im gesellschaftlichen Bewusstsein präsent war, um den es aber schon seit den 70er Jahren des 20. Jahrhunderts zunehmend ruhiger wurde.

Anlass für die Regelungen der §§ 67, 67a PStG war die Einführung der obligatorischen Zivilehe im Deutschen Reich durch das Personenstandsgesetz vom 6. Februar 1875[9]. Bekanntlich war die Eheschließung in der frühen Neuzeit eine kirchliche Angelegenheit gewesen, die Trauung durch den Priester entfaltete zugleich die vollen Wirkungen des staatlichen Eherechts. Das Konzept einer für Staat und Kirche einheitlichen Ehe wurde brüchig, als – besonders unter dem Einfluss der Aufklärung – kirchliche und staatliche Ehevorstellungen auseinander drifteten. Aus dem Entstehen unterschiedlicher Eherechte folgte logischerweise die Trennung der Ehebegründungsakte, damit die mögliche Duplizität der Eherechte.

Der damit gegebene Kompetenzkonflikt zwischen Kirchen und Staat konnte – aus staatlicher Sicht – in unterschiedlicher Form bewältigt werden:

- entweder man führte *zusätzlich* zur kirchlichen eine staatliche Eheschließungsform ein, welche die Eheschließenden statt der kirchlichen wählen konnten. Bei diesem Konzept behielt die kirchliche Eheschließung ihre Wirksamkeit auch für das staatliche Recht, nur konnten man zu diesen Wirkungen auch ohne kirchliche Eheschließung gelangen („fakultative Zivilehe")[10].
- Oder man machte nach dem Vorbild des revolutionären Frankreich[11] die staatliche Eheschließungsform generell zur Voraussetzung der Ehewirkungen des staatlichen Rechts (obligatorische Zivileheschließung). Nach diesem Konzept verlor die kirchliche Trauung ihre Bedeutung als Grundlage staatlicher Rechtswirkungen.

---

7 Siehe unten 4.

8 Dazu *Bosch*, Staatliches und kirchliches Eherecht in Harmonie oder im Konflikt, Bielefeld 1988, S. 94.

9 Gesetz über die Beurkundung des Personenstandes und die Eheschließung vom 6.2.1875 (RGBl 1875 S. 23).

10 Diese Wahlfreiheit zwischen kirchlicher und standesamtlicher Trauung zur Herbeiführung (auch) der zivilrechtlichen Wirkungen der Ehe war von kirchlicher Seite oft gefordert worden, auch in diesem Punkte beruhigte sich jedoch die Szene, vgl. auch den Meinungsumschwung bei *Bosch* (Fn. 8), S. 103; *ders.*, Fragen des Eheschließungsrechts, in: Neuere Entwicklungen im Familienrecht, Bielefeld 1990 = Gesammelte Abhandlungen zum Familien- und Erbrecht, Bielefeld 1991, S. 154, 171 ff.; *ders.*, FamRZ 1997, 1313, 1320.

11 Dazu *Hermann Conrad*, Die Grundlegung der modernen Zivilehe durch die französische Revolution, Zeitschrift für Rechtsgeschichte, Germanistische Abteilung, Bd. 67, 1950, S. 336 ff.; *Marcel Garaud*, La révolution française et la famille, Paris 1978; *Hans-Jürgen Becker*, Der so genannte Kaiser-Paragraph (§ 1588 BGB), in: Festschrift für Dieter Schwab, Bielefeld 2005, S. 269, 270 f.

Das Personenstandsgesetz 1875, ein Produkt des sogenannten Kulturkampfes der Bismarckzeit[12], entschied sich gegen den Protest der katholischen Kirche und auch von Teilen der protestantischen Kirchen für die obligatorische Zivilehe, damit zugleich für ein Dilemma. Denn es bestand die Gefahr, dass die Bevölkerung, seit Jahrhunderten an die kirchliche Trauung als ehebegründenden Akt gewöhnt, das Standesamt meiden würde. So erklärt sich, dass der damalige Gesetzgeber glaubte, eine kirchliche Trauung ohne standesamtliche Eheschließung verbieten zu müssen. Die ursprüngliche Strafdrohung gegen ungehorsame Geistliche war hart: Dem „Religionsdiener", der zu den religiösen Feierlichkeiten einer Eheschließung schritt, bevor ihm nachgewiesen wurde, dass die Ehe vor dem Standesbeamten geschlossen worden war, wurde Geldstrafe bis 300 Mark oder Gefängnisstrafe bis zu drei Monaten angedroht[13].

Die obligatorische Zivileheschließung und die damit verbundene Strafdrohung gegen Geistliche blieben in der Folgezeit ein wesentliche Konfliktpunkte im Verhältnis zwischen Staat und katholischer Kirche. Dies zeigt auch die Tatsache, dass das Problem zum Gegenstand der Konkordatsverhandlungen zwischen dem Heiligen Stuhl und dem von den Nationalsozialisten beherrschten Deutschen Reich erhoben wurde. Im Reichskonkordat vom 20. Juli 1933[14] verständigten sich die Vertragsparteien schließlich „unter Vorbehalt einer umfassenderen späteren Regelung der eherechtlichen Fragen" darauf, dass – außer bei der schon bisher anerkannten lebensgefährlichen Erkrankung – auch im Falle schweren sittlichen Notstands die „kirchliche Einsegnung" vor der Ziviltrauung erfolgen dürfe[15]. Zwar erwähnte das Personenstandsgesetz von 1937 diese Ausnahme nicht[16], sie wurde erst 1957 in den Text des § 67 PStG inkorporiert[17].

In der Nachkriegszeit flackerte der Streit um die Eheschließung noch einmal auf. Namentlich katholische Kreise verlangten die Einführung der fakultativen Zivilehe[18]. Doch war diesen Bestrebungen kein Erfolg beschieden, auch innerhalb der Kirche traten andere Interessen in den Vordergrund. Ein Entwurf der Bundesregierung vom 26. Februar 1954 sah die ersatzlose Streichung des § 67 PStG vor, der Vorschlag konnte sich im Gesetzgebungsverfahren indes nicht durchsetzen. Immerhin wurde im Ergebnis das Verbot der „kirchlichen Voraustrauung" wesentlich abgemildert: Die einstige Straftat wurde zu einer Ordnungswidrigkeit ohne konkrete Sanktion herabgestuft[19].

Doch blieb der sachliche Gehalt des Verbots kirchlicher Voraustrauung aufrechterhalten. Die Kirchen richteten sich im Allgemeinen danach – für die Fälle von Gewissensnot blieb der „österreichische Ausweg". Freilich war in der katholischen Kirche weiterhin die Überzeugung verbreitet, dass ein staatliches Verbot für Geistliche, an einem sakramentalen Geschehen mitzu-

---

12 Vorausgegangen waren entsprechende Ländergesetze wie z.B. das preußische Gesetz über die Beurkundung des Personenstandes und die Form der Eheschließung v. 9.3.1874, Preußische Gesetzessammlung 1874, S. 95 ff. Zur seiner Entstehung und den geführten Debatten s. *Stephan Buchholz*, Beiträge zum Ehe- und Familienrecht des 19. Jahrhunderts, in: IUS COMMUNE IX, Frankfurt am Main 1980, S. 229, 262 ff.; *Herman Conrad*, Zur Einführung der Zwangszivilehe in Preußen und im Reich (1874/75), in: Festschrift für Heinrich Lehmann, 1956, Bd. 1, S. 113 ff.; *Paul Mikat*, Artikel „Ehe", in: Handwörterbuch der deutschen Rechtsgeschichte, 1. Aufl., Bd. 1, 1971, Sp. 809. 821.

13 § 67 Reichspersonenstandsgesetz ursprünglicher Fassung. Die angedrohte Höchst-Geldstrafe wurde in der Weimarer Zeit im Kontext mit der Geldentwertung auf 10.000 Reichsmark festgesetzt (Verordnung v. 6.2.1924, RGBl. 1924 I S. 44). Unter nationalsozialistischer Herrschaft wurde die Strafdrohung drastisch verschärft (Geld und Gefängnisstrafe ohne Begrenzung in der Strafdrohung selbst, Personenstandsgesetz v. 3.11.1937 (RGBl. 1937 I 1146). Das bedeutete gemäß § 16 StGB damaliger Fassung eine Höchststrafe von fünf Jahren Gefängnis, s. *Bosch* (Fn. 8), S. 19, 22.

14 Bekanntmachung vom 12.9.1933, RGBl. 1933 II 679. Zur Fortgeltung *BVerfGE* 6, 309 ff.

15 Art. 26, Text auch bei *Bosch* (Fn. 8), S. 126.

16 Personenstandsgesetz in der Fassung vom 3.11.1937 (RGBl. 1937 I 1146).

17 Personenstandsgesetz vom 18.5.1957 (BGBl. 1957 I S. 518).

18 Siehe z.B.: *Bosch*, Familienrechtsreform, Siegburg 1952.

19 Zum Verlauf des Gesetzgebungsverfahrens *Bosch* (Fn. 8), S. 24 ff.

wirken, bevor das Paar standesamtlich geheiratet hatte, einen unzulässigen Eingriff in die Religionsfreiheit und das kirchliche Selbstbestimmungsrecht darstelle, wie dies der Österreichische Verfassungsgerichtshof schon 1955 erkannt hatte[20].

III. Auswirkungen im staatlichen Eherecht?

Für das staatliche Familienrecht hat die Neuregelung auf den ersten Blick keine wesentlichen Auswirkungen. Das Eherecht des BGB ignorierte das kirchliche Eherecht fast völlig. Es blieb bei dem letztlich folgenlosen „Kaiserparagraphen" (§ 1588 BGB), wonach die kirchlichen Verpflichtungen in Ansehung der Ehe durch die Vorschriften des staatlichen Eherechts nicht berührt werden. Aus diesem Satz wird nicht die Pflicht des Staates hergeleitet, zur Durchsetzung der kirchenrechtlich begründeten Pflichten seine Gerichtsbarkeit und seine Sanktionsmittel zur Verfügung zu stellen. § 1588 BGB hat eher symbolische Bedeutung und zielt darauf ab, der obligatorischen Zivilehe die aggressive Spitze zu nehmen, die namentlich die katholische Kirche gegen sich gerichtet sah[21].

Kirchliches und staatliches Eherecht stehen also schon seit 1875 – nur eben abgesehen von den §§ 67, 67a PStG – unverbunden nebeneinander. So kann eine Ehe nach staatlichem Recht gültig, nach kirchlichem nichtig sein. Das ist z.B. der Fall, wenn Personen, welche kirchenrechtlich an die Eheschließungsform des Codex Iuris Canonici gebunden sind, nur standesamtlich heiraten, oder wenn jemand standesamtlich und kirchlich eine Ehe eingeht, sich dann vor dem Familiengericht scheiden lässt und standesamtlich einen neuen Partner heiratet. Insofern ist der Wegfall der §§ 67, 67a PStG die folgerichtige Vollendung der Trennung des staatlichen und des kirchlichen Eherechts.

Mittelbare Auswirkungen im staatlichen Bereich sind jedoch dann zu erwarten, wenn die „rein kirchliche Trauung" zum Massenphänomen werden sollte. Dass der Staat eine eheliche Verbindung, der ein in öffentlicher und feierlicher Form erklärter Ehekonsens mit dem Versprechen lebenslanger Gemeinschaft zugrunde liegt, als „nichteheliche Lebensgemeinschaft" behandelt, trägt das Potenzial eines Legitimitätskonflikts in sich, der bei gegebenem Anlass ausbrechen kann. Felder, auf denen die Probleme auftauchen können, lassen sich leicht vorstellen: das Arztrecht, wenn es darum geht, welche Rechtsposition dem kirchlich, aber nicht staatlich angetrauten Ehegatten des Erkrankten zugemessen werden soll; alle Bereiche, in denen dem Willen von nahen Angehörigen einer Person Bedeutung zugemessen wird (postmortales Persönlichkeitsrecht, Totensorge, Organtransplantation) oder in denen sonst die persönliche Nähe eine Rolle spielt, wie z.B. beim Zeugnisverweigerungsrecht. Dass die Neuregelung bei der Interpretation einzelner Vorschriften des staatlichen Rechts eine Rolle spielen könnte, sei nur nebenher erwähnt. So kann sich etwa im Rahmen des § 1579 Nr. 2 BGB die Frage stellen, ob die rein kirchliche Trauung auch ohne zeitliches Element den Tatbestand einer „festen Lebenspartnerschaft" begründet,[22] oder als Indiz für das Bestehen einer „eheähnlichen Gemeinschaft" im Sinne des Sozialrechts angesehen werden darf[23].

Die Folgen können darüber hinaus gravierend werden, wenn heiratswillige Paare in großer Zahl die „nur kirchliche Trauung" wählen, um den vermögensrechtlichen Folgen des staatlichen Eherechts zu entgehen. Dagegen ist nichts einzuwenden, solange dies in freier Selbstbestimmung geschieht. Wird die Wahl aber unter der vom Bundesverfassungsgericht beschriebenen

20 Österreichischer Verfassungsgerichtshof, Entscheidung vom 19.12.1955, FamRZ 1956, 54, 128.

21 Dazu *Becker* (Fn. 11), S. 269 ff.

22 M.E. zu verneinen. Wenn der Staat in der „nur kirchlich geschlossenen" Ehe keine Ehe sieht, darf er das kirchenrechtliche Band auch hier nicht beachten, sondern muss auf das Faktum des Zusammenlebens abstellen wie bei anderen Paaren auch.

23 § 120 S. 1 SGBXII. Auch dies ist m.E. zu verneinen.

„Dominanz“ eines Teiles getroffen, der auf eine „nur kirchlich geschlossene“ Ehe dringt, um das Risiko des Scheiterns der Beziehung vermögensrechtlich auf den anderen abzuschieben, so wird die Sache äußerst bedenklich. Den Versuchen, bei der standesamtlich geschlossenen Ehe die gegenseitige Solidarität mit Hilfe von Eheverträgen auszuhöhlen, haben das Bundesverfassungsgericht und der Bundesgerichtshof Grenzen gesetzt[24]. Die Möglichkeit der Vertragskontrolle hat die staatliche Gerichtsbarkeit nicht, wenn der Gang zum Standesamt unterbleibt und somit der Notar gar nicht bemüht werden muss.

IV. Kirchliche Bemühungen um Rechtseinheit?

Für diejenigen Kirchen, die, wie die katholische, ein eigenständiges Eherecht und ein eigene Eheschließungsform offerieren, stellt sich die Frage, wie sie auf die Rechtsänderung reagieren sollen. In der Hauptsache wird der Wegfall des Verbots kirchlicher Voraustrauung als Anerkennung der kirchlichen Autonomie begrüßt werden[25].

Zugleich ergibt sich die Notwendigkeit, die Ehewilligen, die bei dem zuständigen Pfarrer um Trauung nachsuchen, darüber zu informieren, dass die rein kirchliche Trauung nicht die Wirkungen des staatlichen Eherechts hervorbringt. Denn es wäre z.B. fatal, wenn einem kirchlich Verheirateten erst beim Tode des Partners klar würde, dass weder das gesetzliche Ehegattenerbrecht gilt noch der für Ehegatten geltende Freibetrag und Steuersatz bei der Erbschaftsteuer zur Anwendung gelangen, vom Ausfall gesetzlicher Hinterbliebenenrenten ganz zu schweigen.

Darüber hinaus ergibt sich für die Kirchen die Überlegung, ob sie nicht von ihrer Seite aus auf die Rechtseinheit von kirchlicher und staatlicher Ehe hinwirken sollen, indem sie z.B. von ihren Gläubigen verlangen, im Regelfall zusätzlich zur kirchlichen Trauung sich auch standesamtlich registrieren zu lassen, wenn keine triftigen Gründe dem entgegenstehen. Denn die Ehe als personale Lebensgemeinschaft und die „bürgerlichen Wirkungen“ (*effectus civiles*) bilden eine Einheit. Nur die letzteren bieten insbesondere den Frauen und Müttern einen Schutz dagegen, das Risiko des Scheiterns des gemeinsamen Lebensplanes überwiegend allein tragen zu müssen.

Aus solchen Gründen hat die katholische Kirche in Österreich ein Verfahren entwickelt, nach dem die Vornahme einer „rein kirchlichen Eheschließung“ nur mit Erlaubnis des zuständigen Bischofs erfolgen darf[26]. Der Entscheidung geht die Prüfung der von den Brautleuten vorgebrachten Beweggründe voraus. Ob die katholische Kirche auch in Deutschland eine derartige Vorprüfung des Wunsches nach „nur kirchlicher Trauung“ einführen soll, wird derzeit beraten[27].

V. Eine verwunderliche Diskretion

Man hätte erwarten können, dass die Beseitigung eines traditionellen Zankapfels zwischen Kirchen und Staat im Parlament intensiv beraten worden wäre und mit großem publizistischem Aufwand als politischer Fortschritt gefeiert würde. Der Blick in die Materialien zum neuen Personenstandsgesetz zeigt indes, dass der Wegfall des Verbots kirchlicher Voraustrauung bei den Beratungen keine nennenswerte Rolle spielte. Die Begründung zum Regierungsentwurf widmet

---

24 Es genüge der Verweis auf *BVerfG*, FamRZ 2001, 343 und 985; *BGH*, FamRZ 2004, 601.

25 Nach BT-Drucks. 16/1831, S. 33 war die Reform mit den beiden großen Kirchen eingehend erörtert worden.

26 Z.B. Richtlinien des Erzbistums Salzburg v. 8.2.1980 für rein kirchliche Eheschließungen, ABl. 1980 S. 16 f.; Diözese Innsbruck, Weisungen für „nur kirchliche Trauungen“ v. 12.3.1992, VOBl. Innsbruck, Jahrgang 67 Nr. 2.

27 Die FamRZ wird über die weitere Entwicklung berichten wie auch den Standpunkt des kirchlichen Rechts zu Wort kommen lassen.

der Sache einen kleinen Absatz[28]: Die Regelung habe heute „zumindest im Verhältnis zu den beiden großen Kirchen“ keine praktische Bedeutung mehr. § 1310 BGB lasse keinen Zweifel daran, „dass nur die standesamtliche Eheschließung eine Ehe im Rechtssinne begründen kann und damit Vorrang vor einer kirchlichen Trauung oder sonstigen religiösen Feierlichkeiten hat“. Diese Begründung ist schief: Es geht nicht darum, ob überhaupt ein eherechtliches Band entsteht, sondern ob es vom Staat in *seinem Rechtsbereich* anerkannt wird. Und es geht auch nicht um den „Vorrang“ der standesamtlichen Trauung, sondern darum, welcher Eheschließungsvorgang die Ehewirkungen des *staatlichen* Rechts auslöst. Weder der Ehe- noch der Rechtsbegriff stehen im Monopol des Staates. In der Stellungnahme des Bundesrates zum Regierungsentwurf findet sich der Vorschlag, eine dem bisherigen § 67 PStG in etwa entsprechende Vorschrift auch in das neue PStG aufzunehmen.[29] In den weiteren Beratungen kam dieser Vorschlag indes nicht zum Zuge.[30] Im übrigen fällt auf, dass der Wegfall des Verbots der „kirchlichen Voraustrauung“ in den Beratungen des Bundestages keiner Partei „eine Rede wert“ war – über das gesamte Gesetz wurde im Plenum des Bundestages in der Sache nicht gesprochen. Da die drei Lesungen über das neue Gesetz „zur Nachtzeit“[31] stattfanden, wurden die kurzen Stellungnahmen der Parteiredner zu Protokoll gegeben und in die Anlagen versenkt.[32] Auch in diesen „ungehaltenen“ Reden kommt der Punkt nicht vor.

Wilhelm Friedrich Bosch hat dem Problem des Verhältnisses von kirchlicher und staatlicher Eheschließung zahlreiche Abhandlungen gewidmet, hier lag ein Hauptthema seines engagierten wissenschaftlichen Lebens. Hätte er die Verabschiedung des neuen PStG erleben dürfen, so hätte ihn der Wegfall des „Verbots kirchlicher Voraustrauung“ in der Sache gefreut – über die Geräuschlosigkeit des Vorgangs hätte er sich wohl gewundert.

Veröffentlicht in: Zeitschrift für das gesamte Familienrecht, 2008, S. 1121–1124, Verlag Gieseking, Bielefeld 2008.

Nachtrag: 1) Die Kirchen haben sich alsbald auf die neue Lage eingestellt. Nach Auffassung der evangelischen Kirche bleibt die zivilrechtliche Eheschließung Voraussetzung der kirchlichen Trauung (Presseerklärung vom 15.9.2009, FamRZ 2009, 1804). Die katholische Kirche lässt nur

28 BT-Drucks. 16/1831, S. 33.

29 BT-Drucks. 16/1831, S. 59 ff., 66; BR-Drucks. 616/2/05, S. 23; BR-Drucks. 616/5/05, S. 21. Der Vorschlag lautet: „Ordnungswidrig handelt auch, wer die religiösen Feierlichkeiten einer Eheschließung vornimmt, ohne dass zuvor die Eheschließenden vor dem Standesamt erklärt haben, die Ehe miteinander eingehen zu wollen.“ Als Begründung wurde vorgetragen, für eine solche Vorschrift sei zwar im Hinblick auf die großen Kirchen keine große praktische Bedeutung zu erwarten, wohl aber im Hinblick auf andere zwischenzeitlich in Deutschland verbreitete Religionsgemeinschaften. Die Bundesregierung entgegnete, die „anderen in Deutschland vertretenen Religionsgemeinschaften“ hätten nicht bewegt werden können, ihre Praxis nach §§ 67, 67a PStG auszurichten, insoweit seien diese Vorschriften offenbar wirkungslos, siehe BT-Drucks. 16/1831, S. 73 ff., 76.

30 Siehe Beschlussempfehlung und Bericht des Innenausschusses des Bundestages, BT-Drucks. 16/3309.

31 Siehe die Stellungnahme der Abg. *Gisela Piltz* (FDP), Plenarprotokoll 16. Wahlperiode, 63. Sitzung, S. 6284D; Abg. *Silke Stokar von Neuforn* (BÜNDNIS 90/DIE GRÜNEN), 43. Sitzung, S. 4230C („heute zur Geisterstunde“).

32 Siehe BT-Plenarprotokoll 16. Wahlperiode 43. Sitzung, S. 4143D–4144C, dazu die Anlage 32 S. 4226A–4231C; BT-Plenarprotokoll 45. Sitzung, S. 4473D–4474B, 63. Sitzung S. 6249B–6249C mit Anlage 12 S. 6282C–6287B. Heftige Auseinandersetzungen gab es um die Frage, ob – wie im Regierungsentwurf vorgesehen – die Standesämter bundeseinheitlich für die Begründung „eingetragener Lebenspartnerschaften“ zuständig sein sollten oder ob eine „Länderöffnungsklausel“ es bei der Möglichkeit unterschiedlicher Zuständigkeitsbestimmungen durch die Landesgesetzgebung belassen sollte (siehe nun § 23 LPartG, § 17 S. 2 PStG – neu –).

ausnahmsweise eine kirchliche Trauung ohne vorhergehende Zivileheschließung zu; Voraussetzung ist eine besondere Erlaubnis („nil obstat") des Ortsbischofs.

2) Das beziehungslose Nebeneinander von kirchlicher und staatlicher Eheschließung wird durch das „Gesetz zur Bekämpfung der Kinderehen" vom 17.7.2017 (BGBl. 2017 I S. 2429) wieder in Frage gestellt. Der Gesetzgeber fürchtet, dass das Verbot von Kinderehen durch religiöse Eheschließungsriten unterlaufen werden könnte. § 11 Abs. 2 PStG in der Fassung dieses Gesetzes lautet:

> „Eine religiöse oder traditionelle Handlung, die darauf gerichtet ist, eine der Ehe vergleichbare dauerhafte Bindung zweier Personen zu begründen, von denen eine das 18. Lebensjahr noch nicht vollendet hat, ist verboten. Das Gleiche gilt für den Abschluss eines Vertrags, der nach den traditionellen oder religiösen Vorstellungen der Partner an die Stelle der Eheschließung tritt. Die Verbote richten sich gegen Personen, die
>
> 1. als Geistliche eine solche Handlung vornehmen oder hieran mitwirken,
> 2. als Sorgeberechtigte eines Minderjährigen eine solche Handlung veranlassen,
> 3. als Volljährige oder Beauftragte einem Vertrag zustimmen, der eine der Ehe vergleichbare dauerhafte Bindung begründet, oder
> 4. als anwesende Personen eine solche Handlung bezeugen, soweit ihre Mitwirkung für die Gültigkeit der Handlung nach religiösen Vorschriften, den traditionellen Vorstellungen oder dem Heimatrecht eines der Bindungswilligen als erforderlich angesehen wird."
>
> Die Übertretung ist mit hoher Geldbuße bedroht (§ 70 PStG).

„Gleiche Teilhabe am gemeinsam Erarbeiteten“ – Ein Prinzip und seine inneren Spannungen im deutschen Ehevermögensrecht –

Für Walter Pintens in Freundschaft und Dankbarkeit

I. Das eheliche Güterrecht zwischen historischer Variabilität und Vertragsfreiheit

„Das eheliche Güterrecht weist historisch betrachtet eine nach Grundgedanken und Gestaltformen große Variationsbreite auf. Freilich ist der im deutschen Bürgerliche Gesetzbuch verwendete[1] Begriff „eheliches Güterrecht“ relativ jung.[2] Sehr viel älter ist der *sachliche* Bezug der Ehe zum Bereich des Vermögens. Dass die Heirat von Mann und Frau auch Einfluss auf die die Sphäre der wirtschaftlichen Güter hat, entspricht einer langen, ins römische Recht zurückreichenden Tradition.

Art und Zweck dieser ökonomischen Wirkungen des persönlichen Bandes der Ehe differieren nach Zeit und historischem Raum. Folgende Konzepte lassen sich aus dem geschichtlichen Material herausfiltern.

1) Die wirtschaftlichen Wirkungen der Ehe können auf die Vorstellung gegründet sein, dass in der patriarchalisch strukturierten Ehegemeinschaft das *Vermögen der Ehefrau in die Verfügungsgewalt des Ehemannes* fällt. Dieser Rechtszustand wird von der römischen Manus-Ehe berichtet.[3] Er findet sich *mutatis mutandis* noch im Güterstand der „Verwaltung und Nutznießung des Mannes“, welchen das deutsche BGB von 1896 als *gesetzlichen* Güterstand einführte. Ein solches Güterrecht ist nur in Gesellschaften denkbar, in denen keine die Gleichberechtigung der Geschlechter gegeben ist.

2) Mit vermögensrechtlichen Zuordnungen anlässlich einer Heirat kann der Zweck verfolgt werden, *die Frau* für den Fall der Auflösung der Ehe *wirtschaftlich sicherzustellen*. Das ist der Sinn bestimmter Einrichtungen des mittelalterlichen Rechts, nach denen der Ehefrau anlässlich der Eheschließung von Seiten des Mannes oder seiner Verwandtschaft bestimmte Vermögensmassen zuflossen (dos, Brautschatz, Wittum, Morgengabe), welche die Frau nach Auflösung der Ehe behalten oder doch weiterhin nutzen konnte.[4] Davon zu unterscheiden ist die *dos* des römischen Rechts, die dem Mann von den Verwandten der Frau zu geben war, damit sich auf diese Weise auch die Frauenseite an den Kosten des Haushalts beteiligte.[5] Doch beschränkte sich das

1 6. Titel des 1. Abschnitts des 4. Buches: „Eheliches Güterrecht“.

2 *Jacob und Wilhelm Grimm*, Deutsches Wörterbuch, Bd. 9 S. 1419, nennt als älteste Quelle *Eichhorn*, Deutsche Staats- und Rechtsgeschichte, 1832.

3 *Sohm/Mitteis/Wenger*, Institutionen, 17. Aufl. 1924, S. 512.

4 Zum älteren deutschen Güterrecht *Brauneder*, Artikel „Eheliches Güterrecht“, in: Handwörterbuch zur Deutschen Rechtsgeschichte, 2. Aufl., Bd. 1 S. 1216 ff,; *Hübner*, Grundzüge des Deutschen Privatrechts, 5. Aufl. 1931, S. 661 ff.

5 Zur römischen dos: *Kaser*, Das römische Privatrecht, Erster Abschnitt, 2. Aufl. 1971, S. 332 ff. Zur Fortentwicklung des römischen Dotalrechts: *Brauneder*, Artikel „Dotalsystem“, in: Handwörterbuch zur Deutschen Rechtsgeschichte, 2. Aufl., Bd. 1, S. 1140.

Recht des Mannes im Wesentlichen auf die Nutzung, während die Substanz der dos nach Auflösung der Ehe an die Frau (oder ihre Verwandten) zurückzugeben war und dann gleichfalls der sozialen Absicherung insbesondere der Witwe dienen konnte, letztlich also unterhaltsrechtlichen Charakter hatte.

3) Eheliches Güterrecht kann das Ziel verfolgen, der *ehelichen Haushaltung eine wirtschaftliche Basis* zuzuordnen. Die Familie wurde bis in die Neuzeit hinein unter dem Einfluss der griechischen Philosophie auch als ökonomische Einheit verstanden, die sowohl als Gemeinschaft des Konsums wie der Produktion verstanden war. In diesem Zusammenhang konnten die vermögensrechtlichen Beziehungen unter Ehegatten auf die Bestreitung der Lasten des gemeinsamen Haushalts ausgerichtet sein, wie dies bei der römischen *dos* der Fall war. Auch die seit dem Mittelalter entstehenden Gütergemeinschaften lassen sich diesem Zweck zuordnen.

4) Die Gütergemeinschaften, die wir in vielen Variationen seit dem frühen Mittelalter kennen, haben einerseits den genannten Bezug zur Hauswirtschaft, ihnen kommen aber noch weitere Sinngebungen zu. Man kann in ihnen den Ausdruck der *personalen Einheit der Ehegatten* sehen: Wie die Personen, so sollten auch die beiderseitigen Güter vereinigt werden, entweder vollständig, wie in der allgemeinen Gütergemeinschaft, oder aber beschränkt auf die eheliche Errungenschaft.

5) Schließlich kann das Ehevermögensrecht dem Gedanken verpflichtet sein, dass die Eheleute in der Familie auch *ökonomisch zusammenarbeiten* und dass daher ihnen beiden ein angemessener *Anteil an der daraus resultierenden Wertschöpfung* zusteht. Dieser Ansatz hat gleichfalls einen Bezug zum ehelichen Haushalt, bezieht sich aber nicht nur auf das Element des Konsums, sondern versteht die Ehe als wirtschaftliche Produktionsgemeinschaft. Das Konzept der gemeinsamen Wertschöpfung kann den Bezug auf die Haushaltung übersteigen und auf *alle* Wertschöpfungen erstreckt sein, die *zeitlich* in die Ehe fallen. Dieser Konzeption kann auf der einen Seite der Güterstand der Errungenschaftsgemeinschaft, auf der anderen der Güterstand der Zugewinngemeinschaft dienstbar gemacht werden.

Die historischen Güterrechtsordnungen dienen häufig nicht unbedingt der „konsequenten" Umsetzung eines dieser Rechtsgedanken, sondern können die Elemente auch vermischen. Insbesondere können auch güterrechtliche und unterhaltsrechtliche Regelungen ineinander greifen. Die daraus entspringende Vielfalt der Güterrechte erklärt die Neigung der Gesetzgeber, dem *Vertrag* unter den Beteiligten einen weiten Spielraum zu belassen. Eheliches Güterrecht war schon lange, bevor die allgemeine Vertragsfreiheit sich als zivilrechtliches Prinzip durchsetzen konnte, ein *klassisches Feld* des Vertragsrechts. Die historischen Ordnungen setzen vielfach voraus, dass der wesentliche Inhalt in „Ehepakten" oder „Eheberedungen" niedergelegt war. Das ist zum Beispiel die Konzeption des österreichischen ABGB von 1811[6], das dem Güterrecht den Grundsatz voranstellt: „Die eheliche Verbindung allein begründet noch keine Gemeinschaft der Güter zwischen den Eheleuten. Dazu wird ein besonderer Vertrag erfordert ...". Die historischen Gesetzgeber scheinen dem Gedanken gefolgt zu sein, dass die *konkreten Familien* das für sie Zuträgliche und Wünschenswerte am besten selbst finden sollten.

Mit den gesetzlich geregelten Güterrechten war folglich kein dogmatischer Anspruch auf exklusive „Richtigkeit" verbunden. Dass im Deutschland der frühen Neuzeit vielfältige Güterrechte galten – Verwaltungsgemeinschaft, allgemeine Gütergemeinschaft, Errungenschaftsgemeinschaft, römisches Dotalrecht in endlosen Variationen –, war für die Rechtsanwendung *lästig*, aber es war kein Stein des juristischen Anstoßes. Selbst das rationalistische preußische Allgemeine Landrecht von 1794 erhielt bezüglich der Güterstände die Geltung der Provinzialrechte aufrecht; der Code civil beließ es bei einem Nebeneinander mehrerer Güterrechts-

6 § 1233 ABGB ursprünglicher Fassung.

systeme. So offerierte denn auch das deutsche BGB von 1896 den Eheleuten die Freiheit, ihre güterrechtlichen Verhältnisse durch Vertrag zu regeln.[7]

Die Vertragsfreiheit im Güterrecht blieb in Deutschland auch erhalten, nachdem das Gleichberechtigungsgesetz vom 18.6.1957[8] die Zugewinngemeinschaft als gesetzlichen Güterstand in der Bundesrepublik eingeführt hatte. Zwar wurde als Grundlage für den neuen Güterstand das Prinzip der Gleichberechtigung von Mann und Frau (Art. 3 Abs. 2 GG) genannt und die Zugewinnteilung mit der Gleichwertigkeit von Haushaltführung und Erwerbstätigkeit begründet.[9] Das stand aber der Ehevertragsfreiheit nicht im Wege: Nach wie vor bleibt dem vertraglichen Güterrecht der Grundsatz vorangestellt, dass die Ehegatten ihre güterrechtlichen Verhältnisse durch Vertrag regeln können; ausdrücklich ist auch die Gütertrennung als Wahlgüterstand vorgesehen.

II. Das Teilhabeprinzip als Verfassungssatz

Den variablen Gestaltungsmöglichkeiten des ehelichen Güterrechts werden Grenzen gesetzt, sobald höherrangige Normen eine Vorentscheidung über die eheliche Vermögenszuordnung treffen. Insbesondere aus dem Verfassungsgebot der Gleichheit der Geschlechter in der Familie können strukturelle Vorgaben für das Ehevermögensrecht hergeleitet werden. In diese Richtung entwickelte sich das deutsche Recht schon frühzeitig nach Gründung der Bundesrepublik, jedoch verstärkt sich in der neueren Rechtsprechung des Bundesverfassungsgerichts der präformierende Geltungsanspruch des Verfassungsrechts.

Zunächst diente der Grundsatz der Gleichberechtigung der Geschlechter als *Rechtfertigung* für grundlegende Reformen, denen das deutsche Eherecht seit Inkrafttreten des Grundgesetzes unterworfen wurde. Dies galt insbesondere auch für die Reform des ehelichen Güterrechts. Logischerweise war der vom BGB in seiner ursprünglichen Fassung überkommene gesetzliche Güterstand der Verwaltung und Nutznießung des Frauenvermögens durch den Ehemann unter der Geltung der Gleichberechtigung nicht mehr haltbar. Der neue gesetzliche Güterstand der Zugewinngemeinschaft wurde als folgerichtige Verwirklichung gleichberechtigten Ehe verstanden. Damit wurden die Bedenken, die von der Eigentumsgarantie (Art. 14 GG) aus gegen den neuen gesetzlichen Güterstand vorgetragen werden konnten, zurückgewiesen.

Das Bundesverfassungsgericht ging frühzeitig davon aus, dass der Grundsatz der gleichen Berechtigung beider Partner auch auf die vermögensrechtlichen Beziehungen der Eheleute einwirke.[10] Das bezog sich neben dem Unterhaltsrecht und dem Versorgungsgleich auch auf das Güterrecht und auch auf die vermögensrechtlichen Folgen einer Scheidung. Der Kernsatz des Gerichts besagt, „dass zum Wesen der auf Lebenszeit angelegten Ehe im Sinne der Gewährleistung des Art. 6 Abs. 1 GG die gleiche Berechtigung beider Partner gehört, die auch nach Trennung und Scheidung der Eheleute auf ihre Beziehungen hinsichtlich Unterhalt und Versorgung sowie die Aufteilung des früher ihnen gemeinsam zustehenden Vermögens wirkt“.[11] Dem liegt die Vorstellung des Gerichts zugrunde, dass im Hinblick auf den Gleichheitssatz der Verfassung auch die Leistungen der Frau bei der Führung des Haushalts und der Pflege und Erziehung der Kinder als Unterhaltsleistungen anzusehen sind, die gleichwertig neben der Bereitstellung der notwendigen Barmittel stehen;[12] deshalb *dürfen* nach Meinung des Verfas-

7 § 1432 BGB ursprünglicher Fassung.

8 BGBl. I S. 609.

9 Siehe die Begründung zum Entwurf des Gleichberechtigungsgesetzes in: Verhandlungen des Deutschen Bundestages, 2. Wahlperiode, Anlagen Band 27, Drucksache 224 S. 37; Bericht des Abgeordneten *Seidl*, ebenda Anlagen Band 51, zu Drucksache 3409, 5.

10 BVerfGE 10, 59, 67; BVerfGE 22, 93, 96f; BVerfGE 42, 64, 77; BVerfGE 47, 85, 100.

11 So in Anlehnung an schon frühere Kernsätze BVerfGE 53, 257.

12 BVerfGE 37, 217, 251.

sungsgerichts die während der Ehe nach Maßgabe der von den Ehegatten vereinbarten Arbeitsteilung gemeinsam erwirtschafteten Versorgungsanrechte nach Scheidung der Ehe gleichmäßig auf beide Partner verteilt werden.[13] Der Gleichheitssatz dient als „Legitimation"[14] für den Eingriff in die individuellen Rechte der Ehepartner.

Das bedeutete hingegen *nicht,* dass die von der Gesetzgebung vorgesehenen Ausgleichmechanismen verfassungsrechtlich *geboten* seien. Noch in der Entscheidung vom 8. April 1986 betonte das Bundesverfassungsgericht, das bis zum Inkrafttreten des 1. Eherechtsreformgesetzes gültige Scheidungs- und Scheidungsfolgenrecht sei *zutreffend* nicht als verfassungswidrig angesehen worden[15]; der Gesetzgeber sei nicht gehalten gewesen, den Versorgungsausgleich einzuführen oder das Verschuldensprinzip durch das das Zerrüttungsprinzip abzulösen.[16] Gewiss entsprach der bis 1958 gültige gesetzliche Güterstand der Verwaltung und Nutznießung des Frauenvermögens durch den Ehemann nicht dem Gleichberechtigungsgebot, aber das erforderte nicht unbedingt die Einführung der Zugewinngemeinschaft als gesetzliches Modell. Aus der Doktrin von der gleichen Berechtigung im Vermögensbereich wurden keine detaillierten inhaltlichen Anforderungen an das neu zu schaffende Recht abgeleitet.

Dieses verfassungsgerichtliche Konzept erfuhr durch die Entscheidung des Bundesverfassungsgerichts vom 5. Februar 2002 (BVerfGE 105, 1) eine bemerkenswerte Veränderung. Gegenstand des Verfahrens war ein Fall aus dem nachehelichen Unterhaltsrecht. Die Höhe des Unterhaltsanspruchs unter Geschiedenen bemisst sich „nach den ehelichen Lebensverhältnissen".[17] In diesem Zusammenhang hatten die Familiengerichte diejenigen unterhaltsberechtigten Ehegatten benachteiligt, die nach der Scheidung wieder in das Erwerbsleben eintraten, aber gleichwohl keine ausreichenden Einkünfte erwirtschaften konnten. Während das Maß des Unterhalts bei Ehegatten, die in einer Doppelverdienerehe gelebt hatten, bei der *Summe der beiderseitigen Einkommen* ansetzte, wurde in den Fällen beruflichen Neubeginns aus Anlass der Scheidung nur das Einkommen des bisher berufstätigen Teils in Rechnung gestellt, weil nur dieses die Ehe geprägt habe. Von dem hiernach errechneten Unterhalt wurde das neue Einkommen des Berechtigten direkt abgezogen.[18] Das benachteiligte insbesondere die Frauen, die während der Ehe wegen Führung des Haushalts und Betreuung der Kinder nicht erwerbstätig gewesen waren, aber bei Scheidung wieder in das Erwerbsleben einstiegen. Im Jahre 2001 änderte der Bundesgerichtshof seine Rechtsprechung und befürwortete nun auch in Fällen, in denen der Unterhaltsberechtigte erstmals nach der Scheidung erwerbstätig wird, die Bemessung des Unterhalts *nach der Summe der beiderseitigen Einkünfte.*[19] Das neue Erwerbseinkommen der Frau wurde in diesem Zusammenhang als „Surrogat" des wirtschaftlichen Wertes ihrer vormaligen Hausfrauentätigkeit angesehen und somit den „ehelichen Lebensverhältnissen" zugerechnet.[20]

Für unseren Zusammenhang ist wichtig, dass auch das Bundesverfassungsgericht sich mit dem Problem zu beschäftigen hatte und – zeitlich *nach* dem Richtungswechsel in der Familiengerichtsbarkeit – gleichfalls die frühere Berechnungsmethode beanstandete,[21] nun aber dafür eine Begründung *in der Verfassung* suchte. Zu diesem Zweck griff das Verfassungsgericht auf die Doktrin von der „gleichen Berechtigung" zurück. Der Kern der Argumentation ist der folgende: Die Ehegatten haben die Freiheit, ihre Lebensverhältnisse auch im Hinblick auf Erwerbsarbeit und Familienarbeit einvernehmlich zu ordnen; wie immer sie sich entscheiden, so sind die Leis-

13 BVerfGE 53, 257 betreffend Versorgungsausgleich.
14 Zum Beispiel BVerfGE 63, 88.
15 BVerfGE 47, 85, 94.
16 BVerfGE 71, 364.
17 § 1578 Abs. 1 S. 1 BGB.
18 Nachweise aus dem früheren Recht: BGH FamRZ 1984, 149, 151; 1985, 161, 162; 1985, 908, 910.
19 Siehe die Entscheidungen BGH FamRZ 2001, 986; FamRZ 2003, 434; 2004, 1170, 1173.
20 Siehe die Entscheidungen BGH FamRZ 2001, 986; FamRZ 2003, 434; 2004, 1170, 1173.
21 Entscheidung vom 5.2.2002, BVerfGE 105, 1 = FamRZ 2002, 527.

tungen, die sie im Rahmen der vereinbarten Arbeitsteilung erbringen, als *gleichwertig* anzusehen, und zwar ohne Rücksicht auf die Höhe des von den Ehegatten erzielten Erwerbseinkommens; daraus folgt der Anspruch auf gleiche Teilhabe am gemeinsam Erwirtschaften. Dies gilt nach Meinung des Verfassungsgerichts nicht nur für die Zeit des Bestehens der Ehe, sondern entfaltet seine Wirkung auch nach Trennung und Scheidung der Ehegatten auf deren Beziehung hinsichtlich Unterhalt, Versorgung und Aufteilung des gemeinsamen Vermögens. Daraus leitete das Verfassungsgericht ab, die früher durch die Familiengerichte angewendete Berechnungsmethode verstoße gegen das Gebot der Gleichberechtigung. Die Nichtberücksichtigung des neuen Einkommens eines bisher im Haushalt tätigen Ehegatten beim Ansatz des Unterhaltsniveaus führe im Nachhinein zur Missachtung des Wertes der geleisteten Familienarbeit zu Lasten dessen, der sie in der Ehe erbracht hat.

Die Bedeutung dieser Verfassungsgerichtsentscheidung liegt weniger im unterhaltsrechtlichen Sachproblem selbst (dieses hatte der Bundesgerichtshof ja bereits im Sinne des Verfassungsgerichts gelöst), als in der Verallgemeinerungsfähigkeit der Begründung. Das Verfassungsgericht statuierte einen kraft Verfassungsrecht geltenden „Anspruch beider Ehegatten auf gleiche Teilhabe am gemeinsam Erarbeiteten" und unterwarf anhand dieses Maßstabs die Entscheidungen der Zivilgerichte in konkreten Fällen einer verfassungsrechtlichen Korrektur. Von der genannten Entscheidung an können die Regelungen und Resultate des von den Fachgerichten praktizierten Familienvermögensrechts direkt mit der Doktrin der „gleichen Berechtigung" konfrontiert werden. Dies betrifft logischerweise insbesondere das Güterrecht.

Nun ist das deutsche gesetzliche Güterrecht – ebenso wie der Versorgungsausgleich – ohne Zweifel geeignet, den Teilhabegedanken zu verwirklichen. Zwar bleiben die Vermögen der Eheleute bei der Zugewinngemeinschaft getrennt, doch gewährleistet der Ausgleichsmechanismus eine gleichberechtigte Beteilung an der Wertschöpfung, die sich in den Vermögen beider Ehegatten während der Ehe niedergeschlagen hat. Dass der gleichberechtigte Erwerb sich nicht, wie bei der Errungenschaftsgemeinschaft, schon während der Ehe sachenrechtlich, sondern im Scheidungsfalle in schuldrechtlicher Form und erst bei Auflösung des Ehebandes realisiert, schränkt die „gleiche Teilhabe" nicht wesentlich ein. Es ergibt sich aber die Frage, wie sich die Teilhabedoktrin im Bereich des *vertraglichen* Güterrechts auswirken kann.

III. Teilhabeprinzip und Vertragsfreiheit – die Rechtsprechung

Das verfassungsrechtlich verbürgte Recht der Ehegatten auf gleiche Teilhabe am gemeinsam Erarbeiteten muss logischerweise in ein Spannungsverhältnis zur Ehevertragsfreiheit geraten. Zwar bestehen keine Bedenken dagegen, dass die Ehegatten durch güterrechtliche Vereinbarungen das genannte Prinzip auf andere rechtstechnische Weise verwirklichen, z.B. statt des schuldrechtlichen Zugewinnausgleichs eine Realteilung ihrer Vermögen für den Fall der Trennung oder Scheidung vereinbaren. Die rechtsgeschäftliche Gestaltungsfreiheit gerät aber angesichts der neuen Verfassungsrechtssprechung dann in Zweifel, wenn das Resultat der Vereinbarung einem Ehegatten die Teilhabe ganz oder teilweise vorenthält, z.B. wenn vereinbart wird, dass der bei Scheidung Ausgleichsberechtigte nicht Anspruch auf die Hälfte, sondern nur ein Viertel der Zugewinnausgleichsdifferenz haben solle. Gegenüber dem Prinzip der „gleichen Teilhabe" bedürfte dies einer sachlichen Rechtfertigung.

In besonderer Weise ist die gleiche Berechtigung tangiert, wenn die Ehegatten vertraglich die Zugewinngemeinschaft ausschließen und den Güterstand der Gütertrennung wählen. Denn in diesem Fall wird die Teilhabe an den gemeinsam erarbeiteten Vermögenswerten ganz ausgeschlossen, sofern keine vertragliche Kompensation vorgesehen ist.

Die verfassungsrechtliche Haltbarkeit der Gütertrennung musste ein Thema werden, als die deutsche Rechtsprechung Anlass hatte, das Problem der Vertragsfreiheit im Bereich der Eheverträge und Scheidungsvereinbarungen grundsätzlich zu überdenken. Dies geschah im Jahre 2001 durch das Bundesverfassungsgericht und seit 2004 fortlaufend durch den Bundesgerichtshof. Um die heutige Rechtslage zu verstehen, müssen die unterschiedlichen Lösungsansätze des Verfassungsgerichts und des obersten Zivilgerichts gegenüber gestellt werden.

Der erste Fall, den das *Bundesverfassungsgericht* zu entscheiden hatte,[22] betraf eine Unterhaltsvereinbarung, doch schon der zweite hatte ein vertragliches Gesamtpaket zum Gegenstand, in dem auch die Gütertrennung enthalten war.[23] Das Verfassungsgericht beanstandete in beiden Fällen eine unzureichende Vertragskontrolle durch die Fachgerichte und entwickelte dabei folgende Positionen: a) Auch für Eheverträge gilt der Grundsatz der Vertragsfreiheit. b) Es ist aber zu berücksichtigen, dass die eheliche und familiäre Freiheitssphäre ihre verfassungsrechtliche Prägung auch durch Art. 3 Abs. 2 GG erfährt; verfassungsrechtlich geschützt ist deshalb eine Ehe, in der Mann und Frau in gleichberechtigter Partnerschaft zueinander stehen. c) Der Staat hat infolgedessen der Freiheit der Ehegatten, mit Hilfe von Verträgen die ehelichen Beziehungen und wechselseitigen Rechte und Pflichten zu gestalten, dort Grenzen zu setzen, wo der Vertrag nicht Ausdruck und Ergebnis gleichberechtigter Lebenspartnerschaft ist, sondern eine auf ungleichen Verhandlungspositionen basierende einseitige Dominanz eines Ehepartners widerspiegelt. d) Es ist Aufgabe der Zivilgerichte, in solchen Fällen bei einer besonders einseitigen Aufbürdung von vertraglichen Lasten den Inhalt des Vertrages zur Wahrung der Grundrechtspositionen eines Ehevertragspartners einer Kontrolle zu unterziehen und gegebenenfalls zu korrigieren; als taugliche Instrumente nennt das Gericht die zivilrechtlichen Generalklauseln (§ 138 BGB: Verbot des Verstoßes gegen die guten Sitten; § 242 BGB: Prinzip von Treu und Glauben).

Für die richterliche Vertragskontrolle verlangt das Verfassungsgericht ein Doppeltes, nämlich die *einseitige Benachteiligung* eines Ehegatten *durch den Vertragsinhalt* und *die einseitige Dominanz des anderen Teils beim Zustandekommen* des Vertrags, wohl in dem Sinne, dass die Dominanz als Ursache der Benachteiligung angesehen werden kann. Als „einseitige Benachteiligung“ kommt für das Verfassungsgericht auch die vereinbarte Gütertrennung in Betracht, die unter den Begriff des „Verzichts auf gesetzliche Ansprüche aus der Ehe“ gebracht wird.[24] Gleichwohl wird die Möglichkeit, für den Wahlgüterstand der Gütertrennung zu optieren, vom Gericht nicht grundsätzlich beanstandet. Zum einen stand im konkreten Fall die güterrechtliche Vereinbarung im Kontext mit weiteren, die Frau benachteiligenden Verzichten (Ausschluss des Versorgungsausgleichs, Verzicht auf nachehelichen Unterhalt), die einseitige Benachteiligung ergab sich also aus einem für die Ehefrau nachteiligen Komplex von Vertragsklauseln. Zum anderen löst nach der Konzeption des Verfassungsgerichts die einseitige Benachteiligung die richterliche Vertragskontrolle nur aus, wenn auf der persönlichen Seite die *einseitige Dominanz* bei den Vertragsverhandlungen hinzukommt; im konkreten Fall wurde insbesondere die Schwangerschaft der Frau als Anzeichen für ihre Unterlegenheit bei den Verhandlungen gewertet. Der Entscheidung konnte also nicht entnommen werden, dass die ehevertragliche Option für die Gütertrennung an sich schon auf verfassungsrechtliche Bedenken stößt. Auf die Doktrin vom Recht der Ehegatten auf gleiche Teilhabe am gemeinsam Erarbeiteten, die den verfassungsrechtlichen Einstieg bereits an einem gedanklich früheren Punkt ermöglicht hätte, kommt das Bundesverfassungsgericht in diesem Zusammenhang erstaunlicherweise nicht expressis verbis zurück.

Die Entscheidungen des Bundesverfassungsgerichts beeinflussten auch die neue, im Jahre 2004 einsetzende Rechtsprechung des *Bundesgerichtshofs* zur Vertragsfreiheit. Das höchste Zivilgericht formulierte die Kriterien der richterlichen Vertragskontrolle freilich anders. Gegenüber der Frage der Dominanz eines Partners beim Zustandekommen des Vertrages trat der objektive Regelungsgehalt des Vertrages als das Entscheidende in den Vordergrund. Auch der BGH bekannte sich zur Vertragsfreiheit, aber: „Die grundsätzliche Disponibilität der Scheidungsfolgen darf … nicht dazu

22 BVerfGE 103, 89 = FamRZ 2001, 343.
23 BVerfG FamRZ 2001, 985.
24 BVerfG FamRZ 2001, 985.

führen, dass der Schutzzweck der gesetzlichen Regelungen durch vertragliche Vereinbarungen beliebig unterlaufen werden kann. Das wäre der Fall, wenn dadurch eine evident einseitige und durch die individuelle Gestaltung der ehelichen Lebensverhältnisse nicht gerechtfertigte Lastenverteilung entstünde, die hinzunehmen für den belasteten Ehegatten – bei angemessener Berücksichtigung der Belange des anderen Ehegatten und seines Vertrauens in die Geltung der getroffenen Abrede – bei verständiger Würdigung des Wesens der Ehe unzumutbar erscheint."[25] Auch nach BGH sind die Kriterien für eine richterliche Vertragskorrektur zweigliedrig: *Erstens* ist vorausgesetzt, dass durch den Vertrag eine evident einseitige und durch die Lebensverhältnisse nicht gerechtfertigte Lastenverteilung entsteht, *zweitens*, dass diese Lastenverteilung für den benachteiligten Ehegatten bei verständiger Würdigung des Wesens der Ehe unzumutbar ist.[26]

Die *Umstände des Vertragsschlusses* spielen argumentativ bei der Beurteilung des Einzelfalls durch den BGH eine Rolle, tauchen jedoch bei den abstrakten Maßstäben nicht auf. Die Objektivierung der Vertragskontrolle schlägt sich vielmehr in der Lehre vom *„Kernbereich des Scheidungsfolgenrechts"* nieder: Die Belastungen des anderen Ehegatten werden bei der Einschätzung einer evident einseitigen, nicht gerechtfertigten Lastenverteilung umso schwerer wiegen und die Belange des anderen Ehegatten umso genauerer Prüfung bedürfen, je unmittelbarer die vertragliche Abbedingung gesetzlicher Regelungen in den Kernbereich des Scheidungsfolgenrechts eingreift.[27] Das Gericht stellt demzufolge mit Hilfe der Metapher vom „Kern" eine Rangordnung der Scheidungsfolgen auf, an deren *erster Stelle* (also im innersten Kern) der Unterhaltsanspruch wegen Betreuung gemeinsamer Kinder steht, an deren *letzte Stelle* der gesetzliche Güterstand des Zugewinnausgleichs platziert wird. Es findet eine gleitende Bewertung statt: Je weiter durch den Vertrag gesetzliche Regelungen des Kernbereichs betroffen sind, desto näher liegt die Beurteilung als einseitige Lastenverteilung und desto stärker müssen die legitimen Interessen des anderen Teils an der vertraglichen Regelung sein, um den Vertrag zu retten. Damit ist klargestellt, dass die Teilhabe der Ehegatten an der während der Ehe erzielten Wertschöpfung durch den Zugewinnausgleich *nicht* dem Kern des Scheidungsfolgenrecht zugehört (allenfalls, um im Bilde zu bleiben, zur Schale) und daher der vertraglichen Dispositionsfreiheit in weitem Umfang offen steht.

Damit war die Vertragsfreiheit im ehelichen Güterrecht gerettet. In der Tat hat der BGH in keinem der zahlreichen Entscheidungen, die seit 2004 zu dem Thema ergangen sind, einen Ehevertrag *nur deshalb* als sittenwidrig oder die Berufung auf ihn als treuwidrig angesehen, weil der gesetzliche Güterstand der Zugewinngemeinschaft abbedungen und die Gütertrennung gewählt war. Das erstaunt, wenn man sich die Doktrin vom verfassungsrechtlich verbürgten Recht der Ehegatten auf gleiche Teilhabe am gemeinsam Erarbeiteten in Erinnerung ruft. *Wenn* aus Art. 3 Abs. 2 Grundgesetz das Recht der Ehegatten auf gleiche Teilhabe am gemeinsam Erarbeiteten folgt, und *wenn* der Zugewinnausgleich – neben dem Versorgungsausgleich – das geeignete Instrument für die Realisierung dieser Teilhabe bietet, so behält die Wahl der Gütertrennung den Ehegatten verfassungsrechtlich verbürgte Vermögenswerte vor, wenn nicht zugleich eine andere vertragliche Kompensation vorgesehen wird. Wie lässt sich die Spannung zwischen Teilhaberecht und Ehevertragsfreiheit auflösen?

IV. Ehegestaltungsfreiheit versus Teilhaberecht – Lösungsversuche

Man könnte die Antinomie zwischen Teilhaberecht und Vertragsfreiheit ganz einfach dadurch zu Fall bringen, dass man auch verfassungsrechtlich verankerte Rechtspositionen des Individuums für disponibel erklärt. Wenn sich aus der ökonomischen Kooperation in der Ehe

25 FamRZ 2004, 601, 605.
26 BGH FamRZ 2004, 601, 605.
27 BGH FamRZ 2004, 601, 605.

ein Teilhabeanspruch ergibt, so wird dieser den Ehegatten nicht aufgezwungen; diese können – auch ex ante und für alle Zukunft – auf ihr Recht als eheliche *shareholder* verzichten: Gegen eine solche Begründung des Ausschlusses des Zugewinnausgleichs spricht, dass das Recht auf Teilhabe am gemeinsam Erarbeiteten auf einen *speziellen* (also nicht den allgemeinen) Gleichheitssatz (Art. 3 Abs. 2, Abs. 3 GG) gestützt wird, der nach deutscher Verfassungsdoktrin in besonderer Weise auch auf den Privatrechtsverkehr ausstrahlt;[28] dabei fällt ins Gewicht, dass Eheverträge gewöhnlich abgeschlossen werden, lange bevor der Ausgleichsmechanismus des Zugewinnausgleichs zum Zuge kommt und auch lange bevor überhaupt erkennbar ist, wie die wirtschaftlichen Verhältnisse sich während der Ehe gestalten werden. Die *Gegenseitigkeit* des Verzichts stellt die Gleichheit nicht her, denn der Teilhabegrundsatz bezieht sich nicht auf eine noch ungewisse Chance, sondern auf das real während der Ehe Erarbeitete, das erst bei ihrem Ende sichtbar wird.

Die zweite Möglichkeit, den Konsequenzen der Teilhabetheorie zu entkommen, könnte am Begriff des „gemeinsam Erarbeiteten" ansetzen. Man könnte sagen: Der gesetzliche Güterstand setzt das Bild einer Ehe voraus, in der Mann und Frau *tatsächlich* ökonomisch im Sinne einer Wertschöpfung zusammenwirken, und legt dieses Bild als *soziologisch typische Realität* dem gesetzlichen Güterrecht zugrunde. Eine ökonomische Kooperation in diesem Sinne könnte nicht nur dann angenommen werden, wenn die Eheleute tatsächlich in einem Familienbetrieb zusammenarbeiten, sondern auch wenn sich die Wertschöpfung im Rahmen der gemeinsamen Haushaltung ergibt, so etwa wenn sich aus der gemeinsamen Haushaltführung Ersparniseffekte ergeben, die sich im Vermögen der Ehegatten niederschlagen. Das wäre das Bild einer „Durchschnittsfamilie", der andere Ehebilder entgegengesetzt werden können: die Ehe der Inhaberin eines großen Betriebes, einer berühmten Sängerin, eines Erfolgsschriftstellers oder eines Patentanwalts, bei denen die Wertschöpfung schon durch die Dimension der Einkünfte jenseits der Sphäre der familiären Kooperation angesiedelt erscheint. Für solche Fälle muss es – so kann man argumentieren – die Freiheit der Eheleute geben, einen anderen Güterstand als die Zugewinngemeinschaft oder Gütergemeinschaft zu wählen, um der besonderen Realität der wirtschaftlichen Verhältnisse Rechnung tragen zu können.

Das Problem dieser Begründung besteht in ihrer inneren Begrenzung. Sie gibt kein Argument für den Fall, dass die Lebensverhältnisse eines Ehepaares tatsächlich dem vom Gesetz unterlegten Kooperationsmodell entsprechen. Es ließe sich die Option für die Gütertrennung bei der Ehe zwischen dem Fußballstar X. und der weltberühmten Sängerin Y. als gerechtfertigt begründen, nicht aber bei der Ehe des städtischen Angestellten und seiner wegen Betreuung der Kinder nur halbtags als Verkäuferin erwerbstätigen Frau.

Schließlich könnte man den Begriff der Freiheit tiefer anlegen, nämlich als Freiheit, die Ehe als die auf gegenseitiger Liebe beruhende höchstpersönliche Verbindung von Mann und Frau nach den subjektiven Vorstellungen des Paares zu gestalten. Das würde die Freiheit einschließen, auch eine *nicht ökonomische* Ehe zu führen. Es war gerade der Sinn des romantischen Eheverständnisses, die Ehe als psychische Realität von den überkommenen wirtschaftlichen Verknüpfungen zu befreien. Danach erschiene die Gütertrennung als Option für eine Ehe, bei denen die vermögensrechtlichen Wirkungen auf den Unterhalt als Instrument der gegenseitigen Solidarität beschränkt sind, die aber sonst auf die Zuordnung der wirtschaftlichen Güter keinen Einfluss haben soll.

Auch dieses Argument stößt auf Grenzen. Die Realität der gelebten Ehe kann im einzelnen Fall von dem durch den Ehevertrag verfolgten Konzept abweichen: Es kann sein, dass, bedingt durch die wirtschaftlichen Verhältnisse, eine Ehe *faktisch* den Typus einer ökonomischen Kooperationsehe annimmt und dass bei einem Scheitern der Ehe die Gütertrennung keinen angemessenen Interessenausgleich mehr bietet. Die deutsche Rechtsprechung versucht die Pro-

---

28 Zur Problematik *Starck*, in; v. Mangoldt/Klein, Grundgesetz, 4. Aufl., Art. 3, 309 ff.

bleme dadurch zu lösen, dass sie auch im Güterstand der Gütertrennung Ausgleichsansprüche bei Zuwendungen und bei Mitarbeit im Betrieb des anderen aus allgemeinem Zivilrecht zulässt. Die Konstruktionen der „ehebedingten Zuwendung“[29] und der „Innengesellschaft“[30] treffen aber nicht alle einschlägigen Sachverhalte, z.B. nicht den Fall, dass die „Mitarbeit“ der Frau eben nicht im Betrieb des Mannes, sondern in der Übernahme des Hauptteils der Familienarbeit besteht. Im Hinblick auf das Teilhabeproblem könnte man dann sagen: Die Ehegatten können durch Vereinbarung für eine „nicht ökonomische“ Ehe optieren; doch ist dieser Vertrag gegenstandslos oder unterliegt zumindest der *clausula rebus sic stantibus*, wenn sich die Wirklichkeit der Ehe anders entwickelt als dem vertraglichen Konzept entspricht.

Der Bundesgerichtshof hat einige der erörterten Gründe für die Rettung der Vertragsfreiheit im Güterrecht miteinander verbunden. Ausgangspunkt seiner Argumentation ist die persönliche Freiheit der Ehegatten, ihre eheliche Lebensgemeinschaft eigenverantwortlich und frei von gesetzlichen Vorgaben entsprechend ihren individuellen Vorstellungen und Bedürfnissen zu gestalten. Daraus leitet das Gericht das „legitime Bedürfnis“ ab, Abweichungen von den gesetzlichen geregelten Scheidungsfolgen zu vereinbaren, die zu dem *individuellen Ehebild* der Ehegatten besser passen.[31] Das Eheverständnis erfordere keine bestimmte Zuordnung des Vermögenserwerbs in der Ehe, die eheliche Lebensgemeinschaft sei auch unter dem Gesichtspunkt der gleichberechtigten Partnerschaft nicht notwendig auch eine Vermögensgemeinschaft.[32]

Das Gericht sieht aber, dass diese Begründung in einen Konflikt mit dem „Recht auf gleiche Teilhabe am gemeinsam Erarbeiteten“ geraten kann und versucht daher, die Vorstellung vom „gemeinsam Erarbeiteten“ zu relativieren: Gleichwertig seien nicht etwa das Erwerbseinkommen des einen und die Haushaltsführung des anderen Ehegatten, sondern – zunächst bezogen auf den Familienunterhalt – nur die *Unterhaltsbeiträge*, welche die Ehegatten aus ihrem Erwerbseinkommen oder durch Leistung der Familienarbeit erbringen. Damit wird angedeutet, dass die Vermögensmehrung, die sich bei den einzelnen Ehegatten während der Ehe ergibt, *nicht stets* als Ergebnis einer gemeinschaftlichen Wertschöpfung zu begreifen ist. Der Zugewinngemeinschaft liege, so der BGH, die typisierende Vorstellung zugrunde, dass die Ehegatten in ökonomisch gleichwertiger Weise zur Vermögensbildung beitragen. Diese „Gleichwertigkeit“ nennt das Gericht „nur fiktiv“[33] und lässt damit erkennen, dass der vorausgesetzte Ehetypus von dem im gesetzlichen Güterstand vorgestellten abweichen kann. Deshalb sieht der BGH die Ehegatten nicht gehindert, durch Vertrag ihre interne Vermögensordnung einvernehmlich an die individuellen Verhältnisse ihrer konkret beabsichtigten oder gelebten Eheform anzupassen und dabei auch eigene ökonomische Bewertungen an die Stelle der gesetzlichen Typisierung zu setzen.

Wenn man dem folgt, so bildet der Zugewinnausgleich zwar ein Instrument in der Hand der Ehegatten, um das „Recht auf gleiche Teilhabe am gemeinsam Erarbeiteten“ zu verwirklichen, gleichzeitig kann er aber über dieses Ziel hinausschießen, indem er einen Anspruch auf Beteiligung an Gütern gewährt, die *nicht* gemeinsam erarbeitet sind. Insofern muss logischerweise Vertragsfreiheit bestehen. Es bleibt dann aber die Frage, wie weit die Vertragsfreiheit in den Fällen reicht, in denen *die individuelle Ehe dem gesetzlich vorausgesetzten Typus entspricht.* Der BGH lässt erkennen, dass für die vereinbarte Gütertrennung die Geschäftsgrundlage entfallen kann, wenn die Ehegatten bei ihrer Abrede von beiderseitiger, ökonomisch vergleichbar gewinnbringender Berufstätigkeit ausgegangen sind, diese Planung sich aber später nicht verwirklichen lässt; in „solchen und ähnlichen Ausnahmefällen“ mögen besondere Verhältnisse es ungeachtet der getroffenen Abreden als unbillig erscheinen lassen, dass der nicht erwerbstätige

29 BGH FamRZ 1999, 1560; 2006, 1022 und öfter.
30 Grundlegend BGH FamRZ 1999, 1580, 1581 und öfter.
31 BGH FamRZ 2004, 601, 604.
32 BGH FamRZ 2004, 601, 605.
33 BGH FamRZ 2004, 601, 605.

Ehegatte im Nachhinein um die Früchte seiner Mitarbeit in der Ehe gebracht wird.[34] Doch wie ist die Lage, wenn die geschilderte tatsächliche Entwicklung schon bei Vertragsschluss vorhersehbar war und die Gütertrennung trotzdem und vielleicht sogar deswegen vereinbart wurde?

Obwohl die deutschen Gerichte sich im Ergebnis zur Vertragsfreiheit im Ehegüterrecht bekennen, sind die Spannungen zwischen der Doktrin der verfassungsrechtlich verbürgten gleiche Teilhabe am gemeinsam Erarbeiteten und dem Prinzip der Vertragsfreiheit nicht völlig gelöst. Das könnte auch Auswirkungen auf die europäische Rechtsangleichung zeitigen.[35]

V. „Re-Ökonomisierung der Ehe"?

Der Güterstand des Zugewinnausgleichs sieht die Ehe – nicht nur, aber eben auch – als Gemeinschaft der wirtschaftlichen Wertschöpfung an, nach deren Auflösung es gilt, die nicht verbrauchten Gewinne unter die Gesellschafter aufzuteilen. Dieses ökonomische Element prägt Eheverständnis und Ehebegriff, wenn es nicht frei zur Disposition der Ehegatten gestellt wird, sondern gestützt auf verfassungsrechtliche Vorgaben einen verbindlichen Charakter annimmt. Dabei kann die Verbindlichkeit nicht nur in Form zwingender Rechtsvorschriften niedergelegt sein; es genügt, wenn die Ehevertragsfreiheit so eingeschränkt wird, dass ein Abweichen vom gesetzlichen Modell nur unter bestimmten Voraussetzungen statthaft ist oder einer besonderen Begründung aus den konkreten Lebensverhältnissen bedarf. Ansätze dazu finden sich – wie gezeigt – im derzeitigen deutschen Ehevermögensrecht, auch wenn die letzten Konsequenzen der verfassungsgerichtlichen These vom „Recht der Ehegatten auf gleiche Teilhabe am gemeinsam Erarbeiteten" noch nicht gezogen sind.

Dieser Befund lenkt den Blick zurück auf Zeiten, in denen die Ehe sehr viel stärker in ökonomische Zusammenhänge eingebettet war, also auf das Mittelalter und die Neuzeit bis ins 18. Jahrhundert hinein. Die Ehe war ein Strukturelement des „Hauses" (Oikos, Oikonomia, Oeconomia) als einer sozialen Einheit, in welcher der Hausvater mit „Weib, Kind und Gesind" waltete und die ganz wesentlich (auch) durch ihre wirtschaftlichen Funktionen – Konsumtion und Produktion – gekennzeichnet war.[36] Unter diesem Gesichtspunkt stand auch die Ehebegründung, bei welcher der Wille der beteiligten Familien und der ökonomische Austausch bestimmend waren. Der ökonomische Einschlag der Ehe gewann zudem an Bedeutung, seit Ehe und eheliche Abstammung zur Grundlage der Sukzessionsordnung wurden, d.h. die nichteheliche Abstammung als Berufungsgrund der Erbschaft weitgehend ausschied.[37]

Die mittelalterliche Kirche versuchte bekanntlich, die persönliche Seite der Ehe stärker zur Geltung zu bringen, indem sie den Ehewillen der Brautleute zum allein ehestiftenden Akt erhob („*solus consensus facit nuptias*") und nach Erringung der Rechtskompetenz für das Eherecht diese Doktrin auch durchsetzte. Doch blieb die bisherige Struktur *de facto* weitgehend erhalten. Das konnte insofern im Einklang mit dem kirchlichen Recht geschehen, als dieses einige im sozialen System wurzelnde Ehevoraussetzungen zwar nicht als Voraussetzung der Gültigkeit (*ex necessitate*), aber der Erlaubtheit (*ex honestate*) der Ehebegründung aufrechterhielt,[38] so z.B. das

34 BGH FamRZ 2004, 601, 608.

35 Zur Vertragsfreiheit im europäischen Vergleich: *Pintens,* Matrimonial Property Law in Europe, in: Boele-Woelki/Miles/Scherpe, The Future of Family Property in Europe, 2011, S. 37 ff.; *Dethloff,* Contracting in Family Law: A European Persective, loc. cit., S. 65 ff. Siehe auch die Beiträge in: Henrich/Schwab (Hrsg.), Eheliche Gemeinschaft, Partnerschaft und Vermögen im europäischen Vergleich, 1999.

36 Dazu mein Artikel „Familie", in: Brunner/Conze/Koselleck (Hrsg.), Geschichtliche Grundbegriffe. Historisches Lexikon zur politisch-sozialen Sprache in Deutschland, Bd. 2, Stuttgart 1975, S. 253, 259 ff.

37 Wenngleich nicht völlig, insbesondere im Adel. Der Weg zur Sukzessionsfähigkeit nichtehelicher Kinder war insbesondere die Legitimation, die auch Staats wegen erfolgen konnte.

38 Zur Entwicklung *Schwab,* Grundlagen und Gestalt der staatlichen Ehegesetzgebung in der Neuzeit, 1967, S. 17 ff.

Erfordernis der elterlichen Ehebewilligung, mit der die familiäre Kontrolle der Eheschließungen gesichert war. Mit der protestantischen Ehetheologie stieg der elterliche Ehekonsens wieder zur Gültigkeitsbedingung der Eheschließung auf. Die Obrigkeitsstaaten der frühen Neuzeit bauten die Elemente der familiären wie der obrigkeitlichen Kontrolle über die Heiraten in einem heute fast unglaublichen Maße aus. Die ökonomischen Regelungsziele dieser Normgebung wird in den Aufwands- und Armengesetzgebung drastisch vor Augen geführt.[39]

Demgegenüber waren es die Bestrebungen in Aufklärung und Romantik, die auf eine weitere und entscheidende „Personalisierung“ des Eheverständnisses hinarbeiteten. In Deutschland setzte diese Tendenz mit der literarischen Bewegung von „Sturm und Drang“ ein, um mit dem romantischen Eheverständnis ihre Vollendung zu finden.[40] Die Ehe sollte als höchstpersönliches Band von der sozialen Zweckhaftigkeit befreit werden. Gegen die Befrachtung der Ehe mit ökonomischen Zwecken richtete sich eine dezidierte Kritik: „Man verbindet nicht Personen mit Personen, sondern Pferde und Wagen mit Pferden und Wagen, Dukaten mit harten Talern, ein Landhaus mit einem städtischen Palast.“[41]

Auf der Vorstellung der Ehe als höchstpersönliche Verbindung von Mann und Frau, die ihren Sinn in sich hat und nicht von außerhalb ihrer selbst liegenden sozialen Zwecken empfängt, beruht letztendlich das Eherecht des 20. Jahrhunderts. Dies gilt umso mehr, als das Kindschaftsrecht seit der Gleichstellung nichtehelicher Kinder mit den ehelichen vom Eherecht abgekoppelt erscheint. Dass auch die „personalisierte“ Ehe vermögensrechtliche Implikationen aufweist, steht dem nicht entgegen. Die wirtschaftlichen Wirkungen der Ehe – Unterhaltsbeziehung, Ehevermögensrecht, Hinterbliebenenversorgung, Erbrecht – sind nicht das „Wesen“ der Ehe, sondern als Folgewirkungen aus der ehelichen Gemeinschaft zu verstehen. Aus dem persönlichen Eheband ist ihr Sinn abzuleiten, selbst wenn sie – wie der Unterhalt unter Geschiedenen – erst nach Auflösung der Ehe aktuell werden.

Der – notgedrungen kursorische – Blick auf diese Entwicklung lässt die Frage aufkommen, ob eine Re-Ökonomisierung der Ehe, wie sie in ihrem Begriff der Ehe als Gemeinschaft wirtschaftlicher Wertschöpfung angelegt ist, auf eine neuerliche Änderung des Eheverständnisses hindeutet. Die Frage stellt sich umso dringender, je weiter die Konkurrentin der Ehe im Bereich der Paarbeziehungen, nämlich die „nichteheliche Lebensgemeinschaft“, die Gesetzgebung beschäftigt. Die bisherigen Erfahrungen mit einschlägigen gesetzlichen Regeln über eheloses Zusammenleben zeigen, dass es keine Schwierigkeiten zu bereiten scheint, an eheloses Zusammenleben – sei es registriert oder nur de facto gelebt – Solidaritätspflichten wie Unterhalt anzuknüpfen, während bei den Auswirkungen auf die Vermögenszuordnung Zurückhaltung besteht.[42] Entwickelt sich die Ehe also wiederum zum Typus der „ökonomischen“ Paarbeziehung“?

Veröffentlicht in: Alain-Laurent Verbeke et al. (Hrsg.), Confronting the Frontiers of Family and Succession Law, Liber Amicorum Walter Pintens, Intersentia, Cambridge/Antwerpen 2012, Bd. 2, S. 1241–1257.

39 Dargestellt anhand der Gesetzgebung des Fürstbistums Würzburg in meinem Beitrag, „ex utraque postestate et authoritate“, in: Festschrift für Hans-Wolfgang Strätz zum 70. Geburtstag, 2009, S. 491 ff.

40 Näheres in meinem Beitrag: Jena und die Entdeckung der romantischen Ehe, Zeitschrift für Neuere Rechtsgeschichte, 2005, S. 177 ff.

41 *Theodor von Hippel*, Über die Ehe, 1. Ausgabe Berlin 1774, S. 3.

42 Dazu insbesondere die Beiträge in *Kroppenberg/Schwab/Henrich/Gottwald/Spickhoff*, Rechtsregeln für nichteheliches Zusammenleben, Beiträge zum europäischen Familienrecht Bd. 12, 2009.

Zugewinnausgleich und Wirtschaftskrise

I. Mögliche Fälle

Fall 1: Romeo und Julia heiraten am 3.1.1997. Ein Ehevertrag wird nicht geschlossen. Am 24.12.2006 trennt sich das Paar. Der Scheidungsantrag Romeos wird am 3.1.2008 rechtshängig, das daraufhin ergehende Scheidungsurteil wird am 6.3.2009 rechtskräftig. Es läuft nun das Zugewinnausgleichsverfahren. Das Anfangsvermögen Romeos beträgt 50.000 Euro (indexiert), sein Endvermögen am 3.1.2008 beläuft sich auf 250.000 Euro. Am 6.3.2009 allerdings beträgt der Wert von Romeos Vermögen nur noch 100.000. Julia hatte weder Anfangs- noch Endvermögen. Angenommen: Die Vermögensminderung zwischen Rechtshängigkeit des Scheidungsantrags und Rechtskraft des Scheidungsurteils beruht darauf, dass der Mann sein Vermögen hauptsächlich in Aktien, Fonds und Zertifikaten angelegt hat (Zur Illustration: Schlusskurse des DAX am 3.1.2008 = 7908,71; DAX am 6.3.2009 = 3666,41).

Nach *bisherigem Recht* ergab sich folgende Ausgleichsrechnung. Romeo verbucht einen Zugewinn von 200.000 Euro. Da Julia keinen Zugewinn hat, errechnet sich für sie im ersten Schritt ein Zugewinnausgleichsanspruch von 100.000 Euro. Dieser scheiterte nach bisherigem Recht auch nicht an der „Kappungsgrenze" des § 1578 Abs. 2 BGB. Denn der Wert des Vermögens, das bei Romeo bei Beendigung des Güterstandes (= Rechtkraft des Scheidungsurteils) vorhanden war, betrug 100.000 Euro, damit ist die Zugewinnausgleichsforderung voll abgedeckt. Wenn Romeo die Ausgleichsforderung von Julia begleicht, bleibt ihm freilich nichts: Den einen Teil seines Vermögens hat er durch die Wirtschaftskrise verloren, den anderen durch den Zugewinnausgleich.

Hilft in solchen Fällen das *reformierte Zugewinnausgleichsrecht?*[1] Keineswegs. Die Kappungsgrenze ist – entgegen den Plänen der Bundesregierung[2] – die gleiche geblieben (jetzt § 1378 II 1 BGB), wenn man vom Spezialfall der „illoyalen Vermögensminderungen" absieht. Nur ist der Zeitpunkt, auf den sich die Höhenbegrenzung bezieht, verschoben: Im Scheidungsfall ist auch hierfür nicht mehr die Beendigung des Güterstandes, sondern die Rechtshängigkeit des Scheidungsantrags maßgebend (§ 1384 BGB n.F.). Dieser Zeitpunkt ist nicht nur für die „Berechnung des Zugewinns", sondern auch für die „Höhe der Ausgleichsforderung" maßgebend. Und wenn zwischen Rechtshängigkeit des Scheidungsantrags und Rechtskraft des Scheidungsbeschlusses die Welt unterginge – an der errechneten Zugewinnausgleichsforderung ändert sich nichts mehr.

Würde also der Fall nach neuem Recht gelöst,[3] so wäre die Kappungsgrenze erst recht nicht erreicht. Romeo hatte bei Rechtshängigkeit des Scheidungsantrags noch 250.000 Euro, der Ausgleichsanspruch von 100.000 Euro liegt weit unter dieser Höhenbegrenzung. Ganz offenkundig verschärft das neue Recht die Problematik.

---

1 Mit den Termini „reformiertes" oder „neues Recht" und „n.F." beziehe ich mich auf die Neuerungen durch das „Gesetz zur Änderung des Zugewinnausgleichs und Vormundschaftsrechts" vom 6. Juli 2009 (BGBl. I S. 1696), dazu *Brudermüller*, FamRZ 2009, 1185.

2 BT-Drucks. 16/10798, Art. 1 Nr. 7.

3 Von Überleitungsproblemen siehe ich in diesem Zusammenhang ab; es wird nur dargestellt, wie die Lage wäre, wenn für den Fall das neue Recht zur Anwendung käme.

Fall 2: Wie Fall 1, jedoch: Am 6.3.2009 war die Vermögensbilanz des Romeo, dem sein Bankberater Zertifikate schmackhaft gemacht hatte, auf 0 geschrumpft.

Nach *bisherigem Recht* schuldet er dann keinen Zugewinnausgleich. Denn der Ausgleichsanspruch der Julia in Höhe von 100.000 scheiterte an der „Kappungsgrenze", die sich am Vermögensstand im Zeitpunkt der Rechtskraft der Scheidung orientierte. Nach *neuem Recht* hingegen ist für die Höhenbegrenzung die Rechtshängigkeit des Scheidungsantrags maßgebend, also der 3.1.2008. In diesem Zeitpunkt hatte Romeo aber noch 250.000 Euro. Die Kappungsgrenze greift folglich nicht. Romeo hat zwar *jetzt*, d.h. zur Zeit des Zugewinnausgleichsverfahrens, nichts mehr, schuldet seiner Ex-Frau aber gleichwohl 100.000 Euro. Er muss sich, wenn er es denn kann, überschulden, um die Forderung bedienen zu können.

Das Familiengericht wird mit Sachverhalten wie den geschilderten üblicherweise in einem Zeitpunkt befasst, in dem die Fakten auf dem Tisch liegen, also nach der Scheidung. Muss es also „sehenden Auges" einem Ehegatten aufgrund von Berechnungen, die in Bezug auf zurückliegende Zeiten angestellt worden sind, alles, was dieser jetzt noch hat, nehmen (Fall 1) oder ihn sogar in Schulden stürzen (Fall 2)?

II. Denkbare Lösungen

Für eine Verpflichtung des Romeo zur vollen Ausgleichszahlung spricht das vom BGH bei vielen Gelegenheiten beschworene „starre Stichtagsprinzip". Gleichwohl sollte überlegt werden, ob nicht aus dem geltenden Recht Ansätze für eine Lösung zu gewinnen sind, mit denen die Ausgleichsforderung der Julia wenigstens gemindert werden kann, um Romeos Schicksal zu erleichtern.

1. Manipulation der Bewertung?

Angenommen, in den obigen Beispielen sind die Vermögenswerte dadurch zustande gekommen, dass die am Stichtag vorhandenen Wertpapiere mit ihrem Börsen- oder sonstigen Veräußerungswert (abzüglich Steuern und Kosten) angesetzt wurden. Die Berechtigung des Ansatzes zum taggenauen Veräußerungswert könnte man im Zweifel ziehen, indem man sagt: Zwar hätten die Papiere am Endstichtag zum Kurs dieses Tages verkauft werden können. Aber die Entwicklung der Kurse in der Folgezeit zeige doch, dass sie *eigentlich* weniger wert gewesen seien, als der Tageskurs aussagte. Bei den Tageskursen oder den Kursen der entsprechenden Euphoriephase handele es sich aber um zufällige „Ausreißer nach oben", die Bewertungen seien auf ein vernünftiges (allerdings erst hinterher erkennbares) Maß abzusenken. Gedanken dieser Art finden sich bei *Bergschneider*:[4] Die Bewertung kann nach seiner Auffassung möglicherweise auch so erfolgen, dass sie nicht auf einen Tag bezogen, sondern dass wie bei Betrieben die Entwicklung über einen bestimmten Zeitraum heranzogen wird.

Dieser Weg wird bislang überwiegend nicht beschritten. Börsenpapiere werden zu ihrem stichtagbezogenen Veräußerungswert angesetzt,[5] nachfolgende Kursentwicklungen stellen diesen Wert nicht mehr in Frage. Doch hat der BGH bei der Bewertung von Eigenheimen sich dem Phänomen schwankender Preise durchaus geöffnet. Der BGH meint: Der wirkliche Wert eines Grundstücks könne höher sein als der aktuelle Veräußerungswert; bei der Bewertung sei ein

4 Schröder/*Bergschneider*, Familienvermögensrecht, 2. Aufl., 2007, Rn. 4355. Erwägungen schon bei LG Berlin FamRZ 1965, 438 (wo das Problem aber mit der Frage der Eliminierung von Scheingewinnen verquickt ist).

5 Staudinger/*Thiele*, § 1376 Rn. 37; *Haußleiter/Schulz*, Vermögensauseinandersetzung bei Trennung und Scheidung, 4. Aufl. 2004, Rn. 318; MünchKomm/*Koch*, 4. Aufl., § 1376 Rn. 14; Bamberger/Roth/*J. Mayer*, 2. Aufl. 2008, Rn. 34; Erman/*Gamillschegg*, BGB, 12. Aufl. 2008, § 1376 Rn. 16.

vorübergehender Preisrückgang nicht zu berücksichtigen, wenn er „bei nüchterner Beurteilung" schon zum Stichtag als vorübergehend erkennbar gewesen sei.[6] Werde insbesondere ein Familienheim nur mit einem Wert angesetzt, der durch eine vorübergehende Marktlage beeinflusst ist, so erlange der ausgleichsberechtigte Ehegatte keinen Anteil an dessen wirklichem, bleibenden Wert; in diesem Zusammenhang komme es auch nicht darauf an, ob eine ungünstige Marktlage auf örtlich begrenzte Umstände zurückzuführen sei oder auf eine gesamtwirtschaftliche Entwicklung; entscheidend sei, ob diese Marktlage am Bewertungsstichtag aus der Sicht eines „nüchternen Betrachters" als temporär einzuschätzen war und deswegen einen wirtschaftlich Denkenden veranlasst hätte, eine Veräußerung zurückzustellen, soweit nicht besondere Umstände dazu zwangen.[7] Welche Anforderungen an die „Nüchternheit" des Betrachters zu stellen sind, sagt das Gericht nicht.

Diese Rechtsprechung entspricht auch für Grundstücke nicht den Marktgesetzen. Auf Börsenpapiere ist sie keinesfalls übertragbar. Die Anlehnung an die Methoden der Unternehmensbewertung funktioniert aus folgendem Grund nicht: Bei der Bewertung z.B. einer Praxis werden die Umsätze der vorhergehenden Jahre als Grundlage für die Einschätzung der im Beurteilungszeitpunkt mit dem Betrieb gegebenen Erwerbschance genommen. Beim Phänomen des Börsencrashs ergibt sich die Diskrepanz der Werte aber erst aus der Rückschau: Erst hinterher weiß man es besser. Die Einbeziehung der früheren Kursentwicklungen sagt über die ab dem Stichtag zu erwartenden Kursverlauf nichts aus. Der Crash hat die Eigenart, dass man ihn erst bemerkt, wenn er da ist.

Es gibt auf dem Markt keinen Wert an sich, sondern, solange der Wettbewerb funktioniert, nur den in einem bestimmten Zeitpunkt an einem bestimmten Ort für eine bestimmten Tauschgegenstand erzielbaren Preis. Dass einige wenige Kundige das Desaster des Jahres 2008 vorhergeahnt oder -gesagt haben sollen, ändert daran nichts. Wenn man nicht den Tageskurs ansetzt, welchen dann? Den Kurs im Zeitpunkt der letzten mündlichen Verhandlung im Zugewinnausgleichsverfahren? Einen fiktiven Kurs, der sich mutmaßlich gebildet hätte, wenn die Wirtschaftswelt nicht so unbegründet euphorisch gewesen wäre? Die Manipulation der Bewertung führt nicht weiter.

2. §§ 1382, 1383 BGB

Das Gesetz hält einige Hilfen bereit, um den Zugewinnausgleich flexibler zu machen. So kann auf Antrag eine unbestrittene Ausgleichsforderung nach § 1382 BGB stunden, wenn die sofortige Zahlung auch unter Berücksichtigung der Interessen des Gläubigers zur Unzeit erfolgen würde. Dass auch eine *Stundung* in unseren Fällen die Lage Romeos nicht nachhaltig erleichtern würde, liegt auf der Hand, zumal er die gestundete Forderung verzinsen muss (§ 1382 II BGB).

Interessanter erscheint die Möglichkeit des § 1383 BGB, wonach Familiengericht anordnen kann, dass der Schuldner *bestimmte Gegenstände* seines Vermögens dem Gläubiger unter Anrechnung auf die Ausgleichsforderung *zu übertragen* hat. Wie schön wäre es für Romeo, wenn er zu Julia sagen könnte: Ich kann Dir zwar nichts zahlen, aber ich kann Dir die Hälfte meiner während der Ehe hinzuerworbenen Wertpapiere unter Anrechnung auf Deine Forderung übertragen. Noch glücklicher wäre er, wenn die Anrechnung zum Kurs der Wertpapiere am Endstichtag (Waffengleichheit!) erfolgen könnte.[8]

---

6 BGH FamRZ 1986, 377, 340; bestätigt durch BGH FamRZ 1992, 918, 919.

7 BGH FamRZ 1992, 918, 919.

8 Das würde aber nicht der h.M. entsprechen, die auf den Wert im Zeitpunkt der Entscheidung über den Antrag auf Übertragung abstellt, vgl. nur Staudinger/*Thiele* (Fn. 5), § 1383 Rn. 25; MünchKomm/*Koch* (Fn. 5), § 1383 Rn. 29.

Doch ist dem Romeo auf diese Weise nach geltendem Recht nicht zu helfen. Denn die Möglichkeit des § 1383 ist im Interesse des *Ausgleichsberechtigten* geschaffen, nur der *Gläubiger* (in unseren Fällen Julia) kann den Antrag stellen. Vorausgesetzt ist, dass die Sachleistung erforderlich ist, eine grobe Unbilligkeit für den *Gläubiger* zu vermeiden. Julia hat aber vermutlich an Romeos entwerteten Papieren kein Interesse.

Immerhin führt § 1383 BGB zu einem Grundproblem des Zugewinnausgleichs, das wir vom Versorgungsausgleich her zu Genüge kennen: dem Problem, ob nicht die *Realteilung* der auszugleichenden Vermögensgegenstände gegenüber einer bloß rechnerischen Teilung mit Hilfe des Wertmessers Geld gewisse Vorzüge hätte.

3. Analoge Anwendung des § 2313 BGB?

Der Vollständigkeit halber fällt unser Blick in eine erbrechtliche Regelung. Bei Feststellung des Wertes eines Nachlasses im Rahmen der Pflichtteilsberechnung bleiben nach § 2313 I 1 BGB aufschiebend bedingte Rechte und Verbindlichkeiten zunächst völlig außer Ansatz. „Ungewisse" und „unsichere Rechte" sowie „zweifelhafte Verbindlichkeiten" werden ebenso behandelt (§ 2313 II 1 BGB). Der Preis dieser Vorsicht ist die Möglichkeit eines weiteren Prozesses, sobald die Bedingung eintritt oder die Ungewissheit oder Unsicherheit behoben wird (§ 2313 I 3 BGB).

Die Meinung, diese Vorschriften seien entsprechend auch auf die Zugewinnausgleichsberechnung anzuwenden,[9] ist vom BGH abgelehnt worden.[10] Die Anwendung des § 2313 würde eine fortlaufende Korrektur auch eines rechtskräftig entschiedenen Zugewinnausgleichs ermöglichen (§ 2313 Abs. 1 S. 3), das liegt der Konzeption dieses Instruments nicht zugrunde. Es bleibt dabei, dass im Zugewinnausgleich ungewisse und unsichere Rechten und Verbindlichkeiten der Wert zu schätzen sind.[11]

Zudem wären auf diese Weise auch die eingangs geschilderten Fälle nicht zu lösen. Der Börsenkurs ist zwar stets „ungewiss", aber nicht bezogen auf den Stichtag als dem gesetzlich vorgeschriebenen Bewertungszeitpunkt, sondern bezogen auf seine weitere Entwicklung *nach* dem Stichtag. Doch diese weitere Entwicklung ist nicht mehr Thema der Zugewinnausgleichsrechnung, wie §§ 1384, 1378 II 1 neuer Fassung in aller Deutlichkeit verkünden.

4. Das Leistungsverweigerungsrecht nach § 1381 BGB

Nach § 1381 BGB kann der Schuldner die Erfüllung der Zugewinnausgleichsforderung verweigern, soweit der Ausgleich des Zugewinns nach den Umständen des Falles grob unbillig wäre. Greift diese Härteklausel in den eingangs geschilderten Fällen? Auf den ersten Blick öffnet § 1381 BGB ein weites Tor zu gerechten Ergebnissen. Die „grobe Unbilligkeit" ist – vom Beispielsfall des Abs. 2 abgesehen – nicht näher konturiert, *alle* Gründe sind zu berücksichtigen, aus denen die Verpflichtung zur Ausgleichsleistung ganz oder teilweise als grob unbillig erscheinen kann. Doch sind Hindernisse zu überwinden.

Zunächst fragt sich, *zu welchem Zeitpunkt* die Tatsachen gegeben sein müssen, welche die grobe Unbilligkeit begründen, immer unterstellt, dass der Verpflichtete die Einrede geltend macht. Hier stellt sich folgende Wahl:

---

9 Vgl. OLG Oldenburg FamRZ 1976, 347.

10 BGH FamRZ 1983, 882, 884; bestätigt durch FamRZ 1992, 1155, 1157; BGH FamRZ 2004, 781, 783 f.; vgl. auch OLG Celle FamRZ 1993, 1204, 1205; so auch inzwischen die h. M. in der Lit.

11 BGH FamRZ 1992, 1155, 1157; OLG Celle FamRZ 1993, 1204, 1205; OLG Karlsruhe FamRZ 2003, 682; OLG München FamRZ 2000, 1152.

a) Entweder es dürfen alle Tatsachen berücksichtigt werden, die sich bis zum *Zeitpunkt der letzten Tatsachenverhandlung im Zugewinnausgleichsprozess* ergeben haben. Dann haben wir für unsere Fälle kein Problem: Der Vermögensverfall tritt nach Rechtshängigkeit des Scheidungsantrags ein, in der letzten Tatsachenverhandlung des Zugewinnausgleichsverfahrens ist erkennbar, was dem Ausgleichpflichtigen an Vermögen wirklich verblieben ist. Es kann dann im Einzelfall grob unbillig erscheinen, ihm trotzdem die gesamte errechnete Ausgleichslast aufzubürden.

b) Oder es können alle Tatsachen zum Zug, die sich bis zur Aufhebung des Güterstandes ergeben haben, im Scheidungsfall also bis zur *Rechtskraft des Scheidungsbeschlusses.* Denn in diesem Augenblick entsteht die Ausgleichsforderung (§ 1378 III 1) und wird fällig. Nach dieser Auffassung kann Romeo geholfen werden, wenn, wie in unserem Fall, der Kursverfall zwischen Rechtshängigkeit und Rechtskraft der Scheidung eintritt, aber nicht mehr, wenn dies nach der Rechtskraft geschähe.

c) Oder es dürfen nur solche Umstände berücksichtigt werden, die bis zu dem Zeitpunkt gegeben waren, der über die Berechnung und Höhe der Ausgleichsforderung bestimmt, im Scheidungsfall also bis zur *Rechtshängigkeit des Scheidungsantrags* (§ 1384). Bei dieser Interpretation liefe für unsere Fälle die Härteklausel leer.

Eine einheitliche Auffassung zu diesem Problem ist nicht zu erkennen. Es wird die Meinung (b) vertreten, dass nur die bis zur Rechtskraft der Scheidung eingetretenen Faktoren berücksichtigt werden dürften, weil danach jede gegenseitige güterrechtliche Bindung erlösche[12] bzw. weil dann der Ausgleichsanspruch unwiderruflich entstehe.[13] Zwingend ist das nicht: Auch nach der Entstehung eines Anspruchs können Leistungsverweigerungsrechte hinzutreten, die aus späteren Umständen begründet sind; eine fortbestehende „güterrechtliche Bindung" ist nicht unbedingt Entstehungsvoraussetzung einer Einrede. Soweit unter Geltung des bisherigen Rechts gesagt wurde, die Härteklausel erfasse alle für Entstehung und Höhe der Ausgleichsforderung erheblichen Umstände und deshalb (!) beschränke sich der Anwendungsbereich auf die bis zur Rechtskraft eingetretenen Faktoren,[14] müssten die Autoren unter der Geltung des neuen Rechts den Zeitpunkt eigentlich vorverlegen. Denn nach dem neuen § 1384 entscheidet im Scheidungsfall der Zeitpunkt der *Rechtshängigkeit des Scheidungsantrags* endgültig über Entstehen und Höhe des Anspruchs, logischerweise müsste die zitierte Literaturmeinung nun auch den Anwendungsbereich des § 1381 an diesem Datum (c) enden lassen. Eine andere Auffassung lässt hingegen auch Umständen, die nach Rechtskraft der Scheidung eintreten, eine mögliche Relevanz im Rahmen des § 1381 zu (Meinung a).[15]

In der Rechtsprechung wird das Problem des zeitlichen Anwendungsbereichs des § 1381 meist nicht ausdrücklich angesprochen. Doch wird deutlich, dass einige Gerichte die zeitliche Engführung der Härteklausel, wie sie in der Literatur sichtbar wird, nicht akzeptieren. Das zeigt sich vor allem in Fällen, in denen das Leistungsverweigerungsrecht unter dem Gesichtpunkt greift, dass die Erfüllung der Ausgleichsforderung dem Schuldner unzumutbare Opfer auferlege.

Eine Entscheidung des BGH aus dem Jahr 1970 betraf den Fall einer schon vor Jahren rechtskräftig geschiedenen Ehe. Im Zugewinnausgleichsprozess machte die ausgleichspflichtige Ehefrau ein Leistungsverweigerungsrecht aus § 1381 vor allem im Hinblick auf Eheverfehlungen

---

12 Bamberger/Roth/*J. Mayer* (Fn. 5), § 1381 Rn. 4; MünchKomm-BGB/*Koch* (Fn. 5) Rn. 21 (sogar für Fehlverhalten nach Beendigung des Güterstandes; Palandt/*Brudermüller*, BGB, 68. Aufl. 2009, § 1381 Rn. 6.

13 *Haußleiter/Schulz* (Fn. 5), Rn. 403.

14 Palandt/*Brudermüller* (Fn. 12). Auch bei Erman/*Gamillscheg* (Fn. 5, § 1381 Rn. 8) ist zu lesen, mit § 1381 sollten nur diejenigen groben Unbilligkeiten bereinigt werden, die ihre Ursache in einer Störung der Grundlagen des schematischen Ausgleichs finden.

15 Staudinger/*Thiele* (Fn. 5), § 1381 Rn. 29 (auch nach Beendigung des Güterstandes gegebene wirtschaftliche Verhältnisse); *Schwab*, Handbuch des Scheidungsrechts, 5. Aufl., VII Rn. 251.

des Mannes geltend. Doch entnahm der BGH dem Vorbringen auch die Möglichkeit, dass die Frau unabhängig von der Verschuldensfrage die grobe Unbilligkeit darauf stützen könnte, dass die Erfüllung der Forderung ihre wirtschaftliche Existenz gefährde. Diesbezüglich handelte es sich ganz eindeutig um Umstände, die *erst jetzt,* im Zeitpunkt der Tatsachenverhandlung im Zugewinnausgleichsverfahren gegeben sein konnten, denn *jetzt* war die Ausgleichsforderung zu erfüllen, und *erst durch diese Erfüllung* konnte die Gefährdung eintreten. Der BGH wies diesen Gesichtspunkt nicht etwa mit der Begründung zurück, dass die Einrede des § 1381 auf Umstände gestützt werden müsse, die bis zur Rechtskraft der Scheidung gegeben sind. Vielmehr sagt das Gericht: „In diesem Fall hätte sie (die Klägerin) zur Überzeugung des Tatrichters dartun müssen, dass es zur Vermeidung einer unbilligen wirtschaftlichen Härte nicht ausreicht, wenn ihre Schuld gemäß § 1382 gestundet oder ihr nur ein teilweises Leistungsverweigerungsrecht eingeräumt wird.“[16] Das heißt also: Der Vortrag, die Erfüllung der (gesamten) Ausgleichsforderung gefährde die wirtschaftliche Existenz, ist an sich im Rahmen des § 1381 BGB relevant, nur ist zunächst die Möglichkeit zu prüfen, ob die Gefährdung nicht durch bloße Stundung der Ausgleichsforderung abgewendet werden kann.

In einer Entscheidung aus dem Jahre 1972 ging es um den Zugewinnausgleichsanspruch einer geschiedenen Ehefrau, deren Mann während der Ehe durch einen Sportunfall schwere Verletzungen mit Lähmungsfolgen erlitten hatte und auf Lebenszeit pflegebedürftig geworden war. Der Mann wehrte sich gestützt auf § 1381 gegen die Ausgleichsforderung mit dem Argument, er sei auf die Erträgnisse seines Vermögens wegen seiner Arbeitsunfähigkeit und Pflegebedürftigkeit dauernd angewiesen. Auch hier konnte sich die Gefährdung der wirtschaftlichen Existenz, auf die der Mann sich berief, erst *durch Erfüllung der Ausgleichsforderung* ergeben, also nicht im zurückliegenden Zeitpunkt der Rechtskraft der Scheidung. Der BGH hat die Anwendung des § 1381 in diesem Fall gebilligt und es als Unbilligkeitsgrund für den Fall akzeptiert, dass die Erfüllung der Ausgleichsforderung die Versorgungslage des Verpflichteten auf Dauer in Frage stellt. Das Gericht hielt es für relevant, dass der Ausgleichspflichtige bei Erfüllung der Ausgleichsforderung in eine unterhaltsrechtliche Abhängigkeit geraten würde, während die unterhaltsrechtliche Versorgungslage des Ausgleichsberechtigten auch bei Nichterfüllung der Forderung ungefährdet bliebe.[17]

Expressis verbis hat sich das OLG Düsseldorf[18] für die Berücksichtigung aller Umstände bis zur letzten Tatsachenverhandlung des Zugewinnausgleichsverfahrens entschieden. In einer den speziellen Härtegrund des § 1381 II betreffenden Entscheidung heißt es: „Die Vorschrift ist eine Ausformung des Rechtsgedankens von Treu und Glauben, die nicht speziell an Verhaltensweisen während des ehelichen Zusammenlebens und damit an Vorgänge, die für die Entstehung des Zugewinns bedeutsam sein können, anknüpft. Sie kann vielmehr auch dann eingreifen, wenn wirtschaftliche Verhaltensweisen oder die objektive Entwicklung der Einkommens- und Vermögensverhältnisse nach Trennung oder Scheidung den Ausgleich als grob unbillig erscheinen lassen ...“. Infolgedessen hat das Gericht die Einrede gegen einen Mann für begründet gehalten, von dem *für die Zukunft* keine Erfüllung seiner Unterhaltspflichten zu erwarten war: „Selbst wenn man zugunsten des Kl. davon ausginge, er habe in der Vergangenheit seine Unterhaltspflicht nicht schuldhaft verletzt, handelt er doch jetzt treuwidrig, wenn er einerseits die Beklagte auf Zahlung eines Zugewinnausgleichs in Anspruch nimmt, andererseits aber nicht erkennen lässt, dass er in Zukunft seine Pflicht zur Zahlung des Kindesunterhalts, die ihm jetzt deutlich gemacht worden ist, erfüllen wird.“

Für unsere Fälle bedeutet das: Mit Meinung a) hätte das Gericht in zeitlicher Hinsicht keine Schwierigkeiten, alle im Zugewinnausgleichsverfahren sichtbar gewordenen und bis zuletzt

16 BGH FamRZ 1370, 483, 484.
17 BGH FamRZ 1973, 254.
18 OLG Düsseldorf FamRZ 1987, 821, 822.

eingetretenen Unbilligkeitsfaktoren zu berücksichtigen, auch mit Meinung b) könnte dem Ausgleichspflichtigen geholfen werden, weil der Vermögensverfall gerade im Zeitpunkt der Rechtskraft der Scheidung erkennbar ist, während bei Meinung c) die Härteklausel leer liefe.

Wenn man sich dafür entscheidet, dass in unseren Fällen keine Zeitschranke die Geltendmachung der „grobe Unbilligkeit" hindert, so stellt sich der Anwendung des § 1381 das zweite Hindernis entgegen, nämlich die herrschende Auffassung, dass die Berechnungsregeln des Zugewinnausgleich eine „starre, schematische Regelung" darstellen, von der abzuweichen Gerichten nur in äußerten Ausnahmefällen gestattet ist. Nach BGH kann dem ausgleichspflichtigen Ehegatten ein Leistungsverweigerungsrecht wegen grober Unbilligkeit nur zustehen, „wenn der – bewusst in rein schematischer und pauschalierender Art gestaltete – Ausgleichsanspruch in der vom Gesetz grundsätzlich vorgesehenen Weise ausnahmsweise dem Gerechtigkeitsempfinden in unerträglicher Weise widerspricht".[19] In der Rechtssprechung herrscht eine auffällige Vorliebe für die Bestandsfestigkeit alles einmal „Errechneten".

Offenkundig ist Sinn des Zugewinnausgleichs aber nicht die erfolgreiche Anwendung eines „starren, schematischen" Rechenprogramms, sondern die angemessene und gleichberechtigte Beteiligung beider Ehegatten an den während der Ehe erwirtschafteten Vermögenszuwächsen. Die Gerichte sind nicht gehindert, das Ergebnis des Rechenwerks daraufhin zu überprüfen, ob es aus der Sicht des Augenblicks, in dem das Gericht entscheidet, diesen Sinn erfüllt oder verfehlt.[20] Der relevante Gesichtpunkt ist der des unzumutbaren Opfers, der – wie gezeigt – in der Rechtsprechung durchaus akzeptiert worden ist.

5. Treu und Glauben

Wenn § 1381 nicht hilft, kommt als letzte Hürde für die ungehemmte Durchsetzung des vollen Ausgleichsanspruchs in den oben geschilderten Fällen der allgemeine Einwand aus dem das Privatrecht durchdringenden Grundsatz von Treu und Glauben in Frage. Aber halt! Schon stoßen wir auf die nächste Hürde. Denn der BGH sagt uns, dass die Härteklausel des § 1381 als Spezialregelung „in ihrem Anwendungsbereich" die Generalklausel des § 242 BGB ausschließt.[21] Wenn man dem folgt, so kommt es aber doch auf die Einschränkung an: „in ihrem Anwendungsbereich".

Wenn man den Anwendungsbereich des § 1381 auf „Faktoren" bis zur Rechtshängigkeit des Scheidungsantrags oder bis zur Rechtskraft der Scheidung begrenzt, so ist der Weg zur Anwendung des § 242 in Bezug alle nach diesen Zeitpunkten eintretenden Tatsachen frei. Denn es gibt kein treu- und glaubensloses Zivilrecht. Auch nach Stimmen in der Literatur bleibt § 242 voll anwendbar, wenn die Ausgleichsforderung einredefrei entstanden ist, ihre Geltendmachung aber wegen späterer Ereignisse dem Einwand der unzulässigen Rechtsausübung unterliegt.[22]

In der Sache ähnelt die Problematik den Fällen, die schon zu Zeiten des Reichsgerichts[23] zur Aufwertungsrechtsprechung auf der Grundlage des § 242 geführt haben. Der Unterschied liegt darin, dass dort der *Geldwert* rapide verfiel, in unseren Fällen hingegen der *Sachwert*, aus dem sich Ausgleichsansprüche ableiten. Die Ausgleichsansprüche sind „richtig errechnet", treffen aber bei ihrer Entstehung und Fälligkeit auf eine völlig veränderte Wirtschaftslage, in der sie

19 BGH FamRZ 1996, 495, 460; BGH FamRZ 1992, 787, 788.
20 Für die Anwendung des § 1381 auf Fälle unerwarteten Verfalls wirtschaftlicher Werte auch: *Bergschneider* (Fn. 4), Rn. 4.355; *Haußleiter/Schulz* (Fn. 5), Rn. 318.
21 BGH FamRZ 1989, 1276, 1279.
22 Staudinger/*Thiele* § 1381 (Fn. 5), Rn. 7.
23 RGZ 107, 78; 111, 372.

ihren eigentlichen Sinn nicht angemessen erfüllen und den Ausgleichspflichtigen in einem nicht mehr zumutbaren Ausmaß belasten.

Insgesamt gesehen gibt es für unsere Fälle folgende Lösungswege: Entweder man schließt bei der Anwendung des § 1381 BGB alle Umstände ein, die bis zum Schluss der Tatsachenverhandlung im Zugewinnausgleichsverfahren gegeben sind. Dann steht einer Berücksichtigung von wirtschaftlichen Umwälzungen, die im Zugewinnausgleichsverfahren sichtbar geworden sind, nichts im Wege. Oder man begrenzt den zeitlichen Anwendungsbereich des § 1381 in der geschilderten Weise – dann muss man folgerichtig an der Grenze das Tor zu § 242 BGB öffnen. Denn § 1381 BGB kann als lex specialis den Grundsatz von Treu und Glauben nur verdrängen, soweit das Anwendungsfeld der Norm reicht.

III. Zugewinnausgleich und Spekulation

Wer in eine Ehekrise gerät, ist wahrscheinlich zunächst mit anderem beschäftigt als mit Zugewinnausgleichsrechnungen. Doch denken wir uns einmal Ehegatten, die den kühlen Kopf bewahren und auch von heftigsten Gefühlswirren nicht von ökonomischem Denken abzuhalten sind. Vielleicht denkt eine versierte Geschäftsfrau, überrascht von einem Seitensprung ihres als Lyriker tätigen Mannes, bei Durchsicht der Börsenberichte: „Wenn es denn zu einer Scheidung kommen sollte – jetzt wäre der günstigste Zeitpunkt! Die Kurse meiner Aktien sind am Boden, der Wert meines Betriebes ist durch Umsatzeinbruch gemindert. So billig komme ich wahrscheinlich nie mehr aus dieser Ehe heraus. Wenn ich versuche, die Ehe zu retten, riskiere ich, dass sich die Sache hinzieht und die vielleicht unvermeidliche Scheidung in eine wirtschaftliche Aufschwungphase fällt." Sie wird also überlegen, ob sie baldmöglichst Antrag auf Scheidung (§ 1384) oder auf vorzeitigen Zugewinnausgleich (§ 1387) stellen soll, um einen für sie günstigen Stichtag zu erreichen. Umgekehrt kann auch der besagte Dichter, entschlossen bei seiner Geliebten zu bleiben, wirtschaftliche Erwägungen anstellen. „Mit der Scheidung möchte ich noch warten, bis mehr aus meiner Frau herauszuholen ist." Der Verlauf von Kursen ist also nicht nur für wirtschaftende Menschen wichtig, auch familienrechtlich relevante Entschlüsse können von den Charts abhängen.

Die ehernen Endstichtage, die nach neuem Recht zugleich über die endgültige Höhe der Zugewinnausgleichsforderung entscheiden, stehen offenkundig in gewissem Grade zur Dis position der Ehegatten, und zwar jedes einzelnen. Freilich bremst ein Hindernis die mögliche Spekulation: Die genannten Anträge müssen *begründet* sein, wenn sie den Stichtag sichern sollen.

Beim *Scheidungsantrag* erweist sich das Erfordernis des mindestens einjährigen Getrenntlebens (§ 1565 II BGB) als Hindernis für die freie Spekulation. Wenngleich das Scheidungsrecht, dessen Detailfragen in den Jahren nach 1977 die Gerichte in Atem hielten, in eine völlig beruhigte Routine eingemündet ist und das Trennungsjahr in der Praxis oft großzügig gehandhabt wird, ist gleichwohl der vorzeitige Scheidungsantrag riskant, wenn keine eindeutig gravierenden Härten im Sinne des § 1565 II dargetan werden können. Nur der *erfolgreiche* Scheidungsantrag sichert den Endstichtag![24] Wenn freilich das Trennungsjahr abgelaufen ist, steht der spekulativen Wahl des Endstichtags nichts mehr im Wege – dass dann noch ein Scheidungsantrag an mangelnder Ehezerrüttung oder an der weithin obsoleten Härteklausel des § 1568 scheitert, ist sehr unwahrscheinlich.

---

24 Wir sehen hier von den Problemen ab, die sich bei doppelten Scheidungsanträgen und beim Tod eines Ehegatten während des Scheidungsverfahrens ergeben, Es ist aber klar, dass ein unbegründeter Scheidungsantrag im Zugewinnausgleich irrelevant ist.

Das Hindernis des Trennungsjahrs spielt keine Rolle, wenn ein Ehegatte stattdessen den Weg des *vorzeitigen Zugewinnausgleichs* wählt, dessen Regeln durch die Reform 2009 im Sinne einer Erleichterung gleichfalls geändert worden sind. Doch auch hier steht dem „berechnenden" Einsatz ein Hindernis im Wege. Auch die Anträge aus §§ 1385, 1386 müssen *begründet sein* und zum Ziel führen, wenn der Stichtag der „Klageerhebung" für die Zugewinnausgleichsrechnung erreicht werden soll.

Das neue Recht kennt zwei Verfahrensmöglichkeiten, um zum vorzeitigen Zugewinnausgleich zu gelangen: *Einmal* den Antrag auf „vorzeitigen Zugewinnausgleich bei vorzeitiger Aufhebung der Zugewinngemeinschaft" (§ 1385). Dieses Verfahren steht demjenigen offen, der ausgleichsberechtigt zu sein glaubt. Er kann dann schon die Ausgleichsforderung geltend machen, indem er zugleich – als gedankliche Voraussetzung – die Aufhebung des Güterstandes begehrt. Es handelt sich dann um die Verbindung von Leistungsantrag (vordem: Leistungsklage) und Gestaltungsantrag (vordem: Gestaltungsklage). *Zum andern* kann jeder Ehegatte – auch der mutmaßlich ausgleichspflichtige – den Antrag bloß auf die vorzeitige Aufhebung der Zugewinnausgleich richten (§ 1386); dies ist ein reiner Gestaltungsantrag, die Geltendmachung Ausgleichsforderung muss, wenn nötig, dann in einem weiteren Verfahren erfolgen.

Beide Anträge führen zum Stichtag des § 1387 aber nur, wenn die – für beide Ansprüche gleichlaufenden – Voraussetzungen ihrer Begründetheit gegeben sind. Diese sind durch die Reform 2009 zwar neu platziert und gegliedert, im Allgemeinen aber nicht verändert worden, einen wichtigen Punkt ausgenommen: War der Antrag bisher nur begründet, wenn der Antragsgegner entweder ein Rechtsgeschäft der in § 1365 bezeichneten Art ohne die erforderliche Zustimmung der anderen *vorgenommen* hat oder sein Vermögen durch eine der in § 1375 bezeichneten Handlungen *vermindert* hat, so genügt jetzt, dass solche Handlungen *„zu befürchten"* sind (vergleiche § 1386 II a.F. mit § 1385 Nr. 2 BGB n.F.). Damit ist dem vorzeitigen Ausgleich ein größerer Spielraum eingeräumt, damit auch den Möglichkeiten der Wahl des Stichtages.

Angesichts des unklaren Gesetzestexts muss hinzugefügt werden, dass bei einem des Antrag auf vorzeitige Aufhebung des Güterstandes (§ 1386 BGB) der Antragsteller die Begründetheitsvoraussetzungen *nicht in seiner Person selbst* schaffen kann, indem er z.B. vorträgt, er beabsichtige selbst, illoyale Vermögensminderungen vorzunehmen und beantrage deshalb die vorzeitigen Aufhebung des Güterstandes. Die „entsprechende Anwendung" des § 1385 bedeutet, dass die dort in den Nr. 2 genannten Voraussetzungen *in der Person des Antragsgegners* gegeben sein müssen.

Trotz dieser Einschränkungen bleibt es dabei, dass die Bestimmung des für Berechnung und Höhe des Zugewinnausgleichs maßgeblichen Stichtages in weitem Umfang dem Belieben der Ehegatten unterliegt. Dass die Wahl dann mit dem Blick auf den eigenen Vorteil erfolgt, ist legitim. Es gehört zur professionellen Rechtsberatung, solche Aspekte mit einzubeziehen, etwa mit einer Mandantin/einem Mandanten zu besprechen, ob wirklich ein ökonomisch ungünstiger Zeitpunkt die die Einreichung eines Scheidungsantrags gewählt werden soll.

In diesem Zusammenhang kann auch die Neuregelung der Auskunftspflichten, zumal die Schaffung einer Auskunftspflicht „über das Vermögen zum Zeitpunkt der Trennung" (§ 1379 I 1 Nr. 1, § 1379 II) für die Einschätzung der wirtschaftlichen Lage nutzbar gemacht werden. Es bedarf hierfür im Fall des § 1379 II BGB nur der schlichten Tatsache des Getrenntlebens im Sinne des § 1567 BGB. Beiläufig kann man fragen, warum sich ein Ehegatte erst vom andern trennen muss, um Anspruch auf Einsicht in dessen Vermögen zu gewinnen.

IV. Die Zugewinngemeinschaft – kein Güterstand für volatile Zeiten?

Wenn das Ziel des ehelichen Güterrechts darin besteht, jedem Ehegatten einen gleichberechtigten Anteil an dem in der Ehe Erwirtschafteten zu sichern, dann mag die Häufung von Zufällen und möglichen manipulativen Akten befremden, von denen letztendlich Bestehen und

Höhe der Zugewinnausgleichsforderung abhängen. Das zufällige oder absichtlich herbeigeführte „Treffen des richtigen Zeitpunkts“ aus der Sicht des einen Ehegatten kann Hunderttausende bringen, das „Treffen des falschen Zeitpunkts“ aus der Sicht des anderen immense Summen kosten. Und doch war es ein und dieselbe Ehe, um die es geht, das wirtschaftliches Ergebnis des gemeinsamen Lebens steht fest – wie kann das Resultat der Teilhabegerechtigkeit dann wegen einiger Monate, einiger Wochen, im Extremfall einiger Tage Zeitdifferenz so unterschiedlich ausfallen? Ist unser gesetzlicher Güterstand wirklich für volatile Zeiten geeignet? Oder liegt ihm die schöne Vorstellung eines mäßigen, aber kontinuierlichen Wirtschaftswachstums zugrunde, welche die Hoffnungen der Nationalökonomen mit denen der Häuslebauer-Familie vereint?

Das Grundproblem der Zugewinngemeinschaft ist letztlich ähnlich wie beim bisherigen Vorsorgungsausgleich. Es wird nicht dasjenige geteilt, was durch Erwerbsanstrengungen in der Ehe *vorhanden* ist – das wäre das Prinzip der Errungenschaftsgemeinschaft. Sondern es wird *in Geld* ausgeglichen, während dasjenige, weswegen auszugleichen ist, möglicherweise *nicht in Geld, sondern in Sachgütern* gegeben ist. Das *Geld* dient dann *einerseits* als Mittel, mit dem der Ausgleich vollzogen wird, *andererseits* als Wertmesser für reale Güter, derentwegen der Ausgleich stattfindet. Da die Ausgleichsforderung in Geld zu einem anderen Zeitpunkt zu erfüllen ist als in demjenigen, für den das Geld als Wertmesser zur Errechnung der Ausgleichsforderung eingesetzt wurde, ist eine unaufgelöste ökonomische Diskrepanz grundgelegt: Der Ausgleichspflichtige zahlt nach Beendigung des Güterstandes mit Geld, das die Wertigkeit des Erfüllungstages hat. Die Höhe seiner Verpflichtung hingegen hängt von Bewertungen der den Ehegatten in einem zurückliegenden Zeitpunkt gehörenden Güter ab, und zwar Bewertungen, die auf den Wertrelationen von damals beruhen. Kurz ausgedrückt: *Der Pflichtige zahlt mit heutigem Geld für die Wertdifferenzen von damals.* Das ist letztlich der Grund für die Schwierigkeiten, die uns die eingangs geschilderten Fälle bereiten.

Die Reform des Zugewinnausgleichs im Jahre 2009 hat die Probleme nicht aufgegriffen, vielmehr verschärft. Das spricht dafür, dass das Güterrecht durch die Reform nicht zur Ruhe kommen wird – mit einer Belebung der Szenerie ist zu rechnen.

Veröffentlicht in: Zeitschrift für das gesamte Familienrecht, 2009, S. 1445–1450, Verlag Gieseking, Bielefeld 2009.

Nachtrag: Ein Börsencrash wie im Herbst 2008 hat sich in der Corona-Krise 2020 wiederholt. Unabhängig von solchen Ereignissen plötzlichen Werteverfalls bleibt die grundsätzliche Problematik bestehen und ungelöst: Die „gleichberechtigte Beteiligung der Ehegatten am gemeinsam Erwirtschafteten“ geschieht mit Hilfe von Rechentechniken, die das Ziel einer gerechten Teilhabe grob verfehlen können. Je mehr die Rechtsprechung darauf beharrt, dass das Rechenwerk Zugewinnausgleichs „starr“ und „schematisch“ zu handhaben sei, desto unbrauchbarer wird dieser Güterstand für die Erreichung seines Zwecks.

Ein illoyaler Gatte

I will remain the loyal'st husband that did e'er plight troth
(William Shakespeare, Cymbeline, 1. Akt 1. Szene)

O disloyal thing, that shouldst repair my youth,
though heap'st a years' age on me
(ebenda)

I. Das Problem

Am 3. Januar 1895 wurde das Schauspiel „Ein idealer Gatte" („An ideal husband") von *Oscar Wilde* im Theatre Royal am Haymarket in London uraufgeführt. Würde der Dichter in unserer Zeit leben und die deutsche Gesetzgebung verfolgen (was als äußerst unwahrscheinlich gelten muss), wäre ihm vielleicht der Stoff zu einer weiteren Komödie zugeflogen. Ihr Titel könnte „Ein illoyaler Gatte" („A disloyal husband") lauten. So, wie der ideale Gatte nicht ganz so ideal ist, so würde sich der illoyale möglicherweise als nicht ganz so illoyal erweisen.

Dieser Gedanke schoss mir durch den Kopf, als ich die Begründung zum Entwurf eines „Gesetzes zur Änderung des Zugewinnausgleichs- und Vormundschaftsrechts"[1] aufmerksam las. Dort wimmelt es von illoyalen Ehegatten oder von Ehegatten, die „illoyale Vermögensminderungen" vorgenommen haben. Der illoyale Ehegatte ist die Leitfigur beinahe der gesamten Reform. Ihm soll es an den Kragen gehen. Dass er nicht schutzwürdig ist, drückt die Begründung zur Übergangsregelung[2] mit kaum zu überbietender Deutlichkeit aus. Die Geltung des Gesetzes auch für die vor dem 1.9.2009 schon anhängigen, aber noch nicht erledigten Verfahren wird wie folgt gerechtfertigt: Die Bestimmungen dienten vor allem dem Schutz vor Manipulationen; das Vertrauen auf den Fortbestand solcher Möglichkeiten sei aber nicht schutzwürdig.[3]

Dem Phänomen des illoyalen Ehegatten soll mein Beitrag zu Ehren des wissenschaftlich wie praktisch versiertern Freundes und Notars *Rainer Kanzleiter* nachspüren. Das mit dem sinnfälligen Ausdruck gemeinte Problem ist wohlbekannt. Der gesetzliche Güterstand der Zugewinngemeinschaft bezweckt die gleichberechtigte Teilhabe der Ehegatten an der von ihnen während der Ehe geleisteten wirtschaftlichen Wertschöpfung. Im Scheidungsfall wird dieses Ziel in der Regel mit Hilfe eines schuldrechtlichen Ausgleichsanspruchs angesteuert. Dieser bestimmt sich nach den von beiden Ehegatten während der Ehe erzielten Zugewinnen: Derjenige Ehegatte, der den geringeren Zugewinn verbucht, hat einen Ausgleichsanspruch gegen den anderen in Höhe der Hälfte der Wertdifferenz der Zugewinne. Der Zugewinn ist als der Betrag definiert, um den

1 Gesetzentwurf der Bundesregierung zur Änderung des Zugewinnausgleichs- und Vormundschaftsrechts vom 6.11.2008, BT-Drucksache 16/10798. Der Entwurf erfuhr in den Beratungen des Rechtsausschusses des Bundestages wesentliche Veränderungen, s. BT-Drucksache 16/13027. Das Gesetz (BGBl 2009 I S. 1696) ist am 1. September 2009 in Kraft getreten, s. Art. 13 des Gesetzes.

2 Art. 229 § 20 Abs. 2 EGBGB in der Fassung des genannten Gesetzes (Art. 6 Nr. 2). Für Verfahren, die nach 1.9.2009 eingeleitet werden, gilt das neue Recht ohnehin, mag die Zugewinngemeinschaft auch schon seit Jahrzehnten bestehen.

3 BT-Drucksache 16/10798, S. 25.

das Endvermögen eines Ehegatten sein Anfangsvermögen übersteigt (§ 1373).[4] Das Endvermögen versteht sich als das Vermögen, das einem Ehegatten bei Beendigung des Güterstandes gehört (§ 1375 Abs. 1), im Scheidungsfall ist allerdings der Zeitpunkt der Rechtshängigkeit des Scheidungsantrags maßgeblich (§ 1384). Das Anfangsvermögen versteht sich als das Vermögen eines Ehegatten bei Eintritt des gesetzlichen Güterstandes (§ 1374 Abs. 1) zuzüglich der Aufstockung durch bestimmte spätere Erwerbe nach § 1374 Abs. 2.

Je höher das Endvermögen, desto höher der Zugewinn. Je höher der eigene Zugewinn, desto näher rückt die Möglichkeit, im Fall der Scheidung zugewinnausgleichspflichtig zu werden. Das gibt manchem Ehegatten zu denken, der das Ende seiner Ehe nahe sieht. Er kann auf die Idee kommen, sein Vermögen bis zum Zeitpunkt der Erhebung des Scheidungsantrags zu vermindern, um seinen Zugewinn klein(er) zu machen. Wenn er eine solche Absicht ins Werk setzt, gerät er in den Bannkreis dessen, was „illoyale Vermögensminderung" genannt wird, er wird zum illoyalen Ehegatten.

Die Schöpfer des gesetzlichen Güterstandes der Zugewinngemeinschaft (1957)[5] haben das Problem gesehen und ein Gegenmittel installiert: die Aufstockung des Endvermögens nach § 1375 Abs. 2 (nach der neuesten Reform: Abs. 2 S. 1). Danach wird der Wert bestimmter Vermögensminderungen, die ein Ehegatte nach dem Anfangsstichtag und *vor* dem Endstichtag vorgenommen hat, dem Endvermögen hinzugerechnet, das am Endstichtag real vorhanden ist. Es wird so getan, als sei die vermögensmindernde Maßnahme nicht geschehen und der betreffende Wert am Ende noch im Vermögen des Ehegatten vorhanden. Aus diesem durch Aufstockung fiktiv erhöhten Endvermögen ergibt sich ein fiktiv erhöhter Zugewinn – mit allen Folgen für die Ausgleichsrechnung im Scheidungsfall.

Damit waren die Möglichkeiten der Vermögensmanipulation zu Lasten des anderen Ehegatten nur zum Teil vereitelt. Dass trotz der Aufstockung nach § 1375 Abs. 2 ein Ehegatte den anderen um seine Teilhabe bringen konnte, lag vor allem an der Höchstbegrenzung des Zugewinnausgleichsanspruchs nach § 1378 Abs. 2. Auch wenn aus den einschlägigen Vermögensbilanzen und den daraus folgenden Zugewinnen ein Ausgleichsanspruch festgestellt und errechnet war, fand dieser seine Höchstgrenze in der Regelung des § 1378 Abs. 2 (nach der neuesten Reform: § 1378 Abs. 2 S. 1): „Die Höhe der Ausgleichsforderung wird durch den Wert des Vermögens begrenzt, das nach Abzug der Verbindlichkeiten bei Beendigung des Güterstandes vorhanden ist." Höchstgrenze des Anspruchs sollte also der beim Verpflichteten vorhandene Vermögenswert sein, um den seine Aktiva die Passiva übersteigen. Ergab sich keine positive Bilanz, so ergab sich auch kein Ausgleichsanspruch. Diese Regelung widerspricht an sich dem Gedanken gleichberechtigter Teilhabe an der ehelichen Wertschöpfung. Man begründet die Begrenzung des Anspruchs mit einem Schonungsgedanken: Der Ausgleichsschuldner solle also durch die Erfüllung des Anspruchs nicht in eine Überschuldung getrieben werden. Außerdem wird auch der Schutz der übrigen Gläubiger des Ausgleichspflichtigen ins Feld geführt.

Bei der Handhabung dieser Höchstlinie war die entscheidende Frage, auf welchen Zeitpunkt es für die Begrenzung auf den „Wert des nach Abzug der Verbindlichkeiten vorhandenen Vermögens" ankommt. Das Gesetz bezieht sich auf das „bei Beendigung des Güterstandes" vorhandene Vermögen, das wäre im Scheidungsfall das Vermögen im Zeitpunkt der Rechtskraft der Scheidung. Doch konnte man daran denken, auch hier auf die Vorverlegung nach § 1384 abzustellen. Im Scheidungsfall tritt für die Berechnung des Zugewinns an die Stelle der Beendigung des Güterstandes der Zeitpunkt der Rechtshängigkeit des Scheidungsantrags. Würde man die Höchstbegrenzung nach § 1378 Abs. 1 als „Berechnungsfaktor" einordnen, so wäre auch für die

---

4 Hinweise auf Paragraphen beziehen sich auf das BGB, sofern nichts anderes angemerkt ist.

5 Die Zugewinngemeinschaft ist als gesetzlicher Güterstand durch das Gleichberechtigungsgesetz vom 21. Juni 1957 eingeführt worden (BGBl. 1957 I S. 609); zum 1. Juli 1958 ist dieses Gesetz in Kraft getreten.

Höhenbegrenzung der Vermögensstand im Zeitpunkt der Rechtshängigkeit des Scheidungsantrags maßgebend gewesen. Eine solche Interpretation hatte ich beizeiten vorgeschlagen,[6] damit jedoch nicht die Gefolgschaft des BGH[7] (und damit auch nicht der Literatur) gefunden.

Die weit überwiegende Meinung bezog das Raster der Höhenbegrenzung vielmehr auch im Scheidungsfall auf die Beendigung des Güterstandes und befrachtete die Rechtspraxis mit schwierigen Problemen. Denn auf Basis dieser Rechtsauffassung ergab sich für den Ausgleichsschuldner die Möglichkeit, durch Vermögensminderungen *nach Rechtshängigkeit des Scheidungsantrags, aber vor Rechtskraft der Scheidung* die Zugewinnausgleichsforderung effektiv abzusenken oder sogar ganz zu vereiteln. Die Ausgleichspflicht und ihr Umfang können an sich mit Rechtshängigkeit des Scheidungsantrags anhand der Zugewinne errechnet werden. Dieses Ergebnis stand aber nach bisherigem Recht unter dem Vorbehalt der Höchstbegrenzung nach § 1378 Abs. 2, die erst zu einem späteren, vielfach noch ungewissen Zeitpunkt in Funktion trat. Da unstreitig der Ausgleichsanspruch erst mit Beendigung des Güterstandes entsteht (§ 1378 Abs. 3 S. 1), macht der Ausgleichsberechtigte einen erst *künftig entstehenden Anspruch geltend,* wenn vorher schon auf Zugewinn „klagt". Nach der genannten herrschenden Rechtsmeinung kam hinzu, dass auch die Höhe des Anspruchs endgültig erst künftig feststand.

Von der Möglichkeit, einen sich aus dem Rechenwerk der §§ 1373 bis 1376 ergebenden Ausgleichsanspruch durch spätere Vermögensmanipulationen zu vereiteln, ist nach Informationen aus der Praxis häufig Gebrauch gemacht worden. In der Rechtsliteratur wurde versucht, den Gerichten juristische Mittel gegen die Missbräuche zu Lasten der Ausgleichsberechtigten an die Hand zu geben. So wurde etwa vorgeschlagen, § 1375 Abs. 2 im Rahmen des § 1378 Abs. 2 analog anzuwenden oder die nach dem Scheidungsantrag vorgenommenen Vermögensminderungen nach § 242 als unbeachtlich zu behandeln.[8] Doch ist es nicht gelungen, durch eine gefestigte Rechtsprechung ein Bollwerk gegen den Rechtsmissbrauch zu errichten.

Das wiegt umso schwerer, als die Höhenbegrenzung des § 1378 Abs. 2 auch dann voll zum Zuge kam, wenn der Vermögensstand des Verpflichteten auf „illoyale Vermögensminderungen" vor Rechtshängigkeit des Scheidungsantrags zurückzuführen war.

Beispiel: M hat ein Anfangsvermögen von 300.000 Euro (indexiert), ein Endvermögen von 350.000 Euro. Seiner Geliebten hat er zwischen den Stichtagen einen Sportwagen im Wert von 150.000 Euro geschenkt. Seine Frau F hat, so sei der Einfachheit angenommen, keinen Zugewinn gemacht. Nach Rechtshängigkeit des Scheidungsantrags verschwendet M sein Vermögen, bei Rechtskraft der Scheidung ist kein positiver Vermögenssaldo mehr vorhanden.

Lage nach altem Recht. Das Endvermögen M ist um die Zuwendung aufzustocken, beträgt also 500.000, sein Zugewinn daher 200.000. Der Anspruch der F beträgt rechnerisch 100.000. Doch greift die Höhenbegrenzung, da bei M bei Beendigung des Güterstandes kein positiver Vermögenssaldo vorhanden ist, schuldet er nach § 1378 Abs. 2 nichts.

Der für § 1378 Abs. 2 maßgebliche Vermögensstand wurde nach bisherigem Recht bei illoyalen Vermögensminderungen nicht etwa aufgestockt – ein grober Webfehler in der gesetzlichen Konstruktion.

Es ist daher verständlich, wenn der Gesetzgeber eine Reform des Zugewinnausgleichsrechts unternahm. Das „Gesetz zur Änderung des Zugewinnausgleichs- und Vormundschaftsrechts" vom 6. Juli 2009 kam beinahe über Nacht zu einer Zeit, da Praxis und Wissenschaft alle Hände voll zu tun hatten, die große Reform des Verfahrensrechts durch das FamFG in sich aufzunehmen. Ob die Reform das Problem angemessen löst, soll Gegenstand einiger Erwägungen sein.

---

6 *Schwab*, Handbuch des Scheidungsrechts, 1. Aufl. 1977, Rn. 785.
7 BGH FamRZ 1988, 925.
8 Übersicht über die Lösungsmöglichkeiten in: *Schwab*, Handbuch des Scheidungsrechts, 5. Aufl. 2004, Teil VII Rn. 182–185.

II. Die neuen Waffen gegen den illoyalen Gatten

Um unfaire Manipulationen der geschilderten Art zu erschweren, greift das Reformgesetz zu einer Kombination von Maßnahmen, die zunächst im Überblick dargestellt werden sollen. Vorab ist festzuhalten, dass die Regelung des § 1375 Abs. 2 (= § 1375 Abs. 2 S. 1 neuer Fassung) unverändert geblieben ist. Die Vermögensvorgänge, um die es geht, sind identisch geblieben: unentgeltliche Vermögenszuwendung an einen Dritten, Verschwendung, Handlungen in der Absicht, den anderen Ehegatten zu benachteiligen. Die Verschärfung tritt vielmehr durch eine Änderung von Vorschriften ein, welche die Anwendung des § 1375 Abs. 2 beeinflussen.

1) Die gewichtigste Neuerung betrifft die Vorschrift des § 1378 Abs. 2. Zwar ist der Text des bisherigen Abs. 2 entgegen den Plänen des Regierungsentwurfs im neuen Abs. 2 S. 1 unverändert übernommen, doch gewinnt die Tragweite eine neue Bedeutung durch die Neufassung des § 1384. Danach ist im Scheidungsfall die Rechtshängigkeit des Scheidungsantrags der entscheidende Termin nicht nur – wie bisher – für die „Berechnung des Zugewinns" (also den Termin des Endvermögens), sondern auch für die „Höhe des Ausgleichsforderung". Für die Höhe der Ausgleichsforderung ist aber über das Rechenwerk des Zugewinns hinaus auch § 1378 Abs. 2 S. 1 von Belang. Das bedeutet zweifellos: Der entscheidende Stichtag für die Höhenbegrenzung ist in den Scheidungsfällen nicht mehr die Beendigung des Güterstandes (Rechtskraft der Scheidung), sondern die Rechtshängigkeit des Scheidungsantrags. Stichtag für das Endvermögen und Stichtag für die Höhenbegrenzung ist derselbe. Das hat zur Folge: Alle Vorgänge, die sich nach dem Tag der Rechtshängigkeit des Scheidungsantrags ereignen, sind – vorbehaltlich allenfalls der Härteklausel des § 1381[9] – für die Höhe der Ausgleichsforderung irrelevant. Damit entfällt die bisher gegebene Möglichkeit, durch Vermögensminderung nach Erhebung des Scheidungsantrags noch Einfluss auf den Zugewinnausgleich zu nehmen.

2) Die in § 1378 Abs. 2 angeordnete Höhenbegrenzung ist insofern direkt verändert worden, als das neue Recht bei der Festlegung des Höhenrasters die „illoyalen Vermögensminderungen" ausdrücklich berücksichtigt. Die „Begrenzung der Ausgleichforderung erhöht sich" um den Aufstockungsbetrag, der dem Endvermögen gemäß § 1375 Abs. 2 S. 1 hinzuzurechnen ist. Sprachlich ist der Satz misslungen: Es „erhöht sich" natürlich nicht *die Begrenzung*, wohl aber die *Maximalgrenze*, die der Ausgleichsanspruch nicht überschreiten kann.

3) Die dritte gegen den illoyalen Ehegatten geschmiedete Waffe bildet die Ausweitung der Auskunftspflicht. Diese Ausweitung hat mehrere Facetten.

a) Nach bisherigem Recht bezog sich die beiderseitige Auskunftspflicht, die mit der Einreichung des Scheidungsantrags entsteht, nur auf den Bestand des Endvermögens. Nach herrschender Auffassung waren die Vorgänge, die nach § 1375 Abs. 2 zu einer Aufstockung des Endvermögens führen konnten, nicht von der Auskunftspflicht des § 1379 umfasst. Der BGH behalf sich mit einer ergänzenden, letztlich schwächer ausgestalteten Auskunftspflicht aus dem Gedanken von Treu und Glauben.[10] Demgegenüber erstreckt die Neuregelung den Auskunftsanspruch „auf das Vermögen, soweit es für die Berechnung des Anfangs- und Endvermögens maßgeblich ist" (§ 1379 Abs. 1 S. 1 Nr. 2 neuer Fassung). Dass nun auch das Anfangsvermögen betroffen ist, hängt damit zusammen, dass das neue Recht auch mit negativen Anfangsbilanzen rechnet. Wichtiger für unseren Zusammenhang ist, dass die Auskunftspflicht sich nun auch auf die „illoyalen Vermögensminderungen" des § 1375 Abs. 2 S. 1 bezieht, denn auch sie sind für die Berechnung des Endvermögens maßgeblich. Es kann also das Auskunftsbegehren auch auf die Frage gerichtet werden, ob der Auskunftspflichtige zwischen den Stichtagen Vermögensmaßnahmen der in § 1375 Abs. 2 S. 1 genannten Art vorgenommen hat, und gegebenenfalls welche.

---

9 Dazu mein Beitrag in FamRZ 2009, 1445 ff.

10 BGH FamRZ 1982, 27; 1997, 800, 803; 2000, 948, 949 entgegen anderer Meinung, welche die besseren Gründe hatte.

b) Einschneidender noch ist die Einführung eines Anspruchs auf Auskunft über „das Vermögen zum Zeitpunkt der Trennung".[11] Dieser hat erstaunlicherweise eine doppelte Grundlage. Er kann mit Eintritt des Getrenntlebens und jederzeit während des Getrenntlebens ohne weitere Voraussetzung geltend gemacht werden (§ 1379 Abs. 2 neuer Fassung). Zudem aber ist er gegeben, sobald der Güterstand beendet oder ein Antrag auf Scheidung, Aufhebung der Ehe oder vorzeitigen Zugewinnausgleich eingereicht ist. Ziel dieser Auskunftsansprüche ist es, Vermögensmanipulationen zwischen dem Eintritt des Getrenntlebens und dem Endstichtag zu erschweren. Denn wenn zum Trennungszeitpunkt das Vermögen eines Ehegatten höher war als das zum Endstichtag angegebene Vermögen, so muss der Vermögensinhaber erklären können, wie es zu dieser Minderung kommt. Allerdings bleiben Vorgänge, die *vor der Trennung* stattgefunden haben, außer Betracht.

4) Mit dem Anspruch auf Auskunft über das Trennungsvermögen korrespondiert die neue Vorschrift des § 1375 Abs. 2 S. 2: Wenn das Endvermögen eines Ehegatten geringer ist als das in der Auskunft zum Trennungszeitpunkt angegebene Vermögen, so hat dieser Ehegatte darzulegen und zu beweisen, dass die eingetretenen Vermögensminderungen nicht auf Handlungen zurückzuführen sind, die gemäß § 1375 Abs. 2 S. 1 zur Aufstockung des Endvermögens führen. Wer Antrag auf Zugewinnausgleich stellt, trägt an sich die Darlegungs- und Beweislast für die Tatsachen, die den Anspruch begründen, also auch für das dem Anspruch zugrunde gelegte Endvermögen des Antragsgegners. Die Neuregelung kehrt die Beweislast im Kontext mit dem Anspruch auf Auskunft über das Trennungsvermögen um.

5) Gegen den „illoyalen Ehegatten" richtet sich auch die Neuregelung des vorzeitigen Zugewinnausgleichs.[12] Bekanntlich kennt das neue Recht nun zwei Verfahren: das Verfahren auf „vorzeitigen Zugewinnausgleich bei vorzeitiger Aufhebung der Zugewinngemeinschaft" (§ 1385) und das Verfahren auf „vorzeitige Aufhebung der Zugewinngemeinschaft". Das erstgenannte stellt eine Verbindung von Leistungs- und Gestaltungsverfahren dar, das zweitgenannte ein reines Gestaltungsverfahren. In unserem Zusammenhang ist wichtig, dass die Wege, die zum vorzeitigen Zugewinnausgleich führen, verbreitert worden sind. „Illoyale Handlungen" betreffend liegt der Unterschied hauptsächlich in Folgendem: Während bisher vorausgesetzt war, dass der Antragsgegner ein Geschäft über sein Vermögen im Ganzen ohne Zustimmung des anderen *vorgenommen* hatte oder sein Vermögen nach § 1375 Abs. 2 *vermindert* hatte (§ 1386 Abs. 2), genügt es jetzt, dass solche Maßnahmen *zu befürchten sind* (§ 1385 Nr. 2 neuer Fassung). Sie müssen also noch nicht getätigt sein. Auch soweit der Antrag auf vorzeitigen Zugewinnausgleich auf die beharrliche und grundlose Weigerung des Antragsgegners gestützt werden kann, den Antragsteller über den Bestand seines Vermögens zu unterrichten (§ 1386 Abs. 3 alter Fassung), hat die Reform die Voraussetzungen erweitert. Es genügt die beharrliche Weigerung in der Vergangenheit bis zur Erhebung des förmlichen Auskunftsantrags (§ 1385 Nr. 4 neuer Fassung).

6) Schließlich soll auch der Nutznießer der „illoyalen Vermögensminderung" leichter in die Haftung genommen werden können. Nach bisherigem Recht war ein Regress gegen den Dritten nur unter engen Voraussetzungen möglich. Nach § 1390 Abs. 1 bisheriger Fassung konnte sich der ausgleichsberechtigte Ehegatte an den Dritten unter folgenden Voraussetzungen halten:

- Sein Anspruch musste an der Höhenbegrenzung des § 1378 Abs. 2 scheitern;
- Dies musste darauf beruhen, dass der Ausgleichspflichtige einem Dritten eine (nach § 1375 Abs. 2 hinzuzurechnende) Zuwendung gemacht hatte;
- Der Ausgleichspflichtige musste die Zuwendung in der Absicht getätigt haben, den Ausgleichsberechtigten zu benachteiligen.

---

11 Zur praktischen Bedeutung *Bergschneider,* FamRZ 2009, 1713.

12 Dazu *Bergschneider,* FamRZ 2009, 1713 ff.; *Fischinger,* FamRZ 2009, 1718.

Der Regress war zudem in dem Fall eröffnet, dass der Ausgleichspflichtige sonstige Rechtshandlungen in Benachteiligungsabsicht vorgenommen hatte und dies dem Dritten bekannt war (§ 1390 Abs. 2 alter Fassung).

In jedem Fall haftete der Dritte nur, *soweit* der Zugewinnausgleichsanspruch an der Höhenbegrenzung des § 1378 Abs. 2 scheiterte. Das ist nach dem neuen Recht anders. Nunmehr kann der Dritte bereits dann in Anspruch genommen werden, wenn „die Höhe der Ausgleichsforderung den Wert des nach Abzug der Verbindlichkeiten bei Beendigung des Güterstandes vorhandenen Vermögens des ausgleichspflichtigen Ehegatten übersteigt". Das ist aufgrund der Aufstockung der Höchstgrenze nach § 1378 Abs. 2 S. 2 neuer Fassung möglich. Die neue Regel bedingt, dass der „illoyale" Ehegatte und sein Destinatär *nebeneinander* haften können. Sie tun dies, wie das Gesetz ausdrücklich sagt, als Gesamtschuldner (§ 1390 Abs. 1 S. 4 neuer Fassung) – mit der bemerkenswerten Folge eines denkbaren Gesamtschuldnerregresses zwischen dem Ehemann und seiner Geliebten bzw. der Ehefrau und ihrem mit wirtschaftlichen Wohltaten bedachten Lover.

Ist das, alles zusammengenommen, nicht etwas viel? – so möchte man fragen.[13] Der Gesetzgeber erweckt den Eindruck, als neigten Eheleute, wenn es um die angemessene Teilhabe an der gemeinsam geleisteten Wertschöpfung geht, grundsätzlich zum illoyalen Handeln. Dagegen stattet sie der Reformgesetzgeber nun gegenseitig mit scharfen Waffen aus. Besonders problematisch erscheint die auf den Trennungszeitpunkt bezogene Auskunftspflicht, die vielleicht dazu führen wird, dass sich Eheleute, versiert beraten, sogleich nach der Trennung mit Auskunftsbegehren überziehen – am besten ist das Auskunftsverfahren schon vor dem Auszug aus der Ehewohnung vorbereitet. Den letzten Schritt hat der Gesetzgeber freilich noch nicht gewagt: Er hätte ja auch daran denken können, die Offenlegung fortlaufender Jahresbilanzen während bestehender Ehe zu statuieren.

III. Vermögensminderung und Illoyalität

1. Wer oder was ist illoyal?

Was ist ein illoyaler Ehegatte? Die Gesetzesbegründung zum genannten Reformgesetz meint augenscheinlich denjenigen Ehegatten, der Vermögensmaßnahmen trifft, wie sie in § 1375 Abs. 2 S. 1 beschrieben sind. Die Illoyalität seines Handelns soll die einschneidenden Folgen zu seinen Lasten im Rahmen des Zugewinnausgleichs rechtfertigen. Die Frage ist, ob die in § 1375 Abs. 2 S. 1 beschriebenen Handlungsweisen zutreffend als illoyal eingestuft werden.

Das deutsche Bürgerliche Recht kennt „illoyal" als Rechtsterminus nicht.[14] Wir befinden uns also auf der Ebene der Gemeinsprache. Das Wort ist zweifelsfrei aus dem Französischen übernommen und dort aus dem Substantiv „loi" (Gesetz, Gebot, Regel) abgeleitet. Dem wiederum liegen die lateinischen Vokabeln „lex", „legalis" zugrunde. Beim Transfer in die romanischen Sprachen sind zwei Adjektive mit differierender Bedeutung entstanden, so im Französischen „légal" einerseits, „loyal" andererseits.[15] Während „légal" mit „gesetzmäßig" oder „rechtmäßig" im engeren Sinne wiedergegeben wird, ist die Bedeutung von „loyal" weiter gezogen: Über „rechtmäßig" hinaus kann das Wort auch im Sinne von „redlich", „gutgesinnt", „ohne Falsch" gebraucht werden, auch von „pflichtgemäß", „gehorsam". Von daher kommt eine spezielle

13 Eine überschießende Tendenz des Reformgesetzes sieht *Brudermüller*, s. Palandt/*Brudermüller*, 69. Aufl. 2010, § 1378 Rn. 8.

14 Wohl aber die europäische Bürokratensprache, vgl. nur die Entschließung des Europäischen Parlaments zum Abkommen zwischen der EU und den Vereinigten Staaten von Amerika über Wein vom 29.9.2005 („illoyale Konkurrenz").

15 Dem entsprechen im Italienischen die Begriffspaare „legale" – „leale", im Spanischen „legal" – „leal".

Sinngebung im politischen Bereich: Der „loyale Untertan" ist dem Herrscher lieb so wie dem Reiter „le cheval loyal" – das willige Pferd.[16] An dieser weiteren Bedeutung nimmt auch der Gegenbegriff „déloyal" teil: Er dient nicht nur der Bezeichnung des Rechtswidrigen (illégal), sondern meint darüber hinaus und spezieller eine unredliche, treulose oder pflichtwidrige Haltung.[17] Ähnlich ist die Sprachentwicklung im Englischen. Das Sprachpaar „legal" und „loyal" scheint hier noch weiter auseinander zu liegen. Während „legal" primär auf die Rechtsordnung bezogen ist, hat „loyal" eine allgemeinere, den Rechtsbereich überschreitende Bedeutung (unredlich, treuwidrig, pflichtwidrig), von daher auch der Begriff „Loyalty and good faith" für unser „Treu und Glauben". Dementsprechend wird „illegal" in den Wörterbüchern mit „gesetzwidrig", „rechtswidrig" wiedergegeben, „disloyal" hingegen mit „treulos".

In ähnlichem Sinne wie im Englischen werden die Begriffspaare „legal" – „loyal" und „illegal" – „illoyal" im Deutschen mit spezifisch unterschiedlichen Bedeutungen verwendet.[18] „Illoyal" meint heute nicht „rechtswidrig", sondern bezieht sich auf ein treuloses oder pflichtwidriges Verhalten. In der öffentlichen Sprache scheint der Terminus einer Moralisierung ausgesetzt (unsolidarisch, unfair und andere Nuancen). Die Hauptbedeutung des Wortes liegt aber nach wie bei „unredlich" oder „treuwidrig".

Lassen sich die in § 1375 Abs. 2 S. 1 beschriebenen Verhaltensweisen als illoyal in diesem Sinne einordnen? Es gilt, die einzelnen Tatbestände zu unterscheiden. Vermögensminderungen, die in der Absicht vorgenommen wurden, den anderen Ehegatten entgegen dem Zugewinnausgleichsrecht zu benachteiligen (Nr. 3 der Vorschrift) sind gewiss als unredlich zu bezeichnen. Die Schädigung des anderen muss das leitende Motiv des also Handelnden sein.[19] Dieser zielt darauf ab, die dem anderen aus dem Regelwerk des Zugewinnausgleichs zustehende Rechtsposition zu verkürzen. Probleme der Einordnung in das Reich des Illoyalen aber bereitet bereits die Verschwendung (Nr. 2), und größte Zweifel sind bei unentgeltlichen Zuwendungen angebracht (Nr. 1).

2. Die Verschwendung

Der Begriff „Verschwendung" kommt in der deutschen Rechtssprache nicht mehr häufig vor. Eine Rolle spielt er in § 290 Abs. 1 Nr. 4 der Insolvenzordnung sowie gelegentlich im Öffentlichen und im Europäischen Recht, das sich beispielsweise mit der Verschwendung von Wasser und Energie beschäftigt (leider nicht mit der Verschwendung von Papier in den Bürokratien). Im BGB ist die Verschwendung auf dem Rückzug.[20] Klassischer Topos waren die §§ 6 und 114 BGB ursprünglicher Fassung, wonach entmündigt werden konnte, wer durch Verschwendung sich oder seine Familie der Gefahr des Notstandes aussetzte.

Seit Abschaffung der Entmündigung (1992) taucht die Verschwendung im BGB hauptsächlich im Zusammenhang mit dem Zugewinnausgleich auf. Rechtsprechung gibt es kaum. Die Kommentatoren haben mit dem Terminus offenkundige Schwierigkeiten. Üblicherweise werden zwei Elemente hervorgehoben: Es soll sich einerseits um Vermögensdispositionen handeln, die „unnütz" oder „ziellos" getätigt werden, andererseits wird gefordert, dass sie in keinem (rechten) Verhältnis zu den Vermögensverhältnissen des Disponierenden stehen. Keine Übereinstimmung besteht in der Frage, in welchem Verhältnis diese Elemente zueinander stehen.

---

16 Diese Bedeutung findet sich noch in: *Sachs-Villate*, Encyklopädisches Wörterbuch der französischen und deutschen Sprache. Revidierte Ausgabe 1911, Teil I S. 493.

17 *Sachs-Villate*, S. 246.

18 Wohl mit Übergängen. Der Brockhaus von 1902/1910 gibt für „illoyal" noch die Bedeutung „gesetzwidrig, pflichtwidrig" an.

19 MünchKommBGB/*Koch*, 5 Aufl., § 1375 Rn. 29.

20 Außer § 1375 noch § 2338 BGB.

Nach der einen Meinung müssen sie zusammenkommen,[21] nach der anderen scheint das eine Element das andere zu bedingen („solche Ausgaben, bei denen ein Ehegatte weder Maß noch Ziel zu halten versteht, die unnütz und übermäßig sind, *weil* sie zu seinem Vermögen in keinem Verhältnis stehen" [22]). Was die subjektiven Erfordernisse der Verschwendung betrifft, sind die Auskünfte aus der Literatur eher diffus. Ein Hang zur Verschwendung wird nicht gefordert[23], aber nicht einmal ein *Verschwendungsvorsatz*. Es wird gesagt, dass die Motive des Handelnden irrelevant seien;[24] auch Leichtsinn (leichtsinniges Ungenutztlassen von Vermögenswerten) könne genügen.[25] Anderseits wird gesagt, ein „Leben über die Verhältnisse" reiche nicht aus.[26]

Das alles zusammengenommen lässt Zweifel aufkommen, ob man die Verschwendung als „unredliches" oder „treuwidriges" Verhalten bewerten kann. Den Kern des Begriffes bildet ein grobes Missverhältnis zwischen dem angestrebten Effekt und den dafür eingesetzten Mitteln, wobei das Missverhältnis auf dem Hintergrund der Vermögenslage der handelnden Person einzuschätzen ist. Mit der Verschwendung wird eher ein Charakterfehler (Prahlsucht, Leichtsinnigkeit) oder Ungeschicklichkeit als Unredlichkeit assoziiert. Das zeigen deutlich die Fälle des unzureichenden Wirtschaftens, die bei Leichtsinn, vielleicht auch bei grober Fahrlässigkeit durchaus der Verschwendung zugerechnet werden.[27] Der in sich versunkene Philosoph, der die ihm zugefallene Erbschaft nicht ordentlich bewirtschaftet, weil er sein Jahrhundertwerk vollenden will, kann sein Vermögen auf diese Weise verschwenden, Unredlichkeit ist ihm hingegen nicht zuzurechnen. Die Fußballhoffnung, die ihre Fähigkeiten brach liegen lässt, um eine aussichtlose Karriere als Showmaster zu versuchen, verschwendet ihr Talent, sie handelt im landläufigen Sinne dumm, aber nicht unredlich. Zur Verschwendung kann im Einzelfall die böse Absicht hinzukommen – dann aber liegt zugleich ein Fall des § 1375 Abs. 2 S. 1 Nr. 3 vor. Doch ist Unredlichkeit kein Wesensmerkmal der Verschwendung für sich gesehen. Selbst der Angeber, der mit dem Geld „nur so um sich wirft", um everybody's darling zu sein, benimmt sich vielleicht lächerlich, aber nicht unredlich.

In dem Schauspiel „Der Verschwender" von *Ferdinand Raimund*[28] macht Julius von Flottwell, der Held des Stücks, von der väterlichen Erbschaft den Gebrauch überbordender Großzügigkeit. Das mindert sein soziales Ansehen keineswegs.

> Flottwell: O wär' ich überreich! Ich wünscht' es nur zu sein, um meine Schätze mit der Welt zu teilen! Das Geld ist viel zu sehr geachtet. Drum ist's so stolz. Es will nie in des armen Menschen Tasche bleiben und strömt nur stets dem Reichen zu.
>
> Pralling: Wer ist so gut wie unser edler Flottwell hier!
>
> Walter: Ich kenne kein Gemüt, das seinem gleicht. (1. Akt, 10. Auftritt)

An seiner Verschwendung droht der Held zugrunde zu gehen, doch rettet ihn eine Fee, die sich in ihn verliebt hat und mit ihren Zauberkräften und der Hilfe des Geistes Azur ihm wiederum zu Reichtum verhilft. Eine solche Fee hält das geltende Zugewinnausgleichsrecht für den Verschwender nicht bereit. Sein Ehegatte wird immerhin durch die Regel des § 1375 Abs. 2 S. 1 Nr. 2 getröstet.

---

21 Palandt/*Brudermüller* § 1375 Rn. 27; MünchKommBGB/*Koch* § 1375 Rn. 27; Bamberger/Roth/*Mayer*, 2. Aufl. 2008, § 1375 Rn. 42.

22 Staudinger/*Thiele*, Neubearbeitung 2007, § 1375 Rn. 28.

23 Bamberger/Roth/*Mayer* § 1375 Rn. 42; Staudinger/*Thiele* § 1375 Rn. 29.

24 MünchKommBGB/*Koch* § 1375 Rn. 27; Staudinger/*Thiele* § 1375 Rn. 29; *Schwab*, Handbuch, Teil VII Rn. 158.

25 Staudinger/*Thiele* § 1375 Rn. 28.

26 Palandt/*Brudermüller* § 1375 Rn. 27; Staudinger/*Thiele* § 1375 Rn. 29.

27 Staudinger/*Thiele* § 1375 Rn. 28; demgegenüber Palandt/*Brudermüller* § 1375 Rn. 27.

28 Original Zaubermärchen in drei Akten, gedruckt Stuttgart 1868.

Von ihrem Zweck her gesehen verlangt die Aufstockungsregelung des § 1375 Abs. 2 keine Illoyalität, Unredlichkeit oder Treuwidrigkeit des Verschwenders. Man darf verschwenden, das gehört zu unserer Freiheit. Man soll es nur nicht auf Kosten des anderen Ehegatten können – das ist die Botschaft der Norm.

3. Unentgeltliche Zuwendung

Dass unentgeltliche Zuwendungen, die jemand aus eigenem Vermögen an andere tätigt, nicht *ex ovo* als unredlich betrachtet werden können, versteht sich von selbst. Noch befinden wir uns in einem politischen System, das die Eigentumsfreiheit gewährleistet. Das eheliche Band bringt Beschränkungen dieser Freiheit mit sich, aber doch nur, soweit der Sinn der Ehe und die dem entsprechenden gesetzlichen Regeln es verlangen. Güterrechtlich ist grundlegend, dass die Zugewinngemeinschaft als Gütertrennung strukturiert ist. Die ehebedingten Begrenzungen zeigen sich in Einschränkungen der rechtsgeschäftlichen Dispositionsfreiheit (§§ 1365, 1369) und in der Pflicht zum Zugewinnausgleich am Ende der Ehe. Eine mittelbare Einschränkung ergibt sich zudem aus der Regel des § 1375 Abs. 2 S. 1 Nr. 1: Unentgeltliche Zuwendungen, die ein Ehegatte aus seinem Vermögen während der Zeit des Güterstandes an Dritte gemacht hat, schmälern den Zugewinnausgleichsanspruch des anderen ebenso wenig, wie sie den Ausgleichsanspruch des Zuwenders steigern können. Im Übrigen bleibt die Freiheit des Eigentums.

Unredlichkeit des Gebers ist weder Voraussetzung der „unentgeltlichen Zuwendung" im Sinne des § 1375 Abs. 2 S. 1 Nr. 1 noch ein ihr innewohnendes Element. Dem könnte man entgegen halten: Ausgenommen von der Aufstockung des Endvermögens sind nach dem Gesetzestext Zuwendungen, durch die einer sittlichen Pflicht oder einer auf den Anstand zu nehmenden Rücksicht entsprochen wird – also bleiben für § 1375 Abs. 2 S. 1 Nr. 1 nur „illoyale" Zuwendungen übrig.

Das ist zu bestreiten. Freilich kommt es darauf an, was sittliche Pflicht und Rücksicht auf den Anstand konkret bedeuten. Ein klare Auskunft ist in den Kommentaren bei keiner Vorschrift, in der dieses Begriffspaar auftaucht (§§ 534, 814, 1641), zu finden. Der schöne Satz aus dem Mund von Lady Cheveley: „*Morality is simply the attitude we adopt towards people whom we personally dislike*"[29] wird uns ebenso wenig weiterhelfen wie die Erkenntnis von Lord Goring: „*It is the growth of the moral sense in women that makes marriage such a hopeless, one-sided institution.*"[30]

In der einschlägigen Rechtsliteratur wird oft zwischen der Rücksicht auf den Anstand und der sittlichen Pflicht nicht genauer unterschieden. Die Schwierigkeit liegt darin, dass das Gesetz auf außerrechtliche Begriffe mit fast uferlosem Sinngehalt zurückgreift. Zudem variiert ihre Funktion je nach der Norm, in denen sie eine Rolle spielen. Besonders Bei § 534 ist begriffliche Engführung zu beobachten. Die gewundenen Formulierungen zur „sittlichen Pflicht" spiegeln juristische Ratlosigkeit wieder. Nicht selten wird „sittlich" mit „sittlich" erklärt. Auf frühere Erkenntnisse zurückgreifend führt etwa der BGH aus, dem Schenker sei nach § 534 eine Rückforderung nur dann verwehrt, „wenn dem Schenker eine besondere Pflicht für die Zuwendung oblegen hat, eine Pflicht, die aus den konkreten Umständen des Falles erwachsen ist und in den Geboten der Sittlichkeit wurzelt, wobei das Vermögen und die Lebensstellung der Beteiligten sowie ihre persönlichen Beziehungen untereinander zu berücksichtigen sind. Eine sittliche Pflicht ist nur zu bejahen, wenn das Handeln geradezu sittlich geboten ist."[31] Mit der geforderten tiefen sittlichen Verankerung ist vor allem den Sozialämtern erlaubt worden, aus über-

29 Oscar Wilde, An ideal husband, 2. Akt.
30 Ebenda, 3. Akt.
31 BGH FamRZ 1986, 1079, 1080.

geleitetem Recht Schenkungen zu widerrufen und wegen verauslagter Pflegeaufwendungen bei den Beschenkten Regress zu nehmen. Sittlich geboten sind nach OLG Oldenburg[32] belohnende Schenkungen für Pflegeleistungen durch Verwandte nur dann, wenn besondere Umstände vorliegen, die das Ausbleiben einer solchen Belohnung als sittlich anstößig erscheinen lassen, z. B. wenn die Pflegeleistung unter schweren persönlichen Opfern erbracht wird und der Leistende deswegen in eine Notlage gerät.

Neuere Kommentierungen zu § 1375 wollen den Begriff der Pflicht- und Anstandsschenkungen weiter fassen (Zuwendungen rein karitativen Charakters oder solche, die sozialen Verpflichtungen entsprechen).[33] Doch auch so schließt sich die Lücke zu den „illoyalen" Zuwendungen nicht. Man kann andere zu ihrem Wohl bedenken, ohne nach den Maßstäben einer Durchschnittsmoral dazu verpflichtet zu sein. Man kann es in allen Ehren tun, nur eben nicht auf Kosten der Zugewinnausgleichsrechte des Ehepartners – das ist die Aussage des § 1375 Abs. 2 S. 1 Nr. 1, der keinerlei Unredlichkeit verlangt.

Dieser Gesichtspunkt spricht übrigens dagegen, den Begriff der Pflichtzuwendung zu sehr auszudehnen. Wir nehmen an: Ein gut situierter Ehegatte tut viel Gutes; er stiftet dem Theater, dem Fußballklub, dem Kindergarten, der darbenden Universität: Soll er dies ohne Zustimmung seines Ehegatten auf Kosten von dessen Ausgleichsanspruch tun dürfen? Karitative Zwecksetzung der Zuwendung und Wahrung der Rechte des anderen Ehegatten schließen sich nicht aus.

IV. Folgerungen

1. „Illoyalität" und Aufstockung des Endvermögens

Die in § 1375 Abs. 2 S. 1 beschriebenen Vorgänge lassen sich nicht generell als „illoyale Handlungen" kennzeichnen. Unredlich und treuwidrig sind vermögensmindernde Handlungen in Benachteiligungsabsicht. Bei der Verschwendung und den unentgeltlichen Zuwendungen *kann im konkreten Fall* die Absicht der Benachteiligung hinzukommen. Genau betrachtet können unentgeltliche Zuwendungen ebenso wie Verschwendungen *zugleich* die Voraussetzungen des § 1375 Abs. 2 S. 1 Nr. 3 erfüllen. Nur *müssen* sie es nicht, um die Aufstockung des Endvermögens zu rechtfertigen. Auch eine „nicht illoyale" Vermögensminderung kann so geartet sein, dass der andere Ehegatte sie nicht auf seine Kosten gelten lassen muss. Dass der Gesetzgeber diesen Zusammenhang gesehen hat, beweist der Text des § 1390 Abs. 1, der den Regress gegen einen Dritten eröffnet, wenn eine unentgeltliche Zuwendung *mit Benachteiligungsabsicht* getätigt wurde, also nicht, wenn diese Absicht fehlte!

Die Erkenntnis, dass nicht alle in § 1375 Abs. 2 S. 1 beschriebenen Handlungen „illoyal" sein müssen, hat Auswirkung auf die Handhabung der einschlägigen Vorschriften. Das berechtigte Anliegen des Reformgesetzgebers, illoyale Vermögensminderungen zu erschweren, schießt über das Ziel hinaus, wenn man die Aufstockungsfälle des § 1375 Abs. 2 generell mit dem Stempel unredlichen Verhaltens versieht.

2. Ehevertragsrecht

Es gilt, wo immer das Gesetz dies zulässt, zu differenzieren. Das betrifft vor allem den Bereich des Gütervertragsrechts. Die Frage, ob die Ehegatten vertraglich auf den Schutz des § 1375 Abs. 2 S. 1 verzichten können, indem sie seine Geltung ausschließen, wird unterschied-

32 FamRZ 1996, 1281, 1282.
33 MünchKommBGB/*Koch*, § 1375 Rn. 25; gleiche Tendenz bei Staudinger/*Thiele*, § 1375 Rn. 26.

lich beantwortet. Teils wird § 1375 Abs. 2 als zwingendes Recht angesehen,[34] teils grundsätzlich der Vertragsfreiheit anheim gegeben.[35] Einige Autoren differenzieren zwischen den Aufstockungstatbeständen.[36] Nach den oben entwickelten Gedanken liegt es nahe, den Schutz des § 1375 Abs. 2 S. 1 Nr. 3 für indisponibel anzusehen. Es ist ein schwer erträglicher Gedanken, dass ein Ehegatte vorab soll wirksam darin einwilligen können, durch absichtliche (!) Vermögensmanipulationen des anderen geschädigt werden zu dürfen – die rechtspolitische Grunderwägung ist die gleiche wie beim Ausschluss der Haftung für Vorsatz in § 276 Abs. 3.

Soweit es sich hingegen um unentgeltliche Zuwendungen ohne eine solche Absicht handelt, sind die allgemeinen Prinzipien der Ehevertragsfreiheit heranzuziehen: Es gilt kein generelles Verdikt, sondern die konkrete Würdigung des Falles. Bei der Verschwendung bin ich mir im Zweifel, es kommt auch auf die Definition an. Betont man im Verschwendungsbegriff die Sinn- oder Nutzlosigkeit der Aufwendungen, so fällt es schwer, einen Vertrag für wirksam zu halten, in der eine Partei vorab in eine Verkürzung ihrer Rechte durch sinnloses Gebaren der anderen einwilligt. Anders kann man urteilen, wenn der Verschwendungsbegriff weiter gefasst wird und das „Leben über die eigenen Verhältnisse“ einbezieht, das durchaus sinnorientiert sein kann.

3. Die Aufstockung der Höhenbegrenzung

Bei der Auslegung der Vorschriften des Zugewinnausgleichs ist darauf zu achten, nicht ausschließlich „illoyale Vorgänge“ im Auge zu haben, wo Vermögensminderungen nach § 1375 Abs. 2 S. 1 eine Rolle spielen. Als Beispiel diene die Erhöhung der Kappungsgrenze nach § 1378 Abs. 2.

Dazu ist vorauszuschicken: Die Aufstockung des Endvermögens nach § 1375 Abs. 2 hatte nach bisherigem Recht auf die Höhenbegrenzung nach § 1378 Abs. 2 keine Auswirkung. Auch derjenige, der vor dem Endstichtag sein Vermögen durch Schenkungen vermindert hatte, war zum Ausgleich maximal in Höhe des positiven Saldos seines Vermögens verpflichtet, das er am Ende des Güterstandes hatte. Soweit der Ausgleichsberechtigte durch diese Regelung ausfiel, war der Regress gegen den Zuwendungsempfänger nach § 1390 eröffnet; für die Zwecke dieses Regresses konnten dann auch negative Endvermögen angesetzt werden.

Das seit 1.9.2009 geltende Recht sieht hingegen eine Erhöhung der Kappungsgrenze um den Wert des Betrages vor, um den nach § 1375 Abs. 2 S. 1 das Endvermögen aufzustocken ist. Basis der Aufstockung ist „das Vermögen …, das nach Abzug der Verbindlichkeiten bei Beendigung des Güterstandes vorhanden ist“. Dadurch soll bei Vermögensminderungen durch den Ausgleichspflichtigen verhindert werden, dass der Zugewinnausgleichsanspruch des anderen Ehegatten an der Kappungsgrenze des § 1378 Abs. 2 scheitert. Selbst wenn die Vermögensbilanz des Pflichtigen am Ende 0 wäre, würde durch Hinzurechnung der Vermögensminderung ein positiver Saldo und somit ein Ausgleichsanspruch entstehen. Hinzuzufügen ist, dass seit der genannten Reform für diese Höhenbegrenzung nicht mehr der Zeitpunkt der Beendigung des Güterstandes, sondern in den Scheidungsfällen der Tag der Rechtshängigkeit des Scheidungsantrag maßgebend ist (§ 1384 i.V.m. § 1378 Abs. 2).

Probleme wirft diese Regelung auf, wenn das Endvermögen des Ehegatten, der sein Vermögen zwischen den Stichtagen vermindert hat, eine *negative Bilanz* aufweist. Dies ist seit der Reform nun allgemein möglich (§ 1375 Abs. 1 S. 2). Ist dann a) diese negative Bilanz die Basis der Grenzerhöhung oder b) der Wert 0? Für die Aufstockung des Endvermögens (§ 1375 Abs. 2) ist durch generelle Einführung der Negativsaldi geklärt, dass von diesen aus die Hinzufügung

---

34 *Gernhuber/Coester-Waltjen*, Familienrecht, 6. Aufl. 2010, § 36 IV 3 Rn. 36.

35 MünchKommBGB/*Koch* § 1375 Rn. 36.

36 Staudinger/*Thiele* § 1375 Rn. 39; *Schwab*, Handbuch, Teil VII Rn. 318.

der Vermögensminderung geschehen muss. Wie ist es aber bei der Höhengrenze des § 1378 Abs. 2? Die Begründung zum Gesetzentwurf favorisiert offenbar die Auffassung b): „Die Grenze ‚Null' wird betragsmäßig um den ‚illoyal' verminderten Betrag erhöht." An anderer Stelle[37] habe ich gezeigt, dass eine solche Handhabung den durch die Vermögensminderung benachteiligten Ehegatten nun wiederum stark bevorzugen würde. Er wird besser gestellt als er stünde, wenn die Vermögensminderung unterblieben wäre. § 1378 Abs. 2 S. 2 würde so als Strafvorschrift wirken. Das könnte man allenfalls bejahen, wenn nur „illoyale Handlungen" betroffen wären, was – wie ich zu zeigen versuche – indes nicht der Fall ist. Daher erfolgt nach richtiger Meinung auch die Aufstockung der Höhengrenze nach § 1378 Abs. 2 S. 2 vom negativen Saldo aus, wenn zum entscheidenden Zeitpunkt das Vermögen des Pflichtigen überschuldet ist.

V. Résumé

Das Ziel des Gesetzes zur Änderung des Zugewinnausgleichs- und Vormundschaftsrechts, Vermögensminderungen zu Lasten des Ehepartners im Rahmen des Zugewinnausgleichs entgegen zu wirken, entsprach einem dringenden Regelungsbedürfnis, nachdem sich die Rechtsprechung einer sinnorientierten Handhabung des bisherigen Rechts verweigert hatte. Die generelle Kennzeichnung von Handlungen, die gemäß § 1375 Abs. 2 zur Aufstockung des Endvermögens führen, als „illoyal" birgt indes die Gefahr einer überschießenden Gegenreaktion, der das Reformgesetz von 2009 in einigen Punkten erlegen ist. Wenn man der Kürze halber den Terminus „illoyale Vermögensminderungen" durchaus verwenden will, sollte man bedenken, dass er nur einen Teil der angepeilten Wirklichkeit trifft.

Ob man diesen Rat befolgen wird? Oder hält man es mit Lord Goring[38]: *„I always pass on good advice. It is the only thing to do with it. It is never for any use to oneself"*?

Veröffentlicht in: Manfred Bengel et al., Festschrift für Rainer Kanzleiter, Carl Heymanns Verlag, Köln 2010, S. 365–380.

37 FamRZ 2009, 1961, 1962 f.

38 Oscar Wilde, An ideal husband, 1. Akt.

Schenkung unter Ehegatten – eine verdächtige Sache?

I. Ein historisches Misstrauen

Bekanntlich steht das römische Recht den Schenkungen unter Ehegatten ablehnend gegenüber: „Moribus apud nos receptum est, ne inter virum et uxorem donationes valerent". In den Digesten wird diese Regel mit Gründen versehen: Dies sei deshalb anerkannt, damit die Ehegatten sich nicht aus Liebe zueinander gegenseitig ausrauben;[1] es bestehe ferner die Gefahr, dass Ehen zerrüttet werden, wenn derjenige, der es könnte, nicht schenkt,[2] und unter diesem Aspekt könnten die Ehen in ihrem Fortbestand[3] als käuflich erscheinen. Die Vermeidung des Eindrucks der Käuflichkeit ehelicher Eintracht klingt auch in einer Senatsrede des Kaisers *Caracalla* an, die in einem Ulpian-Text überliefert ist.[4]

Der Grundsatz der Unwirksamkeit von Ehegattenschenkungen wurde – bei Ausnahmen im Einzelnen – mit dem römischen Recht auch bei uns übernommen und galt als Rechtssatz des gemeinen Rechts bis zum Inkrafttreten des BGB, soweit nicht zuvor landesrechtliche Gesetze die Regel abgeschafft oder eingeschränkt hatten.[5] Zweifel am Sinn der Regel waren schon seit langem entstanden. Der bayerische Zivilrechtskodex von 1756 erklärte zwar *„donationes simplices"* unter Ehegatten für ungültig,[6] „damit sich nemlich Mann und Weib nicht aus lauter Lieb einander ausziehen möchten". Doch schloss der Kreittmayer'sche Kommentar[7] dem gemeinen Recht folgend nur solche Schenkungen ein, „wodurch ein Theil reicher und der andere ärmer wird"; das gelte z.B. nicht für die gewöhnlichen Geburtstags-, Namentags- und Neujahrsgeschenke und dergleichen „Ehren-Schankungen", soweit hier Verhältnismäßigkeit und Gleichheit anzutreffen sind.

Dies war nur eine von vielen Einschränkungen, die in Gesetzgebung und Literatur vielfältig gemacht wurden. In einem Praktikerbuch, das 1703 erstmals in lateinischer Fassung erschien und 1740 in deutscher Sprache publiziert wurde,[8] wird die Ungültigkeit der Ehegattenschenkung auf solche Zuwendungen begrenzt, durch die der schenkende Teil *„nicht viel ärmer"* wird; das sei schon dann nicht der Fall, wenn die Schenkung auf den Zeitpunkt der Eheauflösung verschoben wird.[9] Auch müsse der Empfänger wirklich reicher werden. Die *gegenseitige* Schenkung *aller* Güter ist gültig.[10] Bestandsfest ist auch die Schenkung, die ein Ehegatte dem anderen „zu Reparirung eines Gebäues oder zur Auferbauung eines abgebrannten Hauses" macht,

---

1 Ulpian D 24.1.1.
2 Paulus D 24.1.2.
3 Ich orientiere mich insoweit an der Digestenübersetzung von *R. Knütel/B. Kupisch/H. H. Seiler/O. Behrens*, Corpus Iuris Civilis, Bd. 4, Heidelberg 2005.
4 Ulpian D 24.1.3.
5 Übersicht in: Motive zu dem Entwurfe eines Gesetzbuches für das Deutsche Reich, 1888, Bd. 4 S. 113.
6 Codex Maximilianeus Bavaricus Civilis (CMBC), Teil 1 Kap. 6 § 31.
7 *Wigulaeus Xaverius Aloysius Freiherr von Kreittmayr auf Offenstetten*, Anmerkungen über den Codicem Maximilianeum Bavaricum Civilem, 1756 Teil I Kap. VI § 31. 1 (ich benutze die Oktavausgabe von 1759).
8 *Johann Friedrich Reigers* weitberühmten JCti und Churfürstlich Pfälzischen Hofrats Theatrum Juridicum Theoretico-Practicum, ... in das Teutsche übersetzt von *L. Samuel Oberländer*, bey der des Heil. Röm. Reichs freyen Stadt Nürnberg Advocaten, Lib. XXIV Tit. 1 ff., §§ 1 ff.
9 A.a.O. § 3.
10 A.a.O. § 4.

„sintemalen solches den gemeinen Nutzen mit anbetrifft."[11] Man könnte in dieser Äußerung eine Ahnung der Lehre von den „ehebedingten Zuwendungen" sehen, zumal auch andere Zuwendungen für gültig gehalten werden, die dem Zuwendenden weiterhin nützen: „Ja, was die Frau dem Mann schencket, zu Erlangung der Ehrenstellen, und zu denen studiis ... bleibt irrevocabiliter und unwiderrufflich des Manns." Schenkt die Frau dem Mann etwas, das er „aus Verschwendung consumiren wird", so ist gleichfalls kein Platz für eine Rückforderung, „weil doch der Mann nicht reicher dadurch geworden". Das gleiche gilt konsequent für Gaben des Mannes an die Frau, „wann das Weib für das ihr geschenckte Geld kostbare Schmincken und Wasser etc. kauffete."[12] Weniger kommen interessanterweise die Interessen der erbberechtigten Kinder ins Spiel.[13]

Der historische Trend wirkte für die Rückbildung des Schenkungsverbots. Der französische Code Civil (1804) behandelte Ehegattenschenkungen nicht mehr als ungültig, aber noch als widerruflich (Art. 1096).[14] Das Preußische Allgemeine Landrecht (1794) hatte die Sonderbehandlung von Ehegattenschenken bereits ganz aufgegeben: „Geschenke unter Eheleuten sind, wie unter Fremden, gültig."[15] Als Reminiszenz an die geringe Wertschätzung der Ehegattenschenkungen lässt sich die hinzugefügte Regel begreifen, dass dasjenige, was die Frau an Juwelen, Gold, Silber „oder sonst zur Pracht" vom Mann erhalten hat, bei einer späteren Auseinandersetzung der Vermögen *als nur geliehen* vermutet wird.[16]

Die Schöpfer des BGB hielten von der Ungültigkeit oder der freien Widerruflichkeit von Ehegattenschenkungen nichts. Die Begründung für die überkommene Regelung, alles was die Ehegatten besitzen, sei ihnen ohnehin gemeinsam, stand nach den Motiven im Gegensatz zum Güterrecht, das selbst bei der allgemeinen Gütergemeinschaft die Möglichkeit des Sonderguts kennt. Es seien, so heißt es, Verhältnisse denkbar, in welchen gerade die Innigkeit des Ehegattenverhältnisses eine Schenkung als natürlich, unter Umständen sogar als sittlich geboten erscheinen lasse. Den sonst aufgeführten Gründen – Schutz gegen die Schwäche des einen, gegen die Habsucht des anderen Teils, Schutz gegen den Schein des Eigennutzes und gegen üblen Ruf – stellen die Motive die positiven Erfahrungen in Ländern gegenüber, in denen der römisch-rechtliche Satz bereits abgeschafft war. Die Gläubigerinteressen würden durch entsprechende Anfechtungsbefugnisse hinreichend gewahrt.[17]

Somit könnte die Geschichte der Ehegattenschenkung als juristisches Sonderphänomen zu Ende sein: Schenkungen unter Verheirateten sind Schenkungen wie andere auch. Doch zeigt sich immer wieder, dass rechtshistorische Entwicklungen, auch wenn sie abgeschlossen scheinen, in verwandelter Form ihre Fortsetzung finden. Man kann das im Bereich der Mithaftung der Ehefrau für die Schulden des Mannes beobachten,[18] wo das *Senatusconsultum Velleianum* (um 46 n. Chr.) am Ende des 20. Jahrhundert *mutatis mutandis* wieder auflebt.[19] Auch die Son-

11 A.a.O. § 5.

12 A.a.O. § 6.

13 Zu diesem Interessenstreit nach geltendem Recht siehe den Beitrag von *R. Frank*, Festschrift für Meo Micaela Hahne, Bielefeld 2012, S. 139 ff.

14 „Toutes donations faites entre époux pendant le mariage, quoique qualifiées entre-vifs, seront toujours révocables. La révocation pourra être faite par la femme, sans y être autorisée par le mari ni par justice. Ces donations ne seront point révoquées par la survenance d'enfants." (ursprünglicher Text, inzwischen mehrere Male verändert. Das Grundprinzip des S. 1 gilt aber nach wie vor).

15 ALR Teil 2 Tit. 1 § 310.

16 ALR Teil 2 Tit. 1 §§ 311, 312 (widerlegliche Vermutung).

17 Motive zu dem Entwurfe eines Bürgerlichen Gesetzbuches für das Deutsche Reich, 1888, Bd. 4 S. 114.

18 BVerfGE 89, 214; BGHZ 128, 230 und die weitere Rechtsprechung zur Mithaftung eines Ehegatten für die Verbindlichkeiten des anderen.

19 Dazu *Elisabeth Koch*, Abschied vom senatus consultum Vellaeanum? Das Verschwinden und die Wiederkehr einer Rechtsregel, in: Colloquia für Dieter Schwab, 2000, S. 27 ff. Zur Geschichte dieser Quelle *D. Medicus*, Zur Geschichte des senatus consultum Velleianum, 1957.

dergeschichte der Ehegattenschenkung ist nicht zu Ende. In mehrfacher Weise scheut sich auch das moderne deutsche Recht, unentgeltliche Zuwendungen unter Verheirateten ganz einfach dem allgemeinen Regime des Schenkungsrechts zu unterstellen. Dem sollen einige Beobachtungen gewidmet sein.

II. Die Einengung des Schenkungsrechts

Das heutige deutsche Recht ist seit Jahrzehnten dazu übergegangen, den Anwendungsbereich des Schenkungsrechts im Verhältnis unter Ehegatten wesentlich zu beschneiden. Angeregt durch die Forschungen von *Manfred Lieb*[20] hat die Rechtsprechung eine weites Feld von Ehegattenzuwendungen aus dem Schenkungsbegriff ausgenommen und einer eigenständigen Regelung zugeführt. Gemeint ist die Lehre von den „ehebedingten Zuwendungen", bei denen der für Familiensachen zuständige Senat des Bundesgerichtshofs zwar die objektive Unentgeltlichkeit bejaht, aber die – für eine Schenkung als notwendig erachtete – subjektive Unentgeltlichkeit verneint. Wann eine solche „ehebedingte Zuwendung" gegeben und damit Schenkung zu verneinen ist, hat der BGH in diversen Formulierungen umschrieben. Zuletzt hat sich die Definition verfestigt, wonach eine ehebedingte Zuwendung vorliegt, wenn ein Ehegatte dem anderen einen Vermögenswert um der Ehe willen und als Beitrag zur Verwirklichung und Ausgestaltung, Erhaltung oder Sicherung der ehelichen Lebensgemeinschaft zukommen lässt, wobei er die Vorstellung oder Erwartung hegt, dass die eheliche Lebensgemeinschaft Bestand haben und er innerhalb dieser Gemeinschaft am Vermögenswert und dessen Früchten weiter teilhaben werde; darin liegt nach BGH die Geschäftsgrundlage der Zuwendung.[21]

Entspricht eine Ehegattenzuwendung dieser Begriffsbestimmung, so ist das Schenkungsrecht nicht anwendbar. Vielmehr wird der ehebedingten Zuwendung ein Vertragstyp eigener Art unterlegt, der weder Schenkung ist noch entgeltlicher Austauschvertrag, sondern „familienrechtlicher Vertrag sui generis". Vieles an diesem Vertragstyp ist noch unentschieden. Schenkungsrecht ist nicht anwendbar, aber was sonst? Kann formlos, also ohne Beachtung der Form des § 518 Abs. 2 BGB, durch ein Zuwendungsversprechen eine einklagbare Verbindlichkeit begründet werden?[22] Nach welchen Grundsätzen erfolgt bei diesem Geschäftstyp eine Gewährleistung? Oder beschränkt sich der Vertragsinhalt auf eine Ausgleichsregelung bei Wegfall der Geschäftsgrundlage, anders ausgedrückt: Ist die bloße Schaffung einer Geschäftsgrundlage der Sinn des „Vertrags sui generis"? Manche Formulierungen des BGH deuten in der Tat darauf hin, dass die „Geschäftsgrundlage", die in der allgemeinen Rechtsgeschäftslehre doch eigentlich säuberlich vom Geschäftsinhalt selbst unterschieden wird,[23] bei der ehebedingten Zuwendung geradezu als *Inhalt* des Geschäfts erscheint, so wenn es heißt: Nach der gefestigten Rechtsprechung „erfolgen Zuwendungen unter Ehegatten auch dann, wenn nicht eine besondere Gegenleistung vereinbart ist, in der Regel nicht unentgeltlich (mit der Folge, dass es sich nicht um

---

20 Die Ehegattenmitarbeit im Spannungsfeld zwischen Rechtsgeschäft, Bereicherungsausgleich und gesetzlichem Güterstand, 1970.

21 Nach BGH FamRZ 2006, 1022 im Anschluss an BGHZ 142, 137, 147 f. = FamRZ 1999, 1580; BGH FamRZ 2003, 230; BGHZ 127, 48, 52 = FamRZ 1994, 1167; BGH FamRZ 1997, 933; BGH FamRZ 1992, 293; BGH FamRZ 1988, 482, 485; BGH FamRZ 1972, 201; vgl. auch BGH FamRZ 1989, 147; BGH FamRZ 1989, 599; BGH FamRZ 1990, 600; BGH FamRZ 1992, 293. Betreffend auch nichteheliche Lebensgemeinschaften („gemeinschaftsbedingte Zuwendung"): BGH FamRZ 2008, 1822 Rn. 15; BGH FamRZ 2008, 1822 Rn. 40–46; BGH FamRZ 2008, 1828 Rn. 28–33.

22 Bejahend (§ 518 Abs. 2 nicht anwendbar) OLG Bremen FamRZ 2000, 671.

23 Die übliche, von der Rechtsprechung ständig wiederholte Definition der Geschäftsgrundlage, setzt voraus, dass die zur Geschäftsgrundlage erhobenen Vorstellungen der Parteien gerade *nicht Vertragsinhalt* geworden sind, vgl. BGH NJW 1995, 592 f.; dazu *K. Larenz/M. Wolf*, Allgemeiner Teil des Bürgerlichen Rechts, 8. Aufl. 1997 § 38 Rn. 11; *D. Schwab/M. Löhnig*, Einführung in das Zivilrecht, 18. Aufl. 2010, Rn. 642.

Schenkungen handelt), weil sie nach der übereinstimmenden Vorstellung der Ehegatten um der Ehe willen und als Beitrag zur Verwirklichung oder Ausgestaltung, Erhaltung oder Sicherung der ehelichen Lebensgemeinschaft erbracht werden und darin ihre Geschäftsgrundlage haben."[24] Wenn man es genau besieht, wird ein Element des Vertragsinhalts, nämlich das Fehlen der Unentgeltlichkeit, aus der *Geschäftsgrundlage* gefolgert, die Differenzierung zwischen Geschäftsinhalt und Geschäftsgrundlage damit aufgehoben.

Was die Bestandsfestigkeit der Zuwendung betrifft, herrscht weitgehend Einigkeit darüber, dass die Vorschriften des Schenkungsrechts auf ehebedingte Zuwendungen keine Anwendung finden,[25] daher auch nicht diejenigen über die Rückforderung wegen Verarmung (§§ 528, 529 BGB) und über den Widerruf wegen groben Undanks (§§ 530 bis 534 BGB). Die ehebedingten Zuwendungen sind gleichwohl nicht bestandsfest, im Gegenteil. Es ist gerade der Sinn der „Erfindung",[26] für den Fall des Scheiterns der Ehe den Weg zu einem Rückerstattungsanspruch oder Ausgleichsanspruch wegen Wegfalls der Geschäftsgrundlage zu eröffnen – ein Anspruch, der unabhängig von eigener Verarmung des Gebers oder von grober Undankbarkeit des Empfängers gegeben ist und auch dessen Bemessung eigenen Regeln folgt. Der Anspruch soll einen billigen Ausgleich dafür gewähren, dass die erwartete Beteiligung an dem gemeinsamen Erwerb und die Mitnutzung der Früchte der gemeinsamen Arbeit für die Zukunft entfällt; für die Höhe des Anspruchs sind eine Vielzahl von Umständen relevant.[27] Das eigentliche Kennzeichen der ehebedingten Zuwendung ist die *Erwartung* des Gebers, im Rahmen fortdauernden ehelichen Lebens an den Gebrauchsvorteilen des Zuwendungsobjekts (der BGH sagt: am Vermögenswert und dessen Früchten) weiterhin zu partizipieren.[28] Es sind also zwei Elemente, welche die ehebedingte Zuwendung von der Ehegattenschenkung trennen: 1) der *Zweck* („Beitrag zur Verwirklichung und Ausgestaltung, Erhaltung oder Sicherung der ehelichen Lebensgemeinschaft") und 2) die *Erwartung* auch künftiger Teilhabe.

Es ist hier nicht der Ort, den Einzelheiten und der streitigen Bewertung der Lehre von den ehebedingten Zuwendungen nachzugehen. Aus der *Sicht des Schuldrechts* verbleiben Zweifel. Die allgemeine Lehre von der Schenkung kennt sehr wohl unentgeltliche Zuwendungen, die im subjektiven Kontext mit einem gezeigten oder erhofften Verhalten des Beschenkten oder mit Vorteilen für den Schenker stehen (Zweckschenkungen, belohnende Schenkungen), ohne dass deren Schenkungscharakter geleugnet würde.[29]

Es war auch nicht notwendig, die Lehre von den „ehebedingten Zuwendungen" zu erfinden, um zu Ansprüchen wegen Änderung der Geschäftsgrundlage zu gelangen – auch bei der Schenkung kann die Geschäftsgrundlage entfallen und dies kann zu Ansprüchen aus § 313 Abs. 1 BGB führen. Freilich hat der BGH[30] in einer schon 20 Jahre alten Entscheidung für Ehegattenschenkungen den Weg zur Lehre von der Geschäftsgrundlage für typische Fälle gesperrt: Zwar sei diese Lehre an sich auch bei Ehegattenschenkungen anwendbar; doch baue der Geschäftswille bei einer solchen Schenkung regelmäßig nicht auf der Vorstellung auf, dass die Vertragsparteien vom Fortbestand der Ehe und der gemeinschaftlichen Nutzung des Zuwendungsobjekts ausgingen; denn täten sie das, liege keine Schenkung, sondern ehebedingte Zuwendung vor – der klassische Fall eines Zirkelschlusses. Man müsste nur das „Institut" der ehebedingten Zuwen-

24 BGH FamRZ 1994, 1167, 1168.
25 BGH FamRZ 1994, 1167, 1168.
26 Zu diesem Aspekt mein Betrag „Juristische Innovationen", in Geistiges Eigentum, 2011, 1, 6.
27 Siehe nur BGH FamRZ 1994, 1167, 1168.
28 Es lässt sich fragen, ob die Lehre von den ehebedingten Zuwendungen, wenn man sie für richtig hält, über das Familienrecht hinaus einen generalisierbaren Kern enthält, dazu *Martin Schwab*, Vermögensauseinandersetzung in nichtehelichen Lebensgemeinschaften, FamRZ 2010, 1701 ff., 1707.
29 Münchener Kommentar BGB/*J. Koch*, 5. Aufl., § 516 Rn. 29 ff.
30 BGH FamRZ 1990, 600, 602.

dung – als Einschränkung des Schenkungsrechts – hinweg denken, um die einschlägigen Fälle genauso mit Hilfe des Schenkungsrechts lösen zu können.[31]

Sieht man die Lehre von der ehebedingten Zuwendung aus der *Sicht des Familienrechts*, so fällt die Beurteilung freilich günstiger aus. Mit der Lehre von der ehebedingten Zuwendung ist ein Instrument geschaffen, mit dessen Hilfe man ohne weitere dogmatische Probleme billige Ergebnisse finden und vor allem vermeiden kann, dass ein Ehegatte nach der Trennung mit den Gütern, die ihm der andere in der Hoffnung auf eine gemeinsame Zukunft unentgeltlich überschrieben hat, ausgleichsfrei seiner Wege geht.

Das betrifft vor allem den Wahlgüterstand der Gütertrennung, bei dem kein güterrechtlicher Ausgleichsmechanismus vorgesehen ist. Es betrifft zudem auch den gesetzlichen Güterstand, wenn der Zugewinnausgleich für sich betrachtet zu unbilligen Ergebnissen führt. Nach der Rechtsprechung des Bundesgerichtshofs kommt der Anspruch aus Änderung der Geschäftsgrundlage neben dem Zugewinnausgleich nur subsidiär zum Einsatz, nämlich dann, wenn besondere Umstände den güterrechtlichen Ausgleich als nicht tragbare Lösung erscheinen lassen.[32] Für diesen Fall erweist sich auch im gesetzlichen Güterstand die Ehegattenzuwendung als wenig bestandsfest, davon abgesehen, dass sie im Zugewinnausgleich ohnehin als Rechenposten in Anschlag kommt (dazu unten III).

Die Lehre vom *ergänzenden* Einsatz von Ansprüchen aus § 313 Abs. 1 BGB wegen der Änderung der Geschäftsgrundlage ehebedingter Zuwendungen ermöglicht es der Rechtsprechung, das Ergebnis des Zugewinnausgleichs *nach oben zu korrigieren*. So wie *unangemessen hohe* Zugewinnausgleichsansprüche durch die Einrede des § 1381 BGB reduziert werden können, so können *unangemessen niedrige* Zugewinnausgleichsergebnisse mit Hilfe des § 313 Abs. 1 BGB durch einen zusätzlichen Anspruch aufgestockt werden.

Wie immer man die Lehre von der ehebedingten Zuwendung deutet und beurteilt: Sie bringt eine wesentliche Einschränkung der Anwendung des Schenkungsrechts mit sich, sobald es um Zuwendungen unter Ehegatten geht.

III. Ehegattenschenkung und Zugewinnausgleich: die Problematik des § 1374 Abs. 2 BGB

Die distanzierte Einstellung des heutigen deutschen Rechts gegenüber der Ehegattenschenkung wird noch an einem weiteren Punkt deutlich: der Behandlung von Ehegattenschenkungen im Zugewinnausgleich. Hier öffnet sich über die Anwendung der Anrechnungsvorschrift des § 1380 BGB ein weites Feld.[33] Ich will aber zunächst ohne Rücksicht auf diese Anrechnungsvorschrift auf das vorgelagerte Grundproblem eingehen, das in § 1374 Abs. 2 BGB verortet ist.

Allgemein gilt: Am Wert von Schenkungen, die während des Güterstandes der Zugewinngemeinschaft einem Ehegatten gemacht worden sind, soll der andere nicht per Zugewinnausgleich partizipieren. Es handelt sich um Erwerbsvorgänge, die ihrer Art nach nicht auf einer

---

31 Abgesehen von den Fällen, in denen Ausgleich für Mitarbeit verlangt wird, weil diese keinen tauglichen Gegenstand der Schenkung ausmacht.

32 Nach BGHZ 115, 132, 139 sind Ansprüche aus Änderung der Geschäftsgrundlage der ehebedingten Zuwendung zusätzlich zum Anspruch auf Zugewinnausgleich auf extreme Ausnahmefälle beschränkt, in denen die güterrechtlichen Vorschriften den im Einzelfall bestehenden Interessenkonflikt nicht zu erfassen vermögen und das Ergebnis der güterrechtlichen Abwicklung schlechthin unangemessen und für den Zuwender unzumutbar unbillig ist. Vgl. ferner. BGHZ 65, 320; BGHZ 82, 227; BGHZ 115, 261, 266; BGH FamRZ 1989, 147; BGH FamRZ 1997, 933; BGH FamRZ 2003, 230.

33 Auf die in meinem Handbuch des Scheidungsrechts erörterten Grundsätze und Beispielsfälle darf ich verweise, siehe 6. Aufl. 2010, Teil VII Rn. 212 ff.

gemeinsamen Lebensleistung der Ehegatten, sondern meist auf persönlichen Beziehungen des erwerbenden Ehegatten zum Zuwendenden beruhen.[34] Deshalb ist nach § 1374 Abs. 2 BGB der Wert, den solche Erwerbe im Zeitpunkt des Zuflusses hatten, abzüglich der damit verbundenen Belastungen, dem Anfangsvermögen des Empfängers hinzuzurechnen. Es wird also fingiert, als sei dieser Wert schon im Zeitpunkt der Begründung des Güterstandes vorhanden gewesen – somit kann er nicht zur Vermögensmehrung zwischen den Stichtagen und damit nicht zum „Zugewinn" des Empfängers gehören.

Das Gesetz macht bei dieser Regelung keinen Unterschied, *von wem* die Schenkung stammt, ob von einem Onkel des beschenkten Ehegatten, einem Freund oder einem anonymen Wohltäter. Es kommt – anders als bei der Parallelregelung für das Vorbehaltsgut in der Gütergemeinschaft[35] – auch nicht darauf an, ob der Geber bei seiner Zuwendung bestimmt hat, dass der Erwerb nicht in den Zugewinnausgleich fallen soll. Schon der Charakter des Zuflusses als Schenkung rechtfertigt die Herausnahme aus dem Ausgleichsmechanismus.

Auf diesem Hintergrund erstaunt es, dass die Rechtsprechung *Schenkungen unter Ehegatten* aus dem Anwendungsbereich des § 1374 Abs. 2 BGB herausnimmt: Schenkt ein Ehegatte dem anderen nach Beginn des Güterstandes einen Gegenstand, so darf dessen Wert nicht dem Anfangsvermögen des Empfängers zugerechnet werden.[36] Das nimmt der Schenkung im gesetzlichen Güterstand logischerweise seine Bestandsfestigkeit: Denn auf diese Weise kann der Schenker im Fall, dass es zum Zugewinnausgleich kommt, die Werthälfte seiner Zuwendung wieder zurückholen.

Beispiel 1: Die Eheleute leben im gesetzlichen Güterstand. Der Ehemann (M) hatte ein reales[37] Anfangsvermögen von 50.000 Euro, ein reales Endvermögen von 100.000 Euro. Die Ehefrau (F) hatte am Anfang real 100.000 Euro, ihr reales Endvermögen beträgt 200.000 Euro. Während der Ehe hat der Mann der Frau ein Aktienpaket von 50.00 Euro (Wert im Zeitpunkt der Zuwendung) geschenkt. Es kommt zur Scheidung.

Der Mann hat einen Zugewinn von 50.000 Euro gemacht. Bei der Frau kommt es darauf an, ob der Wert der Schenkung ihrem Anfangsvermögen nach § 1374 Abs. 2 BGB hinzugerechnet wird oder nicht.

a) Wendet man § 1374 Abs. 2 BGB hier an, so beträgt das Anfangsvermögen der F 100.000 + 50.000 = 150.000 Euro. Ihr Endvermögen beläuft sich auf 200.000 Euro, sie hat also einen Zugewinn von 50.000 Euro. Da auch M einen Zugewinn in dieser Höhe erwirtschaftet hat, entsteht kein Zugewinnausgleichsanspruch.

Wirtschaftliches Ergebnis: F hat nach Durchführung des Zugewinnausgleichs 200.000 Euro, M hat 100.000 Euro.

b) Wendet man mit dem BGH den § 1374 Abs. 2 BGB in diesem Fall nicht an, so ergibt sich: Als Anfangsvermögen wird bei F nur der reale Vermögensstand von 100.000 Euro angesetzt. Sie hat demzufolge einen Zugewinn von 200.000 – 100.000 = 100.000 Euro. Da M einen Zugewinn

34 Der BGH akzentuiert den zuletzt genannten Punkt in BGH FamRZ 2007, 978 Tz. 16; vgl. ferner BGH FamRZ 2004, 781, 783: Die Vorschrift soll Vermögensbestandteile einer Ausgleichspflicht entziehen, die in keinem Zusammenhang mit der ehelichen Lebensgemeinschaft stehen, die einem Ehegatten vielmehr von dritter Seite aufgrund persönlicher Beziehungen zugeflossen sind und an deren Erwerb der andere Ehegatte keinen Anteil hat.

35 § 1418 Abs. 2 Nr. 2 BGB.

36 BGH FamRZ 1982, 246, 248.

37 Bei den folgenden Bespielen wird Wert darauf gelegt, die Stände des Anfangs- und Endvermögens zunächst immer *real* anzugeben (der Wert, der wirklich am Stichtag vorhanden ist), bevor irgendwelche fiktive Veränderungen (Aufstockungen etc.) gemacht werden; diese werden immer offen ausgewiesen. Viele Rechnungen in der Lit. leiden darunter, dass die realen und fiktiven Vermögensstände vermischt werden; sie werden dadurch falsch oder nicht nachvollziehbar.

von 50.000 erzielt, hat F einen um 50.000 Euro höheren Zugewinn gemacht, der Mann also einen Ausgleichsanspruch aus § 1378 Abs. 1 BGB von 25 000.

Wirtschaftliches Ergebnis: F hat nach Durchführung des Zugewinnausgleichs 200.000 *minus* 25.000 = 175.000. M hat nach Durchführung des Zugewinnausgleichs 100.000 *plus* 25 000 = 125.000

Im Ergebnis erhält der Mann die Hälfte des geschenkten Wertes über den Zugewinnausgleich wieder zurück.

c) Zur Kontrolle kann man durch eine Parallelrechnung prüfen, wie die Lage wäre, wenn die Schenkung unterblieben und der geschenkte Gegenstand mit konstantem Wert noch in dem betreffenden Wert im Vermögen des Mannes verblieben wäre.[38] Dann hätte M ein Anfangsvermögen von 50 000; das Endvermögen betrüge 150.000 (d.h. 100.000 zuzüglich des ersparten Geschenks von 50.000), sein Zugewinn also 100.000. Die F hatte ein Anfangsvermögen von 100.000; ihr reales Endvermögen wäre 150.000 (da dieses Vermögen nicht durch das Geschenk erhöht ist), ihr Zugewinn betrüge 50.000. F hätte folglich einen Zugewinnausgleichsanspruch von 25.000 Euro.

Wirtschaftliches Ergebnis: M hätte nach Durchführung des Zugewinnausgleichs 150.000 *minus* 25.000 = 125.000 Euro; F hätte nach Durchführung des Zugewinnausgleichs 150.000 *plus* 25 000 = 175.000 Euro.

Die Nichtanwendung des § 1374 Abs. 2 BGB führt folglich dazu, dass der Zugewinnausgleich zu demselben Ergebnis führt, das sich ergeben würde, wenn das Geschenk unterblieben wäre (immer unterstellt, das Schenkungsobjekt sei noch vorhanden und hätte seinen Wert nicht verändert). Demgegenüber führt die Anwendung des § 1374 Abs. 2 BGB dazu, dass der hälftige Wert des Geschenks zusätzlich beim Beschenkten verbleibt.

Nun wird man sagen: In der Regel handelt es sich bei wertvollen Zuwendungen unter Ehegatten ohnehin nicht um Schenkungen, sondern um ehebedingte Zuwendungen; es ist dann ganz logisch, dass Zuwendungen an einen Ehegatten, die nach ihrem Zweck dem ehelichen Leben und damit beiden Eheleuten zugutekommen sollen, in der Zugewinnausgleichsrechnung zu Buche schlagen, denn gerade dieser Mechanismus gewährleistet die gleiche Teilhabe. „Ehebedingte Zuwendungen“ sind eben keine Schenkungen und fallen daher auch nicht unter den Schenkungsbegriff des § 1374 Abs. 2 BGB.

Verblüffend ist aber, dass der Bundesgerichtshof die Nichtanwendung dieser Vorschrift nicht nur auf ehebedingte Zuwendungen,[39] sondern dezidiert auch auf *echte Schenkungen*[40] erstreckt. Auch bei der echten Schenkung soll also die Hälfte des Wertes dem Schenker über den Zugewinnausgleich wieder zugutekommen, sei es wie in unserem Beispiel 1, dadurch, dass für ihn ein entsprechender Ausgleichsanspruch entsteht, sei es – wie zu zeigen sein wird – dadurch, dass sich die ihn treffende Pflicht zum Zugewinnausgleich durch Anrechnung (§ 1380 BGB) entsprechend vermindert.

---

38 Bei der beliebten fiktiven Prüfung „Wie wäre die Lage, wenn die Zuwendung nicht gemacht worden wäre?“, muss stets diese Annahme gemacht werden; logischerweise erhält man andere Ergebnisse, wenn das fragliche Zuwendungsobjekt nach dem Zeitpunkt der als möglich gedachten Zuwendungen inflationsbereinigt im Wert steigt oder sinkt.

39 BGH FamRZ 1982, 246, 248; BGH FamRZ 2010, 2057 Tz.8.

40 BGHZ 101, 65 = FamRZ 1987, 791.

IV. Schenkungen im Ausgleichsmechanismus des § 1380 BGB

Das Schicksal von Schenkungen im Zugewinnausgleich sei auch für die Fälle betrachtet, in denen der Ausgleichsmechanismus des § 1380 greift. Diese Vorschrift findet nur dann Anwendung, wenn es um die Frage geht, ob und inwieweit *der Zuwendende ausgleichspflichtig*, der Zuwendungsempfänger also ausgleichsberechtigt ist. Es geht also um „überschüssige" Zuwendungen des Ausgleichspflichtigen und ihre Anrechnung auf den Ausgleichsanspruch. Steht hingegen der Ausgleichanspruch des Zuwendenden in Frage, so ist § 1380 nicht einschlägig.[41]

Im Folgenden soll ein Fall mit identischen Zahlenwerten die Lage anschaulich machen. Der Fall soll in zwei Varianten (Beispiel 2 und 3) betrachtet und verglichen werden.

Beispiel 2: Die Ehegatten leben im gesetzlichen Güterstand. Der Mann (M) schenkt der Ehefrau (F) zwischen den Stichtagen ein Baugrundstück im Wert von 100.000 Euro. Später scheitert die Ehe, es kommt zum Zugewinnausgleichsverfahren. Die Vermögenslage stellt sich wie folgt dar. Der Mann hat ein reales Anfangsvermögen von 50.000, ein reales Endvermögen von 400.000 Euro. Die Frau hat ein reales Anfangsvermögen von 0, ein reales Endvermögen von 200.000.

Bei der Schenkung bestimmt der Mann, dass die Zuwendung *nicht* auf die Ausgleichsforderung angerechnet werden soll (vgl. § 1380 Abs. 1 S. 1 BGB).

Bei der Lösung ist davon auszugehen, dass aufgrund der Erklärung des Mannes eine Anrechnung des Zuwendungswerts auf eine eventuelle Zugewinnausgleichsforderung der Frau ausscheidet. Für die Errechnung des Zugewinnausgleichsanspruches kommt es darauf an, ob man bei Ehegattenschenkungen die Vorschrift des § 1374 Abs. 2 anwendet oder nicht.

Lösung 1 (wie BGH: Nichtanwendung des § 1374 Abs. 2):

Endvermögen M	=	400.000
Anfangsvermögen M	=	50.000
Zugewinn M	=	350.000
Endvermögen F	=	200.000
Anfangsvermögen F	=	0
Zugewinn F	=	200.000
Zugewinnüberschuss M	=	150.000
Ausgleichsanspruch F	=	75.000

Wirtschaftliches Ergebnis: M hat nach Durchführung des Zugewinnausgleichs 400.000 minus 75.000 (Ausgleichsschuld) = 325.000 Euro; F hat 200.000 plus 75.000 (Ausgleichsforderung) = 275.000 Euro.

Lösung 2 (entgegen BGH: Anwendung des § 1374 Abs. 2 BGB):

Endvermögen M	=	400.000
Anfangsvermögen M	=	50.000
Zugewinn M	=	350.000
Endvermögen F	=	200.000
Anfangsvermögen F	=	0 plus 100.000 (§ 1374 Abs. 2 BGB) = 100.000
Zugewinn F	=	100.000
Zugewinnüberschuss M	=	250.000
Ausgleichsanspruch F	=	125.000

Wirtschaftliches Ergebnis: M hat nach Durchführung des Zugewinnausgleichs 400.000 minus 125.000 (Ausgleichsschuld) = 275.000 Euro. F hat 200.000 plus 125.000 (Ausgleichsforderung) = 325.000 Euro.

41 BGH FamRZ 1982, 246, 248; FamRZ 1982, 779; BGHZ 115, 132, 138.

Die Anwendung des § 1374 Abs. 2 BGB stellt den beschenkten Ehegatten logischerweise besser. Man kann nun eine Parallelwertung vornehmen, in dem man annimmt, das Geschenk wäre unterblieben und wäre noch mit dem entsprechenden identisch gebliebenen Wert im Endvermögen des Mannes vorhanden (angenommen, die Grundstückspreise sind zum Endstichtag hin weder gestiegen noch gefallen).

Parallelrechnung (keine Zuwendung; vorausgesetzt, das Objekt ist noch real und wertkonstant im Vermögen des möglichen Schenkers vorhanden):

Endvermögen M	=	500.000
Anfangsvermögen M	=	50.000
Zugewinn M	=	450.000
Endvermögen F	=	100.000
Anfangsvermögen F	=	0
Zugewinn F	=	100.000
Zugewinnüberschuss M	=	350.000
Ausgleichsanspruch F	=	175.000

Wirtschaftliches Ergebnis nach Durchführung des Zugewinnausgleichs: M hat nach Durchführung des Zugewinnausgleichs 500.000 minus 175.000 (Ausgleichsschuld) = 325.000 Euro.

F hat 100.000 plus 175.000 (Ausgleichsforderung) = 275.000 Euro.

Die Nichtanwendung des § 1374 Abs. 2 auf Ehegattenschenkungen führt somit dazu, dass nach Durchführung des Zugewinnausgleichs das wirtschaftliche Ergebnis dasselbe ist, als wenn die Schenkung unterblieben wäre. Das ist verwunderlich, da in unserem Fall der zugewinnausgleichspflichtige Schenker gerade *ausdrücklich bestimmt* hat, dass die Schenkung *nicht* auf die Zugewinnausgleichforderung *angerechnet werden soll.* Die Nichtanwendung des § 1374 Abs. 2 neutralisiert diesen Willen.

Beispiel 3, wie Beispiel 2, aber: Der Mann bestimmt bei der Schenkung, dass die Zuwendung auf die Ausgleichsforderung angerechnet werden soll.

In diesem Fall greift der Ausgleichsmechanismus des § 1380 BGB: Der Wert der Zuwendung wird dem Zugewinn des Zuwendenden hinzugerechnet (§ 1380 Abs. 2 S. 1). Von der auf dieser Grundlage bezifferten Ausgleichsforderung wird der Wert der Zuwendung abgezogen (§ 1380 Abs. 1). Das Ergebnis hängt aber wiederum davon ab, ob man auf der Seite des Beschenkten die Regel des § 1374 Abs. 2 anwendet oder dies mit dem BGH ablehnt.

Bevor wir Beispiel 3 durch das Rechenwerk des § 1380 schicken, ist freilich noch ein zusätzliches Problem zu bedenken, das zu einer weiteren Wegegabelung führt. Der BGH rechnet – gleichsam als Gegengewicht dafür, dass nach seiner Meinung die Ehegattenschenkung nicht dem Anfangsvermögen des Beschenkten zugerechnet wird – den Wert der Schenkung aus dem *Endvermögen* (!) des Empfängers heraus.[42] Als Begründung wird gesagt: Wenn die Zuwendung nach § 1380 Abs. 2 BGB dem Zugewinn des gebenden Ehegatten mit ihrem damaligen Wert hinzugerechnet wird, so dürfe dieser Wert *nicht auch beim Endvermögen des Empfängers berücksichtigt werden*; „denn der Wert des zugewendeten Vermögensgegenstandes kann nicht das Endvermögen sowohl des einen als auch des anderen Ehegatten erhöhen"; die Endvermögen der Ehegatten seien im Falle des § 1380 vielmehr so zu berechnen, dass der Wert der Zuwendung, anstatt beim Endvermögen des Empfängers berücksichtigt zu werden, dem Endvermögen des Zuwenders hinzugerechnet wird.

Der BGH nimmt bei Anwendung des § 1380 also eine *doppelte Manipulation* des Gesetzestextes vor: *Einerseits* wendet er § 1374 Abs. 2 BGB nicht an, auch wenn es sich um Zuwendungen handelt, die dem Schenkungsbegriff und damit dem gesetzlichen Wortlaut unterfallen; *andererseits* rechnet er den Wert der Zuwendung aus dem Endvermögen des Empfängers heraus,

42 BGH FamRZ 1982, 246, 248; nach OLG Frankfurt am Main 2006, 1543 aus dem Zugewinn; krit. dazu *Kühne* JR 1982, 237, 239.

obwohl im Gesetz dafür nicht der geringste Hinweis zu finden ist. Es kann nun aber sein, dass *die eine* dieser Manipulationen sachlich begründet ist, *die andere* nicht.[43] Folglich müssen wir unsere Problemlösungen um weitere Möglichkeiten (keine Herausrechung aus dem Endvermögen des Empfängers) erweitern.

Lösung 1 (wie BGH: keine Anwendung des § 1374 Abs. 2; Herausrechnung aus dem Endvermögen des Empfängers):

Anfangsvermögen M = 50.000
Endvermögen M = 400.000
Zugewinn M = 350.000 plus 100.000 (§ 1380 Abs. 2 S. 1 BGB) = 450.000

Anfangsvermögen F = 0
Endvermögen F real = 200.000 minus 100.000 = 100.000

Zugewinnüberschuss M = 450.000 minus 100.000 = 350.000
Ausgleichsanspruch F = 175.000 abzüglich 100.000 (Zuwendungswert: § 1380 Abs. 1 S. 1) = 75.000

Wirtschaftliches Ergebnis nach Durchführung des Zugewinnausgleichs:
Der Mann hat 400.000 minus 75.000 (Ausgleichsschuld), ihm verbleiben 325.000
Die Frau hat 200.000 plus 75.000 (Ausgleichsforderung), also in der Summe 275.000.

Lösung 2: (wie BGH keine Anwendung des § 1374 Abs. 2, aber entgegen BGH keine Herausrechnung aus dem Endvermögen des Empfängers):

Anfangsvermögen M = 50.000
Endvermögen M = 400.000
Zugewinn M = 350.000 plus 100.000 (§ 1380 Abs. 2 S. 1 BGB) = 450.000

Anfangsvermögen F = 0
Endvermögen F = 200.000
Zugewinn F = 200.000

Zugewinnüberschuss M = 450.000 minus 200.000 = 250.000
Ausgleichsanspruch F = 125.000 abzüglich 100.000 (Zuwendungswert, § 1380 Abs. 1 S. 1) = 25.000

Wirtschaftliches Ergebnis nach Durchführung des Zugewinnausgleichs:
Der Mann hat 400.000 minus 25.000 (Ausgleichsschuld) = 375.000
Die Frau hat 200.000 plus 25.000 (Ausgleichsforderung) = 225.000

Lösung 3 (entgegen BGH Anwendung des § 1374 II; mit BGH Herausrechnung aus dem Endvermögen des Empfängers):

Anfangsvermögen M = 50.000
Endvermögen M = 400.000
Zugewinn M = 350.000 *plus* 100.000 (§ 1380 Abs. 2 S. 1 BGB) = 450.000

Anfangsvermögen F = real 0 *plus* 100.000 (§ 1374 Abs. 2) = 100.000
Endvermögen F real = 200.000 *minus* 100.000 (BGH) = 100.000
Zugewinn F = 0

Zugewinnüberschuss M = 450.000
Ausgleichsanspruch F = 225.000 abzüglich 100.000 (Zuwendungswert: § 1380 Abs. 1 S. 1) = 125.000

Wirtschaftliches Ergebnis nach Durchführung des Zugewinnausgleichs:
Der Mann hat 400.000 *minus* 125.000 (Ausgleichsschuld), ihm verbleiben 275.000
Die Frau hat 200.000 *plus* 125.000 (Ausgleichsforderung), also in der Summe 325.000.

43 Die Herausrechnung aus dem Endvermögen des Empfängers unterliegt schon deshalb Zweifeln, weil nach dem Gesetz die Zuwendung dem Zugewinn des Zuwendenden hinzuaddiert werden soll; Zugewinn und Endvermögen sind aber nicht dasselbe, wie spätestens offenbar wird, wenn das Endvermögen negativ ist, während der Zugewinn nicht negativ sein kann (was nur vereinzelt bezweifelt wird, siehe Braeuer, FamRZ 2010, 1614.

Lösung 4 (wörtliche Anwendung des Gesetzes, also Anwendung des § 1374 Abs. 2; keine Herausrechnung aus dem Endvermögen des Empfängers):

Anfangsvermögen M	=	50.000
Endvermögen M	=	400.000
Zugewinn M	=	350.000 *plus* 100.000 (§ 1380 Abs. 2 S. 1 BGB) = 450.000
Anfangsvermögen F	=	0 *plus* 100.000 (§ 1374 Abs. 2) = 100.000
Endvermögen F	=	200.000
Zugewinn F	=	100.000
Zugewinnüberschuss M	=	450.000 *minus* 100.000 = 350.000
Ausgleichsanspruch F	=	175.000 abzüglich 100.000 (Zuwendungswert: § 1380 Abs. 1 S. 1) = 75.000

Wirtschaftliches Ergebnis nach Durchführung des Zugewinnausgleichs:
Der Mann hat 400.000 *minus* 75.000 (Ausgleichsschuld), ihm verbleiben 325.000
Die Frau hat 200.000 *plus* 75.000 (Ausgleichsforderung), also in der Summe 275.000.

Bei den Ergebnissen fällt auf: Die Rechnungsmethode des BGH (Lösung 1) führt zum gleichen Ergebnis wie die wörtliche Anwendung des Gesetzes (Lösung 4). Das ist nicht weiter erstaunlich, denn für die Höhe des Zugewinns der beschenkten Frau ist es rechnerisch gleichgültig, ob die Zuwendung ihrem Anfangsvermögen hinzugerechnet wird oder – ohne dies zu tun – aus ihrem Endvermögen abgezogen wird. Bemerkenswerter ist schon, dass sowohl Lösung 1 als auch Lösung 4 wirtschaftlich zu demselben Ergebnis führen wie im Fall, dass die Zuwendung völlig unterblieben ist (unterstellt, das Zuwendungsobjekt wäre noch am Endstichtag mit identischem Wert im Vermögen des Mannes vorhanden); auch das ist aber noch logisch, wenn die Anrechnung der Zuwendung auf die Ausgleichsforderung bestimmt war bzw. als nach § 1380 Abs. 1 S. 2 als bestimmt anzusehen ist.

Am erstaunlichsten aber ist, dass das wirtschaftliche Ergebnis nach der Rechenmethode des BGH dasselbe ist, *gleichgültig ob der Zuwendende die Anrechnung der Zuwendung auf die Ausgleichsforderung bestimmt oder ausgeschlossen hat:* Lösung 1 des Beispiels 2 führt zu haargenau demselben Ergebnis wie Lösung 1 des Beispiels 3. Da kann etwas nicht stimmen.

Der Vergleich der Lösungen zu Beispiel 2 zeigt deutlich, dass die Nichtanwendung des § 1374 Abs. 2 BGB auf Schenkungen unter Ehegatten zu Lasten des Beschenkten geht. Dieser hat gewiss den Vorteil, *jetzt* bereits einen Vermögensgegenstand zu erhalten, dessen Wert ihm vielleicht erst später im Rahmen eines Zugewinnausgleichs zugefallen wäre. Kommt es aber dann zum Zugewinnausgleich, so zeigt sich, dass das „Geschenk" nur eine Vorleistung auf den Zugewinnausgleichsanspruch war, *und zwar auch dann, wenn es sich um eine echte Schenkung handelte und auch dann, wenn der Geber die Anrechnung auf einen eventuellen Zugewinnausgleichsanspruch ausgeschlossen hatte.* Das ist ein Widerspruch zum Willen des Zuwendenden.

Nach meiner Auffassung muss bei echten Ehegattenschenkungen, die es ja nach wie vor noch gibt, § 1374 Abs. 2 BGB angewendet werden (nicht bei ehebedingten Zuwendungen!). Das führt bei Fällen, in denen die Nichtanrechnung bestimmt ist (Beispiel 2) zur Lösung 2. In Fällen des § 1380 (Beispiel 3) erscheint demzufolge die Lösung 4 als die richtige: Zwar steht in unserem Beispielsfall die Frau dann wirtschaftlich nicht besser, als wenn die Schenkung unterblieben wäre; das ist aber die Folge der vom Schenker ausdrücklich erklärten oder nach § 1380 Abs. 2 S. 1 vermuteten Anrechnungsbestimmung.

Die Gleichbehandlung von Schenkungen und ehebedingten Zuwendungen im Rahmen des § 1380 führt mich zu dem Gedanken, dass es im Rahmen des gesetzlichen Güterstandes eigentlich vier Arten von Ehegattenzuwendungen gibt: a) Schenkungen, die auf den Zugewinnausgleich nicht angerechnet werden sollen (sozusagen die „Schenkung plus"); b) Schenkungen, die auf den Zugewinnausgleich anrechenbar sind; c) ehebedingte Zuwendungen, bei denen die Anrechnung ausgeschlossen ist (ein innerer Widerspruch?), und d) ehebedingte Zuwendungen, die anrechenbar sind. Freilich: Nach der Rechenmethode des BGH führt – negative Salden einmal ausgeschlossen – beim Zugewinnausgleich alles zum selben Ergebnis.

V. Schluss und Fazit

Es zeigt sich, dass die Behandlung von Ehegattenschenkungen im Zugewinnausgleich, wie sie von der Rechtssprechung vorgenommen wird, nicht stimmig ist. Nehmen wir die deutsche Rechtslage aber nun einmal so, wie der Bundesgerichtshof sie geformt hat, so kann man nach wie vor ein gewisses Misstrauen gegenüber der Ehegattenschenkung verspüren. Diese innere Distanz prägt nicht nur die Behandlung der Ehegattenschenkung im Zugewinnausgleich, sondern das gesamte Recht der Ehegattenzuwendungen. Zwar können sich Ehegatten gegenseitig mit objektiv unentgeltlichen Zuwendungen bedenken, doch stehen solche Gaben unter besonderen Regeln, die letztlich ihre Bestandsfestigkeit mindern, sei es, dass sie nicht als Schenkungen anerkannt, sei es, dass sie über den Zugewinnausgleich neutralisiert werden.

Wirkt das römische Recht, das einst die Ehegattenzuwendung für unwirksam erklärte, noch nach? Die Begründungen früherer Rechtsordnungen sind nicht ohne weiteres auf unsere Zeit und in unsere Rechtsordnung übertragbar. Gleichwohl gibt es, so scheint mir, einen Zusammenhang. Das eheliche Verhältnis und das Vermögen der Ehegatten stehen in einer Sinnbeziehung zueinander, die vom Eheverständnis abhängt. Diese Beziehung kann güterrechtlich nach dem Willen der Eheleute gestaltet werden. Die Schenkung von *einzelnen Gegenständen* eines Ehegatten an den anderen steht zunächst außerhalb dieser güterrechtlichen Ordnung; man könnte sagen: sie bildet einen potentiellen Störfaktor im Gesamtkonzept der ehelichen Vermögenszuordnung. Andererseits kann sie gerade einer sinnvollen Gestaltung einer *funktional* begriffenen Güterzuordnung dienen, man denke an die mit dem Erwerb von Miteigentum an Versorgungsgütern gekoppelte Gütertrennung. Die Lehre von der „ehebedingten Zuwendung“ kann als Versuch begriffen werden, unentgeltliche Ehegattenzuwendungen von Einzelobjekten in den funktionalen Rahmen des Ehevermögensrechts zu setzen und ihren familiären Sinnbezug zu sichern.

Das allerdings rechtfertigt es nicht, echte Schenkungen, die im Rahmen der Vertragsfreiheit ohne Einschränkung möglich sind, durch eine gesetzlich nicht vorgeschriebene Manipulation im Zugewinnausgleich zu neutralisieren. Infolgedessen sollte der zuständige Senat des Bundesgerichtshofs, sobald sich wieder eine Gelegenheit dazu bietet, seine Rechtsprechung zur Berücksichtigung von Ehegattenschenkungen im Zugewinnausgleich korrigieren, in folgendem Sinne:

1) Der Wert echter Schenkungen unter Ehegatten ist dem Anfangsvermögen des Empfängers nach § 1374 Abs. 2 hinzuzurechnen.
2) Damit erübrigt es sich, diesen Wert durch eine im Gesetz nicht vorhergesehene Manipulation aus dem Endvermögen (oder dem Zugewinn) des Empfängers herauszurechnen.

Veröffentlicht in: Dieter Schwab/Hans Joachim Dose (Hrsg.), Familienrecht in Praxis und Theorie, Festschrift für Meo-Micaela Hahne, Verlag Gieseking, Bielefeld 2012, S. 175–190.

Das einseitige Verschuldensprinzip

I. Scheidungsrecht ohne Verschulden?

Beinahe sind es Jugenderinnerungen – Erinnerung an die Zeit, in der es fast allgemeine Überzeugung geworden war, dass „Eheverfehlungen", „Verschulden", „Schuld an der Ehezerrüttung" keine geeigneten Raster mehr für ein zeitgemäßes Scheidungsrecht seien. Ich war in den Jahren um 1968 Hochschuldozent an der Ruhr-Universität Bochum und dann junger Ordinarius an der Justus-Liebig-Universität Gießen und diskutierte die heranziehende Reform des Eherechts mit Studenten, Assistenten und Praktikern. Das „Verschuldensprinzip im Scheidungsrecht", das im damals geltenden Ehegesetz noch verankert war und sogar noch den Zerrüttungstatstand des § 48 dieses Gesetzes zähmte,[1] fand in der jungen Generation kaum mehr Anhänger.

Auch in der Politik nicht mehr. Die Regierungsentwürfe, die zu Beginn der 70er Jahre zur Debatte standen, verkündeten den Abschied vom Verschuldensprinzip im Scheidungs- und Scheidungsfolgenrecht. „Im Ehescheidungsrecht wird das Schuldprinzip durch das Zerrüttungsprinzip ersetzt ... im Unterhaltsrecht wird das bisherige Schuldprinzip ... zugunsten einer Regelung aufgegeben, die dem wirtschaftlich schwächeren Partner eine angemessene Sicherung seiner Lebensbedürfnisse gewährt" – so hieß es im Regierungsentwurf zum „Ersten Gesetz zur Reform des Ehe- und Familienrechts" vom 1.6.1973.[2] Generell sollten Schuldgründe für die Regelung der Scheidungsfolgen „keine Bedeutung mehr haben".[3]

Der Trend weg vom Verschulden als Normmerkmal im Eherecht beherrschte nicht nur die damalige sozialliberale Koalition, sondern auch konservativere Kräfte. Die „Thesen zur Reform des staatlichen Scheidungsrechts", die das Kommissariat der Deutschen Katholischen Bischöfe im Jahre 1970 veröffentlichte, hielten zwar an der Unauflöslichkeit der Ehe als Prinzip fest, akzeptierten aber die Scheidung wegen tiefgreifender Ehezerrüttung als Leitpunkt des staatlichen Scheidungsrechts.[4] Von den Politikern der CDU/CSU war es vor allem der ehemalige Kultusminister des Landes Nordrhein-Westfalen Paul Mikat, seit 1969 Mitglied des Deutschen Bundestags, der in Schriften[5] und Parlamentsreden dem Einschwenken auf das Zerrüttungsprinzip ein wissenschaftliches Fundament bot. Freilich versuchte Mikat, das Zerrüttungsprinzip mit ehestabilisierenden Normelementen wie Härteklauseln und Schutzvorschriften für den ökonomisch schwächeren Partner und die Kinder zu verbinden.

---

1 Durch das Widerspruchsrecht des anderen Ehegatten, wenn der die Scheidung begehrende Ehegatte die Zerrüttung ganz oder überwiegend verschuldet hatte, § 48 Abs. 2 EheG; diese Widerspruchsrecht war Gegenstand der Kritik, die Vorschrift ist durch das Familienrechtsänderungsgesetz vom 11.8.1961 (BGBl. 1961 I S. 1221) geändert worden, ohne dass das Prinzip angetastet worden wäre.

2 BT-Drucksache 7/650, 2.

3 BT-Drucksache 7/650, 60.

4 Thesen zur Reform des staatlichen Scheidungsrechts in der Bundesrepublik Deutschland, hrsg. vom Kommissariat der deutschen Bischöfe in Bonn, Bonn 1970.

5 Scheidungsrechtsreform in einer pluralistischen Gesellschaft, Bielefeld 1970; ferner: Möglichkeiten und Grenzen einer Leitbildfunktion des bürgerlichen Ehescheidungsrechts, In: *Audomar Scheuermann/Georg May* (Hrsg.), IUS SACRUM. Klaus Mörsdorf zum 60. Geburtstag, München/Paderborn/Wien 1969, S. 615 ff.

Auf dieser gedanklichen Grundlage ist schließlich der politische Kompromiss gelungen, welcher der Scheidungsrechtsreform bei den Abstimmungen im Jahre 1975 große Mehrheiten in Bundestag und Bundesrat bescherte. Mikat war davon überzeugt, dass die Ehezerrüttung die eigentliche Grundlage der Ehescheidung sein musste, nicht weil es kein menschliches Verschulden gäbe, sondern „weil die Schuldfeststellung, die Bewertung und das Abwägen der Schuld in der scheidungsrichterlichen Praxis auf große, oft unüberwindliche Schwierigkeiten stoßen".[6]

Eheverfehlung und Verschulden finden sich im 1. EheRG, das schließlich nach langwierigen Verhandlungen im Vermittlungsausschuss zustande kam und in seinen wichtigsten Teilen zum 1.7.1977 in Kraft trat, nicht mehr als positive Tatbestandsmerkmale für Rechtswirkungen, nicht im Scheidungsrecht, nicht im Unterhaltsrecht, nicht im Versorgungsausgleich, nicht im Kindschaftsrecht. Nur in der Härteklausel des Zugewinnausgleichsrechts ist ein Verschulden stehen geblieben, nämlich in § 1381 Abs. 2 BGB, wo ein Leistungsverweigerungsrecht an „schuldhafte" Nichterfüllung von wirtschaftlichen Ehepflichten anknüpft.

Bei einigen Generalklauseln lässt das Eherechtsreformgesetz seine Abneigung gegen jegliche Berücksichtigung von Eheverfehlungen und Scheidungsverschulden überdeutlich erkennen, so bei dem Unterhaltstatbestand des § 1576 BGB, der „positiven Generalklausel", die einen nachehelichen Unterhaltsanspruch zur Vermeidung grober Unbilligkeit aus „sonstigen schwerwiegenden Gründen" zuteilt. Das Gesetz dekretiert in § 1576 S. 2; „Schwerwiegende Gründe dürfen nicht allein deswegen berücksichtigt werden, weil sie zum Scheitern der Ehe geführt haben". Gleiches fand sich in der Härteklausel beim Versorgungsausgleich (§ 1587c Nr. 1 Hs. 2 BGB).[7]

Die unterhaltsrechtliche Härteklausel des § 1579 BGB formulierte ein derartiges Verbot, auf die Ursachen der Ehezerrüttung zurückzugreifen, von vornherein nicht. Doch entsprach die Berücksichtigung von „Eheverfehlungen" und „Zerrüttungsverschulden" auch hier nicht den Absichten des Gesetzgebers. So kritisierte die Gesetzesbegründung das frühere Recht, wonach der Ehegatte, der an der Scheidung die alleinige oder überwiegende Schuld trug, beim Scheidungsunterhalt leer ausging, mit den Worten: „Diese Folge trifft durch ihren sachfremden Strafcharakter besonders die nicht erwerbstätige Frau schwer. Der Entwurf beseitigt diese unsoziale Benachteiligung der Frau. Er regelt Unterhalt und Altersversorgung allein nach objektiven Merkmalen."[8] Als Begründung für die Eliminierung des Scheidungsverschuldens wird – unter Bezug auf die Thesen der Eherechtskommission – die *Gleichwertigkeit von Erwerbs- und Haushaltstätigkeit* in der Ehe angeführt: Die Tätigkeit der Hausfrau und Mutter hat gleichen Rang mit der des erwerbstätigen Ehegatten und es ist unbillig, den Wert dieser Tätigkeit zu übergehen, wenn die Frau aus Gründen, die mit ihrer Leistung in der Ehe nichts zu tun haben, die Zerrüttung der Ehe zu verantworten hat. „Wenn ... der Ehegatte seine Arbeitskraft auf Grund einverständlicher Arbeitsteilung für den Haushalt zur Verfügung gestellt und deshalb auf eine eigene wirtschaftliche Sicherung durch Erwerbstätigkeit verzichtet hat, ist es nicht zu rechtfertigen, ihm den Unterhaltsanspruch gegen den anderen Ehegatten zu versagen, weil seine Eheverfehlung zum Scheitern der Ehe geführt hat."[9]

In der schließlich verabschiedeten Fassung des 1. EheRG ist nicht einmal die grobe Verletzung der familiären Unterhaltspflicht als Tatbestand der unterhaltsrechtlichen Härteklausel

---

6 Rede vor dem Bundestag vom 13.10.1971, abgedruckt in FamRZ 1972 S. 1 ff. sowie in: Religionsrechtliche Schriften (Fn.1), Bd. 2 S. 1129 ff., 1135.

7 „... hierbei dürfen Umstände nicht allein deshalb berücksichtigt werden, weil sie zum Scheitern der Ehe geführt haben." § 27 des VersAusglG vom 3.4.2009, wo sich die Härteklausel nach der grundlegenden neuesten Reform des Versorgungsausgleichs wiederfindet, kennt eine solche Einschränkung bezeichnenderweise nicht mehr.

8 BT-Drucks. 7/650 S. 60.

9 BT-Drucks. 7/650 S. 121.

genannt.[10] In den Zusammenhang mit einem ehewidrigen Verhalten lässt sich nur der Unterhaltsausschlussgrund des § 1579 Abs. 1 Nr. 2 BGB (damaliger Zählung) bringen, der ein Verbrechen oder vorsätzliches schweres Vergehen gegen den Unterhaltspflichtigen oder einen seiner nahen Angehörigen voraussetzt, also eine schwere Straftat, die weit über die bloße Verletzung von Ehepflichten hinausgeht.

Damit war ein Scheidungsfolgenrecht geschaffen, das auf die Berücksichtigung der persönlichen Gründe, die zum Scheitern der Ehe geführt haben, weitestgehend verzichtete. Das entsprach der Vorstellung von einer Scheidung, die objektiv und sauber (man würde heute sagen: *clean*) durchgeführt werden sollte. Die Ehe war vorüber, der Blick ging nicht zurück zu den Ursachen. Die Lage sollte so beurteilt werden, wie sie sich bei der Scheidung und für die voraussehbare Zukunft darstellte. Noch gab es auch nicht die „ehebedingte Bedürftigkeit", heute das große Leitmotiv des nachehelichen Unterhaltsrechts, die den Blick zurück in die Vergangenheit gelenkt hätte, sehen wir vom Tatbestand des § 1575 BGB einmal ab.[11]

II. Die Wiederkehr des Verschuldens im Unterhaltsrecht

Schon bald nach Inkrafttreten des 1. EheRG erwies sich die Eliminierung von Eheverfehlung und Zerrüttungsverschulden aus dem Scheidungsrecht als eitler Traum. Freilich marschierte das Verschulden nicht einfach als allgemeines Prinzip des Scheidungs- und Scheidungsfolgenrechts wieder in die Rechtsordnung ein. Der Einbruch erfolgte *sektoral* im Scheidungsfolgenrecht, und zwar ausschließlich zu Lasten des von einer Scheidungsfolge *Begünstigten*, nie desjenigen Partners, den eine Scheidungsfolge als Verpflichteten oder Belasteten traf.

Hauptsächliches Schlachtfeld der wieder auflebenden Verschuldensdiskussion bildete das Unterhaltsrecht. Mit der Entscheidung vom 17. März 1979[12] öffnete der IV. Zivilsenat des BGH die negative Härteklausel des § 1579 der Wiederkehr des Verschuldensprinzips. Normative Grundlage war die Ziffer, welche eine Generalklausel enthielt (Abs. 1 Nr. 4 damaliger Zählung). Im Verlauf der parlamentarischen Verhandlungen waren die Unbilligkeitstatbestände entsprechend erweitert worden: Jeder Grund, der „ebenso schwer wiegt" wie die in den speziellen Tatbestandsnummern aufgeführten Gründe, sollte die grobe Unbilligkeit der Unterhaltslast begründen können. In diese ebenso schwer wiegenden Gründe hinein pflanzte der Senat die Eheverfehlung: Zwar ergebe sich aus den Verhandlungen des Gesetzgebungsverfahrens, dass das Schuldprinzip in der unterhaltsrechtlichen Auseinandersetzung nicht wieder aufleben sollte; andererseits habe jedoch Einigkeit bestanden, dass mit der Härteklausel die Unbilligkeiten abgewendet werden sollen, die sich aus dem Verzicht auf das Schuldprinzip ergeben können.[13] Eine seltsame Logik: Wiederkehr des Schuldprinzips, um die Unbilligkeiten aus dessen Abschaffung zu vermeiden!

Dieser gedankliche Ansatz machte es möglich, zu den „ebenso schwerwiegenden Gründen" auch mit der Trennung zusammenhängende Umstände und Vorkommnisse zu rechnen, die der

10 Dieser Tatbestand war noch im Regierungsentwurf vorgesehen (§ 1580 Abs. 1 Nr. 4 BGB-RegE, BT-Drucks. 650/10), ist im Gesetz aber entfallen, offenbar weil im Verlaufe der parlamentarischen Verhandlungen die Gründe für grobe Unbilligkeit um eine allgemeine Härteklauseln erweitern wurden. Die Begründung legt Wert darauf, dass nicht schon in der Aufhebung der häuslichen Gemeinschaft allein eine Unterhaltspflichtverletzung liege, aber z.B. in dem Sachverhalt, dass die Ehefrau ihre Familie verlässt und damit dem Ehemann die volle Last der Haushaltsführung und Kindererziehung aufbürdet (BT-Drucks. 7/650 S. 138).

11 Bei diesem Tatbestand geht es eindeutig um *ehebedingte* Nachteile, die ein Ehegatte bei seiner Berufsausbildung erlitten hat.

12 Zunächst betr. § 1361, BGH FamRZ 1979, 569.

13 Der BGH verweist insoweit auf den Zweiten Bericht des Bundestags-Rechtsausschusses, BT-Drucks 7/4361 S. 15 und 32.

unterhaltsberechtigte Ehegatte zu verantworten hat, also auch ein eheliches Fehlverhalten, das zur Trennung geführt hat. Das sollte nach der Rechtsprechung des BGH auch dann von Bedeutung sein, wenn das Fehlverhalten keine wirtschaftlich nachteiligen Folgen für den Verpflichteten gezeitigt hatte. Das Gericht wollte solche Sachverhalte zwar nur eingeschränkt berücksichtigen, die Härteklausel sollte aber bei einem *„schwerwiegenden und auch klar bei einem der Ehegatten liegenden, evidenten Fehlverhalten"* greifen.

Was zunächst noch abstrakt formuliert war, wurde alsbald konkret. In einem Fall[14] konnte der BGH ein Fehlverhalten der erforderlichen Schwere auch positiv feststellen. Im September 1977, also kurz nach dem Inkrafttreten des 1. EheRG, hatte die Ehefrau mit den Kindern die eheliche Wohnung verlassen und zusammen mit ihrem Freund, mit dem sie dann in eheähnlicher Gemeinschaft zusammenlebte, eine gemeinsam gemietete Wohnung bezogen. Das ging dem Senat zu weit: „Wendet sich ein Ehegatte in solcher Weise gegen den Willen seines Ehepartners einem anderen Partner zu, so kehrt er sich damit in einem Maße von seiner Ehe und dem Ehepartner ab, dass er, der sich von seinen eigenen ehelichen Bindungen distanziert und die dem anderen Ehegatten geschuldete Hilfe und Betreuung einem Dritten zuwendet, nicht seinerseits den Ehepartner aus dessen ehelicher Mitverantwortlichkeit für sein wirtschaftliches Auskommen in Anspruch nehmen kann."

Für den Scheidungsunterhalt konnte das Problem, das zunächst beim Trennungsunterhalt aufgetaucht war,[15] nicht anders gelöst werden. Ein Leitsatz bringt das auf die Formel: Auch ohne Begründung eines eheähnlichen Zusammenlebens stellt die Aufnahme eines nachhaltigen, auf längere Dauer angelegten intimen Verhältnisses mit einem anderen Partner bei Trennung vom Ehegatten eine so schwerwiegende Distanzierung von den eigenen ehelichen Bindungen dar, dass die Inanspruchnahme des gegen seinen Willen verlassenen Ehegatten auf Unterhalt grob unbillig sein kann.[16]

Die partielle Rückkehr der Eheverfehlung in das Unterhaltsrecht war durch die Literatur vorbereitet gewesen.[17] Das war verständlich: Hatte doch das 1. EheRG ein Recht des Geschiedenenunterhalts geschaffen, das die Zumutung nachehelicher Solidarität eindeutig übertrieb. Das erklärt die Suche nach einschränkenden Korrekturen, die namentlich bei der offenen Härteklausel des § 1579 Abs. 1 Nr. 4 (damaliger Zählung) fündig wurde. Die Rechtsprechung des BGH fand schließlich Eingang in die Gesetzgebung. Das unter der ersten Regierung Kohl ergangene „Gesetz zur Änderung unterhaltsrechtlicher, verfahrensrechtlicher und anderer Vorschriften (UÄndG)" vom 20. Februar 1986[18] erweiterte den § 1579 BGB von vier auf sieben Nummern, unter anderem durch den Tatbestand, dass dem Unterhaltsberechtigten ein „offensichtlich schwerwiegendes, eindeutig bei ihm liegendes Fehlverhalten gegen den Verpflichteten zur Last fällt" (§ 1579 Nr. 6 damaliger Zählung). Die Gesetzesbegründung sah darin eine Bestätigung der BGH-Rechtsprechung: „Die Neufassung des § 1579 stellt diese Rechtsprechung auf eine gesetzliche Grundlage und trägt dadurch zu ihrer Stabilisierung bei."[19] Darüber hinaus wurden weitere Härtetatbestände eingefügt, die spezielle Formen des ehelichen Fehlverhaltens als Unbilligkeitsgründe formulierten, so nun ausdrücklich die gröbliche Verletzung der familiären Unterhaltspflicht und das mutwillige „Sich-Hinwegsetzen" über schwerwiegende Vermögensinteressen des anderen Teils. Hauptsache aber war, dass ein Fehlverhalten eines Ehegatten gegenüber dem anderen nun generell als Normelement in das Scheidungsfolgenrecht hineingenommen war.

14 BGH FamRZ 1980, 665, 666.

15 Auch das Unterhaltsrecht bei Getrenntleben verweist auf die Generalklausel des Geschiedenenunterhalts, siehe § 1361 Abs. 3 i.V.m. § 1579 Abs. 1 Nr. 4 BGB (in der Zählung des 1. EheRG).

16 BGH FamRZ 1981, 439, ferner BGH FamRZ 1981, 1043.

17 Siehe auch *mein* Handbuch des Scheidungsrechts, 1. Aufl. 1977, Rn. 386.

18 BGBl. 1986 I S. 301.

19 BT-Drucksache 10/2888 S. 20; BT-Drucks. 10/4514 S. 2.

Das Verschuldensprinzip war wieder da. Man könnte einwenden, der Begriff „Fehlverhalten" sei mit „Verschulden" nicht identisch, er sei objektiv, er müsse nicht mit persönlichen Schuldvorwürfen einhergehen. In der Tat wird die Vokabel „Verschulden" in diesem Zusammenhang möglichst gemieden. Das kann aber nicht darüber hinwegtäuschen, dass es sich um dieselben Fallkonstellationen handelt, die nach früherem Recht die Verschuldenstatbestände ausgemacht hatten. Das „Fehlverhalten" knüpft an die „Eheverfehlung" des § 43 EheG an und meint – unter Einschluss des heute terminologisch nicht mehr modischen Ehebruchs – dasselbe. Es bezieht sich auf die ehelichen Pflichten, keineswegs geht es nur um deliktisches Verhalten. Der Begriff des Fehlverhaltens setzt die Verantwortlichkeit des betreffenden Ehegatten für sein Tun voraus und bedingt schuldhaftes Handeln.[20] Im Sinne des „Verschuldensprinzips" wurde der neue § 1579 Nr. 6 BGB denn auch damals verstanden und kritisiert:[21] „Ehegatten müssen vor Gericht wieder schmutzige Wäsche waschen", verlautbarte der SPD-Abgeordnete Alfred Emmerlich und wiederholte die bei Schaffung des 1.EheRG verbreitete Behauptung, es sei nicht möglich, im Gerichtsverfahren zu sicheren Feststellungen darüber zu gelangen, wer von den Ehegatten der eigentlich Schuldige sei.[22]

III. Das „Fehlverhalten" im Zugewinn- und Versorgungsausgleich

Die Wiederkehr des Verschuldensprinzips im Unterhaltsrecht lud dazu ein, auch bei anderen Scheidungsfolgen an das eheliche „Fehlverhalten" eines Ehegatten Rechtswirkungen anzuknüpfen. Dabei kam allerdings der Bereich von Sorge- und Umgangsrecht weniger in Frage: Das „Kindeswohl" als der alles beherrschende Begriff schloss es aus, Enttäuschungen im Paarverhältnis als Parameter für Entscheidungen zu nehmen, die unmittelbar und hauptsächlich das Kind betrafen.

Hingegen konnte ein „Fehlverhalten" bei den wirtschaftlichen Ausgleichsmechanismen des Scheidungsrechts ein relevanter Gesichtspunkt werden. Beim *Zugewinnausgleich* ist das Problem im Leistungsverweigerungsrecht des Pflichtigen bei grober Unbilligkeit (§ 1381 BGB) verortet. Die „schuldhafte" Nichterfüllung von wirtschaftlichen Ehepflichten ist Gegenstand der speziellen Einrede des § 1381 Abs. 2 BGB. Aber auch der Verstoß gegen persönliche Pflichten kann nach weit überwiegender Meinung im Rahmen der Generalklausel des § 1381 Abs. 1 BGB („grobe Unbilligkeit") ein Leistungsverweigerungsrecht nach sich ziehen.[23]

Das ist auch die Auffassung des Bundesgerichtshofes, der jedoch eine insgesamt zurückhaltende Linie verfolgt. Danach muss ein Fehlverhalten zwar nicht notwendig wirtschaftlicher Art sein, um im Rahmen des § 1381 Abs. 1 BGB Berücksichtigung finden zu können.[24] Der Einsatz der Unbilligkeitsklausel bei der Verletzung von Ehepflichten, die nicht den wirtschaftlichen Bereich tangieren, geschieht aber in vorsichtiger Weise. In Erkenntnissen, die allerdings lange zurückliegen,[25] ist ausgesagt, dass ein Leistungsverweigerungsrecht, das mit schuldhaftem und pflichtwidrigem Verhalten des Ausgleichsberechtigten begründet wird, *nur ausnahmsweise* zum Zuge kommt und dass ein *vollständiger* Ausschluss vom Ausgleich regelmäßig nicht am Platze ist, wenn das pflichtwidrige Verhalten nicht mehrere Jahre gedauert hat. Eine Ausnahme von

---

20 Münchener Kommentar zum BGB/*Maurer*, 6. Aufl., § 1579 Rn. 46.

21 Partiell auch vom Deutschen Familiengerichtstag, siehe Stellungnahme vom 19. Juli 1984, maschinenschriftlich.

22 „Roll-Back" im Eherecht, in: Politik, Aktuelle Informationen der Sozialdemokratischen Partei Deutschlands Nr. 11/1984, S. 3.

23 Meinungsstand bei *Schwab*, Handbuch des Scheidungsrechts, 7. Aufl., Teil VII Rn. 245.

24 BGH FamRZ 1980, 877; FamRZ 1980, 768, 769; vgl. auch schon BGHZ 46, 343, 347 = FamRZ 1966, 560, 562; OLG Hamm FamRZ 1989, 1188, 1190 m. abl. Anm. *Wiegmann* FamRZ 1990, 627.

25 Grundlegend BGHZ 46, 343 = FamRZ 1966, 560; vgl. ferner FamRZ 1970, 483; FamRZ 1977, 38; OLG Bamberg NJW-RR 1997, 1435, 1436 („besonders lang dauernde oder schwere persönliche Verstöße").

dem Erfordernis der langen Dauer soll aber gegeben sein, wenn der Berechtigte es gerade durch sein pflichtwidriges Verhalten darauf angelegt hat, den anderen zum Scheidungsantrag zu veranlassen, oder wenn der schuldlose Ausgleichsverpflichtete sich besonders um die Aufrechterhaltung der Ehe bemüht hat. Bei der Prüfung der Frage, ob eine die Einrede des § 1381 begründende „lang andauernde" Pflichtwidrigkeit vorliegt, stellt der BGH auf die Relation der Zeitspanne, innerhalb derer die Pflichtwidrigkeiten begangen wurden, zur Gesamtdauer der Zugewinngemeinschaft (also unter Einschluss der Getrenntlebenszeit), nicht aber auf die Relation zur Gesamtdauer des Zusammenlebens ab.[26]

Die Rechtsprechung der Instanzgerichte folgt dieser zurückhaltenden Linie.[27] Manche Gerichte übertreiben den Verzicht auf Gerechtigkeitserwägungen in schwer begreiflichem Maß. So soll nach einer Entscheidung des OLG Karlsruhe sogar eine *vorsätzlich begangene Tötung* des Ausgleichspflichtigen (nur) dann den Ausschluss des Zugewinns rechtfertigen, wenn die Tat des Ausgleichsberechtigten *als besonders verwerflich* zu beurteilen ist.[28] Obwohl der BGH nachhaltig das Dogma verkündet, dass es beim Zugewinnausgleich nicht auf den wirklichen Anteil der Ehegatten an der ehezeitlichen Wertschöpfung ankomme, spielt der wirtschaftliche Gesichtspunkt in die Handhabung der Härteklausel immer wieder herein. Sind auch wirtschaftliche Nachteile eines Fehlverhaltens für den Ausgleichsschuldner sichtbar, so wird der Weg zur „groben Unbilligkeit" bedeutend kürzer. So wurde die Tatsache, dass die Ehe wegen eines scheinehelichen Kindes der Frau geschieden wurde, im Hinblick auf die *wirtschaftlichen* Auswirkungen für den Ehemann (Gerichtskosten und Unterhaltsaufwendungen) als Grund für Kürzung des Ausgleichsanspruchs der Frau anerkannt.[29] Selbst in dem Fall, dass der Zugewinnausgleichsanspruch des Ehemanns daran scheitern sollte, dass er während der Ehe mehrere Frauen vergewaltigt hatte und entsprechend verurteilt und inhaftiert worden war,[30] kommt das Gericht ohne Hinweis auf die negativen *wirtschaftlichen* Auswirkungen dieses Sachverhalts für die Ehefrau nicht aus.

Dass im Bereich des Zugewinnausgleichs ein persönliches Fehlverhalten oder ein Verschulden an der Ehezerrüttung nicht ohne weiteres zu einer Schmälerung des Vermögensausgleichs führt, ist vom Grundgedanken des Ausgleichsinstruments her gesehen logisch. Theorie des Zugewinnausgleichs ist die gleiche Beteiligung der Ehegatten an der gemeinsamen Wertschöpfung während der Ehe. Die Gemeinsamkeit des Erwerbs wird zwar durch ein Verhalten in Frage gestellt, das auf die ökonomische Wertschöpfung nachweisbaren Einfluss hat. Aber die persönliche Ehewidrigkeit für sich gesehen stellt die wirtschaftliche Kooperation nicht in Frage: Ein erotisch leicht entflammbarer Ehegatte kann viele „Affären" haben und gleichwohl seine Rolle in der Haus- und Wirtschaftsgemeinschaft der Familie voll ausfüllen. Was nach der Theorie des Zugewinnausgleichs sein „Mitverdienst" ist, kann durch rein persönliches Fehlverhalten schwerlich verloren gehen – das allerdings nur bis zu einem Punkt, an dem ein Ausgleichsergebnis in einen massiven Widerspruch zum allgemeinen Gerechtigkeitsempfinden gerät.

Ähnlich ist die Lage beim *Versorgungsausgleich*, der – jedenfalls in seiner ursprünglichen Struktur – nach dem Vorbild des Zugewinnausgleichs konstruiert wurde. Auch hier gilt die Theorie des gleichberechtigten ehezeitlichen Erwerbs, auch hier gibt es Härteklauseln. „Persönliches Fehlverhalten" für sich gesehen stellt das Prinzip des gemeinsamen Erwerbs der Rentenanrechte nicht in Frage.

26 BGH FamRZ 1980, 877.
27 Nachweise im Einzelnen bei *Schwab*, Handbuch des Scheidungsrechts, 6. Aufl., Teil VII Rn. 246.
28 OLG Karlsruhe FamRZ 1987, 823, 824; die Klage richtete sich gegen die Erben.
29 OLG Köln (FamRZ 1991, 1192). Nach OLG Brandenburg (FamRZ 2009, 1067) bildet das Unterschieben eines Kindes einen evident schwerwiegenden Verstoß, der zu einer Herabsetzung der Ausgleichsforderung führt.
30 OLG Hamburg FamRZ 2012, 550.

Auf dieser Linie liegt auch die Rechtsprechung des BGH. Im Jahre 2005 hatte der Senat folgenden Fall zu entscheiden:[31] Die Ehegatten hatten sich schon kurz nach der Eheschließung wieder getrennt, die Frau war schon nach wenigen Tagen aus dem neu angeschafften Familienheim ausgezogen. Gleichwohl erfolgte die Scheidung erst etwa 17 Jahre später. Eine grobe Unbilligkeit des Versorgungsausgleichs wegen der sehr kurzen Dauer des Zusammenlebens verneinte das Gericht deshalb, weil die Ehefrau während der Ehe die gemeinsame Tochter betreute und dies bei der Beurteilung der Trennungszeit zu berücksichtigen sei. Es kam somit darauf an, ob eine Versagung oder Kürzung des Ausgleichs wegen Fehlverhaltens in Betracht kam. Das Verlassen des Ehepartners für sich gesehen reicht dem BGH „regelmäßig“ nicht aus; ein zur Trennung führendes Fehlverhalten könne als Abwägungskriterium „allenfalls“ bei der Beurteilung der Frage bedeutsam werden, ob wegen eines anschließenden längeren Trennungszeitraums die *ungekürzte* Durchführung des Versorgungsausgleichs grob unbillig erscheine. Auch die Tatsache, dass die Ehefrau in den ersten Ehejahren damit gedroht habe, für den Fall der vom Ehemann in Aussicht gestellten Scheidung sich selbst und das Kind umzubringen, genügte dem BGH nicht, zumal zugunsten der Frau eine psychische Notlage angenommen wurde. In diesem Zusammenhang wiederholte der BGH den Grundsatz, wonach zwar auch ein persönliches Fehlverhalten des Ausgleichsberechtigten, das ohne wirtschaftliche Relevanz ist, zur Anwendung der Härteklausel führen kann; Herabsetzung oder Ausschluss des Versorgungsausgleichs seien jedoch nur gerechtfertigt, wenn das Fehlverhalten wegen seiner Auswirkungen auf den Ehepartner ganz besonders ins Gewicht falle; es müsse für den anderen Ehegatten so belastend gewesen sein, dass die ungekürzte Durchführung des Versorgungsausgleichs unerträglich erscheine.[32]

Freilich scheint neuerdings auch beim BGH ein schärferer Wind zu wehen. In einem 2012 entschiedenen Fall, in dem sowohl der Unterhalt als auch der Versorgungsausgleich streitig war,[33] wertete der XII. Zivilsenat des BGH den Umstand, dass die Ehefrau dem Mann verschwieg, dass als Vater eines in der Ehe geborenen Kindes auch ein anderer Mann in Betracht kam, als „offensichtlich schwerwiegendes Fehlverhalten“. Dieses durfte der Mann nicht nur dem nachehelichen Unterhaltsanspruch, sondern auch dem Anspruch auf schuldrechtlichen Versorgungsausgleich entgegenhalten. Als entscheidenden Gesichtspunkt arbeitete der Senat dabei heraus: Dadurch, dass die Ehefrau ihren Mann in dem Glauben gelassen hat, dass er allein als Vater des Kindes in Frage kommt, hat sie in einer elementaren Frage in die Lebensgestaltung des Mannes eingegriffen und diese „bei anschließender Fortsetzung der Ehe“ seiner Entscheidung entzogen; ein solches Verhalten stellt einen gravierenden Eingriff in die persönliche Lebensgestaltung des Mannes dar. Auf diese Argumentation, die sich in der Entscheidung über den Unterhalt findet,[34] werden wir noch zurückkommen.

Zusammenfassend lässt sich sagen: Die Rechtsprechung misst dem „Fehlverhalten“ des Berechtigten im Zugewinn- und Versorgungsausgleich zwar nicht die gleiche Bedeutung bei wie im Unterhaltsrecht; es herrscht besonders dann eine gewisse Zurückhaltung, wenn aus dem pflichtwidrigen Tun keine für den Verpflichteten negativen wirtschaftlichen Auswirkungen entstanden sind. Gleichwohl bleibt es prinzipiell dabei, dass auch die grobe persönliche Eheverfehlung des Ausgleichsberechtigten geeignet ist, zu seinen Lasten die „grobe Unbilligkeit“ zu begründen. Niemals aber führt ein gleiches Verhalten des Verpflichteten zu einer Erhöhung des Ausgleichsanspruchs. Das Verschuldensprinzip wird auch hier *einseitig* angewendet.

---

31 BGH FamRZ 2005, 2052.

32 BGH FamRZ 2005, 2052, 2054.

33 Siehe die Entscheidungen BGH FamRZ 2012, 779 (Unterhalt) und BGH FamRZ 2012, 845 (Versorgungsausgleich). Kritisch hierzu *Wever*, FamRZ 2012, 1601.

34 BGH FamRZ 2012, 779 Rn. 23. Diese nimmt auf die Entscheidung zum Versorgungsausgleich (FamRZ 2012, 845 Rn. 19) Bezug.

IV. Die Einseitigkeit der Berücksichtigung von „Fehlverhalten“

Die Wiederkehr des Verschuldensprinzips setzt gedanklich voraus, dass das Argument, „Fehlverhalten“ oder „Verschulden“ seien im Bereich des Eherechts nicht justiziabel, nicht stichhaltig ist. Wenn es möglich ist, für die Zwecke einer gerechten Unterhaltsentscheidung „einseitige Verfehlungen“ aus dem Gewirre des persönlichen und intimen Ehelebens herauszufiltern, dann kann dies bei anderen Rechtsfragen und für andere Rechtswirkungen nicht „unmöglich“ oder „unstatthaft“ sein. Eine der Säulen, welche die Eherechtsreform von 1977 getragen haben, erweist sich somit als brüchig.

Damit aber ergibt sich die Frage, mit welcher Begründung das „Fehlverhalten“ nur einseitig zu Lasten desjenigen zum Einsatz kommt, der aus der Ehescheidung wirtschaftliche Rechte für sich herleitet: des Unterhaltsberechtigten, des Berechtigten bei Zugewinn und Versorgungsausgleich. Durch „ehewidriges Verhalten“ kann man Ansprüche, die aus Anlass der Scheidung entstehen, verspielen, man kann daraus aber keine Ansprüche herleiten oder Ansprüche verstärken. Kein noch so gravierendes Fehlverhalten, nicht einmal der versuchte Mord, erhöht den Zugewinnausgleichsanspruch oder bringt eine höhere Quote der Rentenbeteiligung ein.

Für die Ansprüche auf *Zugewinn- und Versorgungsausgleich* erscheint das logisch. Sie beruhen auf dem gemeinsamen Erwerb während der Ehe, sozusagen dem gesellschaftsrechtlichen Prinzip der Teilhabe an dem gemeinsam Geschaffenen. Ein Unrechtselement ist der Anteilsbestimmung fremd, in keiner Hinsicht ist der Ausgleich Wiedergutmachung für pflichtwidriges Verhalten. Das Halbteilungsprinzip, das die Ausgleichsmechanismen beherrscht, bestimmt immer zugleich auch die maximale Höhe des Ausgleichsanspruchs. Fällt es, wie wir gesehen haben, schon schwer, aus wirtschaftlich neutralen Pflichtverletzungen eine *Minderung* des Anteils herzuleiten, so ist der umgekehrte Weg auf keinen Fall gangbar, nämlich die *Erhöhung* des gleichberechtigten Anteils aufgrund von Verfehlungen des Ausgleichspflichtigen, deren Auswirkungen im rein persönlichen Bereich bleiben.

Auch im *Unterhaltsrecht* hatte es vom Konzept des 1. EheRG her gesehen einen guten Sinn, „Fehlverhalten“ nur auf der Seite des unterhaltssuchenden Teils mit dem Ziel der Versagung oder Minderung seines Anspruchs anzusetzen. Zwar ist das Grundprinzip des Geschiedenenunterhalts – entgegen der Argumentation des BVerfG[35] – nicht die Teilhabe an dem in der Ehe Erarbeiteten, sondern die Solidarität aufgrund des gescheiterten gemeinsamen Lebensplans. Für das Ausmaß dieser Einstandspflicht kann das Verhalten des einen oder anderen Teils, das zum *breakdown* geführt hat, sehr wohl von Bedeutung sein. Doch war der Anspruch auf Geschiedenenunterhalt ursprünglich zugunsten des wirtschaftlich schwächeren Teils so stark ausgebaut, dass eine *Steigerung aus dem Gedanken eines Fehlverhaltens des Verpflichteten* kaum mehr denkbar war. Eine Vielzahl von Anspruchstatbeständen, die allesamt zum „Unterhalt nach den ehelichen Lebensverhältnissen“ führten, abgerundet durch die positive Härteklausel des § 1576 BGB, ließ wenig Raum für Versorgungslücken, die mit Hilfe des Verschuldensprinzips hätten geschlossen werden müssen. Aus der Sicht des Unterhaltsrechts nach der ursprünglichen Fassung des 1. EheRG konnte der Gedanke der Verletzung der ehelichen Solidarität nur im Sinne der Absenkung der enormen nachehelichen Unterhaltlasten als sinnvoll – und allerdings auch als geboten – erscheinen. Das war auch der Grund für Literatur und Rechtsprechung, entgegen dem gesetzlichen Konzept eines verschuldensfreien Scheidungsrechts das „einseitige Fehlverhalten“ in die negative Härteklausel des § 1579 BGB zu implementieren. Es konnte nicht sein, dass ein Ehegatte nach der Scheidung den anderen für die Deckung seines Lebensbedarfs nach ehelichen Lebensverhältnissen in Anspruch nehmen konnte, gleichgültig wie er sich in der Ehe aufgeführt hatte.

35 BVerfG, Beschluss des 1. Senats vom 5.2.2002, BVerfGE 105, 1.

Auch nachdem das *Unterhaltsänderungsgesetz von 1986* den Scheidungsunterhalt in einigen Punkten eingeschränkt hatte,[36] blieb die einseitige Anwendung des Verschuldensprinzips noch verständlich. Denn entgegen den von den Gegnern dieser Reform gehegten Befürchtungen blieben die Strukturen des 1.EheRG im Wesentlichen unverändert, davon abgesehen, dass von den damals eingeführten Möglichkeiten der Herabsetzung und Befristung der nachehelichen Unterhaltsansprüche (§§ 1573 Abs. 5, 1578 Abs. 1 S. 2 BGB damaliger Fassung) in der Praxis wenig Gebrauch gemacht wurde. Unter diesen Umständen erscheint es nicht als Systembruch, wenn dasselbe Gesetz ein offensichtlich schwerwiegendes, einseitiges Fehlverhalten nur beim Unterhaltsberechtigten, nicht aber beim Verpflichteten in Ansatz brachte.

Mit der *Unterhaltsrechtsreform von 2007*[37] hat sich das Szenario indes völlig verändert. Die „Stärkung der Eigenverantwortung", die der Reformgesetzgeber dem unterhaltsbedürftigen Ehegatten nach der Scheidung auferlegt hat, führte zu einer gewichtigen Veränderung der Strukturen des nachehelichen Unterhaltsrechts. Zugleich an mehreren Stellen wurden die Schrauben zu Lasten der potentiell Unterhaltsberechtigten angezogen: Bei der zielgebenden Grundnorm des § 1569 BGB, bei der Unterhaltsberechtigung wegen Kindesbetreuung, bei den wesentlich erweiterten Möglichkeiten der Herabsetzung und Befristung des Unterhalts wegen Unbilligkeit (§ 1578b BGB) und bei der Härteklausel des § 1579, deren Katalog ein weiteres Mal vermehrt wurde, von den neuen Rangregeln ganz zu schweigen. Die Einzelheiten brauchen einer kundigen Leserschaft nicht näher dargestellt zu werden. Jedenfalls kann von einem üppigen nachehelichen Unterhaltsrecht zugunsten des ökonomisch schwächeren Teils nicht mehr die Rede sein, im Gegenteil: Der allein kindesbetreuende Elternteil wird von Gesetz und Rechtsprechung grundsätzlich genötigt, seine Fürsorge für die Kinder zusätzlich zu einer vollen Berufstätigkeit zu leisten, wenn diese das dritte Lebensjahr vollendet haben. Anders nur, wenn er das Gericht davon überzeugen kann, dass für die Kinder keine kindeswohlverträgliche Möglichkeit einer ganztägigen Fremdbetreuung zur Verfügung steht[38] oder wenn „elternbezogene Gründe" (§ 1570 Abs. 2 BGB) die Doppelbelastung durch Erwerbstätigkeit und Kindesbetreuung als unbillig erscheinen lassen. Dem Grundprinzip nach wird – von den eng geführten Ausnahmen abgesehen – dem kindesbetreuenden Elternteil die volle doppelte Beanspruchung durch Beruf und Familie zugemutet, mögen Lebenssituation und Einkommen des anderen Teils sein, wie sie wollen.

Die gegenseitige Verantwortung der geschiedenen Ehegatten nach dem Scheitern des gemeinsamen Lebensplans ist damit entscheidend geschwächt, die Linie des politischen Kompromisses, die einst dem „neuen Scheidungsrecht" des 1. EheRG eine überwältigende Mehrheit in Bundestag und Bundesrat beschert hatte, verlassen. Damit ist auch die Vorstellung hinfällig, das nacheheliche Unterhaltsrecht sei so maximal gestaltet, dass das grobe Fehlverhalten eines Teils nur Korrekturen nach unten, nicht auch nach oben vertrage. Vielmehr können die Umstände, unter denen eine Ehe scheitert, für die Frage der nachehelichen Verantwortung von grundlegender Bedeutung sein. Wir können uns das anhand einfacher Fälle vor Augen führen.

Fall 1: Ein Ehepaar hat zwei Kinder, die im Zeitpunkt der Scheidung sieben und neun Jahre alt sind. Der Ehemann hat als Direktor in einer Bank ein weit überdurchschnittliches Einkommen. Zur Scheidung auf Antrag des Mannes kommt es deshalb, weil sich die nicht berufstätige Ehefrau auf eine intensive Liebesbeziehung mit ihrem Golflehrer eingelassen hat, die nach zwei Jahren dem Ehemann bekannt wird. Angenommen, die Ehegatten kommen überein, dass die Kinder bei der Mutter leben sollen.

36 Gesetz zur Änderung unterhaltsrechtlicher, verfahrensrechtlicher und anderer Vorschriften (UÄndG) vom 20.2.1986 (BGBl. 1986 I S. 301).

37 Gesetz zur Änderung des Unterhaltsrechts vom 21.12.2007 (BGBl. I S. 3189).

38 Grundlegend BGH FamRZ 2009, 770 Rn. 25 ff.

Die Aussichten der Frau auf nachehelichen Unterhalt sind augenscheinlich nicht rosig. Zum ersten ist schon zweifelhaft, ob ein Anspruch aus § 1570 BGB gegeben ist: Die Frau müsste Billigkeitsgründe dartun, die für eine Verlängerung des Unterhalts über das dritte Lebensjahr der Kinder hinaus sprechen, sei es „kindbezogene", sei es „elternbezogene" – das ist bei Schulkindern, die nach einer gängigen Vorstellung „ohnehin in der Schule sind", greifbar schwierig. Soweit die Frau durch Erwerbstätigkeit ein Einkommen erzielen könnte, geht auch der Anspruch aus § 1573 Abs. 1 BGB ins Leere. Der Aufstockungsanspruch (§ 1573 Abs. 2 BGB) steht unter dem Vorbehalt der Billigkeitsklausel des § 1578b BGB. Vor allem aber droht, soweit ein Anspruch überhaupt begründet ist, die Versagung, Herabsetzung oder Befristung nach § 1579 Nr. 7 BGB, weil man annehmen kann, dass das zuständige Gericht ein offensichtlich schwerwiegendes, eindeutig bei der Frau liegendes Fehlverhalten gegen den Verpflichteten bejahen wird. Dass dabei die Belange der Kinder zu berücksichtigen sind (§ 1579 erster Halbsatz BGB), wird nichts nützen, wenn man der Ehefrau nach § 1570 BGB keinen Anspruch zugestanden hat; die Kindesinteressen hindern zudem eine Absenkung des Unterhalts wegen grober Unbilligkeit nicht.[39]

Fall 2: Variieren wir obigen Fall wie folgt. Nicht die Ehefrau unterhält eine ehebrecherische Liebesbeziehung, vielmehr beginnt der Ehemann ein Verhältnis mit einer Schauspielerin. Nachdem die Ehefrau dies entdeckt hat und ihn zur Rede stellt, verlässt er um der Geliebten willen seine Familie.

Man wird sagen: Da sieht die Sache doch völlig anders aus! Das ist nur insofern richtig, als die Härteklausel des § 1579 Nr. 7 diesmal nicht gegen die geschiedene Ehefrau in Stellung gebracht werden kann – das Fehlverhalten liegt nicht auf ihrer Seite. Doch im Übrigen bleibt der Fall nach dem derzeitiger Rechtsprechung gleich: Bei der Begründung eines Unterhaltsanspruchs hat die Frau auch in diesem Fall die gleichen Schwierigkeiten wie oben beschrieben, die Unbilligkeitsklausel des § 1578b droht auch hier mit ungewissem Ausgang.

Die Frage ist: Wieso kann die „einseitige Verfehlung" der Ehefrau ihren Unterhaltsanspruch gefährden, während die „einseitige Verfehlung" des Manns keinen Einfluss auf ihre Unterhaltschancen haben soll? Dagegen wird gesagt: Die negative Härteklausel beruht auf dem Gedanken, dass niemand aus eigener Pflichtverletzung Vorteile soll herleiten können. Aber gilt dies nicht auch bei Fall 2? Zieht hier der Mann nicht einen den Vorteil aus seinem ehewidrigen Verhalten, in dem er in seiner Lebensdisposition frei bleibt, während die Frau in die Doppelrolle der Familien- und Erwerbsarbeit gedrängt wird?

Nacheheliche Unterhaltsansprüche entspringen der Verantwortung der Ehegatten für die gerechte Bewältigung der aus dem Scheitern des gemeinsamen Lebensplans entstehenden Folgen. Unter welchen Voraussetzungen diese Verantwortung in der Form nachehelichen Unterhalts realisiert werden soll, ist eine schwierige Zumessungsfrage. Auf dieses rechtspolitische Problem haben die deutschen Unterhaltsrechte von 1977, 1986 und 2007 unterschiedliche Antworten gegeben, es wird nicht die letzte sein, wie die neueste Korrektur des § 1578b BGB zeigt.[40] Aber wie immer man das Zumessungskalkül ansetzt: Dass grob ehewidriges, einseitiges und zum Zusammenbruch des ehelichen Verhältnisses führendes Verhalten eine Auswirkung auf die Verantwortung für die nachehelichen Folgen haben muss, liegt klar auf der Hand.

Die Rechtsordnung erkennt dies in § 1579 Nr. 7 BGB an. Sie verfährt aber inkonsequent, wenn sie für die Zumessung der Verantwortung nicht auch das grobe Fehlverhalten des Unterhaltspflichtigen ins Kalkül zieht, das konsequenterweise zu einem gesteigerten Einsatz seiner verfügbaren Mittel führen müsste, um die Nachteile für den anderen abzumildern. Es gibt nicht nur „ehebedingte Nachteile", deren schwierige Bemessung die Interpretation des § 1578b BGB

39 BVerfGE 57, 361, 388; BGH FamRZ 1989, 1279, 1280.
40 Gesetz vom 20. Februar 2013 (BGBl. 2013 I S. 273).

beherrscht, sondern auch „eheführungsbedingte Nachteile" – Nachteile für die Lebensinteressen, die ein Ehegatte durch das grobe Fehlverhalten des anderen erleidet.

In diesem Zusammenhang möchte ich auf die Entscheidung des XII. Zivilsenats des BGH zur Härteklausel aus dem Jahre 2012 zurückkommen. Der Ehefrau, die ihren Mann in dem falschen Glauben ließ, er allein komme als Vater des Kindes in Frage, hat der BGH insbesondere deshalb eine schwere Verfehlung angelastet, weil sie damit in die persönliche Lebensgestaltung des Mannes eingegriffen habe.[41] Man kann fragen: Greift ein Ehegatte, der hinter dem Rücken des anderen ein Liebesverhältnis mit einer dritten Person unterhält, nicht auch in die Lebensgestaltung des anderen ein? Beeinträchtigt das Vorenthalten der für den anderen wichtigen Information über seine Untreue nicht auch in diesem Fall die Entschließungsfreiheit des anderen über die Gestaltung seines Lebens? Ist nicht auch das Verlassen eines Ehegatten zugunsten eines neuen Partners und die darauf folgende Verstoßung aus der Ehe ein einseitiger Eingriff in dessen Leben?

Man wird einwenden: Nachehelicher Unterhalt ist kein Schadensersatz. Darum geht es aber nicht. Es geht vielmehr darum, ob grobes, ehezerstörendes Fehlverhalten in der Ehe Einfluss auf die nach der Ehe geschuldete Solidarität haben kann oder muss. Wenn dies im Sinne der Versagung oder Schmälerung von Unterhaltsansprüchen, also der *Reduzierung* nachehelicher Solidarität bejaht wird, so kann es für eine mögliche *Steigerung von nachehelichen Solidarpflichten* nicht verneint werden.

V. Konklusionen

Lassen sich der vorstehend entwickelten Gedanken im heutigen Unterhaltsrecht zur Geltung bringen?

Wenn man die Sache ohne Voreingenommenheit betrachtet, gibt es Ankerpunkte, an denen das einseitige grobe Fehlverhalten des potentiell Unterhaltsverpflichteten ohne weiteres festgemacht werden kann. Man muss bedenken: Das nacheheliche Unterhaltsrecht ist über weite Strecken ein „Billigkeitsrecht": Beim Unterhaltstatbestand des § 1570 BGB hängt die Verlängerung des Anspruchs über das dritte Lebensjahr des Kindes hinaus von nichts anderem ab als der „Billigkeit" (§ 1570 Abs. 1 S. 2 und Abs. 2 BGB), die Berücksichtigung der ehelichen Lebensverhältnisse bei der Erwerbszumutung erfolgt nach dem Raster der „Unbilligkeit" (§ 1574 Abs. 2 S. 1 BGB), Herabsetzung und Befristung des Unterhalts gemäß § 1578b erfolgen, soweit eine volle oder unbefristete Unterhaltsverpflichtung „unbillig" wäre; ebenso kann nach § 1579 der nacheheliche Unterhalt an der „groben Unbilligkeit" aus vielfältigsten Gründen scheitern. Das Recht des Scheidungsunterhalts ist geradezu durchsetzt von „Billigkeiten" und „Unbilligkeiten", von der stets präsenten „Angemessenheit" zu schweigen. „Billigkeit" wie „Unbilligkeit" aber sind Generalbegriffe, die an Offenheit selbst die „unbestimmten Rechtbegriffe" überbieten. Sie sind eigentlich keine sachlichen Normmerkmale, sondern Ermächtigungen des Gesetzgebers an die Gerichte, die eigentlichen Rechtsregeln selbst zu finden.

Niemand hindert also die Gerichtsbarkeit (außer sie selbst), bei der Frage der nach der Scheidung zumutbaren Erwerbstätigkeit zu berücksichtigen, ob der betreffende Ehegatte durch ein grobes Fehlverhalten des anderen in die konkrete Bedarfssituation gekommen ist. Kein methodisches Argument spricht dagegen, bei der Billigkeit des § 1570 Abs. 2 BGB auch in Rechnung zu stellen, ob der Unterhaltsverpflichtete die Lebenslage, die sich nach der Ehe für den kindesbetreuenden Ehegatten ergibt, durch grobes Fehlverhalten zu verantworten hat, und gleiches gilt bei der Handhabung der „Unbilligkeit" bzw. „groben Unbilligkeit" in den Härteklauseln.

41 BGH FamRZ 2012, 779 Rn. 23.

Die Rechtsprechung sieht das allerdings noch anders. Beiläufig erklärt der BGH, bei den in § 1578b aufgeführten Kriterien handele es sich um objektive Umstände, denen kein Unwerturteil und keine subjektive Vorwerfbarkeit anhafte, weshalb im Rahmen der Abwägung des § 1578b BGB nicht etwa eine Aufarbeitung ehelichen Fehlverhaltens stattfinde.[42] Diese Begründung verkennt den Charakter der Unbilligkeitsklausel. Auch wenn der Gesetzgeber die „Billigkeit" oder „Unbilligkeit" durch Beispielskonstellationen konturiert, etwa – wie in § 1578b Abs. 1 S. 2 BGB – durch ein angefügtes „insbesondere", grenzt er damit das Grundprinzip nicht ein, sondern gibt den Gerichten nur einen Hinweis darauf, welche Topoi der Billigkeit er auf jeden Fall berücksichtigt wissen will. Den objektiven Gesichtspunkten, die das Gesetz „insbesondere" berücksichtigt wissen will, ist nicht zu entnehmen, dass subjektive Elemente aus der Billigkeitswertung ganz ausscheiden, sonst könnte der BGH nicht zugleich das *Vertrauen* eines Ehegatten auf den Fortbestand seiner Unterhaltsverhältnisse als maßgeblichen Gesichtspunkt anerkennen.[43]

„Ach, ist das alles rückschrittlich!" – wird manche Leserin oder mancher Leser dieser Zeilen sagen. „Roll Back" zum Verschuldensprinzip? Dem ist zu entgegnen: Wenn die Wiederkehr des „Fehlverhaltens" als Normmerkmal im Scheidungsfolgenrecht als Rückschritt zu bewerten ist, dann ist dieser Rückschritt schon 1979 vom Bundesgerichtshof und schon 1986 vom Gesetzgeber vollzogen worden, freilich – wie dargestellt – mit einseitiger Tendenz. Doch kann nicht einerseits die Minderung von Unterhaltschancen wegen Fehlverhaltens des Bedürftigen als „Fortschritt" gefeiert, die Steigerung der nachehelichen Verantwortlichkeit wegen Fehlverhaltens des Verpflichteten als „Rückschritt" verdammt werden.

Veröffentlicht in: Isabel Götz et al. (Hrsg.), Familie – Recht – Ethik, Festschrift für Gerd Brudermüller zum 65. Geburtstag, Verlag C. H. Beck, München 2014, S. 749–760.

42 BGH FamRZ 2010, 2059 Rn. 27; dabei verweist der Senat auf ältere Dokumente, die der durch die Reform von 2007 geschaffenen Situation nicht Rechnung tragen können (BT-Drucks. 16/1830, S. 20 und BGH FamRZ 1986, 886, 888). Zum Problem auch Palandt/*Brudermüller,* BGB, 72. Aufl., § 1578b Rn. 11.

43 Vgl. BGH FamRZ 2010, 1238 Rn. 38 (Vertrauen in den Fortbestand des Unterhalts); BGH FamRZ 2911, 1721 Rn. 25.

Arbeit als Unterhaltsleistung

I. Zur rechtlichen Einordnung der Familienarbeit

Die Familienarbeit hat durch das Gleichberechtigungsgesetz von 1957 eine neue rechtliche Einordnung erfahren, die auch noch das heutige Recht prägt, nämlich als familiäre Unterhaltsleistung. Grundgedanke und Bedeutung dieses Perspektivenwechsels werden deutlich, wenn wir den bis zu der genannten Reform bestehenden Rechtszustand ins Auge fassen.

Das BGB, bekanntlich noch einem gemäßigt patriarchalischen Familienmodell verpflichtet, ordnete das „Hauswesen" der Frau in dreifacher Weise zu. *Zum ersten* kam ihr – wenngleich unter einem obersten Direktionsrecht des Mannes – die *Leitung* des gemeinschaftlichen Hauswesens zu.[1] *Zweitens* erklärte das Gesetzbuch die Frau für verpflichtet, „im Hauswesen" zu *arbeiten*, soweit eine solche Tätigkeit nach den ehelichen Lebensverhältnissen üblich war.[2] Und *drittens* war die Frau berechtigt, innerhalb ihres häuslichen Wirkungskreises die Geschäfte des Mannes für ihn zu besorgen und ihn zu vertreten.[3]

„Leitung" und „Arbeit" waren in diesem Zusammenhang sorglich zu unterscheiden. Die Leitung konnte sich z.B. in der Anstellung einer Hausgehilfin äußern, „Arbeit" war die faktische Erledigung der anfallenden häuslichen Tätigkeiten. Nach den genannten Regelungen war also die Frau als Leiterin des Hauswesens verpflichtet, den Haushalt zu organisieren, gegebenenfalls mit dem Einsatz von angestellten Dienstkräften. Inwieweit sie selbst Hand anzulegen verpflichtet war, bestimmte sich nach den ehelichen Lebensverhältnissen, die in der Durchschnittsfamilie von ihr freilich den eigenen Arbeitseinsatz verlangten. Dann arbeitete die Frau sozusagen unter eigener Leitung, unbeschadet – wie das BGB ausdrücklich festhielt – des ehemännlichen Rechts, in allen das gemeinschaftliche eheliche Leben betreffenden Angelegenheiten zu entscheiden.[4] Weder die Leitung des Hauswesens noch die in ihm zu leistende Arbeit hatten etwas mit Unterhalt zu tun. Dieser wurde als rein wirtschaftliche Leistung begriffen, zu welcher primär der Mann nach seiner Lebensstellung, seinem Vermögen und seiner Erwerbsfähigkeit verpflichtet war, umgekehrt die Frau nur bei Bedürftigkeit des Mannes.[5]

Der Gesetzgeber des – nach langen Auseinandersetzungen und verspätet – beschlossenen Gleichberechtigungsgesetzes[6] konnte sich bekanntlich nicht entschließen, der Frau in der Familie in jeder Hinsicht die gleiche Rechtsstellung zuzuerkennen wie dem Mann: „Gleichwertigkeit" statt „formaler Gleichheit" war die herrschende Vorstellung im ersten Jahrzehnt der Bundesrepublik.[7] So wurde die Hausfrauenehe als gesetzliches Modell festgelegt, bei Ausübung der elterlichen Gewalt sollte dem Vater bei Meinungsverschiedenheiten der Stichentscheid und

---

1 § 1356 Abs. 1 BGB ursprünglicher Fassung.

2 § 1356 Abs. 2 BGB ursprünglicher Fassung.

3 § 1357 Abs. 1 S. 1 BGB ursprünglicher Fassung.

4 § 1354 Abs. 1 BGB ursprünglicher Fassung.

5 § 1360 BGB ursprünglicher Fassung.

6 Gesetz über die Gleichberechtigung von Mann und Frau auf dem Gebiete des bürgerlichen Rechts (Gleichberechtigungsgesetz – GleichberG) vom 18. Juni 1957 (BGBl. 1957 I S. 609).

7 Für viele: *Friedrich Wilhelm Bosch*, Familienrechtsreform, 1952, S. 81 ff.

generell die alleinige gesetzliche Vertretung des Kindes zukommen.[8] Auf der anderen Seite war das Reformgesetz bemüht, die Situation der Ehefrau im Bereich des Familienvermögensrechts beträchtlich zu verbessern. Der grundlegende gedankliche Schritt zu diesem Ziel war die Deutung der Tätigkeit der Hausfrau als familiäre Unterhaltsleistung. Nun „führte" sie den Haushalt in eigener Verantwortung[9], zwischen „Leitung" und häuslicher „Arbeit" wurde nicht mehr unterschieden. Der entscheidenden Satz lautete: „Die Frau erfüllt ihre Verpflichtung, durch Arbeit zum Unterhalt der Familie beizutragen, in der Regel durch die Führung des Haushalts".[10] Parallel dazu wurde bestimmt, dass die Mutter dem Kind gegenüber ihre Unterhaltspflicht in der Regel durch dessen Pflege und Erziehung erfülle.[11]

Damit war ein Schritt zur ökonomischen Gleichberechtigung insofern getan, als die Familienarbeit und die – regelmäßig außerhäusliche – Erwerbsarbeit als gleichwertige Beiträge zur Verwirklichung des Familienlebens anerkannt wurden. Die Beschaffung wirtschaftlicher Mittel für die Familie durch Erwerbstätigkeit und die Haushaltsführung stehen sich seitdem „in Augenhöhe" gegenüber und erscheinen als Unterfälle ein- und desselben Begriffes „Unterhalt". Dieser veränderte seine Struktur: Aus einem einseitigen Leistungsverhältnis (der Mann schuldet der Frau Unterhalt) wurde ein gegenseitiges: „Die Ehegatten sind einander verpflichtet, durch Arbeit und mit ihrem Vermögen die Familie angemessen zu unterhalten."[12] Diese Neuregelung nahm dem Unterhaltsbegriff seinen primär wirtschaftlichen Charakter. Zwar konnte auch nach dem ursprünglichen BGB-Recht der eheliche Unterhalt in Natur geleistet werden. Die Aussage des § 1360 Abs. 3 S. 1 BGB[13], dass der eheliche Unterhalt in der durch die eheliche Lebensgemeinschaft gebotenen Weise zu gewähren sei, war dahin verstanden worden, dass die Frau nicht unbedingt Geld erhalten müsse, es genüge, dass der Mann dafür sorgt, dass sie in dem gemeinsamen Haushalte der Eheleute ihren Unterhalt empfangen kann.[14] Doch handelte es sich auch dann um geldwerte Konsumgegenstände wie Nahrung, Wohnung usw., häusliche Tätigkeit als solche hatte zum Unterhaltsbegriff keinen Bezug.

Der Gesetzgeber des 1. Eherechtsreformgesetzes von 1976, der mit der förmlichen Gleichberechtigung der Geschlechter Ernst machte, führte den Zusammenhang von Haushaltstätigkeit und Familienunterhalt weiter mit dem Unterschied, dass es nicht mehr „die Frau", sondern geschlechtsneutral „der Ehegatte" ist, der durch seine einvernehmlich übernommene Haushaltsführung in der Regel die Pflicht, durch Arbeit zum Unterhalt der Familie beizutragen, erfüllt.[15] Dass es de facto in der großen Zahl der Fälle die Frauen sein würden, die auf diese Weise ihren Unterhaltsbeitrag leisten, bezweifelte niemand.

Der Gedanke der Gleichwertigkeit von Haushaltsführung und Erwerbsarbeit trug weitere Früchte. Wenn die Führung des Haushalts auf derselben Stufe stand wie die berufliche Gewinnung von Geldmitteln für den familiären Bedarf, so lag es nahe, sie auch als ökonomischen

8 §§ 1628 Abs. 1, 1629 Abs. 1 BGB i.d.F des Gleichberechtigungsgesetzes. Dass der Mutter die gleichberechtigte Elternschaft vorenthalten wurde, wurde alsbald vom Bundesverfassungsgericht gerügt, die Regelungen zum Stichentscheid und zur alleinigen gesetzlichen Vertretung des Vaters für nichtig erklärt, siehe Entscheidung vom 29. Juli 1959 (BGBl. 1959 I S. 633).

9 § 1356 Abs. 1 S. 1 BGB i.d.F des Gleichberechtigungsgesetzes.

10 § 1360 S. 2 Hs. 1 BGB i.d.F des Gleichberechtigungsgesetzes. Hinzugefügt war, dass die Hausfrau zu einer Erwerbstätigkeit nur verpflichtet war, soweit die Arbeitskraft des Mannes und die Einkünfte der Eheleute zum Unterhalt der Familie nicht ausreichten und es den Verhältnissen der Ehegatten auch nicht entsprach, den Stamm ihres Vermögens anzugreifen.

11 § 1606 Abs. 3 S. 2 BGB i.d.F. des Gesetzes über die rechtliche Stellung der nichtehelichen Kinder vom 19.8.1969 (BGBl. 1969 I S. 1243).

12 § 1360 S. 1 BGB i.d.F des Gleichberechtigungsgesetzes.

13 I.d.F des Gleichberechtigungsgesetzes.

14 *Hallamik*, in: RGRK. 8. Aufl., Bd. 4, 1935 § 1360 Anm. 8.

15 § 1360 S. 2 i.V.m. § 1356 Abs. 1 BGB i.d.F. des Ersten Gesetzes zur Reform des Ehe- und Familienrechts (1. EheRG) vom 14.6.1976 (BGBl. 1976 I S. 1421).

Beitrag zur Bildung des Familienvermögens zu deuten. Dies geschah mit der ebenfalls durch das Gleichberechtigungsgesetz eingeführten Zugewinngemeinschaft als gesetzlichen Güterstand.[16] Nach dessen Grundidee hat jeder Ehegatte einen Anspruch auf gleiche Beteiligung an den während des Güterstandes[17] bei den Eheleuten eingetretenen Vermögensmehrungen, gleichgültig bei welchem Ehegatten sie entstanden sind und welcher Ehegatte durch seine wirtschaftliche Tätigkeit konkret die Wertschöpfung herbeigeführt hat. Auch die Tätigkeit im Haushalt wird als gleichwertiger Beitrag zu den Vermögensmehrungen während der Ehe angesehen. Sie kann es insofern auch wirklich sein, als die Zugewinne nicht nur von dem Vermögen abhängen, das zufließt, sondern auch von dem, was erspart wird; doch erklärt dieser Gesichtspunkt den gesetzlichen Güterstand nicht in seiner Gesamtheit. Vielmehr wird die Zugewinngemeinschaft mit dem Gedanken der Gleichberechtigung der Geschlechter und der Gleichwertigkeit ihrer Beiträge zur Verwirklichung des Familienlebens begründet.[18] Unter diesem Gesichtspunkt verwundert es, wenn der BGH bei seiner neuerlichen Rechtsprechung zur Ehevertragsfreiheit den gesetzlichen Güterstand nicht zum Kern der Scheidungsfolgen rechnet.[19]

Mit der Einführung der Zugewinngemeinschaft als gesetzlichen Güterstand war eine gewisse Ökonomisierung der ehelichen Lebensgemeinschaft eingeleitet, die bis heute Bestand hat. Zwar ist die Ehe keine auf Gewinnerzielung ausgerichtete Gemeinschaft. Wo aber Gewinne erzielt werden, werden sie von den Partnern einer Art gesetzlicher Innengesellschaft erzielt, die bei deren Auflösung zu gleichen Teilen partizipieren. Der Gedanke, dass familiäre Haushaltsführung und Erwerbsarbeit gleiche ökonomische Wertigkeit besitzen, ist dann auch für Weiterungen des Teilhabegedankens fruchtbar gemacht worden, namentlich im Recht des Geschiedenenunterhalts. Es war das BVerfG, das den Teilhabegedanken im Zusammenhang mit der Auseinandersetzung um die anzuwendenden Berechnungsmethoden in das Unterhaltsrecht eingebracht hat: Beide Ehegatten haben – so meint das Gericht – grundsätzlich Anspruch auf gleiche Teilhabe am gemeinsam Erwirtschafteten, das ihnen zu gleichen Teilen zuzuordnen ist, wobei der Erwerb während der Ehe gleichberechtigt auch dem haushaltführenden Teil zugerechnet wird: „Insbesondere aber bestimmt der Anspruch auf gleiche Teilhabe am gemeinsam Erarbeiteten auch die *unterhaltsrechtliche* Beziehung der geschiedenen Eheleute. Bei der Unterhaltsberechnung ist das Einkommen, das den Lebensstandard der Ehe geprägt hat, den Ehegatten grundsätzlich hälftig zuzuordnen."[20] Freilich stellt das Gericht nicht in Rechnung, dass es beim Geschiedenenunterhalt um Einkommen geht, das erst *nach* der Scheidung, möglicherweise sogar in einer neuen Ehe des Unterhaltspflichtigen erzielt wird.

II. Haushaltsführung als Unterhaltsleistung

Dass die Führung des Haushalts, einst persönliche Ehepflicht der Hausfrau, nun in unterhaltsrechtlichem und ökonomischem Zusammenhang erscheint, bleibt nicht ohne rechtliche Auswirkungen, von denen einige zur Sprache kommen sollen.

1) Gewöhnlich können Unterhaltspflichten mit der Leistungsklage eingeklagt, aus Unterhaltsurteilen kann die Vollstreckung betrieben werden. Von dem Augenblick an, da die Haushaltsführung als Unterhaltsleistung eingeordnet war, stellte sich die Frage, ob auch ihre Erfüllung mit Klage und Vollstreckung erzwungen werden kann. Das wäre der persönlichen Natur der Familienarbeit zuwider. Das Gesetz sagt klugerweise auch nicht, dass derjenige Ehegatte, der kraft Einvernehmens mit dem anderen die Haushaltsführung übernommen hat, zu dieser

16 §§ 1363 ff. i.d.F des Gleichberechtigungsgesetzes.

17 Bzw. bis zur Rechtshängigkeit eines Scheidungsantrags, § 1384 BGB.

18 BVerfG FamRZ 2002, 527, 529; BGH FamRZ 1977, 124; BGH FamRZ 1999, 361, 363.

19 BGH FamRZ 2004, 601.

20 BVerfG FamRZ 2002, 527, 529.

verpflichtet sei, sondern nur, dass er mit der Haushaltsführung seine Unterhaltspflicht *erfüllt.* Die Konstruktion ist ähnlich wie bei der zwischen Gläubiger und Schuldner verabredeten Möglichkeit einer Leistung an Erfüllungs statt: Führt in einem Fall die Frau, welche einvernehmlich die Haushaltsführung zugesagt hat, den Haushalt in Wirklichkeit nicht, so besteht die Sanktion nur darin, dass sie weiterhin Unterhalt schuldet, nun aber in der gewöhnlichen Form des Herbeischaffens wirtschaftlicher Mittel. Eine „Klage auf Führung des Haushalts" gibt es nur in Form der Klage auf Herstellung der ehelichen Lebensgemeinschaft (§ 1353 Abs. 1 S. 2 BGB), doch ist dieser Rechtsbehelf obsolet, ein Herstellungsurteil könnte zudem nicht vollstreckt werden (§ 888 Abs. 3 ZPO a.F., jetzt § 120 Abs. 3 FamFG). Die „Pflicht zur Haushaltsführung" wird also trotz ihres unterhaltsrechtlichen Einschlags als persönliche Ehepflicht behandelt. Daher bleibt auch das Recht der Störungen im Schuldverhältnis (Verpflichtverletzung durch Nichterfüllung, Verzögerung der Leistung etc.) außer Betracht; der persönliche Charakter der Familienarbeit überlagert ihre unterhaltsrechtliche Wirkung.

2) Als Sanktion für die unterlassene Haushaltsführung bleiben dann nur die Härteklauseln des Trennungs- und Scheidungsfolgenrechts. Ach hier ergeben sich aus der Einordnung der Haushaltsführung als Unterhaltsleistung einige Fragen. So ist gemäß § 1579 Nr. 5 BGB der Unterhaltsanspruch eines geschiedenen Ehegatten zu versagen, herabzusetzen oder zeitlich zu begrenzen, soweit die Inanspruchnahme des Verpflichteten grob unbillig wäre, weil der Berechtigte vor der Trennung längere Zeit hindurch seine Pflicht, zum Familienunterhalt beizutragen, gröblich verletzt hat. Die Frage ist, ob auch die pflichtwidrig unterlassene oder vernachlässigte Haushaltsführung unter diesen Katalogpunkt der Härteklausel fällt. Sie ist – auch deshalb weil das Gesetz vom „Beitrag zum Familienunterhalt" spricht – zu bejahen.[21] Folgte man dem nicht, so könnten Verletzungen der Pflicht zur Haushaltsführung nur als offensichtlich schwerwiegendes einseitiges Fehlverhalten nach § 1579 Nr. 6 (jetzt Nr. 7) BGB die Härteklausel begründen, bei der Zurückhaltung der Rechtsprechung gegenüber allem, was an das Verschuldensprinzip erinnert, der eindeutig mühsamere Weg. Bei der Härteklausel des Zugewinnausgleichsrechts ist die Lage anders. Hier ist die Verletzung wirtschaftlicher Pflichten als besonderer Härtegrund hervorgehoben (§ 1381 Abs. 2 BGB), daneben steht eine allgemeine, von den Gerichten sehr zurückhaltend exerzierte Härteklausel (§ 1381 Abs. 1 BGB). Die Frage lautet in diesem Zusammenhang, ob die Pflicht zur Haushaltsführung als wirtschaftliche Pflicht im Sinne der Vorschrift anzusehen ist, was wegen ihrer persönlichen Komponente verneint werden muss.[22]

3) Die Deutung der Haushaltsführung als Unterhaltsleistung macht schließlich den Weg zur Anwendbarkeit des § 844 Abs. 2 S. 1 BGB frei, wenn der haushaltführende Ehegatte getötet und dem anderen Ehegatten dadurch das Recht auf den durch Haushaltsführung zu leistenden Unterhalt entzogen wird. Der andere Ehegatte hat dann, obwohl nur „mittelbar Geschädigter", einen Anspruch auf Schadensersatz durch Zahlung einer Geldrente insoweit, als der Getötete während der mutmaßlichen Dauer seines Lebens zur Gewährung des Unterhalts verpflichtet gewesen sein würde, hier in Form der übernommenen Haushaltsführung. Der Wert der Haushaltstätigkeit ist in diesem Zusammenhange zu monetarisieren, die dem anderen Ehegatten obliegende Mithilfe im Haushalt mindernd in Anschlag zu bringen.[23] Dabei hat die Rechtsprechung die Klippe zu überwinden, dass § 844 Abs. 2 BGB nur für entgangene *gesetzlich geschuldete* Unterhaltsleistungen gilt. Die Pflicht zur Haushaltsführung und ihre Wirkung als Erfüllung der ehelichen Unterhaltspflicht beruht indes auf dem „Einvernehmen" der Ehegatten, das vielfach als Vertrag gedeutet wird. Gleichwohl hat die Rechtsprechung zutreffend angenommen, dass den Rechtsgrund für die Haushaltstätigkeit als Unterhaltsleistung die *gesetzliche* Unter-

---

21 MünchKomm/*Maurer,* 4. Aufl., Bd. 7, § 1579 RdNr. 38.

22 *Schwab,* Handbuch des Scheidungsrechts, 4. Aufl. 2004, Teil VII RdNr. 255.

23 Vgl. BGH NJW 1988, 1783; allgemein BGHZ 51, 109; BGH FamRZ 1979, 687; BGH FamRZ 1993, 411. Generell zum Ersatz von Naturalunterhalt BGH FamRZ 2006, 1108; OLG Düsseldorf NJW-RR 1999, 1478; OLG Hamm FamRZ 1990, 878.

haltspflicht nach § 1360 BGB bildet und das „Einvernehmen" sich als konkrete Ausgestaltung dieser gesetzlichen Pflicht darstellt.

Demgegenüber findet § 845 BGB für das Verhältnis unter Ehegatten keine Anwendung mehr, weil es sich seit Einführung der gleichberechtigten Ehe nicht mehr um das „Hauswesen eines Dritten" (sprich: des Ehemannes) handelt. Das hat zur Folge, dass im Falle des *verletzungsbedingten* Ausfalls der Hausfrau bzw. des Hausmannes diesen selbst der Anspruch wegen des Unvermögens zur Haushaltsführung zusteht, nicht etwa dem anderen Ehegatten.[24]

III. Mitarbeit in Beruf und Gewerbe

Eine Beziehung zwischen Unterhalt und der in der Familie geleisteten Arbeit ergibt sich nicht nur bei der Führung des Haushalts, sondern auch bei der Mitarbeit eines Ehegatten im Beruf oder Gewerbe des anderen. Zum Verständnis ist kurz der rechtshistorische Hintergrund heranzuziehen. Nach der ursprünglichen Fassung des BGB war die Frau nicht nur im Hauswesen, sondern auch „im Geschäfte des Mannes" zu Arbeiten verpflichtet, soweit eine solche Tätigkeit nach den ehelichen Lebensverhältnissen üblich war.[25] Mit dem Unterhalt hatte diese Mitarbeitspflicht, die z.B. in der Landwirtschaft oder bei sonstigen Familienbetrieben eine Rolle spielte, ihrer Rechtsnatur nach nichts zu tun; sie war Ausfluss der Pflicht zur ehelichen Lebensgemeinschaft. Dass sie de facto durch die Einsparung einer sonst nötigen bezahlten Kraft auch das für den Unterhalt zur Verfügung stehende Einkommen beeinflusste, machte die Mitarbeit nicht zur Unterhaltsleistung. Wurde die mitarbeitende Frau durch einen verantwortlichen Dritten verletzt oder getötet, so hatte der Mann[26] wegen entgangener gesetzlich geschuldeter Dienste deliktische Schadensersatzansprüche nach § 845 in Verbindung mit einem entsprechenden Tatbestand; die Regelung verlief parallel zur entgangenen Haushaltsführung.

Das Gleichberechtigungsgesetz von 1957 stellte auf diesem Feld dem Wortlaut nach die Gleichberechtigung her: Nun war *jeder Ehegatte* verpflichtet, im Beruf oder Geschäft seines Partners mitzuarbeiten, soweit dies nach den Verhältnissen, in denen die Ehegatten lebten, üblich war.[27] An der Rechtsnatur sollte damit nichts geändert sein, doch vertrat ich seinerzeit die Auffassung, dass die Anknüpfung einer ehelichen Mitarbeitspflicht an die bloße Üblichkeit in vergleichbaren Lebensverhältnissen auf verfassungsrechtliche Bedenken stoßen müsse; die Mitarbeitspflicht lasse sich als verfassungskonform halten, wenn man sie als Unterhaltspflicht deute; eine solche sei in Form der Mitarbeit unter zwei Voraussetzungen zu leisten: *erstens* müsse der zur Mitarbeit gerufene Ehegatten generell verpflichtet sein, durch Erwerbstätigkeit zum Familienunterhalt beizutragen (das traf schon nicht für die Ehefrau zu, mit Haushaltsführung und Kinderbetreuung ausgelastet war); *zweitens* müsse die Lage sich so darstellen, dass der Familienunterhalt allein durch die Mitarbeit des einen Ehegatten im Beruf oder Betrieb des anderen beschafft oder gesichert werden könne.[28]

Das 1. EheRG verzichtete schließlich darauf, die Frage der ehelichen Mitarbeitspflicht durch eine besondere Bestimmung zu regeln. Damit war sie aber, wie sich zeigen sollte, nicht abgeschafft. In einer Entscheidung zum Schadensersatzrecht griff der BGH im Jahre 1980 auf die unterhaltsrechtliche Deutung der ehelichen Mitarbeit zurück.[29]

---

24 BGHZ 38, 55; 50, 304; 51, 109. Vgl. auch BGH FamRZ 1980, 873 (nutzlos aufgewendete Urlaubszeit).
25 § 1356 Abs. 2 BGB ursprünglicher Fassung.
26 Jedenfalls wenn gesetzlicher Güterstand galt.
27 § 1356 Abs. 2 i.d.F. des Gleichberechtigungsgesetzes.
28 *Schwab*, JZ 1970, 1 ff.
29 BGH VI. ZS vom 20.5.1980, FamRZ 1980, 776.

Der zu entscheidende Fall lag wie folgt: Ein Mann, der hauptberuflich als Volleyballtrainer und Leiter der technischen Kommission eines einschlägigen Verbandes tätig war, wurde zusammen mit seiner Ehefrau in einen Verkehrsunfall verwickelt, den ein Dritter nach StVG und Deliktsrecht zu verantworten hatte. In Folge des Unfalls verstarb die Frau. Diese hatte ihren Beruf als Dolmetscherin und Sekretärin aufgegeben, um fortan ihren Mann bei seiner Arbeit, für die er viel unterwegs sein musste, zu unterstützen; es wurde eine Tätigkeit von mindestens fünf Stunden täglich angegeben. Der Mann machte gegenüber der Versicherung des für den Unfall Verantwortlichen u.a. eine Schadensersatzrente dafür geltend, dass ihm die beruflichen Dienste seiner Ehefrau nicht mehr zur Verfügung stünden.

Da es sich um den Schaden eines sogenannten *mittelbar* Geschädigten handelte, kam es darauf an, ob entweder die Voraussetzungen des § 844 Abs. 2 BGB oder des § 845 BGB bejaht werden konnten. Die Anwendbarkeit der zuletzt genannten Vorschrift auf das Verhältnis beruflich miteinander kooperierender Ehegatten lehnte der Gerichtshof ab. § 845 sei durch die Ablösung der einseitigen Mitarbeitspflicht der Ehefrau durch die gegenseitige auf dem Hintergrund der Gleichberechtigung der Geschlechter für das Verhältnis der Ehegatten untereinander gegenstandslos geworden.[30] Hingegen bejahte der Gerichtshof die mögliche Anwendung des § 844 Abs. 2 BGB auf den beschriebenen Fall. Dazu war es nötig, die Mitarbeit der Frau zum Gegenstand einer gesetzlichen Unterhaltspflicht zu machen, denn nach dem Wortlaut der Norm konnte der Mann nur insoweit Schadensersatz fordern, als die getötete Frau während der mutmaßlichen Dauer ihres Lebens *kraft Gesetzes* zur Gewährung des Unterhalts (hier: durch Arbeitsleistung) verpflichtet gewesen sein würde.

Der BGH sieht die Mitarbeit eines Ehegatten im Berufsbereich des anderen als mögliche Gestaltung der ehelichen Lebensgemeinschaft, eine Pflicht hierzu kann sich danach aus der Pflicht zur ehelichen Lebensgemeinschaft ergeben. Im Weiteren trifft der Gerichtshof aber eine Unterscheidung. „In einem weit gefassten Kernbereich" sei die Mitarbeit als Leistung des Unterhalts zu erbringen, zu dem die Ehegatten gegenseitig nach § 1360 BGB verpflichtet sind. Davon seien Fälle zu unterscheiden, in denen die Mitarbeit im Beruf oder Geschäft des anderen Ehegatten für den Finanzbedarf der Familie nicht erforderlich sei, sich aber gleichwohl aus der Lebensgemeinschaft ergeben könne; das Gericht nennt das Beispiel der Ermöglichung eines künstlerischen Berufs, dem der zu unterstützende Ehegatte nicht zu Unterhaltszwecken nachgeht. Solche „Überhangfälle", in denen die Pflicht zur Mitarbeit „auch nicht im weitesten Sinne der wirtschaftlichen Grundlage der Familie dient", sieht der BGH indes als Ausnahme. Im Regelfall steht danach die Ehegattenmitarbeit im Zusammenhang mit der Gewinnung und Sicherung des Familienunterhalts, und das begründet nach Auffassung des Gerichtshofs die Anwendbarkeit des § 844 Abs. 2 BGB zugunsten des überlebenden Ehegatten, dem durch den Tod des anderen dessen als Unterhalt geschuldeten Dienste entgehen.[31] Damit ist auch die berufliche Kooperation während der Ehe in aller Regel in den Rahmen des Unterhaltsrechts gestellt.

Allerdings macht der BGH in seiner Entscheidung aus dem Jahre 1980 eine wichtige Einschränkung. Die Pflichtenstellung des – im konkreten Falle getöteten – mitarbeitenden Ehegatten muss „aus der Gestaltung der Ehe erwachsen"; „nicht genügt, wenn sie sich aus arbeitsvertraglichen oder gesellschaftsrechtlichen Abmachungen ergibt."[32] Daraus kann zunächst geschlossen werden, dass eine explizite oder implizite arbeitsvertragliche Fundierung der Mitarbeit den Weg zu § 844 Abs. 2 BGB versperrt. Dass dies auch für gesellschaftsrechtliche Abmachungen gelten soll, ist noch näher zu betrachten.

30 BGH FamRZ 1980, 776, 778.

31 Wird der mitarbeitende Ehegatte nicht getötet, sondern verletzt, so hat er den Anspruch wegen geminderter Erwerbsfähigkeit allerdings selbst, § 845 BGB kommt zugunsten eines Anspruchs des anderen Ehegatten auch in diesem Fall nicht zum Zuge.

32 BGH FamRZ 1980, 776, 778.

Die Einordnung der Mitarbeit als Unterhaltsleistung wirft im übrigen ähnliche Probleme auf wie die unterhaltsrechtlich gedeutete Haushaltsführung. Wenn eine *Pflicht* zur Mitarbeit angenommen wird, so stellt sich die Frage nach dem Erfüllungsanspruch und der Anwendbarkeit der schuldrechtlichen Vorschriften über Leistungsstörungen. Wie bei der Pflicht zur Haushaltsführung muss das Schuldrecht vor der Türe bleiben: Wenn auch die Mitarbeit wie jede Arbeit einen wirtschaftlichen Wert hat, so entspringt die eheliche Pflicht hierzu der Gestaltung des persönlichen Ehelebens, die Mitarbeit ist persönlicher Einsatz für die Familie. Zulässig wäre, sofern ein Rechtschutzbedürfnis bejaht würde, allenfalls die Herstellungsklage, aus einem Urteil könnte nicht vollstreckt werden. Auch ist es nicht angemessen, einen mittelbaren Zwang durch Anwendung des Rechts der Leistungsstörungen im Schuldverhältnis auszuüben – persönliche Ehepflichten entziehen sich den Regeln des Schuldrechts.[33] Auch bei den Härteklauseln des Scheidungsfolgenrechts ergeben sich die gleichen Zweifelsfragen wie bei der Haushaltsführung, insbesondere die Frage, ob pflichtwidrig unterlassene Mitarbeit als Unterhaltspflichtverletzung anzusehen ist. Die Lösung folgt den Grundsätzen, die für die Haushaltführung gelten.

IV. Ausgleich für geleistete Mitarbeit

Die Mitarbeit eines Ehegatten im beruflichen Bereich des anderen spielt eine bedeutende Rolle im Problemkreis des Ausgleichs für Zuwendungen, die sich Ehegatten während der Ehe gemacht haben, aus Anlass von Trennung und Scheidung. Die Rechtsprechung hat in einer langen, nicht widerspruchsfreien Entwicklung einige Instrumente entwickelt, um für denjenigen Ehegatten, der im Unternehmen des anderen mitgearbeitet hat und dadurch an einer Wertschöpfung beteiligt war, einen Ausgleichsanspruch zu begründen. Zweck der gefundenen Regeln ist es, zu verhindern, dass dauerhafte Vermögensmehrungen, die durch die Mitarbeit des Ehegatten erzielt wurden, nach Scheitern der Ehe allein beim Betriebsinhaber verbleiben. Nachdem das Schenkungsrecht auf unentgeltliche Arbeitsleistungen nicht anwendbar ist, stehen der familiengerichtlichen Rechtsprechung vor allem die folgenden Rechtsgrundlagen zu Gebote. Dabei ist zu bedenken, dass explizite Gesellschafts- und Arbeitsverträge den Vorrang haben.[34]

1) Unter bestimmten Voraussetzungen nimmt die Rechtsprechung eine *Innengesellschaft* zwischen den Ehegatten an, deren Auflösung durch Trennung oder Scheidung[35] zu einem gesellschaftsrechtlichen Beteiligungsanspruch des aus dem Betrieb ausscheidenden Ehegatten entsprechend § 738 Abs. 1 S. 2 i.V.m. §§ 722 ff. BGB führt. Dazu ist erforderlich a) dass die Ehegatten mit ihrer Tätigkeit einen über die bloße Verwirklichung der ehelichen Lebensgemeinschaft hinausgehenden Zweck verfolgen, b) dass ihrer Kooperation die Vorstellung zugrunde liegt, dass das gemeinsam geschaffene Vermögen wirtschaftlich betrachtet nicht nur dem „formal" Berechtigten (also dem Betriebsinhaber), sondern auch dem anderen Ehegatten zukommt, und c) dass der Kooperation ein zumindest stillschweigend geschlossener Vertrag mit dem genannten Inhalt zugrunde liegt.[36] Der gesellschaftsrechtliche Charakter des beschriebenen Verhältnisses setzt eine gleichgeordnete Tätigkeit der Ehegatten im Betrieb voraus, doch will der BGH dieses Element nicht überbetonen, „solange der Ehegatte einen nennenswerten und für

33 Die Frage, inwieweit die Normen über die Schuldverhältnisse überhaupt auf familienrechtliche Beziehungen angewendet werden können, bedürfte gründlicher Untersuchungen. Einen Anlass für neue Forschungen könnte die Regelung des Allgemeinen Gleichbehandlungsgesetzes geben, wonach der Abschnitt 3 des Gesetzes („Schutz vor Benachteiligung im Zivilrechtsverkehr") keine Anwendung auf „familien- und erbrechtliche Schuldverhältnisse" findet (§ 19 Abs. 4 AGG). Was aber ist ein familienrechtliches Schuldverhältnis?

34 BGH FamRZ 1990, 1219; BGH FamRZ 1995, 1062; BGH FamRZ 2001, 1290 (stille Gesellschaft).

35 BGH FamRZ 1990, 1219, 1220: spätestens mit Erhebung des Scheidungsantrags; BGH FamRZ 1999, 1580 (Trennung).

36 Siehe zusammenfassend BGH FamRZ 1999, 1580.

den erstrebten Erfolg bedeutsamen Beitrag geleistet hat".[37] Typische Fälle sind der gemeinsame Aufbau oder Ausbau eines Unternehmens, das formal nur einem Ehegatten zugeordnet ist, oder die gemeinsame Berufsausübung.[38] Untergeordnete Tätigkeiten des Mitarbeitenden in einem schon bestehenden Betrieb des anderen Ehegatten erfüllen die genannten Anforderungen nicht.[39]

2) Die aus der Sicht des Faktischen nahe liegende Konstruktion eines stillschweigend geschlossenen *Arbeitsvertrages* wird von der familiengerichtlichen Rechtsprechung für Vergütungsansprüche des mitarbeitenden Ehegatten kaum eingesetzt. Die Gründe dafür hat *Reinhard Richardi*[40] aufgewiesen. Die Zurückhaltung gegenüber dem Arbeitsvertrag scheint auf der Fortwirkung von älteren Vorstellungen zu beruhen, die Ehegattenbeziehung und Arbeitsverhältnis als unvereinbar miteinander ansahen, vielleicht auch darauf, dass die Zivilrechtsprechung sich ungern auf arbeitsrechtliches Gebiet begibt. Jedenfalls schließt die Annahme unentgeltlich zu erbringender Leistungen in der Familie die Anwendbarkeit des § 612 BGB insoweit aus.[41]

3) Gelegentlich hat der BGH in der Arbeitsleistung eines Ehegatten im Betrieb des anderen eine Art *„ehebedingter Zuwendung"* gesehen, die auf einem familienrechtlichen Vertrag sui generis beruhen soll.[42] Zwar falle die Arbeit nicht unter den Zuwendungsbegriff, sie stelle aber eine geldwerte Leistung dar und sei ebenso zu behandeln wie Sachzuwendungen.[43] Trennung oder Scheidung sollen den Wegfall der Geschäftsgrundlage des Zuwendungsgeschäfts bedeuten können, daraus ergibt sich nach Auffassung des Gerichtshofs möglicherweise ein Anspruch aus § 242 BGB (seit dem modernisierten Schuldrecht aus § 313 Abs. 1 S. 1 BGB) auf eine völlige oder – in Gestalt einer Ausgleichszahlung – teilweise Rückgewähr der Zuwendung. Im Gegensatz zu den Fällen der Innengesellschaft verfolgt die Mitarbeit hier nicht einen über die eheliche Lebensgemeinschaft hinausreichende Zweck, sondern dient zu deren Ausgestaltung.[44] Es kann sich, so meint der BGH, auch um einfache und untergeordnete Tätigkeiten handeln.[45]

4) Nach der Vorstellung des BGH verbleiben *Dienstleistungen geringfügiger Art*, die weder im Rahmen einer Innengesellschaft noch als zuwendungsgleiche Leistungen erbracht werden[46] und daher auch bei Trennung und Scheidung nicht auszugleichen sind. Die Grenze zum Anwendungsbereich der vorstehend erläuterten Instrumente erscheint fließend. So hat der BGH im Jahre 1974 einer Frau, die in der Arztpraxis ihres Mannes als Sprechstundenhilfe arbeitete, trotz zusätzlichen Kapitaleinsatzes jeglichen Ausgleichsanspruchs versagt; ob er dies heute noch tun würde, steht dahin.

5) In Betracht kommt weiterhin ein bereicherungsrechtlicher Ausgleich für geleistete Mitarbeit, namentlich mit Hilfe der *Zweckverfehlungskondiktion* (§ 812 Abs. 1 S. 2 Alt. 2 BGB). Der Bundesgerichtshof zieht jedoch die oben genannten Rechtsgrundlagen vor.[47]

---

37 BGH FamRZ 1999, 1580.

38 Siehe die Fälle BGHZ 31, 197; BGHZ 47, 157; FamRZ 1961, 431; FamRZ 1975, 35.

39 Z.B. Mitarbeit der Frau im schon bestehenden Fertigungsbetrieb des Mannes BGH FamRZ 1967, 208; in der Praxis des Mannes BGH FamRZ 1974, 592.

40 *Richardi,* Ehe und Familie im Arbeitsrecht, in: Perspektiven des Familienrechts. Festschrift für Dieter Schwab, 2005, S. 1027, 1028 ff.

41 *Richardi* (Fn. 40), S. 1029, 1031 f.

42 Zu dieser juristischen Erfindung *Manfred Lieb,* Die Ehegattenmitarbeit im Spannungsfeld zwischen Rechtsgeschäft, Bereicherungsausgleich und gesetzlichem Güterstand, 1970; *Reinhard Wever,* Vermögensauseinandersetzung der Ehegatten außerhalb des Güterrechts, 4. Aufl. 2006, S. 196 ff.; die Rechtsprechung zusammenfassend BGH FamRZ 1999, 1580.

43 BGHZ 84, 361, 364 ff = FamRZ 1982, 910 (Mithilfe beim Ausbau des dem anderen gehörenden Familienheims; BGH FamRZ 1994, 1167 (Mitarbeit in der dem anderen Ehegatten gehörigen Gärtnerei).

44 Sehr zweifelhaft im Fall BGH FamRZ 1994, 1167.

45 BGH FamRZ 1994, 1167, 1168.

46 BGH FamRZ 1994, 1167, 1168 (gelegentliche oder kurzzeitige Hilfeleistungen genügen nicht).

47 Vgl. BGH FamRZ 1995, 1060; BGHZ 65, 320; BGH FamRZ 1982, 246; BGH FamRZ 1989, 147, 149.

Bei den beschriebenen Instrumenten stellt sich die Frage, wie sie sich – sofern die Ehegatten im gesetzlichen Güterstand leben – zu einem möglichen Anspruch auf Zugewinnausgleich verhalten. Die derzeit herrschende Rechtsprechung sieht den Anspruch aus Störung der Geschäftsgrundlage in der Regel als subsidiär gegenüber dem Zugewinnausgleich an.[48] Die übrigen Instrumente, soweit sie zum Zuge kommen, sind nach der Rechtsprechung isoliert neben dem Zugewinnausgleich anwendbar,[49] sodass es für die Aufstellung des Endvermögens darauf ankommt, ob sie zum entscheidenden Stichtag (Rechtshängigkeit des Scheidungsantrags)[50] schon entstanden sind (dann sind sie in die Aufstellung einzubeziehen) oder nicht.

Es ist nicht Sinn dieses Beitrags, die recht unübersichtliche, auch nicht durchweg konsequente Judikatur einer generellen Kritik zu unterziehen. Zu unserem Thema gehört aber die in den voraufgehenden Abschnitten beschriebene unterhaltsrechtliche Natur, welche der BGH der ehelichen Mitarbeit in aller Regel (abgesehen von „Überhangfällen") zuschreibt. Denn für die Zuviel-Leistung von Unterhalt bestimmt § 1360b BGB unmissverständlich, dass im Zweifel anzunehmen sei, der Leistende beabsichtige nicht, von dem anderen Ehegatten Ersatz zu verlangen.[51] Sofern die Mitarbeit zu wirtschaftlichen Ergebnissen geführt hat, die über die Deckung des Unterhaltsbedarfs hinaus die Vermögensmehrung beim Betriebsinhaber ermöglichten, könnte man sie als Zuviel-Leistung qualifizieren und § 1360b BGB als Ausgleichssperre ansetzen, allerdings nur „im Zweifel", ein abweichender Wille kann im Streitfall dargetan und bewiesen werden.

Die Sperre des § 1360b BGB kann aber von vorneherein nur zum Zuge kommen, wenn die Mitarbeit, um die es geht, als Unterhaltsleistung zu qualifizieren ist. Das ist nun aber nach der Rechtsprechung zu den genannten Ausgleichsinstrumenten nicht der Fall; diese sollen gerade nur dann einsetzbar sein, soweit die Mitarbeit sich *nicht* als geschuldete Unterhaltsleistung darstellt. So ist in BGHZ 84, 361, 367 ff. die Möglichkeit eines familienrechtlichen Vertrages über ehebedingte Zuwendungen mit der Begründung bejaht worden, dass die erbrachten Arbeitsleistungen über die im Rahmen der Unterhaltspflicht oder der Verpflichtung zur ehelichen Lebensgemeinschaft geschuldeten Beistandsleistungen weit hinausgingen. Auch im Falle BGH FamRZ 1994, 1167 hat der BGH den Weg zur „ehebedingten Zuwendung" mit der Erwägung eröffnet, dass die Mitarbeit das nach den §§ 1353, 1360 BGB geschuldete Maß weit überschritten habe. Die Innengesellschaft betreffend gilt Entsprechendes. Denn wenn der Gesellschaftszweck außerhalb der ehelichen Gemeinschaft liegt, können die Beiträge der Gesellschafter nicht zugleich als Leistungen der ehelichen Unterhaltspflicht eingeordnet werden.

Damit ergibt sich eine auffällige Diskrepanz zwischen der Rechtsprechung zu § 844 Abs. 2 BGB und der Judikatur zum Vermögensausgleich unter Ehegatten. Wie gezeigt ist die Rechtsprechung zum Schadensersatzrecht bestrebt, die Ehegattenmitarbeit möglichst weitgehend in das Unterhaltsrechtsverhältnis zu integrieren. Es ist kaum zweifelhaft, dass der Ehemann jener Gärtnersfrau, die – trotz voller Haushaltführung und Erziehung von drei Kindern – im Betrieb ihres Mannes in erheblichem Umfang mitgearbeitet hat, auch für den Ausfall dieser Dienste entschädigt worden wäre, wenn seine Frau durch Verschulden Dritter den Tod gefunden hätte. Andererseits hat – im Ergebnis sicher zu Recht – der XII. Zivilsenat des BGH dahin votiert, dass für die genannte Frau im Scheidungsfall ein Ausgleichanspruch wegen Störung der Geschäftsgrundlage einer ehebedingten Zuwendung in Betracht kommt.[52] Allgemein gesagt: Der Familiensenat des BGH ist – gegenläufig zur Judikatur anderer Senate, die den Schadensersatz betrifft – bestrebt,

48 Vgl. BGHZ 65, 320; BGHZ 82, 227; BGHZ 115, 261, 266; BGHZ 115, 132, 139; BGH FamRZ 1989, 147; BGH FamRZ 1997, 933; BGH FamRZ 2003, 230.

49 Das soll sogar für die Ansprüche aus Innengesellschaft gelten (zuletzt BGH FamRZ 2006, 607), obwohl diese Rechtsfigur nicht minder eine künstliche Notkonstruktion darstellt als die „ehebedingten Zuwendungen".

50 § 1384 BGB.

51 Zur dogmatischen Bedeutung dieser Vorschrift MünchKomm/*Wacke*, 4. Aufl., Bd. 7, § 1360b RdNr. 2, 8.

52 BGH FamRZ 1994, 1167; der Senat hat die Sache zurückverwiesen.

möglichst viele Fälle von erheblicher Ehegattenmitarbeit im Anwendungsbereich der Ausgleichsmechanismen zu verorten, damit aber den *unterhaltsrechtlichen* Charakter der Mitarbeit zu verneinen.

Mit dem *Ergebnis* (Zugang zum Schadensersatz für den hinterbliebenen Ehegatten; gleichzeitig Zugang des mitarbeitenden geschiedenen Ehegatten zu Ausgleichsansprüchen) kann die Wissenschaft leben, weniger aber mit der *theoretischen* Diskrepanz. Der Widerspruch kann drei Ursachen haben:

- Entweder die Schadensersatzrechtsprechung überdehnt den Anwendungsbereich des § 844 Abs. 2 BGB und deklariert Dienste als gesetzliche geschuldete Unterhaltsleistungen, die es nicht sind.
- Oder die These der familiengerichtlichen Judikatur, stillschweigend geschlossene Gesellschafts- und Zuwendungsverträge kämen nicht in Betracht, soweit sich die Mitarbeit im Rahmen des Unterhalts vollzieht, ist unzutreffend.
- Oder schließlich: Die juristischen Erfindungen der „stillschweigend geschlossenen Innengesellschaft" und der „ehebedingten Zuwendung" sind ungeeignet, die Ausgleichsprobleme logisch sauber zu lösen. Die Alternative wäre es, einer Anregung von *Joachim Gernhuber* folgend[53], die Generalklausel des § 1353 Abs. 1 S. 2 BGB als Rechtsgrund für finanziellen Ausgleich heranzuziehen, die verhindert, dass bei Trennung der Eheleute der eine durch die Arbeit des anderen unfair bereichert seiner Wege zieht; auf die Frage, inwieweit diese Mitarbeit unterhaltsrechtlich geschuldet war oder nicht, käme es – abgesehen von der überwindbaren Vorschrift des § 1360b BGB – dann nicht an, sondern einzig auf den Effekt einseitiger Vermögensmehrung. Doch sind einfache Lösungen nicht die Sache des deutschen Rechts.

V. Schluss

Die Deutung der Familienarbeit als Unterhaltsleistung hebt die Tätigkeit der Hausfrau bzw. des Hausmannes auf die gleiche Ebene wie die Erwerbstätigkeit und bezeugt ihre ökonomische Gleichwertigkeit als Element der Gleichberechtigung der Geschlechter. Bei der Durchführung des Gedankens im Einzelnen ergeben sich gewisse Spannungen, die darauf beruhen, dass die Tätigkeit in der Familie zugleich einen höchstpersönlichen und wirtschaftlichen Charakter besitzt. Die daraus resultierenden Probleme der Rechtsanwendung in einzelnen Fragen sind indes lösbar, wenngleich, wie fast stets, nicht mit letzter systematischer Folgerichtigkeit. Gedanklicher Hintergrund der Parallelsetzung der außerhäuslichen Erwerbsarbeit und der Tätigkeit in der Familie ist die Vorstellung, dass dem Berufsleben als der einen Seite menschlicher Lebenserfüllung das Familienleben als die andere, ebenso wichtige gegenübersteht. Diese Vorstellung wird freilich in unseren Tagen brüchig. Die Politik scheint sich zunehmend mit dem Gedanken anzufreunden, dass Frauen wie Männer nur als vollwertige Menschen existieren, wenn sie ganztägig berufstätig sind. Als „Familienleben" bleibt dann ein Rest an „Freizeit", in den die Zuwendung zu den Kindern und zum Partner, persönliche Regeneration, gesellschaftliche, kulturelle und sportliche Interessen hineingezwängt werden müssen. Wenn dies einmal der – vielleicht sogar ökonomisch erzwungene – Normalzustand werden sollte, wird das Thema dieses Aufsatzes, der *Reinhard Richardi* zu seinem Jubiläum mit herzlichen Glückwünschen gewidmet sei, an Bedeutung verlieren.

---

53 Die Mitarbeit der Ehegatten im Zeichen der Gleichberechtigung, FamRZ 1958, 243, 249.

Veröffentlicht in: Georg Annuß/Eduard Picker/Hellmut Wißmann, Festschrift für Reinhard Richardi zum 70. Geburtstag, Verlag C. H. Beck, München 2007, S. 1143–1154.

Nachtrag: Die Regelung des § 888 Abs. 3 ZPO findet sich seit Inkrafttreten des FamFG (1.9.2009) in § 120 Abs. 3 FamFG. Die Vorschrift des § 1579 BGB – Unterhaltsminderung wegen grober Unbilligkeit – hat durch das Gesetz zur Änderung des Unterhaltsrechts vom 21. Dezember 2007 (BGBl. I S. 3189) u.a. eine neue Zählung erhalten: § 1579 Nr. 5 wurde zur Nr. 6, Nr. 6 zur Nr. 7. Die sachliche Problematik hat sich durch diese Neuerungen nicht verändert.

F. Abstammung und Kindschaft

Abstammungsklärung – leicht gemacht Oder: Neuer Dialog in der Familie

Für die Dialog-Philosophie des 20. Jh. bedeutet Dialog ein Gespräch, das durch wechselseitige Mitteilung jeder Art zu einem interpersonalen „Zwischen", d.h. zu einem den Partnern gemeinsamen Sinnbestand führt.
(Historisches Wörterbuch der Philosophie, Bd. 2 S. 226)

Sohn: „Papa, stammt der Mensch wirklich vom Affen ab?"
Vater: „*Du* vielleicht, *ich* nicht!"
(Alter Witz)

Die Bundesregierung[1] schlägt, befeuert durch das Bundesverfassungsgericht[2], eine gesetzliche Regelung vor, deren Zielsetzung sie unter anderem wie folgt beschreibt: „Die hier vorgeschlagene Regelung … soll den Dialog in der Familie und der Gesellschaft fördern, die Familie in ihrem sozialen Bestand schützen und die Einschaltung von Gerichten möglichst vermeiden."[3] Das alles soll erreicht werden durch Einführung zweier gerichtlich durchsetzbarer Ansprüche unter Mitgliedern einer Familie: erstens durch den Anspruch auf Einwilligung in eine genetische Abstammungsuntersuchung, zweitens den Anspruch auf Duldung der Entnahme einer für diese Untersuchung geeigneten genetischen Probe. Diese Ansprüche finden sich in einem vorgeschlagenen neuen Paragraphen des BGB mit der schönen Hausnummer 1598a.

Alle diese Ziele laden zum Nachsinnen ein, so das Ziel, die Einschaltung von Gerichten durch Kreation neuer Klagemöglichkeiten zu vermeiden, oder das Ziel, durch Erfindung von zeitlich unbegrenzten Ansprüchen unter den Familienmitgliedern den sozialen Bestand der Familie zu schützen. Unter den von der Bundesregierung genannten Zielen frappiert eines ganz besonders, weil mit ihm wird absolutes Neuland betreten wird: Ich meine das Ziel *der Förderung des Dialogs in der Familie*.

Diesem Ziel seien die folgenden Zeilen gewidmet. „Dialog" ist nach den Lexika vom griechischen Verb *dialegesthai* abgeleitet, welches „sich unterhalten", „sich unterreden" bedeutet, das Substantiv *dialogos* wird mit Gespräch, Unterredung, Unterhaltung wiedergegeben. Den Gegenbegriff bildet der Monolog. Die Bundesregierung möchte also durch die vorgeschlagenen Regelungen erreichen, dass sich die Familie besser unterhält. Das vorgeschlagene Thema, die mögliche Abstammung der Familienmitglieder, ist in der Tat von hohem Unterhaltungswert. Der Dialog könnte am Sonntagmorgen, wenn die Familie beim Frühstück sitzt und gerade die vierte Adventskerze angezündet ist, mit obigem Witz eingeleitet werden. Das ist aber nur ein Beispiel. Die Initiative zum Dialog ist jederzeit und bei jeder Gelegenheit möglich. Gleichwohl möchte die Bundesregierung gewisse Dialogregeln eingehalten wissen, denen wir in gebotener Kürze nachgehen wollen.

---

1 Entwurf eines Gesetzes zur Klärung der Vaterschaft unabhängig vom Anfechtungsverfahren, nunmehr datiert vom 4.10.2007, BT-Drucks. 16/6561.
2 Entscheidung vom 13.2.2007, FamRZ 2007, 441.
3 BT-Drucks. 16/6561, S. 10.

I. Tres faciunt dialogum

Der Dialog, welcher durch die neuen Ansprüche gefördert werden soll, findet unter Familienmitgliedern statt, aber keineswegs unter allen und nicht in beliebiger Gruppierung. Die Ansprüche hat *entweder* der Vater gegen Mutter und Kind *oder* die Mutter gegen Vater und Kind *oder* das Kind gegen Vater und Mutter. Wahrscheinlich kann sich der Anspruchsteller aber auch einen der möglichen Kontrahenten aussuchen. Um die Sache nicht zu komplizieren nehmen wir zunächst den Fall an, dass alle noch am Leben sind.

Mit dem „Vater" ist der *rechtliche Vater* gemeint, woraus folgt, dass der potenzielle leibliche Vater hier außen vor bleibt.[4] Nicht mitreden dürfen auch andere, gewiss sehr interessierte Familienmitglieder,[5] nämlich die Geschwister, Großeltern, Urgroßeltern, Enkel, Onkel, Tanten etc. Das ist bedauerlich, vielleicht ist es auch für Tommy und seine Identitätsfindung wichtig zu wissen, ob Anja wirklich seine Vollschwester oder nur Halbschwester oder nicht einmal dieses ist, ebenso für Großvater Brause, ob das von ihm angesammelte, den Enkeln zugedachte Vermögen wirklich in die Hände seiner Blutsverwandtschaft gerät. Der Dialog, so meint wohl die Bundesregierung, soll nicht ausufern. Andererseits können sich die Kinder auch beteiligen, wenn sie überprüfen wollen, ob sie adoptiert sind – hier wird auch Abstammung von der rechtlichen Mutter ein Thema.

Das Lebensalter spielt keine Rolle. Die Ansprüche bestehen zu jeder Zeit, auch zwischen Hochbetagten kann der Dialog geführt werden, z.B. zwischen der 60-jährigen Tochter und ihren 80-jährigen Eltern. Das lenkt die Aufmerksamkeit auf einen möglicherweise für Vater oder Mutter bestellten Betreuer. Ob dieser am Dialog teilnehmen darf, wird aus dem Entwurf der Bundesregierung nicht ersichtlich. Zwar ist für die Vaterschaftsanfechtung bestimmt, dass der Betreute, solange er „geschäftsfähig" ist, nur selbst anfechten kann, während für den Geschäftsunfähigen der gesetzliche Vertreter,[6] also der Betreuer handelt. Für die Geltendmachung der Ansprüche aus § 1598a ist Gleiches aber nicht vorgesehen. Spitzfindige Juristen, die es leider zuhauf gibt, werden in diesem Zusammenhang eine Reihe von Fragen stellen, auch, ob für die Geltendmachung der genannten Ansprüche ein Einwilligungsvorbehalt angeordnet werden kann, ob man durch Vorsorgevollmacht eine Vertrauensperson mit der Angelegenheit betrauen kann und anderes mehr. Doch wir wollen nicht ins Detail gehen.

Es ist jedenfalls möglich, dass auch Dritte und sogar familienfremde Personen zum Dialog hinzu gebeten werden. Das ergibt sich schon aus der möglichen Einschaltung des Familiengerichts,[7] vor dem das beim Frühstück begonnene Gespräch mittels Antrags fortgesetzt werden kann. Zudem kommen Dritte stets hinzu, wenn das involvierte Kind minderjährig ist und die Sache vor Gericht kommt. Dann bedarf das Kind eines gesetzlichen Vertreters, und das können nach der Absicht der Bundesregierung[8] – anders als im Anfechtungsverfahren! – weder Vater noch Mutter sein, mithin muss ein Pfleger bestellt werden. Der Gesprächskreis kann sich auch durch das Jugendamt erweitern.[9] Vielleicht darf sich auch noch ein Verfahrenspfleger in den Dialog einmischen, vielleicht auch Gutachter, wenn es um Fragen des Kindeswohls geht. Man sieht: Die Familie wird bei ihrem Dialog nicht allein gelassen.

4 Begründung BT-Drucks. 16/6561, S. 14. Kritisch dazu *Frank/Helms* FamRZ 2007, 1277, 1279.

5 Kritisch hierzu *Frank/Helms* FamRZ 2007, 1277, 1279.

6 § 1600a III.

7 Dass das Familiengericht zuständig sein soll, ergibt sich aus der geplanten Zurechung der Verfahren nach § 1598a zu den Kindschaftssachen, § 640 Abs. 2 Nr. 2 ZPO (Entwurf).

8 § 1629 IIa BGB (Entwurf). Die Bundesregierung (BT-Drucks. 16/6561, S. 26) begründet das damit, dass die Eltern durch die Frage der Vaterschaft stets auch in eigenen, möglicherweise von denen des Kindes abweichenden Interessen betroffen sind. Warum aber soll Gleiches nicht für das Vaterschaftsanfechtungsverfahren zutreffen?

9 Mögliche Anhörung nach § 49 IIa FGG (Entwurf).

II. Der Gegenstand des Dialogs

Laienhaft gesprochen hat der von der Bundesregierung gewünschte Dialog mit der Abstammung von Familienmitgliedern zu tun, juristisch wäre das aber ungenau. Das eigentliche Thema ist nicht die Abstammung, sondern lediglich der *Anspruch bestimmter Personen gegen bestimmte andere Personen,* in eine genetische Abstammungsuntersuchung einzuwilligen und die Entnahme einer geeigneten genetischen Probe zu dulden.

Das ist auch der Gegenstand des Verfahrens, mit welchem der Dialog unter richterlicher Aufsicht und nach den Regeln des FGG[10] fortgeführt werden kann. Der „Klärungsberechtigte" – so nennt ihn die Bundesregierung[11] – kann flankierend beantragen, die Einwilligung der jeweils anderen Beteiligten in die Abstammungsuntersuchung durch Gerichtsbeschluss zu ersetzen und die Duldung einer Probeentnahme anzuordnen.[12] Die „Entnahme" der Probe kann auf dieser Grundlage erzwungen werden, notfalls durch zwangsweise Vorführung.[13]

Der vorgeschlagene Normtext Entwurf lässt nicht erkennen, um *welche Probe* es sich handeln muss, ob also in Form von Speichel, Haaren oder sonstigen Körperpartikeln, die Entwurfsbegründung setzt indes auf die Blutprobe[14]: Blut ist auch hier ein ganz besonderer Saft. Letztlich bleibt im Entwurf aber offen, wer die Art der Probe bestimmen kann, ob es sich also um eine Wahlschuld mit Wahlrecht des Gläubigers oder des Schuldners handelt.[15]

Dem „Klärungsberechtigten" stehen keine „Klärungsverpflichteten" gegenüber. Auch der erfolgreiche „Klärungsberechtigte" ist zu nichts verpflichtet. Er *kann* vom Reden zum Handeln übergehen und die entnommene Probe durch eines der sich in großer Zahl anbietenden Institute untersuchen lassen. Er *muss* dies aber nicht tun, es soll ihm auch keinerlei Frist gesetzt werden. Er muss aus dem Beschluss, welcher die Antragsgegner zur Duldung der Entnahme verpflichtet, auch nicht vollstrecken, er muss eine ihm angebotene Probe auch nicht entgegennehmen. Spitzfindige Juristen werden vielleicht an Annahmeverzug („Entnahmeverzug"!) denken, doch lassen wir die schuldrechtlichen Geister in Ruhe!

Der erfolgreiche „Klärungsberechtigte" kann also völlig passiv bleiben. So wie seine Ansprüche aus § 1598a niemals verjähren,[16] so auch nicht sein Recht aus dem herbeigeführten Gerichtsbeschluss, die genetische Untersuchung in Auftrag zu geben. Vielleicht denkt sich ein Vater: „Nun habe ich rechtens Einwilligung und Duldung bzw. Probe erlangt; dabei habe es vorläufig sein Bewenden. Es ist viel schöner, Mutter und Kind zappeln zu lassen". Und wer leitet aus dem Gesetzentwurf ab, dass dieser Vater zehn Jahre später nicht erneut den Antrag aus § 1598a stellen könnte?

Der erfolgreiche Antrag aus § 1598a ist somit nicht notwendig das Ende des Dialogs. Dieser kann vielfältig fortgesetzt werden, zum Beispiel in der Weise, dass Mutter und Kind, nachdem der rechtliche Vater nach § 1598a vorgegangen ist, ihrerseits die Ansprüche aus derselben Vorschrift geltend machen. Denn auch Mutter und Kind sind „Klärungsberechtigte". So ist durch die Rechtshängigkeit eines vom rechtlichen Vater eingeleiteten Verfahrens die Mutter nicht gehindert, ihrerseits vom Vater Einwilligung und Duldung zu verlangen. Auch die Rechtskraft einer vom rechtlichen Vater erstrittenen Entscheidung steht dem nicht entgegen. Denn Prozessgegenstand ist die Verpflichtung der je einzelnen Person zur Einwilligung und Duldung von

---

10 Das ergibt sich aus § 621a I 1 ZPO (Entwurf).

11 Zum Beispiel in BT-Drucks. 16/6561, S. 22.

12 § 1598 II BGB-E.

13 Siehe § 56 IV 3 und 4 FGG (Entwurf) sowie § 33 FGG.

14 BT-Drucks. 16/6561, S. 29.

15 § 56 IV 1 FGG (Entwurf). Nur negativ ist gesagt, dass die Vollstreckung insbesondere der Duldung der Entnahme einer Speichel- oder Blutprobe ausgeschlossen ist, wenn dies „der zu untersuchenden Person" nicht zuzumuten ist „Die zu untersuchende Person" ist ein sprachlicher Lapsus: Die Person ist nicht zu untersuchen, vielmehr ist ihr eine genetische Probe zu entnehmen, mehr nicht.

16 § 194 II BGB in der Fassung des Entwurfs.

Eingriffen in *ihr* Persönlichkeitsrecht *gegenüber dem jeweiligen Antragsteller*. Es handelt sich um ganz unterschiedliche Streitgegenstände.

Die Verfahren können nach dem Normprogramm des Entwurfes auch gleichzeitig laufen. Etwa: Vater Brause verlangt von Kind und Mutter Einwilligung und Duldung, sogleich darauf verlangt Mutter Brause von Vater und Kind Einwilligung und Duldung. Der Wettlauf hat durchaus Sinn: Wer Erfolg hat, „verfügt" über die erlangte genetische Probe, er kann damit machen, was er will. Er kann sie nach seiner Wahl dem Institut für Humangenetik der Universität Schneizlreuth oder einem privaten Institut in Honolulu zur Untersuchung übergeben. Er kann, wie gesagt, auch ganz untätig bleiben, er ist Herr der „Klärung". Das möchten aber die anderen auch sein und sie können es erreichen, wenn sie ihrerseits die Ansprüche aus § 1598a gegen den ersten Antragsteller geltend machen und durchsetzen. Schwerlich könnte das Rechtsschutzbedürfnis für sie verneint werden: Denn nur so können auch sie dafür sorgen, dass die genetische Untersuchung durch ein wirklich qualifiziertes Institut durchgeführt wird, auf dessen Auswahl sie sonst keinen Einfluss hätten. Bei dieser Gelegenheit ist zu ergänzen: Der Entwurf verlangt, dass die Probe nach den anerkannten Grundsätzen der Wissenschaft *entnommen* werden[17] muss. Für die *Durchführung* der Untersuchung ist derlei nicht gefordert – logischerweise, denn sie ist sozusagen Privatsache des jeweiligen Antragstellers.

Das Thema des Dialogs betreffend mag der Bundesregierung vorgeschwebt haben, dass es bei den Ansprüchen aus § 1598a nur um die Klärung der Vaterschaft geht. Das kommt aber in den vorgeschlagenen Normtexten nicht zum Ausdruck, hier ist allgemein von „Klärung der leiblichen Abstammung" die Rede. Folglich kann auch die *mütterliche Abstammung* zum Thema des Dialogs werden, das ist in bestimmten Fällen künstlicher Zeugung von großer Bedeutung. Auch kann ein Vertauschen von Babys im Krankenhaus hinsichtlich der Mutter für Überraschungen sorgen. Die Regelung des § 1591 BGB steht dem allem nicht entgegen. Dort ist nur bestimmt, dass Mutter *ist,* wer das Kind geboren hat, von *Abstammung* ist nicht die Rede.

III. Jedem Anfang wohnt ein Zauber inne …

Dem Einstieg in den Dialog stehen nach dem Entwurf kaum rechtliche Hindernisse im Wege. „Bewusst" will die Bundesregierung die den Dialog belebenden Ansprüche „niederschwellig" angesetzt wissen.[18] Keine Rede ist von dem berüchtigten Erfordernis eines Anfangsverdachts, das – vom BGH erfunden und vom BVerfG gesalbt – den Elan anfechtungswilliger Väter so oft gebremst hat. Nichts muss substantiiert werden. Zum Vortrag genügt die Angabe der rechtlichen Verwandtschaftsverhältnisse zwischen dem Antragsteller und den Antragsgegnern. Wenn es sich um die richtige Verwandtschaft handelt, bedeutet die Geltendmachung der Ansprüche aus § 1598a – von einer Ausnahme abgesehen[19] – bereits ihre Begründetheit. Das nährt die Hoffnung der Bundesregierung, dass der Dialog außergerichtlich bleiben werde.[20]

Auch der Umstand, dass dem Dialogwilligen die Abstammungsverhältnisse längst bekannt waren, hindert die Initiative nicht. Der Mann, der wissentlich eine unrichtige Vaterschaftsanerkennung erklärt hat, der längst aufgeklärte Ehemann, welcher der Mutter „verziehen" und das Kind im vollen Bewusstsein seiner wirklichen Abstammung wie ein eigenes aufgezogen hat, die Mutter, die sich von Anfang an über die (mögliche) Abstammung im Klaren war – sie alle können ungehindert und jederzeit in den Dialog einsteigen. Wie gesagt verjähren die Ansprüche auch nicht: Jederzeit kann begonnen werden.

17 § 1598a I 2 BGB (Entwurf).
18 BT-Drucks. 16/6561 S. 15.
19 Vorbehaltlich der noch zu behandelnden Kindeswohlprüfung.
20 BT-Drucks. 16/6561 S. 15.

IV. Dialogus interruptus

Eine Dialogpause in Form der Aussetzung des Verfahrens ist immerhin vorgesehen, „wenn und solange die Klärung der leiblichen Abstammung eine erhebliche Beeinträchtigung des Wohls des minderjährigen Kindes begründen würde, die auch unter Berücksichtigung der Belange des Klärungsberechtigten für das Kind unzumutbar wäre".[21] Hier fällt auf, dass nach der Wortwahl der Bundesregierung die Beeinträchtigung des Kindeswohls *begründet* werden soll. Lassen sich für die Beeinträchtigung des Kindeswohles Gründe finden? Für den wahrscheinlichen Fall, dass den Verfassern des Textes bloß der Unterschied zwischen „begründen" und „zur Folge haben" im Augenblick nicht zur Hand war, können die Dialogwilligen getröstet werden: Aufgeschoben ist nicht aufgehoben, der Dialog dauert dann später nur länger an.

V. Vielleicht eine unendliche Geschichte

So leicht der Dialog auch begonnen werden kann, so ungewiss ist sein Ende. Wie gezeigt endet er notwendigerweise weder mit der freiwilligen Erfüllung der Ansprüche noch mit rechtskräftiger Entscheidung noch mit der Vollstreckung. Am Ende hat der Antragsteller die Einwilligung der Dialogpartner und das gewünschte genetische Material, nicht mehr. Er kann die Proben nun untersuchen lassen und gewinnt damit eine meist 99,x-prozentige Gewissheit über Vorliegen oder Fehlen der fraglichen Abstammung. Ein letzter Zweifel bleibt, und wer weiß, wie die Medizin des Jahres 2030 über die Verlässlichkeit der heutigen Methoden denkt. Der Antragsteller kann, wie gezeigt, auch untätig bleiben. Dann entsteht ein für die anderen Beteiligten Schwebelage, die ihnen das Äußerste an Dialogbereitschaft abfordert.

Führt der Antragsteller mit der entnommenen Probe die Klärung herbei, so ist sein Wissen zunächst exklusiv. Gnädigerweise gibt der Entwurf den Verpflichteten einen Anspruch auf Einsicht in das Abstammungsgutachten und Aushändigung einer Abschrift[22], aber keinen Anspruch auf Durchführung der Klärung und auf Mitwirkung bei der Auswahl des Sachverständigen. Der Anspruch auf Information ist merkwürdig eingeschränkt: So hat z.B. nur derjenige, der „eine genetische Probe abgegeben" hat, das Recht auf Einsicht in das Gutachten. Wie, wenn ihm die Probe mit Zwang entnommen wurde? Wie ist es mit der Mutter, die keine „Probe" abgegeben hat, weil, da für die Begutachtung unnötig, keine von ihr verlangt wurde? Die Mütter spielen, wie wir sehen werden, ohnehin im Dialog nicht die Hauptrolle. Kein Einsichtsrecht hat auch der potenzielle leibliche Vater, der vom Dialog ferngehalten werden soll.

Stellt sich heraus, dass die *angezweifelte Abstammung in Wirklichkeit besteht*, so ist der von der Bundesregierung geförderte Dialog allerdings beendet. Über den Trümmern des Familienlebens, deren sozialen Bestand zu fördern das berechtigte Ziel der Bundesregierung ist,[23] mag dann ein Dialog anderer Art geführt werden, der – bis zur allfälligen Trennung und Scheidung – die Juristen nichts angeht.

Stellt sich hingegen heraus, dass die *angezweifelte Abstammung nicht besteht*, so *kann* der Dialog durch Anfechtung der Vaterschaft (nicht aber der Mutterschaft) beendet werden, *muss* es aber nicht. Die dialogträchtige Schwebelage besteht auch dann fort, möglicherweise bis zum Tod der Beteiligten und darüber hinaus. Zudem kann sich zwischen Klärung der Abstammung und der Anfechtung der Vaterschaft ein weiteres Intervall einschieben, das unsere besondere Aufmerksamkeit verdient.

21 § 1598a III BGB (Entwurf).
22 § 1598 IV BGB (Entwurf).
23 S. 10.

VI. Der verschärfte Dialog: die Anfechtung

Hat der familiäre Dialog, der mit Hilfe des vorgeschlagenen § 1958a inszeniert wurde, zur Klärung geführt, dass das Kind nicht vom Vater abstammt, so kann zur gewohnten Vaterschaftsanfechtung geschritten werden. Um im Bilde der Bundesregierung zu bleiben, können wir das Geschehen um die §§ 1599 bis 1600c BGB als Fortsetzung des Dialogs in verschärfter Form betrachten. Nun gelten völlig andere, ungleich strengere Regeln. Diese will die Bundesregierung indes erneut verändert wissen: Einerseits soll die Anfechtung der Vaterschaft wesentlich erleichtert, andererseits erschwert werden.

Die *Erleichterung* soll darin bestehen, dass die Anfechtungsfrist für Vater und Kind von dem Zeitpunkt ab neu zu laufen beginnt, in dem Vater oder Kind durch eine genetische Untersuchung nach § 1598a Kenntnis davon erhalten, „dass eine leibliche Abstammung zwischen ihnen nicht besteht".[24] Es schadet dann nicht, wenn die Anfechtungsfrist nach § 1600b I BGB bereits verstrichen war. Hat z.B. der Ehemann und rechtliche Vater längst Kenntnis vom Ehebruch der Mutter erlangt, aus dem das Kind stammen *kann*, so wäre nach zwei Jahren ab dieser Kenntnis die Frist für eine Anfechtung für ihn verstrichen (§ 1600b I 1, 2).[25] Macht er nun, sagen wir acht Jahre später, die Ansprüche aus § 1598a geltend und ergibt das auf dieser Grundlage erstellte Gutachten, das das Kind nicht von ihm abstammt, so läuft die Zwei-Jahres-Frist erneut. Alle „Verzeihungen" sind in den Wind geschrieben, soweit man nicht das schwere Geschütz der Verwirkung auffährt. Der rechtliche Vater hat auf diese Weise die Mutter in der Hand: „Wenn Du nicht ..., dann ...". Egal, was er gewusst hat, er kann jederzeit noch über die Ansprüche aus § 1598a zu einem Anfechtungsrecht gelangen.

Eine neue Frist wird indes nicht in Gang gesetzt, „wenn die Folgen der Anfechtung das Wohl des minderjährigen Kindes erheblich beeinträchtigen".[26] Dann fragt sich, ob die Frist von neuem in dem Zeitpunkt an beginnt, in dem das Kindeswohl nicht mehr erheblich beeinträchtigt ist. Ganz klar wird das aus dem Entwurf nicht, die Entwurfsbegründung neigt zu einer verneinenden Antwort.[27] Logisch ist das kaum, wenn man in Rechnung stellt, dass die Kenntnis der Abstammung nach Auffassung des BVerfG ein hohes, im Persönlichkeitsrecht begründetes Gut ist. Warum soll das, was mit Rücksicht auf das minderjährige Kind unterbleiben musste, nicht nachgeholt werden können, wenn das Kind volljährig geworden ist?

Im Regelfall hat der rechtliche Vater, den wir als Normalfall des Anfechtenden betrachten können, auch nach der „sicheren" Klärung der Abstammung aufgrund § 1598a zwei ganze Jahre Zeit: „Soll ich oder soll ich nicht?" Für Mutter und Kind entsteht eine herzerfrischende Situation. Zwei Jahre sind ein Drittel der Kindheit und der neunte Teil der gesamten Jugend. Mögen die Psychologen reden von Bindungen, Interesse an stabilen Lebensverhältnissen, systemischem Denken, wie sie wollen – hier geht es um Rechte, die offenbar keine Zumutung einer schnellen Entscheidung vertragen. „Ich will abwarten, ob sich die vorpubertäre Aufsässigkeit dieses Bengels im Laufe der nächsten Jahre legt, dann kann ich ja immer noch ...".

Der beschriebenen Erleichterung steht eine erhebliche *Erschwerung* der Vaterschaftsanfechtung gegenüber, die für alle Verfahren gelten soll, gleichgültig, welcher Anfechtungsberechtigte sie einleitet, gleichgültig auch, ob vorher die Ansprüche aus § 1598a geltend gemacht worden sind oder nicht: „Die Anfechtung der Vaterschaft ist ausgeschlossen, wenn und solange die Folgen der Anfechtung eine erhebliche Beeinträchtigung des Wohles des minderjährigen

24 § 1600b VII 1 BGB. Flankierend soll bestimmt sein, dass eine schon nach § 1600 I BGB laufende Frist durch Einleitung eines Antrags nach § 1598a II (Entwurf) gehemmt sein soll, § 1600b V (Entwurf).

25 Dazu *Wellenhofer*, Anm. zu BGH FamRZ 2006, 686 ff., 690.

26 § 1600b VII 2 BGB (Entwurf).

27 BT-Drucks. 16/6561 S. 25.

Kindes begründen würden, die auch unter Berücksichtigung der Belange des Anfechtungsberechtigten für das Kind unzumutbar wären."[28]

Auch wenn feststeht, dass das Kind nicht vom rechtlichen Vater abstammt, soll es künftig nicht ausnahmslos möglich sein, durch Anfechtung das verwandtschaftliche Band zu zerreißen, solange das Kind minderjährig ist. Die Bundesregierung beruhigt die rechtlichen Väter: Nur in „Ausnahmesituationen" soll dieses „Korrektiv" einsetzbar sein.[29] Zudem ist auch hier aufgeschoben nicht aufgehoben: Wird eine Anfechtungsklage aus Gründen des Kindeswohls abgewiesen, so ist das Klagerecht nicht aufgezehrt. Vielmehr beginnt mit Rechtskraft des abweisenden Urteils die Anfechtungsfrist von neuem zu laufen und kann sogar im Vorhinein über die zwei Jahre des § 1600b I 1 verlängert werden:[30] Die Richter wissen also jetzt schon, was drei Jahre später das Kindeswohl beeinträchtigen wird.

Demzufolge kann sich – wie zuvor die Abstammungsklärung – auch die Vaterschaftsanfechtung hinziehen, über das gesamte Jugendalter und länger, zumal wenn Verfahren nach dem geplanten § 1598a damit einhergehen. Für das Kind wird diese Art von Dialog, der seine familiäre Zugehörigkeit in fortwährendem Zweifel belässt, obwohl die Abstammung geklärt ist, vermutlich kein Spaßfaktor werden, aber nach einer Sprechblase unserer Zeit „eine Herausforderung sein", die zu jener gesunden Abhärtung der Seele führen mag, die der junge Mensch im globalisierten Berufsleben heute ohnehin braucht.

Die Dialogsituation betreffend muss daran erinnert werden, dass in der Anfechtungsstufe ein neuer Gesprächspartner hinzutreten kann, nämlich der *potenzielle leibliche Vater*. Dieser, vom Dialog des § 1598a und von der Kenntnis des Gutachtens ausgeschlossen, hat bekanntlich ein eingeschränktes Anfechtungsrecht,[31] das nun durch die „Kindeswohlklausel" bei minderjährigen Kindern zusätzlich erschwert wird. Wenn die bislang bestehende rechtliche Vaterschaft erfolgreich angefochten ist, öffnet sich dem Vaterwilligen der Weg zur Anerkennung der Vaterschaft, damit endlich auch – dieses Kind betreffend – zu § 1598a. Denn nun, durch Anerkennung rechtlicher Vater geworden, kann er, um letzte Zweifel zu beheben, Mutter und Kind auf Einwilligung und Duldung in Anspruch nehmen – neue Familie, neuer Dialog.

VII. „Eine Benachteiligung von Frauen ist damit nicht verbunden", oder: Taceat mulier in dialogo

Den aufmerksamen Leserinnen und Lesern wird aufgefallen sein, dass ein erneuter Beginn einer Anfechtungsfrist nach Abstammungsklärung aufgrund des § 1598a zwar für Vater und Kind vorgesehen ist, aber nicht für die gleichfalls anfechtungsberechtigte Mutter. Die Bundesregierung versichert: „Eine Benachteiligung von Frauen ist damit nicht verbunden". Wie dieses? Die Entwurfsbegründung denkt streng juristisch: Die Mutter wirkt durch Anfechtung auf eine rechtliche Beziehung ein, an der sie nicht unmittelbar beteiligt ist; die rechtliche Vater-Kind-Beziehung hat auf die Mutter „lediglich mittelbare Auswirkungen".[32] Mit welchem der möglichen Väter sie die Verantwortung für das Kind teilt und ausüben soll, wird – um es ökonomisch auszudrücken – nicht als ihr Kerngeschäft angesehen.

Die vorgeschlagene Regelung bedeutet praktisch, dass die Mutter in den meisten Fällen nicht mehr anfechten kann, da die ursprünglich laufende Frist – ab Kenntnis der Umstände, die gegen die Vaterschaft sprechen – abgelaufen sein wird. Selbst die in der Empfängniszeit von

28 § 1600 V 1 (Entwurf). Kritisch hierzu *Frank/Helms* FamRZ 2007, 1277, 1281.
29 BT-Drucks. 16/6561 S. 23.
30 Siehe § 1600 V 2,3 (Entwurf).
31 § 1600 I Nr. 2, II, III BGB.
32 BT-Drucks. 16/6561 S. 25.

einem Dritten vergewaltigte Frau kennt die Umstände, welche die Vaterschaft des Gewalttäters als möglich erscheinen lassen. Die Mutter wird, selbst wenn sie selbst die Ansprüche aus § 1598a geltend gemacht und so für Klärung gesorgt hat, von dem weiteren Dialog ausgeschlossen, wenn bei Einleitung des Verfahrens die ursprünglich laufende Frist für sie verstrichen war.

Das kann zu folgender Situation führen: Die Nichtabstammung des Kindes steht aufgrund eines auf der Grundlage des § 1598a erhobenen Gutachtens fest. Der rechtliche Vater kann anfechten, gleichgültig, was er vorher gewusst hat. Das Kind kann anfechten, freilich solange es minderjährig ist, nur durch seinen gesetzlichen Vertreter und nur, wenn die Anfechtung seinem Wohl dient (§ 1600a III, IV BGB), dann aber erneut nach Eintritt der Volljährigkeit (§ 1600b IV BGB). Nur die Mutter kann das Anfechtungsrecht, jedenfalls im eigenen Namen, nicht mehr ausüben. Der rechtliche Vater kann ab Rechtskraft des Einwilligungs- und Duldungsurteils zwei Jahre (und vielleicht länger, siehe oben) Mutter und Kind im Ungewissen lassen. Vielleicht macht er die Nichtausübung seines Anfechtungsrechts vom Wohlverhalten der Mutter abhängig: „Wenn Du Dich nicht zusammenreißt, werde ich …“. Auch das vorpubertär-aufsässige Kind kann dieser Situation ausgesetzt sein. Der Dialog geht in den männlichen Monolog über: Es gibt wieder echte, rechtlich begründete Macht in der Familie.

Die Mutter, die zunächst ihr Anfechtungsrecht hat verfristen lassen, wird der Situation ausgesetzt, dass sie als einzige nach – möglicherweise erzwungener – Klärung der Nichtabstammung des Kindes vom rechtlichen Vater nicht die statusrechtlichen Konsequenzen herbeiführen darf. Das begründet für erhebliche Zeit eine Abhängigkeit einer Person von der Willkür einer anderen, die auf helle Empörung stieße, lebten wir nicht im postfeministischen Zeitalter.

VIII. Dialogus posthumus?

Nochmals zurück zu § 1598a. Bedauerlicherweise kommt es vor, dass ein „Klärungsberechtigter“, bevor er an Klärung auch nur gedacht hat, verstorben ist, oder dass einer der aus § 1598a Verpflichteten nicht mehr auf dieser Erde weilt. Wird der Dialog dann mit den Toten geführt? Unsere kleine Betrachtung kann keine tiefschürfende Erörterung bieten, nur Fragen stellen.

Wenn ein „*Verpflichteter*“, auf den es gentechnisch ankommt, *verstorben* ist, fragt sich: Bedarf es nun keiner Einwilligung mehr? Dürfen Proben dann einfach entnommen werden? Oder kommen die Totensorgeberechtigten ins Spiel? Und wer sind diese? Ist das Transplantationsgesetz analog anzuwenden?[33] Wie lange besteht das Totensorgerecht? Hat die Totensorge auch eine verpflichtende Seite?

Geht es hingegen darum, die Ansprüche aus § 1598a für einen *klärungsberechtigten Verstorbenen* geltend zu machen, so kommen als Initiatoren des Dialogs wohl nicht die Erben in Frage. Man kann sich auch hier die Totensorgeberechtigten als Treuhänder denken. Das setzt voraus, dass die Ansprüche den Tod überdauern. Gründen sie nicht auf dem Persönlichkeitsrecht?[34] Wirken nicht Persönlichkeitsrechte über den Tod hinaus?[35] Besteht nicht auch noch nach dem Tod das Interesse, die wahre Abstammung zu kennen? Nun kann der Tote nach menschlichem Ermessen selbst keine Kenntnis mehr nehmen. Aber an seiner Stelle könnten es seine Treuhänder oder sonstige Angehörige, die nach dem Willen des Verstorbenen informiert werden sollen.

33 § 4 Transplantationsgesetz vom 5.11.1997 (BGBl. 1997 I S. 2631).

34 So BVerfG FamRZ 2007, 441, 442 ff. im Anschluss an BVerfGE 79, 256, 268 = FamRZ 1989, 255; BVerfGE 108, 82, 105 = FamRZ 2003, 816.

35 Grundlegend BGHZ 50, 133; BGH NJW 1990, 198; BGH NJW 2001, 2957. Auch wenn man mit BVerfG NJW 2001, 2957 ff. annimmt, dass der ideelle Teil des allgemeinen Persönlichkeitsrechts mit dem Tode erlischt und Nachwirkungen sich dann nurmehr aus Art. 1 I GG ergeben, können die oben genannten Ansprüche den Tod des Berechtigten überdauern, denn sie werden nicht nur auf Art. 2 I GG gestützt, sondern zudem auf die Menschenwürde, siehe nur BVerfG FamRZ 2007, 441, 442 (rechte Spalte).

Schließlich: Kann man durch Vollmacht zur postmortalen Geltendmachung der genannten Ansprüche legitimieren?

Und wenn sowohl der „Klärungsberechtigte" als auch „die Verpflichteten" tot sind? Dialogus *inter* mortuos? Schade, dass Sokrates an diesen Dialogen wohl nicht mehr teilnehmen kann.

IX. Dialog in der Gesellschaft

Wie erwähnt, will die Bundesregierung mit den vorgeschlagenen Regelungen auch den Dialog in der Gesellschaft fördern. Das wird gelingen. Frau Richterin Salesch wartet schon.

Veröffentlicht in: Zeitschrift für das gesamte Familienrecht 2008, S. 23–27, Verlag Gieseking, Bielefeld 2008; in gekürzter Fassung in: Frankfurter Allgemeine Zeitung, Ausgabe vom 11. Dezember 2007, S. 8.

Nachtrag: Die oben wiedergegebene Satire, obwohl auch in der allgemeinen Presse veröffentlicht, hat die Verabschiedung des von den Erkenntnissen des Bundesverfassungsgerichts genährten Gesetzes nicht verhindern können, siehe „Gesetz zur Klärung der Vaterschaft unabhängig vom Anfechtungsverfahren" vom 26. März 2008 (BGBl. 2008 I S. 441). Bei Detailfragen besserte der Gesetzgeber nach, insbesondere ist die Diskriminierung der Mütter entfallen. Die Bezugnahmen auf Verfahrensvorschriften im obigen Beitrag sind überholt, weil zum 1.9.2009 das Gesetz über die Freiwillige Gerichtsbarkeit (FGG) aufgehoben und durch das FamFG ersetzt wurde. Bei all dem bleibt die sachliche Problematik im Kern unverändert.

Zwischen Kenntnis der Abstammung und abstammungsgemäßer Zuordnung
– Eine Wanderung auf den Pfaden des Bundesverfassungsgerichts –

I. Die Entscheidungen des BVerfG und die Gesetzgebung

Das Bundesverfassungsgericht hat das deutsche Abstammungsrecht in neuerer Zeit durch vier Entscheidungen befruchtet. Drei davon haben zu Änderungen des Bürgerlichen Gesetzbuches geführt.

Das Urteil vom 31.1.1989[1] erklärte eine Regelung für mit dem GG unvereinbar, welche das Recht des volljährigen Kindes auf Anfechtung der Vaterschaft in der damals im BGB vorgesehenen Weise[2] einschränkte. Die Entscheidung stützte sich im Wesentlichen auf das „Recht auf Kenntnis der eigenen Abstammung", das vom Persönlichkeitsrecht des Menschen umfasst sei. Der Entscheidung wurde legislativ erst durch das Kindschaftsrechtsreformgesetz von 1997 Rechnung getragen.[3]

In der Entscheidung vom 6.5.1997[4] befasste sich das Gericht gleichfalls mit der Rechtsposition des volljährigen Kindes und der Frage, ob die Mutter ihm gegenüber zur Auskunft über die Identität des leiblichen Vaters verpflichtet sei. Das BVerfG hielt das Ergebnis im Hinblick darauf offen, dass bei der Abwägung zwischen den widerstreitenden Grundrechten der Mutter und des Kindes im Rahmen der Anwendung zivilrechtlicher Generalklauseln (hier § 1618a BGB) ein weiter Spielraum zur Verfügung stehe.

Die Entscheidung vom 9.4.2003[5] erklärte das Abstammungsrecht des BGB insoweit für unvereinbar mit Art. 6 Abs. 2 S. 1 GG, als es den (potenziellen) leiblichen Vater eines Kindes generell von der Anfechtung einer anderweitig bestehenden rechtlichen Vaterschaft ausschloss. Dem wurde legislativ durch Gesetz vom 23.4.2004 Rechnung getragen.[6]

Schließlich verlangte das Urteil des BVerfG vom 13.2.2007 vom Gesetzgeber, dem rechtlichen Vater ein geeignetes Verfahren „allein zur Feststellung der Vaterschaft" bereitzustellen,[7] d.h. ein Verfahren, durch das geklärt werden kann, ob das ihm zugerechnete Kind auch wirklich von ihm abstammt. Diesem Postulat wurde durch das Gesetz zur Klärung der Vaterschaft unabhängig vom Anfechtungsverfahren"[8] Rechnung getragen. Insbesondere wurde in das BGB der

---

1 BVerfGE 79, 256 = FamRZ 1989, 255.

2 §§ 1593, 1598 i.V.m. § 1596 Abs. 1 BGB in der damals geltenden Fassung.

3 Gesetz zur Reform des Kindschaftsrechts (Kindschaftsrechtsreformgesetz – KindRG) vom 16.12.1997. (BGBl. 1997 I S. 2942), in Kraft seit 1.7.1998. Die Neuregelung findet sich in §§ 1600–1600c BGB in der Fassung dieses Gesetzes, insbesondere, was die zeitliche Beschränkung des Anfechtungsrechts betrifft, in § 1600b Abs. 3.

4 BVerfGE 96, 56 = FamRZ 1997, 869.

5 BVerfGE 108, 82 = FamRZ 2003, 816.

6 Gesetz zur Änderung der Vorschriften über die Anfechtung der Vaterschaft und das Umgangsrecht von Bezugspersonen des Kindes, zur Registrierung von Vorsorgeverfügungen und zur Einführung von Vordrucken für die Vergütung von Berufsbetreuern vom 23.4.2004 (BGBl. 2004 I S. 598).

7 BVerfGE 117, 202 = FamRZ 2007, 441.

8 Vom 26.3.2008 (BGBl. 2008 I S. 441).

§ 1598a eingefügt, der dem rechtlichen Vater, der Mutter und dem Kind zivilrechtliche Ansprüche gegeneinander auf Einwilligung in eine Abstammungsuntersuchung und Duldung der Entnahme einer dafür geeigneten Probe einräumt.

Damit hat das Verfassungsgericht in relativ kurzem Zeitraum wiederholte Änderungen des deutschen Abstammungsrechts inspiriert, die allerdings auf keine allgemeine Akzeptanz gestoßen sind.[9] Das war wohl unvermeidlich. Mit dem Problem der Abstammungskenntnis stoßen wir in Bereiche vor, die offenbar nur begrenzt der Rationalität zugänglich sind. Die folgenden Überlegungen, dem Verfassungsrichter, Kollegen und Freund *Udo Steiner* gewidmet, mögen als Wanderung auf den Pfaden des Gerichts verstanden werden, bei welcher der Blick von den Gründen auf die Tragweite gerichtet sein soll. Folgt man den Wegweisern – wo endet die Reise?

II. Zwei Rechte um die Abstammung: das Recht auf Kenntnis und auf abstammungsgemäße Zuordnung

Im Rahmen seiner Rechtsprechung hat das BVerfG das Recht jedes Menschen auf Kenntnis der seine Person betreffenden Abstammungsverhältnisse aus „Art. 2 Abs. 1 in Verbindung mit Art. 1 Abs. 1 GG“[10] begründet und ihm damit einen hohen Rang zugemessen. Dieses Recht wurde zunächst auf die Kenntnis der *eigenen Abstammung* bezogen[11], dann aber ohne deutlichen Wechsel in der Argumentation auch auf die Kenntnis im Deszendenzverhältnis übertragen. Das Bundesverfassungsgericht gewährt infolgedessen dem Mann ein Recht auf Kenntnis darauf, ob ein ihm rechtlich zugeordnetes Kindes wirklich von ihm abstammt.[12] Wir können zusammenfassend von einem „Recht des Menschen auf Kenntnis der seine Person betreffenden Abstammungsverhältnisse“ sprechen. Ob es freilich auch ein Recht eines *potenziellen* Vaters auf Kenntnis der Tatsache gibt, ob ein bestimmtes Kind von ihm abstammt, ist bisher nicht endgültig ausgemacht.[13] Die genannten Entscheidungen beschäftigen sich zudem nur mit der genetischen Vater-Kind-Beziehung, nicht mit der Mutterschaft und weiteren Abstammungsverhältnissen.

Obwohl das BVerfG die Menschenwürde als das höchste Verfassungsgut zur Begründung einsetzt, zieht es dem Recht auf Kenntnis der Abstammung Grenzen. Die freie Entfaltung der Persönlichkeit sei, wie das Gericht im Jahr 1989 ausführt, nicht schrankenlos, sondern nur im Rahmen der verfassungsmäßigen Ordnung gegeben.[14] Vor allem der Schutz von Ehe und Familie (Art. 6 Abs. 1 GG)[15], das Kindeswohl[16] und die Persönlichkeitsrechte der Mutter[17] können einer (unbeschränkten) Verwirklichung des Rechts auf Kenntnis der Abstammungsverhältnisse entgegenstehen. Es gilt also, im Spannungsfeld der Grundrechte Abwägungen vorzunehmen, für die „kein bestimmtes Ergebnis vorgegeben“ ist.[18]

Von Bedeutung ist darüber hinaus die Einschränkung, wonach Art. 2 Abs. 1 in Verbindung mit Art. 1 Abs. 1 GG kein Recht auf Verschaffung von Kenntnissen der eigenen Abstammung

---

9 Zum letztgenannten Gesetz *Frank/Helms*, FamRZ 2007, 1277; *Helms*, FamRZ 2008, 1033; *Wellenhofer*, NJW 2008, 1185 ff., insbesondere 1188. Siehe schon die grundlegende, auch die geschichtliche Entwicklung darstellende Monographie von *Hermann Deichfuß*, Abstammungsrecht und Biologie, 1991, S. 202.

10 So BVerfGE 79, 256, 268 = FamRZ 1989, 255, 257.

11 BVerfGE 79, 256 = FamRZ 1989, 255; BVerfGE 96, 56 = FamRZ 1997, 869.

12 BVerfGE 117, 202, 225 = FamRZ 2007, 441, 442.

13 Die Frage blieb offen in der Entscheidung des BVerfG vom 9.4.2003 BVerfGE 108, 82, 105 = FamRZ 2003, 816, 820.

14 BVerfGE 79, 256, 269 = FamRZ 1989, 255, 258.

15 BVerfGE 79, 256, 270 = FamRZ 1989, 255, 258 f.

16 Im Zusammenhang mit dem Anfechtungsrecht: Der „Erhalt eines bestehenden sozialen Familienverbandes“, BVerfGE 108, 82, 106 = FamRZ 2003, 816, 820.

17 Insbesondere BVerfGE 96, 56 = FamRZ 1997, 869.

18 BVerfGE 96, 56 = FamRZ 1997, 869.

verleihe, sondern nur vor der Vorenthaltung erlangbarer Informationen schütze.[19] Die Entscheidung von 1997 formuliert das wie folgt: „Das allgemeine Persönlichkeitsrecht umfasst zwar auch das Recht auf Kenntnis der eigenen Abstammung. Art. 2 Abs. 1 in Verbindung mit Art. 1 Abs. 1 GG verleiht aber kein Recht auf Verschaffung solcher Kenntnisse, sondern kann nur vor der Vorenthaltung erlangbarer Informationen durch staatliche Organe schützen ...".[20]

Das wird allerdings nicht so verstanden, als sei der Staat nur zur Weitergabe derjenigen Informationen an den Betroffenen verpflichtet, über die er selbst aktuell verfügt. Vielmehr verlangt das BVerfG vom Staat die Einrichtung geeigneter Verfahren, mit denen „erlangbare" Informationen auch wirklich erlangt werden können.

Die verfassungswidrige Vorenthaltung von Informationen kann also darin bestehen, dass das staatliche Recht den betroffenen Personen ein geeignetes *rechtliches Verfahren vorenthält,* mit dessen Hilfe die begehrten Informationen über die Abstammung erlangt werden können. Es geht um die Gewährung des „Zugangs zum Verfahren". Das war schon das Konzept der Entscheidung von 1989. Die Linie setzte sich fort in dem Beschluss zur Vaterschaftsanfechtung durch den leiblichen Vater (2003), wo es in der Vorstellung des Gerichts um einen „verfahrensrechtlichen Zugang zum Elternrecht"[21] geht. Diese Linie bestimmt auch die Entscheidung von 2007, die dem Staat eine Schutzpflicht auferlegt, den rechtlichen Vater vor der Vorenthaltung erlangbarer Informationen zu bewahren. Dabei gibt die Verfassung nach der Vorstellung des Gerichts nur das Ziel vor, nicht die Mittel; das verlangte Verfahren muss indes für das Ziel der Kenntniserlangung notwendig, geeignet und – mit Rücksicht auf entgegenstehende Rechtgüter anderer – auch angemessen sein.[22]

Bei all dem ergibt sich eine Komplikation daraus, dass das Recht auf Kenntnis der Abstammung gewöhnlich nicht für sich steht, sondern in Bezug auf ein anderes Recht geltend gemacht wird, welches das BVerfG ebenfalls in der Verfassung verankert: *das Recht auf die richtige, d.h. den wahren Abstammungsverhältnissen entsprechende personenrechtliche Zuordnung.* Insoweit bildet das „Recht auf Kenntnis der Abstammung" eine Voraussetzung für die Verwirklichung jenes anderen statusbezogenen Rechts.

In der Entscheidung von 1989 hat das BVerfG diese unterschiedlichen Kategorien nicht klar unterschieden und aus dem „Recht auf Kenntnis der Abstammung" die statusrechtlichen Folgen einfach abgeleitet.[23] Im Beschluss von 2003 hingegen tritt das Recht auf die richtige personenrechtliche Zuordnung als eigenständige Rechtsposition klar hervor. Es geht um das „Interesse des leiblichen Vaters eines Kindes, auch die rechtliche Stellung als Vater einzunehmen"; aus Art. 6 Abs. 2 S. 1 GG (nicht aus Art. 2 Abs. 1!) ergebe sich das Gebot, möglichst eine Übereinstimmung von leiblicher und rechtlicher Elternschaft zu erreichen; folglich gewährleiste Art. 6 Abs. 2 S. 1 dem biologischen Vater grundsätzlich einen verfahrensrechtlichen Zugang zum Elternrecht.[24]

Im verfassungsrechtlichen Diskurs um das Abstammungsproblem sind also zwei unterschiedliche Rechtspositionen zu unterscheiden, die gedanklich miteinander zusammenhängen: das Recht auf Kenntnis der die eigene Person betreffenden Abstammungsverhältnisse und das Recht auf abstammungsgemäße personenrechtliche Zuordnung. Wie verhalten sich diese Rechte

---

19 BVerfGE 79, 256, 269 = FamRZ 1989, 255, 258; BVerfGE 117, 202, 226 = FamRZ 2007, 441, 442.

20 BVerfGE 96, 56, 63 = FamRZ 1997, 869, 870.

21 BVerfGE 108, 82, 204 = FamRZ 2003, 816, 820.

22 Siehe die Ausführungen BVerfGE 117, 202, 227 = FamRZ 2007, 441, 443.

23 Zwar lässt das BVerfG (E 79, 256, 274 = FamRZ 1989, 255, 259) dem Gesetzgeber den Spielraum, statt der Erweiterung der Anfechtungsmöglichkeiten für das volljährige Kind diesem anderweitige Klagemöglichkeiten einzuräumen, doch hätten diese, wenn sie nicht gleichfalls mit statusrechtlichen Folgen verbunden wären, dem Kind nichts genutzt, welches ganz offenbar eine Korrektur der statusrechtlichen Zuordnung anstrebte.

24 BVerfGE 108, 82, 104 = FamRZ 2003, 816, 820.

zueinander? Ist das Recht auf Kenntnis der Abstammung nur gegeben, soweit daraus Konsequenzen für die richtige statusrechtliche Zuordnung gezogen werden können? Dann wäre das Recht auf die abstammungsgemäße Zuordnung das Primäre, das Informationsrecht hätte dienende Funktion.

In seiner Entscheidung von 2007 hat das BVerfG diese Frage im Sinne der strikten Trennung beider Rechtspositionen entschieden. Das Urteil erklärt die Verfassungsbeschwerde eines rechtlichen Vaters insoweit für begründet, „als es der Gesetzgeber unter Verletzung von Art. 2 Abs. 1 in Verbindung mit Art. 1 Abs. 1 GG unterlassen hat, ein rechtsförmiges Verfahren bereitzustellen, in dem die Abstammung eines Kindes von seinem rechtlichen Vater geklärt und die Tatsache ihres Bestehens oder Nichtbestehens festgestellt werden kann, *ohne daran zugleich Folgen für den rechtlichen Status des Kindes zu knüpfen.*“[25] Es geht also um ein selbständiges Verfahren allein zur Klärung der Abstammung, nicht um die statusrechtlichen Folgen. Zwar bleibt auch hier in den meisten Fällen ein intentionaler Bezug zur „richtigen Zuordnung“, weil die zu erlangende Kenntnis üblicherweise als Grundlage von statusrechtlichen Folgerungen dienen soll, doch ist *verfassungsrechtlich gesehen* diese Verknüpfung aufgelöst.

Das Verfahren auf Vaterschaftsanfechtung wird vom BVerfG auch deshalb als unzureichend angesehen, weil sich der Wunsch des rechtlichen Vaters auch allein darauf richten kann, „zu wissen, ob das Kind wirklich von ihm abstammt, ohne zugleich seine Vaterschaft aufgeben zu wollen.“[26] Dabei lässt das BVerfG die Vorstellung anklingen, die bloße Klärung der Abstammung könne für den Zusammenhalt der bisherigen familiären Lebensgemeinschaft folgenlos bleiben. Während die erfolgreiche Vaterschaftsanfechtung das familiäre Band zerreißt und daher vom Gesetz eingeschränkt wird, „steht dem Recht des Vaters auf Kenntnis der Abstammung kein entsprechend gewichtiges, schützenswertes Interesse von Kind und Mutter entgegen, sodass es nicht gerechtfertigt wäre, ein Verfahren zur Klärung und Feststellung der Abstammung an dieselben Darlegungslasten und Fristen zu binden, die für die Anfechtungsklage maßgeblich sind. Zur Verfahrenseröffnung reicht hier aus, wenn der rechtliche Vater Zweifel an der Abstammung des Kindes von ihm vorträgt.“[27] Die beiden Rechte sind demnach auch insofern völlig isoliert voneinander zu betrachten, als sie unterschiedlichen Schranken unterliegen.

Gemäß diesem Verständnis hat der Gesetzgeber bei der Umsetzung der Entscheidung durch das Gesetz vom 26.3.2008[28] das Interesse an der Kenntnis der Abstammung vom Anfechtungsverfahren gelöst: Weder für die Zulässigkeit noch für die Begründetheit des dort eingeführten Klärungsverfahrens ist notwendig, dass eine Vaterschaftsanfechtung noch möglich oder beabsichtigt ist. Das schließt die Möglichkeit ein, rechtliche Vater-Kind-Verhältnisse mit naturwissenschaftlicher Sicherheit als genetisch falsch zu erweisen, obwohl aus diesem Wissen keine statusrechtlichen Folgerungen gezogen werden sollen oder können. Sogar gegen den Willen aller Beteiligten oder einiger von ihnen kann ein lebenslanger Zwiespalt zwischen genetischem Wissen und Status entstehen.

III. Das isolierte „Recht auf Kenntnis der eigenen Abstammung“ – Begründung und Tragweite

Am Beginn der Entwicklung stand das Recht auf Kenntnis der *eigenen Abstammung* des volljährigen Kindes in Bezug auf seinen Vater. Dieses Recht stützt das BVerfG auf das allgemeine Persönlichkeitsrecht. Das Recht auf freie Entfaltung der Persönlichkeit (Art. 2 Abs. 1 GG)

25 BVerfGE 117, 202, 225 = FamRZ 2007, 441, 442 (Hervorhebung vom Autor).
26 BVerfGE 117, 202, 227 = FamRZ 2007, 441, 446.
27 BVerfGE 117, 202, 238 = FamRZ 2007, 441, 446.
28 Oben Fn. 8.

sichert nach der Erkenntnis des Gerichts jedem einzelnen einen autonomen Bereich privater Lebensgestaltung, in dem er seine Individualität entwickeln und wahren kann. Verständnis und Entfaltung der Individualität seien mit der *Kenntnis* der für sie konstitutiven Faktoren, daher auch der Abstammung eng verbunden. Die Abstammung lege nicht nur die genetische Ausstattung des Einzelnen fest und präge so seine Persönlichkeit mit. Unabhängig davon nehme sie auch im Bewusstsein des Einzelnen eine Schlüsselstellung für Individualitätsfindung und Selbstverständnis ein. Als Individualisierungsmerkmal gehöre die Abstammung zur Persönlichkeit, die Kenntnis der Herkunft biete dem Einzelnen unabhängig vom Ausmaß wissenschaftlicher Ergebnisse wichtige Anknüpfungspunkte für das Verständnis und die Entfaltung der eigenen Individualität.[29] Als Kern der Begründung erscheint die These, dass die Kenntnis der eigenen Abstammung für das Sich-Selbst-Verstehen („Selbstverständnis") einer Person und für die Findung und Entfaltung der eigenen Individualität von grundlegender Bedeutung sei.

Auf wissenschaftliche Erkenntnisse der Philosophie oder Psychologie stützt sich das Gericht für diese Grundaussage nicht – wir befinden uns augenscheinlich im Bereich des Common Sense, der ohne fachwissenschaftliche Fundierung auskommt. Gegen naturwissenschaftliche Erkenntnisse versucht das Gericht seine Grundthese zu immunisieren: Der Persönlichkeitswert der Kenntnis der eigenen Abstammung hänge nicht von dem Maß an Aufklärung ab, das die Biologie derzeit über die Erbanlagen des Menschen, die für seine Lebensgestaltung bedeutsam sein können, zu vermitteln vermag; bei Individualitätsfindung und Selbstverständnis handele es sich vielmehr um einen vielschichtigen Vorgang, in dem biologisch gesicherte Erkenntnisse keineswegs allein ausschlaggebend seien.[30]

Akzeptiert man den vom BVerfG angenommenen Zusammenhang zwischen Abstammungskenntnis und Selbstfindung der Person, so stellt sich als erstes die *Altersfrage*. Ganz offenbar soll das Recht auf Kenntnis der eigenen Abstammung kein Minderjährigenproblem darstellen, daher auch keine Frage des Erziehungsverhältnisses zwischen Eltern und Kind. Gleichwohl mag man annehmen, dass vor allem der junge Mensch sich noch auf dem Weg zu sich selbst befindet, während mit zunehmendem Alter die vom eigenen Erleben gespeiste Selbsterfahrung das Bewusstsein der Herkunft überlagert. Man kann sich vorstellen, dass eine Lebensphase erreicht wird, in dem die Frage, ob der rechtlich als Vater geltende Mann wirklich der genetische Vater ist, für das Innewerden und die Entfaltung der eigenen Person bedeutungslos geworden ist. Gewiss ist es auch für den 50-Jährigen eine unliebsame, ihn vielleicht aufrüttelnde Überraschung, wenn er jetzt erfährt, dass der geachtete 70-jährige Mann, der sein Leben bisher als väterliche Bezugsperson begleitet hat, in Wirklichkeit nicht der genetische Vater ist. Die Frage aber ist doch, ob damit die Selbstfindung dieses Sohnes erschüttert ist, ob nun ein bedingungsloses Suchen nach dem „wahren Ursprung" einsetzen muss, um sich selbst zu finden, oder ob nicht die Freude darüber überwiegen kann, *diesen* Vater gehabt zu haben und zu haben. Um es bündig auszudrücken: Die gelungene soziale Elternschaft kann die Bedeutung der genetischen Abstammung für das eigene Selbstbewusstsein auf Null reduzieren. Das BVerfG deutet indes mit keiner Silbe an, dass das Recht auf Kenntnis der eigenen Abstammung im Rahmen der entwicklungspsychologischen Prozesse eine Rolle spielt,[31] es kommt der Person schlechthin zu.

Das Recht auf Abstammungskenntnis besteht demnach unabhängig sowohl vom Interesse an der richtigen rechtlichen Zuordnung als auch dem entwicklungspsychologischen Interesse

---

29 Kernsätze der BVerfGE 79, 256, 268 f. = FamRZ 1989, 255, 257–258.

30 BVerfGE 79, 256, 269 = FamRZ 1989, 255, 258.

31 Unter diesem Aspekt wird die Problematik erörtert in der lesenswerten Bremer jur. Diss von *Petra Meyer*, Das Recht auf Kenntnis der eigenen Abstammung als Element der Persönlichkeitsentwicklung, im Druck erschienen 2005. Die Autorin greift selektiv auf psychoanalytische Literatur und auf die psychologische Forschung zur Adoptivkindschaft zurück. Die durchaus differenzierten Resultate sind weit von einer Bestätigung der schlichten Vorstellung entfernt, die Kenntnis der (wahren) Abstammung sei notwendige Voraussetzung geglückter Individualitätsfindung.

der betroffenen Person. Das Wissen um die genetische Herkunft muss also eine andere grundlegende Bedeutung für die Persönlichkeit des Menschen haben. Diese Bedeutung konkret zu benennen, stößt allerdings an die Grenzen des rational Leistbaren. Nehmen wir eine erwachsene Frau von vierzig Jahren: Sie hat seit Kindesbeinen einen rechtlichen Vater, der ihre Sozialisation begleitet und gefördert hat und mit dem sie gegenseitiges Vertrauen und gegenseitige Zuwendung verbindet. Wir nehmen an, dass die genetische Vaterschaft dieses Mannes niemals untersucht worden ist. Warum ist es für die Persönlichkeit dieser Frau so grundlegend wichtig, zu wissen, ob es sich wirklich um den genetischen Vater handelt? Welches Wissen über sich selbst wächst ihr zu, wenn sich herausstellt, dass das nicht der Fall ist?

Das Wissen, dass eine bestimmte Person ihr genetischer Vater ist oder nicht ist, bringt nach Auskunft der Genetik dieser Frau nicht viel an Kenntnissen über ihre „konstitutiven Faktoren" ein: „Der Mensch ist Produkt einer zufälligen Mischung der genetischen Anlagen seiner Ahnen".[32] Das ist wohl der Grund, warum das Gericht versucht, der Biologie den Zutritt zum Gerichtssaal zu verweigern und stattdessen auf das „Bewusstsein des Einzelnen" abzuheben. Wenn dieses Bewusstsein aber jenseits der biologischen Erkenntnisse gebildet wird, handelt es sich eigentlich nicht um „Kenntnis", sondern um *eingebildete* Zusammenhänge. Nun wirken unsere Einbildungen auf uns ein, gleichgültig, ob ihnen ein naturwissenschaftlich gewonnener Befund zugrunde liegt oder nicht. Doch könnte vielleicht der „vielschichtige Vorgang", für den „biologisch gesicherte Erkenntnisse keineswegs allein ausschlaggebend sind", durch Aufklärung über die Grundlagen der Vererbung leicht um eine Schicht verringert werden.

Jedenfalls ist die Annahme, das bloße Wissen um die Identität des genetischen Vaters sei geeignet, über die „konstitutiven Faktoren" der eigenen Person Grundlegendes zu erfahren, sehr zweifelhaft. Wohl gemerkt: Es geht bei dem „Recht auf Kenntnis der Abstammung" nur um das Wissen darum, *wer* Vater ist oder nicht ist, es geht *nicht um das Recht, eine Analyse des väterlichen Genoms zu erhalten* – es bleibt zu hoffen, dass auch in den schönen neuen Welten der Zukunft diese „erlangbaren Informationen" nicht zum Gegenstand von Rechtsansprüchen gemacht werden. Wenn aus der Identität der Eltern keine Schlussfolgerungen auf die „genetische Ausstattung" des Kindes möglich sind, dann kann auch umgekehrt nicht der Genotyp des Kindes allein aus der Identität der Eltern erklärt werden.

Folgen wir dem Verfassungsgericht auf seinem Wege, so stellt sich die weitere Frage, wie weit das Recht auf Kenntnis der Abstammung reicht. Genetisch betrachtet kommen unweigerlich die *Großeltern* in das Blickfeld. Das Zugehörigkeitsgefühl mag gegenüber den Eltern gewöhnlich stärker sein als gegenüber den Großeltern, genetisch ist das aber nicht von Bedeutung. Oft schlummern[33] Erbmerkmale über Generationen hinweg, um dann umso klarer in Erscheinung zu treten. Es ist nicht begründbar, warum die Kenntnis der Identität der Großeltern, Urgroßeltern usw. nicht auch „im Bewusstsein des Einzelnen eine Schlüsselstellung für Individualitätsfindung und Selbstverständnis" einnehmen soll: Erst die Ahnenreihe überspringt gleichsam das Zufällige am Genotyp des einzelnen Menschen. Deshalb greift die Wissenschaft zu Stammbaumforschungen,[34] um die Vererbung selbst schlichter phänotypischer Merkmale wie „gekräuseltes oder glattes Haar" über die Generationen hinweg aufzuweisen: „Wenn ein Kind geboren wird, sind im Vergleich zu gezielten Experimenten bei Modellorganisationen die Genotypen der Eltern fast gänzlich unbekannt. Daher können auch keinerlei statistische Voraussagen für den Geno- und den daraus resultierenden Phänotyp eines oder weniger Kinder gemacht werden. Unter dem gleichen Aspekt können auch die Abstammungsverhältnisse in der

32 *Hengstschläger*, Die Macht der Gene, 2008, S. 22 (der Autor leitet die Abteilung für medizinische Genetik an der Medizinischen Universität Wien).
33 Ich benutze den bildhaften Ausdruck von *Hengstschläger* (Fn. 32), S. 21.
34 Dazu *Brown*, Genome und Gene, Aus dem Englischen, 3. Auflage 2007, S. 639; *Ringo*, Genetik kompakt, Aus dem Englischen, 2006, S. 264 f.

Seitenlinie von Bedeutung sein. Aber die Verfolgung des Auftretens einzelner markanter Phänotypen bzw. Krankheitsbilder über mehrere Generationen hinweg kann den Erbgang der zugehörigen Genotypen aufklären ...".[35] Warum also ist das Recht auf Abstammungskenntnis auf das Verhältnis zwischen Kind und Vater beschränkt?

Das führt zur Frage nach der *Mutter*. Legt man die Genetik zugrunde, ist die Auffassung, das grundrechtlich verbürgte Recht auf Kenntnis der Abstammung beziehe sich nur auf die Herkunft vom Vater, nicht begründbar. Ist „im Bewusstsein" die Person der Mutter als „konstitutiver Faktor" weniger bedeutsam?

Das BVerfG sagt nun nicht ausdrücklich, es gehe beim „Recht auf Kenntnis der eigenen Abstammung" nur um die Herkunft vom Vater. Dass nur vom Vater die Rede ist, erklärt sich daraus, dass die zu entscheidenden Fälle sich allesamt auf die väterliche Abstammung bezogen. Es fällt aber auf, dass das BVerfG die Abstammung von der Mutter nicht einmal beiläufig erwähnt oder durch Verwendung des Begriffs „elterliche Abstammung" mit einbezieht. Auch dort, wo das Gericht durch *obiter dicta* über den zu entscheidenden Fall hinausgeht, fehlt der Hinweis auf die mütterliche Abstammung.[36]

Die Frage der genetischen Mutter umhüllt das deutsche Recht ohnehin mit dem Schleier des Geheimnisses. Der apodiktische Satz des § 1591 BGB: „Mutter eines Kindes ist die Frau, die es geboren hat", will die Abstammungsfrage von der offenbar als elementar empfundenen Verbindung zwischen der gebärenden Frau und dem Kind fernhalten. Wenn aber, wie das BVerfG meint, das Recht des Kindes auf Kenntnis der eigenen Abstammung *unabhängig von der statusrechtlichen Zuordnung* besteht, so gibt es kein Argument, die mütterliche Abstammung davon auszunehmen.[37] Denn die bloße Kenntnis der Abstammungsverhältnisse als solche greift auch bei der Mutterschaft den Status des Kindes nicht an. Oder will man verhindern, dass das Kind von seiner künstlichen Zeugung erfährt? Es geht zudem nicht nur um solche Fälle. Ein neugeborenes Kind kann im Krankenhaus verwechselt werden und wächst möglicherweise dann weder bei der Frau, die es geboren hat, noch bei der genetischen Mutter auf. Eine DNA-Analyse kann ergeben, dass ein Kind weder vom rechtlichen Vater noch von der rechtlichen Mutter abstammt – solche Ergebnisse sind generell das Risiko von Abstammungsuntersuchungen, die für gewachsene Eltern-Kind-Verhältnisse verheerende Wirkungen zeitigen können.

Bei der Umsetzung der Entscheidung von 2007 durch das Gesetz vom 26.3.2008 hat sich der Gesetzgeber zu einer klaren Regelung der Frage, ob auch die mütterliche Abstammung in die auf Abstammungsklärung hinzielenden Ansprüche einbezogen werden soll, nicht verstehen wollen.[38] Zwar ist das Gesetz mit der Überschrift „Gesetz zur Klärung der Vaterschaft unabhängig vom Anfechtungsverfahren" versehen, im Gesetzestext ist aber allgemein von der „Klärung der leiblichen Abstammung" die Rede (§ 1598a BGB).[39]

Verfassungsrechtlich kann nur gelten: *Wenn* die Kenntnis der genetischen Herkunft für das Verständnis und die Entfaltung der eigenen Individualität grundlegend wichtig ist, dann geht es in gleicher Weise um die Abstammung von der Mutter wie vom Vater. Ich frage mich, ob im Diskurs über Abstammungsfragen gelegentlich atavistische Vorstellungen eine Rolle spielen.

---

35 *Janning/Knust*, Genetik, 2004, S. 87.

36 So beschäftigt sich der Senat in seiner Entscheidung von 2007 sehr wohl mit dem Recht auf Kenntnis der Abstammung des *potenziellen* Vaters, obwohl dieses nicht Gegenstand des Verfahrens war, BVerfGE 117, 202, 238 = FamRZ 2007, 441, 446.

37 In diesem Sinn auch *Wellenhofer* NJW 2008, 1185, 1189; *Borth* FPR 2007, 381, 382.

38 Dass es der Wille gewesen sein muss, ergibt sich aus dem Umstand, dass im Umfeld des Gesetzgebungsverfahrens dieser Punkt diskutiert worden ist, vgl. meinen Beitrag FamRZ 2008, 23, 24. Zu diesem Punkt auch *Helms* FamRZ 2008, 1033.

39 Der Titel des Reformgesetzes ist nicht in den Textbestand des BGB eingegangen, sodass der unbefangene Leser der Vorschriften die mütterliche Abstammung als mitbetroffen ansehen kann.

Könnte es sein, dass die Zuspitzung des „Rechts auf Kenntnis der Abstammung" auf die Herkunft vom Vater etwas mit der sehr späten Entdeckung (1826) der weiblichen Eizelle bei Säugetieren und Menschen zu tun hat?[40] Bis dahin sah man das Sperma als die eigentlich zeugende Substanz an, den Leib der Frau nur als eine Art Nährboden. Deswegen ist auch heute noch die Rede davon, dass ein Mann („mit einer Frau") ein Kind zeugt, kaum aber umgekehrt. Wirkt auch im Recht noch die alte Genetik?

IV. Das isolierte Recht auf Kenntnis der Abstammung des rechtlich zugeordneten Kindes

Die Entscheidung des BVerfG von 2007 überträgt die für das Recht auf Kenntnis der eigenen Abstammung gefundenen Gründe ohne weiteres auf das Recht des Mannes auf „Kenntnis, ob ein Kind von ihm abstammt". Das betreffe sowohl die Annahme eines Mannes, er könnte Erzeuger eines ihm rechtlich nicht zugeordneten Kindes sein, als auch die Zweifel eines Mannes, ein Kind, als dessen Vater er rechtlich angesehen und behandelt wird, könnte doch nicht von ihm abstammen. Beide Interessen berühren nach der Begründung des BVerfG das Verhältnis, in das sich ein Mann zu einem Kind und seiner Mutter setzt, und die emotionalen wie sozialen Beziehungen, die er zu diesen entwickelt. Das Wissen um die Abstammung des Kindes habe maßgeblichen Einfluss auf das Selbstverständnis des Mannes sowie die Rolle und Haltung, die er dem Kind und der Mutter gegenüber einnimmt.[41]

Die zuletzt genannten beiden Sätze überzeugen ohne weiteres: Es leuchtet ein, dass das die Beziehung eines Mannes zu einem Kind und dessen Mutter durch die Kenntnis beeinflusst wird, dass es von ihm genetisch abstammt, oder, obwohl ihm statusmäßig zugerechnet, in Wirklichkeit nicht abstammt. Die Frage ist nur, was das mit den Kernsätzen zu tun hat, mit denen das BVerfG das Recht auf Abstammungskenntnis begründet: Mit dem Verständnis und der Entfaltung der Individualität sei die Kenntnis der für sie konstitutiven Faktoren eng verbunden. Ist die Kenntnis der Tatsache, Vater eines bestimmten Kindes zu sein oder nicht zu sein, ein konstitutiver Faktor für die Individualität der Person des betreffenden Mannes? Gewiss kann die Erlangung dieser Kenntnis für die künftige Lebensführung des Mannes, für seine Gefühle gegenüber Kind, Mutter und weiteren Angehörigen von großer Bedeutung sein, je nachdem wie der Betreffende die Information psychisch verarbeitet. Aber prägt die Kenntnis der Tatsache, dass ein bestimmtes Kind von mir stammt oder nicht stammt, meine Individualität?

Es ist zu beachten, dass das Recht auf Abstammungskenntnis auch in diesem Zusammenhang unabhängig von dem Interesse auf Herstellung des abstammungsgemäßen Status bestehen soll. Es geht um das Interesse (den „Wunsch") des Mannes, „sich als Individuum nicht nur sozial, sondern auch genealogisch in eine Beziehung zu anderen zu stellen".[42] Danach müsste auch für den Mann, der seine Vaterschaft nicht mehr anfechten kann oder im Hinblick auf die entstandene soziale Elternschaft nicht anfechten will, das bloße Wissen, dass das Kind nicht von ihm stammt, ein *seine eigene* Individualität prägender Faktor sein.

Den Sprung vom Recht auf Kenntnis der *eigenen* Abstammung zum Recht auf Kenntnis der Abstammung *einer anderen Person* absolviert das BVerfG ohne großen Begründungsaufwand. Hieß es in der Entscheidung von 1989 noch, die Abstammung nehme im Bewusstsein des einzelnen eine Schlüsselstellung für *Individualitätsfindung* und *Selbstverständnis* ein, so bezieht

40 Diese Entdeckung machte der Naturforscher *Karl Ernst von Baer*, der ab 1821 Ordinarius für Zoologie an der Universität Königsberg war. 1827 erschien sein Werk „De ovi mammalium et hominis genesi".

41 Gründe nach BVerfGE 117, 202, 226 = FamRZ 2007, 441, 442.

42 Erstmals so formuliert in BVerfGE 108, 82, 105 = FamRZ 2003, 816, 820), sodann BVerfGE 117, 202, 226 = FamRZ 2007, 441, 442.

sich in der Entscheidung von 2007 die „Schlüsselstellung" zusätzlich auf das „familiäre Verhältnis zu anderen".[43] Auch hier lässt sich die Argumentation des BVerfG kritisch befragen. Sie nimmt das Verhältnis, in dem eine Person zu einer anderen steht, in den Begriff seiner Individualität und in die seine Persönlichkeit konstituierenden Faktoren hinein. Die Bedeutung der Familie (als Summe der familiären Beziehungen) für die Persönlichkeit des einzelnen erfährt so eine Steigerung, die man der aktuellen Verfassungsrechtsprechung nicht ohne Weiteres zugetraut hätte.

Die Frage geht wiederum nach der Grenze: Warum endet das verfassungsrechtlich begründete Recht, sich mit anderen „genealogisch in Beziehung zu anderen zu stellen", bei den Kindern, warum wird nicht die weitere Deszendenz erfasst, warum nicht andere Verwandte?[44]

Das *Gesetz zur Klärung der Vaterschaft unabhängig vom Anfechtungsverfahren* gibt die auf Klärung zielenden Ansprüche dem rechtlichen Vater, der rechtlichen Mutter und dem Kind, nicht den Großeltern und weiteren Verwandten, erstaunlicherweise auch nicht dem potenziellen leiblichen Vater, obwohl dieser ein eingeschränktes Anfechtungsrecht hat. Das ist schwer verständlich.[45] In der Entscheidung von 2003 war die Frage ausdrücklich offen geblieben,[46] weil es um die Statuszurechnung ging. Die Entscheidung von 2007 lässt anklingen, dass ein Verfahren, das dem potenziellen leiblichen Vater zur Abstammungsklärung eröffnet würde, strengeren Anforderungen unterstellt werden könne.[47]

Letztlich gibt es keinen Grund, dem leiblichen Vater das Recht vorzuenthalten, sich genealogisch mit seinem Kind in Beziehung zu setzen, wenn denn die Prämisse stimmt, dass diese Möglichkeit für die Individualität des Menschen von grundlegender Bedeutung ist. Auch die für das Anfechtungsrecht des potenziellen leiblichen Vaters zum Schutz „sozial-familiärer Beziehungen" gefundene Einschränkung dürfte hier konsequenter Weise keine Rolle spielen: Diese werden durch die bloße Abstammungsklärung nicht angetastet[48] und spielen auch beim rechtlichen Vater keine Rolle. Mit dem völligen Ausschluss der potenziellen Väter aus dem Kreis der „Klärungsberechtigten" ist der Gesetzgeber das Risiko einer erneuten verfassungsrechtlichen Korrektur eingegangen.

Gleichfalls ist unverständlich, dass auch dem (anfechtungsberechtigten!) Kind die der Klärung der Abstammung dienenden Ansprüche gegenüber einem potenziellen genetischen Vater vorenthalten werden[49] – wenn das Interesse des Menschen, seine genetische Abstammung zu erfahren, sogar in die Sphäre der Menschenwürde erhoben ist, wie ist dann eine solche Grenze begründbar?

Indes ist der gesamte vom BVerfG gewählte Ansatz zweifelhaft. Das Recht eines Mannes auf Kenntnis der Abstammung eines Kindes, das ihm – möglicherweise fälschlich – zugerechnet

43 BVerfGE 117, 202, 225 = FamRZ 2007, 441, 442.

44 Vgl. auch *Frank/Helms* FamRZ 2007, 1277, 1279.

45 Kritisch hierzu auch *Wellenhofer* NJW 2008, 1185, 1188 f.; *Frank/Helms* FamRZ 2007, 1277, 1279.

46 BVerfGE 108, 82, 105 = FamRZ 2003, 816, 820.

47 BVerfGE 117, 202, 238 = FamRZ 2007, 441, 446. Gemeint ist vor allem eine Art Anfangsverdacht: Vom potenziellen leiblichen Vater kann der Vortrag von Umständen verlangt werden, die es möglich erscheinen lassen, dass er der biologische Vater des Kindes sein könnte. Damit sollen das Kind und die Mutter vor der Preisgabe persönlicher Daten und der Offenlegung intimer Begebenheiten in Verfahren geschützt werden, die grundlos von Männern, zu denen sie in keiner rechtlichen oder sozialen Beziehung stehen, angestrengt werden.

48 Siehe BVerfGE 117, 202, 233 = FamRZ 2007, 445, wo es um die Position des rechtlichen Vaters geht: Hier rechtfertigt ein gesetzgeberisches Interesse, den Familienfrieden der rechtlich verbundenen Familie nicht mit einem Verfahren zur Klärung der Abstammung eines Kindes stören zu wollen, es nicht, dem rechtlichen Vater ein solches Verfahren vorzuenthalten. Siehe dort weiterhin (BVerfGE 117, 202, 238): Des Bestandsschutzes ihrer rechtlichen und sozialen familiären Beziehung mit dem Vater bedürfen Mutter und Kind nicht, „wo es lediglich um die Verfolgung des Zieles geht, über die Abstammung des Kindes Gewissheit zu erlangen".

49 Die Inkonsequenz bemängeln auch *Frank/Helms* FamRZ 2007, 1277, 1279.

wird oder das er als sein Kind beansprucht, hat einen Sinn und einen tragfähigen Grund, wenn mit der erlangbaren und schließlich erlangten Kenntnis die Änderung des Status erstrebt wird. Ist das nicht der Fall, so verliert das abstrakte Kenntnisinteresse stark an Gewicht. Das Interesse, sich mit dem Kind „genealogisch in Beziehung zu stellen" (oder aber: nicht zu stellen!) hat, wenn man es von der Statusfrage trennt, wenig Substanz.

Angenommen: Ein Ehemann erfährt als Resultat eines Verfahrens nach § 1598a BGB, dass seine 12-jährige Tochter nicht von ihm abstammt. Er möchte aber die rechtliche Verbindung zu dem Mädchen, das er lieb hat, nicht zerstören und daher nicht anfechten. Die gewonnene Kenntnis soll nach der Vorstellung des BVerfG gleichwohl sein Verhalten gegenüber dem Kind beeinflussen: Die Interessen an der Abstammungskenntnis „berühren das Verhältnis, in das sich ein Mann zu einem Kind und seiner Mutter setzt, und die emotionalen wie sozialen Beziehungen, die er zu diesen entwickelt. Das Wissen um die Abstammung des Kindes hat auch maßgeblichen Einfluss auf das Selbstverständnis des Mannes sowie die Rolle und Haltung, die er dem Kind und der Mutter gegenüber einnimmt." Dazu ist festzustellen: Wenn der Mann nicht anficht, bleibt er Vater des Kindes mit allen elterlichen Pflichten und Rechten. Er mag „emotional" dem Kind anders begegnen als vorher (und es damit möglicherweise psychisch schädigen), sein soziales Verhalten gegenüber dem Kind ist hingegen rechtlich festgelegt: Er hat es *als sein Kind* zu pflegen und zu erziehen, ihm Beistand, Rücksicht und Unterhalt zu leisten. Dem Mann ist nicht erlaubt, sich wegen seines Wissens in einen Widerspruch zu seiner „Rolle und Haltung" als Vater des Kindes zu setzen.[50] Was das Verhältnis zur Mutter betrifft, gilt Ähnliches: Der Mann kann sich von der Mutter trennen und die Scheidung betreiben, es bleibt aber, wenn die Vaterschaft nicht angefochten wird, die gemeinsame Elternschaft, die zur Kooperation zum Wohle des Kindes verpflichtet. Was bleibt für das bloße Kenntnisinteresse übrig? Was soll es bedeuten, dass der Mann, der das ihm rechtlich zugeordnete Kind als Vater erzieht und unterhält, sich „genealogisch nicht mehr mit ihm in Beziehung setzt"?

V. Recht auf den genetisch richtigen Status?

Ob eine Person über das Recht auf Kenntnis der sie betreffenden Abstammungsverhältnisse hinaus ein grundrechtlich verbürgtes Recht auf abstammungsgemäße rechtliche Zuordnung hat, ist vom BVerfG nicht im Zusammenhang entwickelt worden. Bisher ist auch keine einheitliche Linie gefunden.

In der Entscheidung von 1989 ist ein solches Recht des volljährigen Kindes der Sache nach bejaht worden. Freilich erscheint es in den Urteilsgründen mit dem „Recht auf Kenntnis der Abstammung" vermengt. Um diese Kenntnis ging es im entschiedenen Fall nur als Voraussetzung für eine erfolgreiche Statuskorrektur, mit der Erfüllung des bloßen Kenntnisinteresses wäre der Beschwerdeführerin nicht geholfen gewesen. Das BVerfG findet in dieser Entscheidung einen recht kurzen Weg vom Recht auf Abstammungskenntnis zum Recht auf genetisch richtige Zuordnung: Wenn der Gesetzgeber eine Statuszuweisung unangreifbar ausgestalte und damit das Verbot der Abstammungsklage verbinde, beeinträchtige er die Persönlichkeitsentfaltung des Kindes.[51] Es ist also auch hier das allgemeine Persönlichkeitsrecht, das durch das Abschneiden statusrechtlicher Korrekturmöglichkeiten verletzt wird. Durch die Vermischung mit der Problematik der Abstammungskenntnis wird dieser Gedanke aber nicht weiter entfaltet; nur die möglichen Einschränkungen (z.B. zur Wahrung des Familienfriedens) werden diskutiert. Die persönlichkeitsrechtliche Verankerung der „richtigen Zuordnung" wird nicht näher

50 Zu den möglichen Widersprüchen im Spannungsfeld von Kenntnis und Verhalten vgl. auch *Deutsch/Spickhoff*, Medizinrecht, 6. Aufl. 2008, Rn. 753.

51 BVerfGE 79, 256, 269 = FamRZ 1989, 255, 258.

begründet. Auch in der Entscheidung von 1997 beschränkt sich das BVerfG auf das Problem der Abwägung zwischen dem Recht des Kindes auf Kenntnis seiner Abstammung und den Persönlichkeitsrechten der Mutter, obwohl es dem Kind um mehr, nämlich um die Herstellung des richtigen Status als Grundlage von Erbansprüchen ging.[52]

Einen ganz anderen Weg schlägt das BVerfG in der Entscheidung von 2003 ein. Hier bemüht sich das Gericht um eine Fundierung des Rechts des potenziellen Vaters, die bestehende rechtliche Vaterschaft eines anderen Mannes anzufechten. Erstaunlicherweise spielt hier – anders als beim Anfechtungsrecht des Kindes! – Art. 2 Abs. 1 GG keine Rolle. Vielmehr dient Art. 6 Abs. 2 GG als Grundlage: Diese Grundrechtsnorm schützt nach Auffassung des BVerfG den leiblichen Vater „in seinem Interesse, die Rechtsstellung als Vater des Kindes einzunehmen". Zwar vermittle dieser Schutz ihm kein Recht, in jedem Fall vorrangig vor dem rechtlichen Vater die Vaterstellung eingeräumt zu erhalten; ihm sei jedoch die Möglichkeit zu eröffnen, die rechtliche Vaterposition zu erlangen, wenn dem der Schutz einer familiären Beziehung zwischen dem Kind und seinen rechtlichen Eltern nicht entgegensteht und wenn festgestellt wird, dass er der leibliche Vater des Kindes ist. Der Gesetzgeber sei gehalten, die Zuweisung der elterlichen Rechtsposition an der Abstammung des Kindes auszurichten.[53] Auch in der Entscheidung von 2007 wird das „Gebot, möglichst eine Übereinstimmung von biologischer und rechtlicher Vaterschaft zu erreichen", auf Art. 6 Abs. 2 GG gestützt.[54]

Der Wechsel in der verfassungsrechtlichen Verortung des Rechts auf abstammungsgemäße Zuordnung vom Persönlichkeitsrecht zum Elternrecht erscheint als kühn. Recht und Pflicht der Eltern, die Kinder zu pflegen und zu erziehen, gehen zunächst von der Vorstellung aus, dass die Person der Berechtigten feststeht. Diese Festlegung geschieht durch die Regeln des Abstammungsrechts des BGB. Im konkreten Fall hatte das Kind einen rechtlichen Vater, der – solange diese Vaterschaft bestand – seinerseits aus Art. 6 Abs. 2 GG berechtigt und verpflichtet war. Dass *gleichzeitig* ein anderer Mann aus derselben Grundrechtsverbürgung das Recht ableiten kann, den rechtlichen Vater aus dieser seiner verfassungsrechtlich anerkannten Stellung zu verdrängen, setzt gedanklich voraus, dass Art. 6 Abs. 2 GG auch eine Aussage darüber trifft, *welche Personen als Eltern anzuerkennen sind*, nämlich primär die genetischen Eltern. Nur so kann aus dem Grundrecht der Anspruch des leiblichen Vaters hergeleitet werden, „auch die rechtliche Stellung als Vater einzunehmen."

Die Schwäche dieser Konstruktion ist vor allem, dass sie zusammenfällt, sobald das Kind das 18. Lebensjahr vollendet hat. Mit Erreichen der Volljährigkeit lässt die Rechtsprechung des BVerfG das elterliche Erziehungsrecht aus Art. 6 Abs. 2 GG erlöschen.[55] Zwar werden in der Literatur Fortwirkungen des Elternrechts über die Volljährigkeitsgrenze hinaus befürwortet, doch bezieht sich diese Auffassung auf Nachwirkungen der besonderen Solidarität, die sich aus der Erziehungsverantwortung ergibt (behindertes Kind, sonstige Unterstützungsbedürftigkeit des Kindes).[56] Schwerlich kann das Elternrecht darauf gerichtet zu sein, ein Erziehungsrecht zu erlangen, wo niemand mehr zu erziehen ist.

In der Gesamtschau ergibt sich die eigentümliche Lage, dass das Interesse des Kindes auf abstammungsgemäße Zuordnung verfassungsrechtlich dem Art. 2 Abs. 1 GG zugeordnet wird, das entsprechende Interesse der leiblichen Eltern hingegen auf das Elternrecht. Hätte nicht auch

52 BVerfGE 96, 56 = FamRZ 1997, 869.

53 Sätze nach BVerfGE 108, 82, 100 = FamRZ 2003, 816, 818.

54 BVerfGE 117, 202, 234 = FamRZ 2007, 441, 445.

55 BVerfGE 59, 360, 382 („Dem entspricht es, dass mit abnehmender Pflege- und Erziehungsbedürftigkeit sowie zunehmender Selbstbestimmungsfähigkeit des Kindes die im Elternrecht wurzelnden Rechtsbefugnisse zurückgedrängt werden, bis sie schließlich mit der Volljährigkeit des Kindes erlöschen". Weiterhin BVerfGE 72, 122, 137; 74, 102, 125.

56 So bei *v. Mangoldt/Klein/Starck/Robbers*, GG, 5. Aufl. 2005, Art. 6 Rn. 160, 161.

für das Recht des Kindes Art. 6 Abs. 2 GG bemüht werden können? Das ist nicht ausgeschlossen, seit Art. 6 Abs. 2 GG auch als Quelle von Kindesrechten anerkannt ist.[57] Man könnte sagen: So, wie der leibliche Vater die verfahrensrechtliche Möglichkeit haben muss, „die Rechtstellung als Vater einzunehmen“, so auch das Kind, um die Rechtsstellung als Abkömmling des genetischen Vaters erhalten zu können. Der Nachteil wäre wiederum, dass Art. 6 Abs. 2 GG über die Volljährigkeit des Kindes hinaus nicht trägt – im Fall 1989, war es aber gerade um die Rechte eines volljährigen Kindes gegangen.

Im Urteil von 2007 hat das BVerfG das Recht auf abstammungsgemäße Zuordnung nicht mehr erörtert. Über die Vaterschaftsanfechtung als das klassische Mittel der Statuskorrektur ist in dieser Entscheidung im Wesentlichen zweierlei ausgesagt: *Zum Ersten*, dass ihre Regelung durch den Gesetzgeber verfassungsrechtlich nicht zu beanstanden sei; *zum Zweiten*, dass die Möglichkeit der Vaterschaftsanfechtung als unverhältnismäßiges Instrument anzusehen ist, wenn es darum geht, dem schlichten Interesse an der Kenntnis der Abstammung gerecht zu werden.[58]

Es fragt sich, ob diese Sichtweise die Gewichte richtig verteilt. Ist die rechtliche Zuordnung nicht in einem viel stringenteren Sinne als die genetische Abstammung ein „konstitutiver Faktor“ für den „autonomen Bereich privater Lebensgestaltung“? Die rechtliche Zuordnung eines Kindes oder Vaters legt *objektiv* die elementare Lebenssituation fest, in der sich eine Person bewegt. Ist diese Zuordnung genetisch unrichtig, so werden – falls die Beteiligten nicht wissend einverstanden sind – die Möglichkeiten der Lebensgestaltung prinzipiell eingeschränkt. Dazu bedarf es nicht einer Vermittlung über das „Bewusstsein“, es muss auch kein Geheimnis um „vielschichtige Vorgänge“ gemacht werden: Die Statuszuordnung ist eine grundlegende Determinante der Lebenssituation, die das Persönlichkeitsrecht der Beteiligten unmittelbar betrifft. Es scheint mir nicht einsichtig, dass ausgerechnet dieses Grundproblem aus dem Anwendungsbereich des Art. 2 Abs. 1 GG genommen und in das zeitlich begrenzte Elternrecht verlagert werden soll. Prinzipiell ergibt sich die Frage, ob es wirklich zwingend und einer angemessenen Problemlösung dienlich war, ein isoliertes „Recht auf Kenntnis der Abstammung“ zu konstruieren, in die Sphäre persönlichkeitsrechtlicher Unantastbarkeit zu heben und von der Statusfrage zu lösen.[59]

Veröffentlicht in: Gerrit Manssen/Monika Jachmann/Christoph Gröbl (Hrsg.), Nach geltendem Verfassungsrecht. Festschrift für Udo Steiner zum 70. Geburtstag, Richard Boorberg Verlag, Stuttgart 2009, S. 758–777.

Nachtrag: Vom Abdruck des letzten Abschnitts des Festschriftbeitrags („VI. Ein Blick auf die Gesetzeslage“) an dieser Stelle wird abgesehen. Durch Gesetzesänderungen, die nach Abschluss des Manuskripts in Kraft getreten sind, wurden einzelne einschlägige Vorschriften verändert. Die im Beitrag erörterten Grundprobleme sind davon unberührt geblieben.

57 BVerfG v. 1.4.2008 FamRZ 2008, 845, 848.

58 BVerfGE 117, 202, 238 = FamRZ 2007, 441, 446.

59 Siehe auch *Frank/Helms* FamRZ 2007, 1277, 1278 f.: Die Verfasser befürchten gravierende Friktionen im Abstammungsrecht und sehen in der Regelung des Gesetzes von 2008 einen Systembruch. Zum Nebeneinander der Verfahren siehe auch *Wolf*, Festschrift für Rainer Frank, 2008, S. 349 ff.

„Parallel laufende Erklärungen“ – Zugleich ein Beitrag zur Gesetzestechnik der Kindschaftsrechtsreform –

I. „Parallel laufende Erklärungen“ – ein besonderer Geschäftstyp?

Die allgemeine Rechtsgeschäftslehre kennt als Grundtypen des Rechtsgeschäfts das einseitige und das mehrseitige Geschäft, letzteres wird in weitere Arten aufgespaltet (Vertrag, Beschluss, sonstige mehrseitige Geschäfte).[1] Im Zusammenhang mit dieser Typisierung behandeln einige Darstellungen auch die besondere Erscheinung *parallel laufender Erklärungen*[2] mehrerer Personen. Zum Teil wird in diesem Zusammenhang der Begriff *Gesamtakt*[3] verwendet, der offenbar eine spezielle Art des Rechtsgeschäfts darstellen soll.

Besieht man die Texte genauer, so ergeben sich Differenzierungen im Einzelnen. *Hübner* behandelt das Phänomen unter den mehrseitigen Rechtgeschäften. Er nennt als Beispiel die Kündigung eines gemeinschaftlich abgeschlossenen Mietvertrages durch mehrere Mieter. Er spricht von einem notwendigen *Zusammenhandeln* und von einem *Zusammenwirken*.[4] Demgegenüber werden die Gesamtakte bei *Larenz/Wolf* bei den einseitigen Rechtsgeschäften eingeordnet.[5] Auch hier dient als Beispiel unter anderem die Kündigung der von Ehegatten gemeinsam gemieteten Wohnung durch die Mieter. Es handle sich um einseitige Rechtsgeschäfte, weil inhaltlich gleiche, parallel laufende Erklärungen mit einer einheitlichen Rechtsfolge abgegeben werden und nicht wie beim Vertrag einander zwar korrespondierende, aber doch wechselseitige Erklärungen. Folgt man dem, so wären begrifflich zu trennen: a) Rechtsgeschäfte, die zwar mehrere Willenserklärungen voraussetzen, aber gleichwohl einseitig sind, und b) mehrseitige Rechtsgeschäfte.[6] Bei *Larenz/Wolf* soll vom Gesamtakt noch der Typus zu unterscheiden sein, bei dem mehrere selbständige einseitige Rechtsgeschäfte „zu einem Geschäft“ verbunden sind. Als Beispiel wird die Adoption genannt, wo neben der Einwilligung des Kindes die Einwilligung seiner Eltern und des Ehegatten des Annehmenden erforderlich sei. Bei dieser Aussage bleibt offenbar ein unaufgelöstes Spannungsverhältnis zwischen der Annahme mehrerer selbständiger Geschäfte (Einwilligungen) und *eines* „Geschäfts“ (Adoption).

Augenscheinlich bereitet das rechtsgeschäftliche Geschehen, bei dem zur Erzeugung einer gewillkürten Rechtsfolge die Erklärung mehrerer Personen nötig ist, das aber nicht als Vertrag angesehen werden kann, gewisse Deutungsschwierigkeiten. Im Familienrecht sind derartige Konstellationen besonders häufig. Es bietet sich an, eine Typologie anhand familienrechtlicher Erscheinungsformen zu versuchen, freilich stets im Kontext mit den allgemeinen Lehren des Zivilrechts.

---

1 Diese Einteilung bestimmt z.B. die Darstellung bei *Medicus*, Allgemeiner Teil des BGB, 6. Aufl. 1994 Rn. 202 ff.

2 Z.B. *Heinz Hübner*, Allgemeiner Teil des Bürgerliche Gesetzbuches, 2. Aufl. 1996, Rn. 619; *Larenz/Wolf*, Allgemeiner Teil des Bürgerlichen Rechts, 8. Aufl. 1997, § 23 Rn. 6.

3 So bei *Hübner* (Fn. 2), Rn. 619; *Larenz/Wolf* (Fn. 2.), Rn. 6; *Brox*, Allgemeiner Teil des Bürgerlichen Gesetzbuchs, 17. Aufl. 1993, Rn. 99.

4 Rn. 619 unter Berufung auf BGH WM 1972, 136 f.

5 Das Folgende nach *Larenz/Wolf* (Fn. 2), § 23 Rn. 3–7.

6 Siehe auch *Larenz/Wolf* (Fn. 2), § 22 Rn. 8.

Bei den „parallel laufenden Erklärungen“ ergeben sich gegenüber dem Vertrag einige Grundprobleme, die wir im Auge behalten wollen, weil sie für ihre Einordnung wichtig erscheinen:

- An der Spitze steht die Frage des *Bezugs der Erklärungen zueinander*, die Frage also, ob die mehreren Erklärungen, die zur Herbeiführung einer Rechtswirkung erforderlich sind, völlig separat nebeneinander stehen oder ob sie sich in irgendeiner Form aufeinander beziehen müssen, oder wie sonst, wenn überhaupt, ihr Zusammenhang im Hinblick auf die übereinstimmend erstrebte Rechtswirkung erfolgt. In diesem Zusammenhang steht auch die Frage im Raum, ob sich die mehreren Erklärungen zu *einem* Rechtsgeschäft zusammenfassen lassen oder ob es sich nicht um eine Mehrheit von Rechtsgeschäften handelt.
- Damit hängt die Frage der *Empfangsbedürftigkeit* und gegebenenfalls des Adressaten der genannten Erklärungen zusammen, weil mit der Notwendigkeit des Empfangs durch bestimmte Personen ein Zusammenhang der Erklärungen hergestellt sein kann.
- Der dritte Problemkreis betrifft die Frage, ob und inwieweit der jeweilige Erklärende seine Erklärung *widerrufen* kann, solange nicht alle nötigten Erklärungen erfolgt sind, oder ob schon die einzelne Erklärung eine Bindung des Erklärenden erzeugt.
- Als vierter Punkt lässt sich die Frage anfügen, wie die *Unwirksamkeit* der einen Erklärung sich auf die übrigen Erklärungen auswirkt.

Die Grundkonstellation, um die es geht, kann wie folgt umschrieben werden: Es soll durch Rechtsgeschäft eine Rechtswirkung hervorgerufen werden, die sich in der Rechtssphäre oder im Kreis berechtigter Interessen mehrerer Personen auswirkt. Weil das so ist, soll nach Wertung des Gesetzes das Geschäft nur wirksam sein können, wenn alle in dieser Weise betroffenen Personen mit der Rechtswirkung einverstanden sind.

Das klassische Rechtsgeschäft des Zivilrechts für einen solchen Zweck ist der Vertrag. Bei ihm wird die Rechtswirkung durch die Parteien *im Zusammenwirken miteinander* und unter *wechselseitiger rechtlicher Bindung* erzeugt. Die Bindung tritt für den Antragenden in der Regel schon mit Wirksamkeit des Vertragsantrags ein (§ 145 BGB), ein Widerruf ist nur möglich, wenn er spätestens gleichzeitig mit dem Antrag dem Adressaten zugeht (§ 130 Abs. 1 S. 2 BGB). Die Erklärungen der einzelnen Vertragsparteien sind zu *einem* Rechtsgeschäft verbunden; mit der Unwirksamkeit der Erklärung auf einer Vertragsseite ist das gesamte Geschäft hinfällig. Wichtig ist die Einsicht, dass der Vertrag nicht nur für diejenigen Fälle das primäre Instrument der Privatautonomie bildet, in denen für die Vertragsparteien jeweils unterschiedliche Rechtswirkungen angestrebt werden (wie bei den schuldrechtlichen Verpflichtungsgeschäften). Auch wenn das Geschäft auf ein und dieselbe Rechtsfolge ausgerichtet ist, bildet der Vertrag die „erstzuständige“ rechtsgeschäftliche Form. Als Beispiel können die Verfügungsverträge genannt werden: Durch die Abtretung (§ 398 BGB) wechselt die Inhaberschaft an der Forderung – das ist die gemeinsam gewollte und vertraglich herbeigeführte Rechtswirkung. Es wäre ein Missverständnis, würde man annehmen, Zedent und Zessionar erstrebten jeweils unterschiedliche Rechtsfolgen, der Zedent etwa nur den Verlust, der Zessionar nur den Erwerb des abgetretenen Rechts.

Im Gegenüber zum Vertrag zeigen sich die Besonderheiten der „parallel laufenden Erklärungen“, die sich näher besehen in mehrere Arten aufspalten. Das Familienrecht in seiner neuesten Entwicklung[7] eignet sich besonders, die hauptsächlichen Erscheinungsformen und ihre möglichen Spielarten aufzuweisen und zu beleuchten.

7 Gemeint ist unter den zahlreichen Gesetzen, die im Jahre 1998 in Kraft getreten sind, vor allem das „Kindschaftsrechtsreformgesetz – KindRG“ vom 16.12.1997 (BGBl. I S. 2942), in Kraft seit 1.7.1998; dazu die Amtliche Begründung des Regierungsentwurfs BT-Drucksache 13/4899.

II. Gleichgerichteter Wille als Voraussetzung einer gerichtlichen Rechtsgestaltung

Der erste Typ überschreitet den Bezirk reinen Privatrechts. Es geht um die Konstruktion, dass privatrechtliche Erklärungen nicht aus eigener Kraft, sondern nur mit Hilfe einer gerichtlichen Entscheidung die erstrebte Rechtswirkung hervorrufen können. Es gibt Rechtswirkungen, die einerseits den übereinstimmenden Willen der von ihnen betroffenen Personen voraussetzen, andererseits nach der Wertung des Gesetzes nicht völlig der privatautonomen Gestaltung überlassen sein, sondern erst nach einer präventiven staatlichen Kontrolle Geltung erlangen sollen.

Als Beispiel kann die Annahme als Kind (§§ 1741 ff. BGB) dienen. Seit dem Übergang zum sogenannten Dekretsystem verbietet sich die Deutung der Adoption als – gerichtlich genehmigter – Vertrag, der er bis 31.12.1976 nach deutschem Recht gewesen war.[8] Die Rechtswirkung der Adoption wird vielmehr durch einen Hoheitsakt, einen Gerichtsbeschluss erzeugt. Freilich bleibt die Zustimmung der von der Rechtswirkung der Adoption unmittelbar betroffenen Personen erforderlich. Die Einverständniserklärungen stellen sich aber nicht mehr als Vertragsschluss zwischen dem Annehmenden und dem Angenommenen und weiteren Einwilligungen hierzu dar, sondern als „parallel laufende" Erklärungen, die als Voraussetzungen des Adoptionsbeschlusses gebündelt und vom Gericht überprüft werden.

Die „Übereinstimmung" der Beteiligten manifestiert sich in einzelnen Erklärungen, die – außer der einheitlich erstrebten Rechtswirkung – offenbar keine Bindung aneinander aufweisen. Die Einverständniserklärung des Annehmenden ist in dem an das Gericht adressierten Adoptionsantrag (§ 1752 Abs. 1 BGB)[9] enthalten, der also zugleich verfahrensrechtliche und materiellrechtliche Erklärung bedeutet. Das Einverständnis des zu Adoptierenden manifestiert sich in seiner Einwilligung. Die weiteren Einwilligungen des Kindes, der Kindeseltern, des Ehegatten des Annehmenden treten als zusätzliche Voraussetzungen eines begründeten Adoptionsantrags hinzu.

Der Zusammenhang der einzelnen Erklärungen ergibt sich zunächst aus der einheitlich erstrebten Rechtswirkung, sodann aus der Amtsempfangsbedürftigkeit der Erklärungen (§ 1750 Abs. 1 S. 3 BGB; der Adoptionsantrag nach § 1752 BGB richtet sich eo ipso an das Gericht). Im Übrigen weisen die erforderlichen Einwilligungen zwar einen notwendigen Bezug zum Adoptionsantrag, dem zugestimmt werden soll, aber keinen Bezug untereinander auf: Sie laufen völlig separat nebeneinander her. Diese „Beziehungslosigkeit" ist im Fall der Adoption auch unschädlich, da die Erklärungen lediglich sachliche Voraussetzungen einer gerichtlichen Gestaltung sind. Es gibt eine amtliche Instanz, welche die erforderlichen Erklärungen entgegennimmt, prüft, in einem Verfahren bündelt und so den notwendigen Zusammenhang herstellt, ehe die Rechtswirkung erzeugt wird.

Schon weil die Einwilligungen sich nicht aufeinander beziehen, erzeugen sie keine *vertragliche* Bindung unter den Erklärenden. Auch eine sonstige Bindung an die jeweilige eigene Erklärung vor Wirksamwerden der Kindesannahme ergibt sich nicht zwangsläufig, wie ein Blick auf § 183 BGB zeigt. Freilich weicht das Adoptionsrecht vom Prinzip der Widerruflichkeit aus gutem Grund ab. Eine Bindung der Kindeseltern an ihre Einwilligung ist schon deshalb unabdingbar, da mit dieser bereits unmittelbare Rechtswirkungen verbunden sind (§ 1751 Abs. 1 BGB). Aufs Ganze gesehen differenziert das Gesetz: Der Annehmende kann seinen Antrag an das Gericht, in dem seine Einwilligung enthalten ist, bis zur Wirksamkeit der gerichtlichen Entscheidung

---

8 Die grundlegende Neuregelung erfolgte durch das Gesetz über die Annahme als Kind und zur Änderung anderer Vorschriften (AdoptG) vom 2.7.1976 (BGBl. I S. 1749).

9 *Münchener Kommentar/Lüderitz*, Bürgerliches Gesetzbuch, 3. Aufl., § 1752 Rn. 2. Die Deutung bei *Larenz/Wolf* stellt nur die „Einwilligungen", nicht aber den Antrag des Adoptierenden in Rechnung, a.a.O. § 23 Rn. 7.

zurücknehmen.[10] Auf der anderen Seite sind die Einwilligungen der Eltern des Kindes und des Ehegatten eines Elternteils von dem Augenblick an, da sie dem Gericht zugehen, unwiderruflich (§ 1750 Abs. 1 S. 3; Abs. 2 S. 2 BGB). Bei der Einwilligung des Kindes selbst wiederum macht das Gesetz einen Unterschied, je nachdem ob das Kind das vierzehnte Lebensjahr vollendet und daher die Einwilligung nur selbst erteilen kann (dann widerruflich) oder ob der gesetzliche Vertreter die Einwilligung erklärt hat (dann unwiderruflich).[11] Man kann die Vorschriften insgesamt so deuten, dass für die Einwilligungen an sich das Prinzip des § 183 BGB gilt, das aber weitgehend durch Sondervorschriften verdrängt wird.

Die heutige Konstruktion der Adoption verfolgt augenscheinlich zwei Hauptzwecke: Einmal soll die Annahme als Kind eine *präventive* staatliche Kontrolle im Interesse des Kindeswohls durchlaufen, andererseits wird die Statuswirkung der gerichtlich ausgesprochenen Adoption mit einer besonderen Stabilität ausgestattet, und zwar auch gegenüber Defiziten der Selbstbestimmung der Beteiligten: Probleme des vertraglichen Konsenses entstehen von vorn herein nicht, Willensmängel jeglicher Art stellen die Wirksamkeit des Adoptionsbeschlusses nicht in Frage, vielmehr rechtfertigen grobe Willensmängel nur die Aufhebung durch Gerichtsbeschluss (§ 1760 BGB) mit Wirkung ex nunc (§ 1764 Abs. 1 S. 1 BGB). Selbst das gänzliche Fehlen des Antrags oder einer erforderlichen Einwilligung des Kindes oder eines Elternteils führt nur zur Aufhebbarkeit (§ 1760 Abs. 1 BGB).[12]

Es lässt sich bezweifeln, ob es sich bei der Annahme als Kind nach heutigem Recht überhaupt um „ein Geschäft" im privatrechtlichen Sinne handelt, und nicht vielmehr um einen gerichtlichen Akt, der materiellrechtlich an das Vorliegen mehrerer völlig selbständiger privatrechtlicher Geschäfte gebunden ist. Die Geschichte des Adoptionsrecht und die Rechtsvergleichung zeigen allerdings, dass die gleichen oder ähnliche Ziele auch mit dem Vertragsmodell erreichbar sind, indem man die Geltungsbedingungen des Adoptionsvertrages entsprechend modifiziert.

Als weiteres Beispiel, in denen der übereinstimmende Wille der Beteiligten nur mit Hilfe einer Gerichtsentscheidung die gewünschte Rechtswirkung herbeizuführen vermag, kann die Sorgerechtsentscheidung aus Anlass der Ehescheidung nach bisherigem, d.h. bis 30.6.1998 gültigen Recht genannt werden. Wenn sich die Eltern einig waren, wer von ihnen nach der Scheidung das Sorgerecht über ein gemeinsames Kind ausüben sollte, so konnte diese Übereinstimmung der Willen den gewünschten Rechtszustand nur über eine gerichtliche Entscheidung erlangen, der Wille der Eltern wurde als relevantes Entscheidungskriterium im Vorfeld der Gerichtsentscheidung angesiedelt. Von dort aus entfaltete es aber bindende Wirkung für das Gericht: Von einem übereinstimmenden Vorschlag „sollte" das Gericht nur abweichen können, wenn dies zum Wohl des Kindes erforderlich war oder das 14 Jahre alt gewordene Kind seinerseits einen abweichenden Vorschlag machte (§ 1671 Abs. 3 BGB a.F.).[13] Die Bindung an den gleichgerichteten Elternwillen wurde in der Literatur im Hinblick auf das grundrechtlich verbürgte Elternrecht verstärkt: Das Gericht „durfte" nur abweichen, wenn das Kindeswohl es gebot. Aber es blieb dabei, dass nur der Richterspruch selbst die gewünschte Gestaltung (Innehabung des Sorgerechts durch Mutter, Vater oder beide Eltern[14]) herbeiführen konnte.

Die Übereinstimmung der Willen als sachliche Grundlage war nicht in Vertragsform gedacht oder verlangt, sondern als „übereinstimmender Vorschlag". Eine verbreitete Meinung ließ für diesen parallel laufende Erklärungen genügen, die keinerlei Bezug zueinander aufweisen

10 Angedeutet in § 1750 Abs. 4 BGB; dazu *Münchener Kommentar/Lüderitz* (Fn. 9), § 1752 Rn. 3.

11 Das ergibt sich aus §§ 1750 Abs. 1, Abs. 2 S. 2, 1746 Abs. 2 BGB.

12 Neben der Aufhebung ist für eine Nichtigkeit des Adoptionsbeschlusses grundsätzlich kein Raum, die Ausnahmen betreffen nicht unsere Problematik, siehe *Münchener Kommentar/Lüderitz* (Fn. 9), § 1759 Rn. 14 ff.

13 Das BGB wird in der ab 1.7.1998 geltenden Fassung ohne weiteren Zusatz zitiert, die davor geltende Fassung mit dem Zusatz „a.F.".

14 Diese Möglichkeit erst seit der Entscheidung des BVerfG vom 3.11.1982, BVerfGE 61, 358 = FamRZ 1982, 1179.

mussten; entscheidend sollte die gleiche Richtung des Willens, nicht der wechselseitige Bezug der Willensäußerung sein.[15] Es kam also nur darauf an, dass die Beteiligten *dasselbe wollten*, nicht mussten sie das Gewollte im Zusammenwirken oder auch nur im Zusammenhang miteinander herbeizuführen beabsichtigen. Das war deshalb vertretbar, weil der übereinstimmende Wille für sich gesehen die Rechtswirkung gar nicht erzeugte, sondern erst die folgende gerichtliche Entscheidung.

Offen blieben bis zuletzt einige gesetzlich ungeregelte Einzelfragen, insbesondere das Problem, ob die Ehegatten an die Zustimmung zu einem Sorgerechtsvorschlag schon vor der gerichtlichen Entscheidung gebunden waren oder sie einseitig widerrufen konnten. Während die ältere, noch aus der Zeit vor dem Verbundverfahren stammende Rechtsmeinung die Widerruflichkeit grundsätzlich verneinte,[16] überwogen zuletzt die bejahenden Stimmen, teils indem die freie Widerruflichkeit solcher Absprachen behauptet,[17] teils indem zumindest eine erleichterte Lösung über den Wegfall der Geschäftsgrundlage (was aber immerhin die Zuordnung als *ein* Rechtsgeschäft voraussetzen würde!) zugelassen wurde.[18]

Die Fragen sollen nicht näher verfolgt werden, da sich mit der Kindschaftsrechtsreform die Lage grundlegend gewandelt hat. Eine vergleichbare Konstellation kann nach neuem Recht dann entstehen, wenn die sorgeberechtigten Eltern sich bei Trennung einig sind, dass ein Elternteil die Alleinsorge erhalten soll (§ 1671 Abs. 2 Nr. 1 [jetzt: § 1671 Abs. 1 S. 2 Nr. 1] BGB) oder dass bei Alleinsorge der Mutter der Vater das alleinige Sorgerecht erhalten soll (§ 1672 [jetzt § 1671 Abs. 2] BGB). Für diese Fälle hat das neue Recht aber das Zustimmungsmodell gewählt (Antrag eines Elternteils an das Gericht mit Zustimmung des anderen) – ob der Gesetzgeber damit bewusst auf §§ 182 ff. BGB rekurrieren will, kann den Materialien nicht entnommen werden.

III. Gleichgerichteter Wille als Zustimmung zum Rechtsgeschäft eines anderen

Eine verbreitete Technik des BGB bündelt gleichläufige Willen als Voraussetzung einer Rechtswirkung in der Weise, dass primär das Rechtsgeschäft einer Person (oder mehrerer) verlangt wird, das aber nur mit Zustimmung einer anderen wirksam werden kann. Die Anwen-

---

15 *Münchener Kommentar/Hinz*, Bürgerliches Gesetzbuch, 3. Aufl., § 1671 Rn. 49; *Gernhuber/Coester-Waltjen*, Lehrbuch des Familienrechts, 4. Aufl. 1994, § 65 IV 1; *Soergel/Strätz*, Bürgerliches Gesetzbuch, 12. Aufl., § 1671 Rn. 16; *Staudinger/Coester*, BGB, 12. Aufl., § 1671 Rn. 134. Demgegenüber hatte ich die Wechselbezüglichkeit der Erklärungen (nicht aber einen Vertrag) angenommen, siehe Handbuch des Scheidungsrechts, 3. Aufl. 1995, III Rn. 63.

16 Siehe BGH FamRZ 1960, 397 = BGHZ 33,59; BayObLG, FamRZ 1967, 402, 403; OLG Stuttgart, FamRZ 1981, 704; OLG Düsseldorf, FamRZ 1983, 293, 294.

17 Außer der genannten Entscheidung des OLG Dresden: OLG Zweibrücken, FamRZ 1986, 1038; OLG Hamm FamRZ 1989, 654, 656 („aus nicht völlig unverständlichen Gründen").
OLG München FamRZ 1991, 1343, 1344; OLG Bamberg, FamRZ 1991, 590 (zumindest bei nachvollziehbaren Gründen); die gleiche Tendenz herrscht überwiegend in der Lit vor, siehe *Johannsen/Henrich/Jaeger*, Eherecht, 2. Aufl. 1992, § 1671 Rn. 58; *Staudinger/Coester* (Fn. 15), § 1671 Rn. 146, 147; *Münchener Kommentar/Hinz* (Fn. 15), § 1671 Rn. 53 ff.; *Schwab*, Handbuch des Scheidungsrechts (Fn. 15), III Rn. 65 ff.; *Soergel/Strätz* (Rn. 15), § 1671 Rn. 17; *Luthin*, FamRZ 1985, 638.

18 Diese Auffassung steht sozusagen zwischen den Polen, der Wegfall der Geschäftsgrundlage bot auch der traditionellen Auffassung als letztes Mittel, die einseitige Lösung von der grundsätzlich als verbindlich betrachteten Vereinbarung zu gestatten; die Frage ist dann nur, ob schon die einseitige Willensänderung eines Elternteils die Geschäftsgrundlage ins Wanken bringt oder ob mehr dazu gehört, siehe z.B. OLG Köln, FamRZ 1964, 524; OLG Karlsruhe, FamRZ 1965, 575; BayObLG, FamRZ 1966, 249; BayObLG, FamRZ 1967, 404. Der BGH hat die Frage der Bindungswirkung zuletzt offen gelassen und mit Bezug auf die Geschäftsgrundlage eine Mindestposition eingenommen, siehe BGH, FamRZ 1990, 393. Dass eine Bindung des Gerichts auch insoweit nicht besteht, als eine Abweichung vom Elternvorschlag durch das Kindeswohl geboten ist, bildet eine Selbstverständlichkeit, siehe BGH, FamRZ 1993, 314, 315).

dungsfälle sind zu zahlreich, als dass hier auch nur ein Überblick gegeben werden könnte. Schon die Behandlung dieser Technik im Allgemeinen Teil des BGB (§§ 182 ff.) spricht für ihre Verbreitung. Die notwendige Zustimmung zum Rechtsgeschäft eines anderen wird als gestaltendes Rechtsgeschäft begriffen,[19] welches das primär angesteuerte Geschäft „ergänzt“,[20] freilich als Rechtsbedingung seiner Wirksamkeit. Für diese Konstruktion gibt es mehrere Anwendungsfelder. Darunter interessiert hier die Fallgruppe, bei welcher ein Geschäft außer den Rechtskreis des Erklärenden auch die berechtigten Interessen Dritter betrifft[21]; der Zustimmungsvorbehalt soll das Eingreifen in den Rechtskreis des Dritten von dessen Willen abhängig machen.[22] Die Technik kommt zum Einsatz sowohl bei Verträgen, deren Wirkung über die Vertragsparteien hinaus greift, als auch bei einseitigen Geschäften.

Der Zusammenhang zwischen den Erklärungen wird dadurch hergestellt, dass ein Rechtsgeschäft als die Hauptsache gedacht wird, auf die sich dann die Zustimmung der weiteren Person(en) beziehen muss. Auch wird der Zusammenhang dadurch gestärkt, dass die Zustimmung als empfangsbedürftige Willenserklärung ausgestaltet ist (§ 182 Abs. 1 BGB) und somit dem Interesse der Geschäftspartner an Rechtsklarheit Rechnung getragen wird. Im Übrigen sind auch hier das zustimmungsbedürftige Rechtsgeschäft und die Zustimmung einander gegenüber völlig selbständig (vgl. nur die Regel des § 182 Abs. 2 BGB), das Gesetz lässt deutlich erkennen, dass es sich auch um jeweils selbständige Rechtgeschäfte[23] handelt, die eben einander auf der Wirkungsseite bedürfen: Das „Hauptgeschäft“ kann ohne die Zustimmung nicht wirksam werden, die Zustimmung ist ohne das „Hauptgeschäft“ gegenstandslos. Dem Prinzip der Selbständigkeit entspricht die schon erwähnte Regel des § 183 BGB, die einen Widerruf einer einmal erteilten Einwilligung bis zur Vornahme des konsentierten Geschäfts zulässt, soweit sich nicht eine anderes aus dem der Einwilligung zugrundliegenden Rechtsverhältnis ergibt.

Paradebeispiel aus dem Familienrecht bilden die Zustimmungserfordernisse des gesetzlichen Güterrechts nach §§ 1365, 1369 BGB. Da auf diesem Felde, sieht man von der aus dem Minderjährigenrecht her bekannten Ausgestaltung der schwebenden Unwirksamkeit ab, keine auffälligen Besonderheiten gelten, diene ein anderes Feld dem Aufweis der Probleme: die Anerkennung der Vaterschaft, die durch das Kindschaftsrechtsreformgesetz in wesentlichen Punkten reformiert wurde.

Nach bisherigem wie nach neuem Kindschaftsrecht kann eine ungeklärte Abstammungsfrage dadurch gelöst werden, dass ein Mann die Vaterschaft anerkennt. Es geschieht dies durch eine einseitige, nicht empfangsbedürftige Willenserklärung,[24] die der öffentlichen Beurkundung bedarf (§ 1597 Abs. 1 BGB). Zur Wirksamkeit der Anerkennung ist die Zustimmung des Kindes erforderlich (§ 1600c Abs. 1 a.F.), nach neuem Recht freilich nur, wenn der Mutter insoweit keine elterliche Sorge zusteht (§ 1595 Abs. 2 BGB).[25] Außerdem ist nach neuem Kindschaftsrecht

---

19 Siehe *Medicus* (Fn. 1), Rn. 1015; *Larenz/Wolf* (Fn. 2), § 51 Rn. 10.

20 *Larenz/Wolf* (Fn. 2), § 51 Rn. 10.

21 Bei *Medicus* (Fn. 1), Rn. 1010 „Mitzuständigkeit eines Dritten“ genannt.

22 Nicht in unseren Problemzusammenhang gehören die Fälle, in denen die Erklärung einer nicht selbst voll handlungsfähigen Person der Zustimmung des gesetzlichen Vertreters bedarf (§§ 107 ff., 1903 BGB). Die Konstruktion unterfällt zwar auch den §§ 182 ff. BGB, doch handelt es sich letztlich nicht um die Koordination mehrerer Willen, sondern um das Problem der hinreichenden Willensbildung und -äußerung *einer* Person. Der zustimmende gesetzliche Vertreter handelt in Ausübung seiner gesetzlichen Vertretungsmacht *für* den Vertretenen und gleicht einen bei diesem sonst gegebenen Willensmangel (beschränkte Geschäftsfähigkeit) aus, mag diese Ausübung rechtstechnisch auch nicht „in dessen Namen“ erfolgen, sondern *in Bezug* auf dessen Erklärung.

23 Siehe *Medicus* (Fn. 1), Rn. 1015.

24 So die zutreffende Interpretation des bisherigen Rechts bei *Münchener Kommentar/Mutschler*, Bürgerliches Gesetzbuch, 3. Aufl., § 1600 a Rn. 3.

25 Diese Entrechtung des Kindes steht in denkwürdigem Gegensatz zu den sonstigen Zielproklamationen des Gesetzes, kritisch *Gaul*, FamRZ 1997, 1441, 1449.

im Gegensatz zur früheren Rechtslage auch die Zustimmung der Mutter erforderlich (§ 1595 Abs. 1 BGB n.F.). Es ist mit den Händen zu greifen, dass sich – die Zustimmung des Kindes betreffend – die Interessenlage völlig anders darstellt, als bei den rechtsgeschäftlichen Beschränkungen des Güterrechts. Dort handelt ein Ehegatte eindeutig *in seinem Rechtskreis*, tangiert aber möglicherweise berechtigte Interessen des anderen. Hier greift der anerkennende Mann direkt in den familienrechtlichen Status des Kindes ein: Die Wirkungen der Anerkennung treffen das Kind nicht minder als den Anerkennenden selbst, sie stellen zwischen ihnen beiden ein Eltern-Kind-Verhältnis her. Daher hätte der Gesetzgeber den Vorgang der Anerkennung jedenfalls nach bisherigem Recht durchaus auch als Vertragsgeschehen installieren können; die Wahl der Konstruktion „Anerkennungserklärung mit Zustimmung" war so gesehen bloße Frage der Zweckmäßigkeit.[26] Die Mutter betreffend (nach neuem Recht) liegt die Konstruktion über die Zustimmungslösung näher: Zwar werden durch die Vaterschaftsanerkennung ihre Interessen stark berührt, insofern sie durch die Anerkennung mit dem Anerkennenden zur elterlichen Verantwortung verbunden wird, der eigene familienrechtliche Status der Mutter bleibt indes unangetastet.

Wie immer – die konstruktive Lösung mit Hilfe des Zustimmungsvorbehalts scheint den nötigen Zusammenhang der Erklärungen zu garantieren: Die Zustimmung bezieht sich ja auf eine – abgegebene oder erwartete – Anerkennungserklärung des Mannes als die Hauptsache. Dem trug das bisherige Recht dadurch Rechnung, dass es die Zustimmung des Kindes gemäß der Regel des § 182 Abs. 1 BGB als *empfangsbedürftige Willenserklärung* ausgestaltete, freilich mit Besonderheiten in der Person des Adressaten (§ 1600c Abs. 2 BGB a.F.: dem Anerkennenden oder dem Standesbeamten gegenüber).

Erstaunlicherweise findet sich im neuen Recht zu möglichen Adressaten der Zustimmungserklärungen keine ausdrückliche Aussage mehr. Daraus könnte man den Schluss ziehen, dass nunmehr uneingeschränkt die Regeln des Allgemeinen Teils des BGB gelten, wonach die Zustimmung stets eine empfangsbedürftige Willenserklärung ist; betrifft die Zustimmung ein einseitiges, nicht empfangsbedürftiges Geschäft, so ist tauglicher Adressat der Zustimmung allein derjenige, der das einseitige Geschäft tätigt,[27] in unserem Fall der anerkennende Mann. So scheint es aber nach neuem Recht nicht gemeint zu sein: § 1597 Abs. 1 wie § 1595 Abs. 3 BGB n.F. regeln die Modalitäten der Zustimmung im Zusammenhang mit der Anerkennungserklärung selbst; man hat daraus geschlossen, dass auch die Zustimmungen nun nicht mehr empfangsbedürftig seien.[28]

Nach dieser Rechtsmeinung ist die Koordination von konsensbedürftigem Rechtsgeschäft und Zustimmung stark gelockert. Immerhin war die Zustimmung nach bisheriger Rechtslage entweder dem Anerkennenden oder dem *zuständigen* Standesbeamten gegenüber zu erklären; die Wahrscheinlichkeit, dass die Betroffenen vom Eintritt der Statuswirkung keine alsbaldige Nachricht erhielten, war vergleichsweise gering. Nach neuem Recht ist indes ein „Auseinanderlaufen" der Erklärungen schon dadurch möglich, dass der anerkennende Vater und die zustimmende Mutter bzw. das zustimmende Kind zu verschiedenen Notaren gehen. Die „Koordination" der Erklärungen findet nun nur noch dadurch statt, dass beglaubigte Abschriften der Anerkennungserklärung und der Zustimmungen dem Vater, der Mutter und dem Kind sowie dem Standesbeamten zu übersenden sind (§ 1597 Abs. 2 BGB). Diese Übersendung ist aber keineswegs konstitutiv: Die Rechtswirkung tritt mit dem Vorliegen der nötigen Erklärungen ipso iure ein, die Übersendung bedeutet nur eine nachträgliche Information.

---

26 Da auch die Vertragskonstruktion nahelag, müssen die Kommentare zum bisherigen Recht betonen, dass es sich *nicht* um einen Vertrag zwischen Anerkennenden und Kind handelt, so *Münchener Kommentar/Mutschler* (Fn. 24), 1600 a Rn. 3.

27 Diese Auffassung läßt sich auch aus *Medicus* (Fn. 1), Rn. 1016 erschließen (Wahl des Adressaten nur, wenn an dem zustimmungsbedürftigen Geschäft mehrere Personen beteiligt sind).

28 *M. Greßmann*, Neues Kindschaftsrecht, 1998, Rn. 87, unter Verweis auf *Stenz*, StAZ 1996, 109 f.

Hier zeigt sich ein problematischer Aspekt der Konstruktion übereinstimmenden Willens mit Hilfe „parallel laufender" Erklärungen. Die Selbständigkeit der Erklärungen im Verhältnis untereinander und ihr „Zusammenwirken" zur Erzeugung einer übereinstimmend (aber nicht „gemeinsam") gewollten Rechtswirkung stehen in einem auffälligen Spannungsverhältnis zueinander. Wird der Zusammenhang der notwendigen Erklärungen zu sehr gelöst, so muss Rechtsunsicherheit die Folge sein, die in Fällen wie hier, wo es um den familienrechtlichen Status eines Kindes geht, als unerwünscht anzusehen ist. Man vergleiche nur die Annahme als Kind mit der Anerkennung der Vaterschaft, die beide eine ganz ähnliche Rechtwirkung, nämlich die Herstellung der rechtlichen Zuordnung des Kindes, auslösen. So sehr der Gesetzgeber bemüht ist, Klarheit und Rechtssicherheit bei der Adoption zu garantieren, so leichtfertig geht er mit diesen Werten bei der Vaterschaftsanerkennung um. Nach § 1594 Abs. 1 BGB können die Rechtswirkungen der Anerkennung grundsätzlich erst von dem Zeitpunkt des Wirksamwerdens der Anerkennung geltend gemacht werden; folglich besteht ein dringendes Bedürfnis nach klarer Feststellung dieses Zeitpunkts. Die Konstruktion parallel laufender, selbständiger und noch nicht einmal empfangsbedürftiger Willenserklärungen, deren komplettes Vorliegen von keiner amtlichen Stelle auch nur registriert zu werden braucht, um Geltung zu gewinnen, läuft dem Bedürfnis nach Rechtsklarheit direkt entgegen. Auch sonst können nach der gewählten Regelung Zweifel entstehen, ob und wann eine Anerkennung wirksam geworden ist, man denke nur an den Fall, dass ungeklärt erscheint, ob das Sorgerecht der Mutter den Bereich der Abstammung mit umfasst und damit ihre Zustimmung genügt (§ 1595 Abs. 2 BGB), oder ob bei einer betreuten Mutter die Zustimmung unter einen bestehenden Einwilligungsvorbehalt fällt (§ 1596 Abs. 3 BGB).

Die Problematik verschärft sich, wenn wir das Problem der Widerruflichkeit hinzunehmen. Nach bisherigem Recht wurden Anerkennungserklärung wie Zustimmung hierzu als grundsätzlich unwiderruflich angesehen, und zwar auch schon für die Zeit, bevor alle notwendigen Erklärungen vorlagen.[29] Als Abhilfe diente das Rechtsinstitut der Anfechtung der Anerkennung durch Klage gemäß §§ 1600 f bis m BGB (a.F.). Die Zustimmung zur Anfechtung betreffend stellt die Unwiderruflichkeit eine – offenbar aus dem Sinn der Vaterschaftsanerkennung hergeleitete – Ausnahme zum Prinzip des § 183 S. 1 BGB dar. Nach neuem Recht hingegen ist die Anerkennung selbst widerruflich, „wenn sie ein Jahr nach der Beurkundung noch nicht wirksam geworden ist" (§ 1597 Abs. 3 S. 1 BGB n.F.). Nun ist der Tag der Beurkundung des Anerkenntnisses leicht festzustellen, auch die Jahresfrist leicht zu berechnen, nur eben der Tag des Wirksamwerdens hängt davon ab, dass der Zeitpunkt, an dem die letzte nötige Zustimmungserklärung beurkundet wurde, den Beteiligten bekannt ist. Unterlässt der beurkundende Notar versehentlich die Übersendung der beglaubigten Abschriften nach § 1597 Abs. 2 BGB, dann mag es vorkommen, dass ein Anerkenntnis widerrufen wird, das möglicherweise nicht mehr widerruflich ist, und dass die Klärung erst incidenter im Rahmen eines späteren Prozesses erfolgt. Konsequenterweise müsste übrigens auch der Widerruf der Anerkennung als deren actus contrarius eine völlig selbständige, nicht empfangsbedürftige Erklärung sein, die ihre Wirkungen entfaltet, ehe irgend ein anderer von ihrer Existenz wissen kann.

IV. Gleichgerichtete Erklärungen ohne jeglichen Bezug aufeinander

Schließlich wählt das Gesetz auch die Konstruktion, dass zur Herbeiführung einer Rechtswirkung die gleichgerichteten Erklärungen mehrerer Personen erforderlich sind, ohne dass sich die eine als Zustimmung zur anderen darstellt und ohne dass auch sonst irgendein Bezug der

29 Zur Anerkennung: *Münchener Kommentar/Mutschler* (Fn. 24), § 1600 a Rn. 3. Zur Zustimmung: *Münchener Kommentar/Mutschler* (Fn. 24), § 1600 c Rn. 5 (Widerruf nur bis zum Zugang gem. § 130 Abs. 1 S. 2; auch dies entfällt nach neuem Recht, sofern die Zustimmungen nun zutreffend als nicht empfangbedürftige Erklärungen gedeutet werden).

Erklärungen zueinander vorausgesetzt wird. In diesen Fällen gibt es keine als primär gedachte Erklärung, die der auf sie bezogenen Zustimmung einer weiteren Person bedarf. Vielmehr sind beide (oder mehrere) Erklärungen auf derselben Ebene angesiedelt, sie laufen beziehungslos nebeneinander her.

Als Beispiel aus dem allgemeinen Zivilrecht ist vor allem die Konstellation des § 356 (jetzt § 351) BGB zu nennen: Sind bei einem Vertrag auf der einen oder der anderen Seite mehrere beteiligt, so kann das Rücktrittsrecht nur von allen und gegen alle ausgeübt werden (§ 356 S. 1 [jetzt § 351 S. 1] BGB). Gleiches nimmt man z.B. für die Kündigung eines Mietverhältnisses an, wenn auf der Vermieter- oder Mieterseite mehrere Personen stehen.[30]

Die genannte Vorschrift äußert sich nicht dazu, wie die Ausübung des Gestaltungsrechts „von allen" im Einzelnen geschehen kann. Klar ist, dass die Kündigung nicht von einem Mitmieter beschränkt auf seine Person erfolgen kann. Klar ist auch, dass die Kündigungserklärung eines Mitmieters allein die gewünschte Wirkung für alle nicht zu erzeugen vermag. Es bedarf einer Erklärung aller Mitmieter. Aber wie hängen diese Erklärungen zusammen? Der Kommentarliteratur ist zu entnehmen, dass die Erklärungen „nicht gleichzeitig" abgegeben werden müssen[31], aber auch „nicht gemeinsam".[32] Nach Auskunft der Literatur setzt die Vorschrift voraus, dass jedem Beteiligten ein selbständiges (Gestaltungs-)Recht zusteht, das mit den Rücktrittsrechten anderer an die gleichgerichtete Ausübung gebunden ist.[33]

Folgt man dieser Linie, so ist nicht verlangt, dass zwischen den Kündigungserklärungen der einzelnen Mieter ein irgendwie gearteter Zusammenhang besteht. Weder muss der eine Mieter von der gleichlaufenden Kündigungserklärung des anderen wissen, noch sich auf sie beziehen. Nehmen wir einen Fall: Ein eheähnlich zusammenlebendes Paar hat eine Wohnung zusammen gemietet und verfeindet sich; jeder fasst für sich den Entschluss zur Trennung. Ohne voneinander zu wissen, erklärt jeder von ihnen dem Vermieter die Kündigung. Die Kündigungen sind – ihre sonstigen Erfordernisse vorausgesetzt – wirksam, auch wenn sie sich nicht als Ausdruck eines „Zusammenwirkens" darstellen, auch wenn sie keinerlei Bezug aufeinander haben. Die Verknüpfung der Erklärungen erfolgt nur über die Wirkung: Keine Erklärung kann die erstrebte Rechtsfolge allein hervorrufen, es bedarf des Hinzutretens der Erklärung des jeweils anderen Vertragspartners. Auch muss der jeweilige Mitmieter nicht informiert werden: Empfangsbedürftig ist die Kündigung nur auf seiten des Vertragspartners.

Bei einer solchen Deutung wird zweifelhaft, ob wir sinnvoll von einem „Gesamtakt" sprechen können, ob es sich nicht vielmehr um *mehrere selbständige Rechtsgeschäfte* (und zwar einseitige) handelt, der Eigentümlichkeit es ist, dass sie nicht jeweils für sich allein, sondern erst in ihrer Addition die gewünschte Rechtswirkung hervorrufen können.

---

30 § 356 BGB wird überwiegend nicht auf die Kündigung allgemein, wohl aber auf die Kündigung eines Mietverhältnisses angewendet, siehe *Erman/Westermann*, BGB-Handkommentar, 9. Aufl., § 356 Rn. 4; *Münchener Kommentar/Janßen*, Bürgerliches Gesetzbuch, 3. Aufl., § 356 Rn. 7; *Münchener Kommentar/Voelskow*, § 564 Rn. 24; *Palandt/Heinrichs*, Bürgerliches Gesetzbuch, 57. Aufl., § 356 Rn. 2; BGH NJW 1972, 249; für Kündigung allgemein *Jauernig/Vollkommer*, Bürgerliches Gesetzbuch, 8. Aufl., § 356 Rn. 1. Hingegen hat der BGH den nur einem Verkäufer gegenüber erklärten *Verzicht* auf das Wandlungsrecht „bei Einheitlichkeit des Rechtsgeschäfts" auch den anderen Verkäufern gegenüber für wirksam gehalten (BGH NJW 1989, 2388); die Berufung auf § 356 BGB in diesem Zusammenhang begründet das Ergebnis freilich nicht.

31 *Münchener Kommentar/Janßen* (Fn. 30), § 356 Rn. 1; *Palandt/Heinrichs*, Bürgerliches Gesetzbuch, 57. Aufl., § 356 Rn. 1.

32 *Soergel/Hadding*, Bürgerliches Gesetzbuch, 12. Aufl., § 356 Rn. 2; wohl aber spricht *Erman/Westermann* (Fn. 30, § 356 Rn. 2) von „gemeinsamer Ausübung", es bleibt aber unklar, in welchem Sinne.

33 *Münchener Kommentar/Janßen* (Fn. 30), § 356 Rn. 2; *Staudinger/Kaduk*, BGB, 12. Aufl., § 356 Rn. 4, meint wohl dasselbe, spricht aber von „gemeinsamer" Ausübung; „Gemeinsamkeit" würde aber den wechselseitigen Bezug voraussetzen.

Hier schließen sich weitere Fragen an, von denen nur die wichtigste angedeutet werden soll: Kann eine der parallel laufenden Erklärungen widerrufen werden, solange die andere noch nicht wirksam geworden ist? In unserem Fall hieße das: Kann die Frau ihre Kündigungserklärung widerrufen, solange die Kündigungserklärung des Mannes dem Vermieter noch nicht zugegangen ist? Gegen die Widerruflichkeit spricht der Charakter der Kündigung als Gestaltungserklärung. Dem steht gegenüber, dass Einwilligungen bis zur Vornahme des konsentierten Geschäfts widerruflich sind (§ 183 S. 1 BGB), und zwar auch dann, wenn es sich bei diesem Geschäft um eine Gestaltungserklärung handelt. Doch gibt es m.E. keinen Grund für eine entsprechende Anwendung des § 183 S. 1 BGB: Die Einwilligung bezieht sich auf ein künftig zu tätigendes Geschäft eines anderen; bis dieses Geschäft abgeschlossen ist, soll sich der Dritte die gegebenen Zustimmung noch einmal überlegen können. Parallel laufende Erklärungen haben hingegen überhaupt keinen Bezug aufeinander.

Zu anderen Ergebnissen könnte man nur kommen, wenn man auch im Rahmen des § 356 (jetzt § 351) BGB ein gleichwie geartetes „Zusammenwirken" verlangt.[34] Aber was soll da verlangt werden? Eine Bezugnahme der zweiten Kündigungserklärung auf die erste (ausdrücklich oder konkludent)? Indes gibt es keine allgemeine Rechtsfigur „aufeinander Bezug nehmender Willenserklärungen".

Die Konstruktion parallel laufender Erklärungen wird im Familienrecht im Zuge der Gleichberechtigung der Geschlechter vermehrt zum Einsatz gebracht. Als Beispiel diene die von Ehegatten oder Eltern vorzunehmende Namensbestimmung. Ehegatten können einen gemeinsamen Ehenamen bestimmen, entweder durch Erklärung gegenüber dem Standesbeamten bei der Eheschließung oder aber später durch öffentlich beglaubigte Erklärung (§ 1355 Abs. 3 BGB). Obwohl das Gesetz von „Erklärung" im Singular spricht, sind selbstverständlich Erklärungen beider Ehegatten vonnöten. „Gemeinsamkeit" betrifft die Wirkung (gemeinsamer Ehename), nicht aber notwendig den Akt selbst. Wird der Ehename bei der Heirat bestimmt, so ergibt sich der Zusammenhang durch das Geschehen beim Standesamt. Nirgends steht aber, dass bei der späteren Bestimmung eines Ehenamens die Eheleute *gemeinsam* handeln müssen;[35] es genügen zwei inhaltlich übereinstimmende, isolierte Erklärungen, deren Zusammenhang immerhin dadurch gewahrt ist, dass sie *denselben* Adressaten haben müssen, nämlich den (zuständigen) Standesbeamten (§ 1355 Abs. 2 BGB). Keinesfalls handelt es sich um einen Vertrag zwischen den Ehegatten. Verpflichtungsverträge zwischen den Ehegatten, von dem Recht der Namensbestimmung künftig in einer bestimmten Weise Gebrauch zu machen, sind von der Namensbestimmung selbst strikt zu unterscheiden; inwieweit solche Verträge mit bindender Wirkung geschlossen werden können, erscheint derzeit ungeklärt.[36]

Gleiches gilt für die Bestimmung des Familiennamens des Kindes durch die sorgeberechtigten Eltern in den Fällen, in denen dieser Name nicht schon kraft Gesetzes feststeht. Nach § 1617 Abs. 1 S. 1 BGB bestimmen „die Eltern ... durch Erklärung gegenüber dem Standesbeamten" den Geburtsnamen des Kindes. Hier wird „Gemeinsamkeit" assoziiert, die aber das Gesetz nicht verlangt: Nötig ist kein Zusammenwirken, sondern die inhaltliche Übereinstimmung der Eltern.[37] Der nötige Zusammenhang der Erklärungen wird – außer durch den identischen Inhalt und die Wirkung – einzig durch die Identität des Adressaten hergestellt. Für eine Widerruflichkeit der jeweils ersten Erklärung bis zur Wirksamkeit der Namensbestimmung sprechen keine Gründe, § 183 BGB ist auch hier nicht anwendbar, für eine Analogie streiten keine Argumente.

---

34 Eine *gemeinsame* Erklärung wird verlangt, wenn das Rücktritts- oder Kündigungsrecht aufgrund der materiellrechtlichen Lage von vorneherein nur gemeinschaftlich zusteht, dazu *Staudinger/Kaduk* (Fn. 33), § 356 Rn. 5 (Erbengemeinschaft).

35 Anders *Diederichsen* NJW 1976, 1170; dem folgend *Münchener Kommentar/Wacke*, Bürgerliches Gesetzbuch, 3. Aufl., § 1355 Rn. 15.

36 Für die Privatautonomie auf diesem Gebiet z.B. *G. Langenfeld*, Handbuch der Eheverträge und Scheidungsvereinbarungen, 3. Aufl. 1996, Rn. 53.

37 Eindeutig diesem Sinne *Wagenitz/Bornhofen*, Familiennamensgesetz, 1994, § 1616 Rn. 51.

V. Die Sorgeerklärungen insbesondere

Die Kindschaftsrechtsreform hat der Konstruktion parallel laufender Erklärungen, die völlig isoliert nebeneinander stehen, aber nur zusammen die gewünschte Rechtswirkung erzeugen können, einen neuen, spektakulären Anwendungsbereich erschlossen. Gemeint sind die „Sorgeerklärungen". Eltern, die bei Geburt ihres Kindes nicht miteinander verheiratet sind, erlangen das gemeinsame Sorgerecht, indem sie erklären, „dass sie die Sorge gemeinsam übernehmen wollen" (§ 1626a Abs. 1 [jetzt Abs. 1 Nr. 1] BGB). Diese Erklärungen bedürfen der öffentlichen Beurkundung (§ 1626d Abs. 1 BGB); zuständig ist außer dem Notar auch das Jugendamt (§ 59 Abs. 1 S. 1 Nr. 8 SGB VIII).

Eindeutig handelt es sich bei diesen Sorgeerklärungen nicht um einen Vertrag. Zwar ist vorgeschrieben, dass die Elternteile ihre Erklärungen „nur selbst" abgeben können (§ 1626c Abs. 1 BGB n.F.), so dass Stellvertretung und Botenschaft ausscheiden. Hingegen ist gleichzeitige Anwesenheit bei der beurkundenden Stelle nicht vorgeschrieben. Vor allem aber müssen die Erklärungen nicht „gemeinsam" abgegeben werden, sondern nur „gleichlautend" sein.[38] Ihre Beurkundung muss auch nicht bei derselben Stelle erfolgen, es ist nicht ausgeschlossen, dass Vater und Mutter zu verschiedenen Notaren gehen und dass beide Erklärenden und die eingeschalteten Urkundspersonen jeweils nichts von der Erklärung der anderen Seite wissen. Und eindeutig sind die Sorgeerklärungen auch nicht empfangsbedürftig – die Form der öffentlichen Beurkundung macht die Urkundsperson nicht zum Adressaten der Erklärung. Zwar hat die beurkundende Stelle die Abgabe von Sorgeerklärungen und weiterer Zustimmungen (betrifft beschränkt geschäftsfähige Eltern) dem zuständigen Jugendamt mitzuteilen (§ 1626d Abs. 2 BGB), doch ist diese Mitteilung wiederum nicht konstitutiv, sondern dient nur den vom Jugendamt zu erteilenden Auskünften.

In Gestalt der Sorgeerklärungen ist dem Gesetzgeber der Typus parallel laufender Erklärungen gelungen, die – außer der übereinstimmend erstrebten Wirkung – keinerlei Zusammenhang mehr miteinander aufweisen müssen. Nichts bündelt die Erklärungen zu einem Sinnzusammenhang außer der Wirkung, die eintritt, sobald nur die Erklärungen von Vater und Mutter formrichtig und mit erlaubtem Inhalt vorliegen, mögen diese kooperativ gehandelt haben oder nicht. Die Wirkung aber ist einschneidend: Mit dem Vorliegen beider Erklärungen endet die elterliche Sorge der Mutter oder wird an ihrem Entstehen gehindert und wird das gemeinsame Sorgerecht begründet: Die Erklärungen gestalten ohne weiteres die Sorgerechtsverhältnisse um. Auffällig ist der Kontrast zur Eheschließung, die ja auch zum gemeinsamen Sorgerecht über die – jetzigen und künftigen – gemeinsamen Kinder führt: Hier strengste Verknüpfung der Ehewillenserklärungen, Erfordernis gleichzeitiger Anwesenheit vor dem Standesbeamten, dort eine vollständige Lösung der Erklärungen voneinander, die um so unverständlicher erscheint, als es um die künftige *gemeinsame* Wahrnehmung der elterlichen Sorgepflicht in der Zukunft geht.

Die gesetzliche Regelung der Sorgeerklärungen zeigt m.E. die Grenzen der Konstruktion parallel laufender, auf ein und dieselbe Rechtsfolge gerichteter Willenserklärungen auf. Löst man einen Zusammenhang im Erklärungsgeschehen völlig auf, so bezahlt man die möglicherweise höhere Bestandskraft der einzelnen Erklärung (siehe § 1626e BGB) mit beträchtlicher Rechtsunsicherheit. Diese wird im Falle der Sorgeerklärungen dadurch ins Unerträgliche gesteigert, dass das Gesetz auch keinen zeitlichen Zusammenhang zwischen den Einzelerklärungen vorsieht. Streng genommen ist es dem Rechtsverkehr unmöglich, zuverlässig zu erfahren, ob die Alleinsorge der Mutter als der gesetzliche Ausgangszustand (§ 1626a Abs. 2 [jetzt: Abs. 3] BGB) noch besteht oder die gemeinsame Sorge eingetreten ist, denn was gestern noch nicht war, kann heute schon sein. Da nützt auch nichts die schriftliche „Auskunft" durch das örtlich zuständige

38 So die Amtliche Begründung zum Regierungsentwurf BT-Drucksache 13/4899, S. 93.

Jugendamt,[39] die der Mutter das *Nichtvorliegen* von Sorgeerklärungen bescheinigt (§ 58a SGB VIII) – schon eine Woche später kann alles anders sein! Dass die völlige Trennung der Erklärungen von Mutter und Vater mit der Übernahme einer *gemeinsamen* Aufgabe der Kindererziehung in denkbar krassem Gegensatz steht, braucht nicht näher erläutert zu werden.

VI. Résumé

Außer dem Vertrag als dem klassischen Mittel, mit dem mehrere Personen ein- und dieselbe Rechtswirkung erzielen können, kennt die Privatrechtsordnung weitere Techniken, mit deren Hilfe mehrere Personen eine von ihnen gewünschte Rechtsfolge erzeugen können. Von besonderer Eigenart ist die Konstruktion mehrerer parallel laufender, selbständiger Erklärungen, die auf dieselbe Rechtswirkung ausgerichtet sind und diese nur zusammen erzielen können.

Das Grundproblem der parallel laufenden Erklärungen liegt in der Frage, ob sie – außer der Identität des Wirkungszieles – in einem Zusammenhang miteinander stehen (müssen) und gegebenenfalls in welchem. Anhand des Familienrechts lässt sich eine erhebliche Variationsbreite der Möglichkeiten aufweisen: Sie reicht von der „Bündelung" derartiger Erklärungen in einem gerichtlichen Verfahren über die Konstruktion der Zustimmung zum Rechtgeschäft eines anderen bis hin zum Modell völlig voneinander isolierter Erklärungen, die im Erklärungsgeschehen gar keinen Zusammenhang mehr miteinander erfordern. Die weitgehende oder völlige Lösung des Entstehungszusammenhangs muss rechtspolitisch um so mehr auf Bedenken stoßen, je grundlegender die erzielte Rechtswirkung für die betroffenen Personen und für den Rechtsverkehr sind. Als Beispiele können die Neuregelung des Vaterschaftsanerkenntnisses und die Ausgestaltung der Sorgeerklärungen durch das Kindschaftsrechtsreformgesetz dienen.

Es zeigt sich, dass die Wahl des rechtlichen Instrumentariums – Vertrag oder parallel laufende Erklärungen mit ihren Modifikationen – nicht zwingend durch die sachliche Problematik vorgegeben ist, sondern zunächst als Frage der Zweckmäßigkeit erscheint. Freilich ist zu bedenken, dass die Konstruktion der „parallel laufenden Erklärungen" dem Grundprinzip der Privatautonomie weniger entspricht als der Vertrag. Diese Konstruktion steht häufig im Zusammenhang mit dem Zweck, die Erklärungen gegenüber Defiziten im Bereich der Selbstbestimmung bestandsfest zu machen und ihre Geltung von den Problemen der vertraglichen Einigung und der Willensmängel abzulösen.

Im Rahmen der allgemeine Rechtsgeschäftlehre scheint es zweifelhaft, ob die beschriebenen Erscheinungsformen der „parallel laufenden Erklärungen" sinnvoll als „Gesamtakte" bezeichnet werden.[40] Wenn dieser Begriff ausdrücken soll, dass die Mehrheit der notwendigen Erklärungen zu *einem* Rechtsgeschäft zusammengefasst ist, vermag ich seinem Gebrauch nicht zuzustimmen. Es handelt sich in den oben besprochenen Fällen jeweils um mehrere eigenständige Rechtsgeschäfte, welche die Eigenart aufweisen, dass erst dann, wenn sie sämtlich vorliegen, die übereinstimmend erstrebte Rechtswirkung eintreten kann.

---

39 Das ist dasjenige, in der die Mutter ihren gewöhnlichen Aufenthalt hat, § 87 c Abs. 6 S. 1 i.V.m. Abs. 1 SGB VIII, nicht also unbedingt das Jugendamt, an das die Mitteilung nach § 1626 d Abs. 2 BGB gegangen ist! Das auskunfterteilende Jugendamt muss dann also bei dem anderen Jugendamt seinerseits Auskunft einholen, siehe § 87 c Abs. 6 S. 3 SGB VIII!

40 Siehe auch *Flume*, Allgemeiner Teil des Bürgerlichen Rechts, Zweiter Band: Das Rechtsgeschäft, 1965, S. 603: Der Begriffsbildung (scil. des Gesamtakts) kommt keine Bedeutung zu.

Veröffentlicht in: Volker Beuthin et al. (Hrsg.), Festschrift für Dieter Medicus, Zum 70. Geburtstag, Carl Heymanns Verlag KG, Köln/Berlin/Bonn/München 1999, S. 587–603.

Nachtrag: Die zitierten BGB-Vorschriften sind seit Abfassung des Beitrags im Text verändert, ohne dass dies für die behandelten Rechtsfragen von Bedeutung wäre. Auf die heute gültigen, inhaltlich übereinstimmenden Fassungen des BGB ist in eckigen Klammern hingewiesen. Sachlich verändert ist der zum Schluss zitierte § 58a SGBVIII, der die Einrichtung eines Sorgeregisters für gemeinsam sorgeberechtigte Eltern eines nichtehelichen Kindes vorsieht. Nun ist bestimmt, dass die Mutter auf Antrag eine „Bescheinigung" vom Jugendamt erhält, wenn das Sorgeregister keine Eintragungen enthält (Abs. 2). Auch bei dieser neuen Rechtslage bleiben aber die oben erörterten Fragen ungelöst. Das Gleiche gilt für die Änderung des in Fn. 39 zitierten § 87c Abs. 6 SGBVIII. Die Gesetzesänderungen beruhen auf dem Gesetz zur Reform der elterlichen Sorge nicht miteinander verheirateter Eltern vom 16. April 2013 (BGBl. I S. 785).

Metamorphosen der Verantwortung

I. Vom Gebrauch der „Verantwortung"

Verantwortung ist ein großes Wort. Im Bewusstsein seiner Verantwortung vor Gott und den Menschen hat sich das Deutsche Volk kraft seiner verfassungsgebenden Gewalt das Grundgesetz gegeben, wie es in dessen Präambel heißt. Für die Theologie bildet die Verantwortung einen zentralen Begriff für die Bestimmung des Verhältnisses des Menschen zu Gott, zu den Mitmenschen und zur Welt. In der Moralphilosophie begreift sich eine verbreitete Richtung als „Verantwortungsethik" und stellt die Verantwortung des Menschen für sein Tun und dessen Folgen in das Zentrum der Lehre von der Sittlichkeit. Gehobenes Pflichtbewusstsein greift gerne zu diesem Wort. Zweck des Tierschutzgesetzes ist es nach Auskunft seines ersten Paragraphen, aus der Verantwortung des Menschen für das Tier als Mitgeschöpf dessen Leben und Wohlbefinden zu schützen – was offenbar nicht ausschließt, dass derselbe Mensch einige Tierarten genüsslich verzehrt. Ähnlich erklärt § 1 des Bundesnaturschutzgesetzes, dass Natur und Landschaft „auch in Verantwortung für die künftigen Generationen" in bestimmter Weise zu schützen, pflegen, entwickeln und wiederherzustellen seien.

Im Gebrauch der Vokabel „Verantwortung" schwingt ein hoher Anspruch mit, er scheint für mein Sprachgefühl noch dichter an hehrer Aura als seine französischen oder englischen Geschwister „responsabilité" und „responsibility": Es geht um existenzielle, aus der Personalität des Menschen erwachsende Pflichtsituationen, zu denen er sich feierlich bekennt.

So verstanden bringt Verantwortung eine gewaltige Pflichtenlast, die „übernommen" und „getragen" sein will. Es wundert dann auf den ersten Blick, dass wir in dem uns umgebenden Sprachgebrauch geradezu einen Run auf die Verantwortung feststellen können. Keine Grundsatzrede ohne Verantwortung, die, meist flankiert von „Globalisierung" und „Herausforderung", die Einleitungen und Schlüsse verbaler Offenbarungen bevölkert. Alles scheint sich nach Verantwortung zu drängen. Ein Blick in die Suchmaschinen des Internet vermittelt eine Ahnung von der Dimension des Verantwortungsgebrauchs. Die Vokabel gibt den Namen für Websites ebenso her wie für Vereinigungen verschiedenster Art. Nicht nur die Politik, vor allem auch die Wirtschaft stürzt sich auf die Verantwortung: Von fast allen großen Wirtschaftsunternehmen, angefangen bei der Allianz Group über BASF, Daimler-Chrysler, die Bahn bis RWE und Carl Zeiss finden wir Texte, die von ihrer – oft „gesellschaftlichen" und nicht selten „hohen" – Verantwortung sprechen. Was trägt man zu Beginn des 21. Jahrhunderts? Verantwortung! Wie erklärt sich dieser Drang? Sind Politiker und Unternehmer wirklich brennend daran interessiert, ihre Pflichten zu verschärfen und für ihr Tun und Lassen in Haftung genommen zu werden?

Wenn wir vermuten, dass dem nicht so ist, dann muss mit dem Verantwortungsbegriff etwas verbunden sein, das seine Eignung für Festreden und Hochglanzbroschüren aller Art begründet. Man kann folgende Erklärung versuchen: Die Verantwortung muss *einerseits* in der Lage sein, den hohen Pflichtanspruch, den eine Organisation an sich stellt, feierlich zu formulieren (damit die Corporate Identity zu fördern und sich gleichzeitig nach außen überzeugend zu positionieren) – ohne aber *andererseits* das Risiko konkreter Haftung nach sich ziehen. Im Gegenteil: Das Bekenntnis zur Verantwortung soll eher immunisierend wirken: *Weil* wir zu unserer Verantwortung stehen, wäre es ganz absurd, uns irgendein „unverantwortliches" Verhalten anlasten zu wollen. Die an sich selbst gestellte Pflicht kehrt sich oft unmerklich in eine Abwehr nach außen um. So gesehen ist „Verantwortung“ standardmäßiger Teil von gesellschaftlichen Beschwörungsformeln, die das Ziel der Selbstvergewisserung mit dem der Unterdrückung von Zweifel und Kritik von außen verbinden.

Nicht selten kann man sogar beachten, dass sich die verkündete „Verantwortungsethik“ vom Element der Verpflichtung zur *Begründung von Rechten gegen Dritte* umkehrt. Das geschieht vielfach subkutan, zum Teil aber in ganz offener Weise. Wenn jemand erklärt, für diese oder jene Frage sei *er* verantwortlich, dann ist damit oft gemeint, andere hätten hier nichts zu sagen; „Verantwortung“ bezeichnet in diesem Fall also einen exklusiven Zuständigkeitsbereich. Insoweit schwingt im Bedeutungskreis des Wortes eine Vorstellung von Autonomie mit (Gott, dem Volk oder sonst einer übergeordneten Instanz gegenüber muss ich Rechenschaft ablegen, aber gerade *dir* gegenüber, der du mich an meiner Verantwortung packen willst, *nicht*!).

Verräterisch für den anspruchstellenden Gebrauch der Verantwortung sind Meldungen wie folgende: Das „ZDF will die alleinige Verantwortung bei 3sat“. Oder die CDU verlautbart „Wir wollen Verantwortung für Schleswig-Holstein übernehmen“. Was hier als Verantwortung reklamiert wird, ist letztlich die Macht, die sich als Pflichtenlage maskiert. Es gibt von der Vokabel „Verantwortung“ einen durchaus aggressiven Gebrauch – zur Begründung von Machtansprüchen, zur Abwehr von unerwünschten Einflüssen, zur Behauptung von Unanfechtbarkeit, ja gerade zur *Abwehr* eingeforderter Pflichterfüllung.

Diese heute vordringende Art, die „Verantwortung“ zu gebrauchen, steht neben anderen Bedeutungen, es gibt viele Sinnvarianten, auch in der Rechtssprache, über die sogleich zu reden sein wird. Doch droht der Verantwortung in Zeiten, da die Sprache hauptsächlich dem politischen und ökonomischen Marketing dient, ganz offenbar das Schicksal vieler positiv gefüllter Allgemeinbegriffe, die zu massenhaft und oft kleinteilig verwendeten Floskeln verkommen. Natürlich macht die Verantwortung auch vor dem Fußball nicht halt. Dass die Spitzen von Fußballverbänden höchste Verantwortung tragen, ist selbstverständlich und verbindet sie mit beliebigen anderen Vereinsfunktionären. Aber auch die einzelnen Spieler werden aufgefordert, mehr Verantwortung zu zeigen, und ein gewisser Spielmacher Rosicky soll sogar von der Verantwortung erdrückt worden sein.

II. „Verantwortung“ im Recht

Bevor wir die heutige Rechtssprache betrachten, scheint es nützlich, einen kurzen Blick in die Wort- und Bedeutungsgeschichte zu werfen, die uns ohnehin mit dem Rechtsbereich in Berührung bringt. Die Ausgangsbedeutungen sind – wie bei anderen Wörtern, deren Sinn im Laufe der Zeit zu hoher Abstraktion gediehen ist – sehr konkret. „Verantworten“ hängt mit „antworten“ zusammen und ist im gleichen Sinne gebraucht worden.[1] Vorausgesetzt ist gedanklich eine Frage, die Antwort erheischt. Im Rechtsleben ist es die Klage (welche sich in der alten Rechtssprache auch mit der „Frage“ berühren kann)[2], auf die der Beklagte eine Antwort geben muss, wenn er nicht verurteilt werden will. Von daher hauptsächlich scheint die Bedeutung von „verantworten“ oder „sich verantworten“ als sich rechtfertigen, sich verteidigen zu stammen. Wer sich verantworten muss, muss sein Tun erklären, rechtfertigende Gründe dafür herbeibringen und, wenn er das nicht kann, für sein Tun einstehen. Immer gibt es eine Person oder Instanz, der die Antwort geschuldet ist, man hat sich „gegen Gott“ oder „vor den Fürsten“ oder „bei Gericht“ zu verantworten.

---

1 Für das Folgende insbesondere: *Jacob und Wilhelm Grimm*, Deutsches Wörterbuch, Zwölfter Band I. Abteilung (Band 25), bearbeitet von *E. Wülcker, R. Meiszner, M. Leopold, C. Wesle*, Leipzig 1956 (Nachdruck Deutscher Taschenbuch Verlag, 1991), Sp. 79 ff.

2 *Grimm*, Deutsches Wörterbuch, Vierter Band Erste Abteilung Erste Hälfte (Band 4), bearbeitet von *J. Grimm, K. Weigand, R. Hildebrand*, Leipzig 1878, Sp. 48 f., „peinliche Frage“ etc.

Das Substantiv „Verantwortung“ (auch „Verantwortlichkeit“)[3] scheint eine spätere Bildung – etwa seit der zweiten Hälfte des 15. Jahrhunderts – zu sein und nimmt zunächst die beschriebenen Bedeutungen auf: Verantwortung ist die Rechtfertigung vor Gottes Richterstuhl, vor Gericht etc. Sie kann auch bedeuten: in die Lage kommen, sich vor Gericht verantworten zu müssen, „zur Verantwortung gezogen“ zu werden. Das *Grimm*'sche Wörterbuch[4] konstatiert denn auch „neben dieser konkreteren Bedeutung“ den abstrakteren Sinn „‚zustand der verantwortlichkeit‘, wo die handlung der verantwortung nur als möglichkeit besteht“, zieht hierfür aber hauptsächlich Zeugnisse aus der „neueren Sprache“ (*Schiller, Freytag, Heyse, Gutzkow*) heran. Die dafür gefundenen Zitate nähern sich bereits dem moralisch aufgeladenen Sprachgebrauch, wie er uns in der Präambel des Grundgesetzes entgegentritt, so wenn *Heyse* von dem „gefühl der hohen verantwortung“ spricht, „die fürsten auf ihren Schultern tragen“.

Die hergebrachte Bedeutung des Wortes lässt sich mithin so umschreiben: Verantwortung kennzeichnet die Lage einer Person, sich gegenüber einer Autorität oder gegenüber einer anderen Person für ihr Verhalten rechtfertigen (Antwort geben), und – wenn ihr das nicht gelingt – für ihr Verhalten einstehen muss. Das Einstehen-Müssen schlägt die Brücke zur Verantwortung als Zustand von Pflicht und Haftung. Wenn ich jemandem gegenüber für etwas verantwortlich bin, so habe ich ihm gegenüber Pflichten, für deren Nichterfüllung ich zur Rechenschaft gezogen werden kann. „Unverantwortlich“ handeln heißt in diesem Kontext einfach nur, dass für eine bestimmte Handlungsweise keine rechtfertigenden Gründe gefunden werden können. Die Verantwortung, verstanden als Pflichtensituation, kann sich auch zu einem Bewusstsein von der Verantwortung, zum Verantwortungsgefühl verinnerlichen.

Es ist zu greifen, dass heute die Ausgangsbedeutungen des Wortes „Verantwortung“ weit überschritten sind. Der Bezug zur Rechtfertigung eigenen Verhaltens, zu Pflicht und Haftung verdünnt sich nun umso mehr, je weiter die Autorität, der gegenüber man verantwortlich ist, verblasst. Abstrakta wie die Menschheit, die künftigen Generationen, die Umwelt et cetera eignen sich als Adressaten der Verantwortung besonders dann, wenn die Pflichtensituation, die mit der Verantwortung angesprochen sein könnte, möglichst sanktionslos bleiben soll: Derjenige, dem Antwort gegeben wird, ist nicht in Lage, den sich Verantwortenden auch tatsächlich zur Verantwortung zu ziehen.

Schließlich kann sich der Verantwortungsbegriff so verselbständigen, dass überhaupt niemand mehr da ist, der da fragen und eine Antwort entgegennehmen könnte. So können beliebige Verantwortungen „übernommen“ werden, ohne dass im Geringsten deutlich würde, vor wem das Verhalten des Verantwortungsträgers gerechtfertigt werden muss. Es ist dann viel die Rede von der Verantwortung *für* etwas (zum Beispiel für die Tierwelt oder für die deutsche Wissenschaft), aber nicht *vor* wem. Das heißt: Es bleibt völlig offen, wer denn befugt sein soll, die Antwort einzufordern.

Allenfalls kommt – und das macht den Kern der Ethik aus – die eigene Person in Betracht, doch das nützt anderen meist nichts. „Das mache ich auf meine Verantwortung“ kann bedeuten, dass der so Sprechende *niemandem* eine Antwort, d.h. die Rechtfertigung seines Tuns schuldig sein will, außer allenfalls seinem eigenen Gewissen, einer für betroffene Dritte ziemlich unzuverlässigen Instanz. In diesen Zusammenhang gehört der Begriff der Eigen- und Selbstverantwortung, dessen Gebrauch in der Rechtsprache uns noch beschäftigen soll. Seine Funktion kann sein, die Verantwortung anderer auszuschließen, aber auch: die Notwendigkeit einer Rechtfertigung anderen gegenüber zu bestreiten; insofern ist das Gegenteil von dem gemeint, was der Verantwortung ursprünglich innewohnt.

---

3 *Grimm*, Bd. 12 Abt. 1 (Bd. 25), Sp. 81.
4 *Grimm*, Bd. 12 Abt. 1 (Bd. 25), Sp. 82.

III. Varianten in der Gesetzessprache

Nach dem Gesagten verwundert nicht, dass die *Sprache der heute geltenden Gesetze* den Terminus „Verantwortung" in recht unterschiedlichen Bedeutungsvarianten benutzt. Von einem festen Rechtsbegriff der Verantwortung sind wir weit entfernt.

Am klarsten ist der Sinngehalt, wenn die Rechtswörter „verantwortlich", „Verantwortlichkeit" und „Verantwortung" im geschilderten traditionellen Sinne der alten Gerichtssprache verwendet werden: Verantwortung trifft denjenigen, der vor Gericht oder vor einer anderen Autorität für sein Verhalten Rechenschaft ablegen muss. So steht der Begriff „Verantwortlichkeit" für die Fähigkeit, wegen einer Straftat oder Ordnungswidrigkeit belangt werden zu können.[5] §§ 827 und 828 BGB regeln die Frage, unter welchen Voraussetzungen eine Person für eine schädigende Handlung „nicht verantwortlich" ist, d.h. nicht (oder nur begrenzt) einem anderen zum Schadensersatz verpflichtet sein kann; auch in hier verwendet das Gesetz die substantivische Form „Verantwortlichkeit".[6] Doch ist zwischen „Verantwortlichkeit" und „Verantwortung" in diesem Zusammenhange kein grundsätzlicher Unterschied auszumachen. Wenn u.a. Mitglieder des Bundestages zu keiner Zeit wegen ihrer Abstimmung oder wegen einer Äußerung, die sie in der Körperschaft oder einem ihrer Ausschüsse getan haben, „zur Verantwortung gezogen" werden dürfen,[7] dann sind sie damit davon freigestellt, vor Gericht oder einem anderen Staatsorgan für dieses Verhalten persönlich einstehen zu müssen.[8] Und in einem ganz verwandten Sinne bleiben wahrheitsgetreue Berichte über öffentliche Sitzungen des Bundestages und seiner Ausschüsse „von jeder Verantwortlichkeit frei". Und wenn dem Schwurpflichtigen bei der eidesgleichen Bekräftigung vorgesprochen wird „Sie bekräftigen im Bewusstsein Ihrer Verantwortung vor Gericht", so wird ihm das Einstehen-Müssen für seine Aussagen gegenüber den Justizorganen vor Augen gestellt.

Wie im allgemeinen Sprachgebrauch so spielt auch in der Gesetzessprache das Einstehen-Müssen für eine Tätigkeit oder einen Bereich in die Beschreibung eines Pflichtenkreises hinüber. „Verantwortlich sein" kann dann die Belastung mit Fürsorgepflichten bedeuten, für deren Erfüllung man zur Rechenschaft gezogen werden kann. Signifikantes Beispiel hierfür ist die elterliche Verantwortung. Bei diesem Begriff ist eine gewisse Vorsicht am Platze, weil er nicht im BGB verwendet wird, wohl aber in anderen Gesetzen, meist in Bezug auf internationale Verträge als Übersetzung der dort verwendeten Termini „parental responsibility"/„responsabilité parental". Die „elterliche Verantwortung" kann im Einzelfall das elterliche Sorgerecht (-pflicht) meinen, steht oft aber für die umfassende Pflichtenlage, in der sich Eltern gegenüber ihren minderjährigen Kindern befinden.[9] So oder so umschreibt die elterliche Verantwortung eine Pflichtsituation von Eltern gegenüber ihren minderjährigen Kindern. Der Begriff bleibt im Rahmen der traditionellen Rechtssprache: Mit ihm ist nicht bloß eine privatisierte Verantwortung unter Individuen gemeint, vielmehr ist mit elterlicher Verantwortung zugleich das Einstehen-Müssen gegenüber dem Kind wie auch gegenüber dem das Kindeswohl bewachenden Staat gemeint: Der Staat als Wächter des Kindeswohls zieht die Eltern, die ihren Pflichten nicht nachkommen und es dadurch gefährden, zur Verantwortung. Insoweit trifft § 1627 S. 1 BGB, wonach die Eltern das Sorgerecht „in eigener Verantwortung" ausüben, nicht die volle Verantwortungslage.

---

5 § 3 JGG; § 12 OwiG. Das StGB hingegen verwendet den Begriff „verantwortlich", „Verantwortlichkeit" in gleichem Zusammenhange nicht (§§ 19–21 StGB).

6 Auch in den von der Schuldrechtsmodernisierung eingefügten amtliche Überschriften.

7 § 36 StGB.

8 Die Strafrechtsdogmatik deutet die Aussage des § 36 StGB als persönlichen Strafausschließungsgrund.

9 Das Europäische Abkommen über die Ausübung von Kinderrechten von 1996, Art. 1 Abs. 3 (BGBl. 2001 II S. 1075, 1076) nennt als Elemente der „Elterlichen Verantwortung" Aufenthaltsbestimmung und Umgang (residence and access to children). Umfassend auch die Definition der Verordnung des Rates vom 27.11.2003 (L 338/1), Art. 2 Nr. 7: „the term ‚parental responsibility' shall mean all rights and duties to the person or the property of a child which are given to a natural or legal person by judgement, by operation of law or by an agreement having legal effect. This term shall include rights of custody and rights of access."

Demgegenüber scheint die Verantwortung, die nach jüngeren Gesetzen Ehegatten[10] und eingetragene Lebenspartner füreinander tragen,[11] eher auf einer bloß individuellen Ebene zu bestehen. Diese wird indes auch hier überschritten: Wenngleich die gegenseitige Verantwortung im höchstpersönlichen Bereich nicht mit den Mitteln des Zwanges eingefordert wird, weil sittliche Autonomie der beteiligten Personen nicht unangemessen eingeschränkt werden soll, so ist sie doch justiziabel, sobald der engste Kreis freier sittlicher Entscheidung überschritten ist. Die gegenseitige Verantwortung äußert sich beispielsweise in einklagbaren gesetzlichen Unterhaltspflichten, in strafrechtlicher Garantenstellung füreinander, in Pflichten zu fairem Vermögensausgleich, zum gegenseitigen Beistand und zur gegenseitigen Rücksichtnahme, deren Verletzung nachteilige Rechtswirkungen nach sich ziehen kann.

Mit der „Verantwortung" als Pflichtbereich hängt zusammen, dass die Vokabel auch einen Bereich der Haftung oder der Zurechnung bezeichnen kann, so etwa wenn § 676e BGB (a.F., s. jetzt § 676a Abs. 1) vom „Verantwortungsbereich eines zwischengeschalteten Kreditinstituts" spricht und daran eine Schadensersatzhaftung knüpft, oder wenn nach § 12 EGGVG „die Verantwortung für die Zulässigkeit der Übermittlung … die übermittelnde Stelle" trägt. Im verwandten Sinne ist auch von der presserechtlichen Verantwortung die Rede, gleichfalls davon, dass bei der Anmeldung einer öffentlichen Versammlung anzugeben ist, „welche Person für die Leitung der Versammlung oder des Aufzuges verantwortlich sein soll".[12] „Verantwortlich" ist derjenige, an den sich Behörden oder Gerichte notfalls halten können.

Von der Verantwortung als Pflicht- und Haftungsbereich aus kann der Begriff zu schlichteren Bedeutungen herabsteigen und sich z.B. zur bloßen Zuständigkeitsbestimmung verdünnen. Auf dem Wege dorthin ist die Aussage des Art. 65 GG, wonach der Bundeskanzler die Richtlinien der Politik bestimmt und dafür die Verantwortung trägt, während innerhalb dieser Richtlinien jeder Bundesminister seinen Geschäftsbereich selbständig und unter eigener Verantwortung leitet. Hier steht die Kompetenzverteilung im Vordergrund des Regelungszwecks. Es wird deutlich, dass die „Verantwortung" auch als Rechtstitel benutzt werden kann: „Dafür bin ich verantwortlich" heißt dann nicht (nur): „Ich möchte dafür einstehen", sondern „In diesem Bereich hat ein anderer nichts zu sagen".

Damit befinden wir uns am Übergang zur mehrdeutigen Floskel „eigene Verantwortung". Sie kann bedeuten, dass eine Person für ihre Tätigkeit niemand anderen oder keine bestimmte andere Person zur Rechenschaft ziehen will oder kann, etwa wenn der Anwaltsvertreter „in eigener Verantwortung" tätig wird.[13] In diesem Zusammenhang kann das „Handeln auf eigene Verantwortung" sich mit dem „Handeln auf eigene Gefahr" berühren. Andererseits kann mit der „eigenen Verantwortung" – wie gezeigt – eine Zuständigkeit reklamiert werden: In diesem Sinne „leitet" der haushaltführende Ehegatte gemäß § 1356 Abs. 1 S. 2 BGB den Haushalt „in eigener Verantwortung", d.h. der andere hat ihm nicht dreinzureden.[14] Die Verantwortung kann sich bis auf die Pflicht zur Kostentragung minimieren. Wenn dem Hilfsbeamten des Gerichtsvollzieherdienstes gesagt wird, er trage für die Höhe seiner Aufwendungen zur Einrichtung eines Geschäftszimmers selbst die Verantwortung, dann ist schlicht gemeint, dass er sie selbst und ohne Möglichkeit des Regresses bezahlen muss.[15]

10 § 1353 Abs. 1 S. 2 BGB in der Fassung des Eheschließungsrechtsgesetzes vom 4. Mai 1998 (BGBl. I S. 833), dazu *Th. Wagenitz*, Wider die Verantwortungslosigkeit im Eherecht, in: Festschrift für Walter Rolland zum 70. Geburtstag, Köln 1999, S. 379 ff.

11 § 1353 Abs. 1 S. 2 Halbsatz 2; § 2 S. 2 LPartG.

12 § 14 Abs. 2 Versammlungsgesetz.

13 § 53 Abs. 9 S. 1 BRAO.

14 *A. Wacke*, in: Münchener Kommentar zum BGB, 4. Aufl., Bd. 7, München 2000, § 1356 Rn. 9.

15 § 113 Abs. 1 S. 2 GVO erläutert dies wie folgt: „Er kann daher mit diesen Aufwendungen weder einen Anspruch auf dauernde Verwendung im Gerichtsvollzieherdienst noch auf Schadloshaltung aus Unterstützungsmitteln begründen."

In jüngeren Gesetzestexten finden wir schließlich auch die Verantwortung in dem allgemeinen, aus der Verantwortungsethik stammenden Sinn: Die Eltern berücksichtigen bei Pflege und Erziehung des Kindes dessen wachsendes Bedürfnis „zu selbständigem verantwortungsbewusstem Handeln" (§ 1626 Abs. 2 S. 1 BGB). Der Vollzug der Jugendstrafe soll den Verurteilten dazu erziehen, „künftig einen rechtschaffenen und verantwortungsbewussten Lebenswandel zu führen",[16] wie der Strafvollzug überhaupt dazu befähigen soll, „künftig in sozialer Verantwortung ein Leben ohne Straftaten zu führen".[17] Würde ein Leben ohne Straftaten nicht genügen?

IV. Neue Verwendungen

Unsere Umschau ergibt, dass der Terminus „Verantwortung" im Recht weit überwiegend geschichtlich gewachsene, verhältnismäßig konkrete Bedeutungen aufweist. Es geht um das Einstehen-Müssen einer Person für ihr Verhalten oder ihren Einflussbereich, und zwar gegenüber einem Gericht oder einer sonstigen Autorität, hergeleitet aus diesem Gedanken dann auch um die Beschreibung einer Pflichtenlage, ferner um die Zurechnung von Pflichtwidrigkeiten, und schließlich – auf der untersten Stufe des Wortgebrauchs – um die Bezeichnung von Kompetenz- und Zuständigkeitsbereichen. In „pädagogischen" Zusammenhängen hat die Verantwortung im allgemeinen ethischen Sinn vereinzelt in die Gesetzessprache Einzug gehalten.

Sehr viel häufiger finden wir die Verantwortung im zuletzt genannten Sinne allerdings in der einschlägigen Rechtsprechung[18] und Rechtsliteratur. Damit hängt der letzte Aspekt zusammen, der in diesem Beitrag zur Sprache kommen soll.

Seit einiger Zeit hat ein Begriff von Verantwortung in die Rechtssprache Einzug gehalten, der ihre Ausgangsbedeutung auf den Kopf stellt. Diese Spielart der Verantwortung hat mit Einstehen-Müssen nichts mehr zu tun, sie dient auch nicht der Beschreibung einer Pflichtenlage, sondern dem Zweck, mit Hilfe eines assoziativen Wortgebrauchs unerwünschte Rechtswirkungen abzuwehren und erwünschte zu begründen.

An dieser Sprachfindung ist auch das Bundesverfassungsgericht beteiligt. In seiner berühmten Entscheidung vom 17.11.1992[19] hat das BVerfG die Regelung des § 137 Abs. 2a des früheren Arbeitsförderungsgesetzes bei verfassungskonformer Auslegung mit dem GG für vereinbar erklärt. Danach waren bei der Bedürftigkeitsprüfung Einkommen und Vermögen einer Person, die mit dem Arbeitslosen in eheähnlicher Gemeinschaft lebt, ebenso wie Einkommen und Vermögen eines Ehegatten zu berücksichtigen. Bei dieser Gelegenheit hat das Gericht „die eheähnliche Gemeinschaft" zu definieren versucht und sie im Leitsatz als „Verantwortungs- und Einstehensgemeinschaft" beschrieben:[20] Gemeint ist eine Lebensgemeinschaft zwischen einem Mann und einer Frau, die auf Dauer angelegt ist, daneben keine weitere Lebensgemeinschaft gleicher Art zulässt und sich durch innere Bindungen auszeichnet, die ein gegenseitiges Einstehen der Partner füreinander begründen, also über die Beziehungen in einer reinen Haushalts- und Wirtschaftsgemeinschaft hinausgehen.

Die gezogene Schlussfolgerung wäre logisch, wenn Ehegatten und „eheähnlich" Zusammenlebende gegenseitig zu den gleichen Solidarpflichten verbunden wären. Das ist aber nach dama-

16 § 91 Jugendgerichtsgesetz (frühere Fassung, aufgehoben durch Gesetz vom 29.7.2009, BGBl. I 2274).

17 § 2 S. 1 des Gesetzes über den Vollzug der Freiheitsstrafe und der freiheitsentziehenden Maßregeln der Besserung und Sicherung (Strafvollzugsgesetz).

18 Die FamRZ-Datenbank weist 720 Gerichtsdokumente auf, in denen das Wort „Verantwortung" verwendet ist.

19 FamRZ 1993, 164 ff.

20 „Eine eheähnliche Gemeinschaft im Sinne des § 137 Abs. 2a AFG liegt bei verfassungskonformer Auslegung der Vorschrift nur vor, wenn zwischen den Partnern so enge Bindungen bestehen, dass von ihnen ein gegenseitiges Einstehen in den Not- und Wechselfällen des Lebens erwartet werden kann (Verantwortungs- und Einstehensgemeinschaft)".

ligem wie heutigem deutschem Recht nicht der Fall. Frau und Mann, die ehelos zusammenleben, und wenn auch noch so innig und dem idealsten Ehepaar ähnlich, stehen sich – die rechtliche Pflichtenlage betreffend – gegenüber wie beliebige einander fremde Personen. Es gibt keine gesetzlichen Unterhaltsansprüche, keinen gesetzlichen Vermögensausgleich, gehaftet wird nach allgemeinem Delikts- und Bereicherungsrecht, und der Annahme stillschweigender Verträge legt die Rechtsprechung zudem unnötige Steine in den Weg.[21] Rudimentäre Solidarwirkungen des neuesten Rechts – so des Gewaltschutzgesetzes für diejenigen, die in einem „auf Dauer angelegten gemeinsamen Haushalt" leben oder gelebt haben[22] – sind zu situativ, als dass wir von einer Verantwortungsgemeinschaft reden könnten.[23] Die „eheähnliche Gemeinschaft" ist zivilrechtlich gesehen – mag sie auch sozialrechtlich eingefangen und als „Bedarfsgemeinschaft" in weitere begriffliche Schubladen verfrachtet werden[24] – die freie, rechtlich nicht verfasste Paarbeziehung, von der gegenseitigen Übernahme von Verantwortung in einem rechtlich relevanten Sinne kann nicht die Rede sein.

Das BVerfG verlagert denn auch die eheähnliche Solidarität auf die Gefühlsebene: „Nur wenn sich die Partner einer Gemeinschaft so sehr füreinander verantwortlich fühlen, dass sie zunächst den gemeinsamen Lebensunterhalt sicherstellen, bevor sie ihr persönliches Einkommen zur Befriedigung eigener Bedürfnisse verwenden, ist ihre Lage mit derjenigen nicht dauernd getrennt lebender Ehegatten im Hinblick auf die verschärfte Bedürftigkeit vergleichbar." Aber auch dieses Gefühl, dessen objektive Betätigung wohl kaum verlässlich nachzuprüfen ist, bringt kein Einstehen-Müssen füreinander zustande, kein Partner kann auf die beschriebene Einkommensverwendung klagen. Eigentlich handelt es sich nur um eine Beschreibung des *jetzigen oder früheren tatsächlichen Verhaltens*, dessen Fortdauer unterstellt wird. Der springende Punkt aber ist, dass *aus der beschriebenen Faktizität mittels des Verantwortungsbegriffs normative Wirkungen hergeleitet werden.*

Den vorläufigen Höhepunkt hat ein solcher Gebrauch der Verantwortung durch das „Gesetz zur Änderung der Vorschriften über die Anfechtung der Vaterschaft und das Umgangsrecht von Bezugspersonen des Kindes, zur Registrierung von Vorsorgeverfügungen und zur Einführung von Vordrucken für die Vergütung von Berufsbetreuern" vom 23. April 2004[25] erfahren. Die Begriffswelt dieses Gesetzes verdanken wir einmal mehr dem Bundesverfassungsgericht, dem freilich nicht alle Auswüchse des Gesetzgebers zuzurechnen sind.

Bekanntlich ging es in der Entscheidung des BVerfG vom 9. April 2003[26] um die Rechtsposition des „leiblichen, aber nicht rechtlichen Vaters". Im Ergebnis wurden dessen Rechte zu Lasten der bestehenden „rechtlichen" Familie entscheidend gestärkt: *Zum einen* wurde dem leiblichen Vater die Befugnis der Anfechtung einer anderweitig bestehenden rechtlichen Vaterschaft eingeräumt, allerdings mit der Einschränkung, dass dem „der Schutz einer familiären Beziehung zwischen dem Kind und seinen rechtlichen Eltern nicht entgegenstehen" darf. *Zum anderen* wurde dem „biologischen Vater" ein Umgangsrecht mit dem Kind eingeräumt, „wenn zwischen ihm und dem Kind eine sozial-familiäre Beziehung besteht" und der Umgang dem Wohl des Kindes dient. Dieses Umgangsrecht soll auch dann bestehen, wenn der Erwerb der rechtlichen Vaterschaft nicht in Betracht kommt oder gar nicht erst angestrebt wird.

Die „Verantwortung" kommt in den Begründungen zu beiden Positionen des Gerichts ins Spiel.

---

21 Siehe nur den Fall BGH FamRZ 1997, 1553.

22 § 2 des Gewaltschutzgesetzes vom 11. Dezember 2001 (BGBl I S. 3513).

23 Wie die nichteheliche Lebensgemeinschaft vom Gesetzgeber gleichsam umkreist, aber nicht spezifisch getroffen wird, habe ich in meinem Beitrag „Ehe und ehelose Zusammenleben heute – eine Reflexion" beschrieben (in: Festschrift für Rechtsanwältin Dr. Ingrid Groß, Bonn 2004, S. 215 ff.).

24 § 7 Abs. 3 SGBII.

25 BGBl. I S. 598. Schon der Gesetzestitel verdient, für die deutsche Rechtsgeschichte als Monument des Geistes der Gesetzgebung in Erinnerung gehalten zu werden.

26 FamRZ 2003, 816.

- Beim *Anfechtungsrecht* des „leiblichen Vaters" spielt sie eine Rolle, wenn es um die Beschränkung dieser Befugnis geht. Die Lage des Scheinvaters, der mit dem Kind „sozial und personal verbunden" ist, wird mit dem Begriff „sozial-familiäre Verantwortungsgemeinschaft" umschrieben, die gleichfalls vom Schutz des Art. 6 Abs. 2 GG erfasst sein soll. Das BVerfG sieht also in den einschlägigen Fällen eine Konkurrenz zwischen zwei durch das verfassungsrechtliche Elternrecht geschützten Positionen (hier Abstammung, dort sozial-familiäre Verantwortungsgemeinschaft), die vom Gesetzgeber gegeneinander abgewogen werden müssen. Die Verwendung des Begriffs „Verantwortungsgemeinschaft" war in diesem Zusammenhang weder nötig noch ist sie einer Erkenntnis förderlich. Es geht darum, ob zwischen dem Vater und dem Kind ein faktisches (soziales) Eltern-Kind-Verhältnis entstanden ist. Die „Verantwortungsgemeinschaft" suggeriert eine Gegenseitigkeit, die auf Seiten des minderjährigen Kindes ganz unsinnig wäre, denn dieses ist für seine Eltern (oder diejenigen, die als solche gelten) in keinem Sinne verantwortlich. Immerhin ist der Gebrauch des Verantwortungsbegriffs in diesem Zusammenhang auch nicht besonders schädlich. Mit ihm soll zwar ein faktischer Zustand mit dem Ziel seiner rechtlichen Immunisierung gekennzeichnet werden – insoweit besteht eine Ähnlichkeit mit der Argumentationsweise bei der „eheähnlichen Gemeinschaft". Doch ist die Verantwortung des Scheinvaters kein bloßer faktischer Zustand: Sie besteht, solange sie nicht wirksam angefochten ist, als *rechtliche Elternverantwortung* mit allen Konsequenzen. Wenn die Anfechtung der Vaterschaft unterbleibt oder an der „sozial-familiären Verantwortungsgemeinschaft" scheitert, bleibt der Scheinvater der rechtliche Vater mit voller Elternverantwortung. Und selbst wenn die Anfechtung erfolgreich ist, lässt sich nicht alles, was bis dahin geschehen ist, rechtlich rückabwickeln.[27] So oder so geht es nicht um bloße Faktizität, übrigens auch nicht beim leiblichen Vater, der selbst dann, wenn er (noch) nicht *rechtlicher Vater* als Träger des Elternrechts ist, doch mit seinem Anerkennungsinteresse unter den Schutz des Art. 6 Abs. 2 S. 1 BGB fällt und also auf jeden Fall *verfassungsrechtlicher Vater* ist.[28]
- Seine bedenkliche Wirkung entfaltet der neueste Gebrauch des Verantwortungsbegriffs bei der zweiten Aussage des BVerfG, die auch dem bloß leiblichen Vater ein *Umgangsrecht* einräumt. Man hätte dieses Umgangsrecht aus der Vaterstellung und somit aus Art. 6 Abs. 2 S. 1 GG herleiten können: Unbestreitbare Abstammung *plus* Bestehen eines sozialen Vater-Kind-Verhältnisses hätten für die Qualifikation einer verfassungsrechtlichen Vaterschaft ausgereicht, aus der auch ein Umgangsrecht herleitbar gewesen wäre. Das BVerfG hat es aber vorgezogen, an diesem Punkt den Schutzbereich des Art. 6 Abs. 2 GG zu verlassen, mit der Begründung, das Nebeneinander von zwei Vätern entspreche nicht der Vorstellung von elterlicher Verantwortung, die Art. 6 Abs. 2 S. 1 GG zugrunde liegt.[29] Statt auf den Absatz 2 rekurriert das BVerfG auf den Schutz der Familie aus Art. 6 Abs. 1 GG. Zwischen dem leiblichen, nicht rechtlichen Vater und dem Kind existiere eine Familie, wenn zwischen ihnen eine „soziale Beziehung besteht, die darauf beruht, dass er zumindest eine Zeit lang tatsächlich Verantwortung für das Kind getragen hat. Art. 6 Abs. 1 GG schützt den leiblichen Vater wie das Kind in ihrem Interesse am Erhalt dieser sozial-familiären Beziehung und damit am Umgang miteinander."[30]

Es geht im Folgenden nicht darum, ob ein Umgangsrecht des rechtlich nicht anerkannten Vaters begründet werden kann, auch nicht um eine Stellungnahme zu dem entschiedenen Fall,

27 Zu den Problemen *M. Wellenhofer*, in: Münchener Kommentar zum BGB, 4. Aufl., Bd. 8, München 2002, § 1599 Rn. 19, 28.

28 Mit den Begriffen „leiblicher Vater", „rechtlicher Vater", „rechtliche Elternschaft" tut sich das BVerfG schwer, vgl.: „Auch der leibliche, aber nicht rechtliche Vater eines Kindes steht unter dem Schutz von Art. 6 Abs. 2 S. 1 GG. Leiblicher Vater eines Kindes zu sein, macht diesen allein allerdings noch nicht zum Träger des Elternrechts aus Art. 6 Abs. 2 S. 1 GG. Die Grundrechtsnorm schützt den leiblichen Vater aber in seinem Interesse, die Rechtsstellung als Vater des Kindes einzunehmen."

29 FamRZ 2003, 816, 819.

30 FamRZ 2003, 816, 822.

sondern um die Entscheidungsgründe. Im Zentrum steht das *Tragen* (oder eigentlich: *Eine-Zeitlang-Getragen-Haben) tatsächlicher Verantwortung* für das Kind. Nicht die – ja wirklich bestehende – leibliche Vaterschaft, auch nicht ein damit verbundenes psychisches Kind-Vater-Verhältnis, sondern das Tragen tatsächlicher Verantwortung und die daraus entstehende soziale Beziehung sollen das Umgangsrecht begründen. Die Vaterschaft als Grundlage bleibt deswegen aus dem Spiel, weil das BVerfG zuvor behauptet hatte, das Kind könne nicht zwei Väter mit elterlicher Verantwortung haben und weil es den Umgang zur elterlichen Verantwortung rechnet.[31] Folglich konnte im Rahmen des Art. 6 Abs. 1 GG die Vaterschaft nicht die zentrale Rolle spielen,[32] den Ausweg bildet die auf getragener tatsächlicher Verantwortung beruhende „sozial-familiäre Beziehung".

In dem Fall, in dem das Bundesverfassungsgericht ausschließlich über den Umgang des leiblichen Vaters zu entscheiden hatte,[33] sah nach dem vom Gericht mitgeteilten Sachverhalt das Tragen tatsächlicher Verantwortung wie folgt aus: Eine verheiratete Frau hatte ein Kind mit einem anderen Mann, das gesetzlich dem Ehemann zugerechnet wurde. Die Beziehung der Mutter zum Kindesvater dauerte mit Unterbrechungen einige Jahre: Drei bis vier Monate vor der Geburt des Kindes trennte sich der Mann von der Mutter, nahm dann die Beziehung zur Mutter wieder auf, die etwa drei Jahre nach der Geburt endete. Während dieser Zeit lebte die Mutter von ihrem Ehemann getrennt, während der leibliche Vater des Kindes eine eigene Wohnung unterhielt. Die Intensität der Kontakte des leiblichen Vaters zum Kind war im Einzelnen streitig. Immerhin erbrachte er nach der Trennung von der Mutter Unterhaltszahlungen für das Kind und schloss für dieses eine Versicherung ab. Das „Tragen tatsächlicher Verantwortung" bezieht sich hier auf verschiedene Umstände: auf eine häufige Begegnung oder ein partielles Zusammenleben mit Mutter und Kind, auf das Bekenntnis des Mannes zum Kind, auch auf Solidarleistungen des Mannes für das Kind.[34]

Die Begründung des BVerfG hält die aus dem Sachverhalt ersichtlichen Elemente, die das Tragen tatsächlicher Verantwortung durch den Vater begründen können, nicht im Einzelnen auseinander. Deshalb konnte der Eindruck entstehen, schon die Beziehung zu einer mit ihrem Kind zusammenlebenden Mutter oder die häusliche Gemeinschaft mit Mutter und Kind könnten – ganz unabhängig von leiblicher Vaterschaft und väterlichen Solidarleistungen – ausreichend sein, um das „Tragen tatsächlicher Verantwortung für das Kind" auszufüllen.

Das blieb nicht ohne Konsequenzen. Unter Bezug auf das im Mai 2003 zur Zeichnung aufgelegte Übereinkommen des Europarats über den Umgang mit Kindern und auf Positionen des Europäischen Gerichtshofs für Menschenrechte glaubte sich der Gesetzgeber befugt, den § 1685 Abs. 2 BGB in einer geradezu revolutionären Weise umzugestalten. Ein Recht zum Umgang mit dem Kind haben nun *alle* engen Bezugspersonen des Kindes, die „für das Kind tatsächliche Verantwortung tragen oder getragen haben (sozial-familiäre Beziehung)". Die Übernahme tatsächlicher Verantwortung soll in der Regel anzunehmen sein, „wenn die Person mit dem Kind längere Zeit in häuslicher Gemeinschaft zusammengelebt hat".

Damit ist der Verantwortungsbegriff auf einem Tiefpunkt angelangt. Er dient in keiner Weise mehr dazu, das Einstehenmüssen einer Person für ihr Verhalten oder eine Pflichtensituation

---

31 FamRZ 2003, 816, 819.

32 Freilich bleibt die Vaterschaft nicht ganz außer Betracht: Wo es dienlich ist, darf sie hereinspielen, vgl. den Satz: „Auch bei Wegfall dieser Möglichkeit <scil. der Fortsetzung des verantwortlichen Handelns für das Kind> bleibt aber die zwischen dem biologischen Vater und seinem Kind entstandene personelle Verbundenheit bestehen, die *zudem noch getragen wird durch die verwandtschaftliche Verbindung zwischen Vater und Kind.*" (Hervorhebung durch den Autor). Das „Zudem noch" soll das Argument verstärken, bildet aber nicht seinen Kern.

33 1 BvR 1493/96.

34 Nach Darstellung der Mutter sind die Leistungen des leiblichen Vaters für das Kind ohne ihr Wollen geschehen und hätten den Ehemann dazu bewegen sollen, die Ehelichkeit anzufechten.

zu kennzeichnen, sondern verbindet die Beschreibung eines rein tatsächlichen Zustands mit einer normativen Wirkung, nämlich Gewährung eines subjektiven Rechts *ausschließlich zugunsten* des vordem angeblich Verantwortlichen. Enthüllend ist der Gebrauch der Vergangenheitsform: Das Umgangsrecht besteht auch dann, wenn jemand für das Kind Verantwortung *getragen hat*, also jetzt, da der Umgang durchgesetzt werden soll, gar nicht mehr trägt (und dann auch nicht, würde man das Ganze ernst nehmen, nicht zur Verantwortung gezogen werden könnte).[35] *Verflossenes* Verantwortung-Tragen soll *später* Rechte gegenüber dem Kind und dem Sorgeberechtigten begründen – eine absurde Vorstellung!

Der Terminus „tatsächliche Verantwortung" ist in sich verfehlt. Er soll offenkundig einen Gegensatz zur „rechtlichen Verantwortung" zum Ausdruck bringen. Das hätte aber nur dann einen Sinn, wenn über den Gegensatz „rechtlich" – „tatsächlich" hinaus der Verantwortungsbegriff konstant bliebe. Das ist nicht der Fall. Wer im Sinne des § 1685 Abs. 2 BGB neuer Fassung tatsächliche Verantwortung getragen hat, hatte in keinem Sinne irgend etwas Bestimmtes irgendwem gegenüber zu verantworten, er hat nur mit dem Kind und seiner Mutter in einem Haushalt gelebt oder sonstige Kontakte unterhalten. Wie er sich dabei dem Kind gegenüber verhalten hat, scheint bedeutungslos oder zweitrangig, ob er ihm „ein zweiter Vater war" (dann hätten wir das eigentliche Thema der sozialen Vaterschaft) oder das Kind bloß als unvermeidliche Störung der Zweierbeziehung mit der Mutter ertragen hat, wird nicht thematisiert.

In den kritischen Fällen ginge die sinnvoll gestellte Frage dahin, ob sich aus einem langen Zusammenleben mit dem Partner der Mutter eine psychische („soziale") Eltern-Kind-Beziehung entwickelt hat, deren abrupte Beendigung das Kindeswohl schädigt. Würde man so einsteigen, so käme sehr viel weniger ein Umgangsrecht des gewesenen Verantwortungsträgers als ein *Umgangsrecht des Kindes* in Betracht, dessen Wohl gefährdet wird. Und dann würde sich die Verantwortungslage im wahren Sinne der Wortbedeutung anders darstellen lassen: Den sozialen Vater träfe jetzt eine (rechtliche!) Verantwortung, den Kontakt mit dem Kind nicht schroff und unverarbeitet abreißen zu lassen, ebenso träfe die Mutter die Pflicht, den abrupten Abbruch der Beziehungen zu verhindern und dem Kind die psychische Verarbeitung der Trennung zu ermöglichen. Allerdings glaube ich, dass für solche Konstellationen die staatlichen Eingriffsmöglichkeiten nach § 1666 BGB ausgereicht hätten.

Das Umgangsrecht dritter Personen bedarf nach meiner Ansicht überhaupt der Überprüfung, was immer internationale Juristendokumente dazu aussagen mögen. Das Konzept des Grundgesetzes überlässt den Eltern die Pflege und Erziehung ihrer Kinder nach eigenen Vorstellungen und gesteht, soweit sie sich einig sind, dem Staat nur ein Wächteramt zu, kraft dessen er gegen gravierende Gefährdungen des Kindeswohls einschreiten kann. Dagegen ist es dem Staat nicht erlaubt, den Eltern die Gestaltung der Pflege und Erziehung positiv vorzuschreiben. Daran hält sich das Kindschaftsrecht im Großen und Ganzen, nur eben nicht beim Umgang. Das zeigt schon die Vorschrift des § 1626 Abs. 3 S. 2 BGB, wonach zum Wohl des Kindes auch der Umgang mit anderen Personen als den Eltern gehören soll, „zu denen das Kind Bindungen besitzt, wenn ihre Aufrechterhaltung für seine Entwicklung förderlich ist". Das Kindeswohl wird hier positiv mit Inhalten aufgeladen,[36] so als ob der Staat gesicherte Kenntnisse darüber hätte, was den Kindern gut tut und was nicht, während in Wirklichkeit

35 Es ist daran zu erinnern, dass das BVerfG das Umgangsrecht der *rechtlichen Eltern* in den Begriff der elterlichen Verantwortung zieht (FamRZ 2003, 816, 819), hingegen das auf Art. 6 Abs. 1 gestützte Umgangsrecht Dritter einschließlich des bloß leiblichen Vaters außerhalb dieser Verantwortung sieht (der leibliche, nicht rechtliche Vater hat keinen Anspruch auf Fortsetzung seines verantwortlichen Handelns gegenüber dem Kind, FamRZ 2003, 816, 822). Bedeutet nicht in Innehabung eines Umgangsrechts Verantwortung, sogar rechtliche?

36 Zur Vermehrung solcher Zugriffe s. meinen Beitrag „Rechterwartungen an die Institution ‚Familie'", in: Vierteljahresschrift für wissenschaftliche Pädagogik, Heft 1/2004, S. 14 ff.

Konsens nur über die eindeutig kindschädlichen Verhaltensweisen und allenfalls die „am wenigsten schädlichen Alternative“[37] zu erzielen ist. Bestimmen zu können, mit wem das Kind Kontakte hat, welcher Art, wie häufig und zu welcher Zeit, gehört zu den wichtigsten Instrumenten des Sorgerechts, die es den Eltern ermöglichen, ihrer (rechtlichen!) Verantwortung gerecht zu werden. Die Einräumung von Umgangsrechten zugunsten diverser dritter Personen bedeutet nichts anderes als eine *generelle Beschränkung des Personensorgerechts*, denn soweit das Umgangsrecht des Dritten greift, hört das Umgangsbestimmungsrecht des Personensorgeberechtigten auf. Es stellt sich die Frage, ob eine derartige allgemeine Einschränkung der Elternsorge ohne Rücksicht auf konkret drohende Kindswohlgefährdung dem Konzept des Grundgesetzes entspricht – diese Frage erledigt sich auch nicht mit einem Verweis auf Abkommen des Europarates und Positionen des Europäischen Gerichtshofes für Menschenrechte. Man übertrage doch nur das beim Umgang verfolgte Verfahren auf andere Bereiche: Ließen sich nicht auch für die medizinische Behandlung des Kindes den Eltern positive Vorgaben machen? Für die Wahl der Schule? Für allfällige Entscheidungen des schulischen Lebens, da doch auch die Lehrer (sogar rechtliche!) „Verantwortung tragen“? Für den Bereich der sportlichen Entfaltung?

Die Herleitung von Umgangsrechten aus früher getragener „tatsächlicher Verantwortung“ – begriffen als bloße Tatsache des Zusammenlebens oder einer häufigen Begegnung mit dem Kind – öffnet letztlich der Beliebigkeit Tür und Tor. Wann werden die neuen Partner des also Umgangsberechtigten auf der Schwelle stehen, die bei den Umgängen anwesend waren? Wann die „Umgangsgroßmütter“ und „-väter“?[38] Das derzeitige Recht glaubt dem Kindeswohl am besten dadurch zu dienen, dass es die Lebenswelt des Kindes rechtlich zerstückelt: Spaltung des Sorgerechts, Vervielfältigung der Umgangsrechte, Mehrung der Gerichtskontakte. Könnte es sein, dass sich diese Linie, die das Kind einem Ansturm von sich kreuzenden Erwachsenenrechten aussetzt, als *generell kindschädlich* erweisen wird?

V. Schluss

Verantwortung ist ein großes Wort, aber auch ein gefährliches. Die Gefahrenzone ist spätestens dort erreicht, wo mit Verantwortung keine Pflichtensituation verknüpft wird, sondern nur noch Zuständigkeiten, Kompetenzen und subjektive Rechte des Verantwortungsträgers begründet werden sollen. Gleichwohl gilt: *Abusus non tollit usum*. Die Möglichkeit, soziale und rechtliche Begriffe sinnwidrig einzusetzen, hindert nicht ihren rechten Gebrauch. Wir kommen ohne Verantwortung weder in der Politik noch im Recht aus. Das zeigt das Reden und Wirken von Margot von Renesse, der ich diesen Essay in Verehrung zueigne.

Veröffentlicht in: Susann Bräcklein/Jürgen Meyer/Henning Scherf (Hrsg.), Politisches Denken ist. Festschrift für Margot von Renesse, Peter Lang Verlag, Frankfurt am Main/Berlin/Bern/Bruxelles/New York/Oxford/Wien 2005, S. 131–147.

---

37 Grundlegend und leider von vielen deutschen Gerichten nicht hinreichend beachtet: *J. Goldstein/A. Freud/A. J. Solnit*, Jenseits des Kindeswohls, dt. Übersetzung mit einem Beitrag von *S. Simitis*, Frankfurt am Main 1974.

38 So will ich die Eltern des umgangsberechtigten Dritten bezeichnen.

Nachtrag: Einige der Vorschriften, an deren Beispiel der gesetzliche Sprachgebrauch von „Verantwortung“ erläutert wird, sind seit der Entstehungszeit des Beitrags verändert worden. Für den Sprachstil der Gesetze ergibt sich daraus nichts Neues.

Rechte am Kind ohne Verantwortung?
– Zur Begründung von Umgangsbefugnissen Dritter –

I. John Locke und die Freiheit des Kindes

Im Jahre 1690, noch in der Frühphase der Aufklärung, erschien anonym eine Schrift des englischen Politikers und Philosophen John Locke, die eine Deutung des Eltern-Kind-Verhältnisses von stupender Modernität enthält. Gemeint ist die Zweite Abhandlung in dem Werk „Two Treatises of Government".[1] Auch die in Briefform gehaltene Schrift „Some Thoughts concerning Education", die 1693 gedruckt erschien,[2] enthält Vorstellungen, die für das zu Ende gehende 17. Jahrhundert erstaunlich anmuten.

Die Erörterungen Lockes laufen auf die These hinaus, dass die väterliche oder elterliche Gewalt sich ausschließlich aus ihrer Aufgabe begründen lässt, die als hilflose Wesen geborenen Kinder zu nähren, zu erhalten und zu erziehen. Die Kinder sind von Geburt an frei, nur ihr Fürsorgebedürfnis rechtfertigt die elterlichen Sorgebefugnisse. „The *Power* then, *that Parents have* over their Children, arises from that Duty which is incumbent on them, to take care of their Off-spring, during the imperfect state of Childhood."[3] Alle Herrschaft über die Kinder ist um dieses Zweckes willen gegeben, findet in ihm ihre immanente Grenze und hört mit Zweckerreichung von selbst auf.[4] Jenseits der Mündigkeit des Kindes haben die Eltern keine Befehlsgewalt mehr über die Kinder, keine Herrschaft über ihr Eigentum und ihre Handlungen, wohl aber noch einen Anspruch auf Ehrerbietung.[5]

Die Eltern – Locke spricht vom Vater, stellt die Mutter aber auf gleiche Stufe[6] – haben keine absolute willkürliche Macht über ihre Kinder. Ihre Bestimmungsbefugnisse reichen nicht weiter, als für Pflege, Erziehung und Erreichen der ökonomischen Selbständigkeit erforderlich ist.[7] Die Befehlsgewalt des Vaters erstreckt sich nicht weiter, als es Erziehung und Leitung des Minderjährigen verlangen.[8] Der Vater ist nur „guardian" seiner Kinder: Wenn er seine Fürsorge aufgibt, verliert er die Gewalt (power) über sie, die mit Ernährung und Erziehung Hand in Hand geht und untrennbar damit verbunden ist. Seine Gewalt über das Kind ist nicht anders als die eines Pflegevaters über das von ihm aufgenommenes Findelkind.[9] In diesem Zusammenhang mini-

---

1 Im Folgenden zitiert nach: *John Locke,* Two Treatises of Government, Second Treatise: An Essay Concerning the True Original, Extent and End of Civil Government, ed. *Peter Laslett,* 2nd Ed. Cambridge 1970.

2 London 1693 (Reprint Scolar Press Menston 1970).

3 *Locke* (Fn. 1), § 58.

4 *Locke* (Fn. 1), §§ 65, 69.

5 *Locke* (Fn. 1), §§ 67, 69 („the right to Honour").

6 *Locke* (Fn. 1), § 64: „But in this power the *Mother* too has her share with the *Father*."

7 *Locke* (Fn. 1), § 64: „But what reason can hence advance this Care of the *Parents* due to their Off-spring into an *Absolute Arbitrary Dominion* of the Father, whose powers reaches no farther, than by such a Discipline as he finds most effectual to give such strength and health to theirs Bodies, such vigour and rectitude to their Minds, as may best fit his Children to be most useful to themselves and others; and, if it be necessary to his Condition, to make them work when they are able for their own Subsistence.".

8 *Locke* (Fn. 1), § 74.

9 *Locke* (Fn. 1), § 65.

miert Locke die Bedeutung der Abstammung gegenüber der elterlichen Fürsorge: „So little power does the bare *act of begetting* give a Man over his Issue, if all his Care ends there, and this be all the Title he hath to the Name and Authority of a Father."[10]

Eine solche Sinnbestimmung der Parental Power entsprach nicht herkömmlichem Denken. Zwar war im gemeinen Recht anerkannt, dass die Eltern ihre Kinder zu erziehen und zu unterhalten hätten, doch war die *patria potestas* nicht davon abgeleitet und hatte eine die Fürsorgezwecke überschießende Tendenz. Das Verhältnis Vater – Kind war in erster Linie Herrschaft mit doppelter Wurzel: der auf Vaterschaft beruhenden *potestas* und der Leitungsgewalt des Hausherrn in seinem Hause (*oeconomia*), welche das Erreichen des Mündigkeitsalters überdauerte. Die traditionelle Auffassung definierte das Kind nicht als eigene Rechtspersönlichkeit, sondern als Untertan der häuslichen Gewalt.

Aus uralten Zeiten scheint die Vorstellung herzurühren, dass Kinder in irgendeinem Sinne ihren Eltern „gehören", also „Eigentum" ihrer Eltern seien. Es „stammt" von ihnen, ist von ihnen hervorgebracht, die genetische Kausalität zieht eine Verfügungsgewalt nach sich. Die Rechtsgeschichte archaischer Zeiten erzählt vom Recht des Vaters über Leben und Tod der Kinder und die Befugnis, sie als Knechte wegzugeben.[11] Noch nach einer Bestimmung des Schwabenspiegels (um 1275) konnte ein Mann sein Kind im Falle dringender Not in die Unfreiheit verkaufen.[12] Der eigennützige Charakter der väterlichen Gewalt wurde im Verlauf der neuzeitlichen Entwicklung abgeschwächt; die Phasen dieser Entwicklung können an dieser Stelle nicht weiter verfolgt werden.[13] Das Eltern-Kind-Verhältnis war indes weiterhin von den Eltern her gedacht und als Herrschaftsverhältnis verstanden; nur so konnte überhaupt die – von Locke bekämpfte – politische Theorie entstehen, welche die Monarchie von der väterlichen Gewalt ableitete. Es ging um „potestas", „Gewalt", Bestimmungsbefugnisse des Vaters über die Kinder, die gewiss auch dem Schutz und der erzieherischen Leitung dienten, aber in diesen Zwecken nicht ihre Grenze fanden.

Die Vorstellungen von der elterlichen Gewalt nach dem Konzept Lockes verbreiteten sich in der Folgezeit in der Literatur der deutschen Aufklärung[14] und hinterließen auch einige Spuren in den Gesetzen aufgeklärter Herrscher, doch wurden diese Ansätze von der Restauration des 19. Jahrhunderts wieder zurückgedrängt. Bezeichnenderweise wird noch in dem Staatslexikon von *Rotteck/Welker* (1837) das Eigentum der Eltern an ihren Kindern behauptet.[15] Es sollte noch bis in die zweite Hälfte des 20. Jahrhunderts dauern, bis Lockes Vorstellungen vom Eltern-Kind-Verhältnis im deutschen Recht eine klare Anerkennung fanden.

Dass sich diese neue Sicht bei uns durchgesetzt hat, ist zu einem guten Teil den grundlegenden Entscheidungen des Bundesverfassungsgerichts zur elterlichen Sorge zu verdanken. Die Judikatur des Gerichts durchzieht über die Zeiten hinweg ein roter Faden: Im Elternrecht sind Recht und Pflicht unlöslich miteinander verbunden; das „Elternrecht" wird treffender als „Elternverantwortung" bezeichnet.[16] Das Elternrecht ist Grundrecht und Grundpflicht zugleich, es ist dienendes Grundrecht.[17] Mit der Elternrechtsgarantie korrespondiert das Recht

10 *Locke* (Fn. 1), § 65.

11 Die Beschreibungen für die römische wie germanische Frühzeit stimmen auffällig überein. Für die deutsche Rechtsgeschichte: *Rudolf Hübner*, Grundzüge des Deutschen Privatrechts, 5. Aufl., Leipzig 1930, S. 697 ff.

12 Des Schwabenspiegels Landrechtsbuch, hrsg. *Heinrich Gottfried Gengler*, Erlangen 1853, Cap. 295.

13 Einiges dazu in *Helmut Coing*, Europäisches Privatrecht, Bd. 1 1985, S. 246 f.; Bd. 2, 1989, S. 320 f.

14 Quellen bei: *Dieter Schwab*, Art. Familie, in: *Otto Brunner/Werner Conze/Reinhard Koselleck* (Hrsg.), Geschichtliche Grundbegriffe, Historisches Lexikon der politisch-sozialen Sprache in Deutschland, Band 2, 1975, S. 253, 282 f.; *Dieter Schwab*, Die Familie als Vertragsgesellschaft im Naturrecht der Aufklärung, Quaderni Fiorentini per la storia del pensiero giuridico moderno, 1972, 357 ff.

15 *Carl von Rotteck*, Art. „Familie", in: *Carl von Rotteck/Carl Welcker* (Hrsg.), Staatslexikon, Altona 1837, Bd. 5, S. 398.

16 BVerfG 29.7.1968 – 1 BvL 20/63, BVerfGE 24, 119 (143).

17 BVerfG 9.2.1982 – 1 BvR 845/79, BVerfGE 59, 360 (376 f.); BVerfG 3.11.1982 – 1 BvL 25/80, BVerfGE 61, 358 (372).

des Kindes auf Pflege und Erziehung;[18] das Kind tritt – ganz im Locke'schen Sinne – den Eltern als Träger seiner eigenen Grundrechte gegenüber.

Diese Grundsätze betreffen nicht nur das Sorgerecht, sondern die elterliche Verantwortung insgesamt, daher auch das Recht zum Umgang mit dem Kind. Dass das Kind nicht bloßes Objekt von Umgangsinteressen Erwachsener gesehen wird, ist spätestens seit dem Kindschaftsrechtsreformgesetz von 1997 geklärt, das dem Kind einen eigenen Anspruch auf Umgang mit seinen Eltern einräumt.[19] Auch das Umgangsrecht der Eltern ist die bloße Kehrseite des Rechts des Kindes auf Kontakt mit seinen Eltern und ist, wie das Sorgerecht, an den Zweck der Förderung des Kindeswohls gebunden.

II. Rechte am Kind aus „getragener Verantwortung"?

Das Prinzip, dass sich Bestimmungsbefugnisse gegenüber einem Minderjährigen nur aus der Verantwortung für sein Wohl und nur als Instrumente zum Zweck der ihm geschuldeten Fürsorgepflichten begründen lassen, hat zu Beginn des 21. Jahrhunderts seine Geltung wieder verloren. Das bezeugen die Rechte auf Umgang mit dem Kind und auf Auskunft über sein Leben, die nunmehr einem erheblichen Kreis von „dritten Personen", d.h. Personen, die nicht in elterlicher Verantwortung stehen, gewährt werden.

Aus der Sicht der Rechte des Kindes haben diese Umgangsbefugnisse folgenden Kern: Dem „Umgangsberechtigten" wird rechtlich erlaubt, das Kind zu kontaktieren, sich in sein Leben einzumischen und sogar es in seinen räumlichen Bestimmungsbereich zu verbringen. Das stellt eine Beeinträchtigung der Persönlichkeitsrechte des Kindes dar (allgemeines Persönlichkeitsrecht, Fortbewegungsfreiheit). Dieser Eingriff könnte durch die Einwilligung des Kindes gerechtfertigt sein, die es ab einem Alter von 16 Jahren vielleicht schon selbst erteilen könnte (Einwilligungsfähigkeit?), im Übrigen durch die Einwilligung der das Kind repräsentierenden Eltern. Da nun aber die genannten Umgangsrechte vom Gesetz unmittelbar gewährt werden, kommt es auf die Einwilligung des Kindes nicht an. Es handelt sich folglich um einen unmittelbaren gesetzlichen Eingriff in dessen Persönlichkeitsrechte, welcher einer zwingenden Rechtfertigung bedarf. Dieser Eingriff ist umso gravierender, als der Umgang durch Ordnungsmittel gegen die Sorgeberechtigten erzwungen werden kann – gegen den Willen der das Kind vertretenden Eltern, möglichweise auch gegen den „natürlichen" Willen des sich sträubenden Kindes selbst.[20]

Parallel zum Eingriff in die Kindesrechte bedeutet das Umgangsrecht Dritter auch einen Eingriff in das elterliche Sorgerecht. Das Gesetz schränkt auf einem wichtigen Erziehungsfeld – Kontakt des Kindes mit dritten Personen – die Entscheidung der Sorgeberechtigten darüber, was dem Kindeswohl dienlich ist, ein und unterwirft das elterliche Verhalten einer „positiven" Prüfung der „Kindeswohldienlichkeit" jenseits der Eingriffsvoraussetzungen des § 1666 BGB.

Folgen wir den Spuren von John Locke, so könnte die mit dem Umgangsrecht gegebene Bestimmungsbefugnis über Freiheit und Rechte des Kindes nur damit begründet werden, dass der Dritte mit ihrer Hilfe eine dem Kind gegenüber bestehende, sein Wohl fördernde Pflicht erfüllt – Bestimmungsbefugnisse sind Instrumente der Pflichterfüllung. Das ist nach der heutigen Rechtslage allerdings nicht der Fall.

---

18 BVerfG 1.4.2008 – 1 BvR 1620/04, BVerfGE 121, 69 (89).

19 § 1684 Abs. 1 BGB in der Fassung des Gesetzes zur Reform des Kindschaftsrechts (Kindschaftsrechtsreformgesetz – KindRG) vom 16.12.1997 (BGBl. 1997 I S. 2942).

20 Siehe § 1685 Abs. 3 und § 1686a Abs. 2 i.V.m. § 1684 Abs. 3, 4 BGB; §§ 89 Abs. 1, 90 FamFG; dass gegen das Kind selbst kein unmittelbarer Zwang angewendet werden darf, ändert nichts daran, dass in den Rechtsbereich des Kindes mit Zwang gegen seine es vertretenden Eltern eingriffen wird.

Die Entwicklung wurde durch Fälle ausgelöst, in denen genetische Väter ein Umgangsrecht mit dem Kind reklamierten, obwohl sie nicht zur rechtlichen Vaterschaft gelangen konnten oder wollten. Der im Jahre vom BVerfG entschiedene Fall[21] war wie folgt gelagert: Ein Mann hatte eine Beziehung mit einer verheiraten Frau. Ein Kind wurde geboren, das nachweisbar von diesem Mann stammte. Die Mutter hatte sich einige Monate vor der Geburt von ihrem Geliebten getrennt, aber etliche Monate nach der Geburt die Beziehung zu ihm wieder aufgenommen. Während dieser Zeit lebten Mutter und Kind vom Ehemann getrennt, der aus der ehelichen Wohnung ausgezogen war. Der leibliche Vater hatte eine eigene Wohnung. Etwa zwei Jahre später beendete die Frau die Beziehung zum leiblichen Vater des Kindes, der Ehemann zog wieder mit Mutter und Kind zusammen. In der Folgezeit wurden die Kontakte des leiblichen Vaters zum Kind beendet, obwohl dieser für es Unterhalt zahlte. Bei all dem kam es nicht zu einem Verfahren der Vaterschaftsanfechtung, sodass das Kind kraft Ehe statusrechtlich weiterhin dem Ehemann zugeordnet war. Der leibliche Vater verlangte, ihm ein Umgangsrecht mit dem Kind einzuräumen, was die zunächst mit dem Fall beschäftigten Fachgerichte ablehnten.

Das Bundesverfassungsgericht gestand dem leiblichen Vater das Umgangsrecht zu. Dieses wurde freilich *nicht* aus der genetischen Elternschaft und folglich aus Art. 6 Abs. 2 GG hergeleitet – was auch eine künftige Verantwortung für das Kind zur Folge gehabt hätte. Vielmehr nahm das Gericht eine „sozial-familiäre Beziehung“ zwischen dem genetischen Vater und dem Kind an, „die darauf beruht, dass er zumindest eine Zeit lang tatsächlich Verantwortung für das Kind getragen hat.“ Diese soziale Beziehung sei als „Familie“ im Sinne des Art. 6 Abs. 1 GG geschützt; die Norm schütze den leiblichen Vater wie das Kind in ihrem Interesse am Erhalt dieser sozial-familiären Beziehung und damit am Umgang miteinander.[22]

Es sei dahingestellt, ob man das Umgangsrecht aus der genetischen Vaterschaft hätte herleiten können (mit der Konsequenz, dass für ein Kind eine mehrfache Vaterschaft im Rechtssinn bestehen könnte). Dazu wäre notwendig gewesen, sich mit der rechtlichen und psycho-sozialen Bedeutung der Tatsache „Abstammung“ überhaupt auseinanderzusetzen. Das vermied das Gericht, indem es die Tatsache der Abstammung zwar in die Argumentation einflocht, ihre Bedeutung aber im Unklaren ließ. Entscheidend ist für das Gericht die „sozial-familiäre Beziehung“. Dass es sich um den „mit seinem Kind verbundenen leiblichen Vater“ handelte,[23] hatte offenbar keine tragende, sondern nur assoziativ-verstärkende Bedeutung; ähnlich wird für das Umgangsrecht der Großeltern und Geschwister die Abstammung verstärkend erwähnt,[24] ohne als Fundament zu dienen.

Für unseren Zusammenhang ist entscheidend, dass das BVerfG das Umgangsrecht des leiblichen Vaters nicht aus einer gegenwärtigen oder künftigen Verantwortungs- und Pflichtenposition herleitet, vielmehr daraus, dass er *in der Vergangenheit* „tatsächliche Verantwortung“ für das Kind getragen hat: Aus der in der *Vergangenheit* getragenen tatsächlichen Verantwortung für ein Kind entsteht ein *gegenwärtiges Recht* auf den Umgang mit ihm. Das BVerfG spricht folgerichtig auch von einer *Nachwirkung des Schutzes,* den zuvor die familiäre Verantwortungsgemeinschaft zeitigt[25] – die Verantwortung geht, das Umgangsrecht bleibt!

Was immer es mit der getragenen „tatsächlichen Verantwortung“ auf sich hat – mit dem so begründeten Umgangsrecht sind keine gegenwärtigen oder künftigen Pflichten verbunden. Das familiäre Verhältnis zwischen dem leiblichen Vater und dem Kind beruht nach BVerfG „allein auf seiner Bereitschaft, Verantwortung für das Kind zu übernehmen, und der faktischen Mög-

21 BVerfG 9.4.2003 – 1 BvR 1493/96, BVerfGE 108, 82 =FamRZ 2003, 816.
22 BVerfG – 1 BvR 1493/96, BVerfGE 108, 82 (112) = FamRZ 2003, 816 (822).
23 BVerfG – 1 BvR 1493/96, BVerfGE 108, 82 (112) = FamRZ 2003, 816, 822.
24 BVerfG – 1 BvR 1493/96, BVerfGE 108, 82 (120) = FamRZ 2003, 816 (825).
25 BVerfG – 1 BvR 1493/96, BVerfGE 108, 82 (113) = FamRZ 2003, 816 (822).

lichkeit, dies zu tun".[26] Also nur eine einseitige Sache? Sind die Interessen des Kindes, die doch auch gewahrt werden sollen, nur als Reflex der väterlichen Umgangswünsche geschützt?

Nun schränkt das BVerfG das beschriebene Umgangsrecht auf Fälle ein, in denen der Umgang mit dem leiblichen Vater *dem Wohl des Kindes dient.*[27] Das Gericht weist darauf hin, dass die Trennung des Kindes von einer Bezugsperson dem Kind ein wichtiges Stück Orientierung nehme und seine Selbstsicherheit und Selbstgewissheit berühre. Andererseits könne das Kind in Konflikt zwischen der alten und einer neuen Bindung geraten.[28] Das Gericht überlässt die Einschätzung, ob die Fortsetzung der Kontakte zum leiblichen Vater dem Kindeswohl dient, nicht der Beurteilung der sorgeberechtigten Eltern, sondern unterwirft sie der staatlichen Kontrolle. Damit verschiebt das Gericht die Raster des staatlichen Wächteramts. Es geht nicht darum, eine Gefährdung des Kindeswohls zu verhindern, wie dies beim staatlichen Eingriff nach § 1666 BGB verlangt wird, jedenfalls wird in der Entscheidung diese Eingriffsschwelle nicht herangezogen. Vielmehr setzt das Gericht staatliche Erkenntnisse darüber, was in einem konkreten Fall positiv dem Kindeswohl dient, an die Stelle einer autonomen Entscheidung der Eltern.

Dass es nicht wirklich um die Interessen des Kindes geht, offenbart sich im Fehlen jeglicher Rechtsstellung des Kindes selbst, jedenfalls ist von einem Recht des Kindes in der Entscheidung nicht die Rede, mögen die Kontakte zum leiblichen Vater noch so sehr seinem Wohl dienen. Daraus kann nur gefolgert werden, dass es im Belieben des Umgangsberechtigten bleibt, ob er seine Befugnis ausübt oder nicht, ob er die einmal begonnenen Kontakte fortsetzt, unterbricht oder abbricht. Das Kind ist Objekt.

Die Begründung des Umgangsrechts des leiblichen Vaters aus der „sozial-familiären Beziehung" zeitigte alsbald logische Weiterungen. Wenn die väterliche Abstammung für die Begründung von Umgangsrechten in diesem Zusammenhang keine benennbare Rolle spielt, dann tritt folgerichtig ein weiter Kreis von Umgangsprätendenten auf den Plan. Der Gesetzgeber versuchte die Erkenntnisse des Senats durch Gesetz vom 23.4.2004[29] legislativ umzusetzen und gibt neben Familienmitgliedern im engeren Sinne allen Bezugspersonen des Kindes ein Umgangsrecht, die für das Kind „tatsächliche Verantwortung tragen oder getragen haben" (§ 1685 Abs. 2 S. 1 BGB). Was immer die tatsächlich getragene Verantwortung im Einzelnen heißen mag:[30] Im Fokus steht die *Vergangenheit.* Die Übernahme tatsächlicher Verantwortung ist in der Regel anzunehmen, wenn die Person mit dem Kind über längere Zeit in häuslicher Gemeinschaft „zusammengelebt hat" (§ 1685 Abs. 2 S. 2 BGB), vor allem also der zeitweilige Lebensgefährte des Elternteils, in dessen Obhut sich das Kind befindet. Das Gewesene begründet den künftigen Zugriff auf das Kind. Ein Recht des Kindes auf diesen Umgang gibt es nicht.

III. Rechte am Kind aus beabsichtigtem Privat- und Familienleben

Bekanntlich hat die Beschränkung des Umgangsrechts des leiblichen, nicht rechtlichen Vaters auf die Fälle, in denen eine „sozial-familiären Beziehung" zum Kind besteht, nicht die Billigung des Europäischen Gerichtshofs für Menschenrechte gefunden. In zwei Entscheidun-

26 BVerfG – 1 BvR 1493/96, BVerfGE 108, 82 (112 f.) = FamRZ 2003, 816, 822.

27 BVerfG – 1 BvR 1493/96, BVerfGE 108, 82 (113) = FamRZ 2003, 816, 822. (jedenfalls dann, wenn der Umgang dem Kindeswohl dient).

28 BVerfG – 1 BvR 1493/96, BVerfGE 108, 82 (113 f.) =FamRZ 2003, 816, 823.

29 Gesetz zur Änderung der Vorschriften über die Anfechtung der Vaterschaft und das Umgangsrecht von Bezugspersonen des Kindes, zur Registrierung von Vorsorgeverfügungen und zur Einführung von Vordrucken für die Vergütung von Berufsbetreuern vom 23.4.2004 (BGBl. 2004 I S. 598).

30 Dazu *mein* Beitrag: Metamorphosen der Verantwortung, in: Politisches Denken ist. Festschrift für Margot von Renesse, hrsg. von *Susann Bräckein/Jürgen Meyer/Henning Scherf*, 2005, S. 131.

gen, die gegen die Bundesrepublik Deutschland ergingen, wurde befunden, dass dem leiblichen oder mutmaßlich leiblichen Vater auch dann ein Umgangsrecht zustehen kann, wenn er (noch) keine tatsächliche Verantwortung für das Kind getragen hat.[31]

Im Fall Anayo v. Deutschland hatte eine verheiratete Frau eine Beziehung zu einem aus Nigeria stammenden Mann. Zu keinem Zeitpunkt lebte sie allerdings mit diesem zusammen. Nach etwa zwei Jahren beendete die Frau die Beziehung und lebte wieder mit dem Ehemann zusammen. Wenige Monate später brachte die Frau Zwillinge zur Welt, die aus der außerehelichen Beziehung stammten. Der leibliche Vater der Kinder begehrte Umgang mit den Kindern, der ihm vom Ehepaar verweigert wurde. Das Amtsgericht gewährte den Umgang, das Oberlandesgericht kam indes zu einem negativen Ergebnis: Ein Umgangsrecht nach § 1684 BGB scheitere daran, dass der Beschwerdeführer nicht der rechtliche Vater sei; die Voraussetzungen eines Umgangsrechts nach § 1685 BGB seien nicht gegeben, weil der Beschwerdeführer bisher keine Verantwortung für das Kind getragen habe. Die gegen die Entscheidung des OLG erhobene Verfassungsbeschwerde hatte das BVerfG nicht zur Entscheidung angenommen.[32]

Der EGMR sieht durch die Entscheidung des OLG das Recht des Beschwerdeführers auf Achtung seines Privat- und Familienlebens verletzt. Dabei bleibt letztlich offen, ob es hier das „Familienleben" oder das „Privatleben" tangiert ist – wenn nicht das eine, so das andere:[33] Die Ablehnung des Umgangs stelle „zumindest" einen Eingriff in das Recht auf Achtung des Privatlebens dar.[34]

Das enthebt den Gerichtshof nicht der Aufgabe, näher zu beschreiben was er unter den genannten Begriffen verstehen will. Das „Familienleben" betreffend läge es nahe, die unmittelbare Abstammung einer Person von einer anderen als eine Verbindung anzusehen, die ein Familienleben konstituiert. Diesen Weg geht der Gerichtshof gerade nicht. Zwar wird gesagt, der Begriff des Familienlebens erfasse nicht nur eheliche Beziehungen, vielmehr auch andere faktische Familienbindungen, wenn die Beteiligten in nichtehelicher Gemeinschaft zusammenleben; das aus einer solchen Beziehung hervorgehende Kind werde allein schon durch seine Geburt ipso facto Teil dieser Familieneinheit. Trotzdem reiche die biologische Verwandtschaft „allein" – ohne weitere rechtliche oder tatsächliche Merkmale, die auf eine enge persönliche Beziehung hindeuten – nicht aus, um den Schutz des Art. 8 EMRK zu begründen.[35] Damit scheut der Gerichtshof wie schon das BVerfG davor zurück, sich mit der Bedeutung der Abstammung als solcher im Spiegel des Familienbegriffs auseinanderzusetzen.

Stattdessen kommt ein anderes Element ins Spiel: die „enge persönlich Beziehung". Dazu führt der Gerichtshof aus: In der Regel sei das Zusammenleben eine Voraussetzung für eine Beziehung, die ein Familienleben ergibt („amounting to family life"); indes könnten ausnahmsweise auch andere Faktoren als Nachweis dafür dienen, dass eine Beziehung beständig genug ist, um faktische Familienbindungen zu begründen.[36] Letztlich bilden die „familiäre Bindungen" („family ties") den übergeordneten Begriff. Die Brücke zum Fall schlägt dann die These, dass ausnahmsweise schon ein *beabsichtigtes Familienleben* („intended family life") unter Art. 8 EMRK fallen kann, vor allem dann, wenn der Umstand, dass ein Familienleben noch nicht vollständig hergestellt worden war, nicht dem Beschwerdeführer zuzurechnen sei.[37] Der Ausdruck

31 EGMR 21.12.2010 – Beschwerde Nr. 20578/07 – Anayo v. Deutschland, Auszüge in FamRZ 2011, 269 m. Anm. *Georg Rixe* FamRZ 2011, 1363; *EGMR* 15.9.2011 – Beschwerde Nr. 17080/07 – Schneider v. Deutschland, Auszüge in FamRZ 2011, 1715 m. Anm. *Tobias Helms.*

32 *BVerfG* 29.3.2007 – 1 BvR 183/07.

33 EGMR, Anayo v. Deutschland, Nr. 58, 62, 66; im gleichen Sinn Schneider v. Deutschland, Nr. 82, 90.

34 EGMR, Anayo v. Deutschland, Nr. 66.

35 EGMR, Anayo v. Deutschland, Nr. 55, 56; im gleichen Sinn.

36 EGMR, Anayo v. Deutschland, Nr. 56; Schneider v. Deutschland, Nr. 80.

37 EGMR, Anayo v. Deutschland, Nr. 57; Schneider v. Deutschland, Nr. 81.

„nicht vollständig hergestellt" („not yet fully established") setzt voraus, dass mit der bloßen Abstammung eben doch schon ein Familienleben *in nuce* vorhanden ist, das durch das nachgewiesene Interesse des leiblichen Vaters und sein Engagement für das Kind („demonstrable interest in and commitment by the father to the child") vollends in Erscheinung tritt.[38]

Das zusätzlich aufgebotene *Privatleben* kommt dadurch ins Spiel, dass nach Auffassung des Gerichtshofes die Feststellung der Beziehung eines Mannes zu seinem rechtlichen oder vermeintlichen Kind „zweifellos" („undoubtedly") das Privatleben des Mannes betrifft, weil Art. 8 EMRK wichtige Aspekte der persönlichen Identität umfasst.[39] Hier scheint es auf die Beziehungen anzukommen, die aus der Abstammung oder Nichtabstammung selbst resultieren, nicht auf „persönliche Beziehungen". Doch bleibt das letztlich unklar.

Für unseren Zusammenhang ist entscheidend, dass die „Achtung des Familien- und Privatlebens" einer Person den Zugriff auf ein Kind rechtfertigen soll, ohne dass damit eine Verantwortung für dieses Kind, eine Pflichtenlage gegenüber dem Kind verbunden wäre. Die Einseitigkeit der gesamten Konstruktion wird in der Anerkennung eines „beabsichtigten Familienlebens" besonders deutlich: Dem leiblichen Vater steht es frei, je nach seiner Intention die Grundlagen eines Kontaktanspruches selbst zu schaffen, ebenso wie es ihm frei steht, den einmal geforderten und vielleicht mit Hilfe langwieriger Prozesse durchgesetzten Umgang auch wieder zu beenden. Dass auch das Privatleben des Kindes selbst und seiner rechtlichen Eltern betroffen ist, erwähnt der Gerichtshof mit keiner Silbe. Von einem Umgangsrecht des Kindes ist nicht die Rede.

Nun kommt in den Entscheidungen des EGMR das *Kindeswohl* durchaus und ausführlich zur Sprache. Nachdem der Gerichtshof festgestellt hat, dass die Versagung des Umgangsrechts einen Eingriff in das Privat- und Familienleben des Beschwerdeführers darstellt, prüft es die Rechtfertigung besonders unter den Gesichtspunkten des Art. 8 Abs. 2 EMRK. Hier wird vor allem auf das Kindeswohl abgehoben; von höchster Bedeutung sei in jedem derartigen Fall, was dem Kindeswohl am besten dient.[40] Der Gerichtshof wirft den nationalen Gerichten vor, nicht geprüft zu haben, ob der Umgang dem Wohl der Zwillinge dienen würde.[41] Als sachlichen Gesichtspunkt schaltet der Gerichtshof die Erwägung ein, Einschränkungen des Umgangsrechts der Eltern bedürften einer strengen Prüfung, weil sie die Gefahr bergen, dass die Familienbeziehungen zwischen dem kleinen Kind und einem Elternteil endgültig abgeschnitten würde.[42] Dieses Argument trägt im konkreten Fall freilich nur, wenn der Beschwerdeführer als Elternteil anerkannt und die Existenz einer Familienbeziehung zum Kind bejaht wird.

Trotz der ihm erwiesenen Reverenz bildet das Kindeswohl in der Begründung des EGMR indes weder den Ausgangspunkt noch die entscheidende Grundlage des Umgangsrechts des leiblichen Vaters. Tragende Basis des Umgangs sind in den Augen des Gerichtshofs die Freiheitsrechte des kontaktwilligen Beschwerdeführers, *sein* Interesse an der Achtung *seines* Privat- und Familienlebens. Erst im zweiten Schritt wird auf der Rechtfertigungsebene geprüft, ob der Umgang dem Kindeswohl dient.[43] Davon, dass auch *das Privat- und Familienleben des Kindes* vom Umgang mit einer Person, die außerhalb seiner konkreten Lebenssphäre steht, eminent betroffen ist, redet der Gerichtshof nicht. Zwar spricht der Gerichtshof von einem fairen Ausgleich zwischen den betroffenen widerstreitenden Interessen durch den Entscheidungsfindungsprozess, den die innerstaatlichen Gerichte nicht gefunden hätten.[44] Es fehlt aber an einer klaren Benennung der Rechts- und Interessenpositionen des Kindes.

---

38 EGMR, Anayo v. Deutschland, Nr. 58; Schneider v. Deutschland, Nr. 82
39 EGMR, Anayo v. Deutschland, Nr. 58; Schneider v. Deutschland, Nr. 82.
40 EGMR, Anayo v. Deutschland, Nr. 65, Schneider v. Deutschland, Nr. 93.
41 EGMR, Anayo v. Deutschland, Nr. 67, 69, 71.
42 EGMR, Anayo v. Deutschland, Nr. 66, Schneider v. Deutschland, Nr. 94.
43 EGMR, Anayo v. Deutschland, Nr. 69, 71.
44 EGMR, Anayo v. Deutschland, Nr. 71.

Im Fall Schneider v. Deutschland setzte der Gerichtshof seine Linie fort. Hier war nicht geklärt, ob der Beschwerdeführer wirklich der genetische Vater des Kindes war. Er unterhielt eine Beziehung zu einer verheirateten Frau, während deren Ehemann sich beruflich im Vereinigten Königreich aufhielt. Nachdem die Frau schwanger geworden war, beendete sie die Beziehung zum Beschwerdeführer und zog zu ihrem Ehemann in das Vereinigte Königreich um. Der Beschwerdeführer gab daraufhin ein Vaterschaftsanerkenntnis für das noch ungeborene Kind ab. Nachdem das Kind geboren war, lebte es bei der Mutter und ihrem Ehemann. Das Ehepaar gestand zu, dass der Beschwerdeführer der leibliche Vater sein *könne*, dass aber genauso gut der Ehemann als Vater in Betracht komme. Die Eheleute zogen es im Interesse ihres familiären Zusammenlebens vor, die Vaterschaft nicht überprüfen zu lassen. Das Begehren des Beschwerdeführers auf Umgang mit dem Kind und regelmäßige Auskunft über dessen persönlichen Verhältnisse blieb vor den deutschen Gerichten ohne Erfolg. Das Bundesverfassungsgericht nahm eine Verfassungsbeschwerde nicht zur Entscheidung an.[45]

Der EGMR sah auch hier trotz der noch ungeklärten Abstammung einen Eingriff in das Familien- und Privatleben des Beschwerdeführers. Dass dieser nicht gerechtfertigt sei, leitet der Gerichtshof wiederum aus einer nicht genügenden Berücksichtigung des Kindeswohls durch die nationalen Gerichte ab. Bemängelt wird letztlich, dass die nationalen Gerichte es unterlassen hätten, zu prüfen, ob ein Umgang zwischen dem mutmaßlichen biologischen Vater – unter der Annahme, er sei tatsächlich der biologische Vater des Kindes – dem Kindeswohl dient.[46] Konkrete Erwägungen zum Kindeswohl für Fälle dieser Art oder gar zum vorliegenden Kasus finden sich in der Entscheidung nicht. Sie stimmt mit der Entscheidung Anayo v. Deutschland aber in der Struktur überein: *Im ersten Schritt* wird begründet, dass die Versagung des Auskunfts- und Umgangsrecht einen Eingriff in das beabsichtigte Familien und in das Privatleben des Beschwerdeführers darstelle, im *zweiten Schritt* kommen im Rahmen der Rechtfertigung dieses Eingriffs abstrakte Erwägungen zum Kindeswohl zum Tragen, die unter Berücksichtigung der tatsächlichen Gegebenheiten des Familienlebens im 21. Jahrhundert („having regard to the realities of family life in the 21st century")[47] zum Ergebnis führen, im konkreten Fall seien die widerstreitenden Interessen der Beteiligten nicht fair gegeneinander abgewogen worden.[48]

Das „Privat- und Familienleben", das durch Gewährung des Zugangs zu einem Kind geachtet werden soll, wird im Zusammenhang mit dem Umgangsrecht durch zwei Elemente konstituiert: die (potentielle) unmittelbare Abstammung des Kindes vom Umgangswilligen *und* eine familiäre Verbindung mit dem Kind (family ties) bzw. die einseitige Absicht, eine solche Verbindung zu schaffen. Wie sich diese beiden Bedingungen zueinander verhalten, ist den Begründungen, die eine assoziativ-unpräzise Sprache pflegen, nicht mit letzter Sicherheit zu entnehmen. Doch darf angenommen werden, dass die elterliche Abstammung notwendige Bedingung ist. Sonst könnte jedermann mit der Begründung eines beabsichtigten Privatlebens nach Belieben auf *irgendein Kind* zugreifen.

IV. Die Einseitigkeit der Umgangsrechte

Der deutsche Gesetzgeber hat die geschilderten gerichtlichen Erkenntnisse in Gesetze gefasst. Aus der Abfolge der gerichtlichen Vorgaben ergibt sich in zeitlicher Entwicklung eine zweigleisige Regelung.

---

45 BVerfG 20.9.2006 Az. 1 BvR 1337/06, FamRZ 2006, 1661.
46 EGMR, Schneider v. Deutschland, Nr. 103.
47 EGMR, Schneider v. Deutschland, Nr. 100.
48 EGMR, Schneider v. Deutschland, Nr. 104.

- Das Umgangsrecht des leiblichen, nicht rechtlichen Vaters ist aus der allgemeinen Regelung zu den Umgangsrechten Dritter als Sonderfall herausgenommen und in § 1686a BGB eigens geregelt. Hier genügt es, wenn der leibliche Vater „ernsthaftes Interesse an dem Kind gezeigt" hat, das Bestehen einer sozial-familiären Beziehung ist nicht vorausgesetzt. Das „ernsthafte Interesse an dem Kind" soll offenbar dem Element des einseitig beabsichtigten Familienlebens gemäß den Entscheidungen des EGMR entsprechen.
- Für die (übrigen) Bezugspersonen des Kindes (§ 1585 Abs. 2 BGB) bleibt es dabei, dass sie für das Kind tatsächliche Verantwortung tragen oder getragen haben müssen (sozial-familiäre Beziehung).

Diese Umgangsrechte Dritter sind evident völlig anders strukturiert als das elterliche Sorgerecht. Im Sorgerecht fallen das Recht der Eltern einerseits, ihre Sorgepflicht und das Recht des Kindes andererseits zusammen. Das elterliche Sorgerecht enthält keine Rechtsposition, die nicht auch pflichtgebunden wäre, es gibt kein „Recht am Kind" ohne Pflicht. Die Rechte des hilflos geborenen Kindes sind das Primäre, aus denen sich die Sorgebefugnisse, ihre Ziele und Grenzen ergeben. Zwar ist das Sorgerecht auch um der Interessen der Eltern willen gegeben, die ihren Nachwuchs nach ihren Vorstellungen von Kindeswohl pflegen und erziehen wollen und dürfen. Diese Interessen sind aber das Spiegelbild der Kindesinteressen. Sorgerecht und Sorgeverantwortung sind untrennbar.

Gleiches gilt für das Umgangsrecht zwischen Eltern und Kind. Das Umgangsrecht der Eltern korrespondiert mit dem des Kindes und ist ein Teil der gesamten Elternverantwortung, die aus Sorge, Unterhaltspflicht, fortgesetzter Begegnung und anderen Elementen besteht. Auch beim elterlichen Umgangsrecht sind die Interessen des Kindes Ausgangspunkt und Grundlage, was leider oft übersehen wird. Zutreffend wird im Lehrbuch von *Gernhuber/Coester-Waltjen* das Kontakt- und Liebesbedürfnis *des Kindes* an die Spitze gestellt, dann erst folgen die Interessen der Eltern.[49]

Die Umgangsrechte Dritter sind völlig anders geartet. Wie die Analyse der zugrunde liegenden Gerichtsentscheidungen ergeben hat, sind die Umgangsrechte in diesen Fällen *einseitig von den Interessen* der umgangswilligen Erwachsenen her konstruiert. Das gilt für das Umgangsrecht, das auf früher getragene tatsächliche Verantwortung gestützt wird ebenso, wie für das auf beabsichtigtes Familienleben gestützte Umgangsrecht des leiblichen Vaters. Trotz der im zweiten Schritt durchzuführenden Kindeswohlprüfung geht es primär um die Interessen von Erwachsenen am Kind.[50]

Das zeigt sich am deutlichsten darin, dass dem Kind selbst kein entsprechendes Umgangsrecht zugemessen wird: Der Dritte kann – notfalls gegen den Willen der Sorgeberechtigten und notfalls auch gegen den Willen des Kindes selbst – auf das Leben des Kindes zugreifen, kann aber umgekehrt nicht in die Pflicht genommen werden.[51] Der Umgangsberechtigte kann nach Belieben die Gewährung der Kontakte mit dem Kind verlangen oder davon absehen. Er kann nach Belieben einen begonnenen Umgang fortsetzen oder abbrechen, gleichgültig welche seelischen Wirkungen sich für das Kind ergeben. Die psychischen Schäden für das Kind, die sich aus einem Abbruch des Umgangs ergeben, liegen offenbar außerhalb seiner Verantwortung, da keine Pflicht zur Fortsetzung der einmal begonnen Kontakte anerkannt ist. Das Kind hat auf den angeblich seinem Wohl dienlichen Umgang keinerlei Anspruch, auch die rechtlichen Eltern können einen solchen Anspruch nicht für das Kind geltend machen.

---

49 *Gernhuber/Coester-Waltjen*, Familienrecht. 6. Aufl. 2010, § 66 Rn. 4.

50 Zutreffend *Gernhuber/Coester-Waltjen* (Fn. 49), § 66 Rn. 20: Das Kriterium des Kindeswohls fungiert erst in der richterlichen Entscheidung als Regulativ.

51 Das ist Absicht des Gesetzgebers und auch h.M. in der Literatur, Übersicht bei *Thomas Rauscher* in Staudinger, BGB, Bearbeitung 2014, § 1585 Rn. 4.

Die mit dem Umgangsrecht Dritter gegebene Befugnis, in die Freiheit des Kindes einzugreifen, ist – anders als beim Sorgerecht – nicht das notwendige Mittel zur Erfüllung einer dem Kind gegenüber bestehenden Pflichtenlage. Zwar trägt der Umgangsberechtigte während der Durchführung des Umgangs für das Wohl des Kindes insofern Verantwortung, als er den Umgang so gestalten muss, dass das Wohl des Kindes nicht beeinträchtigt wird. Diese Pflicht ist nur selbstverständliche Konsequenz der Tatsache, dass ihm auf gewisse Zeit ein Kind anvertraut wird. Gleiches gilt für die Pflicht, das Kind zu dem verabredeten oder gerichtliche bestimmten Zeitpunkt an die rechtlichen Eltern zurückzugeben. Das sind nur *Folgepflichten aus der Durchführung des Umgangs*, die ein *Recht auf Umgang* nicht begründen können. Im Übrigen ist der Umgangsberechtigte *zu nichts verpflichtet*, er steht für nichts ein. Ihn trifft keine konkrete Pflicht zur Förderung des Kindeswohls,[52] und wie gesagt, noch nicht einmal die Pflicht, dem Kind den Zugang zu ihm zu gewähren.

Die Einseitigkeit des Umgangsrechts Dritter macht das Kind zum bloßen Objekt einer rechtlichen Befugnis. Dies bedeutet nach dem eingangs Gesagten einen Schritt zurück in den Bewusstseinsstand vor der europäischen Aufklärung. In unserer Zeit erleben wir das eigenartige Schauspiel, dass der Staat, gestützt auf ein vom ihm definiertes Kindeswohl, das elterliche Sorgerecht zunehmend mit Pflichten befrachtet und gleichzeitig pflichtenfreie Zugriffsrechte von Dritten auf das Kind generiert.

V. Résumé

1) Umgangsrechte Dritter, die ohne Einwilligung des betroffenen Kindes oder der es vertretenden Eltern erzwungen werden können, beschränken nicht nur das elterliche Sorgerecht, sondern stellen auch schwere Eingriffe in die Persönlichkeitsrechte des Kindes dar. Sie können nur aus triftigen Gründen des Kindeswohls gerechtfertigt werden.
2) Weder eine früher einmal getragenen tatsächliche Verantwortung für das Kind noch die einseitige Absicht, ein Familienleben mit dem Kind herzustellen, können das Umgangsrecht mit einem Kind begründen. Soweit zusätzlich die Abstammung eine Rolle spielen könnte, ist ihre Bedeutung in den einschlägigen Gerichtsentscheidungen nicht geklärt.
3) Das Kindeswohl kommt in diesem Zusammenhang nur unzureichend zum Tragen, wenn es als bloßes Korrektiv für ein schon auf anderer Grundlage (früher getragene Verantwortung, einseitiger Wunsch nach Familienleben) konstruierten Umgangsrechts eingesetzt wird.
4) Umgangsrechte Dritter, die nur einseitig bestehen und mit denen keine dem Kind gegenüber bestehende Verpflichtung erfüllt wird, machen das Kind zum bloßen Objekt der Interessen Erwachsener. Ihre Gewährung durch das heutige Recht bedeutet einen Rückfall in ein Denken, das in der Aufklärung schon vor über 300 Jahren überwunden wurde.
5) Retour aux Lumières!

Veröffentlicht in: Katharina Hilbig-Lugani et al. (Hrsg.), Zwischenbilanz. Festschrift für Dagmar Coester-Waltjen zum 70. Geburtstag, Gieseking Verlag, Bielefeld 2015, S. 223–233.

52 *Isabell Götz*, in Palandt, Bürgerliches Gesetzbuch, 74. Aufl. 2015, § 1686a Rn. 1 („keine Pflichten"); *Heike Hennemann*, in Münchener Kommentar zum BGB, 6. Aufl. 2012, § 1685 Rn. 1.

Elterliche Sorge und Religion

I. Religion – eine Erziehungsfrage wie jede andere?

Sehr verehrte Vorsitzende, liebe Kolleginnen und Kollegen,

etwas beklommen stehe ich hier vor Ihnen. Wenn es gilt, über Religion zu sprechen, kann der Jurist nur scheitern. Schon die vielfältigen Deutungen des Phänomens „Religion" von der Scholastik bis Voltaire, von Lessing bis Hegel, von Nietzsche bis Heidegger erzeugen Ratlosigkeit, die durch den Bezug zum Familienrecht nicht geringer wird. Ich bitte Sie also um Nachsicht in der stillen Hoffnung, dass nicht nur dem Anfang, sondern auch dem Scheitern ein Zauber innewohnen kann.

Nun werden Sie vielleicht sagen: Was führt er sich so auf? Die Sache ist doch ganz einfach. Elterliche Sorge ist umfassende Fürsorge für das Wohl des Kindes. Der Mensch will nicht nur irgendwie leben, nicht nur täglich gesättigt werden und in einer Behausung den nötigen Schlaf und den Schutz vor Nässe und Kälte finden. „Der Mensch lebt nicht vom Brot allein." (Matthäus 4, 4). Er will darüber hinaus einen Sinn in seinem Leben sehen, der auf etwas verweist, was *außerhalb seiner selbst* ist. Er hat – wie man sagt – ein „religiöses Bedürfnis", und also ist es Aufgabe der Eltern, das Kind auch zu einer Religion oder Weltanschauung hinzuführen, ihm zu helfen, eine religiöse Orientierung zu finden, über die es dann, wenn es zu seinen Jahren gekommen ist, autonom selbst entscheidet. Also: Religiöse Erziehung ist selbstverständlicher Teil der Erziehung überhaupt.[1]

Natürlich weiß man in aufgeklärten Gesellschaften, dass Religion eine sehr sensible, höchstpersönliche Angelegenheit ist. Jeder soll mit dem Wort des großen Preußenherrschers Friedrich II. *nach seiner Fasson selig werden* können. Einflüsse Dritter werden mit Argwohn beäugt. Daher die frühe Religionsmündigkeit, daher Besonderheiten für Vormünder und Pfleger.[2] Doch wird das Prinzip nicht in Frage gestellt: Die religiöse Erziehung ist selbstverständlicher Teil der Personensorge – „von Mutterleib und Kindesbeinen an", wie es in dem schönen Kirchenlied heißt.

Was also soll da so besonders problematisch sein? Wir stellen uns eine utopische Stadt vor. Dort werden mehrere Tempel betrieben, zur Verehrung verschiedener Gottheiten oder unterschiedlicher Facetten derselben Gottheit. Man besucht diese Tempel je nach Empfinden und Bedarf, immer denselben oder auch verschiedene, wirft auch, um die Gottheit milde zu stimmen, Opfergaben in die bereitgestellten Kästen. Jeder besucht die Tempel nach seinem Empfinden und Bedürfnis, die Kinder gehen mit den Eltern mit, bis sie mündig werden und selbst entscheiden. Neigen sie dann einem anderen Tempel zu als die Eltern, entsteht kein Familienzwist. Zur Selbstbestimmung sind die Kinder erzogen und nun machen sie Gebrauch davon. Und um das alles gibt es keine Rechtsprobleme.

Wir spüren: So einfach wie in diesem Utopia ist es bei uns nicht, wohl nirgends. Denn: Religion ist *nicht* Erziehungsangelegenheit wie jede andere. Darüber will ich heute sprechen.[3]

---

1 Dazu *Jestaedt,* Das elterliche Erziehungsrecht, in; *Listl/Pirson,* Handbuch des Staatskirchenrechts der Bundesrepublik Deutschland, 2. Aufl., Bd. 2, 1995, S. 371 ff.; *Coester,* Das Kindeswohl als Rechtsbegriff, 1983, S. 229 ff.

2 § 3 RelErzG; §§ 1784, 1779 Abs. 2, 1801, 1888 BGB.

3 Vielleicht wurde unter dem Thema des Vortrags ein Beitrag zur Diskussion über die Beschneidung erwartet; doch möchte ich es allgemeiner anlegen.

II. Zur Gesetzeslage

Das zeigt sich schon an der deutschen Gesetzeslage. Die „religiöse Erziehung“ ist Gegenstand des außerhalb des BGB gelegenen „Gesetzes über die religiöse Kindererziehung“,[4] so als wäre sie eine ganz spezielle, mit den Begriffen des allgemeinen Kindschaftsrechts nicht erfassbare Angelegenheit. Dieses Gesetz stammt aus den Anfangsjahren der Weimarer Republik und hat mit erstaunlicher Zähigkeit die Zeiten überdauert: den Nationalsozialismus,[5] das Sorgerechtsgesetz von 1979,[6] die Kindschaftsrechtsreform von 2007,[7] und auch das FamFG – abgesehen davon, dass für „Streitigkeiten aus diesem Gesetz“ seit 1. September 2009 nicht mehr die Vormundschaftsgerichte, sondern die Familiengerichte zuständig sind.[8]

Der sachliche Gehalt des Gesetzes ist über die Zeiten hinweg geblieben, obwohl es eindeutig veraltet ist: Das Gesetz geht zum Beispiel noch immer davon aus, dass gemeinsam sorgeberechtigte Eltern miteinander verheiratet sind.[9] Zum allgemeinen Kindschaftsrecht des BGB bestehen ansonsten keine schroffen Widersprüche. Primär kommt es auf die „freie Einigung“ der sorgeberechtigten Eltern an.[10] Aber das Gesetz über die religiöse Kindererziehung läuft irgendwie isoliert neben dem allgemeinen Kindschaftsrecht her. Erst partielle Verweisungen öffnen den Weg zum BGB, so in § 2 Abs. 1: Wenn keine Elterneinigung besteht, gelten die Vorschriften des BGB über das Personensorgerecht; nach § 7 S. 2 des Gesetzes ist ein Einschreiten des Gerichts von Amts wegen nur unter den Voraussetzungen des § 1666 BGB statthaft. Dieses Nebeneinander führt zu Zweifelsfragen, z.B. bei der Vorschrift des § 2 Abs. 2, wonach während bestehender Ehe kein Elternteil ohne Zustimmung des anderen das Bekenntnis des Kindes ändern oder es vom Religionsunterricht abmelden kann – man fragt, wie sich diese Regelung zum Sorgerecht verhält und was die zeitliche Einschränkung auf die bestehende Ehe bedeuten soll.

Warum der Gesetzgeber bei seinem permanenten Reformdrang im Familienrecht die religiöse Erziehung beharrlich auslässt, führt in den Bereich der Mutmaßungen. Wahrscheinlich fehlt die Courage, sich des Themas anzunehmen.

III. Der frühe Beginn der „religiösen Erziehung“

Auch in der Sache fällt es schwer, die religiöse Erziehung als einen Sorgebereich zu betrachten wie andere auch. Die *Bedürfnisse*, die ein Kind hat, können wir danach unterscheiden, ob sie *sogleich nach der Geburt* – und dann fortlaufend – befriedigt werden müssen, wie Nahrung, Obdach, Hygiene, oder ob sie sich *erst im Laufe der Kindheitsentwicklung* melden, wie Lesen, Schreiben oder Ausbildung, und erst dann Gegenstand der Fürsorge sind. So bestimmen die Eltern für das neugeborene Kind nicht etwa von vorn herein einen bestimmten Beruf, sie lassen das Kind erst einmal heranwachsen, um zu sehen, welche Interessen und Begabungen sichtbar werden und wozu das heranwachsende Kind schließlich selber neigt.

Die Religion hingegen gehört offenkundig zu den Bedarfsposten, die möglichst rasch nach der Geburt zu befriedigen sind. Obwohl die Wahl der Religion Folgewirkungen für das ganze Leben nach sich zieht, zum Teil sogar Folgewirkungen für ein Leben nach dem Tode verspricht,

---

4 Gesetz über die religiöse Kindererziehung vom 15.7.1921, geändert durch Art. 63 des Gesetzes vom 17.12.2008 (BGBl. 2008 I S. 2586) im Folgenden „RelErzG“ abgekürzt.

5 Siehe die Kommentierung bei *Palandt*, Bürgerliches Gesetzbuch, 1. Auflage 1938, S. 1522 ff.

6 Gesetz zur Neuregelung des Rechts der elterlichen Sorge (SorgeRG) vom 18.7.1979 (BGBl. I S. 1061), in Kraft seit 1.1.1980.

7 Gesetz zur Reform des Kindschaftsrechts (Kindschaftsrechtsreformgesetz – KindRG) vom 16.12.1997 (BGBl. I S. 2942), in Kraft seit 1.7.1998.

8 § 7 S. 1 RelErzG in heutiger Fassung.

9 § 2 Abs. 2 RelErzG.

10 § 1 S. 1 RelErzG.

erfolgt sie bei uns frühzeitig: Kaum geboren, in einem Alter, da man von der Persönlichkeit des Kindes noch nichts wissen kann, wird das Kind herkömmlichem Brauch folgend der christlichen Taufe zugeführt, oder es wird *schon von Geburt an* kraft Abstammung, also ohne einen Initialritus, der Religion der Eltern zugerechnet, wie im Judentum kraft Abstammung von einer jüdischen Mutter.[11]

Die Zuführung des Kindes zu einer Religion geschieht dabei nicht – wie bei der Ausbildung – nach einer rationalen Auswahl. Man könnte sich ja vorstellen, dass sich die Eltern erst einmal darüber informieren, was es auf der Palette der Religionen und Weltanschauungen denn so alles gibt; dass sie die vielfältigen Heilsverheißungen, welche die Religionen für das Diesseits und das Jenseits anbieten, erst einmal vergleichen, bevor sie mit der religiösen Erziehung ihres Kindes beginnen. Sie sind ja, wie die Kommentare betonen, bei der Wahl der Religion für ihr Kind *nicht* an die Religion gebunden, der sie selbst angehören.[12] Sie könnten für das Kind also auswählen.

Aber das tun die Eltern nicht. Wie selbstverständlich bestimmen sie ihre eigene Religion auch für das Kind, und üben dabei nicht ihre eigene Religionsfreiheit aus, sondern treuhänderisch die des Kindes.[13] Und zwar – mit Billigung der Kommentierungen – möglichst früh, in einem Zeitpunkt, in dem das Kind noch nicht im Entferntesten ahnen kann, was mit ihm geschieht.[14] „Denn ist nicht alles, was man Kindern tut, Gewalt?“ stellt der Patriarch in Lessings „Nathan der Weise“ die rhetorische Frage, um allerdings hinzuzufügen „Zu sagen – ausgenommen, was die Kirch an Kindern tut“.[15]

Die frühe Festlegung wird auch vom Lehrinhalt vieler Bekenntnisse verlangt. Im Christentum ist es tradierte Lehre, dass die Taufe – das Tor zur Mitgliedschaft in der Kirche Christi – das Heil vermittelt. Im vierten Gesang des Inferno kommt der Dichter der Divina Commedia mit seinem Begleiter Vergil zum ersten Ring, der um den Abgrund kreist, und hört dort die Seufzer der ungetauften Kinder, Frauen und Männer. Dem Dichter wird erklärt:

„Nicht Sünder sind's, jedoch war ihr Verdienst
zu klein, weil sie der Taufe mangelten,
die unseres heil'gen Glaubens Pforte ist.“[16]

Extra ecclesiam nulla salus? Die heutige katholische Theologie pflegt das nicht mehr so streng auszudrücken,[17] aber noch immer steht im geltenden Codex Iuris Canonici: Der tatsächliche Empfang der Taufe oder wenigstens das Verlangen danach ist zum Heil notwendig.[18] Das erklärt auch die Eile, mit der man zur Taufe von Neugeborenen schreitet, sie ist ein Akt der Rettung.

Das mag im Fall einer katholisch-protestantischen Mischehe die katholische Großmutter bewogen haben, ihre Enkelin ohne Wissen der Eltern selbst zu taufen und die Taufe beim katholischen Pfarramt anzumelden; das Kind sei kränklich gewesen. Die evangelische Mutter klagte

---

11 Siehe z.B. die Informationen der Isrealitischen Kultusgemeinde München *http://www.ikg-m.de/kultus-und-religion/kreislauf-leben/geburt-und-beschneidung/*. Für die Aufnahme eines Kindes in die Gemeinde wird die Mitgliedschaft der Eltern vorausgesetzt; für jedes Kind wird ein ausgefülltes und von den Eltern unterschriebenes Antragsformular sowie die Geburtsurkunde des Kindes benötigt: *http://www.ikg-m.de/gemeinde/mitgliedschaft/*.

12 *Jestaedt* (Fn. 1), S. 396; *Staudinger/Salgo* (2007), § 1 RelErzG Rn. 6.

13 Zutreffend *Classen*, Religionsrecht, 2006, Rn. 170.

14 *Staudinger/Salgo* (2007), § 1 RelErzG Rn. 1: Ein Verstehen der Taufe oder anderer religiöser Handlungen durch das Kind ist nicht vorausgesetzt.

15 Vierter Aufzug, Zweiter Auftritt.

16 Übersetzung von *Prietze*, Dantes Göttliche Komödie, Heidelberg 1952, S. 23.

17 Im Dekret über die Missionstätigkeit der Kirche (1966) des II. Vatikanischen Konzils ist davon die Rede, dass Gott auf Wegen, die er kennt, Menschen, die das Evangelium ohne ihre Schuld nicht kennen, zum Glauben führen kann (Art. 7).

18 Codex Iuris Canonici von 1983 (im Folgenden CIC), Canon 849.

beim Amtsgericht Hagen aus § 823 BGB auf Widerruf der Taufanzeige. Sie hatte damit Erfolg,[19] aber nur, weil das Gericht der Großmutter die Taufgeschichte nicht abnehmen mochte. Damit ersparte sich das Gericht schwierige Probleme, denn die Taufe, hätte sie stattgefunden, wäre nach katholischem Kirchenrecht – außer bei Todesgefahr – zwar nicht erlaubt, aber jedenfalls gültig gewesen: *Jeder*, der es ernst damit meint, kann nach Kirchenrecht gültig taufen, auch der Laie, und selbst ein Nichtchrist – *quilibet homo debita intentione motus*.[20] Nur sich selbst kann man nicht taufen.

IV. Das Interesse der Religionsgemeinschaften

Die Religionsfrage bildet auch deshalb einen eigenartigen Bereich der elterlichen Sorge, weil sie keine bloße Angelegenheit der beteiligten Individuen ist. Von vorn herein kommen auch gesellschaftliche Mächte ins Spiel, z.B. der Staat mit seinem öffentlichen Angebot an Religionsunterricht, und die Religionsgesellschaften, die an die Eltern mit nachdrücklichen Erwartungen herantreten. Der Satz „Religion ist Privatsache" ist in unserem System nur zur Hälfte wahr.

Das hat mit einer Eigenart des bei uns entwickelten Religionswesens zu tun, welche die Zugehörigkeit zu einer Glaubensrichtung von *vorn herein zu einer rechtlichen Angelegenheit* zu machen pflegt. Sogleich erscheint nämlich eine rechtlich verfasste Organisation auf der Bildfläche, die den Gläubigen als Mitglied haben möchte. Das ist nicht notwendig so. Man kann sogar ohne rechtliche Organisation eine Religion gründen. Angenommen, jemand findet die alten germanischen Götter verehrungswürdig und sammelt eine Anhängerschar. Diese könnte sich ohne weiteres an alten Eichen zur Anrufung Donars versammeln, ohne gezwungen zu sein, eine vereinsrechtliche Bindung einzugehen – der Kult besteht, bis er sich verläuft.

So ist es aber gewöhnlich nicht. Religion pflegt bei uns *nicht nur eine individuelle* Befindlichkeit des glaubenden Einzelmenschen oder einer unorganisierten Gesinnungsgruppe zu sein, sondern ist gewöhnlich mit der Mitgliedschaft in einer Vereinigung verknüpft, und zwar nicht nur im spirituellen Sinne („Gemeinschaft der Heiligen", „Volk Gottes"), sondern in einem doziert juristischen: *Man hängt einem Glauben an und ist zugleich Mitglied in einer Organisation.* Wie in der Entwicklung des Christentums die enge Verknüpfung von Glauben und Mitgliedschaft in einer juristischen Person entstanden ist, gehört zu den spannendsten Fragen der Kirchengeschichte, die weiterer Forschung bedürfte.[21] Nicht alle Religionen kennen dieses Phänomen in gleicher Weise.[22]

Der Zusammenhang von Glaube und Organisation bestimmt auch die religiöse Erziehung. So öffnet die christliche Taufe nicht nur die Pforte zur ewigen Seligkeit, sondern begründet auch die rechtliche Zugehörigkeit zu einer Kirche, die größten Wert auf frühzeitige Rekrutierung ihres Mitgliederbestandes legt. Nach kanonischem Recht sind die Eltern verpflichtet, dafür zu sorgen, dass ihre Kinder innerhalb der ersten Wochen getauft und so Mitglieder der Kirche werden.[23] Mit der Taufe ist nach kirchlichem Verständnis die rechtliche Bindung an die Organisation „Kirche" verknüpft.[24] So auch nach protestantischem Verständnis: Durch die Taufe

---

19 AmtsG Hagen NJW-RR 2012, 1410, 1411.

20 Canon 861 § 2 CIC.

21 Soweit ich sehe, war es vor allem *Rudolph Sohm*, der mit seiner These, Kirche und Kirchenrecht seien miteinander unvereinbar, dem Thema nahegekommen ist; siehe *Sohm, Kirchenrecht*, Bd. 2, 1923, S. 14 ff. Zum Thema der Verrechtlichung der Religion siehe auch die Beiträge in: *Kippenberg/Schuppert*, Die verrechtliche Religion, Tübingen 2005.

22 Einen rechtsvergleichenden Einblick in das Verhältnis von Religionsgemeinschaft und Staat bieten die Beiträge in: *Javier Martinez-Torrón/W. Cole Durham, Jr.*, Religion and Secular State. La religion et l'Etat laïque, Whashington D.C: 2010.

23 Can. 867 § 1 CIC.

24 Can. 849 CIC („durch sie werden die Menschen ... der Kirche eingegliedert").

wird die Kirchenmitgliedschaft in der betreffenden *Kirchengemeinde* und zugleich die Mitgliedschaft in der *übergeordneten Gliedkirche*, z.B. in der evangelisch-lutherischen Landeskirche Hannover[25] und zugleich die Mitgliedschaft in der Evangelischen Kirche in Deutschland (EKD)[26] erworben – mit der Taufe ist das Kind also mit einem Schlag Mitglied in *drei* rechtlich verfassten Organisationen, mit vollen Rechten und Pflichten.[27]

Mit dieser Verknüpfung von Glauben als spiritueller Befindlichkeit des Einzelnen und korporativer Zuordnung hat wohl auch die merkwürdige Terminologie des Gesetzes über die religiöse Kindererziehung zu tun, die einerseits von „religiöser Erziehung"[28] spricht, andererseits von „Bestimmung des religiösen Bekenntnisses".[29] Während „religiöse Erziehung" sich nicht in einem Erklärungsverhalten erschöpft, sondern – wie Erziehung überhaupt – fortlaufende Interaktion ist, zielt der Begriff „Bestimmung des Bekenntnisses" auf einen gestaltenden Erklärungsakt. Bezeichnenderweise versichern uns die Kommentierungen, die Bestimmung des Bekenntnisses könne auch *stillschweigend* geschehen,[30] behandeln sie also als Willenserklärung. Die „Bestimmung des religiösen Bekenntnisses" nimmt offenbar Bezug auf die Vorstellung von einer *rechtlichen Zuordnung* des Kindes zu einer Religionsgemeinschaft. Das ist selbstredend nicht das Ganze der religiösen Erziehung, aber die mit dem Erziehungsrecht verbundene Befugnis, *auch die rechtliche Bindung* des Kindes an einer Religionsgemeinschaft zu begründen. [31] Das verlangt notwendig einen Rechtsakt. Es kann also nicht stimmen, wenn die religiöse Erziehung lediglich der tatsächlichen Personensorge zugerechnet wird.[32]

Die Verknüpfung der religiösen Erziehung mit der Mitgliedschaft des Kindes in einer Organisation wird in Deutschland dadurch gesteigert, dass es sich bei den großen Kirchen – inzwischen auch bei vielen kleineren Religionsgemeinschaften – um *Körperschaften des öffentlichen Rechts* handelt. Wir verdanken diese Rechtslage der Übernahme der Kirchenartikel der Weimarer Reichsverfassung in das Grundgesetz.[33] Der Täufling erwirbt mit dem Heilszeichen der Taufe zugleich die Mitgliedschaft in einer staatsähnlichen, mit hoheitlichen Befugnissen und namentlich dem öffentlichen Besteuerungsrecht[34] ausgestatteten Organisation.

Ob die Bedeutung der Taufe als Akt der Eingliederung in eine Hoheitsorganisation allen Eltern, die ihre Kinder taufen lassen, bewusst ist, kann diskutiert werden. Das Fehlen eines solchen Bewusstseins hätte nach heutiger Rechtslage aber keine Bedeutung. Es gibt hier keinen

---

25 Siehe zum Beispiel Art. 5 Abs. 1 der Verfassung der Evangelischen Landeskirche Hannovers vom 1.7.1971, zuletzt geändert durch Kirchengesetz vom 7.12.2011 (KABl. 2011, 263); Artt. 8, 12 der Kirchengemeindeordnung Hannover vom 28.4.2006, zuletzt geändert durch Kirchengesetz vom 19.7.2012 (KABl. 2012, 226).

26 Kirchengesetz der EKD über die Kirchenmitgliedschaft, das kirchliche Meldewesen und den Schutz der Daten der Kirchenmitglieder (Kirchengesetz über Kirchenmitgliedschaft) vom 10.11.1976 (ABl. EKD 1976, 389), § 2 Abs. 2: „Durch seine Mitgliedschaft in einer Kirchengemeinde und in einer Gliedkirche gehört das Kirchenmitglied zugleich der Evangelischen Kirche in Deutschland an."

27 Sogar die Mitgliedschaft von noch Ungetauften wird – offenbar aufgrund vermuteten Elternwillens – reklamiert, wenn die Eltern Kirchenglieder sind. So bestimmt § 8 Abs. 2 S. 1 der Kirchengemeindeordnung Hannover (Fn. 25): „Ein ungetauftes religionsunmündiges Kind, dessen Eltern Glieder der Kirchengemeinde sind, hat die Rechtsstellung eines Gliedes der Kirchengemeinde, es sei denn, dass die Erziehungsberechtigten erklären, das Kind solle nicht Glied der Kirchengemeinde sein." Das Gleiche soll gelten, wenn nur ein Elternteil Gemeindeglied ist, solange das Einverständnis (gemeint wohl: unter den Eltern) über eine Erziehung im evangelisch-lutherischen Bekenntnis besteht (ebenda S. 2). Unabhängig von diesen Voraussetzungen soll die Gliedstellung dem ungetauften Kind zudem allein schon solange zustehen, als es am „kirchlichen Unterricht teilnimmt" (ebenda S. 3).

28 § 1 S. 1 RelErzG.

29 § 2 Abs. 2, § 3 Abs. 1, Abs. 2 RelErzG.

30 *Jestaedt* (Fn. 1), S. 394. *Staudinger/Salgo* (2007), § 1 RelErzG Rn. 7; OLG Düsseldorf, FamRZ 2013, 140.

31 *Staudinger/Salgo* (2007), § 1 RelErzG Rn. 1.

32 *Staudinger/Peschel-Gutzeit* (2007), § 1626 Rn. 58.

33 Art. 140 GG mit Bezug auf Art. 137 Abs. 5 Weimarer Reichsverfassung.

34 Art. 140 GG mit Bezug auf Art. 137 Abs. 6 Weimarer Reichsverfassung.

Ansatz zu einem Verbraucherschutzrecht, das die Aufklärung der Eltern – stellvertretend für ihre unmündigen Kinder – als Wirksamkeitsvoraussetzung verlangen oder ein Widerrufsrecht begründen würde. Dazu ein Beispiel: Ein katholisch getauftes Kleinkind hatte einen Geschäftsbetrieb geerbt und war nach Auffassung der Kirchensteuerbehörde zur Abführung von Kirchensteuer verpflichtet. Im Alter von 15 Jahren trat der junge Mann aus der Kirche aus und verweigerte die Zahlung der rückständigen Steuerschulden mit der Begründung, seine Eltern seien bei der Taufe nicht ausreichend über die rechtliche Tragweite dieses Schrittes aufgeklärt gewesen; der Codex Iuris Canonici sei ihnen nicht vorgelegt worden, und selbst wenn, hätten sie kein Latein verstanden. Mit dieser Argumentation hatte der Jüngling bei den Finanzgerichten bis hin zum Bundesfinanzhof kein Glück: Die Entscheidung für die Taufe hätten die sorgeberechtigten Eltern wirksam für das Kind getroffen; dass der Codex nicht in Deutsch, sondern in Latein abgefasst sei, sei Sache des kirchlichen Selbstbestimmungsrechts.[35] Auch das Bundesverfassungsgericht lässt es für die Steuerpflicht genügen, dass die Kirchenmitgliedschaft auf der im Kindesalter und mit Zustimmung der Eltern vollzogenen Taufe beruht.[36]

„Religiöse Erziehung“ kann also weit mehr sein als die Vermittlung bestimmter Glaubensinhalte und Wertmaßstäbe. Vielmehr wird gewöhnlich für das Kind ein Mitgliederstatus in einer rechtlichen Organisation begründet, die sich zudem nach dem gegenwärtigen Staatskirchenrecht bei bestimmten Religionsgesellschaften als Hoheitsgebilde darstellt.

V. Spannungen zwischen Kirchen- und Familienrecht bei der Mitgliedschaftsbegründung

Das ist der Hintergrund für Diskrepanzen, die sich zwischen dem Familienrecht und dem Religionsrecht ergeben können. Die Frage ist: Wie wird das Kind Mitglied in einer Religionsgesellschaft? Angenommen, ich bin in der Seele ein begeisterter Grieche („das Land der Griechen mit der Seele suchend“)[37] und Anhänger der altgriechischen Religion mit all den schönen Göttinnen und Göttern. Ich finde Gleichgesinnte, wir gründen einen Artemis-Verein, dem sich weitere anschließen wollen. Wie wird man Mitglied? Selbstverständlich durch Beitritt, und das ist juristisch besehen ein Vertrag zwischen dem Beitrittswilligen und dem Verein.[38] Wenn ein Kind unter 14 Jahren Mitglied werden will, müssen die Eltern als gesetzliche Vertreter handeln oder zustimmen. Auch das beschränkt geschäftsfähige Kind bedarf der Mitwirkung der Eltern, weil es durch die Vereinsmitgliedschaft nicht lediglich einen rechtlichen Vorteil erlangt (§ 107 BGB).

Wird auch die Mitgliedschaft in den großen christlichen Kirchen auf diese Weise erworben? „Gott behüte!“ sagen uns die Kirchen. Kirchenglied wird man durch „durch die Taufe“, allenfalls verbunden mit dem ständigen Aufenthalt in einem bestimmten Gebiet, und durch nichts anderes. „Das mag religiös gesehen so sein“, könnten wir erwidern, aber in der Taufe als religiösem Ritus kommt doch die Einigung zwischen der taufbereiten Kirche, vertreten durch den Zelebranten, und dem Kind, vertreten durch seine sorgeberechtigten Eltern zum Ausdruck. Anders ausgedrückt: Das Taufgeschehen enthält schlüssig eine Beitrittsvereinbarung als juristischen Kern.[39]

Das allerdings ist nicht die Auffassung der kirchlichen Ordnungen. Diese lösen das Recht der Taufe weitgehend vom bürgerlichen Familienrecht ab. Nach *katholischem Kirchenrecht* ist eine Taufe zwar nur erlaubt, wenn die Eltern oder wenigstens ein Elternteil zustimmen.[40] Dabei

35 BFHE 138, 303 = FamRZ 1984, 169 (LS).
36 Grundlegende Entscheidung vom 31.3.1971, BVerfGE 30, 415.
37 Goethe, Iphigenie auf Tauris, Erster Aufzug, erster Auftritt.
38 BGHZ 101,193.
39 Die Taufe als besondere Form des Beitritts begriffen bei *Classen*, Religionsrecht, 2006, Rn. 345.
40 Can. 868 § 1 No. 1 CIC.

wird aber auf das staatlich geregelte Sorgerecht kein Bezug genommen. Es genügt die Zustimmung *eines Elternteils*, von Sorgerecht ist nicht die Rede. Und auch diese Zustimmung ist Bedingung nur der *Erlaubtheit*, nicht der *Gültigkeit* der Taufe.[41] Sogar *gegen den Willen beider sorgeberechtigten Eltern* kann gültig getauft werden, bei Todesgefahr für das Kind wird das ausdrücklich erlaubt, sogar für den Fall, dass die Eltern selbst nicht katholisch sind.[42]

Die *evangelischen Ordnungen* stehen dem staatlichen Familienrecht näher, ohne aber mit ihm völlig zu harmonieren. Im Kirchengesetz über die Taufe der evangelisch-lutherischen Landeskirche Hannover[43] heißt es zwar: Kinder werden auf Verlangen der Eltern oder Sorgeberechtigten getauft (gemeint sind hier die Eltern oder *sonstige* Sorgeberechtigter wie Vormund oder Pfleger). Es genügt aber das Verlangen *eines* Elternteils, wenn der andere nicht widerspricht.[44]

Auch im üblichen Fall, dass beide Elternteile das Sorgerecht gemeinsam ausüben, ist das familienrechtlich nicht haltbar. Eine Regel, dass bei gemeinsamer gesetzlicher Vertretung ein Elternteil allein handeln kann, wenn der andere nicht widerspricht, ist dem deutschen Kindschaftsrecht fremd. Außer bei bloß passiver Stellvertretung (§ 1629 Abs. 1 Satz 2 Hs. 2 BGB) ist ein Zusammenwirken der Eltern erforderlich, entweder indem *beide* als Gesamtvertreter handeln, oder der eine dem Handeln des anderen zustimmt oder der eine dem anderen entsprechende Untervollmacht erteilt hat.

Freilich ist zuzugestehen, dass die Ausübung der gemeinsamen gesetzlichen Vertretung für das Kind in der Praxis auch außerhalb des Religionsbereichs Schwierigkeiten bereitet, wenn nur ein Elternteil handelt und sich für Dritte die Frage ergibt, ob sie auf das Einverständnis des abwesenden Elternteils vertrauen können. Das Problem spielt bei der Einwilligung der Eltern in eine ärztliche Behandlung ihres Kindes eine besondere Rolle. Der VI. Zivilsenat des BGH[45] hat sich hier zu einer differenzierenden Lösung verstanden: In Routinefällen wie leichteren Erkrankungen darf der Arzt ungefragt darauf vertrauen, dass der andere Elternteil den handelnden ermächtigt hat; in schwereren Fällen (ärztliche Eingriffe schwererer Art mit nicht unbedeutenden Risiken) muss sich der Arzt um Klarheit darüber bemühen, ob der erschienene Elternteil die beschriebene Ermächtigung des anderen hat und wie weit diese reicht; er wird aber, solange dem nichts entgegensteht, auf eine wahrheitsgemäße Auskunft des erschienenen Elternteils vertrauen dürfen; bei schwierigen und weitreichenden Entscheidungen (Herzoperation) muss sich der Arzt hingegen vergewissern, dass der andere Elternteil einverstanden ist. Ähnliche Fragen tauchen zum Beispiel bei dem Anmelden eines Kindes in einem Kindergarten und bei Einschulungen auf.

Auf den Bereich der Mitgliedschaft in einer Religionsgemeinschaft sind die genannten Grundsätze nicht übertragbar. Denn hier geht es nicht um die Notwendigkeit einer möglicherweise eiligen Maßnahme zum Schutz der Gesundheit des Kindes, sondern um eine Grundentscheidung für das Leben. Sind sich die sorgeberechtigten Eltern einig, so steht einer gemeinsamen Entscheidung nichts im Wege; sind sie sich hingegen nicht einig, so muss nach den Regeln des bürgerlichen Kindschaftsrechts[46] *vor der Taufe* geklärt werden, welcher Elternteil

41 *Hierold*, in: *Listl/Schmitz*, Handbuch des katholischen Kirchenrechts, 2. Aufl. 1999, S. 815.

42 Can. 868 § 2 CIC. Bedenken hiergegen bei *Hierold* (Fn. 41), S. 816. Genau besehen findet man in den kirchenrechtlichen Darstellungen noch nicht einmal die Aussage, dass der Taufwille eines *erwachsenen* Täuflings Voraussetzung der *Gültigkeit* der Taufe sei.

43 Kirchengesetz über die Taufe vom 5.3.1971 (KABl. 1971, 60; zuletzt geändert durch Kirchengesetz vom 13.12.2006, KABl. 2006, 43), § 2.

44 Die Ausführungsbestimmungen zum Kirchengesetz über die Taufe vom 24.1.2007 enthalten den Satz „Die staatlichen Bestimmungen über das Personensorgerecht sind zu beachten (3. zu § 2 Abs. 2 S. 3). Es fragt sich aber dann, warum die so kommentierte Grundregel überhaupt auf das „Verlangen" nur eines Elternteils abstellt.

45 FamRZ 1988, 1142.

46 §§ 1628 oder 1671 BGB.

bestimmen darf. Das gilt auch, wenn die Eltern getrennt leben: Keinesfalls ist die Mitgliedschaft in einer Religionsgemeinschaft eine „Angelegenheit des täglichen Lebens", über die der obhutführende Elternteil nach § 1687 Abs. 1 S. 2 BGB allein entscheiden könnte.[47]

Besteht nach staatlichem Kindschaftsrecht *die alleinige Personensorge* eines Elternteils, so kommt es allein auf dessen Einwilligung in die Taufe des religionsunmündigen Kindes an. Die Taufe ohne den Willen des religiös Erziehungsberechtigten stellt sich familienrechtlich gesehen als widerrechtlicher Eingriff zugleich in das Elternrecht und in das Persönlichkeitsrecht des Kindes dar.

Daraus ergibt sich das Grundproblem, wie sich die mangelnde gesetzliche Vertretung des Kindes bei der Taufe auf die Begründung der Kirchenmitgliedschaft auswirkt. Wie verhalten sich staatliches Personen- und Familienrecht einerseits und Kirchenrecht andererseits zueinander? Wenden wir das bürgerliche Recht an, so ist die Antwort eindeutig: Ein Elternteil, der ohne hinreichende Vertretungsmacht den Eintritt des Kindes in eine Religionsgemeinschaft veranlasst, handelt als Vertreter ohne Vertretungsmacht – mit den Folgen der §§ 177 ff. BGB.

Eine andere Auskunft erhalten wir aus dem Kreise von Kirchen- und Staatsrechtlern. Die Frage, wie die Mitgliedschaft in einer Religionsgemeinschaft erworben wird, sei – so wird gesagt – Sache des grundgesetzlich garantierten Selbstverwaltungsrechts der Kirchen. Der Staat kann zwar um der Religionsfreiheit willen den *Kirchenaustritt* regeln; der *Kircheneintritt* hingegen ist alleinige Sache der Kirchen.[48] Wenn nach solchem Verständnis die kirchenrechtlich gültige Taufe „als solche" die Kirchengliedschaft begründet, dann kommt es auf eine vom bürgerlichen Recht geforderte Mitwirkung der Eltern nicht an.

Ist das haltbar? Dazu ein Fall, der den Bayerischen Verwaltungsgerichtshof beschäftigt hat.[49] Geschiedene Eheleute hatten eine Tochter, für die sie das Sorgerecht gemeinsam ausübten. Die Mutter ließ das inzwischen dreijährige Mädchen gegen den Willen des Vaters in einer katholischen Pfarrkirche taufen. Der Vater klagte auf dem Verwaltungsrechtsweg gegen die Kirchengemeinde mit dem Antrag, die Taufe für nichtig zu erklären.

Damit hatte er kein Glück. Die Spendung des Sakraments unterliege, so sagt der Gerichtshof, als innerkirchliche Angelegenheit nicht der Überprüfung durch die staatliche Gerichtsbarkeit. Anderes, sagte der Gerichtshof, möge für ihre mittelbaren Folgen gelten, soweit sie auf staatlichen Befugnissen beruhen wie z.B. Kirchensteuerfragen. Auch Fragen des elterlichen Sorgerechts würden vom Selbstbestimmungsrecht der Kirchen nicht berührt und unterstünden der Rechtsprechung der Familiengerichte. Die Spende des Sakraments jedoch unterliege als innerkirchliche Angelegenheit nicht der Überprüfung durch die staatliche Gerichtsbarkeit. Insoweit hätten staatliche Gerichte bei unterschiedlicher Auffassung der Eltern zwar zu entscheiden, in welchem Sinne das Kind zu erziehen ist, möglicherweise bis hin zu der Frage, ob für das Kind wiederum der Kirchenaustritt erklärt werden soll. Die Wirksamkeit der Taufe bleibe nach der maßgebenden katholischen Glaubenslehre davon indes unberührt. Die Klage wurde abgewiesen.

Was ist falsch an dieser Entscheidung? Richtig ist, dass ein staatliches Gericht über *die Gültigkeit einer Taufe als religiösem Akt nicht zu befinden* hat. Der Senat hätte aber fragen sollen, was der Kläger eigentlich wollte. Diesem war es wahrscheinlich gleichgültig, ob die Taufe beim Kind

---

47 *Staudinger/Salgo* (2007), § 1 RelErzG Rn. 5; *Staudinger/Peschel-Gutzeit* (2007), § 1628 Rn. 29; *Schwab,* FamRZ 1998, 457, 468; AmtsG Monschau FamFR 2012, 405.

48 In diesem Sinne z.B. *Marré,* Das kirchliche Besteuerungsrecht, in: *Listl/Pirson,* Handbuch des Staatskirchenrechts der Bundesrepublik Deutschland, 2. Aufl., Bd. 1, 1994, S. 1101, 1119. Auf das Gleiche läuft die Auffassung bei *v. Campenhausen/de Wall* (Staatskirchenrecht, 4. Aufl. 2006, S. 150) hinaus: Der Staat habe bei den öffentlich-rechtlichen Körperschaften auf die Normierung des Kircheneintritts „verzichtet" und den kirchenrechtlichen Regelungen insoweit Rechtsverbindlichkeit „auch für den weltlichen Bereich" zuerkannt."

49 BayVGH FamRZ 2012, 911.

religiöse Wirkungen entfaltete. Er wollte aber festgestellt wissen, dass sein Kind *nicht Mitglied der Kirche als einer auf dem Boden des staatlichen Rechts sich bewegenden Organisation* geworden ist, und zwar weil das Kind bei der Erklärung seines Beitrittswillens nicht ordnungsgemäß vertreten war. Der Verwaltungsgerichtshof war ja nahe an diesem Punkt angelangt, als er feststellte, die Fragen der elterlichen Sorge würden vom Selbstbestimmungsrecht der Kirchen nicht berührt; doch glaubte er, die Möglichkeit des späteren Kirchenaustritts gleiche die Nichtbeachtung des Sorgerechts bei der Taufe aus.

Der Verwaltungsgerichtshof hätte fragen müssen: Wie ist begründbar, dass Organisationen, seien sie Körperschaften, Gesellschaften oder Vereine, die sich auf dem Boden des staatlichen Rechts bewegen, also Grundstücke erwerben, Arbeitsverträge abschließen, zwangsweise Beiträge von den Mitgliedern erheben etc., in der Frage, *wer bei ihnen Mitglied ist*, das staatliche Recht beiseiteschieben können? Hätte sich der Gerichtshof darauf eingelassen, wäre er allerdings auf eine Mine getreten. Denn diese Fragestellung setzt die Unterscheidbarkeit einerseits der Kirche als theologischer Größe, andererseits als einer vom Staat für seinen Bereich als rechtsfähig anerkannten Organisation voraus. Gerade diese Differenzierung scheuen die Kirchen wie der Teufel das Weihwasser. Hintergrund ist bekanntlich die Kirchenaustrittsproblematik, in der das Erzbistum Freiburg im Jahr 2012 einen Prozess vor dem Bundesverwaltungsgericht verloren hat, um dennoch – zusammen mit den anderen christlichen Großkirchen – in der Sache zu frohlocken. Den Grund der Freude bildet der Kernsatz des Gerichts, dass es nicht möglich sei, einen Kirchenaustritt so zu erklären, dass man *nur die Kirche als Körperschaft des öffentlichen Rechts verlassen*, im Übrigen in der Religionsgemeinschaft als Glaubensgemeinschaft verbleiben will.[50] Nichts oder alles![51]

Die Auffassung, zwischen „Kirche" als religiöser/rein kirchenrechtlicher Einheit und der vom staatlichen Recht anerkannten „Kirche" als Körperschaft des öffentlichen Rechts könne auf der Ebene des staatlichen Recht nicht unterschieden werden, nährt denn auch die Auffassung, für den Kircheneintritt von Kindern sei die Einhaltung des bürgerlichen Familienrechts belanglos. Diese Auffassung ist unhaltbar, weil sie das Persönlichkeitsrecht des Kindes ebenso verletzt wie die verfassungsrechtlich gewährleisteten Elternrechte.[52] Die Begründung aus dem kirchlichen Selbstbestimmungsrecht müsste zur Folge haben, dass die Kirchen (und dann auch andere Religionsgemeinschaften) völlig autonom darüber entscheiden könnten, welche Personen sie als Mitglieder in Anspruch nehmen. Wird ein solches Recht nur für den rein spirituellen Bereich in Anspruch genommen, so geht das den Staat nichts an. Nicht tolerabel ist jedoch die Befugnis einseitiger Bestimmung, wenn es darum geht, ob eine Person Mitglied der sich auf dem Gelände

50 BVerwG vom 26.9.2012 BVerwGE 144, 171 Rn. 21: „Unzulässig ist eine Erklärung, die selbst oder durch Zusätze den Willen zum Ausdruck bringt, nur die mit der Mitgliedschaft verbundenen Wirkungen im staatlichen Bereich zu beseitigen, also aus der Religionsgemeinschaft in ihrer rechtlichen Gestalt einer Körperschaft des öffentlichen Rechts auszutreten, in der Glaubensgemeinschaft selbst aber zu verbleiben." Die Entscheidung ist in der Lit. umstritten, siehe *Reimer*, JZ 2013, 136; *Löhnig/Preisner*, NVwZ 2013, 39; *Muckel*, NVwZ 2013, 260. Zum Problem ferner u.a. *Löhnig/Preisner*, Zu den Folgen eines Kirchenaustritts nach den Landeskirchenaustrittsgesetzen, AöR 137 (2012), 118 ff.; *Zumbült*, Körperschaft des öffentlichen Rechts und Corpus Christi Mysticum, KuR 2010, 176 ff.; *Mukkel*, Körperschaftsaustritt oder Kirchenaustritt?, JZ 2009, 174 ff.

51 Das Erzbistum war im Verfahren nur deshalb unterlegen, weil nach Meinung des Gerichts der Austrittswillige seinen Willen, *nur* aus der Körperschaft des öffentlichen Rechts auszutreten und sonst in der Kirche zu verbleiben, dem Standesbeamten gegenüber nicht hinreichend verdeutlicht, vielmehr erst durch Verlautbarungen außerhalb des Standesamts bekundet hatte; unerlaubt sind nach Meinung des Gerichts nur Zusätze bei der standesamtlichen Erklärung selbst.

52 Auf die Taufbitte der *sorgeberechtigten* Eltern stellen zutreffend ab: *Unruh*, Religionsverfassungsrecht, 2. Aufl. 2012, § 6 Rn. 180; *Munsonius*, ZevKR 54 (2009), 83, 86 f.; *Classen*, Religionsrecht, 2006, Rn. 340 („Erziehungsberechtigte"); folgerichtig hat nach *Classen* die Nottaufe ohne Willen der sorgeberechtigten Eltern keine Wirkung im weltlichen Bereich.

des staatlichen Rechts bewegenden, ihre Ansprüche mit Hilfe des staatlichen Rechtszwangs durchsetzenden Organisation geworden ist.

Die Selbstbestimmung der Religionsgemeinschaften besteht nur „innerhalb der Schranken des für alle geltenden Gesetzes“ (Art. 140 GG i.V.m. Art. 137 Abs. 3 S. 1 WRV). Art. 4 GG verbietet es nach Auffassung des BVerfG, eine kirchliche Mitgliedschaftsregelung als Grundlage der Kirchensteuerpflicht heranzuziehen, „die eine Person einseitig und ohne Rücksicht auf ihren Willen der Kirchengewalt unterwirft.“[53] Der freie Wille des Kindes wird durch den Willen seiner sorgeberechtigten Eltern repräsentiert und durch nichts anderes. Das ist bei genauem Hinsehen auch die Meinung des BVerfG: „Für den Regelfall der Kindestaufe erklären die *sorgeberechtigten* Eltern die Bereitschaft zur Erziehung des Kindes in diesem Bekenntnis. Dabei wissen sie, dass diesem Akt herkömmlich die Bedeutung der Zugehörigkeit zu der entsprechenden Kirche beigemessen wird.“[54] Das bedingt, dass bei der Mitgliedschaft zwischen der religiösen Gemeinschaft als solcher und den Außenwirkungen der Mitgliedschaft im staatlich-rechtlichen Bereich unterschieden werden muss.[55]

Die Vertreter des traditionellen Staatskirchenrechts sind, wie gesagt, anderer Meinung.[56] Sie übertragen zum Teil die autonome Bestimmung über die Begründung der Mitgliedschaft sogar auf Religionsgemeinschaften des Privatrechts: Auch diese sollen frei über die Regelung ihres Mitgliedschaftsrechts befinden mit der Folge, dass der Erwerb der Mitgliedschaft durch Taufe „ohne Rücksicht auf die privatrechtliche Geschäftsfähigkeit durch Entscheidung der Eltern, für die die Vertretungsregeln des bürgerlichen Rechts nicht maßgebend sind, zulässig“ ist.[57] Rekrutiert der religiöse e.V. also seine Mitglieder nicht nach Vereinsrecht, sondern nach eigenen Regeln?

Für die Unhaltbarkeit eines solchen Autonomieverständnisses ein letztes Beispiel aus dem katholischen Kirchenrecht. Das kanonische Recht macht einen Unterschied zwischen Erwachsenentaufe und Kindertaufe. Kind („*infans*“) ist man bis zur Vollendung des 7. Lebensjahres, nach Vollendung des 7. Lebensjahres wird vermutet, dass man den Vernunftgebrauch erlangt hat.[58] Das bedeutet, dass für ein siebenjähriges Kind die Vorschriften über die Erwachsenentaufe gelten, es kommt nach Kirchenrecht also nur noch auf seinen Willen und nicht mehr auf den seiner Eltern an. Könnte also ein Pfarrer ein siebenjähriges Kind gegen den Willen seiner Eltern taufen mit der Wirkung, dass es Mitglied der „öffentlich-rechtlichen Körperschaft Kirche“ geworden ist?[59]

Ein paralleles Problem ergibt sich bei denjenigen Religionsgemeinschaften, welche, wie die jüdische, die Zugehörigkeit nicht auf einen formalisierten Eintrittsakt, sondern auf die Abstammung (verbunden mit dem jeweiligen Wohnsitz) stützen. Diesbezüglich hat der Bundesfinanzhof[60] dem Bundesverfassungsgericht folgend entschieden, dass eine Mitgliedschaftsregelung, die eine Person einseitig und ohne Rücksicht auf ihren Willen der Kirchengewalt unterwirft,[61] nicht als Grundlage der Kirchensteuerpflicht anerkannt werden kann. Das Gericht verlangt auch bei einer Religion, welche die Mitgliedschaft an die Abstammung anknüpft, einen nach außen

53 BVerfGE 30, 415, 423.

54 BVerfGE 30, 415, 424.

55 Zur Unterscheidung zwischen dem rein internen und den Auswirkungen im „weltlichen Bereich“ siehe auch Hess. VGH NJW 2007, 457.

56 So auch noch VerfGH des Landes Berlin DVBl 2011, 782 (mit Besonderheiten für den Fall, dass jemand über Tatsache, als Kind getauft worden zu sein, „nicht rechnen kann und muss“).

57 Zitate aus *Jurina*, Die Religionsgemeinschaften mit privatem Rechtsstatus, in: *Listl/Pirson*, Handbuch des Staatskirchenrechts der Bundesrepublik Deutschland, 2. Aufl., Bd. 1 S. 705. Nach zutreffender Auffassung von *Unruh* (Rn. 51), § 6 Rn. 179, ist hingegen das Vereinsrecht einschlägig.

58 c. 97 § 2 CIC.

59 Zur Problematik *Benz*, Religionsmündigkeit und elterliches Erziehungsrecht, ArchKathKR 157 (1988), S. 108, 120.

60 BFHE 188, 245 = NVwZ 1999, 1149, 1150.

61 Formulierung aus BVerfGE 30, 415, 423.

zu Tage tretenden Willensakt der betreffenden Person, soweit es um die Kirchensteuerpflicht geht: Als kirchensteuerpflichtiger Angehöriger einer Religionsgemeinschaft wird nur eine solche Person behandelt, die sich persönlich oder durch ihre gesetzlichen Vertreter durch eine nach außen hin erkennbare und zurechenbare Willensäußerung als der Religionsgemeinschaft zugehörig bekannt hat.[62] Für ein noch nicht religionsmündiges Kind können die Eltern dieses Bekenntnis bekunden, der Bundesfinanzhof stellt aber klar, dass es die in Religionsangelegenheiten *sorgeberechtigten* Eltern sein müssen („gesetzliche Vertreter“).

VI. Die Rolle des Staates

Was hat der Staat mit religiöser Erziehung zu tun? Die Geschichte zeigt uns eine Verquickung von Staat, Kirche und Religion, die seit der Weimarer Reichsverfassung im Zeichen der Religionsfreiheit grundsätzlich aufgelöst ist, gleichwohl aber mit fortdauernden Verflechtungen nachwirkt. Die deutlichste ist der Religionsunterricht als ordentliches Lehrfach an den staatlichen Schulen, der gelegentlich zu Spannungen mit dem Elternrecht sorgt, das Thema bleibe aber hier ausgespart.

Wenn man vom Familienrecht her denkt, könnte man sagen: Religiöse Erziehung ist als Teil der Erziehung den Eltern anvertraut; jedoch wacht auch hier über ihre Betätigung die staatliche Gemeinschaft (Art. 6 Abs. 2 S. 2 GG). Auch § 7 S. 2 des Gesetzes über die religiöse Kindererziehung lässt ein Einschreiten des Gerichts Amts wegen unter den Voraussetzungen des § 1666 BGB ausdrücklich zu. Zudem ist der Staat notgedrungen involviert, wenn sich die sorgeberechtigten Eltern in Angelegenheiten der religiösen Kindererziehung nicht einigen können. Es gelten dann die allgemeinen Vorschriften über das Sorgerecht (§ 2 Abs. 1 RelKErzG), also §§ 1627, 1628 BGB, bei Elterntrennung die Vorschrift des § 1671 BGB mit seinen Gestaltungsmöglichkeiten. Der Staat muss im Elternkonflikt entscheiden.[63]

Die Aufgabe, Fragen der Religionsbestimmung zum Gegenstand staatlicher Beurteilung zu machen, löst freilich allgemeines Unbehagen aus. Richtschnur müsste auch hier das Kindeswohl sein. Indes: Lassen sich religiöse Überzeugungen am Kindeswohl messen? Stellen wir uns vor: Ein Kind ist geboren, die Eltern, unterschiedlicher Konfession, können sich nicht einigen, ob es katholisch oder evangelisch getauft werden soll. Sie wenden sich an das Familiengericht mit sich kreuzenden Anträgen auf Übertragung der alleinigen Religionssorge nach § 1628 BGB. Nach welchen Kriterien soll das Gericht entscheiden? Soll es fragen, bei welcher Konfession das Kindeswohl am besten gewahrt oder am wenigsten beeinträchtigt ist? Vor diesem Hindernis scheut das juristische Pferd. Von jeder Einlassung auf die Sache droht der Religionskrieg. Das führt zur These der Injustiziabilität derartiger Fragen.[64] Das aber würde die Verweigerung des Rechtsschutzes bedeuten.

Zudem ist evident, dass die Wahl der Religion mit dem Kindeswohl zu tun haben kann – man braucht sich nur zu erinnern, was im Laufe der Geschichte im Namen von Religion der Menschheit angetan worden ist und auch heute wird, oder man denke an Gruppen, in denen ein Guru diktatorisch über Freiheit und Vermögen der Anhänger herrscht. Allgemeiner gesprochen: Aus der Wertewelt der geltenden Verfassungen und Menschenrechtskonventionen lassen sich sehr wohl Raster gewinnen, anhand derer das Gefahrenrisiko von Religionsgemeinschaften für das nach dieser Wertewelt konstruierte Kindeswohl beurteilt werden könnte. Aber gerade das ist *in abstracto* um der Religionsfreiheit willen nicht erlaubt.[65]

---

62 BFHE 188, 245 = NVwZ 1999, 1149, 1150; KirchE 45, 76-79. Anderer Auffassung noch BVerwGE 21, 330 (Abstammung und Wohnsitz genügen als Anknüpfung der Mitgliedschaft).

63 Zur Problematik auch *Wagner*, FamRB 2012, 254.

64 *Bosch*, FamRZ 1959, 411; *Heußner*, FamRZ 1960, 9, 10. Offen bei LG Mannheim FamRZ 1966, 517.

65 BVerfGE 12, 1,4; *Listl*, Glaubens-, Bekenntnis- und Kirchenfreiheit, in; *Listl/Pirson*, Handbuch des Staatskirchenrechts der Bundesrepublik Deutschland, 2. Aufl., Bd. 1, S. 449.

Die Wahl der Religion *darf* für sich gesehen nicht am Kindeswohl gemessen werden. Das staatliche Wächteramt muss sich gegenüber der Religion zunächst einmal „blind stellen", weil Religion grundsätzlich nicht zur Beurteilung des Staates steht. So wartet der staatliche Wächter man erst einmal ab, ob das Kind durch konkrete Akte, mögen sie auch religiös motiviert sein, gefährdet wird. Allerdings stoßen an diesem Punkt – was ist Kindeswohl und was gefährdet es? – Religion und staatliches Recht unerbittlich aufeinander.

Trotzdem ist die Zurückhaltung der Gerichte groß, man spürt die Angst vor dem religiösen Anspruch. Zur Veranschaulichung mögen einige Entscheidungen dienen, in denen die Mitgliedschaft eines Elternteils bei den Zeugen Jehovas eine Rolle spielt. Die Gerichte betonen, dass diese Zugehörigkeit aufgrund der bloß abstrakten Gefahr, dass eine lebensnotwendige Operation des Kindes unterbleiben könnte, die Erziehungsfähigkeit der Eltern nicht in Frage stellt. Die Mitgliedschaft bei dieser Religionsgemeinschaft bildet für sich gesehen keinen Grund für Maßnahmen nach § 1666.[66] Erst wenn der Operationsfall konkret ansteht und es gilt, das Kind zu retten, greift das staatliche Wächteramt ein.[67] Das Leben des Kindes zumindest ist ein Wert, den der Staat auch gegen religiöse Ansprüche verteidigt.

Auch bei Sorgerechtsstreitigkeiten sticht die religiöse Karte selten. Die Zugehörigkeit eines Elternteils zur Religionsgemeinschaft der Zeugen Jehovas wird nicht als Grund angesehen, bei Elterntrennung von der gemeinsamen Sorge abzugehen. Nach Meinung des Europäischen Gerichtshofs für Menschenrechte verstößt eine Sorgerechtsregelung gegen Art. 8 i.V.m. Art. 14 EMRK, wenn sie sich ausschließlich auf die abstrakte Behauptung einer Einschränkung der Erziehungsfähigkeit eines Elternteils auf Grund seiner Religionszugehörigkeit stützt, die nicht durch das tatsächliche Verhalten dieses Elternteils und eine von ihm ausgehende negative Beeinflussung der Kinder konkret und unmittelbar belegt werden kann.[68] Die abstrakte Gefahr, dass es in der Gesundheitsfürsorge oder der Religionsausübung Schwierigkeiten geben könnte, reicht den Gerichten durchweg nicht, um nach § 1671 die Alleinsorge auf denjenigen Elternteil zu übertragen, der nicht den Zeugen Jehovas angehört.[69] Deshalb wird auch abgelehnt, das Sorgerecht zu teilen und dem Elternteil, der nicht zu den Zeugen Jehovas gehört, die Gesundheits- oder Religionssorge zu übertragen.[70]

Auch wenn die Eltern um das alleinige Sorgerecht konkurrieren, ergibt sich für den Elternteil, der sich zu den Zeugen Jehovas bekennt, kein Nachteil.[71] Bedenken, das alleinige Sorgerecht auf einen Elternteil, der Zeuge Jehovas ist, zu übertragen bzw. bei diesem zu belassen, tragen die Gerichte nicht.[72] In einem vom OLG Hamm entschiedenen Fall waren beide Eltern Zeugen Jehovas, die Mutter wandte sich einem anderen Mann zu und wurde deshalb aus der Religionsgemeinschaft ausgeschlossen. Der Mann erklärte den Kindern, die Mutter habe durch Ehebruch eine schwere Sünde begangen und werde von Gott dafür bestraft. Auch das genügte dem Gericht nicht, um an der Erziehungsfähigkeit des Vaters zu zweifeln.[73] Auch die Hinwendung eines

---

66 Ausdrücklich OLG Köln KirchE 45, 161; AG Wittlich KirchE 47, 275. Zum Anspruch der Religionsgemeinschaft auf Erlangung des Status einer öffentlich-rechtlichen Körperschaft BVerfGE 102, 370.

67 Vgl. die Fälle OLG Celle NJW 1995, 792; AG Nettetal FamRZ 1996, 1104.

68 EGMR FF 2005, 36.

69 OLG Hamm FuR 1997, 56; OLG München FamRZ 2000, 1042; OLG Thüringen Beschluss vom 7.12.1994 – 7 UF 44/94; AG Helmstedt FamRZ 2007, 1837, dazu kritisch *Weychardt* FamRZ 2008, 632; AmtsG Peine KirchE 45, 218. gegenläufig OLG Frankfurt FamRZ 1994, 920: Alleinsorge auf den Vater, weil die den Zeugen Jehovas zugehörige Mutter einen repressiven Erziehungsstil pflegt, welche zu aggressivem Verhalten der Kinder untereinander führt.

70 OLG Hamm NJW-FER 1997, 54 (Alleinsorge des Mitglieds der Zeugen Jehovas; keine Abspaltung der Entscheidung über religiöse Erziehung auf den anderen Elternteil); AmtsG Meschede FamRZ 1997, 958 (Gefährdung des Kindeswohls wegen mangelnder Zustimmung zur Bluttransfusion eher unwahrscheinlich und hypothetisch).

71 OLG Celle KirchE 34, 400; OLG Düsseldorf KirchE 34, 27; OLG Düsseldorf FamRZ 1999, 1157; OLG Hamburg KirchE 33, 231; OLG Karlsruhe FamRZ 2002, 1728.

72 OLG Düsseldorf FamRZ 1995, 1511; OLG Köln KirchE 45, 161; AmtsG Bergisch-Gladbach, Beschluss vom 21.2.2005 – 29 F 319/04; AmtsG Osnabrück FamRZ 2005, 645.

73 OLG Hamm FamRZ 2011, 1303.

sorgeberechtigten Elternteils zu den Zeugen Jehovas bildet für sich gesehen keinen Grund zu einer Abänderung einer Sorgerechtsentscheidung nach § 1696.[74] Und schließlich begründet die Mitgliedschaft in dieser Religionsgemeinschaft auch keine Einschränkung des Umgangsrechts.[75] Das gilt auch für das Umgangsrecht der Großeltern nach § 1685 Abs. 1 BGB.[76]

Auch bei anderen Gemeinschaften ist die Zurückhaltung der Gerichte in der Religionsfrage spürbar. Nach OLG Frankfurt rechtfertigt die Scientology-Zugehörigkeit eines Elternteils allein nicht, ihn vom Sorgerecht auszuschließen, wenn keine konkrete Beeinflussung der Kinder im Sinne dieser Gemeinschaft festgestellt werden kann.[77] Die Informationen, die das Gericht über die Organisation eingeholt hatte, waren ihm nicht konkret genug; es verlangte konkrete Erkenntnisse, dass die Mutter – Geschäftsführerin eines von der Scientology dominierten Verlages – die Kinder auch tatsächlich im Sinne der Organisation beeinflusse. Aber wie will man das nachprüfen?

Wenn es darum geht, ob konkrete Verhaltensweisen, die auch nur entfernt religiös motiviert scheinen, einen Bezug zum Kindeswohl haben, schleichen die Gerichte wie die berühmte Katze um den heißen Brei, so sehr sie sonst genau zu wissen scheinen, was Kindeswohl ist. Bloß nicht der Religion zu nahe kommen, bloß keine Grenzüberschreitung! Die Gerichte beschreiben die Grenze, ab wann sie tätig werden dürfen, in recht unterschiedlicher Weise:

- „... wenn die ... Kinder durch die Einbindung in die Religionslehre der Zeugen Jehovas völlig vereinnahmt und jeder Entscheidungsmöglichkeiten beraubt, oder sonst Entwicklungs- oder Eingliederungsschwierigkeiten festgestellt werden";[78]
- „... wenn festzustellen ist, dass die Mutter das Kind zu einer fanatischen Haltung gegenüber anderen Glaubensrichtungen erzieht oder es auf andere dem Kindeswohl widersprechende Weise in eine starke Abhängigkeit von ihrer Glaubensgemeinschaft bringen will";[79]
- „... wenn sich aus der von der Religionsgemeinschaft praktizierten Lebensweise erhebliche Bedrohungen für das Kindeswohl ergeben, beispielsweise Erziehung zur Lebensuntüchtigkeit, Entfremdung von der Umwelt, Unterbindung von Außenkontakten";[80]
- „... erst dann, wenn nach einer konkreten Einzelfallprüfung aus der Glaubenszugehörigkeit schädliche Auswirkungen auf das Kindeswohl festzustellen sind, etwa durch einen repressiven Erziehungsstil, der die Gefahr birgt, dass das Kind in eine gesellschaftliche Außenseiterrolle gerät oder sich eine unreflektierte oder intolerante Haltung gegenüber anderen Glaubensrichtungen aneignet, könnte die Zugehörigkeit eines Elternteils zu den Zeugen Jehovas von Bedeutung für die zu treffende Sorgerechtsregelung sein."[81]

Ähnlich fallen die Formulierungen in der Literatur aus: „Abrupter Wechsel der religiösen Erziehung", das Führen „in ein selbstbestimmungsausschließendes Abhängigkeitsverhältnis", die Erziehung „zu fundamentalistisch begründeter militanter Intoleranz" lassen gerichtliche Maßnahmen angezeigt sein.[82]

---

74 OLG Karlsruhe FPR 2002, 662; OLG Koblenz FamRZ 2000, 1391; OLG Oldenburg 4 UF 135/98.

75 AmtsG Göttingen FamRZ 2003, 112; AmtsG Emden – 16 F 786/02 UG (auch keine Beschränkung in dem Sinne, dass der Umgangsberechtigte mit dem Kind keine Veranstaltungen der Zeugen Jehovas besuchen darf).

76 OLG München München KirchE 48, 158 – selbst wenn ein Großelternteil eine führende Rolle in dieser Religionsgesellschaft spielt („Ältester"). Es war nach Auffassung des Gerichts keine „konkrete Gefährdung" vorgetragen. So schon die Vorinstanz AmtsG Fürstenfeldbruck FF 2005, 270.

77 OLG Frankfurt FamRZ 1997, 573. Siehe aber AmtsG Tempelhof-Kreuzberg FamRZ 2009, 987 (Auflage an die Eltern, das 14 jährige Kind gegen seinen Willen in einem Internat unterzubringen und mit ihm Einrichtungen der Organisation Scientology aufzusuchen).

78 OLG Karlsruhe FPR 2002, 662.

79 OLG Oldenburg, Beschluss vom 22.1.1999 – 4 UF 135/98.

80 OLG Hamm FuR 1997, 56.

81 OLG Köln KirchE 45, 161.

82 Formulierungen nach *Jestaedt* (Fn. 1), S. 400; ähnlich *Coester* (Fn. 1), S. 233 (schroffer Bekenntniswechsel, geistige Überforderung, strikter Verhaltenskodex; Übermaß religiöse motivierter Aktivitäten).

Bei all dem fällt auf, dass solche Vorbehalte durchweg theoretisch bleiben. Im Ergebnis läuft es fast stets darauf hinaus, dass den Gerichten eine konkrete Kindesgefährdung nicht hinreichend ersichtlich ist. Eine Ausnahme macht eine Entscheidung des OLG Frankfurt aus dem Jahr 1994; dort wurde ein repressiver Erziehungsstil der Mutter, der zu aggressivem Verhalten ihrer Töchter untereinander geführt haben soll, als Grund genommen, dem Vater die Alleinsorge zu übertragen.[83] Im Übrigen sind die Gerichte froh, wenn sie ihre Gründe aus dem Kanon der üblichen Kindeswohltopologie – Kontinuitätsprinzip, Förderungsprinzip, Wille des Kindes usw. – nehmen und religiöse Aspekte hinter sozialpsychologischen verstecken können.[84] Bevor die Gerichte gar gegen die unter sich einigen Eltern vorgehen, muss es hart kommen.

Bei all dieser Vorsicht und Scheu gelingt die Ausschaltung der Religionsfrage aber letztlich nicht immer. Der Bundesgerichtshof hatte im Jahr 2005[85] folgenden Fall zu entscheiden. Eine katholische Deutsche und ein pakistanischer Staatsangehöriger muslimischen Glaubens waren verheiratet, wurden geschieden. Sie hatten ein Kind, um dessen religiöse Erziehung es ging. Die Mutter wollte es taufen lassen, der Vater diese Entscheidung zu einem späteren Zeitpunkt dem Kind selbst vorbehalten. Die Vorinstanzen hatten der Mutter nach § 1671 das alleinige Sorgerecht übertragen, weil die Eltern insbesondere in der Religionsfrage heftig zerstritten seien. Der BGH hob diese Entscheidung auf, primär deshalb, weil er hinreichend konkrete Feststellungen darüber vermisste, dass die Streitigkeiten unter den Eltern zu untragbaren Belastungen des Kindes führten. Außerdem verwies der BGH darauf, dass dem Anliegen auch durch ein Verfahren nach § 1628 oder durch eine Teilübertragung des Sorgerechts hätte Rechnung getragen werden können.

Das hätte an sich genügt, die Sache zurückzuverweisen, doch glaubte der Senat, zum Religionsproblem selbst noch etwas beitragen zu sollen. Er formuliert: Die wichtige Aufgabe der Eltern, ihrem Kind ethische Wertvorstellungen zu vermitteln und es zu einem angemessenen Sozialverhalten zu erziehen „kann, muss aber nicht notwendig durch eine frühzeitige und feste Orientierung in einem bestimmten Glauben oder an einer bestimmten Konfession erfolgen." In dieser Aussage liegt freilich eine Beurteilung von Religion: Eine Elternentscheidung in Fragen der Religionsbestimmung (frühe Taufe) wird danach beurteilt, ob sie zur Erreichung allgemeiner Erziehungsziele (ethische Wertvermittlung) notwendig ist oder nicht; die religiöse Erziehung wird in den Kontext der allgemeinen Sozialerziehung gestellt und danach ihre „Dringlichkeit" bewertet. Ähnlich haben auch andere Gerichte entschieden;[86] sie argumentieren letztlich gegen frühe Festlegungen.[87] Das ist um des Kindes willen verständlich, die Grenze zur staatlichen Beurteilung von Religion ist allerdings überschritten.

83 OLG Frankfurt FamRZ 1994, 920.

84 Ein Beispiel hierfür AmtsG Monschau FamFR 2012, 405 (Streit unter konfessionslosen Eltern über die Teilnahme des gleichfalls konfessionslosen Kindes am katholischen Religionsunterricht; Übertragung der Entscheidung auf den pro Religionsunterricht votierenden Vater, weil sonst das Kind sozial ausgegrenzt würde). Die Entscheidung wurde durch das OLG Köln bestätigt (FamRZ 2012, 1883), das besonders auf den Bildungswert des Religionsunterrichts abhebt (Vermittlung von „fundierter Kenntnis über die christlichen Grundlagen der abendländischen Kultur").

85 BGH FamRZ 2005, 1167, 1168.

86 OLG Düsseldorf 2009 FamRZ 2010, 1255 zu einem Antrag aus § 1628 BGB: Vor dem Hintergrund, dass die Eltern des betroffenen Kindes aus verschiedenen Kulturkreisen stammen und verschiedenen Religionsgemeinschaften angehören, erscheine es geboten, das Kind nicht bereits jetzt endgültig in eine Religionsgemeinschaft zu integrieren, wie es durch Taufe und Kommunion der Fall wäre. Dem Kind entstehe hieraus kein Nachteil, weil es auch so von der Mutter religiös erzogen und geprägt werde. Ferner OLG Schleswig FamRZ 2003, 1948, wo die Grenzüberschreitung unverblümt im Leitsatz zum Ausdruck kommt. „Das Kind hat keine Nachteile, wenn es bis zu seiner Religionsmündigkeit mit 14 Jahren ungetauft in das kirchliche Leben integriert ist"; zutreffende Kritik hierzu bei *Ewers*, FamRZ 2004, 394.

87 Anders z.B. OLG Hamm FamFR 2012, 94 (Uneinigkeit in der religiösen Kindererziehung, Übertragung der Entscheidungsbefugnis über Taufe und Erstkommunion nach § 1628 auf die katholische Mutter, wenn die Lebenswelt des Kindes „christlich geprägt" ist).

VII. Kirchenaustritt – die Lösung des Freiheitsproblems?

Die enorme Bedeutung, welche die frühe Festlegung der Religion schon des Neugeborenen für dessen weiteres Leben hat, wird mit Hinweis darauf relativiert, dass dieser Schritt jederzeit durch Austritt aus der Religionsgemeinschaft rückgängig gemacht werden kann. Der Bayerische Verwaltungsgerichtshof hat in der erwähnten Entscheidung[88] darauf hingewiesen, dass die sorgeberechtigten Eltern, ohne deren Willen das Kind getauft worden ist, das elterliche Sorgerecht ja durch Kirchenaustritt im Namen des Kindes wahren könnten. Bei der Vorstellung, die Möglichkeit späteren Kirchenaustritts stelle die Religionsfreiheit wieder her, spielt auch die frühe Religionsmündigkeit – im deutschen Recht mit Vollendung des 14. Lebensjahres[89] – eine Rolle.

Eine Bagatellisierung der frühen Festlegung der Religion ist indes nicht angebracht. Mit der religiösen Erziehung von Kindesbeinen an werden psychische und auch soziale Grundbedingungen für das weitere Leben geschaffen, die nicht beliebig getilgt werden können. Das „Katholische", soll Heinrich Böll gesagt haben, „kriegst Du nicht mehr aus der Wäsche."

Über die psychischen Wirkungen hinaus klebt auch die *rechtliche Zuordnung* zu einer Religion dem Menschen an, auch wenn er sich später eines anderen besinnt. Der Akt des Austritts macht die Zugehörigkeit zu einer Kirche nicht einfach ungeschehen. Es ist ein Unterschied, ob man einer Organisation niemals angehört hat oder ihr als Mitglied den Rücken kehrt. Dem Apostaten folgt das Missfallen der Organisation auf dem Fuße und hält lange nach. Bekanntlich gibt es Religionsgemeinschaften, die einen Austritt – mag ihn auch der Staat um der Religionsfreiheit des Einzelnen willen ermöglichen – überhaupt nicht anerkennen.

So kennt das kanonische Recht keinen Kirchenaustritt. Die Taufe begründet die Mitgliedschaft in der Kirche Christi ein für alle Mal. Das zeigt sich daran, dass die Kirche diejenigen, die ihren Austritt nach staatlichem Recht erklären, mit kanonischen Strafen belegt, nämlich – nach herrschender Kirchenrechtsmeinung – mit der Exkommunikation wegen Glaubensabfalls und Schismas.[90] Die Exkommunikation ist nicht Hinauswurf, sie entzieht dem Gläubigen nur die Ausübung bestimmter Mitgliedschaftsrechte. Sie beendet nicht den Hoheitsanspruch der Kirche gegenüber der exkommunizierten Person, sonst könnte sie ihn nicht strafen. Die kirchliche Strafe wirkt sich in Deutschland bekanntlich nicht nur im innerkirchlichen Bereich aus und nicht erst beim jüngsten Gericht, sondern kann auch die soziale Existenz des Menschen erfassen, etwa den Wunsch eines Arztes vereiteln, in einem Krankenhaus in katholischer Trägerschaft angestellt zu werden oder zu bleiben – die katholische Klinikleitung würde eher einen Protestanten oder Muslim akzeptieren als einen katholischen Apostaten.[91]

Die schon mit Vollendung des vierzehnten Lebensjahres gegebene Möglichkeit, ohne Elternkonsens aus einer Religionsgemeinschaft auszutreten, stellt somit die selbstbestimmte Religionsfreiheit nicht vollkommen her. Die Alternative wäre allerdings ein religiöses Vakuum des jungen Menschen von Geburt an bis zur Entscheidungsreife. Das aber ist undenkbar: Irgendwer nimmt religiösen Einfluss, wenn es nicht die Eltern sind, dann andere. Man könnte

88 BayVGH FamRZ 2012, 911, 912.

89 § 5 S. 1 RelErzG.

90 Der Kirchenaustritt wird nicht nur als Verstoß gegen die Mitgliedschaftspflichten gesehen, vor allem die Pflicht der Gläubigen, immer die Gemeinschaft mit der Kirche zu wahren (can. 209 § 1 CIC) und für die Erfordernisse der Kirche wirtschaftliche Beiträge zu leisten (can. 222 § 1 CIC). Vielmehr ist die Auffassung herrschend, dass der Kirchenaustritt einen Abfall vom Glauben bedeutet, ein Schisma, die Verweigerung der Unterordnung unter den Papst oder dem diesem untergebenen Gliedern der Kirche (can. 751) – ein Delikt, das automatisch die Exkommunikation nach sich zieht. Zur Rechtslage *Rees,* in: *Listl/Schmitz* (Fn. 41), S. 1139. Vgl. auch Allgemeines Dekret der Deutschen Bischofskonferenz zum Kirchenaustritt vom 20.9.2012: Der Ausgetretene wird zu einem Gespräch gebeten; wenn aus seiner Reaktion „auf einen schismatischen, häretischen oder apostatischen Akt" zu schließen ist, so ergreift der Ortsordinarius die „entsprechenden Maßnahmen".

91 Für eine kritische Auseinandersetzung mit dem kirchlichen Arbeitsrecht ist hier nicht der Ort.

auch an eine religiöse Erziehung denken, die zunächst ohne rechtliche Bindung an eine Religionsgemeinschaft erfolgt und es dann dem zu seinen Jahren gekommenen Kind überlässt, ob er sich nun auch rechtlich als Mitglied an die Organisation binden will. Auch das würde aber der Religionsfreiheit widersprechen, wenn die korporative Verknüpfung – wie z.B. nach christlichen Lehren – für das religiöse Bekenntis wesentlich ist. So ist letztlich die Religionsbestimmung durch die Eltern ebenso Schicksal wie die Tatsache, dass man *diese* Eltern hat und keine anderen.

Bei der Religionsmündigkeit des deutschen Rechts ergeben sich Fragen der Reichweite, die hier nur angedeutet sein sollen. Die Kommentare sagen uns: Mit Erreichen des 14. Lebensjahres ende die religiöse Erziehung durch die Eltern nicht gänzlich; sie bestehe trotz der Entscheidungsfreiheit des Kindes, zu welchem Bekenntnis es sich halten will, fort.[92] Was heißt das genau? Bezieht sich die selbstständige Entscheidungsfreiheit des Kindes ab vollendetem 14. Lebensjahr nur auf die Religionszugehörigkeit als solche oder auch auf ihre Ausstrahlungen in andere Lebensbereiche?[93] Zutreffend wird gesagt: Wenn das religionsmündige Kind sich selbst gefährdet, dürfen und sollen die Eltern tätig werden.[94] Aber welche Rechtsgüter genau müssen gefährdet sein? An welcher Grenze ist die bloße eine Religionsausübung verlassen und beginnt – wegen der Ausstrahlung in andere Sorgebereiche – die erlaubte elterliche Fürsorge und die elterliche Vertretungsmacht? Ist zum Beispiel der Wille eines 14-Jährigen, der eine lebensnotwendige Bilddarmoperation aus religiösen Gründen ablehnt, absolut maßgeblich, auch wenn er im medizinrechtlichen Sinn nicht einwilligungsfähig sein sollte? Ist der Eintritt eines 14-jährigen Jugendlichen in eine Religionsvereinigung, die hohe Mitgliedsbeiträge verlangt, auch hinsichtlich dieser vermögensrechtlichen Folgen wirksam?

VIII. Was sind „Religion“ und „Weltanschauung“?

Wie gezeigt bildet die religiöse Erziehung ein besonderes Feld der elterlichen Fürsorge mit eigenartigen Problemen. Gesetzgeber und Gerichte wissen, dass in dem Augenblick, in dem die Religion ins Spiel kommt, größte Vorsicht geboten ist. Aber was *ist* Religion? Was *ist* „Weltanschauung“, die sowohl nach der Verfassung[95] als auch nach dem Gesetz über die religiöse Kindererziehung[96] der Religion gleichsteht? Was ist Bekenntnis?

Die Unsicherheit bei den Juristen ist groß, es ist ähnlich wie beim Kunstbegriff. Wo immer man zum Religionsbegriff in juristischen Texten liest, findet man den schon von der Kunst her gewohnten Eiertanz. Die Unsicherheit zeigt sich schon in dem verbreiteten Satz, „Religion“ oder „Religionsausübung“, „Weltanschauung“ müssten extensiv ausgelegt werden.[97]

Unter den verwendeten Termini ist „Religion“ der älteste, schon im antiken Rom für Glaube und Gottesverehrung verwendete Begriff, der auf Transzendenz verweist. In diese Richtung geht die überwiegende verfassungsrechtliche Literatur, welche der Gottesfrage eine zentrale Bedeutung im Religionsbegriff zumisst.[98] Der Begriff „Bekenntnis“ hat vom Sprachsinn her gesehen mit dem *öffentlichen* Bekennen eines Glaubens zu tun und spielt seine zentrale Rolle seit der Reformation („Confessio Augustana“); heute bezeichnet es auch die spezielle Glaubensrichtung

92 *Staudinger/Salgo* (2007), § 1 RelErzG Rn. 6; BVerwGE 68, 16 = NJW 1983, 2585 (Klagebefugnis der Eltern darauf, dass ihr 14-jähriges Kind am Religionsunterricht teilnehmen darf).

93 Zum Problem *Staudinger/Coester* (2009), § 1666 Rn. 127.

94 *Staudinger/Salgo* (2007), § 5 RelErzG Rn. 3 mit Nachweisen.

95 Art. 4 Abs. 1 GG („religiöses und weltanschauliches Bekenntnis“); Art. 140 iVm. Art. 137 Abs. 7 GG („Vereinigungen, die sich die gemeinschaftliche Pflege einer Weltanschauung zur Aufgabe machen“).

96 § 6 RelErzKG.

97 *Listl* (Fn. 65), S. 450, 453.

98 BVerwGE 61, 152, 156 mit Bezug auf *Held*, Die kleinen öffentlich-rechtlichen Religionsgemeinschaften im Staatskirchenrecht der Bundesrepublik, 1974, S. 112.

innerhalb eines religiösen oder weltanschaulichen Systems (das Christentum mit seinen „Konfessionen“). Die Weltanschauung schließlich, dieses deutsche, in andere Sprachen kaum übersetzbare Wort, ist als allgemeiner Bedeutungsträger ein Produkt des 19. Jahrhunderts und naturgemäß der offenste Begriff.

Da Religion und Weltanschauung gleichgestellt sind, legen die Gerichte auf eine Differenzierung zwischen ihnen kein großes Gewicht mehr: Wenn etwas nicht Religion sein sollte, dann ist es halt – möglicherweise – Weltanschauung.[99]

Was aber bedeutet sie? „Unter Weltanschauung wird eine regelmäßig (!) auf religionsfreier oder religionsloser Grundlage beruhende Lehre oder Anschauung verstanden, die das Weltganze und die Stellung des Menschen in der Welt zu erfassen und zu bewerten sucht und den Anhängern dieser Weltanschauung einen bestimmten Sinn ihres Lebens vermitteln will“.[100] Eine „Überzeugung, die Ziele des menschlichen Seins aufstellt, den Menschen im Kern seiner Persönlichkeit anspricht und auf umfassende Weise den Sinn der Welt und des menschlichen Lebens zu erklären beansprucht,“ steht nach dem Bundesverfassungsgericht[101] unter dem Schutz des Art. 4 Abs. 1 GG, zumindest als Weltanschauung.[102]

Bei den Definitionsversuchen kommen immer wieder die Termini „Welt als Ganzes“ und „umfassend“ vor, es sollen also keine partiellen Sinnstiftungen genügen. Doch ist ein transzendentaler Bezug nicht nötig, auch das *Nichthaben* einer Weltanschauung kann Weltanschauung sein.[103] Was aber ist das Weltganze? Muss der Bezug darauf die Form eines Systems annehmen, wie manche Grundrechtsinterpreten meinen?[104]

Und gar die „religiöse Erziehung“, der Leitbegriff des gleichnamigen Spezialgesetzes! Darunter fällt, wie gesagt wird, „jede persönlichkeitsformende Einwirkung auf das Kind, soweit ihr nur eine religiös-weltanschauliche Konnotation beigelegt werden kann“.[105] Da stellt sich die Frage: Wie will man persönlichkeitsformende Einwirkungen nach ihrer Religionsrelevanz unterscheiden, wenn die Religion im familiären Umfeld gelebt wird? Es ist nicht meine Absicht, die wackeren Bemühungen der Verfassungsjuristen um die Begriffe Religion und Weltanschauung als hoffnungslose Liebesmüh’ klein zu reden. Ich will nur für Bescheidenheit plädieren gegenüber der Vorstellung, als hätten wir etwas Festes in Händen.

Das Weltganze, was ist das? „Seine Welt ist der Fußball“, sagen wir von einem fanatischen Anhänger dieser Sportart. Wir wundern uns dann nicht, wenn der FC Schalke 04 seinen Vereinsmitgliedern die Möglichkeit anbietet, sich eine Grabstätte auf dem Vereinsgelände zu sichern, nahe den Sportstätten, auf denen die Fußballgötter ihr Wesen treiben. Vielleicht ist für den Erwerber einer Grabstätte dieser Fußballverein *sein* Weltganzes. Der Weg von der Leibesertüchtigung zur Religion ist ohnehin nicht so weit, wie man denken möchte. In der Schweiz wollten kürzlich Eltern ihr Kind vom Kindergarten abmelden, weil dort Yogaübungen stattfanden, mit der Begründung, es handele sich um Religion. Das Schweizer Bundesgericht befand indes im März 2013: Yoga ist Gymnastik, nicht Religion.[106]

Man könnte der Sache komische Seiten abgewinnen, doch ist sie ernst. Sobald etwas „Religion“ ist, wird es beinahe unantastbar. Genauer gesagt: Zugunsten der Person oder Organisation, die für ihr Handeln den Religionsbegriff in Anspruch nehmen darf, wird die Freiheit der

99 *Starck*, in: *v. Mangold/Klein/Starck*, GG, 6. Aufl., Art. 4 Rn. 32: Gleichwertigkeit von Religion und Weltanschauung; die Abgrenzung im Einzelnen kann auf sich beruhen.
100 *Staudinger/Salgo* (2007), § 6 RelErzG Rn. 2.
101 BVerfG DVBl 2007, 119 Rn. 18 (Mun – Einreise).
102 BVerfGE 105, 279 Rn. 50 (Osho-Bewegung „jedenfalls eine Weltanschauung“).
103 *Staudinger/Salgo* (2007), § 6 RelErzG Rn. 2.
104 *Starck* (Fn. 99) Art. 4 GG Rn. 10.
105 *Jestaedt* (Fn. 1), S. 372; ähnlich *Staudinger/Salgo* (2007), § 1 RelErzG Rn. 1.
106 Urteil 2C_897/2012 vom 14.2.2013.

anderen beschränkt, und zwar weit über die Grenzen hinaus, die sonst der Freiheit des Handelns gesetzt sind. Es ist wie bei der Kunst. Sind, wie es scheint, die Termini „Religion", „Bekenntnis", „Weltanschauung" begrifflich schwer beherrschbar, so gilt es umso mehr, gegenüber religiös motivierten Herrschaftsansprüchen von Organisationen die Freiheitsrechte des Einzelnen geltend zu machen und zu wahren. Sonst mündet die Autonomie der Religionsgesellschaften in die Heteronomie der menschlichen Person aus.

Ehrlicherweise könnten wir fragen: Ist das Wertesystem des Grundgesetzes, so wie es heute begriffen wird – als eine die ganze gesellschaftliche Ordnung durchdringende, auch das Individualverhalten normierende Struktur – nicht auch eine Religion oder Weltanschauung, repräsentiert durch die *ex cathedra* sprechenden Hohenpriester der Verfassungsgerichte? Unser Rechtsverständnis verbietet eine solche Frage. Darum lasse ich sie, um Schiller zu variieren, „hart im Raume" stehen.

Veröffentlicht in: Zeitschrift für das gesamte Familienrecht 2014, S. 1–11. Der Text gibt einen Vortrag wieder, den der Autor am Freitag, den 31.5.2013 auf der Jahresversammlung der Wissenschaftlichen Vereinigung für Familienrecht in Göttingen gehalten hat.

Personenregister (ohne Fußnoten)

Sachregister